Beratungshilfe mit Prozess- und Verfahrenskostenhilfe

Ein Handbuch und Nachschlagewerk für die Praxis

Herausgegeben von

Stefan Lissner
Diplom-Rechtspfleger
AG Konstanz,
stellvertretender Landesvorsitzender Bund Deutscher Rechtspfleger
Landesverband Baden-Württemberg e.V.
Lehrbeauftragter an der Allensbach Hochschule Konstanz
Referent an den Sparkassenakademien Baden-Württemberg

Joachim Dietrich
Diplom-Rechtspfleger,
Ministerium der Justiz, Saarbrücken

weitere Autoren:

Dr. Karsten Schmidt
Richter am Bundesgerichtshof, Karlsruhe

3., überarbeitete Auflage

Verlag W. Kohlhammer

3. Auflage 2018

Alle Rechte vorbehalten
© W. Kohlhammer GmbH, Stuttgart
Gesamtherstellung: W. Kohlhammer GmbH, Stuttgart

Print:
ISBN 978-3-17-032137-3

E-Book-Format:
pdf: ISBN 978-3-17-032138-0
epub: ISBN 978-3-17-032139-7
mobi: ISBN 978-3-17-032140-3

Für den Inhalt abgedruckter oder verlinkter Websites ist ausschließlich der jeweilige Betreiber verantwortlich. Die W. Kohlhammer GmbH hat keinen Einfluss auf die verknüpften Seiten und übernimmt hierfür keinerlei Haftung.

Vorwort zur 3. Auflage

Seit dem Inkrafttreten des Beratungshilfegesetzes im Jahre 1981 nimmt die Beratungshilfe einen immer größer werdenden Stellenwert in der juristischen Praxis ein. Neben unseren bisherigen veröffentlichten Auflagen gibt es zu dieser Thematik nur eine kleine, sehr überschaubare Reihe von Lehrbüchern und Kommentaren, meist jedoch mit dem Schwerpunkt des Prozesskostenhilferechts.
Die 1. Auflage hat als Praxishandbuch schwerpunktmäßig die Thematik und Praxisprobleme des Beratungshilferechts übersichtlich und verständlich erläutert. Aufgrund der Vielzahl der gestellten Anträge, der sehr hohen Kosten für die Gewährung von Beratungshilfe sowie der zum Teil sehr unübersichtlichen Verknüpfungen und Berührungspunkten mit anderen Behörden oder Dienstleistungen nimmt das Beratungshilferecht weiterhin einen erheblichen Raum in der täglichen Arbeit von Gerichten, Rechtsanwälten und neuerdings auch anderer Beratungspersonen und Behörden ein. In der juristischen Ausbildung werden die Themengebiete der Beratungshilfe und Prozess-/Verfahrenskostenhilfe oftmals gar nicht oder wenn dann nur sehr oberflächlich behandelt. Hinzu kommt, dass bei den Amtsgerichten diese Dezernate sehr häufig mit Berufsanfängerinnen und Berufsanfängern besetzt werden, denen die Erfahrung im Umgang mit Publikum noch fehlt, und in diesen Rechtsgebieten zu einer Vielzahl von Problemen derart unterschiedliche Rechtsauffassungen wie kaum in einem anderen Bereich existieren.
Aufgrund zahlreicher Reformen in diesem Rechtsgebiet erschien im Jahr 2014 die 2. Auflage. Zum 1.1.2014 traten gerade im Bereich des Beratungshilferechts die wohl umfangreichsten Änderungen seit Bestehen des Beratungshilfegesetzes in Kraft. In der 2. Auflage wurden die umfangreichen Änderungen eingearbeitet, die sich aus mehreren, zum Teil recht kurzfristig vor der Bundestagswahl 2013 noch verabschiedeten Gesetzen und Verordnungen ergaben. Hier sind insbesondere das Gesetz zur Änderung des Prozesskostenhilfe- und Beratungshilferechts (BT-Drs. 17/11472, 17/13538), das Zweite Gesetz zur Modernisierung des Kostenrechts (BT-Drs. 17/11471, 17/13537), das Gesetz zur Verkürzung des Restschuldbefreiungsverfahrens und zur Stärkung der Gläubigerrechte (BT-Drs. 17/11268, 17/13535), das Gesetz zur Einführung einer Rechtsbehelfsbelehrung im Zivilprozess und zur Änderung anderer Vorschriften (BGBl. Teil I 2012 Nr. 57 vom 11.12.2012, S. 2418), sowie die Anfang 2014 neu in Kraft getretene Beratungshilfeformularverordnung (BerHFV) und Prozesskostenhilfeformularverordnung (PKHFV) zu nennen.
Die vorliegende 3. Auflage zeigt die seit dem 1.1.2014 gewonnenen Erkenntnisse im Rahmen des neuen Rechts und damit die dadurch bedingte Rechtsentwicklung auf. Neben einer Vielzahl von neuer Rechtsprechung fließen die bisher in der täglichen Praxis gemachten Erfahrungen und Rückmeldungen in die Kommentierungen ein. In der aktuellen Auflage wird das bis zum 31.12.2013 geltende Recht der Übersichtlichkeit halber nur noch punktuell angesprochen.
Unser Praxishandbuch wendet sich weiterhin an alle, die im Rahmen der Beratungshilfe Berührungspunkte mit diesem komplexen und zum Teil schwer überschaubaren Rechtsgebiet haben. Zum einen soll es diejenigen, die bisher noch keine oder nur sehr wenig Kenntnisse haben, in die Materie der Beratungshilfe einführen und entsprechenden juristischen Sachverstand vermitteln, und bei denjenigen, die bereits Erfahrung auf diesem Gebiet haben, vorhandene Kenntnisse auffrischen und im Detail vertiefen. Gegenüber den Vorauflagen wurden weitere Beispiele, Hinweise und Formulierungsvorschläge hinzugefügt. Diese sollen helfen, die so erworbenen oder vertieften theoretischen Kenntnisse in der täglichen Praxis einzusetzen. Den Autoren, die alle auf dem Gebiet der

Vorwort zur 3. Auflage

Beratungshilfe und Prozess-/Verfahrenskostenhilfe Praxiserfahrungen haben, ist es ein Anliegen, mit dem Handbuch eine bessere Transparenz bezüglich der einzelnen Verfahrensabschnitte nach den erfolgten umfangreichen Reformen zu schaffen. Bestehende Verständnis- und Akzeptanzschwierigkeiten zwischen den Verfahrensbeteiligten und Behörden sollen durch die klare und verständliche Darstellung beseitigt werden. Im Lichte der Transparenz und Lesbarkeit erlauben sich die Autoren, nachfolgend auf die zusätzliche Nennung der weiblichen Form zu verzichten.

Das Buch richtet sich in erster Linie an Rechtspfleger, Richter, Rechtsanwälte, Steuerberater, Steuerbevollmächtigte, Wirtschaftsprüfer sowie auch an Bürovorsteher und Rechtsanwaltsfachangestellte. Darüber hinaus ist dieses Handbuch auch für alle Behörden, gerade im Bereich der sozial- und familienrechtlichen Angelegenheiten, wie z. B. Jugend- oder Sozialämter, Agenturen für Arbeit oder auch Ausländerbehörden, ein wertvolles Nachschlagewerk im Hinblick auf die Berührungspunkte mit diesen Rechtsgebieten. Das Werk wendet sich zudem aber auch an die Studierenden an den Universitäten und Fachhochschulen sowohl im juristischen als auch sozial-pädagogischen Bereich, um bereits in diesem frühen Stadium der künftigen Tätigkeitsbereiche Grundlagenwissen vermittelt zu bekommen.

Im ersten Teil beschreibt das Buch ausführlich alle Verfahrensabschnitte des gesamten Beratungshilfeverfahrens. Der Leser erhält umfassende und klar strukturierte Informationen über die materiell-rechtlichen Voraussetzungen der Beratungshilfe und die verfahrensrechtliche Umsetzung. Weiterer Schwerpunkt sind die entsprechenden Vergütungstatbestände und das Festsetzungsverfahren. Die Inhalte werden durch viele für die Praxis dienliche Hinweise, Praxistipps, Beispiele und Formulierungshilfen ergänzt. Der zweite Teil des Buches führt den Leser in die Thematik des Prozesskostenhilferechts sowie des Verfahrenskostenhilferechts ein. Schwerpunkt der Bearbeitung ist dabei die Darstellung der Voraussetzungen für die Bewilligung der Prozesskostenhilfe/Verfahrenskostenhilfe und der Beiordnung eines Rechtsanwalts. Als weiteren Autor wollen wir an dieser Stelle Dr. Karsten Schmidt begrüßen, der diesen Teil II ab dieser Auflage federführend bearbeitet.

Für Kritik, Anregungen und Änderungswünsche sind die Verfasser jederzeit dankbar. Die Gesetzgebung wurde bis März 2018, Rechtsprechung, Zeitschriften- und Kommentarliteratur bis November 2017 berücksichtigt.

Wir wünschen unseren Lesern auch mit der 3. Auflage eine spannende Lektüre sowie eine für ihre tägliche Arbeit sehr effiziente und effektive Anwendung unserer Ausführungen. An dieser Stelle möchten wir uns insbesondere bei den Leserinnen und Lesern bedanken, die uns für die zurückliegenden Auflagen sehr positive Rückmeldungen und Anregungen gegeben haben und uns damit bei der Entwicklung der jetzigen Auflage unterstützt haben. Unser Dank gilt ebenfalls dem Verlag, der uns diese weitere Auflage ermöglicht hat, sowie unseren auf eigenen Wunsch ausgeschiedenen Mitautorinnen Eilzer, Germann und Kessel. Soweit in diesem Buch auf Internetfundstellen und Webseiten Dritter verwiesen wurde, kann für die Richtigkeit und den Inhalt dieser Seiten keine Verantwortung übernommen werden.

März 2018   Die Verfasser

Inhaltsverzeichnis

		Rn.
Teil 1	Beratungshilfe	
Kapitel 1:	Einführung	1
I.	Allgemeines	1
II.	Entwicklung der Beratungshilfe	8
	1. Betrachtung der Fallzahlen	9
	2. Gründe für die Kostenexplosion und die anhaltende Höhe der Ausgaben	10
III.	Rechtswahrnehmung	13
	1. Was bedeutet die „Wahrnehmung von Rechten"?	13
	2. Abgrenzung zur allgemeinen Beratung	14
	3. Abgrenzung der Beratungshilfe zu der Prozesskostenhilfe	18
Kapitel 2:	Subjektive Voraussetzungen gem. § 1 Abs. 1 Nr. 1 BerHG	19
I.	Allgemeines	19
II.	Ermittlung des einzusetzenden Einkommens	23
	1. Allgemeines	23
	2. Die einzelnen Einkommensarten	26a
	a) Arbeitseinkommen	26a
	b) Fiktives Arbeitseinkommen	28
	c) Kindergeld	32
	d) Sozialleistungen	33
	e) Sonstige Einkünfte	35
	3. Kein Einkommen	44
	4. Sonderfall Insolvenzverfahren	45
III.	Abzüge vom Einkommen	46
	1. Abzüge gem. § 115 Abs. 1 S. 3 Nr. 1a ZPO	46
	a) Steuern (§ 82 Abs. 2 Nr. 1 SGB XII)	46
	b) Pflichtbeiträge (§ 82 Abs. 2 Nr. 2 SGB XII)	47
	c) Versicherungsbeiträge (§ 82 Abs. 2 Nr. 3 SGB XII)	48
	d) Werbungskosten	51
	e) Ehrenamtspauschale	55
	2. Erwerbstätigenbonus (Abzug gem. § 115 Abs. 1 S. 3 Nr. 1b ZPO)	56
	3. Freibeträge (Abzüge gem. § 115 Abs. 1 S. 3 Nr. 2a und b ZPO)	57
	4. Unterkunft und Heizung (Abzüge gem. § 115 Abs. 1 S. 3 Nr. 3 ZPO)	59
	a) Mietwohnung	59
	b) Eigenheim bzw. Eigentumswohnung	63
	c) Mehrere Bewohner mit eigenen Einkünften	64
	5. Mehrbedarfe (Abzüge gem. § 115 Abs. 1 S. 3 Nr. 4 ZPO)	65
	6. Besondere Belastungen (Abzüge gem. § 115 Abs. 1 S. 3 Nr. 5 ZPO)	69
IV.	Einsatz des Vermögens	74
	1. Vermögensbegriff	74

Inhaltsverzeichnis

		2.	Verwertbarkeit und Zumutbarkeit des Vermögenseinsatzes	78
		3.	Schonvermögen	79
			a) Kleinere Barbeträge (§ 90 Abs. 2 Nr. 9 SGB XII)	80
			b) Hausgrundstücke (§ 90 Abs. 2 Nr. 8 SGB XII)	82
			c) Vermögen aus öffentlichen Mitteln (§ 90 Abs. 2 Nr. 1 SGB XII)	88
			d) Staatlich geförderte Altersvorsorge (§ 90 Abs. 2 Nr. 2 SGB XII)	89
			e) Vermögen zur baldigen Beschaffung oder Erhaltung eines Hausgrundstücks (§ 90 Abs. 2 Nr. 3 SGB XII)	90
			f) Hausrat (§ 90 Abs. 2 Nr. 4 SGB XII)	91
			g) Gegenstände zur Ausübung der Erwerbstätigkeit (§ 90 Abs. 2 Nr. 5 SGB XII)	92
			h) Familien- und Erbstücke (§ 90 Abs. 2 Nr. 6 SGB XII)	93
			i) Gegenstände zur Befriedigung geistiger Bedürfnisse (§ 90 Abs. 2 Nr. 7 SGB XII)	94
		4.	Sonstige Vermögensgegenstände	95
		5.	Lebensversicherungen	98
		6.	Abfindungen	101
		7.	Zumutbarer Einsatz des Vermögens (Härteklausel)	102
		8.	Möglichkeit der Kreditaufnahme	103
		9.	Prozesskostenvorschuss	104
			a) Allgemeines	104
			b) Prozesskostenvorschuss im Beratungshilfeverfahren	104
	V.	Musterantrag zur Bewilligung von Beratungshilfe mit Bewertung des einzusetzenden Einkommens und des Vermögens		105
		1.	Prüfung des verwertbaren Vermögens	105
		2.	Ermittlung des einzusetzenden monatlichen Einkommens	105
Kapitel 3:		Objektive Voraussetzungen der Beratungshilfe		106
	I.	Allgemeines		106
	II.	Hilfebedürfnis zur Wahrnehmung von Rechten		107
		1.	Allgemeines	107
		2.	Nicht nur allgemeine Lebenshilfe	109
		3.	Konkretes Rechtsanliegen	111
		4.	Erschöpfung der eigenen Möglichkeiten	113
			a) Allgemeines	114
			b) Rechtliche Angelegenheiten auf dem Gebiet des Sozial- und Verwaltungsrechts	116
	III.	Außerhalb eines gerichtlichen Verfahrens		120
		1.	Allgemeines	120
		2.	Anhängige Gerichtsverfahren	121
			a) Abgrenzung Beratungshilfe – Prozesskosten- bzw. Verfahrenskostenhilfe	121
			b) Die wichtigsten Grenzfälle	123
		3.	Obligatorisches Güteverfahren gem. § 15a EGZPO	135
		4.	Fazit	135a
	IV.	Keine anderen Hilfsmöglichkeiten		136

Inhaltsverzeichnis

      1. Allgemeines ... 136
          a) Geeignet und erlaubt ... 137
          b) Zumutbar ... 138
          c) Erreichbarkeit der anderen Hilfemöglichkeit ... 139
      2. Die einzelnen „anderen Möglichkeiten" ... 139a
          a) Rechtsschutzversicherung ... 139a
          b) Beratung durch Behörden ... 140
          c) Betreuung ... 158
          d) Öffentliche Schuldenberatungsstelle ... 160
          e) Verbraucherzentralen der Länder; Verbraucherschlichtungsstelle ... 167
          f) Schlichtungsstelle der Rechtsanwaltschaft ... 168
          g) Körperschaften des öffentlichen Rechts ... 169
          h) Staatliche und behördliche Rentenberater sowie Versicherungsälteste ... 170
          i) Öffentliche Rechtsberatungsstellen ... 171
          j) An eine Mitgliedschaft bzw. Zugehörigkeit gebundene Hilfsmöglichkeiten ... 172
          k) Beispiele für sonstige Interessenverbände – ohne Bindung an eine Mitgliedschaft – ... 179
          l) Antidiskriminierungsstelle des Bundes (ADS) ... 182
          m) Vereine, Verbände ... 183
          n) Naturalleistung ... 183
          o) Selbsthilfe ... 183a
          p) Anwaltliche Leistung „pro bono" ... 183b
          q) Politische Mandatsträger ... 183c
      3. Sonstige Hinweise zu den anderen Hilfsmöglichkeiten ... 184
  V. Keine mutwillige Rechtswahrnehmung ... 191

Kapitel 4: Umfang der Beratungshilfe ... 196
  I. Allgemeines ... 196
  II. Sachgebiete ... 197
  III. Abgrenzung der Beratung von Vertretung ... 208

Kapitel 5: Angelegenheit ... 214
  I. Allgemeines ... 214
  II. Eine oder mehrere Angelegenheiten ... 216
  III. Bindungswirkung für das Vergütungsfestsetzungsverfahren ... 223
  IV. Beispiele aus der Praxis ... 224
      1. Familienrecht ... 225
      2. Zivilrecht ... 232
      3. Strafrecht und Strafvollzug ... 233
      4. Öffentliches Recht ... 234
      5. Arbeitsrecht ... 235
      6. Nachlassrecht ... 236

Kapitel 6: Das Bewilligungsverfahren ... 237
  I. Antrag auf Beratungshilfe ... 237
      1. Form der Antragstellung ... 237
      2. Bezeichnung der Angelegenheit ... 240
      3. Antragsberechtigung ... 244
      4. Prozesskostenhilfe für das Antragsverfahren ... 245
      5. Zuständigkeit ... 246

Inhaltsverzeichnis

		6.	Direktzugang zur Beratungsperson	249
		7.	Unterschriftszeitpunkt	256
		8.	Nachweis- und Belegpflicht	257
		9.	Zeitliche Grenzen der nachträglichen Antragstellung	262
		10.	Übergangsvorschriften	262b
	II.	Bewilligung der Beratungshilfe		263
	III.	Die Person des Beratenden		265
	IV.	Zurückweisung der beantragten Beratungshilfe		268
	V.	Aufhebung der Beratungshilfe		273
		1.	Aufhebung von Amts wegen	274
		2.	Aufhebung auf Antrag der Beratungsperson oder des Mandanten	274a
		3.	Auswirkungen auf den Vergütungsanspruch	274c
		4.	Auswirkungen bei Nichtbewilligung nachträglicher Beratungshilfe	275

Kapitel 7: Das Rechtsmittelverfahren ... 276

	I.	Rechtsmittel gegen die Zurückweisung oder Aufhebung der Beratungshilfe		276
		1.	Statthaftes Rechtsmittel	276
		2.	Form	278
		3.	Frist	279
		4.	Rechtsmittelbefugnis	280
		5.	Verfahren	284
	II.	Rechtsmittel gegen die Aufhebung der Beratungshilfe		287
	III.	Rechtsmittel im Vergütungsverfahren		288
	IV.	Weitere „Rechtsmittel" und Verfahrensfragen		289

Kapitel 8: Vergütung in der Beratungshilfe ... 290

	I.	Einleitung		290
		1.	Allgemeines	290
		2.	Vergütungsvereinbarung und Erfolgshonorare	291
		3.	Leistung „pro bono"/Verzicht auf die Gebühren	291a
		4.	Gebührentatbestände im Überblick	292
		5.	Vorschusszahlungen und Fälligkeit des Vergütungsanspruchs	293
		6.	Verjährung des Vergütungsanspruchs	294
	II.	Gebührenanspruch gegen den Rechtsuchenden – Beratungshilfegebühr (Nr. 2500 VV RVG)		295
	III.	Gebührenansprüche gegen die Landeskasse (Nr. 2501–2508 VV RVG)		297
		1.	Beratungsgebühr Nr. 2501 VV RVG	297
		2.	Geschäftsgebühr Nr. 2503 VV RVG	299
		3.	Beratungs- und Geschäftsgebühr im Bereich des § 305 InsO	306
			a) Beratungsgebühr gem. Nr. 2502 VV RVG	307
			b) Geschäftsgebühr gem. Nr. 2504–2507 VV RVG	307a
		4.	Einigungs- und Erledigungsgebühr Nr. 2508 VV RVG	308
			a) Einigungsgebühr	309
			b) Erledigungsgebühr	318
			c) Einigungs- und Erledigungsgebühr im Bereich des § 305 InsO	322

Inhaltsverzeichnis

	5.	Erhöhung bei mehreren Auftraggebern Nr. 1008 VV RVG	323
		a) Beratungshilfegebühr	324
		b) Beratungsgebühr	325
		c) Geschäftsgebühr	326
		d) Einigungs- und Erledigungsgebühr	327
	6.	Auslagen	328
		a) Allgemeines	328
		b) Kosten für Fotokopien	331
		c) Entgelt für Post- und Telekommunikationsdienstleistungen	335
		d) Reisekosten	337
		e) Dolmetscher- und Übersetzerkosten	338
		f) Medizinische Kurz- und Rechtsgutachten, Privatgutachten	339
		g) Aktenversendungspauschale	340
		h) Umsatzsteuer	341
IV.	Vergütungsfestsetzungsverfahren		342
	1.	Gerichtliche Zuständigkeit	342
	2.	Vergütungsantrag	343
	3.	Erforderlichkeit der Vertretung, Prüfungsbefugnis des Urkundsbeamten der Geschäftsstelle	345
	4.	Entscheidung über den Vergütungsantrag	348
	5.	Rechtsbehelfsverfahren	349
		a) Erinnerungsverfahren	349
		b) Beschwerdeverfahren	354
	6.	Anspruch gegen den erstattungspflichtigen Gegner, § 9 BerHG	357
		a) Allgemeines	357
		b) Folgen für die Vergütungsabrechnung der Beratungsperson	359
		c) Folgen für die Staatskasse	361
		d) Folgen für den Rechtsuchenden	364
		e) Teilweise Erstattungspflicht des Gegners	366

Kapitel 9:	Grenzüberschreitende Beratungshilfe (§§ 10, 10a BerHG)	367
I.	Allgemeines	368
II.	Vorprozessuale Rechtsberatung im Hinblick auf eine außergerichtliche Streitbeilegung (§ 10 Abs. 1 Nr. 1 BerHG)	379
III.	Unterstützung von Anträgen gem. § 1077 ZPO (ausgehendes Ersuchen um grenzüberschreitende Prozesskostenhilfe)	380
IV.	Übermittlung von Anträgen auf grenzüberschreitende Beratungshilfe (ausgehende Beratungshilfeersuchen)	388
V.	Eingehende Ersuchen um grenzüberschreitende Beratungshilfe	389
VI.	Regelungen des § 10a BerHG betreffend Unterhaltssachen nach der Verordnung (EG) Nr. 4/2009 des Rates vom 18. Dezember 2008	392a

Teil 2	Prozess-/Verfahrenskostenhilfe	
Kapitel 1:	Einführung	392c
Kapitel 2:	Anwendungsbereich der Prozesskostenhilfe	393

Inhaltsverzeichnis

Kapitel 3:	Hinreichende Erfolgsaussichten	403
I.	Grundsätzliches	403a
II.	Beweisantizipation	407
III.	Ungeklärte, schwierige Rechtsfragen	408
IV.	Zulässigkeit der beabsichtigten Klage	409
V.	Maßgeblicher Zeitpunkt für die Beurteilung der Erfolgsaussichten	410
VI.	Anerkenntnis, Klagerücknahme, übereinstimmende Erledigung der Hauptsache, Vergleich	411
VII.	Insolvenzverfahren	412
	1. Insolvenz einer Partei im Laufe des Verfahrens	412
	2. Insolvenzgläubiger für das Insolvenzverfahren	414
	3. Prozesskostenhilfe für den Insolvenzverwalter	414a
VIII.	Mahnverfahren	415
IX.	Selbstständiges Beweisverfahren	416
X.	Urkundenverfahren	420
XI.	Schutzschriften	421
XII.	Prozesskostenhilfe für den Beitritt eines Streithelfers	421a
XIII.	Familienrechtliche Verfahren	422
	1. Abstammungssachen	423
	2. Scheidungs- und Folgesachen	424
	3. Unterhaltssachen	429
XIV.	Stufenklage	430
XV.	Wiederaufnahmeverfahren	431

Kapitel 4:	Mutwilligkeit	432
I.	Grundsätzliches	432
II.	Mutwilligkeit im Allgemeinen	433
	1. Adhäsionsverfahren	433
	2. Erledigung der Hauptsache	434
	3. Gesamtschuldner	435
	4. Gleichzeitige Verfolgung der Hauptsacheklage und vorläufiger Rechtsschutz	436
	5. Kfz-Haftpflichtversicherer	437
	6. Klageerweiterung	438
	7. Mahnverfahren	439
	8. Masseunzulänglichkeit	440
	9. Mitwirkung im Prozess	441
	10. Straftaten	442
	11. Streitwertbeschwerde	443
	12. Teilklagen/Klagehäufung	444
	13. Teilungsversteigerung	444a
	14. Vergleich	445
	15. Vollstreckungsabwehrklage	446
	16. Vollstreckungsaussichten	447
	17. Vorprozessuales Verhalten	449
	18. Widerklage	450
	19. Wiederholter Antrag	451
	20. Zurückbehaltungsrecht	452
III.	Mutwilligkeit in familienrechtlichen Verfahren	453
	1. Isolierte Geltendmachung einer Scheidungsfolgesache	453
	2. Scheidungsverfahren	454

Inhaltsverzeichnis

	3.	Scheinehe	455
	4.	Vaterschaftsanfechtung	456
	5.	Umgangsverfahren	457
	6.	Unterhaltsverfahren	458

Kapitel 5: **Bedürftigkeit** 459
I. Allgemeines 459
II. Besonderheiten im Rahmen des § 115 ZPO 460
    1. Abtretung, Prozessstandschaft, „einer für alle" 460
    2. Prozesskostenvorschuss 466a
        a) Ehegatten, Lebenspartner und Verwandte in gerader Linie 467
        b) Träger der Sozialhilfe 477
    3. Ehegatten als Streitgenossen 478
    4. Ratenzahlung und Vergleichsberechnung 479
III. Sonderfall § 116 ZPO 480
    1. Der Insolvenzverwalter 481
        a) Keine Aufbringung der Kosten aus dem verwalteten Vermögen 482
        b) Wirtschaftlich Beteiligte 483
        c) Zumutbarkeit 484
    2. Andere Parteien kraft Amtes 486
    3. Juristische Personen und parteifähige Vereinigungen ... 487
    4. Teilzahlungen. 494

Kapitel 6: **Prozesskostenhilfe für die Rechtsmittelinstanz und Zwangsvollstreckung** 496
I. Grundsätzliches zur Reichweite der Prozesskostenhilfebewilligung 496
II. Prozesskostenhilfe für die Rechtsmittelinstanz 502
    1. Rechtsmittelverfahren in der Hauptsache 502
        a) Die antragstellende Partei ist Rechtsmittelführerin . 503
        b) Die antragstellende Partei ist Rechtsmittelgegnerin . 505
    2. Rechtsmittelverfahren gegen die PKH-Entscheidung. ... 509
III. Prozesskostenhilfe für die Zwangsvollstreckung 510

Kapitel 7: **Verfahrensfragen und Wirkungen** 511
I. Verfahrensfragen 511
    1. Vollständiger Antrag 511
    2. Anhörung des Gegners und Erörterungstermin 515
    3. Erhebungen des Gerichts 520
    4. PKH nach Instanzende 524
    5. Zeitpunkt des Eintritts der Wirkungen. 525
    6. Versäumte Fristen/Säumnis der Partei 527
    7. Tod der hilfsbedürftigen Partei 535
II. Wirkungen 536
    1. Auswirkungen der Antragstellung 536
    2. Auswirkungen der Bewilligung 541

Kapitel 8: **Nachträgliche Entscheidungen** 546
I. Änderung der persönlichen und wirtschaftlichen Verhältnisse (§ 120a ZPO) 547
    1. Verbesserung der Verhältnisse. 548

XIII

Inhaltsverzeichnis

		2.	Verschlechterung der Verhältnisse	553
		3.	Verfahrensfragen	555
	II.	Aufhebung der Bewilligung (§ 124 ZPO)		557
		1.	Falsche Angaben zum Sach- und Streitstand (§ 124 Abs. 1 Nr. 1 ZPO)	558
		2.	Falsche Angaben zu den persönlichen oder wirtschaftlichen Verhältnissen oder keine Angabe zu Änderungen (§ 124 Abs. 1 Nr. 2 ZPO)	560
		3.	Irrige Annahme der Bedürftigkeit durch das Gericht (§ 124 Abs. 1 Nr. 3 ZPO)	565
		4.	Verstoß gegen die Pflicht zur Mitteilung wesentlicher Verbesserungen oder der Anschriftenänderung (§ 124 Abs. 1 Nr. 4 ZPO)	566
		5.	Zahlungsverzug von mehr als drei Monaten (§ 124 Abs. 1 Nr. 5 ZPO)	567
		6.	(Teil-)Aufhebung nach Beweisaufnahme wegen fehlender Erfolgsaussichten oder Mutwilligkeit des Beweisantritts (§ 124 Abs. 2 ZPO)	568
		7.	Verfahrensfragen	569

Kapitel 9: Rechtsmittel im Rahmen der Prozesskostenhilfe 571
    I. Sofortige Beschwerde............................. 571
        1. Sofortige Beschwerde gegen die ursprüngliche Entscheidung.. 572
            a) Anfechtungsrecht des Antragstellers 572
            b) Anfechtungsrecht des Antragsgegners 579
            c) Anfechtungsrecht der Staatskasse.............. 580
        2. Sofortige Beschwerde gegen nachträgliche Entscheidungen.. 583
    II. Rechtsbeschwerde............................... 587
    III. Gegenvorstellung – Außerordentliche Beschwerde wegen „greifbarer Gesetzwidrigkeit" 591

Kapitel 10: Kosten des Prozesskostenhilfeverfahrens 592
    I. Keine Kostenentscheidung im Bewilligungsverfahren........ 592
    II. Kostenerstattung im Rahmen des Hauptverfahrens.......... 596

Kapitel 11: Die Beiordnung eines Rechtsanwalts 598
    I. Voraussetzungen................................. 598
        1. Verfahren mit Anwaltszwang.................... 599
        2. Erforderlichkeit der anwaltlichen Vertretung.......... 602
            a) Familienrechtliche Verfahren................. 603
            b) Zwangsvollstreckung....................... 607
            c) Andere Verfahren 608
        3. Beiordnung aus Gründen der Waffengleichheit 612
        4. Sonderfall Insolvenzverfahren.................... 614
    II. Verfahrensfragen................................. 617
        1. Die Person des Beizuordnenden 617
            a) Grundsatz der freien Anwaltswahl............. 619
            b) Selbstbeiordnung des Rechtsanwalts............ 620
            c) Bestimmung durch das Gericht 623
        2. Antragserfordernis 624
        3. Das Mehrkostenverbot des § 121 Abs. 3 ZPO 625

		a)	Zulässigkeit der kostenrechtlichen Einschränkung	626
		b)	Einschränkung ohne Einverständnis des Rechtsanwalts	631
		c)	Sonderprobleme	632
	4.		Umfang und Wirkung der Beiordnung	634
	5.		Aufhebung der Beiordnung	640
		a)	Antrag des beigeordneten Rechtsanwalts	641
		b)	Antrag der Partei	642
III.			Rechtsmittel	643
	1.		Unbeschränkte Beiordnung des von der Partei gewünschten Anwalts	644
	2.		Ablehnung der Beiordnung	645
	3.		Kostenrechtliche Beschränkung der Beiordnung	646
	4.		Aufhebung der Beiordnung	647

Teil 3   Anlagen

I.	Verordnung zur Durchführung des § 90 Abs. 2 Nr. 9 des Zwölften Buches Sozialgesetzbuch	Anlage I
II.	Verordnung zur Durchführung des § 82 des Zwölften Buches Sozialgesetzbuch	Anlage II
III.	Verordnung zur Verwendung von Formularen im Bereich der Beratungshilfe (Beratungshilfeformularverordnung – BerHFV)	Anlage III
IV.	Hinweisblatt zum Antrag auf Beratungshilfe	Anlage IV
V.	Anlage V	Anlage V
VI.	Verordnung zur Verwendung eines Formulars für die Erklärung über die persönlichen und wirtschaftlichen Verhältnisse bei Prozess- und Verfahrenskostenhilfe (Prozesskostenhilfeformularverordnung – PKHFV)	Anlage VI
VII.	Hinweisblatt zum Formular für die Erklärung über die persönlichen und wirtschaftlichen Verhältnisse bei Prozess- oder Verfahrenskostenhilfe	Anlage VII
VIII.	Durchführungsbestimmungen zur Prozess- und Verfahrenskostenhilfe sowie zur Stundung der Kosten des Insolvenzverfahrens (DB-PKH)	Anlage VIII
IX.	Richtlinie 2002/8/EG des Rates vom 27. Januar 2003 zur Verbesserung des Zugangs zum Recht bei Streitsachen mit grenzüberschreitendem Bezug durch Festlegung gemeinsamer Mindestvorschriften für die Prozesskostenhilfe in derartigen Streitsachen	Anlage IX
X.	Formular für Anträge auf Prozesskostenhilfe in einem anderen Mitgliedstaat der Europäischen Union	Anlage X
XI.	Formular für die Übermittlung eines Antrags auf Prozesskostenhilfe	Anlage XI
XII.	Bekanntmachung zu § 115 der Zivilprozessordnung	Anlage XII
XIII.	Beratungshilfegesetz	Anlage XIII
XIV.	Übernahmepflichten – Berufsordnung – die Bestimmungen	Anlage XIV

Stichwortverzeichnis 453

Abkürzungsverzeichnis

A
AA	Arbeitsrecht aktiv
a. A.	andere Ansicht
a. a. O.	am angegebenen Ort
abl.Anm.	ablehnende Anmerkung
ablehn.	ablehnend
ABlEG	Amtsblatt der Europäischen Union
Abs.	Absatz
abzgl.	abzüglich
ADAC	Allgemeiner Deutscher Automobil-Club
ADS	Antidiskriminierungsstelle des Bundes
aE/a. E.	am Ende
AEUV	Vertrag über die Arbeitsweise der Europäischen Union
a. F.	alte Fassung
AG	Amtsgericht/Aktiengesellschaft
AGInsO	Ausführungsgesetz zur Insolvenzordnung
AGS	AnwaltsGebührenSpezial
AKB	Allgemeine Bedingungen für die Kraftverkehrsversicherung
ALG	Gesetz über die Alterssicherung für Landwirte
Alt.	Alternative
AltersvermögensG	Altersvermögensgesetz
Amtsbl.	Amtsblatt des Saarlandes
Anh.	Anhang
Anm.	Anmerkung
AnwBl	Anwaltsblatt
AnwBl BE	Berliner Anwaltsblatt
AO	Abgabenordnung
AO-StB	Der AO-Steuer-Berater
AOK	Allgemeine Ortskrankenkasse
ARB	Allgemeine Bedingungen für die Rechtsschutzversicherung
ArbG	Arbeitsgericht
ArbGG	Arbeitsgerichtsgesetz
ArbRB	Der Arbeits-Rechts-Berater
ARGE	Arbeitsgemeinschaft
arg.Ex	Argument aus
Art.	Artikel
ASR	Anwalt/Anwältin im Sozialrecht
AStA	Allgemeiner Studierendenausschuss
AsylG	Asylgesetz
AsylbLG	Asylbewerberleistungsgesetz
AsylVfG	Asylverfahrensgesetz
AufenthaltsG	Gesetz über den Aufenthalt, die Erwerbstätigkeit und die Integration von Ausländern im Bundesgebiet
Aufl.	Auflage
AUG	Auslandsunterhaltsgesetz
AV	Allgemeine Verfügung
Az.	Aktenzeichen

B
BAG	Bundesarbeitsgericht
BAföG	Bundesausbildungsförderungsgesetz
BauR	Baurecht
BayObLG	Bayerisches Oberstes Landesgericht
BaySchlG	Bayerisches Schlichtungsgesetz
BayVGH	Bayerischer Verfassungsgerichtshof
BB	Der Betriebs-Berater
BdV	Bund der Vertriebenen
BeckRS	Beck-Rechtsprechung
BeckOK	Beck'scher Online-Kommentar

Abkürzungsverzeichnis

BEEG	Gesetz zum Elterngeld und zur Elternzeit
BErzGG	Bundeserziehungsgeldgesetz
bejah.	bejahend
ber.	berichtigt
BerHFV	Beratungshilfeformularverordnung
BerHG	Beratungshilfegesetz
BerHG-E	Entwurf zur Änderung des Beratungshilfegesetzes
BEVG	Bundesevakuiertengesetz
BfA	Bundesversicherungsanstalt für Angestellte
BFH	Bundesfinanzhof
BFH/NV	Entscheidungen des Bundesfinanzhofs, Sammlung
BGB	Bürgerliches Gesetzbuch
BGBl	Bundesgesetzblatt
BGH	Bundesgerichtshof
BGHR	BGH-Rechtsprechung Zivilsachen
BGHZ	Entscheidungen des Bundesgerichtshofs in Zivilsachen
BMJ	Bundesjustizministerium
BNotO	Bundesnotarordnung
BORA	Berufsordnung der Rechtsanwälte
BR	Bundesrat
BR-Drs.	Bundesrats-Drucksache
BRAGO	Bundesgebührenordnung für Rechtsanwälte
BRAGOreport	Report zur Rechtsprechung zur BRAGO
BRAK	Bundesrechtsanwaltskammer
BRAO	Bundesrechtsanwaltsordnung
BSG	Bundessozialgericht
BSHG	Bundessozialhilfegesetz
bspw.	beispielsweise
BT	Bundestag
BT-Drs.	Bundestags-Drucksache
BtPrax	Betreuungsrechtliche Praxis
Buchst.	Buchstabe
BundesseuchenG	Bundesseuchengesetz
BVerfG	Bundesverfassungsgericht
BVerfGE	Entscheidungen des Bundesverfassungsgerichts, Amtliche Sammlung
BVerfGG	Gesetz über das Bundesverfassungsgericht
BVerwG	Bundesverwaltungsgericht
BVerwGE	Entscheidungen des Bundesverwaltungsgerichts, Amtliche Sammlung
BVG	Bundesversorgungsgesetz
BVFG	Bundesvertriebenengesetz
bzgl.	bezüglich
bzw.	beziehungsweise

C

ca.	circa
ccm	Kubikzentimeter

D

DAVorm	Der Amtsvormund
DBB	Deutscher Beamtenbund
ders.	derselbe
DNA	Desoxyribonukleinsäure
DB-PKHG/DB-InsO	Durchführungsbestimmungen zum Gesetz über die Prozesskostenhilfe
DGVZ	Deutsche Gerichtsvollzieherzeitung
d.h.	das heißt
DM	Deutsche Mark
DRiZ	Deutsche Richterzeitung
Drs.	Drucksache
DStR	Deutsches Steuerrecht
DVO	Durchführungsverordnung
DZWIR	Deutsche Zeitschrift für Wirtschafts- und Insolvenzrecht

Abkürzungsverzeichnis

E
EDV	Elektronische Datenverarbeitung
EFG	Entscheidungen der Finanzgerichte
EG	Europäische Gemeinschaft
EG-PKHG	Gesetz zur Umsetzung gemeinschaftsrechtlicher Vorschriften über die grenzüberschreitende Prozesskostenhilfe in Zivil- und Handelssachen in den Mitgliedstaaten
EG-PKHVV	EG-Prozesskostenhilfevordruckverordnung
EGZPO	Einführungsgesetz zur Zivilprozessordnung
EigZulG	Eigenheimzulagengesetz
entspr.	entsprechend
ERV	Elektronischer Rechtsverkehr
EStG	Einkommenssteuergesetz
etc.	Et cetera
EU	Europäische Union
EURO	Währung: EURO
e. V.	eingetragener Verein
evtl.	eventuell
EzFamRAktuell	Entscheidungssammlung zum Familienrecht

F
FamFG	Gesetz über das Verfahren in Familiensachen und in den Angelegenheiten der freiwilligen Gerichtsbarkeit
FamFR	Familienrecht und Familienverfahrensrecht
FamRÄndG	Familienrechtsänderungsgesetz
FamRB	Der Familien-Rechts-Berater
FamRBint	Der Familien-Rechts-Berater international
FamRZ	Zeitschrift für das gesamte Familienrecht
f./ff.	folgende/fortfolgende
FG	Finanzgericht
FGG	Gesetz über die Angelegenheiten der freiwilligen Gerichtsbarkeit
FGG-RG	Gesetz zur Reform des Verfahrens in Familiensachen und in den Angelegenheiten der freiwilligen Gerichtsbarkeit
FGO	Finanzgerichtsordnung
FPR	Familie, Partnerschaft, Recht
FuR	Familie und Recht

G
GBl	Gesetzblatt
GbR	Gesellschaft bürgerlichen Rechts
gem.	gemäß
GEZ	Gebühreneinzugszentrale
GG	Grundgesetz
ggfs./ggfs.	gegebenenfalls
GKG	Gerichtskostengesetz
GmbH	Gesellschaft mit beschränkter Haftung
GmbHR	GmbH Rundschau
grds.	grundsätzlich
GVBl/GVOBl	Gesetz- und Verordnungsblatt
GVG	Gerichtsverfassungsgesetz

H
h. M.	herrschende Meinung
HHG	Gesetz über die Hilfsmaßnahmen für Personen, die aus politischen Gründen außerhalb der Bundesrepublik Deutschland in Gewahrsam genommen wurden
HS	Halbsatz
HWVG	Handwerkerversicherungsgesetz

I
i. H. v.	in Höhe von
inkl.	inklusive

Abkürzungsverzeichnis

InsO	Insolvenzordnung
InsVV	Insolvenzrechtliche Vergütungsverordnung
IPR	Internationales Privatrecht
IPrax	Praxis des Internationalen Privat- und Verfahrensrechts
IPRspr.	Deutsche Rechtsprechung auf dem Gebiet des Internationalen Privatrechts
i. S.	im Sinne
i. S. d.	im Sinne des
i. S. v.	im Sinne von
i. V. m.	in Verbindung mit

J

JAmt	Das Jugendamt
JBl.	Justizblatt
JurBüro	Das Juristische Büro
juris-PR-FamR	juris PraxisReport Familienrecht
Justiz	Die Justiz
JVA	Justizvollzugsanstalt
JVEG	Justizvergütungs- und entschädigungsgesetz
JZ	Juristenzeitung

K

Kfz	Kraftfahrzeug
KG	Kammergericht/Kommanditgesellschaft
KgfEG	Kriegsgefangenen-Entschädigungsgesetz
KGR	KG-Report
km	Kilometer
KostVfG	Kostenverfügung
krit. Anm.	kritische Anmerkung

L

LAG	Landesarbeitsgericht
LVA	Landesversicherungsanstalt
LG	Landgericht
LPartG	Lebenspartnerschaftsgesetz
LPK-SGB VIII	Lehr- und Praxiskommentar zum Sozialgesetzbuch VIII
LS	Leitsatz
LSG	Landessozialgericht

M

MDR	Monatsschrift für Deutsches Recht
m. w. N.	mit weiteren Nachweisen
max.	maximal
MedR	Medizinrecht
mon.	monatlich
MRK	Europäische Menschenrechtskonvention
m. W. v.	mit Wirkung vom

N

NdsRpfl	Niederschsische Rechtspflege
n. F.	neue Fassung
NJOZ	Neue Juristische Online Zeitschrift
NJW	Neue Juristische Wochenschrift
NJW-RR	Rechtsprechungsreport der NJW
NJWE-FER	NJW-Entscheidungsdienst Familien- und Erbrecht
NJWE-MietR	NJW-Entscheidungsdienst Miet- und Wohnungsrecht
NJW-Spezial	Neue Juristische Wochenschrift – Spezial
Nr.	Nummer
NRW	Nordrhein-Westfalen
NStZ	Neue Zeitschrift für Strafrecht
NStZ-RR	Neue Zeitschrift für Strafrecht – Rechtsprechungsreport
n. v.	nicht veröffentlicht
NVwZ	Neue Zeitschrift für Verwaltungsrecht
NVwZ-RR	Rechtsprechungsreport der NVwZ

Abkürzungsverzeichnis

NZA	Neue Zeitschrift für Arbeits- und Sozialrecht
NZA-RR	Neue Zeitschrift für Arbeits- und Sozialrecht – Rechtsprechungsreport
NZI	Neue Zeitschrift für Insolvenzrecht
NZM	Neue Zeitschrift für das Miet- und Wohnungsrecht
NZS	Neue Zeitschrift für Sozialrecht
NZV	Neue Zeitschrift für Verkehrsrecht

O

o. ä.	oder ähnliches/ähnlichem
OEG	Opferentschädigungsgesetz
oHG	offene Handelsgesellschaft
OLG	Oberlandesgericht
OLG-NL	OLG-Rechtsprechung Neue Länder
OLGReport/OLGR	OLG-Report (des jeweiligen OLG)
OLGZ	Entscheidungen der Oberlandesgerichte in Zivilsachen
OVG	Oberverwaltungsgericht
OWiG	Gesetz über Ordnungswidrigkeiten

P

PartGG	Partnerschaftsgesellschaftsgesetz
PfälzOLG	Pfälzisches Oberlandesgericht
PKH	Prozesskostenhilfe
PKHB	Prozesskostenhilfebekanntmachung
PKHFV	Prozesskostenhilfeformularverordnung
Pkw	Personenkraftwagen
priv.	private

R

RBEG	Regelbedarfs-Ermittlungsgesetz
RBerG	Rechtsberatungsgesetz
RDG	Rechtsdienstleistungsgesetz
RDGEG	Einführungsgesetz zum Rechtsdienstleistungsgesetz
RGZ	Entscheidungen des Reichsgerichts in Zivilsachen
RegE	Regierungsentwurf
Rn.	Randnummer
Rpfleger	Der Deutsche Rechtspfleger
RpflG	Rechtspflegergesetz
RpflegerStud	Rechtspfleger Studienhefte
Rspr.	Rechtsprechung
RVG	Gesetz über die Vergütung der Rechtsanwältinnen und Rechtsanwälte (Rechtsanwaltsvergütungsgesetz)
RVGprof	RVG Proffessionell – Zeitschrift –
RVGreport	RVGreport – Zeitschrift –

S

S.	Seite
SächsLAG	Sächsisches Landesarbeitsgericht
SächsOVG	Sächsisches Oberverwaltungsgericht
SchlHA	Schleswig-Holsteinische Anzeigen
SchlHOLG	Schleswig-Holsteinisches OLG
SGb	Die Sozialgerichtsbarkeit
SGB	Sozialgesetzbuch
SGB I	Sozialgesetzbuch, Erstes Buch
SGB II	Sozialgesetzbuch, Zweites Buch
SGB VI	Sozialgesetzbuch, Sechstes Buch
SGB VIII	Sozialgesetzbuch, Achtes Buch
SGB IX	Sozialgesetzbuch, Neuntes Buch
SGB X	Sozialgesetzbuch, Zehntes Buch
SGB XI	Sozialgesetzbuch, Elftes Buch
SGB XII	Sozialgesetzbuch, Zwölftes Buch
SGG	Sozialgerichtsgesetz
sh.	siehe
s. o.	siehe oben

Abkürzungsverzeichnis

SoldVersG	Soldatenversorgungsgesetz
sog.	sogenannte(r)
st.	ständige
StB	Der Steuerberater
StBerG	Steuerberatungsgesetz
StGB	Strafgesetzbuch
StPO	Strafprozessordnung
StraFo	Strafverteidiger Forum
StrEG	Strafentschädigungsgesetz
StrRehaG	Strafrechtliches Rehabilitierungsgesetz
StV	Strafverteidiger
StVollzG	Strafvollzugsgesetz
SvEV	Sozialversicherungsentgeldverordnung

T
teilw.	teilweise
ThürOLG	Thüringerisches OLG
ThürLAG	Thüringer Landesarbeitsgericht

U
u.	und
u. a.	unter anderem
u. U.	unter Umständen
UdG	Urkundsbeamter der Geschäftsstelle
UStG	Umsatzsteuergesetz
UVG	Unterhaltsvorschussgesetz
UWG	Gesetz über den unlauteren Wettbewerb

V
v.	vom
Var.	Variante
v. A. w.	von Amtswegen
VBVG	Vormünder- und Betreuervergütungsgesetz
VdK	Verband der Kriegsbeschädigten
VE	Zeitschrift Vollstreckung effektiv
VersAusglG	Gesetz über den Versorgungsausgleich
VersR	Versicherungsrecht
VG	Verwaltungsgericht
VGH	Verwaltungsgerichtshof
vgl.	vergleiche
v. H.	vom Hundert
VKH	Verfahrenskostenhilfe
VO	Verordnung
VuR	Zeitschrift für Wirtschafts- und Verbraucherrecht
VV	Vergütungsverzeichnis zum RVG/Verwaltungsvorschrift
VVaG	Versicherungsverein auf Gegenseitigkeit
VVG	Gesetz über den Versicherungsvertrag
VVRVG	Vergütungsverzeichnis zum RVG
VwGO	Verwaltungsgerichtsordnung
VWL	Vermögenswirksame Leistungen
VwVfG	Verwaltungsverfahrensgesetz

W
WEG	Wohnungseigentumsgesetz
wg.	wegen
WM	Wertpapiermeldungen/Wohnungs- und Mietrecht
WoBauG	Zweites Wohnungsbaugesetz
WoGV	Wohngeldverordnung
WiPrO	Wirtschaftsprüferordnung
WuM	Wohnungswirtschaft und Mietrecht

Z
ZAR	Zeitschrift für Ausländerrecht und Ausländerpolitik
z. B.	zum Beispiel

Abkürzungsverzeichnis

ZDG	Gesetz über den Zivildienst der Kriegsdienstverweigerer
ZFE	Zeitschrift für Familien- und Erbrecht
ZFR	Zeitschrift für Tarifrecht
ZfSch	Zeitschrift für Schadensrecht
ZInsO	Zeitschrift für das gesamte Insolvenzrecht
ZIP	Zeitschrift für Wirtschaftsrecht
ZMR	Zeitschrift für Miet- und Raumrecht
ZMRG	Zeitschrift für das gesamte Medizin- und Gesundheitsrecht
ZPO	Zivilprozessordnung
ZPO-E	ZPO-Entwurf
ZRP	Zeitschrift für Rechtspolitik
zust.Anm.	zustimmende Anmerkung
ZVG	Zwangsversteigerungsgesetz
ZVI	Zeitschrift für Verbraucherinsolvenzrecht
zzgl.	zuzüglich

Literaturverzeichnis

(Aufsätze werden im Text mit Fundstelle genannt.)
Soweit Altauflagen zitiert werden, erfolgt dies aus entsprechendem Anlass.

Kommentare und Lehrbücher
Arnold/Meyer-Stolte/ Rellermeyer/Hintzen/Georg, RPflG, 8. Auflage 2015
Bahrenfuss, FamFG, 3. Auflage 2017
Beck'scher Online Kommentar, RVG, v. Seltmann, 37. Edition 2017
Beck'scher Online Kommentar, ZPO, Vorwerk/Wolf, 26. Edition, 2017
Baronin von König, Renate, Zivilprozess- und Kostenrecht, 2. Auflage 2008
Baumbach/Lauterbach/Albers/Hartmann, Zivilprozessordnung, 76. Auflage 2018
Bischof/Jungbauer/Bruer/Curkovic/Mathias/Uher, RVG Kommentar, 2. Auflage 2007
Blank/Börstinghaus, Miete, 3. Auflage 2008
Burhoff, RVG Straf- und Bußgeldsachen, 4. Auflage 2014
Dörndorfer, Josef, Prozesskosten- und Beratungshilfe für Anfänger, 5. Auflage 2009
Dürbeck/Gottschalk, Prozess- und Verfahrenskostenhilfe, Beratungshilfe, 8. Auflage 2016
Feuerich/Weyland, BRAO, 8. Auflage 2012; 9. Aufl. 2016.
Gerold/Schmidt, Rechtsanwaltsvergütungsgesetz, 22. Auflage 2015
Groß, Beratungshilfe, Prozesskostenhilfe, Verfahrenskostenhilfe, 14. Auflage 2017
Grube/Wahrendorf, Kommentar SGB XII, 5. Auflage 2014
Grünewald/Römermann, Rechtsdienstleistungsgesetz, 2008
Hansens/Braun/Schneider, Praxis des Vergütungsrechts, 2. Auflage 2007
Hartmann, Kostengesetze, 47. Auflage 2017
Hundt, Marion, Prozesskosten- und Beratungshilfe, Neuauflage 2008
jurisPK-BGB, Band 4, 8. Auflage 2017
jurisPR-FamR 9/2008
jurisPK-FamR 6/2009
jurisPK-FamR 22/2010, 16/2013 und 19/2015
Karlsruher Kommentar zur StPO, 6. Auflage 2008
Klinge, Das Beratungshilfegesetz, Neuauflage 1980
Lindemann/Trenk-Hinterberger, Beratungshilfegesetz, Neuauflage 1987
LPK, Kunkel/Kepert/Pattar, SGB VIII, 6. Auflage 2016
Mayer/Kroiß, Rechtsanwaltsvergütungsgesetz, 6. Auflage 2013
Münchener Kommentar zum Bürgerlichen Gesetzbuch, Band 7/1, 6. Auflage 2013; Band 8, 6. Auflage 2012; Band 9, 6. Auflage 2013
Münchener Kommentar zur Insolvenzordnung, 3. Auflage 2014-2016
Münchener Kommentar zur Zivilprozessordnung, 5. Auflage 2016
Musielak/Voit, Kommentar zur Zivilprozessordnung mit Gerichtsverfassungsgesetz, 14. Auflage 2017
Prütting/Helms, FamFG, 3. Auflage 2014
Riedel/Sußbauer, BRAGO, 8. Auflage 2000
Riedel/Sußbauer, RVG, 10. Auflage 2015
Saenger, ZPO Handkommentar, 7. Auflage 2017
Schneider/Volpert/Fölsch, Gesamtes Kostenrecht, 2. Auflage 2017
Schneider/Wolf, RVG, 8. Auflage 2017
Schoreit/Groß, Beratungshilfe und Prozesskostenhilfe, 11. Auflage 2012
Staudinger, Kommentar zum BGB, Neubearbeitung 2012
Stein/Jonas, ZPO, Band 2, 23. Auflage 2017
Thomas/Putzo, ZPO, 38. Auflage 2017
Wieczorek/Schütze, Zivilprozessordnung und Nebengesetze, Erster Band, 2. Teilband, 1994
Zöller, Zivilprozessordnung, 32. Auflage 2018

Sonstiges
Informationsbroschüre Beratungshilfe und Prozesskostenhilfe des Bundesministerium der Justiz und für Verbraucherschutz, Januar 2017 (im Internet zu finden über http://www.bmj.vde)
Leitfaden Bezirksrevisoren Baden-Württemberg „Hinweise zur Ermittlung des einzusetzenden Einkommens (§ 115 Abs. 1 ZPO) und des Vermögens (§ 115 Abs. 3 ZPO) – 14. Neufassung vom 1.5.2017

Teil 1 Beratungshilfe

Kapitel 1: Einführung

I. Allgemeines

Die **Beratungshilfe ist das Gegenstück zur Prozesskostenhilfe im außergerichtlichen Bereich**. Die Beratungshilfe basiert auf dem **Beratungshilfegesetz (BerHG)** vom 18. Juni 1980[1] (dieses ist am 1. Januar 1981 in Kraft getreten). Mit dem **Gesetz zur Änderung des Prozesskostenhilfe- und Beratungshilferechts,**[2] welches zum 1.1.2014 in Kraft getreten ist, erfährt die Beratungshilfe ihre umfangreichste Änderung seit Bestehen des Gesetzes.
Wie die gesetzliche Formulierung bereits besagt, ist sie **Hilfe für die Wahrnehmung von Rechten außerhalb eines gerichtlichen Verfahrens (Beratungshilfe)**.

Die **Rechtsberatung für finanziell schwächer gestellte Bürger** hat eine lange Tradition. Klinge[3] geht in seinem Vorwort davon aus, dass jemand, der das Beratungshilfegesetz in rechter Weise verstehen und würdigen wolle, etwas über die Geschichte und Theorie des Gesetzes wissen müsse.

> **Hinweis:**
> Da sich dieses Buch indes in erster Linie **als Nachschlagewerk für die Praxis** versteht, wird an dieser Stelle daher von einer weiteren Vertiefung der Entwicklungs- und Entstehungsgeschichte abgesehen und lediglich die Zielsetzung des Gesetzes skizziert.

Die **Hilfe für die Wahrnehmung von Rechten außerhalb eines gerichtlichen Verfahrens** wird auf Antrag gewährt, wenn der Rechtsuchende die erforderlichen Mittel nach seinen persönlichen und wirtschaftlichen Verhältnissen nicht aufbringen kann, andere Möglichkeiten für eine Hilfe nicht zur Verfügung stehen, deren Inanspruchnahme dem Rechtsuchenden zuzumuten ist und die Inanspruchnahme der Beratungshilfe nicht mutwillig erscheint, § 1 BerHG. Der Gesetzgeber hat nach zähem Ringen auch unter Berücksichtigung von Regelungen anderer Länder letztlich erkannt, dass *„der Prozess keineswegs die allein mögliche Lösung ist, sondern die ultima ratio bei der* **Rechtsklärung** *sein sollte."*[4]
Das Beratungshilfegesetz hat sich aus dieser Tradition heraus entwickelt. Der Gesetzgeber hat sich letztlich unter den verschiedenen Gesetzesentwürfen für die anwaltliche Lösung entschieden. Aspekt war auch, dass es zu den anwaltlichen Primäraufgaben gehört, Prozesse zu vermeiden.[5]
Knapp ein Jahr nach der Prozesskostenhilfe wurde letztlich auch das Beratungshilfegesetz eingebracht und sollte zusammen mit dieser die bestehende Lücke im System der Rechtsberatung schließen, soweit noch keine Hilfe bestand.
Seit dem Gesetz zur Änderung des Prozesskostenhilfe- und Beratungshilferechts[6] ist es erstmals auch anderen Berufsgruppen möglich, im Rahmen deren jeweiligen Kompetenzen (siehe hierzu Rn. 265) Beratungshilfe zu leisten. Die

---
1 BGBl I, 1980, 689.
2 BT-Drs. 17/11472; Fassung des Rechtsausschusses BT-Drs. 17/13538 = BGBl I, 2013, 3533.
3 *Klinge*, Vorwort.
4 *Klinge*, Vorwort.
5 *Schackow*, NJW 1967, 1201 ff.
6 BT-Drs. 17/11472; Fassung des Rechtsausschusses BT-Drs. 17/13538 = BGBl I, 2013, 3533.

bisherige Praxis seit Inkrafttreten der Reform hat aber gezeigt, dass von dieser Möglichkeit bislang nur selten Gebrauch gemacht wird. Fast ausschließlich erfolgen nach wie vor die Beratungsleistungen durch Rechtsanwälte.

4 Das Beratungshilfegesetz ist **Ausfluss aus dem Prinzip des sozialen Rechtsstaates.**
Es wurde eingeführt, um zu anderen Hilfsmöglichkeiten hinzuzutreten und vor allem dort wirksam zu werden, wo anderweitige Hilfe ganz fehlt.[7]
Es soll die Chancengleichheit bei der Rechtsdurchsetzung auch für finanziell schwächere Bürgerinnen und Bürger, unabhängig von Einkommens- und Vermögensverhältnissen, und damit den Gleichheitsgrundsatz nach Art. 3 GG wahren.[8]
Auch dieser Personenkreis sollte sich seiner Rechte bewusst sein und seine berechtigten Interessen unabhängig seiner finanziellen Mittel durchsetzen können und nicht an finanziellen Nöten, Schwellenängsten oder aufgrund von Bürokratie scheitern. Klinge[9] formuliert es als eine der „Wesensaufgaben" des Rechtsstaates, dass er seine Bürger über die Existenz und das Ausmaß seiner ihm zur Verfügung stehender Rechte sowie deren Anwendung aufklärt.
Das Beratungshilfegesetz sichert damit den **Bürgern mit niedrigem oder keinem Einkommen** gegen eine geringe Eigenleistung Rechtsberatung und Rechtsvertretung außerhalb eines gerichtlichen Verfahrens und im so genannten obligatorischen Güteverfahren zu.
Ein **weiteres Ziel** des Beratungshilfegesetzes ist ferner, durch diese finanzielle Unterstützung Rechtsprobleme **bereits im Vorfeld** zu klären, um dadurch oft teurere und langwierige gerichtliche Verfahren zu vermeiden. Die Kunst des Rechtsanwaltes sei es, **Prozesse zu vermeiden.**[10] Mit der Erweiterung der Beratungshilfe auf andere Beratungspersonen muss diese Konzeption auch für diese gelten.

5 Die Ziele des Beratungshilfegesetzes lassen sich daher im Wesentlichen wie folgt zusammenfassen:
- Weiterführung des sozialen Rechtsstaatsprinzips,
- Hilfe, wo keine sonstige Hilfe existiert (Schließung der Lücken im Rechtsberatungssystem),
- Reduzierung von Schwellenängsten,
- Schaffung einer Möglichkeit der Verfolgung berechtigter Interessen,
- Ergänzung anderer Hilfen,
- Wahrung von Chancengleichheit,
- Entbürokratisierung bei Vorliegen von Problemen,
- Vermeidung von teuren und langwierigen gerichtlichen Verfahren.

6 Sinn und Zweck von Beratungshilfe ist es jedoch nicht, dem Rechtsuchenden jede – und noch dazu zumutbare – Eigenarbeit zu ersparen oder gar eine eigene Rechtsabteilung zur Seite zu stellen. Dies wurde bereits im damaligen Gesetzgebungsverfahren deutlich. Unbemittelte brauchen auch nur solchen Bemittelten gleichgestellt zu werden, die bei ihrer Entscheidung für die Inanspruchnahme von Rechtsrat auch die hierdurch entstehenden Kosten berücksichtigen und vernünftig abwägen.[11] Unter verfassungsrechtlichen Gesichtspunkten stellt die Versagung von Beratungshilfe grundsätzlich auch keinen Verstoß gegen das Gebot der Rechtswahrnehmungsgleichheit dar, wenn Bemittelte wegen ausrei-

---

7 *Groß*, Einleitung, Rn. 13; BT-Drs. 8/3311, S. 12.
8 BVerfG, RVGreport 2016, 78.
9 *Klinge*, Vorwort.
10 *Dr. Schackow*, NJW 1967, 1201 ff.
11 BVerfG, RVGreport 2016, 78.

chender Selbsthilfemöglichkeiten die Inanspruchnahme anwaltlicher Hilfe vernünftigerweise nicht in Betracht ziehen würden.[12]
Generell soll die Beratungshilfe auch nicht die von anderen, meist über besondere Sachkunde verfügenden Einrichtungen kostenfrei geleistete Beratung ersetzen, sondern diese **ergänzen**.[13]
Im Zuge zuvor vorgeschlagener **Reformen der Beratungshilfe**[14] und der dadurch veranlassten Praxisanhörungen wurde deutlich, dass diese Ziele teilweise in Vergessenheit geraten sind. Vielfach wird Beratungshilfe heutzutage **wegen alltäglicher Probleme** beansprucht, so z. b. wegen einfacher Sprach-, Schreib- oder Verständnishilfen. Gerade hierzu dient das BerHG jedoch nicht.[15]

Es ist daher **nicht Ziel** des Beratungshilfegesetzes
- eine zumutbare Eigenarbeit des Rechtsuchenden zu ersparen,
- eine angemessene Selbsthilfemöglichkeit zu ersetzen,[16]
- eine Besserstellung der bedürftigen Partei gegenüber nicht beratungshilfeberechtigten Personen herbeizuführen,[17]
- eine eigene Rechtsabteilung bereitzustellen,
- jedes alltägliche Problem zu lösen,
- gerichtliche Verfahren vorzubereiten,
- andere, meist über besondere Sachkunde verfügende Einrichtungen[18] zu ersetzen,
- Schreib-, Lese- oder Sprach- und Verständigungsprobleme zu beseitigen.[19]

7

Die Beratungshilfe endet dort, wo sie den historischen Zielen dieser Gesetzgebung entgegensteht.
Zur weiteren Vertiefung wird auf die entsprechenden Bundestagsdrucksachen[20] verwiesen.

II. Entwicklung der Beratungshilfe

Das Beratungshilfegesetz ist nunmehr seit mehr als 37 Jahren in Kraft. Noch immer und trotz der stattgefundenen Reform werfen viele Bestimmungen in der Praxis Fragen auf, die der Gesetzgeber noch nicht hinreichend im Gesetz geregelt hat. Auch die letzte Reform konnte hier keine Abhilfe schaffen. Dies zeigt die Fülle an neuen Entscheidungen, die seither notwendig wurden.[21] Trotz dieser Mängel ist das Gesetz von größter gesellschaftspolitischer Bedeutung. Es erfährt gegenüber den vergangenen Jahren zwischenzeitlich ein **gestiegenes Maß an Aufmerksamkeit**. Dies liegt auch an den gestiegenen und anhaltend hohen Ausgaben sowie an den unterschiedlichen Gesetzesvorhaben, die

8

---

12 BVerfG, RVGreport 2016, 78.
13 BR-Drs. 404/79, S. 14 f.; *Lissner*, JurBüro 2012, 454 m. w. N.
14 BR-Drs. 69/10.
15 BVerfG, FamRZ 2007, 1963.
16 BVerfG, Nichtannahmebeschluss vom 27. Juni 2014, Az.: 1 BvR 256/14 – juris.
17 BVerfG, RVGreport 2016, 78.
18 BR-Drs. 404/79, Seite 14.; *Lissner*, JurBüro 2012, 454; *ders*. Rpfleger 2012, 122.
19 BVerfG, Rpfleger 2007, 552; *Lissner*, JurBüro 2012, 454; *Dürbeck/Gottschalk*, Rn. 1117; *Duman*, Rpfleger 2011, 189; AG Hannover, NdsRpfl 2005, 345.
20 BT-Drs. 8/3311 vom 2.11.1979, 8/3695 vom 22.2.1980, 8/1713 vom 17.4.1978, 17/11472 vom 14.11.2012 und 17/13538 vom 15.5.2013.
21 sh. *Groß*, Vorwort zur 13. Auflage: mehr als 2000 einschlägige Entscheidungen seit der Reform; sh *Lissner*, RVGreport 2016, 444; *ders.*, RVGreport 2016, 402 mit einigen Beispielen zur aktuellen Entwicklung.

schließlich auch in das Gesetz zur Änderung des Prozesskostenhilfe- und Beratungshilferechts mündeten.[22]
Auch weiterhin bleibt es um die Beratungshilfe nicht ruhig. Nachdem durch die Reform und die dadurch veranlassten Veränderungen im Beratungshilferecht weitere und veränderte Fragestellungen aufgetaucht sind, steht im Rahmen der Frage der funktionellen Zuständigkeit die Praxis vor neuen Herausforderungen. Während im Rahmen der Festsetzung nach § 55 RVG bislang noch überwiegend der UdG des gehobenen Dienstes für die Gebühren- und Auslagenfestsetzung zuständig ist, laufen bereits Bestrebungen – in manchen Ländern bereits Umsetzungen – diese im Rahmen des Projektes „KomPakT" (Kompetenzen stärken, Potenziale aktivieren) bzw. im Rahmen des Vorhabens eines Gesetzes zur flexiblen Aufgabenübertragung in der Justiz, von der bisherigen Zuständigkeit des gehobenen Dienstes abzuweichen und eine Übertragung auf sonstige Mitarbeiter zu ermöglichen, was zweifelsohne neue Probleme aufwerfen wird (z. B. Frage nach der Anzahl der Angelegenheiten oder der Erforderlichkeit einer Vertretung, die bei der Gebührenfestsetzung überprüft werden muss).

1. Betrachtung der Fallzahlen

9 Die **Anzahl der Anträge auf Beratungshilfe** ist in den letzten Jahren enorm gestiegen. So wurden beispielsweise **2008** bundesweit ca. **885.400** Anträge auf Beratungshilfe gestellt, **1996** waren es dagegen lediglich ca. **311.000** Anträge. Bis 2010 ist die Anzahl stark angestiegen. In den Jahren **2011 – 2013** waren die Zahlen leicht rückläufig, während sie in 2014 wieder anstiegen. In den beiden Jahren 2015 und 2016 sind die Anträge wieder etwas rückläufig. Das nachfolgende Schaubild zeigt die **Entwicklung der Antragszahlen** in der Beratungshilfe bis 2015:

Anzahl Anträge Beratungshilfe

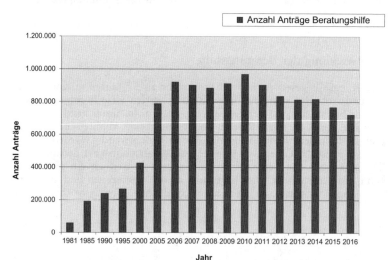

(Quelle der Daten: Statistik des Bundesministeriums der Justiz)

Bei genauer Betrachtungsweise nach der **Art der Gewährung** (Beratung, Vertretung, Vergleich/Einigung/Erledigung) zeigt sich, dass bei der Einführung der Beratungshilfe im Jahre 1981 die Beratung noch stärkster Faktor war, während in den Folgejahren die **Vertretungshandlungen** die Spitzenposition eingenommen haben mit der Folge höherer Kosten.

---
22 BT-Drs. 17/11472; BT-Drs. 17/13538; BGBl. I 2013, 3533.

Kapitel 1: Einführung

Art der Gewährung von Beratungshilfe

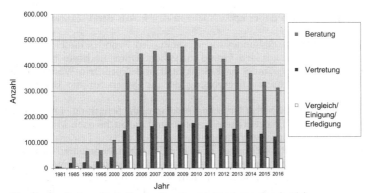

(Quelle der Daten: Statistik des Bundesministeriums der Justiz)

Ein wesentlicher Punkt, der in diesem Zusammenhang die Aufmerksamkeit auf sich gezogen hat, ist der **Kostenfaktor**, der im Rahmen der Reform der Beratungshilfe eine tragende Rolle einnimmt. Dieser hat in den vergangenen Jahrzehnten überproportional zugenommen. Während zum Zeitpunkt des Inkrafttretens des Beratungshilfegesetzes die jährlichen Kosten mit bundesweit 14 bis 18 Millionen Deutsche Mark prognostiziert wurden,[23] beliefen sich die Ausgaben für die Beratungshilfe im Jahr 2012 zuletzt bundesweit bereits auf ca. 73,5 Millionen EURO. Im Jahr 2016 lagen die Gesamtausgaben bei ca. 654 Millionen EURO[24] (sh. nachfolgendes Schaubild). Die Ausgaben für die Beratungshilfe fallen dabei den einzelnen Länderhaushalten zur Last.

Gesamtausgaben Beratungshilfe

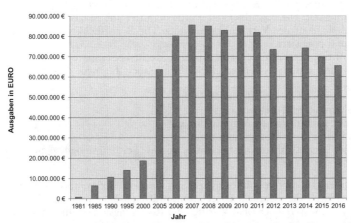

(Quelle der Daten: Statistik des Bundesministeriums der Justiz) (Anm.: 1996: ohne Brandenburg und Thüringen; 1997 bis 2001: ohne Brandenburg, Hessen und Thüringen; 2002 und 2003: ohne Brandenburg, Hessen und Thüringen; 2004: ohne Brandenburg und Hessen; 2005 bis 2007: ohne Hessen; ab 2008: einschl. Angaben EbersbergerAnwV; ab 2006: ohne Bremen und Hamburg: öffentliche Beratungsstellen)

---

23 BT-Drs. 8/3311, S. 11.
24 Entsprechende Statistiken sind unter der Homepage des Bundesministeriums der Justiz unter „Service" und „Statistiken" zu finden.

2. Gründe für die Kostenexplosion und die anhaltende Höhe der Ausgaben

10 Naturgemäß werden in Zeiten einer schlechten Haushaltslage gestiegene und hohe Ausgabepositionen kritischer hinterfragt, so dass die Beratungshilfe in den letzten Jahren auch daher etwas mehr in den Fokus der Verantwortlichen gerückt ist.[25]

Ab dem Jahre 2006 wurde bundesweit versucht, den Gründen dieser überproportionalen Steigerung auf den Grund zu gehen. Unter anderem hatte sich unter Federführung der Länder Sachsen-Anhalt und Nordrhein-Westfalen die **Bund-Länder-Arbeitsgruppe „Begrenzung der Ausgaben für die Beratungshilfe"** konstituiert.

Die Aufgabe der Gruppe betraf Ursachenforschung, die Schaffung von gesetzlicher Hilfestellung für alle beteiligten Personen und die Suche nach Möglichkeiten, die Kostenexplosion einzudämmen.

Das Ergebnis dieser Untersuchungen ist in den danach eingebrachten Gesetzesentwurf des **„Gesetzes zur Änderung des Beratungshilferechts"** gemündet, welcher am 7.5.2010 durch den Bundesrat genehmigt wurde und dann dem Bundestag vorlag.[26] Der eingebrachte Entwurf war in der davor liegenden Legislaturperiode nicht mehr abschließend beraten worden und ist damit zunächst dem Grundsatz der Diskontinuität zum Opfer gefallen. Zwischenzeitlich wurde dann durch das Bundesministerium der Justiz am 4.5.2012 ein eigener, einheitlicher Referentenentwurf (RefE) hinsichtlich eines Gesetzes zur Änderung des Prozesskostenhilfe- und Beratungshilferechts vom 4.5.2012 vorgelegt, der sowohl die Reform der Beratungshilfe, wie auch der Prozesskosten- und Verfahrenskostenhilfe umfasste. Dieser mündete nach Anhörung des Bundesrates[27] nun in den Gesetzesentwurf vom 14.11.2012,[28] der schließlich in der Fassung des Rechtsausschusses vom 15.5.2013[29] am 16.5.2013 beschlossen wurde (nach Einigung im Vermittlungsausschuss am 26.6.2013) und seit dem 1.1.2014 in Kraft ist.[30]

10a Das zum 1.1.2014 in Kraft getretene Reformvorhaben bewirkte zahlreiche Änderungen im Beratungshilfegesetz. Im Folgenden sollen die wesentlichen Veränderungen in einer **Zusammenfassung** kurz wiedergegeben werden.
- Mutwilligkeit: Die Begrifflichkeit wurde definiert und präzisiert.
- Erforderlichkeit der Vertretungshandlung: Die Begrifflichkeit wurde definiert und präzisiert.
- Wegfall der Beschränkung auf Anwälte, Rechtsbeistände und Beratungsstellen und damit verbunden die Öffnung auch für neue Beratungspersonen.
- Veränderungen im Bewilligungsablauf.
- Beibehaltung des Direktzugangs.
- Frist zur nachträglichen Antragstellung.
- Option einer Bewilligungsaufhebung.
- Erfolgs- und Wahlanwaltshonorare sowie Leistungsmöglichkeit „pro bono".

11 In Zusammenhang mit den Reformvorhaben wurden Praxisanhörungen sowie Prüfungen durch die staatlichen Rechnungsprüfungsämter durchgeführt. Die Beratungshilfe war Teil der Denkschriften der Rechnungshöfe Baden-Württem-

---

25 sh. *Lissner*, StB 2013 2013, 286 ff. zur Zielsetzung der Reform.
26 BR-Drs. 69/10; siehe hierzu auch *Corcilius/Remmert*, Rpfleger 2008, 613 ff. (beide Autoren haben an der Erarbeitung des Gesetzentwurfs mitgearbeitet).
27 Stellungnahme des Bundesrates vom 12.10.2012 (BR-Drs. 316/12 (B)).
28 BT-Drs. 17/11472.
29 BT-Drs. 17/13538.
30 BGBl I 2013, 3533.

bergs[31] und Nordrhein-Westfalens[32] sowie Gegenstand einer justizeigenen Controllinguntersuchung des Landes Baden-Württemberg (November 2007). Hierin wurden Vergleiche mit verschiedenen sozio-ökonomischen Daten aus verschiedenen Jahren einerseits und den Beratungshilfeausgaben anderseits vorgenommen.

Entgegen einer ersten Vermutung sind die **Gründe der rasanten Entwicklung** der Beratungshilfeanträge und der damit verbundenen Kostensteigerung nicht nur allein in der allgemeinen Einkommensverschlechterung, steigender Arbeitslosigkeit oder Wirtschaftskrisen zu sehen. Demzufolge hätten sich in den vergangenen Jahren die Ausgaben für Beratungshilfe nämlich konsequenterweise mit sinkenden Arbeitslosenzahlen verringern müssen. Vermutungen, dass Gerichtsbezirke mit einer **höheren Arbeitslosenquote** auch höhere Beratungshilfeausgaben hätten, bestätigten sich ebenfalls nicht.

Die **Zusammenlegung von Sozial- und Arbeitslosenhilfe** im Rahmen des Vierten Gesetzes für moderne Dienstleistungen am Arbeitsmarkt („**Hartz IV**") hat zum 1.1.2005 den Kreis der Beratungshilfeberechtigten zwar erheblich erweitert. Aber dass dies die Betroffenen vermehrt zu anwaltlicher Beratung und Vertretung treibe, geht nicht mit den tatsächlichen, nachprüfbaren Entwicklungen konform. In den Jahren 2006 und 2007 fanden vielfach Prüfungen durch die Landesrechnungshöfe statt. Der Landesrechnungshof Nordrhein-Westfalen beispielsweise hatte im Jahr 2006 diesen Vorwurf geprüft und nur in 8,65 % aller Beratungshilfefälle einen „Hartz IV"-Bezug festgestellt.[33] Nur 15,3 % der geprüften Verfahren betrafen überhaupt behördliche Verfahren.

Es lässt sich ein **Trend** erkennen, dass **vermehrt Alltagsprobleme juristisch überprüft** werden und die Hemmschwelle für die Inanspruchnahme einer Beratungsperson und damit auch die Eigeninitiative der Rechtsuchenden sinkt. Der Bericht des Landesrechnungshofs Nordrhein-Westfalen etwa stellt nach Auswertung umfangreicher Stichproben fest, dass in einer erheblichen Zahl von Fällen Beratungshilfe in Angelegenheiten bewilligt worden sei, die in den Bereich der allgemeinen Lebenshilfe fielen.[34] Dies deckt sich auch mit den gerichtlichen Erfahrungswerten und den Untersuchungen der Bund-Länder-Arbeitsgruppe.

Im Rahmen der Untersuchungen wurde weiter festgestellt, dass sich unter den Antragstellern viele sog. „**Vielfach-Antragsteller**" befanden, die eine Vielzahl von Alltagsproblemen mittels Beratungsperson in Form der Beratungshilfe lösen lassen. Auch erfolgen nicht selten im Rahmen der Erstmandatierung **weitere Folgeanträge**.

Des Weiteren stellt die **außergerichtliche Schuldenbereinigung** seit Inkrafttreten der Insolvenzordnung im Jahr 1999 einen Sonderfall der Beratungshilfe dar, der ebenfalls steigende Ausgaben verursacht.

Die steigenden **Freibeträge**, welche bei der Berechnung der Bedürftigkeit zu berücksichtigen sind, spielen ebenfalls eine Rolle.[35] So betrug bspw. der Freibetrag für die Partei im ersten Halbjahr 2002 **353,00 EURO**, während dieser für den Zeitraum ab dem 1. Januar 2018 bereits **481,00 EURO** beträgt.

Auch die gesetzlichen **Änderungen im Rechtsanwaltsvergütungsrecht** können Gründe darstellen. So führte die Einführung des RVG gegenüber dem bis dahin geltenden BRAGO zu einer deutlichen Erhöhung der anwaltlichen Honorare. Durch das 2. Kostenrechtsmodernisierungsgesetz zum 1.8.2013 wurden diese Gebühren nochmals angehoben.[36]

---

31 im Internet zu finden über http://www.rechnungshof.baden-wuerttemberg.de, Denkschriften, Denkschrift 2007, Nr. 19, S. 168.
32 im Internet zu finden über http://www.lrh.nrw.de.
33 *Müller-Piepenkötter*, ZRP 2009, 90 f.
34 *Müller-Piepenkötter*, ZRP 2009, 90 f.
35 so auch *Greißinger*, AnwBl 1996, 606 ff.
36 BGBl I 2013, 2586.

In den bisherigen Gesetzesentwürfen zur Änderung des Beratungshilferechts waren als weitere Gründe die vor allem **wenig konturierten Gesetzesbegriffe, Strukturschwächen** des Bewilligungsverfahrens und mangelhafte Aufklärungsmöglichkeiten sowie die **mangelnde Kenntnis anderer Hilfemöglichkeiten** genannt.

Diese Defizite führten zu einer nicht hinreichenden Prüfung, einer vorschnellen Bejahung der Voraussetzungen der Beratungshilfe und zu einer uneinheitlichen Bewilligungspraxis der Gerichte. Vielleicht mag dies auch daran liegen, dass die Prüfungsdichte seitens der Gerichte betreffend die Beratungshilfe aufgrund der steigenden Zahlen in den vergangenen Jahren erheblich zugenommen hat. In den Jahren 2011 und 2012 und auch aktuell für 2015 und 2016 konnte hingegen eine geringere Anzahl gestellter Beratungshilfeanträge und auch eine damit verbundene Kostensenkung festgestellt werden.

> **Fazit:**
> Ob dieser Trend auch unter Berücksichtigung der nunmehr umgesetzten Reformen (die jedoch im Vergleich zu den früheren Entwürfen deutlich abgeschwächt wurden) sich fortsetzen wird, ist derzeit noch nicht beurteilbar.[37] Die entscheidenden Indikatoren lassen sich nicht genau bestimmen.

III. Rechtswahrnehmung

1. Was bedeutet die „Wahrnehmung von Rechten"?

13 Während die bis 31.12.2013 geltende Regelung in § 1 BerHG explizit nur auf die Wahrnehmung von Rechten als Voraussetzung der Beratungshilfe abstellte, greift die nunmehr geltende Regelung in § 1 BerHG diese Bestimmung zwar im Wortlaut nicht mehr alleine auf, denn sie stellt vordringlich auf die „Inanspruchnahme" der Beratungshilfe ab. Gleichwohl setzt die Bewilligung von Beratungshilfe auch nach neuer Rechtslage voraus, dass es sich um eine Wahrnehmung vordringlicher Rechte im Sinne der Wahrnehmung von Rechten handelt.[38] Dies ergibt sich aus der Entstehungsgeschichte der neuen gesetzlichen Formulierung, die lediglich zur Absicht hatte, „nicht nur **wie bisher**" die Wahrnehmung von Rechten, sondern zusätzlich bereits die Inanspruchnahme der Beratungshilfe als mutwillig klassifizieren zu können.[39]

Die Änderung der bisherigen Formulierung hin zur neuen dient damit lediglich der Ergänzung und Erweiterung der bisherigen Rechtslage und soll – als Erleichterung – nicht nur die Rechtswahrnehmung an sich umfassen, sondern bereits die Inanspruchnahme der Beratungshilfe unter den Mutwilligkeitsbegriff subsumieren.[40] Während es nach bisheriger Lage schwierig war, die Beratungshilfe in solchen Fällen abzulehnen, in denen die Wahrnehmung der Rechte selbst zwar nicht mutwillig anzusehen war, es aber mutwillig erschien, sich zur Wahrnehmung dieser Rechte staatlicher Beratungshilfe zu bedienen, bspw. weil das Problem hätte selbst einfacher und ohne anwaltliche Hilfe gelöst werden können[41] und man sich ungeschriebener Korrektive – wie etwa des Rechtsschutzbedürfnisses – bedienen musste, soll die neue Formulierung hier Klarheit schaffen.[42] Sie dient damit lediglich der schriftlichen Fixierung bislang bestehender Korrektive und soll in den genannten Fällen eine Ableh-

---

[37] sh. zur Reform auch *Dürbeck/Gottschalk*, Rn. 1119 f.
[38] *Lissner*, AGS 2015, 53 ff.
[39] BT-Drs. 17/11472, S. 25. *Timme*, NJW 2013, 3057 ff.; *Nickel*, MDR 2013, 950 ff.
[40] *Lissner*, AGS 2013, 209 ff.
[41] BT-Drs. 17/11472, S. 36 bspw. „bei einfachen selbst zumutbaren Rücksprachen oder Ratenzahlungsverhandlungen".
[42] *Timme*, NJW 2013, 3057 ff.

Kapitel 1: Einführung **13a**

nung vereinfachen und eine Art Missbrauchskontrolle darstellen und so verhindern, dass Beratungshilfe auch dort beansprucht wird, wo sie vernünftigerweise nicht geboten ist. Weiterhin als ständiges Korrektiv erforderlich bleiben damit konkrete Sachverhalte, die eine Rechtsberatung erfordern, was sich auch aus der in der Bestimmung (§ 1 Abs. 1 S. 1 BerHG) beibehaltenen Formulierung ergibt.[43]

Bei der Beratungshilfe muss es sich stets um **vordringliche Rechtswahrnehmung** handeln. Der Wahrnehmung von Rechten muss zwangsläufig eine **rechtliche Bewertung komplexer Lebenssachverhalte** vorausgehen.[44] Rechtswahrnehmung bedeutet aber auch, dass **nicht jeder allgemeine Rat** von der Beratungshilfe abgedeckt wird, auch wenn das Rechtsgebiet grundsätzlich in den Bereich des Beratungshilfegesetzes fällt. Beratungshilfe kommt nur dann in Betracht, wenn eine entsprechende Notwendigkeit zu bejahen ist und es sich um im Kontext um Probleme handelt, wo juristischer Rat unumgänglich ist.[45] Es kommt letztlich auf die Wahrnehmung von Rechten an.[46] Diese Feststellung wurde durch die letzte Reformbegründung nochmals bekräftigt.[47] Auch wenn die gesetzliche Formulierung eine „Geltendmachung" nahelegt bzw. vermuten lässt, bedeutet Rechtswahrnehmung auch – und zwar **in erster Linie** – zunächst einmal die **Beratung** und Information über bestehende oder auch nicht bestehende Rechte und nur soweit erforderlich die Vertretung des Rechtsuchenden. **13a**

Der rechtsuchende Bürger hat oft nur eine **unklare oder unzureichende Vorstellung von seiner Rechtsposition**.[48] Er will wissen, ob der Anspruch, den er zu haben glaubt, wirklich besteht, ob und wie er ihn durchsetzen kann.

Auch in den Fällen, in denen er sich gestellten Ansprüchen oder Forderungen gegenüber sieht, will er wissen, ob er sich mit Erfolg hiergegen wehren kann. Der Bürger muss also in die Lage versetzt werden, die **Erfolgsaussichten seines Anliegens selbst abzuschätzen**.[49] Die Beratungshilfe ist so zu verstehen, dass sie den Rechtsuchenden sowohl über die Rechtslage unterrichtet als auch in die Lage versetzt, die notwendigen Schritte einzuleiten.[50] Oftmals wird sich in diesem Rahmen dabei aber auch das Ergebnis einstellen, dass es keine wahrzunehmenden Rechte (mehr) gibt. In einem solchen Falle dient die vorherige juristische Beratung auch der Vermeidung von unnötigen Forderungen oder (juristischen) Anstrengungen.

Hilfe zur Wahrnehmung von Rechten kann zwar prinzipiell in einer bloßen Auskunft oder einem Rat bestehen, aber auch in weitergehenden Vertretungshandlungen gegenüber Dritten, z. B. mittels Schriftverkehr oder mündlichen Verhandlungen bzw. Besprechungen.

Die Wahrnehmung von Rechten ist jedoch zu unterscheiden von der bloßen (und nicht immer notwendigen) Hilfe bei der Wahrnehmung von „Rechten". Nach **Sinn und Zweck** der Beratungshilfe i. S. d. Beratungshilfegesetzes ist unter dem Begriff „Beratungshilfe" immer eine **notwendige, erforderliche Hilfe** zu verstehen.[51] Die Hilfe muss daher überhaupt erforderlich sein und damit ein allgemeines Rechtsschutzinteresse bestehen.[52] Ein solches kann fehlen, wenn

---

43 *Timme*, NJW 2013, 3057 ff.
44 *Groß*, § 1 BerHG, Rn. 11.
45 *Lissner*, AGS 2015, 53 ff.
46 *Lissner*, AGS 2015, 53 ff.; AG Dortmund, Beschluss vom 31.1.2006, Az. 111 II 2901/05, n. v. (Beratungshilfe ist zu verneinen, wenn es auf rechtliche Fragen überhaupt nicht ankommt).
47 BT-Drs. 17/11472.
48 *Groß*, § 1 BerHG, Rn. 9 ff.
49 *Hundt*, Rn. 246; *Grunsky*, NJW 1980, 2047.
50 AG Saarbrücken, AnwBl 1994, 145 f.
51 *Groß*, § 1 BerHG, Rn. 14.
52 im Ergebnis wohl auch *Timme*, NJW 2013, 3057 ff.

die Beratungshilfe objektiv als nicht notwendig erachtet wird[53] oder nicht sinnvoll erscheint.[54] Nach der neuen Regelung des § 1 Abs. 1 BerHG ist in solchen Fällen der bloßen und nicht immer notwendigen Hilfe bei der Rechtswahrnehmung daher Beratungshilfe unstreitig abzulehnen.
Zwar regelt das Gesetz selbst keinen Erforderlichkeitstatbestand, was die Rechtswahrnehmung betrifft (für eine Vertretungshandlung siehe insoweit § 2 BerHG). Das **Merkmal der Erforderlichkeit** ergibt sich jedoch aus den **historischen Zielen** des Gesetzgebers. Zudem formuliert § 1 BerHG auch ein Mutwilligkeitskriterium. Unter dieses lassen sich daneben die Fälle subsumieren, in denen kein Rechtsschutzbedürfnis für Beratungshilfe besteht. Letztlich – so das BVerfG[55] – dürfen die Mittel der Beratungshilfe auch nur dann eingesetzt werden, wenn ihr Einsatz sinnvoll ist.

2. Abgrenzung zur allgemeinen Beratung

14 Sinn der Beratungshilfe ist es, den Bürgerinnen und Bürgern Rechtsberatung zu gewähren, wenn **Rechtsfragen im Vordergrund** stehen. Rechtswahrnehmung bedeutet dabei nur die Wahrnehmung von eigenen Rechten des Rechtsuchenden selbst. Hilfe für Dritte einzuholen, welche nicht in den Bereich der Beratungshilfe fallen und bei denen die Voraussetzungen des § 1 BerHG nicht gegeben sind, scheidet naturgemäß aus.[56] Auch auf etwaige Erben geht die Beratungshilfebewilligung nicht über. Diese können – bei Vorliegen der Voraussetzungen – vielmehr einen eigenen Anspruch auf Beratungshilfe geltend machen, wenn ihre Rechte betroffen sind.
Rechtswahrnehmung bedeutet aber auch, dass nicht jeder allgemeine Rat von der Beratungshilfe abgedeckt sein soll, auch wenn das Rechtsgebiet grundsätzlich in den Bereich des Beratungshilfegesetzes fällt, sondern nur dann, wenn es notwendig ist und es sich hierbei um Probleme handelt, wo juristischer Rat unumgänglich ist.[57] Allgemeine Lebenshilfe fällt daher nicht unter das Beratungshilfegesetz. Hier liegt der Schwerpunkt generell nicht in der rechtlichen Erörterung.[58] Genau diese wird jedoch in der Beratungshilfe gefordert (vordergründige Rechtsberatung oder komplexe juristische Rechtsfragen).[59]
Es genügt auch nicht, dass die Beratung hinsichtlich **rechtlicher Nebenaspekte** durchgeführt wird, wie es bei vielen Lebenssachverhalten der Fall ist. Solche Konstellationen werden sich grundsätzlich nie vermeiden lassen.[60] Zu denken ist hierbei an Verständigungs- oder Leseschwierigkeiten, gesundheitliche Hindernisse oder auch Sprach- und Lesebarrieren.[61] Hier geht es dem Bürger weniger um die rechtlichen Aspekte, als um eine **tatsächliche Hilfe**.

15 **Sprach- und Lesebarrieren** bilden tatsächliche Hemmschwellen und Defizite, für welche die Gesellschaft anderweitige Lösungen zur Verfügung stellen muss.

> **Beispiel:**
> Der Rechtsuchende mit einem Migrationshintergrund möchte sich in einer Angelegenheit betreffend die Wohnungszuweisung nur wegen fehlender Sprachkenntnisse durch einen Rechtsanwalt vertreten lassen.

---

53 AG Konstanz, Beschluss vom 20.12.2006, Az. UR II 180/06, n. v.; AG Lörrach, Beschluss vom 25.10.2006, Az. 25 UR II 3/06, n. v.; LG Göttingen, AnwBl 1984, 516.; *Lissner*, Rpfleger 2012, 122.
54 BVerfG, Rpfleger 2007, 552.
55 BVerfG, FamRZ 2007, 1963.
56 Lindemann/Trenk-Hinterberger, § 1 Rn. 6.
57 *Groß*, § 1 Rn. 9; AG Saarbrücken, AnwBl 1994, 145.
58 BGH, NJW 1956, 592.
59 *Lissner*, JurBüro 2012, 454; AG Koblenz, Rpfleger 1997, 220; *Kammeier*, Rpfleger 1998, 501; BVerfG Rpfleger 2007, 552.
60 *Groß*, § 1 BerHG, Rn. 9.
61 BVerfG, Rpfleger 2007, 552 f.; AG Charlottenburg, Beschluss vom 20.6.2007, Az. 70 II RB 488/07, n. v.; vgl. AG Koblenz, Rpfleger 1997, 220 f.; *Dürbeck/Gottschalk*, Rn. 937.

Solche tatsächlichen Hilfen sind nicht der Beratungshilfe zuzuordnen, sondern denjenigen Institutionen, welche Lebenshilfe leisten.[62] Sofern medizinische Hindernisse bestehen, steht hierfür gegebenenfalls das **Instrument der Betreuung** zur Verfügung.[63] Ein Fall der Beratungshilfe ist dies hingegen nicht.[64] Ebenso ist eine Beratung von **Studenten der Rechtswissenschaften** im Rahmen von Hausarbeiten nicht über die Beratungshilfe möglich. Beratungshilfe kommt auch dann nicht in Betracht, wenn die rechtlichen Aspekte weitgehend klar sind und eine Beratungsperson nur deshalb beauftragt werden soll, um deren tatsächliche **Durchsetzung zu beschleunigen oder weil dessen Inanspruchnahme komfortabler erscheint**.[65]

> **Beispiel:**
> Der Rechtsuchende hat sich bereits durch das Jugendamt beraten lassen. Dieses hat den Unterhaltsschuldner gemäß den rechtlichen Vorgaben angeschrieben und zur Unterhaltszahlung aufgefordert. Nachdem keinerlei Reaktion erfolgte, will der Rechtsuchende nun einen Rechtsanwalt aufsuchen, der den Unterhaltsschuldner nochmals zur Zahlung auffordern soll. Hintergrund dieses Wunsches ist die Vermutung, dass der Unterhaltsschuldner auf entsprechenden Druck hin (anwaltlicher Briefkopf) schneller reagieren werde.

Beratungshilfe dient weiter nicht zur **Klärung allgemeiner oder präventiver Rechtsfragen**[66] oder zur Erlangung von Rechtsauskünften. Vielfach wird die Beratungshilfe jedoch gerade für eine solche kostenlose, generelle Hilfseinrichtung gehalten. So ist die prophylaktische Beratung einer sorgeberechtigten Mutter über die Konsequenzen eines Vorversterbens vor Volljährigkeit der Kinder nicht über die Beratungshilfe abrechenbar.[67] **Grundsätzliche Beratungen** für Arbeitnehmer, Mieter (z. B. eine Beratung über den bloßen Abschluss eines Mietvertrages, bloße Erklärungen zur Nebenkostenabrechnung), Kraftfahrer etc. fallen daher nicht unter das Beratungshilfegesetz, sofern nicht das Schwergewicht auf juristischen Fragen liegt,[68] auch nicht die bloße Überprüfung einer Telefonrechnung. Solche grundsätzlichen Fragen existieren nahezu auf jedem Rechtsgebiet und sind allgemeiner Natur. Einfache Rückfragemöglichkeiten oder gar Bemühungen um Ratenzahlungen fallen nach der aktuellen Gesetzesbegründung ebenfalls unter die Fälle abzulehnender Beratungshilfe bzw. mutwilliger Inanspruchnahme dieser.[69]

> **Beispiel:**
> Im Sozialbereich muss etwa bei der gewollten Inanspruchnahme eines Rechtsanwaltes für die Widerspruchseinlegung ein konkretes Rechtsproblem erkennbar sein. Ein Anspruch auf grundsätzliche Überprüfung von Bescheiden ohne genaue Anhaltspunkte auf einen Fehler besteht im Rahmen des BerHG nicht. Dies würde die Regelung des BerHG ad absurdum führen.

Dies gilt auch für die anderen Bereiche, bei denen Beratungshilfe beansprucht werden soll. Sollen jedoch **nur Tatsachen ermittelt** werden, ist die Beratungshilfe nicht das richtige Instrument.[70]

---

62 *Kammeier*, Rpfleger 1998, 501 ff.
63 AG Charlottenburg, Beschluss vom 20.6.2007, Az. 70 II RB 488/07, n. v.
64 *Lissner*, AGS 2015, 53 ff.
65 *Lissner*, FamRB 2016, 1 ff.
66 BVerfG, FamRZ 2012, 509; AG Charlottenburg, Beschluss vom 2.7.2007, Az. 70a II 1953/06, n. v.
67 AG Minden, Beschluss vom 9.11.2011, Az. 11 II 459/11 BerH, n. v.
68 AG Charlottenburg, Beschluss vom 21.6.2007, Az. 70a II 3249/06, n. v.; *Groß*, § 1 Rn. 14; *Dürbeck/Gottschalk*, Rn. 1154 ff.
69 BT-Drs. 17/11472, S. 36.
70 *Lindemann/Trenk-Hinterberger*, § 1 Rn. 2.

Die Erledigung privater **Korrespondenz**, Übersetzungen oder Erklärungen alltäglicher Vorgänge fallen **nicht** unter die Beratungshilfe. Ebenso dient Beratungshilfe **nicht** zur Bewerkstelligung rein **wirtschaftlicher** oder **privater Belange** wie etwa die einer **Umschuldung**, solange sich nicht überwiegend Rechtsfragen ergeben.[71]
Denkbar sind solche Fälle, in denen eine Beratungsperson lediglich wegen seiner Spezialisierung auf einem Fachgebiet konsultiert werden soll, um die eigentlich selbst durchsetzbaren Ansprüche ggfs. besser realisieren zu können.
Die Beratungshilfe dient auch nicht dazu, **Fallgestaltungen des Geschäftslebens** zu lösen (z. B. Probleme eines selbstständigen Unternehmers über sozialrechtliche Bestimmungen).

17 In **einfach gelagerten Fällen** ist es dem Rechtsuchenden zumutbar, auch **ohne anwaltliche Hilfe** selbstständig tätig zu werden.[72]
So stellt die **bloße Aushandlung von Stundungs- oder Ratenzahlungsvereinbarungen** keine Rechtswahrnehmung dar.[73] Der Erfolg von Stundungsgesuchen ist, von besonderen Konstellationen einmal abgesehen, von wirtschaftlichen oder auch sittlich-moralischen Argumenten abhängig, nicht jedoch von rechtlichen Gründen, da der Rechtsuchende insoweit keinen entsprechenden Rechtsanspruch gegenüber der Gegenseite hat (vgl. §§ 241 ff., 270 ff. BGB). Wirtschaftlich denkende Personen, die selbst für die Kosten rechtlicher Beratung aufkommen müssen, würden daher in einer solchen Situation auf anwaltliche Hilfe verzichten und selbst in Verhandlungen mit den Gläubigern eintreten.[74]

> **Hinweis:**
> Die Abgrenzung zu einer nicht vom Beratungshilfegesetz umfassten allgemeinen Beratung fällt in der Praxis oftmals schwer. Es wird daher letztlich auf die objektive Einschätzung abzustellen sein, ob eine allgemeine Erörterung von Rechtsfragen oder aber die Erörterung konkreter rechtlicher Kompetenzen und Möglichkeiten des Rechtsuchenden selbst stattfindet. Dabei versteht sich von selbst, dass „konstruierte" Rechtsprobleme sowie zwar angesprochene, letztlich jedoch nicht entscheidungserhebliche Rechtsprobleme von der Beratungshilfe nicht erfasst werden können.
> Von einem bedürftigen Rechtsuchenden kann daher vom Grundsatz her erwartet werden, dass er den streitigen Sachverhalt zunächst einmal selbstständig aufklärt, bis konkrete Anzeichen für eine Rechtsbeeinträchtigung vorliegen.
> Beispiele zur Thematik „allgemeine Lebenshilfe – Abgrenzung Rechtsberatung" sind unter Rn. 110 aufgelistet.

3. Abgrenzung der Beratungshilfe zu der Prozesskostenhilfe

18 Das Grundgesetz gebietet es, dem Minderbemittelten einen solchen Rechtsschutz zu sichern, der demjenigen des Bemittelten wenigstens einigermaßen entspricht.[75]
Die Wahrnehmung von Rechten **innerhalb eines gerichtlichen Verfahrens** wird durch das Institut der **Prozesskostenhilfe** abgedeckt.

---

71 Lindemann/Trenk-Hinterberger, § 1 Rn. 2.
72 BVerfG, RVGreport 2016, 78.
73 AG Köln, Beschluss vom 27.10.2005, Az. 364 UR II 1137/05, n. v.; AG Lingen (Ems), Beschluss vom 8.7.2008, Az. 6 II B 594/08, n. v.; so auch die Begründung BT-Dr. 17/11472, S. 36 zu § 1 BerHG, die hier eine mutwillige Inanspruchnahme der Beratungshilfe bejaht.
74 AG Lingen (Ems), Beschluss vom 8.7.2008, Az. 6 II B 594/08, n. v.; vgl. auch AG Wetzlar, Rpfleger 2007, 152.
75 BVerfG, RVGreport 2016, 78; BVerfG, NJW-RR 2005, 1448; OLG Düsseldorf, FamRZ 2006, 1613 f.

Wird dagegen Hilfe zur Rechtsberatung **außerhalb eines gerichtlichen Verfahrens** begehrt, kommt ein Anspruch auf **Beratungshilfe** nach dem BerHG in Betracht.[76]
Das BerHG stellt damit eine **Ergänzung zu den §§ 114 ff. ZPO** für seinen vor- und außergerichtlichen Geltungsbereich dar.[77] Beide Verfahren verfolgen im Prinzip die gleichen Ziele, daher gelten im Rahmen der Beratungshilfe auch keine strengeren Maßstäbe als bei der Prozesskostenhilfe.[78] Die Beratungshilfe unterliegt dabei eigenen Regeln (z. B. nur begrenzte Anwendung der §§ 114 ff. ZPO, Verweis in § 5 BerHG auf die Verfahrensvorschriften nach dem FamFG soweit sich im BerHG keine entsprechenden vorrangigen Regelungen finden).
Das Vorliegen einschränkender Voraussetzungen für den Anspruch auf Beratungshilfe wie etwa das Fehlen anderer Hilfen hält hierbei der **Angemessenheitskontrolle** stand.[79]
Im Rahmen der Beratungshilfe kann man sich in rechtlichen Angelegenheiten fachkundigen Rat einholen. Nicht immer ist es hierbei ausreichend, beraten zu werden; in vielen Fällen ist es darüber hinaus auch notwendig, bei Auseinandersetzungen Hilfe und Unterstützung etwa gegenüber Behörden zu erhalten, so dass die Beratungshilfe insoweit auch eine Vertretungshandlung nach außen umfasst.[80]
Falls die Bemühungen um eine außergerichtliche Einigung erfolglos sind und ein Gericht mit der Sache befasst werden muss, kann bei Vorliegen der Voraussetzungen Prozesskostenhilfe in Anspruch genommen werden.
Aus kostenrechtlicher Sicht ist zu bedenken, dass auch abgelehnte Beratungshilfevorgänge häufig in ein gerichtliches Verfahren münden und auf diese Weise nicht unerhebliche – meist sogar wesentlich höhere – Kosten verursachen.
Die **Abgrenzung** zwischen Beratungshilfe und Prozesskostenhilfe erscheint nur auf den ersten Blick eindeutig, bei näherer Betrachtung gestaltet sich diese in der Praxis jedoch mitunter recht schwierig. Eine eindeutige Zuordnung ist daher nicht immer direkt möglich.

> Die Grenze ist an der Stelle zu ziehen, an der Prozesskostenhilfe beginnt oder beginnen könnte.[81]

Wegen der Einzelheiten wird auf Kapitel 3.III (ab Rn. 120) verwiesen.

Kapitel 2: Subjektive Voraussetzungen gem. § 1 Abs. 1 Nr. 1 BerHG

I. Allgemeines

Die subjektiven Voraussetzungen zur Gewährung von Beratungshilfe betreffen die persönlichen und wirtschaftlichen Verhältnisse des Rechtsuchenden.
Gem. **§ 1 Abs. 1 Nr. 1 BerHG** wird Beratungshilfe dann gewährt, wenn der Rechtsuchende die **erforderlichen Mittel** nach seinen **persönlichen und wirtschaftlichen Verhältnissen** nicht aufbringen kann.

---

76 *Hundt*, Rn. 5; *Groß*, § 1 BerHG, Rn. 16.
77 *Hartmann* in Baumbach/Lauterbach/Albers/Hartmann, ZPO, Anh. § 127 Rn. 1; siehe auch *Greißinger*, AnwBl 1996, 606 ff.
78 BVerfG, NJW-RR 2007, 1369 f.
79 BVerfG, RVGreport 2016, 78; BVerfG, Rpfleger 2009, 571 f.
80 Informationsbroschüre des Bundesministeriums der Justiz zur Beratungshilfe und Prozesskostenhilfe, S. 8.
81 *Kammeier*, Rpfleger 1998, 501; *Mümmler*, JurBüro 1995, 294.

> § 1 Abs. 2 BerHG verweist hierbei auf die Bestimmungen des Prozesskostenhilferechts. Nur wenn die Voraussetzungen zur Gewährung von ratenfreier Prozesskostenhilfe vorliegen, wird Beratungshilfe gewährt.

Für die Beratungshilfe gibt es keine eigenständigen Regelungen zur Berechnung und **Ermittlung des einzusetzenden Einkommens** sowie **des verwertbaren Vermögens**. Die Berechnungen erfolgen vielmehr entsprechend nach den für die Prozesskostenhilfe geltenden Bestimmungen.

Die Ermittlung des einzusetzenden Einkommens, des zumutbar einzusetzenden Vermögens sowie die Frage, ob Raten zu zahlen wären, orientiert sich damit an **§ 115 ZPO**. Dieser legt fest, inwieweit der hilfsbedürftige Rechtsuchende sein Einkommen und sein Vermögen für die Beratungshilfekosten einzusetzen hat, die ihm voraussichtlich entstehen werden.

20 Eine nur überschlägige Prüfung ist dabei nicht ausreichend, auch wenn dies aus Gründen der Praktikabilität und der schieren Menge der Verfahren in der Praxis zu beobachten ist.[1]
Jedoch sollten schon allein aufgrund der **Bezugnahme auf Vorschriften des SGB XII**, der dazu gehörigen Verordnungen sowie entsprechenden Fachausdrücken und Berechnungsmethoden dabei sehr aufwändige und komplizierte Ermittlungen sowie sehr kleinliche Berechnungen **ausgewogen am jeweiligen Einzelfall** vorgenommen werden, eine gewisse Großzügigkeit kann hier helfen.[2] Überspannte Anforderungen sind unzulässig.[3]

> Beratungshilfe wird nur gewährt, wenn das ermittelte einzusetzende Einkommen weniger als 20,00 EURO beträgt, die Berechnung des hälftigen verbleibenden Resteinkommens nach den Bestimmungen der §§ 114 ff. ZPO daher unter 10,00 EURO verbleibt (und somit keine Ratenzahlung zu erfolgen hätte) und kein verwertbares Vermögen vorhanden ist.

Die Berechnung der Ratenhöhe erfolgt dadurch, dass das ermittelte Resteinkommen halbiert wird und die sich so ergebende Monatsrate auf volle EURO abgerundet wird.

21 Es ist auf die **Einkommens- und Vermögenslage zum Zeitpunkt der gerichtlichen Entscheidung** über die Beratungshilfe abzustellen.[4]
Anders verhält es sich im Falle des **§ 6 Abs. 2 BerHG**, wonach hier der Zeitpunkt maßgebend ist, zu dem die Beratungsperson selbst die Voraussetzungen überprüft.[5]
Rücklagen für eine beabsichtigte Rechtsverfolgung muss der Rechtsuchende nicht bilden.[6] Es sind allein die persönlichen und wirtschaftlichen Verhältnisse zum Zeitpunkt der Entscheidung über den Beratungshilfeantrag maßgeblich. Wer jedoch zum Zeitpunkt der Trennung über ein nicht unerhebliches verwertbares Vermögen verfügt, für denjenigen besteht die grundsätzliche Verpflich-

---

1 *Dürbeck/Gottschalk*, Rn. 242.
2 vgl. insoweit auch die Ausführungen *Hartmann* in Baumbach/Lauterbach/Albers/Hartmann, ZPO, § 115 Rn. 2.
3 BVerfG, NVwZ 2004, 335.
4 BayVGH, Beschluss vom 27.7.2017, Az. 15 C 14.2047 – juris; BayLSG, Beschluss vom 12.10.2010, Az. L 11 AS 624/10 B PKH – juris; ArbG Regensburg, Rpfleger 1994, 70 f.; AG Eschweiler, Rpfleger 1991, 322; *Dürbeck/Gottschalk*, Rn. 936; *Fischer* in Musielak/Voit, ZPO, § 115 Rn. 2.
5 AG Eschweiler, Rpfleger 1991, 322; **a. A.:** *Dürbeck/Gottschalk*, Rn. 1153 (Zeitpunkt der Entscheidung über die Beratungshilfe ist auch hier maßgebend).
6 OLG Celle, JurBüro 2007, 96.

tung, hiervon Rücklagen für die Kosten des nachfolgenden Scheidungsverfahrens zu bilden.[7]
Die **Reihenfolge der Prüfungen der Voraussetzungen** ist nicht vorgeschrieben. Das Einkommen und das Vermögen stehen zueinander in keinem Rangverhältnis.[8] Man kann daher mit der Prüfung, ob verwertbares Vermögen vorhanden ist oder auch mit der Prüfung des Einkommens beginnen.[9]

> **Praxistipp:**
> Ist am Anfang der Prüfung bereits offensichtlich, dass entweder ausreichend Vermögen vorhanden ist oder ein sehr hohes Einkommen vorliegt, dann sollte mit diesem Prüfungspunkt begonnen werden. Sofern genügend einsetzbares Vermögen vorhanden ist, braucht die komplexe Einkommensberechnung nicht mehr vorgenommen zu werden.

Im Falle der **selbstverschuldeten Mittellosigkeit** steht ein Verschulden bei der Entstehung des wirtschaftlichen Unvermögens des Rechtsuchenden der Bewilligung von Beratungshilfe grundsätzlich nicht entgegen.[10] Der Gesetzgeber hat als Ausschlussgrund von Beratungshilfe **nur die Mutwilligkeit**, nicht jedoch das unwirtschaftliche Verhalten genannt. Auch spielt es keine Rolle, ob der Rechtsuchende seine beschränkten finanziellen Mittel unwirtschaftlich einsetzt.[11] Hat der Rechtsuchende jedoch zu dem Zeitpunkt, als sich die Notwendigkeit der Inanspruchnahme der Beratungshilfe abzeichnete,[12] seine Hilfsbedürftigkeit durch offensichtliche Vermögensverschiebungen vorsätzlich herbeigeführt, bzw. in Kenntnis des bevorstehenden Rechtsstreits sich seines Vermögens entäußert,[13] so scheidet eine Bewilligung von Beratungshilfe aus. Dies könnte z. B. der Fall sein, wenn der Rechtsuchende unmittelbar vor Beantragung auffällig vermehrt höhere Beträge von seinem Bankkonto abgehoben hat.

Parallel hierzu ist anzumerken, dass auch im Rahmen der Prüfung gem. § 120a ZPO der Antragsteller verpflichtet ist, neu erworbenes Vermögen (oder ein erhöhtes Einkommen) vorrangig zur Begleichung der Verfahrenskosten zu verwenden.[14]

Bei einer grob fahrlässigen Pflichtwidrigkeit, welche zu einer Einkommens- oder Vermögensminderung führt, kommt ggfs. die **Herabsetzung des Freibetrages des Schonvermögens** in Betracht (§§ 2 Abs. 2 der Verordnung zur Durchführung des § 90 Abs. 2 Nr. 9 SGB XII, 90 Abs. 2 Nr. 9 SGB XII, 103 SGB XII)[15] oder die Kreditraten können nicht mehr einkommensmindernd geltend gemacht werden.[16]

In der Praxis dürften diese Tatbestände nur **sehr schwer nachweisbar** sein und die Ermittlung dieser Anhaltspunkte **erheblichen Aufwand** mit sich bringen. Überspannte Anforderungen sind dabei unzulässig.

---

7 OLG Hamm, MDR 2011, 1295 f.
8 *Geimer* in Zöller, ZPO, § 115 Rn. 1; *Dürbeck/Gottschalk*, Rn. 209 (§ 115 ZPO gibt die Reihenfolge der Prüfung vor); Rn. 314 (es wird ratsam sein, mit der Prüfung der Vermögenslage zu beginnen).
9 *Hartmann* in Baumbach/Lauterbach/Albers/Hartmann, ZPO, § 115 Rn. 4.
10 OLG Hamm, MDR 2002, 1208; *Herget*, MDR 1984, 529; *Wache* in Münchener Kommentar zur ZPO, § 114 Rn. 3 a. A.: *Groß*, § 1 BerHG, Rn. 57 (selbstverschuldete Bedürftigkeit könnte entgegenstehen, bei der Prüfung ist gesunder Menschenverstand gefragt).
11 AG Rendsburg, AnwBl 1997, 182.
12 *Groß*, § 115 ZPO, Rn. 7 f.; *Groß*, § 1 BerHG, Rn. 57.
13 KG, Beschluss vom 24.1.2014, Az. 8 W 4/14 – juris.
14 *Götsche*, jurisPR-FamR 7/2011 Anm. 2.
15 *Wahrendorf* in Grube/Wahrendorf, SGB XII, § 90 Rn. 69; *Hundt*, Rn. 115.
16 OLG Sachsen-Anhalt, FamRZ 2009, 628.

II. Ermittlung des einzusetzenden Einkommens

1. Allgemeines

23 Gem. § 115 Abs. 1 S. 1 ZPO hat der Rechtsuchende sein **frei verfügbares Einkommen** einzusetzen. Hierzu zählen alle **Einkünfte in Geld oder Geldeswert**, § 115 Abs. 1 S. 2 ZPO.
Der **Einkommensbegriff** knüpft an denjenigen des Sozialhilferechts an (vgl. insoweit § 82 Abs. 1 S. 1 SGB XII), da die PKH **eine Form der staatlich gewährten Sozialhilfe** im Bereich der Rechtspflege ist. Gem. § 82 Abs. 1 S. 1 SGB XII sind dabei jedoch Leistungen nach dem SGB XII und Grundrenten nach dem BVG ausdrücklich ausgenommen.
Unterhalts- oder steuerrechtliche Bestimmungen sind nicht heranzuziehen.[17]
Die zu § 82 SGB XII ergangene DVO[18] ist in § 115 ZPO nicht genannt. Sie stellt lediglich eine **wichtige Beurteilungshilfe** zur Ermittlung des verfügbaren Einkommens dar,[19] hat jedoch für den Rechtspfleger bei seiner Entscheidung über die Gewährung von Beratungshilfe **keine Bindungswirkung**. Sie vermittelt vielmehr Anhaltspunkte und Anregungen[20] und dient als Orientierungshilfe.[21]

§ 82 SGB XII – Begriff des Einkommens

(1) Zum Einkommen gehören alle Einkünfte in Geld oder Geldeswert mit Ausnahme der Leistungen nach diesem Buch, der Grundrente nach dem Bundesversorgungsgesetz und nach den Gesetzen, die eine entsprechende Anwendung des Bundesversorgungsgesetzes vorsehen, und der Renten oder Beihilfen nach dem Bundesentschädigungsgesetz für Schaden an Leben sowie an Körper oder Gesundheit bis zur Höhe der vergleichbaren Grundrente nach dem Bundesversorgungsgesetz. Einkünfte aus Rückerstattungen, die auf Vorauszahlungen beruhen, die Leistungsberechtigte aus dem Regelsatz erbracht haben, sind kein Einkommen. Bei Minderjährigen ist das Kindergeld dem jeweiligen Kind als Einkommen zuzurechnen, soweit es bei diesem zur Deckung des notwendigen Lebensunterhaltes, mit Ausnahme der Bedarfe nach § 34, benötigt wird.

(2) Von dem Einkommen sind abzusetzen
1. auf das Einkommen entrichtete Steuern,
2. Pflichtbeiträge zur Sozialversicherung einschließlich der Beiträge zur Arbeitsförderung,
3. Beiträge zu öffentlichen oder privaten Versicherungen oder ähnlichen Einrichtungen, soweit diese Beiträge gesetzlich vorgeschrieben oder nach Grund und Höhe angemessen sind, sowie geförderte Altersvorsorgebeiträge nach § 82 des Einkommensteuergesetzes, soweit sie den Mindesteigenbeitrag nach § 86 des Einkommensteuergesetzes nicht überschreiten, und
4. die mit der Erzielung des Einkommens verbundenen notwendigen Ausgaben.

Erhält eine leistungsberechtigte Person aus einer Tätigkeit Bezüge oder Einnahmen, die nach § 3 Nummer 12, 26, 26a oder 26b des Einkommensteuergesetzes steuerfrei sind, ist abweichend von Satz 1 Nummer 2 bis 4 und den Absätzen 3 und 6 ein Betrag von bis zu 200 Euro monatlich nicht als Einkommen zu berücksichtigen. Soweit ein Betrag nach Satz 2 in Anspruch genommen wird, gelten die Beträge nach Absatz 3 Satz 1 zweiter Halbsatz und nach Absatz 6 Satz 1 zweiter Halbsatz insoweit als ausgeschöpft.

(3) Bei der Hilfe zum Lebensunterhalt und Grundsicherung im Alter und bei Erwerbsminderung ist ferner ein Betrag in Höhe von 30 vom Hundert des Einkommens aus selbständiger und nichtselbständiger Tätigkeit der Leistungsberechtigten abzusetzen, höchstens jedoch 50 vom Hundert der Regelbedarfsstufe 1 nach der Anlage zu

---
[17] *Geimer* in Zöller, ZPO, § 115 Rn. 3; *Hundt*, Rn. 49.
[18] Verordnung zur Durchführung des § 82 des Zwölften Buches Sozialgesetzbuch (siehe Anlage II).
[19] OLG Frankfurt, JurBüro 1990, 1649.
[20] *Mümmler*, JurBüro 1981, 3; *Groß*, § 115 ZPO, Rn. 33.
[21] *Fischer* in Musielak/Voit, ZPO, § 115 Rn. 11.

Kapitel 2: Subjektive Voraussetzungen gem. § 1 Abs. 1 Nr. 1 BerHG

§ 28. Abweichend von Satz 1 ist bei einer Beschäftigung in einer Werkstatt für behinderte Menschen oder bei einem anderen Leistungsanbieter nach § 60 des Neunten Buches von dem Entgelt ein Achtel der Regelbedarfsstufe 1 nach der Anlage zu § 28 zuzüglich 50 vom Hundert des diesen Betrag übersteigenden Entgelts abzusetzen. Im Übrigen kann in begründeten Fällen ein anderer als in Satz 1 festgelegter Betrag vom Einkommen abgesetzt werden.

(4) Bei der Hilfe zum Lebensunterhalt und Grundsicherung im Alter und bei Erwerbsminderung ist ferner ein Betrag von 100 Euro monatlich aus einer zusätzlichen Altersvorsorge der Leistungsberechtigten zuzüglich 30 vom Hundert des diesen Betrag übersteigenden Einkommens aus einer zusätzlichen Altersvorsorge der Leistungsberechtigten abzusetzen, höchstens jedoch 50 vom Hundert der Regelbedarfsstufe 1 nach der Anlage zu § 28.

(5) Einkommen aus einer zusätzlichen Altersvorsorge im Sinne des Absatzes 4 ist jedes monatlich bis zum Lebensende ausgezahlte Einkommen, auf das der Leistungsberechtigte vor Erreichen der Regelaltersgrenze auf freiwilliger Grundlage Ansprüche erworben hat und das dazu bestimmt und geeignet ist, die Einkommenssituation des Leistungsberechtigten gegenüber möglichen Ansprüchen aus Zeiten einer Versicherungspflicht in der gesetzlichen Rentenversicherung nach den §§ 1 bis 4 des Sechsten Buches, nach § 1 des Gesetzes über die Alterssicherung der Landwirte, aus beamtenrechtlichen Versorgungsansprüchen und aus Ansprüchen aus Zeiten einer Versicherungspflicht in einer Versicherungs- und Versorgungseinrichtung, die für Angehörige bestimmter Berufe errichtet ist, zu verbessern. Als Einkommen aus einer zusätzlichen Altersvorsorge gelten auch laufende Zahlungen aus
1. einer betrieblichen Altersversorgung im Sinne des Betriebsrentengesetzes,
2. einem nach § 5 des Altersvorsorgeverträge-Zertifizierungsgesetzes zertifizierten Altersvorsorgevertrag und
3. einem nach § 5a des Altersvorsorgeverträge-Zertifizierungsgesetzes zertifizierten Basisrentenvertrag.

Werden bis zu zwölf Monatsleistungen aus einer zusätzlichen Altersvorsorge, insbesondere gemäß einer Vereinbarung nach § 10 Absatz 1 Nummer 2 Satz 3 erster Halbsatz des Einkommensteuergesetzes, zusammengefasst, so ist das Einkommen gleichmäßig auf den Zeitraum aufzuteilen, für den die Auszahlung erfolgte.

(6) Für Personen, die Leistungen der Hilfe zur Pflege erhalten, ist ein Betrag in Höhe von 40 vom Hundert des Einkommens aus selbständiger und nichtselbständiger Tätigkeit der Leistungsberechtigten abzusetzen, höchstens jedoch 65 vom Hundert der Regelbedarfsstufe 1 nach der Anlage zu § 28. Für Personen, die Leistungen der Eingliederungshilfe für behinderte Menschen erhalten, gilt Satz 1 bis zum 31. Dezember 2019 entsprechend.

(7) Einmalige Einnahmen, bei denen für den Monat des Zuflusses bereits Leistungen ohne Berücksichtigung der Einnahme erbracht worden sind, werden im Folgemonat berücksichtigt. Entfiele der Leistungsanspruch durch die Berücksichtigung in einem Monat, ist die einmalige Einnahme auf einen Zeitraum von sechs Monaten gleichmäßig zu verteilen und mit einem entsprechenden Teilbetrag zu berücksichtigen. In begründeten Einzelfällen ist der Anrechnungszeitraum nach Satz 2 angemessen zu verkürzen. Die Sätze 1 und 2 sind auch anzuwenden, soweit während des Leistungsbezugs eine Auszahlung zur Abfindung einer Kleinbetragsrente im Sinne des § 93 Absatz 3 Satz 2 des Einkommensteuergesetzes oder nach § 3 Absatz 2 des Betriebsrentengesetzes erfolgt und durch den ausgezahlten Betrag das Vermögen überschritten wird, welches nach § 90 Absatz 2 Nummer 9 und Absatz 3 nicht einzusetzen ist.

Maßgebend ist **grundsätzlich nur das tatsächliche Einkommen des Rechtsuchenden (Antragstellers)**.[22] Es kommt allein auf seine Bedürftigkeit an. Das

---

22 OLG Stuttgart, FuR 2012, 334; LG Darmstadt, WuM 2012, 570 – juris; LAG Berlin-Brandenburg, Beschluss vom 11.7.2011, Az. 9 Ta 1418/11; Saarländisches OLG, FamFR 2011, 7 – juris; BAG, FamRZ 2006, 1117 ff.; OLG Köln, FamRZ 2003, 1394; OLG Koblenz, FamRZ 2001, 925; OLG Karlsruhe, Rpfleger 2001, 245 f.; BSG, Rpfleger 1994, 304 f.; *Geimer* in Zöller, ZPO, § 115 Rn. 7; *Fischer* in Musielak/Voit, ZPO, § 115 Rn. 2; *Dürbeck/Gottschalk*, Rn. 210; a.A.: LAG Nürnberg, JurBüro 1990, 512 ff.; LAG Düsseldorf, JurBüro 1989, 1442 f. (dem Einkommen der PKH-Partei kann die Hälfte des übersteigenden Einkommens des Ehegatten zugerechnet werden).

Ehegatteneinkommen wird nur im Rahmen des § 115 Abs. 1 S. 3 Nr. 2a ZPO berücksichtigt und daher nicht zusammengerechnet und zwar selbst dann nicht, wenn die Ehegatten als Streitgenossen einen möglichen Rechtsstreit führen müssten.[23] Gleiches gilt auch bei einer **eingetragenen Lebenspartnerschaft** für den Lebenspartner des Rechtsuchenden. Aber gegebenenfalls kommt die Berücksichtigung eines sogenannten Taschengeldanspruchs oder eines Prozesskostenvorschussanspruchs in Betracht.[24] Insoweit wird auf Rn. 104 verwiesen.

25 Wird eine **minderjährige Partei gesetzlich vertreten**, kommt es grundsätzlich auf die **Vermögenslage des Kindes** an.[25] Macht ein Elternteil jedoch Unterhalt für ein Kind gem. § 1629 Abs. 3 BGB geltend, sind die **Einkommensverhältnisse des Elternteils als Partei** und nicht des Kindes maßgebend.[26] **Kindesunterhalt** ist kein Einkommen des Elternteils, bei dem das Kind lebt, sondern zählt zum eigenen Einkommen des Kindes.[27]
Bei häuslicher Gemeinschaft spielt das **Einkommen des Lebensgefährten** ebenfalls keine Rolle, eine Berücksichtigung im Rahmen von § 115 Abs. 1 S. 3 Nr. 2a ZPO findet hier nicht statt,[28] ebenso nicht die Unterhaltsrente für ein bei der Partei wohnendes Kind (Berücksichtigung nur im Rahmen des § 115 ZPO).[29] Die Zahl der Mitbewohner kann indes bei der Frage der Berücksichtigung der Mietkosten eine Rolle spielen (sh. hierzu Rn. 59).
Der für das Kind zu berücksichtigende Freibetrag kann in diesem Zusammenhang dann jedoch auf null sinken.
Mindert der Rechtsuchende durch die **ohne nachvollziehbare Gründe getroffene Wahl einer ungünstigen Steuerklasse** (z. B. Steuerklasse V, obwohl er der besser verdienende Ehegatte ist) sein zur Auszahlung kommendes Nettoeinkommen, so muss er sich den Ausgleichanspruch gegen den anderen Ehegatten anrechnen lassen, da die Wahl der Steuerklasse nicht zu Lasten der steuerzahlenden Solidargemeinschaft getroffen werden kann.[30] Er ist dann so zu behandeln, als sei sein Arbeitseinkommen gemäß der günstigeren Steuerklasse, z. B. Steuerklasse III oder IV, zu versteuern. Die Wahl der Steuerklasse V indiziert per se jedoch noch keinen Rechtsmissbrauch.[31]
Für die Ermittlung des einzusetzenden Einkommens ist hierbei zunächst vom **Bruttoeinkommen** auszugehen, zu dem alle Einkünfte aus Geld oder Geldeswert zählen, unabhängig davon, woher sie stammen, welcher Art diese sind und ob sie steuerpflichtig oder unpfändbar sind.

> **Hinweis:**
> In der Praxis bietet es sich dagegen an, auf der Grundlage der vorliegenden Lohnbescheinigungen unmittelbar vom Nettoeinkommen auszugehen.

26 Bei Parteien kraft Amtes dürfen die voraussichtlichen Kosten nicht aus der verwalteten Vermögensmasse aufgebracht werden und den am Gegenstand des Rechts-

---

23 *Wache* in Münchener Kommentar zur ZPO, § 115 Rn. 5.
24 OLG Hamm, FamFR 2013, 88 – juris.
25 OLG Hamm, FamFR 2013, 88 – juris; OLG Nürnberg, FamRZ 2001, 233 f.; ThürOLG, FamRZ 1998, 1302 f.
26 BGH, FamRZ 2005, 1164 f.; OLG Karlsruhe, FamRZ 2001, 1080 f.; a. A.: OLG Dresden, FamRZ 2002, 1412 f.; OLG Hamm, MDR 2003, 458 (es kommt auf die wirtschaftlichen Verhältnisse des Kindes an).
27 Saarländisches OLG, FamFR 2011, 7 – juris; LAG Berlin-Brandenburg, AA 2012, 36 – juris; OLG Nürnberg, MDR 2007, 159; OLG Bamberg, FamRZ 2007, 1339 f.
28 OLG Karlsruhe, FamRZ 2005, 43 f.
29 *Geimer* in Zöller, ZPO, § 115 Rn. 9; siehe auch OLG Karlsruhe, FamRZ 2005, 43 f.
30 OLG Frankfurt, FamRZ 2000, 26; siehe auch BGH, Rpfleger 2006, 25 f. (zur Frage der Wahl der Steuerklasse im Rahmen von § 850 h ZPO).
31 LAG Rheinland-Pfalz, AA 2016, 126 – juris.

streits wirtschaftlich Beteiligten nicht zuzumuten sein, die Kosten aufzubringen, § 116 Nr. 1 ZPO. Bei juristischen Personen oder parteifähigen Vereinigungen ist das Vermögen der am Gegenstand wirtschaftlich Beteiligten ebenfalls mitzuberücksichtigen.[32] Ob Miteigentümergemeinschaffen und Erbengemeinschaften beratungshilfeberechtigt sein können, ist umstritten. Die Literatur hat dies insoweit abgelehnt.[33] Bejaht man die Befähigung zur Beratungshilfe dieser Gemeinschaften, kann einerseits (s. o.) auf das gesamte Vermögen aller Beteiligten abzustellen sein,[34] insbesondere bei Interessenidentität. Wenn der unbemittelte Miterbe von den übrigen lediglich vorgeschoben wird, um die Beratungsleistung auf Kosten der Staatskasse führen zu können, sind grundsätzlich auch die Einkommensverhältnisse der übrigen Miterben maßgebend.[35] Eine andere Beurteilung kann dann geboten sein, wenn Interessengegensätze zwischen den Beteiligten bestehen.

2. Die einzelnen Einkommensarten

a) **Arbeitseinkommen.** In der Regel handelt es sich hierbei um **Einkünfte aus selbstständiger und nichtselbstständiger Arbeit**, vor allem **Lohn und Gehalt**. Weiter gehören hierzu auch **Zuschläge** für Nacht-, Feiertags- und Sonntagsarbeit, Prämien, Spesen, Provisionen, Akkordarbeit, **Überstundenvergütungen**, Honorare und Tantiemen für einmalige Tätigkeiten (z. B. aus Projektverträgen),[36] ggfs. Abfindungen,[37] Auslösungen, Arbeitnehmersparzulage, betriebliche Altersvorsorge, Direktversicherungen (diese Versicherung ist eine Zusatzversicherung zur Rentenversicherung und es ist grundsätzlich die Verhältnismäßigkeit zu prüfen), Elterngeld über 300,00 EURO, Weihnachtsgeld etc.

Ob **Aufwandsentschädigungen** als Einkommen angerechnet werden, ist umstritten. Wie im Unterhaltsrecht können pauschaliert 1/3 des monatlichen Durchschnittsbetrages als Einkommen angerechnet werden, weil insoweit eine Ersparnis der häuslichen Kosten vorliegt.[38] Sollte diese Ersparnis nicht vorliegen, hat der Rechtsuchende hierzu vorzutragen. Dagegen wird die Meinung[39] vertreten, dass in den Lohnabrechnungen ausgewiesene variable und steuerfreie Verpflegungszuschüsse nicht zum anrechnungsfähigen Einkommen zählen, da es sich hierbei um zusätzlich arbeitsbedingten Aufwand handelt, der nach den steuerrechtlichen Normen nicht als steuerpflichtiges Einkommen zähle. Weiter wird dargelegt[40], dass eine gewährte steuerfreie Vergütung für Verpflegungsmehraufwand gem. §§ 3 Nr. 16, 9 Abs. 4a EStG im Ergebnis nicht das einzusetzende Einkommen erhöht, da es wiederum als beruflich bedingter Aufwand i. S. d. § 82 Abs. 2 Nr. 4 SGB XII abzuziehen ist, ein Abzug für ersparte häusliche Aufwendungen ist nicht vorzunehmen; dagegen ist bei der pauschal versteuerten Vergütung für Verpflegungsmehraufwand i. S. d. § 40 Abs. 2 S. 1 Nr. 4 EStG eine ersparte häusliche Aufwendung zu bejahen, und zwar in Höhe von 1/3 der gewährten Vergütung.[41]

Aufwandsentschädigungen sind als steuerfreie Verpflegungsmehraufwendungen wegen wechselnden Einsatzstellen und besonderer Arbeitszeiten kein Ein-

---

32 Lindemann/Trenk-Hinterberger, § 1 Rn. 1; a. A.: zum Verein: AG Sulingen, JurBüro 2012, 208 (ohne Rücksicht auf die Wirtschaftskraft der Mitglieder).
33 *Szymborski*, DStR 2012, 1984; *Schneider* MDR 1981, 1 ff.
34 vgl. auch BGH, VersR 1984, 989a. A.: *Wache* in Münchener Kommentar zur ZPO, § 115 Rn. 5.
35 *Wache* in Münchener Kommentar zur ZPO, § 115 Rn. 5.
36 *Groß*, § 115 ZPO, Rn. 9 f.
37 OLG Karlsruhe, FamRZ 2002, 1196; a. A.: BAG, FamRZ 2006, 1446 f. (Abfindung = Vermögenswert, siehe insoweit auch die Ausführungen bei Rn. 101).
38 OLG Karlsruhe, FamRZ 2004, 645; LAG Sachsen-Anhalt, Beschluss vom 7.9.2011, Az. 2 Ta 124/11 – juris.
39 LAG Schleswig-Holstein, Beschluss vom 15.11.2012, Az. 5 Ta 189/12; OLG Nürnberg, Beschluss vom 15.5.2015, Az. 11 WF 511/15 – juris (betr. steuerfreie Aufwendungen für die Einsatzwechseltätigkeit).
40 LAG Hamm, Beschluss vom 8.9.2014, Az. 14 Ta 352/14 – juris.
41 SächsLAG, Beschluss vom 19.10.2017, Az 4 Ta 81/16 – juris.

kommen.⁴² Die Einkünfte müssen **auf legale Weise** erzielt werden, der Rechtsuchende ist nicht zur Fortführung einer gesetzwidrigen oder sittlich anstößigen Beschäftigung verpflichtet.⁴³ Von dem Rechtsuchenden kann auch nicht die Fortführung einer in der Vergangenheit ausgeübten **Schwarzarbeit** verlangt werden.

27 Maßgeblich bei der Ermittlung des Einkommens ist das **Monatseinkommen**, im Zweifel das **durchschnittliche Monatseinkommen des letzten vollen Kalenderjahres**.⁴⁴
Bei **stark schwankenden Einnahmen** (z. B. bei Akkordarbeit oder Saisonarbeit) sollte aber ein Mittelwert aus den zurückliegenden Monaten gebildet werden. Wocheneinkünfte sind mit 4 1/3 zu multiplizieren, **Urlaubs- und Weihnachtsgeld** sind mit 1/12 anzusetzen.⁴⁵ Dies gilt auch bei anderen Jahressonderleistungen.
Bei **vermögenswirksamen Leistungen, die der Arbeitgeber zahlt**, geht die vorherrschende Meinung⁴⁶ davon aus, dass es sich bei den entsprechenden Aufwendungen **nicht um Einkommen** handelt, so dass sie **vom Nettoeinkommen abzuziehen** sind. Vermögenswirksame Leistungen dienen der Förderung des Vermögensaufbaus und sind daher regelmäßig für einen bestimmten Zeitraum festgelegt. Ohne Verlust können angesparte Guthaben in aller Regel nicht aufgelöst werden, was unzumutbar ist.
Trinkgelder sind Einkünfte aus nichtselbstständiger Tätigkeit.⁴⁷ Liegen keine Belege vor, sind Schätzungen vorzunehmen.⁴⁸
Lohn- und Gehaltsforderungen, die sich **nicht durchsetzen** lassen, zählen nicht zum Einkommen. **Gepfändete Einkünfte**, die der Drittschuldner an einen Gläubiger des Rechtsuchenden abführt, **zählen nicht als Einkommen**, da sie zur Bestreitung der Kosten nicht zur Verfügung stehen.⁴⁹ Dies gilt ebenso für abgetretene Forderungen.

28 **b) Fiktives Arbeitseinkommen.** Hat der Rechtsuchende kein Einkommen, wäre grundsätzlich Beratungshilfe zu gewähren. Die **Arbeitskraft des Rechtsuchenden** allein zählt weder zum Einkommen noch zum Vermögen.⁵⁰
Könnte sich der Rechtsuchende jedoch **durch eine ihm zumutbare Arbeitsleistung oder zumutbare Vermögensnutzung** Einkünfte oder Erträge verschaffen, so stellt sich dabei die Frage, ob ein hierdurch zu erzielendes Entgelt als fiktives Arbeitseinkommen bei der Einkommensermittlung zu berücksichtigen wäre.
Unterlassener Arbeitseinsatz ist zu berücksichtigen, wenn der Rechtsuchende nach Berufsausbildung, Familienverhältnissen, Alter und Gesundheit ohne wei-

---

42 LAG Köln, Beschluss vom 15.1.2009, Az. 5 Ta 534/08 – juris.
43 *Wache* in Münchener Kommentar zur ZPO, § 115 Rn. 10.
44 OLG Köln, FamRZ 1993, 1333 f.; OLG Bamberg, JurBüro 1991, 976.
45 OLG Karlsruhe, FamRZ 2004, 1651 f.; OLG Köln, JurBüro 1994, 751 f.; *Dürbeck/Gottschalk*, Rn. 247; a. A.: OLG Düsseldorf, FamRZ 1989, 883 f. (bei kleinen und mittleren Einkommen ist dies außer Ansatz zu lassen).
46 OLG Karlsruhe, Beschluss vom 11.9.2007, Az. 2 WF 53/07, n. v.: „Hat ein Antragsteller aus Beiträgen Vermögen gebildet, die vom Einkommen abgesetzt werden können, wäre es widersprüchlich, von ihm die Verwertung dieses Vermögens zu verlangen. Es ist unzumutbar, Vermögen für Prozesskosten einzusetzen, das durch Zahlungen erwirtschaftet wurde, die nach § 82 II Nr. 3 SGB XII vom Einkommen abgesetzt werden können."; OLG Stuttgart, Beschluss vom 17.7.2006, Az. 16 WF 156/06, n. v.; OLG Köln, FamRZ 1993, 1333; *Dürbeck/Gottschalk*, Rn. 286; *Fischer* in Musielak/Voit, ZPO, § 115 Rn. 6; a. A.: OLG Dresden, OLGR Dresden 2002, 551 f.; OLG Stuttgart, FamRZ 2005, 1183 ff.; OLG Bamberg, JurBüro 1987, 1414.
47 SG Landshut, Urteil vom 27.9.2017, Az. S 11 AS 261/16 – juris; *Brinkmann*, JurBüro 2003, 344 (346).
48 z. B. bei Taxifahrern 1,– DM = 0,51 EUR/Arbeitsstunde: LG Osnabrück, NZA-RR 1999, 430 f.; bei Gaststätten 3 v. H. des Jahresumsatzes: FG München, EFG 2000, 1367.
49 *Wache* in Münchener Kommentar zur ZPO, § 115 Rn. 8.
50 *Geimer* in Zöller, ZPO, § 115 Rn. 6 m. w. N.

teres auf eine nach dem Arbeitsmarkt mögliche Arbeitsaufnahme verwiesen werden kann.[51]
Auf dieser Grundlage ist dann aber auch zu berechnen.[52] Die Anrechnung sollte sich auf klare Fälle des Missbrauchs beschränken,[53] z. B. wenn kurz vor der Antragstellung eine Arbeitsstelle ohne ersichtlichen Grund aufgegeben wird.

Beispiele:
Der Rechtsuchende arbeitet bereits seit über 20 Jahren im gleichen Malerbetrieb und gibt dieses Arbeitsverhältnis aus ungekündigter Stellung heraus ohne ersichtlichen Grund auf.
Eine Friseurmeisterin im Reisegewerbe gibt an, 230,00 EURO zu verdienen, bezieht aber keine Sozialhilfe und beruft sich darauf, sie müsse zwei Kinder ihres neuen Lebenspartners betreuen.[54]

Eine schuldhaft herbei geführte Bedürftigkeit (z. B. **verantwortungslose Aufgabe des Arbeitsplatzes**) verdient keinen Schutz und kann die Zurechnung fiktiven Einkommens rechtfertigen.[55] Das vor der Kündigung erzielte Einkommen ist dann fortzuschreiben.
Die tatsächlichen Voraussetzungen sind in diesen Fällen dann festzustellen und reale Möglichkeiten zur Arbeitsaufnahme zu prüfen, ggfs. sind durch den Rechtsuchenden **konkrete Bemühungen zur erfolglosen Arbeitsaufnahme** schlüssig darzulegen.[56]

29

Die Erbringung eines Missbrauchsnachweises dürfte in der Praxis erhebliche Schwierigkeiten bereiten, zumal der Rechtsuchende immer eine gewisse Unwissenheit vorbringen kann.

Übermäßige Anforderungen können nicht daran gestellt werden.[57]
Eine Anrechnung käme vor allem dann in Betracht, wenn es sich um einen jungen, gesunden, persönlich und örtlich ungebundenen Rechtsuchenden handelt, der ohne Weiteres eine ihm zumutbare Arbeit aufnehmen könnte und der keiner Erwerbstätigkeit ohne einleuchtenden Grund nachgeht.[58]

Bei **verschleierten Arbeitsverhältnissen** ist die Vergütung anhand § 850 h Abs. 2 ZPO zu beurteilen[59] (jedoch auch hier: Frage der Nachweisbarkeit!), z. B. der Rechtsuchende arbeitet im Geschäft des Ehepartners mit und bekommt einen nur geringen Lohn und eventuell gewährte Sachleistungen. Er kann dann so gestellt werden, als würde er über ein an die Ausübung seiner Tätigkeit ausgerichtetes Einkommen verfügen.

30

Wer **Vermögenserträge** aus einem unschwer verwertbaren Vermögen **nicht** zieht, wird sich so behandeln lassen müssen, als wenn er die daraus üblichen

31

---

51 OLG Köln, FamRZ 2007, 1338 f.; so auch BVerfG, NJW-RR 2005, 1725; OLG Karlsruhe, FamRZ 1999, 599; OLG Bremen, OLG-Report 1998, 388; OLG Köln, OLG-Report 1998, 284; *Groß*, § 115 ZPO, Rn. 22; *Dürbeck/Gottschalk*, Rn. 288 ff.
52 BVerfG, NJW-RR 2005, 1725.
53 Saarländisches OLG, MDR 2012, 1367 – juris; OLG Stuttgart, FamRZ 2011, 1885 – juris; OLG Sachsen-Anhalt, FamRZ 2001, 924; OLG Koblenz, FamRZ 2001, 1153; *Fischer* in Musielak/Voit, ZPO, § 115 Rn. 8.
54 OLG Hamm, FamRZ 1994, 1396 f.
55 OLG Hamm, Beschluss vom 4.5.2013, AZ. II – 6 WF 87/13, 6 WF 87/13 – juris; OLG Oldenburg, FamRZ 1996, 41.
56 Brandenburgisches OLG, FamRZ 2011, 1239–1240 – juris (auch bei Hartz IV-Leistungen sind solche Bemühungen darzulegen und glaubhaft zu machen).
57 OLG Karlsruhe, FamRZ 2004, 1220; OLG Karlsruhe, FamRZ 2004, 644.
58 *Fischer* in Musielak/Voit, ZPO, § 115 Rn. 8.
59 OLG Bamberg, JurBüro 1990, 635; *Fischer* in Musielak/Voit, § 115 Rn. 7 ZPO.

Erträge erzielt (z. B. wer bei vermietbaren Räumen diese leer stehen lässt). Es besteht keine Bedürftigkeit, wenn die Negativeinkünfte aus Vermietung in einem so krassen Missverhältnis zu den ansonsten guten Einkommensverhältnissen stehen.[60]

32 c) **Kindergeld.** Ob und wie laufende **Kindergeldzahlungen** im Rahmen der Beratungshilfe als Einkommen zu berücksichtigen ist, wird unterschiedlich beurteilt.

> Deutsche Staatsangehörige erhalten einkommensunabhängig Kindergeld, wenn sie in Deutschland ihren Wohnsitz oder gewöhnlichen Aufenthalt haben. Auch in Deutschland wohnende ausländische Staatsangehörige können unter bestimmten Voraussetzungen Kindergeld erhalten.
> Das Kindergeld wird dabei für Kinder unabhängig von ihrer Staatsangehörigkeit gezahlt, wenn sie in Deutschland oder einem EU-Mitgliedsstaat oder einem Staat des Europäischen Wirtschaftsraumes (z. B. Schweiz) ihren Wohnsitz oder gewöhnlichen Aufenthalt haben.
> Bis zur Vollendung des 18. Lebensjahres wird Kindergeld für alle Kinder gezahlt, darüber hinaus nur unter bestimmten Voraussetzungen (z. B. Kinder in Schul- oder Berufsausbildung).
> Das Kindergeld erhält der Elternteil, der das Kind in seinen Haushalt aufgenommen hat. Lebt das Kind nicht in einem Haushalt eines Elternteils, so erhält das Kindergeld derjenige Elternteil, der dem Kind laufend den (höheren) Barunterhalt zahlt. Wird dem Kind von beiden Elternteilen kein laufender Barunterhalt gezahlt, so können die Eltern untereinander bestimmen, wer von beiden das Kindergeld erhält.
> Das monatliche Kindergeld beträgt ab Januar 2018[61] nach wie vor
> – für das erste und zweite Kind jeweils 194,00 EURO,
> – für das dritte Kind 200,00 EURO und
> – für jedes weitere Kind 225,00 EURO.

Die PKH und damit auch die Beratungshilfe ist Sozialhilfe im Bereich der Rechtspflege. Der Einkommensbegriff des § 115 Abs. 1 S. 2 ZPO knüpft an denjenigen des § 82 Abs. 1 SGB XII an. Die Definition des Einkommensbegriffs ist hier identisch. Auch durch den Verweis auf die vorzunehmenden Abzüge gem. § 82 Abs. 2 und 3 SGB XII wird die Anknüpfung an den sozialrechtlichen Aspekt deutlich.
Laufende Kindergeldzahlungen sind danach lediglich insoweit i. S. d. § 115 Abs. 1 S. 2 ZPO **zum Einkommen eines Elternteils** zu rechnen, **als es nicht zur Bestreitung des notwendigen Lebensunterhalts eines minderjährigen Kindes (also bis zur Höhe des Freibetrages gem. § 115 Abs. 1 S. 3 Nr. 2b ZPO – evtl. ergänzt um Wohnkostenanteil) zu verwenden ist.**[62] § 82 Abs. 1 S. 3 SGB XII wird hier betreffend **minderjährige Kinder** als zutreffende Zurechnungsnorm für die gem. § 115 Abs. 1 ZPO relevante sozialhilferechtliche Einkommensermittlung angewendet. Es wird auch dann als Einkommen des bezugsberechtigten Elternteils berücksichtigt, wenn Kindesunterhalt gezahlt wird.[63]

---

60 OLG München, MDR 2006, 112.
61 Bundeskindergeldgesetz und Einkommensteuergesetz.
62 BGH, NJW 2017, 962 f., mit Anm. *Christl*, FamRZ 2017, 633 ff. und *Schürmann*, FamRB 2017, 141 f.; FamRZ 2010, 1324–1326 – juris; Rpfleger 2005, 444 f.; OLG Karlsruhe, FamRZ 2016, 728 f. – juris; Saarländisches OLG, JurBüro 2013, 208 – juris; LSG Berlin-Brandenburg, Beschluss vom 17.2.2009, Az. L 5 B 625/08 AS PKH – juris; OLG Karlsruhe, MDR 2008, 941; OLG Karlsruhe, FamRZ 2006, 799; OLG Frankfurt am Main, FamRZ 2006, 962; SchlHOLG, OLG-Report 2005, 768; *Groß*, § 115 ZPO, Rn. 21; *Geimer* in Zöller, ZPO, § 115 Rn. 18a; *Baronin von König*, Rn. 753; *Christl*, FamRZ 2016, 728 f. – juris; VGH Baden-Württemberg, Beschlüsse vom 16.12.2009, Az. 12 S 1550/07, 12 S 1603/07, 12 S 567/08 – juris.
63 *Wache* in Münchener Kommentar zur ZPO, § 115 Rn. 20.

Kapitel 2: Subjektive Voraussetzungen gem. § 1 Abs. 1 Nr. 1 BerHG **32**

Durch Einbeziehung des § 11 Abs. 1 S. 4 SGB II wird das Kindergeld für **unterhaltsberechtigte volljährige Kinder**, die in vollständiger oder zumindest temporärer Bedarfsgemeinschaft leben, uneingeschränkt dem Einkommen des Elternteils zugerechnet.[64] Dies gilt auch, wenn das Kind schwerbehindert ist.[65] Durch die Einstellung des Kinderfreibetrags in die Berechnung und den Abzug der Wohn- und Heizkosten ist die Deckung des notwendigen Lebensunterhalts des Kindes grundsätzlich gewährleistet.
Mit Rücksicht auf die bestehenden – nach Altersstufen gestaffelten – Unterhaltsfreibeträge kann davon ausgegangen werden, dass damit das Existenzminimum eines Kindes (ohne die Kosten der Unterkunft und Heizung, die ohnehin vom Einkommen des Rechtsuchenden abzusetzen sind) zumindest bis zum vollendeten 14. Lebensjahr gewährleistet ist.[66]
Der notwendige Bedarf eines Kindes kann sich in diesem Kontext auch an den **Mindestunterhaltsbeiträgen gem. § 1612a Abs. 1 BGB i. V. m. der Mindestunterhaltsverordnung** orientieren.

Beispiel: Berechnung des dem Einkommen hinzuzurechnenden Kindergeldes

Freibetrag für das Kind (Kind ist 4 Jahre alt)	275,00 EURO
abzgl. gewährter Kindesunterhalt	238,00 EURO
übrig bleiben (= Lücke):	37,00 EURO
Kindergeld für das Kind	194,00 EURO
abzgl. obiger Lücke	37,00 EURO
ergibt:	157,00 EURO.

Ergebnis:
Dem Einkommen des Rechtsuchenden werden 157,00 EURO hinzugerechnet.[67]

Eine Ansicht[68] rechnet das Kindergeld dem Einkommen der Partei in voller Höhe zu, welcher das Kindergeld ausgezahlt wird. Nach dieser Meinung ist bei der Berechnung des einzusetzenden Einkommens § 82 Abs. 1 S. 3 SGB XII gerade weder unmittelbar noch analog anwendbar.
Eine weitere Ansicht[69] ordnet das Kindergeld in voller Höhe als Einkommen des Kindes zu und ist von dem auf das Kind entfallenden Unterhaltsfreibetrag entsprechend abzuziehen. Die zugrundeliegende Begründung, dass der Gesetzgeber mit dem am 1.1.2008 in Kraft getretenen Gesetz zur Änderung des Unterhaltsrechts vom 21.12.2007 die unterhaltsrechtliche Behandlung des Kindergeldes in § 1612b BGB neu konzipiert und durch die Neuregelung zum Ausdruck gebracht hat, dass das Kind einen Anspruch auf die Auszahlung des Kindergeldes oder die Erbringung entsprechender Naturalleistung gegen denjenigen Elternteil hat, der das Kindergeld von der Familienkasse ausgezahlt erhält, vermag nicht zu überzeugen, da grundsätzlich nur die Eltern anspruchsberechtigt sind und das Kindergeld den in der Familie entstehenden Mehraufwand ausgleichen soll.[70]

---

64 OLG Karlsruhe, FamRZ 2016, 728 f. – juris; *Christl*, FamRZ 2015, 1161 ff. – juris.
65 LAG Schleswig-Holstein, Beschluss vom 7.9.2015, Az. 1 Ta 150/15 – juris; sh. auch *Korinth*, ArbRB 2016, 60 ff. – juris.
66 BGH, FamRZ 2005, 605, so schon früher OLG Koblenz, FamRZ 2004, 646; OLG Dresden, FamRZ 2002, 1413 f.; LAG Brandenburg, JurBüro 1999, 143 f.
67 sh. auch OLG Bamberg, FamRZ 2015, 349 f. – juris.
68 LAG Hamm, FamRZ 2016, 1953 ff. – juris.
69 LAG Berlin-Brandenburg, NZFam 2015, 82 – juris; OLG Rostock, FamRZ 2013, 648 – juris.
70 so im Ergebnis auch *Dürbeck/Gottschalk*, Rn. 269.

33 d) **Sozialleistungen.** Ob gem. **SGB II bezogene Leistungen** in Form von **Arbeitslosengeld II** („**Hartz IV**") Einkommen sind, ist insbesondere wegen des Zwecks, nämlich den Lebensunterhalt des erwerbsfähigen Hilfebedürftigen zu sichern, streitig:
- Die Leistungen nach dem SGB II werden nach h. M.[71] als Einkommen berücksichtigt. Dies gilt auch für einen Zuschlag gem. § 24 SGB II.[72] Wenn der Rechtsuchende neben dem Arbeitslosengeld II weitere Einkünfte hat, die ihrerseits einzusetzendes Einkommen sind und die zusammen mit dem Arbeitslosengeld II die nach § 115 Abs. 1 S. 3 ZPO vorzunehmenden Abzüge übersteigen, kann im Rahmen der PKH sogar die Anordnung von Ratenzahlungen erfolgen. Hierfür spricht, dass der Begriff des Einkommens in § 115 ZPO keine Einschränkungen erkennen lässt wie die Begriffsdefinition in § 11 Abs. 1 S. 1 SGB II. Auf die Bezugsquelle des Einkommens kommt es daher nicht an.
- Die Gegenansicht[73] führt aus, dass der Bezug von **Sozialhilfe** bereits früher zur Bewilligung von Prozesskostenhilfe ohne Ratenzahlung geführt hat. Nach der gesetzlichen Trennung der Sozialhilfe in Leistungen für Nichterwerbsfähige nach SGB XII und Leistungen für Erwerbsfähige nach SGB II beansprucht diese Rechtsprechung auch Geltung für Leistungen nach SGB II, soweit es sich bei diesen in der Sache um Sozialhilfe handelt.

Ob **Hilfe zum Lebensunterhalt** (§§ **27 ff.** SGB XII) zum Einkommen zählt, ist ebenfalls umstritten.[74] Gem. § 82 Abs. 1 S. 1 SGB XII sind alle Leistungen nach diesem Buch (SGB XII) vom Einkommensbegriff ausgenommen. Hierzu gehört auch die Hilfe zum Lebensunterhalt (§ 8 Nr. 1 SGB XII) sowie eine bezogene Grundsicherung als Teil der Sozialhilfe (§ 8 Nr. 2 SGB XII), zumal nach § 2 Abs. 2 SGB XII der Bezug von Sozialhilfe die anderen Träger von Sozialleistungen nicht entlastet. Dies bedeutet, dass die **Hilfe zum Lebensunterhalt (Sozialhilfe) kein Einkommen i. S. d. Prozesskostenhilfe- oder Beratungshilferechts** darstellt und im Rahmen der bestehenden Freibeträge keine Ratenverpflichtung gem. § 115 Abs. 2 ZPO erreicht wird.[75]
Zum Teil wird aber auch argumentiert, dass der Bezug von Sozialhilfe[76] zwar **grundsätzlich Einkommen** darstellt, der **Einsatz** zur Bestreitung der Verfahrenskosten ist jedoch regelmäßig auch dann **nicht zumutbar**, wenn es über den Freibeträgen liegt. Die Konsequenz ist im Ergebnis hier die gleiche, nämlich dass bei Bezug von Sozialhilfe Prozesskostenhilfe ohne Raten und damit auch **Beratungshilfe zu bewilligen ist.**
Mehrbedarfsbeträge gem. §§ **21 SGB II, 30 SGB XII** sind ebenfalls gem. § 115 Abs. 1 S. 3 Nr. 4 ZPO als Einkommen zu berücksichtigen.

34 Als Einkommen zählen weiter alle **Einkünfte mit Lohnersatzfunktion** wie z. B. **Arbeitslosengeld I, Krankengeld, welches anstelle von Arbeitsentgelt gezahlt wird,**[77] oder **Kurzarbeitergeld.**

---

71 BGH, FamRZ 2010, 1324–1326 – juris; LSG Berlin-Brandenburg, Beschluss vom 17.2.2009, Az. L5 B 625/08 AS PKH – juris; OLG Stuttgart, FamRZ 2008, 1261; OLG Stuttgart, OLGR 2007, 967; OLG Koblenz, FamRZ 2007, 1824; OLG Zweibrücken, OLGR 2005, 947; OLG Sachsen-Anhalt, FamRZ 2001, 1471; *Dürbeck/Gottschalk*, Rn. 252; *Geimer* in Zöller, ZPO, § 115 Rn. 18a; *Wache* in Münchener Kommentar zur ZPO, § 115 Rn. 16; *Kießling* in Saenger, ZPO, § 115 Rn. 11; *Götsche*, jurisPR-FamR 9/2008 Anm. 1; *Reichling* in BeckOK, ZPO, § 115 Rn. 5.
72 *Hartmann* in Baumbach/Lauterbach/Albers/Hartmann, ZPO, § 115 Rn. 17.
73 OLG Karlsruhe, FamRZ 2007, 155; LSG Berlin-Brandenburg, Beschluss vom 12.11.2007, Az. L 10 B 1017/07 AS PKH – juris.
74 zum Streitstand siehe *Geimer* in Zöller, ZPO, § 115 Rn. 18 m. w. N.
75 OLG München, FamRZ 1996, 42; OLG Düsseldorf, Rpfleger 1994, 28 f.; *Seiler* in Thomas/Putzo, § 115 Rn. 3; *Reichling* in BeckOK, ZPO, § 115 Rn. 20; *Geimer* in Zöller, ZPO, § 115 Rn. 18.
76 BVerfG, NJW 1988, 2231; LG Darmstadt, WuM 2012, 570 – juris; Saarländisches OLG, FamRZ 1988, 1183; *Wache* in Münchener Kommentar zur ZPO, § 115 Rn. 16.
77 BAG, Beschluss vom 22.4.2009, Az. 3 AZB 90/08; JurBüro 1995, 425; *Bork* in Stein/Jonas, ZPO, § 115 Rn. 21.

Ebenso gehören **Übergangsgeld** gem. § 24 SGB II[78] und Ausbildungsförderung[79] sowie **Wohngeld** (auch Leistungen für Unterkunft und Heizung, § 22 SGB II) dazu.[80] Stehen dem Rechtsuchenden Sozialleistungen zu (z. B. Wohngeld) und nimmt er diese nicht in Anspruch, so muss er sich so behandeln lassen, als ob er sie erhalte.[81]

e) **Sonstige Einkünfte.** Einkommen sind **Renten aller Art**,[82] titulierte Unterhaltsansprüche,[83] **Unterhaltsrenten**, auch wenn sie unter dem Vorbehalt der Rückforderung gezahlt werden (z. B. freiwillige Leistungen der Eltern für Miete und Studium)[84]; auch Leistungen aus einer Berufsunfähigkeitsversicherung[85], Erziehungsrente, Opferrente nach § 17a StrRehaG[86] sowie **Kostgeld**.[87] Weiter zählen hierzu **Unterhaltsleistungen Dritter** (z. B. des Lebensgefährten)[88], freiwillige **Leistungen von Dritten**[89] und **Pflegegeld**. Hierbei ist aber zu berücksichtigen, dass das Pflegegeld für ein in die Familie aufgenommenes Pflegekind nur mit seinem Anteil für „Kosten der Erziehung" als Einkommen zu bewerten ist.[90]

Leistungen nach dem Berufsausbildungsförderungsgesetz (BAföG) und **Studienkredite** der Kreditanstalt für Wiederaufbau (KfW) sind ebenfalls Einkommen;[91] dies gilt auch bei der darlehensweisen Gewährung, wenn für einen längeren Zeitraum keine Rückzahlungsverpflichtung besteht. Ein KfW-Studienkredit stellt sich auch als eine Art Vorfinanzierung des in der Zukunft eintretenden Mehrwertes dar.[92] Eine bereits fällige Rückzahlungspflicht ist gem. § 115 Abs. 1 S. 3 Nr. 5 ZPO zu berücksichtigen (Härtefall).

Auch tatsächlich gezahltes oder zu beanspruchendes **Taschengeld** gehört zum Einkommen;[93] dies beträgt in der Regel 5 % des Nettoeinkommens des Ehegat-

---

78 OLG München, FamRZ 2006, 1125.
79 OLG Köln, FamRZ 1994, 1534.
80 OLG Stuttgart, FamRZ 2008, 1261; OLG Rostock, FamRZ 2005, 992; LSG Erfurt, SGb 2003, 578; *Dürbeck/Gottschalk*, Rn. 245 a. A.: *Fischer* in Musielak/Voit, ZPO, § 115 Rn. 6 (es zählt nicht (mehr) zum Einkommen, vielmehr reduziert es die Unterkunftskosten, die vom Einkommen abgezogen werden können).
81 LAG Freiburg, NJW 1982, 847 (848); *Groß*, § 115 ZPO, Rn. 24.
82 zum Teil können diese jedoch nicht als Einkommen angerechnet werden, z. B. siehe § 83 Abs. 2 SGB XII für Schmerzensgeldrenten nach § 253 Abs. 2 BGB oder BVG-Grundrenten.
83 Saarländisches OLG, FamRZ 2009, 1233.
84 OLG Karlsruhe, FamRZ 2002, 1195; OLG Köln, MDR 1996, 310.
85 OLG Brandenburg, Beschluss vom 3.2.2015, Az. 3 UF 76/143 UF 76/14 – juris.
86 *Schürmann* in FamRZ 2016, 1113 ff. (1115).
87 OLG Braunschweig, Urteil vom 9.11.1982, Az. 1 UF 44/82 – juris.
88 OLG Koblenz, Rpfleger 1992, 439–440: „Regelmäßige … Geldleistungen eines Unterhaltspflichtigen … gelten als Einkommen des Empfängers im Sinne des Prozesskostenhilferechts und sind daher bei einer Ratenzahlungsanordnung gemäß § 115 Abs. 1 S. 2 ZPO zu berücksichtigen. Dies gilt auch dann, wenn die Zahlung nicht in Erfüllung einer Unterhaltspflicht, sondern freiwillig erfolgt"; BGH, FamRZ 2008, 400 f.
89 Sächsisches OVG, NJW 2011, 3788 – juris.
90 OLG Karlsruhe, FamRZ 2004, 645; *Wache* in Münchener Kommentar zur ZPO, § 115 Rn. 18; *Reichling* in BeckOK, ZPO, § 115 Rn. 18.
91 BAG, JurBüro 2016, 432 ff. ; OLG Karlsruhe, OLGR 2002, 233; *Wache* in Münchener Kommentar zur ZPO, § 115 Rn. 25 (BAföG-Leistungen sind zwar dem Einkommen zuzurechnen, aber da diese Leistung ohnehin so niedrig ist, dass sich bei Berücksichtigung von Wohnkosten und Semesterbeiträgen keine Ratenzahlungsverpflichtung ergibt, sofern nicht weitere Einkünfte hinzukommen; oft werden jedoch zur Deckung von ausbildungsbedingtem Bedarf Beschäftigungen aufgenommen).
92 BAG, JurBüro 2016, 432 ff.
93 OLG Stuttgart, OLGR 2008, 36; OLG Stuttgart, JurBüro 1998, 592; OLG Karlsruhe, FamRZ 2005, 1182; OLG Zweibrücken, FamRZ 2001, 1470; *Geimer* in Zöller, ZPO, § 115 Rn. 9; *Wache* in Münchener Kommentar zur ZPO, § 115 Rn. 24; *Seiler* in Thomas/Putzo, ZPO, § 115 Rn. 2.

ten oder eingetragenen Lebenspartners.[94] Bei geringen Einkommen kann dieses aus Billigkeitsgründen außer Betracht bleiben.[95]

38 Grundsätzlich ist ein **freiwillig gewährter Naturalunterhalt** (z. B. innerhalb einer nichtehelichen Lebensgemeinschaft) zwar **nicht** als Einkommen zu berücksichtigen, wenn der Rechtsuchende außer ihm keine sonstigen Einkünfte hat.[96] Hat er jedoch daneben noch weitere Einkünfte, so ist der Naturalunterhalt zu bewerten und hinzuzuaddieren.[97]

Erbringt der bedürftige Rechtsuchende für seinen nichtehelichen Lebenspartner **entgeltpflichtige Betreuungs- oder Versorgungsleistungen**, so sind diese nicht als fiktives Einkommen zu rechnen, da er ansonsten ggfs. seinen Partner auf Leistung verklagen müsste.[98] Erfolgt dagegen eine **Pflegetätigkeit in hohem Umfang für einen Angehörigen**, so kann die Vergütung hier im Einzelfall als Einkommen angesehen werden.[99]

Der **ganz alltägliche und normale „Familienunterhalt"** kann dagegen keine Berücksichtigung finden, da hier im Rahmen der Familiengemeinschaft nicht alles detailliert aufgelistet und in eine geldwerte Leistung umgerechnet werden kann.

38a Die **Verpflegung in einem Sanatorium** kann zum Einkommen zählen.[100]

39 Geldwerte Vorteile, z. B. die dauerhafte Überlassung eines Firmenwagens, **freie Unterkunft und freie Verpflegung** sind ebenfalls zu verwerten, sofern hierin ein Einkommenszufluss zu sehen ist. Dabei können die Werte der **Sozialversicherungsentgeltverordnung**[101] herangezogen werden. Gezahltes Kostgeld ist hiervon in Abzug zu bringen.[102]

40 **Steuererstattungen** sind im Rahmen des Lohnsteuerjahresausgleichs dann nicht zu berücksichtigen, wenn es sich um einen geringen Betrag handelt, der einmalig anfällt. Bei größeren Beträgen ist auf 12 Monate aufzuteilen.[103]

Wurde durch den Rechtsuchenden eine ungünstige Steuerklasse gewählt (z. B. V, wenn Ehegatte in III veranlagt ist), dann muss er sich den Ausgleichsanspruch gegen den Ehegatten anrechnen lassen; die Wahl der Steuerklasse darf letztlich nicht zu Lasten der Allgemeinheit gehen.[104] Die Wahl der Steuerklasse V indiziert jedoch nicht per se einen Rechtsmissbrauch.[105]

41 **Freiberufler und Gewerbetreibende** können ihr Einkommen mit einer Einnahmenüberschussrechnung für das Vorjahr belegen.[106] Diese braucht auch nicht um eine solche für die ersten Monate des laufenden Jahres ergänzt zu werden. Grundsätzlich ist zwar der Gewinn maßgebend, zu berücksichtigen sind jedoch

---

94 OLG Koblenz, Rpfleger 1996, 73; OLG Stuttgart, OLGR 2008, 36.
95 PfälzOLG, Beschluss vom 11.12.2013, Az. 6 WF 215/13 (kein Anspruch auf Taschengeld, wenn das Einkommen nur zur Deckung des notwendigen Familienunterhalts ausreicht); *Dürbeck/Gottschalk*, Rn. 240.
96 OLG Bamberg, JurBüro 1994, 751.
97 OLG Celle, FamRZ 1993, 1334.
98 *Fischer* in Musielak/Voit, ZPO, § 115 Rn. 7.
99 *Dürbeck/Gottschalk*, Rn. 303.
100 LG Koblenz, FamRZ 1995, 941.
101 gem. § 2 Abs. 1, 3 SvEV: Verpflegung mon. 246,00 EUR; Unterkunft mon. 226,00 EUR
102 LAG Hamm, Beschluss vom 26.1.2016, Az. 14 Ta 208/15 – juris a. A.: LAG Baden-Württemberg, Beschluss vom 26.1.2017, Az. 12 Ta 11/16 – juris (kostenfreie bzw. kostengünstige Unterkunft und Verpflegung gegen einen verhältnismäßig geringen Kostenbeitrag sind dem Einkommen nicht hinzuzurechnen); *Geimer* in Zöller, ZPO, § 115 Rn. 14 (unentgeltl. Wohnen ist kein Einkommen, Abzug von Unterkunftskosten unterbleibt jedoch).
103 OLG Bremen, OLGR Bremen 1998, 326–327; OLG Nürnberg, FamRZ 2006, 1132–1133.
104 OLG Frankfurt am Main, FamRZ 2000, 26; BGH, Rpfleger 2006, 25 f. (zu § 850 h ZPO).
105 LAG Rheinland-Pfalz, AA 2016, 126 – juris.
106 OLG Stuttgart, Beschluss vom 18.4.2006, Az. 15 WF 95/06 – juris; OLG Brandenburg, FamRZ 1998, 1301; LG Koblenz, FamRZ 1996, 806; *Geimer* in Zöller, ZPO, § 115 Rn. 13.

auch Abschreibungen und zeitliche Verschiebungen sowie schlüssig dargelegte Gewinnrückgänge oder Gewinnsteigerungen.[107] Der Steuerbescheid (max. aus dem Vor-Vor-Jahr) ist ebenfalls vorzulegen. Ebenso können entsprechende Kontonachweise vorzulegen sein. Bilanzen, Gewinn- und Verlustrechnungen ergeben lediglich Anhaltspunkte, die sich aber ggfs. durch den Lebenszuschnitt des Rechtsuchenden (z. B. Wohnung, Hauspersonal, Zweitwagen, kostenaufwendiger Lebensstil) korrigieren lassen. Das zu versteuernde Einkommen und die Gewinn- und Verlustrechnung müssen dabei in sich stimmig sein. Die Vorlage einer Steuerberaterbescheinigung, die negative Einkünfte ausweist, reicht allein nicht aus.[108]

Auch das aus Erwerbstätigkeit herrührende Einkommen eines **Strafgefangenen**, wenn dieser in der JVA arbeitet, ist einzusetzendes Einkommen. **42**

Einkünfte aus Kapitalvermögen und Vermietung bzw. Verpachtung (vermindert um die notwendigen Ausgaben bis zur Höhe der Einnahmen)[109] sind Einkünfte (soweit diese nicht fest zur Schuldenregulierung abgetreten oder verpfändet ist; für die Nichtberücksichtigung ist eine bloße Verplanung hingegen nicht ausreichend). Sie sind mit dem Bruttoeinkommen anzusetzen.[110] **Zinseinkünfte aus angelegtem Schmerzensgeld** sind ebenfalls Einkommen.[111] Ebenso sind die im Zusammenhang mit der Nutzung eines **Nießbrauchsrechts** erzielten Bruttoeinnahmen als Vermietungseinkünfte zu berücksichtigen.[112] **43**

3. Kein Einkommen

Bei der Ermittlung des Einkommens bleiben dagegen einige Leistungen **unberücksichtigt**: **44**
- **Beihilfen**, sie dienen nur dem Ausgleich bereits entstandener Kosten;[113]
- **Bettelgaben** bis 50,00 EURO;
- **BVG-Grundrenten**[114] (z. B. Berufsschadensausfallrente) und Sozialleistungen für Aufwendungen infolge von Körper- und Gesundheitsschäden (analog § 1610a BGB); Grundrente nach OEG (**Opferentschädigungsgesetz**);[115]
- Renten und Kapitalentschädigungen nach dem **Contergan-Stiftungsgesetz**;[116]
- **Darlehen und Beihilfen** für evakuierte Vertriebene, **ehemalige Kriegsgefangene** und Häftlinge gem. §§ 12 BVG, 9a HHG;
- **Elterngeld** bis zur Höhe von monatlich **300,00 EURO** (§ 10 Abs. 2 BEEG); vergleichbare Leistungen nach bundes- oder landesrechtlichen Vorschriften;[117]
- **Essensmarken und Essenszuschüsse des Arbeitgebers**;
- **Kindesunterhalt** ist kein Einkommen eines Ehegatten gem. § 115 Abs. 1 S. 1 ZPO;[118]

---

107 BGH, JurBüro 1993, 105–106; OLG Brandenburg, FamRZ 1998, 1301; *Kießling* in Saenger, ZPO, § 115 Rn. 9.
108 *Fischer* in Musielak/Voit, ZPO, § 117 Rn. 16.
109 *Geimer* in Zöller, ZPO, § 115 Rn. 14; BGH, JurBüro 1984, 51.
110 *Wache* in Münchener Kommentar zur ZPO, § 115 Rn. 24.
111 BVerwG, NJW 2012, 1305 (hier im Fall: Berücksichtigung als Einkommen bei der Berechnung von Wohngeld).
112 BFH, BFH/NV 2012, 258–259 – juris.
113 *Hartmann* in Baumbach/Lauterbach/Albers/Hartmann, ZPO, § 115 Rn. 18.
114 LSG Mainz, Beschluss vom 5.5.2011, Az. L 4 U 85/11 B – juris.
115 OVG Lüneburg, Beschluss vom 15.8.2013, Az. 4 PA 184/13 – juris.
116 OLG Celle, FamRZ 1983, 1156.
117 LAG Nürnberg, Beschluss vom 30.6.2016, Az. 7 Ta 75/16 – juris; LAG Sachsen-Anhalt, Beschluss vom 23.8.2011, Az. 2 Ta 104/11 – juris; zum früheren Erziehungsgeld gem. BErzGG: BayVGH, JurBüro 2007, 375; OLG München, FamRZ 2004, 1498; OLG Koblenz, JurBüro 2001, 432; OLG Düsseldorf, Rpfleger 1994, 28 f.; OLG Celle, AnwBl 1992, 144.
118 OLG Bamberg, FamRZ 2007, 1339 f.

- Leistungen für **Kindererziehung** gem. §§ 294 SGB VI, 299 SGB VI;[119]
- Leistungen aus der **Pflegeversicherung** bei Pflegebedürftigen gem. § 13 Abs. 5 S. 1 SGB XI[120] (weder für den Pflegebedürftigen noch für den Pflegenden); ebenso gem. § 13 Abs. 6 SGB XI weitergeleitetes **Pflegegeld** i. S. d. § 37 SGB XI;[121] die nach §§ 27, 33, 39 SGB VIII gewährte **Hilfe zur Erziehung** (Erziehungskostenanteil) ist dagegen als Einkommen anzusetzen;[122]
- **Sozialleistungen für Aufwendungen infolge von Körper- und Gesundheitsschäden** i. S. d. § 1610a BGB werden zum Einkommen hinzugerechnet, aber danach Aufwendungen in gleicher Höhe wieder abgezogen. Es wird vermutet, dass die Aufwendungen für solche Schäden nicht geringer als die dafür gezahlten Sozialleistungen sind. Die Vermutung der Richtigkeit lässt sich im Bewilligungsverfahren der Beratungshilfe kaum angreifen. Zur Vereinfachung sind diese gleich nicht zu berücksichtigen;[123]
- Zuschuss des Arbeitgebers auf **vermögenswirksame Leistungen**;[124]
- **Vorsorgeunterhalt** i. S. d. § 1578 Abs. 2 und 3 BGB (Kosten einer Kranken- oder Altersversicherung, Ausbildungs- und Fortbildungskosten);[125]
- **Zuwendungen der freien Wohlfahrtspflege**, von Stiftungen oder von Dritten (§ 84 SGB XII), z. B. humanitäre Soforthilfe der AIDS-Stiftung oder Geschenke von Angehörigen.

4. Sonderfall Insolvenzverfahren

45 Die Eröffnung eines Insolvenzverfahrens über das Vermögen des Rechtsuchenden schließt nicht automatisch aus, dass diesem ein Einkommen zur Verfügung steht, welches zu Ratenzahlungen gem. § 115 ZPO verpflichtet und demnach einen Anspruch auf Beratungshilfe ausschließt.[126]
Zwar geht mit Eröffnung des Insolvenzverfahrens die Verwaltungs- und Verfügungsbefugnis über das Vermögen des Rechtsuchenden auf den Insolvenzverwalter über, jedoch steht dem Rechtsuchenden u. U. weiterhin ein monatlich unpfändbares Arbeitseinkommen zur Verfügung, welches zur Ratenverpflichtung führen kann und nach Abzug von abzusetzenden Beträgen auch zum Bestreiten von Prozesskosten eingesetzt werden kann.

III. Abzüge vom Einkommen

1. Abzüge gem. § 115 Abs. 1 S. 3 Nr. 1a ZPO

46 Gem. § 115 Abs. 1 S. 3 Nr. 1a ZPO sind von dem ermittelten Einkommen bestimmte Beträge abzuziehen. Dieser verweist auf die in § 82 Abs. 2 SGB XII bezeichneten Beträge.

---

119 LSG Berlin, FamRZ 1993, 343 f.
120 *Fischer* in Musielak/Voit, ZPO, § 115 Rn. 6; OLG Stuttgart, Beschluss vom 22.2.2006, Az. 18 WF 14/06 – juris; LG Koblenz, FamRZ 2001, 308 f.
121 Hanseatisches OLG, FamRZ 2013, 60–62 – juris; Bayerisches LSG, Urteil vom 13.6.2013, Az. L 2 P 10/12; OLG Köln, BeckRS 2011, 28705 (kein anrechenbares Einkommen) a. A.: LAG Hamm, Beschluss vom 23.5.2005, Az. 14 Ta 282/05 – juris (wird zu 1/3 als Einkommen des Pflegenden zugerechnet).
122 Hanseatisches OLG, Beschluss vom 8.2.2013, Az. 4 WF 22/13 – juris; a. A.: OLG Stuttgart, FamRZ 2017, 1587 ff. (wg. § 11a SGB II ist der Erziehungskostenanteil des für das erste und für das zweite Pflegekind nach §§ 27, 33, 39 SGB VIII gewährten Pflegegeldes nicht als kein Einkommen zu werten).
123 *Geimer* in Zöller, ZPO, § 115 Rn. 16.
124 OLG Stuttgart, FamRZ 2005, 1183; *Fischer* in Musielak/Voit, ZPO, § 115 Rn. 6.
125 OLG Stuttgart, FamRZ 2006, 1282.
126 LAG Rheinland-Pfalz, Beschluss vom 27.4.2016, Az. 7 Ta 53/16 – juris; LAG Berlin-Brandenburg, Beschluss vom 27.7.2015, Az. 10 Ta 1125/15; Schleswig-Holsteinisches LSG, Beschluss vom 18.2.2013, Az. L 7 R 144/10 B PKH – juris; OLG Koblenz, Beschluss vom 3.7.2013, Az. 13 WF 580/19; Rpfleger 2010, 378; LAG Schleswig-Holstein, NZA-RR 2009, 611 f.

a) **Steuern (§ 82 Abs. 2 Nr. 1 SGB XII)**. Die Vorschrift gestattet nur die Absetzung von **Steuern auf das Einkommen**.
Abzusetzen sind daher tatsächlich entrichtete **Einkommens-, Lohn-, Kirchen-, Gewerbesteuer**[127] sowie **Solidaritätszuschlag**. Es gilt hier insoweit das Tatsächlichkeitsprinzip. Die Wahl der Steuerklasse V indiziert jedoch nicht per se einen Rechtsmissbrauch.[128] Ebenso sind Steuervorauszahlungen abzuziehen. Die erst voraussichtlich anfallenden Steuern können nicht abgesetzt werden.
Dagegen sind **Umsatz- und Erbschaftssteuer nicht abzuziehen**, da diese auf das Vermögen und nicht auf das Einkommen entrichtet werden.

b) **Pflichtbeiträge (§ 82 Abs. 2 Nr. 2 SGB XII)**. Beiträge (nur die Arbeitnehmerbeiträge), **die gesetzlich zu Sozialversicherungen wie Kranken-, Pflege-, Renten-, Unfall- und Arbeitslosenversicherung** ebenso zur Künstlersozialversicherung zu leisten sind sowie die nach dem Gesetz über die Alterssicherung für Landwirte (ALG) und nach dem Handwerkerversicherungsgesetz (HWVG) zu zahlenden Beträge sind vom Einkommen abzuziehen.
Freiwillige Beiträge fallen unter § 82 Abs. 2 Nr. 3 SGB XII.

c) **Versicherungsbeiträge (§ 82 Abs. 2 Nr. 3 SGB XII)**. Zunächst sind **gesetzlich vorgeschriebene Beiträge** in Abzug zu bringen. Dies sind z. B. Prämien für die **Kfz-Haftpflichtversicherung**, wenn ein Pkw für den Rechtsuchenden notwendig ist[129] oder auch Prämien zur gesetzlichen Unfallversicherung.
Auch **gesetzlich nicht vorgeschriebene Beiträge** können im Einzelfall abgesetzt werden, soweit diese **nach Grund und Höhe angemessen sind und/oder einer angemessenen Altersvorsorge dienen**. Die Angemessenheit derartiger nicht vorgeschriebener Versicherungen ist nach **objektiven Kriterien** zu beurteilen, ausgehend von einem durchschnittlichen Bedarf üblicher und notwendiger Vorkehrungen gegen die Risiken des täglichen Lebens, **subjektiv** betrachtet in der konkreten Situation des Rechtsuchenden.
Es darf letztlich nicht die Allgemeinheit zur Zahlung der Versicherungsprämien des Rechtsuchenden herangezogen werden, nur weil dieser überversichert ist. Zu beachten ist hier jedoch, dass gerade Rechtsuchende mit geringem oder keinen Einkommen oftmals nicht in der Lage sind, Risikovorsorge zu treffen und daher erst recht auf einen gewissen Versicherungsschutz angewiesen sind. Die Beiträge sind nur dann abzuziehen, wenn sie auch tatsächlich aus dem Einkommen des Rechtsuchenden entrichtet werden.
Sofern die Versicherungsverträge **erst nach Beginn der Beratungshilfe** bzw. Antragstellung abgeschlossen worden sind, sind die entsprechenden Prämien hierfür nicht zu berücksichtigen.[130]
Der Begriff „ähnliche Einrichtungen" in § 82 Abs. 2 Nr. 3 SGB XII besagt, dass es auf die Bezeichnung „Versicherung" dabei nicht ankommt. Daher fallen auch Sterbegeldkassen oder ähnliche Einrichtungen hierunter.

> Grundsätzlich sind somit nur Versicherungen mit Vorsorgecharakter in angemessenem Umfang als besondere Aufwendungen zu berücksichtigen. Die Versicherungen müssen zur Absicherung typischer Risiken des Alltags erforderlich und wirtschaftlich sinnvoll und dem Grund und der Höhe nach angemessen sein, d. h. zur Abdeckung von Risiken, für die jeder Bürger in der Regel Vorsorge betreibt.

---

127 BayVGH, Beschluss vom 8.7.2013, Az. 7 C 13.877 – juris.
128 LAG Rheinland-Pfalz, AA 2016, 126 – juris.
129 *Bratfisch*, Rpfleger 1989, 29 (nur wenn die Partei auf den Pkw dringend angewiesen ist); OLG Bamberg, JurBüro 1990, 1645 (generell absetzbar); *Wache* in Münchener Kommentar zur ZPO, § 115 Rn. 29 ZPO.
130 OLG Bamberg, JurBüro 1990, 1645.

> Zusammengefasst ist daher zu prüfen, ob die Absicherung aus der Sicht eines vernünftig Vorausplanenden in den konkreten Rechtsverhältnissen des Rechtsuchenden ohne überzogenes Sicherheitsbedürfnis ratsam erscheint und dies mit vertretbaren Belastungen einhergeht.

49 Folgende Beiträge sind unter Berücksichtigung der dargelegten Punkte als abzugsfähig anerkannt worden:[131]
- für **Ausbildungsversicherungen** (als besondere Form der kapitalbildenden Lebensversicherung);[132]
- für die freiwillige Mitgliedschaft in der gesetzlichen **Kranken- und Rentenversicherung**;[133]
- für eine übliche **Haftpflichtversicherung**;[134]
- für eine angemessene **Sterbegeldversicherung**;[135] diese treten zunehmend an die Stelle einer gesetzlichen Rente;
- für **Krankenhaustagegeldversicherung** soweit angemessen z. B. bei Selbstständigen wegen Lohnersatzfunktion;[136]
- für eine **Hagelversicherung** für Landwirte;[137]
- für eine **Haftpflichtversicherung** für Pkw, soweit **Nutzung erforderlich** ist;[138] die Erforderlichkeit kann auch aufgrund einer **Gehbehinderung** (Merkzeichen aG und G) beruhen;[139] auch **die Prämie für eine Vollkaskoversicherung mit Selbstbeteiligung** ist abzugsfähig, wenn der Kaufpreis vollumfänglich finanziert wurde;[140]
- für die **private Kranken- und Betriebsausfallversicherung**, private Kranken-Zusatzversicherung,[141] **Rechtsschutzversicherung** (sofern diese z. B. aufgrund Erwerbstätigkeit für den Rechtsuchenden erforderlich ist)[142] und **Hausratsversicherungen**;[143]
- für **Gebäudehaftpflichtversicherung** (für Hauseigentümer)[144] und Feuerversicherung;

---

131 sh. auch Übersicht *Reichling* in BeckOK, ZPO, § 115 Rn. 25.1.
132 *Wache* in Münchener Kommentar zur ZPO, § 115 Rn. 29 ZPO; *Geimer* in Zöller, ZPO, § 115 Rn. 23; a. A.: OLG Karlsruhe, OLGR Karlsruhe 2008, 30 und FamRZ 2007, 1109; OLG Stuttgart, Beschluss vom 15.7.2004, Az. 17 WF 110/04 – juris; *Bratfisch*, Rpfleger 1989, 30.
133 OLG Köln, FamRZ 1993, 579; *Geimer* in Zöller, ZPO, § 115 Rn. 23.
134 OLG Frankfurt, Beschluss vom 28.12.2015, Az. 4 WF 174/15 – juris; Saarländisches OLG, JurBüro 2013, 208 – juris; OLG Koblenz, FamRZ 2009, 831 f.; OLG Bamberg, JurBüro 1988, 95; OLG Stuttgart, Beschluss vom 23.6.2006, Az. 8 WF 84/06 – juris; a. A.: VG Düsseldorf, NJW 1990, 531.
135 OLG Bamberg, JurBüro 1981, 611; *Reichling* in BeckOK, ZPO, § 115 Rn. 25.1; *Groß*, § 115 ZPO, Rn. 36.
136 ArbG Regensburg, JurBüro 1990, 1304; *Dürbeck/Gottschalk*, Rn. 297.
137 *Geimer* in Zöller, ZPO, § 115 Rn. 23.
138 OLG Frankfurt, Beschluss vom 28.12.2015, Az. 4 WF 174/15 (das Kfz. muss für die Erzielung des Einkommens benötigt werden); LAG Baden-Württemberg, Beschluss vom 2.9.2009, 4 Ta 7/09 – juris; OLG Koblenz, FamRZ 2009, 531 f. (Pkw-Haftpflicht neben Fahrtkostenpauschale absetzbar, sofern Pkw berufsbedingt notwendig); ArbG Regensburg, JurBüro 1994, 479 (wenn der Pkw zwingend notwendig ist und keine berufsbedingten Fahrtkosten berücksichtigt werden); *Bratfisch*, Rpfleger 1989, 29 (nur wenn Besitz des Pkw angemessen); OLG Bamberg, JurBüro 1990, 636.
139 Hanseatisches OLG, Beschluss vom 29.1.2013, Az. 4 WF 155/12 – juris.
140 LAG Hamm, Beschluss vom 15.1.2013, Az. 14 Ta 159/12 – juris.
141 BayVGH, Beschluss vom 4.3.2016, Az. 12 C 14.2069 – juris; OVG Lüneburg, JurBüro 2011, 311–312 – juris (iHv. 27,89 EUR/mon.).
142 OLG Frankfurt, Beschluss vom 28.12.2015, Az. 4 WF 174/15 – juris; *Fischer* in Musielak/Voit, ZPO, § 115 Rn. 14. a. A.: OLG Stuttgart, Beschluss vom 4.1.2012, Az. 17 WF 250/11 – juris (nicht absetzbar, wenn diese nicht gesetzlich vorgeschrieben und nicht angemessen ist).
143 BayVGH, Beschluss vom 4.3.2016, Az. 12 C 14.2069 – juris; *Geimer* in Zöller, ZPO, § 115 Rn. 23; *Fischer* in Musielak/Voit, ZPO, § 115 Rn. 14.
144 OLG Stuttgart, Beschluss vom 23.6.2006, Az. 8 WF 84/06 – juris.

- für **Glasbruchversicherung**;[145]
- für eine **Berufsunfähigkeitsversicherung**;[146]
- für **private Unfallversicherung**;[147]
- für **Lebens- oder Rentenversicherung, die zur Altersvorsorge dienen:**
  - wenn diese **angemessen und sachgerecht** sind, können die Beiträge berücksichtigt werden.[148] Im Hinblick auf die Entwicklung im Bereich der gesetzlichen Rentenversicherungen und des allgemein niedrigen Zinsniveaus sind auch bei Arbeitnehmern private Altersvorsorgeversicherungen üblicher geworden;
  - bei mehreren vorliegenden Versicherungen ist nur der Beitrag **für eine Versicherung** berücksichtigungsfähig;[149]
- dient die Lebensversicherung dagegen **nur zur reinen Kapitalbildung**, kann **keine Absetzung** der Beiträge erfolgen;[150]
- ist der Rechtsuchende bereits in der gesetzlichen Rentenversicherung versichert und dient die Lebensversicherung daher nur zur Ansammlung zusätzlichen Kapitals, kann ebenfalls keine Absetzung der Prämien erfolgen;[151]
- ein Abzug für **Kapitallebensversicherungsprämien** ist allenfalls dann gerechtfertigt, wenn es sich dabei um Prämien im Rahmen eines staatlich geförderten Sparplans zum Aufbau einer zusätzlichen Altersversorgung handelt;[152]
- Beiträge für eine Lebensversicherung der Kinder: keine Absetzung;[153]
- Ferner sind **staatlich geförderte Altersvorsorgebeträge** gem. § 82 EStG abzuziehen (**Riester-Rente**).[154] Diese sind **bis zum Höchstbetrag nach** § 86 EStG absetzbar.[155] Die Verwertung von Vermögen, das aus solchen Beiträgen gebildet wurde, ist unzumutbar.

---

145 OLG Schleswig, JurBüro 1988, 1538.
146 *Brinkmann*, JurBüro 2004, 7.
147 OLG Frankfurt, Beschluss vom 28.12.2015, Az. 4 WF 174/15 – juris; OLG Stuttgart, FamRZ 2006, 1282 f.; BFH, Beschluss vom 22.12.2008, Az. XI S 12/08 – juris; *Bork* in Stein/Jonas, ZPO, § 115 Rn. 37; **a. A.:** Brandenburgisches OLG, FamRZ 2009, 897 (nicht dringend notwendig); OLGR Karlsruhe 2000, 42 (private Unfallversicherung: bei fehlendem Nachweis der Notwendigkeit und des Versicherungsumfangs).
148 ArbG Regensburg, JurBüro 1992, 697; *Geimer* in Zöller, ZPO, § 115 Rn. 23; *Dürbeck/Gottschalk*, Rn. 297 ff; *Groß*, § 115 ZPO, Rn. 37.
149 *Reichling* in BeckOK, ZPO, § 115 Rn. 25.1; OLG Bamberg, JurBüro 1987, 1712 (1713); *Brinkmann*, JurBüro 2004, 7.
150 OLG Köln, FamRZ 2003, 1394.
151 OLG Celle, FamRZ Celle, 2009, 235; *Geimer* in Zöller, ZPO, § 115 Rn. 23.
152 OLG Stuttgart, FamRZ 2008, 2290 f.; OLG Nürnberg, FamRZ 2008, 2289 f.; OLG Brandenburg, OLGR 2008, 915 f.
153 Brandenburgisches OLG, Beschluss vom 13.11.2007, Az. 9 WF 301/07 – juris.
154 OLG Brandenburg, BeckRS 2009, 07279; OLG Karlsruhe, Beschluss vom 10.10.2007, Az. 16 WF 162/07, n. v.: „Zur Eignung einer Lebensversicherung für die Altersversorgung wird ein bestimmter Standard gesetzt. Unter § 90 Abs. 2 Nr. 2 SGB XII werden im Wesentlichen die mit sog. **Riester-Verträgen** angesparten Kapitalien verstanden. Verträge dieser Art müssen bestimmte Voraussetzungen erfüllen und zertifiziert sein und stellen durch Vertragslaufzeit, Verbot der Beleihung und Abtretung der Ansprüche und Verbot der Kündigung sicher, dass das Kapital unmittelbar für die Altersvorsorge oder ein der Altersvorsorge dienendes Eigenheim verwendet wird. An die Eignung sind hohe Anforderungen zu stellen, es muss mit der nötigen Sicherheit gewährleistet sein, dass die bedürftige Partei das angesparte Kapital auch tatsächlich für ihre Alterssicherung reserviert und nicht vorab angreift. Daher sind Versicherungsverträge ungeeignet, die bereits ablaufen, bevor die bedürftige Partei das 60. Lebensjahr vollendet hat. Wenn die Vertragsgestaltung der bedürftigen Partei es erlaubt, jederzeit über das Kapital zu verfügen oder es der Altersversorgung zu entziehen, ist eine Prognose erforderlich, dass dies nicht geschehen wird. Hierfür kommt allein ein Blick auf den bisherigen Versicherungsverlauf in Betracht. Hat die Partei bereits in der Vergangenheit in einer die Altersversorgung gefährdender Weise über ihr Kapital verfügt, ist nicht mehr gewährleistet, dass das restliche Kapital nicht angegriffen wird."
155 *Hundt*, Rn. 70.

50 Dagegen sind z. B. folgende Beiträge nicht abziehbar:
- für eine **Direkt-Versicherung** (der Abzug erfolgt direkt vom Bruttolohn);
- für eine **reine Risikolebensversicherung**[156] (allgemeine Risikoabsicherung, daher keine Anrechnung);
- für eine **Tierhaftpflichtversicherung** (es sei denn, eine außergewöhnliche Notwendigkeit der Tierhaltung liegt vor, z. B. Blindenhund);[157]
- für eine **Tier-Krankenversicherung**;
- für die **Kaskoversicherung**;[158]
- für eine **Verkehrsrechtsschutzversicherung**;
- für eine **Auslandsreisekrankenversicherung** des volljährigen und in Ausbildung befindlichen Kindes.[159]

51 d) **Werbungskosten** (notwendige Ausgaben, die mit der Einkommenserzielung verbunden sind, § 82 Abs. 2 Nr. 4 SGB XII). Die Ausgaben, die mit der Einkommenserzielung verbunden sind, können nur dann als notwendige Ausgaben berücksichtigt werden, wenn diese über die allgemeinen Lebensführungskosten hinaus zur Berufsausübung auch erforderlich sind.

Die Aufwendungen müssen vom Rechtsuchenden geltend gemacht werden, **von Amts wegen werden diese nicht berücksichtigt.**

Erfolgt eine **Lohnsteuerrückerstattung**, die im Wesentlichen auf diesen Aufwendungen beruht, kann eventuell insoweit keine Absetzung erfolgen.

Die Werbungskosten können **zusätzlich zu den Freibeträgen für Erwerbstätige** abgezogen werden.[160]

Mangels anderweitiger Angaben können aufgrund fehlender gesetzlicher Grundlage **nicht pauschal 5 % des Nettoeinkommens** abzogen werden.[161]

52 (1) **Erforderliche Aufwendungen zur Erhaltung des Arbeitsplatzes.**
Hierzu zählen (auch bei selbstständiger Tätigkeit) **notwendige Aufwendungen für Kleidung, Werkzeuge, Arbeitsmittel, Fachbücher, Beiträge zu Berufsverbänden** (z. B. zu einer Gewerkschaft[162] oder zum DBB), nicht jedoch für politische Parteien, Aufwendungen für eine berufliche Aus- und Fortbildung (soweit dies nach den persönlichen Verhältnissen der Partei angemessen ist).[163]

Hier kann eine **Pauschale** für Arbeitsmittel in Höhe von **5,20 EURO/Monat** gem. § 3 Abs. 5 VO zur Durchführung des § 82 SGB XII[164] in Ansatz gebracht werden.

53 (2) **Aufwendungen für Fahrten zur Arbeit.**
Neben dem Erwerbstätigenfreibetrag ist auch ein weiterer Abzug für berufsbedingte Aufwendungen in Form von **Fahrtkosten** zu berücksichtigen.[165]

Die Frage, in welcher Höhe die notwendigen Kosten anzuerkennen sind, ist dabei strittig:

---

156 BayVGH, Beschluss vom 4.3.2016, Az. 12 C 14.2069 – juris.
157 *Fischer* in Musielak/Voit, ZPO, § 115 Rn. 31.
158 BayVGH, Beschluss vom 4.3.2016, Az. 12 C 14.2069 – juris; dagegen: LAG Hamm, Beschluss vom 15.1.2013, Az. 14 Ta 159/12 (wurde ein Kfz. voll finanziert und zum Schutz vollkaskoversichert, dann ist die Prämie absetzbar); OLG Frankfurt, Beschluss vom 28.12.2015, Az. 4 WF 174/15 (wenn das Kfz. für die Erzielung des Einkommens benötigt wird – Teilkaskobeiträge sind absetzbar).
159 BayVGH, Beschluss vom 4.3.2016, Az. 12 C 14.2069 – juris.
160 OLG Karlsruhe, FamRZ 2008, 69.
161 OLG Celle, FamFR 2012, 396 (da keine rechtliche Grundlage); *Dürbeck/Gottschalk*, Rn. 300; *Wache* in Münchener Kommentar zur ZPO, § 115 Rn. 30 ZPO (wg. zu gewährendem Freibetrag) a. A.: OLG Bamberg, FamRZ 1987, 1282 f.; *Fischer* in Musielak/Voit, ZPO, § 115 Rn. 15.
162 OLG Düsseldorf, FamRZ 1989, 883 (884).
163 *Wache* in Münchener Kommentar zur ZPO, § 115 Rn. 30.
164 OLG Celle, FamFR 2012, 396 – juris; DVO zu § 82 SGB XII, Anlage II.
165 OLG Karlsruhe, FamRZ 2012, 649 – juris.

Kapitel 2: Subjektive Voraussetzungen gem. § 1 Abs. 1 Nr. 1 BerHG   **53**

Zur Ermittlung sollte nach der herrschenden Meinung[166] § 3 Abs. 6 VO zur Durchführung des § 82 SGB XII herangezogen werden, da PKH in der Sache als Sozialhilfe angesehen wird und die entsprechende Regelung in der genannten VO getroffen wurde. Ist ein Pkw erforderlich, kann hiernach eine **monatliche Pauschale von 5,20 EURO/km** (einfache Wegstrecke), max. mit 40 km und monatlich höchstens mit 208,00 EURO angesetzt werden. Eine Begrenzung auf max. 40 km ist allerdings anders als im Sozialhilferecht hier nicht anzuwenden, da es sich bei der Beratungshilfe nur um eine punktuelle Unterstützung handelt.[167] Die DVO ist zwar nicht bindend, jedoch gibt diese konkrete Anhaltspunkte für eine entsprechende Berechnung;[168] eine Anwendung ist nicht zwingend geboten, sondern es ist jeweils auf der Grundlage der Einzelfallumstände zu prüfen.[169]
Beiträge für eine **Kfz.-Haftpflichtversicherung und Kfz.-Steuer**[170] sowie – soweit angemessen – auch für eine **Kaskoversicherung** können gesondert abgesetzt werden.[171] Werden zusätzlich konkrete **Anschaffungskosten** für einen PKW nachgewiesen, so können diese darüber hinaus als besondere Belastungen berücksichtigt werden.[172]
Für die Benutzung eines **Kleinkraftwagens** von nicht mehr als 500 ccm beträgt die Pauschale 3,70 EURO, für **Motorräder/Motorroller** 2,30 EURO und für **Fahrräder mit Motor** 1,30 EURO, jeweils pro km.
Arbeitet der Rechtsuchende nicht den vollen Monat, so sind die Beträge anteilsmäßig zu kürzen.
Die Gegenmeinung[173] orientiert sich dabei an den Sätzen des § 5 JVEG (0,25 bzw. 0,30 EURO/km) und den **unterhaltsrechtlichen Leitlinien** (0,30 EURO/km), da der Betrag von 5,20 EURO/km zu gering bemessen sei und die Berechnungen gem. der DVO nicht mehr der heutigen Zeit entspricht. Mit dem Verweis auf § 82 SGB XII werde nicht auch auf die Verordnungsermächtigung in § 96 Abs. 1 SGB XII und die entsprechende Durchführungsverordnung verwiesen.[174]
Die in den unterhaltsrechtlichen Leitlinien aufgeführten Beträge bieten einen realistischen Ansatz, damit sind nach dieser Meinung **0,30 EURO/km** abzusetzen. Damit sind alle mit der Nutzung des Fahrzeugs entstandenen Kosten (auch Anschaffungs- und Finanzierungskosten, Kfz-Steuer sowie Versicherungskosten) abgegolten.

---

166 BGH, MDR 2012, 930–931 – juris; VG Würzburg, Urteil vom 6.7.2017, Az. W 8 K 17.30437 – juris; LAG Berlin-Brandenburg, Beschluss vom 26.10.2016, Az. 15 Ta 1633/16 – juris; Saarländisches Oberlandesgericht, Beschluss vom 26.4.2013, Az. 9 WF 27/13, n. v. (9. Senat); Beschluss vom 23.1.2013, Az. 6 WF 26/13 (6. Senat); OLG Stuttgart, FamRZ 2012, 649 – juris; OLG Bremen, FamRZ 2012, 48–49 – juris; OVG Lüneburg, Beschluss vom 10.2.2012, Az. 4 Pa 39/12 – juris; JurBüro 2011, 311–312 – juris; neuerdings auch OLG Rostock, Beschluss vom 18.11.2011, Az. 10 WF 218/11 – juris; LAG Köln, Beschluss vom 12.5.2011, Az. 7 Ta 318/10 – juris; LAG Rheinland-Pfalz, Beschluss vom 30.3.2011, Az. 11 Ta 60/11; OLG Brandenburg, FamRZ 2008, 158 f., OLG Bamberg, JurBüro 2008, 485 f.; OLG Düsseldorf, FamRZ 2007, 644 f.; OLG Zweibrücken, FamRZ 2006, 799 f.; LAG Schleswig-Holstein, Beschluss vom 23.1.2004, 2 Ta 6/04 – juris; *Geimer* in Zöller, ZPO, § 115 Rn. 25; *Wache* in Münchener Kommentar zur ZPO, § 115 Rn. 30 ZPO.
167 BGH, MDR 2012, 1182–1183 – juris; Schleswig-Holsteinisches OLG, Beschluss vom 24.6.2013, Az. 15 WF 1861 – juris; LAG Köln, Beschluss vom 3.11.2010, Az. 3 Ta 257/10 – juris a. A.: LAG Berlin-Brandenburg, Beschluss vom 31.7.2013, Az. 13 Ta 1310/13 – juris; OLG Rostock, Beschluss vom 18.11.2011, Az. 10 WF 218/11 – juris.
168 BGH, MDR 2012, 930–931 – juris.
169 OLG Koblenz, FamRZ 2012, 1236–1237 – juris.
170 LAG Berlin-Brandenburg, Beschluss vom 26.10.2016, Az. 15 Ta 1633/16 – juris; OLG Koblenz, FamRZ 2009, 531 – juris; OLG Celle, NdsRpfl 2009, 104 – juris.
171 BGH, MDR 2010, 930–931 – juris.
172 BGH, MDR 2012,1182–1183 – juris; OLG Stuttgart, FamRZ 2012, 649 – juris.
173 Schleswig-Holsteinisches OLG, FamRZ 2011, 1159 – juris; OLG Dresden, FamRZ 2011, 911 – juris; OLG Celle, 18. Senat, NdsRpfl 2009, 103 (entgegen OLG Celle, 10. Senat, NdsRpfl 2009, 104); OLG Karlsruhe, FamRZ 2009, 1424; OLG Nürnberg, FamRZ 2008, 1961 f.
174 ThürOLG, FamRZ 2009, 1848 f.

Der Rechtsuchende ist grundsätzlich gehalten, den **kostengünstigsten Weg** zur Arbeitsstelle zu beschreiten.[175] Ist der Arbeitsplatz zu Fuß erreichbar, entfällt eine Berücksichtigung der Ausgaben. Ist er mit **öffentlichen Verkehrsmitteln erreichbar,** müssen grundsätzlich diese für den Arbeitsweg in Anspruch genommen werden, es sei denn, deren Inanspruchnahme ist unzumutbar oder unmöglich (z. B. wegen einer notwendigen Flexibilität im Arbeitseinsatz).

Bei notwendiger Benutzung öffentlicher Verkehrsmittel kann der Betrag in Höhe der Kosten der **tariflich günstigsten Zeitkarte** in Ansatz gebracht werden. Fahrtkosten, die der Rechtsuchende von seinem Arbeitgeber erhält, sind kein Einkommen (diese gleichen regelmäßig nur die tatsächlichen und üblichen Aufwendungen des Einzelnen aus).

Inwieweit **Aufwandsentschädigungen** (z. B. Spesen, Verpflegungszuschüsse) zu behandeln sind, ist umstritten. Ob diese als anzurechnendes Einkommen gewertet werden, sh. hierzu Rn. 26a. Werden die gleichen Grundsätze wie im Unterhaltsrecht zugrunde gelegt, so können mit der Aufwandsentschädigung zusammenhängende Aufwendungen vermindert um die häusliche Ersparnis, soweit sie konkret dargelegt werden, abgezogen werden.[176] Nach anderer Ansicht[177] können diese in Höhe der steuerfreien Pauschalen vom Einkommen abgezogen werden, die häusliche Ersparnis ist hier bereits mitberücksichtigt.

54 (3) Sonstiges.
Die durch die Führung eines **doppelten Haushalts** nachweislich entstehenden Mehrausgaben kann gem. § 3 Abs. 7 der genannten DVO als ein weiterer Betrag **bis zu 130,00 EURO/Monat** abgesetzt werden. Dabei darf dem Rechtsuchenden weder ein Umzug noch die tägliche Rückkehr zum eigentlichen Hausstand zugemutet werden.
Bei der Einkunftsart „**Einkünfte aus Vermietung oder Verpachtung**" zählen als Werbungskosten z. B. Schuldzinsen, Steuern vom Grundbesitz, sonstige öffentliche Abgaben sowie der Erhaltungsaufwand (z. B. Ausgaben für Instandsetzung und Instandhaltung) gem. **§ 7 der genannten DVO.**
Eine **Winterbauumlage** als Ausgleich von Mehraufwendungen für die Beschäftigung im Winter kann abgesetzt werden.[178]

55 e) Ehrenamtspauschale (§ 82 Abs. 2 Nr. 5 SGB XII). Hierunter fallen die gem. § 3 Nr. 12, 26, 26a oder 26b EStG aufgelisteten steuerfreien nebenberuflichen Aufwandsentschädigungen (Ehrenamtspauschale) für leistungsberechtigte Personen (z. B. Übungsleiter, Betreuer etc.). Diese sind abweichend von § 82 Abs. 2 Nr. 2 bis 4 SGB XII bis zu 200,00 EURO monatlich nicht als Einkommen zu berücksichtigen.

2. Erwerbstätigenbonus (Abzug gem. § 115 Abs. 1 S. 3 Nr. 1b ZPO)

56 Gem. § 115 Abs. 1 S. 3 Nr. 1b ZPO erfolgt für **Erwerbstätige** über die notwendigen berufsbedingten Aufwendungen (§ 82 Abs. 2 Nr. 4 SGB XII) hinaus ein weiterer Abzug für einen Mehraufwand, der mit der Erwerbstätigkeit verbunden ist, in Höhe des sog. **Erwerbstätigenbonus.** Dieser wird neben den gem. § 82 Abs. 2 Nr. 4 SGB XII berücksichtigten mit der Erzielung des Einkommens verbundenen tatsächlichen Ausgaben gewährt (sh. Rn. 51).
Danach wird ein Betrag in Höhe von 50 % des höchsten Eckregelsatzes für den Haushaltsvorstand abgesetzt. Nach **§ 115 Abs. 1 S. 5 ZPO** veröffentlicht das BMJ grundsätzlich jährlich die maßgebenden Beträge der Bedarfssätze

---

175 Brandenburgisches OLG, JurBüro 2008, 486.
176 OLG Karlsruhe, FamRZ 2004, 645.
177 OLG Nürnberg, Beschluss vom 15.5.2015, Az. 11 WF 511/15 – juris.
178 OLG Nürnberg, Beschluss vom 15.5.2015, Az. 11 WF 511/15 – juris.

Kapitel 2: Subjektive Voraussetzungen gem. § 1 Abs. 1 Nr. 1 BerHG   **56**

sowie des Erwerbstätigenbonus durch die **Prozesskostenhilfebekanntmachung**. Zugrunde liegt hier das verfassungsrechtliche Gebot, dass das Existenzminimum der Partei nicht unterschritten werden darf.

> Gegenwärtig beträgt der monatliche Erwerbstätigenbonus 219,00 EURO.[179]

Der Freibetrag soll die allgemeinen Mehrkosten hinsichtlich Kleidung und Verpflegung außer Haus abdecken. Es kommt dabei nicht darauf an, ob **Voll- oder Teilzeit**[180] gearbeitet wird oder wie hoch das monatliche Einkommen ist. Auch steht eine bezahlte Freistellung einer Berücksichtigung nicht entgegen.[181] Der Freibetrag wird für alle selbstständigen und nicht selbstständigen Tätigkeiten gewährt, auch für Auszubildende.[182] Auch können hierunter diejenigen fallen, die nahe Familienangehörige **mit nicht unerheblichen Aufwand pflegen** (Pflegegeld gem. § 37 SGB XI).[183] Der Abzug kann jedoch höchstens bis zur Höhe des Einkommens vorgenommen werden; ein negatives Ergebnis existiert nicht.

Als Erwerbseinkommen zählen hier **Einkommen aus selbstständiger oder nicht selbstständiger Tätigkeit**, nicht jedoch Einkommen aus z. B. Kapitalvermögen, Vermietung, Verpachtung etc.

Bei **Bezug von Krankengeld** ist zu unterscheiden, ob das Arbeitsverhältnis besteht (hier Bezug gem. §§ 5 Abs. 1 Nr. 1, 44 Abs. 1 SGB V) oder ob es sich um ein beendetes Arbeitsverhältnis handelt und ein neues noch nicht begründet worden ist (hier gem. §§ 5 Abs. 1 Nr. 2, 47b SGB V). Hierbei ist der Sinn und Zweck des Erwerbstätigenfreibetrages zu beleuchten: Dieser soll die erhöhten Aufwendungen eines im Arbeitsverhältnis stehenden Arbeitnehmers pauschal abfedern. Diese fallen naturgemäß nur an, solange ein Arbeitsverhältnis noch besteht. Daher kommt ein Abzug des Erwerbstätigenfreibetrages nur dann in Betracht, solange das Krankengeld anstelle des Arbeitsentgeltes gezahlt und als Erwerbseinkommen betrachtet wird.[184] Befindet sich daher der Rechtsuchende nicht mehr im Erwerbsleben, so wird der Erwerbstätigkeitsbetrag nicht mehr berücksichtigt.[185] Dies gilt jedoch dann nicht, wenn die Arbeitsunfähigkeit und der Bezug von Krankengeld während des bestehenden Arbeitsverhältnisses beginnen und über dessen Ende hinaus fortdauern und das Krankengeld als Arbeitseinkommen berechnet wird.[186]

Arbeitet ein **Strafgefangener** in der JVA, so ist auch hier ein entsprechender Freibetrag für Erwerbstätige zu berücksichtigen.

Als nicht erwerbstätig gelten:
Schüler, Studenten,[187] Pensionäre oder Rentner, Sozialhilfeempfänger, Arbeitslose, Praktikanten sowie 1-Euro-Jobber.[188]

---

179 PKHB 2018 (BGBl. I 2017, 4012).
180 *Reichling* in BeckOK, ZPO, § 115 Rn. 29 (unerheblich in welchem Umfang) aber *Dürbeck/Gottschalk*, Rn. 306: bei Teilzeit ist auch eine Verminderung möglich, wenn keine jüngeren Kinder zu versorgen sind.
181 LAG Berlin-Brandenburg, Beschluss vom 9.11.2011, Az. 17 Ta 2114/11 – juris.
182 LAG Köln, BeckRS 2011, 79154.
183 *Kießling* in Saenger, ZPO, § 115 Rn. 28.
184 BAG, Beschluss vom 22.4.2009, Az. 3 AZB 90/08 – juris; LAG Baden-Württemberg, Beschluss vom 27.6.2007, 9 Ta 8/07 – juris.
185 Sächsisches LAG, Beschluss vom 6.7.2017, Az. 4 Ta 162/16 (6) – juris.
186 LAG Hamm, Beschluss vom 11.7.2016, Az. 14 Ta 144/16 – juris.
187 *Kießling* in Saenger, ZPO, § 115 Rn. 28.
188 LSG Sachsen-Anhalt, Beschluss vom 15.4.2011, Az. L 5 AS 364/10 BER – juris (Leistungen gem. § 16 SGB II = Ein-Euro-Job); *Hundt*, Rn. 78.

Erwerbstätig sind dagegen **berufliche Umschüler,**[189] **Auszubildende,**[190] **Bundesfreiwilligendienstleistende** (früher Zivildienstleistende[191]). Hierzu zählen auch diejenigen, die ein **Freiwilliges Soziales Jahr** ableisten.[192]

3. Freibeträge (Abzüge gem. § 115 Abs. 1 S. 3 Nr. 2a und b ZPO)

57 Gem. **§ 115 Abs. 1 S. 3 Nr. 2a ZPO** betragen die für den Lebensbedarf anzusetzenden Beträge für die Partei und ihren Ehegatten bzw. eingetragenen Lebenspartner in Höhe des um 10 % erhöhten höchsten Regelsatzes gemäß Regelbedarfsstufe 1 nach der Anlage zu § 28 SGB XII. Seit dem **1. Januar 2018**[193] sind folgende Beträge, die vom Einkommen des Rechtsuchenden monatlich abzusetzen sind, maßgeblich:
- für die **Partei** (Rechtsuchender) und den **Ehegatten**/eingetragenen Lebenspartner: **481,00 EURO;**
- für **jede weitere Person**, der die Partei (Rechtsuchender) auf Grund gesetzlicher Unterhaltspflicht Unterhalt leistet, § 115 Abs. 1 S. 3 Nr. 2b ZPO, ist der in Abzug zu bringende Betrag **nach Alter** (zum Bewilligungszeitpunkt) gesplittet, wobei die Freibeträge sich nach den um 10 % erhöhten höchsten Regelsatzes nach den Regelbedarfsstufen 3–6 nach der Anlage zu § 28 SGB XII richten:
  - **383,00 EURO** für Unterhaltszahlungen an erwachsene Unterhaltsberechtigte,[194]
  - **364,00 EURO** für Unterhaltszahlungen an Jugendliche vom Beginn des 15. bis zur Vollendung des 18. Lebensjahres,
  - **339,00 EURO** für Unterhaltszahlungen an Kinder vom Beginn des siebten bis zur Vollendung des 14. Lebensjahres,
  - **275,00 EURO** für Unterhaltszahlungen an Kinder bis zur Vollendung des sechsten Lebensjahres.

Es ist daher in diesem Zusammenhang immer zu klären, **ob und wie viele Personen** der Rechtsuchende unterhalten muss. Allein die rechtliche Verpflichtung genügt dabei nicht; es müssen auch **tatsächlich Unterhaltsleistungen durch Natural- oder Barunterhalt erbracht werden.**[195] Die Nichtberücksichtigung gilt auch dann, wenn der Rechtsuchende keinen Unterhalt tatsächlich leistet, er aber damit rechnen muss, auf einen Unterhaltsrückstand Zahlungen leisten zu müssen.[196]

Für **nichteheliche Lebensgemeinschaften** werden keine Freibeträge in Abzug gebracht.

Als **weitere unterhaltsberechtigte Personen** kommen Kinder, Eltern oder Großeltern in Betracht.

Betreuen die Ehegatten gemeinsam ihre Kinder und leben diese im gemeinsamen Haushalt, dann sind **die Unterhaltsfreibeträge bei jedem von ihnen ungeteilt zu berücksichtigen.**[197] Bei diesem **paritätischen Wechselmodell** üben beide Elternteile die umfassende, gesetzliche Unterhaltspflicht aus, auch wenn diese nur zeitlich hälftig gesehen in verschiedenen Familienverbünden erfolgt. Es

---

189 OLG Stuttgart, Beschluss vom 4.1.2008, Az. 18 WF 254/07, n. v.; *Dürbeck/Gottschalk*, Rn. 303; *Kießling* in Saenger, ZPO, Rn. 28
190 LAG Köln, BeckRS 2011, 79154.
191 AG Esslingen, Beschluss vom 5.3.2012, Az. BHG 686/11.
192 LAG Hamm, Beschluss vom 17.2.2015, Az. 14 Ta 472/15 – juris.
193 PKHB 2018 (BGBl. I 2017, 4012).
194 Dies gilt auch für volljährige unterhaltsberechtigte im Haushalt des Antragstellers lebende Kinder; LAG Rheinland-Pfalz, Beschluss vom 24.7.2007, Az. 7 Ta 163/07 – juris.
195 OLG Stuttgart, FamRZ 2007, 486 f.; OLG Karlsruhe, FamRZ 2004, 1119.
196 KG Berlin, FamRZ 2016, 1480 – juris.
197 OLG Dresden, FamRB 2015, 422 – juris; OLG Hamm, JurBüro 2007, 323 f.; *Geimer* in Zöller, ZPO, § 115 Rn. 31; *Wache* in Münchener Kommentar zur ZPO, § 115 Rn. 33; *Dürbeck/Gottschalk*, Rn. 308; **a. A.: (Aufteilung im Verhältnis der Einkünfte)**: OLG Celle, NdsRpfl 1986, 103 (104); LAG Bremen, Rpfleger 1982, 440.

wird durch die doppelte Gewährung des Kinderfreibetrages eine differenzierte Unterhaltsfeststellung vermieden, zumal bei Ausübung der Unterhaltspflichten in getrennten Haushalten insgesamt höhere Kosten entstehen. So wird auch eine Schlechterstellung im Vergleich zu denjenigen Eltern vermieden, die mit dem gemeinsamen Kind in einem gemeinsamen Haushalt leben. Auch lässt der Gesetzeswortlaut in § 115 Abs. 1 S. 3 Nr. 2b ZPO *„für jede unterhaltsberechtigte Person"* keinen Interpretationsspielraum zu. Der Gegenmeinung[198] kann insoweit hier nicht gefolgt werden, die hier aufgrund verfassungsrechtlicher Grundlagen ein Fehlen des Verbandes des Familienunterhalts und folglich daher eine Teilung durch teleologische Reduktion sieht.

Leben die Kinder des Rechtsuchenden weder in seinem Haushalt noch wird von ihm tatsächlich Unterhalt geleistet, findet keine Berücksichtigung des Freibetrages statt.[199]

> **Hinweis:**
> Bei der Fragestellung, ob und in welcher Höhe ein Freibetrag bei Kindern anzurechnen ist, hat der Rechtsuchende darzulegen (ggfs. nachfragen), wo das Kind überwiegend lebt und wer es natural unterhält.

Eigene Einkünfte des Ehegatten, Lebenspartners bzw. der Kinder sind von dem entsprechenden Freibetrag gem. § 115 Abs. 1 S. 7 ZPO in Abzug zu bringen (z. B. eigenes Erwerbseinkommen, Unterhaltsleistungen, Unterhaltsvorschuss[200], eigenes anrechenbares Kindergeld[201]).

Hierbei sind jedoch nicht die Bruttoeinkommen gemeint, da sie diesen Personen auch nicht vollständig zur Verfügung stehen. Daher sind die Einkommen im Sinne eines einheitlichen Einkommensbegriffs so **zu berechnen wie das Einkommen des Rechtsuchenden**, also auch unter Berücksichtigung der Abzüge von § 82 Abs. 2 SGB XII oder auch eines Erwerbstätigenbonus (analoge Anwendung von § 115 Abs. 1 S. 3 Nr. 1b ZPO)[202] sowie von Wohnkostenanteilen.[203] Zu den Abzügen zählen auch die **Beiträge betreffend getätigte Altersvorsorgeaufwendungen**, ggfs. Deckelung auf den Höchstbetrag nach den unterhaltsrechtlichen Leitlinien (z. B. Ziff. 10.1. der Unterhaltsrechtlichen Leitlinien der Familiensenate in Süddeutschland (SüdL) – Stand 1.1.2018 – bis zu 23 % des Bruttoeinkommens).[204]

Elterngeld bis 300,00 EURO, welches an den Ehegatten gezahlt wird, vermindert den Freibetrag des Ehegatten jedoch nicht.[205]

> **Berechnungsschema der Einkünfte des Ehegatten/Lebenspartners/Kindes**
> Eigenes Bruttoeinkommen
> abzgl. Beträge gem. § 82 Abs. 2 SGB XII:
> – Steuern
> – Versicherungsbeiträge (auch evtl. Altersvorsorgebeiträge)[206]
> – Werbungskosten

---

198 *Christl* in FamRZ 2016, 959 ff.
199 Bayerisches LSG, Beschluss vom 5.12.2006, Az. L 14 B 279/06 R PKH – juris.
200 Saarländisches OLG, JurBüro 2013, 208.
201 LAG Rheinland-Pfalz, Beschluss vom 13.6.2012, Az. 9 Ta 105/12 – juris.
202 OLG Bamberg, FamRZ 2017, 1589 f.; *Geimer* in Zöller, ZPO, § 115 Rn. 29 (analoge Anwendung von § 115 Abs. 1 S. 3 Nr. 1b ZPO); *Reichling* in BeckOK, ZPO, § 115 Rn. 30; *Wache* in Münchener Kommentar zur ZPO, § 115 Rn. 35; LAG Rheinland-Pfalz, BeckRS 2008, 54135; *Nickel*, MDR 2005, 734 f.
203 OLG Bamberg, FamRZ 2017, 1589 f. (berücksichtigt die Wohnkosten vereinfachend im Wege der Halbteilung).
204 OLG Bamberg, FamRZ 2017, 1589.
205 LAG Nürnberg, Beschluss vom 30.6.2016, Az. 7 Ta 75/16 – juris; OLG Nürnberg, FamRZ 2002, 104; *Wache* in Münchener Kommentar zur ZPO, § 115 Rn. 35.
206 OLG Bamberg, FamRZ 2017, 1589.

> abzgl. Erwerbstätigenfreibetrag
> abzgl. anteilige Unterkunftskosten
> abzgl. evtl. Mehrbedarfe gem. §§ 21 SGB II, 30 SGB XII
> = Betrag (Höhe der eigenen Einkünfte, die vom Freibetrag abgezogen werden können)

Wird der Unterhalt **in Form einer Geldrente anstelle eines Naturalunterhalts** (z. B. bei auswärtiger Unterbringung des Kindes) gezahlt, so ist diese gem. § 115 Abs. 1 S. 8 ZPO anstelle des Freibetrages einzusetzen, wenn sie der Höhe nach angemessen ist.[207] Bei zu hoher Rente (oftmals scheitert es hier schon am Nachweis) wird nur der angemessene Teil berücksichtigt. Insoweit kann eine Orientierung an den üblichen Unterhaltstabellen erfolgen. Dies gilt jedoch nicht, wenn die Zahlung aufgrund einer rechtskräftigen Tenorierung (**Titulierung**) erfolgt – dann ist eine Angemessenheit in dieser Höhe immer zu bejahen.

Wird der Unterhalt zum Teil als Geldrente und zum Teil z. B. als Betreuung geleistet, ist der Geldwert der Betreuung zu schätzen und hinzuzuaddieren.[208]

> **Hinweis:**
> Liegen die eigenen Einkünfte des Ehegatten, Lebenspartners oder Kindes über den jeweiligen Freibeträgen, so entfällt der jeweilige Freibetrag. Weitere Berücksichtigung in der Einkommensberechnung des Rechtsuchenden erfolgt bei einem Übersteigen der Freibeträge nicht.

Die Freibeträge gelten auch für eine **Auslandspartei**, wesentlich höhere Lebenshaltenskosten gegenüber dem Inland sind als besondere Belastungen zu berücksichtigten.[209]

Bei einem **Strafgefangenen** ist der allgemeine Freibetrag nicht abzuziehen, weil der Gefangene in der JVA kostenfrei versorgt wird.

Nach Abzug des Freibetrags für Erwerbstätige (wenn der Gefangene in der JVA arbeitet) ist der allgemeine Freibetrag des § 115 Abs. 1 S. 3 Nr. 2a ZPO nur in Höhe des um 10 % erhöhten allgemeinen Taschengeldanspruchs für bedürftige Gefangene nach den jeweiligen Bestimmungen in den Strafvollzugsgesetzen der Länder abzusetzen.[210] Dies steht auch dem Gedanken der Resozialisierung nicht entgegen.[211]

Zahlungen an Personen, denen **ohne gesetzliche Verpflichtung** (z. B. aufgrund freiwilliger vertraglicher Verpflichtung; Rolle des „**sozialen Vaters**") Unterhalt gewährt wird, können nicht gem. § 115 Abs. 1 S. 3 Nr. 2b ZPO, sondern allenfalls **als besondere Belastungen** nach Nr. 5 berücksichtigt werden,[212] sofern diese dem Grund und der Höhe nach angemessen sind (sh. Rn. 69).

58a
> **Berechnungsbeispiel:**
> Die Eheleute A und B sind beide erwerbstätig. A verdient 1.600,00 EURO mon. netto (Betrag ist bereits um Steuern, Versicherungen, Werbungskosten bereinigt). B verdient 1.100,00 EURO mon. netto (auch dieser Betrag ist

---

207 LAG Berlin-Brandenburg, Beschluss vom 23.7.2015, Az. 6 Ta 1220/15 – juris.
208 LAG Berlin-Brandenburg, Beschluss vom 17.7.2009, Az. 26 Ta 1355/09 – juris; OLG Köln, FamRZ 1989, 524 f.; *Wache* in Münchener Kommentar zur ZPO, § 115 Rn. 39.
209 BGH, Rpfleger 2008, 500 ff. (EU-Mitgliedsstaat); OLG Stuttgart, FamRZ 2007, 486.
210 KG, Beschluss vom 22.3.2013, Az. 9 W 13/13 – juris; OLG München, FamRZ 2012, 1576 – juris; OLG Hamburg, Beschluss vom 11.8.2011, Az. 2 Ws 75/11 – juris; *Wache* in Münchener Kommentar zur ZPO, § 115 Rn. 36.
211 Brandenburgisches OLG, FamRZ 2016, 1952.
212 OLG Hamburg, FamRZ 2016, 1952 f.; OLG Bremen, FamRZ 1997, 298 f.

Kapitel 2: Subjektive Voraussetzungen gem. § 1 Abs. 1 Nr. 1 BerHG

bereits um Steuern, Versicherungen, Werbungskosten bereinigt). Die Miete für A und B (warm) beläuft sich auf insgesamt 850,00 EURO. Es liegt kein einzusetzendes Vermögen gem. § 115 Abs. 3 ZPO i. V. m. § 90 SGB XII vor. A beantragt die Bewilligung von Beratungshilfe.

Berechnung Schritt 1:
verbleibendes und zu berücksichtigendes Einkommen der nicht Beratungshilfe beantragenden Ehefrau B
Vorliegend werden im Rahmen der Berechnung die Gesamtwohnkosten nach Kopfteilen aufgeteilt.

Einkünfte der B	1.100,00 EURO
abzgl. Freibetrag Erwerbstätigkeit	219,00 EURO
abzgl. anteilige Wohnkosten	425,00 EURO
verbleibendes Einkommen für B	456,00 EURO.

Berechnung Schritt 2:
Berechnung des einzusetzenden Einkommens für den Beratungshilfe beantragenden Ehemann A

Einkünfte des A	1.600,00 EURO
abzgl. Freibetrag Erwerbstätigkeit	219,00 EURO
abzgl. Freibetrag Partei	481,00 EURO
abzgl. Freibetrag Ehefrau	25,00 EURO
Berechnung Freibetrag Ehefrau	
Freibetrag	481,00 EURO
abzgl. verbleibendes Einkommen (Schritt 1)	456,00 EURO
verbleibender Freibetrag für B	25,00 EURO
abzgl. anteilige Wohnkosten	425,00 EURO
einzusetzendes Einkommen für A	450,00 EURO.

Übersteigt das verbleibende Einkommen nach Schritt 1 den Freibetrag für den entsprechenden Ehegatten, so ist bei der Berechnung des einzusetzenden Einkommens der Beratungshilfepartei der entsprechende Freibetrag mit 0,00 EURO anzusetzen.

4. Unterkunft und Heizung (Abzüge gem. § 115 Abs. 1 S. 3 Nr. 3 ZPO)
a) **Mietwohnung.** Die Kosten der **Unterkunft und Heizung** sind in **voller tatsächlicher Höhe** einschließlich aller weiterer umlagefähiger Mietnebenkosten **abzusetzen** (= Bruttomiete).
Sie sind jedoch insoweit nicht in Abzug zu bringen, wenn sie in einem **auffälligen Missverhältnis** zu den Lebensverhältnissen der Partei oder zum örtlichen Wohnungsmarkt stehen. Dies wird für den Fall bejaht, wenn sie an dem gesamten Lebenszuschnitt des Rechtsuchenden ohne nachvollziehbaren Grund außerordentlich erhöht sind.[213] Damit entsteht ein großer Entscheidungsspielraum, da die Einzelfälle sehr unterschiedlich zu bewerten sind. Für die Frage der Angemessenheit können auch das örtliche Mietpreisniveau oder Mietspiegel herangezogen werden.
Dem Rechtsuchenden kann nicht abverlangt werden, in eine günstigere Wohnung umzuziehen.
Ein solches Missverhältnis kann vorliegen, wenn bei durchschnittlichem Einkommen die **Unterkunftskosten** mehr als die Hälfte des Nettoeinkommens betragen.[214] Bei höheren Mieten vor Ort können jedoch auch mehr als 50 %

---

213 *Seiler* in Thomas/Putzo, ZPO, § 115 Rn. 12.
214 OLG Schleswig, Beschluss vom 24.6.2013, Az. 15 WF 186/13 – juris; OLG Brandenburg, FamRZ 2001, 1085; *Geimer* in Zöller, ZPO, § 115 Rn. 35.

absetzbar sein.[215] Eine andere Meinung sieht **1/3 des Nettoeinkommens als üblich und vertretbar** an.[216] Auch ist denkbar, die Beträge nach der sozialrechtlichen Vorschrift des §§ 22 SGB II zuzüglich eines nach dem Lebensstandard der Partei zu bemessenden prozentualen Aufschlags zu beurteilen.[217]
Verneint wird die Abzugsfähigkeit, wenn die aufgewendeten Kosten als **offensichtlicher Luxus** erscheinen. Jemand mit höherem Einkommen kann dabei aufwändiger wohnen als jemand mit geringerem Einkommen.
Ob ein Luxus vorliegt, ist nach den vorliegenden Gesamtumständen zu beurteilen.[218]

> **Beispiele für ein Missverhältnis:**
> Eine Person bewohnt alleine eine 100 m² große Wohnung.
> Eine über 130 m² hinausgehende Wohnung übersteigt den notwendigen Wohnbedarf für eine Person mit Kind.[219]

60 Die **Kosten der Unterkunft** umfassen den **tatsächlich gezahlten Mietzins**[220] und die **Mietnebenkosten** einschließlich vereinbarter **Umlagen für verbrauchsunabhängige Betriebskosten**[221] und öffentlicher Abgaben.
Dies sind z. B. Kosten für Straßenreinigung, Kanalgebühren, Müllabfuhr,[222] Grundsteuer,[223] Schornsteinreinigung,[224] Abgasanlagenüberwachung, Aufzug (Betrieb und Wartung), Gebäudeversicherung, Gemeinschaftsantenne, Hausreinigung, Garten- und Hofpflege, Hausstrom für Treppenhaus/Lift etc.
Wird lediglich ein **Kostgeld** entrichtet, das neben Unterkunft auch die Verpflegung umfasst, kann ein hälftiger Abzug erfolgen, soweit nichts anderes vereinbart ist.[225]
Sind **Nachzahlungen** zu leisten, so sind diese auf den Monat umzurechnen und können ebenfalls in dieser Höhe abgezogen werden, gleiches gilt bei erwirtschafteten Guthaben von Nebenkosten.[226]
Werden Unterkunftskosten bereits von der Agentur für Arbeit (Jobcenter) ganz oder teilweise an den Vermieter gezahlt, so sind diese in der Berechnung nicht mehr zu berücksichtigen (der entsprechend verminderte ALG II-Betrag ist dann als Einkommen zu berücksichtigen).

---

215 LAG Erfurt, MDR 2001, 237.
216 OLG Karlsruhe, Beschluss vom 13.8.2001, Az. 5 WF 107/01, n. v.
217 AG Plön, Beschluss vom 18.2.2011, Az. 5 F 678/08 – juris (bestätigt: Schleswig-Holsteinisches OLG, Beschluss vom 24.3.2011, Az. 15 WF 70/11 – juris).
218 OLG München, FamRZ 1997, 299 (kein Missverhältnis, wenn die Ehewohnung in der Trennungszeit von nur noch einem Ehegatten bewohnt wird).
219 OLG Koblenz, FamRZ 2000, 760.
220 LG Koblenz, FamRZ 2001, 1153 f.
221 OLG Koblenz, MDR 1995, 1165 (1166); vgl. hierzu **Betriebskosten-VO** vom 25.11.2003, BGBl I, S. 2346.
222 *Wittenstein* in Bahrenfuss, FamFG, § 115 ZPO Rn. 34 a. A.: OLG Stuttgart, Beschluss vom 4.1.2012, Az. 17 WF 250/11 – juris; OLG Bamberg, FamRZ 2005, 1183 (fallen bereits unter die Freibeträge).
223 Hanseatisches OLG, Beschluss vom 29.1.2013, Az. 4 WF 155/12 – juris.
224 Hanseatisches OLG, Beschluss vom 29.1.2013, Az. 4 WF 155/12 – juris.
225 LAG Hamm, Beschluss vom 12.6.2009, Az. 14 Ta 718/08, Rn. 26 – juris.
226 *Wache* in Münchener Kommentar zur ZPO, § 115 Rn. 40.

Kapitel 2: Subjektive Voraussetzungen gem. § 1 Abs. 1 Nr. 1 BerHG   **61–62a**

Die Kosten für **Strom** und **Gas zum Kochen** gehören nach herrschender Meinung[227] **nicht** hierzu, sie gehören zur allgemeinen Lebenshaltung und werden **durch die Freibeträge ausgeglichen**. Dies gilt insbesondere für die normalen Haushaltsstromkosten.   **61**
Wird mit **Strom oder Gas geheizt**, so muss geschätzt werden, welcher Teil der Kosten für die Heizung und welcher Teil zum Kochen und für die Beleuchtung aufgewendet wird.
Der **Heizkostenanteil** ist vom Gericht zu schätzen, wobei auch Wohnfläche und Wärmeisolierung zu berücksichtigen sind. Dieser ist dann abzugsfähig.
Die **Kosten für Wasser und Abwasser** zählen nach der bisher noch herrschenden Auffassung in der Rechtsprechung zu den allgemeinen Lebenshaltungskosten und werden als nicht abzugsfähig eingestuft.[228] Am 1.1.2011 (und damit zeitlich nach der Entscheidung des BGH[229] liegend) werden jedoch in §§ 5 und 6 RBEG (Regelbedarfs-Ermittlungsgesetz) die Wasserkosten (und damit auch die Abwasserkosten) nicht mehr als Verbrauchsausgaben aufgeführt. Somit sind diese nicht mehr vom sozialhilferechtlichen Regelbedarf miterfasst und sind daher nicht mehr in den Freibeträgen des § 115 Abs. 1 S. 3 Nr. 2a ZPO enthalten; folglich **können diese entgegen der h. M. vom Einkommen abgesetzt werden**.

> **Hinweis:**
> Grundsätzlich sollte bezüglich der Mietneben- und Betriebskosten von den im Mietvertrag vereinbarten monatlich ausgewiesenen Vorauszahlungen[230] ausgegangen werden.
> Man kann sich diese auch durch eine aktuelle Nebenkostenabrechnung (Umrechnung auf 1/12) bzw. wie beim Wohngeld (§ 5 WoGV) durch Erfahrungswerte als Pauschbeträge[231] oder die von den Mietervereinen erstellen regionalen Betriebskostenspiegel nachweisen lassen.

Lebt der Rechtsuchende in einem **Heim**, so sind die Kosten der Wohnraumnutzung bei Einzelbelegung des Raumes auf 20 %, bei Mehrfachbelegung auf 15 % des Gesamtentgeltes zu schätzen (entspr. § 7 WoGV). Zur Berechnung kann aber auch der **Vertrag über die Heimunterbringung** vorgelegt werden, der genauen Aufschluss über die Kosten der Unterkunft gibt.   **62**
Ein **Freigänger im Justizvollzug** kann keine Kosten für die Wohnung geltend machen.[232]

Nicht abzugsfähig sind folgende (Wohn-)Kosten (sie gehören zur privaten Lebensführung):   **62a**

---

227 BGH, Rpfleger 2008, 263 ff.; VG Würzburg, Urteil vom 6.7.2017, Az. W 8 K 17.30437 – juris (allgemeine Stromkosten); Hamburgisches OVG, NZFam 2016, 560 – juris; LAG Hamm, FamRZ 2016, 1953 ff.; Thüringer LSG, Beschluss vom 12.5.2015, Az. L 6 R 1497/13 B – juris; Saarländisches OLG, JurBüro 2013, 208 – juris; Beschluss vom 18.2.2010, Az. 6 WF 20/10 – juris; LAG Rheinland-Pfalz, Beschluss vom 29.5.2012, Az. 11 Ta 71/12 (Strom und Wasser); OLG Stuttgart, Beschluss vom 4.1.2012, Az. 17 WF 250/11; OLG Celle, JurBüro 2011, 145–146 – juris (Kosten für Haushaltsenergie); OLG Bamberg, FamRZ 2005, 1183; OLG Nürnberg, FamRZ 1997, 1542; OLG Dresden, OLGR 2000, 100; OLG Karlsruhe, FamRZ 2007, 1995 (soweit nicht zur Heizung benutzt); *Geimer* in Zöller, ZPO, § 115 Rn. 34; *Groß*, § 115 ZPO, Rn. 57 f.; *Seiler* in Thomas/Putzo, ZPO, § 115 Rn. 11; *Dürbeck/Gottschalk*, Rn. 312; *Hundt*, Rn. 82; sh. auch Ausfüllhinweise zur BerHFV a. A.: OLG Koblenz, MDR 1995, 1165 f.; OLG Karlsruhe, FamRZ 1999, 599 f.
228 BGH, Rpfleger 2008, 263 ff.
229 BGH, a. a. O.
230 *Fischer* in Musielak/Voit, ZPO, § 115 Rn. 22.
231 *Geimer* in Zöller, ZPO, § 115 Rn. 34.
232 *Dürbeck/Gottschalk*, Rn. 315.

- Kosten für **Telefon**;[233] **Handykosten** können u. U. abzugsfähig sein, wenn das Handy für die Ausübung der beruflichen Tätigkeit notwendig ist;[234]
- **Stellplatzmiete**,[235] Kosten für eine **Garage**;[236]
- **Rundfunk- und Fernsehgebühren**;[237]
- **Kabelfernsehen**.[238]

63 b) Eigenheim bzw. Eigentumswohnung. Wer in einem Eigenheim oder einer Eigentumswohnung wohnt, zahlt keine Miete. **Fiktive Mietkosten** können nicht angesetzt werden. Neben den genannten abzugsfähigen Kosten für Mieter (der Eigentümer darf insoweit nicht schlechter gestellt werden) gehören daher hier als Unterkunftskosten auch die **Kosten der Belastung durch Fremdmittel für den Erwerb** eines selbstgenutzten Familienheims oder einer selbstgenutzten Eigentumswohnung sowie die Kosten für deren Instandhaltung.[239] **Zins- und Tilgungsraten** auf den Kredit, der für den Grundstückserwerb aufgenommen wurde, sind daher Unterkunftskosten.[240] Der Regierungsentwurf des Prozesskostenhilfeänderungsgesetzes[241] nimmt ausdrücklich Bezug auf §§ 13, 14 WoGV. Der Rechtsuchende soll nicht gezwungen werden, seine Wohnung oder sein Haus zu gefährden.[242]

§ 13 WoGV (Wohngeldverordnung) Belastung aus der Bewirtschaftung

(1) Als Belastung aus der Bewirtschaftung sind Instandhaltungskosten, Betriebskosten ohne die Heizkosten und Verwaltungskosten auszuweisen.

(2) Als Instandhaltungs- und Betriebskosten sind im Jahr 36 Euro je Quadratmeter Wohnfläche und je Quadratmeter Nutzfläche der Geschäftsräume sowie die für den Gegenstand der Wohngeld-Lastenberechnung entrichtete Grundsteuer anzusetzen. Als Verwaltungskosten sind die für den Gegenstand der Wohngeld-Lastenberechnung an einen Dritten für die Verwaltung geleisteten Beträge anzusetzen. Über die in den Sätzen 1 und 2 genannten Beträge hinaus dürfen Bewirtschaftungskosten nicht angesetzt werden.

Aufwendungen, die dagegen **zur reinen Kapitalbildung** vorgenommen worden sind (z. B. die Partei bewohnt das Haus gar nicht), dienen allein der Vermögensbildung und bleiben daher unberücksichtigt.[243]
Dasselbe gilt bei **Ferienhäusern und -wohnungen**.[244]

---

233 Saarländisches OLG, JurBüro 2013, 208 – juris; OLG Nürnberg, FamRZ 2009, 1423 f.; OLG Sachsen-Anhalt, Beschluss vom 5.8.2009, Az. 8 WF 188/09 – juris; OLG Celle; NdsRpfl 2009, 104.
234 LAG Köln, Beschluss vom 3.1.2013, Az. 1 Ta 323/12 – juris.
235 OLG Karlsruhe, FamRZ 2016, 1478 f. – juris; OLG Koblenz, FamRZ 2015, 1314 – juris; OLG Brandenburg, FamRZ 2008, 69.
236 OLG Koblenz, FamRZ 2015, 1314 – juris; LAG Rheinland-Pfalz, Beschluss vom 21.6.2011, Az. 10 Ta 106/11 – juris; LAG Köln, Beschluss vom 14.11.2007, Az. 11 Ta 300/07 – juris.
237 LAG Köln, Beschluss vom 3.1.2013, Az. 1 Ta 323/12 – juris; GEZ: Saarländisches OLG, JurBüro 2013, 208 – juris; LAG Rheinland-Pfalz, Beschluss vom 5.9.2012, Az. 10 Ta 142/12- juris; OLG Stuttgart, Beschluss vom 4.1.2012, Az. 17 WF 250/11 – juris; OLG Karlsruhe, FamRZ 2007, 1995; OLG Celle; NdsRpfl 2009, 104; LAG Rheinland-Pfalz, Beschluss vom 17.6.2009, Az. 3 Ta 122/09 – juris; a. A.: OLG Frankfurt, Beschluss vom 28.12.2015, Az. 4 WF 174/15 – juris (Rundfunkgebühren sind in den sozialhilferechtlichen Regelsätzen nicht enthalten – können als besondere Belastungen gem. § 115 Abs. 1 S. 3 Nr. 5 ZPO berücksichtigt werden).
238 LAG Rheinland-Pfalz, Beschluss vom 5.9.2012, Az. 10 Ta 142/12 – juris; OLG Karlsruhe, FamRZ 2007, 1995; *Mayer* in Gerold/Schmidt, VV 2500–2508, Rn. 3.
239 *Geimer* in Zöller, ZPO, § 115 Rn. 35; *Groß*, § 115 ZPO, Rn. 61 ff.
240 OLG Köln, FamRZ 1999, 997; *Wache* in Münchener Kommentar zur ZPO, § 115 Rn. 41 (Zinsen sind als Wohnkosten zu berücksichtigen, Tilgungsleistungen werden nach denselben Grundsätzen wie andere Verbindlichkeiten berücksichtigt (als besondere Belastung).
241 BT-Drs. 12/6963, S. 12 zu § 115 Abs. 1 S. 3 Nr. 3 ZPO.
242 OLG Karlsruhe, FamRZ 1998, 488.
243 OLG Bamberg, JurBüro 1981, 611.
244 *Dürbeck/Gottschalk*, Rn. 317.

Kapitel 2: Subjektive Voraussetzungen gem. § 1 Abs. 1 Nr. 1 BerHG **64**

c) **Mehrere Bewohner mit eigenen Einkünften.** Wenn mehrere Personen mit **64** eigenem Einkommen in der Wohnung (im Familienverbund -insbesondere Kinder mit eigenem Einkommen- oder mit Dritten) leben, kann der Rechtsuchende nicht die volle Miete als Abzugsposten beanspruchen. Es stellt sich daher die Frage nach der Kostenaufteilung.

> **Hinweis:**
> Zunächst sollte nach den unter den Bewohnern miteinander getroffenen Absprachen[245] gefragt werden. Hierbei ist darauf zu achten, dass keine rechtmissbräuchlichen Absprachen vorliegen. In diesem Zusammenhang ist die gesamte wirtschaftliche Situation aller in der Haushaltsgemeinschaft lebenden Personen auf den Prüfstand zu stellen. Eine zwischen den Mitbewohnern getroffene, zu einer unangemessenen Belastung der Staatskasse führende Vereinbarung über die Verteilung der Mietkosten kann nicht anerkannt werden.[246]

Gibt es unter den Bewohnern keine Absprachen, sind die Kosten nach **Kopfteilen im Zusammenhang mit den jeweiligen Einkommen** aufzuteilen.[247] Die Einkommen sind dabei als „unbereinigte Nettoeinkommen" zu berücksichtigen, d.h. ohne Abzüge wie z.B. Erwerbstätigenfreibetrag, Unterhaltsfreibeträge, Werbungskosten und sonstige besondere Belastungen.[248] Die Gegenansicht[249] bereinigt die Nettoeinkommen zunächst um die Abzüge gem. § 115 Abs. 1 ZPO mit Ausnahme der Wohnkosten.
Haben die Ehegatten **ungefähr gleiches Einkommen**, ist eine **hälftige Aufteilung** vertretbar.[250] Differieren die Einkommen erheblich, kann eine **Aufteilung im Verhältnis** erfolgen.[251] Ist das Einkommen des anderen Ehegatten so niedrig, dass die Gewährung der Unterkunft durch den anderen Ehegatten als Unterhalt anzusehen ist, dann ist es unberücksichtigt zu lassen;[252] dies gilt auch, wenn dessen Einkommen nicht einmal den allgemeinen Freibetrag gem. § 115 Abs. 1 S. 3 Nr. 2a ZPO erreicht.[253]
Grundsätzlich sind auch Kinder bei der Anzahl der Haushaltsangehörigen mitzurechnen. Jedoch scheiden minderjährige Kinder, denen nur Unterhaltszahlungen zufließen, bei der Berechnung des Mietkostenanteils aus.[254]
Möglich ist aber auch eine Aufteilung nach dem **Verhältnis der genutzten Flächen**. Gerade bei **studentischen Wohngemeinschaften** ist eine Aufteilung der zu zahlenden Miete nach Wohnfläche (z.B. Student A bewohnt ein Zimmer von 25 m² Größe, Student B ein Zimmer von 35 m² Größe; entsprechend zahlt Student B auch einen höheren Mietanteil als Student A) oftmals üblich.

---

245 Saarländisches OLG, FamFR 2011, 7 – juris.
246 Saarländisches OLG, FamFR 2011, 7 – juris; OLG Düsseldorf, Rpfleger 2001, 434f.
247 BayVGH, Beschluss vom 4.3.2016, Az. 12 C 14.2069 – juris; LAG Nürnberg, Beschluss vom 8.1.2015, Az. 4 Ta 121/14 – juris; OLG Bamberg, FamRZ 2007, 1339; OLG Köln, FamRZ 2003, 1394; OLG Koblenz, FamRZ 1997, 679; *Geimer* in Zöller, ZPO, § 115 Rn. 35; auch *Christl*, JurBüro 2017, 176ff. (Kopfteilmethode ist sachgerechter).
248 LAG Hamm, FamRZ 2016, 1953ff.
249 *Christl*, FamRZ 2016, 1910ff.
250 OLG Köln, FamRZ 2003, 1394.
251 LAG Sachsen-Anhalt, Beschluss vom 23.8.2011, Az. 2 Ta 104/11 – juris; LAG Schleswig-Holstein, Beschluss vom 18.5.2011, Az. 1 Ta 72 b/11 – juris; OLG Koblenz, FamRZ 1997, 679 (es sei denn, das Einkommen eines Mitbewohners bleibt so erheblich hinter dem Einkommen des anderen Mitbewohner zurück, dass eine Heranziehung dieses Bewohners zu einer Kostenbeteiligung unangemessen erscheint).
252 OLG Koblenz, FamRZ 2000, 1093; OLG Köln, FamRZ 2003, 1394; ThürOLG, Beschluss vom 22.9.2004, Az. L 6 RJ 735/03 – juris.
253 LAG Köln, Beschluss vom 19.3.2015, Az. 11 Ta 41/15 – juris.
254 OLG Düsseldorf, Rpfleger 2001, 434f.

Bei **familiären Gemeinschaften** lassen sich dagegen die einzeln genutzten Flächen in der Regel nicht abgrenzen. Auch sind gemeinsam genutzte Räume schwierig zu bewerten.

5. Mehrbedarfe (Abzüge gem. § 115 Abs. 1 S. 3 Nr. 4 ZPO)

65 Gemäß § 115 Abs. 1 S. 3 Nr. 4 ZPO sind **Mehrbedarfe gem. §§ 21 SGB II, 30 SGB XII** abziehbar. Der Rechtsuchende muss sich dabei nicht auf diesen berufen.[255] Der Zweck dieser Regelung liegt darin, dass die hier genannten Personen, die sich in besonderen Lebenssituationen befinden, ihren notwendigen Lebensunterhalt decken können.

Erhält der Rechtsuchende die **Leistungen als staatliche Hilfe**, so sind diese zunächst als Einkommen zu berücksichtigen und sodann pauschal gem. § 115 Abs. 1 S. 3 Nr. 4 ZPO abzuziehen. Die konkrete Darlegungspflicht entfällt hierbei. Ergeben sich daher in diesen Fällen schon allein aus den persönlichen und wirtschaftlichen Verhältnissen entsprechende Anhaltspunkte, so ist ein entsprechender Abzug vorzunehmen.

Bestreitet hingegen der Rechtsuchende seinen **Lebensunterhalt aus eigenen Einkünften**, so kann ein entsprechender Mehrbedarf ebenfalls in Abzug gebracht werden. In diesem Fall sind jedoch **die sozialhilferechtlichen Tatbestandsvoraussetzungen** für den geltend gemachten Mehrbedarf konkret darzulegen und glaubhaft zu machen, das reine Vorliegen eines Mehrbedarfs genügt hier insoweit nicht (dieser wäre dann ggfs. eine besondere Belastung nach § 115 Abs. 1 S. 3 Nr. 5 ZPO)[256]

66 **§ 21 SGB II**

(1) Mehrbedarfe umfassen Bedarfe nach den Absätzen 2 bis 7, die nicht durch den Regelbedarf abgedeckt sind.

(2) Bei werdenden Müttern wird nach der zwölften Schwangerschaftswoche ein Mehrbedarf von 17 Prozent des nach § 20 maßgebenden Regelbedarfs anerkannt.

(3) Bei Personen, die mit einem oder mehreren minderjährigen Kindern zusammenleben und allein für deren Pflege und Erziehung sorgen, ist ein Mehrbedarf anzuerkennen
1. in Höhe von 36 Prozent des nach § 20 Absatz 2 maßgebenden Bedarfs, wenn sie mit einem Kind unter sieben Jahren oder mit zwei oder drei Kindern unter 16 Jahren zusammenleben, oder
2. in Höhe von 12 Prozent des nach § 20 Absatz 2 maßgebenden Bedarfs für jedes Kind, wenn sich dadurch ein höherer Prozentsatz als nach der Nummer 1 ergibt, höchstens jedoch in Höhe von 60 Prozent des nach § 20 Absatz 2 maßgebenden Regelbedarfs.

(4) Bei erwerbsfähigen behinderten Leistungsberechtigten, denen Leistungen zur Teilhabe am Arbeitsleben nach § 49 des Neunten Buches mit Ausnahme der Leistungen nach § 49 Absatz 3 Nummer 2 und 4 des Neunten Buches sowie sonstige Hilfen zur Erlangung eines geeigneten Platzes im Arbeitsleben oder Eingliederungshilfen nach § 54 Absatz 1 Satz 1 Nummer 1 bis 3 des Zwölften Buches erbracht werden, wird ein Mehrbedarf von 35 Prozent des nach § 20 maßgebenden Regelbedarfs anerkannt. Satz 1 kann auch nach Beendigung der dort genannten Maßnahmen während einer angemessenen Übergangszeit, vor allem einer Einarbeitungszeit, angewendet werden.

(5) Bei Leistungsberechtigten, die aus medizinischen Gründen einer kostenaufwändigen Ernährung bedürfen, wird ein Mehrbedarf in angemessener Höhe anerkannt.

(6) Bei Leistungsberechtigten wird ein Mehrbedarf anerkannt, soweit im Einzelfall ein unabweisbarer, laufender, nicht nur einmaliger besonderer Bedarf besteht. Der

---

255 OLG Zweibrücken, FamRZ 2016, 729 f.; *Reichling* in BeckOK, ZPO, § 115 Rn. 42 a.
256 BT-Drs. 17/11472, S. 30, OLG Zweibrücken, FamRZ 2016, 729 f.; *Götsche/Nickel*, FamRB 2013, 404 f.; *Geimer* in Zöller, ZPO, § 115 Rn. 35 b; *Seiler* in Thomas/Putzo, ZPO, § 115 Rn. 12 b.

Mehrbedarf ist unabweisbar, wenn er insbesondere nicht durch die Zuwendungen Dritter sowie unter Berücksichtigung von Einsparmöglichkeiten der Leistungsberechtigten gedeckt ist und seiner Höhe nach erheblich von einem durchschnittlichen Bedarf abweicht.

(7) Bei Leistungsberechtigten wird ein Mehrbedarf anerkannt, soweit Warmwasser durch in der Unterkunft installierte Vorrichtungen erzeugt wird (dezentrale Warmwassererzeugung) und deshalb keine Bedarfe für zentral bereitgestelltes Warmwasser nach § 22 anerkannt werden. Der Mehrbedarf beträgt für jede im Haushalt lebende leistungsberechtigte Person jeweils
1. 2,3 Prozent des für sie geltenden Regelbedarfs nach § 20 Absatz 2 Satz 1 oder Satz 2 Nummer 2, Absatz 3 oder 4,
2. 1,4 Prozent des für sie geltenden Regelbedarfs nach § 20 Absatz 2 Satz 2 Nummer 1 oder § 23 Nummer 1 bei Leistungsberechtigten im 15. Lebensjahr,
3. 1,2 Prozent des Regelbedarfs nach § 23 Nummer 1 bei Leistungsberechtigten vom Beginn des siebten bis zur Vollendung des 14. Lebensjahres oder
4. 0,8 Prozent des Regelbedarfs nach § 23 Nummer 1 bei Leistungsberechtigten bis zur Vollendung des sechsten Lebensjahres,

soweit nicht im Einzelfall ein abweichender Bedarf besteht oder ein Teil des angemessenen Warmwasserbedarfs nach § 22 Absatz 1 anerkannt wird.

(8) Die Summe des insgesamt anerkannten Mehrbedarfs nach den Absätzen 2 bis 5 darf die Höhe des für erwerbsfähige Leistungsberechtigte maßgebenden Regelbedarfs nicht übersteigen.

§ 30 SGB XII

(1) Für Personen, die
1. die Altersgrenze nach § 41 Abs. 2 erreicht haben oder
2. die Altersgrenze nach § 41 Abs. 2 noch nicht erreicht haben und voll erwerbsgemindert nach dem Sechsten Buch sind,

und durch einen Bescheid der nach § 69 Abs. 4 des Neunten Buches zuständigen Behörde oder einen Ausweis nach § 69 Abs. 5 des Neunten Buches die Feststellung des Merkzeichens G nachweisen, wird ein Mehrbedarf von 17 vom Hundert der maßgebenden Regelbedarfsstufe anerkannt, soweit nicht im Einzelfall ein abweichender Bedarf besteht.

(2) Für werdende Mütter nach der 12. Schwangerschaftswoche wird ein Mehrbedarf von 17 vom Hundert der maßgebenden Regelbedarfsstufe anerkannt, soweit nicht im Einzelfall ein abweichender Bedarf besteht.

(3) Für Personen, die mit einem oder mehreren minderjährigen Kindern zusammenleben und allein für deren Pflege und Erziehung sorgen, ist, soweit kein abweichender Bedarf besteht, ein Mehrbedarf anzuerkennen
1. in Höhe von 36 vom Hundert der Regelbedarfsstufe 1 nach der Anlage zu § 28 für ein Kind unter sieben Jahren oder für zwei oder drei Kinder unter sechzehn Jahren, oder
2. in Höhe von 12 vom Hundert der Regelbedarfsstufe 1 nach der Anlage zu § 28 für jedes Kind, wenn die Voraussetzungen nach Nummer 1 nicht vorliegen, höchstens jedoch in Höhe von 60 vom Hundert der Regelbedarfsstufe 1 nach der Anlage zu § 28.

(4) Für behinderte Menschen, die das 15. Lebensjahr vollendet haben und denen Eingliederungshilfe nach § 54 Abs. 1 Satz 1 Nr. 1 bis 3 geleistet wird, wird ein Mehrbedarf von 35 vom Hundert der maßgebenden Regelbedarfsstufe anerkannt, soweit nicht im Einzelfall ein abweichender Bedarf besteht. Satz 1 kann auch nach Beendigung der in § 54 Abs. 1 Satz 1 Nr. 1 bis 3 genannten Leistungen während einer angemessenen Übergangszeit, insbesondere einer Einarbeitungszeit, angewendet werden. Absatz 1 Nr. 2 ist daneben nicht anzuwenden.

(5) Für Kranke, Genesende, behinderte Menschen oder von einer Krankheit oder von einer Behinderung bedrohte Menschen, die einer kostenaufwändigen Ernährung bedürfen, wird ein Mehrbedarf in angemessener Höhe anerkannt.

(6) Die Summe des nach den Absätzen 1 bis 5 insgesamt anzuerkennenden Mehrbedarfs darf die Höhe der maßgebenden Regelbedarfsstufe nicht übersteigen.

(7) Für Leistungsberechtigte wird ein Mehrbedarf anerkannt, soweit Warmwasser durch in der Unterkunft installierte Vorrichtungen erzeugt wird (dezentrale Warmwassererzeugung) und denen deshalb keine Leistungen für Warmwasser nach § 35 Absatz 4 erbracht werden. Der Mehrbedarf beträgt für jede im Haushalt lebende leistungsberechtigte Person entsprechend ihrer Regelbedarfsstufe nach der Anlage zu § 28 jeweils
1. 2,3 vom Hundert der Regelbedarfsstufen 1 bis 3,
2. 1,4 vom Hundert der Regelbedarfsstufe 4,
3. 1,2 vom Hundert der Regelbedarfsstufe 5 oder
4. 0,8 vom Hundert der Regelbedarfsstufe 6,
soweit nicht im Einzelfall ein abweichender Bedarf besteht oder ein Teil des angemessenen Warmwasserbedarfs durch Leistungen nach § 35 Absatz 4 gedeckt wird.

67 Die einzeln zu berücksichtigenden Mehrbedarfe ergeben sich aus den beiden vorgenannten Vorschriften § 21 SGB II und § 30 SGB XII.

Exemplarisch werden im nachfolgenden einige Mehrbedarfe dargestellt:
- für **bestimmte Gruppen schwerbehinderter Menschen** gem. § 30 Abs. 1 SGB XII (Altersrentner und voll Erwerbsgeminderte, die über ein festgestelltes Merkzeichen „G" (z. B. wegen erheblicher Gehbehinderung) ist ein Mehrdarf i. H. v. 17 vom Hundert der für sie maßgebenden Regelbedarfsstufe abzusetzen;[257]
- für **Schwangere ab der 12. Schwangerschaftswoche** (§§ 21 Abs. 2 SGB II, 30 Abs. 2 SGB XII) werden ebenfalls 17 vom Hundert der für sie maßgebenden Regelbedarfsstufe berücksichtigt;
- **Alleinerziehende** mit einem Kind unter 7 Jahren oder mit zwei oder drei Kindern unter 16 Jahren (§§ 21 Abs. 3 SGB II, 30 Abs. 3 SGB XII) erhalten einen Abzug i. H. v. 36 vom Hundert der Regelbedarfsstufe 1; bei älteren Kindern beträgt der Abzug 12 vom Hundert der Regelbedarfsstufe 1 für jedes Kind, höchstens jedoch 60 vom Hundert der Regelbedarfsstufe 1. Es soll hiermit den erschwerten Lebensumständen von Einelternfamilien entgegen gewirkt werden. Ein Abzug kann daher nicht erfolgen, wenn eine andere im Haushalt lebende erwachsene Person an der Kinderbetreuung mitwirkt.[258] Eine anteilige Aufteilung zwischen den Eltern des gemeinsamen Kindes kann nur bei dem sog. „Wechselmodell", d. h. etwa die hälftige Verteilung von Pflege und Erziehung, erfolgen; ansonsten kommt keine entsprechende prozentuale Aufteilung in Betracht.[259]
- Mehrbedarf entsteht gem. §§ 21 Abs. 7 SGB II, 30 Abs. 7 SGB XII auch, wenn **Warmwasser durch eine dezentrale Warmwassererzeugung** erfolgt. Bei der Erzeugung über eine Zentralheizung entsteht dieser nicht.
- Gem. § 21 Abs. 6 SGB II können hier auch **Umgangskosten** abgesetzt werden. Bzgl. anfallender Fahrtkosten werden in Anlehnung an §§ 115 Abs. 1 S. 3 Nr. 1a ZPO, 82 Abs. 2 Nr. 4 SGB XII hier ebenfalls pauschaliert 5,20 EURO/km angesetzt.[260] Dies gilt auch für längere Fahrten und Übernachtungskosten.[261]
- Für **Kranke aus medizinischen Gründen** wird ein Mehrbedarf gem. §§ 21 Abs. 5, 30 Abs. 5 SGB XII berücksichtigt. Angemessen" im Sinne des § 30 Abs. 5 SGB XII ist ein Betrag, der ausreicht, die – im Regelsatz nicht berücksichtigten und auch nicht berücksichtigungsfähigen – Mehrkosten voll zu decken, die dem Rechtsuchenden durch die von ihm aus gesundheitlichen Gründen einzuhaltende spezielle Ernährung entstehen. Es muss aus medizinischen Gründen ein entsprechendes Erfordernis für die kostenauf-

---

257 Saarländisches OLG, Beschluss vom 16.2.2017, Az. 6 WF 34/17.
258 Brandenburgisches OLG, FamRZ 2015, 946.
259 BSG, Urteil vom 11.2.2015, Az. B 4 AS 26/14 R; jurisPK-SozR 20/2015, Anm. 2 – juris.
260 OLG Zweibrücken, FamRZ 2016, 729 f.
261 *Wittenstein* in Bahrenfuss, FamFG, § 115 ZPO Rn. 45.

wändige Ernährung bestehen. Der Nachweis mittels ärztlicher Bescheinigung ist durch den Rechtsuchenden zu erbringen. Die Gewährung des Mehrbedarfs setzt einen ursächlichen Zusammenhang zwischen der drohenden oder bestehenden Erkrankung und der Notwendigkeit der kostenaufwändigeren Ernährung voraus. Der **Deutsche Verein für öffentliche und private Fürsorge (DV)**[262] hat einige Erkrankungen untersucht, bei denen die Notwendigkeit einer kostenaufwändigeren Ernährung vorliegt. Für diese hat er entsprechende Empfehlungen ausgesprochen, nach denen sich die Praxis richtet. Die Empfehlungen gelten für Kinder, Jugendliche und Erwachsene. Der Body Mass Index (BMI) spielt als Kriterium bei der Gewichtsbewertung von Kindern und Jugendlichen jedoch eine Rolle.

Liegen mehrere Erkrankungen mit einem Mehrbedarf vor, so ist zu klären, welcher ernährungsbedingter Mehrbedarf tatsächlich anfällt.

Bzgl. der Höhe der Mehrbedarfszuschläge werden pauschale Werte genannt, die für den Regelfall ausreichend sind:

Erkrankung	Empfohlener Mehrbedarf in vom Hundert der Regelbedarfsstufe 1
Konsumierende Erkrankungen, gestörte Nährstoffaufnahme bzw. Nährstoffverwertung	10
Mukoviszidose/zystische Fibrose	10
Niereninsuffizienz, die mit einer eiweißdefinierten Kost behandelt wird	10
Niereninsuffizienz mit Dialysediät	20
Zöliakie/einheimische Sprue (Durchfallerkrankung wegen Überempfindlichkeit gegenüber Klebereiweiß Gluten)	20

Bedürfen Erkrankungen nach dem allgemein anerkannten Stand der Humanmedizin keiner spezifischen Diät, sondern einer sog. „**Vollkost**", ist ein Mehrbedarf grundsätzlich zu verneinen. Hierunter fallen z. B. folgende Erkrankungen:
- Hyerlipidämie (Erhöhung der Blutfette),
- Hyperurikämie (Erhöhung der Harnsäure im Blut),
- Gicht (Erkrankung durch Harnsäureablagerungen),
- Hypertonie (Bluthochdruck),
- kardinale und renale Ödeme (Gewebswasseransammlungen bei Herz- oder Nierenerkrankungen),
- Diabetes mellitus (Typ I und II),
- Ulcus duodeni (Geschwür im Zwölffingerdarm),
- Ulcus ventriculi (Magengeschwür),
- Neurodermitis,
- Leberinsuffizienz.

Hinsichtlich **Nahrungsmittelunverträglichkeiten** kann grundsätzlich ein krankheitsbedingter erhöhter Ernährungsaufwand entstehen:
- bei Laktoseintoleranz ist eine kostenaufwändigere Ernährung in der Regel nicht erforderlich, ausgenommen sind Kinder bis zum 6. Lebensjahr und besondere Einzelfälle,
- bei Fruktosemalabsorption (Transportstörung von Fruchtzucker im Dünndarm) besteht in der Regel auch kein Mehrbedarf, ausgenommen eine angeborene Fruktoseintoleranz (hier muss im Einzelfall entschieden werden),
- bei einer Histaminunverträglichkeit muss eine Einzelfallprüfung vorgenommen werden.

---

[262] siehe Empfehlungen des Deutschen Vereins zur Gewährung von Krankenkostzulagen in der Sozialhilfe (im Internet zu finden über: http://www.deutscher-verein.de).

68 Darüber hinaus wird argumentiert, dass als weitere besondere Belastung ein **ungedeckter Bedarf für junge Unterhaltsberechtigte** berücksichtigt werden kann (Bedarfe für Bildung und soziale Teilhabe, § 34 SGB XII).[263]

6. Besondere Belastungen (Abzüge gem. § 115 Abs. 1 S. 3 Nr. 5 ZPO)

69 Nach § 115 Abs. 1 S. 3 Nr. 5 ZPO sind auch weitere Beträge absetzbar, *„soweit dies mit Rücksicht auf besondere Belastungen angemessen ist"*. Die allgemeinen Lebenshaltungskosten wie z. B. Ernährung, Kleidung, Körperpflege, Hausrat etc. sind bereits durch die entsprechenden Regelungen in § 115 Abs. 1 S. 3 Nr. 1–3 ZPO berücksichtigt und durch die Regelsätze ausgeglichen. Alles was hierüber hinausgeht, kann grundsätzlich eine besondere Belastung des Rechtsuchenden darstellen.[264]

Eine besondere Belastung darf nicht sorglos oder leichtfertig eingegangen sein. Belastungen, die böswillig eingegangen worden sind, um eine Bedürftigkeit herbeizuführen, werden nicht berücksichtigt.[265] Ob der Rechtsuchende diese Absicht verfolgte, dürfte jedoch schwierig nachzuweisen sein.

Es kommen Belastungen jeder Art und Höhe sowie Dauer infrage. Sie müssen dabei aber **über das übliche hinausgehen**,[266] nicht alltäglich sein und der Abzug vom Einkommen muss angemessen sein.

Es handelt sich hier um eine **Härteklausel**, die verhindern soll, dass sich der Rechtsuchende in seiner bisherigen Lebensführung wegen des zu erwartenden Prozesses einschränken soll.[267]

Ein Vergleich zu dem Begriff der **außergewöhnlichen Belastung im Steuerrecht gem. § 33 EStG** ist im Beratungshilferecht nur bedingt möglich, auch wenn sich die Begriffe häufig decken. Während im Steuerrecht die Belastung durch einen Vergleich mit den Verhältnissen anderer Steuerpflichtiger erfolgt, richtet sich die Prüfung der Angemessenheit im Beratungshilferecht nach den Lebensverhältnissen des Rechtsuchenden.

70 Die **Frage der Angemessenheit** der Absetzung ist **nach dem Einzelfall zu prüfen** und steht **im pflichtgemäßen Ermessen des Gerichts**. Zu berücksichtigen sind dabei folgende Faktoren:
– der **Anlass** der Belastung,
– die **Höhe** – auch im Verhältnis zum Einkommen,
– der **Zeitpunkt der Entstehung**.

Sind die Belastungen entbehrlich und überflüssig, können sie nicht berücksichtigt werden.

Auch eine **allgemeine Steigerung der Lebenshaltungskosten** begründet keine besonderen Belastungen, da diese bei der regelmäßigen Anpassung der Freibeträge berücksichtigt wird.

71 § 115 Abs. 1 S. 3 Nr. 5 ZPO in Verbindung mit § 1610a BGB erfasst Sozialleistungen, die der **Staat** im Rahmen der Daseinsvorsorge **zum Ausgleich von schädigungsbedingten Aufwendungen** infolge eines Körper- oder Gesundheitsschadens gewährt. Gleichgültig ist dabei, ob es sich um Geld- oder Sachleistungen handelt. Die Definition des „Körper- oder Gesundheitsschadens" ist dem allgemeinen Deliktsrecht zu entnehmen.[268] Die **Verweisung auf § 1610a BGB** hat damit zur Folge, dass bei Körper- oder Gesundheitsschäden der behinderungsbedingte Mehrbedarf bis zur Höhe der bezogenen Sozialleistungen nicht

---

263 Zimmermann, ZVI 2011, 160 ff.
264 *Geimer* in Zöller, ZPO, § 115 Rn. 36.
265 *Dürbeck/Gottschalk*, Rn. 323.
266 *Hartmann* in Baumbach/Lauterbach/Albers/Hartmann, ZPO, § 115 Rn. 12.
267 *Seiler* in Thomas/Putzo, ZPO, § 115 Rn. 13.
268 *Viefhues* in jurisPK-BGB, § 1610a BGB, Rn. 2.

konkret dargelegt werden muss.[269] Sie steht dabei nicht der Annahme entgegen, dass Kreditverbindlichkeiten besondere Belastungen sind.[270]
Unter § 1610a BGB fallen insbesondere Leistungen nach dem BVG (z. B. Grundrente und Schwerstbehindertenzulage[271] gem. § 31 BVG, Pflegezulage gem. § 35 BVG), SoldVersG, BundesseuchenG, OpferentschädigungsG etc., Blindenhilfe (§ 72 SGB XII) und Blindengelder.[272]

§ 1610a BGB

Deckungsvermutung bei schadensbedingten Mehraufwendungen
Werden für Aufwendungen infolge eines Körper- oder Gesundheitsschadens Sozialleistungen in Anspruch genommen, wird bei der Feststellung eines Unterhaltsanspruchs vermutet, dass die Kosten der Aufwendungen nicht geringer sind als die Höhe dieser Sozialleistungen.

Beispielsweise sind folgende Beträge absetzbar:
– Soweit Ansprüche von einer Person, die mit dem Rechtsuchenden zusammenlebt, im Hinblick auf die **Bedarfsgemeinschaft** (§§ 9 SGB II, 36 SGB XII) versagt oder gekürzt werden, sind in diesem Umfang Beträge als besondere Belastungen in Ansatz zu bringen.[273] Gem. § 9 Abs. 2 SGB II erfolgt hierbei eine entsprechende Umverteilung zulasten desjenigen Partners, der über Einkommen und Vermögen verfügt. Dessen Einkommen steht ihm damit ja dann nicht mehr in vollem Umfang für seinen eigenen Lebensdarf zur Verfügung. Der **SGB II – Bescheid ist dabei als Berechnungsgrundlage heranzuziehen.** Für den Bezug der Leistungen kommt es auf die Hilfebedürftigkeit der Bedarfsgemeinschaft an, d. h. es ist das Einkommen und Vermögen aller zu der Bedarfsgemeinschaft zählenden Mitglieder heranzuziehen, Dies gilt auch, wenn es sich um eine nichteheliche Lebensgemeinschaft handelt (hier werden Anrechnungen zur Deckelung des Bedarfs des Lebensgefährten/Kind vorgenommen).[274] Dabei sollte – sofern möglich – geprüft werden, ob auch tatsächlich eine Bedarfsgemeinschaft vorliegt.
– **Darlehens- und Kreditverbindlichkeiten, die ohne Kenntnis von dem bevorstehenden Rechtsstreit** eingegangen worden sind[275] (= **Altschulden**). Den Rechtsuchenden trifft hier eine besondere Darlegungspflicht.[276] Lässt sich jedoch die Belastung beenden, ohne dass schutzwürdige Schuldnerinteressen beeinträchtigt werden, dann ist die Belastung unangemessen und daher nicht zu berücksichtigen.
Kredit- und Tilgungsraten müssen für ein Darlehen in der jeweiligen Höhe auch **angemessen** erscheinen[277] und dürfen nicht in einem krassen Missverhältnis zu den sonstigen Einkommens- und Vermögensverhältnissen stehen.

---

269 *Groß*, § 115 ZPO, Rn. 74.
270 Brandenburgischer OLG, Beschluss vom 22.4.2013, Az. 3 WF 48/13 – juris.
271 siehe *Geimer* in Zöller, ZPO, § 115 Rn. 17 m. w. N.
272 ThürOLG, FamRZ 1999, 1673 f.
273 LAG Hamm, Beschluss vom 17.8.2017, Az. 5 Ta 119/17 – juris; OLG Köln, Beschluss vom 30.6.2016, 10 WF 34/16 – juris; OLG Karlsruhe, FamRZ 2016, 1478 f. – juris; OLG Frankfurt, FamRZ 2015, 1918 – juris; OLG Düsseldorf, FamRZ 2010, 141 – juris; *Götsche*, jurisPR-FamR 19/2015 Anm. 4 – juris; OLG Dresden, FamRZ 2009, 1425; KG, FamRZ 2006, 962 f.; *Geimer* in Zöller, ZPO, § 115 Rn. 36; *Seiler* in Thomas/Putzo, ZPO, § 115 Rn. 14 a. A.: OLG Koblenz, MDR 2015, 610 – juris.
274 *Geimer* in Zöller, ZPO, § 115 Rn. 36 **a. A.**: OLG Koblenz, MDR 2015, 610 (stellt auf die Neuberechnung des Bedarfs der Gemeinschaft ab).
275 BGH, NJW-RR 1990, 450; Thüringer OLG, Beschluss vom 28.7.2011, Az. 4 W 362/11 – juris; LAG Rheinland-Pfalz, Beschluss vom 17.2.2011, Az. 8 Ta 31/11 – juris; LAG Köln, Beschluss vom 13.10.2010, Az. 1 Ta 297/10 – juris; Thüringer LSG, Beschluss vom 16.9.2004, Az. L 6 SF 280/04 – juris; OLG Hamm, JurBüro 1987, 1416 f.
276 OLG Köln, FamRZ 1996, 873.
277 OLG Bamberg, JurBüro 1987, 133 f. (20 % des Familieneinkommens sind angemessen, bei Hypothekendarlehen auch höhere Sätze).

Es muss sich dabei um allgemein übliche Aufwendungen handeln.[278] Der Rechtsuchende hat insoweit auch entsprechende Überprüfungen zu ermöglichen. Zu tilgende Schulden werden nur dann berücksichtigt, wenn sie **noch valutieren** und **auch tatsächlich getilgt** werden.[279]

- Die für ein selbst bewohntes Haus oder eine Eigentumswohnung zu leistenden **Zins- und Tilgungsleistungen** sind in der Regel als besondere Belastung absetzbar, sofern diese nicht schon unter § 115 Abs. 1 S. 3 Nr. 3 ZPO als Unterkunftskosten abgezogen werden.[280] Dagegen sind Kreditverbindlichkeiten nicht berücksichtigungsfähig, wenn sie zur Verschönerung bzw. Instandsetzung eines Wohnhauses aufgenommen worden sind und für den Kreditnehmer bei Aufnahme des Kredites absehbar ist, dass bei Durchführung der von ihm gewünschten Scheidung erhebliche wirtschaftliche Aufwendungen erforderlich sind.[281]
- Ist der Rechtsuchende **Gesamtschuldner** für die Zins- und Tilgungsleistungen, so kann nur der Teil berücksichtigt werden, für den er einzustehen hat (Quote im Innenverhältnis). Muss er jedoch auch den Anteil des zahlungsunfähigen oder -unwilligen Mitschuldners übernehmen, so ist auch dieser Anteil berücksichtigungsfähig.[282]
- Muss sich der Ehegatte an Verbindlichkeiten des anderen beteiligen, so können diese Beträge auch besondere Belastungen darstellen.[283]
- Belastungen, die im Zusammenhang mit **Familienereignissen** stehen, z. B. Geburt, Heirat, Kommunion oder Konfirmation, Tod.[284] Auch **Umzugskosten** können ggfs. besondere Belastungen darstellen.
- Beiträge für die Handwerkskammer bei Selbständigen.[285]
- **Kinderbetreuungskosten:** Kindergartenbeiträge werden – **sofern die Berufstätigkeit dies erfordert** – teilweise als absetzbar eingestuft.[286] Auch für Nichtleistungsempfänger nach SGB II sind notwendige Kinderbetreuungskosten zu berücksichtigen, wenn ein Rechtsanspruch auf frühkindliche Förderung in einer Tageseinrichtung oder in der Kindertagespflege gem. § 24 SGB VIII (U3-Kinder) besteht.[287] Absetzbar sind ggfs. jedoch Kosten für eine **Kindertagesstätte**, soweit die Berufsfähigkeit dies erfordert.[288] Der nicht durch den Regelbedarf gedeckte Teil des Mehrbedarfs für eine Tageseinrichtung kann – nach Prüfung der Angemessenheit – grundsätzlich als besondere Belastung in Frage kommen.[289]

Dagegen wird argumentiert, dass – soweit **Kinderbetreuungskosten** für Kinder anfallen (z. B. Kosten für eine **Tagesmutter** – außerhalb der Öffnungszeiten des Kindergartens[290]) –, diese nicht als besondere Belastungen zu berücksichtigen sind.[291]

---

278 BGH, NJW-RR 1990, 450; *Groß*, § 115 ZPO, Rn. 69.
279 BSG, RVGreport 2017, 113 f.; OLG Oldenburg, JurBüro 2017, 427 f.; LAG Rheinland-Pfalz, Beschluss vom 23.8.2011, Az. 9 Ta 144/11 – juris; OLG Zweibrücken, Rpfleger 2000, 537.
280 so auch *Bork* in Stein/Jonas, ZPO, § 115 Rn. 70.
281 OLG Sachsen-Anhalt, FamRZ 2009, 628.
282 *Geimer* in Zöller, ZPO, § 115 Rn. 38.
283 *Fischer* in Musielak/Voit, ZPO, § 115 Rn. 30.
284 *Seiler* in Thomas/Putzo, ZPO, § 115 Rn. 14; *Dürbeck/Gottschalk*, Rn. 331.
285 VG Augsburg, Beschluss vom 23.9.2010, Az. Au 1 K 10.666 – juris.
286 OLG Dresden, Beschluss vom 5.8.2015, Az. 20 WF 294/15 – juris (53,00 EURO/mon. – nicht jedoch das Essensgeld); OLG Bremen, FamRZ 2012, 48 (25,00 EURO/mon.); *Wittenstein* in Bahrenfuss, ZPO, § 115 Rn. 44 (in § 6 Abs. 1 Nr. 1 RBEG sind bei der Regelbedarfsermittlung keine Kinderbetreuungskosten berücksichtigt); sh. auch BGH, FamRZ 2009, 962 ff. a. A.: LAG Köln, Beschluss vom 27.9.2012, Az. 11 Ta 196/12 – juris (sind von den Freibeträgen abgedeckt).
287 LAG Baden-Württemberg, RVGreport 2014, 205.
288 OLG Bamberg, JurBüro 1988, 95.
289 *Christl*, JAmt 2017, 283 ff.
290 LAG Köln, Beschluss vom 27.9.2012, Az. 11 Ta 196/12 – juris (grundsätzlich gehören diese zu den Kosten des allgemeinen Lebensbedarfs).
291 *Groß*, § 115 ZPO, Rn. 51; **a. A.:** OLG Sachsen-Anhalt, FamRZ 2000, 1093 (nur für Kinder im Alter von über 15 Jahren kann ein höherer Bedarf in Betracht kommen) – juris.

Ob die vertretene Ansicht, dass **Kindergartenbeiträge**, ohne dass eine Erwerbstätigkeit vorliegt, keine besonderen Belastungen, sondern von den Freibeträgen umfasst sind,[292] im Hinblick auf die zeitlich danach ergangene neue Regelung des § 24 SGB VIII zumindest für die U3-Kinder noch aufrecht erhalten bleiben kann, erscheint fraglich.
Nach dem LAG Baden-Württemberg[293] sind die Kosten für die Teilnahme an einer gemeinsamen **Mittagsverpflegung** im Rahmen einer ganztätigen Betreuung abzusetzen mit Ausnahme eines Eigenanteils in Höhe von 1,00 EURO/Mittagessen (§ 9 RBEG). In der Aufbringung von **Essens- und Platzgeld für den Kindergarten** liegen keine besonderen Belastungen, denn der Rechtsuchende erspart während der Zeit der Betreuung des Kindes im Kindergarten eigene Unterhaltsleistungen.[294] Das gleiche gilt auch für das im Rahmen einer Fremdbetreuung anfallendes Essensgeld.[295]

- **Krankheitsbedingte Aufwendungen**, soweit diese nicht anderweitig erstattet werden (z. B. kieferorthopädische oder andere ärztliche Behandlungskosten,[296] Praxisgebühren, Zuzahlungen zu Medikamenten; notwendiger Kuraufenthalt).
- **Pkw:** Tilgungsraten für die Anschaffung eines Pkw, wenn die Partei auf eine berufliche Nutzung angewiesen ist und die Raten in einem **angemessenen** Verhältnis zum Einkommen stehen.[297] Sie können dann abgesetzt werden, wenn die zugrundeliegende Kreditaufnahme vor Kenntnis des bevorstehenden Rechtsstreits erfolgt ist.[298] Auch ist die Zumutbarkeit der Benutzung von öffentlichen Verkehrsmitteln zu prüfen. Ist dem Rechtsuchenden aufgrund eigener Erkrankung oder der Pflege eines eigenen Angehörigen ein **Umzug nicht zumutbar,** so können ihm zur Erreichung einer weit entfernteren Arbeitsstelle die Fahrtkosten entsprechend berücksichtigt werden, sofern diese nicht bereits als Werbungskosten gem. § 82 Abs. 2 Nr. 4 SGB XII abgezogen wurden.[299] Ist der Rechtsuchende weder berufsbedingt noch aufgrund einer Behinderung auf den Pkw angewiesen, sind diese nicht zu berücksichtigen (hierbei ist stets auch die Angemessenheit des Pkw zu prüfen).[300]

Wenn der Rechtsuchende arbeitslos ist, sich arbeitslos gemeldet hat und dem Arbeitsmarkt zur Verfügung steht, die Beibehaltung eines Pkw seine Vermittlungschancen auf dem Arbeitsmarkt erhöht, so können die anfallen-

---

292 LAG Köln, Beschluss vom 27.9.2012, Az. 11 Ta 196/12 – juris; OLG Stuttgart, FamRZ 2006, 1282 (Kindesunterhalt bzw. Freibeträge erreichen bzw. übersteigen den monatlichen Regelsatz in der Sozialhilfe für das Kind; hiermit wird der gesamte Bedarf des notwendigen Lebensunterhalts abgedeckt (§ 28 Abs. 1 S. 1 SGB XII). Der Regelsatz umfasst damit auch den besonderen, durch Entwicklung und Heranwachsen von Kindern und Jugendlichen bedingten Bedarf (§ 27 Abs. 2 SGB XII) und damit grundsätzlich auch Kindergartenbeiträge, soweit nicht § 28 Abs. 1 S. 2 SGB XII eingreift, was bei der Unterbringung in einem üblichen Kindergarten nicht anzunehmen ist; OLG Sachsen-Anhalt, FamRZ 2000, 1093; *Fischer* in Musielak/Voit, ZPO, § 115 Rn. 30; a. A.: OLG Bremen, FamRZ 2012, 48–49 – juris (25,00 EURO/mon); OLG Nürnberg, FamRZ 2009, 1423 f. (Beiträge sind mit dem 50,00 EURO übersteigenden Betrag absetzbar); *Wache* in Münchener Kommentar zur ZPO, § 115 Rn. 47 (grds. absetzbar, wenn nicht durch Unterhalt oder Sozialleistungen abgedeckt).
293 LAG Baden-Württemberg, RVGreport 2014, 205 – juris.
294 BGH, FamRZ 2009, 962 ff.; OLG Sachsen-Anhalt, FamRZ 2000, 1093.
295 OLG Koblenz, FamRZ 2015, 1314.
296 *Geimer* in Zöller, ZPO, § 115 Rn. 40.
297 Hanseatisches OLG, Beschluss vom 29.1.2013, Az. 4 WF 155/12 – juris; LAG Köln, Beschluss vom 27.9.2012, Az. 11 Ta 138/12 – juris; OVG Lüneburg, JurBüro 2011, 311–312 – juris (Finanzierungskosten iHv. 150,00 EURO/mon.); OLG Hamm, FamRZ 2007, 155 f. (hier: Raten i. H. v. 149,00 EURO monatlich).
298 LAG Rheinland-Pfalz, Beschluss vom 17.2.2011, Az. 8 Ta 31/11 – juris.
299 *Wache* in Münchener Kommentar zur ZPO, § 115 Rn. 48.
300 OLG Dresden, OLGR 2002, 55 f.

den **Kosten für den Pkw** (Kfz.-Steuer, Kfz.-Versicherung) **auch bei Arbeitslosigkeit** als besondere Belastung in Ansatz gebracht werden.[301] Reparaturkosten für den Pkw können berücksichtigt werden, wenn diese unvorhergesehen anfallen und der Pkw zum Erreichen der Arbeitsstelle benötigt wird.[302]
- **Rechtsanwaltskosten** aus früheren Verfahren, **Zahlungen an die Staatskasse** (z. B. **PKH/VKH-Raten** aus anderen Verfahren),[303] Raten für Steuerschulden.[304]
- **Reisekosten**, die einem nicht sorgeberechtigten Elternteil für Besuche bei seinen weit entfernt lebenden Kindern entstehen.[305] Besuchsfahrten ins Krankenhaus oder zu einem inhaftierten nahen Angehörigen sind in Ausnahmefällen abzuziehen.[306]
- Ausgaben für **schulische Belange**, z. B. **Nachhilfeunterricht**[307] oder regelmäßige **Klassenfahrten, Schulgeld** für private Bildungseinrichtungen,[308] **Musikunterricht**,[309] **Kernzeitbetreuung, Fortbildungs- und Weiterbildungskosten**,[310] wobei auf ein angemessenes Verhältnis zwischen Ausgaben und Familieneinkommen sowie auf die Notwendigkeit der Maßnahmen geachtet werden sollte; notwendige Fahrtkosten zur nächstgelegenen Schule.[311]
- **Semesterbeitrag** für Studierende;[312] **BAföG-Darlehensraten**.
- **Unterhaltsleistungen**, soweit sie einer **sittlichen Pflicht** entsprechen oder einer auf den Anstand zu nehmenden Rücksicht erbracht werden (z. B. für Stiefkinder, Lebensgefährten sowie für ein im Haushalt der Partei lebendes Kind (soweit sie die gesetzlichen Beträge gem. § 115 Abs. 1 S. 3 Nr. 2 ZPO nicht übersteigen))[313]. Hier handelt es sich gerade um Fallkonstellationen, in denen der Rechtsuchende die Rolle eines „sozialen Vaters" ausfüllt.[314] Da es sich vorliegend um einen Ausnahmetatbestand handelt, hat der Rechtsuchende die beantragte Berücksichtigung eingehend darzustellen. Der gesetzlich nicht geschuldete Unterhalt sollte auch schon einige Zeit vor der Inanspruchnahme der Beratungshilfe geleistet worden sein. Gleiches gilt für unterhaltsberechtigte **Angehörige im Ausland**, soweit es den dortigen Lebenshaltungskosten angemessen erscheint (insoweit ist darzulegen, ob

---

301 LAG Hamm, Beschluss vom 30.8.2017, Az. 5 Ta 419/17 – juris; LAG Köln, Beschluss vom 27.9.2012, Az. 11 Ta 196/12 – juris.
302 LAG Rheinland-Pfalz, Beschluss vom 28.12.2011, Az. 6 Ta 241/11 – juris (hier in Höhe von ca. 870,00 EURO bei einem mon. Nettoeinkommen iHv. 1.330,00 EURO).
303 LAG Köln, Beschluss vom 11.7.2014, Az. 1 Ta 102/14 – juris; LSG Erfurt, Beschluss vom 6.5.2014, Az. L 4 AS 1421/12 B; Saarländisches OLG, JurBüro 2013, 208 – juris; LAG Rheinland-Pfalz, Beschluss vom 7.11.2012, Az. 3 Ta 179/12 – juris; OLG Köln, FamRZ 1993, 579 f.; *Wache* in Münchener Kommentar zur ZPO, § 115 Rn. 46.
304 OLG Bamberg, JurBüro 1981, 611 (613).
305 *Dürbeck/Gottschalk*, Rn. 338; s. zur Parallelproblematik im Sozialhilferecht: BVerfG, FamRZ 1995, 86 ff.
306 vgl. *Zimmermann*, 3. Aufl., PKH, Rn. 128.
307 *Wache* in Münchener Kommentar zur ZPO, § 115 Rn. 47 (soweit sie im vertretbaren Verhältnis zum Familieneinkommen stehen); *Fischer* in Musielak/Voit, ZPO, § 115 Rn. 30; *Zimmermann*, ZVI 2011, 160 (Nachhilfe und außerschulische Lernförderung).
308 *Wache* in Münchener Kommentar zur ZPO, § 115 Rn. 47 (unter den Voraussetzungen wie bei Nachhilfeunterricht).
309 OLG Karlsruhe, OLGR 2001, 291 f.; *Fischer* in Musielak/Voit, ZPO, § 115 Rn. 30; *Dürbeck/ Gottschalk*, Rn. 340 (für begabte Kinder absetzbar); a. A.: OLG Bamberg, JurBüro 1988, 95; *Bork* in Stein/Jonas, ZPO, § 115 Rn. 74 (dies sind lediglich Kosten für ein Hobby, die über den allgemeinen Freibetrag zu finanzieren sind).
310 *Dürbeck/Gottschalk*, Rn. 340.
311 *Zimmermann*, ZVI 2011, 160.
312 Hamburgerisches OVG, 4.1.2002, Az. 4 So 78/00 – juris.
313 OLG Stuttgart, FamRZ 2005, 1182 f.; *Fischer* in Musielak/Voit, ZPO, § 115 Rn. 30.
314 OLG Hamburg, FamRZ 2016, 1952 f.

Kapitel 2: Subjektive Voraussetzungen gem. § 1 Abs. 1 Nr. 1 BerHG

insoweit eine Unterhaltspflicht besteht und aus welchen Gründen diese unterstützt werden müssen).[315]
- **Vermögenswirksame Leistungen**, sofern die Anlage langfristig erfolgt, da diese zweckgebunden sind und nicht zur Finanzierung der Kosten verwendet werden können.[316]

Fallen die besonderen Belastungen nicht monatlich an, sondern einmalig oder nur vorübergehend (z. B. Beerdigungskosten für einen Familienangehörigen), so ist der Betrag nicht voll vom Monatseinkommen abzusetzen, sondern angemessen auf mehrere Monate umzulegen. Wird die Forderung ohnehin ratenweise getilgt, so ist grundsätzlich auf diese Monatsrate abzustellen, soweit diese nicht offensichtlich unangemessen ist.

Dagegen wurden als besondere Belastungen nicht anerkannt:
- ADAC-Mitgliedsbeitrag;[317]
- **Bausparbeiträge** dienen grundsätzlich der Vermögensbildung und sind keine besonderen Belastungen, es sei denn die Partei hat sich unkündbar zu monatlichen Zahlungen verpflichtet;[318]
- **Beiträge für Mieterschutzbund** oder sonstige Vereine;[319]
- **Bußgelder**[320] sind als Teil der normalen Lebenskosten nicht absetzbar;
- **Fitnessstudiobeiträge**;[321]
- **Geldbußen- u. Geldstrafen, Verwarnungsgelder.**[322] Gem. § 42 StGB i. V. m. § 459a StPO können bei einer Geldstrafe bei der Strafvollstreckungsbehörde Zahlungserleichterungen beantragt werden, gleiches gilt für die Geldbußenvollstreckung gem. §§ 18, 93 OWiG.
- **Girokontoüberziehungszinsen, Kontoführungsgebühren;**[323]
- **Kfz-Steuer;**
- **Kostgeld**, das ein Kind an seine Eltern abführt;[324]
- **übliche Lebenshaltungskosten** für Kleidung, Ernährung, Pflege, Zigarettenkonsum;
- **Lehrgangsgebühren** für eine Fortbildung;[325]

---

315 Sächsisches OVG, Beschluss vom 25.5.2009, Az. 3 D 101/08 – juris (hier: Unterstützung des Vaters in Afghanistan mit monatlich 100,00 EURO).
316 OLG Nürnberg, MDR 2015, 1153 f. – juris; OLG Köln, JurBüro 1995, 424 (425); *Fischer* in Musielak/Voit, ZPO, § 115 Rn. 6 (Grundlage ist § 82 Abs. 2 Nr. 3 SGB XII); a. A.: OLG Stuttgart, OLGR 2005, 102; OLG Dresden, OLGR 2002, 551; OLG Bamberg, JurBüro 1987, 1414 f.; *Dürbeck/Gottschalk*, Rn. 344 (VWL-Leistungen dienen in erster Linie der Vermögensbildung und stellen daher keine besondere Belastung dar. Es ist darauf abzustellen, ob eine Kündigungsmöglichkeit besteht und ob diese zumutbar ist).
317 OLG Stuttgart, Beschluss vom 4.1.2012, Az. 17 WF 250/11 – juris; OLG Bamberg, Beschluss vom 2.4.2001, 3 U 194/99, n. v.
318 OLG Karlsruhe, FamRZ 2016, 1478 f. – juris; *Bork* in Stein/Jonas, ZPO, § 115 Rn. 64.
319 *Fischer* in Musielak/Voit, ZPO, § 115 Rn. 31.
320 *Hartmann* in Baumbach/Lauterbach/Albers/Hartmann, ZPO, § 115 Rn. 19.
321 LAG Berlin-Brandenburg, NZFam 2015, 82 – juris (uU. absetzbar, wenn es hierfür eine medizinische Notwendigkeit gibt).
322 OLG Celle, MDR 2011, 627 – juris (Geldbuße); BGH, Rpfleger 2011, 332 ff. (Geldstrafe); OLG Karlsruhe, FamRZ 2008, 1541; OLG München, FamRZ 2007, 1340; KG, FamRZ 2006, 871 f. (dies ist durch den Selbstbehalt abgedeckt); AG Ludwigslust, FamRZ 2003, 1934 f.; OLG Koblenz, JurBüro 1997, 30 f.; *Wache* in Münchener Kommentar zur ZPO, § 115 Rn. 46 (Geldbuße absetzbar, wenn sich der Rechtsuchende nicht der Bezahlung entziehen kann, Geldstrafe ist dagegen nicht absetzbar); *Fischer* in Musielak/Voit, ZPO, § 115 Rn. 30; *Baronin von König*, Rn. 756; *Reichling* in BeckOK, ZPO, § 115 Rn. 43.1; *Geimer* in Zöller, ZPO, § 115 Rn. 37; a. A.: Hanseatisches OLG Hamburg, FamRZ 2001, 235 f.; OLG Brandenburg, FamRZ 2004, 646; *Bork* in Stein/Jonas, ZPO, § 115 Rn. 64; *Groß*, § 115 ZPO, Rn. 65.
323 OLG Frankfurt, Beschluss vom 28.12.2015, Az. 4 WF 174/15 – juris; OLG Stuttgart, Beschluss vom 4.1.2012, Az. 17 WF 250/11 – juris.
324 LAG Köln, MDR 1991, 1096.
325 BayVGH, Beschluss vom 4.3.2016, Az. 12 C 14.2069 – juris (diese waren teilweise durch ein KfW-Darlehen abgedeckt).

- Liebhabereien;[326]
- Zins- und Tilgungsleistungen für Luxusgüter oder Liebhabereien wie z. B. teure Sportgeräte, Kauf nicht selbst bewohnter Wohnungen, kostspieliger Urlaub etc.;[327]
- Mitgliedsbeiträge für Verein;[328]
- Neuschulden, die begründet wurden, oder Vermögenswerte, die anderweitig verwendet wurden, als der Rechtsuchende die Notwendigkeit einer Prozessführung bereits erkannt hat.[329]
Jedoch sind notwendige Schulden für lebenswichtige Anschaffungen (z. B. Finanzierung von Krankheitskosten, eines beruflich notwendigen Pkw's oder einer Waschmaschine[330]) oder Verpflichtungen infolge von Todes- oder Unglücksfällen bzw. Erkrankungen voll abziehbar. Schulden aus nicht abzugsfähigen Beträgen wie z. B. Mobilfunkkosten oder Spielschulden sind jedoch nicht als besondere Belastungen anzuerkennen;
- Aufwendungen, welche durch die Pflegeversicherung abgedeckt sind;[331]
- Kosten eines **Schulschließfaches**;[332]
- **Krankentagegeldversicherungen**;[333]
- **Zeitschriftenabonnements**;
- Aufwendungen für **Zigarettenkonsum**, auch wenn dieser überwiegend aufgrund einer psychischen Erkrankung beruht.[334]
In der Regel stellen auch Ausgaben für **Hobbys, Ferienhäuser, Zweitwagen** oder **Urlaube** Luxusaufwendungen dar, die nicht absetzbar sind.[335]

IV. Einsatz des Vermögens

1. Vermögensbegriff

74 Gem. § 115 Abs. 3 ZPO i. V. m. § 90 SGB XII hat der Rechtsuchende zur Bestreitung anfallender Rechtsanwalts- bzw. Gerichtskosten neben seinem Einkommen sein **gesamtes Vermögen** einzusetzen.
Vorhandenes Vermögen kann jedoch nur dann eingesetzt werden, soweit dieses durch Veräußerung, Belastung oder Beleihung oder auf andere Weise in flüssige Geldmittel umgesetzt werden kann.[336]
Wie bereits beim Einkommen, kommt auch hier grundsätzlich **nur das Vermögen des Rechtsuchenden** in Betracht. Der Rechtsuchende muss **Eigentümer oder Rechtsinhaber** sein.
Bei einem **Unternehmer** ist auch das Betriebsvermögen maßgeblich (unter Beachtung des Schonvermögens gem. § 90 Abs. 2 Nr. 5 SGB XII), wenn es um betriebsbezogene Ansprüche geht.[337]
Hat er sein Vermögen **sittenwidrig auf einen Dritten übertragen**, kann dieses gleichwohl als Vermögenswert dem Rechtsuchenden zugeordnet werden.[338]

---

326 *Fischer* in Musielak/Voit, ZPO, § 115 Rn. 31.
327 *Dürbeck/Gottschalk*, Rn. 339.
328 BayVGH, Beschluss vom 4.3.2016, Az. 12 C 14.2069 – juris.
329 LAG Rheinland-Pfalz, Beschluss vom 7.1.2010, Az. 7 Ta 294/09 – juris; OLG Brandenburg, FamRZ 2007, 154 f.; OLG Koblenz, MDR 1992, 80; *Geimer* in Zöller, ZPO, § 115 Rn. 38.
330 LAG Köln, Beschluss vom 12.5.2011, Az. 7 Ta 318/10 – juris; OLG Zweibrücken, FamRZ 2004, 1501; OLG Koblenz, FamRZ 2007, 645; OLG Brandenburg, FamRZ 2008, 158 f.
331 Folgerung aus *Dürbeck/Gottschalk*, Rn. 336, 274.
332 BayVGH, Beschluss vom 4.3.2016, Az. 12 C 14.2069 – juris.
333 OLG Bremen, FamRZ 2012, 48–49 – juris.
334 OLG Koblenz, OLGR 1999, 24 – juris.
335 *Kießling* in Saenger, ZPO, § 115 Rn. 43.
336 *Wache* in Münchener Kommentar zur ZPO, § 115 Rn. 56 ZPO.
337 *Fischer* in Musielak/Voit, ZPO, § 115 Rn. 36.
338 OVG Nordrhein-Westfalen, NJW 1997, 2901.

Was als Vermögen zu betrachten ist, wird durch die **Verweisung auf § 90** **75**
SGB XII deutlich. Eine eigene Definition in § 115 ZPO hat der Gesetzgeber nicht getroffen. Gem. § 115 Abs. 3 ZPO ist § 90 SGB XII **entsprechend** anzuwenden. Die Prüfung des Begriffs „Vermögen" erfolgt daher anhand der **sozialrechtlichen Vorschriften**. Der Rechtspfleger ist im Beratungshilfeverfahren aber nicht zwingend an die sozialrechtliche Auslegung der Begriffe gebunden.[339] Die Existenzgrundlage des Rechtsuchenden soll erhalten bleiben und das Gericht ihn finanziell nicht allzu sehr bedrängen.

§ 90 SGB XII – Einzusetzendes Vermögen

(1) Einzusetzen ist das gesamte verwertbare Vermögen.

(2) Die Sozialhilfe darf nicht abhängig gemacht werden vom Einsatz oder von der Verwertung
1. eines Vermögens, das aus öffentlichen Mitteln zum Aufbau oder zur Sicherung einer Lebensgrundlage oder zur Gründung eines Hausstandes erbracht wird,
2. eines nach § 10a oder Abschnitt XI des Einkommensteuergesetzes geförderten Altersvorsorgevermögens im Sinne des § 92 des Einkommensteuergesetzes; dies gilt auch für das in der Auszahlungsphase insgesamt zur Verfügung stehende Kapital, soweit die Auszahlung als monatliche oder als sonstige regelmäßige Leistung im Sinne von § 82 Absatz 5 Satz 3 erfolgt; für diese Auszahlungen ist § 82 Absatz 4 und 5 anzuwenden,
3. eines sonstigen Vermögens, solange es nachweislich zur baldigen Beschaffung oder Erhaltung eines Hausgrundstücks im Sinne der Nummer 8 bestimmt ist, soweit dieses Wohnzwecken behinderter (§ 53 Abs. 1 Satz 1 und § 72) oder pflegebedürftiger Menschen (§ 61) dient oder dienen soll und dieser Zweck durch den Einsatz oder die Verwertung des Vermögens gefährdet würde,
4. eines angemessenen Hausrats; dabei sind die bisherigen Lebensverhältnisse der nachfragenden Person zu berücksichtigen,
5. von Gegenständen, die zur Aufnahme oder Fortsetzung der Berufsausbildung oder der Erwerbstätigkeit unentbehrlich sind,
6. von Familien- und Erbstücken, deren Veräußerung für die nachfragende Person oder ihre Familie eine besondere Härte bedeuten würde,
7. von Gegenständen, die zur Befriedigung geistiger, insbesondere wissenschaftlicher oder künstlerischer Bedürfnisse dienen und deren Besitz nicht Luxus ist,
8. eines angemessenen Hausgrundstücks, das von der nachfragenden Person oder einer anderen in den § 19 Abs. 1 bis 3 genannten Person allein oder zusammen mit Angehörigen ganz oder teilweise bewohnt wird und nach ihrem Tod von ihren Angehörigen bewohnt werden soll. Die Angemessenheit bestimmt sich nach der Zahl der Bewohner, dem Wohnbedarf (zum Beispiel behinderter, blinder oder pflegebedürftiger Menschen), der Grundstücksgröße, der Hausgröße, dem Zuschnitt und der Ausstattung des Wohngebäudes sowie dem Wert des Grundstücks einschließlich des Wohngebäudes,
9. kleinerer Barbeträge oder sonstiger Geldwerte; dabei ist eine besondere Notlage der nachfragenden Person zu berücksichtigen.

(3) Die Sozialhilfe darf ferner nicht vom Einsatz oder von der Verwertung eines Vermögens abhängig gemacht werden, soweit dies für den, der das Vermögen einzusetzen hat, und für seine unterhaltsberechtigten Angehörigen eine Härte bedeuten würde. Dies ist bei der Leistung nach dem Fünften bis Neunten Kapitel insbesondere der Fall, soweit eine angemessene Lebensführung oder die Aufrechterhaltung einer angemessenen Alterssicherung wesentlich erschwert würde.

Gem. **§ 90 Abs. 1 SGB XII** ist das **gesamte verwertbare Vermögen** einzusetzen. **76**
Hierzu zählen vom Grundsatz her **alle beweglichen und unbeweglichen Sachen**, Gutscheine,[340] Forderungen, Nutzungsrechte (z. B. Fischereirecht), Rechte aus Wechseln, Aktien oder Gesellschaftsanteilen sowie sonstige Vermögensrechte

---

339 *Hartmann* in Baumbach/Lauterbach/Albers/Hartmann, ZPO, 115 Rn. 48; a. A.: *Burgard* in NJW 1990, 3240.
340 *Wahrendorf* in Grube/Wahrendorf, SGB XII, § 90 Rn. 12.

(z. B. Urheberrechte, Erfinderrechte, Anwartschaftsrechte). Sie müssen in Geld schätzbar sein und eine gewisse Wertbeständigkeit aufweisen. Rein **ideelle Werte** zählen nicht hierzu.

Ein vermögenswertes Recht ist auch im Anspruch auf **gewerkschaftlichen Rechtschutz** z. B. für arbeitsrechtliche Fragestellungen zu sehen (sh. zur anderweitigen Hilfsmöglichkeit auch Rn. 176);[341] ggfs. ist hier die Frage der Unzumutbarkeit der Inanspruchnahme zu prüfen, z. B. bei einer erheblichen Störung des Vertrauensverhältnisses zwischen der Gewerkschaft und dem betroffenen Mitglied.[342]

77 In einigen Fällen kann die Frage der **Abgrenzung zwischen Einkommen oder Vermögen** durchaus Probleme bereiten, z. B. bei Abfindungs- oder Rentenzahlungen.[343]

Die Unterscheidbarkeit zwischen beiden Begriffen ist jedoch wichtig, da der **Vermögensbegriff** aufgrund § 90 Abs. 2 SGB XII **stärker geschützt** ist. Handelt es sich nämlich um Vermögen, so ist dieses u. U. bis zu einer gewissen Grenze uneingeschränkt geschützt (z. B. Barvermögen als Schonbetrag bis zu 5.000,00 EURO, vgl. Rn. 80), während Einkommen vom Grundsatz her zunächst einmal uneingeschränkt einzusetzen ist und nur über Berücksichtigung von Abzügen gem. § 115 Abs. 1 S. 3 Nr. 1 bis 5 ZPO vermindert werden kann.

Zum Einkommen gehören damit alle Einkünfte in Geld oder Geldeswert, die dem Rechtsuchenden im Bedarfszeitraum zur Deckung seines laufenden Bedarfs zufließen (sog. **Zuflusstheorie**). Dies bedeutet, dass alles das, was der Rechtsuchende in der Bedarfszeit wertmäßig dazu erhält, Einkommen ist, Vermögen das hingegen, was er in der Bedarfszeit bereits hat.[344] **Leistungen**, die der Rechtsuchende bereits **vor der Antragstellung** erhalten hatte und noch nicht verbraucht hat, gehören damit zum **Vermögen**.[345]

Wer zum Zeitpunkt der Trennung über nicht unerhebliches verwertbares Vermögen verfügt, muss hiervon für ein nachfolgendes Scheidungsverfahren Rücklagen zur Deckung der in diesem Verfahren anfallenden Kosten bilden.[346] Wenn eine Ehe rechtsmissbräuchlich geschlossen wurde, sind für die Kosten eines bereits absehbaren Eheaufhebungs- oder Scheidungsverfahren Rücklagen zu bilden.[347] Ansonsten besteht jedoch grundsätzlich keine Verpflichtung, im Hinblick auf einen bevorstehenden Rechtsstreit Rücklagen zu bilden.

Es ist damit auf den **Bestimmungszweck der erhaltenen Leistung** abzustellen. Damit gehören nicht nur laufende Leistungen, sondern auch einmalige Leistungen zum Einkommen, sofern diese dem laufenden Lebensunterhalt dienen.[348]

Maßgeblicher Zeitpunkt für die Bestimmung der jeweiligen Vermögenswerte ist derjenige Zeitpunkt, zu dem der Rechtspfleger bei seiner ordnungsgemäßen Bearbeitung über den Antrag auf Bewilligung von Beratungshilfe entscheiden muss (Bewilligungsreife).[349]

---

341 BAG, Beschluss vom 5.11.2012, Az. 3 AZB 23/12 – juris; LAG Sachsen-Anhalt, Beschluss vom 22.10.2015, Az. L 4 AS 628/15 B – juris; LAG Rheinland-Pfalz, Beschluss vom 16.9.2013, 6 Sa 54/13 – juris – bestätigt; BayVGH, Beschluss vom 12.6.2013, Az. 3 C 13.1091 – juris; BAG, Beschluss vom 18.11.2013, Az. 10 AZB 38 U3 – juris (keine PKH, wenn nachvollziehbare Gründe für den Gewerkschaftsaustritt fehlen).
342 BAG, RVGreport 2013, 77 ff.
343 siehe hierzu weitere Ausführungen unter Rn. 101.
344 BVerwG, NJW 2004, 2608 f.; *Wahrendorf* in Grube/Wahrendorf, SGB XII, § 90 Rn. 9.
345 *Geimer* in Zöller, ZPO, § 115 Rn. 5.
346 OLG Hamm, MDR 2011, 1295–1296 – juris.
347 OLG Braunschweig, FamRZ 2017, 910 f.
348 *Wache* in Münchener Kommentar zur ZPO, § 115 Rn. 2 a. A.: *Burgard* in NJW 1990, 3240 (3241): Nur laufende Einnahmen sind Einkommen, einmalige Zuwendungen sind dem Vermögen zuzuordnen.
349 *Hartmann* in Baumbach/Lauterbach/Albers/Hartmann, ZPO, § 115 Rn. 50.

Bei dem nachträglichen Antrag auf Beratungshilfe (§ 6 Abs. 2 BerHG) ist hingegen auf den Zeitpunkt der ersten Beratung bei der Beratungsperson abzustellen, vgl. Rn. 261.

2. Verwertbarkeit und Zumutbarkeit des Vermögenseinsatzes

Ob vorhandenes Vermögen des Rechtsuchenden einzusetzen ist, richtet sich in erster Linie nach dessen **Verwertbarkeit** sowie nach der **Zumutbarkeit** seines Einsatzes. **78**

Verfügbar ist das Vermögen jedoch nur dann, wenn die **Umsetzung in flüssige Geldmittel in angemessener zumutbarer Zeitspanne und damit kurzfristig** erfolgen kann[350] oder zu einem **annehmbaren Preis** tatsächlich veräußerbar ist.[351] Auch Surrogate für die Veräußerung von Vermögensgegenständen zählen hierzu.[352]

> **Beispiel:**
> Der Rechtsuchende will sich im Wege der Beratungshilfe beraten lassen, ob er seine Forderungen im Wege eines einstweiligen Rechtsschutzes geltend machen kann. Die Umsetzung eines vorhandenen und verwertbaren Vermögensgegenstandes in flüssige Mittel benötigt jedoch einige Zeit. Wegen Zeitablaufs bis zur Verwertung droht ihm aber eine Gefährdung der Durchsetzung seiner Rechte. Der Rechtsuchende kann daher in den Fällen, in denen er zwar vorhandenes Vermögen besitzt, welches aber nicht sofort verfügbar ist, nicht auf eine zuvor von ihm vorzunehmende Verwertung seiner Vermögensgegenstände verwiesen werden.

Bei der Prüfung, ob der Rechtsuchende über verwertbares Vermögen verfügt, erfolgt **keine Gegenüberstellung der Vermögenswerte durch Saldierung von Aktiva und Passiva**, sondern es ist immer auf den konkreten, verwertbaren Vermögensgegenstand abzustellen.[353]
Nicht verwertbar sind weiter **unpfändbare Sachen gem. §§ 811 ff. ZPO**,[354] unerreichbare Vermögensteile (z. B. vorhandene Gelder befinden sich auf Sperrkonten) und Gegenstände, die nicht der unbeschränkten Verfügungsmacht des Rechtsuchenden unterliegen.
Der Einsatz des vorhandenen Vermögens muss dem Rechtsuchenden auch **zumutbar** sein. Kriterien können Art, Zweckbestimmung, materieller und immaterieller Wert, Aufwand, Ertrag, Bedeutung etc. sein.

3. Schonvermögen

An sich verwertbares Vermögen des Rechtsuchenden kann durch die Verweisung auf § 90 SGB XII geschützt sein. **79**
Das sog. **Schonvermögen**, welches in den Tatbeständen des § 90 Abs. 2 SGB XII erwähnt ist, ist dem Rechtsuchenden zu belassen. Er braucht dieses nicht zur Bestreitung der Rechtsanwalts- oder Gerichtskosten als verwertbares Vermögen einzusetzen.
Die in § 90 Abs. 2 SGB XII aufgezählten **Ausnahmen gelten nebeneinander.**
Nach **§ 90 Abs. 3 SGB XII** können neben den in Abs. 2 aufgezählten Schonvermögenstatbeständen auch weitere Vermögensteile gehören, die hiernach vor einer Verwertung geschützt sind. Bei der Hilfe in besonderen Lebenslagen, zu

---

350 *Geimer* in Zöller, ZPO, § 115 Rn. 49.
351 Baronin von König, Rn. 764.
352 *Wahrendorf* in Grube/Wahrendorf, SGB XII, § 90 Rn. 8.
353 OLG Karlsruhe, FamRZ 2016, 253 f.; OVG Nordrhein-Westfalen, NJW 1997, 2900 f.; *Wahrendorf* in Grube/Wahrendorf, SGB XII, § 90 Rn. 20; *Fischer* in Musielak/Voit, ZPO, § 115 Rn. 35; *Kießling* in Saenger, ZPO, § 115 Rn. 57.
354 *Seiler* in Thomas/Putzo, ZPO, § 115 Rn. 22; *Fischer* in Musielak/Voit, ZPO, § 115 Rn. 35.

denen auch die Beratungshilfe gehört, liegt eine **Härte** dann vor, wenn eine angemessene Lebensführung wesentlich erschwert würde.
Sämtliches Vermögen, welches das Schonvermögen übersteigt, ist jedoch dem Grunde nach zur Bestreitung der Prozesskosten einzusetzen.
Im Nachfolgenden werden die einzelnen Tatbestände näher dargestellt, die wichtigsten vorab:

80 a) Kleinere Barbeträge (§ 90 Abs. 2 Nr. 9 SGB XII). Bargeld, Guthaben oder sonstige Geldwerte sind grundsätzlich einzusetzendes Vermögen. Dem Rechtsuchenden muss jedoch eine bestimmte Menge an Barmitteln, der sog. **Notgroschen** (kleinerer Barbetrag) belassen werden, eine besondere Notlage der nachfragenden Person ist zu berücksichtigen.
Die zu § 90 Abs. 2 Nr. 9 SGB XII erlassene Durchführungsverordnung[355] ist in § 115 Abs. 3 ZPO nicht ausdrücklich erwähnt, damit auch nicht unmittelbar anwendbar. Die entsprechende Ermächtigungsgrundlage findet sich in § 96 Abs. 2 SGB XII.
Die entsprechende Verweisung und Anwendung des § 90 Abs. 2 SGB XII ist aber so zu verstehen, dass sie auch im Rahmen der Prozesskostenhilfe- bzw. Beratungshilfeentscheidungen als maßgeblich anzusehen ist.[356] Die PKH und damit auch die Beratungshilfe stellen ebenfalls eine Sozialleistung dar.
In der genannten Durchführungs-VO erfolgt eine genauere Konkretisierung des Begriffs „**kleinere Barbeträge**": § 1 S. 1 Nr. 1 der genannten Durchführungs-VO legt die Untergrenze bei der Hilfe zum Lebensunterhalt kleinere Barbeträge oder sonstige Geldwerte für jede in § 19 Abs. 3, § 27 Abs. 1 und 2, § 41 und § 43 Abs. 1 S. 2 SGB XII genannten volljährigen Personen sowie für jede alleinstehende minderjährige Person (wenn sie unverheiratet und ihr Anspruch auf Leistungen nach dem SGB XII nicht vom Vermögen ihrer Eltern oder eines Elternteils abhängig ist) auf **5.000,00 EURO** fest.
Nach Nr. 2 wird der entsprechende Betrag für jede Person, die von einer Person nach Nr. 1 überwiegend unterhalten wird, auf **500,00 EURO** festgelegt.

> **Hinweis:**
> Nach der bisherigen Auffassung von Literatur[357] und Rechtsprechung[358] wurde für den Rechtsuchenden ein Freibetrag in Höhe von 2.600,00 EURO, für den nicht getrennt lebenden Ehegatten/Lebenspartner[359] in Höhe von 614,00 EURO bzw. in Höhe von 256,00 EURO für eine von ihr überwiegend unterhaltene Person berücksichtigt.

---

355 Verordnung zur Durchführung des § 90 Abs. 2 Nr. 9 des Zwölften Buches Sozialgesetzbuch siehe Anlage I.
356 so auch *Fischer* in Musielak/Voit, ZPO, § 115 Rn. 42; *Hartmann* in Baumbach/Lauterbach/Albers/Hartmann, ZPO, § 115, Rn. 48: „Die Verordnung ist als eine Rechtsverordnung nach Art. 80 GG auch für den Prozessrichter verbindlich."
357 *Geimer* in Zöller, ZPO, § 115 Rn. 57; *Wache* in Münchener Kommentar zur ZPO, § 115 Rn. 63; *Groß*, § 115 ZPO, Rn. 120; *Fischer* in Musielak/Voit, ZPO, § 115 Rn. 43; *Seiler* in Thomas/Putzo, ZPO, § 115 Rn. 23; *Dürbeck/Gottschalk*, Rn. 413; *Hundt*, Rn. 113; *Nickel*, MDR 2012, 1264; *Duman*, Rpfleger 2011, 189 ff.
358 OLG Sachsen-Anhalt, Beschluss vom 29.3.2016, Az. 1 W 7/16 – juris; OLG Koblenz, FamRZ 2016, 253 f.; LSG Sachsen-Anhalt, Beschluss vom 4.3.2016, Az. L 3 R 122/14 – juris; LSG Niedersachsen-Bremen, Beschluss vom 9.2.2015, Az. L 11 AS 1352/14 BER – juris; BayVGH, Beschluss vom 12.10.2012, Az. 11 C 12.1766 – juris; Saarländisches OLG, Beschluss vom 18.1.2012, Az. 9 WF 151/11 – juris; Brandenburgisches OLG, FamRZ 2011, 1884–1885 – juris; VG Ansbach, Beschluss vom 27.1.2011, Az. AN 9 K 10.00928 – juris; BGH, Rpfleger 2008, 500 ff.; Sächsisches OVG, Beschluss vom 25.1.2010, Az. 1 D 188/09 – juris; OLG Köln, FamRZ 2007, 488; LSG Berlin-Brandenburg, Beschluss vom 16.7.2007, Az. L 28 B 766/07 AS PKH – juris; OLG Stuttgart, FamRZ 2007, 914 f.; LAG Schleswig-Holstein, Beschluss vom 16.2.2006, Az. 2 Ta 6/06 – juris.
359 OLG Nürnberg, FamRZ 2015, 351 f.; *Geimer* in Zöller, ZPO, § 115 Rn. 57; *Fischer* in Musielak/Voit, ZPO, § 115 Rn. 43.

Sofern es sich bei dem Rechtsuchenden um ein minderjähriges Kind gehandelt hat, das bei seinen Eltern oder einem Elternteil lebt, wurde diesem lediglich ein Betrag in Höhe von 256,00 EURO belassen. Nach Änderung der oben genannten Durchführungs-VO ist zu erwarten, dass die Rspr. in dieser Fallkonstellation ebenfalls den geringeren Schonbetrag in Höhe von 500,00 EURO festlegen wird.[360] Zweck der Regelung ist, dass die Existenzgrundlage des Rechtsuchenden nicht gefährdet werden soll. Ein minderjähriges Kind hat noch keine eigene finanzielle Lebensstellung.[361]

Das im Rahmen der Beratungshilfe zu berücksichtigende **Schonvermögen** unterscheidet sich von dem nach SGB II zu gewährenden Schonvermögen (sh. § 12 SGB II: derzeit einen Grundfreibetrag in Höhe von 150,00 EURO je vollendetem Lebensjahr für jede in der Bedarfsgemeinschaft lebende volljährige Person und deren Partner, mindestens aber jeweils 3.100,00 EURO). Der SGB II – Nachweis kann hier nur allenfalls einzelne Angaben im Rahmen der Antragstellung ersetzen.[362] Daher sind in den Fällen, bei denen der Rechtsuchende Leistungen nach dem SGB II bezieht, bei Anhaltspunkten nicht nur der Bescheid über die Gewährung von SGB II – Leistungen, sondern darüber hinaus auch weitere Unterlagen vorzulegen.

Ein SGB II – Bescheid gibt nicht in vergleichbarer Weise wie ein Bescheid über Leistungen nach SGB XII Aufschluss über die Voraussetzungen der Beratungshilfe.[363]

Liegt eine **besondere Notlage** vor, so können die genannten Freibeträge gemäß § 2 der genannten VO auch angemessen **erhöht** werden. Ob eine solche Notlage vorliegt, ist vor allem anhand der Art und Dauer des Bedarfs zu prüfen sowie daran, ob besondere Belastungen (z. B. ausgelöst durch eine starke Behinderung, Alter oder Erkrankung) vorliegen. Unter den Voraussetzungen der §§ 103, 94 SGB XII kann jedoch auch eine entsprechende **Herabsetzung** erfolgen (Herbeiführen der Voraussetzungen für die Leistungen der Sozialhilfe durch vorsätzliches oder grob fahrlässiges Verhalten bzw. Übergang von Ansprüchen).

Hat der Rechtsuchende neben dem kleineren Barbetrag noch weiteres Vermögen, z. B. ein angemessenes Hausgrundstück, so ist ihm dennoch der Notgroschen zu belassen.[364]

Ist Vermögen zu verwerten, so fällt der **erzielte Erlös** nicht unter § 90 Abs. 2 Nr. 9 SGB XII, auch dann nicht, wenn dieser unterhalb des genannten Freibetrages liegt.[365]

Ein den Schonbetrag gem. § 90 Abs. 2 Nr. 9 SGB XII übersteigendes **Bausparguthaben ist grundsätzlich zur Finanzierung der Prozesskosten einzusetzen**.[366] Gleiches gilt, wenn das Vermögen in angemessener Zeit durch Beleihung in liquide Mittel umsetzbar ist, auch wenn der Vertrag durch die Eltern des Rechtsuchenden „bedient" wird, aber der Rechtsuchende Anspruchsinhaber ist. In diesem Fall wird es seinem Vermögen zugeordnet.[367] Ebenfalls ist dieser einzusetzen, wenn hierin für die Leistung nach dem Todesfall Kinder als Berechtigte

---

360 sh. auch *Reichling* in BeckOK, ZPO, § 115 Rn. 80.
361 OLG Nürnberg, FamRZ 2015, 351 f.; *Wache* in Münchener Kommentar zur ZPO, § 115 Rn. 63.
362 OLG Jena, Beschluss vom 9.1.2015, Az. 1 WF 624/24 – juris.
363 für PKH-Voraussetzungen: BFH, Rpfleger 2016, 483 f.
364 *Geimer* in Zöller, ZPO, § 115 Rn. 57.
365 OVG Münster, NJW 1993, 1412.
366 BGH, JZ 2008, 52 (grundsätzlich sind Guthaben aus zuteilungsreifen Bausparverträgen als einzusetzendes Vermögen zu behandeln), siehe auch BGH, FamRZ 2007, 1720 ff.; OLG Köln, MDR 2015, 1262 f.; OLG Karlsruhe, FamRZ 2008, 70; BAG, MDR 2007, 95 f.; BFH, BFH/NV 2006, 1690 f.; OLG Dresden, JurBüro 2000, 314; *Geimer* in Zöller, ZPO, § 115 Rn. 54.
367 Saarländisches OLG, Beschluss vom 18.1.2012, Az. 9 WF 151/11 – juris.

bestimmt worden sind. Der Leistungsanspruch entsteht erst mit dem Eintritt des Todes, § 331 Abs. 1 BGB, ein Anwartschaftsrecht entsteht vorliegend nicht.[368]

Ein Einsatz kommt allerdings nicht in Betracht, wenn dem Rechtsuchenden die vorzeitige Kündigung des Vertrages nicht zuzumuten ist, weil er hierdurch unverhältnismäßig hohe Nachteile erleiden würde, wie z. B. der Verlust des Darlehensanspruchs mit geringem Zins, Verlust der Bearbeitungsgebühr, der Wohnungsbauprämie und der Arbeitnehmersparzulage,[369] ggfs. ist aber zu prüfen, ob der Vertrag beliehen werden kann. Auch spielt es keine Rolle, ob sich aus einem höheren Betrag Zinserträge erzielen lassen, gerade auch bei einem sehr niedrigen Zinsniveau.

Des Weiteren ist das Bausparguthaben nicht einzusetzen, wenn der Rechtsuchende bereits ein Grundstück oder Haus gekauft hat, bevor er mit dem Anfall von Kosten rechnen konnte und er den Kaufpreis mit dem Bausparguthaben bezahlen muss, dieser also verbindlich in der Finanzierung des Bau- oder Erwerbsvorhabens berücksichtigt ist.[370] Hat der Rechtsuchende jedoch Kenntnis von einem bevorstehenden kostspieligen Prozess, dann darf er sich nicht vorhandenem Vermögen, insbesondere Bausparguthaben, entledigen.[371]

Die Verwertung eines Bausparvertrages, der aus vermögenswirksamen Leistungen finanziert wird, ist ebenfalls unzumutbar.[372]

Eine aus Bausparguthaben gebildete Rücklage für die Durchführung von Reparaturarbeiten am Dach sowie zu Maßnahmen der Trockenlegung und Wärmedämmung am selbstbewohnten Familienheim ist grds. nicht einzusetzendes Vermögen.[373]

Dies gilt auch dann, wenn die Partei nicht mehr frei über den Vertrag verfügen kann (z. B. **kombinierter Tilgungs- und Bausparvertrag**).

Der Bausparvertrag stellt ferner kein einzusetzendes Vermögen dar, wenn er zur **Ablösung eines Zwischenfinanzierungsdarlehens** besteht und eine alsbaldige Ablösung bevorsteht.[374] Ebenso soll es kein einzusetzendes Vermögen sein, wenn dieses zur Finanzierung eines zur Erwerbstätigkeit notwendigen Pkw eingesetzt wird.[375]

> **Praxistipp:**
>
> Ob der Einsatz von Bausparguthaben zur Finanzierung der anfallenden Gebühren und Auslagen erfolgen muss, ist jeweils am konkreten Einzelfall zu prüfen und entsprechend abzuwägen.[376]
>
> Eine Härte ist vor allem dann zu bejahen, wenn eine angemessene Lebensführung oder die Aufrechterhaltung einer angemessenen Alterssicherung wesentlich erschwert würde.

---

368 OLG Sachsen-Anhalt, FamRZ 2014, 140.
369 OLG Sachsen-Anhalt, JurBüro 2003, 649 f.; OLG Köln, FamRZ 2001, 632; LAG Köln, MDR 1993, 481 (vorzeitige Kündigung von Bausparguthaben ist nicht angezeigt wegen dem Entstehen von erheblichen wirtschaftlichen Nachteilen, z. B. Verlust des Anspruchs auf Darlehen mit niedrigem Zinssatz; bei angemessenen, geringen Sparbeiträgen: keine Verwertung vor Fälligkeit (anders wenn sehr hohe Beträge gespart werden)); *Geimer* in Zöller, ZPO, § 115 Rn. 54; a. A.: Hanseatisches OLG Hamburg, FamRZ 1984, 71 (Der Einsatz ist zuzumuten, auch wenn damit der Verlust der Bearbeitungsgebühr, Wohnungsbauprämie oder Arbeitnehmersparzulage verbunden ist).
370 *Wache* in Münchener Kommentar zur ZPO, § 115 Rn. 73; Umkehrschluss aus OLG Zweibrücken, JurBüro 2000, 483.
371 LAG Rheinland-Pfalz, Beschluss vom 6.11.2006, Az. 3 Ta 184/06 – juris.
372 OLG Nürnberg, FamRZ 2006, 1284.
373 AG Andernach, FamRZ 2006, 628.
374 LAG Hamm, MDR 2005, 299; *Fischer* in Musielak/Voit, ZPO, § 115 Rn. 44 a. A.: KG, FamRZ 2011, 1240.
375 so zumindest LAG Rheinland-Pfalz, Beschluss vom 14.2.2012, Az. 3 TA 276/11 – juris.
376 *Fischer* in Musielak/Voit, ZPO § 115 Rn. 44 (Leitlinie sollte sein, dass die prämienschädliche Auflösung eines Sparguthabens nicht zumutbar ist).

Sollten Vermögenswerte in Ansehung eines bevorstehenden Rechtsstreits vermindert werden, die sich nicht auf dem Erwerb von lebensnotwendigen Anschaffungen beziehen, so sind diese fiktiv dem vorhandenen Vermögen hinzuzurechnen.[377]

b) Hausgrundstücke (§ 90 Abs. 2 Nr. 8 SGB XII). Dem Rechtsuchenden soll die **eigene Wohnung** oder das **eigengenutzte Haus** erhalten bleiben. Dies gilt auch für Wohnungseigentum und Miteigentumsanteile. **82**
Der Zweck liegt hier in dem **Schutz des Familienheims**, wobei sich der **Schutz nur auf selbstgenutzte Objekte** erstreckt. Der bedürftigen Partei soll der Mittelpunkt ihres bisherigen sozialen Lebens erhalten bleiben und sie davor bewahren, ein schon vorhandenes privilegiertes Eigenheim zur Finanzierung der Kosten veräußern zu müssen.[378] Sofern der Rechtsuchende das Hausgrundstück in absehbarer Zeit ohnehin veräußern will, zählt dieses grundsätzlich zu seinem einzusetzenden Vermögen.[379]
Neben bebauten Grundstücken zählen als Hausgrundstück auch Häuser aufgrund Erbbaurechten, **Eigentumswohnungen**[380] und andere Dauerwohnrechte sowie der Wohnwagen eines Schaustellers.[381] Weiter fallen auch die Terrasse, der Garten und seine Ausgestaltung hierunter.[382]

Sonstiges Immobilienvermögen fällt nicht unter den Schutzzweck des Schonvermögens und ist zu verwerten.[383] Vermietetes, nicht selbstgenutztes Grundeigentum gehört daher nicht zum Schonvermögen i. S. d. § 90 Abs. 2 Nr. 8 SGB XII und ist für die Prozesskosten einzusetzen.[384] Eine **vermietete Eigentumswohnung** ist ebenfalls einzusetzen.[385] **83**
Unbebaute Grundstücke, landwirtschaftliche Flächen, Bauplätze, Waldgrundstücke sind kein Schonvermögen. Landwirtschaftliche Grundstücke, die für einen landwirtschaftlichen Betrieb benötigt werden, können dagegen unter das Schonvermögen fallen.[386]
Zu beachten ist in diesem Zusammenhang jedoch § 90 Abs. 2 Nr. 3 SGB XII: Soll das Immobilienvermögen (z. B. der Bauplatz) zu **späteren Wohnzwecken Behinderter, Blinder oder Pflegebedürftiger** dienen, und würde dieser Zweck durch den Einsatz oder die Verwertung des Vermögens gefährdet werden, ist es ebenfalls geschützt. Der bloße Einwand des Rechtsuchenden, er benötige ein Flurstück zur Schaffung von angemessenem Wohnraum, steht einer Verwertung nicht entgegen.[387]
Auch sind **Mehrfamilien- oder Geschäftshäuser** (z. B. ein Drei-Familien-Haus) nicht unter den Schutzzweck einzuordnen.[388] Ggfs. ist hier vor einer Verwertung auch die Möglichkeit zu prüfen, ob Wohnungseigentum gebildet werden kann und die nicht von dem in § 90 Abs. 2 Nr. 8 SGB XII genannten Personenkreis bewohnten und angemessenen Wohnungen können dann verwertet werden.[389] Gleiches gilt für Eigentum, welches nur als **bloße Kapitalanlage** dient und nicht selbst bewohnt wird.[390]

---

377 LSG Sachsen-Anhalt, Beschluss vom 23.9.2013, L 3 R 337/12 – juris.
378 BGH, Rpfleger 2008, 143 f.
379 *Hartmann* in Baumbach/Lauterbach/Albers/Hartmann, ZPO, § 115 Rn. 58.
380 BVerwG, Rpfleger 1991, 257 f.
381 LG Bad Kreuznach, JurBüro 1995, 312.
382 *Hartmann* in Baumbach/Lauterbach/Albers/Hartmann, ZPO, § 115 Rn. 58.
383 *Wache* in Münchener Kommentar zur ZPO, § 115 Rn. 72.
384 BayVGH, Beschluss vom 12.12.2006, Az. 9 C 06.2361 – juris; OLG Celle, JurBüro 2002, 540.
385 AG Frankenthal, Beschluss vom 24.3.2014, Az. 3a C 29/14 – juris.
386 BayVGH, Beschluss vom 11.4.2011, Az. 4 C 11.836 – juris.
387 OVG Berlin-Brandenburg, Beschluss vom 9.11.2016, Az. OVG 9 M 33.15 – juris.
388 OLG Karlsruhe, FamRZ 2009, 138 f.; OLG Koblenz, FamRZ 2004, 1298.
389 OLG Koblenz, MDR 2014, 48 f.
390 LAG Rheinland-Pfalz, Beschluss vom 14.1.2013, Az. 6 Ta 226/13 – juris.

Ein Zwei-Familien-Haus, in dem eine Wohnung mit einem Wohnrecht z. B. der Eltern belastet ist, fällt jedoch in das Schonvermögen.[391] Das Immobilienvermögen ist daher in diesen Fällen weder zu verwerten noch zu beleihen. Ein **Hausanwesen/Ferienhaus/Wochenendhaus im Ausland** ist kein Schonvermögen.[392] Kann es nicht veräußert werden, ist eine Vermietung in Betracht zu ziehen.
Grundsätzlich ist auch der **Miteigentumsanteil** an einem nicht selbst bewohnten Hausgrundstück einzusetzen.[393] Hierbei ist jedoch der Aspekt einer zeitnahen und möglichen Verwertungsmöglichkeit zu beachten, sh. Rn. 86a.

84 Bewertungsfaktoren:
Ob das Immobilienvermögen angemessen ist und zum Schonvermögen gehört, richtet sich nach **personenbezogenen und sach- und wertbezogenen Kriterien**.[394] Die **Zumutbarkeit** ist dabei immer eingehend zu prüfen,[395] allgemeine Obergrenzen gibt es nicht.
Bewertungsfaktoren für eine Angemessenheit können dabei z. B. die Anzahl der Bewohner, besondere Bedürfnisse der Bewohner, Grundstücksgröße, Innenausstattung, Zuschnitt der Wohnung, Lage etc. sein.[396]
Auch die **Größe der Wohnfläche** kann Anhaltspunkt für die Angemessenheit sein. Die Größe der Wohnfläche kann dabei das wichtigste objektivierbares Kriterium sein.[397] Aufgrund des gestiegenen Wohnkomforts sollte der Begriff „angemessen" beim der Wohnfläche zwar nicht zu eng ausgelegt werden.[398] Ein bescheidenes, selbst genutztes Familienheim dürfte aber in aller Regel als angemessen anzusehen sein.[399]
Teilweise wird die angemessene Wohngröße auch von den Regelungen der **Bezugsgrößen des früheren Zweiten Wohnungsbaugesetzes**[400] hergeleitet (§ 39 WoBauG). § 90 Abs. 2 Nr. 8 SGB XII verweist zwar nicht mehr auf diese Regelung, jedoch können die hierin enthaltenen Werte nach wie vor als Orientierung dienen.

---

391 OLG Frankfurt, FamRZ 1990, 643 f.
392 VG Augsburg, Beschluss vom 14.4.2016, Az. Au 2 K 16.353 – juris; OLG Stuttgart, OLGR 2006, 366.
393 OLG Celle, MDR 2003, 356 f.; auf die Verwertbarkeit abstellend OLG Frankfurt, FamRZ 2014, 56–57 – juris; OLG Karlsruhe, FamRZ 2012, 386.
394 BVerwG, Rpfleger 1991, 257 f.; OVG NRW, Beschluss vom 5.1.2011, Az. 2 E 1451/10 – juris.
395 OLG Brandenburg, FamRZ 2007, 1340.
396 OLG Hamm, FamRZ 2013, 142 ff.
397 ThürOLG, JurBüro 2016, 151 f.
398 *Hartmann* in Baumbach/Lauterbach/Albers/Hartmann, ZPO, § 115 Rn. 58.
399 OLG Karlsruhe, FamRZ 2012, 386.
400 jetzt: Gesetz über die soziale Wohnraumförderung (**Wohnraumförderungsgesetz – WoFG**) vom 13. September 2001, zuletzt geändert durch Artikel 3 des Gesetzes vom 2. Oktober 2015 (BGBl I. S. 1610) bzw. entsprechende Ausführungsbestimmungen der Bundesländer.

Kapitel 2: Subjektive Voraussetzungen gem. § 1 Abs. 1 Nr. 1 BerHG 85

Gem. § 10 WoFG in Verbindung mit den landesrechtlichen Bestimmungen[401] sind keine einheitlichen Werte festgelegt worden. Die **maximale angemessene Größe** für 1 Person liegt hierbei zwischen 45 und 50 m², für 2 Personen bei 60 m² bzw. wird pro weitere Person weitere 15 m² an Wohnungsfläche zugrunde gelegt. Es wird hierbei auch eine Überschreitung von bis zu 5 m² als zulässig erachtet. Das OLG Hamm[402] hat die in § 18 Abs. 2 WFNG NRW[403] genannten Werte zugrunde gelegt (50 m² Wohnfläche für alleinstehende Person; Haushalt mit zwei haushaltsangehörigen Personen = 65 m² Wohnfläche; für jede weitere haushaltsangehörige Person weitere 15 m²; weitere 15 m² bei Vorliegen besonderer persönlicher oder beruflicher Bedürfnisse).

Als angemessen können folgende Wohnflächen – auch unter Berücksichtigung der Anzahl der hierin wohnenden Personen – herangezogen werden:
- bei einer **Eigentumswohnung**: bis ca. 120 m² Wohnfläche;[404]
- bei einem **Familienheim** (bis zu 4 Personen) mit einer Wohnung: bis zu 130 m²;[405]
- bei Wohnen in zwei Wohnungen innerhalb eines Familienheims: bis zu 200 m² (wobei keine der einzelnen Wohnungen größer als 130 m² sein darf).

Darüber hinaus gibt es eine Vielzahl von **Einzelentscheidungen**. Bewohnt der Rechtsuchende ein Haus allein, so ist eine angemessene Wohnfläche mit höchstens 70 m² zu berücksichtigen.[406] Bewohnt er eine zu Wohnzwecken umgebaute Scheune, so wurde die angemessene Wohnfläche mit 82,53 m² berücksichtigt.[407] Dagegen ist ein Wohnhaus mit Wohnraum von mehr als 160 m² für einen 2-Personen-Haushalt als Vermögen einzusetzen.[408] Ein Haus mit ca. 200 m² Wohnfläche für einen Zweipersonenhaushalt überschreitet die Angemessenheitsgrenze deutlich.[409] Ein Einfamilienhaus mit einer Wohnfläche von 140 m² und einem 590 m² großen Grundstück ist kein kleines Hausgrundstück mehr;[410] ebenso ein allein bewohntes Einfamilienhaus mit 146 m² Wohnflä-

---

401 exemplarische Beispiele zur Orientierung: für das Saarland: Verwaltungsvorschriften des Ministeriums der Finanzen über Zuwendungen zur Wohnraumförderung (Wohnraumförderungsbestimmungen – WFB 2016) vom 24. Januar 2017 (Amtsbl. S. 238); für Sachsen: Verwaltungsvorschrift des Sächsischen Staatsministeriums für Soziales und Verbraucherschutz zur Regelung von Wohnflächenhöchstgrenzen zu § 18 SächsAGSGB (VwV Wohnflächenhöchstgrenzen) vom 7. Juni 2010 (SächsABl. S. 963); für Niedersachsen: WFB – Wohnraumförderbestimmungen Richtlinie zur Durchführung der sozialen Wohnraumförderung (Wohnraumförderbestimmungen – WFB) vom 1. September 2011 (Nds. MBl. Nr. 38 vom 26.10.2011 S. 718); für Baden-Württemberg geht das BSG (Urteil vom 13.4.2011, Az. B 14 AS 106/10 R – juris) noch von der Verwaltungsvorschrift des Wirtschaftsministeriums Baden-Württemberg zur Sicherung von Bindungen in der sozialen Wohnraumförderung vom 12. Februar 2002 (GABl. S. 240) aus, eine Beurteilung dürfte hier nunmehr nach VwV-Wohnungsbau BW 2017 i. V. m. Durchführungshinweisen des Wirtschaftsministeriums zum Landeswohnraumförderungsgesetz (DH-LWoFG) erfolgen; für Bayern: Wohnraumförderungsbestimmungen 2012 (WFB 2012) vom 11. Januar 2012, Az.: II 61-4700-001/1; für Rheinland-Pfalz: Schreiben des Ministeriums der Finanzen vom 23. März 2016 (Az.: 490-04/1-1-A-4512) – Vollzug der Bindungen von gefördertem Wohnraum.
402 OLG Hamm, FamRZ 2013, 142–144 – juris.
403 Gesetz zur Umsetzung der Föderalismusreform im Wohnungswesen, zur Steigerung der Fördermöglichkeiten der NRW Bank und zur Änderung anderer Gesetze vom 8.12.2009 (WFNG NRW – GV NRW 2009, 772).
404 *Wahrendorf* in Grube/Wahrendorf, SGB XII, § 90 Rn. 55.
405 OLG Koblenz, Beschluss vom 6.8.2013, Az. 13 WF 745/13 – juris; OVG NRW, Beschluss vom 5.1.2011, Az. 2 E 1451/10 – juris; *Wache* in Münchener Kommentar zur ZPO, § 115 Rn. 70.
406 LAG Rheinland-Pfalz, Beschluss vom 14.9.2011, Az. 11 Ta 169/11 – juris.
407 BayVGH, Beschluss vom 15.4.2011, Az. 14 C 11.776 – juris.
408 LG Koblenz, JurBüro 2003, 315 f.
409 BayVGH, Beschluss vom 27.7.2017, Az. 15 C 14.2047 – juris.
410 BGH, NJW-RR 1990, 450 f.

che.[411] Überschreitet eine selbstgenutzte Eigentumswohnung, die der Rechtsuchende allein bewohnt, eine Wohnfläche von mehr als 80 m², so fällt diese nicht mehr unter das Schonvermögen.[412]
Die **Ausübung eines Berufs oder Gewerbes im eigenen Haus** des Rechtsuchenden rechtfertigt eine Überschreitung der Wohnflächengrenzen.[413]
Bei weniger als 4 Personen kann **pro Person** ein **Abzug bis zu 20 m²** erfolgen,[414] für jede weitere Person erhöht sich der Wohnbedarf um 20 m².[415] Für zwei Personen sind 90 m² angemessen.[416] Eine Eigentumswohnung mit einer Wohnfläche von insgesamt 121 m² ist bei einem **dreiköpfigen** Haushalt nicht mehr angemessen.[417]
Auch der **Verkehrswert** bzw. der Wert der Immobilie eines eigengenutzten Hausgrundstücks kann für die Frage, ob ein solches als angemessen i. S. d. § 90 Abs. 2 Nr. 8 SGB XII anzusehen ist, eine Bezugsgröße von erheblichem Wert darstellen.[418]
Man kann sich dabei an **vorhandenen Wertgutachten, örtlichen Bodenrichtwerten oder durchschnittlichen Baukosten** orientieren. Ein Haus im Wert von 128.000,00 EURO mit 100 m² Wohnfläche, bewohnt von einer Person, ist z. B. als Vermögen einzusetzen.[419] Ebenso bewegt sich weder eine Grundstücksgröße von 543 m² noch ein Verkehrswert in Höhe von 178.000,00 EURO für eine Person in einem angemessenen Bereich.[420]
Bei einem Grundstück mit einer Größe von 763 m² und einer Wohnfläche von 170 m² handelt es sich nicht mehr um ein angemessenes Hausgrundstück im Sinne des § 90 Abs. 2 Nr. 8 SGB XII.[421]
Bezüglich der **Berechnung der Anzahl der Personen** kann man sich an sozialhilferechtlichen Bestimmungen orientieren. Hiernach werden neben dem Rechtsuchenden die nach § 19 Abs. 1 bis 3 SGB XII einsatzpflichtigen Personen (der nicht getrennt lebende Ehegatte/Lebenspartner und Eltern) sowie der Partner in ehe- oder lebenspartnerschaftsähnlichen Gemeinschaften geschützt.
Darüber hinaus lassen sich hierunter auch die „**Angehörigen**" i. S. d. § 16 Abs. 5 SGB XII verstehen. Dies sind z. B. Geschwister, Onkel und Tanten, Neffen und Nichten, Schwägerinnen und Schwager, aber auch Pflegekinder und Pflegeeltern. Daher sind hier auch nicht unterhaltsberechtigte Personen wie volljährige Kinder mitzurechnen. Bezüglich dieser Angehörigen ist dann im Rahmen der Einkommensermittlung des Rechtsuchenden ein erhöhter Anspruch auf eine angemessene Miete und Nebenkostenbeteiligung zu berücksichtigen.[422]
In Bezug auf die **Grundstücksgröße** erscheinen **angemessen:**
– ein **Reihenhaus** bis zu einer Grundstücksgröße von 250 m²;
– eine **Doppelhaushälfte** und **Reihenendhaus** bis zu 350 m²;
– ein **frei stehendes Haus** bis zu 500 m².
Die bebaute Grundfläche und die Größe des Grundstücks dürfen so beschaffen sein, dass die oben genannten Grenzen für eine angemessene Wohnfläche aus-

---

411 OVG NRW, Beschluss vom 5.1.2011, Az. 2 E 1451/10 – juris.
412 LAG Rheinland-Pfalz, Beschluss vom 1.10.2014, Az. 5 Ta 192/14 – juris.
413 BSG, Urteil vom 18.9.2014, Az. B 14 AS 58/13 R – juris.
414 OLG Koblenz, Beschluss vom 6.9.2013, 13 WF 745/13 – juris; Saarländisches OLG, FamRZ 2011, 1159–1160 – juris; Sächsisches OVG, Beschluss vom 4.10.2011, Az. 4 D 44/11 – juris; *Wahrendorf* in Grube/Wahrendorf, SGB XII, § 90 Rn. 56.
415 *Wache* in Münchener Kommentar zur ZPO, § 115 Rn. 70.
416 LAG Rheinland-Pfalz, Beschluss vom 3.2.2012, Az. 6 Ta 9/12 – juris.
417 Sächsisches OVG, Beschluss vom 4.10.2011, Az. 4 D 44/11 – juris.
418 OVG Bremen, NJW 1997, 883 f. (dort Verkehrswert damals 300.000,00 DM = 153.388,00 EURO zu hoch).
419 OLG Koblenz, FamRZ 2000, 760.
420 OVG NRW, Beschluss vom 5.1.2011, Az. 2 E 1451/10 – juris.
421 OLG Bremen, FamRZ 2009, 628 f.
422 OLG Koblenz, FamRZ 2016, 927 f. – juris.

reichend sind.⁴²³ Dies gilt auch für den Garten und die Terrasse.⁴²⁴ Ein Schwimmbad oder Partyraum gehören nicht zum üblichen Standard, eine zusätzliche Garage ist dagegen unschädlich.⁴²⁵

Fällt die Immobilie nicht unter das Schonvermögen, ist sie zur Finanzierung der Kosten grundsätzlich einsetzbar. Zu prüfen ist jedoch, ob eine **Beleihung** oder **Verwertung** der Immobilie auch **zumutbar** erscheint. Hierbei muss eine **Gesamtbetrachtung der Einzelfallumstände** erfolgen.⁴²⁶ **86**

Voraussetzung der zumutbaren Verwertung ist es, dass diese **zunächst überhaupt möglich erscheint und diese auch zeitnah durchführbar ist.** In diesem Zusammenhang ist daher immer die Überlegung anzustellen, dass eine Veräußerung einer Immobilie inklusive der Abwicklung – sei es ein Hausanwesen oder ein Miteigentumsanteil – in der Regel eine gewisse Zeit in Anspruch nimmt.⁴²⁷ Eine solche doch mitunter komplexe Gestaltung erscheint daher kaum zeitnah genug, um im Einklang mit der begehrten Beratungshilfe zu stehen. Es ist weiter zu prüfen, ob unter diesem Gesichtspunkt auch ein angemessenes Verhältnis zur beabsichtigten Rechtswahrnehmung vorliegt. Allein die Tatsache, dass eine Verwertung nicht kurzfristig erfolgen kann, führt ohne weitere Prüfung nicht zur Unzumutbarkeit.⁴²⁸ Ein 120 Jahre altes und belastetes Wohnanwesen ist z. B. nicht kurzfristig verwertbar.⁴²⁹ Gerade die Veräußerung von **Miteigentumsanteilen** nimmt aufgrund der notwendigen Zustimmung anderer Miteigentümer naturgemäß eine gewisse Zeitdauer in Anspruch. Es ist gerade im Rahmen der Beratungshilfe fraglich, ob hier überhaupt eine zeitnahe Verwertung möglich und zumutbar ist.⁴³⁰ Wenn eine rasche Veräußerung ausscheidet, ist eine Verwertung daher hier nicht zumutbar. Eine Teilungsversteigerung scheidet damit vorliegend aus, da diese einige Zeit in Anspruch nimmt.⁴³¹ **86a**

Eine **Verwertung in Form eines Verkaufs** ist jedoch dann generell **unzumutbar**, wenn – auch bei einem verbleibenden Erlös – erhebliche Kosten entstehen (z. B. Maklerprovision, Gerichts- und Notarkosten, Mehrkosten bei der Ablösung von Verbindlichkeiten etc.), die weit über den voraussichtlichen Prozesskosten liegen dürften⁴³² und unverhältnismäßig hoch sind.⁴³³ Das gleiche gilt, wenn der Verkauf der Immobilie lediglich die noch offenen Verbindlichkeiten ablöst und danach kein weiterer frei verfügbarer Überschuss mehr vorhanden ist. Auch die Hinnahme eines Verkaufs unter Wert, wodurch die damit zu erwartenden finanziellen Einbußen unverhältnismäßig viel höher als die voraussichtlichen Kosten der Rechtswahrnehmung wären, kann dem Rechtsuchenden nicht zugemutet werden.⁴³⁴

Bestehen Unsicherheiten, ob bei einer Veräußerung ein Erlös erzielt wird, der die vorhandenen Belastungen und Kosten übersteigt, so ist die Immobilie nicht als verwertbar einzustufen.⁴³⁵

---

423 *Wahrendorf* in Grube/Wahrendorf, SGB XII, § 90 Rn. 59.
424 OLG Frankfurt a. M., MDR 2009, 408.
425 *Wahrendorf* in Grube/Wahrendorf, SGB XII, § 90 Rn. 60.
426 OVG NRW, Beschluss vom 5.1.2011, Az. 2 E 1451/10 – juris.
427 OLG Hamm, FamRZ 2016, 928 f.
428 OLG Bremen, FamRZ 2011, 386–387 – juris für VKH.
429 ThürOLG, JurBüro 2016, 151 f.
430 OLG Hamm, FamRZ 2016, 928 f. – juris.
431 OLG Frankfurt, Beschluss vom 26.6.2017, Az. 4 WF 2/17 – juris.
432 OVG NRW, Beschluss vom 11.2.2009, Az. 6 E 1287/08 – juris; Brandenburgisches OLG, FamRZ 2007, 1340; OLG Koblenz, FamRZ 2006, 136; OLG Karlsruhe, OLGR 2004, 288 f.; *Wache* in Münchener Kommentar zur ZPO, § 115, Rn. 72.
433 OLG Nürnberg, FamRZ 2016, 1951 f.
434 OLG Hamm, FamRZ 2013, 142 ff. – juris.
435 OLG Brandenburg, FamRZ 2007, 1340.

Als mögliche Option kann auch bei entsprechender größerer Fläche über eine mögliche **Veräußerung einer Teilfläche** des Grundstücks nachgedacht werden, wobei hier natürlich auch die Zumutbarkeit wieder eine Rolle spielt.[436]

86b Auch eine **Beleihung** von Grundstücken bzw. der Einsatz von Mieteinnahmen ist unter Umständen zumutbar, z. B. wenn diese Belastung in Anbetracht des Grundstückwertes und vorrangiger Sicherheiten noch möglich ist und die Gewährung eines Darlehens gegen Bestellung eines Grundpfandrechts zu zumutbaren Konditionen in einem angemessenen Verhältnis steht (z. B. die Restschuld liegt deutlich unter dem Verkehrswert,[437] die voraussichtlichen Gerichts- bzw. Rechtsanwaltskosten sind verhältnismäßig gering;[438] angemessenes Verhältnis zu den Einkommensverhältnissen[439]). Bei entsprechender Möglichkeit ist auch eine **Teilvermietung** in Betracht zu ziehen.[440]
Kann der Rechtsuchende dagegen **weder die Zins- noch Tilgungsbelastung aufbringen**, kann er nicht auf eine Beleihung verwiesen werden.[441] Dies kann z. B. der Fall sein, wenn die aktuellen Einkommensverhältnisse offensichtlich nicht geeignet sind, ein weiteres Darlehen überhaupt aufzunehmen und der Rechtsuchende auch die entsprechenden Darlehensraten nicht zahlen kann.[442]
Wenn der Rechtsuchende mit seiner Familie ein Zwei-Familien-Haus bewohnt, so wird auch dieses Objekt dem Schutz unterfallen.[443] Jedoch ist hier insoweit eine Beleihungsmöglichkeit zu prüfen.
Grundsätzlich sind in allen Fällen in diesem Zusammenhang auch die **Beleihungsgrenzen der Banken** zu beachten. Oftmals orientieren sich die Bankinstitute bei der Frage nach der Beleihungsgrenze an den Vorgaben der §§ **14, 16 PfandBG**[444], wonach **60 Prozent** des aufgrund der Wertermittlung festgesetzten Wertes des Grundstücks **als Höchstgrenze** angenommen und nur bei besonderen Umständen überschritten wird.[445]

87 Vermögen, welches erst zum Erwerb eines Hauses bestimmt ist, zählt nicht zum Schonvermögen.[446] Etwas anderes gilt, wenn das Vermögen nachweislich zur baldigen Beschaffung oder Erhaltung eines Hausgrundstücks bestimmt ist, soweit dies Wohnzwecken behinderter (§§ 53 Abs. 1, § 72 SGB XII) oder pflegebedürftiger Menschen (§ 61 SGB XII) dient oder dienen soll (sh. auch Rn. 90).[447]
Ist der Rechtsuchende aus seiner Wohnung ausgezogen, bewohnt diese jedoch noch der **getrennt lebende Ehegatte,** so ist diese nicht zu verwerten, solange es möglich erscheint, dass sich die Eheleute wieder versöhnen und der Rechtsuchende in die Ehewohnung zurückkehrt.[448] Hier kommt es auch auf die bereits vorliegende Trennungszeit sowie die weiteren Umstände an. Vor Ablauf des Trennungsjahres hat das Grundstück seine Eigenschaft als Familienheim noch nicht verloren.
Muss der Eigentümer ins **Pflegeheim,** so muss der Ehepartner das Haus nicht aufgeben.[449]

---

436 OVG Berlin-Brandenburg, Beschluss vom 9.11.2016, Az. OVG 9 M 33.15 – juris.
437 OLG Koblenz, FamRZ 2006, 136.
438 LAG Nürnberg, MDR 2005, 419.
439 OLG Celle, FamRZ 2005, 1185; OLG Köln, FamRZ 1999, 997.
440 *Wache* in Münchener Kommentar zur ZPO, § 115, Rn. 72.
441 OLG Brandenburg, FamRZ 2009, 1233 f.; *Wache* in Münchener Kommentar zur ZPO, § 115 Rn. 72; a. A.: OLG Koblenz, FamRZ 2004, 1298.
442 OLG Hamm, FamRZ 2016, 928 f. – juris; sh. auch *Götsche*, jurisPR-FamR 12/2016 Anm. 5.
443 bzgl. Mehrfamilienhaus mit fünf Wohneinheiten siehe auch LAG Köln, Beschluss vom 8.10.2013, Az. 1 Ta 154/13 – juris.
444 Pfandbriefgesetz
445 sh. insoweit auch LAG Köln, Beschluss vom 8.10.2013, Az. 1 Ta 154/13 – juris.
446 OLG Zweibrücken, JurBüro 2000, 483.
447 auch OLG Hamm, Beschluss vom 5.9.2011, Az. II-8 WF 42/11, 8 WF 42/11 – juris.
448 OLG Nürnberg, Rpfleger 2016, 484 f.; OLG Celle, NdsRpfl 1996, 57.
449 *Wahrendorf* in Grube/Wahrendorf, SGB XII, § 90 Rn. 50.

Ein durch **Veräußerung des früheren Familienheims** erlangtes Vermögen ist für schon entstandene Prozesskosten einzusetzen, wenn die Partei damit ein neues angemessenes (privilegiertes) Hausgrundstück erworben hat.[450]
Zur Deckung der Kosten kann von dem Rechtsuchenden auch verlangt werden, ein noch selbst genutztes Anwesen einzusetzen, wenn sicher abzusehen ist, dass es in absehbarer Zeit zu dessen Veräußerung kommen wird.[451]

> **Beispiel:**
> Der Rechtsuchende besitzt als Immobilienvermögen:
> a) eine selbst bewohnte Eigentumswohnung und
> b) ein unbelastetes Einfamilienhaus im Wert von 286.000,00 EURO.
> Das unbelastete Einfamilienhaus ist grundsätzlich kein Schonvermögen, aber im vorliegenden Fall besteht eine notarielle Verpflichtung gegenüber dem Ehepartner (dieser hat den Kaufpreis gezahlt), das Grundstück ohne dessen Zustimmung nicht zu belasten oder zu veräußern, da ansonsten die Übertragung des Miteigentumanteils verlangt werden kann. Vorliegend ist der Einsatz des Einfamilienhauses zumutbar, es waren hier Mittel in Höhe von ca. 2.000,00 EURO aufzubringen.[452]

Der **aus einem Hausverkauf eingehende Erlös zum Ausgleich eines überzogenen Girokontos** ist kein einzusetzendes Vermögen.[453] Bestehen jedoch anderweitige Schulden, die in langfristigen Raten getilgt werden, so ist der nach Ablösung der Finanzierung noch zur Verfügung stehende überschießende Resterlös zunächst auf die Verfahrenskosten zu verwenden.[454] Grundsätzlich ist der Rechtsuchende aber dazu verpflichtet, eingehendes Kapital für die Gerichts- bzw. Rechtsanwaltskosten zu verwenden. Deshalb kann ihm fiktives Vermögen zugerechnet werden, soweit er seine Leistungsunfähigkeit böswillig oder mutwillig herbeigeführt hat. Dies wird auch dann angenommen, wenn mit einer eingehenden Zahlung eine Verbindlichkeit weit vor deren Fälligkeit getilgt wird.[455] Keine Partei ist nach § 115 ZPO dazu verpflichtet, einen Kontokorrentkredit für die Prozesskosten aufzunehmen.[456]
Wurde das Hausanwesen oder die Eigentumswohnung **zwangsversteigert** und ist dem Rechtsuchenden ein entsprechender Erlös noch zugeflossen, so ist dieser Erlös ebenso wenig wie der Erlös aus einem Verkauf geschützt und als Vermögen einzusetzen.[457] Unbeachtlich ist auch der Wunsch des Rechtsuchenden, vorhandenen Grundbesitz völlig unbelastet als späteres Erbe erhalten zu wollen.

> **Hinweis:**
> Der Rechtsuchende muss **substantiiert unter Glaubhaftmachung** seiner Argumentation vortragen, aus welchen konkreten Tatbeständen sich eine Unmöglichkeit der Verwertung oder eine fehlende Beleihungsmöglichkeit ergibt. Dies hat er anhand der oben untersuchten einzelnen Aspekte zu erläutern;[458] z. B. warum und aus welchen Gründen die getätigten Bemühungen zur Veräußerung vergeblich waren, aus welchen Tatsachen sich die

---

450 BGH, Rpfleger 2008, 143 ff.; OLG München, FamRZ 2017, 1143 f.; OLG Celle, Beschluss vom 15.4.2015, Az. 18 WF 33/15 – juris; SchlHOLG, JurBüro 1999, 590.
451 OLG Zweibrücken, JurBüro 2003, 316.
452 LG Kleve, Rpfleger 2003, 593.
453 OLG Karlsruhe, JurBüro 2009, 99 f.
454 OLG Celle, Beschluss vom 5.11.2013, Az. 17 WF 223/13 – juris; BGH, FamRZ 1999, 644.
455 OLG Karlsruhe, FamRZ 2008, 1262; BGH, FamRZ 1999, 644; *Dürbeck/Gottschalk*, Rn. 411.
456 OLG Karlsruhe, FamRZ 2004, 1499; *Geimer* in Zöller, ZPO, § 115 Rn. 63.
457 OLG Bremen, FamRZ 2009, 628.
458 sh. insoweit auch ThürLAG, Beschluss vom 18.4.2016, Az. 6 Ta 61/16 – juris.

> Unmöglichkeit oder wirtschaftliche Unvernunft ergibt.[459] Dies kann er z. B. anhand des Verkehrswertes, der Verwertungskosten, vorliegender Verwertungshindernisse oder auch dem Marktgeschehen vortragen. Insoweit kann er auch einen Nachweis seines möglichen beleihenden Kreditinstituts vorlegen, dass die Immobilie nicht als Sicherheit herangezogen werden kann. **Rein abstrakte Spekulationen hierzu reichen nicht aus.**

88 **c) Vermögen aus öffentlichen Mitteln (§ 90 Abs. 2 Nr. 1 SGB XII).** Vermögen, das der Rechtsuchende aus **öffentlichen Mitteln** zum **Aufbau oder zur Sicherung einer Lebensgrundlage oder Gründung eines Hausstandes** gewährt bekommen hat, fällt unter das Schonvermögen. Wichtig ist, dass die Mittel für diese Zwecke gewährt worden sind und der Zweck auch noch erreicht werden kann. Dem Empfänger soll eine Tätigkeit ermöglicht werden, aus der er später seinen Lebensunterhalt bestreiten kann. Die Bewilligung dieser Mittel kann sich dabei aus Gesetzen, aber auch aus freiwilligen Leistungen einer öffentlichen Körperschaft, Anstalt oder Stiftung ergeben.[460]
Hierunter fallen vor allem **Ausgleichszahlungen nach dem LAG**,[461] Kriegsopferentschädigungen[462] sowie berufsfördernde Leistungen nach dem SGB VI mit entsprechender Zielrichtung.[463] **Private Leistungen** fallen nicht unter diesen Schutzzweck.

89 **d) Staatlich geförderte Altersvorsorge (§ 90 Abs. 2 Nr. 2 SGB XII).** Der Rechtsuchende wird vor dem Einsatz von Kapital einschließlich seiner Erträge, das seiner zusätzlichen Altersvorsorge im Sinne des § 10a oder des Abschnitts XI des EStG dient und dessen Ansammlung staatlich gefördert wurde, geschützt.[464] Dies gilt nur, wenn ansonsten die Alterssicherung unzureichend wird.[465] Der Schutz besteht auch, wenn daneben eine reguläre Altersvorsorge in der gesetzlichen Rentenversicherung besteht.[466] In der Begründung des Gesetzentwurfs für das SGB II wird insoweit ausdrücklich auf die **„Riester-Anlageformen"** hingewiesen.[467] Ebenso zählen die nach Bundesrecht geförderten sog. **Rürup-Renten** dazu.[468] Diese werden damit zum Schonvermögen gerechnet.[469]
Dagegen ist eine Kapitallebensversicherung, die nicht im Rahmen eines staatlich geförderten Sparplans zum Aufbau einer zusätzlichen Altersversorgung angespart wird, kein i. S. d. § 115 Abs. 3 ZPO, § 90 Abs. 2 Nr. 2 SGB XII geschütztes Vermögen,[470] näheres sh. Rn. 98 ff.

90 **e) Vermögen zur baldigen Beschaffung oder Erhaltung eines Hausgrundstücks (§ 90 Abs. 2 Nr. 3 SGB XII).** Hiernach wird das zur baldigen **Beschaffung oder Erhaltung** eines angemessenen Hausgrundstücks angesammelte Vermögen geschützt (z. B. ein Bausparguthaben, Guthaben aus Lebensversicherungsverträgen), wenn es sich dabei um ein **angemessenes kleines Hausgrundstück für behinderte, blinde oder pflegebedürftige Menschen** handelt, §§ 53, 61, 72 SGB XII.

---

459 OVG NRW, Beschluss vom 13.3.2017, Az. 4 E 1039/16 – juris.
460 *Wahrendorf* in Grube/Wahrendorf, SGB XII, § 90 Rn. 35.
461 Lastenausgleichsgesetz.
462 *Bork* in Stein/Jonas, ZPO, § 115 Rn. 107.
463 *Groß*, § 115 ZPO, Rn. 15 ff.
464 als Konsequenz des AltersvermögensG vom 26.6.2001 (BGBl. I S. 1310).
465 OLG Sachsen-Anhalt, MDR 2006, 237; OLG Frankfurt, FamRZ 2005, 466.
466 BrandenburgischesOLG, FamRZ 2011, 1884 f.
467 BT-Drs. 15/1516, S. 53 zu § 12 SGB II.
468 OLG Karlsruhe, FamRZ 2017, 313 f.
469 *Fischer* in Musielak/Voit, ZPO, § 115 Rn. 53.
470 OLG Stuttgart, FamRZ 2008, 2290 f.

Hierunter fällt auch das Vermögen, dass dem **Umbau** eines entsprechenden Hausgrundstücks dienen soll.[471]
Bereits vorliegende Baugenehmigungen, Bauvoranfragen, Bau- und Finanzierungspläne, Aufträge an Bauunternehmen können Anhaltspunkte für eine **baldige Beschaffung** sein.[472]
Der Bau bzw. die Erhaltung muss dabei den **Wohnzwecken** der genannten Personen dienen. Hierunter fällt auch ein behindertengerechter Umbau[473] oder eine zweckgerichtete Erhaltung. Anhaltspunkt für die Notwendigkeit kann aber auch die Schwere der vorliegenden Behinderung sein.
Weiter muss der Wohnzweck durch den Einsatz dieses Vermögens **konkret gefährdet** sein. Der Schutz des Vermögens endet, wenn der Zweck nicht mehr erreicht werden kann.

f) Hausrat (§ 90 Abs. 2 Nr. 4 SGB XII). Geschützt ist ferner der **angemessene Hausrat** des Rechtsuchenden. Angemessen ist dieser, wenn er dem Lebensstandard vergleichbarer soziologischer Gruppen entspricht.[474]
Hierzu gehören die üblichen angemessenen Einrichtungsgegenstände wie Möbel, Teppiche, Geschirr, Lampen, Kleidungsstücke etc. Es sollen die bisherigen Lebensverhältnisse erhalten bleiben.
Nicht hierunter fallen jedoch sehr wertvolle Gegenstände, z. B. wertvolle Wandteppiche, Designer-Möbel, Ölgemälde.

g) Gegenstände zur Ausübung der Erwerbstätigkeit (§ 90 Abs. 2 Nr. 5 SGB XII). Gegenstände, die als Grundlage der **Ausübung der Erwerbstätigkeit oder Berufsausbildung** unverzichtbar sind, sind ebenfalls geschützt. Hierzu gehören z. B. Arbeitsgeräte, Schutzkleidung, Fachliteratur oder sonstige Arbeitsmittel. Es sollen mit dieser Norm insbesondere Selbstständige und Heimarbeiter geschützt werden.
Bei landwirtschaftlichen Maschinen ist zu prüfen, ob diese in ihrer Gesamtheit unverzichtbar sind, ggfs. sind einzelne Teile verwertbar oder beleihbar.[475]
Weiter sind die unter § 811 Nr. 5 ZPO fallenden Gegenstände mangels Pfändbarkeit unverwertbar.
Nach Maßgabe der Umstände des Einzelfalles kann grundsätzlich ein im Eigentum der Partei stehender **Pkw** als einzusetzendes Vermögen i. S. d. § 115 Abs. 3 ZPO gelten.[476] Benötigt die Partei ihren Pkw jedoch zwingend zur Berufsausübung (z. B. Lieferwagen), so ist dieser nicht einsetzbar. Die Verhältnismäßigkeit ist hier jedoch immer zu prüfen,[477] z. B. ob dem Rechtsuchenden nicht zugemutet werden kann, öffentliche Verkehrsmittel zu nutzen oder statt des vorhandenen Luxus-Kfz ein billigeres Fahrzeug zu erwerben und den Differenzbetrag für die Rechtsanwaltskosten einzusetzen, wobei der Schonbetrag zu beachten ist.[478] Ein **Pkw der Ober- oder Mittelklasse** ist in aller Regel verwertbares Vermögen.[479]

h) Familien- und Erbstücke (§ 90 Abs. 2 Nr. 6 SGB XII). Familien- und Erbstücke, deren Veräußerung für den Rechtsuchenden oder seine Familie eine **besondere Härte** bedeuten oder **persönlichen Beziehungen zerstören** würde (z. B. Schmuck, Möbel, Kunstgegenstände, Sammlungen, Briefe, Bilder etc.), sind

---
471 OLG Dresden, VersR 2017, 712 f. – juris.
472 *Hundt*, Rn. 106.
473 OLG Dresden, MDR 2016, 1113 f. – juris.
474 *Burgard*, NJW 1990, 3240 (3243).
475 *Wahrendorf* in Grube/Wahrendorf, SGB XII, § 90 Rn. 44.
476 OVG Münster, NJW 1997, 540.
477 OLG Hamm, FamRZ 2006, 1133; OLG Karlsruhe, FamRZ 2004, 646.
478 *Geimer* in Zöller, ZPO, § 115 Rn. 56.
479 Brandenburgisches OLG, JurBüro 2007, 43; AG Koblenz, NJW-RR 2006, 1005; sh. näheres unter – PKW.

vom Vermögenseinsatz ausgenommen. Es muss den Gegenständen ein besonderer Wert beigemessen werden, z. B. aus Gründen der Familientradition oder besonderer Erinnerung.
Bereits seit Generationen weitervererbte wertvolle Gemälde sind, obwohl sie Erbstücke als solche darstellen, kein Schonvermögen.

94 i) **Gegenstände zur Befriedigung geistiger Bedürfnisse** (§ 90 Abs. 2 Nr. 7 SGB XII). Aus dem allgemeinen Persönlichkeitsrecht abgeleitet darf der Rechtsuchende durch eine Verwertung von z. B. Büchern, Briefmarkensammlungen, Musikinstrumenten, Malutensilien, Bastelwerkzeugen, Schallplatten- oder CD/DVD-Sammlungen etc. nicht von der Befriedigung seiner geistigen, insbesondere wissenschaftlichen oder künstlerischen Bedürfnisse abgeschnitten werden. Es darf sich dabei jedoch **nicht um Luxusgegenstände** handeln. Gegenstände zur Sportausübung fallen nicht hierunter.[480]
Der Aufwand und ggfs. zu erzielende Erlös gebrauchter Gegenstände sind immer gegenüber zu stellen.

4. Sonstige Vermögensgegenstände

95 Neben dem nicht einzusetzenden Schonvermögen, welches über § 90 Abs. 2 SGB XII geschützt ist, sind sonstige nicht hiervon erfasste Vermögenswerte **grundsätzlich zur Finanzierung der Prozesskosten einzusetzen:**
- **Aktien** sind einzusetzendes Vermögen. Diese haben Spekulationscharakter und daher sind hier auch größere Verluste beim Verkauf hinzunehmen.
- **Bargeld und Sparguthaben** sind unter Berücksichtigung der Freibeträge des Schonvermögens (§ 90 Abs. 2 Nr. 9 SGB XII) einzusetzendes Vermögen. Kurzfristige **Festgeld- oder Sparanlagen** sind einzusetzen;[481] ggfs. sind diese zu beleihen.
Bankguthaben, welches **zur Deckung des Lebensbedarfs bestimmt** ist z. B. Arbeitseinkommen, ist kein Vermögen, sondern gehört zum Einkommen.[482] In diesem Kontext ist eine möglichst sorgfältige Durchsicht der vorzulegenden Kontoauszüge vorzunehmen. Es handelt sich dann um Einkommen, wenn es sich lediglich um die monatlich eingehenden Beträge handelt, welche zur Deckung des notwendigen Lebensunterhalts dienen. Es darf daher hier nicht nur auf einen an einem einzelnen Tag zufällig auf dem Konto vorliegenden Guthabensstand abgestellt werden.[483] Es ist immer der jeweilige **Bestimmungszweck** der Beträge zu ermitteln.[484]
Sparguthaben ist auch bei Zinsverlust wegen vorzeitiger Kündigung zu verwerten.[485]
Angespartes Geld aus nicht verbrauchten Sozialhilfeleistungen ist als Vermögen anzusehen.[486]
- **Bundesschatzbriefe** sind einzusetzendes Vermögen, der hierdurch entgehende Zinsverlust wird hier als verhältnismäßig gering angesehen.[487]
Ein künftig fällig werdender **Sparbrief** ist ebenfalls einzusetzen, wenn er den Freibetrag übersteigt.[488]
- Dies gilt auch für **Fondsanteile**.[489] Diese sind auch dann einzusetzen, wenn die Laufzeit noch nicht beendet ist und die für die restliche Laufzeit anfal-

---

480 *Wahrendorf* in Grube/Wahrendorf, SGB XII, § 90 Rn. 47; a. A.: *Burgard*, NJW 1990, 3240 (3243).
481 OLG Köln, MDR 1994, 406.
482 Thüringer OLG, FuR 2013, 288 – juris.
483 LAG Schleswig-Holstein, Beschluss vom 23.4.2014, Az. 3 Ta 50/14 – juris.
484 ThürOLG, FuR 2013, 288.
485 OLG Celle, FamRZ 2005, 992.
486 *Wahrendorf* in Grube/Wahrendorf, SGB XII, § 90 Rn. 12.
487 OLG Celle, FamRZ 2005, 992.
488 OLG Koblenz, FamRZ 1996, 43.
489 OLG Dresden, VersR 2017, 712 f. – juris; Saarländisches OLG, OLGR 2006, 361.

lenden Zinsen aus dem Einkommen bestritten werden können.[490] Darunter zählen auch Rentenfondsanteile, die typischerweise jederzeit verkauft werden können; naturgemäße Wertschwankungen stehen dem nicht entgegen.[491] Steht ein Fondsanteil dem Rechtsuchenden nur anteilig zu, so steht der Kündigung einer im Regelfall vorliegenden BGB-Gesellschaft gem. § 723 BGB nichts entgegen.
- **Direktversicherungen**, soweit diese verfügbar sind (d. h. soweit das Arbeitsverhältnis nicht mehr besteht und die vereinbarte Altersgrenze erreicht ist), sind einzusetzen.[492]
- Eine **Erbschaft** fällt ebenfalls hierunter,[493] ebenso wie ein **Pflichtteilsanspruch**[494] und **Miterbenanteile**. Sollte die Miterbenstellung ohne relevanten Grund bereits in Ansehung des bevorstehenden Rechtsstreits durch wirksame Ausschlagung aufgegeben worden sein, so ist das entsprechende Vermögen fiktiv zuzurechnen.[495]
- **Forderungen**, die tituliert und durchsetzbar, also alsbald **realisierbar** sind, sind einzusetzendes Vermögen.[496] Das gilt auch dann, wenn der Rechtsuchende sie eigentlich nicht geltend machen will.

Ist das Urteil nur gegen Sicherheitsleistung vorläufig vollstreckbar und kann diese nicht aufgebracht werden, ist die Forderung nicht einzusetzen.[497]

Noch nicht titulierte Forderungen sind ebenfalls einzusetzen, aber nur dann, wenn sie auch in der Praxis realisierbar durchzusetzen sind. Dies liegt dann vor, wenn die Forderung rechtlich unzweifelhaft (**fällig**) und der Schuldner **leistungsfähig und leistungswillig** (Schuldner bestreitet die Forderung nicht) ist.[498] Bloße Hoffnungen oder Chancen oder eine Nichtrealisierung genügen hierzu nicht.[499] Eine beabsichtigte Rechtsverfolgung oder Rechtsverteidigung des Rechtsuchenden darf nicht dadurch behindert werden, dass er zunächst auf eine vage Realisierung seiner Forderung verwiesen wird.

Bei **Ansprüchen gem. § 528 BGB** auf Rückforderung eines verschenkten Hausgrundstücks ist dagegen eine **Verwertungsmöglichkeit in angemessener Zeit zu verneinen**, da zunächst in einem ersten Schritt der Rückforderungsanspruch geltend zu machen wäre und erst in einem zweiten Schritt ein möglicher Verkauf bzw. Belastung zu prüfen ist.[500]

Unterhaltsansprüche, die zur Deckung des laufenden Lebensbedarfs des Rechtsuchenden benötigt werden, scheiden hier aus.

Begehrt der Rechtsuchende wegen der Durchsetzung einer ihm zustehenden Forderung Beratungshilfe, so ist diese **im Streit stehende Forderung** bei seinem Vermögen unberücksichtigt zu lassen.[501] Es handelt sich hier erst um

---

490 OLG Sachsen-Anhalt, Beschluss vom 27.11.2012, Az. 1 W 65/12 (hier: Anteile in Höhe von 10.000,- EURO) – juris.
491 ThürOLG, Beschluss vom 4.4.2017, Az. 5 W 601/16 – juris.
492 OLG Koblenz, FamRZ 2006, 628.
493 OLG Stuttgart, Beschluss vom 6.12.2004, Az. 8 WF 163/04 – juris.
494 OLG Bremen, FamRZ 2009, 364.
495 Saarländisches OLG, FamRZ 2012, 1577 a. A.: *Seiler* in Thomas/Putzo, ZPO, § 115 Rn. 17.
496 BGH, MDR 2015, 1196 f. – juris; OLG Brandenburg, FamRZ 2008, 1264; *Geimer* in Zöller, ZPO, § 115 Rn. 49.
497 BGH, FamRZ 1996, 933 f.; *Burgard*, NJW 1990, 3240 (3241): Wenn abzusehen ist, dass eine Vollstreckbarkeit von vorn herein ausgeschlossen ist, fehlt es am Wert des Vermögens.
498 *Dürbeck/Gottschalk*, Rn. 379.
499 OLG Hamm, FamRZ 1984, 724 f.; *Geimer* in Zöller, ZPO, § 115 Rn. 49a.
500 LG Itzehoe, FamRZ 2011, 1608; siehe auch OLG Hamm, FamRZ 2012, 355.
501 OLG Hamm, MDR 2012, 50 – juris; KG, NJW-RR 1989, 511; *Dürbeck/Gottschalk*, Rn. 379; *Fischer* in Musielak/Voit, ZPO, § 115 Rn. 51; **a. A.:** *Seiler* in Thomas/Putzo, ZPO, § 115 Rn. 18 (unter Umständen); *Burgard*, NJW 1990, 3240 (3242): Der Forderung wohnt bereits vorher ein gewisser vermögensgleicher Wert inne, der lediglich erst in der Zukunft verwertet werden kann.

künftiges Vermögen und eine Realisierung dürfte zum Zeitpunkt der Antragstellung auch wohl kaum möglich sein.
- Eine **Geldentschädigung wegen Persönlichkeitsrechtsverletzung** ist einzusetzendes Vermögen.[502] Eine Entschädigung wegen einer Verletzung des allgemeinen Persönlichkeitsrechts ist nicht mit dem Schmerzensgeld vergleichbar. Vorrangiger Zweck der Geldentschädigung ist es, dem Geschädigten Genugtuung für die Eingriffe in seine Persönlichkeitssphäre zu verschaffen und weiteren Rechtsverletzungen vorzubeugen.
Erhält der Rechtsuchende Schmerzensgeld und eine Entschädigung wegen der Persönlichkeitsverletzung, wird der gesamte Schmerzensgeldanteil nicht eingesetzt und nach Drittelung des Entschädigungsbetrages hiervon das Schonvermögen abgesetzt.[503]
- Auch **Hochzeitsgeschenke** sind einzusetzen (mit der Ausnahme von Schonvermögen gem. § 90 Abs. 2 SGB XII). Dies gilt auch insbesondere dann, wenn die Beteiligten weiteren zur Hochzeit erhaltenen Goldschmuck bereits für Konsumzwecke versilbert haben.[504]
- **Pkw der mittleren, gehobenen oder Luxus-Klasse** gehört zum verwertbaren Vermögen.
Eine genaue **Verwertungsgrenze** ist im Gesetz selbst nicht vorgesehen. Im Rahmen der Prüfung der Hilfebedürftigkeit als Voraussetzung für Leistungen der Grundsicherung für Arbeitsuchende ist z. B. ein PKW mit einem Verkehrswert bis zu 7.500,00 EURO als angemessenes Kraftfahrzeug, welches nicht für die Prozess- bzw. Beratungskosten einzusetzen ist, angesehen worden.[505] Maßgebend ist hierbei der vom privaten Veräußerer aktuell erzielbare Preis (nicht der sog. Händlerverkaufspreis).
Grundsätzlich kann ein Einsatz jedoch bei z. B. vorliegender und nachgewiesener Gehbehinderung[506] oder notwendiger Schülerbeförderung[507] nicht zugemutet werden.
Ein **Wohnwagen** (mit Ausnahme des Wohnwagens eines Schaustellers) oder **Zweitwagen** ist ebenfalls einzusetzendes Vermögen.[508]
- **Geldmittel**, die für die Bezahlung eines erst während des Rechtsstreits erworbenen Baugrundstücks verwendet werden sollen, sind kein Schonvermögen.[509]
- Nachzahlung von **rückständigem Krankengeld** ist einzusetzendes Vermögen. Sollte jedoch der Lebensunterhalt für den vergangenen Zeitraum durch Fremdmittel erfolgt sein und sich der Rechtsuchende insoweit einer aktuellen Rückzahlungsverpflichtung ausgesetzt sehen, so ist der Nachzahlungsbetrag in dieser Höhe nicht als einzusetzendes Vermögen anzusehen.[510]
- Einmalige Einkünfte aus **Lotteriegewinnen** sind Vermögen.[511]

---

502 BGH, NJW 2006, 1068 ff.
503 Saarländisches OLG, Beschluss vom 13.8.2015, Az. 5 W 68/15 – juris.
504 KG, FamRZ 2015, 1607 ff.; *Nickel*, MDR 2016, 438 ff.
505 BSG, NJW 2008, 228 (ausgehend von § 12 Abs. 3 S. 1 Nr. 2 SGB II i. V. m. § 5 Abs. 1 Kraftfahrzeughilfe-Verordnung (KfzHV); Pkw mit folgenden Werten sind aber regelmäßig einzusetzendes Vermögen: Wert von 20.000 EURO oder mehr laut BayVGH, Beschluss vom 8.2.2016, Az. 11 C 15.2611 – juris; 22.000 EURO laut LAG Rheinland-Pfalz, Beschluss vom 13.9.2012, Az. 3 Ta 144/12 – juris; ca. 15.000 EURO laut BayVGH, Beschluss vom 3.3.2011, Az. 5 C 11.254 – juris; 13.000 EURO laut OLG Stuttgart, FamRZ 2010, 1685 (auch wenn die Kinder damit zur Schule gefahren werden; hieraus ergibt sich noch keine zwingende Notwendigkeit, einen Pkw zur Verfügung zu haben); 14.000 EURO laut OLG Bremen, MDR 2009, 57; 9.000 EURO laut Brandenburgischem OLG, FamRZ 2006, 1045.
506 HanseatischesOLG, Beschluss vom 29.1.2013, Az. 4 WF 155/12 – juris.
507 BayVGH, Beschluss vom 11.12.2013, Az. 7 C 13.2199 – juris.
508 OLG Stuttgart, FamRZ 2004, 1651.
509 OLG Zweibrücken, JurBüro 2000, 483.
510 Bayerisches LSG, Beschluss vom 12.10.2010, Az. L 11 AS 624/10 B – juris.
511 *Burgard*, NJW 1990, 3240 (3241).

- Verwertbares Vermögen liegt auch dann vor, wenn der Rechtsuchende eine **Nachzahlung rückständiger Renten** aus einer Berufsunfähigkeitsversicherung erhält.[512]
- Im **Schließfach befindlicher Goldschmuck**, der das Schonvermögen gem. § 90 Abs. 2 SGB XII deutlich übersteigt, ist verwertbar. Ggfs. hat der Rechtsuchende auch durch seine Zustimmung an einer Herausnahme aus dem Schließfach mitzuwirken.[513]
- **Tiere** (Zuchtstuten, auch wenn es sich um Eigenzüchtungen handelt) oder sonstige wertvolle Zuchttiere gehören zum verwertbaren Vermögen.[514] Besteht jedoch eine wichtige seelische Verbundenheit zwischen Kindern und Tieren, kann eine Ausnahme hiervon gelten.[515]
- Bei **Unfallversicherungen**, die eine Prämienrückgewähr gewährleisten, handelt es sich um einsetzbares Vermögen. Der Rechtsuchende erhält nach Ablauf der vereinbarten Laufzeit einen (Teil-)Betrag seiner eingezahlten Versicherungsprämien ausbezahlt.
  Es handelt sich im Ergebnis um eine Mischform aus Vermögensbildung und Unfallschutz. Damit kommt dieser Versicherung ein einem Sparvertrag oder einer Kapital bildenden Lebensversicherung vergleichbarer Charakter zu.[516]
- Festverzinsliche **Wertpapiere** als reine Vermögensanlage sowie **Wertpapierdepots**, die die Kosten der Prozessführung vielfach übersteigen und sonst nicht zweckgebunden sind, sind einzusetzen.[517]
  Dies gilt auch dann, wenn die Wertpapiere mit großem Verlust verkauft werden müssten[518] oder auch wenn beide Eheleute gemeinsam verfügungsberechtigt sind.[519]
- Größere Beträge, die im Wege des **Zugewinnausgleichs** geflossen sind, sind kein zweckgebundenes Kapitalvermögen und daher grundsätzlich einzusetzen;[520] hierzu zählt auch ein Abfindungsbetrag, der für künftige Unterhaltszahlungen geflossen ist.[521]
  Erhält ein **Empfänger von Sozialleistungen gem. SGB II (Hartz IV) Vermögenszuflüsse aus einem Zugewinn**, so sind diese jedoch als Einkommen anzusehen. Der Sozialleistungsträger hat in diesen Fällen jedoch wegen der von ihm zu gewährenden Hilfe Vorrang gegenüber dem Anspruch der Landesjustizkasse.[522] Es gelten hier die Grundsätze für den Einsatz des Einkommens, d. h. es wird hier kein Schonvermögen gewährt. Der Zufluss ist auf die entsprechenden Monate aufzuteilen und als Einkommen zu berücksichtigen.
  Durch Zugewinnausgleich erlangtes Vermögen ist einzusetzen, selbst wenn damit ein angemessenes Hausgrundstück i. S. d. § 90 Abs. 2 Nr. 8 SGB XII erworben wurde.[523]

---

512 OLG Karlsruhe, FamRZ 2008, 1262 f.
513 OLG Zweibrücken, JurBüro 2002, 377 f.
514 *Dürbeck/Gottschalk*, Rn. 395.
515 LAG Sachsen-Anhalt, JurBüro 2002, 376 f.
516 Brandenburgisches OLG, FamRZ 2006, 1399.
517 BFH, BFH/NV 2005, 1611 f.
518 OLG Nürnberg, FamRZ 1998, 247; a. A.: OLG Bamberg, JurBüro 1982, 293 f.; *Bork* in Stein/Jonas, ZPO, § 115 Rn. 144.
519 OLG Koblenz, Rpfleger 2004, 110 f.; *Fischer* in Musielak/Voit, ZPO, § 115 Rn. 43.
520 BGH, Rpfleger 2007, 612 f.; OLG Braunschweig, Beschluss vom 3.1.2017, Az. 1 WF 279/16 – juris; OLG Koblenz, FamRZ 2006, 1612; *Maurer*, FamRZ 1997, 1393; *Dürbeck/Gottschalk*, Rn. 338; a. A. (kein Einsatz bei wirtschaftlich vernünftigem Erwerb eines Eigenheims): OLG Bamberg, FamRZ 1996, 42.
521 OLG Celle, Rpfleger 2005, 320 (hier 80.000,00 EURO); a. A.: OLG Nürnberg, Rpfleger 2008, 265 (kein Vermögenseinsatz erhaltener 40.000 EURO, da Zweckbindung für künftigen Unterhaltsbedarf); OLG Nürnberg, JurBüro 1995, 311 (12.800,00 EURO für 22 Monate stellen unzumutbaren Einsatz dar).
522 OLG Dresden, FamRZ 2015, 1313 f.
523 BGH, Rpfleger 2008, 143; BGH, Rpfleger 2007, 612 f.

96 Dagegen sind folgende Vermögenswerte nicht einzusetzen:
- Zahlungen nach dem **Contergan-Stiftungsgesetz**.[524]
- Die Inanspruchnahme von **Geldmitteln für die Finanzierung des Führerscheins** kann eine Härte darstellen, da der Bereich der angemessenen Lebensführung betroffen ist.[525]
- Eine größere **Einmalzahlung von Kindergeld** stellt zwar kein einzusetzendes Vermögen dar, ist jedoch wie Einkommen zu behandeln.[526]
- **Schmerzensgeld** ist grundsätzlich analog § 83 Abs. 2 SGB XII nicht einzusetzen,[527] da es sich um ein wirtschaftlich zweckgebundenes Vermögen des Rechtsuchenden handelt und ein Einsatz auch unter Gedanken der Härteregelung von § 90 Abs. 3 SGB XII nicht zumutbar erscheint.[528] Es dient ausschließlich dem Ausgleich und für die Genugtuung von Schmerzen[529] sowie dem Ausgleich verletzungsbedingt erlittener, weiter bestehender sowie ggfs. auch vorhersehbarer künftiger Beeinträchtigungen.[530]
Ausnahmsweise ist dieses jedoch dann einzusetzen, wenn bei einem hohen Schmerzensgeld verhältnismäßig geringe Prozesskosten zu zahlen sind und das Schmerzensgeld im Wesentlichen dem Rechtsuchenden verbleibt.[531] Wurde durch Prozessvergleich der Vergleichsbetrag zweckgebunden gezahlt, ist es kein verwertbares Vermögen.[532] Steht es in unmittelbarem Zusammenhang mit dem geltend gemachten Anspruch, ist es kein einzusetzendes Vermögen.[533]
Die Zumutbarkeit ist hier **von Fall zu Fall zu entscheiden**.[534] Ob diese Grundsätze auch in Anbetracht des neuen § 120a Abs. 3 ZPO fortgelten, ist noch unklar.
- Angemessene Guthaben aus einer **Sterbegeldversicherung** sind dem Schonvermögen hinzuzurechnen.[535]
- **Unpfändbare Gegenstände** gem. §§ 811, 812 ZPO können nicht verwertet werden.[536]
- **Vorsorgeaufwendungen für Grabpflege** können zum Schonvermögen zählen.[537]

---

524 OLG Celle, FamRZ 1983, 1156; *Geimer* in Zöller, ZPO, § 115 Rn. 61.
525 OLG Karlsruhe, Beschluss vom 3.4.2009, Az. 16 WF 46/09, n. v.
526 OLG Karlsruhe, FamRZ 2012, 385–386 – juris.
527 BVerwG, JurBüro 2012, 39–40 – juris; Saarländisches OLG, Beschluss vom 13.8.2015, Az. 5 W 68/15 – juris; OLG Stuttgart, FamRZ 2007, 1661 (hier 34.000,00 EURO); ThürOLG, FamRZ 2005, 1199; OLG Oldenburg, AnwBl 1996, 54 f.; BVerwG, FamRZ 1995, 1348 ff.; OLG Köln, JurBüro 1994, 750 f.; *Wache* in Münchener Kommentar zur ZPO, § 115 Rn. 65; *Fischer* in Musielak/Voit, ZPO, § 115 Rn. 49; a. A.: OLG Zweibrücken, FamRZ 1998, 758 f.
528 BVerwG, JurBüro 2012, 39; NJW 1995, 3001.
529 *Fischer* in Musielak/Voit, ZPO, § 115 Rn. 49.
530 ThürOLG, Beschluss vom 17.7.2013, Az. 4 W 312/13 – juris.
531 OLG Hamm, FamRZ 1987, 1283 f.; LG Dortmund, VersR 1974, 503; *Wache* in Münchener Kommentar zur ZPO, § 115 Rn. 65.
532 Saarländisches OLG, OLGR 2005, 505 f.
533 OLG Sachsen-Anhalt, Beschluss vom 22.2.2012, Az. 1 W 4/12 (PKH) – juris.
534 vgl. OLG Zweibrücken, VersR 2003, 526.
535 Schleswig-Holsteinisches OLG, FamRZ 2007, 1188 f. (2.557,00 EURO Versicherungssumme); OLG Zweibrücken, Rpfleger 2005, 666 f.; *Fischer* in Musielak/Voit, ZPO, § 115 Rn. 53 (3.000,00 EURO).
536 *Wache* in Münchener Kommentar zur ZPO, § 115 Rn. 57.
537 BVerwG, NJW 2004, 2914.

Wirtschaftlich zweckgebundenes Vermögen muss in der Regel **nicht angegriffen werden:** 97
- **Vermögenswirksame Leistungen** vor Fälligkeit gehören nicht zum verwertbaren Vermögen.[538] Diese stehen zur Finanzierung nicht zur Verfügung, da sie im Allgemeinen nicht sofort verfügbar sind.[539]
- Vermögen, das **nicht der unbeschränkten Verfügungsmacht** der antragstellenden Partei unterliegt (z. B. Guthaben auf Sperrkonten), gilt als nicht verwertbar.[540]

Werden dem Rechtsuchenden **freiwillig Jubiläumsgaben, Geburtsgeschenke oder ähnliche Zuwendungen** gewährt, ist auch hier im Einzelfall die Zumutbarkeit der Verwertung zu prüfen.[541]

5. Lebensversicherungen

Ob und inwieweit Lebensversicherungen zum einsetzbaren Vermögen zählen, 98 kann nicht pauschal beantwortet werden. Hier kommt es besonders auf die **Einzelfallprüfung und Ausgestaltung des Vertrages** an.

Ist der Betrag der Lebensversicherung **bereits ausgezahlt**, ist dieser wie andere Kapitalbeträge unter Beachtung des Schonvermögens gem. § 90 Abs. 2 Nr. 9 SGB XII als Vermögenswert einzusetzen.[542]

Die Frage des Vermögenseinsatzes einer **noch nicht ausgezahlten** Lebensversicherung stellt sich nur, soweit es sich um eine **kapitalbildende Anlageform** handelt. In erster Linie ist hierbei an die Kapitallebensversicherung oder die fondgebundene Lebensversicherung zu denken, bei deren Ablauf dem Versicherten eine bestimmte Summe bzw. der derzeitige Aktienwert ohne Zweckbindung frei zu Verfügung gestellt wird.[543]

Aber auch als **Rentenversicherung** bezeichnete private Versicherungen können ein sog. **Kapitalwahlrecht** anbieten. Der Versicherungsnehmer kann in diesem Fall nach Ablauf der Versicherung frei wählen, ob er die Auszahlung des Kapitalwertes oder die laufenden Rentenzahlung in Anspruch nehmen möchte. Auch diese Versicherungsform stellt daher grundsätzlich einzusetzendes Vermögen dar.[544]

Reine **Rentenversicherungen ohne Kapitalwahlrecht** und **Risikolebensversicherungen** bilden hingegen **kein Kapital** und stellen somit kein Vermögen dar, welches einsetzbar sein könnte.

Der Rechtsuchende genießt ferner Schutz vor dem Einsatz seiner staatlich geförderten Altersvorsorge;[545] angesammeltes Kapital einschließlich der Erträge der sog. **Riester-Rente** dürfen nicht eingesetzt werden (§ 90 Abs. 2 Nr. 2 SGB XII), auch bei Bestehen einer regulären Altersvorsorge in der gesetzlichen Rentenversicherung.[546]

Lebensversicherungen, die der **Arbeitgeber als Versicherungsnehmer** zugunsten des Arbeitnehmers geschlossen hat (Direktversicherung nach den Vorschriften des Gesetzes zur Verbesserung der betrieblichen Altersversorgung – BetrAVG), kann der Arbeitnehmer nicht verwerten,[547] da eine vollständige oder teilweise Auszahlung des Rückkaufswertes zudem arbeits- und steuerrechtliche Konsequenzen nach sich ziehen würde.

---

538 *Geimer* in Zöller, ZPO, § 115 Rn. 59; so wohl auch ArbG Regensburg, Rpfleger 1994, 70; OLG Köln, FamRZ 1993, 1333 f. und *Dürbeck/Gottschalk*, Rn. 344: stellt darauf ab, dass vermögenswirksame Leistungen vom Einkommen abzuziehen sind.
539 *Wache* in Münchener Kommentar zur ZPO, § 115 Rn. 23.
540 *Groß*, § 115 ZPO, Rn. 108.
541 *Wache* in Münchener Kommentar zur ZPO, § 115 Rn. 23.
542 siehe auch KG Berlin, Beschluss vom 7.6.2013, Az. 8 W 29/13 – juris = RVGreport 2014, 36 f.
543 BVerwG, NJW 2004, 3647.
544 SächsOVG, Beschluss vom 29.3.2017, Az. 5 D 122/16 – juris; VG München, Beschluss vom 3.9.2003, Az. M 15 E 03.974 – juris.
545 OLG Stuttgart, FamRZ 2006, 1850.
546 Brandenburgisches OLG, FamRZ 2011, 1884–1885 – juris.
547 OLG Frankfurt, FamRZ 2006, 962.

99 Die Frage der Verwertungspflicht einer als Kapitalwert **verwertbaren Lebensversicherung** ist immer anhand des Einzelfalls zu beurteilen.[548] Grundsätzlich ist bei einer vorhandenen Lebensversicherung **eine Verwertung zu bejahen** – sei es im Wege der **Beleihung**[549] oder im Wege der **Realisierung des Rückkaufswertes** – bevor die Solidarität der Allgemeinheit durch Gewährung von Beratungshilfe in Anspruch genommen wird.[550]
Zunächst ist zu prüfen, ob die Lebensversicherung **für die Altersvorsorge des Rechtsuchenden bestimmt** ist. Eine Lebensversicherung, deren Wert die Schonvermögen übersteigt, kann nämlich dann außer Betracht bleiben, wenn sie der Altersvorsorge des Rechtsuchenden dient und nur eine **niedrige gesetzliche Rente zu erwarten** ist.[551] Die Bestimmung ist nur anzuwenden, wenn erkennbar ist, dass die Alterssicherung dereinst unzureichend sein wird.[552] Dies gilt dann, wenn der Rechtsuchende nach heutigem Stand voraussichtlich keine Rentenansprüche aus der gesetzlichen Rentenversicherung erhalten wird.[553] Die Verwertung stellt in diesem Fall eine Härte dar, wenn die Aufrechterhaltung einer **angemessenen** Alterssicherung erschwert würde.[554] Die Verwertung darf **nicht in hohem Maße unwirtschaftlich** sein.[555]
Andere Formen der Kapitalbildung sind grundsätzlich zur Finanzierung heranzuziehen, auch wenn diese der Altersversorgung dienen.[556] Allerdings gelten die vorgenannten Grundsätze entsprechend.

> **Praxistipp:**
> Der Rechtsuchende hat die Darlegungspflicht, welche Alterssicherung er bisher erworben hat und warum diese künftig nicht ausreicht.[557] In Zeiten strapazierter Rentenkassen sollte man hier aber nicht allzu kleinlich verfahren.[558] Ob der Einsatz unzumutbar ist und ein Härtefall i. S. d. § 115 Abs. 3 ZPO i. V. m. § 90 Abs. 3 SGB XII darstellt, ist jeweils anhand der Umstände des konkreten Einzelfalls zu prüfen.[559]

Die Verwertung der Lebensversicherung ist **unzumutbar,** wenn diese mit überwiegender Wahrscheinlichkeit der Altersvorsorge dient[560] und die Aufwendungen hierfür unterhalb von 4 % des Gesamtbruttoeinkommens liegen.[561]
Grundsätzlich ist daher anhand der **vertraglichen Ausgestaltung des Versicherungsvertrags** zu prüfen, ob das gebundene Kapital für eine Altersvorsorge ent-

---

548 BGH, JurBüro 2010, 602.
549 OLG Stuttgart, FamRZ 2008, 2290 f.; OLG Nürnberg, JurBüro 2006, 431; OLG Braunschweig, FamRZ 2006, 135.
550 LAG Köln, Beschluss vom 27.5.2009, Az. 9 Ta 199/09 – juris; BVerwG, NJW 2004, 3647 f.; OLG Stuttgart, FamRZ 2004, 1651; OLG Köln, FamRZ 2004, 382; KG, FamRZ 2003, 1394 f.; AG Pforzheim, FamRZ 2005, 467 f.
551 OLG Hamm, FamRZ 2016, 393; OLG Celle, FamRZ 2008, 1962 f.; Hanseatisches OLG Hamburg, FamRZ 2001, 925 f.; OLG Frankfurt, FamRZ 2005, 466 u. FamRZ 2006, 135 f.; OLG Sachsen-Anhalt, MDR 2006, 237; *Dürbeck/Gottschalk*, Rn. 383; a. A.: Brandenburgisches OLG, OLGR 2006, 256 f. (auch bei Verwendungszweck zur Altersvorsorge einzusetzendes Vermögen).
552 *Geimer* in Zöller, ZPO, § 115 Rn. 52.
553 LG Köln, ZVI 2017, 43 – juris.
554 LAG Schleswig-Holstein, Beschluss vom 23.5.2011, Az. 3 Ta 32/11 – juris (wenn der Rechtsuchende ansonsten im Renteneintrittsalter sozialleistungsbedürftig ist); auch ThürOLG, Beschluss vom 21.7.2011, 1 WF 368/11 – juris; Saarländisches OLG, OLGR 2006, 654.
555 KG Berlin, FamRZ 2011, 913 – juris.
556 OLG Sachsen-Anhalt, Beschluss vom 20.3.2012, Az. 1 W 12/12 (PKH) – juris.
557 OLG Koblenz, FamRZ 2015, 1919; OLG Frankfurt, MDR 2003, 535; OLG Sachsen-Anhalt, FamRZ 2006, 496.
558 *Groß*, § 115 ZPO, Rn. 125.
559 BGH, MDR 2010, 1220 ff.
560 OLG Celle, FamRZ 2007, 913 f.; Hanseatisches OLG Hamburg, FamRZ 2001, 925 f.
561 siehe insoweit **Kappungsgrenze von 4 % im Unterhaltsrecht:** BGH, FamRZ 2006, 387, 389.

sprechend bestimmt und geeignet ist.[562] Unverbindliche Absichten oder Behauptungen reichen nicht aus, der Rechtsuchende könnte ansonsten das Kapital hieraus auch anderweitig nutzen.
Maßgebliche Kriterien für die Wahrscheinlichkeit der **Verwendung zur Altersvorsorge** können dabei insbesondere sein:
- die Laufzeit des Vertrages in Relation zum Alter der bedürftigen Partei (**Fälligkeit**);
- eine Ausgestaltung der vertraglichen Leistung als Rente für die Alterssicherung (**Zweckbindung**);
- die **Höhe** des zu erwartenden Rückkaufwertes.

Die **Frage der Angemessenheit** der Alterssicherung kann sich daran orientieren, dass der Rechtsuchende im Rentenalter ohne die entsprechende Lebensversicherung **voraussichtlich sozialleistungsbedürftig** wird.[563] In der Praxis ist diese Einschätzung sehr schwierig, da sie von vielen noch unbekannten Faktoren abhängig ist.

Dies kann z. B. auch anhand der bereits erworbenen **Entgeltpunkte im Rahmen von Versorgungsanwartschaften** beurteilt werden. Es kann ermittelt werden, welche künftige fiktive Altersrente der Rechtsuchende erwerben kann. Zur Berechnung kann der bis zum Renteneintritt verbleibenden Zeitraum, die Berücksichtigung von Teil- oder Vollerwerbsfähigkeit sowie der durchschnittliche Jahresbruttolohn ermittelt werden. Hieraus ergibt sich, wie hoch die weiteren pro Berufsjahr anfallenden Entgeltpunkte multipliziert mit dem aktuellen Rentenwert sind.[564]

> **Beispiel zur Berechnung nach Entgeltpunkten (angelehnt an OLG Koblenz, FamRZ 2016, 393)**
>
> Die Rechtsuchende ist im vorliegenden Fall 44 Jahre alt, sie ist aktuell zu einer Erwerbsleistung im Rahmen einer 30-Stunden-Woche fähig, verfügt über ein mon. Nettoeinkommen i. H. v. ca. 1.650,00 EURO/mon. Bruttoeinkommen i. H. v. ca. 2.400,00 EURO. Im vorliegenden Fall hatte sie bis zum Eheende bereits 17,7476 Entgeltpunkte erworben, hinzukommen weitere 4,4798 Entgeltpunkte im Rahmen des VA-Verfahrens.
> Anmerkung: Sollte in dem zu bewertenden Fall kein Scheidungsverfahren zugrunde liegen, wären die bis zur Bewertung im Rahmen der Beratungshilfe erworbenen Entgeltpunkte zu ermitteln.
>
> **Berechnung:**
> Das jährliche Bruttoeinkommen (hier im Fall: 28.800,00 EURO) ist durch das vorläufige Durchschnittsentgelt der gesetzlichen Rentenversicherung (für das Jahr 2018 beträgt dieses 37.873,00 EURO) zu dividieren, um die pro weiterem Berufsjahr zu erreichenden Entgeltpunkte zu ermitteln: 28.800,00 EURO ./. 37.873,00 EURO = rund 0,76 Entgeltpunkte pro weiterem Berufsjahr.
> Der nächste Berechnungsschritt berücksichtigt die Zeit, die die Rechtsuchende voraussichtlich noch erwerbstätig ist (hier wird die Erwerbsleistung im Rahmen der 30-Stunden-Woche weiter zugrunde gelegt). Geht man von einer weiteren Erwerbstätigkeit von 20 Jahren aus, so ergeben sich hierfür 20 Jahre x 0,76 Entgeltpunkte/Berufsjahr, dies ergibt insgesamt 15,2 Entgeltpunkte. Zusammen mit den oben bereits erworbenen Entgeltpunkten (17,7476 + 4,4798 = 22,2274) ergeben sich 37,4274 Entgeltpunkte.

---

562 ThürOLG, Beschluss vom 21.7.2011, Az. 1 WF 368/11.
563 BGH, VersR 2011, 1028 f.; BVerwG, NVwZ 1991, 72 f.; OLG Celle, FamRZ 2016, 730 f. – juris; Brandenburgisches OLG, Rpfleger 2015, 560 f.
564 OLG Koblenz, FamRZ 2016, 393 f.

> Diese werden mit dem aktuellen Rentenwert (ab Juli 2017: 31,03 EURO) multipliziert, um den voraussichtlich zu erwartenden gesetzlichen Rentenanspruch nach derzeitigem Stand zu ermitteln:
> 37,4274 Entgeltpunkte x 31,03 EURO (akt. Rentenwert) = 1.161,37 EURO
> Hieran kann dann beurteilt werden, ob neben diesem Wert eine weitere ergänzende Altersvorsorge aus einer Lebensversicherung notwendig ist.

Eine Angemessenheit kann auch anhand der in § 42 SBG XII aufgeführten Versorgungsleistungen gemessen werden. Z. B. wurde eine Altersrente für einen 67-jährigen in Höhe von 951,91 EURO/mon. als ausreichend betrachtet.[565]
Es kann in diesem Zusammenhang auch die Frage gestellt werden, welche Altersvorsorge kann der Rechtsuchende ohne den entsprechenden Teil der zu verwertenden Lebensversicherung noch erzielen[566] und welche künftigen Erwerbsmöglichkeiten bieten sich ihm noch.[567] Beispielsweise ist die Lebensversicherung eines 38-jährigen Berufstätigen, die seiner Altersvorsorge dienen soll, einzusetzendes Vermögen.[568]
Die entsprechenden Aspekte hat – wie oben bereits erwähnt – der Rechtsuchende schlüssig darzulegen.[569] Ergibt die Prüfung, dass die Vermögensbildung nicht der Altersvorsorge dient, so steht das Kapital dem Rechtsuchenden nach Auszahlung frei zur Verfügung. In diesem Fall ist es unter Berücksichtigung des Schonvermögens für die Kosten des Prozesses heranzuziehen.
Die Lebensversicherung **eines Selbständigen** dient in der Regel der **Altersvorsorge** und kann daher außer Betracht bleiben.[570] Grundsätzlich ist es einem Selbständigen überlassen, wie er für sein Alter vorsorgt. Daher ist bei einem ausschließlich selbständig Tätigen auch ein Betrag in der Höhe, der ein in vergleichbarer Weise nicht selbständig Tätiger als Anwartschaft in einer gesetzlichen Rentenversicherung erworben hätte, ein möglicher Härtefall gem. § 90 Abs. 3 SGB XII.[571] Betreibt ein Selbständiger zum weit überwiegenden Teil seine Altersvorsorge mit privaten Renten- und Lebensversicherungen und liegen die Renteneinkünfte zum Zeitpunkt des regulären Renteneintritts voraussichtlich im Bereich des Sozialhilfeniveaus, so ist eine Verwertung nicht zumutbar.[572]
Bereits erworbene **Altersversorgungen von Arbeitnehmern und Beamten** gehören nicht zum einzusetzenden Vermögen. Die auf den Heiratsfall der Tochter abgeschlossene Lebensversicherung dient hingegen nicht der eigenen Altersvorsorge und ist daher unter Beachtung des Schonvermögens einzusetzendes Vermögen.[573]
Wurden die Ansprüche aus der Lebensversicherung **abgetreten**, so zählen diese bereits mit Abschluss des Vertrages gem. § 398 Satz 2 BGB nicht mehr zum Vermögen des Rechtsuchenden.[574]

99a Kommt man nach der obigen Prüfung zu dem Entschluss, dass eine grundsätzliche Verwertbarkeit der Lebensversicherung zu bejahen ist, ist im Rahmen der

---

565 KG, Beschluss vom 24.1.2014, Az. 8 W 4/14 – juris.
566 OLG Koblenz, FamRZ 2015, 1919 – juris.
567 OLG Koblenz, FamRZ 2016, 393 f. – juris.
568 *Geimer* in Zöller, ZPO, § 115 Rn. 58.
569 Brandenburgisches OLG, JurBüro 2012, 595 – juris.
570 OLG Stuttgart, FamRZ 2007, 914 f. **a. A.:** OLG Düsseldorf, MDR 2012, 1249 – juris (auch bei Selbständigen einsetzbar – im Fall war die Partei 33 Jahre alt, nur geringfügige Rentenbeträge wurden bisher erwirtschaftet); vgl. in diesem Zusammenhang auch: Pfändungsschutz für Guthaben zur angemessenen Alterssicherung gem. § 851c Abs. 2 ZPO.
571 OLG Nürnberg, FuR 2016, 539 f. – juris (dies gilt auch dann, wenn das Vermögen nicht vor anderer Verwendung als für die Altersvorsorge besonders geschützt ist).
572 PfälzOLG, Beschluss vom 22.9.2016, Az. 5 WF 92/16 – n. v.
573 BAG, FamRZ 2006, 1445.
574 ThürOLG, JurBüro 2015, 541 – juris.

Prüfung der Verwertung zunächst der einsetzungsfähige Wert der Versicherung festzustellen. Hierbei wird von dem **aktuellen Rückkaufswert** ausgegangen, da dieser dem Verkehrswert zum Zeitpunkt der Beendigung des Vertragsverhältnisses entspricht, bei Kündigung also tatsächlich an den Versicherungsnehmer ausgezahlt wird. Ob der Rückkaufswert hinter den bereits eingezahlten Versicherungsbeiträgen zurückbleibt, spielt hierbei grundsätzlich keine Rolle.[575] Nach vielfacher Meinung ist der Rückkaufswert dann einzusetzen, wenn er den sog. **Schonbetrag** gem. § 90 Abs. 2 Nr. 9 SGB XII – ggfs. zusammen mit weiterem verwertbarem Vermögen – so weit übersteigt, dass die Kosten der Rechtsverfolgung hiermit bestritten werden können.[576] Dies ist nachvollziehbar, da die Verwertung der Lebensversicherung in der Auszahlung des Rückkaufswertes besteht und somit letztlich ein Geldbetrag i. S. d. § 90 Abs. 2 Nr. 9 SGB XII zur Zahlung der Prozesskosten verbleibt. Allerdings muss der nach dem Rückkauf der Versicherung und der Begleichung der Kosten verbleibende Betrag **deutlich über dem Schonvermögen** liegen.[577] Dies gilt insbesondere, wenn mit dem vorzeitigen Rückkauf ein größerer Wertverlust einhergeht und ersichtlich unwirtschaftlich ist.[578]
Der mit der vorzeitigen Auflösung der Lebensversicherung verbundene **Wertverlust** ist von dem Rechtsuchenden hinzunehmen.[579] Eine Vermögensbildung zu Lasten der Allgemeinheit ist abzulehnen. Der Einsatz von Vermögenswerten ist auch bei einem Wertverlust zumutbar;[580] eine Härte i. S. d. **§ 90 Abs. 3 SGB XII** wird hiermit nicht begründet.[581] Es gehört zum allgemeinen Lebensrisiko, dass sich ein finanzieller Bedarf zur vorzeitigen Kündigung ergeben kann, der mit finanziellen Einbußen einhergeht.[582]

Kommt die Prüfung zu dem Ergebnis, dass eine Verwertung der Lebensversicherung möglich ist, so sind je nach Art des abgeschlossenen Vertrages folgende Verwertungsmöglichkeiten denkbar:
- **Kündigung** und **(teilweiser) Einsatz des Rückkaufwertes** als verwertbares Vermögen;
- alleinige **Auszahlung der Überschussanteile**, die im Allgemeinen nur der Laufzeitverkürzung dienen;
- **Beleihung** der Lebensversicherung in Form eines sog. **Policendarlehens**,[583] welches die Partei nicht belastet, da die Rückzahlung durch Verrechnung bei der Auszahlung der Lebensversicherungssumme erfolgt und insoweit nur durch die Verzinsung Verluste entstehen. Die zusätzliche monatliche Belastung muss tragbar sein.[584] Es wird davon ausgegangen, dass die Konditionen, zu denen eine Versicherung beliehen werden kann, in der Regel nicht unwirtschaftlich sind;
- **befristete Stilllegung** des Vertrags und Zahlung der Kosten anstelle der Versicherungsbeiträge.

---

575 LAG Sachsen-Anhalt, Beschluss vom 1.2.2013, Az. 2 Ta 142/12 – juris.
576 LAG Köln, Beschluss vom 19.2.2013, Az. 5 Ta 368/12 – juris; LAG Sachsen-Anhalt, Beschluss vom 1.2.2013, Az. 2 Ta 142/12 – juris; OLG Köln, FamRZ 2004, 382; KG, FamRZ 2003, 1394 f.; *Lissner*, Rpfleger 2007, 448 (450) m. w. N.
577 LAG Rheinland-Pfalz, Beschluss vom 30.1.2012, Az. 11 Ta 22/12 – juris (hier: Wert Lebensversicherung betrug 8.540,45 EURO, der Rückkaufswert 4.194,02 EURO; damit würde ein Verlust in Höhe von 4.376,43 EURO entstehen – bei anfallenden Kosten in Höhe von ca. 1.000,00 EURO wäre der Einsatz des Rückkaufswerts damit unverhältnismäßig; im vorliegenden Falle lag noch der frühere Schonbetrag in Höhe von 2.600,00 EURO zugrunde).
578 OLG Celle, FamRZ 2016, 730 f. – juris.
579 Saarländisches OLG, FamRZ 2010, 1685 f.
580 BSG, FamRB 2005, 347 (für Kapitallebensversicherungen).
581 OLG Karlsruhe, FamRZ 2005, 1917.
582 *Hille*, Rpfleger 2009, 658.
583 BGH, MDR 2010, 1220 ff.; Saarländisches OLG, Beschluss vom 21.1.2014, Az. 9 WF 131/13 – juris; OLG Sachsen-Anhalt, FamR 2013, 454.
584 Brandenburgisches OLG, FamRZ 2012, 319.

Angesichts der im Vergleich zur Prozesskostenhilfe geringeren Kosten der außergerichtlichen Beratung wird es oftmals angemessen sein, die Lebensversicherung im Bereich der Beratungshilfe außer Betracht zu lassen, soweit der Rückkaufswert das Schonvermögen nur gering übersteigt, wobei auch zu bedenken ist, dass es zu Lasten des Rechtsuchenden geht, aus den Sparbeiträgen keine anderweitigen Rücklagen gebildet zu haben.

100a Checkliste – Prüfung, ob eine Lebensversicherung mit Kapitalwahlrecht verwertet werden kann
1. ist die Lebensversicherung **für die Altersvorsorge bestimmt?**
1.1. die Lebensversicherung muss durch **vertragliche Gestaltung** für die Alterssicherung bestimmt sein – Prüfung anhand folgender Kriterien:
1.1.1. Lebensalter des Rechtsuchenden und Laufzeit des Vertrages (**Fälligkeit**)
1.1.2. **Zweckbindung (Altersvorsorge)**
1.1.3. sonstige Regelungen
2. ist die Verwertung der Lebensversicherung **angemessen?**
2.1. keine pauschale Verwertbarkeit – immer am Einzelfall zu prüfen
2.2. der Rechtsuchende darf im Rentenalter bei einer Verwertung der Lebensversicherung **voraussichtlich nicht sozialleistungsbedürftig** werden
2.3. welche Altersversorgung kann der Rechtsuchende **ohne** den entsprechenden Anteil der Lebensversicherung insgesamt noch erzielen? – hier ggfs. anhand der entsprechenden Versorgungsleistungen gem. § 42 SGB XII oder anhand der zu berechnenden Entgeltpunkte (bei Rentenversicherungen) beurteilen
2.4. welche zukünftige Erwerbstätigkeiten sind möglich?
2.5. bei selbständig Tätigen: Sicherung der künftigen Altersvorsorge überwiegend durch die Lebensversicherung?
3. Darlegungspflicht des Rechtsuchenden
4. kein Ausschluss der Verwertbarkeit
– z. B. Altersvorsorge der Beamten etc.
5. **nur bei Prüfung – Einsatz des Rückkaufswertes**
5.1. Besteht ein Rückkaufswert?
5.2. Übersteigt der Rückkaufswert das Schonvermögen i. S. d. § 90 Abs. 2 Nr. 9 SGB XII? (Frage der **Höhe**)
5.3. Ist die Verwertung (Rückkauf) der Lebensversicherung in hohem Maße unwirtschaftlich? (Gegenüberstellung von eingezahlten Beträgen und bereits erworbenen Rückkaufswert)

6. Abfindungen

101 Bei Abfindungen ist zunächst zwischen Abfindungen aus Vermögensauseinandersetzungen, Unterhaltsabfindungen und Abfindungen für den Verlust des Arbeitsplatzes zu unterscheiden.
Diese Unterscheidung ist zur Beurteilung, ob es sich hier um einen **Vermögenswert** oder um **Einkommen** handelt, wichtig.
Abfindungen aus Vermögensauseinandersetzungen, Schenkungen, für den Zugewinnausgleich und Erbschaften sind **Vermögen**.[585] Ebenfalls sind Abfindungen für Witwenrenten Vermögen.[586]

---

585 *Geimer* in Zöller, ZPO, § 115 Rn. 5.
586 KG, FamRZ 1982, 623 ff.

Bei **Abfindungen für den Verlust des Arbeitsplatzes** ist die Einordnung als Einkommen oder Vermögen umstritten.[587]
Zunächst ist **nur der tatsächlich zugeflossene** Betrag zu berücksichtigen.[588] Zum Teil wird vertreten, es handele sich um **Einkommen**, weil die Abfindung anstelle von Lohn oder Gehalt gezahlt werde. Nach dieser Auffassung ist die Abfindung dabei auf den Zeitraum, für den sie gezahlt wird, als Einkommen umzulegen,[589] da sie der Aufrechterhaltung der bisherigen wirtschaftlichen Verhältnisse diene. Benutzt der Rechtsuchende diese jedoch für andere Zwecke, so gelten die Grundsätze zum allgemeinen Vermögenseinsatz. Nimmt der Rechtsuchende ein neues Arbeitsverhältnis auf, bevor rechnerisch die auf die Monate umzulegende Abfindung verbraucht ist, wird der noch offene Rest als **Vermögen** betrachtet.
Nach anderer Auffassung handelt es sich bei einer solchen Abfindung stets um **Vermögen**. Nach dem Bundesarbeitsgericht ist hierbei in aller Regel von der Abfindung der **doppelte Schonbetrag** zuzüglich evtl. weiterer Schonbeträge für unterhaltsberechtigte Personen abzuziehen.[590] Diese Gewährung dient als Pauschale für die durch den Arbeitsplatzverlust typischerweise entstehenden zusätzlichen Kosten, auch wenn das Arbeitsverhältnis erst unmittelbar vor der neuen Tätigkeit endet.[591] Letztlich ist auch hier im Einzelfall die Fragestellung zu prüfen, in welcher Strukturregion sich der Rechtsuchende befindet und ob und inwieweit er schnell und unkompliziert eine neue Arbeitsstelle finden kann.
Dies gilt jedoch nicht, wenn er erklärt, dass er seine bereits bestehende selbständige Tätigkeit weiter ausdehnen will.[592] In diesem Fall können jedoch dann seine beruflichen Aufwendungen (z. B. Anschaffungskosten für berufliches Equipment) abgesetzt werden.
Der verbleibende Rest ist voll einsetzbar.
Es wird aber auch vertreten, dass lediglich 10 % des Abfindungsbetrages bei Überschreitung des Freibetrages gem. § 90 Abs. 2 Nr. 9 SGB XII (Grenze: 5.000,00 EURO) berücksichtigt werden darf.[593] Überschreitet die Abfindung nur geringfügig das Schonvermögen und wird sie zur **Begleichung von Verbindlichkeiten** im Zusammenhang mit der Kündigung verwendet, ist sie nicht einsetzbar.[594] Es dürfen auch **nur fällige** Verbindlichkeiten mit einer ausgezahlten

---

587 Einkommen: LAG Köln, AnwBl 1997, 238; LAG Rheinland-Pfalz, NZA 1995, 863 f.; *Wache* in Münchener Kommentar zur ZPO, § 115 Rn. 12, 67 (sie ist systematisch zutreffender als Einkommen zu werten – verteilt auf einen bestimmten Zeitraum); *Geimer* in Zöller, ZPO, § 115 Rn. 5; *Reichling* in BeckOK, ZPO, § 115 Rn. 83.1; **Vermögen**: BAG, FamRZ 2006, 1446 f.; LAG Köln, Beschluss vom 8.6.2012, Az. 5 Ta 103/12 – juris; Beschluss vom 24.8.2011, Az. 1 Ta 101/11 – juris; LAG Rheinland-Pfalz, Beschluss vom 18.4.2011, Az. 10 Ta 79/11 – juris; FamRZ 2005, 466; 2003, 1934; LAG Niedersachsen, Rpfleger 1998, 527 f.; LAG Bremen, MDR 1988, 995.
588 LAG Hamm, Beschluss vom 17.2.2015, Az. 14 Ta 472/14 – juris; LAG Rheinland-Pfalz, Beschluss vom 9.11.2006, Az. 11 Ta 182/06 – juris.
589 OLG Nürnberg, MDR 2008, 405; OLG Karlsruhe, FamRZ 2002, 1196 m. w. N.; *Geimer* in Zöller, ZPO, § 115 Rn. 5; *Dürbeck/Gottschalk*, Rn. 250.
590 BAG, FamRZ 2006, 1446 f.; so auch LAG Rheinland-Pfalz, Beschluss vom 19.10.2015, Az. 2 Ta 141/15 – juris; LAG Hamm, Beschluss vom 8.7.2013, Az. 14 Ta 167/13 – juris; LAG Köln, Beschluss vom 8.6.2012, Az. 5 Ta 103/12 – juris (weiterer Schonbetrag in Höhe von (früheren) 2.600 EURO bei beruflich bedingtem Umzug von NRW nach Bayern); LAG Hamm, Beschluss vom 8.7.2013, Az. 14 Ta 167/13 – juris (weiterer Schonbetrag, wenn die neue Arbeitsstelle mit erheblichen Einkommenseinbußen und einem Ortswechsel verbunden ist); zu weitgehend: LAG Köln, Beschluss vom 24.8.2011, Az. 1 Ta 101/11 – juris.
591 LAG Rheinland-Pfalz, Beschluss vom 19.10.2015, Az. 2 Ta 141/15 – juris.
592 LAG Nürnberg, Beschluss vom 7.1.2016, Az. 7 Ta 94/14 – juris.
593 LAG Schleswig-Holstein, Beschluss vom 10.11.2010, Az. 3 Ta 159/10 – juris; Beschluss vom 16.2.2006, 2 Ta 6/06 – juris; noch restriktiver LAG Bremen, MDR 1998, 995, das eine Abfindung in Höhe des 12–18-fachen Monatsverdienst als nicht einsetzbares Vermögen erachtet.
594 LAG Köln, Beschluss vom 22.4.2014, Az. 7 Ta 341/13 – juris.

Abfindung aus dem Arbeitsverhältnis verrechnet werden, langfristige dagegen grundsätzlich nicht.[595] Dieses Verbot kann jedoch zurücktreten, wenn es vorliegend um Verbindlichkeiten geht, die zur Anschaffung eines angemessenen Hausgrundstücks im Sinne des § 90 Abs. 2 Nr. 8 SGB XII eingegangen worden sind.
Auch bzgl. **Unterhaltsabfindungen** wird die Zuordnung, ob es sich hierbei um Einkommen oder Vermögen handelt, in der Rspr. uneinheitlich beurteilt.
Zunächst ist hier die **Zweckgebundenheit** der Abfindung zu prüfen:
– Inwieweit ist ein Einsatz für den notwendigen Unterhalt nach Maßgabe des § 115 ZPO erforderlich?
– Deckt der Abfindungsbetrag nur den notwendigen Unterhalt ab? Bejahendenfalls bleibt sie als Härtefall gem. § 90 Abs. 3 S. 2 SGB XII unberücksichtigt.
Es ist hier **unter Abwägung aller Umstände im Einzelfall** zu entscheiden.
Unterhaltsabfindungen, die zur Erfüllung **rückständigen Unterhalts** dienen, sind Bestandteil des Einkommens und auf den Zeitraum, für den sie gezahlt worden sind, umzulegen.[596] Diese sind nur dann zu berücksichtigen, wenn der Rechtsuchende unter Hinzurechnung des monatlichen Unterhaltsbetrags (also wenn dieser in der Vergangenheit rechtzeitig entsprechend geleistet worden wäre) als Einkommen zur Bestreitung der Verfahrenskosten verpflichtet gewesen wäre.[597] Eine **Abschlagszahlung zu einer notariell vereinbarten Unterhaltsabfindung** ist dem Vermögen der Prozesskostenhilfe begehrenden Partei zuzurechnen.[598]
Eine Unterhaltsabfindung **für künftigen Unterhalt** ist einzusetzendes Vermögen.[599] Hierbei ist wiederum eine Abwägung aller Umstände des Einzelfalls vorzunehmen.[600] Der Einsatz von Kapitalvermögen, das das Schonvermögen übersteigt, ist dann nicht mehr zumutbar, wenn hierdurch die für den notwendigen Unterhalt erforderlichen Mittel beeinträchtigt werden,[601] wenn eine Zweckgebundenheit (z. B. Unterhalt ist für die Durchführung eines Zweitstudiums bestimmt) vorliegt.[602]
Decken die Abfindungen **nur den notwendigen Unterhalt**, bleiben sie gem. §§ 115 Abs. 3 ZPO, 90 Abs. 3 S. 2 SGB XII unberücksichtigt.[603] Hier ist die Frage nach der künftigen Bedürftigkeit des Rechtsuchenden zu stellen. Ist er auf das Geld zur Bestreitung seines künftigen Lebensunterhalts angewiesen, dann ist der Einsatz unzumutbar.

---

595 BAG, RVGreport 2004, 196; BGH, VersR 1999, 1435.
596 OLG Karlsruhe, MDR 2014, 408 – juris; Saarländisches OLG, FamRZ 2010, 2001 f.; OLG Nürnberg, MDR 2008, 405; *Geimer* in Zöller, ZPO, § 115 Rn. 5; *Fischer* in Musielak/Voit, ZPO, § 115 Rn. 3 (bei sonstigem Einkommen können diese aber zum Vermögen zählen); **a. A.**: OLG Koblenz, AnwBl 2001, 374 f. (Vermögen); *Reichling* in BeckOK, ZPO, § 115 Rn. 83.1. (grundsätzlich Vermögen).
597 OLG Karlsruhe, FamRZ 2015, 1417 f.; OLG Sachsen-Anhalt, Beschluss vom 30.9.2011, Az. 8 WF 235/11 (VKH), 8 WF 235/11 – juris **a. A.**: OLG Koblenz, FamRZ 2012, 1404 (ein Einsatz erscheint unangemessen, wenn sich der Unterhaltsverpflichtete seiner Unterhaltspflicht entzogen hat).
598 OLG Koblenz, JurBüro 2008, 599.
599 OLG Celle, Rpfleger 2005, 320 (hier: 80.000,00 EURO).
600 zu weitgehend: OLG Hamm, FamRZ 2012, 1158–1159 – juris.
601 OLG Koblenz, AnwBl 2001, 374 f.; OLG Nürnberg, FamRZ 1995, 942.
602 OLG Sachsen-Anhalt, Beschluss vom 30.9.2011, Az. 8 WF 235/11 (VKH), 8 WF 235/11 – juris; siehe auch OLG Hamm, FamRZ 2012, 1158–1159 – juris.
603 OLG Nürnberg, FamRZ 2008, 1261: „...Bei dem Betrag i. H. v. 40.000,00 EURO handelt es sich um eine grundsätzlich zweckgebundene Zuwendung, die an die Stelle laufender monatlicher Unterhaltszahlungen tritt. Sie kann daher nicht als ein im Rahmen des § 120 Abs. 4 i. V. m. § 115 Abs. 3 ZPO nachträglich für Prozesskosten einzusetzendes Vermögen angesehen werden. Die Abfindung ist deshalb in monatliche Unterhaltsleistungen umzurechnen"; so auch OLG Nürnberg, JurBüro 1995, 311 (Betrag i. H. v. 12.800,00 EURO, der für 22 Monate ausreichend ist).

> **Fazit:**
> Kommt ein Abfindungsbetrag als verwertbares Vermögen oder Einkommen in Betracht, ist hinsichtlich der Vielzahl der verschiedenen Abfindungsarten und Fallkonstellationen auf den jeweiligen konkreten Einzelfall abzustellen. Im Bereich der Beratungshilfe ist hierbei jedoch zu berücksichtigen, dass Sinn und Zweck der Abfindung wegen der im Vergleich zur Prozesskostenhilfe geringeren Kosten durch eine Verwertung in der Regel nicht gefährdet werden.

7. Zumutbarer Einsatz des Vermögens (Härteklausel)

Die Regelungen des § 90 Abs. 2 SGB XII sollen gewährleisten, dass es durch die Bewilligung von Beratungshilfe **nicht zu einer wesentlichen Beeinträchtigung der vorhandenen Lebensumstände** kommt. Dem Rechtsuchenden und seiner Familie soll ein angemessener Bewegungsspielraum verbleiben und der Wille zur Selbsthilfe erhalten bleiben.[604]

Daher darf die Bewilligung von Beratungshilfe nicht vom Einsatz oder der Verwertung eines Vermögenswertes abhängig gemacht werden, soweit dies für den Rechtsuchenden und seine Familie eine **Härte** bedeuten würde, **§ 90 Abs. 3 SGB XII**. Diese Norm enthält die Möglichkeit, **atypische Sachverhalte** unter Berücksichtigung der Umstände des Einzelfalls hilfegemäß zu erfassen.[605]

Es kommen hier **besondere, schwere Belastungen** des Rechtsuchenden oder seiner Familie in Betracht, die eine an sich zulässige Verwertung von Vermögensgegenständen als unzumutbar erscheinen lassen, also von der Erfüllung besonderer schwerwiegender Voraussetzungen abhängig ist.

> **Bei der Verwertung von Vermögensgegenständen ist daher wie folgt zu prüfen:**
> – wie dringlich ist die Klärung des Rechtsstreits/der Rechtswahrnehmung?
> – wie lange dauert die Verwertung des Vermögensgegenstandes?
> – welche Verluste drohen dem Rechtsuchenden durch die Verwertung?
> – in welchem Verhältnis stehen Verluste/Prozesskosten und Gegenstand des Verfahrens zueinander?

Durch diese Norm ist eine große **Flexibilität in besonderen Fällen** möglich. Eine Härte ist – wie bereits vorliegend erörtert – dann zu bejahen, wenn die **Aufrechterhaltung einer angemessenen Altersversorgung** durch den Vermögenseinsatz wesentlich erschwert würde.[606] Dies wäre der Fall, wenn der Rechtsuchende im Rentenalter ohne die dann vorhandene einzusetzende Altersversorgung **voraussichtlich sozialleistungsbedürftig** wird.[607] Dabei sind immer die konkreten Gesamtumstände des Rechtsuchenden zu betrachten.[608]

Wie bereits oben erwähnt, kann ein **selbstständig Tätiger** selbst entscheiden, ob und wie er für sein Alter vorsorgt. Daher kann der Einsatz von Beträgen, die von der Höhe her der Anwartschaft in der gesetzlichen Versicherung entsprechen, in dieser Höhe zur Aufrechterhaltung einer angemessenen Altersversorgung, auch wenn sie nicht vor anderer Verwendung besonders geschützt sind, als Härtefall angesehen werden.[609]

---

604 *Wahrendorf* in Grube/Wahrendorf, SGB XII, § 90 Rn. 72.
605 *Wahrendorf* in Grube/Wahrendorf, SGB XII, § 90 Rn. 72.
606 OLG Celle, FamRZ 2016, 730 f.; Thüringer OLG, Beschluss vom 21.7.2011, 1 WF 368/11 – juris; OLG Karlsruhe, FamRZ 2008, 423; OLG Zweibrücken, FamRZ 2008, 524; Sächsisches OVG, Beschluss vom 2.3.2010, Az. 4 D 29/10 – juris.
607 BVerwGE 85, 102; LAG Köln, Beschluss vom 19.2.2013, Az. 5 Ta 368/12 – juris.
608 BGH, VersR 2011, 1028.
609 OLG Nürnberg, FuR 2016, 539 f. – juris.

Dagegen ist die Verwertung einer Lebensversicherung mit Kapitalwahlrecht auch dann zu bejahen, wenn deren Verwertung dieser zu einem wirtschaftlichen Schaden führt, da der Rückkaufswert hinter dem tatsächlichen Wert der Versicherung zurückbleibt.
Bleibt bei der Verwertung einer Lebensversicherung beispielsweise der Rückkaufswert um 14,8 % hinter den eingezahlten Beiträgen zurück (= Differenz zwischen Rückkaufswert und eingezahlten Beträgen),[610] liegt noch keine Härte i. S. v. § 90 Abs. 3 S. 1 SGB XII vor.[611]
Über den Wortlaut des § 90 Abs. 2 Nr. 3 SGB XII hinaus wird auch Vermögen aus der Verwertung einer Lebensversicherung geschützt, wenn es zum **behindertengerechten Umbau** des bereits im Eigentum des Rechtsuchenden stehenden Hausgrundstücks dienen soll und diese Verbindlichkeit zumindestens bereits konkret absehbar ist.[612]

> **Beispiel:**
> Ein 46-jähriger steht im Arbeitsverhältnis und besitzt zwei Lebensversicherungen, der Rückkaufswert beträgt insgesamt 35.000,00 EURO.[613]
> Bei den Lebensversicherungen handelt es sich vorliegend um einsetzbares Vermögen. Die Schutzregelungen des § 90 Abs. 3 SGB XII greifen vorliegend nicht ein, da die Lebensversicherungen nicht zwingend auf die Altersvorsorge des Rechtsuchenden ausgerichtet sind. Dieser kann vielmehr, selbst wenn er bei normalem Verlauf planen würde, mit ihnen zu seiner Alterssicherung beizutragen, nach deren Auszahlung über die Guthabensbeträge frei verfügen. Sie unterfallen auch nicht dem Pfändungsschutz des § 851c ZPO. Eine Schutzbedürftigkeit liegt hier nur dann vor, wenn die Zahlungen später zwingend in die Altersvorsorge fließen.

Eine Verwertung kann z. B. durch die Aufnahme eines sog. **Policendarlehns** (= die Rückzahlung ist erst im Zeitpunkt der Auszahlung der Lebensversicherung fällig, es verbleibt so alleine die ihm zumutbare Zinsbelastung) erfolgen.
Die Auflösung eines **Bestattungsvorsorgevertrages** kann eine unbillige Härte darstellen, da angemessene Mittel zur Deckung der **Bestattungskosten** sowie der **Grabpflege** verbleiben müssen.[614] Ein derart zweckgerichtetes angespartes Vermögen ist nicht nach § 90 Abs. 2 SGB XII geschützt,[615] die Sicherung von diesen Kosten ist nur über die Regelung des § 90 Abs. 3 SGB XII möglich. Die Höhe bemisst sich hier nach den Kosten für eine würdige, schlichte Beerdigung.
Der Einsatz eines umfangreichen Vermögens (hier: 154.000,00 EURO) bedeutet eine besondere Härte, wenn das Vermögen **zur Deckung fortdauernder Pflegekosten** benötigt wird.[616]
Die Grundrente nach dem OEG (Opferentschädigungsgesetz) zählt nicht zum Einkommen. Jedoch stellt eine Nachzahlung einer solchen Grundrente kein Härtefall i. S. d. § 90 Abs. 3 SGB XII dar, da es sich hier um keine für § 90 Abs. 3 SGB XII notwendig atypische Fallgestaltung handelt. Sie ist daher als Vermögenswert einzusetzen.[617]

---

610 LSG Sachsen-Anhalt, Beschluss vom 12.8.2009, Az. L 8 B 4/07 SO – juris.
611 OLG Karlsruhe, FamRZ 2005, 1917; BVerwG, BVerwGE 121, 34–37; für Härte ab 15 % LAG Berlin-Brandenburg, Beschluss vom 4.2.2010, Az. 10 Ta 2433/09 – juris; für Härte bei 18,5 % BSG, Urteil vom 15.4.2008, Az. B 14/7 AS 68/06 R – juris.
612 OLG Dresden, Beschluss vom 22.6.2016, Az. 4 W 543/16 – juris.
613 OLG Stuttgart, FamRZ 2009, 136 f.; OLG Stuttgart, OLGR 2007, 1036 und 1038.
614 VG Münster, Urteil vom 9.6.2009, Az. 6 K 2159/07 – juris; *Wahrendorf* in Grube/Wahrendorf, SGB XII, § 90 Rn. 80.
615 *Wahrendorf* in Grube/Wahrendorf, SGB XII, § 90 Rn. 80.
616 OLG Schleswig, FamRZ 1999, 1672.
617 OVG Lüneburg, Beschluss vom 15.8.2013, Az. 4 PA 184/13 – juris.

Bei Vorhandensein eines Kraftfahrzeuges kann ein Härtefall dann gegeben sein, wenn der Rechtsuchende aufgrund seiner Erkrankungen spezielle Mobilitätsbedürfnisse (diese müssen nicht zwingend in einer Erwerbstätigkeit begründet sein) hat und daher nicht generell auf die Nutzung von öffentlichen Verkehrsmitteln verwiesen werden kann.[618] Die Nutzung eines angemessenen Fahrzeuges muss gerade erforderlich sein, um krankheits- oder behinderungsbedingte Nachteile so weit wie möglich ausgleichen zu können. Hier kann zum Begriff der Angemessenheit des § 12 Abs. 3 S. 1 Nr. 2 SGB II (Wert: 7.500,00 EURO) herangezogen werden.

8. Möglichkeit der Kreditaufnahme

Grundsätzlich darf **jemand ohne Vermögen nicht darauf verwiesen werden, einen Kredit aufzunehmen**.[619] Personen, die über kein eigenes Einkommen verfügen, bekommen in der Regel auch keinen reinen Personalkredit.

Hat der Rechtsuchende eine Immobilie und kann er diese alsbald mit einem Kredit belasten und diesen dann auch zurückzahlen, so könnte man eine entsprechende Belastung in Betracht ziehen.[620]

Hat der Rechtsuchende ohnehin einen Kredit aufgenommen und wusste er vom bevorstehenden Rechtsstreit, so kann er durchaus darauf verwiesen werden, dass er den Kredit noch um einen für die Verfahrenskostenfinanzierung geringfügigen Betrag hätte aufstocken können.[621]

Keine Bedürftigkeit i. S. d. § 114 ZPO liegt jedoch vor, wenn der Rechtsuchende **Inhaber eines Unternehmens** ist, mit diesem am Wirtschaftsleben teilnimmt und über ausreichende wirtschaftliche Bewegungsfreiheit verfügt, um die Prozesskosten aus einer erweiterten Kreditaufnahme zu bestreiten.[622] Das gilt ebenso für Unternehmer, die im Rahmen eines ordnungsgemäßen kaufmännischen Geschäftsbetriebes regelmäßig mit Fremdkapital arbeiten und ihre Kreditlinie noch nicht ausgeschöpft haben.[623] Hilfe wird nur dann gewährt, wenn der Rechtsuchende glaubhaft macht, dass er ohne die Hilfe insolvent wäre.[624]

9. Prozesskostenvorschuss

a) **Allgemeines.** Grundsätzlich stellt der **Anspruch auf Prozesskostenvorschuss** gegen einen Dritten ein Vermögensrecht im Sinne von § 115 ZPO dar[625] und könnte die Hilfsbedürftigkeit daher ausschließen. Er setzt das **Bestehen einer gesetzlichen Unterhaltspflicht** voraus sowie die **Bedürftigkeit des Rechtsuchenden** und die **Leistungsfähigkeit des Dritten**.[626] Wegen der weiteren Einzelheiten wird auf den Teil Prozesskostenhilfe (Rn. 466a ff.) verwiesen.

b) **Prozesskostenvorschuss im Beratungshilfeverfahren.** Fraglich ist, ob ein Prozesskostenvorschuss auch im Rahmen der Bewilligung von Beratungshilfe zum Vermögen zu rechnen ist.

Teilweise wird aus einer Entscheidung des Bundesgerichtshofs zur Prozesskostenhilfe[627] gefolgert, dass eine **Vorschusspflicht im Rahmen der Beratungshilfe**

---

618 OLG Hamm, MDR 2013, 1367–1368 – juris.
619 OLG Karlsruhe, FamRZ 2004, 1499 f.; *Wache* in Münchener Kommentar zur ZPO, § 115 Rn. 76; *Geimer* in Zöller, ZPO, § 115 Rn. 63; *Burgard*, NJW 1990, 3240 (3242).
620 OLG Koblenz, FamRZ 2006, 136.
621 OLG Koblenz, Beschluss vom 6.9.2013, Az. 13 WF 745/13 – juris.
622 Brandenburgisches OLG, JurBüro 1997, 30.
623 BGH, FamRZ 2007, 460; *Geimer* in Zöller, ZPO, § 115 Rn. 64; *Wache* in Münchener Kommentar zur ZPO, § 115 Rn. 76.
624 OLG Nürnberg, MDR 2003, 593.
625 *Wache* in Münchener Kommentar zur ZPO, § 115 Rn. 82; OLG Karlsruhe, RVGreport 2013, 38–39 – juris; OLG Celle, NJW-Spezial 2012, 10 f.
626 OLG Dresden, MDR 2013, 529–530 – juris (keine Leistungsfähigkeit, wenn der Dritte selbst ratenfreie Verfahrenskostenhilfe bekommen würde).
627 BGH, NJW 1984, 291.

nicht bestehe, da in §§ 1360 Abs. 4, 1361a Abs. 4 BGB nur von Kosten eines Rechtsstreits die Rede sei. Der Anspruch auf Prozesskostenhilfe sei zudem noch gar nicht entstanden, wenn die Beratungshilfe beansprucht werde.[628]

Dagegen spricht jedoch, dass Beratungshilfe gemäß § 1 Abs. 2 BerHG nur dann bewilligt werden kann, wenn dem Rechtsuchenden Prozesskostenhilfe nach der Zivilprozessordnung ohne einen eigenen Beitrag zu den Kosten zu gewähren wäre. Insofern ist kein Grund ersichtlich, die entsprechende Anwendung der Vorschusspflicht abzulehnen. Insbesondere können dadurch unbillige Ergebnisse verhindert werden, wenn und soweit sich der Vorschussanspruch ohne Schwierigkeiten realisieren lässt.[629] Es darf zur Geltendmachung jedoch vorher kein unsicherer Prozess zu führen sein. Eine alsbaldige Realisierung kann im Wege der einstweiligen Anordnung gegen den Unterhaltspflichtigen erfolgen.[630]

Praxistipp:
Bei stabilen Familienverhältnissen dürfte einem Vorschussanspruch nichts im Wege stehen. Es ist Sache des Rechtsuchenden, evtl. vorliegende Hinderungsgründe schlüssig darzustellen.

Voraussetzungen für eine Vorschusspflicht
- Rechtstreit/Rechtswahrnehmung muss eine wichtige persönliche Angelegenheit des Rechtsuchenden betreffen
  - die Auseinandersetzung muss z.B. die Wurzel in der ehelichen Lebensgemeinschaft haben,
  - im Prozess gegen Dritte muss der Rechtstreit z.B. eine genügend enge Verbindung zum verpflichteten Ehegatten aufweisen, z.B. Geltendmachung Gewährung von Ausbildungsförderung,[631]
  - trifft nicht zu bei Streitigkeiten in geschäftlichen Angelegenheiten, Mietstreitigkeiten, arbeitsrechtliche Streitigkeiten etc.,
- Bestehen einer gesetzlichen Unterhaltsplicht (keine Pflicht für nichteheliche Lebensgemeinschaften, geschiedene Ehegatten)
- Bedürftigkeit des Rechtsuchenden
- Leistungsfähigkeit des Dritten
  - eigener angemessener Unterhalt darf nicht gefährdet werden;[632] der angemessene Selbstbehalt muss ihm verbleiben (sh. z.B. nach der Düsseldorfer Tabelle),
  - die Leistungsfähigkeit ist nach Billigkeitskriterien zu bestimmen,[633]
- die Vorschusspflicht muss der Billigkeit entsprechen
- der Vorschussanspruch muss alsbald realisierbar sein.

V. Musterantrag zur Bewilligung von Beratungshilfe mit Bewertung des einzusetzenden Einkommens und des Vermögens

105 Auf den nachfolgenden Seiten wird anhand eines **Praxisbeispiels** aufgezeigt, ob und in welcher Höhe eine Verwertung von Vermögensgegenständen in Betracht kommt sowie Einkommen und Abzüge vom Einkommen ermittelt werden.

---

628 *Hundt*, Rn. 238 (Fn. 5).
629 Prozesskostenvorschuss in der Beratungshilfe bejahend: AG Konstanz, NJW-RR 2007, 209; AG Osnabrück, AnwBl 1983, 477; Szymborski, DStR 2012, 1984; *AG Koblenz, NJW-RR 2007, 209*; *Groß*, § 1 BerHG, Rn. 56.; a.A.: *Dürbeck/Gothschalk*, Rn. 1149.
630 *Geimer* in Zöller, ZPO, § 115 Rn. 71.
631 LAG Berlin-Brandenburg, Beschluss vom 27.2.2017, Az. 17 Ta 75/17 – juris; OVG Berlin-Brandenburg, FamRZ 2016, 313.
632 OLG Dresden, MDR 2013, 529 – juris.
633 OVG Berlin-Brandenburg, FamRZ 2016, 313.

Kapitel 2: Subjektive Voraussetzungen gem. § 1 Abs. 1 Nr. 1 BerHG

Fall:
In unserem Beispiel erscheint der Rechtsuchende Sven Muster und stellt bei der zuständigen Rechtspflegerin Becker beim Amtsgericht Bärenhausen den nachfolgenden Antrag auf Gewährung von Beratungshilfe:

An das

Amtsgericht

78634 Bärenhausen

Postleitzahl, Ort

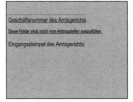

Geschäftsnummer des Amtsgerichts

Diese Felder sind nicht vom Antragsteller auszufüllen.

Eingangsstempel des Amtsgerichts:

Antrag auf Bewilligung von Beratungshilfe

Antragsteller (Name, Vorname, ggf. Geburtsname)	Beruf, Erwerbstätigkeit	Geburtsdatum	Familienstand
Muster, Sven	Schlosser	1980	verheiratet

Anschrift (Straße, Hausnummer, Postleitzahl, Wohnort)	Tagsüber telefonisch erreichbar unter Nummer
Klostergasse 7, 78364 Bärenhausen	07221/12345

A Ich beantrage Beratungshilfe in folgender Angelegenheit (bitte Sachverhalt kurz erläutern):

mietrechtliche Angelegenheit
(Geltendmachung einer Minderung der Miete aufgrund eines Wasserschadens im 1. Obergeschoss im Oktober 2017)

B ☒ In der vorliegenden Angelegenheit tritt keine Rechtsschutzversicherung ein.
☒ In dieser Angelegenheit besteht für mich nach meiner Kenntnis keine andere Möglichkeit, kostenlose Beratung und Vertretung in Anspruch zu nehmen.
☒ In dieser Angelegenheit ist mir bisher Beratungshilfe weder bewilligt noch versagt worden.
☒ In dieser Angelegenheit wird oder wurde von mir bisher kein gerichtliches Verfahren geführt.
Wichtig: Wenn Sie nicht alle diese Kästchen ankreuzen können, kann Beratungshilfe nicht bewilligt werden. Eine Beantwortung der weiteren Fragen ist dann **nicht** erforderlich.

Wenn Sie laufende Leistungen zum Lebensunterhalt nach dem Zwölften Buch Sozialgesetzbuch („Sozialhilfe") beziehen und den derzeit gültigen Bescheid einschließlich des Berechnungsbogens des Sozialamtes beifügen, müssen Sie keine Angaben zu den Feldern C bis G machen, es sei denn, das Gericht ordnet dies ganz oder teilweise an. Wenn Sie dagegen Leistungen nach dem Zweiten Buch Sozialgesetzbuch („Arbeitslosengeld II") beziehen, müssen Sie die Felder ausfüllen.

C Ich habe monatliche Einkünfte in Höhe von brutto ......2541,00...... EUR, netto ......1967,00...... EUR.
☐ Mein Ehegatte/meine Ehegattin bzw. mein eingetragener Lebenspartner/meine eingetragene Lebenspartnerin hat monatliche Einkünfte von netto ......0,00...... EUR.

D Meine Wohnung hat eine Größe von ......80,00.. m². Die Wohnkosten betragen monatlich insgesamt ......533,00...... EUR. Ich zahle davon .533. EUR.
Ich bewohne diese Wohnung ☐ allein / ☒ mit ......3... weiteren Person(en).

E
Welchen Angehörigen gewähren Sie Unterhalt? Unterhalt kann in Form von Geldzahlungen, aber auch durch Gewährung von Unterkunft, Verpflegung etc. erfolgen. Bitte nennen Sie hier Name, Vorname dieser Angehörigen (Anschrift nur, wenn sie von Ihrer Anschrift abweicht)	Geburtsdatum	Familienverhältnis des Angehörigen zu Ihnen (z. B. Ehegatte, Kind)	Wenn Sie den Unterhalt ausschließlich durch Zahlung leisten Ich zahle mtl. EUR:	Hat dieser Angehörige eigene Einnahmen? (z. B. Ausbildungsvergütung, Unterhaltszahlung vom anderen Elternteil)
1 Muster, Sophie	18.01.2014	Kind		nein ☒ ja, mtl. EUR netto:
2 Muster, Luca	03.05.2012	Kind		nein ☒ ja, mtl. EUR netto:
3 Muster, Susanne	15.09.1988	Ehegatte		nein ☒ ja, mtl. EUR netto:
4				nein ☐ ja, mtl. EUR netto:

F Bankkonten/Grundeigentum/Kraftfahrzeuge/Bargeld/Vermögenswerte

Bitte geben Sie unter „Eigentümer/Inhaber" an, wem dieser Gegenstand gehört: A = mir allein, B = meinem Ehegatten/eingetragenen Lebenspartner allein bzw. meiner Ehegattin/meiner eingetragenen Lebenspartnerin allein, C = meinem Ehegatten/eingetragenen Lebenspartner bzw. meiner Ehegattin/eingetragenen Lebenspartnerin und mir gemeinsam

	Inhaber:	Bezeichnung der Bank, Sparkasse/des sonstigen Kreditinstituts; bei Bausparkonten Auszahlungstermin und Verwendungszweck:	Kontostand in EUR:
Giro-, Sparkonten und andere Bankkonten, Bausparkonten, Wertpapiere ☐ Nein ☒ Ja	☒ A ☐ B ☐ C	Sparkasse Bärenhausen, Girokonto	-1.384,00

	Eigentümer:	Bezeichnung nach Lage, Größe, Nutzungsart:	Verkehrswert in EUR:
Grundeigentum (zum Beispiel Grundstück, Familienheim, Wohnungseigentum, Erbbaurecht) ☒ Nein ☐ Ja	☐ A ☐ B ☐ C		

	Eigentümer:	Fahrzeugart, Marke, Typ, Bau-, Anschaffungsjahr, km-Stand:	Verkehrswert in EUR:
Kraftfahrzeuge ☐ Nein ☒ Ja	☒ A ☐ B ☐ C	PKW VW Touran, Bj. 2006, km-Stand: 200.000	2.500,00

	Inhaber:	Bezeichnung des Gegenstands:	Rückkaufswert oder Verkehrswert in EUR:
Sonstige Vermögenswerte (zum Beispiel Kapitallebensversicherung, Bargeld, Wertgegenstände, Forderungen, Anspruch aus Zugewinnausgleich) ☐ Nein ☒ Ja	☒ A ☐ B ☐ C	Lebensversicherung bei der Z-Versicherung, dient zur Altersvorsorge, über 20.000 EURO mon. Rate beträgt 145,60 EURO	1.500,00

G Zahlungsverpflichtungen und sonstige besondere Belastungen

Haben Sie oder Ihr Ehegatte/eingetragener Lebenspartner bzw. Ihre Ehegattin/eingetragene Lebenspartnerin Zahlungsverpflichtungen?
☐ Nein ☐ Ja

Verbindlichkeit (z. B. „Kredit")	Gläubiger (z. B. „Sparkasse")	Verwendungszweck:	Raten laufen bis:	Restschuld EUR:	Ich zahle darauf mtl. EUR:	Ehegatte/eingetr. Lebenspartner bzw. Ehegattin/eingetr. Lebenspartnerin zahlt darauf mtl. EUR:
Konsumkredit	xy-Bank	Ausgleich Girokonto, Kauf Waschmaschine	April 2018	1.200,00	100,00	0,00
RA-Forderung	xy-Bank	RA-Kosten aus Zivilsache 7 C 122/16 AG Bärenhausen	Juni 2018	250,00	25,00	0,00

Kapitel 2: Subjektive Voraussetzungen gem. § 1 Abs. 1 Nr. 1 BerHG

Haben Sie oder Ihr Ehegatte/eingetragener Lebenspartner bzw. Ihre Ehegattin/eingetragene Lebenspartnerin sonstige besondere Belastungen?

☐ Nein ☒ Ja

Art der Belastung und Begründung dafür:	Ich zahle dafür mtl. EUR:	Ehegatte/eingetr. Lebenspartner bzw. Ehegattin/ eingetr. Lebenspartnerin zahlt mtl. EUR:
Kfz.-Haftpflichtversicherung, mon. 33,00 EUR		
Fahrtkosten zur Arbeitsstätte, täglich 2 x 15 km, öffentliche Verkehrsmittel sind keine vorhanden;		
Kindergartenbeitrag für Sophie und Luca, je 47,00 EUR/mon.		0,00

Ich habe mich unmittelbar an eine Beratungsperson gewandt. Die Beratung und/oder Vertretung hat erstmals am ....stattgefunden.

Name und Anschrift der Beratungsperson (ggf. Stempel):

....

Ich versichere, dass mir in derselben Angelegenheit Beratungshilfe weder gewährt noch durch das Gericht versagt worden ist und dass in derselben Angelegenheit kein gerichtliches Verfahren anhängig ist oder war.

Ich versichere, dass meine Angaben vollständig und wahr sind. Die Allgemeinen Hinweise und die Ausfüllhinweise zu diesem Formular habe ich erhalten.

Mir ist bekannt, dass das Gericht verlangen kann, dass ich meine Angaben glaubhaft mache und insbesondere auch die Abgabe einer Versicherung an Eides statt fordern kann.

Mir ist bekannt, dass unvollständige oder unrichtige Angaben die Aufhebung der Bewilligung von Beratungshilfe und ggf. auch eine Strafverfolgung nach sich ziehen können.

Ort, Datum	Unterschrift des Antragstellers/der Antragstellerin
Bärenhausen, 18. Januar 2018	Muster

Dieses Feld ist nicht vom Antragsteller auszufüllen.

Belege zu folgenden Angaben haben mir vorgelegen:
☒ Bewilligungsbescheid für laufende Leistungen zum Lebensunterhalt nach SGB XII
☒ Einkünfte
☒ Wohnkosten
☒ Sonstiges:

Police zur Lebensversicherung, Mietvertrag, Vertragsdoppel Kredit

Ort, Datum	Unterschrift des Rechtspflegers/der Rechtspflegerin
Bärenhausen, 18.01.2018	Becker (Becker), Rechtspflegerin

Hinweisblatt zum Antrag auf Beratungshilfe

Allgemeine Hinweise

Wozu Beratungshilfe?
Bürgerinnen und Bürger mit geringem Einkommen können Beratungshilfe bekommen, um sich rechtlich beraten und, soweit erforderlich, vertreten zu lassen. Beratungshilfe kann auf allen Rechtsgebieten erteilt werden. Näheres erfahren Sie bei den Gerichten und den Rechtsanwältinnen/Rechtsanwälten sowie den sonstigen Beratungspersonen.

Wer erhält Beratungshilfe, was sind die Voraussetzungen dafür?
Beratungshilfe erhält, wer nach seinen persönlichen und wirtschaftlichen Verhältnissen die für eine Beratung oder Vertretung erforderlichen **Mittel nicht aufbringen kann**. Dies sind in der Regel Personen, die laufende Leistungen zum Lebensunterhalt nach dem Zwölften Buch Sozialgesetzbuch („Sozialhilfe") beziehen. Aber auch bei anderen Personen mit geringem Einkommen können die Voraussetzungen dafür vorliegen. Nähere Auskünfte erteilen ggfs. die Amtsgerichte und die Beratungspersonen.

Es darf Ihnen zudem **keine andere Möglichkeit zur** kostenlosen **Beratung und/ oder Vertretung** in der von Ihnen genannten Angelegenheit zur Verfügung stehen (wie z. B. in der Regel als Mitglied in einer Gewerkschaft, einem Mieterverein oder wenn Sie eine Rechtsschutzversicherung abgeschlossen haben). Es darf Ihnen in **derselben Angelegenheit** auch **nicht bereits Beratungshilfe bewilligt** oder vom Gericht versagt worden sein. Ob es sich um dieselbe Angelegenheit handelt, muss ggf. im Einzelfall beurteilt werden.

Da die Beratungshilfe für die Wahrnehmung von Rechten außerhalb eines gerichtlichen Verfahrens gewährt wird, darf in derselben Angelegenheit **kein gerichtliches Verfahren anhängig** sein. Dazu gehört z. B. auch ein Streitschlichtungsverfahren vor einer Gütestelle, das in einigen Ländern vor Erhebung einer Klage durchgeführt werden muss (obligatorisches Güteverfahren nach § 15a des Gesetzes betreffend die Einführung der Zivilprozessordnung). Wer sich in einem gerichtlichen Verfahren vertreten lassen möchte, kann Prozesskosten- beziehungsweise Verfahrenskostenhilfe bekommen.

Des Weiteren darf die beabsichtigte Inanspruchnahme der Beratungshilfe nicht mutwillig sein. Sie ist dann **nicht mutwillig**, wenn Sie nicht von Beratung absehen würden, wenn Sie die Kosten selbst tragen müssten.

Erforderlich ist ein **Antrag**, der mündlich oder schriftlich gestellt werden kann. Für einen schriftlichen Antrag ist das anhängende Formular zu benutzen. Sie können den Antrag bei dem Amtsgericht stellen oder Sie können unmittelbar eine der unten genannten Beratungspersonen Ihrer Wahl mit der Bitte um Beratungshilfe aufsuchen. **In diesen Fällen muss der Antrag binnen 4 Wochen nach Beratungsbeginn beim Amtsgericht eingehen, sonst wird der Antrag auf Beratungshilfe abgelehnt.**

Liegen die Voraussetzungen für die Gewährung von Beratungshilfe vor, stellt das Amtsgericht, sofern es nicht selbst die Beratung vornimmt, Ihnen einen **Berechtigungsschein für Beratungshilfe** durch eine Beratungsperson Ihrer Wahl aus. Gegen einen Beschluss des Amtsgerichts, durch den Ihr Antrag zurückgewiesen wird, ist der nicht befristete Rechtsbehelf der Erinnerung statthaft. Das bedeutet, dass Sie dem Gericht schriftlich darlegen können, warum Sie mit der Entscheidung nicht einverstanden sind.

Wer gewährt Beratungshilfe?
Die Beratungshilfe gewähren zum einen die **Beratungspersonen** (Rechtsanwältinnen und Rechtsanwälte sowie in Kammern zugelassene Rechtsbeistände, in steuerrechtlichen Angelegenheiten auch Steuerberater und Wirtschaftsprüfer; in Rentenangelegenheiten auch Rentenberater). Besondere **anwaltliche Beratungsstellen**, die aufgrund einer Vereinbarung mit den Landesjustizverwaltungen eingerichtet worden sind, gewähren ebenfalls Beratungshilfe. Sie alle sind – außer in besonderen Ausnahmefällen – zur Beratungshilfe verpflichtet.

Kapitel 2: Subjektive Voraussetzungen gem. § 1 Abs. 1 Nr. 1 BerHG

Auch das **Amtsgericht** gewährt direkt Beratungshilfe. Es erteilt eine sofortige Auskunft, soweit Ihrem Anliegen dadurch entsprochen werden kann. Das Amtsgericht weist auch auf andere Möglichkeiten der Hilfe hin. Im Übrigen nimmt es Ihren Antrag auf Beratungshilfe oder Ihre Erklärung auf und stellt ggf. einen Berechtigungsschein aus.

Was kostet mich die Beratungshilfe?
Wird die Beratungshilfe nicht bereits durch das Amtsgericht selbst, sondern durch eine Beratungsperson gewährt, so haben Sie an die Beratungsperson 15 Euro zu bezahlen. Die Beratungsperson kann auf diese Gebühr auch verzichten. Alle übrigen Kosten der Beratungshilfe trägt in aller Regel die Landeskasse.
Weitergehende Gebühren können auf Sie zukommen, wenn das Amtsgericht Ihren Antrag auf Beratungshilfe **ablehnt, nachdem eine Beratung bereits erfolgt ist**, oder die Bewilligung von Beratungshilfe wieder **aufgehoben** wird. In diesen Fällen müssen Sie die Kosten für die Beratungshilfe tragen. Nähere Auskünfte dazu erteilen ggfs. die Amtsgerichte und die Beratungspersonen.
Weitere Kosten können auch auf Sie zukommen, wenn Sie infolge der Beratung durch Beratungshilfe etwas erlangt haben. Die Beratungsperson kann dann den Antrag stellen, dass die Beratungshilfe aufgehoben wird und von Ihnen die vorher mit Ihnen für diesen Fall vereinbarten Gebühren verlangen. Darauf müssen Sie aber im Vorwege bei der Mandatsübernahme von der Beratungsperson schriftlich **hingewiesen** werden.

Was ist bei der Antragstellung zu beachten?
Lesen Sie bitte das Antragformular sorgfältig durch und füllen Sie es gewissenhaft aus. Sie finden auf der nächsten Seite Hinweise, die Ihnen die Beantwortung der Fragen erleichtern sollen. Wenn Sie beim Ausfüllen Schwierigkeiten haben, wird Ihnen das Amtsgericht oder Ihre Beratungsperson behilflich sein.
Sollte der Raum im Antragsformular nicht ausreichen, können Sie Angaben auf einem gesonderten Blatt machen. Bitte weisen Sie in dem betreffenden Feld auf das beigefügte Blatt hin.
Da die Mittel für Beratungshilfe von der Allgemeinheit durch Steuern aufgebracht werden, muss das Gericht prüfen, ob Sie Anspruch darauf haben. Das Formular soll diese Prüfung erleichtern. Haben Sie daher bitte Verständnis dafür, dass Sie Ihre persönlichen und wirtschaftlichen Verhältnisse darlegen müssen.

Wichtig:
Bitte fügen Sie alle notwendigen Belege (insbesondere über Ihr Einkommen, Ihr Vermögen und Ihre Belastungen) in Kopie bei. Sie ersparen sich Rückfragen, die das Verfahren verzögern. Antworten Sie wahrheitsgemäß und vollständig, sonst kann schon bewilligte Beratungshilfe wieder aufgehoben werden und Sie müssen die angefallenen Kosten nachzahlen.
Das Gericht kann Sie auch auffordern, fehlende Belege nachzureichen und Ihre Angaben an Eides statt zu versichern. Wenn Sie angeforderte Belege nicht nachreichen, kann dies dazu führen, dass Ihr Antrag auf Bewilligung von Beratungshilfe zurückgewiesen wird. Bei bewusst falschen oder unvollständigen Angaben droht Ihnen außerdem strafrechtliche Verfolgung.

Ausfüllhinweise

A   Geben Sie bitte an, was vorgefallen ist und weshalb Sie beraten werden wollen. Stellen Sie dazu den **Sachverhalt** kurz dar und geben Sie gegebenenfalls Name und Anschrift Ihres Gegners an.
B   **Rechtsschutzversicherung:** Sollten Sie eine Rechtsschutzversicherung haben, klären Sie bitte vorher mit Ihrer Versicherung, ob diese für die Kosten aufkommt. Beratungshilfe kann nur bewilligt werden, wenn dies vorab geklärt ist (bitte fügen Sie das Schreiben der Rechtsschutzversicherung ggf. bei).
Anderweitige Möglichkeit der Beratung/Vertretung: Organisationen wie zum Beispiel Mietervereine oder Gewerkschaften bieten für ihre Mitglieder in der Regel kostenlose Beratung und Vertretung. Dann haben Sie in der Regel keinen Anspruch auf Beratungshilfe. Wenn Sie diese Möglichkeit für nicht ausreichend halten, begründen Sie dies bitte auf einem gesonderten Blatt.

Bisherige Bewilligung von Beratungshilfe: Wurde Ihnen Beratungshilfe in derselben Angelegenheit zu einem früheren Zeitpunkt bereits bewilligt, muss Ihr Antrag abgelehnt werden. Wenn bezüglich einer bereits bewilligten Beratungshilfe Zweifel bestehen könnten, ob es sich um die dieselbe Angelegenheit handelt, geben Sie bitte auf einem gesonderten Blatt das Datum der damaligen Bewilligung, den Namen und die Anschrift der Beratungsperson an und benennen Sie die Gründe, weshalb Sie erneut Beratungshilfe beantragen.

Anhängiges gerichtliches Verfahren: Beratungshilfe kann nur bewilligt werden, wenn in derselben Angelegenheit kein gerichtliches Verfahren geführt wurde oder wird. Dies müssen Sie auch ausdrücklich versichern. Wenn bezüglich eines anhängigen oder durchgeführten Gerichtsverfahrens Zweifel bestehen könnten, geben Sie bitte auf einem gesonderten Blatt das zuständige Gericht und das dortige Aktenzeichen an und benennen Sie kurz die Gründe, warum es sich nicht um dieselbe Angelegenheit handelt.

C Als **Bruttoeinkommen** geben Sie hier bitte alle Ihre Einkünfte in Geld oder Geldeswert an, insbesondere
  – Lohn, Gehalt (auch Weihnachtsgeld und Urlaubsgeld), Arbeitslosengeld, Einkünfte aus selbständiger Arbeit, Renten,
  – Einkünfte aus Vermietung oder Verpachtung, Einkünfte aus Kapitalvermögen,
  – Unterhaltsleistungen,
  – Kindergeld, Wohngeld, Ausbildungsförderung.

Als **Nettoeinkommen** gilt der Betrag, der zur Verfügung steht, nachdem alle nötigen Leistungen abgezogen wurden, insbesondere
  – die auf das Einkommen zu entrichtenden Steuern,
  – Pflichtbeiträge zur Sozialversicherung (Renten-, Kranken-, Pflege-, Arbeitslosenversicherung),
  – Beiträge zu sonstigen Versicherungen wie z. B. eine sogenannte Riester-Altersvorsorge (bitte auf einem gesonderten Blatt erläutern),
  – Werbungskosten (notwendige Aufwendungen für Erwerb Sicherung und Erhalt der Einnahmen, zum Beispiel Berufskleidung, Gewerkschaftsbeitrag, Kosten für die Fahrt zur Arbeit).

Maßgebend ist in der Regel der letzte Monat vor der Antragstellung; bei Einkünften aus selbständiger Arbeit sowie bei unregelmäßig anfallenden Einkünften ist jedoch ein Zwölftel der voraussichtlichen Jahreseinkünfte anzugeben. Das Einkommen des Ehegatten oder eingetragenen Lebenspartners bzw. der Ehegattin oder eingetragenen Lebenspartnerin ist anzugeben, weil er oder sie unter Umständen als unterhaltsverpflichtete Person in wichtigen und dringenden Angelegenheiten für die Kosten der Inanspruchnahme einer Beratungsperson aufkommen muss.

Fügen Sie bitte für alle Angaben Belege bei, zum Beispiel Lohn- oder Gehaltsabrechnungen, einen Bewilligungsbescheid nach dem Zweiten Buch Sozialgesetzbuch mit Berechnungsbogen, oder wenn Sie selbstständig sind, bitte den letzten Steuerbescheid.

D Die **Kosten für Ihre Unterkunft** werden berücksichtigt, soweit sie nicht in einem auffälligen Missverhältnis zu Ihren Lebensverhältnissen stehen. Für die monatlichen Wohnkosten geben Sie bitte bei Mietwohnungen die Miete nebst Heizungs- und Nebenkosten (das sind die auf den Mieter umgelegten Betriebskosten) an. Stromkosten (soweit es sich nicht um Heizkosten handelt) und Kosten für Telefon gehören dagegen nicht zu den Wohnkosten. Bei Wohneigentum geben Sie bitte die Zins- und Tilgungsraten auf Darlehen/Hypotheken/Grundschulden nebst Heizungs- und Betriebskosten an.

E Es liegt in Ihrem Interesse anzugeben, welchen Personen Sie **Unterhalt gewähren** und ob diese eigene Einkünfte haben. Denn die Unterhaltsleistung wird berücksichtigt, wenn Sie zu dieser gesetzlich verpflichtet sind. Wenn Sie den Unterhalt nicht ausschließlich durch Zahlung gewähren (beispielsweise weil ein Kind nicht nur Zahlungen von Ihnen erhält, sondern ganz oder teilweise bei Ihnen wohnt und versorgt wird), lassen Sie diese Spalte bitte frei. Es wird dann für jeden Angehörigen ein gesetzlich festgelegter Unterhaltsfreibetrag angesetzt.

F Geben Sie bitte zunächst alle Bankkonten an, die Ihnen, Ihrem Ehegatten/eingetragenen Lebenspartner bzw. Ihrer Ehegattin/eingetragenen Lebenspartnerin je-

Kapitel 2: Subjektive Voraussetzungen gem. § 1 Abs. 1 Nr. 1 BerHG   **105**

weils alleine oder gemeinsam gehören. Diese Angaben sind auch bei fehlendem Guthaben erforderlich, da die Kontostände ggfs. mit anderen Vermögenswerten aufgerechnet werden können. Beratungshilfe kann auch dann bewilligt werden, wenn zwar **Vermögenswerte** vorhanden sind, diese aber zur Sicherung einer angemessenen Lebensgrundlage oder einer angemessenen Vorsorge dienen. Solche Vermögenswerte sind zum Beispiel
- ein selbst genutztes angemessenes Hausgrundstück (Familienheim),
- ein von Ihnen oder der Familie genutztes angemessenes Kraftfahrzeug, sofern dieses für die Berufsausbildung oder die Berufsausübung benötigt wird,
- kleinere Barbeträge oder Geldwerte (Beträge bis insgesamt 5.000 Euro für Sie persönlich zuzüglich 500 Euro für jede Person, der Sie Unterhalt gewähren, sind in der Regel als ein solcher kleinerer Betrag anzusehen),
- Hausrat und Kleidung sowie Gegenstände, die für die Berufsausbildung oder die Berufsausübung benötigt werden (diese müssen Sie nur angeben, wenn sie über das Übliche hinausgehen oder wertvoll sind),
- der angesparte Betrag einer sogenannten Riester-Altersvorsorge.

Sollte der Einsatz oder die Verwertung eines anderen Vermögensgegenstandes für Sie und Ihre Familie eine Härte bedeuten, erläutern Sie dies bitte auf einem gesonderten Blatt.

G **Zahlungsverpflichtungen** und sonstige **besondere Belastungen** können berücksichtigt werden, soweit dies angemessen ist. Unter **Zahlungsverpflichtungen** fallen insbesondere Kreditraten, sofern sie tatsächlich getilgt werden. Sonstige **besondere Belastungen** können zum Beispiel zusätzliche ärztliche Behandlungskosten, Aufwendungen für außerschulische Lernförderung, BAföG-Darlehensraten oder Mehrausgaben für einen behinderten Angehörigen sein. Auch eine Unterhaltsbelastung des Ehegatten oder eingetragenen Lebenspartners bzw. der Ehegattin oder eingetragenen Lebenspartnerin aus seiner bzw. ihrer früheren Ehe oder eingetragenen Lebenspartnerschaft kann hier angegeben werden. Bitte fügen Sie sowohl für die geltend gemachte Zahlungsverpflichtung oder sonstige Belastung als auch für die Zahlungen, die Sie leisten, und die Restschuld Belege bei (z. B. Kopie des Kreditvertrags, Kopien der Kontoauszüge o. Ä.).

Wenn Sie Leistungen nach dem Zweiten oder Zwölften Buch Sozialgesetzbuch erhalten und sich in einer besonderen Lebenssituation befinden, werden die bei Ihnen **anerkannten Mehrbedarfe** gemäß § 21 SGB II oder § 30 SGB XII ebenfalls als besondere Belastung berücksichtigt. Beispiele hierfür sind:
- Feststellung des Merkzeichens G und Erreichen der Altersgrenze/volle Erwerbsminderung
- Werdende Mütter nach der 12. Schwangerschaftswoche
- Alleinerziehende Personen, die mit einem oder mehreren minderjährigen Kindern zusammenleben
- Behinderte Personen, denen bestimmte Leistungen gem. SGB XII zuerkannt werden
- Personen, die medizinisch bedingt einer kostenaufwändigen Ernährung bedürfen
- Dezentrale Warmwasserversorgung
- Unabweisbarer laufender Mehraufwand.

Weisen Sie auf die anerkannten Mehrbedarfe aufgrund Ihrer besonderen Lebenssituation bitte ggf. hin. Angaben zu Zahlungen dafür sind in diesen Fällen nicht erforderlich.

Prüfung:
Bei der Ermittlung des verwertbaren Vermögens bzw. des einzusetzenden Einkommens gibt es keine vorgeschriebene Prüfungsreihenfolge.
Da in unserem Beispiel der Rechtsuchende Sven Muster über Vermögenswerte, nämlich einen Pkw und eine Lebensversicherung verfügt, bietet es sich hier an, mit der Prüfung evtl. verwertbaren Vermögens anzufangen.

1. Prüfung des verwertbaren Vermögens
a) **Pkw VW Touran.** Bei dem vorhandenen Pkw handelt es sich um einen Van, der bereits 12 Jahre alt ist und nur noch einen geringen Restwert in Höhe von 2.000,00 EURO aufweist.

Der Rechtsuchende hat weiter geltend gemacht, dass er den Pkw benötige, um zu seiner Arbeitsstelle zu gelangen, da öffentliche Verkehrsmittel nicht vorhanden sind.
Da es sich hier nur noch um einen geringen Restwert handelt, eine Verwertbarkeit und Verfügbarkeit der entsprechenden Mittel bei einem solch alten Pkw wenig möglich erscheinen, und der Rechtsuchende auch zur Berufsausübung auf diesen Pkw angewiesen ist, scheidet eine Verwertbarkeit des Pkw aus.

b) Lebensversicherung bei der Z-Versicherung über 20.000,00 EURO. Es handelt sich vorliegend um eine noch nicht ausgezahlte Lebensversicherung, die **zur Altersvorsorge** dient. Über weitere Altersvorsorgeversicherungen verfügt der Rechtsuchende in unserem Falle nicht.
Es ist daher hier zu prüfen, ob es noch weiterer Vermögensbildung bedarf und sie tatsächlich notwendig und der wirtschaftlichen Situation des Rechtsuchenden und seiner Familie angemessen ist sowie ob der Einsatz des Rückkaufwertes für die Prozesskosten zumutbar erscheint.
Die vorliegende Lebensversicherung erscheint im Hinblick auf die Einkommens- und Vermögenssituation des Rechtsuchenden und seiner Familie **angemessen**. Auch dient sie zur späteren Altersvorsorge. Sonstige Altersvorsorgeversicherungen hat der Rechtsuchende keine.
Daneben handelt es sich um eine kleinere Lebensversicherung mit einem noch sehr geringen Rückkaufswert in Höhe von 1.500,00 EURO, der sich unter dem Schonvermögen gem. § 115 Abs. 3 S. 2 ZPO, § 90 Abs. 2 Nr. 9 SGB XII i. V. m. § 1 Abs. 1 S. 1 Nr. 1 b) der DVO zu § 90 Abs. 2 Nr. 9 SGB XII beläuft.
Aus den darlegten Gründen erscheint eine Verwertung der Lebensversicherung in unserem Fall nicht angemessen.[634]

c) Girokonto. Das Girokonto weist einen Kontostand von 1.384,00 EURO im Soll auf.
Ergebnis: Der Rechtsuchende verfügt damit über **kein zur Finanzierung der Rechtsanwaltskosten verwertbares Vermögen.**

2. Ermittlung des einzusetzenden monatlichen Einkommens

Als nächster Schritt sind das monatliche Einkommen sowie die zu berücksichtigenden Abzüge zu ermitteln:

a) Einkünfte	
Arbeitseinkommen Da anhand der vorgelegten Einkommensnachweise ein durchschnittliches monatliches Nettoeinkommen ausgewiesen ist, erübrigt sich die Ermittlung eines Nettoeinkommens anhand des Bruttoeinkommens abzgl. der in § 82 Abs. 2 SGB XII bezeichneten Beträge (Steuern, Sozialversicherungsabgaben).	1.967,00 EURO (netto)
Kindergeld (2 × 194,00 EURO) Der Rechtsuchende Sven Muster hat seinen Wohnsitz in Deutschland. Die beiden Kinder Sophie und Luca leben im Haushalt des Rechtsuchenden. Beide Kinder sind unter 6 Jahre alt. Es wird hier davon ausgegangen, dass der Rechtsuchende für beide Kinder das Kindergeld erhält.	388,00 EURO
Monatliches Gesamteinkommen:	2.355,00 EURO
b) Abzüge/Freibeträge	
Abzüge der Beträge gem. § 115 Abs. 1 S. 3 Nr. 1a ZPO i. V. m. § 82 Abs. 2 SGB XII	

---

634 OLG Sachsen-Anhalt, FamRZ 2006, 496; Hanseatisches OLG Hamburg, FamRZ 2001, 925 f.; *Dürbeck/Gottschalk*, Rn. 383; a. A.: OLG Köln, FamRZ 2004, 382 (der Umstand, dass der Rückkaufwert deutlich hinter dem wahren Wert der Lebensversicherung zurückbleibt, führt zu keiner anderen Beurteilung als diese als Vermögen einzusetzen); KG, FamRZ 2003, 1394.

Kapitel 2: Subjektive Voraussetzungen gem. § 1 Abs. 1 Nr. 1 BerHG

Steuern, Pflichtbeiträge Da vorliegend bereits das ausgewiesene Nettoeinkommen zugrunde gelegt wird, sind hierin bereits die Abzüge von Steuern und gesetzlichen Pflichtbeiträge zur Sozialversicherung berücksichtigt.	0,00 EURO
sonstige Versicherungsbeiträge In Betracht kommen vorliegend: – die geltend gemachte Kfz-Haftpflichtversicherung kein Ansatz (siehe hierzu die Ausführungen zu den Werbungskosten) – **Beiträge für die bestehende Lebensversicherung bei der Z-Versicherung** Wie bereits oben ausgeführt, ist die bei der Z-Versicherung bestehende Lebensversicherung angemessen und sachgerecht und dient der Altersvorsorge. Die monatlichen Beiträge können daher hier abgesetzt werden.	0,00 EURO 145,60 EURO
Werbungskosten Gem. § 82 Abs. 2 Nr. 4 SGB XII können die mit der **Erzielung** des Einkommens verbundenen Aufwendungen abgezogen werden. Im vorliegenden Fall kommt der Abzug von **Fahrtkosten** in Betracht. Zur Ermittlung wird nach der h. M. § 3 Abs. 6 VO zur Durchführung des § 82 SGB XII herangezogen. Ist ein Pkw erforderlich, kann hiernach eine **monatliche Pauschale von 5,20 EURO/km (einfache Wegstrecke)**, angesetzt werden. Damit sind auch die Beiträge für eine **Kfz.-Versicherung** sowie die Kfz.-Steuerbeträge **abgegolten**. Vorliegend ist wie bereits oben ausgeführt, ein Pkw zur Berufsausübung notwendig. Die einfache Strecke beträgt pro Tag 15 km. Folglich kann eine monatliche Pauschale von **5,20 EURO x 15 km = 78,00 EURO** in Abzug gebracht werden. Hierin sind bereits die ansonsten oben aufzuführenden Kfz-Haftpflichtversicherungsbeiträge enthalten und werden nicht mehr gesondert berücksichtigt.	78,00 EURO
Abzug gem. § 115 Abs. 1 S. 3 Nr. 1b ZPO Erwerbstätigenfreibetrag Da der Rechtsuchende erwerbstätig ist, kann er den Erwerbstätigenbonus in Anspruch nehmen.	219,00 EURO
Abzug gem. § 115 Abs. 1 S. 3 Nr. 2a und b ZPO – **Freibetrag für den Rechtsuchenden** – **Freibetrag für die Ehefrau** – **Freibeträge für die beiden Kinder, denen er auf Grund gesetzlicher Unterhaltspflicht Unterhalt leistet (2 x 275,00 EURO)**	481,00 EURO 481,00 EURO 550,00 EURO
Abzüge gem. § 115 Abs. 1 S. 3 Nr. 3 ZPO **Wohnkosten** Die monatlichen Wohnkosten betragen 533,00 EURO. Es sind keine Anhaltspunkte ersichtlich, dass diese in einem auffälligen Missverhältnis zu den Lebensverhältnissen des Rechtsuchenden und seiner Familie sowie den örtlichen Gegebenheiten stehen.	533,00 EURO
b) Abzüge/Freibeträge	
Abzüge gem. § 115 Abs. 1 S. 3 Nr. 5 **Besondere Belastungen** – **Kreditverpflichtungen** Der Rechtsuchende hat auf den Konsumkredit bei der xy-Bank monatliche Raten in Höhe von 100,00 EURO zu zahlen. Der Kredit wurde bereits eingegangen, als der Rechtsuchende noch keine Kenntnis vom bevorstehenden mietrechtlichen Streit hatte und dient einer angemessenen Lebensführung. Die Tilgungsraten erscheinen auch angemessen, die Forderung valutiert noch und die Raten werden auch tatsächlich entrichtet. – **Frühere Rechtsanwaltskosten** Der Rechtsuchende hat dem RA Meier aus einer Familiensache noch eine kleinere Restforderung zu zahlen. Die Forderung valutiert ebenfalls noch und die Raten werden ebenfalls tatsächlich entrichtet. Raten auf frühere Rechtsanwaltskosten können ebenfalls als besondere Belastungen abgesetzt werden. – **Kindergartenbeiträge für die beiden Kinder Sophie und Luca** Der Rechtsuchende hat in seinem Antrag für die beiden Kinder jeweils 47,00 EURO/Monat Kindergartenbeiträge als Belastung geltend gemacht. Kindergartenkosten sind keine besonderen Belastungen und durch die allgemeinen Freibeträge bereits abgegolten.	100,00 EURO 25,00 EURO 0,00 EURO
Gesamtbetrag Abzüge/Freibeträge	2.612,60 EURO

Ergebnis:
Die vorzunehmenden Abzüge/Freibeträge in Höhe von monatlich 2.612,60 EURO übersteigen das Einkommen in Höhe von 2.355,00 EURO.
Folglich verbleibt **kein einzusetzendes und zu halbierendes (Rest-)Einkommen** im Sinne von § 115 ZPO, so dass Prozesskostenhilfe ohne Ratenbewilligung zu gewähren wäre.
Demnach liegen die persönlichen und wirtschaftlichen Voraussetzungen zur Gewährung von Beratungshilfe in unserem Falle vor.

Kapitel 3: Objektive Voraussetzungen der Beratungshilfe

I. Allgemeines

106 Gemäß § 1 Abs. 1 Nr. 2, 3 BerHG wird Beratungshilfe für die **Wahrnehmung der Rechte außerhalb gerichtlicher Verfahren** (oder im obligatorischen Güteverfahren gem. § 15a EGZPO) gewährt, wenn (neben den bereits vorliegenden Voraussetzungen des § 1 Abs. 1 Nr. 1 BerHG, sh. insoweit Kapitel 2 „Subjektive Voraussetzungen", ab Rn. 19) **nicht andere Möglichkeiten** für eine Hilfe zur Verfügung stehen, deren Inanspruchnahme dem Rechtsuchenden zumutbar sind.
Daneben darf die Wahrnehmung der Rechte **nicht mutwillig** erscheinen. Eine nähere Definition dieser Voraussetzungen enthält das Gesetz in § 1 Abs. 3 BerHG nur hinsichtlich der Mutwilligkeit. Im folgenden Kapitel wird dargestellt, **wann eine Rechtswahrnehmung i. S. d. Beratungshilfegesetzes** überhaupt vorliegt. Besonders wichtig ist hierbei die Frage, in welchen Fällen und ab welchem Zeitpunkt (aufgrund welcher Ereignisse) der Rechtsuchende veranlasst ist, seine Rechte durch weitere Schritte wahrzunehmen. Es ist stets der **Vergleich zu ziehen**, ob eine **verständige, nicht bedürftige Partei** ihre vermeintlichen **Rechte** in **gleicher Weise** verfolgen würde.[1]
Beratungshilfe kann **ausgeschlossen** sein, wenn **die Beratungstätigkeit** der Beratungsperson so **eng** mit der **Mandatierung** in einem **gerichtlichen Verfahren zusammenhängt**, dass kein gesonderter Gebührenanspruch bei der Beratungsperson entsteht.
Im Anschluss wird zum einen auf die einzelnen denkbaren **Hilfemöglichkeiten**, die u. a. stark von den örtlichen Gegebenheiten beeinflusst werden, als auch auf die von der Rechtsprechung heraus gebildeten Erkenntnisse, wann eine Rechtswahrnehmung als mutwillig anzusehen ist, eingegangen.

II. Hilfebedürfnis zur Wahrnehmung von Rechten

1. Allgemeines

107 Voraussetzung für die Bewilligung von Beratungshilfe ist, dass bei dem Rechtsuchenden selbst ein **Hilfebedürfnis** zur Rechtswahrnehmung **besteht**. „Rechtswahrnehmung" bedeutet natürlich nur die Wahrnehmung eigener Rechte des Rechtsuchenden. Sinn und Zweck der Beratungshilfe **schließen aus**, dass Rat und Hilfe durch den Rechtsuchenden **für Dritte**, bei denen die Voraussetzungen des § 1 BerHG womöglich nicht gegeben sind, eingeholt werden.[2] Antragsteller im Beratungshilfeverfahren muss daher zwingend der Rechtsuchende selbst sein.

---

1 *Dürbeck/Gottschalk*, Rn. 1154, Rn. 1181; OLG Karlsruhe, FamRZ 1994, 1123; OLG Hamm, FamRZ 1980, 456 ff.; BVerfG, Rpfleger 2009, 571.
2 *Lindemann/Trenk-Hinterberger*, § 1 Rn. 6.

Dass der Rechtsuchende der „Hilfe für die Wahrnehmung von Rechten" (= Beratungshilfe) auch wirklich bedarf, die **Hilfe also als notwendig** angesehen werden kann, ist **Grundvoraussetzung** für die Gewährung von Beratungshilfe als besondere Form der Sozialleistung. Denn **Sinn und Zweck** von Beratungshilfe **ist es nicht**, dem Rechtsuchenden jedwede – und noch dazu zumutbare – **Eigenarbeit zu ersparen** oder gar eine **eigene Rechtsabteilung** zur Seite zu stellen.[3] Fälle der allgemeinen Lebenshilfe sind daher nicht Gegenstand der Beratungshilfe. Auch **fingierte Rechtsfragen** bilden keine Grundlage für die Bewilligung von Beratungshilfe.[4] Auch wenn lediglich um Beratungshilfe nachgesucht wird, um eigene wirtschaftliche Vorteile zu erlangen – wie etwa die Reduzierung der eigenen Steuerlast – scheidet Beratungshilfe aus, wenn es sich dabei um Argumente handelt, die lediglich allgemeine Aspekte und ein Basiswissen betreffen, welche auch vom Rechtsuchenden selbst in ein Formular eingetragen werden können,[5] Beratungshilfe für die Kostenübernahme eines **externen Gutachtens durch einen Kreditsachverständigen**[6] kann nicht gewährt werden.
Der Begriff „Hilfe" setzt zwar nicht zwingend die Notwendigkeit derselben voraus und könnte daher auch jemandem gewährt werden, um ihm Arbeit zu ersparen. Aber eine solche Lebenshilfe entspricht nicht der Zielsetzung der Beratungshilfe, weil es sich hierbei stets um eine konkrete Rechtswahrnehmung handeln muss, siehe Rn. 6.[7]

Unter Beratungshilfe im Sinne des Beratungshilfegesetzes ist daher immer eine rechtlich bzw. juristisch notwendige Hilfe zu verstehen, gleichgültig ob sie nur in Beratung oder in einer Vertretung besteht. Ihr Einsatz soll „sinnvoll" erfolgen,[8] auch wenn hier im Gegensatz zur Prozesskostenhilfe **nicht** auf die **Erfolgsaussicht** der Rechtswahrnehmung abgestellt wird. Die Inanspruchnahme der Hilfe muss daher erforderlich[9] sein und nicht mutwillig erscheinen.[10]
Die Rechtsberatung muss objektiv auch als solche verstanden werden, d. h. der **rechtliche Schwerpunkt** sollte auch **für einen Dritten nachvollziehbar** sein. Daneben muss das **Rechtsproblem im Vordergrund** stehen und nicht nur einen Nebensachverhalt darstellen, wie es sich bei allen täglichen Dingen ergeben kann.
Keine juristisch notwendige Hilfe liegt dann vor, wenn ein Rechtsanwalt lediglich wegen eines höheren Drohpotentials als Durchsetzungshilfe beansprucht werden soll.[11]

> **Hinweis:**
> Wegen des Begriffs „Mutwilligkeit" und entsprechender Beispiele hierzu wird auf Rn. 191 ff. verwiesen.
> Hiervon ausgehend muss der Sachverhalt, für welchen Beratungshilfe beantragt wird, die nachfolgend erörterten Merkmale erfüllen.

2. Nicht nur allgemeine Lebenshilfe

Ein Hilfebedürfnis liegt nur dann vor, wenn die Beratung bzw. Tätigkeit über eine **allgemeine Lebenshilfe** hinausgehen soll.
Allgemeine Lebenshilfe ist dann anzunehmen, wenn durch die Hilfe einer Beratungsperson lediglich **sprachliche Ungewandtheit, Verständigungsschwierigkei-**

---

3 AG Hannover, NZS 2016, 120; *Lissner*, Rpfleger 2007, 448 f.
4 *Groß*, § 1 BerHG, Rn. 15.
5 AG Euskirchen, Beschluss vom 29.4.2016, Az. 12 II 14/16 BerH – juris.
6 AG Sinsheim, Beschluss vom 15.3.2017, Az. BGH 138/16, n. v.
7 AG Saarbrücken, AnwBl 1994, 145 f.; *Groß*, § 1 BerHG, Rn. 14.
8 BVerfG, Rpfleger 2007, 552 f.
9 AG Würzburg, Beschluss vom 3.6.2015, Az. 112 UR II 303/15.
10 Bt-Drs. 17/11472, S. 36.
11 AG Halle (Saale), Beschluss vom 2.2.2012, Az. 103 II 1822/10 – juris.

ten, Zeitnot oder auch nur der **Unwille**, sich mit der Angelegenheit selbst zu befassen, ausgeräumt werden soll.[12]

110 Beispiele für allgemeine Lebenshilfe:
- formalisierte Antragstellungen, z. B. im Hinblick auf Sozialleistungen, Fahrerlaubnis, Kfz-Ummeldungen;
- Abschluss von Miet- und Verbraucherverträgen, Einkommenssteuererklärung;
- Beantragung von Sozialleistungen;[13]
- Beantragung von Erwerbsminderungsrente;[14]
- Korrespondenz mit Gläubigern bzgl. Zahlungsunfähigkeit, Gesuch nach Ratenvereinbarung;[15]
- Sonstige Lese-/Schreib-/Formulierungshilfe in nicht vorwiegend rechtserheblichen Angelegenheiten;[16] dies gilt auch für Ausländer.[17]

Für diese „**alltäglichen**" **Geschäfte** liegt der Schwerpunkt nicht auf der rechtlichen Erörterung. Die Aufzählung ist nicht abschließend.
Richtet sich das **Interesse** des Rechtsuchenden **nur auf die Klärung von Tatsachen** (Ermittlungen), ist die Beratungshilfe ebenfalls nicht das richtige Mittel.[18] Ebenso dient Beratungshilfe **nicht** zur Bewerkstelligung rein **wirtschaftlicher** oder **privater Belange**, wie etwa einer **Umschuldung**, solange sich nicht (ausnahmsweise) überwiegend Rechtsfragen ergeben.[19]
Rechtsberatung bedeutet daher z. B.:
- das Rechtsproblem muss im Vordergrund stehen und nicht nur den Nebensachverhalt darstellen, auch nicht nur in bloßen wirtschaftlichen Fragestellungen oder Tatsachenermittlungen bestehen;
- die angestrebte Hilfe darf nicht in allgemeiner Lebenshilfe, wie z. B. Schreib-/Formulierungshilfe oder Verständigungshilfe bestehen;[20]
- die rechtliche Problematik muss bereits eingetreten sein und nicht in einer Präventivberatung bestehen.[21]

3. Konkretes Rechtsanliegen

111 Es müssen Anzeichen für eine **konkrete Rechtsbeeinträchtigung** vorliegen, d. h. eine lediglich allgemeine oder präventive Beratung zu einem Rechtsgebiet ist von der Beratungshilfe nicht umfasst. Der kostenbewusste Rechtsuchende wird sich auch die Frage stellen, zu welchem Zeitpunkt er entsprechende Hilfe zur effektiven Ausübung der Rechte in Anspruch nehmen wird. Daher begründet die Befürchtung, irgendwann zu ungewisser Zeit einen Rechtsverlust zu erleiden, keinen Anspruch auf Beratungshilfe, d. h. es ist **keine präventive Beratung** im Rahmen der Beratungshilfe möglich.[22]
Eine konkrete Rechtsbeeinträchtigung liegt z. B. nicht oder noch nicht vor in folgenden Fällen:

---

12 AG Euskirchen, Beschluss vom 29.4.2016, Az. 12 II 14/16 BerH bei allg. steuerrechtlichem Basiswissen.
13 AG Hannover, NZS 2016, 120.
14 BVerfG, Beschluss vom 4.4.2016, Az. 1 BvR 2607/15.
15 AG Verden, Beschluss vom 23.10.2009, 11 II 40/09 – juris; AG Wetzlar, Rpfleger 2007, 152; *Groß*, § 1 BerHG, Rn. 13 f.; BT-Drs. 17/11472, S. 36.
16 *Lissner*, RVGreport 2016, 162 ff.; BVerfG, Rpfleger 2007, 552; AG Koblenz, Rpfleger 1997, 220 f.; AG Brühl, Beschluss vom 11.11.2014, Az. 85 II 1433/14 BerH – beckonline.
17 *Lissner*, RVGreport 2016, 162 ff.; AG Brühl, Beschluss vom 11.11.2014, Az. 85 II 1433/14 BerH – beckonline; BVerfG, Rpfleger 2007, 552 f.; AG Hannover, NdsRpfl 2005, 345; AG Koblenz, MDR 2007, 107.
18 Lindemann/Trenk-Hinterberger, § 1 Rn. 2.
19 Lindemann/Trenk-Hinterberger, § 1 Rn. 2.
20 BVerfG, Rpfleger 2007, 552–553; AG Koblenz, Rpfleger 1997, 220 f.
21 vgl. BVerfG, FamRZ 2012, 509.
22 BVerfG, FamRZ 2012, 509.

- Pauschale Überprüfung der Richtigkeit der Mietnebenkostenabrechnung, eines Behördenbescheides oder sonstiger Rechnungen ohne konkrete Anhaltspunkte für eine Unrichtigkeit;
- Abstrakte Beratung über Voraussetzungen und Folgen der Eheschließung, Trennung,[23] Ehescheidung, Adoption, Errichtung eines Testaments o. Ä.;
- Beratung über Rechte und Pflichten in laufenden Vertragsverhältnissen.

Eine konkrete Rechtsbeeinträchtigung bzw. ein konkretes rechtliches Anliegen liegt erst dann vor, wenn z. B. 112

- Abrechnungen wie Mietnebenkosten oder Telefonkosten nicht nachvollziehbare oder scheinbar überhöhte, nicht vertragsgemäße Posten enthalten (sh. hierzu jedoch Rn. 115);
- die Berechnung von Sozialleistungen oder Steuern objektiv nicht nachvollziehbar ist und falsch erscheint (zu den behördlichen Aufklärungspflichten sh. Rn. 116 ff.);
- keine oder keine antragsgemäße Gewährung von Sozialleistungen aus bestimmten Gründen erfolgt, die sich aus dem Bescheid ergeben (z. B. Verneinung des Leistungsanspruchs insgesamt, Leistungskürzung);
- eine Abmahnung oder vorzeitige Kündigung durch den Vertragspartner bzw. Arbeitgeber ausgesprochen wird;
- das Vorliegen oder die Höhe von Unterhalts- oder ehelichen Ausgleichsansprüchen ungewiss oder streitig ist.

Auch hier kann keine abschließende Aufzählung der denkbaren Fallkonstellationen erfolgen. Es ist stets **auf den jeweiligen Einzelfall abzustellen**.

> **Hinweis:**
> Nach Ansicht des Bundesverfassungsgerichts ist die konkrete Rechtsbeeinträchtigung im Falle eines Rechtsmittels (hier einer Verfassungsbeschwerde) konkret darzulegen.[24] Dies gilt auch im Falle eines Vergütungsrisikos bei Versagung von Beratungshilfe.[25]

4. Erschöpfung der eigenen Möglichkeiten

Schließlich ist zu prüfen bzw. zu überlegen, ob der Rechtsuchende **nichts mehr ausrichten kann**, um die **Angelegenheit selbst** – ohne juristische Fachkenntnisse – **zu klären** und sein Anliegen ohne größere Auseinandersetzungen als nötig aus der Welt zu schaffen.[26] 113

Hierbei sind allerdings **keine zu hohen Anforderungen** zu stellen, da die Beratungshilfe gerade in erster Linie dazu dient, über bestehende Rechtsansprüche aufzuklären. Wenn der Rechtsuchende noch gar nicht weiß, ob und welche Ansprüche bestehen könnten, sind die eigenen Möglichkeiten selbst in Fällen des täglichen Lebens gegebenenfalls beschränkt.[27]

a) Allgemeines. Es ist **ein gewisses Maß an Eigeninitiative zu erwarten**,[28] damit es nicht zu einer Besserstellung des mittellosen Rechtsuchenden gegenüber Selbstzahlern kommt. Hierbei kommt es im Wesentlichen auf die **individuellen Kenntnisse** und **Fähigkeiten des Rechtsuchenden** selbst, aber auch auf den Umfang, die 114

---

23 vgl. AG Helmstedt, AGS 2009, 511: Für die grundsätzliche Information über die Folgen der Trennung kann der Rechtsuchende zunächst entsprechende Fachliteratur zu Rate ziehen.
24 BVerfG, Beschluss vom 9.9.2017, Az. 1 BvR 1544/17; Beschluss vom 27.7.2016, Az. 1 BvR 147/16; Beschluss vom 4.4.2016, Az. 1 BvR 2607/15.
25 BVerfG, Beschluss vom 9.9.2017, Az. 1 BvR 1544/17.
26 *Lissner,* FamRB 2016, 32 ff.; *ders.,* RVGreport 2016, 311 ff.
27 AG Koblenz, NJWE-MietR 1996, 31.
28 BVerfG, Rpfleger 2016, 165 ff.; AG Halle (Saale), Beschluss vom 28.3.2012, Az. 103 II 6366/11 – juris.

Schwierigkeit oder die Bedeutung der Rechtsangelegenheit an.[29] Für Angelegenheiten, mit denen sich der Rechtsuchende in seinem Alltag typischerweise auseinandersetzen muss, ist bei diesem eine gewisse Grundkenntnis als vorhanden vorauszusetzen. So muss z. B. von einem Rechtsuchenden, der Wohn- oder Geschäftsräume vermietet, erwartet werden können, dass er sich bei typischen Unstimmigkeiten mit seinen Mietern (Vorliegen von Mietrückständen, Art der Anlage und Rückzahlung der Mietkaution, Übernahme einzelner Reparaturkosten) in hohem Maße selbst mit diesen oder ggfs. deren Rechtsbeiständen auseinandersetzt, bevor er **selbst** Rechtsrat in Anspruch nimmt.[30] Von einem durchschnittlichen Bürger kann erwartet werden, dass sich dieser ein entsprechendes „Basiswissen" verschaffen kann (z. B. von einem durchschnittlichen Steuerpflichtigen mittels an steuerrechtlichen Laien orientierten Literatur oder Software.[31] Bei nicht ganz einfacher Sach- und Rechtslage werden indes keine allzu hohen Anforderungen an die Eigenbemühungen zu stellen sein.[32]

115 Doch auch außerhalb der „typischen Angelegenheiten" fällt in der Regel ein erster „**Aufklärungsversuch**" in den Bereich der **zumutbaren Eigeninitiative**, auch bei niedrigem Bildungsstand des Rechtsuchenden.[33]
Es erscheint beispielsweise lebensnah, dass ein **Mieter,** der einzelne Posten in der **Nebenkostenabrechnung** als zu hoch ansieht, seinen Vermieter **zunächst selbst** um Überprüfung bzw. Erläuterung der Nebenkostenabrechnung bittet. Schließlich ist es denkbar, dass es sich letztlich nur um einen versehentlichen Rechenfehler oder ein Versehen handelt, sich die Angelegenheit also „ganz simpel" nach einem Gespräch oder nach einfachem Schriftverkehr erledigt. Auch die Einsichtnahme in den örtlichen Mietspiegel oder in die Betriebskostenverordnung kann im Wege der Eigeninitiative erwartet werden.
Gleiches gilt für **Zahlungsforderungen,** für die nach Ansicht des Rechnungsempfängers überhaupt keine Grundlage besteht, etwa weil zu dem Absender kein Vertragsverhältnis besteht, oder deren genaue Zusammensetzung nicht nachvollziehbar ist. Ein verständiger Bürger wird sich angesichts einer solchen Situation **zunächst selbst um Aufklärung bemühen** und den Absender auffordern, Angaben zur Rechtsgrundlage und der Berechnung seiner Forderung zu tätigen.
Erst wenn dieser erste **Aufklärungsversuch scheitert**, zum Beispiel weil die Gegenseite auf ihrer Forderung besteht, oder sogar anmahnt, oder innerhalb eines angemessenen Zeitrahmens gar nicht reagiert, erscheint die Inanspruchnahme weiterer Hilfe angemessen und notwendig. Je nach Fallkonstellation können aber in solch gelagerten Fällen andere Hilfemöglichkeiten in Anspruch zu nehmen sein (§ 1 Abs. 1 Nr. 2 BerHG).[34]

116 b) **Rechtliche Angelegenheiten auf dem Gebiet des Sozial- und Verwaltungsrechts.** Nach der **herrschenden Meinung**[35] gilt die Forderung nach angemessener Eigeninitiative des Rechtsuchenden **gerade auch im Bereich** des **Sozialrechts.** Die jeweils zuständige Sozialbehörde ist gesetzlich zur Auskunft und Beratung verpflichtet (beispielsweise gemäß § 25 Abs. 1 S. 2 VwVfG; §§ 14,

---

29 *Timme,* NJW 2013, 3057; *Zempel,* FPR 2013, 265.
30 *Groß,* § 1 BerHG, Rn. 14.
31 AG Euskirchen, Beschluss vom 29.4.2016, Az. 12 II 14/16 BerH – juris.
32 AG Halle (Saale), Beschluss vom 19.11.2012, Az. 103 II 107/12 – juris.
33 AG Hannover, NZS 2016, 120 ff.
34 zu den anderen Hilfemöglichkeiten sh. Rn. 139 ff.
35 AG Koblenz, Rpfleger 1998, 206; AG Northeim, Rpfleger 1991, 25; *Mümmler,* JurBüro 1984, 1126; *Bischof,* NJW 1981, 894 ff.; AG Koblenz, Rpfleger 1995, 366 (Wohnraumbeschaffung in einem Übergangswohnheim); AG Homburg, AnwBl 2008, 550–551 (Beratung durch Behörde wird außerhalb des Widerspruchsverfahrens bejaht); AG Siegburg, AGS 2008, 91 f.; *Dürbeck/ Gottschalk,* Rn. 1164; *Lissner,* RVGreport 2010, 324; Lindemann/Trenk-Hinterberger, § 1 Rn. 17; *Lissner,* RVGreport 2012, 202.

15 SGB I, 7 SGB XI, 8, 10 Abs. 2, 11, 68 Abs. 1 SGB XII; § 89 Abs. 2 AO, § 42e EStG).[36] Wenn sich der Rechtsuchende direkt an eine Beratungsperson wendet, bevor er sich mit der Behörde selbst in Verbindung gesetzt hat, ist die Beratungshilfe abzulehnen,[37] denn auch eine Person, die keinen Anspruch auf Beratungshilfe hat, würde zunächst selbst den Kontakt mit der Behörde suchen. Daher ist auch die sofortige Inanspruchnahme einer Beratungsperson zur bloßen fristwahrenden Einlegung eines Widerspruchs als mutwillig im Sinne des § 1 Abs. 1 Nr. 3 BerHG anzusehen.[38]

Zur Stellung eines **Antrages auf Gewährung von Sozialleistungen** im Rahmen der Beratungshilfe besteht folglich grundsätzlich **kein Raum**. Dies gilt **sowohl für den Erstantrag**, als auch für die (ggfs. regelmäßigen) **Folgeanträge**. Zum einen liegt in diesem Stadium des Verwaltungsverfahrens in aller Regel noch keine konkrete Rechtsbeeinträchtigung vor, solange die Behörde noch nicht über den Antrag entschieden hat, zum anderen sind z. B. etwaige formelle Probleme bei der Antragstellung wie fehlende Angaben oder Unterlagen direkt zwischen Bürger und Behörde zu regeln.

Der Rechtsuchende kann hier grundsätzlich mit der **Unvoreingenommenheit der Behörde** rechnen.[39] Sozialleistungen, auch Sozialhilfeleistungen, müssen daher zunächst unmittelbar bei der Behörde beantragt werden, und bei ihr muss um entsprechende Information darüber nachgesucht werden.[40] Für die **erstmalige Nachfrage oder Antragstellung bei der Behörde** kommt Beratungshilfe aufgrund der Hilfestellungen durch die Behörde daher regelmäßig nicht in Betracht.[41] Dies verletzt den Rechtsuchenden auch nicht in seinen verfassungsmäßigen Rechten.[42]

> **Sonderfall:**
> Die Behörde entscheidet nicht innerhalb angemessener Zeit über den Antrag. Zunehmend wird in der Praxis Beratungshilfe beantragt, weil die zuständige Sozialbehörde – angeblich trotz vollständiger Antragstellung und ohne ersichtliche Gründe – nicht über den gestellten Antrag des Rechtsuchenden entscheidet. Er möchte daher, dass ein Rechtsanwalt „Druck macht". Für eine solche Konstellation kommt Beratungshilfe in der Regel nicht in Betracht, weil in diesem Verfahrensstadium noch keine konkrete Rechtsbeeinträchtigung vorliegt bzw. weil die Sachstandsanfrage bei der Behörde durch den Rechtsuchenden selbst erfolgen könnte.[43] Auch wenn die Behörde eine Tatsache im Rahmen des Antragstellungsverfahrens möglicherweise übersehen hat, ist hieraus kein Grund zu der Annahme abzuleiten, dass diese sich auf eine dem Rechtsuchenden gegenüber gegnerische Position bereits festgelegt hat. Ein evtl. Fehler rechtfertigt daher regelmäßig nicht die Annahme einer Voreingenommenheit der Behörde.[44]

---

36 BVerfG, Beschluss vom 4.4.2016, Az. 1 BvR 2607/15; AG Hannover, NZS 2016, 120 ff.
37 AG Bamberg, JurBüro 1982, 71; AG Koblenz, Rpfleger 1998, 206; AG Neuss, Beschluss vom 2.12.2005, Az. 70 AR 1/05 n. v.; AG Northeim, Rpfleger 1991, 25; AG Westerburg, Rpfleger 1998, 478.
38 AG Bochum, Beschluss vom 27.5.2008, Az. 52 II 382/08- juris.
39 AG Eschweiler, Rpfleger 2006, 548 (549) (etwas anderes gilt, wenn die Behörde nicht nur offensichtlich rechtsfehlerhaft gehandelt hat, sondern auch noch eine sofortige Wahrnehmung der Interessen notwendig ist).
40 *Dürbeck/Gottschalk*, Rn. 1154, Rn. 1164; AG Koblenz, Rpfleger 1998, 206; AG Westerburg, Rpfleger 1998, 478.
41 AG Hannover, NZS 2016, 120 ff.; BVerfG, Beschluss vom 4.4.2016, Az. 1 BvR 2607/15; Beschluss vom 29.4.2015, Az. 1 BvR 1849/11; Beschluss vom 26.7.2014, Az. 1 BvR 256/14.
42 BVerfG, Rpfleger 2007, 552 (553).
43 AG Konstanz, NJOZ 2006, 4246.
44 AG Hannover, NZS 2016, 120 ff.

118 Rechtliche Probleme im Bereich des Sozialrechts ergeben sich also im Wesentlichen erst dann, wenn die Behörde nicht antragsgemäß über den Antrag des Bürgers entschieden hat oder Leistungen gekürzt, eingestellt oder zurückgefordert werden, was sich aus dem jeweiligen Bescheid (Verwaltungsakt) ergibt, der mit einer entsprechenden Begründung versehen sein sollte.

119 Auch für den Fall, dass ein **Widerspruchsverfahren** durchzuführen ist, gelten die oben erläuterten Ausführungen. Hier ist daher zu prüfen, ob der Rechtsuchende ggfs. nach Aufklärung durch oder mit Hilfestellung der Behörde in der Lage ist, die Angelegenheit selbst zu regeln.

Das Widerspruchsverfahren und das vorhergehende Anhörungsverfahren werden gesondert erläutert unter Rn. 142 ff.

III. Außerhalb eines gerichtlichen Verfahrens

1. Allgemeines

120 Beratungshilfe kann **nur außerhalb gerichtlicher Verfahren** gewährt werden.[45] Im Gegensatz zur Prozess- bzw. Verfahrenskostenhilfe, die **nur zu Beginn bzw. während gerichtlicher Verfahren** für die innerhalb des Verfahrens beabsichtigte Rechtsverfolgung bewilligt werden kann, soll die Beratungshilfe den außergerichtlichen Bereich abdecken. Sie stellt somit das **Gegenstück zur Prozess-/Verfahrenskostenhilfe** dar.[46]

Oftmals möchte sich der Rechtsuchende in einer konkreten Rechtssache, in der noch kein gerichtliches Verfahren absehbar ist, über seine Rechte und Möglichkeiten beraten lassen und – soweit notwendig – die Tätigkeit der Beratungsperson für die Korrespondenz mit der Gegenseite in Anspruch nehmen. Auch wenn dies nicht jedem Rechtsuchenden bewusst ist, liegt hierin auch der Wunsch, durch die Tätigkeit der Beratungsperson die Sache zu klären und einen Rechtsstreit zu vermeiden. Dies wiederum entspricht genau der Zielsetzung des Beratungshilfegesetzes.[47]

In den meisten **Fällen** ist diese Voraussetzung **unproblematisch** gegeben und bedarf keiner tiefgreifenderen Erörterung.

Einem nicht unbedeutenden Teil der Bevölkerung wiederum ist der Unterschied zwischen der reinen außergerichtlichen Anwaltstätigkeit und der Vertretung im gerichtlichen Verfahren gar nicht bekannt; auf jeden Fall wird aber eine Hilfe – egal in welcher Form – erbeten, mit der sich das bestehende Problem erledigen lässt.

> **Hinweis:**
> Sowohl bei der Antragstellung bei Gericht als auch beim Sofortzugang zum Rechtsanwalt/Beratungsperson wird es vorkommen, dass ein Bürger die Unterstützung für eine Klageerhebung erbittet. Für Rechtsunkundige wird die Differenzierung zwischen Klageerhebung und ggfs. noch erforderlichen oder möglichen außergerichtlichen Schritten dabei nicht immer verständlich sein.
> Im Gespräch wird sich daher oftmals herausstellen, dass es sinnvoll und auch kostengünstiger sein könnte, zunächst eine außergerichtliche Klärung der Angelegenheit zu versuchen, um so ein gerichtliches Verfahren zu vermeiden.
> Im Falle der Antragstellung bei Gericht wird der Rechtspfleger erkennen, ob er dem auf Klage gerichteten Begehren des Rechtsuchenden folgt und

---

45 *Lissner*, StB 2013, 160 ff.
46 BT-Drs. 8/3311, S. 9; *Lissner*, Rpfleger 2007, 448 ff.; *ders.*, StB 2013, 160 ff.
47 BT-Drs. 8/3311, S. 11: Die Beratungshilfe „soll jedoch nicht zur Aufgabe haben, das gerichtliche Verfahren selbst in Gang zu setzen oder während eines gerichtlichen Verfahrens – auch soweit dort heute noch kein gesetzlicher Anspruch auf PKH besteht – dem Rechtsuchenden eine rechtliche Hilfestellung zu geben."

ihn auf die Möglichkeit der Prozess- bzw. Verfahrenskostenhilfe hinweist oder ob er diesen in geeigneten Fällen auf das Institut der Beratungshilfe oder nach Möglichkeit auf anderweitige Hilfsmöglichkeiten hinweist.

2. Anhängige Gerichtsverfahren
a) Abgrenzung Beratungshilfe – Prozesskosten- bzw. Verfahrenskostenhilfe. **Abgrenzungsprobleme** zwischen Beratungshilfe einerseits und Prozesskosten- bzw. Verfahrenskostenhilfe andererseits können entstehen, wenn ein **gerichtliches Verfahren bereits anhängig ist, anhängig war oder in Zukunft anhängig gemacht werden soll**.
Beratungshilfe kann in jedem Fall nur soweit bewilligt werden, als nicht Prozess-/Verfahrenskostenhilfe beginnt oder beginnen könnte.[48]
Beratungshilfe kann somit für die **anwaltliche Tätigkeit in einem gerichtlichen Verfahren nicht bewilligt** werden, z. B. nachdem dort die Bewilligung von Prozesskostenhilfe bzw. die Beiordnung eines Rechtsanwalts abgelehnt wurde (etwa wegen mangelnder Erfolgsaussicht oder der fehlenden Erforderlichkeit rechtsanwaltlicher Vertretung, siehe §§ 114, 121 Abs. 2 ZPO). Das Risiko, sich nicht **vor** Eintritt in das gerichtliche Verfahren beraten zu lassen, geht zu Lasten des Rechtsuchenden.
Sinn und Ziel des Beratungshilfegesetzes ist es nicht, „außerhalb eines gerichtlichen Verfahrens" gleichzusetzen mit „außergerichtlich während eines gerichtlichen Verfahrens".[49]
Dem folgend wird **überwiegend** (sh. unten genannte Grenzfälle, Rn. 123) die dahingehende Auslegung des § 1 Abs. 1 BerHG zugelassen, dass die **Beratungshilfe außerhalb eines gerichtlichen Verfahrens** erfolgt, wenn sich der Rechtsuchende **nicht am Rechtsstreit beteiligen**, sondern diesen lieber **vermeiden** bzw. ihm aus dem Weg gehen möchte; dies soll auch dann gelten, wenn dieser bereits anhängig ist oder war.
Ausgangspunkt für die Beurteilung, ob die Rechtswahrnehmung außerhalb eines gerichtlichen Verfahrens erfolgen soll, sind **zwei Überlegungsansätze**:
- Zwischen den beiden Komplexen „außerhalb eines gerichtlichen Verfahrens" und „innerhalb eines gerichtlichen Verfahrens" darf es **keine Lücke** geben.
- Da der **Rechtsuchende** derjenige ist, der die rechtliche Unterstützung benötigt, kommt es zur Beurteilung des Komplexes, in dem er sich befindet, grundsätzlich auf **seinen Standpunkt** an.[50]

Beispiele hierfür sind die Gewährung von Beratungshilfe zur **Prüfung der Erfolgsaussicht eines Rechtsmittels**[51] oder Beratungshilfe „zwischen den Instanzen" (sh. insoweit § 17 Nr. 1 RVG). Der Fortgang eines teureren Verfahrens soll so vermieden werden.
Im Bereich der schriftlichen Antragstellung ergeben sich aber Besonderheiten, da auf dem zwingend zu verwendenden Formular[52] der Rechtsuchende versichern muss, dass „ein gerichtliches Verfahren weder anhängig ist oder war."

Beispiel:
Der Rechtsuchende beantragt Beratungshilfe in der Angelegenheit „Abwehr der Forderung der xy-GmbH in Höhe von ... EURO". Der Antrag ist im Übri-

---
48 *Kammeier*, Rpfleger 1998, 501.
49 *Groß*, § 1 BerHG, Rn. 22, *Lissner*, Rpfleger 2007, 448 (449); ders., Rpfleger 2012, 122 ff., ders., StB 2013, 160 (161).
50 *Lissner*, StB 2013, 160 ff.
51 BGH, JurBüro 2007, 436 (437), in einer Entscheidung zur Prozesskostenhilfe; a. A.: *Lissner*, Rpfleger 2007, 448 (449).
52 Anlage 1 der BerHFV.

> gen vollständig ausgefüllt und enthält damit auch die bereits vorgedruckte Versicherung des Rechtsuchenden, dass kein gerichtliches Verfahren anhängig ist oder war, obwohl der Rechtsuchende bezüglich der angegebenen Forderung bereits einen gerichtlichen Mahnbescheid zugestellt erhalten hat.

> **Praxistipp:**
> Den Rechtsuchenden bzw. deren Verfahrensbevollmächtigten wird insoweit zur Vermeidung von Rechtsnachteilen empfohlen, in derartigen Fällen das amtliche Formular entsprechend abzuändern (z. B. durch entsprechende Streichung des vorgedruckten Satzes) und auf einem Beiblatt kurz zu erläutern, warum – trotz Anhängigkeit eines gerichtlichen Verfahrens – dennoch Beratungshilfe in Anspruch genommen werden soll und für zulässig erachtet wird.
> Eine ähnliche Handhabung wird auch für die Fälle empfohlen, in welchen der Rechtsanwalt oder eine sonstige Beratungsperson der Auffassung ist, dass zwar im vorliegenden Fall ein gewisser Sachbezug zu einem bereits anhängigen gerichtlichen Verfahren besteht, jedoch die weitere Tätigkeit, für die nunmehr Beratungshilfe beantragt wird, nicht von den Gebühren im gerichtlichen Verfahren umfasst ist.

Ob für die Prüfung der Erfolgsaussicht einer Berufung oder eines sonstigen weiteren Vorgehens Beratungshilfe dann noch bewilligt werden kann, wenn der Rechtsuchende im ersten Verfahrensabschnitt bereits anwaltlich vertreten war und dieser Anwalt beibehalten bleiben soll, erscheint frag- und diskussionswürdig.

> **Beispiel:**
> Der Rechtsuchende war zivilrechtlich in erster Instanz anwaltlich vertreten. Der Rechtsuchende hat teilweise oder vollständig unterlegen. Es soll geprüft werden, ob die Einlegung einer Berufung sinnvoll erscheint (näheres hierzu sh. Rn. 216).

Jedenfalls in Strafsachen wo die Einlegung der Berufung gebührenrechtlich noch zur Instanz gehört, wird man eine Beratungshilfe wohl ablehnen müssen. In Zivilsachen ergibt sich ebenfalls die unter **Rn. 216** thematisierte Problematik und Diskussion, ob man diese Prüfung unter die Nebenverpflichtung des anwaltlichen Geschäftsbesorgungsvertrag subsumieren kann.
Seit dem 1.1.2014 ist die Versicherung des Rechtsuchenden, wonach noch kein gerichtliches Verfahren anhängig ist oder war, auch zum Gesetzeswortlaut erhoben worden (vergl. § 4 Abs. 3 Nr. 2 BerHG). Das Problem beschränkt sich daher nicht nur auf die schriftliche Antragstellung, sondern auch auf die mündliche Antragstellung.

123 b) **Die wichtigsten Grenzfälle.** In der täglichen Praxis ergeben sich in den verschiedensten Verfahren Grenzfälle und die Frage, ob und in welchem Verfahrensstadium Beratungshilfe möglich ist. Die wichtigsten Grenzfälle werden nachfolgend erläutert:

124 – **Zivilgerichtliches Klageverfahren:**
Derjenige, der selbst Klage einreicht, befindet sich zweifellos schon innerhalb des gerichtlichen Verfahrens.
Der Beklagte dagegen befindet sich auch nach Klagezustellung noch außerhalb des Verfahrens und kann daher Beratungshilfe zur Beratung über die Erfolgsaussichten der Verteidigung gegen die Klage in Anspruch nehmen.[53]

---
53 *Reuter*, NJW 1985, 2011 f.; *Lissner*, StB 2013, 160 ff.

- **Mahnverfahren:** 125
Beratungshilfe kann auch gewährt werden, wenn **gegen** den Rechtsuchenden im Mahnverfahren (Antragsgegner) bereits ein Mahnbescheid ergangen ist und er über die **Erfolgsaussichten eines Widerspruchs** unterrichtet werden möchte.[54] Der Ausschlussgrund des § 1 Abs. 1 BerHG (anhängiges gerichtliches Verfahren) erfasst nur das streitige gerichtliche Verfahren, in dem sich der Antragsgegner vor Einlegung des Widerspruchs noch nicht befindet.
Die Tätigkeit darf dann aber nur in der Beratung bestehen. Für das Einlegen des Widerspruchs selbst ist eine anwaltliche Tätigkeit nicht erforderlich, da der Rechtsuchende – als Antragsgegner des Mahnverfahrens – lediglich das ihm übersandte Widerspruchsformular ankreuzen und an das Gericht ohne jegliche Begründung zurücksenden kann (§ 694 Abs. 1 ZPO).
Der Rechtsuchende kann darüber hinaus längstens solange Beratungshilfe erhalten, bis ein Antrag auf Prozesskostenhilfe gestellt werden kann und anwaltliche Beiordnung möglich ist.[55] Ob die Erforderlichkeit einer anwaltlichen Beratung bejaht wird und tatsächlich eine Beiordnung erfolgt (regelmäßig ist dies nicht der Fall, sh. Rn. 610), ist kein Kriterium, vgl. Rn. 121.
Wenn gegen den Rechtsuchenden bereits ein Vollstreckungsbescheid ergangen ist und er über die **Erfolgsaussichten eines Einspruchs** unterrichtet werden möchte, kann nichts anderes gelten als beim Mahnbescheid. Auch hier muss Beratungshilfe für die reine Beratung in Betracht kommen. Hat der Prozessbevollmächtigte dagegen bereits Einspruch gegen einen Vollstreckungsbescheid eingelegt, leitet dieser gem. § 700 ZPO bereits in das streitige Verfahren über und Beratungshilfe ist abzulehnen.[56]
Dem Antragsteller im Mahnverfahren kann dieser Argumentation folgend **keine Beratungshilfe** gewährt werden. Dieser befindet sich bewusst und bereits aktiv in einem gerichtlichen Verfahren.

- **Unterhaltsverfahren:** 126
Den Rechtsauffassungen im Mahnverfahren folgend ist auch für die Beratung über die Erfolgsaussichten des Vorbringens von Einwänden im **vereinfachten Verfahren über den Unterhalt Minderjähriger gem. § 252 FamFG** inkl. der Hilfestellung beim Ausfüllen des dafür vorgeschriebenen Vordrucks (§ 259 FamFG) Beratungshilfe möglich, wobei hier auch Hilfestellung durch das Gericht (Rechtsantragstelle oder Abteilung für Familiensachen) erfolgen kann.

- **Rechtsmittel:** 127
Zwischen den Instanzen kann zur Klärung der Erfolgsaussicht eines Rechtsmittels bzw. -behelfs Beratungshilfe gewährt werden (sh. insoweit auch in diesem Zusammenhang § 17 Nr. 1 RVG).[57] Lag in erster Instanz jedoch anwaltliche Vertretung bereits vor und gehört die Besprechung der Entscheidung sowie die Prüfung der Erfolgsaussicht eines Rechtsmittels bzw. -behelfs noch zu den anwaltlichen Nebenpflichten oder gar zur Instanz, kann etwas anderes gelten. Beratungshilfe kann aber nicht von dem Berufungsgericht selbst, sondern nur von dem zuständigen Amtsgericht gem. § 4 BerHG bewilligt werden.[58]

---

54 VGH Rheinland-Pfalz, Beschluss vom 17.2.2017, Az. VGH B 26/16; AG Köln, MDR 1984, 502; a. A.: AG Montabaur, AnwBl 1983, 476 (mit Anmerkung *Dr. Klinge*).
55 a. A.: AG Regensburg, Rpfleger 2006, 416: es kann auch eine Vertretung abgerechnet werden, wenn durch die (anwaltliche) Korrespondenz zwischen den Parteien der weitere Fortgang des Mahnverfahrens verhindert wird.
56 sinngemäß *Groß*, § 1 BerHG, Rn. 20; AG Koblenz, AGS 2004, 119 f.; AG Gummersbach, Rpfleger 1990, 263.
57 OLG Frankfurt, AGS 2006, 137 f., Rn. 5 – juris; **a. A.:** *Lissner*, Rpfleger 2007, 448 (449); ders., StB 2013, 160 ff.
58 OLG Rostock, JurBüro 2007, 150.

128 – **Prozesskostenhilfeprüfungsverfahren:**
Der BGH hat sich der überwiegenden Auffassung angeschlossen, dass für das Prozesskostenhilfeprüfungsverfahren grundsätzlich keine Prozesskostenhilfe gewährt werden kann. Das Gesetz sieht hierfür keine Prozesskostenhilfe vor, da nach § 114 ZPO nur für das eigentliche Streitverfahren, nicht aber für das Prozesskostenhilfeprüfungsverfahren, Prozesskostenhilfe zu gewähren ist.
Nur für die **Beratung über die Erfolgsaussichten eines Prozesskostenhilfeantrages** kann daher **Beratungshilfe gewährt** werden.[59] Die arme Partei wäre hier ansonsten gegenüber einer reichen Partei im Nachteil. Eine weitergehende Tätigkeit im Prüfungsverfahren vor Gericht ist aber abzulehnen. Die Beratung über die Erfolgsaussichten des Prozesskostenhilfeprüfungsverfahrens ist von der Beratungshilfebewilligung für die außergerichtliche Regelung der Angelegenheit bereits mitumfasst und daher nicht gesondert zu vergüten.[60] Für die bloße Beantragung von Prozesskostenhilfe oder im PKH- bzw. VKH-Prüfungsverfahren kann keine Beratungshilfe bewilligt werden.[61]

129 – **Strafverfahren:**
Zeugen kann in gerichtlichen Verfahren **wegen Rat und Auskunft über Rechte und Verpflichtungen** (z. B. §§ 384 ZPO, 55 StPO) Beratungshilfe gewährt werden. Dies ist gerade in den Fällen von Belang, in denen Zeugnis- und Auskunftsverweigerungsrechte in Betracht kommen oder andere Interessenkonflikte drohen.[62] Im Gegensatz zu dem Beschuldigten unterliegt der Zeuge grundsätzlich der Aussage- und Wahrheitspflicht. Beratungshilfe kommt daher hier **als möglicher Schutz** in Betracht. In Strafsachen hat § 68b StPO (Beiordnung eines Rechtsanwalts für die Dauer einer Vernehmung durch einen Richter oder Staatsanwalt) Vorrang vor der Beratungshilfe.
Für den **Beschuldigten** ist Beratungshilfe **bis zum Einreichen der Anklage bei Gericht möglich** (ab hier beginnt das gerichtliche Verfahren),[63] obgleich auch schon im Ermittlungsverfahren gemäß §§ 140, 141 StPO ein Pflichtverteidiger bestellt werden kann.
Es kann jedoch auch nach Anklageerhebung – sei es wegen der fehlenden Gewichtung des Vorwurfs oder aus anderen Gründen – dazu kommen, dass kein Pflichtverteidiger beigeordnet wird. Hier existiert für den bedürftigen Beschuldigten eine gesetzliche Regelungslücke. Diese wurde jedoch erkannt und bewusst in Kauf genommen.[64] Dies gilt gleichermaßen auch für den Betroffenen im OWiG-Verfahren.[65]

> **Hinweis:**
> Legt der Rechtsuchende eine bereits unterzeichnete Strafprozessvollmacht vor, ist genau zu prüfen, ob Beratungshilfe überhaupt noch in Betracht kommt oder ob bereits eine Vertretung im Verfahren besteht, weil im Wege der Beratungshilfe nur Beratung möglich ist (§ 2 Abs. 2 BerHG).[66]

---

59 BGH, NJW 1984, 2106; OLG Karlsruhe, FamRZ 1994, 1123 ff.; AG Arnsberg, JurBüro 1991, 803; AG Herne-Wanne, Rpfleger 1987, 389; AG Neustadt, AnwBl 1986, 458; *Dr. Viefhues* in jurisPR-FamR 6/2009, Anm. 5, zum Beschluss des OLG Oldenburg, FamRZ 2009, 895–896; zur Problematik siehe auch: *Mayer* in Gerold/Schmidt, VV 2500–2508, Rn. 7; a. A.: *Hundt*, Rn. 227; *Lissner*, Rpfleger 2007, 448 (449).
60 AG Koblenz, FamRZ 2005, 1267 f.; OLG München, Rpfleger 1998, 253 f.
61 BVerfG, Beschluss vom 9.11.2017, Az. 1 BvR 2440/16; AG Winsen, Beschluss vom 11.7.2016, Az. 18 II 564/14; AG Halle (Saale), Beschluss vom 18.1.2013, Az. 103 II 3784/12 – juris.
62 BVerfG, Rpfleger 1975, 53 ff.
63 *Gregor*, StRR 2014, 13 ff.
64 *Lissner*, Rpfleger 2014, 637 ff.; BVerfG, Beschluss vom 30.1.1989, Az. 1 BvR 1290/87 – juris.
65 *Gregor*, StRR 2014, 13 ff.
66 sh. auch Lindemann/Trenk-Hinterberger, § 1 Rn. 9; LG Braunschweig, Beschluss vom 8.1.1984, Az. 8 T 501/84, n. v.

Eine nachträgliche Gewährung von Beratungshilfe – wenn z. B. dem Antrag auf Pflichtverteidigung nicht entsprochen bzw. nicht über diesen entschieden wurde – ist ebenfalls nicht möglich, weil dieser keine Auffangfunktion zukommt. Nach Anklageerhebung ist angesichts der Möglichkeit der Bestellung eines Pflichtverteidigers und der besonderen rechtsstaatlichen Garantien ein hinreichender Rechtsschutz gewährleistet.[67]

- **Gnadengesuch:** **130**
Der Antrag auf Straferlass im Gnadenverfahren ist zwar thematisch dem Strafrecht zuzuordnen, stellt jedoch eine **verwaltungsrechtliche Angelegenheit** dar.[68] Die Gewährung von **Beratungshilfe** wird hier grundsätzlich **befürwortet.**[69] In diesem Zusammenhang ist jedoch zu beachten, dass das Gnadengesuch keiner besonderen Form und Sachkunde bedarf und daher von dem Rechtsuchenden zunächst auch selbst gestellt werden kann.[70]

- **Streitverkündete und Beigeladene** können Beratungshilfe – wie der Beklagte – **131**
nur zur Klärung der Frage in Anspruch nehmen, ob sie beitreten sollen. Nach dem Beitritt befinden sie sich innerhalb des gerichtlichen Verfahrens.

Abgesehen von allen noch nicht anhängigen zivilrechtlichen Streitigkeiten, handelt es sich beim **strafrechtlichen Ermittlungsverfahren**, dem **Verfahren der außergerichtlichen Schuldenbereinigung auf der Grundlage eines Plans** (§ 305 Nr. 1 InsO) sowie bei **Verfahren vor Verwaltungsbehörden** (z. B. Sozialamt, Finanzamt) **nicht** um gerichtliche Verfahren. **132**

Bei **Bewährungs-,**[71] **Zwangsvollstreckungsverfahren**[72] sowie **Angelegenheiten der freiwilligen Gerichtsbarkeit**[73] handelt es sich um **gerichtliche Verfahren**. Hier ist grundsätzlich Prozesskosten-/Verfahrenskostenhilfe (im gerichtlichen Bewährungsverfahren bei Vorliegen der Voraussetzungen des § 140 Abs. 1 oder 2 StPO die Bestellung eines Verteidigers) möglich, wobei nicht immer eine anwaltliche Beiordnung auch erforderlich sein wird, **§ 121 Abs. 2 ZPO, § 78 Abs. 2 FamFG**. **133**

Im **Insolvenzverfahren** kann dem Schuldner keine Beratungshilfe bewilligt werden. Insoweit ist lediglich die Stundung nach § 4a ff. InsO gegeben. Zum außergerichtlichen Einigungsversuch sh. Rn. 161 ff. Gläubigern kann Beratungshilfe bei Vorliegen der Voraussetzungen gewährt werden. Dies betrifft allerdings nur die Beratung über die Frage der Teilnahme am Insolvenzverfahren. Mit Anmeldung der Insolvenzforderung beim Insolvenzverwalter befindet sich der Gläubiger als Beteiligter im Verfahren, so dass Beratungshilfe ausscheiden dürfte und ggfs. PKH in Betracht zu ziehen wäre. **133a**

In Fällen, in denen die bedürftige Partei in einem **laufenden oder (kürzlich) abgeschlossenen Gerichtsverfahren** anwaltlich vertreten ist bzw. war, und für **Neben- bzw. Abwicklungstätigkeiten** desselben Rechtsanwalts um Beratungshilfe nachsucht, ist Beratungshilfe nicht möglich, wenn es sich vergütungsrechtlich um **eine Angelegenheit** oder eine von dem Rechtszug miterfasste Tätigkeit gem. § 19 RVG handelt. **134**

---

67 BVerfG, Beschluss vom 30.1.1989, Az. 1 BvR 1290/87 – juris.
68 AG Köln, NJW-Spezial 2009, 29.
69 AG Köln, StV 1988, 353 f.; AG Schöneberg, StV 1985, 73.
70 AG Köln, Beschluss vom 16.9.2008, Az. 363 UR II 200/08 – juris.
71 AG Würzburg, JurBüro 1986, 776.:
72 AG Koblenz, AGS 2008, 29 f.; **a. A.:** AG Aachen, JurBüro 2006, 487 (die Entscheidung geht auf die Problematik, dass ein Zwangsvollstreckungsverfahren ein gerichtliches Verfahren darstellt, nicht ein, sondern stellt lediglich fest, dass das vorangegangene Zivilverfahren längst beendet sei).
73 LG Mainz, Rpfleger 1987, 160; AG Coburg, JurBüro 1988, 1331.

So kann z. B. die Frage an den Rechtsanwalt, ob der Ehegatte dem begrenzten Realsplitting zustimmen muss, nicht als gesonderte Steuerangelegenheit, für deren Abhandlung Beratungshilfe bewilligt werden müsste, angesehen werden, wenn dieser den Rechtsuchenden bereits im anhängigen Unterhaltsprozess vertritt. Trotz der steuerlichen Relevanz handelt es sich um eine Frage, die der Angelegenheit „Unterhalt" zuzurechnen ist und daher – als Nebentätigkeit – von den Gebühren des Prozesses mitumfasst ist.

Ebenso wenig könnte hier der Angelegenheitsbegriff dadurch umgangen werden, dass beispielsweise eine andere Beratungsperson – etwa ein Steuerberater – in dieser Frage kontaktiert wird und für dessen Tätigkeit Beratungshilfe bewilligt werden soll.[74]

Auch die Korrespondenz mit unbeteiligten Dritten bzw. die diesbezügliche Beratung während des laufenden Prozesses kann vergütungsrechtlich umfasst sein, wenn es z. B. um die Frage geht, ob der Dritte, der eine Forderung gegen den Rechtsuchenden hat, auf die durch den Rechtsuchenden klageweise geltend gemachten Regressansprüche gegen den Beklagten verwiesen werden kann.

Weitere Erläuterungen und Beispiele zur vergütungsrechtlichen Angelegenheit finden sich ab Rn. 216.

Ergibt sich bei mündlicher Beantragung eindeutig, dass der Rechtsuchende keine außergerichtliche Einigung erstrebt, kommt Beratungshilfe nicht in Betracht.

Gleiches gilt für den Fall, dass der Rechtsuchende sich direkt an einen Rechtsanwalt/eine Beratungsperson wendet und dieser/diese im Rahmen der Beratung feststellt, dass für eine außergerichtliche Einigung kein Raum besteht.[75]

3. Obligatorisches Güteverfahren gem. § 15a EGZPO

135 Gem. § 1 Abs. 1 BerHG kann **Beratungshilfe** auch im obligatorischen Güteverfahren gem. **§ 15a EGZPO gewährt werden**.[76] § 15a EGZPO wurde durch das **Gesetz zur Förderung der außergerichtlichen Streitbeilegung** vom 15. Dezember 1999 (BGBl. I S. 2400) eingefügt. Hiermit wurde ein weiterer Schwerpunkt auf eine einvernehmliche Streitbeilegung gesetzt.[77]

Das Güteverfahren soll als Zulässigkeitsvoraussetzung für bestimmte Klagen, z. B. in nachbarrechtlichen Streitigkeiten oder auch wegen Verletzung der persönlichen Ehre, zur Entlastung der Zivilgerichte beitragen.

In vielen Bundesländern sind in Ausführung des § 15a EGZPO von den Landesjustizverwaltungen bereits entsprechende **obligatorische Güteverfahren**[78] verabschiedet worden. Die Bundesländer können ein solches Vorschaltverfahren einführen, müssen es jedoch nicht. Sollte ein solches Gesetz eingeführt sein,

---

[74] zur Problematik: *Lissner*, StB 2013, 160 ff.
[75] LG Itzehoe, AnwBl 1992, 550; Lindemann/Trenk-Hinterberger, § 1 Rn. 9; LG Mönchengladbach, Beschluss vom 17.5.1985, Az. 5 T 226/85, n. v.
[76] AG Nürnberg, JurBüro 2002, 147 (der Partei ist es aber in der Regel, insbesondere wegen behaupteter Ehrverletzungen, zuzumuten, die Streitschlichtung ohne anwaltliche Vertretung durchzuführen, wenn die Gegenseite ohne Anwalt auftritt).
[77] *Heßler* in Zöller, ZPO, § 15a EGZPO, Rn. 1.
[78] Bayerisches Schlichtungsgesetz vom 25. April 2000 (GVBl. S. 268); Brandenburgisches Schlichtungsgesetz vom 5. Oktober 2000 (GVBl. I S. 134); Hessen: Gesetz zur Regelung der außergerichtlichen Streitschlichtung vom 6. Februar 2001 (GVBl. I S. 98); NRW: Justizgesetz Nordrhein-Westfalen vom 26. Januar 2010 (GVBl. S. 30); Saarland: Landesschlichtungsgesetz vom 21. Februar 2001 (Amtsbl. S. 532); Schiedsstellen- und Schlichtungsgesetz des Landes Sachsen-Anhalt in der Fassung der Bekanntmachung vom 22. Juni 2001 (GVBl. LSA S. 214); Schleswig-Holstein: Landesschlichtungsgesetz vom 11. Dezember 2001 (GVOBl. S. 361, ber. 2002 S. 218); Rheinland-Pfalz: Landesschlichtungsgesetz vom 10. September 2008 (GVBl. S. 204). Schiedsstellen- und Schlichtungsgesetz Mecklenburg-Vorpommern vom 13. September 1990 (GBl. I S. 1527); Niedersächsisches Schlichtungsgesetz vom 17. Dezember 2009 (Nds. GVBl. S. 482); Sächsisches Schieds- und Gütestellengesetz vom 27. Mai 1999 (SächsGVBl. S. 247); Thüringer Schiedsstellengesetz in der Fassung der Bekanntmachung vom 17. Mai 1996 (GVBl. S. 61)

ist das Güteverfahren für ein Klageverfahren vor einem Gericht dieses Bundeslandes **Prozessvoraussetzung**.[79]
Die Länder können in ihren Gesetzen aber auch Einschränkungen im sachlichen Anwendungsbereich treffen.

> **Hinweis:**
> Da § 15a EGZPO auch selbst Bestimmungen zur Frage der Prozessvoraussetzung enthält, hat die Prüfung immer nach der bundesgesetzlichen Vorschrift in Verbindung mit der jeweiligen landesrechtlichen Regelung zu erfolgen.

Die Gütestellen gem. § 15a Abs. 1 EGZPO bestimmen die Länder in ihren Schlichtungsgesetzen. Dies sind z. B. in Bayern die **Notare und Rechtsanwälte**, die von der Rechtsanwaltskammer hierfür zugelassen sind, oder im Saarland und Rheinland-Pfalz die **Schiedspersonen**. Daneben können **weitere Gütestellen zugelassen** werden. In § 15a Abs. 3 EGZPO werden auch die sonstigen Gütestellen, z. B. Kfz-Schlichtungsstellen, in die obligatorische Streitschlichtung integriert.
§ 1 BerHG schließt auch Beratungshilfe „**in dem Güteverfahren**" ein.[80] Erforderlich ist hier immer, dass die Mittellosigkeit i. S. d. § 1 Nr. 1 BerHG gegeben sein muss. Ob andere Möglichkeiten zur Verfügung stehen, bedarf der Prüfung im Einzelfall.
Es handelt sich **nicht um gerichtliche Verfahren im eigentlichen Sinne** (sh. insoweit auch § 17 Nr. 7a RVG), dennoch erscheint die ausdrückliche Nennung in § 1 BerHG sinnvoll, da es sich um eine besondere Form des Vorverfahrens handelt.

4. Fazit:

Beratungshilfe kommt daher regelmäßig nicht in Betracht, **135a**
- wenn Verfahrenszwang besteht, z. B. in Fällen der Scheidung, Adoption,
- das gerichtliche Verfahren bereits anhängig ist,
- das gerichtliche Verfahren zwar noch nicht anhängig, aber so konkret beabsichtigt ist, dass keine außergerichtliche Erledigung der Sache mehr denkbar erscheint,
- die gewünschte Anwaltstätigkeit von der Vergütung im (laufenden oder abgeschlossenen) Gerichtsverfahren umfasst ist, z. B. Beratung über die Mitwirkung bei der Erbringung der Sicherheit nach Ende des Rechtszuges (§ 19 Nr. 7 RVG), sonstige reine Abwicklungstätigkeiten.

IV. Keine anderen Hilfsmöglichkeiten

1. Allgemeines

Negative Voraussetzung gem. § 1 Abs. 1 Nr. 2 BerHG ist, dass **keine anderen** **136**
Möglichkeiten für eine Hilfe **zur Verfügung stehen**, deren Inanspruchnahme dem Rechtsuchenden zuzumuten sind. Nach der Intention des Beratungshilfegesetzes soll die Beratungshilfe andere kostenfreie Beratungseinrichtungen nicht ersetzen, sondern diese ergänzen.[81]

---
79 *Hartmann* in Baumbach/Lauterbach/Albers/Hartmann, ZPO, § 15a EGZPO, Rn. 1.
80 *Groß*, § 1 BerHG, Rn. 39 f. m. w. N.
81 BR-Drs. 404/79, S. 14; *Lissner*, RVGreport 2012, 202 ff.; *ders.*, Rpfleger 2007, 448 ff.; *ders.*, AGS 2016, 371 ff.; BT-Drs 17/11472.

Gibt es für den Rechtsuchenden einen **einfacheren und billigeren Weg**, so kann er darauf verwiesen werden, wenn dieser eine gegenüber der kostenverursachenden Beratungshilfe gleichwertige Hilfe verspricht. Es ist von Verfassungs wegen angemessen und nicht zu beanstanden, den Anspruch auf Beratungshilfe vom Vorliegen einschränkender Voraussetzungen abhängig zu machen.[82] Beratungshilfe ist somit **subsidiäre staatliche Unterstützung**.[83] Sie darf nicht bewilligt werden, wenn die angestrebte Beratung auf einem anderen zumutbaren Weg erreichbar ist.[84]

> Es ist stets zu prüfen, ob die andere Hilfsmöglichkeit
> – geeignet und erlaubt,
> – zumutbar,
> – erreichbar
> ist.

137 a) **Geeignet und erlaubt.** Geeignet und erlaubt sind nur solche Einrichtungen, die **hinreichend kompetent** sind, Rechtsrat zu erteilen. Voraussetzung ist, dass sie die **Befugnis zur Rechtsbesorgung** haben. Diese ergibt sich aus dem **Rechtsdienstleistungsgesetz (RDG)**.[85] Der Kern der Rechtsberatung verbleibt bei den Rechtsanwälten, jedoch ist das RDG an einigen Stellen weiter als das alte RBerG geöffnet, z. B. dürfen soziale Einrichtungen, Verbraucherberatungen, gemeinnützige Vereine oder ähnliche Einrichtungen unentgeltlich uneigennützig Rechtsberatungen anbieten (§§ 6 ff. RDG).

Seit dem Inkrafttreten des Gesetzes zur Reform des Prozesskostenhilfe- und Beratungshilferechts zum 1.1.2014 ist es im Umfang ihrer jeweiligen Befugnis zur Rechtsberatung auch **Steuerberatern und Steuerbevollmächtigten, Wirtschaftsprüfern und vereidigten Buchprüfern sowie Rentenberatern** gestattet, Beratungshilfe zu leisten.[86] Für die steuerberatenden Berufe ergibt sich der Umfang der Rechtsberatungsbefugnis vor allem aus § 1 StBerG i. V. m. § 5 Abs. 1 RDG. Das Einsatzgebiet wird jedoch nicht ganz so vielfältig werden, wie es etwa bei der Beratungshilfe durch Rechtsanwälte ist.[87]

Bei den Rentenberatern richtet sich der Umfang der Befugnis zur Rechtsdienstleistung nach § 10 Abs. 1 Nr. 2 RDG. Hierbei ist eine Befugnis insbesondere zur Beratung auf dem Gebiet der gesetzlichen Renten- und Unfallversicherung gegeben, aber auch auf dem weiten Gebiet des Sozialversicherungsrechts (mit Rentenbezug).

138 b) **Zumutbar.** Die andere Möglichkeit ist **zumutbar**, wenn sie für den Rechtsuchenden ohne besondere Erschwernisse **erreichbar** und **nicht (wesentlich) teurer** als die Eigenbeteiligung bei der Beratungshilfe (15,00 EURO, Nr. 2500 VV RVG) ist,[88] und sofern nicht sonstige besondere Gründe einer Unzumutbarkeit vorliegen. Das Leistungsspektrum der anderweitigen Hilfsmöglichkeit sollte daneben dem der Beratungshilfe entsprechen. Dies bedeutet jedoch nicht, dass die andere Hilfe stets auch eine Vertretung gewähren muss. Die Beratungshilfe besteht ihrer Konzeption nach in einem ersten Schritt zunächst nur in Beratung und nur soweit erforderlich in Vertretung. Sofern eine Beratungsleistung genügt, kann eine solche lediglich Beratung gewährende Stelle als ausreichend erachtet werden. Schließt sich Vertretung an, kommt Beratungshilfe in Betracht.

---

82 BVerfG, Rpfleger 2016, 165 ff.; BVerfG, Rpfleger 2009, 571.
83 *Lissner*, StB 2013, 160 (162); *ders.*, FamRB 2016, 32 ff.; *ders.*, RVGreport 2016, 162 ff.
84 *Lissner*, FamRB 2016, 32 ff.; *Groß*, § 1 BerHG, Rn. 59.
85 *Groß*, § 1 BerHG, Rn. 61.
86 *Zempel*, FPR 2013, 265; *Timme*, NJW 2013, 3057 ff., *Lissner*, AGS 2013, 209 ff.
87 zu den Steuerberatern: sh. *Lissner*, StB 2013, 402 ff.; *Szymborski*, DStR 2012, 1984.
88 *Groß*, § 1 BerHG, Rn. 60; *Lissner*, RVGreport 2012, 202 ff.

Eine Unzumutbarkeit einer anderen Stelle kann dann gegeben sein, wenn diese ideologisch oder weltanschaulich **deutlich geprägt ist** oder wenn die andere Hilfe an Voraussetzungen – wie etwa eine kostenpflichtige Mitgliedschaft – geknüpft ist. Bei bereits bestehender Mitgliedschaft kann hingegen ein solches Argument („Kostenpflicht") nicht als Ausschlussbegründung herangezogen werden.
Unerheblich ist, ob die Einrichtung die **Vertretung vor Gericht nicht übernimmt oder übernehmen kann**, da es bei der Beratungshilfe in erster Linie auf die Wahrnehmung außergerichtlicher Schritte ankommt.[89]
Liegt eine solche anderweitige Hilfsmöglichkeit vor, so kann keine Beratungshilfe bewilligt werden. **Ein Wahlrecht** unter verschiedenen Möglichkeiten ist im Beratungshilferecht **nicht bekannt**, sieht man von gelegentlichen landesspezifischen Besonderheiten einmal ab.

c) Erreichbarkeit der anderen Hilfemöglichkeit. Grundsätzlich muss es dem Rechtsuchenden möglich sein, die alternative Hilfsmöglichkeit auch zu erreichen. Lange oder gar unmögliche Anfahrtswege können ihm daher nicht zugemutet werden. Auch kann dem Bedürftigen nicht zugemutet werden, über die Kosten einer vergleichsweisen Schutzgebühr hinaus kostenpflichtige Anreisekosten zu tragen. Gleichwohl ist auch hier ein gewisses Maß an Eigeninitiative zu fordern. So kann – etwa bei Überlastung einer anderweitigen Hilfe – auch gefordert werden, dass der Rechtsuchende eine alternative andere Hilfemöglichkeit aufsucht, wenn diese für ihn ohne höheren Aufwand erreichbar ist. So ist dies bspw. in größeren Städten mit öffentlichem Nahverkehr und guter Infrastruktur eher anzunehmen wie in der strukturloseren Fläche.

2. Die einzelnen „anderen Möglichkeiten"

a) Rechtsschutzversicherung. Soweit die begehrte Beratung durch eine Beratungsperson von einer bestehenden Rechtsschutzversicherung finanziert werden kann, hat der Rechtsuchende grds. den **Versicherungsschutz in Anspruch** zu nehmen.[90] Ab Deckungszusage ist die Partei nicht mehr hilfsbedürftig[91] bzw. es steht ihr eine andere Möglichkeit für die Hilfe zur Verfügung.[92]
Bei Vorliegen einer Rechtsschutzversicherung ist der Rechtsuchende nur dann zur Beratungshilfe zuzulassen, wenn sein **Versicherungsvertrag sich nicht auf das spezielle Rechtsgebiet erstreckt** (bspw. in Scheidungs- und Scheidungsfolgesachen). Ob evtl. Ausschlüsse vorliegen, lässt sich in der Regel aus den allgemeinen Rechtsschutzbedingungen (ARB) der jeweiligen Versicherung entnehmen. Insoweit ist der Rechtsuchende auskunftspflichtig.
Es existiert weiterhin keine andere Hilfsmöglichkeit, wenn der **Deckungsschutz abgelehnt** worden ist oder die **Rechnungssumme nicht** ausreicht.[93] Dem Rechtsuchenden kann es jedoch in diesen Fällen zuzumuten sein, gemäß den für ihn geltenden Versicherungsbedingungen (für den Rechtsuchenden kostenlosen) möglichen **Stichentscheid** seiner Beratungsperson herbeizuführen.[94] Die versicherte Partei kann grundsätzlich nicht darauf verwiesen werden, einen Deckungsprozess gegenüber der Versicherung zu führen.[95] Daher ist die Inanspruchnahme der Versicherung erst dann nicht mehr zumutbar, wenn diese – auch nach einem ausreichend begründeten Stichentscheid – weiterhin die Deckung versagt.[96]

---

89 a. A.: AG Gießen, Rpfleger 1988, 488 f.
90 OLG Karlsruhe, VersR 2016, 1207 f. – juris.
91 BayVGH, Beschluss vom 12.6.2013, Az. 3 C 13.1091 – juris (Anspruch zählt zum einzusetzenden Einkommen i. S. d. § 115 Abs. 3 ZPO); BGH, JurBüro 1992, 48.
92 OLG Bamberg, JurBüro 2008, 41 f.
93 *Geimer* in Zöller, ZPO, § 115 Rn. 49c.
94 OLG Karlsruhe, JurBüro 2016, 372 f.
95 *Hartmann* in Baumbach/Lauterbach/Albers/Hartmann, ZPO, § 114 Rn. 67.
96 OLG Karlsruhe, JurBüro 2016, 372 f.

Gleichwohl muss aber verlangt werden können, dass der Rechtsuchende bei Stellung des Beratungshilfeantrages gegebenenfalls (wenn sich die mangelnde Deckung nicht ohne weiteres z. B. aus den Versicherungsbedingungen ergibt) die endgültige Ablehnung der Versicherung nachweist. Beim Direktzugang zur Beratungsperson kann das Beratungshilfemandat wohl auch durch die spätere Deckungsablehnung der Versicherung bedingt geschlossen werden;[97] die Ablehnung der Versicherung muss in diesem Fall bei der Einreichung des Antrages bei Gericht mit vorgelegt werden.

> **Sonderfall: Rechtsschutzversicherung mit Selbstbeteiligung**[98]
> Der Rechtsuchende verfügt über eine Rechtsschutzversicherung mit Selbstbeteiligung in Höhe von 150,00 EURO. In den Versicherungsbedingungen ist geregelt, dass die Selbstbeteiligung entfällt, wenn die erste Beratung zur endgültigen Erledigung der Rechtssache führt. Beim zuständigen Amtsgericht beantragt er Beratungshilfe,
> a) vor der ersten Beratung
> b) nach der ersten Beratung, die zur Erledigung geführt hat
> c) nach der ersten Beratung, die nicht zur Erledigung geführt hat.
> Kann Beratungshilfe gewährt werden?
>
> Zu a)
> Beratungshilfe kann zu diesem Zeitpunkt nicht gewährt werden, weil es denkbar ist, dass sich die Sache nach der ersten Beratung erledigt und insoweit die Selbstbeteiligung nicht anfällt.
>
> Zu b)
> Hier kommt Beratungshilfe grundsätzlich nicht in Betracht, weil die Selbstbeteiligung entfällt. Eine Ausnahme gilt dann, wenn die Versicherung weiterhin auf die Leistung der Selbstbeteiligung besteht.
>
> Zu c)
> Als Ausnahme von dem bisherigen Grundsatz, dass bei der Bewilligung der Beratungshilfe stets entweder auf die vorherige Antragstellung bei Gericht oder auf die erste Inanspruchnahme der Tätigkeit einer Beratungsperson abzustellen ist, erscheint in diesem Sonderfall die nachträgliche und rückwirkende Bewilligung gerechtfertigt.
> Dem kann auch nicht entgegen gehalten werden, dass der Rechtsuchende sich über die Selbstbeteiligung bei Abschluss der Versicherung bewusst war; im Ergebnis ändert dieses unwirtschaftliche Denken des Versicherungsnehmers nichts daran, dass die Inanspruchnahme der Versicherung unter Entrichtung der Selbstbeteiligung für seine beengte finanzielle Situation de facto keine andere zumutbare Hilfsmöglichkeit gegenüber der Beratungshilfe darstellt.

140 **b) Beratung durch Behörden. Behörden** sind auf Grund besonderer Vorschriften grundsätzlich **auskunfts- bzw. beratungspflichtig,** z. B. gem. § 25 S. 2 VwVfG, §§ 14, 15 SGB I, §§ 8, 10 Abs. 2, 11, 68 Abs. 1 SGB XII, § 41 Abs. 3 BAföG, § 89 Abs. 2 AO, § 42e EStG.
Es ist hier zunächst zwischen dem Verfahrensstadium der **erstmaligen Antragstellung** oder **bloßen Nachfrage,** dem des **Anhörungsverfahrens** und dem des **Widerspruchsverfahrens** zu differenzieren.
Für die **erstmalige Nachfrage oder Antragstellung bei der Behörde** kommt Beratungshilfe aufgrund der Hilfestellungen durch die Behörde regelmäßig nicht

---
97 OLG Bamberg, JurBüro 2008, 41 f.
98 *Lissner,* RVGreport 2012, 202 ff.

in Betracht.[99] Dies verletzt den Rechtsuchenden auch nicht in seinen verfassungsmäßigen Rechten.[100] Über den **Ablauf des Verfahrens** einschließlich der einzureichenden Unterlagen kann die Behörde – ihrer gesetzlichen Verpflichtung nachkommend – Auskunft geben. Eine potentielle „Gegnerschaft" liegt insoweit noch nicht vor, ebenso wenig wie ein belastender Verwaltungsakt. Selbst bei mündlich angekündigter Ablehnung ist keine Beratungshilfe zu bewilligen. Vor Einschaltung einer Beratungsperson auf Staatskosten kann von dem Betroffenen erwartet werden, dass er zunächst einmal auf einer förmlichen Bescheidung eines von ihm selbst gestellten Antrags besteht.[101]
Aufgrund dieser Beratungspflicht ist es deshalb auch verfassungsrechtlich nicht zu beanstanden, wenn der Rechtsuchende sich im Rahmen eines **Anhörungsverfahrens** zunächst selbst an die Behörde (im entschiedenen Fall: Agentur für Arbeit) wenden muss.[102]

> **Hinweis:**
> Weist der Kopfbogen einer Behörde eine Rubrik „Auskunft erteilt: ..." oder ähnliche Formulierungen auf, so wird hiermit eine grundsätzliche Beratungsbereitschaft der Behörde zum Ausdruck gebracht.

Ein nicht unerheblicher Teil der gerichtlichen Praxis sieht die Aufklärung und Beratung der zuständigen Behörde auch im **behördlichen Widerspruchsverfahren** als andere Hilfsmöglichkeit i. S. d. § 1 Abs. 1 Nr. 2 BerHG an und hält es daher für zumutbar, dass der Rechtsuchende nach Beratung durch die Behörde selbst – ohne die Hilfe einer Beratungsperson – auftritt.[103] Teilweise wird aber **auch die Auffassung vertreten,** dass im Stadium des behördlichen Widerspruchsverfahrens **generell Beratungshilfe** bewilligt werden müsse, weil die Behörde dann nicht mehr objektiv, sondern Verfahrensgegner sei.[104]
Es ist nicht zulässig, den Rechtsuchenden durch eine **pauschale Verweisung** auf die Beratungspflicht der den Bescheid erlassenden Behörde zu verweisen, dies verletzt das Gebot der Rechtswahrnehmungsgleichheit und stellt auch keine andere zumutbare Möglichkeit der Selbsthilfe dar.[105] In diesem Kontext ist zu beachten, dass oftmals erst eine sorgfältige und fundierte Begründung eines Widerspruchs eine Rechtsänderung des zugrundeliegenden Bescheides hervorrufen kann. Mit der bloßen Einlegung eines Widerspruchs ohne nähere Begründung wird dieses Ziel nicht immer erreicht werden können. Auch besteht natürlich ohne Begründung die Pflicht, den Bescheid insgesamt von Amts wegen zu prüfen.

---

99   BVerfG, Beschluss vom 4.4.2016, Az. 1 BvR 2607/15; BVerfG, Beschluss vom 29.4.2015, Az. 1 BvR 1849/11; BVerfG, Nichtannahmebeschluss vom 27.6.2014, Az. 1 BvR 256/14; AG Hannover, NZS 2016, 120 ff.; AG Halle (Saale), Beschluss vom 17.5.2011, Az. 103 II 435/11 – juris; *Lissner*, Rpfleger 2012, 122 ff., *ders.*, RVGreport 2012, 202 ff., *ders.*, RVGreport 2010, 324 ff.; Urteil: RA-Kammer Mecklenburg-Vorpommern, Kammerrundschreiben 3/2012, Seite 4 ff.
100 BVerfG, Rpfleger 2007, 552 f.
101 AG Konstanz, Beschluss vom 30.3.2010, Az. BHG 42/10, n. v.
102 BVerfG, Rpfleger 2009, 685; *Lissner*, Rpfleger 2012, 122 ff., *ders.*, RVGteport 2012, 202 ff., *ders.*, RVGreport 2010, 324 ff.; Kritisch: RA-Kammer Mecklenburg-Vorpommern, Kammerrundschreiben 3/2012, Seite 4 ff.
103 AG Lichtenberg, Beschluss vom 18.3.2010, Az. 170a II 1192/10 – juris; AG Haldensleben, Rpfleger 2008, 369; AG Siegburg, AGS 2008, 91 f.; AG Bingen, Beschluss vom 17.8.2006, Az. 3 IIa 47/06, n. v.; AG Eschweiler, JurBüro 2006, 488–489; AG Westerburg, Rpfleger 1998, 478; AG Koblenz, Rpfleger 1997, 220 f.; AG Koblenz, FamRZ 1996, 875 f.; a.A.: *Lissner*, Rpfleger 2012, 122 (unter Aufgabe früherer Ansicht), *ders.*, RVGreport 2010, 324.
104 AG Homburg, AnwBl 2008, 550 f.; AG Köln, AGS 2007, 515; AG Rinteln, ASR 2008, 60; AG Wiesbaden, ASR 2006, 144; LG Aachen, AnwBl 1997, 293.
105 BVerfG, Rpfleger 2016, 165 f.; NJW 2015, 2322 f.

142 (1) **Sozialrecht:** Im Rahmen der erstmaligen Beantragung von Sozialleistungen ist **Beratungshilfe regelmäßig zu versagen.**[106] Gerade im Bereich des Sozialrechts bestehen **weitgehende Auskunfts- und Beratungspflichten der jeweiligen Behörden**, z. B. eine beratende Tätigkeit bei der Wohnraumbeschaffung oder auch im Bereich des Schwerbehindertenrechts.[107]
Dem Rechtsuchenden ist es auch zumutbar, sich bzgl. der Frage nach Übernahme einer Mietkaution und Umzugskosten an das gem. § 14 Abs. 1 SGB I als Leistungsträger beratende Sozialamt zu wenden.[108] **Etwas anderes kann gelten**, wenn eine persönliche Kontaktaufnahme des Rechtsuchenden mit der Behörde selbst aus von ihm nicht zu vertretenden Gründen scheitert. Hier kann ausnahmsweise Beratungshilfe in Betracht kommen.[109]

143 Einer Entscheidung der Behörde, durch die Sozialleistungen versagt, eingestellt, gekürzt oder zurückgefordert werden, geht bei ordnungsgemäßem Verfahrensverlauf ein **Anhörungsschreiben gem.** § 24 SGB X voraus, in welchem die Situation „nach Aktenlage" geschildert und die sich daraus ergebenden Konsequenzen (z. B. Sanktionen) angekündigt werden. Der Betroffene erhält abschließend die Möglichkeit, sich innerhalb einer bestimmten Frist zu dem Sachverhalt zu äußern bzw. weitere Unterlagen einzureichen, bevor die tatsächliche Entscheidung erfolgt, durch die Leistungen eingeschränkt bzw. nicht im gewollten Umfang bewilligt werden.
Die Einschaltung einer **Beratungsperson** erscheint in diesem Verfahrensstadium **nicht notwendig.**[110] Die Anhörung als solche stellt noch keine für den Rechtsuchenden nachteilige belastende Entscheidung dar, die daher auch nicht mit einem eigenständigen Rechtsmittel angegriffen werden kann. In diesem Verfahrensstadium besteht noch keine „Gegnerschaft" zwischen der Behörde und dem Rechtsuchenden.[111]
Es ist dem Rechtsuchenden dementsprechend zumutbar, sich selbst zu dem Sachverhalt zu äußern, zumal das Anhörungsschreiben ausdrücklich ein Angebot zur Kontaktaufnahme mit der Behörde enthält. Der Rechtsuchende kann seine Rechtsposition daher – auch wenn diese laienhaft sein mag – zunächst selbst vertreten und hat sodann die Entscheidung der Behörde abzuwarten. Etwas anderes kann dann gelten, wenn konkrete Umstände vorgetragen werden, die den persönlichen Kontakt mit der Behörde unzumutbar erscheinen lassen.[112] Allerdings lässt sich auch hier aus einem evtl. Fehler einer Behörde nicht gleich die Annahme von einer Voreingenommenheit ableiten.[113]

143a Gleiches gilt für eine nur **mündliche Ankündigung** des Sachbearbeiters über die nicht antragsgemäße Leistungsgewährung bzw. Kürzung von Leistungen, die der förmlichen Anhörung gem. § 24 SGB X ggfs. vorausgehen kann, sowie für dessen mündliche Auskunft, dass ein bestimmter Sozialleistungsantrag mangels Anspruch gar nicht erst gestellt werden brauche. Nach den oben genannten

---

106   BVerfG, Beschluss vom 4.4.2016, Az. 1 BvR 2607/15; BVerfG, NZS 2012, 339; a. A. LG Aachen, AnwBl 1997, 293 f.: in Angelegenheiten der Sozialhilfe ist anwaltlicher Rat aus Gründen der Waffengleichheit, der zügigen Abwicklung und der existentiellen Bedeutung für den Rechtsuchenden regelmäßig geboten.
107   AG Koblenz, JurBüro 1995, 367.
108   AG Koblenz, MDR 2007, 107.
109   AG Koblenz, Rpfleger 1998, 206.
110   AG Hannover, NZS 2016, 120 ff.; im Ergebnis auch: BVerfG, NZS 2012, 580; AG Halle (Saale), 5.3.2012, Az. 103 II 6521/11 – juris.
111   BVerfG, Rpfleger 2009, 685.
112   BVerfG, Rpfleger 2009, 685; **a. A.:** LG Potsdam, Rpfleger 2009, 242 ff. (für den Fall, dass sich der Rechtsuchende einem Akt der Eingriffsverwaltung gegenüber sieht, z. B. unmittelbarer Eingriff in den aktuellen Vermögensbestand des Rechtsuchenden).
113   AG Hannover, NZS 2016, 120 ff.

Grundsätzen liegt hier noch keine konkrete Rechtsbeeinträchtigung vor, die die Hilfe einer Beratungsperson notwendig machen würde.[114] Dies gilt insbesondere dann, wenn sich der Rechtsuchende gerade **für eine erste Nachfrage** an die zuständige Behörde wenden kann. Der gleiche Fall liegt vor, wenn das Sozialamt die Ansprüche des Rechtsuchenden abgelehnt hat und sich die mögliche Hilfe einer Beratungsperson im Wesentlichen auf eine allgemeine Lebenshilfe wie Schreib- oder Lesehilfe oder auf Hilfe zur Überwindung von Verständigungsschwierigkeiten beschränken würde.[115] Sollen gegenüber der Behörde lediglich Tatsachenangaben gemacht werden, scheidet Beratungshilfe ebenfalls regelmäßig aus.[116] Dies gilt insbesondere dann, wenn zur Entscheidung über die Leistungspflicht lediglich noch Unterlagen einzureichen oder nachzureichen sind.[117]

Ist ein **anfechtbarer Bescheid** ergangen, kann zur Einlegung eines Widerspruchs **je nach Umständen des Einzelfalls** zur Durchsetzung von Ansprüchen Anlass bestehen, die Behörde **nicht als andere Möglichkeit** zur Hilfe anzusehen und **den Rat einer Beratungsperson hinzuzuziehen**.[118] Von einer generellen Notwendigkeit der Inanspruchnahme einer Beratungsperson auszugehen, ist hingegen nicht geboten, da dies letztendlich zu einem Beratungshilfeanspruch für die pauschale Überprüfung eines jeden Behördenbescheides führen würde.[119] Vielmehr kommt es darauf an, ob ein kostenbewusster Rechtsuchender fremde Hilfe zur effektiven Ausübung seiner Rechte benötigt und in wieweit er selbst hierzu in der Lage ist.[120] Zweck des Widerspruchsverfahrens ist nicht nur die Selbstkontrolle der Verwaltung, sondern bildet vielmehr Gewähr für den Rechtsschutz der betroffenen Bürger. Dies gilt gerade angesichts der sehr hohen Anzahl von Widerspruchs- und Klageverfahren in Bereich des SGB II. Darüber hinaus soll es auch der Entlastung der Gerichte dienen. **144**

Notwendig ist die Einholung des Rates einer Beratungsperson dann, wenn es der Partei nach ihren persönlichen Verhältnissen sowie wegen der Schwierigkeit der Sache nicht zuzumuten ist, das Vorverfahren selbst zu führen. **Allgemeine Lebens- und allgemeine Verfahrenshilfen** fallen nicht hierunter. Es muss ein **konkretes rechtliches Problem** vorliegen, welches auch eine entsprechende Beratungstätigkeit erfordert. Liegen bloß einfach gelagerte Tatsachenfragen vor, erscheint es dagegen durchaus vertretbar, den Rechtsuchenden auf seine Selbsthilfemöglichkeiten zu verweisen.[121] Der **unbemittelte Rechtsuchende ist auch hinsichtlich des außergerichtlichen Rechtschutzes einem Bemittelten gleichzustellen**, wenn er für die Inanspruchnahme von Rechtsrat die hierdurch entstehenden Kosten berücksichtigt und vernünftig abwägt.[122] Weder der allgemeine Gleichheitsgrundsatz nach Art. 3 Abs. 1 GG noch das Sozialstaatsprinzip gem. Art. 20 Abs. 1 GG oder das Rechtsstaatsprinzip gem. Art. 20 Abs. 3 GG sind in ihrer Geltung nur auf das gerichtliche Verfahren beschränkt.[123] Ist der Rechtsuchende aufgrund der Behördenstruktur objektiv nicht in der Lage zu erkennen, dass es sich bei Ausgangs- und Widerspruchsbehörde um voneinander unabhängige Stellen handelt, kann dadurch die Hinzuziehung ei- **145**

---

114 BVerfG, NZS 2012, 339.
115 AG Koblenz, Rpfleger 1997, 220 f.; sh. auch AG Westerburg, Rpfleger 1998, 478.
116 BVerfG, NZS 2012, 580.
117 BVerfG, NZS 2012, 580.
118 BVerfG, NJW 2015, 2322 ff.; BVerfG, Rpfleger 2009, 571 ff.
119 AG Pinneberg, Beschlüsse vom 1.4.2010, Az. 68 II 264/10 und 68 II 268/10 – juris; *Lissner*, RVGreport 2010, 324; *ders.*, Rpfleger 2009, 571.
120 BVerfG, Rpfleger 2009, 571 (572); BVerfG, NZS 2012, 580.
121 so im Ergebnis auch: BVerfG, NZS 2012, 580.
122 BVerfG, Rpfleger 2007, 552 (553).
123 BVerfG, NJW 2009, 209 ff.

ner Beratungsperson notwendig sein, da der Behördenrat aus Sicht des Rechtsuchenden für eine selbstständige unabhängige Wahrnehmung der Verfahrensrechte im Widerspruchsverfahren ungeeignet ist.[124]

> **Praxistipp:**
> Das Gericht sollte sich unabhängig vom konkreten Fall über die örtlichen Behördenstrukturen informieren, z. B. über die Existenz besonderer Sprechzeiten zur allgemeinen Beratung, die nicht durch den eigenen zuständigen Sachbearbeiter erfolgt.

146 Entgegen einem innerhalb der betroffenen Kreise weit verbreiteten Irrtum ist die Nennung von Rechtsvorschriften im Widerspruchsverfahren nicht notwendig – die „Auswertung" des vorgetragenen Sachverhaltes anhand der gesetzlichen Vorgaben erfolgt durch die Widerspruchsstelle/-behörde.
Die Fertigung eines **Widerspruchs ohne Hilfe einer Beratungsperson** kann beispielsweise **zumutbar** sein, wenn ein einfach gelagerter Sachverhalt vorliegt:[125]
- die Leistungsbewilligung konnte nicht im gewollten Umfang erfolgen, da die notwendigen Unterlagen nicht rechtzeitig eingereicht wurden oder nicht eingegangen sind;[126]
- die Widerspruchsbegründung erschöpft sich in der Feststellung, dass vor und nach einem bestimmten Stichtag abweichende Leistungen bewilligt wurden, verbunden mit der Bitte, dies zu erläutern;[127]
- es wird bestritten, dass auf die Leistungen angerechnete Einkünfte tatsächlich (in dieser Höhe) zufließen bzw. zugeflossen sind;
- der Sachverhalt, aufgrund dessen Sanktionen verhängt wurden, wird von der Behörde falsch oder lückenhaft angenommen, weil der Leistungsempfänger im Anhörungsverfahren keine ausreichenden Angaben getätigt hat; im Widerspruchsverfahren sollen diese Angaben nachgeholt werden;
- es handelt sich um einen einfachen Tatsachenvortrag ohne rechtliche Brisanz (z. B. werden im Widerspruchsverfahren lediglich bislang nicht vorgelegte Nachweise nachgereicht).

147 Als „Faustregel" kann also festgehalten werden, dass die **Eigeninitiative im Widerspruchsverfahren dann zumutbar** ist, wenn der Lebenssachverhalt von der Behörde falsch oder unvollständig angenommen wird, und zwar unabhängig davon, ob dies auf bloßem Unwissen der Behörde (z. B. weil nicht die erforderlichen Unterlagen vorlagen) beruht oder der Sachverhalt schlicht falsch wiedergegeben wird.
Abzustellen ist hier auf die Sicht des Rechtsuchenden. Kommt man nach der Einzelfallprüfung zu dem Ergebnis, dass es dem Rechtsuchenden zumutbar ist, selbst Widerspruch einzulegen, ist keine Beratungshilfe zu bewilligen.[128]
Sofern der Rechtsuchende aber der nachvollziehbaren Auffassung ist, dass die Behörde trotz korrekter Annahme des Sachverhalts nicht entsprechend der Rechtslage entschieden hat, wird in einer Vielzahl von Fällen die Notwendigkeit von Beratungshilfe gegeben sein, sofern der Rechtsuchende – ausnahmsweise – nicht in der Lage ist, die Begründung für sein Rechtsmittel selbst herzuleiten.

---

124 BVerfG, Beschluss vom 14.9.2009, 1 BvR 40/09 – juris; BVerfG, Rpfleger 2009, 571 (573); *Lissner*, RVGreport 2012, 202 (205), *ders.*, RVGreport 2010, 324.
125 BVerfG, NZS 2012, 580.
126 AG Zeven, Rpfleger 2009, 624; im Ergebnis wohl auch BVerfG, NZS 2012, 580.
127 AG Bochum, Beschluss vom 7.4.2008, Az. 52 II 85/08.
128 siehe BVerfG, Beschluss vom 24.10.2012, Az. 1 BvR 2144/11 (Nichtannahmebeschluss); NZS 2011, 462–463 (Nichtannahmebeschluss), RVGreport 2009, 359 ff. = FamRZ 2009, 1655 (1656).

Dies gilt natürlich nicht für den Fall, dass das **Unrechtsempfinden des Rechtsuchenden als mutwillig zu werten** ist, z. B. der SGB-II-Leistungsempfänger möchte seinen Leistungsbescheid anfechten, weil er die Regelsätze generell als zu knapp bemessen ansieht und darin eine Fehlentscheidung der Behörde sieht.

Drohender Fristablauf für den Widerspruch ist insoweit **unbeachtlich**, als die Einlegung eines „fristwahrenden" Widerspruchs ohne Begründung stets für den Rechtsuchenden zumutbar ist.[129] Ihm darf durch das Institut der Beratungshilfe nicht jedwede Eigenarbeit erspart werden. **148**

Hat der Rechtsuchende **bereits selbst Widerspruch mit Begründung eingelegt**, besteht in der Regel für dieses Stadium kein Beratungshilfebedürfnis mehr. Es ist dem Rechtsuchenden nun zumutbar, die Widerspruchsentscheidung abzuwarten. Insbesondere besteht kein Rechtschutzbedürfnis, eine Beratungsperson zur reinen Beschleunigung des Widerspruchsverfahrens „zum Druckmachen" zu beauftragen (sh. auch Rn. 117). **149**
Etwas anderes kann gelten, wenn innerhalb des Widerspruchsverfahrens weitere Darlegungen und Begründungen seitens der Entscheidungsbehörde und/ oder Widerspruchsbehörde gefordert werden oder eine mündliche Anhörung angeordnet wird. Dann sind die bereits genannten Grundsätze zu prüfen.

Nach Abschluss des Widerspruchsverfahrens durch Ablehnungsbescheid der Widerspruchsbehörde/-stelle besteht grds. ein Rechtsschutzbedürfnis, Beratungshilfe zur Prüfung der Erfolgsaussichten einer Klage vor dem Sozialgericht zu beanspruchen. Eine (nochmalige) Aufklärung/Beratung durch die Behörde erscheint in diesem Stadium nicht mehr sachdienlich. **150**

> **Hinweis:**
> Die Tätigkeit einer Beratungsperson im Wege der Beratungshilfe kann hierbei nur in der Beratung bestehen. Im Falle der Klageerhebung muss ggfs. Prozesskostenhilfe gem. § 73a SGG i. V. m. §§ 114 ff. ZPO beantragt werden.

Sofern jedoch **bereits eine konkrete Verfolgungsabsicht** hinsichtlich eines gerichtlichen Verfahrens besteht, fällt die – im Vorfeld des gerichtlichen Verfahrens – geschuldete Beratung in den Bereich des gerichtlichen Verfahrens. Dies wird in den meisten Fällen aus Sicht des Gerichts aber schwierig zu beurteilen sein. Hierbei sollte nicht zu sehr am Wortlaut des Rechtsuchenden („ich will klagen") festgehalten werden, wenn sich aus dem Gespräch ergibt, dass eine vorherige Beratung betreffend die Erfolgsaussicht sinnvoll sein könnte.

Pflegekassen haben gem. § 7 Abs. 2 SGB XI die Pflicht zur Information und Aufklärung der Versicherten über die Leistungen der Pflegekassen sowie über die Leistungen und Hilfen anderer Träger. Die Inanspruchnahme der Behördenberatung ist daher bezüglich des Erstantrages über die Rechtsgrundlagen, die Gründe der ablehnenden Entscheidung und die Erfolgsaussichten eines Widerspruchs grundsätzlich zumutbar.[130] **150a**

(2) Steuerrecht:
Seit dem Gesetz zur Änderung des Prozesskostenhilfe- und Beratungshilferechts (Inkrafttreten 1.1.2014) ist in § 2 Abs. 2 BerHG gesetzlich klargestellt, dass Beratungshilfe für **alle Rechtsgebiete**, d. h. auch in steuerrechtlichen Angelegenheiten zu bewilligen ist. Aufgrund dessen ist es – im Umfang ihrer jeweiligen Befugnis zur Rechtsberatung – Steuerberatern und Steuerbevollmächtigten, **151**

---
129 AG Bochum, Beschluss vom 27.5.2008, Az. 52 II 382/08 – juris.
130 AG Eschweiler, Rpfleger 2006, 548 (549).

Wirtschaftsprüfern und vereidigten Buchprüfern sowie Rentenberatern erlaubt, Beratungshilfeleistung zu erbringen. Für die steuerberatenden Berufe ergibt sich der Umfang der Rechtsberatungsbefugnis vor allem aus § 1 StBerG i. V. m. § 5 Abs. 1 RDG. Da das steuerrechtliche Verwaltungsverfahren, insbesondere die vorgerichtliche Anfechtung des Einkommenssteuer-, Kindergeld- oder Rentenbescheides, ähnlich ausgestaltet ist wie das Verfahren vor den Sozialbehörden (gegen ergangene Verwaltungsakte ist gem. §§ 347 ff. AO der Einspruch statthaft), sind die obigen Ausführungen zum Sozialrecht (sh. Rn. 142 ff.) entsprechend heranzuziehen.

Gem. § 89 Abs. 1 AO erteilen – soweit erforderlich – die **zuständigen Finanzbehörden** den **Beteiligten Auskunft** über die ihnen zustehenden Rechte. Hierzu zählt auch die Erläuterung der jeweiligen Entscheidung durch die erlassende Finanzbehörde. Sie erteilt, soweit erforderlich, Auskunft über die den Beteiligten im Verwaltungsverfahren zustehenden Rechte und die ihnen obliegenden Pflichten.[131]

Ob für die Erstellung einer **Einkommensteuererklärung** Beratungshilfe bewilligt werden kann, ist umstritten.[132] Auch zu dieser Frage wird regelmäßig auf einen vernünftigen Selbstzahler abzustellen sein, der das Vorhaben genau abwägt und insbesondere auch das Kostenrisiko kalkuliert. Regelmäßig wird für **die einfache Steuererklärung keine Beratungshilfe** zu bewilligen sein, da diese im Rahmen der von den Rechtsuchenden abzugebenden Steuererklärungen in der Regel keine Rechtswahrnehmung im Sinne des BerHG darstellen und auch keine Besserstellung gegenüber selbstzahlenden Bürgern bewirkt werden soll.[133] Das AG Euskirchen[134] bejaht zwar im Einzelfall schon für die Erstellung der Einkommensteuererklärung Beratungshilfe, nämlich dann, wenn der jeweilige Antragsteller bei der Erstellung seiner Einkommensteuererklärung aufgrund einer besonderen Schwierigkeit und Komplexität des steuerlichen Sachverhaltes (z. B. Trennung der Ehegatten, Freibetrag für Alleinerziehende und Veranlagungsart) Schwierigkeiten hat, die über eine bloße Ausfüllhilfe hinausgehen. Würde aber ein Steuerberater im Wege der Beratungshilfe nur dann tätig, um die Steuerlast des Antragstellers zu reduzieren und bestünden die vorgebrachten Punkte nur in allgemeinen Aspekten und einem Basiswissen, welches auch vom steuerrechtlichen „Laien" zu erwarten ist, sei die Inanspruchnahme der Beratungshilfe als mutwillig einzustufen. Es könne zudem auch unter Berücksichtigung der allgemeinen Komplexität des deutschen Steuerrechts erwartet werden, dass ein durchschnittlicher Steuerpflichtiger, sofern er seine Steuerlast reduzieren möchte, sich ein entsprechendes „Basiswissen" mittels der im Handel erhältlichen, an „steuerrechtliche Laien" adressierten Literatur und Software verschaffe.[135]

Durch § 8 BerHG (in der seit 1.1.2014 geltenden Fassung) wird im Übrigen klargestellt, dass auch diese **sonstigen „Beratungspersonen"** gebührenrechtlich wie **„Rechtsanwälte"** zu behandeln sind.

152 (3) **Ausländerrecht:** Unter ausländerrechtliche Angelegenheiten fallen z. B.:
– die Entscheidung über Asyl-, Folge- und Zweitanträge nach dem AsylG durch das Bundesamt für Migration und Flüchtlinge, welches gem. § 24 Abs. 1 AsylG den Sachverhalt klärt und den Antragsteller in verständlicher Form über den Ablauf des Verfahrens sowie dessen Rechte und Pflichten

---

131 *Lissner*, StB 2013, 160; *Szymborski*, DStR 2012, 1984 f.
132 bejahend: AG Bonn, AO-StB 2010, 266; *Nöcker* in jurisPR-SteuerR 1/2011 Anm. 4 a. A.: *Lissner*, RVGreport 2012, 206; *Szymborski*, DStR 2012, 1984 ff.; *Lissner*, StB 2013, 160; *ders.*, StB 2013, 402 ff.; abwägend: AG Euskirchen, Beschluss vom 29.4.2016, Az. 12 II 14/16 BerH.
133 *Szymborski*, DStR 2012, 1984 ff; *Lissner*, StB 2013, 160; *ders.*, StB 2013, 402 ff.
134 AG Euskirchen, Beschluss vom 29.4.2016, Az. 12 II 14/16 BerH.
135 *Lissner*, AGS 2016, 371 ff; *ders.*, RVGreport 2016, 162.

Kapitel 3: Objektive Voraussetzungen der Beratungshilfe 152a

belehrt. Gegen die Entscheidungen des Bundesamtes ist der Klageweg eröffnet. Ein Vorverfahren wie bei den Sozialbehörden findet nicht statt;
- Verfahren betreffend die Einreise von Ausländern, deren Aufenthalt und die Beendigung des Aufenthalts nach dem AufenthaltsG vor der zuständigen Ausländerbehörde (§ 71 AufenthG), welche über die „wesentlichen" Rechte und Pflichten aufklärt (§ 82 Abs. 3 AufenthG);
- die Entscheidung über die Bewilligung von Leistungen nach dem AsylbLG, die aufgrund § 10 AsylbLG durch die jeweiligen Kommunalbehörden (z. B. Stadtverwaltung, Verbandsgemeindeverwaltung) bewilligt und gezahlt werden,
- in Anbetracht der differenzierten Folgen aus dem jeweiligen Schutzstatus (politisch Verfolgter, Art. 16a GG; Genfer Konvention; subsidiär Schutzberechtigter) und mit Blick auf die Härtefallregelungen auch beim ausgesetzten Familiennachzug, § 104 Abs. 13 i. V. m. §§ 22, 23 AufenthG, kann auch subsidiär Schutzberechtigten Beratungshilfe bezüglich der Frage des Familiennachzugs gewährt werden.

Teilweise wird für diesen Rechtsbereich die Auffassung vertreten, dass die **Auskunft und Beratung** durch die **Ausländerbehörde** aufgrund gesetzlicher Verpflichtung **keine gleichwertige Alternative** zur Rechtsberatung darstellt und somit regelmäßig Beratungshilfe zu gewähren sei,[136] beispielsweise für die Stellung eines Asylantrages.

Es verstößt jedoch nicht gegen den allgemeinen Gleichheitssatz gem. Art. 3 Abs. 1 GG, wenn die **Auskunfts- und Belehrungspflicht der Ausländerbehörde** nach § 25 VwVfG grundsätzlich als **zumutbare andere Möglichkeit** der Rechtsberatung angesehen wird.[137] Erfolgen die Beratungsleistungen durch **Verbände der freien Wohlfahrtspflege**, die selbst nicht für eine spätere Bescheidung der Asylanträge zuständig sind und zudem noch über Mitarbeiter mit einschlägiger Berufserfahrung verfügen, so sind auch diese als geeignete andere Möglichkeit einzustufen.[138] Es ist daher nicht generell unzumutbar, dass der Rechtsuchende zunächst selbst die entsprechenden Anträge stellt.[139] Erst im **Rechtsmittelverfahren** kann rechtliche Beratung z. B. durch einen Rechtsanwalt erforderlich werden.

Das aktuelle Thema der „**Flüchtlingsproblematik**" spielt in der gerichtlichen Praxis der Beratungshilfe eine zunehmend stärkere Rolle. Der Hauptanwendungsfall betrifft die Thematik der Gewährung von „**Beratungshilfe für unbegleitete Minderjährige**".[140] Sieht man von Einzelfällen einmal ab,[141] nimmt die Grundsatzfrage über die Bewilligung einen immer höher werdenden Stellenwert ein. Die Flüchtlingszahlen der letzten Jahre sind bekanntermaßen extrem gestiegen, wie sich die weitere Entwicklung gestalten wird, ist aufgrund der derzeit nicht abschätzbaren politischen Lage innerhalb und außerhalb der EU nicht absehbar. Es versteht sich dabei von selbst, dass auch Asylbewerber, die sich in der Bundesrepublik Deutschland aufhalten, grundsätzlich zur Antragstellung von Beratungshilfe berechtigt sind.[142] Das

152a

---

136 *Groß*, § 1 BerHG, Rn. 75; AG Oldenburg, AnwBl 1994, 432; AG Lünen, Rpfleger 1989, 514 f.; AG Gießen, Rpfleger 1989, 27 f.; AG Hamm, Beschluss vom 6.4.2017, Az. 23 II 1538/16.
137 BVerfG, Beschluss vom 26.4.1989, Az. 1 BvR 505/89 – juris.
138 AG Essen, Beschluss vom 29.5.2017, Az. 141 II 3309/16 – juris.
139 *Lissner*, ZAR 2013, 110 m. w. N.; AG Oldenburg, Beschluss vom 27.4.2010, Az. 17 II 1154/09 – juris (Information über Stellung eines Asylantrags oder Beantragung einer Duldung); AG Zeven, Rpfleger 2007, 403 (Beantragung der Zustimmung zur Arbeitsaufnahme); AG Konstanz, Beschluss vom 14.3.2005, Az. UR II 132/05, n. v. (Stellung Asylantrag); AG Koblenz, Rpfleger 1998, 206 (Asylfolgeantrag); AG Esslingen, Rpfleger 1988, 319; AG Rendsburg, Rpfleger 1987, 378 f.; *Hundt*, Rn. 249.
140 sh. hierzu: *Lissner*, RVGreport 2016, 162 ff.
141 sh. www.kammerton.rak-berlin.de/ausgabe/3-2016/meldungen.
142 *Lissner*, RVGreport 2016, 162 ff.; *ders.*, AGS 2016, 371 ff.

Beratungshilfegesetz ist nicht auf die deutsche Staatsbürgerschaft beschränkt, muss aber allerdings einen Bezug zum Inland aufweisen. Beratungshilfe ohne diesen Bezug, also die Beratung eines Ausländers über Rechte und Pflichten im dortigen Heimatland etwa, ist nicht beratungshilfefähig.[143] Voraussetzung ist ebenso, dass die Bewilligungsvoraussetzungen vorliegen.[144] Gerade die hier häufig auftretenden sprachliche Defizite[145] oder die fehlenden Kenntnisse des deutschen Rechtssystems, bilden dabei keinen ausreichenden Bewilligungsgrund.[146] Die tatsächliche – dahintersteckende – Problematik resultiert in der Regel aus der aus tatsächlichen Gründen vorliegenden Verhinderung der Sorgeberechtigten der minderjährigen unbegleiteten Flüchtlinge.[147] Ob diese Situation stets im Rahmen der Beratungshilfe rechtlich zu würdigen ist, erscheint jedoch fraglich. Die Rechtsprechung ist bislang uneins, wie mit der Akutsituation auch außerhalb der Beratungshilfe umgegangen werden soll. Das OLG Bamberg[148] sieht Beratungshilfe bei ausländerrechtlichen Fragen bzw. bei entsprechendem Beratungsbedarf prinzipiell im Bereich des Denkbaren. Gleichzeitig lehnt es für die unbegleiteten Minderjährigen aber die Bestellung eines Rechtsanwalts als Mitvormund sowie eines Ergänzungspflegers ab. Letzteres (Ergänzungspfleger) wird auch höchstrichterlich kritisch betrachtet.[149] Der BGH lehnt ebenfalls die Bestellung eines Rechtsanwalts zum Ergänzungspfleger ab, auch wenn es dem Vormund an entsprechender juristischer Sachkunde fehlt.[150] Das AG Kerpen[151] und das OLG Frankfurt[152] haben das Jugendamt hingegen im Falle eines minderjährigen unbegleiteten Flüchtlings zum Amtsvormund bestellt (während das OLG Frankfurt gut ein Jahr zuvor die Bestellung eines Rechtsanwalts als Mitvormund noch ablehnte und explizit auf das Jugendamt – welches die Möglichkeit hätte, bei Kompetenzüberschreitungen auf die Beratungshilfe zu verweisen – verwies). Hinsichtlich ausländerrechtlicher Belange wurde indes ein Rechtsanwalt als zweiter (Mit-)Vormund bestellt, da nach Ansicht des Gerichts das Jugendamt nicht über diese Kenntnisse verfüge und Beratungshilfe nicht ausreiche. Das AG Heidelberg[153] wiederum vertritt die Ansicht, dass ein Ergänzungspfleger zu bestellen sei, da fehlende Rechtskenntnisse nicht durch eine Rechtsberatung (z. B. über die Beratungshilfe) wettgemacht werden könnten.

Die Entscheidung des AG Regensburg zielt darauf ab, dass die Ansicht, wonach der unbegleitete minderjährige Flüchtling durch die (deutsche) Ausländerbehörde als Amtsvormund ausreichend vertreten sei, gegen das Rechtsstaatsprinzip und gegen den Gleichheitsgrundsatz des GG verstoße.[154] Die vom Europarecht überlagerten gesetzlichen Bestimmungen der Bundesrepublik Deutschland zum Ausländer- und Asylrecht sind zu komplex, dass diese ein juristischer Laie beurteilen kann; auch würde ein vermögender Ausländer ohne Inanspruchnahme einer anwaltlichen Hilfe im ausländer- und asylrechtlichen Paragraphendickicht beherzt und unbedarft hängen bleiben.

---

143 *Lissner*, ZAR 2013, 110.
144 Klinge, Das Beratungshilfegesetz, 1. Aufl. 1982, § 1, Rn. 8.
145 BVerfG, NJW-RR 2007, 1369; *Lissner*, JurBüro 2012, 454; AG Koblenz, Rpfleger 1997, 220 f.; *Dürbeck/Gottschalk*, Rn. 1154.
146 *Lissner*, RVGreport 2016, 162 ff.
147 *Lissner*, RVGreport 2016, 162 ff.
148 OLG Bamberg, Beschluss vom 13.8.2015, Az. 2 UF 140/15.
149 ablehnend: BGH, Beschluss vom 29.5.2013, Az. XII ZB 530/11; auch FamRZ 2014, 472; 2014, 640.
150 zustimmend *Bienwald*, RpflegerStud 2016, 33 ff.
151 AG Kerpen, Beschluss vom 19.5.2015, Az. 150 F 297/15.
152 OLG Frankfurt, Beschluss vom 8.1.2016, Az. 6 UF 292/14.
153 AG Heidelberg, JAmt 2015, 578 ff.
154 AG Regensburg, JAmt 2015, 153 f.

Als Ergebnis kann daher festgehalten werden, dass hier nicht pauschal für die gesamte Flüchtlingsproblematik eine Aussage betreffend der Inanspruchnahme von Beratungshilfe getroffen werden kann. Es ist vielmehr auf den Einzelfall unter Prüfung aller Bewilligungsvoraussetzungen abzustellen.[155]

(4) Familienrecht: Gemäß **§ 18 SGB VIII** gewährt das **Jugendamt** Beratung und Unterstützung: **153**
- dem alleinerziehenden Elternteil bei der Ausübung der Personensorge, der Geltendmachung von Kindesunterhalt, der Geltendmachung von Betreuungsunterhalt i. S. d. § 1615 l BGB und der Ausübung des Umgangsrechts;
- dem anderen (nicht erziehenden) Elternteil, anderen Umgangsberechtigten und dem minderjährigen Kind selbst bei der Ausübung des Umgangsrechts;
- dem volljährigen Kind bis zur Vollendung des 21. Lebensjahres bei der Geltendmachung von Unterhaltsansprüchen;
- den nicht miteinander verheirateten Eltern betreffend die Abgabe einer Sorgeerklärung und die Möglichkeit der gerichtlichen Übertragung der gemeinsamen elterlichen Sorge.

Gemäß **§ 1712 BGB** kann auf Antrag des erziehenden Elternteils ferner die **Beistandschaft** des Jugendamtes zur Geltendmachung der Unterhaltsansprüche bzw. Feststellung der Vaterschaft in Anspruch genommen werden (§ 52a SGB VIII).
Weitere Beratungspflichten des Jugendamtes finden sich gemäß **§ 51 SGB VIII** in Bezug auf das Verfahren zur Annahme als Kind. Auch Pfleger und Vormünder können Beratung und Unterstützung erhalten (§ 53 SGB VIII).

Nach der **herrschenden Meinung**[156] stellt die Beratung und Unterstützung **154** durch das Jugendamt in aller Regel **eine zumutbare Hilfemöglichkeit** dar mit der Folge, dass für die oben genannten Anliegen in der Regel keine Beratungshilfe bewilligt werden kann.[157]
Der Rechtsuchende hat insoweit **kein Wahlrecht** zwischen Jugendamt einerseits und Beratungsperson im Wege der Beratungshilfe andererseits;[158] vielmehr ist die einzige Schranke die Unzumutbarkeit der Inanspruchnahme des Jugendamtes, die nur in seltenen Ausnahmefällen gegeben sein dürfte und der konkreten Darlegung bedarf.
Dem Rechtsuchenden wird hierdurch **nicht das Recht zu seiner Rechtsverfolgung abgeschnitten**, sondern er ist lediglich gehalten, zuvor die Hilfeleistung des Jugendamtes in Anspruch zu nehmen.[159]
Insbesondere ist eine **Unzumutbarkeit nicht dadurch** gegeben, dass die **Gegenseite anwaltlich vertreten** ist. Zwar wird seitens der Anwaltschaft immer wieder dahingehend argumentiert, dass dem Rechtsuchenden aus Gründen der „**Waffengleichheit**" ein Rechtsanwalt zur Seite gestellt werden müsse.[160] Dem

---

155 sh. zur Problematik auch: DIJuF-Rechtsgutachten vom 31.5.2016, V 1.220/ES 7.000 Ho, JAmt 2016, 376 ff. m. w. N.; *Lissner*, AGS 2016, 371; *ders.*, RVGreport 2016, 162 ff.
156 AG Halle (Saale), Beschluss vom 7.9.2012, Az. 103 II 20/12 – juris; AG Leverkusen, Beschluss vom 19.3.2012; Az. 16 II 80/12 BerH – juris; AG Zeven, Rpfleger 2007, 671 (Umgangssachen); AG Hannover, FamRZ 2006, 351; AG Torgau, FamRZ 2004, 1883 f.; AG Lahnstein, FamRZ 2004, 1299; AG Neunkirchen, FamRZ 1998, 253 f.; AG Detmold, FamRZ 1991, 462; OLG Koblenz, FamRZ 2005, 1915 (Mutwilligkeit ist dann zu bejahen, wenn bzgl. einer Umgangsregelung nicht vorher mit Hilfe des Jugendamtes versucht worden ist, eine gütliche Einigung zu erzielen); *Lissner*, RVGreport 2012, 202 ff., *ders.*, Rpfleger 2012, 122 ff.; *ders.*, FamRB 2016, 32 ff.
157 sh. auch *Lissner*, FamRB 2016, 32 ff. m. w. N.
158 *Lissner*, FamRB 2016, 32 ff. m. w. N.; a. A.: AG Vechta, AGS 2012, 26–27 (Wahlrecht, wenn der Rechtsanwalt bereits schon mit dem Fall betraut war (hier: Unterhaltsabänderung)); AG Wolfsburg, JurBüro 1991, 669 (diese Mindermeinung steht im Gegensatz zur gesetzlichen Regelung).
159 vgl. BVerfG, Beschluss vom 26.4.1989, Az. 1 BvR 505/89 – juris.
160 so wohl auch AG Oldenburg, Beschluss vom 13.5.2009, Az. 17 II 1042/08, Rn. 12 – juris.

ist aber nicht zu folgen, da es sich bei den **Mitarbeitern des Jugendamtes** in der Regel um **speziell geschulte Fachkräfte** handelt, die hinreichend qualifiziert sind, um den Rechtsuchenden gleichwertig zu unterstützen.[161]
Des Weiteren ist **unbeachtlich**, dass der gewünschte **Rechtsanwalt** die **Fallhintergründe bereits kennt** – beispielsweise aus der Prozessführung während der Scheidung der Ehegatten. Dies macht die spätere Einschaltung des Jugendamtes höchstens unbequem, weil sich der Rechtsuchende auf eine neue Vertrauensperson einlassen muss und ggfs. viele Erläuterungen erforderlich sind, nicht aber unzumutbar.[162]

> **Merke:**
> Häufig wird die Kompetenz des Jugendamtes durch den Rechtsuchenden oder dessen Beratungsperson aus folgenden Argumentationen bestritten:
> – fehlende Kompetenz der Mitarbeiter des Jugendamtes,
> – die Beratungsperson könne häufig einen höheren Wirkungsgrad erzielen,
> – es erfolgt bereits eine anwaltliche Vorbefassung,
> – wegen dem Vertrauensverhältnis zwischen Beratungsperson und Rechtsuchenden.
> Nach überwiegender Ansicht stellen derartige Behauptungen keinen Ausschlusstatbestand für das Jugendamt dar.[163]
> Vielfach steht zudem gerade keine Interessendurchsetzung im Vordergrund, sondern vordringlich die Erörterung einer bestmöglichen tragfähigen Lösung.[164] Werden insbesondere aussichtsreiche vorgerichtliche Möglichkeiten nicht beansprucht, ist Mutwilligkeit anzunehmen.[165]

155 Die Inanspruchnahme des Jugendamtes kann aber dann **unzumutbar** sein, wenn eine ordnungsgemäße **Interessenwahrnehmung** durch dieses **konkret nicht gewährleistet werden kann**, etwa wegen extremer Wartezeiten oder einer befürchteten Interessenkollision. Hier sollte es nicht zu Lasten des Rechtsuchenden gehen, dass eine zeitnahe Bearbeitung seines Anliegens nicht möglich ist.

> **Beispiel:**
> Ein Elternteil möchte sich darüber beraten lassen, wie es ein Umgangsrecht mit seinen Kindern durchsetzen kann. Das Jugendamt vollstreckt derweil als Beistand der Kinder Unterhaltsforderungen gegen genau diesen Elternteil. Zwar wird es sich regelmäßig um verschiedene Sachbearbeiter des Jugendamtes handeln. Dennoch erscheint es für den Rechtsuchenden unzumutbar, dieselbe Institution einzuschalten, sofern er diese als Gegner empfindet.
> Gem. § 17 Abs. 1 SGB X steht dem Rechtsuchenden jedoch kein von der Sachentscheidung losgelöstes subjektives Ablehnungsrecht gegenüber dem jeweiligen Sachbearbeiter des Jugendamtes zu; insoweit handelt es sich hier um ein reines Behördeninternum, ob er den Sachbearbeiter als befangen ansieht.[166]

---

161 so auch AG Kirchhain, JAmt 2005, 469 f.
162 AG Torgau, FamRZ 2004, 1883 f. a. A.: wohl im Ergebnis AG Helmstedt, AGS 2010, 391, welches eine Unzumutbarkeit des Jugendamts als andere Hilfe dann vertritt, wenn der Rechtsanwalt bereits in anderen Teilbereichen eingearbeitet ist.
163 Lissner, FamRB 2016, 32 ff.
164 Lissner, FamRB 2016, 32 ff.; AG Halle/Saale, Beschluss vom 7.9.2012, Az. 103 II 20/12 – juris Rn. 12.; Sünderhauf in Schlegel/Voelzke, jurisPK-SGB VIII, 1. Aufl. 2014, § 18 SGB VIII, Rn. 84.
165 OLG Karlsruhe, NJW 2016, 1522.
166 BayVGH, JAmt 2015, 505 f. – juris.

Zu den gesetzlichen Aufgaben der Jugendhilfe gehört bei der Geltendmachung von Unterhalt auch die Beratung und Unterstützung von **volljährigen Kindern/ jungen Erwachsenen** bis zur Vollendung des 21. Lebensjahres. Das Jugendamt kann für den volljährigen Unterhaltsberechtigten zwar **nicht als Beistand** i. S. d. § 1712 BGB auftreten, da die Beistandschaft spätestens mit Eintritt der Volljährigkeit endet. **156**

Die Tätigkeit des Jugendamtes ist aber deshalb keineswegs **auf die reine Beratung beschränkt**; der Volljährige kann sich beispielsweise nach entsprechender Beratung bei der schriftlichen Formulierung bzw. Bezifferung seiner Unterhaltsforderungen helfen lassen oder dem Jugendamt für die außergerichtliche Geltendmachung des Unterhalts Vollmacht erteilen.[167] Die Geltendmachung von Unterhaltsansprüchen für den Berechtigten ist daher zulässig.[168]
Auch Volljährige bis zur Vollendung des 21. Lebensjahres sind daher wegen der Geltendmachung von **Unterhaltsforderungen** im Regelfall an das **Jugendamt als andere Hilfsmöglichkeit** zu verweisen. Beratungshilfe kommt daher erst in Betracht, wenn die Hilfe des Jugendamtes bereits vergeblich in Anspruch genommen wurde.[169] Dabei steht dieser Beratungsanspruch nur dem jungen Volljährigen selbst, nicht dagegen auch seinen Eltern zu.[170]
Die weitere Hilfe des Jugendamtes könnte vergeblich sein, wenn der unterhaltspflichtige Elternteil nach entsprechender Aufforderung keine ausreichenden Angaben zu seinen finanziellen Verhältnissen bzw. sonstigen Unterhaltspflichten gemacht hat. Je nach Fallkonstellation wird dann aber seitens des Unterhaltsberechtigten als nächster Schritt Klage geboten sein, über deren Erfolgsaussichten das Jugendamt entsprechend belehren kann, so dass es auch insoweit keiner außergerichtlichen Hilfe durch eine Beratungsperson mehr bedarf. Abzulehnen ist daher auch die Auffassung, wonach Beratungshilfe dann (stets) zu bewilligen sei, wenn die Hilfe des Jugendamtes erfolglos bleibe (Anm.: wenn eine Vertretung durch das Jugendamt nicht den gewünschten Erfolg erzielte). Dem ist entgegenzuhalten, dass in der Beratungshilfe kein Erfolg geschuldet ist und sich eine erfolglose Beratung auch bei Beanspruchung einer Beratungsperson herausstellen kann. Die Beratungshilfe dient nicht dazu, die Beratungshilfeleistung einer Stelle oder Beratungsperson durch eine andere prüfen oder wiederholen zu lassen.

(5) **Strafvollzug:** Auch die **Anstaltsverwaltung** im Strafvollzug kann im Einzelfall als Sonderfall der Behördenberatung angesehen werden.[171] Nach den jeweiligen landesrechtlichen Bestimmungen sind diese verpflichtet, den Gefangenen in der Wahrnehmung seiner Rechte und Pflichten zu unterstützen. Der Gefangene erhält z. B. die Gelegenheit, sich mit Wünschen, Anregungen und Beschwerden in Angelegenheiten, die ihn selbst betreffen, an den Anstaltsleiter zu wenden. Regelmäßige Sprechstunden sind durch die Anstaltsverwaltung einzurichten. **157**
Die **Anstaltsverwaltung** ist in Vollzugsfragen neben dem **sozialen Dienst** einer JVA der erste Ansprechpartner für einen Gefangenen. Dies gilt auch dann, wenn er gegen diese selbst vorgehen möchte. Der Gefangene hat jederzeit das Recht und die Möglichkeit, sich mündlich oder schriftlich mit einer Beschwerde an den Anstaltsleiter selbst zu wenden, um eine Klärung der Dinge herbeiführen zu können.

---

167 DIJuF-Rechtsgutachten vom 15.12.2008, JAmt 2009, 72 ff. (Es sprechen beachtliche Gründe dafür, den Begriff der Unterstützung nicht zu restriktiv zu sehen und die Vertretung auch mit Außenwirkung für zulässig zu erachten); DIV-Gutachten vom 26.10.1999, DAVorm 2000, 394 f. (Hierin wird bekräftigt, dass ein solcher Anspruch auch für junge Volljährige besteht. § 18 Abs. 4 SGB VIII besteht sich wie Abs. 1 in Unterhaltsangelegenheiten vor allem auf die Berechnung des Unterhaltes; siehe auch DAVorm 1999, 43 ff.; DAVorm 1994, 286 f.; a. A.: *Kunkel* in LPK-SGB VIII, § 18 Rn. 4).
168 *Müller* in Grunewald/Römermann, RDG, § 8 Rn. 13.
169 AG Hannover, FamRZ 2006, 351.
170 VGH Sachsen, Beschluss vom 26.8.2010, Az. Vf. 33-IV-10 – juris.
171 *Lissner*, RVGreport 2012, 202.

Eine gegenteilige Ansicht vertritt das OLG Stuttgart.[172] Danach obliegt die Rechtsberatung vordringlich den rechtsberatenden Berufen. Die Anstaltsverwaltung ist nicht eine gänzlich unbeteiligte und damit neutrale dritte Person. Allerdings obliegt dieser tatsächliche Hilfestellungen – wobei hier ein großer Ermessenspielraum besteht – aber auch die Vorklärung, ob und in wie weit juristischer Rat benötigt wird.[173] Dieser pauschalen Ablehnung als anderweitige Hilfe durch das OLG Stuttgart ist ebenso wenig zuzustimmen, wie die pauschale Aussage, wonach die Anstaltsverwaltung stets eine andere Hilfe sein muss.

158 c) **Betreuung.** Sofern für den Rechtsuchenden ein gesetzlicher **Betreuer gemäß § 1896 BGB** bestellt ist, dessen Aufgabenkreis das rechtliche Problem grundsätzlich abdeckt, sind zu der Beurteilung der Frage, ob der Rechtsuchende alles Zumutbare getan hat, um seine Angelegenheit selbstständig zu klären, **auch der Betreuer** sowie **dessen persönliche Fähigkeiten** einzubeziehen, d. h. eine Beratungsperson kann erst dann im Wege der Beratungshilfe in Anspruch genommen werden, wenn auch der Betreuer selbst keine Handhabe mehr hat. Bei **ehrenamtlichen Betreuern,** die in aller Regel keine spezielle Berufsausbildung haben, die sie zur Übernahme der Betreuung besonders qualifiziert, ergeben sich daher **keine Besonderheiten.**
Der Betreute selbst bzw. dessen Betreuer im Namen seines mittellosen Betreuten kann Beratungshilfe in Anspruch nehmen, soweit die allgemeinen Voraussetzungen erfüllt sind und **zumutbare Eigenbemühungen des Betreuers nicht zum Erfolg verholfen haben.** Es kann auch nicht erwartet werden, dass sich der Betreuer mehr „ins Zeug legt", als er das in eigener Sache täte.
Wegen der persönlichen und wirtschaftlichen Verhältnisse gem. § 1 Abs. 1 Nr. 1 BerHG ist selbstverständlich **nur auf die Verhältnisse des Betreuten selbst,** nicht auf die des Betreuers abzustellen.

159 Bei **Berufsbetreuern** sind vor allem deren **Qualifikation** und die hieraus resultierende **Vergütungsstufe** gem. § 4 Abs. 1 VBVG[174] **zu beachten.** Insbesondere durch den höchsten Stundensatz werden **besondere Kenntnisse, die für die Führung der Betreuung nutzbar sind,** bereits abgegolten. Betreuer mit spezieller Berufsausbildung (z. B. Sozialpädagogen, Betriebswirte, Juristen) sind daher schon aufgrund ihrer jeweiligen Pauschalvergütung zur Nutzung ihrer jeweiligen Fachkenntnisse verpflichtet. Ureigene Betreuertätigkeiten sollen nicht durch das Institut der Beratungshilfe ersetzt werden.
Handelt es sich bei dem Betreuer um einen **Rechtsanwalt,** gilt grundsätzlich auch, dass dieser seine Fachkenntnisse im Rahmen der Pauschalvergütung einsetzen muss. Das Betreuungsgericht wird dabei nicht ohne Grund einen Rechtsanwalt als Betreuer eingesetzt haben.
Gehört die von dem Rechtsanwalt auszuübende Tätigkeit **zu den typischen Angelegenheiten eines Betreuers,** ist keine Beratungshilfe zu gewähren.[175]
Weitergehende Tätigkeiten des als Betreuer bestellten Rechtsanwalts, bei welchen **ein „normaler" (Berufs-)betreuer einen Rechtsanwalt beauftragen** würde, sind aber nicht mehr von der Pauschalvergütung des § 4 Abs. 1 VBVG erfasst.

---

172 OLG Stuttgart, Beschluss vom 4.11.2014, Az. 4 Ws 373/14 (V) – juris; *Beck* in BeckOK, StVollzG, § 73 Rn. 4.
173 OLG Stuttgart, Beschluss vom 4.11.2014, Az. 4 Ws 373/14 (V) – juris; *Beck* in BeckOK, StVollzG, § 73 Rn. 4.
174 Gesetz über die Vergütung von Vormündern und Betreuern (**Vormünder- und Betreuervergütungsgesetz – VBVG**).
175 AG Leipzig, Rpfleger 2009, 247 (248); AG Verden, Beschluss vom 23.10.2009, Az. 11 II 232/09, Rn. 7 – juris; AG St. Blasien, Beschluss vom 15.12.2006, Az. UR II 57/06, n. v.; AG Karlsruhe, Beschluss vom 20.11.2006, Az. UR II 720/06, n. v.; AG Konstanz, Beschluss vom 26.2.2007, Az. UR II 27/07, n. v.; so im Ergebnis auch AG Wedding, AGS 2008, 560. „Entscheidend ist allein, ob ein durchschnittlicher Betreuer, der kein Rechtsanwalt ist, die Tätigkeit selbst entfaltet hätte".

Dies folgt daraus, dass Aufwendungen für Dienste, die zum Gewerbe bzw. Beruf gehören, zusätzlich über das Betreuungsgericht abgerechnet werden können (§§ 4 Abs. 2 S. 2 VBVG; 1835 Abs. 3, 4 BGB; 168, 292 FamFG). Aufgrund dieser Vorschriften kann der **„Anwaltsbetreuer" nach den Gebührensätzen des RVG abrechnen**, sofern die Einschaltung eines Rechtsanwalts als üblich bzw. notwendig anzusehen ist. Der Betreute bzw. die Staatskasse im Falle der Mittellosigkeit des Betreuten soll keinen Vorteil daraus ziehen, dass der Betreuer zufällig aufgrund einer besonderen beruflichen Qualifikation etwas verrichten kann, wozu ein anderer Betreuer berechtigterweise die entgeltlichen Dienste eines Dritten in Anspruch nehmen würde.[176] Handelt es sich um eine Tätigkeit, für die Beratungshilfe gewährt werden kann, hat der **Anwaltsbetreuer daher diese auch zu beantragen.**[177] Die Betreuung allein stellt keine andere zumutbare Hilfsmöglichkeit dar, da der Betreuer hierfür eine entsprechende Vergütung gem. §§ 1908 i Abs. 1 S. 1, 1835 Abs. 3 BGB erhält.[178] Er hat nicht etwa ein Wahlrecht, über das Betreuungsgericht nach originären RVG-Sätzen abzurechnen. Dies gebietet bereits der Schutz des Betreuten, welcher im Falle der Abrechnung über das Betreuungsgericht bei einem nachträglichen Vermögenserwerb mit einer Rückforderung rechnen muss (§§ 1908 i, 1836e BGB), wohingegen die Beratungshilfekosten nicht rückforderbar sind.[179] Folglich kann Beratungshilfe auch nicht mit der Begründung, dass der Betreuer eine andere Hilfsmöglichkeit i. S. d. § 1 Abs. 1 Nr. 2 BerHG darstelle, abgelehnt werden.[180] Ebenfalls ist der Aufwendungsersatzanspruch eines **anwaltlichen Ergänzungspflegers** eines mittellosen Pfleglings auf die Beratungshilfegebührensätze beschränkt.[181]

d) **Öffentliche Schuldenberatungsstelle.** Öffentliche Schuldenberatungsstellen werden kostenfrei bzw. gegen Erhebung einer Schutzgebühr schuldenberatend tätig. Zu ihrem Aufgabenkreis zählt nicht nur die Aufklärung über Vollstreckungsmaßnahmen, die Kontaktaufnahme mit Gläubigern oder die Erteilung von Tipps. Ihre Aufgaben bestehen vor allem darin, **präventiv** einer erneuten Verschuldung des Schuldners **entgegenzuwirken**. Insbesondere letztere Aufgabe wird ein **Rechtsanwalt** in aller Regel **nicht anbieten können** und seine Dienste auf die Korrespondenz mit den Gläubigern beschränken.
(1) **Allgemeine Aufgaben.** Für die bloße Beratung über die Verteidigung bzw. Abwehr **titulierter Forderungen**, die von dem Rechtsuchenden weder ihrer Art noch Höhe nach bestritten werden, besteht **kein Hilfebedürfnis** zur Inanspruchnahme von Beratungshilfe (sh. Rn. 110), da es sich hierbei nicht um die „Wahrnehmung von Rechten" handelt.
Gleiches gilt auch, wenn die Forderung zwar bestritten wird, diese aber z. B. mangels rechtzeitigen Tätigwerdens des Rechtsuchenden **bereits rechtskräftig tituliert** ist und die Voraussetzungen etwa für eine **Vollstreckungsabwehrklage** (§ 767 ZPO) erkennbar nicht vorliegen. Das verspätete Verlangen des Rechtsuchenden nach Aufklärung ist dann als mutwillig i. S. d. § 1 Abs. 1 Nr. 3 BerHG zu werten.
Obwohl die Bewilligung von Beratungshilfe in den genannten Fällen schon daran scheitert, dass kein Hilfebedürfnis i. S. d. § 1 Abs. 1 BerHG vorliegt, empfiehlt sich dennoch der Hinweis auf eine öffentliche Schuldenberatungsstelle.

---

176 BGH, FamRZ 2007, 381 ff.
177 KG Berlin, Rpfleger 2012, 74 ff.; LG Münster, FamRZ 2011, 136; OLG Frankfurt, Beschluss vom 16. Juli 2009, Az. 20 W 147/06 – juris; a. A.: BayObLG, FamRZ 2003, 1586 ff.
178 AG Mannheim, FamRZ 2011, 54 (ehrenamtl. Betreuer); AG Wedding, AGS 2008, 560.
179 BGH, FamRZ 2007, 381 ff.; a. A.: OLG Köln, NJW-RR 2003, 712 f.: Der Anwaltsbetreuer kann seine Vergütung in Höhe der Beratungshilfegebühren u. -auslagen über das Vormundschaftsgericht (jetzt Betreuungsgericht) aus der Staatskasse erlangen gem. § 1835 BGB und ist nicht verpflichtet, auch tatsächlich ein Beratungshilfeverfahren einzuleiten.
180 AG Wedding, AGS 2008, 560.
181 BGH, Beschluss vom 4.12.2013, Az. XII ZB 57/13 – juris.

161 (2) **Verfahren zur außergerichtlichen Schuldenbereinigung auf der Grundlage eines Plans (§ 305 Abs. 1 Nr. 1 InsO).** Bedeutend für das Beratungshilfeverfahren ist vor allem die Tätigkeit der **außergerichtlichen Schuldenbereinigung auf der Grundlage eines Plans (§ 305 Abs. 1 Nr. 1 InsO)**, für welche grundsätzlich Beratungshilfe in Form von Beratung und Vertretung gewährt werden kann, da es sich um eine außergerichtliche Tätigkeit handelt.
Der verschuldete Verbraucher kann nur dann erfolgreich die Einleitung des Verbraucherinsolvenzverfahrens beantragen, wenn eine geeignete Person bzw. Stelle i. S. d. § 305 Abs. 1 Nr. 1 InsO bestätigt, dass in den letzten sechs Monaten vor Antragstellung auf der Grundlage eines Plans versucht wurde, mit den Gläubigern eine außergerichtliche Einigung zu erzielen und dieser Versuch gescheitert ist. Der außergerichtliche Einigungsversuch nach § 305 Abs. 1 Nr. 1 InsO ist damit **zwingende „Vorschalt-Station"** für die Zulässigkeit des Eröffnungsantrags eines Verbraucherinsolvenzschuldners im Sinne der §§ 304, 305 InsO und des mit diesem Antrag zu verbindenden Antrags auf Erteilung der Restschuldbefreiung gem. § 305 Abs. 1 Nr. 2 InsO.[182]
Wie genau der **Plan** zum Versuch der Schuldenbereinigung (inhaltlich) ausgestaltet sein muss, ist nicht ausdrücklich vorgeschrieben. Er muss jedoch eine gewisse **Gesamtschau der Forderungen** einschließlich ergebnisorientierter Überlegungen zum Lösungsvorschlag enthalten[183] und dadurch geeignet sein, eine Einigung mit den Gläubigern des Schuldners herbeiführen zu können. Die Anforderungen, die an einen Schuldenbereinigungsplan im Sinne des § 305 Abs. 1 Nr. 1 InsO zu stellen sind, unterscheiden sich daher im Grunde nicht von denjenigen eines gerichtlichen Schuldenbereinigungsplans. Die Beteiligten müssen zweifelsfrei erkennen können, ob sie an einen gerichtlichen oder außergerichtlichen Schuldenbereinigungsplan gebunden sein sollen.[184]
Inhaltlich ist zumindest eine zusammenfassende, die Einzelheiten integrierende und ergebnisorientierte Gesamtdarstellung eines Komplexes zu fordern, der über das bloße Vorliegen eines Gläubigerverzeichnis nach § 305 Abs. 1 Nr. 3 InsO hinausgeht und auf jeden Fall Quoten und den Gesamtbetrag der Schulden ausweist.[185]
Die Bescheinigung nach § 305 Abs. 1 Nr. 1 InsO muss dabei auf Grundlage einer persönlichen Beratung in Form eines **eingehenden und ausführlichen persönlichen Gesprächs** und einer eingehenden Prüfung der Einkommens- und Vermögensverhältnisse des Schuldners erfolgen.[186] Bei einer großen räumlichen Entfernung zwischen Berater und Rechtsuchenden spricht laut AG Göttingen dabei eine Vermutung dafür, dass gerade keine persönliche Beratung stattgefunden hat.[187] Diese Vermutung muss dann vom Bescheiniger widerlegt werden.[188] Allerdings sieht dasselbe Gericht eine Beratung mittels Bildtelefon als ausreichend an.[189] Ebenfalls als ausreichend wurde dabei durch das LG Düsseldorf[190] eine Beratung per „Skype" erachtet. Eine Beratung mittels „Email-Verkehr" jedenfalls erscheint nicht ausreichend.[191] Das Insolvenzgericht ist berechtigt und sogar verpflichtet einzuschreiten, wenn

---

182 *Lissner*, ZInsO 2012, 110; *ders.*, Rpfleger 2012, 122 ff.
183 OLG Frankfurt, JurBüro 2008, 422 f.
184 AG Darmstadt, ZInsO 2012, 2261; KG Berlin, Beschluss vom 17.6.2008, Az. 1 W 425/05 – juris.
185 AG Darmstadt, ZInsO 2012, 2261, KG Berlin, Beschluss vom 17.6.2008, Az. 1 W 425/05 – juris; AG Hannover, Beschluss vom 19.9.2005, Az. 813 II 376/05 – juris, Rn. 9.
186 AG Potsdam, ZInsO 2015, 599 ff.
187 AG Göttingen, ZVI 2017, 149 ff.
188 AG Göttingen, Beschluss vom 16.12.2016, Az. 74 IK 356/16.
189 AG Göttingen, ZInsO 2017, 1620 ff.
190 LG Düsseldorf, Beschluss vom 20.6.2016, Az. 25 T 334/16 (mit Anm. *Schmerbar*, NZI 2016, 920 ff.); ebenso LG Münster, Beschluss vom 15.8.2016, Az. 5 T 430/16.
191 AG Kaiserslautern, Beschluss vom 13.1.2016, Az. 2 IK 359/15.

es offenkundige Anhaltspunkte dafür gibt, dass keine persönliche Beratung stattgefunden hat.[192]
Auch sog. „Nullpläne", welche den Gläubigern im Ergebnis nur mitteilen, dass keinerlei Schuldentilgung erfolgen kann, sind als Grundlage für den außergerichtlichen Einigungsversuch zulässig.[193] Abzulehnen sind dabei die Ansichten des OLG Stuttgart[194] und des OLG Bamberg,[195] wonach ein starrer, weil aus Gläubigersicht perspektivloser Nullplan, nicht für das Entstehen der Beratungshilfegebühren ausreicht. Sofern Nullpläne für den Start ins Insolvenzverfahren ausreichend sind, kann hier nichts Gegenteiliges für das Beratungshilfeverfahren gelten.[196]
Auch ein sog. Fast-Nullplan (sieht nur eine marginale Befriedigungsquote vor – Schuldner leistet hier nur geringe Raten, obwohl er unter der Pfändungsfreigrenze liegt)[197] fällt hierunter, da dieser auch die Voraussetzungen für den Gebührenanspruch gem. Nr. 2504 ff. VV RVG erfüllt.[198] Neben dem BGH[199] wurde die Frage des (starren) Nullplans im Rahmen der Beratungshilfe auch vom OLG Köln[200] und dem OLG Nürnberg[201] thematisiert. Diese gehen – wie auch der BGH[202] – zutreffend davon aus, dass sich kein gesetzlicher Ausschluss des Nullplans (im Bereich der Beratungshilfe) ergebe. Hansens[203] begrüsst insoweit zutreffend, dass durch die Ansicht des OLG Köln[204] eine notwendige Gleichgewichtung der insolvenzrechtlichen und der beratungshilferechtlichen Gesichtspunkte hergestellt werde.[205]

Die zur Ausstellung einer Bestätigung i. S. v. § 305 Abs. 1 Nr. 1 InsO **geeigneten** **162** **Personen und Stellen** werden von den **Ländern bestimmt** (insoweit sind die einzelnen Ausführungsbestimmungen zur Insolvenzordnung zu beachten[206]). Zu ihnen zählen **Rechtsanwälte, Steuerberater** und bestimmte anerkannte Schuldnerberatungsstellen, die eine Zulassung für den außergerichtlichen Einigungsversuch vorweisen können.[207] Für die Beratungshilfe von Relevanz sind jedoch lediglich die Fälle, in denen Rechtsanwälte oder Steuerberater mit der vorgerichtlichen Insolvenz beauftragt werden, da auch nur diese im Rahmen der Beratungshilfe gegenüber der Staatskasse abrechnen können und Befugnis zur Rechtsberatung auf diesem Gebiet gegeben ist.[208]

Unter welchen Voraussetzungen für die außergerichtliche Schuldenbereinigung **163** auf der Grundlage eines Plans **Beratungshilfe** zu gewähren ist, wurde in der Vergangenheit **höchst kontrovers diskutiert**.[209] Grundsätzlich ist die **Inanspruchnahme** anwaltlicher oder steuerberaterlicher Tätigkeit im Wege der Be-

---

192 AG Oldenburg, ZVI 2017, 268 ff.
193 OLG Köln, Rpfleger 2017, 97; *Hansens*, RVGreport 2016, 2201 ff.; sh. *Lissner*, AGS 2014, 442 ff.; *ders.*, RVG professionell 2017, 50 ff.; *ders.*, ZInsO 2017, 371 ff.
194 OLG Stuttgart, Beschluss vom 29.1.2014, Az. 8 W 435/13.
195 OLG Bamberg, MDR 2010, 1157.
196 sh. *Knerr*, ZInsO 2015, 208 ff.; Uhlenbruck/Vallender, InsO, 14. Aufl., § 305, Rn. 122 f.; BayObLG, ZIP 1999, 1926; OLG Celle, ZInsO 2000, 601; OLG Köln, ZIP 2001, 754; AG Hamburg, ZIP 1999, 236; *Lissner*, RVG professionell 2017, 50 ff.; *ders.*, ZInsO 2017, 371 ff.
197 BGH, Rpfleger 2014, 98 ff.; OLG Köln, RVGreport 2016, 466 f.
198 OLG Stuttgart, Beschluss vom 12.9.2016, Az. 8 W 291/16 – juris.
199 BGH, Beschluss vom 10.10.2013, Az. IX ZB 97/12.
200 OLG Köln, ZVI 2016, 429 ff.
201 OLG Nürnberg, Beschluss vom 21.11.2016, Az. 8 Wx 698/16.
202 BGH, Beschluss vom 10.10.2013, Az. IX ZB 97/12.
203 *Hansens*, RVGreport 2016, 2201 ff.
204 OLG Köln, ZVI 2016, 429 ff.
205 sh. dazu auch *Lissner*, RVG professionell 2017, 50 ff.; *ders.*, ZInsO 2017, 371 ff.
206 AGInsO der jeweiligen Bundesländer.
207 *Lissner*, StB 2013, 160 ff.
208 AG Döbeln, Beschluss vom 2.7.2015, Az. 3 UR II 2535/13; BVerfG, JurBüro 2007, 379 = Rpfleger 2007, 329 f.
209 sh. *Lissner*, ZInsO 2012, 110 ff.

ratungshilfe für den außergerichtlichen Schuldenbereinigungsversuch gem. § 305 Abs. 1 Nr. 1 InsO **möglich**.[210] Hierfür sprechen bereits die eigens hierfür geschaffenen Gebührensätze. Zudem kommt in diesem Verfahrensstadium eine Stundung noch nicht in Betracht.
Beratungshilfe ist jedoch dann nicht zu gewähren, wenn die entsprechenden Voraussetzungen nicht vorliegen. Es ist daher zulässig, dass der Rechtsuchende zunächst auf andere zumutbare Hilfsmöglichkeit, wie etwa eine Schuldnerberatung, verwiesen wird. Die Inanspruchnahme einer solchen ist grundsätzlich auch zuzumuten und einfachrechtlich gut vertretbar.[211] Auch besteht grundsätzlich kein Anspruch darauf, dass für den Versuch stets Beratungshilfe zu bewilligen ist.[212] Auch im Wiederholungsfalle etwa, bzw. nach einem gescheiterten Versuch und Versäumnis der 6-Monats-Frist (und des dadurch notwendig werdenden erneuten Versuchs) bedarf es keiner Beratungshilfe mehr.[213]
Die **herrschende Meinung**[214] hält daher die Inanspruchnahme einer **kostenfreien Schuldnerberatungsstelle**, die zur Bescheinigung gem. § 305 Abs. 1 Nr. 1 InsO zugelassen ist, als **andere Hilfsmöglichkeit** gem. § 1 Abs. 1 Nr. 2 BerHG **für grundsätzlich zumutbar**, da diese qualifiziert ist, das Schuldenbereinigungsverfahren durchzuführen (bzw. den Rechtsuchenden hierzu anzuleiten und zu unterstützen und die Bescheinigung zu erteilen). Dies wurde auch aus verfassungsrechtlicher Sicht nicht beanstandet.[215] Ob die Schuldnerberatungsstelle von einer **bestimmten Konfession getragen** wird, ist unbeachtlich.[216] Auch wenn Rechtsanwälte oder Steuerberater neben den anerkannten Schuldnerberatungsstellen als geeignet i. S. v. § 305 Abs. 1 Nr. 1 InsO gelten, haben sie nach § 1 BerHG für die Beratungshilfe grundsätzlich **Nachrang** vor den Schuldnerberatungen.
Die Gegenmeinung[217] verkennt das bestehende Subsidiaritätsprinzip der Beratungshilfe und überzeugt daher nicht.

164 **Unzumutbar** i. S. d. § 1 Abs. 1 Nr. 2 BerHG kann die Inanspruchnahme einer öffentlichen Schuldnerberatungsstelle aber dann sein, wenn eine solche **nicht erreichbar** und die Inanspruchnahme einer auswärtigen Schuldnerberatung mit einem **unverhältnismäßigem Aufwand und Mehrkosten** verbunden ist.[218] Eine Unzumutbarkeit ist ebenfalls denkbar, wenn die Schuldnerberatungsstellen deutlich überlastet und Wartefristen für den Rechtsuchenden unzumutbar lang

---

210 BVerfG, Rpfleger 2007, 206 f.; NJW 2003, 2668; BGH, Rpfleger 2007, 422 f.; *Dürbeck/ Gottschalk*, Rn. 1174.
211 BVerfG, Rpfleger 2007, 206 (207).
212 LG Osnabrück, Beschluss vom 18.8.2017, Az. 9 T 376/17.
213 LG Osnabrück, Beschluss vom 18.8.2017, Az. 9 T 376/17.
214 Thüringer Oberlandesgericht, Beschluss vom 20.8.2012, Az. 9 W 345/12 – juris; AG Darmstadt, ZVI 2013, 100–103; Darmstadt ZVI 2012, 393; Darmstadt ZInsO 2012, 2261; AG Weißenfels, Beschluss vom 24.1.2012, Az. 13 II 509/11 – juris; AG Mannheim, Beschluss vom 23.12.2010, Az. 13 UR II 13/10 – juris; AG Halle (Saale), Beschluss vom 21.9.2010, Az. 103 II 3768/10 – juris; AG Lübeck, JurBüro 2007, 435 f.; AG Emmerich, ZVI 2006, 296; AG Köln, Beschluss vom 7.9.2006, Az. 361 UR 836/06, n. v.; AG Villingen-Schwenningen, Beschluss vom 14.7.2006, Az. UR II 143/06, n. v.; AG St. Wendel, Beschluss vom 9.2.2006, Az. II 553/05, n. v.; AG Konstanz, Beschluss vom 1.2.2006, Az. UR II 40/06, n. v.; AG Torgau, Beschluss vom 13.2.2006, Az. 52 UR II 572/05, n. v.; AG Rostock, Beschluss vom 22.9.2006, Az. 60 II 484/06, n. v.; AG Rockenhausen, Beschluss vom 14.9.2006, Az. UR II a 275/06 und 4.10.2006, Az. UR II a 262/06, jeweils n. v.; AG Wangen, Beschluss vom 15.11.2006, Az. GReg 363/06 BerHG, n. v.; *Lissner*, ZInsO 2012, 110; ders., Rpfleger 2012, 122 ff.; 2007, 448 ff., *ders.*, 2006, 458 ff. (Bewilligung nur im Ausnahmefall); *ders.*, RVGreport 2012, 202 ff.; *Martini* in jurisPR-InsR 3/2011 Anm. 5; *Landmann*, Rpfleger 2000, 196 ff.; siehe zur Thematik auch: *Hellstab*, Rpfleger 2008, 181 ff.; *Hundt*, Rn. 253.
215 BVerfG, Rpfleger 2007, 206 (207).
216 AG Rheinberg, ZVI 2008, 172 f.
217 AG Schwerte, ZInsO 2004, 1215; AG Stendal, ZInsO 2007, 1283. (Der Rechtsuchende hat freies Wahlrecht zwischen Rechtsanwalt und Schuldnerberatungsstelle).
218 AG Darmstadt, Beschluss vom 14.11.2012, Az. 3 UR II 3869/12 – juris.

sind.[219] Eine explizite zeitliche Grenze solcher Wartezeiten besteht jedoch nicht. Längere **Wartezeiten** von mehreren Monaten vor Einleitung des Verfahrens der außergerichtlichen Schuldenbereinigung sind in aller Regel **hinzunehmen**.[220] Dies ist dem Rechtsuchenden auch zuzumuten. Die subjektive Ansicht des Rechtsuchenden, dass er die Sache als eilbedürftig empfindet und daher lieber eine Beratungsperson einschalten möchte, ist kein durchschlagendes Argument. Hierbei ist vor allen Dingen zu berücksichtigen, dass die **Schuldensituation selten plötzlich eintritt**, sondern vielmehr in den meisten Fällen schon lange Zeit, oft sogar mehrere Jahre, besteht und dem Rechtsuchenden dies auch bewusst ist. Eine besondere Dringlichkeit ist in diesen Fällen objektiv in der Regel nicht gegeben.[221] Erfolgreiche Vollstreckungsmaßnahmen gegen sich hat der Rechtsuchende, der die finanziellen Voraussetzungen für die Bewilligung von Beratungshilfe nach § 1 Abs. 1 Nr. 1 BerHG erfüllen würde, in der Regel nicht zu erwarten. Seine notwendige Existenz wird durch die speziellen **Schutzvorschriften des Zwangsvollstreckungsrechts** hinreichend gewahrt. Allein die Tatsache, dass Einzelzwangsvollstreckungsversuche durchgeführt werden, macht ein weiteres Warten nicht unzumutbar.[222]

Sonderfall inhaftierter Schuldner: **164a**
Die Inhaftierung eines Schuldners lässt das Vorhandensein anderweitiger Hilfen – wie Schuldnerberatungen – unberührt.[223] Durch die Inhaftierung wird keine Sonderregelung begründet, wonach das Aufsuchen einer anderen Hilfsmöglichkeit unzumutbar ist. Denn auch bei Inhaftierung besteht die Möglichkeit, z.B. im Rahmen der Gewährung von begleiteten Ausgängen Hilfestellen zu besuchen.[224] Zu bedenken ist ferner, dass auch eine schriftliche Beauftragung und Korrespondenz mit der Schuldnerberatungsstelle einem Inhaftierten möglich ist, so wie die Korrespondenz mit einer Beratungsperson ebenfalls regelmäßig möglich ist und in der Praxis auch erfolgt. Ggfs. ist zu prüfen, ob die Beratungsstelle vor Ort in der JVA den Rechtsuchenden aufsuchen kann. Eine pauschale und unsubstantiierte Behauptung, Schuldnerberatungsstellen seien aufgrund der Inhaftierung nicht erreichbar oder nehmen keine Besuche in der JVA war, genügen insoweit nicht.[225]

Hinweis:
Es ist stets eine Einzelfallprüfung vorzunehmen, ob eine Verweisung an eine Schuldnerberatungsstelle unzumutbar erscheint. Eine Abwägung, ob der Fall vorliegt, kann anhand verschiedener Aspekte geprüft werden, z.B. anhand der vorliegenden Wartezeiten, der örtlichen Gegebenheiten oder auch der bestehenden Kompetenzen der Schuldnerberatungsstelle.
Das Ausscheiden anderweitiger Hilfen ist im Falle der Inanspruchnahme von Beratungshilfe durch den Rechtsuchenden schlüssig darzulegen und glaubhaft zu machen.

Teilweise wird die **Inanspruchnahme einer öffentlichen Schuldnerberatungs-**   **165**
stelle als **unzumutbar** angesehen, wenn das **Bestehen der Forderung streitig** ist und sich dies nicht anhand der Kenntnisse der Schuldnerberatungsstelle klären lässt (was nicht zwangsläufig bei materiell-rechtlichen Einwänden der Fall sein

---

219 AG Schwerte, ZInsO 2004, 1215.
220 AG Bad Sobernheim, Rpfleger 2007, 207; AG Lüdenscheid, ZVI 2006, 296 ff. (hier: Wartezeit bis zu 9 Monaten ist hinzunehmen).
221 AG Darmstadt, Beschluss vom 14.11.2012, Az. 3 UR II 3869/12 – juris.
222 AG Charlottenburg, Beschluss vom 21.6.2007, Az. 70a II 359/07 und 70a II 3177/06, n. v.
223 AG Minden, Beschluss vom 9.11.2011, Az. 11 II 309/11 BerH, n. v.
224 AG Mannheim, ZInsO 2011, 348.
225 AG Minden, Beschluss vom 9.11.2011, Az. 11 II 309/11 BerH, n. v.

muss, da das Personal der Schuldnerberatungsstelle in der Regel entsprechend fachlich geschult ist und sich ausschließlich mit Forderungsmanagement und außergerichtlicher Schuldenbereinigung beschäftigt – im Gegensatz zu den Beratungspersonen i. S. des BerHG, die sich normalerweise nicht ausschließlich auf diese Aufgabenkreise spezialisiert haben). Gerade **in diesen Fällen** wird der Rechtsuchende aber meistens für die **Prüfung der Rechtmäßigkeit der Forderung** der jeweiligen Gegenseite, nicht aber für eine außergerichtliche Schuldenbereinigung, **Beratungshilfe** beantragen.

166 Zum Teil wird auch gefordert, Beratungshilfe für den außergerichtlichen Schuldenbereinigungsversuch generell abzulehnen, da es sich vordringlich um eine allgemeine Beratung über die wirtschaftliche Situation des Rechtsuchenden, jedoch nicht um eine Rechtsberatung im Sinne des Beratungshilfegesetzes handele.[226] Die Inanspruchnahme der Beratungshilfe scheitere deshalb bereits am Vorliegen der allgemeinen Voraussetzungen bzw. sei **allein aufgrund wirtschaftlicher Probleme** basierend als **mutwillig** i. S. d. § 1 Abs. 1 Nr. 3 BerHG einzustufen.[227] Die Tatsache, dass der außergerichtliche Einigungsversuch zwar Vorschalt-Station eines evtl. späteren Verbraucherinsolvenzverfahrens darstellt, indiziere nicht, dass dieser auch zwingend die **Klärung rechtlicher Fragen** beinhalte. Im Wesentlichen seien davon **buchhalterische Vorgänge** betroffen, nicht jedoch eine Rechtswahrnehmung.[228]
Diese Auffassung erscheint aufgrund der großen Bedeutung der außergerichtlichen Schuldenbereinigung als Zulässigkeitskriterium für das gerichtliche Insolvenzverfahren jedoch bedenklich.

167 e) **Verbraucherzentralen der Länder; Verbraucherschlichtungsstelle.** Verbraucherzentralen bieten Beratung und Unterstützung bei **Rechtsproblemen des täglichen Lebens** an, z. B. Probleme mit vermeintlich unseriösen Firmen oder abgeschlossenen Verbraucherverträgen.[229] Vielfach gelingt bereits durch die Kontaktierung der Verbraucherzentrale eine Lösung solcher Probleme,[230] so dass Verbraucherzentralen grundsätzlich eine anderweitige Hilfe darstellen.[231] Nach Ansicht des AG Würzburg[232] ist es zumindest in allgemeinen **Standardfällen** zumutbar, zunächst um Hilfe bei der Verbraucherzentrale nachzusuchen und, sollte diese nicht in der Lage zur Rechtsberatung sein, von dieser eine Negativbescheinigung zu verlangen. Nach § 8 Abs. 1 Nr. 4 RDG dürfen derzeit nur **öffentlich geförderte Verbraucherzentralen**[233] Rechtsberatungsleistungen erbringen, nicht jedoch sonstige Verbraucherverbände. Neben persönlicher Beratung bieten die Verbraucherzentralen **auch telefonische Beratung** an. Im Zeitalter des elektronischen Nachrichtenverkehrs (z. B. per E-Mail), der jedoch auch postalische oder telefonische Informationsübermittlung nicht ausschließt,

---

226 AG Villingen-Schwenningen, Beschluss vom 14.7.2006, Az. UR II 143/06 n. v.; AG Konstanz, Beschluss vom 1.2.2006, Az. UR II 40/06 – juris; AG Lübeck, JurBüro 2007, 435; *Lissner*, Rpfleger 2006, 458; 2007, 448 ff.; *Landmann*, Rpfleger 2000, 196 ff.; *Ott/Vuia* in Münchener Kommentar zur InsO, § 305 Rn. 13 m. w. N.
227 AG Oldenburg, Beschluss vom 28.12.2007, Az. 17 II 423/06, 17 II 423/06 – 940, juris; AG Lüdenscheid, ZVI 2006, 296 ff.
228 *Ott/Vuia* in Münchener Kommentar zur InsO, § 305 Rn. 13 m. w. N.; *Lissner*, Rpfleger 2006, 458.
229 *Lissner*, RVGreport 2012, 202 ff.
230 *Groß*, § 1 BerHG, Rn. 101.
231 BVerfG, NJW 2012, 2722 – juris (Nichtannahmebeschluss; hier in einer urheberrechtlichen Abmahn-Angelegenheit); ThürOLG, Beschluss vom 20.8.2012, Az. 9 W 345/12 – juris; AG Halle (Saale), Beschluss vom 5.3.2012, Az. 103 II 6521/11 – juris (auch gegen geringe Gebühr); *Lissner*, RVGreport 2012, 202 ff.; *ders.*, AGS 2016, 371 ff.
232 AG Würzburg, Beschluss vom 29.10.2015, Az. 112 UR II 303/15; AG Würzburg, Beschluss vom 3.6.2015, Az. 112 UR II 303/15.
233 Informationen zu den einzelnen Verbraucherzentralen sind im Internet zu finden über http://www.verbraucherzentrale.de.

kann es dem Rechtsuchenden gegebenenfalls auch zugemutet werden, einen solchen Übermittlungsweg zu wählen, wenn die persönliche Vorstellung mit Hindernissen (örtliche Distanz) behaftet ist. Zumeist wird es sich bei Beratungen, welche durch Verbraucherzentralen erbracht werden, nicht um solche handeln, welche die Kenntnisnahme umfangreicher schriftlicher Vorgänge erfordern. Im Einzelfall können allerdings die Schwierigkeiten, die Beratungsstelle örtlich zu erreichen, zur Unzumutbarkeit dieser anderen Hilfemöglichkeit führen. Erreichbarkeit, Öffnungszeiten und Gebührenerhebung spielen hierbei eine Rolle.

Ein Wohnraummieter kann wegen der Beanstandung einer Nebenkostenabrechnung nicht auf ein alternatives Beratungsangebot der Verbraucherzentrale verwiesen werden, wenn die Angelegenheit eine gewisse Einarbeitungszeit benötigt, die **Beratung kostenpflichtig** (15,00 EURO/Viertelstunde, sh. aber Rn. 138) ist und ein anschließendes gerichtliches Verfahren wahrscheinlich ist.[234] Grundsätzlich ist es nicht erforderlich, dass die anderweitige Hilfe der Verbraucherzentrale kostenfrei erfolgen muss. Sofern es sich lediglich um eine **Schutzgebühr** handelt (sh. Rn. 138), dürfte der Verweis daher nicht unzumutbar sein. Dies gilt nicht, wenn deutlich erhöhte Kosten anfallen.[235]

167a Am 1.4.2016 ist das **Verbraucherstreitbeilegungsgesetz**[236] in Kraft getreten. Aufgrund der erst kurzen Wirkungszeit des Gesetzes sind noch keine Fälle mit Relevanz für die Beratungshilfe bekanntgeworden. Allerdings gilt es angesichts der Konzeption dieses Gesetzes die weitere Entwicklung in Bezugnahme auf die Beratungshilfe genau zu beobachten. Das Gesetz gilt für die außergerichtliche Beilegung von Streitigkeiten durch eine nach dem Verbraucherstreitbeilegungsgesetz anerkannte private Verbraucherschlichtungsstelle oder durch eine nach diesem Gesetz eingerichtete behördliche Verbraucherschlichtungsstelle unabhängig von dem angewendeten Konfliktbeilegungsverfahren. Dabei kann, muss aber keine Schutzgebühr erhoben werden. Die **Verbraucherschlichtungsstelle** kann daher unter Umständen als anderweitige Hilfe in Betracht kommen.

168 **f) Schlichtungsstelle der Rechtsanwaltschaft.** Bei Streitigkeiten zwischen einem Rechtsanwalt und seinem Mandanten gab es früher – abgesehen von der zuständigen Rechtsanwaltskammer – kaum Möglichkeiten für anderweitige Hilfe.

Durch das **Gesetz zur Modernisierung von Verfahren im anwaltlichen und notariellen Berufsrecht, zur Errichtung einer Schlichtungsstelle der Rechtsanwaltschaft sowie zur Änderung sonstiger Vorschriften**[237], welches **am 1.9.2009 in Kraft getreten** ist, ist eine unabhängige, bundesweit tätige „Schlichtungsstelle der Rechtsanwaltschaft" bei der Bundesrechtsanwaltskammer eingerichtet (§ 191 f BRAO). Die Einrichtung dieser Stelle orientiert sich an dem Vorbild anderer erfolgreicher Ombudsmann-Einrichtungen.

Die Schlichtungsstelle erlaubt eine einvernehmliche **Lösung zwischen Anwalt und Mandant**. Die Schlichtungsverfahren müssen **zügig** und für die Beteiligten **unentgeltlich** durchgeführt werden. Anders als bei den bereits bestehenden Schlichtungsangeboten örtlicher Rechtsanwaltskammern darf die Person des Schlichters nicht aus den Reihen der Rechtsanwältinnen und Rechtsanwälte kommen.

Ihre **Unabhängigkeit von der Anwaltschaft** wird durch die gesetzlichen Anforderungen an die Person des Schlichters und durch die vorgeschriebene Beteiligung eines Beirats sichergestellt.

---

234 AG Siegburg, Beschluss vom 18.7.2008, Az. 52 UR II 814/08 – juris.
235 AG Weißenfels, Rpfleger 2011, 616.
236 Verbraucherstreitbeilegungsgesetz vom 19. Februar 2016 (BGBl. I S. 254, 1039).
237 BGBl. I 2009, S. 2449 ff.

Die Schlichtungsstelle kann **in allen zivilrechtlichen Streitigkeiten zwischen Rechtsanwälten und deren Auftraggebern,** wie z. B. bei Streitigkeiten über die Höhe der Rechtsanwaltsvergütung oder über Haftungsansprüche gegen den Rechtsanwalt, tätig werden.
Die Ortsferne der Schlichtungsstelle soll dabei auch die Unabhängigkeit widerspiegeln. So braucht kein Bürger Interessenkollisionen des Schlichters und der Schlichtungsstelle aufgrund örtlicher Nähe zum Wohn- und Streitort zu befürchten.

169 g) **Körperschaften des öffentlichen Rechts.** Körperschaften des öffentlichen Rechts wie z. B. Gemeinden, Gemeindeverbände, Kirchen, Berufskammern, Handwerkerinnungen, Kreishandwerkerschaften, Berufsverbände, Pflegekassen, gesetzliche Krankenkassen etc. sind ebenfalls zur Hilfestellung befugt.[238]

170 h) **Staatliche und behördliche Rentenberater sowie Versicherungsälteste.** In Rentenfragen können **staatliche oder behördliche Rentenberater** Hilfestellungen geben. Seit der Änderung des BerHG zum 1.1.2014 ist es nun auch registrierten Rentenberatern gem. § 10 Abs. 1 S. 1 Nr. 2 RDG erlaubt, Beratungshilfe im Umfang ihrer Befugnisse zur Rechtsberatung zu leisten und abzurechnen (§§ 3 Abs. 1, 8 Abs. 1 BerHG). Damit scheiden sie – im Gegensatz zur früheren Gesetzeslage – nunmehr als andere Hilfen aus.
Die Beratung und Unterstützung kann **in allen Bereichen,** die mit dem **Thema Rente** zusammenhängen, gewährt werden, namentlich in Sachen Durchsetzung von Renten, Widerspruchsverfahren, Verfahren vor den Sozialgerichten, Kontenklärungen, Rentenanträgen, Geltendmachung von rentenrechtlichen Zeiten, Durchsetzung richtiger Einstufung nach dem Fremdrentengesetz, Berechnungen, Beratungen für Nachzahlungen aller Art (Gutachten), Gestaltung freiwilliger Beitragszahlung, öffentlich-rechtlichen Versorgungsangelegenheiten, Betriebsrenten, Berufsständischen Versorgungen, Vorruhestandsregelungen bzw. Sozialplänen, Schwerbehindertenrentenangelegenheiten, Arbeitsunfällen, Berufskrankheiten, Angelegenheiten der Kranken- und Pflegeversicherung, Gestaltung einer individuellen Altersvorsorge, Berechnungen für den Versorgungsausgleich.[239]
Der **Versicherungsälteste** stellt weiterhin eine andere Hilfsmöglichkeit dar. Er steht allen Bürgerinnen und Bürgern zur Beratung und für Auskünfte **in Fragen der gesetzlichen Rentenversicherung** zur Verfügung. Versicherungsälteste sind die Vertrauensleute der Versicherten bei ihrem Rentenversicherungsträger.
Sie haben die Aufgabe, in allen Angelegenheiten der gesetzlichen Rentenversicherung unentgeltlich Auskunft und Rat zu erteilen. Sie helfen beim Ausfüllen von Anträgen und bei der Erstellung und Überprüfung von Versicherungsläufen. Sie tun dies ausdrücklich im Auftrag der Bundesversicherungsanstalt für Angestellte (BfA) und der Landesversicherungsanstalt (LVA).
In Fragen der Erwerbsminderungsrente kann ein Unbemittelter auf die kostenfreie Beratung des Rentenversicherungsträgers als andere Hilfe verwiesen werden.[240]

171 i) **Öffentliche Rechtsberatungsstellen.** In Schleswig-Holstein sind kommunale öffentliche Rechtsauskunfts- und Beratungsstellen eingerichtet. Berater sind überwiegend Rechtsanwälte. In Orten, in denen Rechtsauskunftsstellen eingerichtet sind (z. B. Kiel, Lübeck), konnte bislang die Inanspruchnahme dieser Stelle nach den Umständen des Einzelfalls zuzumuten sein.[241] Dies gilt auch nach Inkrafttreten der Reform des Prozesskostenhilfe- und Beratungshilfe-

---

238 Lindemann/Trenk-Hinterberger, § 1 Rn. 20.
239 Quelle: Bundesverband der Rentenberater e.V.
240 BVerfG, Beschluss vom 4.4.2016, Az. 1 BvR 2607/15 – juris; *Lissner*, AGS 2016, 371 ff.
241 *Groß*, § 1 BerHG, Rn. 93; AG Kiel, Beschluss vom 18.10.2012, Az.7 II 4225/12 – juris.

rechts. § 1 Abs. 2 BerHG sieht in Satz 2 lediglich vor, dass die Möglichkeit, sich durch einen Rechtsanwalt unentgeltlich („pro bono") oder gegen die Vereinbarung eines Erfolgshonorares beraten oder vertreten zu lassen, keine andere Hilfe darstellt. Damit sind nach der Gesetzesbegründung[242] gerade nicht die öffentlichen Rechtsauskunfts- oder Rechtsberatungsstellen gemeint, die im Übrigen zwar im Verhältnis zum Rechtsuchenden kostenfrei tätig werden, aber vielfach aufgrund Vereinbarungen mit der Landesjustizverwaltung eine Vergütung erhalten.

Ausnahmeregelungen für **Bremen, Hamburg** und **Berlin** finden sich in § 12 BerHG: In den drei Stadtstaaten sind ebenfalls öffentliche Rechtsberatungsstellen eingeführt.
In Bremen und Hamburg treten diese gem. § 12 Abs. 1 BerHG an die Stelle der Beratungshilfe nach §§ 3, 6 Abs. 1 BerHG „soweit das Landesrecht nichts anderes bestimmt". In Bremen ist die öffentliche Rechtsberatung bei der Arbeitnehmerkammer[243] eingerichtet, in Hamburg bei der Stadt.[244] Die öffentliche Rechtsberatung tritt unmittelbar an die Stelle der Beratungshilfe, d. h. deren Voraussetzungen werden von den jeweiligen Stellen selbstständig geprüft, die Bewilligung erfolgt nicht durch das Gericht. Weitere landesrechtliche Bestimmungen existieren nicht.
Die Rechtsuchenden aus Bremen und Hamburg können sich somit nicht an einen Rechtsanwalt ihrer Wahl wenden – ein Rechtsanwalt, der in diesen Stadtstaaten ansässig ist, kann dagegen aber für auswärtige Rechtsuchende im Wege der Beratungshilfe tätig werden.
In Berlin hat der Rechtsuchende gem. § 12 Abs. 2 BerHG ausdrücklich die Wahl zwischen der dort eingerichteten öffentlichen Rechtsberatung und der Beratungshilfe durch eine Beratungsperson nach dem BerHG. Dem steht aber nicht entgegen, dass die Angelegenheit durch das Gericht erledigt werden kann (§ 3 Abs. 2 BerHG) oder auf andere zumutbare Hilfsmöglichkeiten verwiesen wird – ein dahingehendes Wahlrecht besteht nicht.
Nach § 12 Abs. 3 BerHG können die Länder durch Gesetz die ausschließliche Zuständigkeit von Beratungsstellen nach § 3 Abs. 1 BerHG zur Gewährung von Beratungshilfe bestimmen.

j) **An eine Mitgliedschaft bzw. Zugehörigkeit gebundene Hilfsmöglichkeiten.** Ferner gibt es andere Hilfsmöglichkeiten, die jedoch an eine bereits bestehende Mitgliedschaft gebunden sind. In diesen Fällen kann (bei bestehender Mitgliedschaft) gem. § 1 Abs. 1 Nr. 2 BerHG auf die Inanspruchnahme dieser Stellen verwiesen werden. In Betracht kommen hier vor allem z. B.:

– ADAC[245]
Mitglieder des ADAC können sich in allen Fällen, die mit dem Straßenverkehr bzw. mit dem Führen und Halten von Kraftfahrzeugen in Zusammenhang stehen, von einem ADAC-Juristen oder ADAC-Vertragsanwalt beraten lassen. Für eine **erste Beratung** entstehen laut Auskunft des ADAC[246] keine Kosten. Die Beratung ist unabhängig vom Bestehen einer Rechtsschutzversicherung. Ein Verweis auf diese Möglichkeit erscheint in aller Regel zumutbar.[247] Wird ein solches Leistungsspektrum angeboten, gelten die Ausführungen selbstverständlich auch für andere Automobilclubs oder vergleichbare Einrichtungen.

---

242 BT-Drs. 17/11472, S. 37.
243 Weitere Informationen im Internet zu finden über http://www.arbeitnehmerkammer.de.
244 Weitere Informationen im Internet zu finden über http://www.hamburg.de/rechtsberatung/.
245 *Lissner*, RVGreport 2012, 202 (204).
246 im Internet zu finden über http://www.adac.de.
247 *Groß*, BerHG, § 1, Rn. 70; Rn. 85.

174 – Mieterverein[248]
"Erfahrene Mietrechtsspezialisten" beraten ihre Mitglieder deutschlandweit bei Abschluss eines Mietvertrages, bei Mieterhöhungen, bei Kündigung, bei Heiz- und Nebenkostenabrechnungen, bei Schönheitsreparaturen, Haus- und Wohnungsmodernisierung, bei Wohnungsmängeln usw.[249]

175 – **Haus- und Grundbesitzervereine**
Auch hier nehmen Spezialisten (meist Vertragsanwälte) für ihre Mitglieder außergerichtliche Beratungen und Korrespondenztätigkeiten zu den relevanten Rechtsanliegen wahr, z. B. Mietrecht für Eigentümer, Rechtsangelegenheiten bei Eigentumswohnungen, Baurecht, Nachbarrecht, usw.

176 – **Gewerkschaft, Berufsverband/-genossenschaft**
Gewerkschaften gewähren ihren Mitgliedern Rechtsschutz einschließlich Rechtsauskünfte, Rechtsvertretung und -besorgung wegen der mit dem Arbeitsverhältnis, dem Entgelt oder mit gewerkschaftlicher Tätigkeit verbundenen Rechtsfragen und wegen Ansprüchen an die gesetzlichen Versicherungs- und Versorgungseinrichtungen.
Ein Rechtsuchender kann daher auf diesen gewerkschaftlichen Rechtsschutz verwiesen werden.[250] Ein Gewerkschafts- oder Verbandsmitglied muss daher zunächst seine satzungsgemäßen Rechte auf kostenlose Hilfe ausschöpfen und kann erst dann im Rahmen der Prozesskosten- oder Beratungshilfe eine Beratungsperson aufsuchen, wenn die Gewerkschaft oder der Verband keinen Rechtsschutz gewährt[251] oder dies aufgrund einer erheblichen Störung des Vertrauensverhältnisses zwischen der Gewerkschaft und dem Rechtsuchenden unzumutbar erscheint.[252]
Auch wenn Gewerkschaften als andere Hilfsmöglichkeit in Betracht kommen, muss dies nicht zwingend zu einem Ausschluss von Beratungshilfe führen, da diese Rechtsschutz und die Kostenübernahme verweigern können und dürfen.[253]

176a – Lohnsteuerhilfeverein[254]
Derartige Vereine bieten ihren Mitgliedern i. d. R. sowohl bei der Einkommensteuererklärung als auch in weiteren steuerlichen Angelegenheiten wie z. B. Arbeitnehmer-Sparzulage und Kindergeld kompetente Beratung und Unterstützung – auch im Verwaltungs- oder Gerichtsverfahren – an.

177 – VdK
Die zunächst als Verband der Kriegsbeschädigten (kurz: VdK) gegründete Interessenvereinigung trägt jetzt den Namen Sozialverband VdK Deutschland e. V. und vertritt die Interessen seiner Mitglieder in sozialen Bereichen. Der Verband ist dabei föderal aufgebaut und verfügt über zahlreiche örtliche Beratungsstellen mit juristischen Mitarbeitern. Hierbei tritt der Verband im Antrags- und Widerspruchsverfahren bei Behörden oder in Klagen vor den Sozial- und Verwaltungsgerichten für seine Mitglieder auf. Nach seinem Selbstverständnis wird der Verband für seine Mitglieder dabei in Fragen des Renten- und Schwerbehindertenrechts, der gesetzlichen Unfallversicherung, der Pflegeversicherung, der Arbeitslosenversicherung, der Krankenversicherung tätig, setzt sich aber zudem auch im Bereich des Pati-

---

248 *Groß*, BerHG, § 1, Rn. 85.
249 im Internet zu finden über http://www.mieterbund.de.
250 *Geimer* in Zöller, ZPO, § 115 Rn. 49c; *Dürbeck/Gottschalk*, Rn. 1166.
251 BSG, JurBüro 1996, 533 f.
252 BAG, ZTR 2013, 102; LAG Hamm, Beschluss vom 23.4.2013, Az. 5 Ta 525/12 – juris.
253 *Engesser* in jurisPR-ArbR 32/2013 Anm. 6 (zu LAG Hamm, Beschluss vom 23.4.2013, AZ. 5 Ta 525/12) – juris; auch LAG Rheinland-Pfalz, Beschluss vom 16.9.2013, Az. 6 Sa 54/13 – juris.
254 *Lissner*, RVGreport 2012, 202 ff.

entenschutzes, des sozialen Entschädigungsrechts und der barrierefreien Gestaltung ein.²⁵⁵

- **Allgemeiner Studierendenausschuss (ASTA), Studentenwerk**   **178**
  Für **studentische Belange** (z. B. interne Universitätsverwaltung, BAföG, Auslandsstudium, Beurlaubungen etc.) kann grundsätzlich eine Beratung durch den AStA in Betracht kommen. Teilweise unterhalten die AStA's auch unabhängige Rechtsberater oder gewähren Beratung auch außerhalb studentischer Belange.
  Die Ablehnung der Gewährung von Beratungshilfe mit dem Hinweis auf eine Beratung beim Studentenwerk als der für die Berufsausbildungsförderung zuständigen Stelle verletzt den Rechtsuchenden auch nicht in seinen verfassungsmäßigen Rechten.²⁵⁶
  Ebenso bieten **Studentenwerke** in verschiedenen Bereichen Beratungsleistungen an.

> **Hinweis:**
> Bei der jeweils zuständigen Universität oder Fachhochschule kann man sich darüber informieren, ob es dort eine Einrichtung dieser Art gibt und welche Leistungen diese für die Studierenden anbietet.

k) Beispiele für sonstige Interessenverbände – ohne Bindung an eine Mitgliedschaft –

- **Medizinrechts-Beratungsnetz**   **179**
  In medizin- und sozialrechtlichen Fragen (z. B. Arzthaftungsfragen, Probleme mit der Kranken- oder Pflegeversicherung) können sich Patienten und Ärzte aus ganz Deutschland unter der kostenlosen Telefonnummer 0800/0732483 an das **Medizinrechts-Beratungsnetz** wenden. Dort wird ein Beratungsschein für einen Vertrauensanwalt ausgestellt. Dieser Rechtsanwalt prüft in dem kostenlosen Orientierungsgespräch unter anderem, ob der Fall eine rechtliche Dimension hat, wie nach erster Einschätzung die Erfolgsaussichten stehen und welche weiteren Beratungs- und Hilfsangebote zur Verfügung stehen. Der Patient wird durch das Gespräch so informiert, dass er anschließend selbst die Entscheidung über sein weiteres Vorgehen treffen kann.
  Das Medizinrechts-Beratungsnetz wurde initiiert von der Stiftung Gesundheit, Hamburg und wird getragen vom Verein Medizinrechtsanwälte e.V., Lübeck.²⁵⁷

- **Opferhilfe des Weissen Rings**   **180**
  Der Weisse Ring e.V. hilft Opfern von Straftaten deutschlandweit von der persönlichen Betreuung nach der Straftat über Hilfestellungen im Umgang mit den Behörden, Erholungsprogramme, einem Beratungsscheck für die kostenlose Erstberatung bei einem frei gewählten Rechtsanwalt, Rechtsschutz, einem Beratungsscheck für eine kostenlose psychotraumatologische Erstberatung bei Belastungen in Folge einer Straftat, Begleitung zu Gerichtsterminen sowie der Vermittlung von Hilfen anderer Organisationen.²⁵⁸

- **Bund der Vertriebenen (BdV)**   **181**
  Der Bund der Vertriebenen e.V. ist eine Interessenvertretung der Vertriebenen, Flüchtlinge, Aussiedler und Spätaussiedler in allen vertriebenenspezifischen

---

255 Quelle: http://www.vdk.de; *Lissner*, RVGreport 2012, 202 ff.
256 BVerfG, Rpfleger 2007, 552 f. (hier: schriftliche Abgabe einer Erklärung über die Einkommensverhältnisse des Vaters).
257 Quelle: http://www.medizinrechts-beratungsnetz.de.
258 Quelle: http://www.weisser-ring.de.

Fragen und kümmert sich bundesweit um die Beratung und Betreuung dieses Personenkreises. Die Einzelberatung und -betreuung umfasst dabei u. a. die Beratung und Hilfe beim Ausfüllen von Anträgen, z. B. einer Spätaussiedlerbescheinigung oder betreffend Leistungsansprüche nach den Sozialgesetzen (Rentengesetze, Arbeitsförderungsgesetz, SGB XII). Er hilft auch dabei, entsprechende Schriftstücke aufzusetzen sowie bei der Vermittlung an die zuständigen Stellen, ebenso bei der Familienzusammenführung.[259]

182 **l) Antidiskriminierungsstelle des Bundes (ADS).** Mit dem Inkrafttreten des **Allgemeinen Gleichbehandlungsgesetzes (AGG)** wurde die Antidiskriminierungsstelle des Bundes (ADS) errichtet. Bei ihrer Tätigkeit setzt sich die ADS durch den so genannten horizontalen Ansatz für eine merkmalsunabhängige, übergreifende Strategie zum Schutz vor Benachteiligung ein. Jeder Form der Diskriminierung wird die gleiche Aufmerksamkeit zuteil. Dadurch soll auch ein wirksamer Schutz vor Mehrfachdiskriminierungen erreicht werden. Sie unterstützt auf unabhängige Weise Personen, die Benachteiligungen erfahren haben, die rassistisch motiviert sind oder wegen der ethnischen Herkunft, des Geschlechts, der Religion oder Weltanschauung, einer Behinderung, des Alters oder der sexuellen Identität erfolgt sind.

Sie kann insbesondere über Ansprüche informieren, Möglichkeiten des rechtlichen Vorgehens im Rahmen gesetzlicher Regelungen zum Schutz vor Benachteiligungen aufzeigen, Beratungen durch andere Stellen vermitteln und eine gütliche Einigung zwischen den Beteiligten anstreben.

Sie stellt somit auch eine andere Hilfsmöglichkeit dar.

183 **m) Vereine, Verbände.** Vereine, Verbände und soziale Einrichtungen der allgemeinen oder besonderen Lebenshilfe können im Rahmen ihrer Befugnisse ebenfalls die erforderliche Unterstützung erbringen. Die karitativen Zwecken dienenden Möglichkeiten der Rechtsberatung können einen erheblichen Teil der erforderlichen Beratung und Betreuung, insbesondere sozial schwacher Schichten, abdecken.

Hierbei ist auch an die **kirchlichen Schuldnerberatungen** oder die **Arbeiterwohlfahrt**[260] zu denken. Letztere bietet in aller Regel Hilfe und Unterstützung für vielfältige Bereiche sowie Arbeitslosenberatung an. Die Beratungsstelle agiert dabei unabhängig von Arbeitsagenturen oder Sozialämtern.

Viele ausländische Mitbürger werden bei Erreichen der Bundesrepublik Deutschland zunächst aufgrund fehlender Unterbringungsmöglichkeiten in einem sog. Übergangswohnheim untergebracht. Die dortige Heimleitung ist regelmäßig geschult hinsichtlich der Hilfsmöglichkeiten in unterschiedlichen Lebenslagen. Ob die **Heimleitung eines Übergangswohnheimes** als anderweitige Hilfe in Betracht kommt oder nicht, ist umstritten.[261] Vorzugswürdig scheint zu sein, auf die konkreten Umstände des Einzelfalls abzustellen.[262]

n) Naturalleistung. Rechtsberatung kann auch als Naturalleistung im Sinne des Unterhaltsrechts betrachtet werden, wenn ein Elternteil Rechtsanwalt ist.[263]

183a **o) Selbsthilfe.** Selbsthilfe stellt eine in der Literatur und Rechtsprechung umstrittene Form einer anderweitigen Hilfe dar.[264] Gerade in gleichgelagerten Fäl-

---

259 Quelle: http://www.bund-der-vertriebenen.de.
260 *Lissner*, RVGreport 2012, 202 (204).
261 Bejahend: noch *Schoreit/Groß*, BerHG, 11. Aufl., § 1, Rn. 75; verneinend: *Dürbeck/Gottschalk*, Rn. 1164.
262 AG Koblenz, FamRZ 1995, 943; *Lissner*, ZAR 2013, 110.
263 AG Koblenz, NJW-RR 2004, 1650; *Lissner*, RVGreport 2012, 208.
264 bejahend: *Herget*, MDR 1984, 529 f.; AG Warburg JurBüro 1985, 594; LG Münster JurBüro 84, 447; *Schwärzer* in Feuerich/Weyland, BRAO, § 49a Rn. 4; **a. A.:** Lindemann/Trenk-Hinterberger, BerHG, § 1, Rn. 31.

len, wenn bereits im Erstverfahren Beratung erfolgt ist, sind die hier gewonnenen Erkenntnisse regelmäßig als eine andere Hilfsmöglichkeit im Wege der Selbsthilfe zu werten.[265]
Bei Rechtsunkundigen sind die Ansprüche an eine Selbsthilfe eng zu ziehen,[266] dennoch ist auch eine **gewisse Eigeninitiative** bei Rechtsuchenden mit niedrigem Bildungsstand zu erwarten.[267] Ein „Basiswissen" kann auch mittels Literatur oder auch entsprechender Software erworben werden.[268]
Es ist hier immer zu prüfen, ob der entsprechende Sachverhalt schwierige Tatsachen oder Rechtsfragen beinhaltet und ob der Rechtsuchende selbst über genügend eigene Kenntnisse in der entsprechenden Rechtsmaterie verfügt.[269]
Dies gilt nicht bei:
- Mietmängeln; hier können weitergehende Eigenbemühungen unzumutbar sein;[270]
- behördlichen Vollstreckungsmaßnahmen;[271]
- der Prüfung, ob und in welchem Umfang ein durchsetzbarer Schadensersatzanspruch bei nicht ganz einfacher Sach- und Rechtslage besteht.[272]

p) **Anwaltliche Leistung „pro bono"** im Sinne von §§ 4, 4a RVG stellt keine andere Hilfe dar, § 1 Abs. 2 BerHG; ebenso wenig ein vereinbartes Erfolgshonorar (sh. Rn. 291 ff.).[273]

183b

q) **Politische Mandatsträger.** Die Auskunft durch politische Mandatsträger stellt keine andere Hilfe dar.

183c

3. Sonstige Hinweise zu den anderen Hilfsmöglichkeiten

> **Praxistipp:**
> Die Deutsche Arbeitsgemeinschaft für Jugend- und Eheberatung e.V. (DAJEB) unterhält auf ihrer Homepage[274] neben nützlichen Hinweisen auch einen online-Beratungsführer. Dieser bietet die Möglichkeit, örtliche Beratungsstellen mit Kontaktinformationen anzuzeigen. Hierbei werden vor allem Beratungsstellen für Ehe-, Familien- und Schwangerschaftsberatung, aber auch Beratungsstellen für sonstige Lebenssituationen wie Krisenintervention, Schuldner- und Insolvenzberatung sowie Sozialberatung angezeigt. Auch unter www.Rechtsdienstleistungsregister.de ist eine Plattform zur Information über die Erbringung von Rechtsdienstleistern zu finden.

184

Gemäß § 3 Abs. 2 BerHG kann Beratungshilfe auch **durch das Amtsgericht** gewährt werden, soweit dem Anliegen des Rechtsuchenden durch eine sofortige Auskunft, einen Hinweis auf andere Möglichkeiten für Hilfe oder die Aufnahme eines Antrags oder einer Erklärung entsprochen werden kann. Die **Hilfe des Amtsgerichts** stellt somit selbst keine andere Hilfsmöglichkeit gem. § 1

185

---

265 BVerfG, Beschluss vom 8.2.2012, Az. 1 BvR 1120/11, 1 BvR 1121/11 – juris; LG Halle (Saale), NJW-RR 2012, 894–896.
266 AG Koblenz, Beschluss vom 20.11.1995, Az. 3 UR II 140/95.
267 AG Hannover, NZS 2016, 120 ff. – juris.
268 AG Euskirchen, Beschluss vom 29.4.2016, Az. 12 II 14/16 BerH – juris.
269 BVerfG, NJW 2015, 2322 f. – juris.
270 AG Halle (Saale), Beschluss vom 19.11.2012, Az. 103 II 107/12 – juris.
271 AG Halle (Saale), Beschluss vom 19.9.2012, Az. 103 II 3552/12 – juris (behördliche Mahnung mit Androhung der zwangsweisen Einziehung und Festsetzung von Mahngebühren).
272 AG Halle (Saale), Beschluss vom 28.3.2012, Az. 103 II 6366/11 – juris (Diebstahl); *Dr. Krenberger* in jurisPR-VerkR 10/2012 Anm. 1 (Sachschaden bei Verkehrsunfall).
273 *Mayer*, AnwBl. online 2013, 311; *Timme*, NJW 2013, 3057; *Zempel*, FPR 2013, 265; *Lissner*, AGS 2013, 209 ff.; *Giers*, FamRZ 2013, 1341 ff.
274 http://www.dajeb.de.

Abs. 1 Nr. 2 BerHG, sondern **eine besondere Form der Beratungshilfe** dar. Dem Rechtsuchenden steht es daher frei, sich mit der Auskunft des Gerichts zufrieden oder nicht zufrieden zu geben und gegebenenfalls einen Berechtigungsschein zu beantragen.[275] Wurde das Verlangen des Rechtsuchenden umfassend erfüllt, so wird dieses Begehren auf Erteilung eines Berechtigungsscheines aber als mutwillig gem. § 1 Abs. 1 Nr. 3 BerHG gewertet werden, wenn es nicht auf ausreichenden sachlichen Gründen beruht.[276] Hier ist dann eine entsprechende Teilzurückweisung des Antrages durch förmlichen Beschluss mit entsprechender Rechtsbehelfsbelehrung auszusprechen.

186 Auch **Beratungsstellen der Rechtsanwälte**,[277] die auf Grund einer Vereinbarung mit der Landesjustizverwaltung eingerichtet sind (§§ 3 Abs. 1, 12 BerHG), sind eine **Sonderform der Beratungshilfe** und fallen – im Gegensatz zu den öffentlichen Beratungsstellen – nicht unter die anderen Hilfsmöglichkeiten, werden aber teilweise darunter gefasst.[278] Das Ergebnis für den Rechtsuchenden ist dasselbe: Ihm steht kein Wahlrecht zwischen einer solchen Beratungsstelle und einer anderen Beratungsperson zu, weil die Beratungsstelle unmittelbar Beratungshilfe gewährt. Diese erhalten eine Vergütung aufgrund Vereinbarung mit der Landesjustizverwaltung und arbeiten daher nicht „pro bono". Liegen solche Beratungsstellen vor, hat der Rechtpfleger zu prüfen, ob ein Verweis auf diese in Betracht zu ziehen ist.

187 **Mediatoren, Schiedspersonen und sonstige Schlichtungsstellen**[279] (z. B. Schlichtungsstellen der Ärzte- oder Handwerkskammern, Industrie- und Handelskammern) geben zwar rechtliche Hinweise, sind jedoch **keine Rechtsberatungsstellen**,[280] da es sich um Einrichtungen der Streitschlichtung handelt, die einem Gericht vergleichbar über den Parteien stehen.
Ein Verweis auf diese Stellen als andere Hilfemöglichkeit gem. § 1 Abs. 1 Nr. 2 BerHG scheidet aus. Bei Bagatellstreitigkeiten, z. B. Lärmbelästigungen durch den Nachbar, könnte das Verlangen nach Beratungshilfe aber im Einzelfall als mutwillig angesehen werden, wenn der Rechtsuchende sich weigert, sich vor weitergehender Rechtsverfolgung auf einen Schlichtungsversuch einzulassen.

188 Im heutigen Zeitalter **moderner Medien** ist der Begriff „anderweitige Hilfsmöglichkeit" wohl inzwischen auch weiter zu fassen als etwa noch in den Anfangsjahren des Beratungshilfegesetzes. Gerade durch das **Internet** (z. B. auch vorgehaltene **Datenbanken**) werden vielfältige Informationen angeboten. Der rechtsuchende Bürger erhält hierdurch, aber auch durch die Teilnahme an Foren, Newslettern etc. oftmals die Möglichkeit, sich bereits selbständig umfassend über die Rahmenbedingungen seines Anliegens informieren zu können. Beispielsweise besteht auf öffentlichen Seiten die Möglichkeit, verschiedene Broschüren zu verschiedenen Rechtsthemen, wie zum Nachbarschafts- oder zum Betreuungsrecht, downloaden zu können. Auch wenn derartige Informationstätigkeiten mangels einzelfallbezogener Auskunft nicht unter das Rechtsberatungsgesetz fallen,[281] bieten auf diese Art und Weise gefundene Materialien aufgrund ihrer teilweise sehr tiefgehenden Befassung mit einem Thema Hilfe an. Eine konkrete Hilfestellung

---

275 AG Albstadt, Rpfleger 1987, 421.
276 AG Coburg, JurBüro 1987, 609–610.
277 Freiburger Anwaltsverein e.V., Anwaltsverein im Landgerichtsbezirk Konstanz e.V., Münchener Anwaltsverein e.V., Frankfurter Anwaltsverein e.V., Anwaltsverein Karlsruhe e.V., Rheinhessischer Anwaltsverein Mainz e.V., Beratungsstelle „Hilfe zum Recht" des Anwaltverein Darmstadt und Südhessen e.V., Kölner Anwaltsverein e.V.
278 AG Waldshut-Tiengen, AGS 1999, 189; AG St. Blasien, Beschluss vom 6.10.2006, Az. UR II 54/06, n. v.
279 hinsichtlich der Schlichtungsstelle der Rechtsanwaltschaft sh. Rn. 168.
280 *Groß*, § 1 BerHG, Rn. 41, 117; *Dürbeck/Gottschalk*, Rn. 1169.
281 vgl. auch BGH, NJW 2002, 2877 ff.

und damit eine **andere Hilfsmöglichkeit** im Sinne des BerHG kann jedoch insoweit **nicht generell bejaht** werden, da auch nicht immer eine Richtigkeit der vorgehaltenen Informationen sichergestellt werden kann.

Das **Ausscheiden** anderweitiger Hilfsmöglichkeiten ist vom Rechtsuchenden **substantiiert darzulegen.** Das BVerfG hat in seinem Beschluss vom 4.9.2006 entschieden, dass, solange nicht im konkreten Einzelfall dargetan ist, dass die Gewährung von Beratungshilfe mit dem Verweis auf eine tatsächlich nicht zur Verfügung stehende Hilfemöglichkeit abgelehnt wurde, die Annahme von Willkür nicht in Betracht kommt.[282]

einstweilen frei

V. Keine mutwillige Rechtswahrnehmung

Die Rechtswahrnehmung darf **nicht mutwillig** erscheinen. Eine Definition des Begriffes „Mutwilligkeit" findet sich für die Beratungshilfe seit 1.1.2014 in § 1 Abs. 3 BerHG.

Mutwilligkeit liegt danach vor, wenn Beratungshilfe in Anspruch genommen wird, obwohl ein Rechtsuchender, der keine Beratungshilfe beansprucht, bei verständiger Würdigung aller Umstände der Rechtsangelegenheit davon absehen würde, sich auf eigene Kosten rechtlich beraten oder vertreten zu lassen. Bei der Beurteilung der Mutwilligkeit sind die Kenntnisse und Fähigkeiten des Antragstellers sowie seine besondere wirtschaftliche Lage zu berücksichtigen.[283] Folglich ist auf den **verständigen, in vergleichbarer Lage befindlichen Bürger** abzustellen.[284] Maßgebend ist daher ein individueller Maßstab.[285]

Die Auslegung des Begriffs orientiert sich daher auch weiterhin stark am Einzelfall, so dass dies insoweit zu einer sehr unterschiedlichen Bewilligungspraxis bei den Gerichten führt. Die seit dem 1.1.2014 geltende Fassung der Mutwilligkeitsdefinition führt zu einem breiteren Ermessensspielraum als nach früherem Recht.

Grundsätzlich ist zu hinterfragen, ob ein **sachlich gerechtfertigter Grund für den Wunsch nach Aufklärung** zu erkennen ist.[286]

Vereinfacht ausgedrückt ist **eine Rechtswahrnehmung dann mutwillig,** wenn sie unter Berücksichtigung der konkreten Umstände schlechthin als nicht erforderlich erscheint.

Ebenso können hierunter Fälle eingeordnet werden, in denen sich ein verständiger Bürger selbst helfen würde und ein allgemeines Rechtsschutzinteresse zu verneinen wäre (z. B. Rechtsfragen des Alltaglebens, etc.).[287]

§ 1 Abs. 1 Nr. 3 BerHG stellt zudem klar, dass sich die Mutwilligkeit nicht mehr auf die Wahrnehmung der Rechte bezieht, sondern auf die Inanspruchnahme der Beratungshilfe als solche. Zudem genügt bereits der Anschein der Mutwilligkeit, während sie nach alter Rechtslage festgestellt werden musste.[288]

Soweit **vereinzelt** gefordert wird, dass die Mutwilligkeit aufgrund belegbarer Tatsachen positiv durch das Gericht festgestellt werden müsse, ist dem nicht zu folgen. Die Modifizierung des Begriffes Mutwilligkeit erleichtert dem Gericht

---

282 BVerfG, Beschluss vom 4.9.2006, Az. 1 BvR 1911/06 – juris; BVerfG, Beschluss vom 25.11.2009, Az. 1 BvR 2464/09 – juris.
283 so die Gesetzesbegründung BT-Drs. 17/11472, S. 37.
284 zur bisherigen Gesetzeslage: OLG Hamm, FamRZ 1980, 457; OLG Karlsruhe, FamRZ 1994, 1123; LG Münster, JurBüro 1984, 447 (449); *Lissner*, Rpfleger 2007, 448 ff.; *Nöcker*, Rpfleger 1981, 1 ff.; *Dürbeck/Gottschalk*, Rn. 1181.
285 *Timme*, NJW 2013, 3057 ff.; *Lissner*, AGS 2013, 209 ff.; *ders.*, StB 2013, 160 ff.; *Zempel*, FPR 2013, 265 ff.; *Nickel*, MDR 2013, 950 ff.
286 *Groß*, § 1 BerHG, Rn. 105 ff.
287 AG Lörrach, Beschluss vom 25.10.2006, Az. 28 UR II 3/06, n. v.
288 *Timme*, NJW 2013, 3057 ff.; *Nickel*, MDR 2013, 950 ff.; *Lissner*, AGS 2013, 209 ff.

dahingehend die Auslegung, dass bereits der Anschein zur Mutwilligkeit ausreicht.

192 Grundsätzlich besteht im Beratungshilferecht **kein Anspruch auf eine Doppelberatung durch eine zweite Beratungsperson.** Bei einem Wechsel der Beratungsperson kann jedoch nur dann eine Mutwilligkeit bejaht werden, wenn der erste in Anspruch genommene Rechtsanwalt bereits im Wege der Beratungshilfe tätig war oder dieser eine Beratungs- und Vertretungsleistung erbracht hatte, die ein verständiger Rechtsuchender als ausreichend angesehen hätte und aus diesem Grunde einen Wechsel des Rechtsanwalts als willkürlich betrachten würde.[289] Wurde hingegen dem ersten Rechtsanwalt kein Beratungshilfemandat erteilt, so hätte das Mandatsverhältnis bei der zweiten Beratungsperson bei pflichtgemäßer Belehrung im Rahmen der Beratungshilfe erfolgen müssen. Eine Doppelbelastung des Landeshaushaltes ist dann nicht gegeben.

193 Mutwilligkeit bei der Wahrnehmung von Rechten ist z. B. ferner in folgenden Fällen anzunehmen:
- Es werden **wiederholt Anträge in derselben Angelegenheit**[290] gestellt, entweder um lediglich die Auskunft eines Rechtsanwaltes durch einen anderen Rechtsanwalt prüfen zu lassen,[291] oder weil die Rechte bei der ersten Bewilligung nicht nachhaltig bzw. rechtzeitig verfolgt wurden;[292]
- in **derselben Angelegenheit wurde bereits Rechtsrat von einer anderen Stelle** erteilt, z. B. nach einem Wohnungswechsel;[293]
- dem Begehren des Rechtsuchenden wurde durch eine **sofortige Auskunft** durch den Rechtspfleger gem. § 3 Abs. 2 BerHG „erschöpfend" entsprochen;[294]
- zwingende Fristen für die Rechtsverfolgung sind bereits verstrichen, ohne dass besondere Gründe für das Versäumnis vorgetragen werden (z. B. Widerspruchsfrist bei Mahnbescheid/Sozialleistungsbescheid);
- alle **Mitglieder einer Bedarfsgemeinschaft** nehmen Beratungshilfe in Anspruch, während ein Mitglied dieser Gemeinschaft alleine durch seinen Einspruch eine Änderung von Leistungsansprüchen bzgl. aller Mitglieder der Bedarfsgemeinschaft herbeiführen kann;[295]
- bei **gleichgelagerten Sachverhalten** ist kein Grund erkennbar, weshalb der Rechtsuchende nicht selbst entsprechende Schritte einleiten kann, wenn ihm bereits einmal Beratungshilfe bewilligt worden ist;[296]
- wenn eine **Parallelität der Fallgestaltungen offensichtlich** ist und die in einem Fall erhaltene Beratung **ohne Hindernisse und wesentliche Änderungen auf weitere Fälle übertragen werden kann,** gebietet es das Grundrecht auf Rechtswahrnehmungsgleichheit nicht, unbemittelten Rechtsuchenden auch für die Wahrnehmung ihrer Rechte in diesen weiteren, aber parallel gelagerten Fällen erneut Beratungshilfe zu bewilligen;[297]
- bei Inanspruchnahme von Beratungshilfe zur Klärung möglicher Rechtsansprüche präventiv **ins Blaue hinein;**[298]

---

289 OLG Hamm, AnwBl 2015, 901 f.; sh. dazu aber: *Lissner,* RVGreport 2016, 322 ff.
290 Bt-Drs. 17/11472, S. 37 zu § 1 Abs. 3 BerHG.
291 *Kammeier,* Rpfleger 1998, 501 (502), BT-Drs. 17/11472, S. 37 zu § 1 Abs. 3 BerHG.
292 AG Hannover, JurBüro 2006, 380.
293 *Groß,* § 1 BerHG Rn. 109; *Baumgärtel,* ZRP 1979, 302 ff.
294 AG Coburg, JurBüro 1987, 609–610 (mit Anmerkung *Mümmler*).
295 AG Halle (Saale), Beschluss vom 29.11.2011, Az. 103 II 5421/11 – juris; AG Merzig, Beschluss vom 30.12.2008, Az. 4 UR II 818/07, n. v.
296 BVerfG, FamRZ 2012, 609; AG Charlottenburg, Beschluss vom 20.6.2007, Az. 70 II RB 488/07, n. v.
297 BVerfG, WuM 2012, 137–139 (hier Bewilligung für ein anderes Mitglied der Bedarfsgemeinschaft nach dem SGB II); BVerfG, Rpfleger 2011, 526–528; AG Lüdenscheid, Beschluss vom 10.11.2011, Az. 98 II 620/11 BerH, n. v.
298 BVerfG, WuM 2012, 136–137.

Kapitel 3: Objektive Voraussetzungen der Beratungshilfe

- wenn nach erfolgter Beratung die Vertretung durch einen Rechtsanwalt in Anspruch genommen werden soll, obwohl die beabsichtigte Rechtsverfolgung oder Rechtsverteidigung nach dem Ergebnis der Beratung keinen Erfolg verspricht;
- wenn in allgemeinen Standardfällen von Verbrauchsgeschäften zunächst die Verbraucherzentrale aufgesucht werden kann;[299]
- wenn zunächst ein sog. Musterverfahren abgewartet werden kann (zur PKH).[300]

Fraglich ist, ob die Inanspruchnahme der Beratungshilfe bei **Kleinstforderungen** mutwillig ist. In Einzelfällen[301] wurde Beratungshilfe wegen eines solchen Missverhältnisses versagt. Es handelte sich dabei um die Geltendmachung von (Rest-)Forderungen unter 10,00 EURO, wobei die damalige Eigenbeteiligungsgebühr gem. Nr. 2500 VV RVG (Fassung vor dem 1.8.2013) in Höhe von 10,00 EURO bereits zur Berechnung abgezogen wurde, mit der Begründung, dass diese auch ansonsten angefallen wäre. Erscheint die Rechtsverfolgung für einen wirtschaftlich gefestigten Bürger wegen Kleinstforderungen („Lappalie") eindeutig mutwillig, kann sie für einen mittellosen Bürger jedoch durchaus gerechtfertigt sein. Das BVerfG hat daher – zur PKH – entschieden, dass die Beiordnung eines Rechtsanwaltes nicht mit der Begründung versagt werden könne, dass die wirtschaftliche Bedeutung der Angelegenheit im Bagatellbereich (im entschiedenen Fall handelt es sich um einen Betrag in Höhe von 42,00 EURO) liegt.[302] Mutwilligkeit wurde hingegen angenommen bei einem bloßen Verwarngeld, dessen Höhe in keiner Relation zu den anwaltlichen Kosten steht.[303] Durch die Einführung der Kriterien „individuellen Kenntnisse und Fähigkeiten" des Antragstellers sowie seiner „besonderen wirtschaftlichen Lage" erscheint zweifelhaft, ob Mutwilligkeit bei Bagatellen versagt werden kann.

Die Annahme der **Mutwilligkeit** kann dann **bejaht** werden, wenn ein verständiger Selbstzahler **in vergleichbarer persönlicher und wirtschaftlicher Lage** wegen eines **Missverhältnisses zwischen dem Wert der Angelegenheit und den Kosten der Beratung** oder Vertretung auf die Konsultation einer Beratungsperson verzichten würde.

Dies gilt regelmäßig für die Geltendmachung von Forderungen, deren Wert erkennbar unter den Kosten für die Beratung oder Vertretung einer Beratungsperson liegt. Etwas anderes dürfte nur gelten, wenn der Rechtsuchende im konkreten Fall sicher annehmen dürfte, die anfallenden Kosten vom Gegner erstattet zu bekommen. Hier mag im Einzelfall auch ein Selbstzahler die Kosten der Inanspruchnahme einer Beratungsperson zur Wahrnehmung seiner Rechte in Kauf nehmen.[304]

Mutwillig handelt auch, wer seine rechtliche Situation nicht vernünftig abwägt oder das Kostenrisiko unberücksichtigt lässt.[305] Zwar soll das Beratungshilfegesetz nicht von einer Erfolgsaussicht abhängig sein. Als Leistung der staatlichen Daseinsfürsorge kann nach dem BVerfG die Bewilligung von Beratungshilfe aber allenfalls dann beansprucht werden, wenn ihr Einsatz sinnvoll sei.[306] Mutwillig handelt nach dem Willen des Gesetzgebers auch, wer nach erfolgter

---

299 AG Würzburg, Beschluss vom 3.6.2015, Az. 112 UR II 303/15.
300 VG Weimar, Beschluss vom 20.10.2014, Az. 8 S 788/14 We.
301 AG Charlottenburg, Beschluss vom 20.6.2007, Az. 70a II 2228/06, n. v.; AG Charlottenburg, Beschluss vom 21.6.2007, Az. 70a II 2680/06, n. v.
302 BVerfG, NJW 2011, 2039–2040.
303 AG Weißenfels, jurisPR-VerkR 25/2012 Anm. 2.
304 vgl. Gesetzesantrag der Länder Sachsen-Anhalt, Niedersachsen, Nordrhein-Westfalen, Sachsen, Schleswig-Holstein vom 2.9.2008: Entwurf eines Gesetzes zur Änderung des Beratungshilferechts, BR-Drs. 648/08, S. 43.
305 BVerfGE 81, 347.
306 BVerfG, Rpfleger 2007, 552–553.

Beratung Hilfe in Anspruch nimmt, obwohl die Beratung ergeben hat, dass keine Erfolgsaussicht besteht.[307]

194 Verneint wurde Mutwille dagegen z. B. in folgenden Fällen:
- Mehrfache Inanspruchnahme durch verschiedene Bewohner bei Einlegung von Widersprüchen gegen eine Nutzungsgelderhöhung, anstatt nur einen Musterprozess zu führen;[308]
- isolierte (also auch außergerichtliche) Verfolgung von Scheidungsfolgesachen,[309] der Regelung des Umgangsrechts,[310] oder der Geltendmachung einer zivilprozessualen Folgesache (Auskunftsanspruch wegen Zugewinn);[311]
- Stellung eines Scheidungs- (bzw. Aufhebungs)antrages zur Auflösung einer sog. Scheinehe;[312]
- erneute Inanspruchnahme von Beratungshilfe im Einzelfall, wenn die bisherige Regelung, die mittels anwaltlicher Tätigkeit zustande kam, nicht mehr „funktioniert";[313]
- wenn der Rechtsuchende selbst den Grundstein für das Beratungsbedürfnis gelegt hat (bei PKH: bei vorausgegangener Straftat).[314]

195 Fazit:
Eine pauschale Beurteilung des Begriffs der Mutwilligkeit kann nicht erfolgen, sondern sie ist stets in der Einzelfallprüfung zu bejahen oder zu verneinen. Hierbei können die konkreten Umstände des Falles, die vorliegenden Gegebenheiten, aber auch persönliche Belange des Rechtsuchenden einfließen.
Letztlich bietet die Voraussetzung „fehlende Mutwilligkeit" in der Praxis einen nicht unbedeutenden Entscheidungsspielraum für den zuständigen Rechtspfleger.

Kapitel 4: Umfang der Beratungshilfe

I. Allgemeines

196 Die Beratungshilfe ist **nicht auf natürliche Personen** beschränkt. Der **Begriff „Rechtsuchender"** im Sinne der Rechtsanwendung ist **weiter gefasst**, wie sich aus § 1 Abs. 2 BerHG i. V. m. § 116 ZPO ergibt.
Der **Regelfall** wird zwar die Antragstellung durch **natürliche Personen** darstellen. Gleichwohl kämen vom Grundsatz her auch **Parteien kraft Amtes, juristische Personen** oder **parteifähige Vereinigungen** in Betracht. Die vom Regelfall abweichenden Gruppierungen jedoch nur dann, wenn deren Vermögen sowie das Vermögen der am Gegenstand wirtschaftlich Beteiligten nicht ausreicht und ein allgemeines Interesse an der Rechtsverfolgung besteht.[1] Ob **Miteigentümer-**

---

307 BT-Drs. 17/11472, S. 37 zu § 1 BerHG.
308 LG Münster, JurBüro 1983, 1705.
309 BGH, NJW 2005, 1497 f.; a. A.: OLG Thüringen, FamRZ 2000, 100 f.; OLG Hamm, FamRZ 2000, 1092.
310 OLG Hamburg, FamRZ 2000, 1583 f.
311 OLG Brandenburg, FamRZ 2007, 911.
312 OLG Hamm, FamRZ 2001, 1081.
313 AG Chemnitz, JurBüro 2006, 379: Notwendigkeit einer neuen Umgangsregelung.
314 BGH, Beschluss vom 13.4.2016, Az. XII ZB 238/15.
1 Lindemann/Trenk-Hinterberger, § 1 Rn. 1. a. A.: zum Verein: AG Sulingen, JurBüro 2012, 208 ohne Rücksicht auf die Wirtschaftskraft der Mitglieder.

gemeinschaften und Erbengemeinschaften als eigenständiges Rechtsobjekt beratungshilfeberechtigt sein können, ist fraglich. Die Literatur hat dies insoweit abgelehnt.[2] Der ablehnenden Meinung ist zu folgen, da beide Gemeinschaften grundsätzlich als solche nicht eigenständig parteifähig sind. In diesen Fällen ist nur jedes Mitglied als solches für sich selbst antragsbefugt, mit der Folge, dass auch nur die jeweiligen persönlichen und wirtschaftlichen Verhältnisse des einzelnen Mitglieds überprüft werden.
Eine **BGB-Außengesellschaft** (§§ 705 ff. BGB) ist aktiv parteifähig[3] und kann daher auch als solche Beratungshilfe beantragen. Ebenso gilt dies für die **Wohnungseigentümergemeinschaft,** § 10 Abs. 6 S. 5 WEG.
Während für natürliche Personen Formularzwang besteht (sh. Rn. 238), müssen andere Antragsteller (etwa juristische Personen) das Formular nicht verwenden. Dies ergibt sich aus § 1 Nr. 1 BerHFV.
Minderjährige haben grundsätzlich einen Anspruch auf Gewährung von Beratungshilfe, der durch den gesetzlichen Vertreter geltend gemacht wird.[4]
Nach § 2 Abs. 3 BerHG ist im Umkehrschluss auch Beratungshilfe für **ausländische Angelegenheiten** zu gewähren, jedoch nur, wenn ein **Inlandsbezug** vorliegt. In der gerichtlichen Praxis spielen diese Fälle jedoch nur eine sehr untergeordnete Rolle.
Nach dem Beschluss des BVerfG vom 20.8.1992[5] kann Beratungshilfe auch dann gewährt werden, wenn der Rechtsuchende weder die deutsche Staatsangehörigkeit besitzt noch seinen Wohnsitz in Deutschland hat, sofern im Übrigen die persönlichen und wirtschaftlichen Voraussetzungen vorliegen. Die Sache muss im letzteren Falle jedoch eine Beziehung zum Inland aufweisen (Begründung: Art. 2 Abs. 1 i. V. m. Art. 20 Abs. 3 GG **Rechtsstaatsprinzip**; sh. auch § 2 Abs. 3 BerHG).
Hat die Angelegenheit hingegen **keinen Bezug zum Inland**, ist Beratungshilfe **zu versagen**, Ausnahme §§ 10, 10a BerHG. Dies ist dann denkbar, wenn ausschließlich ausländisches Recht anzuwenden ist und der Sachverhalt keinerlei Inlandsbezug vorweisen kann. Dies ergibt sich aus § 4 BerHG, aus dem ein Beratungshilfebedürfnis im Geltungsbereich des Grundgesetzes abzuleiten ist. Deutsches Recht und damit die Anwendbarkeit von Beratungshilfe ist beispielsweise dann gegeben, wenn über das deutsche Internationale Privatrecht (IPR) zu klären ist, ob ausländisches Recht anzuwenden ist.[6] Handelt es sich bspw. um ein Anerkennungsverfahren nach § 107 FamFG (früher: Art. 7 § 1 FamRÄndG), so kann in diesem Zusammenhang Beratungshilfe gewährt werden.[7] Betrifft der Fall die Europäische Menschenrechtskonvention (MRK), so ist auch hier Beratungshilfe möglich, da innerstaatliches Recht betroffen ist.[8] Dabei ist jedoch stets zu beachten, dass noch nicht jede unbedeutende Auslandsbeziehung gleich Beratungshilfe rechtfertigen muss. Mißbrauchsfälle sind zu vermeiden, berechtigte Rechtswahrnehmung soll jedoch nicht behindert werden.[9]
Wie bereits erwähnt, wird § 2 BerHG nunmehr durch §§ 10, 10a BerHG ergänzt, welche die Streitigkeiten mit **grenzüberschreitendem Bezug** im Rahmen der Europäischen Union betrifft. Hierdurch wird § 2 Abs. 3 BerHG eingeschränkt (sh. Kapitel 9, ab Rn. 367).
Bei **Unterhaltssachen** nach der Verordnung (EG) Nr. 4/2009 des Rates vom 18. Dezember 2008 (ABl. L 7 vom 10.1.2009, S. 1) erfolgt die Gewährung der Beratungshilfe in den Fällen der Artikel 46 und 47 Abs. 2 dieser Verordnung

---

2 *Schneider*, MDR 1981, 1 ff.; *Szymborski*, DStR 2012, 1984; vergleiche auch Rn. 488.
3 BGH, BGHZ 146, 341–361 – juris.
4 BVerfG, WuM 2012, 137–139 – juris.
5 BVerfG, Rpfleger 1993, 73.
6 *Hundt*, Rn. 233; *Dürbeck/Gottschalk*, Rn. 1191.
7 *Hundt*, Rn. 233.
8 *Groß*, § 2 BerHG, Rn. 26 ff m. w. N.
9 *Groß*, § 2 BerHG, Rn. 26 ff.

unabhängig von den persönlichen und wirtschaftlichen Verhältnissen des Antragstellers, § 10a BerHG. Hier ergeben sich hinsichtlich der örtlichen und sachlichen Zuständigkeit nach § 10a Abs. 2 BerHG Besonderheiten (hierzu sh. ab Rn. 392 a).

II. Sachgebiete

197 Der **Inhalt** und der **Geltungsbereich** des BerHG werden durch § 2 BerHG bestimmt.
Beratungshilfe wird danach **in allen Angelegenheiten** gewährt. Dies sind vor allem die Angelegenheiten des **Zivilrechts** einschließlich der Angelegenheiten, für deren Entscheidung die Gerichte für **Arbeitssachen** zuständig sind, des **Verwaltungsrechts**, des **Verfassungsrechts**, des **Steuerrechts**, des **Sozialrechts** sowie in Angelegenheiten des **Strafrechts** und des **Ordnungswidrigkeitenrechts**.

198 Im Zivilrecht wird Beratungshilfe für alle rechtlichen Fragen des bürgerlichen Rechts einschließlich Arbeitsrecht gewährt.

199 Unter das **Verwaltungsrecht** fallen die unter § 40 VwGO genannten Angelegenheiten. Dies sind **alle öffentlich-rechtlichen Streitigkeiten**, die nicht verfassungsrechtlicher Art sind, soweit die Streitigkeiten nicht durch Bundesgesetz einem anderen als den Verwaltungsgerichten zuständigen Gericht ausdrücklich zugewiesen sind (z. B. vermögensrechtlichen Ansprüche gegen die öffentliche Verwaltung (Folgenbeseitigungsansprüche, öffentlich-rechtliche Erstattungsansprüche, Polizeiverfügungen, Bußgeldbescheide, Baurecht).

200 Alle Streitigkeiten, deren Ursprung im materiellen Verfassungsrecht des Bundes und der Länder liegen, sind unter den in § 2 BerHG genannten Begriff „Verfassungsrecht" zu subsumieren (Beispiel: **Verfassungsbeschwerde**).

201 Unter das **Sozialrecht** fallen Angelegenheiten der Sozialversicherung einschließlich Arbeitslosenhilfe, der Arbeitslosenversicherung, Kriegsopferversorgung, Kranken-, Unfall-, Invaliden- und Rentenversicherung, Sozialhilferecht.

202 Gem. § 2 Abs. 2 BerHG wird in Angelegenheiten des **Strafrechts und des Ordnungswidrigkeitenrechts nur Beratung** gewährt.[10] Dies gilt auch, wenn Beratungshilfe in diesem Bereich ohne den sonst im Berechtigungsschein üblichen Hinweis auf die gesetzliche Regelung in § 2 Abs. 2 S. 2 BerHG bewilligt wird. Die Beschränkung auf eine bloße Beratung stellt lediglich eine Wiederholung einer ohnehin kraft Gesetzes angeordneten Einschränkung der Beratungshilfe auf die Beratung dar.[11] Insoweit kann nur dann Beratungshilfe auch in Form einer Vertretung bewilligt werden, wenn es im Gesamtzusammenhang notwendig ist, auf andere Rechtsgebiete einzugehen und insoweit Beratungshilfe auf Antrag gewährt wird (§ 2 Abs. 2 S. 3 BerHG).
Die Beratungshilfe kann sowohl dem Beschuldigten als auch den Opfern oder Zeugen gewährt werden. Das gerichtliche Verfahren beginnt hier mit Einreichen der Anklageschrift bei Gericht. Mit der Einschränkung auf die Gewährung von Beratung soll auf das bestehende System der Pflichtverteidigung Rücksicht genommen werden (sh. hierzu auch Rn. 129). Ist dem Rechtsuchenden in einer Straf- oder Bußgeldsache ein Verteidiger bestellt, so wird keine Beratungshilfe gewährt.[12]

---

10 so auch Verfassungsgericht Brandenburg, Beschluss vom 22.2.2013, Az. 33/12 – juris.
11 LG Berlin, RVGreport 2008, 460 f.
12 BT-Drs. 8/3311 zu § 2 BerHG.

Auch im Bußgeldverfahren kommt Beratungshilfe in Betracht. Erst auf einen zulässigen Einspruch hin wird ein gerichtliches Verfahren begonnen; während des Verfahrens vor der Verwaltungsbehörde kann daher Beratungshilfe gewährt werden.

Ob **Strafvollzugsangelegenheiten** dem Strafrecht oder dem Verwaltungsrecht zuzuordnen sind, ist in der Rechtsprechung umstritten. Teilweise wird die Meinung vertreten, Strafvollzugsangelegenheiten seien dem Verwaltungsverfahren zuzuordnen mit der Folge, dass Beratungshilfe nicht nur in Form einer Beratung, sondern auch in Vertretung gewährt werden kann.[13] Die gegenteilige Auffassung – die wohl als die herrschende Meinung zu betrachten ist – sieht den Strafvollzug zum Strafrecht zugehörig.[14] Konsequenterweise kann der herrschenden Meinung folgend daher **nur eine Beratung**, nicht aber auch eine Vertretung zugestanden werden. 203

Angelegenheiten des **Strafvollstreckungsrechts** sind dem Strafrecht zugehörig. Dies ergibt sich bereits daraus, dass sich die Regelung des Strafvollstreckungsrechts in der StPO wiederfinden. Das Verfahrensrecht sieht hier weitestgehend Entscheidungen der Strafgerichte vor. Somit zeigt bereits die Anknüpfung an das Verfahrensrecht, dass eine Angelegenheit des Strafrechts i. S. v. § 2 Abs. 2 S. 2 BerHG gegeben ist.[15] Daher kann auch hier **nur** eine **Beratung** erstattet werden. 204

Ob das **Gnadenrecht** dem Strafrecht oder dem Verwaltungsrecht zuzuordnen ist, ist umstritten. Soweit eine Entscheidung durch die Verwaltung ergeht, wurde in der Rechtsprechung die Zugehörigkeit zum Verwaltungsrecht bejaht.[16] Die Literatur spricht sich indes weitgehend für eine Zugehörigkeit zum Strafrecht aus.[17] 205

Seit dem Beschluss des Bundesverfassungsgerichts vom 14.10.2008[18] ist auch Beratungshilfe in Angelegenheiten des **Steuerrechts** möglich[19] und wurde vom Gesetzgeber auch in § 2 Abs. 2 BerHG kodifiziert. 206

Das **Strafentschädigungsverfahren** unterteilt sich in zwei Abschnitte: Die Grundsatzfrage ist dem Strafverfahren zuzuordnen, das Betragsverfahren hingegen dem Zivilverfahren. 207

III. Abgrenzung der Beratung von Vertretung

Gemäß § 2 Abs. 1 BerHG besteht Beratungshilfe **zunächst nur in Beratung** und, soweit **erforderlich**, auch in **Vertretung**. Dabei ist zu beachten, dass ein nur auf „Beratung" beschränkter Berechtigungsschein außer in Angelegenheiten des Strafrechts und des Ordnungswidrigkeitenrechts nicht erteilt werden kann, vielmehr die Erforderlichkeit erst im nachfolgenden Gebührenfestset- 208

---

13 LG Berlin, Rpfleger 1986, 65; AG Bochum, StV 1985, 73; AG Werl, StV 1997, 429; *Mümmler* in JurBüro 1987, 613.
14 LG Göttingen, NdsRpfl 1983, 161; AG Gießen, JurBüro 1987, 612; *Groß*, § 2 BerHG, Rn. 19 m. w. N.
15 LG Berlin, RVGreport 2008, 460 f.
16 AG Köln, NJW-Spezial 2009, 29; LG Berlin, AGS 2008, 460 f.; AG Schöneberg, StV 1985, 73; siehe auch Rn. 130.
17 *Groß*, § 2 BerHG, Rn. 22 m. w. N.
18 BVerfG, Rpfleger 2009, 30 ff.
19 Das BVerfG hatte damals die Gewährung der Beratungshilfe für die Übergangszeit bis zur gesetzlichen Neuregelung bejaht, sofern die übrigen Voraussetzungen vorlagen. Die Entscheidung hat Gesetzeskraft, § 31 Abs. 2 BVerfGG.

zungsverfahren zu überprüfen ist.[20] Soweit vereinzelt angenommen wird,[21] der zuständige Urkundsbeamte könne bei Vergütungsfestsetzung keine Prüfung der Erforderlichkeit mehr vornehmen, da das Verfahren über die Bewilligung ausschließlich dem Rechtspfleger übertragen sei und daher keine Wirksamkeit entfalte, geht dies fehl. Bereits bis zum 31.12.2013 ging man davon aus, dass die Erforderlichkeit der Vertretungshandlung bei Abschluss des Verfahrens und Vorliegen des Vergütungsantrages des Anwaltes zu prüfen sei.[22] Aber auch nach der Reform ist der gesetzliche Wille dahingehend eindeutig und unmissverständlich erkennbar. Näheres zur Prüfung der Erforderlichkeit der Vertretung sh. unter Rn. 347.

Die in der Beratungshilfe tätige Beratungsperson ist nach der gesetzlichen Formulierung daher gehalten, die gemäß § 44 S. 1 RVG aus der Landeskasse zu zahlende Vergütung **so gering wie möglich** zu halten und sich zunächst auf die Beratung zu beschränken. Die Beratungsperson darf die Vertretung nach § 2 Abs. 1 BerHG auf Kosten der Landeskasse nur dann leisten, wenn dies erforderlich ist.

Meistens sind die Möglichkeiten der **Selbsthilfe** durch Rechtsunkundige äußerst **beschränkt**, so dass sie oftmals nach einer Beratung noch der Vertretung bedürfen.[23] **Dennoch kann nicht jede** noch so **einfache Vertretungshandlung** zugestanden werden. Nach dem Willen des Gesetzgebers soll nicht jedes Bedürfnis nach Beratung durch eine Beratungsperson mit einem Bedürfnis nach Vertretung gleichgesetzt werden. Vielmehr gilt die Tätigkeit einer Beratungsperson im Rahmen einer Vertretung als **ultima ratio im Beratungshilfegesetz**.[24] Eine Vertretung ist nach § 2 Abs. 1 S. 2 BerHG dann erforderlich, wenn der Rechtssuchende nach der Beratung angesichts des **Umfangs, der Schwierigkeit oder der Bedeutung der Rechtsangelegenheit** für ihn seine Rechte nicht selbst wahrnehmen kann.[25] Letztlich kann nur in einer **Einzelfallentscheidung** beurteilt werden, ob eine **Vertretungshandlung erforderlich** war oder nicht. Diese Einzelfallentscheidung muss sich zum einen am objektiven Schwierigkeitsgrad der Rechtsangelegenheit orientieren, zum anderen aber auch im gleichen Maße die **individuellen Fähigkeiten des Rechtsuchenden** selbst sowie die für ihn maßgebliche Bedeutung der Angelegenheit berücksichtigen. Bei letzteren können Hilfskriterien wie **Ausbildungsstand, Schulabschluss, Beruf, allgemeine Kenntnisse und soziales Umfeld** zur Beurteilung herangezogen werden. Diese sind dann **in Relation zur Komplexität der Angelegenheit** zu setzen.[26] Bei der Prüfung der Erforderlichkeit einer Vertretung nach § 2 Abs. 1 BerHG ist der Unbemittelte ebenfalls nur einem solchen Bemittelten gleichzustellen, der bei seiner Entscheidung für die Inanspruchnahme von anwaltlichen Dienstleistungen auch die hierdurch entstehenden Kosten berücksichtigt und vernünftig abwägt.[27] Abzustellen ist dabei aber – wie bei der Mutwilligkeit – nicht auf den Durchschnittsbürger, sondern auf die **individuellen Möglichkeiten** des Rechtsuchenden zur Selbstvertretung.[28]

---

20 AG Brühl, NJW 2012, 243; *Lissner*, Rpfleger 2012, 122 ff.; *ders.*, AGS 2013, 209 ff.; OLG Dresden, Beschluss vom 29.10.2007, Az. 3 W 1135/07, n. v.; *Dürbeck/Gottschalk*, Rn. 1198; a. A.: LG Berlin, Beschluss vom 22.5.2013, Az. 82 T 532/12 – juris.
21 LG Berlin, Beschluss vom 22.5.2013, Az. 82 T 532/12 – juris; OLG Stuttgart, RVGreport 2007, 265.
22 OLG Dresden, Beschluss vom 29.10.2007, Az. 3 W 1135/07, n. v.; *Dürbeck/Gottschalk*, Rn. 1198; LG Aachen, AnwBl 1997, 293; KG, RVGreport 2012, 260.
23 LG Koblenz, NJWE-MietR 1996, 31.
24 *Lissner*, Rpfleger 2012, 122; *ders.*, AGS 2013, 209 ff.
25 *Giers*, FamRZ 2013, 1341 (1345); *Nickel*, MDR 2013, 950 (951); BT-Drs. 17/11472, S. 37.
26 *Timme*, NJW 2013, 3057; *Dürbeck/Gottschalk*, Rn. 1194 ff.
27 KG, JurBüro 2012, 317.
28 Bt-Drs. 17/11472, S. 37.

209 Die Erforderlichkeit einer Vertretung durch eine Beratungsperson ist insbesondere dann gegeben, wenn es um **komplexe juristische Rechtsfragen** geht, welche einen gewissen Verhandlungsspielraum aufweisen. Nur dann, wenn der Beratungshilfeempfänger wegen der **rechtlichen Schwierigkeit** des Falles trotz Beratung durch eine Beratungsperson nicht in der Lage ist, seine Angelegenheiten selbst zu regeln, deckt die Beratungshilfe auch die Vertretung ab. Ist es einem Rechtsuchenden jedoch nach Beratung durch eine Beratungsperson möglich und auch zumutbar, seine Angelegenheiten selbst zu regeln, bedarf er der Vertretung nicht.[29] Dies ergibt sich bereits aus dem allgemeinen Rechtsgedanken, wonach derjenige, der seine Rechte selbst wahrnehmen kann, nicht weiter Sozialleistungen auf Kosten der Allgemeinheit beanspruchen darf. Ein **gewisses Maß an Eigeninitiative** ist vom Rechtsuchenden zu erwarten.

> Zusammenfassend lassen sich daher **folgende Kriterien** für die **Bejahung der Erforderlichkeit** festhalten:
> – Es muss ein rechtlich schwieriger und komplexer Sachverhalt vorliegen.
> – Der Rechtsuchende kann nach objektiven und subjektiven Kriterien trotz vorheriger Beratung durch eine Beratungsperson die Rechtsverwirklichung nicht sachgerecht in die eigene Hand nehmen.

210 Teilweise wird in der Rechtsprechung die Ansicht vertreten, dass ein Tätigwerden dann gerechtfertigt sei, wenn das Ziel der Rechtsverfolgung nur durch **Druck mittels anwaltlichem Schreiben** zum Erfolg führen würde.[30] Dem kann nicht gefolgt werden. Ausschlaggebend für die Bewilligung von Beratungshilfe und die Erteilung eines Berechtigungsscheines nach dem Beratungshilfegesetz ist, dass das Gesuch des Antragstellers die rechtlichen Kompetenzen und Möglichkeiten des Rechtsuchenden selbst und nicht allein seine finanzielle Situation betreffen.[31] Ein eventuell gegebenes „höheres Drohpotential" eines Rechtsanwaltes betrifft nicht die rechtlichen Kompetenzen und Möglichkeiten des Betroffenen.[32] Hierbei steht nicht die rechtliche Vertretung im Vordergrund, sondern eine tatsächliche Hilfe im Sinne einer Lebenshilfe. Vergleichbares muss auch für die anderen Beratungspersonen gelten.

211 Soweit lediglich **Formulierungsschwierigkeiten** sowie **Defizite im Sprachgebrauch** im Raum stehen, erscheint eine Vertretungshandlung ebenfalls nicht erforderlich.

212 Die Beurteilung, ob eine Vertretungshandlung der Beratungsperson erforderlich ist, obliegt dabei **zunächst** dieser, wie sich aus der Formulierung des § 2 BerHG ergibt. Der Beurteilungszeitpunkt für die Frage, ob es bei einer Beratung verbleibt, oder ob ein Vertreten erforderlich ist, ist daher zwangsläufig der Abschluss des Beratungsgesprächs.[33] Teilweise wird auch argumentiert, der Rechtspfleger habe bei Bewilligung der Beratungshilfe aus einer „ex ante" Betrachtung die Frage der Erforderlichkeit zu bewerten, also bereits bei Bewilligung sich mit einer Prognoseentscheidung zu erklären.[34] Dem ist entgegenzuhalten, dass das Beratungshilfegesetz seit 1.1.2014 auch expressis-verbis im Gesetzeswortlaut die zeitliche Entscheidung über die Erforderlichkeit nach der erfolgten Beratung sieht („…wenn der Rechtssuchende *nach der*

---

29 AG Koblenz, FamRZ 1998, 1038.
30 AG Koblenz, FamRZ 1998, 1038.
31 AG Saarbrücken, AnwBl 1994, 145 (146).
32 AG Konstanz, NJOZ 2006, 4246; AG Halle (Saale), Beschluss vom 2.2.2012, Az. 103 II 1822/10 – juris.
33 AG Halle (Saale), Beschluss vom 2.2.2012, Az. 103 II 1822/10 – juris; BT-Drs. 17/11472.
34 Lindemann/Trenk-Hinterberger, BerHG, § 2 BerHG, Rn. 4.

Beratung ..."). Denn erst nach dem Gespräch mit der Beratungsperson und der dortigen Informationsgewinnung ergeben sich vielfach Konstellationen, die eine Entscheidung über das weitere Vorgehen ermöglichen.[35] Die Beschränkung wird daher zu Recht abgelehnt.[36] Zwar steht es weitgehend im Ermessen der Beratungsperson, ob sie im Rahmen der außergerichtlichen Vertretung Rechtsausführungen macht, die dann die Erforderlichkeit der Vertretung im Sinne des § 2 Abs. 1 BerHG indizieren. Allerdings obliegt dem Gericht nach § 2 Abs. 1 BerHG eine Kontrollfunktion.[37] Danach ist die Frage der Erforderlichkeit der Vertretungshandlung **abschließend bei der Gebührenfestsetzung** durch das Gericht zu prüfen.[38] Hierbei besteht die Möglichkeit, von der **Beurteilung der Beratungsperson abzuweichen**.[39] Eine **Geschäftsgebühr** nach Nr. 2503 VV RVG **fällt daher nur an**, wenn die Vertretung gem. § 2 Abs. 1 BerHG **notwendig war**.[40]

213 In der Literatur sind insbesondere in folgenden Fällen eine **Erforderlichkeit** anwaltlicher Vertretung **abgelehnt** worden:
- ein Rechtsanwalt soll lediglich wegen eines höheren Drohpotentials beansprucht werden;[41]
- bei einfachen Schreiben oder Tatsachenmitteilungen;[42]
- einfache Kündigungsschreiben;
- Widerspruchsschreiben ohne Begründung.[43]

Als **erforderlich** wurde eine Vertretung **angesehen**, wenn
- bekannt ist, dass Behörden Widersprüche per se ablehnen, wenn diese vom Rechtsuchenden nicht schriftlich begründet wurden;
- der Sachvortrag vom Gegner bereits bestritten wurde.

213a Checkliste – Prüfung der Erforderlichkeit der Vertretung, § 2 Abs. 1 BerHG
Immer Einzelfallprüfung!!
1. Abgrenzung
1.1. ob und inwieweit der Rechtsuchende fremde Hilfe zur effektiven Ausübung seiner Verfahrensrechts benötigt oder selbst dazu in der Lage ist, und zwar angesichts
1.1.1. des Umfangs,
1.1.2. der Schwierigkeit,
1.1.3. der Bedeutung der Angelegenheit.
1.2. unter Abstellung auf die individuellen Fähigkeiten des Rechtsuchenden (nicht auf den Durchschnittsbürger), z. B.
1.2.1. Schulabschluss,
1.2.2. Ausbildung,
1.2.3. ausgeübter Beruf,
1.2.4. allgemeiner Kenntnisstand,
1.2.5. soziales Umfeld.
2. Gewisses Maß an Eigeninitiative des Rechtsuchenden wird erwartet.
3. Rechtlich schwieriger und komplexer Sachverhalt muss vorliegen.

---

35 Lissner, AGS 2015, 209 ff.; AG Lichtenberg, Beschluss vom 10.9.2012, Az. 70a II 257/12.
36 LG Aachen, AnwBl 1997, 293; *Dürbeck/Gottschalk*, Rn. 1195.
37 AG Halle (Saale), Beschluss vom 2.2.2012, Az. 103 II 1822/10 – juris.
38 *Dürbeck/Gottschalk*, Rn. 1195, Rn. 1198; LG Aachen AnwBl 1997, 293.
39 *Dürbeck/Gottschalk*, Rn. 1195, Rn. 1198.
40 AG Konstanz, NJW-RR 2007, 209, 211; AG Koblenz, FamRZ 1998, 1038.
41 AG Konstanz, NJOZ 2006, 4246; AG Halle (Saale), Beschluss vom 2.2.2012, Az. 103 II 1822/10 – juris.
42 Bt.-Drs. 17/11472, S. 38.
43 Bt.-Drs. 17/11472, S. 38.

4. Gleichstellung mit einem Bemittelten, der bei seiner Entscheidung für die Inanspruchnahme anwaltlicher Dienstleistungen auch die entstehenden Kosten berücksichtigt und vor allem vernünftig abwägt.

Kapitel 5: Angelegenheit

I. Allgemeines

Gem. § 2 Abs. 2 BerHG wird Beratungshilfe nicht für einzelne Tätigkeiten, sondern in „**Angelegenheiten**" gewährt. Die Beratungspersonen erhalten pro Angelegenheit für ihre Tätigkeit gem. § 44 RVG eine Vergütung aus der Landeskasse nach den **Nrn. 2501–2508 VV RVG**. **214**
Gegen den Rechtsuchenden selbst stehen ihnen mit Ausnahme der Beratungshilfegebühr nach § 44 S. 2 RVG i. V. m. Nr. 2500 VV RVG in Höhe von 15,00 EURO keine sonstigen Vergütungsansprüche zu.
Bei den Beratungshilfegebühren handelt es sich um **Festgebühren**, ein Ausgleich über die Erhöhung des Gegenstandswerts erfolgt hierbei nicht.[1]
In der Literatur werden die Gebühren teilweise nicht als Vergütung, sondern als „Entschädigung" bezeichnet. Ebenso wie bei der Prozesskostenhilfe handelt es sich hier um einen „**Aufopferungsanspruch**".[2] Diese Bezeichnung symbolisiert den Charakter des Vergütungsrechts der Beratungshilfe.
Beratungspersonen – die nach dem Gesetz die Beratungshilfe nicht bzw. nur aus wichtigem Grunde ablehnen dürfen – stehen in der Praxis daher durchaus vor dem Problem, sehr umfangreich im Rahmen der Beratungshilfe tätig werden zu müssen, jedoch hierfür nur eine insbesondere gegenüber der Vergütung nach den allgemeinen Vorschriften sehr geringe Vergütung zu erhalten.[3]
Begrifflich kann man die **Pauschgebühren** wie folgt definieren:
„Die dem Anwalt für seine Berufstätigkeit gem. § 612 Abs. 2 S. 2 BGB zustehende übliche Vergütung ist der Höhe nach im RVG i. V. m. dem Vergütungsverzeichnis gesetzlich in Gebührentatbeständen geregelt, die entweder bestimmte gleichartige Tätigkeiten des Rechtsanwalts zur Erfüllung eines Auftrags zu Gruppen zusammenfassen oder einen vom Rechtsanwalt zumindest mitverursachten Erfolg beschreiben."[4] Für die übrigen Beratungspersonen kann nichts anderes gelten.
Die Pauschgebühren im Beratungshilferecht sind wertunabhängig, daher kommt der **Abgrenzung**, wann eine oder mehrere Angelegenheiten vorliegen, eine erhebliche praktische Bedeutung zu,[5] insbesondere weil das Korrektiv des Gegenstandswerts fehlt.[6] Durch eine zu restriktive Handhabung kann es daher auch zu einer unangemessenen Vergütung der Beratungsperson kommen.[7]

Der Begriff der „Angelegenheit" ist **gesetzlich im BerHG und RVG nicht ausdrücklich definiert**. Dieser stellt einen zentralen Begriff des Vergütungsrechts dar und wird im RVG an verschiedenen Stellen, z. B. §§ 15 ff. RVG, erwähnt. Es handelt sich hierbei wohl um eines der wesentlichen Probleme bei der Feststellung der aus der Staatskasse der Beratungsperson zu erstattenden Vergü- **215**

---
1 *Mayer* in Gerold/Schmidt, VV 2500–2508, Rn. 30, 31.
2 Lindemann/Trenk-Hinterberger, zu § 10 BerHG Rn. 1.
3 *Lissner*, JurBüro 2013, 564 ff.
4 *Mayer* in Gerold/Schmidt, § 15 RVG, Rn. 2.
5 OLG Stuttgart, Rpfleger 1998, 502 ff.; *Lissner*, JurBüro 2013, 564 ff.
6 OLG Stuttgart, AGS 2012, 589.
7 BVerfG, AGS 2002, 273.

tung.[8] Dieser gebührenrechtliche Begriff dient zur Abgrenzung des zusammengehörenden Bereichs der Tätigkeit der Beratungsperson: welche Tätigkeiten noch zu derselben Angelegenheit gehören und welche dagegen eine andere, besondere, Angelegenheit darstellen.
Die hierzu entwickelten **Grundsätze des Begriffs der „Angelegenheit" im RVG** finden auch im Beratungshilferecht ergänzende Anwendung.[9]
Sofern diese Regelungen einschlägig sind, können sie auch im Beratungshilferecht angewendet werden. Sie können jedoch nicht alle Alternativen umfassen.[10] Der weder im BerHG noch im RVG gesetzlich bestimmte Begriff der „Angelegenheiten" ist daher vielmehr i. S. d. Beratungshilferechts (§ 2 Abs. 2 S. 1 BerHG) unter Berücksichtigung der Wertungen des RVG zu bestimmen und weiter zu fassen.[11] Gerade im Bereich des Zivil- und Familienrechts spielt diese Frage in der täglichen Praxis eine sehr große Rolle.

II. Eine oder mehrere Angelegenheiten

216 Unter einer **Angelegenheit** ist nach der Rechtsprechung des BGH das gesamte Geschäft zu verstehen, das die Beratungsperson auftragsgemäß für den Auftraggeber besorgen soll.[12]
Die Gebühren honorieren **die gesamte Tätigkeit der Beratungsperson** vom Auftrag bis zur Erledigung der Angelegenheit (§ 15 Abs. 1 RVG). Sie können **in derselben Angelegenheit nur einmal** gefordert werden (§ 15 Abs. 2 S. 1 RVG). Eine Angelegenheit kann insoweit aber auch mehrere Gegenstände umfassen.[13]
Eine genaue Abgrenzung fällt durch die Weitläufigkeit des Begriffs „Angelegenheit" oft sehr schwer. Maßgebend beeinflusst wird der Begriff der Angelegenheit jedoch vom Auftrag des Mandanten. Die in Auftrag gegebene Angelegenheit deckt dabei alle darin enthaltenen Gegenstände vom Auftrag bis zur Erledigung der Angelegenheit ab. Es wird daher wesentlich auf die Art und den Umfang des Auftrags der Beratungsperson ankommen.[14]
Grundsätzlich handelt es sich um eine neue gebührenrechtliche Angelegenheit, wenn der Rechtsuchende sich erneut beraten lassen will und die frühere Tätigkeit der im Rahmen der Beratungshilfe in Anspruch genommenen Beratungsperson bereits beendet ist.
Es hängt auch immer von den Umständen des Einzelfalls ab, ob verschiedene gebührenrechtliche Angelegenheiten vorliegen. Eine getrennte Beauftragung spricht dabei nicht immer zwingend auch für die Annahme verschiedener Angelegenheiten.[15] Die Beratungsperson darf in diesem Kontext auch nicht künstlich ohne zwingenden Sachgrund vereinzeln.
Zur Abgrenzung hilft hier auch **§ 15 Abs. 5 S. 2 RVG**: sofern die frühere Angelegenheit **seit mehr als zwei Kalenderjahren erledigt ist,** handelt es sich spätestens um eine neue Angelegenheit.[16] Unter Erledigung ist hierbei der Zeitpunkt zu verstehen, ab dem sich die Beratungsperson nicht mehr mit der Angelegenheit weiter

---

8 *Mümmler*, JurBüro 1993, 261 (262).
9 Schleswig-Holsteinisches OLG, Beschluss vom 25.4.2013, Az. 9 W 41/13 – juris.
10 AG Pforzheim, FamRZ 2013, 396 ff.; OLG Frankfurt, NJW-RR 2016, 383; *Lissner*, JurBüro 2013, 564 ff.; ders. FamRZ 2013, 1271 ff.
11 OLG Frankfurt, NJW-RR 2016, 383 ff.; *Dürbeck/Gottschalk*, Rn. 1012.
12 BGH, NJW 2011, 784 f., 155 ff.; JurBüro 2005, 141; NJW 2004, 1043 (1045); NJW 1995, 1431 und andere.
13 OLG Frankfurt, NJW-RR 2016, 383 ff.
14 OLG Düsseldorf, AnwBl 2009, 70 (71); OVG Münster, JurBüro 2006, 27; LG Cottbus, Rpfleger 2001, 568 (569).
15 sh. hierzu BGH, RVGreport 2016, 94 f.; OLG Celle, RVGreport 2015, 95 entgegen OLG Stuttgart, NJW-RR 2013, 63 (zur Thematik Anlagestreitigkeiten).
16 sh. hierzu auch Brandenburgisches OLG, RVGreport 2017, 54 ff.; VG Dresden, Beschluss vom 30.6.2016, Az. 2 O 22/16 – juris.

beschäftigt hat.[17] Entsteht nach vorherigem Ruhen des Verfahrens und Verjährung der hier bereits angefallenen Gebühr nach Wiederaufnahme der betreffende Gebührentatbestand erneut, so entsteht diese neu.[18]
Auch in den §§ 16 ff. RVG finden sich für gerichtliche oder behördliche Verfahren **weitere Anhaltspunkte** zur Abgrenzung der Angelegenheiten. In Anlehnung hieran kann man bei der Einstufung von verschiedenen Gegenständen bei gerichtlicher Geltendmachung als verschiedene Angelegenheiten diese auch im außergerichtlichen Bereich, nämlich im Rahmen der Beratungshilfe, als verschiedene Angelegenheiten klassifizieren.
In **Zwangsversteigerungs- und Zwangsverwaltungsverfahren** ist z. B. entscheidend, ob die Aufträge mehrerer Beteiligter das gleiche gerichtliche Verfahren betreffen.[19] Das Rechtsmittelverfahren bildet auch hier eine besondere Angelegenheit.
In **Strafsachen** ist das gleiche Strafverfahren stets die gleiche Angelegenheit. Ob die Interessen der von dem Rechtsanwalt vertretenen Personen in verschiedene Richtungen gehen, ist unerheblich. Eine Angelegenheit, allerdings mit der Erhöhung gem. Nr. 1008 VV RVG, liegt vor, wenn der Rechtsanwalt einen Angeklagten mit dem Ziel des Freispruchs vertritt und einen Nebenkläger, um die Verurteilung eines Mitangeklagten herbeizuführen.[20]
Verschiedene Angelegenheiten sind in § 17 RVG aufgeführt. Das Verfahren über ein **Rechtsmittel und der vorausgegangene Rechtszug** sind bspw. jeweils eine Angelegenheit (§ 17 Nr. 1 RVG);[21] besondere Angelegenheiten sind in § 18 RVG aufgeführt.
Sofern für die Durchführung des **sozialrechtlichen Widerspruchsverfahrens** bereits Beratungshilfe gewährt worden ist (sh. hierzu auch Ausführungen z. B. Rn. 150, 301), ist es umstritten, ob die **nachfolgende Prüfung der Erfolgsaussicht einer möglichen Klage** im Falle einer negativen Bescheidung durch die Widerspruchsbehörde eine **weitere verschiedene Angelegenheit** darstellt.[22] Gem. § 17 Nr. 1a RVG stellt das der Nachprüfung eines Verwaltungsakts dienende weitere Verwaltungsverfahren (= Widerspruchsverfahren) und das nachfolgende gerichtliche Verfahren verschiedene Angelegenheiten dar. Unter Verwaltungsverfahren sind in diesem Sinne auch Sozialsachen zu subsumieren.[23] Die Besprechung des Widerspruchsbescheides als solches und die Beratung, ob eine Klage zulässig ist, zählt noch zum Widerspruchsverfahren, nicht hingegen die Prüfung der Erfolgsaussicht der möglichen Klageerhebung, da auch zwischen den gerichtlichen Instanzen Beratungshilfe gesondert für die Prüfung der Einlegung eines Rechtsmittels gewährt werden kann. Als Argumentationshilfe für diese Rechtsansicht bietet sich hier auch die Tatsache an, dass jeder Rechtsanwalt (auch der mit der in der ersten Instanz befassten Sache befasste Rechtsanwalt) regulär für die Prüfung der Erfolgsaussicht eines Rechtsmittels eine Gebühr gem. KV Nr. 2100 ff. RVG erhält.[24] Nach anderer Ansicht ist bei einer solchen Vorbefassung kein Raum für eine neuerliche Bewilligung von Beratungshilfe. War der Rechtsuchende danach im ersten Verfahrensabschnitt bereits anwaltlich (oder durch eine sonstige Beratungsperson) vertreten und soll diese Vertretung personenidentisch beibehalten bleiben, kann die Beratung über die Frage der Erfolgsaussicht einer möglichen Klage (oder Berufung bei Zivilverfahren) auch als Nebenverpflichtung aus dem anwaltlichen Geschäfts-

---

17 VG Dresden, Beschluss vom 15.6.2016, Az. 2 O 20/16 – juris.
18 VGH Baden-Württemberg, ZfSch 2016, 705 ff. – juris.
19 Siehe hierzu auch *Hartmann*, KostG, § 15 RVG, Rn. 74.
20 *Mayer* in Gerold/Schmidt, § 15 RVG, Rn. 14; a. A.: LG Göttingen, NdsRpfl 1966, 95; LG Hildesheim, AnwBl 1966, 168.
21 so auch schon früher *Mayer* in Gerold/Schmidt, § 15 RVG, Rn. 15.
22 so aber *Pankatz* in Riedel/Sußbauer, RVG, § 17 Rn. 21.
23 *Pankatz* in Riedel/Sußbauer, RVG, § 17 Rn. 16.
24 *Schütz* in Riedel/Sußbauer, RVG, § 19 Rn. 86.

besorgungsvertrag verstanden und subsumiert werden, so dass insoweit die Prüfung einer Erfolgsaussicht auch hier noch von den Gebühren des vorangegangenen Verfahrensabschnittes mit abgedeckt ist, daher in dieser speziellen Konstellation zur Prüfung der Erfolgsaussicht keine Beratungshilfe mehr bewilligt werden kann.

217 Der Begriff der „**Angelegenheit**" ist nicht identisch mit dem „**Gegenstand**" der Tätigkeit der Beratungsperson und ist daher von diesem engeren Begriff abzugrenzen.[25] Das RVG bestimmt auch diesen Begriff nicht unmittelbar.
Der Begriff „**Gegenstand**" ist das konkrete Recht oder Rechtsverhältnis, auf das sich die Tätigkeit der Beratungsperson bezieht. Dabei kann es sich um ein Recht oder Rechtsverhältnis handeln, welches gegenwärtig, künftig, bedingt, betagt, behauptet, erstrebt oder abgestritten ist.
Der gebührenrechtliche Begriff der Angelegenheit kann dabei mit dem Gegenstand übereinstimmen, er kann unter Umständen aber auch eine Vielzahl von Tätigkeiten zu einer gebührenrechtlichen Einheit zusammenfassen, d. h. mehrere Gegenstände können auch dieselbe Angelegenheit umfassen. Insbesondere ist hierbei der Inhalt des erteilten Auftrages maßgebend.[26]

218 Aufgrund der Vielzahl der zu dieser Problematik ergangenen Rechtsprechung haben sich zur Abgrenzung, ob eine oder mehrere Angelegenheiten vorliegen, gewisse **Hilfskriterien** herausgebildet. Ob aber dieselbe oder mehrere Angelegenheiten vorliegen, muss jeweils im konkreten Einzelfall nach den gesamten Umständen geprüft werden. Insgesamt betrachtet muss dabei ein **zeitlicher und sachlicher Zusammenhang** der Beratung bestehen.[27]
Drei Kriterien haben sich dabei als **herrschende Meinung** in Literatur[28] und Rechtsprechung[29] herausgebildet:

219 **Gleichzeitigkeit und Einheitlichkeit des Auftrages:**
Ob ein einheitlicher Auftrag vorliegt, bemisst sich nach dem objektiven Standpunkt des Auftraggebers. Besteht insoweit Einvernehmen darüber, dass **die Ansprüche gemeinsam behandelt** werden können, liegt ein einheitlicher Auftrag vor. Ein Auftrag kann dabei mehrere Gegenstände betreffen. Die Einzelaufträge für verschiedene Gegenstände müssen dabei nicht zeitgleich gestellt werden[30] und können vor Abschluss der Beratung auch erweitert werden.[31] Es ist daher durchaus möglich, dass die Beratungsperson für verschiedene Gegenstände zeitlich unterschiedlich beauftragt wird, z. B. wenn sich erst im Verlauf der Beratungshilfeangelegenheit weitere Gegenstände, die ebenfalls zum Sachverhalt gehören, herausbilden. Der Auftrag an die Beratungsperson muss dabei auch nicht nur durch eine Person gestellt werden.[32] Niemand ist jedoch verpflichtet, sich mit anderen Personen zur Verfolgung oder auch der Abwehr von Ansprüchen zusammenzuschließen, um hier Kosten zu sparen.[33] Der einheitliche Auftrag ist also auch dann

---

25 BVerfG, NJW 2000, 3126; OLG Hamburg, AnwBl 2003, 114 f.; *Hartmann*, KostG, § 7 RVG, Rn. 27.
26 *Lissner*, FamRZ 2013, 1271 ff.; ders., JurBüro 2013, 564 ff.
27 BVerfG, NJW 2002, 439.
28 *Mayer* in Gerold/Schmidt, § 15 RVG, Rn. 7 ff.; *Winkler* in Mayer/Kroiß, RVG, § 15 Rn. 4; *Dürbeck/Gottschalk*, Rn. 1275 m.w.N.; *Terriuolo* in AnwBl. 2017, 44 ff.
29 OLG Frankfurt, NJW-RR 2016, 383 ff.; Schleswig-Holsteinisches OLG, Beschluss vom 25.4.2013, Az. 9 W 41/13 – juris; OLG Düsseldorf, JurBüro 2009, 39 f. Rn. 7; LG Osnabrück, JurBüro 2008, 600 (601); AG Vechta, Beschluss vom 4.2.2008, Az. 4 II 1940/07, Rn. 5–7 – juris; LG Göttingen, JurBüro 2002, 251 (252); BVerfG, NJW 2000, 3126.
30 AG Koblenz, FamRZ 2002, 480; AG Osnabrück, NdsRpfl 1998, 176.
31 AG Vechta, Beschluss vom 4.2.2008, Az. 4 II 1940/07, Rn. 8 – juris.
32 *Kammeier*, Rpfleger 1998, 501 (504).
33 *Winkler* in Mayer/Kroiß, RVG, § 15 Rn. 10.

noch gegeben, wenn die Beratungsperson zwar zu verschiedenen Zeiten beauftragt worden ist, es für den Rechtsuchenden jedoch objektiv zweifelsfrei ist, dass die Ansprüche gemeinsam behandelt werden sollen. Die Dauer der durch die Beratungsperson ausgeübten Tätigkeit sowie die Anzahl eventueller Besprechungstermine sind dabei ohne Bedeutung.
Eine Einheitlichkeit kann dann verneint werden, wenn der erste Auftrag zum Zeitpunkt der Erteilung des zweiten Auftrages bereits vollständig erledigt ist.
Ohne hinreichenden Sachgrund dürfen mehrere – objektiv zusammengehörende – Gegenstände nicht „künstlich" aufgesplittet werden, um im eigenen Gebühreninteresse mehrere Gebühren abrechnen zu können.[34]

Gleichartigkeit des Verfahrens (gleicher Rahmen)   **220**
Als weiteres Kriterium muss – ggfs. auch bei mehreren Verfahren – eine gewisse Gleichartigkeit und damit Einheitlichkeit[35] der Bearbeitungsweise vorliegen.
Es ist hierbei auf die Gleichartigkeit des außergerichtlichen Verfahrens abzustellen.
Die Tätigkeit der Beratungsperson muss sich in dem gleichen Rahmen abspielen. Dies ist z. B. auch anzunehmen, wenn die Beratungsperson mit der Geltendmachung unterschiedlicher Forderungen gegenüber demselben Schuldner beauftragt wird (Mietzinsansprüche für mehrere Fälligkeitszeitpunkte, Kaufpreisansprüche, Rückzahlungsanspruch). Anhaltspunkte sind ferner, ob z. B. die Bearbeitung der einzelnen Gegenstände in einem außergerichtlichen Schreiben an einen Gegner möglich ist (z. B. die Komplexe Mietminderung und Nebenkostenabrechnung oder die Verfahren betreffen Gegenstände, die aus einer sozialen Situation des Rechtsuchenden hervorgehen) oder sie den Rechtsuchenden im Rahmen eines einzigen Beratungstermins beraten kann.[36] Das Kriterium des einheitlichen Rahmens kann auch dann gegeben sein, wenn die Beratungsperson die unterschiedlichen Ansprüche in einem Gerichtsverfahren geltend machen kann. Hierbei sind auch die Aspekte zu beachten, ob ein Vorgehen, welches zeitlich nacheinander erst erfolgt, sachlich veranlasst ist und der Wahrung der berechtigten Interessen dient. Das Prozessrisiko könnte hierdurch minimiert und die Ansprüche kostenschonender durchgesetzt werden.[37]

Innerer Zusammenhang der Beratungsgegenstände   **221**
Dieses als das bedeutsamste bei der Definition „derselben Angelegenheit" bezeichnete Kriterium befasst sich damit, ob zwischen den einzelnen Gegenständen ein innerer objektiver Zusammenhang besteht.
Die einzelnen Gegenstände der Tätigkeit der Beratungsperson sollen dabei **einem einheitlichen Lebenssachverhalt** entspringen, z. B. wenn ihr Ursprung auf gleichen Gründen beruht oder der Gegner die gleiche Person ist.[38] Zu überlegen ist in diesem Zusammenhang mit der Gleichartigkeit des Verfahrens, ob die verschiedenen Gegenstände im Falle gerichtlicher Geltendmachung in einem Verfahren verfolgt werden können und als Indiz für die Zahl der Angelegenheiten herangezogen werden können.[39] Bei der Feststellung

---
34 BGH, Rpfleger 2004, 246 ff.; Bayerisches LSG, Beschluss vom 14.10.2016, Az. L 15 SF 229/14 E – juris; *Winkler* in Mayer/Kroiß, RVG, § 15 Rn. 10.
35 LG Koblenz, Rpfleger 1997, 29 ff.; LG Berlin, Rpfleger 1996, 464 (466).
36 *Hansens*, RVGreport 2008, 41 ff.
37 BGH, Rpfleger 2014, 551 ff.
38 AG Mainz Rpfleger 1990, 213 (214); LG Dortmund, Rpfleger 1985, 78 f.
39 *Mayer* in Gerold/Schmidt, § 15 RVG, Rn. 12.

des inneren Zusammenhangs darf es jedoch nicht darauf ankommen, wie sich später die von ihrem Entstehungsgrund her in enger Verbindung stehenden Ansprüche verfahrensrechtlich entwickeln können.[40]

222 Die dargestellten Ergebnisse können jedoch **allenfalls als Anhaltspunkte** für eine Entscheidung, ob eine oder mehrere Angelegenheiten vorliegen, betrachtet werden. Es ist immer der jeweilige Einzelfall zu prüfen.
Fehlt eine der drei genannten Voraussetzungen, liegen mehrere Angelegenheiten vor.
Weiter kann in diesem Zusammenhang als **grobes Abgrenzungsmerkmal** auch die Überlegung helfen, in welcher Art und Weise die mehreren Gegenstände zusammentreffen. Bei einem Auftreten mehrerer Personen als Rechtsuchende kann man bei einer einheitlichen Rechtswahrnehmung überwiegend **eine Angelegenheit** annehmen (z. B. im Familienrecht).
Bei einem Auftreten mehrerer Personen als Antragsgegner werden überwiegend **mehrere Angelegenheiten** angenommen (z. B. Vorgehen gegen mehrere Schuldner). Dies trifft jedoch dann nicht zu, wenn die Tätigkeit der Beratungsperson die Gleiche ist.[41]
Wenn dagegen mögliche Anspruchsgrundlagen ganz verschiedener Art im Antragsverfahren vorgetragen werden, ist es nicht eindeutig. Die Rechtsprechung unterscheidet diese Fragestellung sehr verschieden und individuell.
Verfassungsrechtlich ist die Entscheidung und Beurteilung der Gerichte, ob eine oder mehrere Angelegenheiten vorliegen, einfach-rechtlich und damit von Verfassungs wegen nicht zu prüfen.[42] Durch die Annahme einer einheitlichen Angelegenheit wird die Berechtigung zur Inanspruchnahme anwaltlicher Hilfe grundsätzlich nicht in Frage gestellt.[43]
Einzelne ausgesuchte und in der Praxis häufig vorkommende Fallkonstellationen werden ab Rn. 224 dargestellt.

III. Bindungswirkung für das Vergütungsfestsetzungsverfahren

223 Das **Festsetzungsverfahren** gem. § 55 Abs. 4 RVG ist ein **selbstständiges Verfahren** neben dem zugrundeliegenden Bewilligungsverfahren gem. § 4 BerHG.[44]
Die **Anzahl der erteilten Berechtigungsscheine** ist mangels gesetzlicher Anordnung nach überwiegender Meinung in Rechtsprechung[45] und Literatur[46] **nicht maßgebend für die Anzahl der Angelegenheiten** und führt daher nicht automatisch dazu, dass auf die Anzahl der Angelegenheiten Rückschlüsse gezogen werden dürfen.
Vielfach wird sich in der gerichtlichen Praxis die Prüfung, ob eine oder mehrere Angelegenheiten vorliegen, bei der Bewilligung von Beratungshilfe nicht abschließend beurteilen lassen.

---

40 AG Koblenz, Rpfleger 1999, 30 f.
41 *Köpf* in Schneider/Volpert/Fölsch, RVG, § 44 Rn. 23.
42 BVerfG, NJW 2011, 2711 ff.
43 BVerfG, NJW 2011, 2711 ff.
44 OLG Hamm, Beschluss vom 5.5.2015, Az. I-32 SA 16/15.
45 OLG Köln, MDR 2010, 474; LG Osnabrück, NdsRpfl 2009, 104 f.; JurBüro 2008, 600 (601); AG Wetzlar, Rpfleger 2006, 477 f.; LG Kleve, Rpfleger 2003, 303 f.; LG Mönchengladbach, Jur-Büro 2002, 421; LG Münster, Rpfleger 2000, 281; LG Koblenz, Rpfleger 1997, 29; OLG München, JurBüro 1988, 593, 594; **a. A.:** OLG Oldenburg, VersR 2010, 688; LG Berlin, Rpfleger 1988, 489 f.; LG Köln, MDR 1985, 944 (945).
46 *Mayer* in Gerold/Schmidt, VV 2500–2508, Rn. 14; *Greißinger*, AnwBl 1992, 49 (54); so auch *Hellstab*, Rpfleger 2010, 197 (205).

Aufgrund der vom Rechtsuchenden gemachten Angaben lassen sich oft noch keine Zusammenhänge zwischen den einzelnen Angelegenheiten erkennen und die weitere Entwicklung noch nicht hinreichend abschätzen, so dass sich erst nach dem Zeitpunkt der erfolgten Erteilung des oder der Berechtigungsscheine herausstellen wird, dass ein und dieselbe Angelegenheit vorliegt.
Auch kann die Erteilung der Berechtigungsscheine willkürlich beeinflusst werden, wenn z. B. die einzelnen Anträge zeitlich mehrere Wochen auseinander gestellt werden.
Erst der **festsetzende Urkundsbeamte der Geschäftsstelle** kann oft anhand der im Festsetzungsverfahren eingereichten Unterlagen (beispielsweise anhand der zum Nachweis des Entstehens der Geschäftsgebühr vorgelegten Schriftsätze) **in eigener Verantwortung** beurteilen, ob eine oder mehrere Angelegenheiten vorliegen. Das bedeutet, dass es allein Aufgabe und Verantwortung des im Vergütungsfestsetzungsverfahren tätigen Urkundsbeamten – und nicht des im Bewilligungsverfahren tätigen Rechtspflegers – ist, die im Berechtigungsschein als solche aufgeführten Angelegenheit zu bewerten.[47] Die Beurteilung, dass lediglich eine Angelegenheit vorliegt, kann selbst dann noch erfolgen, wenn zunächst antragsgemäß mehrere Berechtigungsscheine ausgestellt wurden. Hingegen bedarf es aber nach dem OLG München[48] für weitergehende Angelegenheiten stets einer vorhergehenden Bewilligung, so dass danach zwar selbst bei mehreren erteilten Berechtigungsscheinen der UdG die Zahl der Angelegenheiten im Nachhinein auf die tatsächliche Anzahl der Angelegenheiten reduzieren kann, eine Erweiterung eines Scheins auf mehrere Angelegenheiten hingegen nicht erfolgen kann.
Sollte in einem solchen Fall die Beratungsperson beispielsweise mehrere Geschäftsgebühren in seinen einzelnen Festsetzungsanträgen geltend machen, so hat der Urkundsbeamte hier die Geschäftsgebühr insgesamt nur einmal festzusetzen und die übrigen Gebührenanträge zurückzuweisen.
Der Berechtigungsschein hat dabei eine gewisse **Konkretisierungsfunktion**. Dies bedeutet, dass nur die Angelegenheiten letztlich abgerechnet werden können, die sich unter der im Berechtigungsschein bezeichneten Beschreibung subsumieren lassen. Die Beschreibung ist daher bei der Beantragung von Beratungshilfe möglichst genau, dennoch weitreichend genug – sofern sich dies bereits bei der Beantragung absehen lässt – vorzunehmen.[49] Im späteren Vergütungsfestsetzungsverfahren können hiervon völlig abweichende Lebenssachverhalte dann nicht ebenfalls hierunter „geschoben" werden.[50] Im Fall des OLG München[51] konnte unter die im Berechtigungsschein bezeichnete Angelegenheit „Sorgerecht für die Tochter ..." nicht die Angelegenheit „Haushaltsgegenstände" subsumiert werden.
Sollte die Beratungsperson im Verlaufe des durch die im Berechtigungsschein bezeichneten und damit abgedeckte Beratungshilfemandats feststellen, dass darüber hinaus weitere, nicht hiervon abgedeckte Angelegenheiten, im Wege der Beratungshilfe zu bearbeiten sind, so muss diese – auch unter Beachtung der 4-wöchigen Frist des § 6 Abs. 2 BerHG – für diese Angelegenheiten nachträglich gesondert einen Antrag auf Bewilligung von Beratungshilfe stellen.[52]
Es ist in diesen Fällen daher nicht zulässig, die im bereits vorliegenden Berechtigungsschein bezeichnete Angelegenheit durch den Urkundsbeamten im Vergütungsfestsetzungsverfahren auf andere, nicht hierdurch abgedeckte Sachverhalte, zu erweitern und letztlich auch aus der Landeskasse abzurechnen. Dies würde eine faktische Umgehung der strengen Normen des Bewilligungsverfahrens bedeuten.

---

47 OLG München, FamRZ 2014, 1882.
48 OLG München, FamRZ 2014, 1882.
49 *Köpf* in Schneider/Volpert/Fölsch, RVG, § 44 Rn. 19.
50 *Härtl* in NZFam 2014, 233 (zum Beschluss des OLG München, a. a. O.).
51 OLG München, FamRZ 2014, 1882.
52 *Köpf* in Schneider/Volpert/Fölsch, RVG, § 44 Rn. 19.

Sofern in einigen Bundesländern[53] die Festsetzung der aus der Staatskasse zu zahlenden Vergütung bereits auf den Unterstützungsbereich übertragen wurde, werden die sich in diesen Fällen ergebenden Entwicklungen zu beobachten sein.[54]

> **Hinweis:**
> Gerade im Vergütungsfestsetzungsverfahren zeigt sich ganz deutlich, wie wichtig es ist, die entsprechenden im Wege der Beratungshilfe zu bearbeitenden Sachverhalte **möglichst genau und umfassend bei der Antragstellung** und auch im nachfolgenden Berechtigungsschein darzustellen, um hier die oben geschilderten Problematiken erst gar nicht entstehen zu lassen.

IV. Beispiele aus der Praxis

224 Die Meinungen in Literatur und Rechtsprechung gehen zu der Frage, ob eine oder mehrere Angelegenheiten vorliegen, oftmals auseinander. Anhand der nachfolgend dargestellten Praxisbeispiele wird die kontroverse Diskussion exemplarisch für die wichtigsten Bereiche – vor allem im Rahmen des Familien- und Zivilrechts – dargestellt.

1. Familienrecht

225 Im Familienrecht ist umstritten, unter welchen Voraussetzungen einzelne Tätigkeiten als eine Angelegenheit zusammengefasst werden können.[55]
Die Trennung von Ehepartnern zieht eine in der Regel eine Vielzahl von zu regelnden Gegenständen nach sich, die sich auseinanderentwickeln und in getrennten gerichtlichen Verfahren geltend zu machen sind. Der Begriff der „Angelegenheit" wird hier zunehmend aufgeweicht.[56]

226 – Scheidungs- und Scheidungsfolgesachen; Regelungen des Getrenntlebens
   – **mehrere Angelegenheiten:**
   In Schaffung klarer und praktikabler Verhältnisse vertreten mittlerweile zahlreiche obergerichtliche neuere **Entscheidungen**[57] die Ansicht, dass für den gesamten Kontext Trennung/Scheidung/Folgesachen von mehreren Angelegenheiten auszugehen ist. Eine einheitliche Linie ist jedoch bisher nicht zu erkennen.[58]
   Innerhalb dieses Meinungsumfeldes gibt es allerdings **verschiedene Differenzierungen:**
   – **Zunehmend** werden in der obergerichtlichen Rechtsprechung **unterschiedliche Komplexe** zusammengefasst. Die Scheidung bildet insoweit keine Zäsur, andererseits ist aber hier nicht im Einzelfall zu untersuchen, ob ein innerer Zusammenhang zwischen den Gegenständen besteht oder nicht. Die Bildung der nachgenannten Komplexe schafft für die Praxis handhabbare und auch für die Beratungsperson nachvollziehbare, transparente Kriterien, wie im inneren Zusammenhang stehende Geschäfte im relevanten Bera-

---

53 z.B. Baden-Württemberg.
54 siehe hierzu: *Lissner*, JurBüro 2017, 233 ff.
55 *Lissner*, FamRZ 2013, 1271 ff.
56 *Nickel*, NJW 2011, 1117.
57 Saarländisches OLG, Beschluss vom 18.6.2013, 9 W 13/13; OLG Düsseldorf, MDR 2012, 1499; AG Pforzheim, FamRZ 2012, 1415 f.; OLG Hamm, FamRZ 2012, 377; OLG Dresden, FamRZ 2011, 1684–1685; LG Marburg, JurBüro 2011, 651–653; OLG Frankfurt, FamRZ 2010, 230; so auch *Nickel*, MDR 2012, 1261 ff. (1267); *Niehren*, AnwBl. 2011, 212; *Sefrin*, DRiZ 2010, 84 (86).
58 so auch *Schneider/Thiel*, NZFam 2016, 108.

tungsbereich regelmäßig zu Angelegenheiten verbunden werden. Welcher der nachfolgenden Meinungen man auch folgt, so ist stets der Einzelfall zu bewerten, der durchaus auch eine andere Bewertung rechtfertigen kann.
– In generalisierender Weise wird derzeit **überwiegend von bis zu vier typisierten Komplexen** ausgegangen:[59]
  – Scheidung,
  – Angelegenheiten im Zusammenhang mit dem persönlichen Verhältnis zu Kindern (Personensorge, Umgang),
  – Angelegenheiten im Zusammenhang mit der Ehewohnung und dem Hausrat,
  – finanzielle Auswirkungen (Unterhalt,[60] Güterrecht, Vermögensauseinandersetzung).
Der Beratungsperson stehen so auch von der Höhe her angemessene, aber nicht überzogene Gebühren zu.
– In einigen neueren Entscheidungen wird nunmehr vertreten, dass aufgrund der ganz unterschiedlichen Lebenssachverhalte **insgesamt sechs Angelegenheiten** (Ehesachen, Kindschaftssachen, Ehewohnungs- und Haushaltssachen, Versorgungsausgleichssachen, Unterhaltssachen (Kindschafts- als auch Ehegattenunterhalt) sowie Güterrecht/sonstige Vermögensauseinandersetzungen[61] vorliegen können.
– Aber auch das Vorliegen von insgesamt **acht Angelegenheiten** (Trennungsunterhalt, Kindesunterhalt, Versorgungsausgleich, Vermögensauseinandersetzung, Scheidung, Besuchsrecht, elterliche Sorge sowie Hausrat)[62] wurde vertreten.
– Ehegattenunterhalt, Kindesunterhalt, Umgangsrecht und eheliches Güterrecht (einschl. Hausrat und Vermögensauseinandersetzung) sind vier verschiedene Angelegenheiten.[63]
– Eine andere Meinung differenziert zwischen den Regelungen für die Zeit der **Trennung** vor Rechtskraft der Scheidung einerseits und die **Scheidungs- und Scheidungsfolgesachen** andererseits, diese stellen dann insgesamt **zwei Angelegenheiten** dar.[64] Die mit der Scheidung zusammenhängenden Tätigkeiten, die außergerichtlich abgewickelt werden sollen (etwa die außergerichtliche Erledigung von Zugewinnausgleichsansprüchen), gehören innerlich zusammen und stellen damit eine Angelegenheit dar.[65]
– eine Angelegenheit:
Im Sinne des § 16 Nr. 4 RVG sind **eine Scheidungssache oder ein Verfahren über die Aufhebung einer Lebenspartnerschaft und die ent-**

---

59 OLG Düsseldorf, FamRZ 2017, 549; OLG München, Rpfleger 2015, 561 f.; OLG Frankfurt (20. Senat), MDR 2014, 1152 f.; Schleswig-Holsteinisches OLG, Rpfleger 2013, 546 f.; LG Dessau-Roßlau, Beschluss vom 23.9.2013, Az. 1 T 97/13 – juris; OLG Stuttgart, AGS 2012, 589; OLG Nürnberg, Rpfleger 2011, 531 ff.; OLG Celle, NJW 2011, 3109; AG Pforzheim, FamRZ 2016, 396 f.
60 sh. §§ 111 Nr. 8, 231 Abs. 1 Nr. 1 und 2 FamFG.
61 OLG Hamm, NZFam 2017, 35; LG Saarbrücken, Beschluss vom 12.4.2017, Az. 5 T 28/17, n. v.; OLG Sachsen-Anhalt, Rpfleger 2013, 625 ff; so im Ergebnis auch als akzeptable Lösung gesehen: *Clauss-Hasper*, NZFam 2016, 735 ff.
62 OLG Düsseldorf, NJOZ 2013, 1259.
63 OLG Köln, RVGreport 2010, 142 f.
64 OLG Rostock, NJW-Spezial 2011, 92; AG Andernach, Beschluss vom 13.4.2011, Az. 10 UR II a 200/10 (Scheidung und Folgesache ist eine Angelegenheit); OLG Brandenburg, Rpfleger 2010, 221; KG, RVGreport 2010, 141 f.; LG Kaiserslautern, FamRZ 2008, 1970; OLG Stuttgart, Rpfleger 2007, 84 f. (jedoch maximal zwei Angelegenheiten); RVGreport 2006, 466 m. teilw. abl. Anm. Hansens – juris; *Madert* in AGS 2003, 77 – juris.
65 so Brandenburgisches OLG, Rpfleger 2010, 221.

sprechenden Folgesachen dieselbe Angelegenheit. Eine früher vertretene und nicht ausdifferenzierte Meinung in Literatur[66] und Rechtsprechung[67] sieht im Falle einer möglichen Scheidung und deren Auswirkungen sowie über die sich aus einer Trennung ergebenden Probleme einen einheitlichen Lebensvorgang, der die einzelnen, aus der beabsichtigten Scheidung bzw. bereits erfolgten Trennung der Ehegatten oder Lebenspartner resultierenden Gegenstände zu einer Angelegenheit verbindet.

227 – Ehegatten- und Kindesunterhalt
 – eine Angelegenheit:
 Es liegt insoweit ein einheitlicher Lebensvorgang (Eltern-Kind-Beziehung) vor, der den Umfang des Auftrags bestimmt. Dies ist auch dann der Fall, wenn die Auftragserteilungen zeitlich aufeinander erfolgen.[68]
 – mehrere Angelegenheiten:
 Die Unterhaltsansprüche der verschiedenen Unterhaltsgläubiger stellen verschiedene Gegenstände anwaltlicher Tätigkeit dar.[69] Weder griff vorliegend eine Erhöhung gem. § 6 BRAGO a. F. noch war eine Aufaddierung der Gegenstände gem. § 7 Abs. 2 BRAGO a. F. im Beratungshilfeverfahren möglich. Die aufgezeigte Lücke wird dahingehend geschlossen, dass zwar eine Angelegenheit mit mehreren Gegenständen anwaltlicher Tätigkeit vorliegt, der Fall im Rahmen der Beratungshilfe aber dergestalt einer sachgerechten Lösung zugeführt wird, wie wenn es sich um mehrere Angelegenheiten handeln würde.[70]

228 – Kindesunterhalt und Umgangsrecht
 – eine Angelegenheit:
 Beiden Gegenständen liegt die gleiche Zielsetzung zugrunde,[71] nämlich die Vorbereitung bzw. Vermeidung des erwarteten Rechtsstreits; ob im Falle gerichtlicher Austragung funktionell unterschiedliche Gerichte zuständig wären, ist dabei ohne Belang.[72]
 – mehrere Angelegenheiten:
 Bei der Regelung des Kindesunterhalts handelt es sich um einen anderen Lebenssachverhalt als bei der Regelung des Umgangs mit dem gemeinschaftlichen Kind.[73] Sie werden in eigenständig unterschiedlichen Verfahren geltend gemacht und können sich auch völlig auseinander entwickeln.[74]

---

66 *Madert* in Gerold/Schmidt, § 15 RVG, Rn. 25 ff., § 16 Rn. 17 ff.
67 LG Darmstadt, FamRZ 2012, 812–814 – juris; AG Halle (Saale), Beschluss vom 7.9.2012, Az. 103 II 20/12 – juris; Beschluss vom 24.8.2011, Az. 103 II 7596/10; LG Osnabrück, JurBüro 2007, 586 f; OLG Nürnberg, FamRZ 2005, 740 f; MDR 2004, 1186; LG Mönchengladbach, JurBüro 2004, 217 und 2002, 421 ff.; LG Kleve, Rpfleger 2003, 303 f; AG Koblenz, FamRZ 2002, 480; AG Osnabrück, JurBüro 1996, 377; LG Göttingen, JurBüro 1986, 1843 ff.
68 LG Mönchengladbach, Beschluss vom 3.2.2015, Az. 5 T 357/14 – juris (betr. Kindes- und Trennungsunterhalt); OLG Koblenz, FamFR 2012, 67; OLG München, Beschluss vom 24.7.2009, Az. 11 WF 1516/09 (für Kindes- und Trennungsunterhalt und Hausrat); AG Bayreuth, FamRZ 2005, 737; OLG Hamm, FamRZ 2005, 532 (für Ehegatten- und Kindesunterhalt neben Umgangsrecht); AG Koblenz, FamRZ 2002, 480; LG Kleve, JurBüro 1986, 734 ff.; OLG Braunschweig, AnwBl 1984, 514 f.
69 OLG Hamm, FamRZ 2005, 532.
70 LG Frankenthal, JurBüro 1993, 348 (349).
71 AG Halle (Saale), Beschluss vom 15.4.2011, Az. 103 II 1402/11 – juris.
72 LG Osnabrück, JurBüro 2007, 586; so auch LG Kleve, Rpfleger 2003, 303 f (zusätzlich auch Frage der Zuweisung der Ehewohnung).
73 LG Marburg, JurBüro 2011, 651; LG Mönchengladbach, JurBüro 2009, 96; LG Düsseldorf, FamRZ 2007, 1113 f.; OLG Hamm, FamRZ 2005, 532; LG Neuruppin, FamRZ 2004, 41 f.
74 LG Mönchengladbach, JurBüro 2009, 96; LG Düsseldorf, FamRZ 2007, 1113 f.; OLG Hamm, FamRZ 2005, 532; LG Neuruppin, FamRZ 2004, 41 f.

- Unterhalt betreffend mehrere Kinder 229
  - eine Angelegenheit:
  Unterhaltsansprüche, die eine allein sorgeberechtigte Mutter zweier noch minderjähriger Kinder für diese gegen denselben Vater geltend macht, sind eine Angelegenheit.[75] Ebenso ist es eine Angelegenheit, wenn ein Unterhaltsanspruch für ein bei der Mutter lebendes Kind geltend gemacht werden soll, während ein gegen diese für ein nicht bei ihr lebendes Kind geltend gemachter Unterhaltsanspruch abgewehrt werden soll.[76]
  Eine Verrechnung der jeweiligen Barunterhaltsansprüche der beiden Kinder soll vereinbart werden. Dies stellt nur eine Angelegenheit dar. Die Prüfung einer möglichen Verbindung entsprechend § 20 FamFG ist im Beratungshilfeverfahren nicht vorgesehen.[77]
  - mehrere Angelegenheiten:
  Zwar geht es hier um unterhaltsrechtliche Fragen, jedoch sind bei Angelegenheiten mit unterschiedlichen Fragestellungen unterschiedliche tatsächliche und rechtliche Voraussetzungen zu prüfen.[78]

- Sorge- und Umgangsrecht 230
  - eine Angelegenheit:
  Bei der Regelung des Sorgerechts wie des Umgangsrechts handelt es sich um dieselbe Angelegenheit, beide Gegenstände sind vom äußeren Rahmen her dadurch zusammengehalten, dass sie in demselben gerichtlichen Verfahren erledigt worden sind.[79]
  - mehrere Angelegenheiten:
  Zwei Angelegenheiten wurden angenommen, wenn zwischen beiden Aufträgen zwei Jahre liegen.[80] Werden beide Angelegenheiten als isolierte Verfahren außerhalb eines Verbundverfahrens geltend gemacht, sind diese gebührenrechtlich selbstständig.[81] Wird zum Aufenthaltsbestimmungsrecht und zum Umgangsrecht als Teilbereich der elterlichen Sorge gestritten, liegen zwei selbstständige Verfahrensvorgänge vor.[82]

- sonstige familienrechtliche Angelegenheiten 231
  - eine Angelegenheit:
    - Herausgabe der Kleidung der Kinder und Weiterleitung des an den Ehemann gezahlten Kindergeldes an die getrennt lebende Ehefrau;[83]
    - Durchsetzung bzw. Klärung der Rechtsfolgen für die **Gewährung von Elterngeld** für zwei Kinder;[84]
    - Ansprüche betreffend **Kindesunterhalt und Hausratsverteilung** bei Getrenntleben;[85]
    - Rechtsberatung minderjähriger Geschwister wegen einheitlicher familienrechtlicher Ansprüche;[86]

---

75 KG, RVGreport 2010, 141 f.; AG Koblenz, FamRZ 2011, 668 – juris; FamRZ 2001, 296, 512; Rpfleger 2000, 398 f.; LG Bayreuth, JurBüro 1990, 1274 ff.
76 AG Halle (Saale), Beschluss vom 24.1.2011, Az. 103 II 78/11 – juris.
77 AG Deggendorf, FamRZ 2015, 598.
78 AG Detmold, Rpfleger 1994, 29; AG Mülheim, AGS 2009, 510.
79 OLG Hamm, FamRZ 2008, 1876; OLG Frankfurt, FamRZ 2001, 1388.
80 AG Chemnitz, JurBüro 2006, 379 (380).
81 AG Unna, FamRZ 2008, 800.
82 OLG Naumburg, FamRZ 2008, 1095.
83 AG Steinfurt, Rpfleger 1989, 289 f.
84 LG Münster, Rpfleger 2000, 220 f. (zum Erziehungsgeld).
85 LG Landau, JurBüro 1991, 806 m. zust. Anm. *Mümmler*; AG Steinfurt, Rpfleger 1989, 289 f.
86 AG Kelheim, JurBüro 2000, 368.

- **Kindesunterhalt, Umgangsrecht** mit dem Kind, Klärung der **Abstammung** des Kindes;[87]
- Ansprüche wegen **Hausrat** einerseits und **Wohnungszuweisung** andererseits;[88]
- **güterrechtliche Fragen, Hausrat und Vermögensauseinandersetzungen**, wenn keine Tatsachen für eine Aufspaltung in mehrere Angelegenheiten vorgebracht werden.[89]
- mehrere Angelegenheiten:
  - **Unterhaltsansprüche** für die Dauer des Getrenntlebens und betreffend den nachehelichen Unterhalt;[90]
  - Der zivilrechtliche **Ehrenschutz** für die Mutter ist neben der Geltendmachung von Kindesunterhalt gegen den Vater eine besondere Angelegenheit;[91]
  - **Umgangsrecht, Auskunft und Hausrat** sind verschiedene Angelegenheiten.[92] In tatsächlicher Hinsicht sind die Bereiche Hausrat und Umgang bzw. Auskunft und Umgang nicht unbedingt so überschneidend, dass ein einheitlicher Lebenssachverhalt vorliegen muss. Hier sind rechtlich und tatsächlich andere Punkte von Belang.[93]
  - Sorgerecht einschließlich Umgangsrecht sowie Hausratsteilung;[94]
  - **Gewaltschutz und Miterledigung der Wohnungskündigung;**[95]
  - Auskunftsverlangen/Geltendmachung von Ehegatten- und Kindesunterhalt; Umgangsregelung und Schuldenregulierung;[96]
  - Unterhalt und Sozialhilfe.[97]

232 2. Zivilrecht
- eine Angelegenheit:
  - Geltendmachung bzw. Abwehr von mehreren Forderungen aus **verschiedenen Verträgen;**[98]
  - Regulierung von mehreren Gegenständen, die sich aus einem **Mietvertrag** bzw. Mietverhältnis ergeben;[99]
  - ein **einheitlicher Vertrag** begründet einen inneren Zusammenhang, auch wenn es um verschiedene sich hieraus ergebende Ansprüche handelt;[100]

---

87 AG Halle (Saale), Beschluss vom 10.2.2011, Az. 103 II 6317/10 – juris.
88 KG, RVGreport 2010, 141 f.
89 OLG Köln, RVGreport 2010, 142 f.; auch Saarländisches OLG, Beschluss vom 18.6.2013, Az. 9 W 13/13 (Güterrecht, Zugewinnausgleich und Vermögensauseinandersetzung (einschließlich Schuldhaftentlassung)).
90 *Enders*, JurBüro 2001, 505 (508).
91 AG Kelheim, JurBüro 2000, 368; LG Münster, Rpfleger 1990, 78.
92 AG Syke, JurBüro 2011, 600; OLG Celle, NJW 2011, 3109; AG Bad Schwalbach, JurBüro 2009, 95 f.
93 AG Bad Schwalbach, JurBüro 2009, 95 f.
94 OLG München, FamRZ 2014, 1882.
95 AG Koblenz, Beschluss vom 12.1.2010, Az. 40 UR II 593/10 – juris.
96 OLG Bamberg, JurBüro 2011, 425.
97 *Dürbeck/Gottschalk*, Rn. 1286.
98 LG Bielefeld, Rpfleger 1989, 375 f.; LG Wuppertal, JurBüro 1988, 335 m. w. N.; a. A.: *Hartmann*, KostG, § 15 RVG, Rn. 49; AG Stuttgart, AnwBl 1986, 415.
99 OLG Köln, MDR 2010, 474 f. (unterschiedliche Einwendungen gegenüber zwei Nebenkostenabrechnungen in zwei verschiedenen Briefen an den Vermieter); AG Vechta, Beschluss vom 4.2.2008, 4 II 1940/07 – juris (Mietminderung, Nebenkosten, Kündigung); LG Koblenz, Rpfleger 1995, 366 (Mieterhöhungsverlangen, Kündigung); LG Darmstadt, JurBüro 1988, 1164 (Nebenkosten und überzahlter Mietzins); LG Stuttgart, JurBüro 1986, 1519 (1520) (Kehrwoche, Nebenkosten, Mietkaution); a. A.: LG Detmold, JurBüro 1981, 214 (215) (Zahlungsaufforderung und Kündigungsandrohung); *Köpf* in Schneider/Volpert/Fölsch, RVG, § 44 Rn. 41: aufgrund der neueren Rspr. im Familienrecht wird **auch hier stärker zu differenzieren** sein (allein das Mietverhältnis kann nicht die Klammer sein).
100 AG Mannheim, JurBüro 1984, 1856 (1857); LG Berlin, JurBüro 1984, 894 ff.

- Ansprüche **verschiedener Verletzter gegen einen Schädiger**, da jeder Verletzte individuelle Ansprüche hat;[101]
- Regulierung eines **Unfallschadens**, der sich über mehrere Jahre hinzieht und sich auch auf die jeweils neu hinzukommenden Schadensbeträge (z. B. Ersatz des Sachschadens und Schmerzensgeld) erstreckt;[102]
- die Inanspruchnahme von Fahrer, Halter und Versicherer desselben Kraftfahrzeuges;[103]
- **Schuldenregulierung** gegenüber mehreren Gläubigern;[104]
- **Unterlassungsansprüche** mehrerer Personen gegen eine Person;[105] auch beim Unterlassungsanspruch gegen mehrere Täter;[106]
- Vertretung mehrerer Teilnehmer eines Volkshochschulkurses wegen der jeweils erstrebten Einrichtung eines Profilkursus;[107]
- Geltendmachung von **Kaufpreis- und Darlehensansprüchen**;[108]
- Geltendmachung von Ansprüchen aus zwei verschiedenen, durch eine Bank finanzierten **Rentenmodellen** gegenüber derselben Bank;[109]
- **Schadensersatzansprüche wegen Wertlosigkeit einer Kapitalanlage** gegen mehrere Anspruchsgegner (Vermittler wegen Falschberatung und Bank wegen der Prospekthaftung);[110]
- Vertretung **mehrerer Gesamtschuldner;**[111]
- Inanspruchnahme **mehrerer Schädiger** (z. B. Autor eines Artikels, Betreiber des Online-Angebotes), wenn eine **gleichgerichtete Verletzungshandlung** vorliegt und die erforderlichen Abmahnungen einen identischen (oder zumindest weitgehend identischen) Inhalt haben;[112] dies gilt auch dann, wenn mehrere Auftraggeber den Rechtsanwalt an unterschiedlichen Tagen beauftragen (der eine Auftrag wird vor dessen Beendigung ergänzt);
- Beauftragung eines Rechtsanwaltes von mehreren Personen, gegen eine **unzulässige Presseberichterstattung** vorzugehen, die sämtliche Auftraggeber in gleicher Weise betrifft (Berichterstattung über ein Strafverfahren wegen Subventionsbetrug gegen drei Angeklagte);[113]
- Geltendmachung von **Unterlassungsansprüchen** gegen den Autor einerseits und den Verlag andererseits;[114]
- **Unterlassungsansprüche** gegen den für die Verbreitung durch ein Druckerzeugnis verantwortlichen Verlag und gegen die Verantwortlichen für die Verbreitung durch eine Online-Berichterstattung;[115]
- Auch bei **urheberrechtlichen Abmahnfällen** kann sich die Bewilligung der Beratungshilfe auf den ersten Fall beschränken, wenn der Rechtsuchende im Auftrag verschiedener Rechtsinhaber von verschiedenen

---

101 LG Bonn, JurBüro 1985, 713; a. A.: *Groß*, § 44 RVG, Rn. 73.
102 BGH, NJW 1995, 1431; VersR 1995, 980; a. A.: AG Siegburg, VersR 2004, 396 f. (Unfallschadensregulierung sowie die Neuberechnung und Abänderung einer Unterhaltsrente in der Folgezeit); LG Kleve, AnwBl 1981, 509.
103 LG Flensburg, JurBüro 1986, 723; a. a.: OLG Hamm, AnwBl 1983, 141 (auch mehrere Angelegenheiten bei mehreren gegnerischen Kfz); AG Herborn, AGS 2003, 447.
104 LAG Nürnberg, JurBüro 2002, 363 (364); LG Essen, JurBüro 2002, 246; LG Saarbrücken, Beschluss vom 13.6.1991, Az. 5 T 300/91, n. v.; LG Bielefeld, Rpfleger 1989, 375 f.
105 OLG Hamm, JurBüro 1996, 312 ff.
106 OLG Stuttgart, JurBüro 1998, 302 f.; OLG Hamm, JurBüro 1996, 312.
107 LG Berlin, JurBüro 1984, 894 (895).
108 OLG Hamm, JurBüro 1979, 1311; BGH, JurBüro 1972, 684.
109 AG Köln, JurBüro 2010, 473 f.
110 OLG Stuttgart, JurBüro 2011, 84 f.
111 *Hartmann*, KostG, § 15 RVG, Rn. 37.
112 BGH, NJW 2011, 155 ff.; sh. hierzu auch *Feldmann*, jurisPK-ITR 4/2011 Anm. 4.
113 BGH, Rpfleger 2011, 294 ff. = NJW 2011, 784 f.
114 BGH, Rpfleger 2011, 237 ff.
115 BGH, Rpfleger 2011, 235 ff.

Rechtsanwälten wegen angeblicher Urheberrechtsverletzungen abgemahnt wurde, die **Parallelität** der Fallgestaltungen auf der Hand liegt und **ohne wesentliche Änderung** die im ersten Fall erhaltene Beratung auf die übrigen Fälle übertragbar ist;[116] ebenso bei mehreren **Abmahnungen wegen Downloads aus dem Internet** (Film, Computerspiel) mit gleicher Rechtsmaterie, gleicher Zeitraum, zwei Rechteinhaber.[117] Nach den jüngsten Entwicklungen wird diese Thematik zunehmend die Gerichte beschäftigen.

- die **Verletzung von Urheberrechten** verschiedener Personen kann eine gebühren- und beratungshilferechtliche gemeinsame Angelegenheit bilden;[118]
- **Abwehr Darlehensforderung und Freistellungsanspruch des Ehegatten** bei evtl. gemeinsamer Darlehensverpflichtung ist eine Angelegenheit;[119]
- **Zessionar** begehrt aus abgetretenem Recht Schadensersatz wegen einer Beteiligung von einem Anlageberater, im gleichen Rechtsstreit wird der Zedent vom Anlagenberater im Wege der **Drittwiderklage** auf Feststellung in Anspruch genommen, dass ihm im Zeitraum mit dem Erwerb der Beteiligung keine Ansprüche zustehen.[120]
- mehrere Angelegenheiten:
  - **Kündigung eines Mietverhältnisses** und das darauf gestützte spätere **Räumungsverlangen;**[121]
  - Abwehr von Ansprüchen im Zusammenhang mit der erfolgten Rückgabe einer Mietwohnung; **das Mietverhältnis allein führt nicht zur Annahme lediglich einer Angelegenheit;**[122]
  - Aushandeln von **Forderungsverzichten** mit den Gläubigern eines Unternehmens zum Zwecke der Sanierung;[123]
  - jährlich neu erteilte Aufträge zur Berechnung und Geltendmachung des Verdienstausfallschadens aus einer Verkehrsunfallsache;[124]
  - **außergerichtliche Schadensregulierung** mit dem Haftpflichtversicherer des Unfallgegners und die Regulierung mit dem Kaskoversicherer des Geschädigten;[125]
  - **Kfz.-Unfall:** Fahrzeughalter will **Regulierung des Sachschadens** und Unfallverletzter Ansprüche betreffend die erlittenen **Verletzungen;**[126]
  - Ein durch einen Verkehrsunfall geschädigtes Ehepaar erteilt gesondert Aufträge zur **Geltendmachung von Schadensersatzansprüchen** des Ehe-

---

116 BVerfG, Rpfleger 2011, 526 ff.; LG Halle (Saale), NJW-RR 2012, 894–896 f.; AG Meldorf, SchlHA 2012, 390.
117 AG Halle (Saale), Beschluss vom 20.5.2011, Az. 5446/09 – juris **a. A.:** LG Kaiserslautern, Rpfleger 2011, 447 f. (unterschiedliche Zeitpunkte der Downloads, verschiedene Urheberrechtinhaber, kein einheitlicher Lebenssachverhalt; so auch kritisch *Berger* in jurisPR-ITR 7/2011 Anm. 2 (Ablehnung zu AG Halle (Saale), Beschluss vom 9.3.2011, Az. 103 II 6314/10).
118 AG Meldorf, Beschluss vom 23.4.2014, Az. 46 II 692/14.
119 AG Ettlingen, FamRZ 2016, 254.
120 BGH, RVGreport 2016, 94 f.; OLG Celle, RVGreport 2015, 95 (mit Erhöhung nach Nr. 1008 VV RVG) a. A.: OLG Stuttgart, NJW-RR 2013, 63.
121 LG Karlsruhe, NJW 2006, 1526 f.; LG Mönchengladbach, NJW 2006, 705; *Jungjohann*, MDR 2005, 904 ff.; *Peter*, NZM 2006, 801; OLG Köln, MDR 2004, 178 (zu § 118 BRAGO a.F) **a. A.:** BGH, NJW 2007, 2050 ff.; OLG Frankfurt/Main, AGS 2005, 390 (zu § 118 BRAGO a.F).
122 AG Gelsenkirchen, WuM 2012, 229 ff.
123 BGH, Rpfleger 2005, 629 ff (gesonderte Angelegenheiten, wenn sich der Rechtsanwalt mit jedem Gläubiger gesondert auseinandersetzen muss; dagegen **nur eine Angelegenheit:** an bestimmte Gläubiger wird lediglich ohne weitere Tätigkeit ein einheitliches Rundschreiben versandt; so LG Berlin, RVGreport 2007, 302 ff.; AG Bayreuth, JurBüro 1991, 543; LG Bielefeld, Rpfleger 1989, 375 f).
124 *Schütt* in JurBüro 1999, 72 f.
125 *Mayer* in Gerold/Schmidt, § 15 RVG, Rn. 83.
126 AG Landshut, Urteil vom 24.9.2014, Az. 10 C 1002/14 – juris.

manns hinsichtlich seines Sachschadens und der Ansprüche der Ehefrau auf Ersatz ihres **Personenschadens**;[127]
- Zwei Geschädigte eines Verkehrsunfalls, die mit ihren jeweiligen Fahrzeugen in dasselbe Unfallgeschehen verwickelt waren, beauftragen getrennt voneinander den gleichen Rechtsanwalt – hier liegt die Annahme verschiedener Angelegenheiten näher;[128]
- Unfallschadensregulierung für den Eigentümer des Unfallfahrzeuges einerseits und für den Fahrer andererseits;[129]
- Es handelt sich um mehrere Angelegenheiten, wenn Ehegatten die Gewährung von Beratungshilfe jeweils für die Durchführung eines außergerichtlichen **Schuldenbereinigungsverfahrens** begehren. Die außergerichtlichen Schuldenbereinigungen haben ihren Ursprung nicht im selben Lebenssachverhalt und die Vermögenslage eines jeden Ehegatten ist gesondert zu betrachten;[130]
- **unterschiedliche Verfahrensgegner**, an die **Schriftsätze mit weitestgehend identischem Wortlaut** gerichtet wurden (vergleichbare, aber nicht identische Angelegenheit);[131]
- Geltendmachung **verschiedener presserechtlicher Ansprüche**, die sowohl inhaltlich als auch in der **Zielsetzung unterschiedlich** sind (z. B. Anspruch auf Abgabe einer strafbewehrten Unterlassungserklärung einerseits und Gegendarstellungs- und Berichtigungsbegehren andererseits);[132]
- **Arzthaftungssache**: Ermittlung und Geltendmachung des erstattungsfähigen Schadens im Anschluss an ärztliche Behandlungsfehler und spätere Beauftragung der Berechnung des Verdienstausfalls für mehrere Jahre;[133]
- Inanspruchnahme **mehrerer Ärzte wegen Behandlungsfehler**;[134]
- Prozessvergleich wird mehr als 2 Kalenderjahre nach dem Abschluss angefochten (analoge Anwendung von § 15 Abs. 5 S. 2 RVG);[135]
- Geltendmachung von **Ansprüchen aus getrennten Pflegeverträgen**, denen drei unterschiedliche sozialhilferechtliche Verfahren zugrunde liegen, die unabhängig voneinander beurteilt werden mussten.[136]

3. Strafrecht und Strafvollzug

- eine Angelegenheit:
  - **verschiedene Straftatbestände** stehen in einem tatsächlich engen Zusammenhang und werden zeitlich zusammenhängend vorgebracht;[137]
  - der Rechtsanwalt vertritt in einem Verfahren zwei Personen mit unterschiedlichen Interessen (er verteidigt in einem Strafverfahren den Ehemann und vertritt gleichzeitig die Ehefrau als Nebenklägerin gegen den Mitangeklagten) – das einheitliche Strafverfahren ist hier das Bindeglied;[138]

---

127 AG Bochum, RVGreport 2016, 217 f.; LG Passau, Urteil vom 21.5.2015, Az. 3 S 101/14 – juris.
128 AG Aichach, Urteil vom 5.1.2016, Az. 102 C 908/15 (DV 2016, 82 f.).
129 AG Limburg, Urteil vom 27.6.2016, Az. 4 C 208/16 **a. A.**: Anm. *Hansens* in ZfSch 2016, 527 f. – juris.
130 AG Oldenburg, Beschluss vom 28.12.2007, Az. 17 II 423/06, Rn. 10, 11 – juris.
131 AG Meldorf, Beschluss vom 19.3.2012, Az. 46 II 9/12 (921) – juris.
132 BGH, Rpfleger 2016, 311 f.
133 LG Nürnberg-Fürth, JurBüro 2010, 592.
134 OLG Düsseldorf, JurBüro 2009, 587 ff.; LG München I, JurBüro 2009, 589 f. (einheitliches Ziel: Erlangung von Schadensersatz in Form von Haushaltsführungsschaden und von Schmerzensgeld).
135 BGH, FamRZ 2010, 1723 ff.
136 BGH, NJW 2015, 3782 ff.
137 *Dürbeck/Gottschalk*, Rn. 1292.
138 *Mayer* in Gerold/Schmidt, § 15 RVG, Rn. 6.

- verschiedene Aspekte der Rechtsstellung des **Strafgefangenen** (z. B. Regelurlaub, Vollzugsplan, Vergünstigungen).[139]
- **mehrere Angelegenheiten:**
  - verschiedene völlig **unterschiedliche Tatvorwürfe** und auseinanderliegende Tatzeiträume sowie unterschiedliche Verfahrenssituationen (Ermittlungsverfahren, erlassener Strafbefehl);[140]
  - getrennte Beratung **mehrerer Opfer einer Schlägerei;**[141]
  - Strafanzeige wegen Körperverletzung und Geltendmachung zivilrechtlicher Schadensersatzansprüche;[142]
  - Gem. § 17 Nr. 10 RVG sind das **strafrechtliche Ermittlungsverfahren** und ein nachfolgend gerichtliches Verfahren mehrere Angelegenheiten; das gleiche gilt gem. § 17 Nr. 11 RVG auch für das **Bußgeldverfahren** vor der Verwaltungsbehörde und das nachfolgend gerichtliche Verfahren.
  - mehrere **selbständige Ermittlungsverfahren**[143] sowie **mehrere gleichartige Bußgeldverfahren.**[144]

234 4. Öffentliches Recht

- **eine Angelegenheit:**
  - der Rechtsanwalt legt für fünf Familienmitglieder gegen einen einheitlichen **Sozialhilfebescheid Widerspruch** ein;[145]
  - die Vertretung mehrerer Personen (Eltern und mehrere minderjährige Kinder) in einer **ausländerrechtlichen**, den Aufenthalt der Familie betreffenden Angelegenheit;[146]
  - Beratung eines **Asylbewerbers** bei Antrag auf Aussetzung der Abschiebung und der Abfassung einer Petition mit dem gleichen Ziel;[147]
  - die Vertretung eines **Asylbewerbers** im Asylverfahren und im Verfahren zur Abwendung aufenthaltsbeendender Maßnahmen der Ausländerbehörde;[148]
  - mehrere anwaltliche **Schreiben an verschiedene Adressaten** können eine Angelegenheit bilden;[149]
  - ein **Duldungsantrag und ein Aufenthaltsgestattungsantrag** nach dem **AufenthG** bilden eine Angelegenheit, ebenso wie ein gestellter **Asylantrag und der Zuweisungsantrag nach dem AsylG;**[150]
  - das Sozialamt spricht jeweils für einen bestimmten Monat mit jeweils wechselnder Begründung eine Kürzung der Sozialhilfe aus;[151]
  - die Anfechtung mehrerer, an dieselbe Person gerichteter, **Sozialhilfebescheide;**[152]
  - der Rechtsanwalt verfasst im Anschluss an die Übernahme der Kosten der Altenheimunterbringung durch den Sozialhilfeträger Schreiben an die Telekom und die GEZ der öffentlich rechtlichen Rundfunkanstalten

---

139 LG Berlin, JurBüro 1985, 1667 ff. (wenn nicht von verschiedenen Aufträgen oder unterschiedlichem Verfahrensablauf auszugehen ist).
140 *Hansens*, RVGreport 2008, 9, 41.
141 LG Bonn, JurBüro 1985, 713.
142 *Groß*, § 44 RVG, Rn. 84.
143 KG, RVGreport 2012, 456 – juris; LG Braunschweig, RVGreport 2010, 422–423 – juris.
144 LG Bonn, Rpfleger 2012, 649 ff.
145 LG Detmold, Rpfleger 2001, 37; LG Koblenz, JurBüro 1997, 33 ff.
146 KG, Rpfleger 2007, 553 ff.; RVGreport 2007, 299 ff.
147 AG Steinfurt, Rpfleger 1994, 305 f.; zustimmend *Greißinger*, AnwBl 1996, 606 (611).
148 AG Köln, JurBüro 1986, 641 (644); a. A.: LG Marburg, JurBüro 1987, 329 (331).
149 OLG Frankfurt, NJW-RR 2016, 383.
150 OLG Frankfurt, NJW-RR 2016, 383.
151 LG Aachen, AnwBl 1997, 293 (294).
152 LG Göttingen, Rpfleger 2002, 160 (Kürzung des Regelsatzes, Änderung der Lohnsteuerklasse); AG Osnabrück, FamRZ 1999, 392 (wenn die Anträge gemeinsam behandelt werden sollen).

Kapitel 5: Angelegenheit **234**

mit dem Ziel einer rückwirkenden Ermäßigung bzw. Befreiung von Gebühren;[153]
- der Rechtsuchende begehrt vom **Träger der Sozialhilfe** die Übernahme von Kosten für eine Waschmaschine, eine private Haftpflichtversicherung, den Schornsteinfeger, Nebenkosten und Schulbücher;[154]
- Vorbereitung der **Bebauungsmöglichkeit** eines **Grundstücks** und Beschaffung der behördlichen Genehmigungen sowie Verhandlung mit dem Nachbarn wegen des Verzichts auf seine Grunddienstbarkeit;[155]
- Beratung über die Zulässigkeit der **Enteignung** und über die Höhe einer etwaigen Enteignungsentschädigung;[156]
- mehrere Bescheide der **ARGE**, die alle den Anspruch des Antragstellers und der mit ihm in der **Bedarfsgemeinschaft lebenden Personen** betreffen und die am selben Tag oder kurz hintereinander erlassen worden sind; die Widerspruchsfrist für den ersten Bescheid (hierfür wurde Beratungshilfe bewilligt) läuft noch, gegen den zweiten Bescheid soll Widerspruch eingelegt werden;[157]
- bei offensichtlich **parallel gelagerten Fällen** kann Beratungshilfe für weitere Familienmitglieder, die eine **Bedarfsgemeinschaft** bilden, versagt werden (kein Verstoß gegen Art. 3 Abs. 1 GG);[158]
- Beratungshilfe zur Überprüfung der Regelaltersrente nebst der Antragstellung auf Überprüfung umfasst auch das Widerspruchsverfahren.[159]
- **mehrere Angelegenheiten:**
- die Vertretung mehrerer Familienmitglieder im **Asylverfahren**, da zwischen den einzelnen Rechtspositionen der Ausländer kein innerer Zusammenhang besteht[160] und es sich um höchstpersönliche Rechte handelt;[161]
- obdachlos gewordener Rechtsuchender bemüht sich bei der Stadt um eine **Heimunterbringung** und wehrt außerdem **Schadensersatzansprüche** der Stadt aus einem früheren Mietverhältnis ab;[162]
- freihändige Erwerbsverhandlungen über Grunderwerb und nachfolgendes Besitzeinweisungs- und Enteignungsverfahren;[163]

---

153 AG Koblenz, Rpfleger 1999, 30 f.
154 LG Osnabrück, JurBüro 2008, 600 f.
155 OVG Münster, AGS 2000, 226.
156 BGH, JurBüro 1984, 537; JurBüro 1972, 684 ff.
157 AG Weißenfels, Rpfleger 2011, 532 f.; AG Halle (Saale), Beschluss vom 29.11.2011, Az. 103 II 5421/11; Beschluss vom 25.7.2011, Az. 103 II 1790/11; Beschluss vom 27.6.2011, Az. 103 II 6904/10 (wenn Widerspruchsfrist für den 1. Bescheid bereits abgelaufen ist, sind es mehrere Angelegenheiten).
158 BVerfG, WuM 2012, 137–139 – juris (Nichtannahmebeschluss); auch SG Berlin, JurBüro 2014, 487 ff. (Aufhebung der Leistungsbewilligung stellt einen inneren Zusammenhang dar) a. A.: Sächsisches LSG, Urteil vom 8.11.2012, Az. L 3 AS 1118/11 – juris (Widerspruchsverfahren vom mehreren Mitgliedern einer Bedarfsgemeinschaft gegen Aufhebungs-/Erstattungsbescheide sind Individualansprüche).
159 BVerfG, Nichtannahmebeschluss vom 7.11.2016, Az. 1 BvR 1517/16 – juris.
160 **herrschende Meinung:** *Mayer* in Gerold/Schmidt, VV 2500–2508, Rn. 39 (Asylrecht ablehnender Bescheid); *Hartmann*, KostG, § 15 RVG, Rn. 25 (mehrere Verfahren eines Bewerbers), RVG VV 1008, Rn. 12 (z. B. Anträge von Eltern und Kindern; Aufenthaltserlaubnisse für mehrere Ausländer); AG Lebach, Beschluss vom 27.8.2014, Az. 3 II 59/14, n. v.; LG Stade, JurBüro 1998, 196 (Asylfolgeantrag); LG Kiel, JurBüro 1996, 544; AG Aachen, AnwBl 1986, 345; AG Köln, AnwBl 1985, 335; a. A.: LG Osnabrück, JurBüro 2000, 140 (gleichartiges Verfahren bei sog. Gruppenverfolgung); *Kammeier*, Rpfleger 1998, 501 (504); AG Homburg, Beschluss vom 20.8.1997, Az. 2 UR II 817/96 T, n. v.; LG Berlin, Rpfleger 1996, 464 ff.; siehe zur Problematik auch die Erläuterungen bei *Groß*, § 44 RVG, Rn. 83; 71 ff.
161 *Köpf* in Schneider/Volpert/Fölsch, RVG, § 44 Rn. 21 (gilt aber nicht in Fällen des Familienasyls gem. § 26 AsylG).
162 LG Bayreuth, JurBüro 1989, 1675; *Groß*, § 44 RVG, Rn. 84.
163 KG Berlin, JurBüro 2009, 642.

- Angelegenheiten des SGB II, des SGB XII und des SGB III sind jeweils selbständige Angelegenheiten.[164]

235 5. Arbeitsrecht
- eine Angelegenheit:
  - ein Arbeitnehmer wehrt sich gegen seine **Kündigung** und möchte auch die sich daraus ergebenden Ansprüche (Krankengeld, Arbeitslosengeld) verfolgen;[165]
  - Geltendmachung von Vergütung für geleistete Arbeitsstunden mehrerer Arbeitnehmer gegen einen Arbeitgeber;[166]
  - die Beratung über verschiedene **Kündigungsfolgen**;[167]
  - der Rechtsanwalt fertigt drei Schreiben für einen Arbeitnehmer (an das Arbeitsamt wegen Arbeitslosenhilfe, an den Arbeitgeber wegen Geltendmachung von restlichem Lohn, an die Krankenkasse wegen Sozialversicherungsbeiträgen);[168]
  - Anfechtung eines Bewilligungsbescheides für Arbeitslosengeld und eines alsbaldigen Änderungsbescheides;[169]
  - die Ablehnung von Arbeitslosenhilfe und Rückforderung von Arbeitslosengeld.[170]
- mehrere Angelegenheiten:
  - Anhörung des Betriebsrates zur Kündigung eines Arbeitnehmers und Ausspruch der Kündigung;[171]
  - arbeitsrechtliche Kündigungsfragen und zusätzliche Frage des Sozialversicherungsrechts (z. B. Sperrzeit);[172]
  - Beratung zur Wirksamkeit der Kündigung und zusätzlich Geltendmachung von rückständiger Vergütung aus der Zeit vor Ablauf der Kündigungsfrist;[173]
  - Beendigung des Arbeitsverhältnisses (Kündigung) und Fragen bzgl. Urlaubsabgeltung bzw. Zeugnisberichtigung;[174]
  - Bei Kündigung eines schwerbehinderten Arbeitnehmers und Einholung der hierfür notwendigen Zustimmung des Integrationsamtes handelt es sich um zwei verschiedene Angelegenheiten (Verwaltungsverfahren und arbeitsrechtliche Angelegenheit).[175]

236 6. Nachlassrecht
- eine Angelegenheit:
  - Komplex Pflichtteils- und Pflichtteilsergänzungsansprüche;
  - der Anspruch eines Miterben auf Auseinandersetzung der Erbengemeinschaft gegen verschiedene Miterben;
  - Auseinandersetzung des Nachlasses, Erfüllung von Nachlassverbindlichkeiten, Abgabe einer rückständigen Steuererklärung und Begleichung von Erbschaftssteuer.[176]

---

164 *Köpf* in Schneider/Volpert/Fölsch, RVG, § 44 Rn. 42 (da Geltendmachung gegenüber jeweils anderen Behörden).
165 AG Würzburg, JurBüro 1982, 101 f.
166 LAG Nürnberg, JurBüro 2002, 363 f.
167 AG Koblenz, Rpfleger 1999, 82 f.; Enders, JurBüro 2000, 337 (340).
168 LG Koblenz, Rpfleger 1996, 116; a. A.: *Enders*, JurBüro 2000, 337 (340).
169 AG Osnabrück, JurBüro 1986, 870 ff.
170 AG Mainz, Rpfleger 1990, 213 f.
171 *Mayer* in Gerold/Schmidt, § 15 RVG, Rn. 37; *Enders* in JurBüro 2008, 505.
172 *Köpf* in Schneider/Volpert/Fölsch, RVG, § 44 Rn. 27.
173 *Köpf* in Schneider/Volpert/Fölsch, RVG, § 44 Rn. 25.
174 *Köpf* in Schneider/Volpert/Fölsch, RVG, § 44 Rn. 26.
175 *Enders*, JurBüro 2008, 393 (396).
176 *Mayer* in Gerold/Schmidt, § 15 RVG, Rn. 55.

- mehrere Angelegenheiten:
  - ein Rechtsanwalt vertritt den aus einer Lebensversicherung Begünstigten gegenüber dem Nachlasspfleger und dem Nachlassinsolvenzverwalter, die die Versicherungssumme für den Nachlass des Versicherungsnehmers beanspruchen, und gegenüber den Kindern und einzigen Erben des Versicherungsnehmers, die die Versicherungssumme für sich begehren;[177]
  - die Beratungstätigkeit des Rechtsanwalts bezüglich des Auskunftsverlangens über den Nachlass und einer etwaigen Erbschaftsausschlagung;[178]
  - ein Miterbe muss sich mit anderen Miterben auseinandersetzen und daneben Forderungen an den Nachlass von dritten Personen abwehren;
  - Prüfung von Ansprüchen (Auskunft, Rechnungslegung, Schadensersatz) gegen den Testamentsvollstrecker einerseits und Abwehr von Pflichtteilsansprüchen andererseits.

Kapitel 6: Das Bewilligungsverfahren

I. Antrag auf Beratungshilfe

1. Form der Antragstellung

Beratungshilfe wird **nur auf Antrag** gewährt und **nicht von Amts wegen** bewilligt. Das Antragserfordernis ergibt sich aus § 1 Abs. 1 BerHG. Der Antrag kann dabei **schriftlich** oder **mündlich** gestellt werden. Nach Eröffnung des elektronischen Rechtsverkehrs (ERV) kann der Antrag auch als **elektronisches Dokument** auf dem hierfür zulässigen elektronischen Übermittlungsweg eingereicht werden, § 5 BerHG i. V. m. §§ 14 Abs. 2 FamFG, 130a ZPO.

Im **Regelfall** erfolgt durch den Rechtsuchenden selbst die **mündliche Antragstellung** unmittelbar bei Gericht. Durch die mündliche Antragstellung sollen für den Rechtsuchenden **entmutigende Formalitäten** vermieden werden und sie soll zugleich dem **Beschleunigungszweck** dienen.[1]

Dies folgt aus der **Absicht des Gesetzgebers**, das Verfahren so **einfach wie möglich zu gestalten**. Nach dessen Willen sollen die Anträge in der Regel mündlich zu stellen sein, weil die **sofort mögliche Klärung** von Zweifelsfragen der raschen Erledigung dient.[2] Mängel können dann unbürokratisch und ohne – für den Rechtsuchenden oftmals wenig verständliche – Zwischenverfügungen erläutert werden. Letztlich können so **aufwendige Zusatzwege** für den Bürger **erspart** werden.

Für die in der Beratungshilfe tätige **Beratungsperson** bietet die vorherige Antragstellung des Bürgers bei Gericht zusätzlich den **Vorteil**, dass sie ein gesteigertes Maß an **Rechtssicherheit** erhält, was ihre Liquidation betrifft.

Bei **sprachlichen Defiziten im Rahmen der Antragstellung** gilt der Grundsatz des § 184 S. 1 GVG ("Die Gerichtssprache ist deutsch."). Eine großzügigere Vorgehensweise wie bspw. im Rahmen der Prozesskostenhilfe mit grenzüberschreitendem Bezug[3], um Dolmetscherkosten für die Antragstellung (sog. Vorfeldkosten) als erstattungsfähig einzustufen, kommt in der BerH nicht in Be-

---

177 OLG München, AnwBl 1980, 504; vgl. hierzu auch BGH, RVGreport 2005, 332.
178 LG Kleve, JurBüro 1986, 734.
1 *Lissner/Schneider*, AGS 2014, 157 ff.; BT-Drs. 8/3311, S. 14 zu § 5 BerHG; *Groß*, § 4 BerHG, Rn. 12.; *Lissner*, Rpfleger 2012, 122; *ders.*, AGS 2013, 105 ff.; *ders.*, AGS 2015, 53 ff.
2 BT-Drs. 8/3311, S. 14 zu § 5 BerHG; sh. *Lissner/Schneider*, AGS 2014, 157 ff.
3 EuGH, Urteil vom 26.7.2017, Az. C-670/15 – juris.

tracht, da es sich im Rahmen der Beratungshilfe nicht um die Gewährleistung eines effektiven Zugangs zum Gericht handelt. Dem steht nicht entgegen, dass sich der Rechtsuchende hier z. B. mittels Verwandter oder Freunde unterstützen lassen kann.
Zuständig ist meistens die Rechtsantragstelle des Amtsgerichts.

> **Hinweis:**
> Behandlung bei mündlicher Antragstellung: Durch die Möglichkeit, bereits im Vorfeld den Sachverhalt mündlich zu klären, kommt es vielfach erst gar nicht zur Beratungshilfe.
> So kann eine in der Praxis oftmals als „mündliche Zurückweisung" eines Antrages bezeichnete Erledigung bei entsprechendem Verständnis des Bürgers auch in eine Antragsrücknahme bzw. in eine „Nichtstellung" des Antrages umgedeutet werden. Hierfür wäre dann (mit Ausnahme für statistische Zwecke) keine schriftliche Fixierung notwendig. Dafür spricht auch die beabsichtigte unkomplizierte Behandlung der Beratungshilfe. Besteht der Bürger jedoch auf eine Antragsaufnahme und eine schriftliche Befassung, ist diesem Wunsch zu entsprechen.
> Sieht das Amtsgericht einen mündlichen Antrag auf ausdrückliche Beratung durch einen Rechtsanwalt (Beratungsperson) nach Erteilung mündlicher Hinweise durch den Rechtspfleger ohne weitere Beschlussfassung als erledigt an, so verstößt dies gegen das Gebot der Rechtsschutzgleichheit.[4] Vielmehr hat der Rechtspfleger hier förmlich durch einen zu begründenden und mit einer Rechtsbehelfsbelehrung versehenen Beschluss den Antrag zurückzuweisen. Wird einem Antrag auf anwaltliche Beratung nach dem Beratungshilfegesetz daher nicht oder nicht in vollem Umfang entsprochen, muss hierüber grundsätzlich förmlich entschieden werden.[5]

238 Auch **schriftliche Anträge des Rechtsuchenden selbst** ohne vorherige Konsultierung einer Beratungsperson an das Gericht sind zulässig. Hier besteht gem. § 1 Nr. 1 BerHFV ein **Formularzwang**. Dem Formular kommt dabei ein **Zulässigkeitskriterium** zu.[6]
Ist der Rechtsuchende keine natürliche Person, besteht ein solcher Formularzwang nicht (§ 1 Nr. 1 BerHFV). Bei Parteien kraft Amtes, juristischen Personen etc. sind in der Regel die finanziellen Verhältnisse so unterschiedlich und vielfältig, dass sich diese nicht ohne weiteres in dem vorformulierten Antragsformular erfassen lassen. Folglich haben diese ihren Antrag individuell zu begründen.[7] In der Praxis spielt diese Gruppe der möglichen Antragsteller jedoch eine kaum wahrnehmbare Rolle.
Der Gesetzgeber dachte hierbei besonders an **alte oder behinderte Menschen,** denen eine persönliche Vorsprache bei Gericht kaum möglich sein würde oder zugemutet werden könne.[8] Weiter bezwecken die Formulare eine bundeseinheitliche **Verfahrensvereinheitlichung**.[9] Das Formular kann vielerorts – auch online – bezogen werden.[10] In diesem Formular sind u. a. auch die persönlichen und wirtschaftlichen Verhältnisse des Antragstellers sowie der Gegenstand der Beratung und ggfs. Vertretung ausführlich darzulegen.

---

4 BVerfG, Beschluss vom 29.4.2015, Az. 1 BvR 1849/11 – juris.
5 sh. hierzu *Lissner*, JurBüro 2015, 451 ff.
6 *Lindemann/Trenk-Hinterberger*, § 13 Nr. 4 **a.A.**: *Schneider*, Rpfleger 1987, 392; *Hansens*, RVGreport, 2004, 461.
7 sh. zur PKH: *Geimer* in Zöller, ZPO, § 117 Rn. 18.
8 BT-Drs. 8/3311, Seite 14 zu § 5 BerHG.
9 *Lissner/Schneider*, AGS 2014, 157 ff.
10 abrufbar z. B. auf dem Justizportal des Bundes und der Länder **www.justiz.de**.

Wird eine **Beratungsperson im Rahmen der Beratungshilfe unmittelbar vom** **238a**
Bürger aufgesucht (§§ 4 Abs. 6, 6 Abs. 2 BerHG), kann der **nachträgliche An-**
trag auf Bewilligung von Beratungshilfe wie folgt gestellt werden:
- **Einreichung über die Beratungsperson in schriftlicher Form** oder als elektronisches Dokument unter Verwendung des Formulars (§ 1 Nr. 1 BerHFV), was dem Regelfall entsprechen sollte, oder
- **Einreichung durch den Rechtsuchenden selbst in schriftlicher Form** (ggfs. auch als elektronisches Dokument) unter Verwendung des Formulars (§ 1 Nr. 1 BerHFV) oder
- **mündliche Antragstellung durch den Rechtsuchenden beim Amtsgericht** selbst.

Bei den letzten beiden Alternativen dürfte die Möglichkeit der nachträglichen Antragstellung eher rein hypothetisch zu beurteilen sein, da ansonsten die Beratungsperson Nachweisprobleme haben wird, die vorgenommene Beratungshilfetätigkeit (= Eindeutigkeit des Beratungshilfemandats) ausreichend dokumentieren und nachweisen zu können. Ebenso besteht die Gefahr, dass der Rechtsuchende den Berechtigungsschein (für den gesetzten Fall, dass dieser ihm persönlich ausgehändigt wird, sh. ab Rn. 263) anderweitig einsetzt und nicht der aufgesuchten Beratungsperson aushändigt. Aus dem Gesetz selbst ergibt sich keine Einschränkung dahingehend, dass der nachträglich gestellte Antrag nicht auch mündlich gestellt werden kann. Jedoch könnte man aus der entsprechenden Anlage 1 zu § 1 Nr. 1 BerHFV[11] („Hinweisblatt zum Antrag auf Beratungshilfe – Allgemeine Hinweise") herauslesen, dass im Falle einer unmittelbaren Konsultation der Beratungsperson der nachträgliche Antrag „binnen 4 Wochen nach Beratungsbeginn beim Amtsgericht **eingehen** muss", was letztlich auf die Schriftform hindeutet (Anm.: ein schriftlicher Antrag „geht ein", während ein mündlicher Antrag „gestellt wird").

In allen Fällen der nachträglichen Antragstellung ist die **4-Wochen-Frist des** § 6 Abs. 2 BerHG zu beachten.[12] Die Frist **beginnt** mit der **Beratungshilfetätigkeit** durch die Beratungsperson zu laufen. Die Entscheidung des AG Königswinter[13] zielt darauf ab, dass für dieses erste Tätigwerden die Form einer rechtlichen Beratung erforderlich sei. Die zeitlich vorhergehende Unterzeichnung einer Vollmacht ohne rechtliche Beratung setze die Frist hingegen noch nicht in Lauf. Diese Ansicht erscheint wenig sachgerecht. Im Ergebnis kann ihr nicht zugestimmt werden.[14] Zum einen lässt sich die Einhaltung der vom Gesetzgeber geschaffenen 4-Wochen-Frist in der Praxis anhand dieser Rechtsauffassung nicht kontrollieren, da der Zeitpunkt des Beginns der Beratung hierdurch flexibel gestaltet werden könnte. Zum anderen beginnt das Beratungshilfemandat mit der Annahme des Mandates durch die Beratungsperson regelmäßig mit Unterzeichnung der Vollmacht. Bereits zu diesem Zeitpunkt muss die Beratungsperson den Sachverhalt (überschlägig) prüfen und zumindest soweit erörtern, dass eine Entscheidung über die Beratungshilfe (oder ggfs. über das Vorhandensein eines „Normalmandats") getroffen werden kann. Zu den Aufgaben der Beratungsperson gehört es darüber hinaus, in Abwesenheitsfällen ihre Büroorganisation entsprechend einzurichten, so dass auch notwendige Fristen eingehalten werden.[15] Letztlich widerspricht eine solche Auslegung aber auch der Intension des Gesetzgebers, das Verfahren der nachträglichen Antragstellung „zügig" auszugestalten.[16]

Im **Antragsformular** ist dabei **anzugeben, dass sich der Rechtsuchende bereits unmittelbar an eine Beratungsperson gewandt hat**, ebenso das Datum der erst-

---

11 BGBl. I 2014, S. 2 ff.
12 im Detail: *Lissner*, RVGreport 2017, 162 ff.
13 AG Königswinter AGS 2015, 238 ff.
14 *Lissner*, AGS 2015, 53 ff.; *ders.*, RVGreport 2017, 162 ff.
15 BGH, FamRZ 1987, 1017 ff.
16 *Lissner*, AGS 2015, 53 ff.

maligen Beratung und/oder Vertretung sowie Name und Anschrift der Beratungsperson.

> **Praxistipp:**
> Wenn die Beratungsperson sicher gehen möchte, dass sie – bei Vorliegen der Voraussetzungen zur Bewilligung von Beratungshilfe – den zu erteilenden Berechtigungsschein auch erhält, um diesen nach Beendigung der Angelegenheit mit ihrem Vergütungsfestsetzungsantrag einreichen zu können, wird empfohlen, dass der Antrag auf nachträgliche Bewilligung von Beratungshilfe direkt über die Beratungsperson schriftlich an das Gericht eingereicht wird. In diesem Fall kann die Beratungsperson auch ausreichend ihre Tätigkeit im Rahmen der Beratungshilfe dokumentieren und nachweisen. Der Berechtigungsschein kann nach Erteilung der Beratungsperson unmittelbar zugesandt werden (sh. zu den Alternativmöglichkeiten bzgl. der Erteilung sh. ab Rn. 263).

Sollte **die Angelegenheit bereits innerhalb der 4-Wochen-Frist erledigt** sein, so kann die Beratungsperson den schriftlichen Antrag auf Bewilligung von Beratungshilfe zeitgleich mit ihrem Liquidationsantrag bei Gericht einreichen. Hier bedarf es keiner Scheinerteilung mehr. Insoweit verweist das Liquidationsformular Anlage 2 zu § 1 Nr. 2 BerHFV weiterhin auch „auf den beigefügten Antrag auf Bewilligung" von Beratungshilfe. Vorliegend genügt dann eine entsprechende nachträgliche Bewilligung der innerhalb der 4-Wochen-Frist abgeschlossenen Beratungshilfeleistung, welche auch in der antragsgemäßen Auszahlung konkludent gesehen werden kann.

238b Durch die Beibehaltung der Begrifflichkeit des „sich an den Rechtsanwalt (Anm.: bzw. die Beratungsperson) **wegen Beratungshilfe** Wendens" wird klargestellt, dass auch weiterhin nachträgliche Anträge nur dann zulässig sind, wenn **unmittelbar um Beratungshilfe** nachgesucht wird, was die Eindeutigkeit des Beratungshilfemandats einerseits verlangt, andererseits weiterhin ausschließt, dass „Normalmandate" nachträglich über die Beratungshilfe abgerechnet werden können. Vor Inkrafttreten des Gesetzes zur Änderung des Prozesskostenhilfe- und Beratungshilferechts wurde der nachträgliche Antrag auf Bewilligung von Beratungshilfe in vielen Fällen erst nach Abschluss der Angelegenheit zusammen mit dem Vergütungsantrag eingereicht. Eine gesonderte Erteilung eines Beratungshilfescheins war hier dann nicht erforderlich. Durch die Einführung der 4-Wochen-Frist zur nachträglichen Antragstellung **seit dem 1.1.2014** ist in vielen Fällen **davon auszugehen**, dass **ein Berechtigungsschein auch bei nachträglicher Antragstellung zu erteilen ist,** da das Mandat auch über die 4-Wochen-Frist hinaus andauern wird.
Folglich gestaltet sich das nachträgliche Verfahren wesentlich **aufwendiger** und gegenüber der zuvor geltenden Rechtslage wegen der sich daraus ergebenden Mehrstufigkeit **bürokratischer**.[17] War zuvor nur ein Vorgang vorgesehen, nämlich die nachträgliche Antragstellung mit Abschluss der Angelegenheit (und damit für den Berater in einem „Vorgang") zusammen mit der Vergütung, welchen das Gericht (ebenfalls in einem Vorgang) einheitlich bearbeiten konnte (Ablehnung/konkludente Bewilligung durch Vergütungsfestsetzung), bedarf es nun mehrerer Arbeitsvorgänge.
In den **Fällen**, in denen die Erledigung der Rechtssache **nicht innerhalb von 4 Wochen** erledigt ist, muss als erster Schritt zunächst die Beantragung der nachträglichen Beratungshilfe innerhalb der 4 Wochen-Frist erfolgen. Hierauf wird das Gericht – sofern alle Voraussetzungen erfüllt sind – den Berechti-

---

17 *Dürbeck/Gottschalk*, Rn. 1209.

gungsschein erteilen bzw. die Bewilligung der Beratungshilfe aussprechen, sh. Rn. 263. In einem zweiten Schritt muss nach Erledigung der Angelegenheit unter Darlegung der „Erforderlichkeit" die Vergütungsfestsetzung beantragt werden. Jedoch hat die Beratungsperson in diesen Fällen nunmehr relativ schnell Gewissheit über die Bewilligung der Beratungshilfe (was sich explizit als Wunsch des Vorhabens so aus der Gesetzesbegründung ergibt) und ist im Falle einer Nichtbewilligung ggfs. geschützt vor weiteren Tätigkeitsentfaltungen.[18]

Die 4-Wochen-Frist des § 6 Abs. 2 S. 2 BerHG ist eine **Ausschlussfrist**. Die Frist wurde eingeführt, damit möglichst zeitnah für alle Beteiligten eine Rechtssicherheit geschaffen wird. Daher muss der Antrag auf nachträgliche Bewilligung von Beratungshilfe **innerhalb dieser Frist bei dem zuständigen Amtsgericht eingehen** (es ist nicht auf das Antragsdatum abzustellen).[19] Geht der Antrag nicht innerhalb der Frist ein, ist er als unzulässig zurückzuweisen.

Ist das Adressatgericht unzuständig, so ist dieses verpflichtet, den Antrag an das zuständige Gericht zu übermitteln, **§ 25 Abs. 3 FamFG**. Besonderer Bemühungen des unzuständigen Gerichts bedarf es hier nicht.[20] Zur Fristwahrung ist aber letztlich der Eingang beim zuständigen Gericht maßgebend, so dass ein beim falschen Gericht eingereichter Antrag zu Lasten des Rechtsuchenden geht.[21]

Wenn der nachträglich gestellte Antrag zwar binnen der 4-Wochen-Frist fristgerecht, jedoch unvollständig oder ohne bzw. nur mit teilweise entsprechenden Belegen/Nachweisen eingeht, stellt sich die Frage, ob der Antrag **noch innerhalb der bereits laufenden 4-Wochen-Frist** zwingend vervollständigt werden muss. Siehe hierzu die Ausführungen und Meinungen Rn. 262a.

Beratungshilfe kann seit der Reform zum 1.1.2014 (s. o.) sowohl mündlich als auch schriftlich beantragt werden. Die 4-Wochen-Frist gilt in beiden Fällen.

Die **Frist** berechnet sich nach den Vorschriften des FamFG (**§ 16 FamFG**), da im BerHG selbst keine eigenständigen Fristregelungen enthalten sind. Demnach erfolgt die **Fristberechnung gem. § 16 Abs. 2 FamFG nach den Vorschriften der ZPO (§ 222 ZPO) und damit auch nach den entsprechenden BGB-Regelungen (§§ 187 ff. BGB)**.

Eine **Wiedereinsetzung** bei Fristversäumnis ist ausgeschlossen, da §§ **17 ff. FamFG** auf Ausschlussfristen keine Anwendung finden.[22] Wird der Antrag auf Wiedereinsetzung durch das Amtsgericht zurückgewiesen, so ist diese Entscheidung gem. § **19 Abs. 2 FamFG** grundsätzlich unanfechtbar. Da die funktionelle Zuständigkeit in diesem Verfahren beim Rechtspfleger liegt, ist dessen Entscheidung daher mit der **befristeten Rechtspflegererinnerung gem. § 11 Abs. 2 RpflG** anfechtbar.

Eine Hemmung des Fristablaufs – etwa wegen höherer Gewalt oder anderer, nicht zu vertretenden Umständen – ist im Einzelfall zwar denkbar, dürfte aber angesichts der daran zu knüpfenden Voraussetzungen und Beweislast eher hypothetischer Natur sein.

> **Hinweis:**
> Mit der Formulierung „wendet sich ... wegen Beratungshilfe" ist eindeutig festgelegt, dass auch bei Aufnahme der Beratungstätigkeit bereits klar sein muss, dass ein Mandat nach den Bestimmungen des Beratungshilfegesetzes erfolgt. Die Abrechnung von „Normalmandaten" im Nachhinein über die Beratungshilfe bleibt weiterhin ausgeschlossen.

---

18 *Lissner*, AGS 2013, 211 ff.
19 *Groß*, § 6, Rn. 12; AG Brühl, Beschluss vom 6.11.2014, Az. 85 II 1434/14 BerH – beckonline.; AG Winsen, AGS 2015, 537.
20 BGH, FamRZ 2009, 320 f.
21 Lissner, RVGreport 2017, 162 ff.; AG Stockach, Beschluss vom 4.9.2017, Az. BHG 85/17, n. v.
22 *Ahn-Roth* in Prütting/Helms, FamFG, § 17 Rn. 9a; *Groß*, § 6 BerHG, Rn. 12 ff.

> Mit der Formulierung „in einem solchen Fall ist der Antrag spätestens vier Wochen nach Beginn der Beratungshilfetätigkeit zu stellen" in § 6 Abs. 2 BerHG ist lediglich derjenige Zeitpunkt gemeint, bis zu dem der Antrag schriftlich bei Gericht eingegangen sein muss.

239 Entsprechend der neuen gesetzlichen Regelungen wurde auch die entsprechende **Formularverordnung** überarbeitet und angepasst.[23] In den jeweiligen Anlagen zur BerHFV sind die entsprechend zu machenden Angaben genau und vollständig einzutragen (sh. hierzu entsprechende Erläuterungen unter Rn. 262c).

> **Hinweis:**
> In der Praxis besteht im Rahmen der nachträglichen Antragstellung die Schwierigkeit, dass der Rechtspfleger hypothetisch überprüfen muss, ob das Anliegen durch sofortige Auskunft gemäß § 3 Abs. 2 BerHG oder durch einen Verweis auf eine andere Hilfsmöglichkeit im Sinne von § 1 Abs. 1 Nr. 2 BerHG hätte erledigt werden können. Ansonsten besteht die Gefahr, dass der Rechtsuchende, der sich unmittelbar an eine Beratungsperson wendet, besser gestellt wird als ein Rechtsuchender, der zunächst das Amtsgericht aufsucht und dort unmittelbar durch den Rechtspfleger eine entsprechende Auskunft erhält.
> Der Rechtsuchende ist in diesem Kontext daher stets so zu behandeln, als stünde die Beratung durch eine Beratungsperson noch bevor.

2. Bezeichnung der Angelegenheit

240 Bei Antragstellung ist der **Sachverhalt**, für den Rechtsberatung im Rahmen der Beratungshilfe begehrt wird, möglichst genau und umfassend anzugeben (§ 4 Abs. 2 S. 2 BerHG).[24]

Im Gegensatz zu einer mündlichen Antragstellung kann bei einer **schriftlichen oder elektronischen Antragstellung** die genaue **Sachverhaltsschilderung Probleme** aufwerfen, da hier die Möglichkeit der schnellen Rückfrage auch im Hinblick auf den Amtsermittlungsgrundsatz gemäß § 5 BerHG i. V. m § 26 FamFG nicht besteht. Nur **Stichworte** reichen für eine Sachverhaltsschilderung **nicht aus**.[25] Dies gilt selbst trotz der im Antragsformular enthaltenen Formulierung („bitte Sachverhalt kurz erläutern"). Der Wortlaut in § 6 Abs. 1 BerHG („genaue Bezeichnung der Angelegenheit") hat jedenfalls Vorrang vor der BerHFV. An die Sachverhaltsschilderung sind gewisse **Mindestanforderungen** zu stellen.

Die **Angelegenheit** muss von anderen Angelegenheiten **klar abgrenzbar** sein. Angaben wie etwa „erbrechtliche Angelegenheit", „familiengerichtliche Angelegenheit" oder „siehe Anlage" genügen daher nicht.

Es muss **zumindest feststellbar** sein:
- ob andere Hilfsmöglichkeiten in Betracht kommen,
- ob die Sache durch sofortige Auskunft/Antragsaufnahme erledigt werden kann,
- ob die Angelegenheit mutwillig ist.

241 Im Berechtigungsschein hat der **Rechtspfleger** gemäß § 6 Abs. 1 BerHG die betreffende **Angelegenheit genau und möglichst umfassend zu bezeichnen**.

---

23 Beratungshilfeformularverordnung vom 2.1.2014 (BGBl. 2014, S. 2).
24 *Lissner/Schneider*, AGS 2014, 157 ff.
25 AG Konstanz, Beschluss vom 4.5.2007, Az. UR II 61/07 – juris; *Dürbeck/Gottschalk*, Rn. 1205; AG Braunschweig, NdsRpfl 1988, 219; Greißinger, AnwBl 1989, 575; AG Hannover, Beschluss vom 10.2.1981, Az. 102 II 168/81 n. v.

> **Hinweis:**
> Oftmals stehen dem für die Entscheidung zuständigen Rechtspfleger im schriftlichen Bewilligungsverfahren – anders als der Beratungsperson – nicht alle notwendigen Hintergrundinformationen zur Verfügung. Je genauer der Sachverhalt bei der Antragstellung bereits angegeben wird, desto weniger ist mit zeitintensiven Rückfragen zu rechnen. Auch im nachfolgenden Vergütungsfestsetzungsverfahren lassen sich so Unklarheiten schon im Ansatz vermeiden.
> Für die Sachverhaltsschilderung ist dabei das vorgesehene Formular zu verwenden. Ergänzende Ausführungen können als Anlage beigefügt werden.
> Jeder Rechtspfleger sollte jedoch auch darauf achten, die Anforderungen an die Sachverhaltsschilderung nicht zu überziehen.

Werden **lediglich stichwortartige** Bezeichnungen angegeben, die die oben genannte Prüfung nicht ermöglichen, und erfolgen auf eine Zwischenverfügung hin keine weiteren Angaben mehr, ist der **Antrag zurückzuweisen.**[26]

Unter „**genaue Bezeichnung der Angelegenheit**" im Sinne des § 6 Abs. 1 BerHG ist die **genaue Umschreibung** des Gegenstandes zu verstehen, die bei Erteilung des Berechtigungsscheins notwendig ist, um die drei folgenden Funktionen zu erfüllen:[27]

- **Nachweisfunktion:** Der Rechtsuchende ist berechtigt, Beratungshilfe im Sinne des BerHG entgegenzunehmen und zwar für die im Schein genau und möglichst umfassend bezeichnete Angelegenheit.
Die im Berechtigungsschein vom Rechtspfleger bezeichnete Formulierung dokumentiert den Umfang der Tätigkeit, welche über die Staatskasse abgerechnet werden kann. Insoweit besteht im Umkehrschluss keine Berechtigung, über Beratungshilfe abzurechnen, wenn eine solche Tätigkeit nicht verbrieft oder von der Formulierung mit abgedeckt ist. Entspricht der umschriebene Gegenstand im Berechtigungsschein daher nicht den Erwartungen des Rechtsuchenden, wäre dann auf eine vollständige Formulierung – ggfs. mittels Rechtsmittel – hinzuwirken. Für die Abrechnung einer Beratungshilfeangelegenheit ist wegen der Bindungswirkung des Berechtigungsscheines der Gegenstand bereits bei Antragstellung der Beratungshilfe genau und bestimmt anzugeben.[28]
- **Konkretisierungsfunktion:** Der Berechtigungsschein gibt für die Beteiligten den genauen Sachverhalt wieder, für den im Rahmen des BerHG die Tätigkeit der Beratungsperson erfolgt: Die Beratungsperson trifft bezüglich der angegebenen Angelegenheit eine öffentlich-rechtliche Verpflichtung zur Mandatsübernahme gemäß den jeweiligen gesetzlichen Bestimmungen; der Rechtsuchende hat dementsprechend einen Beratungsanspruch.
- **Kostengarantiefunktion:** Zugunsten der Beratungsperson wird dokumentiert, dass die Landeskasse die **grundsätzliche** Garantie abgibt, für die im Schein bezeichnete Angelegenheit eine Vergütung zu zahlen.
Diese Garantie kann aber ihrem Wesen nach **nicht im Einzelnen** den Umfang der Tätigkeit und die Höhe der Vergütung gleichsam als gebührenrechtliche „**Vorabentscheidung**" abschließend festlegen. **Bindend** geschieht dies **erst im Festsetzungsverfahren.**

242

Nach **Aufforderung** des Gerichts ist der Sachverhalt **zusätzlich glaubhaft** zu machen (§ 4 Abs. 4 BerHG i. V. m. § 31 FamFG). Als häufigstes **Mittel** zur

243

---
26 AG Konstanz, Beschluss vom 4.5.2007, Az. UR II 61/07 – juris; *Dürbeck/Gottschalk*, Rn. 1205; AG Braunschweig, NdsRpfl 1988, 219; *Greißinger*, AnwBl 1989, 575; AG Hannover, Beschluss vom 10.2.1981, Az. 102 II 168/81 n. v.
27 Lindemann/Trenk-Hinterberger, § 6 Rn. 5–9.
28 OLG München, Beschluss vom 13.1.2014, Az. 11 WF 1863/13 – beckonline.

Glaubhaftmachung dient der bisherige **Schriftwechsel** oder der Vertrag bzw. ein Aufforderungsschreiben des Kontrahenten; ausreichend wird in der Regel aber auch die **detaillierte Schilderung** des bisherigen Geschehens sein (die ggfs. über die obligatorische „kurze Angabe des Sachverhalts" hinausgeht). Nur dadurch ist gewährleistet, dass der Rechtspfleger den Sachverhalt prüfen und entsprechend den oben genannten Funktionen einen Berechtigungsschein erteilen kann. Nach § 4 Abs. 4 BerHG kann das Gericht aber auch verlangen, dass der Rechtssuchende seine tatsächlichen Angaben glaubhaft macht, und es kann insbesondere auch die Abgabe einer Versicherung an Eides Statt fordern. Es kann **Erhebungen anstellen**, insbesondere die Vorlage von Urkunden anordnen und Auskünfte einholen. Datenschutzrechtliche Bestimmungen und der Grundsatz der Verhältnismäßigkeit sind dabei zu beachten. **Zeugen und Sachverständige** werden hingegen im Rahmen der Beratungshilfeprüfung **nicht vernommen** (§ 4 Abs. 4 S. 3 BerHG).

243a Sofern das Gericht nach seinem Ermessen auf eine Glaubhaftmachung der persönlichen und wirtschaftlichen Verhältnisse besteht, normiert § **4 Abs. 5 BerHG** eine Verpflichtung zur Folgeleistung des Rechtsuchenden und damit eine **Mitwirkungspflicht**. Eine fehlende sowie eine ungenügende Auskunft des Rechtsuchenden bilden einen **eigenen Zurückweisungsgrund**. Zuvor ist diesem allerdings eine **angemessene Frist** zur Auskunft oder Darlegung seiner Verhältnisse im Rahmen einer **Zwischenverfügung** zu gewähren. Die **Frist bestimmt sich nach dem konkreten Einzelfall** unter Berücksichtigung etwaiger mit der Beibringung der Unterlagen verbundener Schwierigkeiten.

243b Neben der in § 4 Abs. 2 S. 2 BerHG geforderten Sachverhaltsangabe ist in § 4 Abs. 3 BerHG ausdrücklich geregelt, dass eine **Erklärung des Rechtsuchenden über seine persönlichen und wirtschaftlichen Verhältnisse** beizufügen ist. Die Erklärung soll insbesondere Angaben zu Familienstand, Beruf, Vermögen, Einkommen und Lasten, sowie entsprechende Belege und eine Versicherung des Rechtssuchenden enthalten, dass ihm in derselben Angelegenheit Beratungshilfe bisher weder gewährt noch durch das Gericht versagt worden ist. Weiter ist zu erklären, dass in derselben Angelegenheit kein gerichtliches Verfahren anhängig ist oder war (sh. hierzu Rn. 244 und BerHFV). Die entsprechenden Erklärungen sind im Antragsformular zu tätigen.

3. Antragsberechtigung

244 **Die Beratungsperson** selbst hat **kein eigenes Antragsrecht** auf Beratungshilfe.[29] Antragsberechtigt ist **nur** der **Rechtsuchende** selbst bzw. dessen **gesetzlicher Vertreter**,[30] auch **nicht der Verfahrensbevollmächtigte**.

Zwar kann der Antrag auf Beratungshilfe auch von der Beratungsperson **für den Rechtsuchenden** gestellt werden. Eine Vergütung für die reine Antragstellung kann die Beratungsperson, ohne dass sie sonst im Rahmen der Beratungshilfe beraten bzw. vertreten hat, nicht geltend machen. Gleiches gilt grundsätzlich auch für volljährige Familienangehörige gemäß § 10 Abs. 2 Nr. 2 FamFG. Die Angabe der persönlichen und wirtschaftlichen Verhältnisse und die weiteren Erklärungen sind jedoch **höchstpersönlich** und daher von dem rechtsuchenden Antragsteller verbunden mit der Versicherung der Wahrheit und Vollständigkeit der Angaben **eigenhändig zu unterschreiben**. Ein Verfahrensbevollmächtigter kann diese Erklärungen nicht für den Rechtsuchenden abgeben.[31]

---

29 AG Braunschweig, JurBüro 1987, 609; AG Konstanz, Beschluss vom 4.4.2005, Az. UR II 132/05 – juris; ; *Geimer* in Zöller, ZPO, § 127, Rn. 12 (für PKH).
30 BVerfG, WuM 2012, 137.
31 AG Karlsruhe, Beschlüsse vom 29.11.2007 und 12.12.2007, Az. C UR II 658/07, n. v.

Handelt der gesetzliche Vertreter oder die Partei kraft Amtes für den Rechtsuchenden, hat er seine **Legitimation** auf Verlangen des Gerichts in geeigneter Form glaubhaft zu machen (z. B. Bestallung/Bestallungsurkunde, Sorgeerklärung, Sorgerechtsbeschluss, Insolvenzbeschluss).

> **Hinweis:**
> Die Beratungsperson kann dem Rechtsuchenden bei der Ausfüllung des Antrags helfen.[32] Dies kann zusammen mit der Unterzeichnung der Vollmacht geschehen,[33] da die Beratungsperson bei Direktkonsultierung ohnehin die Voraussetzungen der Beratungshilfe zu prüfen hat.

Bei Antragstellung hat der Rechtsuchende im Antragsformular **zu versichern,** dass ihm **in derselben Sache Beratungshilfe bislang weder versagt noch gewährt worden ist,** da in derselben Sache nur einmal Beratungshilfe gewährt und damit auch abgerechnet werden kann (§§ 4 Abs. 3 Nr. 2, 4 Abs. 6 BerHG, 15 Abs. 2 RVG).

Die Abgabe der unter Abschnitt B im Antragsformular zwingend zu tätigenden höchstpersönlichen Erklärungen sowie die weitere Angabe der persönlichen und wirtschaftlichen Verhältnisse durch den Rechtsuchenden kann wie bereits erwähnt nicht durch eine ansonsten mögliche rechtsgeschäftliche Legitimation der Beratungsperson erfolgen. Es handelt sich insoweit um höchstpersönliche Wissenserklärungen des Rechtsuchenden. Sollte der Antrag auf Bewilligung von Beratungshilfe **mittels ERV als elektronisches Dokument** eingereicht werden, so benötigt jedes eingereichte Dokument einer qualifiziert elektronischen Signatur nach dem Signaturgesetz (§ 2 Nr. 3 SigG), § 130a Abs. 3 1 HS. ZPO. Wird dieses jedoch auf einem sicheren Übermittlungswege z. B. (besonderes elektronisches Anwaltspostfach) übersandt, entfällt das Erfordernis einer qualifiziert elektronischen Signatur, es genügt insoweit einer einfachen Signatur, § 130a Abs. 3 2 HS. ZPO.

Reicht nunmehr die Beratungsperson den Antrag auf Bewilligung von Beratungshilfe in zulässiger rechtsgeschäftlicher Vertretung als elektronisches Dokument auf einem sicheren Übermittlungswege ein (z. B. mittels des besonderen elektronischen Anwaltspostfaches oder auch als DE-Mail), so umfasst dies gesetzlich streng gesehen nicht auch die gerichtliche Überprüfung der Authentizität der höchstpersönlich abzugebenden Erklärungen des Rechtsuchenden. Dennoch werden die üblichen Rechtsuchenden nicht über eine eigene Signaturkarte verfügen.

Um bis zu einer gesetzlich verlässlichen Regelung den praktischen Bedürfnissen dennoch Rechnung tragen zu können, dürfte es vertretbar erscheinen, wenn die zur Antragstellung bevollmächtigte Beratungsperson die entsprechenden durch den Rechtsuchenden eigenhändig unterschriebenen Erklärungen und Angaben einscannt, dieses Dokument dann selbst über einen sicheren Übermittlungsweg wie das beA oder DE-Mail übersendet oder entsprechend selbst qualifiziert elektronisch signiert. Diese Verfahrensweise kann sicherlich aber auch kritisch betrachtet werden.

4. Prozesskostenhilfe für das Antragsverfahren

Für die Antragstellung von Beratungshilfe kann **keine Prozesskostenhilfe** bewilligt werden.[34]
Nach der Rechtsprechung des Bundesgerichtshofs ist für das Bewilligungsverfahren zur Erlangung von **Prozesskostenhilfe** sowie im Beschwerdeverfahren dieses

---

32 *Schaich,* AnwBl 1981, 2.
33 AG Konstanz, Beschluss vom 9.2.2006, Az. UR II 500/05, n. v.
34 AG Halle (Saale), Beschluss vom 18.1.2013, Az. 103 II 3784/12 – juris.

Bewilligungsverfahrens die Bewilligung von Prozesskostenhilfe nicht möglich.[35] Für die **Beratungshilfe kann nichts anderes** gelten. Auch hier ist nicht das Verfahren in der Hauptsache, sondern das Bewilligungsverfahren angesprochen, wofür es regelmäßig keine Beratungshilfe geben kann.[36] Letztlich bestehen für das Antragsverfahren in der Beratungshilfe keinerlei juristische Schwierigkeiten. Zugleich gibt es behördlichen Beistand durch das Gericht. Das Erfordernis einer anwaltlichen Vertretung ist damit praktisch ausgeschlossen.

5. Zuständigkeit

246 Für die örtliche Zuständigkeit ist der allgemeine Gerichtsstand gemäß § 4 Abs. 1 BerHG maßgeblich. Mangels eigenständiger Regelungen im FamFG ist hier auf die Vorschriften der §§ 12 ff. ZPO zurückzugreifen. Gemäß § 13 ZPO i. V. m. §§ 7–11 BGB kommt es auf den **Wohnsitz des Rechtsuchenden** an. Bei Wohnsitzlosen ist der Aufenthaltsort im Inland oder der letzte Wohnsitz gemäß § 16 ZPO maßgeblich.
Hat der Rechtsuchende **im Inland keinen allgemeinen Gerichtsstand**, ist gemäß § 4 Abs. 1 S. 2 BerHG das Amtsgericht zuständig, **in dessen Bezirk ein Bedürfnis** für Beratungshilfe auftritt.
Dies kann der Ort sein, in dem sich der Rechtsuchende längere Zeit aufgehalten hat, ohne einen Wohnsitz dort begründet zu haben.[37] Dabei muss dieser ständige Aufenthalt von „nicht ganz unbedeutender" Dauer sein.[38] Zu denken ist hier in erster Linie an den in einer Justizvollzugsanstalt einsitzenden Rechtsuchenden.[39] Hat er keinen allgemeinen Wohnsitz und durch die Inhaftierung bedingt einen dauerhaften Aufenthalt (z. B. infolge **Strafhaft**), kann der Gerichtsstand des Ortes der Inhaftierung bejaht werden. Hat er dagegen seinen Wohnsitz noch nicht dauerhaft aufgegeben, z. B. bewohnt seine Ehefrau weiterhin die gemeinsame Ehewohnung und eine Trennung der Eheleute steht nicht im Raum, so kann hier der Wohnsitz des Inhaftierten weiterhin bejaht werden. Reine **Untersuchungshaft** begründet keinen Wohnsitz und auch keinen dauerhaften Aufenthalt. Weiter kommt beispielsweise der Ort des ständigen (nicht nur vorübergehenden) Arbeitsplatzes[40] oder Ausbildungsplatzes,[41] des Urlaubsortes,[42] der Ort der Anwaltskanzlei[43] oder der Ort der unerlaubten Handlung[44] in Betracht. Ein bloß vorübergehender Aufenthalt, z. B. zu Studienzwecken, begründet indes keinen Wohnsitz und damit auch keinen allgemeinen Gerichtsstand gem. §§ 7 BGB, 12, 13 ZPO.[45]
Für ausgehende Anträge in Unterhaltssachen auf grenzüberschreitende Beratungshilfe nach § 10a Abs. 2 BerHG ist als **Ausnahmetatbestand** das Amtsgericht am Sitz des Oberlandesgerichts, in dessen Bezirk der Antragsteller seinen gewöhnlichen Aufenthalt hat, zuständig. Für eingehende Ersuchen ist das in § 4 Abs. 1 S. 2 bezeichnete Gericht zuständig, § 10a Abs. 2 BerHG (zur grenzüberschreitenden Beratungshilfe sh. Rn. 367 ff.).
Besonderheiten ergeben sich, wenn unmittelbarer Zugang zur Beratungsperson erfolgt und sich dann – während des Verfahrens innerhalb der 4-Wochen-Frist – der **Wohnsitz verändert**. Hier stellt sich die Frage, bei welchem Gericht der Antrag auf nachträgliche Bewilligung einzureichen ist.

---

35 BGH, NJW 2004, 2595.
36 BVerfG, Beschluss vom 9.11.2017, Az. 1 BvR 2440/16; LG Koblenz, FamRZ 2007, 649 ff.; AG Langenburg, Beschluss vom 5.2.2009, Az. BRH 203/08, n. v. (unter Bezugnahme auf die fehlende Erfolgsaussicht).
37 BayObLG, Rpfleger 1983, 447; BayObLG, Rpfleger 1988, 470 f.
38 OLG Stuttgart, JurBüro 1986, 120.
39 OLG Zweibrücken, Rpfleger 1985, 199.
40 BayObLG, Rpfleger 1983, 447; OLG Köln, JurBüro 1985, 1116.
41 BayObLG, JurBüro 1984, 121.
42 OLG Köln, JurBüro 1985, 1116.
43 OLG Köln, Rpfleger 1993, 353; OLG Karlsruhe, JurBüro 1982, 736.
44 BayObLG, Rpfleger 1983, 447.
45 OLG München, RVGreport 2016, 237 f.

Nach der Rechtsprechung ist der **Wohnsitz zum Zeitpunkt des Antragseingangs bei Gericht** und **nicht der Wohnsitz zum Zeitpunkt des Auftretens des Beratungshilfebedürfnisses**, also des vorherigen Wohnsitzes, maßgeblich.[46] Diese Fälle dürften in der gerichtlichen Praxis aber nur selten auftreten. Das gleiche gilt auch für die Fallkonstellation, wenn der Antrag fristgemäß unvollständig beim Amtsgericht eingeht, und dieser erst zu einem späteren Zeitpunkt vervollständigt vorliegt, an dem der Rechtsuchende zwischenzeitlich seinen Wohnsitz in einen anderen Amtsgerichtsbezirk verlegt hat.[47] Wurde örtlich unzuständig entschieden und beruht dies nicht auf Vorsatz oder Willkür und es liegt auch keine irrtümliche Verkennung der Rechtslage vor, so ändert dies bei nachträglicher Erkenntnis der tatsächlichen Zuständigkeit die bereits begründete örtliche Zuständigkeit nicht. Die Rechtsprechung ist insofern nicht den geäußerten Bedenken gefolgt, dass dadurch die Prüfung der Voraussetzungen durch das Gericht erschwert wird, sondern hat darauf abgestellt, dass sich die Zuständigkeit nach dem in den gerichtlichen Verfahrensordnungen allgemein geltenden Grundsatz, nachdem **zuständigkeitsbegründend die tatsächlichen Umstände zum Zeitpunkt des Antragseingangs maßgebend** sind, richtet.

> **Praxistipp:**
> Ergibt sich bei der nachträglichen Antragstellung aus den Unterlagen, dass der Rechtsuchende seit erstmaliger Inanspruchnahme der Beratungshilfe den Wohnsitz gewechselt hat, sollte bei dem Amtsgericht des damaligen allgemeinen Gerichtsstands nachgefragt werden, ob dem Rechtsuchenden in dieser Angelegenheit bereits Beratungshilfe bewilligt wurde sowie ob und ggfs. welche anderen Hilfsmöglichkeiten regional zur Verfügung standen.

Sachlich zuständig ist **ausschließlich das Amtsgericht** (§ 4 Abs. 1 BerHG) und zwar auch für Sachverhalte, die den Fachgerichten zugewiesen sind, z. B. arbeits- und sozialrechtliche Streitigkeiten.

247

Funktionell ist der **Rechtspfleger** gem. §§ 3 Nr. 3 f, 24a RPflG zuständig für die Entscheidung über Anträge auf Gewährung von Beratungshilfe (§§ 4 Abs. 1, 6 BerHG) und die Gewährung von Beratungshilfe durch den Rechtspfleger selbst (§ 3 Abs. 2 BerHG). Der Rechtspfleger ist gem. §§ 6a BerHG, 24a Abs. 1 Nr. 1 RPflG auch für Entscheidungen über die Aufhebung der Beratungshilfe zuständig. Für die Festsetzung der Vergütung nach § 55 Abs. 4 RVG ist hingegen mangels Übertragung auf den Rechtspfleger gemäß § 21 RPflG der **Urkundsbeamte der Geschäftsstelle** zuständig (sh. hierzu ausführlich in Kapitel 8, Rn. 342).

248

6. Direktzugang zur Beratungsperson

Gemäß §§ 4 Abs. 6, 6 Abs. 2 BerHG ist – anstelle der persönlichen Antragstellung bei Gericht – der **Direktzugang zur Beratungsperson möglich** (sh. Ausführungen zu Rn. 238a). Der nachträgliche Antrag wird im Regelfall schriftlich oder als elektronisches Dokument über das Büro der Beratungsperson erfolgen. Voraussetzung ist aber weiterhin, dass die **unmittelbare Inanspruchnahme** einer Beratungsperson nur „**im Wege der Beratungshilfe**" zu erfolgen hat (sh. Rn. 238b).[48] Dies gilt auch nach Inkrafttreten des Gesetzes zur Änderung des

249

---

46 LG Duisburg, Beschluss vom 12.12.2014, Az. 5 T 40/14 – juris; BayObLG, JurBüro 1995, 366 f.; OLG Zweibrücken, JurBüro 1998, 197; KG, Rpfleger 2009, 36; OLG Köln, OLGR 2001, 297 f.; OLG Hamm, FamRZ 2008, 2294; OLG Hamm, Rpfleger 2009, 36, das seine frühere in Rpfleger 1995, 365 veröffentlichte abweichende Ansicht ausdrücklich aufgegeben hat; a. A.: *Mayer* in Gerold/Schmidt, VV 2500–2508, Rn. 10.
47 OLG München, RVGreport 2016, 237 f.
48 *Hartmann*, KostG, RVG VV 2500, Rn. 1; OLG Bamberg, JurBüro 2008, 41; AG Oldenburg (Holstein), Beschluss vom 28.7.2009, Az. 17 II 1146/08 – juris.

Prozesskostenhilfe- und Beratungshilferechts, denn die bisherige Regelung in § 4 Abs. 2 S. 4 BerHG a. F. wurde wortgleich in § 6 Abs. 2 BerHG n. F. übernommen. Da die Streitlage bekannt gewesen ist, hätte es bei einem anderslautenden Willen des Gesetzgebers nahe gelegen, diesen Streitfall gesetzlich im Zuge der Reform zu lösen. Dies ist nicht geschehen. Der Direktzugang zu einer Beratungsperson erfordert daher, dass **ein Mandat** nach den **Bestimmungen** des **Beratungshilfegesetzes** und der Nr. 2500 ff. VV RVG begründet wurde. Das Gesetz verlangt weiterhin das „Wegen Beratungshilfe ... an eine Beratungsperson Wendens" und so die Eindeutigkeit des Spezialmandats nach den Bestimmungen des BerHG. Die 4-Wochen-Frist meint lediglich den Zeitpunkt, an dem der Antrag „körperlich" bei Gericht eingehen muss.

Die Beratungsperson ist **verpflichtet**, die Beratungshilfe zu leisten. Dies ergibt sich für Rechtsanwälte aus § 49a BRAO, welcher besagt, dass der Rechtsanwalt verpflichtet ist, die in dem Beratungshilfegesetz vorgesehene Beratungshilfe zu übernehmen.[49] Dementsprechend muss zumindest nach Berufsrecht ein Rechtsanwalt seinen Mandanten bei entsprechenden Anhaltspunkten auf die Möglichkeit der Beantragung von Beratungshilfe hinweisen.[50] Bei einem schuldhaften Versäumnis kann eine Schadensersatzpflicht vorliegen.[51] Für Steuerberater bzw. Steuerbevollmächtigte und Wirtschaftsprüfer finden sich entsprechende Regelungen in § 65a S. 1 StBerG und in § 51a S. 1 WiPrO, wonach auch diese Berufsgruppen verpflichtet sind, die Beratungshilfe zu leisten.[52]

Außerdem werden sie im Gegenzug durch Satzungsversammlungen ermächtigt, nähere Regelungen zur Ausgestaltung der Berufspflichten in Beratungshilfesachen zu schaffen.[53] Eine **nähere Ausgestaltung dieser Berufspflichten** – etwa wie bei Rechtsanwälten – kann durch die jeweiligen **Kammern** (Steuerberater- bzw. Wirtschaftsprüferkammer) erfolgen (§ 86 Abs. 3 Nr. 10 StBerG bzw. § 57 Abs. 4 Nr. 3 lit g) WiPrO). Für Rentenberater wurde eine solche Regelung nicht getroffen. Hier gilt die Besonderheit, dass Rentenberater nicht – wie etwa Rechtsanwälte oder Steuerberater – in einer Kammer vereinigt sind (Verkammerung). Allerdings wird sich aus dem Rechtsdienstleistungsgesetz ableitend und in analoger Anwendung der Bestimmungen für die übrigen Beratungspersonen eine solche Verpflichtung ebenfalls herleiten lassen.

250 Die Beratungsperson kann die Beratungshilfe nur im Einzelfall aus **wichtigem Grund ablehnen**, § 49a Abs. 1 S. 2 BRAO, § 65a S. 2 StBerG, § 51a S. 2 WiPrO.

Ein wichtiger Grund liegt für Rechtsanwälte gemäß § 16a Abs. 3 BORA insbesondere dann vor, wenn der Rechtsanwalt durch eine Erkrankung oder berufliche Überlastung an der Beratung oder Vertretung gehindert ist, der Rechtsuchende seine für die Mandatsbearbeitung erforderliche Mitarbeit verweigert, das Vertrauensverhältnis zwischen Rechtsanwalt und Mandant aus Gründen, die im Verhalten und der Person des Mandanten liegen, schwerwiegend gestört ist oder sich herausstellt, dass die Einkommens- und/oder Vermögensverhältnisse des Mandanten die Bewilligung von Beratungshilfe nicht rechtfertigen. Darüber hinaus wird man auch die Interessenkollision und die Praxisaufgabe als wichtigen Grund ansehen können. Ein weiterer Ablehnungsgrund wurde in

---

49 sh. Kontrahierungszwang: OLG Hamm, Urteil vom 30.4.2015, Az. I-28 U 88/14; *Becker*, AnwBl 1982, 290 f.; *Groß*, § 6 BerHG, Rn. 3.
50 OLG Hamm, Urteil vom 30.4.2015, Az. I-28 U 88/14 (hierin sind teilweise Zitierungen aus Altauflagen enthalten u. a. *Dürbeck/Gottschalk*, Prozess- und Verfahrenskostenhilfe/Beratungshilfe, 6. Aufl. 2012, Rn. 924; *Henssler* in Henssler/Prütting, BRAO, 4. Aufl. 2014, § 49a Rn. 15 f.; *Schwärzer* in Feuerich/Weyand, BRAO, § 49a Rn 2 b); *Greißinger*, AnwBl 1989, 574.
51 OLG Hamm, Urteil vom 30.4.2015, Az. I-28 U 88/14.
52 *Szymborski*, DSTR 2012, 1984.
53 sh. BR-Drs. 516/12, S. 76 und 77.

der Rspr. auch dann als gegeben angesehen, wenn es sich um eine umfangreiche und schwierige erbrechtliche Angelegenheit handelt, die erhebliche Haftungsrisiken beinhaltet.[54]
Diese Ablehnungsgründe können auch für die übrigen zur Beratungshilfeleistung berechtigten Berufsgruppen herangezogen werden.
Keinen Ablehnungsgrund für Rechtsanwälte dürfte die **mangelnde Sachkenntnis auf dem jeweiligen Rechtsgebiet** darstellen oder gar das **mangelnde Interesse** des Rechtsanwaltes, insbesondere aufgrund des geringen wirtschaftlichen Nutzens für ihn selbst. Die wirtschaftlichen Belange der Anwaltschaft waren kein Primärziel der Beratungshilfe.[55] Für den Staat stellt die Beratungshilfe eine soziale Verpflichtung der Anwälte dar, welche sich aus deren Standesrecht herleiten lässt. Dieses Standesrecht gebietet es, ggfs. auch für finanziell Minderbemittelte tätig zu werden, selbst wenn die wirtschaftlichen Belange des Rechtsanwaltes dabei zu kurz kommen.
Für die in § 3 BerHG genannten übrigen Berufsgruppen stellen **fachübergreifende Fragen** einen **Ablehnungsgrund** dar, denn in § 3 BerHG ist ausdrücklich gesetzlich geregelt, dass diese **weiteren Berufsgruppen nur im Rahmen ihrer Befugnis** zur Rechtsberatung (also in ihrem jeweiligen Metier) Beratungshilfe leisten dürfen.
Von Bedeutung dürfte das BerHG vor allem für die Berufsgruppen der Steuerberater und der Rentenberater werden. Für die **steuerberatenden Berufe** ergibt sich der Umfang der Rechtsberatungsbefugnis vor allem aus § 1 StBerG i. V. m. § 5 Abs. 1 RDG.[56]
Bei den **Rentenberatern** richtet sich der entsprechende Umfang nach § 10 Abs. 2 RDG. Hierbei ist insbesondere eine Befugnis zur Beratung auf dem Gebiet der gesetzlichen Renten- und Unfallversicherung gegeben, aber auch auf dem umfangreichen Gebiet des Sozialversicherungsrechts (mit Rentenbezug). Mangelnde wirtschaftliche Interessen dürften auch hier als Ablehnungsgrund ausscheiden.

> **Hinweis:**
> Der Ablehnungsgrund „fachübergreifende Thematik" dürfte insbesondere im Bereich des Familienrechts relevant sein. Steuerberater werden sich einerseits mit den steuerrechtlichen Fragen einer Trennung auskennen und im Rahmen ihrer Befugnis hier Rechtsberatung geben und über die Beratungshilfe abrechnen können.[57] Vielfach greifen solche Fragen aber auch in den familienrechtlichen Komplex wie z. B. elterliche Sorge oder Unterhalt über, für den der Steuerberater keine Rechtsberatungsbefugnis hat.
> Diese Regelung stellt eine unbefriedigende Situation dar, weil in einer Angelegenheit nur ein einziges Mal Beratungshilfe bewilligt werden kann und daher die Gefahr unvollständiger Beratungshilfe bei fachübergreifenden Themen besteht. Bei Bewilligung und Gewährung von Beratungshilfe sollte daher der Wunsch des Ratsuchenden detailliert betrachtet und auf dieses Manko hingewiesen werden. Gleichfalls sollte eine Ablehnung des Mandates bei fachübergreifenden Fragen durch den Steuerberater als berechtigt angesehen werden.[58]

Wendet sich die rechtsuchende Person **zuerst** wegen Beratungshilfe an eine Beratungsperson und leistet diese daraufhin die Beratungshilfe, so ist der **nachträgliche Antrag** auf Beratungshilfe **binnen vier Wochen nach Beginn der Tä-

---
54 jedoch zu weitgehend: AG Gengenbach, Urteil vom 14.5.2013, Az. 1 C 193/12 – juris.
55 *Lissner*, Rpfleger 2012, 122 ff.; *ders.*, Rpfleger 2007, 456; *Lissner/Schneider*, AGS 2014, 157 ff.
56 zu den Steuerberatern: sh. *Lissner*, StB 2013, 402 ff.; *Symborski*, DStR 2012, 1984.
57 *Lissner*, StB 2013, 160 ff.
58 *Lissner*, StB 2013, 160 ff.

tigkeit zu stellen. Erfolgt der Antrag fristgerecht, muss bei Vorliegen der Bewilligungsvoraussetzungen ein Berechtigungsschein erteilt werden bzw. die Bewilligung der Beratungshilfe erfolgen. Dieser wiederum ist für das Entstehen eines Vergütungsanspruches der Beratungsperson kausal.
Der Berechtigungsschein ist grundsätzlich dem Anspruchsinhaber der Beratungshilfe – nämlich dem Ratsuchenden – und nicht der Beratungsperson zu übersenden. Eine Ausnahme (Übersendung an die vorwegleistende Beratungsperson) kann nur dann erfolgen, wenn **der Rechtsuchende seine Einwilligung hierzu erklärt** hat. Die Einholung einer solchen Einwilligung vorab durch die vorwegleistende Beratungsperson z. B. mittels einer entsprechenden **Vollmacht** erscheint sinnvoll. Alternativmöglichkeiten sind ab Rn. 263 beschrieben. Beschränkt sich der nachträgliche Antrag auf eine Beratungstätigkeit, welche innerhalb der Frist von vier Wochen erledigt ist, bedarf es keiner Übersendung und Erteilung eines Berechtigungsscheines mehr. Insoweit genügt auf den nachträglichen Bewilligungsantrag (zusammen mit der beantragten Vergütung) der Beratungsperson hin wie bisher die antragsgemäße Auszahlung als konkludente Bewilligung. Im Übrigen gilt das unter Rn. 238a ff. Gesagte.

252 Gewährt die Beratungsperson im Falle der unmittelbaren Inanspruchnahme Beratungshilfe im Vertrauen auf eine nachträgliche Bewilligung der Beratungshilfe durch das Gericht, so trägt sie insoweit das **Kostenrisiko**, nämlich die Vergütung gemäß Nr. 2501 ff. VV RVG aufgrund einer ablehnenden Entscheidung des Amtsgerichts nicht zu erhalten. Um dieses Kostenrisiko möglichst gering zu halten, normiert **§ 4 Abs. 6 BerHG,** dass der Rechtsuchende der Beratungsperson gegenüber diejenigen Angaben darlegen und auf Verlangen glaubhaft machen muss, die er ansonsten auch gegenüber dem Gericht bei mündlicher oder schriftlicher Antragstellung zu tätigen hätte. Die Beratungsperson kann sich nach freiem Ermessen die Vermögenssituation aufzeigen lassen, diese anhand von Belegen prüfen und – sofern sie die Voraussetzungen der Beratungshilfe für gegeben hält – diese direkt gewähren, wenn auch die sonstigen Voraussetzungen des § 1 BerHG vorliegen.
Die Prüfung der persönlichen Verhältnisse ist dabei als **„Kann"-Regelung** ausgestaltet, so dass es im Ermessen der Beratungsperson steht, wie sie sich im Falle eines Direktzugangs die Bedürftigkeit belegen lässt. Die Beratungsperson kann das Kostenrisiko in den Fällen der nachträglichen Antragstellung indes nur dann minimieren oder gänzlich beseitigen, wenn sie die Prüfung nach **§ 4 Abs. 6 BerHG** auch vornimmt.[59] Wird im Fall nachträglicher Antragstellung Beratungshilfe nicht bewilligt, kann die Beratungsperson vom Rechtsuchenden **Vergütung nach den allgemeinen Vorschriften** verlangen, wenn sie ihn **bei der Mandatsübernahme** auf die Möglichkeit der Nichtbewilligung der Beratungshilfe sowie auf die vergütungsrechtlichen Folgen hingewiesen hat, **§ 8a Abs. 4 BerHG**.
Ebenso können Vergütungsvereinbarungen eine sinnvolle Ergänzung darstellen, denn sie können bei Nichtbewilligung der nachträglichen Beratungshilfe mühsame Auseinandersetzungen zwischen Beratungsperson und Rechtsuchendem über die Höhe der „üblichen" Vergütung obsolet machen.[60]
Der Beratungsperson muss bewusst sein, dass allein schon die Übernahme des Beratungshilfemandats ihre Gebührenansprüche grundsätzlich auf die Sätze gem. Nr. 2500 ff. VV RVG begrenzt.[61]

> **Hinweis:**
> Wenn das Gericht daher die nachträgliche Beratungshilfe ablehnt, kann die Beratungsperson nur dann einen subsidiären Gebührenanspruch gegen-

---

59 im Ergebnis auch *Mayer,* AnwBl. online, 2013, 311.
60 *Mayer,* AnwBl. Online 2013, 311.
61 LSG Niedersachsen-Bremen, Beschluss vom 13.5.2014, Az. L 11 AS 1360/12 NZB – juris.

über dem Mandanten geltend machen, wenn einerseits darüber belehrt wurde, und andererseits die Beratungsperson glaubhaft darlegen kann, das Nichtvorliegen der Bewilligungsvoraussetzungen nicht gekannt zu haben und keine grob fahrlässige Unkenntnis des Fehlens vorliegt (sh. auch § 8a Abs. 4 BerHG). Letztere wird aber regelmäßig dann vorliegen, wenn sich die Beratungsperson nicht über die persönlichen und wirtschaftlichen Verhältnisse informiert und auf den Auskunftsanspruch in § 4 Abs. 6 BerHG verzichtet hat. Das Beurteilungsrisiko, ob die persönlichen und wirtschaftlichen Voraussetzungen vorliegen, gehen insoweit zu Lasten der Beratungsperson.[62]

Für die Beratungspersonen ergibt sich bereits aus § 49a BRAO in Verbindung mit § 16 BORA, § 65a StBerG, § 51a WiPrO und (hinsichtlich der Rentenberater s. o. Rn. 249) eine gesetzliche Verpflichtung zur Annahme von Beratungshilfemandaten.[63] Damit besteht die gesetzliche Verpflichtung, den Mandanten auf die Möglichkeit der Beratungshilfe hinzuweisen, sofern sich Anhaltspunkte ergeben, dass dieser zu dem anspruchsberechtigten Personenkreis gehören könnte. Ist die Beratungsperson der Überzeugung, dass die Voraussetzungen für die Beratungshilfebewilligung nicht vorliegen, besteht kein Übernahmezwang.
Unterlässt es die Beratungsperson **schuldhaft**, den Rechtsuchenden auf die Möglichkeit der Beratungshilfe hinzuweisen, läuft sie Gefahr, wegen Verletzung ihrer **vertraglichen Pflichten** auf Schadensersatz gemäß § 280 Abs. 1, § 241 Abs. 2 BGB in Anspruch genommen zu werden.[64]

253

> **Hinweis:**
> Die Beratungsperson verliert ihren Anspruch auf die Beratungshilfegebühren, wenn sie trotz vorliegender – auch nur geringer – Anhaltspunkte nicht darüber informiert, dass Beratungs- oder Prozesskostenhilfe möglich ist.[65]

Rechnet ein Rechtsanwalt gegenüber seinem Mandanten nach den normalen Gebührensätzen ab, obwohl er Kenntnis von dessen wirtschaftlichen Verhältnissen hat und weiß, dass dieser einen Anspruch auf Bewilligung von Beratungshilfe hat, so kann er sich zudem wegen **Gebührenüberhebung** gem. § 352 StGB **strafbar** machen.[66] Gleiches muss für die übrigen Beratungspersonen gelten.
Den **Rechtsuchenden** trifft im Rahmen der nachträglichen Antragstellung eine besondere **Mitwirkungspflicht**.[67] Denn nicht in jedem Fall ist für die Beratungsperson offensichtlich, dass sie einen beratungshilfeberechtigten Bürger vor sich hat. Insofern ist auch nicht zumutbar, der Beratungsperson die **gesamte Verantwortung** aufzubürden, obwohl § 4 Abs. 6 BerHG dies vermuten lässt und in erster Linie auf die Verantwortlichkeit der Beratungsperson abstellt.[68]

---

62 *Mayer*, AnwBl. Online 2013, 311.
63 sh. Kontrahierungszwang: OLG Hamm, Urteil vom 30.4.2015, Az. I-28 U 88/14.
64 OLG Hamm, Urteil vom 30.4.2015, Az. I-28 U 88/14; *Schwärzer* in Feuerich/Weyland, BRAO, § 49a Rn. 22; *Dürbeck/Gottschalk*, Rn. 1140 ff.; Lindemann/Trenk-Hinterberger, § 7 Rn. 7; OLG Düsseldorf, MDR 1984, 937.
65 AG Marburg, Urteil vom 6.2.2012, Az. 9 C 883/11 – juris (im Falle der Konsultierung eines Rechtsanwaltes).
66 LG Ellwangen, NStZ-RR 2004, 366.
67 a. A.: *Hartmann*, KostG, RVG VV 2500, Rn. 2: „Der Anwalt muss von vornherein eine Klärung darüber herbeiführen, ob sich der Auftraggeber nur im Rahmen des BerHG an ihn wendet und daher auch nur die Festgebühr Nr. 2500 VV RVG entrichten will."
68 Sh. BT-Drs. 17/11472, S. 39; *Mayer*, AnwBl Online 2013, 311.

Dabei kann im Rahmen dieser Mitwirkungspflicht durchaus erwartet werden, dass ein beratungshilfebedürftiger **Bürger** bei Konsultierung einer Beratungsperson auf seine **beengten wirtschaftlichen Verhältnisse aufmerksam** macht, und ihm bewusst ist, dass Beratung und Vertretung **kostenpflichtig** sind.[69] Es erscheint praxisnah, dass dies auch Rechtsuchende ohne entsprechende Vorbildung oder Kenntnisse wissen. Die Beratungsperson kann daher davon ausgehen, dass in beengten finanziellen Verhältnissen lebende Rechtsuchende sich über die Liquidation einer solchen Serviceleistung Gedanken machen und die Beratungsperson selbstständig auf etwaige Schwierigkeiten bei der Begleichung des Honorars hinweisen werden. Dies muss allerdings **im Vorfeld** geschehen.
Der Beratungsperson selbst wird man **ausnahmsweise** nur dann einen **Vorwurf** machen können, wenn sie einen Hinweis auf Beratungshilfe **bewusst oder fahrlässig** übergeht, oder sie die Prüfung der persönlichen und wirtschaftlichen Verhältnisse im Rahmen des § 4 Abs. 6 BerHG nicht vornimmt, wobei zu beachten ist, dass ein solcher Hinweis **nicht stets von der Mitwirkung** des Mandanten **abhängt**. Ist der Beratungsperson die wirtschaftliche Lage des Mandanten im Einzelfall bekannt oder drängt sie sich **aufgrund des Sachverhaltes,** für den Beratungshilfe beansprucht werden soll, oder **aufgrund der äußeren Umstände** regelrecht auf (z. B. Anfechtung eines Sozialhilfebescheids), muss sie ihren Mandanten auch unaufgefordert hierauf ansprechen. Wird die Beratungsperson vom rechtsuchenden Bürger indes **nicht auf seine beengte wirtschaftliche Lage** hingewiesen und sind hierfür auch keine Anhaltspunkte ersichtlich, wird man **keine Verpflichtung** für die Beratungsperson herleiten können, ihren Honoraranspruch **über die Beratungshilfe abzurechnen.**[70]
Gleiches gilt für den Fall, dass sich der Rechtsuchende – trotz ausdrücklichen Hinweises auf die Beratungshilfe – **bewusst gegen** ein solches **Mandat** entscheidet, bspw. weil er der Lebenseinstellung folgt, keine Sozialleistungen beanspruchen zu wollen oder sich eine höhere Einsatzbereitschaft der Beratungsperson bei einem Normalmandat verspricht.
Durch die zum 1.1.2014 geschaffene Möglichkeit der Vereinbarung von Erfolgshonoraren kann – auch bei Beratungshilfe – die Bereitschaft der Beratungsperson zur Leistung von Beratungshilfe gesteigert werden.[71] Denn bei Erfolg kann – bei Vorliegen der entsprechenden Voraussetzungen (sh. Rn. 291) – auch eine Normalvergütung oder ein Erfolgshonorar abgerechnet werden.[72]

253a Die **nachträgliche Antragstellung** ist in § 6 Abs. 2 BerHG geregelt.
Hat die Beratungsperson **Zweifel bezüglich des Vorliegens der Voraussetzungen** für die Beratungshilfe, so kann sie den Rechtsuchenden an das Amtsgericht verweisen, **wenn sie die Beratungstätigkeit noch nicht aufgenommen hat.**[73] Auch hier besteht aber – sofern ein Rechtsverlust wegen der zeitlichen Verzögerung eintritt – ein Haftungsrisiko.
Wenn sich der Rechtsuchende wegen Beratungshilfe unmittelbar an eine Beratungsperson wendet, kann der Antrag auf Bewilligung der Beratungshilfe **nachträglich** gestellt werden.
Gem. §§ 4 Abs. 1 S. 3 und 4 RVG ist es auch möglich, dass die Beratungsperson ganz, also auch für eine außergerichtliche Tätigkeit, auf eine **Vergütung** verzichtet, also eine Leistung „pro bono" erbringt, wenn die Voraussetzungen für die Bewilligung von Beratungshilfe vorliegen.[74]

---

69 OLG Düsseldorf, AnwBl 1984, 147; AG Minden, AnwBl 1984, 516.
70 *Schwärzer* in Feuerich/Weyland, BRAO, § 49a, Rn. 23; *Greißinger*, AnwBl 1986, 417; AG Minden, AnwBl 1984, 516; *Schneider*, MDR 1988, 282 f.
71 s. a. *Lissner*, AGS 2014, 3 ff.
72 *Mayer*, AnwBl Online 2013, 311 ff.; *Nickel*, MDR 2013, 950 ff.
73 *Bischof*, NJW 1981, 898; *Kreppel*, Rpfleger 1986, 86; *Klein*, JurBüro 2001, 171 ff.
74 *Mayer*, AnwBl Online 2013, 311 ff.; *Nickel*, MDR 2013, 950 ff.

> **Hinweis:**
> Das Beurteilungsrisiko, ob die Voraussetzungen der Beratungshilfe vorliegen, trägt die Beratungsperson. Für diese empfiehlt es sich zum Selbstschutz eine möglichst präzise und transparente Situation über die persönlichen und wirtschaftlichen Verhältnisse des Mandanten zu dokumentieren.[75] Da das Gesetz aber nicht ausschließlich auf die persönlichen und wirtschaftlichen Verhältnisse abstellt, zählen für die Möglichkeit der Leistung „pro bono" alle Bewilligungsvoraussetzungen.

Wird allerdings Beratungshilfe auf Grundlage des BerHG geleistet und soll ein nachträglicher Antrag gestellt werden, muss dieser (wie bereits erwähnt) **spätestens vier Wochen nach Beginn der Beratungshilfetätigkeit** bei Gericht eingereicht werden. Wird innerhalb der gesetzlichen Frist ein solcher Antrag eingereicht, ist durch das Gericht über den Beratungshilfeantrag zu entscheiden und – bei Vorliegen der Voraussetzungen – ein entsprechender Berechtigungsschein zu erteilen. Dieser ist **dem Rechtsuchenden als Berechtigtem der Beratungshilfe** zu übersenden.[76] Liegt jedoch eine entsprechende **Vereinbarung** vor, kann auch direkt an die vorwegleistende Beratungsperson übersandt werden, was sich bereits aus Schutzzwecken (sh. Rn. 238 a) empfiehlt. Nach Erteilung und Übersendung eines Berechtigungsscheines bei Vorliegen der Voraussetzungen erfolgt später in einem zweiten Schritt die Prüfung der Liquidation auf Antrag der Beratungsperson **zusammen** mit dem notwendigen **Tätigkeitsnachweis**.

> **Hinweis:** **254**
> Im Fall der unmittelbaren Inanspruchnahme der Beratungsperson gem. § 6 Abs. 2 BerHG wurde die Regelung von § 4 Abs. 6 BerHG ins Gesetz aufgenommen, damit die Beratungsperson selbst die Möglichkeit erhält, zunächst die vorgeschriebenen Angaben sorgfältig zu erheben, sich entsprechende Nachweise und Belege vorlegen zu lassen und letztlich zu überprüfen, ob alle Voraussetzungen zur Gewährung von Beratungshilfe vorliegen. Erst bei Bejahung dieser Voraussetzungen gewährt sie dann Beratung im Rahmen des Beratungshilfegesetzes, sofern ein Hinderungsgrund nicht ersichtlich ist.[77] Kommt der Rechtsuchende seiner Mitwirkungspflicht hier nicht nach, so kann die Beratungsperson die Leistung von Beratungshilfe ablehnen.
> Durch die Möglichkeit des § 4 Abs. 6 BerHG sollen die für den Rechtsuchenden ansonsten zusätzlichen und unzumutbaren Wege sowie ein Zeitverlust vermieden werden. Hält die Beratungsperson die Voraussetzungen für die Bewilligung der Beratungshilfe nicht für gegeben, so hat der Rechtsuchende aber weiterhin die Möglichkeit, eine Entscheidung des Amtsgerichts herbeizuführen, indem er selbst bei diesem einen Antrag stellt.[78]

einstweilen frei **255**

7. Unterschriftszeitpunkt

Im Falle eines **Direktzugangs** ist ein nachträglicher Bewilligungsantrag gegenüber dem Gericht erforderlich (sh. Rn. 253 a, 238). **256**

---

75 *Mayer,* AnwBl Online 2013, 311 f.
76 *Lissner,* AGS 2013, 211 ff.
77 BT-Drs. 8/3695, S. 8 zu § 4 BerHG; *Nagel,* Rpfleger 1982, 214; *Klein,* JurBüro 2001, 173.
78 BT-Drs. 8/3695 zu § 7 BerHG.

Auch bei einer nachträglichen Antragstellung ist Beratungshilfe nur dann zu bejahen, wenn sich der Bürger mit seinem Antrag ausdrücklich **wegen Beratungshilfe** an seine Beratungsperson gewendet hat.[79]
Bzgl. der **alten Rechtslage (bis 31.12.**2013) war ein Meinungsstreit über die Frage entbrannt, ob das Antragsformular vor oder nach Beginn der Beratungstätigkeit ausgefüllt und unterzeichnet werden muss bzw. kann.
Nach einer **Auffassung** kam es hierbei nicht darauf an, ob das Antragsformular vor oder nach Beginn der Beratungstätigkeit ausgefüllt und unterzeichnet worden ist, da sich das Erfordernis einer vorherigen Unterzeichnung nicht unmittelbar aus dem Gesetz ergab.[80] Das OLG Naumburg[81] hatte hierzu entschieden, dass die Antragsunterzeichnung auch noch nach Aufnahme der Tätigkeit erfolgen könne. Es könne nicht erwartet oder gar zur Pflicht erhoben werden, dass der Rechtsanwalt schon im Rahmen des ersten Kontaktgesprächs die finanziellen Vertragsgrundlagen erörtere und bis dahin jede Beratung zurückgestellt werde. Aus diesen Gesichtspunkten ließe sich die Forderung, dass der Antrag auf Gewährung von Beratungshilfe vom Rechtsuchenden deshalb vor der Tätigkeit des Rechtsanwalts unterzeichnet werden müsse, nicht begründen,[82] zumal die Datierung sich nicht überprüfen lasse.[83]
Die **gegenteilige Auffassung** ging hingegen davon aus, dass auch ein nachträglicher Antrag auf Beratungshilfe zum Zwecke dieser Klarstellung bereits **vor der ersten Tätigkeit** des Rechtsanwaltes **unterzeichnet** sein musste.[84] Wurde der Rechtsuchende danach von einem Rechtsanwalt beraten oder vertreten, ohne dass diese Voraussetzung vorgelegen habe, könne der Bewilligungsantrag nicht nachträglich gestellt werden und sei zurückzuweisen. Sinn der Beratungshilfe sei es **nicht**, ein bestehendes **Risiko** dahingehend zu **minimieren**, dass erst dann über die Beratungshilfe abgerechnet wird, wenn sich herausstellt, dass der Mandant nicht mehr zahlungsfähig oder gar zahlungsunwillig ist.[85] Um Letzteres eindeutig **auszuschließen, verlangten viele Gerichte** einen klareren und eindeutigen Nachweis eines Beratungshilfemandates. Um **Missbrauch vorzubeugen**, erscheint die damalige Praxisforderung, der schriftliche **Antrag** müsse auch bei Direktzugang zum Rechtsanwalt **zuvor unterschrieben** werden, zumindest **nachvollziehbar**.[86]

256a Nach der Rechtslage seit dem 1.1.2014 ist dieser Aspekt weiterhin nicht gesetzlich geregelt. Allerdings ist das Risiko, nachträglich Normalmandate

---

79 AG St. Wendel, Rpfleger 2001, 602; *Hellstab*, Rpfleger 2004, 344; vgl. BT-Drs. 8/3695, S. 8 zu § 4 BerHG; *Hartmann*, KostG, RVG VV 2500, Rn. 1.
80 AG Biedenkopf, JurBüro 2011, 540; AG Mannheim, NJW-RR 2006, 1567; *Mayer* in Gerold/Schmidt, 20. Aufl., VV 2500–2508, Rn. 12, Rn. 25; AG Rockenhausen, Beschluss vom 22.12.2005, Az. UR IIa 207/05 – juris; LG Oldenburg, Rpfleger 2001, 36.
81 OLG Sachsen-Anhalt, Rpfleger 2006, 86.
82 LG Oldenburg, BRAGOreport 2001, 14.
83 *Hellstab*, Rpfleger 2008, 186; LG Oldenburg, Rpfleger 2001, 36 f, noch *Büttner/Wrobel-Sachs/Gottschalk/Dürbeck*, Rn. 978.
84 AG Marburg, JurBüro 2012, 595 f.; AG Koblenz, Beschluss vom 25.6.2012, Az. 40 UR II 1491/11 – juris; Rpfleger 2012, 637–638 – juris; AG Gemünden (Main), JurBüro 2009, 605 f.; *Kreppel*, Rpfleger 1986, 86; LG Hannover, NJW-RR 2000, 1370; LG Hannover NdsRpfl 2000, 293; AG Konstanz, NJW 2007, 1474; AG Bad Kissingen, FamRZ 2001, 558; *Klein*, JurBüro 2001, 172 ff.; AG Minden, AnwBl 1984, 516; AG St. Wendel, Rpfleger 2001, 602 f.; AG Rockenhausen, Beschluss vom 22.12.2005, Az. UR IIa 207/05 – juris; AG Tostedt, Beschluss vom 28.12.2004, Az. 4 II 424/04 – juris; AG Bitburg, JurBüro 2008, 40; AG Tempelhof-Kreuzberg, JurBüro 2007, 541 f.; AG Paderborn, AGS 2006, 395; *Lissner*, Rpfleger 2007, 448; AG Pinneberg, Beschluss vom 20.1.2010, Az. 68 II 2184/09, n. v.; siehe auch BVerfG, NJW 2008, 1581, das diese Praxis nicht beanstandet hat.
85 AG St. Wendel, Rpfleger 2001, 603; AG Konstanz, Beschluss vom 27.5.2005, Az. UR II 230/ 05, n. v.; AG Braunschweig, JurBüro 1987, 609.
86 BVerfG, NJW 2008, 1581.

über die Beratungshilfe abrechnen zu können, durch die Einführung der 4-Wochen-Frist deutlich geschmälert worden. Auch der Streitpunkt der „vorherigen Unterschrift", also der Klarstellung, dass die Tätigkeit im Rahmen der Beratungshilfe erfolgt, wurde „abgeschwächt" und auf den **Zeitpunkt der Beratungshilfeleistung** verlagert.[87] Wie bisher ist der Direktzugang des Rechtsuchenden zu einer Beratungsperson unmittelbar möglich. Unbestritten (nach wie vor) ist daher, dass bereits vor der Aufnahme der Tätigkeit klar sein muss, dass ein Mandat zu den Spezialkonditionen des BerHG und nicht nach den herkömmlichen Gebührentatbeständen zustande kommt. Dies wird u. a. daraus abgeleitet, dass die unmittelbare Inanspruchnahme einer Beratungsperson „*im Wege der Beratungshilfe*" erfolgen muss[88] und der Rechtsuchende direkt bei Konsultierung einer Beratungsperson klarzustellen habe, dass eine Tätigkeit der Beratungsperson **im Wege der Beratungshilfe** gewünscht ist.[89] Daneben dient das BerHG nicht der Absicherung eines anwaltlichen Gebührenrisikos.[90]
Keinesfalls kann durch die Einführung der Frist geschlussfolgert werden, dass kein vorheriges, eindeutiges Beratungshilfemandat mehr vorliegen müsse.[91] Zu einer solchen Schlussfolgerung hätte man ggfs. noch nach dem Gesetzesentwurf der Bundesregierung[92] kommen können. Hier lautete der Entwurf des § 6 Abs. 2 BerHG noch wie folgt: „*Wird die Beratungsperson in einer Angelegenheit tätig, bevor ein Berechtigungsschein hierfür ausgestellt worden ist, wird Beratungshilfe auf einen nachträglich gestellten Antrag hin nur bewilligt, wenn es dem Rechtsuchenden auf Grund besonderer Eilbedürftigkeit der Angelegenheit nicht zuzumuten war, vorher bei dem Gericht einen Berechtigungsschein einzuholen.*" Diese zunächst vorgesehene Formulierung nahm Abstand von dem Petitum des sich „wegen Beratungshilfe" an eine Beratungsperson Wendens, in dem es nicht mehr auf die Beratungshilfe, sondern auf die Tätigkeit in einer „Angelegenheit" abstellte. Daneben ermöglichte diese Formulierung gerade die nachträgliche Verwendung einer Angelegenheit vor Beratungshilfe als spätere Beratungshilfe. Der Rechtsausschuss hatte in seiner Beschlussempfehlung vom 15.5.2013 aber angeregt,[93] welche letztlich dann am 16.5.2013 auch beschlossen wurde, die Möglichkeit der nachträglichen Antragstellung „*in Fortgeltung der bisherigen Rechtslage*" bestehen zu lassen.[94] Die bisherige Regelung des § 4 Abs. 2 S. 4 BerHG in der Fassung bis 31.12.2013 wurde daher wortgleich in § 6 Abs. 2 S. 1 BerHG n. F. übernommen.[95] § 6 Abs. 2 BerHG lautet daher unverändert zu § 4 Abs. 2 BerHG a. F. wie folgt: „*Wenn sich der Rechtsuchende **wegen Beratungshilfe** unmittelbar an eine Beratungsperson wendet, kann der Antrag auf Bewilligung der Beratungshilfe nachträglich gestellt werden.*" Das Gesetz verlangt daher weiterhin das „*wegen Beratungshilfe an eine Beratungsperson Wendens*" und so die Eindeutigkeit, dass das Mandat nach den Bestimmungen des BerHG zustande kommt.
Die Eindeutigkeit eines Beratungshilfemandates wird umso mehr gefordert, da der Gesetzgeber in Kenntnis des Streitpunktes keine Änderung im Rahmen der Reform vorgenommen, sondern – wie bislang – die bisherige Bestimmung des „sich an ... wegen Beratungshilfe Wendens" wortgetreu in § 6 Abs. 2 BerHG

---

87 *Lissner/Schneider*, AGS 2014, 157 ff.
88 sh. auch *Hartmann*, KostG, RVG, zu 2500 VV Rn. 1.
89 AG St. Wendel, Rpfleger 2001, 602; Hellstab, Rpfleger 2004, 344; ausführlich: AG Oldenburg (Holstein), Beschluss vom 28.7.2009, Az. 17 II 1146/08.
90 BVerfG, Beschluss vom 16.1.2008, Az. 1 BvR 2392/07, NJW 2008, 1581.
91 *Lissner/Schneider*, AGS 2014, 157 ff.
92 Bt-Drs. 17/11472.
93 Bt-Drs. 17/13538, S. 40.
94 Bt-Drs. 17/13538, S. 40.
95 Rn. 238 a.

übernommen hat. Dies folgt auch aus der nach § 4 Abs. 6 BerHG erforderlichen **Versicherung**, dass noch keine Beratungshilfe gewährt worden ist. Ansonsten müsste der Rechtsuchende gegenüber der Beratungsperson, die für ihn bereits tätig geworden ist und deren bereits erbrachte Tätigkeit er als Beratungshilfe nachträglich gewertet haben will, wider besseren Wissens erklären, dass noch keine Beratungshilfe gewährt worden sei.[96]

Dabei ist aber zu beachten, dass **nicht immer zwingend ein Beratungshilfemandat zustande gekommen** sein muss. Der Rechtsuchende kann durchaus persönliche Gründe (sh. Rn. 253) dafür haben, selbst beim Vorliegen der Voraussetzungen des § 1 BerHG ein Mandatsverhältnis über die regulären Gebührensätze begründen zu wollen,[97] oder alternativ auch über eine Gebührenvereinbarung ein Beratungsanreiz für die Beratungsperson zu schaffen.

Das Erfordernis einer **vorherigen Unterschrift** auf dem schriftlichen Antrag kann in der Praxis nicht mehr gefordert werden. Dies gilt insbesondere unter dem Gesichtspunkt, dass der nachträgliche Antrag auch mündlich beim Amtsgericht gestellt werden kann (sh. hierzu jedoch Rn. 238 a), wenngleich die Formulierung des Hinweisblattes § 1 Nr. 1 Anlage 1 BerHFV auf eine schriftliche Antragstellung hindeutet. Auch sieht das für den schriftlichen Antrag zwingend zu verwendende Antragsformular (Anlage 1 zu § 1 Nr. 1 BerHFV[98]) die Möglichkeit vor (sh. insoweit die gewählte Vergangenheitsform), den **Antrag auch später schriftlich zu unterzeichnen**, wenn nur das eigentliche Datum der Erstberatung/Erstvertretung eindeutig erkennbar ist („... *Ich habe mich unmittelbar an eine Beratungsperson gewandt. Die Beratung und/oder Vertretung hat erstmals am ... stattgefunden*"). Insoweit ist auf jeden Fall (auch) auf dieses Datum der Erstberatung/Erstvertretung abzustellen und zu fordern, dass dieses mit dem tatsächlich belegten Beginn der Erstberatung/Erstvertretung übereinstimmt.

> **Beispiel:**
> Am 15.11.2017 geht der nachträgliche schriftliche Antrag über das Büro des Rechtsanwaltes bei Gericht ein. In diesem versichert der Rechtsuchende, dass er sich „unmittelbar an eine Beratungsperson gewandt" hat und „dass die Beratung und/oder Vertretung erstmals am 3.11.2017 stattgefunden" habe. Aus den beigefügten Unterlagen kann jedoch entnommen werden, dass eine tatsächliche Beratung/Vertretung durch die Beratungsperson bereits am 5.10.2017 stattgefunden hat. Es wird in einem solchen Fall davon auszugehen sein, dass kein Beratungshilfemandat erfolgt ist und die Beratungshilfe daher unzulässig ist. Ein Anspruch gegen die Staatskasse scheidet in diesen Fällen aus.
> Eine beratende Tätigkeit vor dokumentiertem Beratungs-/Vertretungsbeginn begründet keinen Gebührenerstattungsanspruch gegenüber die Staatskasse.[99] Ein undatierter Antrag ist ebenfalls unzureichend.[100]

Vor Beginn der Beratung muss **eindeutig die klare Übereinkunft** zwischen dem Rechtsuchenden und der Beratungsperson getroffen sein, dass es sich **um ein Beratungshilfemandat** handelt.[101] Dieses muss **dokumentiert und nachweisbar** sein, da sich ansonsten nicht ausschließen lässt, dass Normalmandate nachträglich über die Beratungshilfe abgerechnet werden.

---

96 *Lissner,* Rpfleger 2007, 448 ff.; a. A.: OLG Bamberg, JurBüro 2008, 42: Versicherung bezieht sich nur auf vorangegangene Rechtssachen.
97 *Derleder,* MDR 1981, 448 ff.
98 BGBl I 2014, S. 2 ff.
99 sinngemäß: AG Koblenz, Beschluss vom 25.6.2012, Az. 40 UR II 1491/11 – juris.
100 sinngemäß: AG Koblenz, Rpfleger 2012, 637.
101 so auch AG Halle (Saale), Beschluss vom 4.4.2013, Az. 103 II 455/13 – juris.

Das Gericht hat zu prüfen,
- ob die 4-Wochen-Frist eingehalten wurde, und
- ob überhaupt ein Beratungshilfemandat zustande gekommen ist.

Die **Form der Nachweise** wird hingegen nicht geregelt und es bleibt insoweit dem Gericht überlassen, wie es sich diese glaubhaft nachweisen lässt.

8. Nachweis- und Belegpflicht

Gem. **§ 4 Abs. 3 BerHG** sind dem Antrag zwingend Erklärungen beizufügen. Danach ist zum einen die Erklärung des Rechtsuchenden über seine **persönlichen und wirtschaftlichen Verhältnisse** einzureichen. Diese muss insbesondere Angaben zu Familienstand, Beruf, Vermögen, Einkommen und Lasten enthalten, die **entsprechenden Belege sind beizufügen**, § 4 Abs. 3 Nr. 1 BerHG. Diese sind **in deutscher Sprache** vorzulegen.[102]

Zum anderen hat der Rechtsuchende zu **versichern**, dass ihm in derselben Angelegenheit Beratungshilfe bisher weder gewährt noch durch das Gericht versagt worden ist, und dass in derselben Angelegenheit kein gerichtliches Verfahren anhängig ist oder war, § 4 Abs. 3 Nr. 2 BerHG.

Sowohl für die Erklärungen über die persönlichen und wirtschaftlichen Verhältnisse als auch für die entsprechenden Erklärungen und Versicherungen des Rechtsuchenden **bietet das Antragsformular entsprechende Felder** an.

Daneben sind gem. **§ 4 Abs. 4 BerHG** die mündlichen oder schriftlichen Angaben zu den wirtschaftlichen Voraussetzungen der Beratungshilfe **glaubhaft** zu machen, wenn das Gericht dies für erforderlich hält. Dieses Erfordernis verlangt regelmäßig die **Vorlage von Belegen**. Nach § 4 Abs. 4 BerHG kann das Gericht aber insbesondere auch verlangen, dass der Rechtsuchende die Richtigkeit seiner tatsächlichen Angaben an **Eides Statt** versichert.[103] Es kann zudem **Erhebungen vornehmen**, insbesondere die Vorlage von Urkunden anordnen und Auskünfte einholen.

Neben Kontoauszügen kommen hier insbesondere Nachweise über Lohn bzw. Gehalt, Sozialleistungen, vorhandene Sparkonten etc., Steuerbescheide, Nachweise über Mietzahlungen, Kreditverträge, Lebensversicherungsverträge oder sonstige vorhandene Nachweise über die persönlichen oder wirtschaftlichen Verhältnisse in Betracht.[104] Erfolgt die **Unterstützung von Seiten Dritter**, so sind diese mit Namen und Anschrift sowie dem genauen Unterstützungsbetrag anzugeben.[105]

Zeugen und Sachverständige werden nicht vernommen (§ 4 Abs. 4 S. 3 BerHG), da die Kosten hierfür nicht in Relation zur gewährten Beratungshilfe stehen. Da das Gesetz die Regelung in § 4 Abs. 4 BerHG ausdrücklich als sog. „Kann-Bestimmung" formuliert hat, steht es **im Ermessen des Gerichts**, Erhebungen vorzunehmen.[106]

Sofern das Gericht eine Glaubhaftmachung der persönlichen und wirtschaftlichen Verhältnisse verlangt, normiert **§ 4 Abs. 5 BerHG** eine Verpflichtung zur Folgeleistung des Rechtsuchenden und damit eine **Mitwirkungspflicht**. Eine fehlende oder eine ungenügende Auskunft des Antragstellers bilden einen eigenen **Zurückweisungsgrund**. Zuvor ist dem Antragsteller allerdings eine nach dem konkreten Einzelfall zu bemessende **angemessene Frist zur Auskunft oder Darlegung seiner Verhältnisse** im Rahmen einer Zwischenverfügung zu gewähren.

---

102 OLG Hamm, JurBüro 2000, 259 – juris.
103 Gemäß § 5 BerHG finden auch die §§ 26, 31 FamFG entsprechende Anwendung, so dass die eidesstattliche Versicherung zur Glaubhaftmachung bereits vor dem Inkrafttreten der Reform herangezogen werden konnte.
104 *Groß*, § 4, Rn. 20.
105 OVG NRW, NVwZ-RR 2015, 118 – juris; *Fischer* in Musielak/Voit, ZPO, § 117 Rn. 16.
106 *Lissner*, AGS 2013, 211 ff.

257b Für den Fall einer **nachträglichen Antragstellung** hat auch die **Beratungsperson** nach § 4 Abs. 6 BerHG einen **Auskunftsanspruch** hinsichtlich der persönlichen und wirtschaftlichen Verhältnisse (sh. Rn. 254). Hiernach kann die Beratungsperson **vor Beginn** der Beratungshilfetätigkeit verlangen, dass der Rechtsuchende seine persönlichen und wirtschaftlichen Verhältnisse belegt und erklärt, dass ihm in derselben Angelegenheit Beratungshilfe bisher weder gewährt noch durch das Gericht versagt worden ist, und dass in derselben Angelegenheit kein gerichtliches Verfahren anhängig ist oder war. Die Abgabe einer eidesstattlichen Versicherung als Mittel der Glaubhaftmachung kann die Beratungsperson im Gegensatz zum Gericht hingegen nicht verlangen, da der Gesetzeswortlaut dies nicht vorsieht.

§ 4 Abs. 6 BerHG soll ein bestehendes Gebührenrisiko der Beratungsperson minimieren. Auch hier handelt es sich lediglich um eine „Kann-Regelung", so dass es **im Ermessen der Beratungsperson** steht, wie sie sich im Falle eines Direktzugangs die Bedürftigkeit belegen lässt. Allerdings kann die bewilligte Beratungshilfe nachträglich wieder aufgehoben werden, wenn sich herausstellt, dass die persönlichen und wirtschaftlichen Verhältnisse nicht vorgelegen haben. Der Beratungsperson steht in einem solchen Falle nur dann ein Gebührenanspruch gegen die Staatskasse (weiterhin) zu, wenn sie glaubhaft darlegen kann, das Nichtvorliegen der persönlichen und wirtschaftlichen Verhältnisse nicht gekannt zu haben und keine grob fahrlässige Unkenntnis des Fehlens vorliegt (sh. auch § 8a Abs. 4 BerHG). Letztere wird aber regelmäßig dann vorliegen, wenn sich die Beratungsperson nicht über die persönlichen und wirtschaftlichen Verhältnisse informiert und auf den Auskunftsanspruch in § 4 Abs. 6 BerHG verzichtet hat.

> Praxistipp:
> Auch bei nachträglicher Aufhebung der Beratungshilfe besteht ein Vergütungsanspruch gegen die Staatskasse, wenn die Beratungsperson den Umstand der Aufhebung nicht zu vertreten hat. Bei den persönlichen und wirtschaftlichen Verhältnissen wird ein solcher Gebührenanspruch bei Aufhebung wegen Unrichtigkeit aber regelmäßig ausscheiden, da die Beratungsperson einen gesetzlichen Anspruch auf Auskunft und Darlegung hat und sich – bei Nichtinanspruchnahme – grob fahrlässig verhält. Mit anderen Worten: Wird vom Auskunftsanspruch des § 4 Abs. 6 BerHG kein Gebrauch gemacht, geht das Risiko einer späteren Aufhebung zu Lasten der Beratungsperson. Zu den Folgen für den Vergütungsanspruch sh. insoweit Rn. 274c.

Die Belege selbst haben nicht zur Aufgabe, die eigentlichen Angaben zu ersetzen, sondern ihre Überprüfung zu ermöglichen.[107] Sie stellen kein Formerfordernis des Antrages dar, sondern dienen lediglich der Glaubhaftmachung.[108] Die Beifügung von Belegen dient nur der Kontrolle der Richtigkeit der geforderten Angaben, entbindet den Rechtsuchenden aber nicht von der Verpflichtung, die **im Formular geforderten Beträge im Einzelnen betragsmäßig anzugeben**.[109] Eine Angabe „siehe Anlage Beleg" genügt also nicht.

> Praxistipp:
> Die Belege – sei es im Original oder in Kopie – müssen dem Gericht nur vorgelegen haben und können anschließend zurückgegeben werden. Nach dem Gesetzeswortlaut ist davon auszugehen, dass nur die Erklärung

---

107 OLG Frankfurt, FamRZ 1997, 682 f. (zur PKH).
108 sh. zur PKH: *Geimer* in Zöller, ZPO, § 117 Rn. 19.
109 OLG Nürnberg, FamRZ 1985, 824 f.

der persönlichen und wirtschaftlichen Verhältnisse, nicht aber die entsprechenden Belege zur Akte zu nehmen sind und die Prüfung der Belege im Ermessen des Gerichts steht. Es reicht daher aus, dass die Belege geprüft und anschließend wieder zurückgegeben werden. Kopien der Belege müssen daher nicht gefertigt werden.

Bezieher von **laufenden Leistungen zum Lebensunterhalt nach SGB XII** müssen die Abschnitte C bis G des Vordrucks **vorbehaltlich einer anderweitigen Anordnung** nicht ausfüllen, wenn der letzte Bewilligungsbescheid des Sozialamtes beigefügt wird (**§ 2 BerHFV**).
Dies gilt **nicht für Bezieher von Leistungen nach SGB II.**[110] Die alleinige Vorlage des Bewilligungsbescheides ist hier – da das Recht der PKH und damit das der Beratungshilfe an die Tatbestände des SGB XII anknüpft und die Voraussetzungen des SGB II hierzu unterschiedlich sind – nicht ausreichend.[111] Diese Antragsteller haben den gesamten Vordruck auszufüllen und ebenfalls den **letzten Bewilligungsbescheid einschließlich des Berechnungsbogens** nebst evtl. weiteren vorhandenen Nachweisen vorzulegen.
Durch gesonderte Anordnung des Gerichts können auch weitere Angaben und Nachweise verlangt werden und dies empfiehlt sich bei Vorliegen entsprechender Anhaltspunkte auch in der Praxis.[112]
Diese Anordnung kann bei mündlicher Antragstellung durch die direkte Aufforderung des Rechtsuchenden, weitere Angaben zu tätigen und diese zu belegen, und bei nachträglicher Antragstellung durch entsprechende Zwischenverfügung erfolgen. Für eine generelle Anordnung dieser Art – etwa für alle Beratungshilfeverfahren eines bestimmten Rechtspflegers – findet sich hingegen keine gesetzliche Grundlage.
Soweit § 4 Abs. 4 S. 2 BerHG dem Gericht die Möglichkeit gibt, **Auskünfte einzuholen**, stellt sich die Frage, ob und in welcher Form diese eingeholt werden können. Sicher kann das Gericht im Rahmen des Bewilligungsverfahrens an den Rechtsuchenden Fragen zur Angelegenheit, zu seinen persönlichen oder wirtschaftlichen Verhältnissen etc. stellen, auch darf es – bei Vorliegen von Anhaltspunkten – bei anderen Gerichten nachfragen, ob bspw. nach einem Umzug des Rechtsuchenden dort bereits für diesen Beratungshilfe in der beantragten Angelegenheit bewilligt wurde.
Jedoch dürften **darüber hinaus gehende Auskünfte bei Dritten, wie bspw. Behörden, Ämtern, dritten beteiligten Personen nicht möglich** sein.[113] Insoweit kann es sich hier nur um ein redaktionelles Versehen des Gesetzgebers handeln. Im Gesetzesentwurf der Bundesregierung[114] waren ursprünglich erweiterte Ermittlungsmöglichkeiten des Gerichts geregelt, wonach mit Zustimmung des Rechtsuchenden z. B. bei Finanzämtern oder Arbeitgebern Auskünfte zum Einkommen eingeholt werden dürfen. Die aufgeführten Ermittlungsmöglichkeiten sollten dem Zweck dienen, die Zuverlässigkeit der Angaben des Rechtsuchenden zu gewährleisten.
Der Rechtsausschuss des Deutschen Bundestages[115] hat jedoch diese vorgeschlagene Befugnis für die Gerichte abgelehnt, was letztlich auch so in die reformierten Vorschriften übernommen wurde. Die Verhältnismäßigkeit der Regelung wurde hier zu recht kritisch gesehen. Eine fehlende Glaubhaftmachung der notwendigen Angaben zu den persönlichen oder wirtschaftlichen

---

110 sh. zur PKH BFH, Beschluss vom 8.3.2016, Az. V S 9/16 (PKH) – juris.
111 OLG Jena, FamRZ 2015, 1919 f.; BFH, Beschluss vom 8.3.2016, Az. V S 9/16 (PKH) – juris.
112 LG Koblenz, JurBüro 1999, 371 (zur PKH).
113 a. A.: *Groß*, § 4, Rn. 20, der die Einholung von Auskünfte bei allen Behörden und Privatpersonen als zulässig erachtet.
114 BT-Drs. 17/11472, S. 31, 32, 38, 39
115 BT-Drs. 17/13538, S. 26, 27

Verhältnissen oder die ungenügende Beantwortung schriftlicher Fragen ging auch schon nach bisherigem und jetzt auch nach neuem Recht zu Lasten des Rechtsuchenden, nämlich dass dann der Antrag auf Bewilligung von Beratungshilfe abgelehnt werden kann. Seit der gesetzlich eindeutigen Regelung in § 4 Abs. 5 BerHG ist klar, dass fehlende Mitwirkung nun einen eigenen Zurückweisungstatbestand begründet.

259 einstweilen frei

260 Im Rahmen der Belegpflicht kann speziell die Vorlage von **Kontoauszügen** gefordert sein, wobei **Schwärzungen** hingenommen werden müssen, wenn andernfalls besondere personenbezogene Daten (Parteizugehörigkeit, konfessionelles Bekenntnis etc.) offengelegt werden müssten.[116] Den Auszügen muss jedoch **trotz Schwärzung eine hinreichende Beweiskraft** zukommen. Ansonsten kann dies zur Antragszurückweisung führen.[117]

261 Bei den wirtschaftlichen Voraussetzungen ist auf die Einkommens- und Vermögenslage **zum Zeitpunkt der Entscheidung über die Beratungshilfe** abzustellen.[118] Daher sind Belege und Nachweise auch für diesen Zeitraum zu verlangen; **anders bei § 4 Abs. 6 BerHG**: Zeitpunkt, in dem der Rechtsanwalt oder die sonstige Beratungsperson unmittelbar aufgesucht wird und selbst prüft.

9. Zeitliche Grenzen der nachträglichen Antragstellung

262 Zeitliche Grenzen für die nachträgliche Antragstellung sind in § 6 Abs. 2 BerHG geregelt. Es handelt sich um eine **Frist von vier Wochen nach Beginn der Beratungshilfetätigkeit**. Bezüglich der **Fristenberechnung** gilt § 16 Abs. 2 FamFG i. V. m. § 222 ZPO i. V. m. §§ 187 ff. BGB (sh. auch Rn. 238b). Geht **der Antrag erst nach Ablauf der 4-Wochen-Frist bei Gericht ein**, so ist dieser als unzulässig zurückzuweisen. Zunächst sollte aber mittels Zwischenverfügung um eine Antragsrücknahme gebeten werden. Bei der 4-Wochen-Frist handelt es sich um eine Ausschlussfrist. Es soll zeitnah für alle am Verfahren beteiligten Personen Rechtssicherheit geschaffen werden.

Muster für einen Zurückweisungsbeschluss
In der Beratungshilfesache
Sven Muster, Klostergasse 7, 78634 Bärenhausen,
– Antragsteller –
Rechtsanwalt Stefan Müller, Hauptstraße 123, 78634 Bärenhausen,
– Antragstellervertreter –
wegen Geltendmachung einer Forderungsabwehr gegen die Firma XY GmbH
wird der Antrag auf Bewilligung von Beratungshilfe vom 15.1.2018 zurückgewiesen.

Gründe:
Der Antragsteller hat mit Antrag vom 15.1.2018 für die oben genannte Angelegenheit nachträglich die Bewilligung von Beratungshilfe beantragt, § 6 Abs. 2 BerHG.
Ausweislich des Datums des Antrags (15.1.2018) sowie des beigefügten Schriftsatzes des Antragstellervertreters an die Fa. XY GmbH gleichen Datums hat die Beratungshilfetätigkeit am 7.11.2017 begonnen. Der Antrag auf Bewilligung von Beratungshilfe ist ausweislich des Posteingangsstempels

---

[116] BSG, Urteil vom 19.9.2008, Az. B 14 AS 45/07 R – juris.
[117] *Fischer* in Musielak/Voit, ZPO, § 117 Rn. 16; OLG Brandenburg, NJW 2006, 2861 (jeweils zur PKH), sh. zur Thematik auch Brandenburgisches OLG, Rpfleger 2015, 152 f.
[118] *Dürbeck/Gottschalk*, Rn. 1153.

jedoch erst am 19.1.2018 beim Amtsgericht eingegangen, demnach nach Ablauf der vierwöchigen Frist gem. § 6 Abs. 2 BerHG.
Da es sich vorliegend um eine Ausschlussfrist handelt, ist der Antrag nicht fristgerecht eingereicht worden und damit als unzulässig zurückzuweisen.

Rechtsbehelfsbelehrung:
Gegen diesen Beschluss findet die unbefristete Erinnerung statt (§ 7 BerHG).
Die Erinnerung ist durch Einreichung einer Erinnerungsschrift oder zu Protokoll der Geschäftsstelle bei dem Amtsgericht [konkretes Gericht mit Sitz, welches die Entscheidung erlassen hat] einzulegen.
Die Erinnerung kann auch als elektronisches Dokument eingereicht werden. Eine einfache E-Mail genügt den gesetzlichen Anforderungen nicht.
Das elektronische Dokument muss
– mit einer qualifizierten elektronischen Signatur der verantwortenden Person versehen sein oder
– von der verantwortenden Person signiert und auf einem sicheren Übermittlungsweg eingereicht werden.
Ein elektronisches Dokument, das mit einer qualifizierten elektronischen Signatur der verantwortenden Person versehen ist, darf wie folgt übermittelt werden:
– auf einem sicheren Übermittlungsweg oder
– an das für den Empfang elektronischer Dokumente eingerichtete Elektronische Gerichts- und Verwaltungspostfach (EGVP) des Gerichts.
Wegen der sicheren Übermittlungswege wird auf § 130a Abs. 4 der Zivilprozessordnung verwiesen. Hinsichtlich der weiteren Voraussetzungen zur elektronischen Kommunikation mit den Gerichten wird auf die Verordnung über die technischen Rahmenbedingungen des elektronischen Rechtsverkehrs und über das besondere elektronische Behördenpostfach (Elektronischer-Rechtsverkehr-Verordnung, – ERVV) in der jeweils geltenden Fassung sowie auf die Internetseite www.justiz.de verwiesen.
Die Erinnerung kann auch zur Niederschrift eines anderen Amtsgerichts erklärt werden. Die Mitwirkung eines Rechtsanwalts ist nicht vorgeschrieben. Die Erinnerung muss die Bezeichnung des angefochtenen Beschlusses sowie die Erklärung enthalten, dass Erinnerung gegen diesen Beschluss eingelegt wird. Sie ist von dem Erinnerungsführer oder seinem Bevollmächtigten zu unterzeichnen. Die Erinnerung soll begründet werden.

Bärenhausen, den 30.1.2018
Das Amtsgericht
gez. Becker
Rechtspflegerin

Unter Rn. 238b wurde bereits die folgende Thematik kurz angerissen: Der nachträglich gestellte Beratungshilfeantrag wird zwar **fristgerecht (also innerhalb der 4-Wochen-Frist)**, aber unvollständig oder ohne bzw. nur mit teilweise entsprechenden Nachweisen/Belegen eingereicht. Zur Fragestellung, ob der Antrag nebst den entsprechenden Erklärungen und Belegen **nunmehr innerhalb der bereits laufenden 4-Wochen-Frist vollständig und korrekt vorliegen** muss, haben sich unterschiedliche Ansichten und Meinungen herausgebildet:
Das Gesetz unterscheidet in diesem Kontext nicht, ob es sich um einen unmittelbar beim Amtsgericht gestellten Antrag und/oder um einen nachträglich gestellten Antrag handelt. Auch äußert sich das Gesetz zur Vollständigkeit des Antrages selbst nicht. Gerügt werden können nach § 4 Abs. 4 und 5 BerHG speziell die fehlende Glaubhaftmachung der Angaben über die persönlichen und wirtschaftlichen Verhältnisse sowie die fehlende bzw. ungenügende Beant-

262a

wortung bestimmter Fragen. Gefordert wird hier daher, dass ein **verfahrensleitender Antrag** vorliegt. Dafür muss zunächst ein Antrag gestellt sein (mündlich oder schriftlich – auch als elektronisches Dokument) und der Sachverhalt, für den Beratungshilfe begehrt wird, angegeben werden. Des Weiteren wird in § 4 Abs. 3 Nr. 1 BerHG bestimmt, dass eine Erklärung des Rechtsuchenden über seine persönlichen und wirtschaftlichen Verhältnisse und nach § 4 Abs. 3 Nr. 2 BerHG eine Versicherung des Rechtsuchenden, dass ihm in derselben Angelegenheit Beratungshilfe bisher weder gewährt noch durch das Gericht versagt worden ist, und dass in derselben Angelegenheit kein gerichtliches Verfahren anhängig ist oder war, vorliegen muss. Es kann dabei aus der Beifügungspflicht von Belegen/Nachweisen nicht geschlossen werden, dass nur vollständig eingereichte Anträge als verfahrensleitend zu werten sind.[119] Teilweise sieht die amtsgerichtliche Ebene[120] es in diesem Zusammenhang als Notwendigkeit an, dass der fristgerecht eingereichte Antrag bereits den **wesentlichen Formerfordernissen** (Formularzwang, persönliche Daten und Unterschrift wie auch die vom Rechtsuchenden selbst abzugebenden Versicherungen) entsprechen muss. Weiterhin muss der Antrag bereits wesentliche Angaben zur Angelegenheit und zu den persönlichen und wirtschaftlichen Verhältnissen enthalten, um die Ausschlussfrist zu wahren. Groß[121] sieht im Gegensatz hierzu strenger als Aufgabe des Gerichts an, den Rechtsuchenden bzw. die Beratungsperson zu einer Ergänzung fehlender Angaben oder Erklärungen so anzuhalten, dass diese innerhalb der 4-Wochen-Frist vorliegen. Es soll hier durch die kurze Frist **schnell eine Rechtssicherheit geschaffen** und den Gerichten die Prüfung lang zurückliegender Sachverhalte erspart werden. Weiteres greifbares Argument ist die durch die sehr kurze Frist mögliche **Verhinderung der nachträglichen Abrechnung von Normalmandaten als Beratungshilfemandate**, weil die Beitreibung von Gebühren gegenüber dem Rechtsuchenden erfolglos ist bzw. erscheint. Von Groß[122] wird in diesem Zusammenhang jedoch eingeräumt, dass in der praktischen Anwendung insoweit auch ein Augenmaß anzulegen ist (z. B. wenn der Rechtsuchende ohne sein Verschulden Nachweise nicht fristgerecht beibringen kann – dies könnte z. B. dann der Fall sein, wenn die Nachweise von Dritten erstellt werden müssen – oder auch im Falle höherer Gewalt). In diesen Fällen wird auch hier eine Fristsetzung gem. § 4 Abs. 5 BerHG bejaht.
Teilweise[123] wird auch argumentiert, dass **nur ein vollständiger Antrag innerhalb der 4-Wochen-Frist als ausreichend** angesehen werden kann. Alles andere stelle eine indirekte Verlängerung der Ausschlussfrist dar und führe im Übrigen zu einer Besserstellung gegenüber Antragstellern, welche z. B. nur kurz nach Fristablauf einen formgültigen und vollständigen aber auch wegen Fristablauf unzulässigen Antrag stellen.
Auch wenn in den Fällen der nachträglichen Antragstellung möglichst schnell eine Rechtssicherheit geschaffen werden soll, kann dieser Umstand jedoch nicht dazu führen, dass ausnahmslos alle Mängel – insbesondere von den Gerichten individuell erhobenen Mängel – noch innerhalb der laufenden 4-Wochen-Frist beseitigt werden müssen. Daher können auch am letzten Tag des Fristablaufs eingehende, nach oben genannten Kriterien[124] mängelbehaftete Anträge auch noch nach Ablauf der 4-Wochen-Frist vervollständigt werden. Der Rechtsuchende ist hier durch **Zwischenverfügung** durch Setzung einer vom Gericht angemessenen Frist zur Behebung der Mängel aufzufordern, § 4 Abs. 5 BerHG.

---

119 OLG München, Beschluss vom 11.04.2016, Az. 34 AR 41/16 – juris (ergibt sich insoweit aus den Entscheidungsgründen).
120 AG Winsen, AGS 2015, 537 f.; ebenso AG Brühl, Beschluss vom 6.11.2014, Az. 85 II 1434/14.
121 *Groß*, § 6 BerHG, Rn. 12.
122 *Groß*, § 6 BerHG, Rn. 12.
123 *Lissner*, RVGreport 2017, 162 ff. m. w. N.; *ders.*, AGS 2016, 371 ff.
124 OLG München, a. a. O.; AG Winsen, a. a. O.

Ansonsten wäre hier auch der **Grundsatz der Gewährung von rechtlichem Gehör** gem. Art. 103 Abs. 1 GG verletzt.[125] Kritisch könnte man natürlich hier anführen, dass es gerade in den Fällen der nachträglichen Antragstellung die Beratungsperson aufgrund ihres umfassenden Darlegungsrechts gem. § 4 Abs. 6 BerHG rechtzeitig selbst in der Hand hat, dass der nachträglich gestellte Antrag ohne jegliche Mängel innerhalb der 4-Wochen-Frist vollständig und rechtzeitig eingeht. Dieses **Recht der Beratungsperson ersetzt jedoch nicht das hiervon getrennt zu bewertende Überprüfungsrecht des Gerichts**, welches in diesem Rahmen auch durchaus zu anderen Feststellungen und Auslegungen kommen kann. Kommt der Rechtsuchende innerhalb der vom Gericht gesetzten Frist seiner Verpflichtung nicht nach, wird die Bewilligung abgelehnt, § 4 Abs. 5 BerHG.

10. Übergangsvorschriften

§ 13 BerHG enthält eine Übergangsvorschrift. Ist der Antrag auf Beratungshilfe vor dem 1. Januar 2014 gestellt oder die Beratungshilfe gewährt worden, findet das bisherige Recht Anwendung.

> **Beispiel:**
> Die Beratungsperson (bis dahin nur der Rechtsanwalt) wurde am 31.10.2013 unmittelbar aufgesucht. Der nachträgliche Antrag wird indes erst nach Abschluss der Angelegenheit am 3.11.2017 bei Gericht zusammen mit dem Antrag auf Festsetzung der Vergütung eingereicht. Da das Aufsuchen des Rechtsanwaltes vor der Gesetzesänderung erfolgt ist, gilt nach § 13 BerHG die alte Rechtslage, so dass die nachträgliche Antragstellung auch nach Ablauf von vier Wochen erfolgen kann.
> Der Vergütungsanspruch des Rechtsanwalts ist auch nicht verjährt,[126] denn erst die nachträgliche Bewilligung – nach Eingang des Antrages – lässt den Gebührenanspruch des Anwaltes gegenüber der Staatskasse entstehen. Dessen Verjährung kann folglich auch erst ab diesem Zeitpunkt beginnen.

Es ist möglich, dass auch in einigen wenigen Fällen noch nachträgliche Anträge nach „altem" Recht eingereicht werden, sofern deren „Beginn" vor der Reform lag.
§ 4 BerHFV sieht vor, dass die neuen Formulare ab dem 9.1.2014 zu verwenden sind und die bisherige BerHVV außer Kraft getreten ist. Daher sind für **alle Anträge, die ab dem 9.1.2014 datieren, die neuen Formulare zwingend zu verwenden.**
Da in § 4 BerHFV keine Übergangsvorschrift für die „Alt-Anträge" nach bisherigem Recht sowie für die Anträge zwischen dem 1.1.2014 bis 8.1.2014 vorsieht, stellt sich die Frage, welche Vordrucke für diese zu verwenden sind. Streng gesehen dürften die Anträge nach altem Recht ab dem 9.1.2014 daher auch nur auf den neuen Vordrucken nach § 1 BerHFV eingereicht werden, was jedoch in der Praxis nicht möglich sein dürfte, da die noch unter Umständen wenigen noch eingehenden Anträge bereits zu Beginn der Beratungshilfetätigkeit vom Rechtsuchenden zu unterzeichnen waren (sh. Rn. 256), bspw. im Jahre 2013 oder auch länger zurückliegend. Es erscheint nicht angemessen, dass der damals beratende Rechtsanwalt den Rechtsuchenden nochmals zur Unterzeichnung des Antrages nach neuer VO einbestellt, was vielleicht auch aus tatsächlichen Gründen nicht mehr möglich ist. Aus diesem Grunde sollte die gerichtliche Praxis dahingehend für die wenigen einzelnen Fälle auch noch die alten Vordrucke als zulässig ansehen.

---

125 *Geimer* in Zöller, ZPO, § 117 Rn. 19a (zur PKH).
126 *Lissner*, Rpfleger 2007, 448.

262c Checkliste: Ausfüllhilfe für das Beratungshilfe – Antragsformular

> **Hinweis:**
> Ein Beispiel für einen fertig ausgefüllten Beratungshilfeantrag ist auch unter Rn. 105 zu finden.

Gemäß § 6 Abs. 2 BerHG kann der Antrag auf Beratungshilfe **nachträglich** binnen vier Wochen gestellt werden, wenn sich der Rechtsuchende zur Beratung unmittelbar an eine Beratungsperson wendet.
Für den schriftlichen Antrag auf Beratungshilfe besteht **Formularzwang** (sh. § 1 Nr. 1 BerHFV). Das Formular enthält amtliche **Ausfüllhinweise** (sh. auch Anhang, Anlage IV). Die Praxis zeigt aber, dass diese nicht ausreichend sind, sondern zahlreiche **Fehlerquellen** immer wieder auftauchen.
Wegen fehlenden oder fehlerhaften Angaben und Belegen im Antrag kann es häufig zu Rückfragen des Gerichts kommen, die sowohl für die tätige **Beratungsperson**, als auch für das **Gericht** zu einer enormen Verfahrensverzögerung führen.
Hinzu kommt, dass die Beratungsperson die **Zurückweisung** des Antrages riskiert, wenn sie die notwendigen Angaben und Belege nicht mehr von ihrem Mandanten zur Verfügung gestellt bekommt.
Letztlich liegt es daher auch im Interesse der Beratungsperson, das richtige und vollständige Ausfüllen des Vordruckes zu gewährleisten und dem Antragsteller ggfs. hierbei zu helfen (sh. auch Rn. 244).
Im Folgenden soll eine Ausfüllhilfe für das Antragsformular gegeben werden, die über die amtlichen Ausfüllhinweise hinausgeht. Neben **Beispielen** sollen insbesondere auch die **häufigsten Fehlerquellen** aufgezeigt werden (im Text mit „!Achtung!" kenntlich gemacht).

Antrag auf Bewilligung von Beratungshilfe

Antragsteller (Name, Vorname, ggf. Geburtsname)	Beruf, Erwerbstätigkeit	Geburtsdatum	Familienstand
Anschrift (Straße, Hausnummer, Postleitzahl, Wohnort)		Tagsüber telefonisch erreichbar unter Nummer	

Angaben zur Person: Der Antragsteller hat seine Personalien vollständig mit Name, Anschrift, Beruf/Erwerbstätigkeit, Geburtsdatum, Familienstand und Telefonnummer anzugeben.
Als Beruf/Erwerbstätigkeit ist der erlernte Beruf und ggfs. die abweichende derzeitige Erwerbstätigkeit anzugeben (**z. B. Metzgerei-Fachverkäuferin, z. Zt. arbeitslos**).

A	Ich beantrage Beratungshilfe in folgender Angelegenheit (bitte Sachverhalt kurz erläutern):

Feld A – Angelegenheit:

Laut den amtlichen Ausfüllhinweisen ist der **Sachverhalt kurz darzustellen**, ggfs. sind Name und Anschrift des Gegners anzugeben.
!Achtung! Häufig wird die Angelegenheit, für welche Beratungshilfe beantragt wird, **gar nicht**, nur mit „siehe Anlage" oder nur mit einem allgemeinen **Stichwort** wie etwa „zivilrechtliche Angelegenheit" bezeichnet. Dies ist

Kapitel 6: Das Bewilligungsverfahren   **262c**

unzulässig bzw. nicht ausreichend. Alle wesentlichen Angaben müssen sich aus dem Formular selbst ergeben, Anlagen dienen nur der Glaubhaftmachung (sh. auch Rn. 240, 257).
Richtigerweise ist die Angelegenheit durch eine **Ausformulierung des rechtlichen Problems** anzugeben. Nur wegen weitergehenden Details kann auf beigefügte Anlagen verwiesen werden. Insgesamt fordert das Gesetz in § 6 BerHG eine „genaue Bezeichnung" der Angelegenheit, welche im nachfolgenden Vergütungsfestsetzungsverfahren zur Prüfung, ob und welche Gebühren und Auslagen für welche Sachverhalte erstattungsfähig sind, eine große Rolle spielen. Die Angelegenheit ist hier – soweit möglich – umfassend anzugeben.

Beispiele:
- Probleme mit ehemaligem Arbeitgeber: Der Arbeitgeber hat vor einem Monat gekündigt. Trotz eigener Mahnungen ist der Restlohn bis 30.9.2017 noch nicht ausgezahlt worden, außerdem will der Arbeitgeber kein Arbeitszeugnis ausstellen.
- Prüfung und ggfs. Durchsetzung einer Mietminderung. Trotz mehrfacher Hinweise hat der Vermieter einen bestehenden Schaden an der Heizungsanlage nicht behoben. Die Heizung springt nur sporadisch an.
- Prüfung der Erfolgsaussichten einer Klage gegen den Widerspruchsbescheid des Jobcenters Augsburg vom 4.10.2017. Das Vorbringen im Widerspruchsverfahren wurde seitens der Widerspruchsstelle nicht hinreichend gewürdigt.
- Trennung vom Ehemann (Dieter Müller): Außergerichtliche Beratung im Rahmen der Trennungsfolgen, insbesondere bzgl. Unterhaltsansprüchen und evtl. zustehendem Zugewinnausgleich.
- Strafrechtliches Ermittlungsverfahren (StA Heidelberg) wegen angeblichen Fahrens ohne Fahrerlaubnis.

Belege: Sofern zu dem rechtlichen Problem bereits Unterlagen existieren, sind diese beizufügen, z. B. eigener Schriftverkehr, Zahlungsaufforderung, Widerspruchsbescheid, Strafanzeige.

B
☐ In der vorliegenden Angelegenheit tritt keine Rechtsschutzversicherung ein.
☐ In dieser Angelegenheit besteht für mich nach meiner Kenntnis keine andere Möglichkeit, kostenlose Beratung und Vertretung in Anspruch zu nehmen.
☐ In dieser Angelegenheit ist mir bisher Beratungshilfe weder bewilligt noch versagt worden.
☐ In dieser Angelegenheit wird oder wurde von mir bisher kein gerichtliches Verfahren geführt.
Wichtig: Wenn Sie nicht alle diese Kästchen ankreuzen können, kann Beratungshilfe nicht bewilligt werden. Eine Beantwortung der weiteren Fragen ist dann nicht erforderlich.

Feld B – Ankreuzangaben:
Beratungshilfe kann nur bewilligt werden, wenn alle Felder angekreuzt (= bejaht) werden. **Somit ist das Zutreffen jeder einzelnen Angabe eingehend zu prüfen!** Denn der Antragsteller versichert am Ende des Formulars die Richtigkeit und Vollständigkeit seiner Angaben.
- Kein **Rechtschutzversicherungsschutz**: Die Angabe ist unproblematisch, soweit der Rechtsuchende keine entsprechende Versicherung hat. Wenn der Rechtsuchende eine Rechtschutzversicherung hat oder Mitglied in einer Organisation ist, die in der Angelegenheit tätig werden könnte, ist dies anzugeben und ggfs. darzulegen, warum konkret keine Hilfe von dieser Stelle erfolgen kann bzw. in wie fern diese mit höheren Kosten verbunden ist. Ggfs. ist die Deckungsabsage (ggfs. nach Durchführung eines Stichentscheids) oder die Allgemeinen Rechtschutzbedingungen des Rechtschutzversicherungsvertrages, aus dem die Ausschlusskriterien ersichtlich sind, vorzulegen.
- Keine **andere Beratungsmöglichkeit**: Eine andere Beratungsmöglichkeit könnte z. B. durch eine kostenfreie Beratungsstelle, einen Verein oder

eine Gewerkschaft bestehen. Ggfs. ist daher auf einem Beiblatt darzulegen, warum diese Beratungsmöglichkeit nicht in Anspruch genommen wird bzw. inwiefern diese Möglichkeit bereits erfolglos erschöpft ist.
- Kein **früherer Beratungshilfeantrag**: Grundsätzlich ist Beratungshilfe ausgeschlossen, wenn in derselben Angelegenheit Beratungshilfe schon einmal bewilligt oder versagt wurde. Nach den Ausfüllhinweisen sollen für diesen Fall aber auf einem Beiblatt das Datum der damaligen Bewilligung, Name und Anschrift der Beratungsperson und die Gründe für die erneute Antragstellung angegeben werden, so dass eine erneute Bewilligung im Ausnahmefall dennoch möglich ist (sofern diese als eine neue Angelegenheit bewertet wird).

Beispiele:
- Beratungshilfe wurde schon gewährt (Amtsgericht Koblenz, 40 UR II 352/17), Beratungsperson hat aber nicht zur Zufriedenheit beraten, weil ...
- Bzgl. der streitigen Forderung war bereits ein Mahnverfahren anhängig. Dieses ist abgeschlossen. Es geht um die Prüfung einer Vollstreckungsabwehr(klage), da die Forderung unberechtigt ist.
- Es wurde schon ein Berechtigungsschein für Trennung erteilt, auf dessen Grundlage allgemein zur Trennung, Scheidung und den Folgesachen beraten wurde. Nun soll konkret der Zugewinnausgleich außergerichtlich geltend gemacht werden, was eine neue Angelegenheit darstellen soll.

Die Entscheidung, ob nach diesen Erklärungen Beratungshilfe tatsächlich in Betracht kommt, obliegt dann dem zuständigen Gericht in rechtlicher Unabhängigkeit. Gerade in Sachen der Abgrenzung zum gerichtlichen Verfahren und dem Begriff der Angelegenheit ist die Rechtsprechung uneins (sh. Rn. 121 ff, 216 ff).
- Kein **gerichtliches Verfahren**: Beratungshilfe wird nur außerhalb gerichtlicher Verfahren bewilligt, sh. auch ab Rn. 120. In allen Zweifels- oder Grenzfällen soll auf einem Beiblatt das zuständige Gericht mit Aktenzeichen und Verfahrensstand angegeben werden und ggfs. eigene Ausführungen dazu, warum es sich nicht um dieselbe Angelegenheit handelt.

> Wenn Sie laufende Leistungen zum Lebensunterhalt nach dem Zwölften Buch Sozialgesetzbuch („Sozialhilfe") beziehen und den derzeit gültigen Bescheid einschließlich des Berechnungsbogens des Sozialamtes beifügen, müssen Sie keine Angaben zu den Feldern C bis G machen, es sei denn, das Gericht ordnet dies ganz oder teilweise an. Wenn Sie dagegen Leistungen nach dem Zweiten Buch Sozialgesetzbuch („Arbeitslosengeld II") beziehen, müssen Sie die Felder ausfüllen.

Vereinfachte Antragstellung für SGB XII-Bezieher:
Solange das Gericht konkret keine andere Anordnung im vorliegenden Falle getroffen hat, müssen **Bezieher von laufender Leistung zum Lebensunterhalt nach SGB XII** die nachfolgenden Abschnitte nicht ausfüllen; es genügt die Vorlage des aktuell geltenden Bescheids des Sozialamtes.
!Achtung! Nicht unter die vereinfachte Antragstellung fallen **Bezieher von SGB II** („Hartz IV"),[127] Arbeitslosengeld, BAföG, Rente, Existenzgründungszuschuss usw. – diese müssen **alle Abschnitte** vollständig ausfüllen und auch entsprechend belegen. Dies ist darin begründet, dass diese Leistungen nicht nach dem individuellen Bedarf des Rechtsuchenden berechnet werden bzw. auch Vermögensfreigrenzen bestehen.
Ggfs. empfiehlt es sich, dass auch die Bezieher von laufender Leistung zum Lebensunterhalt dennoch alle Angaben tätigen. Falls das Gericht die Angaben verlangt (sh. auch Rn. 258), müssen diese nicht mehr später nachgereicht werden.

---

127 sh. auch insoweit zur PKH: BFH, Beschluss vom 8.3.2016, Az. V S 9/16 (PKH) – juris.

Kapitel 6: Das Bewilligungsverfahren **262c**

> Allenfalls sollte dann so verfahren werden, wenn bekannt ist, dass das örtliche Gericht regelmäßig anordnet, dass alle Angaben zu tätigen sind.
> **Belege:** Die aktuellen SGB-Leistungsbescheide sind (vollständig mit Berechnungsbogen) vorzulegen.

C	Ich habe monatliche Einkünfte in Höhe von brutto ....EUR, netto .... EUR.
	☐ Mein Ehegatte/meine Ehegattin bzw. mein eingetragener Lebenspartner/meine eingetragene Lebenspartnerin hat monatliche Einkünfte von netto ....EUR.

Feld C – Einkünfte:
!Achtung! Alleine die Angabe des Nettoerwerbseinkommens des letzten Monats vor Antragstellung ist nicht ausreichend, wenn die Einkommenshöhe schwankt. Nach den Ausfüllhinweisen ist dann zusätzlich ein Zwölftel der voraussichtlichen Jahreseinkünfte anzugeben.
Hier müssen alle monatlichen Einkünfte des Rechtsuchenden sowie des Ehegatten oder eingetragenen Lebenspartners angegeben werden, also Erwerbseinkommen inkl. Sonderleistungen wie Weihnachtsgeld und Urlaubsgeld, des weiteren laufende Sozialleistungen und Mehrbedarfsleistungen, und auch Kindergeld und Elterngeld – diese Gelder sind Einkommen der Eltern (im Gegensatz zu Kindesunterhalt, sh. Hinweise zu Feld E).
Bei mehreren Einkunftsarten empfiehlt es sich, die Einzelbeträge aufzuführen.
Belege z. B.: Lohn-/Gehalts-/Bezügeabrechnung der letzten Monate, bei Selbstständigen letzter Steuerbescheid/ggfs. auch aktuelle Gewinn- und Verlustrechnung, Eltern-geldbescheid, Wohngeldbescheid etc.
Hinweis: Hinsichtlich des nicht verheirateten/eingetragenen Partners („Lebensgefährte") sind grundsätzlich keine Angaben zu tätigen, da insoweit keine gesetzliche Unterhaltpflicht besteht, die sich auf die Beratungshilfe auswirken könnte. Ausnahme: sofern ein Prozesskostenvorschuss in Frage kommt oder ggfs. eine Aufteilung der Wohnkosten nach Einkommensverhältnissen oder die Anrechnung von Leistungen innerhalb einer Bedarfsgemeinschaft im Rahmen der besonderen Belastungen zu prüfen ist.

D	Meine Wohnung hat eine Größe von .... m². Die Wohnkosten betragen monatlich insgesamt ....EUR. Ich zahle davon .... EUR.
	Ich bewohne diese Wohnung ☐ allein / ☐ mit .... weiteren Person(en).

Feld D – Wohnkosten:
!Achtung! Anzugeben ist sowohl der Gesamtbetrag der Wohnkosten, als auch der evtl. Zahlbetrag, der von dem Rechtsuchenden tatsächlich entrichtet wird. Gemäß § 115 Abs. 1 S. 3 Nr. 3 ZPO fallen hierunter nur Miete/Tilgung, Nebenkosten (auch Wasser und Abwasser (str.)) und Heizung; **nicht aber Strom, Telefon, Rundfunk- und TV-Gebühren usw.** Sh. hierzu auch Rn. 60, 61, 62a.
Bei Kosten für den eigenen Wohnraum ist es sinnvoll, die Einzelbeträge auf einem gesonderten Blatt aufzulisten und im Feld nur den Gesamtbetrag einzutragen, damit die Zusammensetzung für das Gericht nachvollziehbar ist und anhand der eingereichten Belege geprüft werden kann.
Belege z. B.: Bei Mietwohnung Mietvertrag oder Dauerauftragsbestätigung der Bank (falls Empfänger und Verwendungszweck hinreichend ersichtlich), bei Wohneigentum Finanzierungsunterlagen, Abgabenbescheide, für Nebenkosten entsprechende Abrechnung/Zahlbelege.
Die Angaben über die **Größe des Wohnraums** und die **Anzahl der Mitbewohner** dienen der Prüfung des Gerichts, ob die Mietzahlungen in voller Höhe abgesetzt werden können (sh. Rn. 59 und 64).

Teil 1 Beratungshilfe

E	Welchen Angehörigen gewähren Sie Unterhalt? Unterhalt kann in Form von Geldzahlungen, aber auch durch Gewährung von Unterkunft, Verpflegung etc. erfolgen. Bitte nennen Sie hier Name, Vorname dieser Angehörige (Anschrift nur, wenn sie von Ihrer Anschrift abweicht)	Geburts-datum	Familienverhältnis des Angehörigen zu Ihnen (z. B. Ehegatte, Kind)	Wenn Sie den Unterhalt ausschließlich durch Zahlung leisten Ich zahle mtl. EUR:	Hat dieser Angehörige eigene Einnahmen? (z. B. Ausbildungsvergütung, Unterhaltszahlung vom anderen Elternteil)	
1					☐ nein	ja, mtl. EUR netto:
2					☐ nein	ja, mtl. EUR netto:
3					☐ nein	ja, mtl. EUR netto:
4					☐ nein	ja, mtl. EUR netto:

Feld E – Angehörige:

Aufzuführen sind gesetzliche Angehörige, denen Barunterhalt oder Unterhalt durch Versorgung im Haushalt gewährt wird.

Sofern der **Unterhalt durch Versorgung im Haushalt** geleistet wird, ist in der 4. Spalte keine Angabe zu tätigen. Auf jeden Fall sind aber in der 5. Spalte Angaben zu den eigenen Einkünften zu tätigen. Neben eigenem Erwerbseinkommen des Ehegatten oder Kindes fällt hierunter: Elterngeld, Unterhaltszahlungen vom anderen Elternteil, Unterhaltsvorschuss. Diese Einkünfte sind zu **belegen**. Kindergeld und Elterngeld, welches der Rechtsuchende selbst bezieht, ist hingegen kein Einkommen des Kindes (sh. auch Hinweise zu Feld C).

Sofern **Barunterhalt** gezahlt wird, ist dieser in der 4. Spalte betragsmäßig anzugeben und nachzuweisen (z. B. durch eine Bestätigung des anderen Elternteils oder Kontoauszüge/Dauerauftragsbestätigung).

!Achtung! Nicht einzutragen und zu berücksichtigen sind hierbei:
– Angehörige, denen derzeit kein Unterhalt geleistet wird, sondern nur eine gesetzliche Pflicht hierzu besteht,
– Personen, gegenüber denen gar keine Unterhaltspflicht besteht, obgleich diese ggfs. im Haushalt wohnen, z. B. Stiefkinder. Derartige freiwillige bzw. sozialrechtliche Unterhaltsleistungen können aber ggfs. bei den besonderen Belastungen (Feld G) Berücksichtigung finden.

F	Bankkonten/Grundeigentum/Kraftfahrzeuge/Bargeld/Vermögenswerte Bitte geben Sie unter „Eigentümer/Inhaber" an, wem dieser Gegenstand gehört: A = mir allein, B = meinem Ehegatten/eingetragenen Lebenspartner allein bzw. meiner Ehegattin/meiner eingetragenen Lebenspartnerin allein, C = meinem Ehegatten/eingetragenen Lebenspartner bzw. meiner Ehegattin/eingetragenen Lebenspartnerin und mir gemeinsam			
	Giro-, Sparkonten und andere Bankkonten, Bausparkonten, Wertpapiere ☐ Nein ☐ Ja	Inhaber: ☐ A ☐ B ☐ C	Bezeichnung der Bank, Sparkasse/des sonstigen Kreditinstituts; bei Bausparkonten Auszahlungstermin und Verwendungszweck:	Kontostand in EUR:
	Grundeigentum (zum Beispiel Grundstück, Familienheim, Wohnungseigentum, Erbbaurecht) ☐ Nein ☐ Ja	Eigentümer: ☐ A ☐ B ☐ C	Bezeichnung nach Lage, Größe, Nutzungsart:	Verkehrswert in EUR:
	Kraftfahrzeuge ☐ Nein ☐ Ja	Eigentümer: ☐ A ☐ B ☐ C	Fahrzeugart, Marke, Typ, Bau-, Anschaffungsjahr, km-Stand:	Verkehrswert in EUR:
	Sonstige Vermögenswerte (zum Beispiel Kapitallebensversicherung, Bargeld, Wertgegenstände, Forderungen, Anspruch aus Zugewinnausgleich) ☐ Nein ☐ Ja	Inhaber: ☐ A ☐ B ☐ C	Bezeichnung des Gegenstands:	Rückkaufswert oder Verkehrswert in EUR:

Feld F – Vermögen:
!Achtung! Aufzuführen ist hier **sämtliches** Vermögen. Auch dann, wenn der Rechtsuchende bzw. die Beratungsperson der Ansicht ist, dass dieses nicht unter § 115 Abs. 3 ZPO fällt. Die Bestimmung, ob dieses vollständig unter das **Schonvermögen** fällt oder **ein Härtefall gem.** § **90 Abs. 3 SGB XII** vorliegt, trifft alleine das Gericht. Unvollständige Angaben führen zu einer falschen Versicherung, wenn der Antrag dennoch unterzeichnet wird.
Im Einzelnen ist zu beachten:
- 1. Zeile – **Bankguthaben:** Es ist jegliches Bankguthaben anzugeben. Auch das **Girokonto** stellt Bankguthaben dar, ggfs. ist als Guthabensbetrag +/- 0 EURO einzutragen. Als Beleg ist eine **aktuelle Saldenmitteilung** vorzulegen. Sollte das Guthaben ausschließlich durch laufende Einkünfte entstehen, die zur Deckung des Lebensbedarfs notwendig sind, ist dies kenntlich zu machen.
Beispiel: Girokonto bei der S-Bank Nr. 10005467, Gehaltskonto, ausgeglichen, aber keine Ansparungen.
Belege: Aktuelle Kontoauszüge oder Saldenmitteilungen der Bankkonten/Wertpapiere/Fonds.
- 2. Zeile – **Grundvermögen:** Zum Grundvermögen zählt auch das **Eigenheim.** Die Existenz desselben ist nebst Adresse anzugeben; der Wert kann mangels konkreter Angaben geschätzt werden. Ein Zusatz „selbstbewohnt" schafft schnell Klarheit. Sofern das Haus noch **finanziert** ist, sollte dies ebenfalls angegeben werden.
Beispiele:
- Einfamilienhaus in Köln-Kalk, Grünstr. 10, 130 qm, selbstbewohnt, Wert ca. 180.000 EURO, belastet mit restlichen 158.000 EURO.
- Einfamilienhaus in Mainz-Lerchenberg zu 1/5 Anteil, Mittelstr. 47, 120 qm, leerstehend, Wert ca. 160.000 EURO, renovierungsbedürftig, steht zum Verkauf.

Belege: Bei selbstbewohntem Eigenheim i. d. R. entbehrlich, ggfs. Anordnung des Gerichts abwarten; bei nicht bewohntem Grundstück je nach Möglichkeit z. B. Kaufvertrag, Verkehrswertgutachten, bei Bauland auch Angabe der Bodenrichtwerte durch Gemeinde o. Ä.
- 3. Zeile – **Kraftfahrzeuge:** Außer den geforderten Pflichtangaben ist es sinnvoll anzugeben, wie das Fahrzeug genutzt wird, damit eine Beurteilung erfolgen kann, ob es sich um Schonvermögen handelt.
Beispiele:
- Pkw, VW Golf, Baujahr 2010, Kauf 2015, 143.000 km, genutzt für Arbeitsweg, Verkehrswert 5.000 EURO.
- Schlepper, John Deere, Baujahr 1972, Kauf 1995, genutzt für die Traubenlese, Verkehrswert 4.200 EURO.

Belege: z. B. Auszug Schwackeliste, Ausdruck von Online-Angeboten vergleichbarer Fahrzeuge, Wertgutachten usw.
- 4. Zeile – **sonstige Vermögenswerte:** Es ist sämtliches sonstiges verwertbares Vermögen, z. B. Schmuckstücke, eine wertvolle Sammlung oder eine kapitalbildende Lebensversicherung, anzugeben und genau zu bezeichnen. Wie bei allen Vermögensgegenständen ist auch hier der Wert anzugeben (ggfs. Schätzwert). Ferner ist auch Bargeld anzugeben.
Beispiele:
- Kapitallebensversicherung, Rückkaufswert per 31.12.2017: 2.100 EURO.
- Münzsammlung aller acht 100-EURO Goldmünzen Deutschland, Handelswert ca. 4.000 EURO.

Belege: z. B. Bestätigung der Versicherung über aktuellen Rückkaufswert, Auszug Schwackeliste, Ausdruck von Online-Angeboten vergleichbarer Gegenstände, Wertgutachten usw.

G	Zahlungsverpflichtungen und sonstige besondere Belastungen
	Haben Sie oder Ihr Ehegatte/eingetragener Lebenspartner bzw. Ihre Ehegattin/eingetragene Lebenspartnerin Zahlungsverpflichtungen? ☐ Nein ☐ Ja

Verbindlichkeit (z. B. „Kredit")	Gläubiger (z.B. „Sparkasse")	Verwendungszweck:	Raten laufen bis:	Restschuld EUR:	Ich zahle darauf mtl. EUR:	Ehegatte/eingetr. Lebenspartner bzw. Ehegattin/eingetr. Lebenspartnerin zahlt darauf mtl. EUR:

Haben Sie oder Ihr Ehegatte/eingetragener Lebenspartner bzw. Ihre Ehegattin/eingetragene Lebenspartnerin sonstige besondere Belastungen?
☐ Nein ☐ Ja

Art der Belastung und Begründung dafür:	Ich zahle dafür mtl. EUR:	Ehegatte/eingetr. Lebenspartner bzw. Ehegattin/eingetr. Lebenspartnerin zahlt mtl. EUR:

Feld G – Verbindlichkeiten und besondere Belastungen:

- **1. Tabelle – Verbindlichkeiten:** In diesem Abschnitt sind vor allem laufende Kreditraten einzutragen, die einkommensmindernd berücksichtigt werden, soweit sie angemessen sind.
  Beispiele:
  - Immobilienkredit, Sparkasse Bielefeld, für Erwerb des Wohnhauses, Raten laufen zunächst zum Jahr 2025, Restschuld 180.000 EURO, ich zahle Raten in Höhe von 450 EURO/Monat.
  - Verbraucherkredit, Targo Bank, für Erwerb des o. g. Pkw, Raten laufen bis 2021, Restschuld 7.500 EURO, ich zahle Raten in Höhe von 200 EURO/Monat.
  - Verbraucherkredit, comdirect-Bank, für Erwerb einer Einbauküche, Raten laufen bis Februar 2019, Restschuld 1.900 EURO, ich zahle 150 EURO/Monat.

  Belege z. B.: Kreditvertrag
- **2. Tabelle** – Besondere Belastungen: Hier können alle sonstigen monatlichen Ausgaben eingetragen werden, die in den übrigen Feldern noch nicht berücksichtigt werden konnten, denkbare Belastungen sind z. B. (vgl. hierzu auch Rn. 68, 69):
  - Prozess-/Verfahrenskostenhilferaten,
  - Unterhaltung weiterer Personen, die nicht unter das Feld E fallen,
  - Versicherungsbeiträge (diese sind an sich keine besonderen Belastungen, sondern Abzüge vom Einkommen gem. § 115 Abs. 1 S. 3 Nr. 1a ZPO, für solche sieht das Formular aber keinen eigenen Platz vor),
  - regelmäßige Mehrbedarfe, z. B. aufgrund Behinderung oder Erkrankung.

Beispiele:

- In unserem Haushalt wohnt mein 13-jähriger Stiefsohn, für diesen erhalten wir weder Unterhalt, noch Unterhaltsvorschuss.
- Privathaftpflichtversicherung, 7,60 EURO/Monat; Pkw-Haftplicht 13,40 EURO/Monat (bitte hierzu angeben, in wie weit der Pkw benötigt wird!); Hausratversicherung 3,78 EURO/Monat.

Kapitel 6: Das Bewilligungsverfahren **262c**

- Prozesskostenhilferaten Ehescheidungsverfahren vor dem Amtsgericht Coburg, AZ. 32 F 56/17, monatliche Raten bis Dez. 2020: 45 EURO.

Belege z.B.: Versicherungsscheine/-beitragsrechnungen, Dauerauftragsbestätigung der Bank (falls Empfänger und Verwendungszweck hinreichend ersichtlich sind).

Ich habe mich unmittelbar an eine Beratungsperson gewandt. Die Beratung und/oder Vertretung hat erstmals am ....stattgefunden.

Name und Anschrift der Beratungsperson (ggf. Stempel):

....

Ich versichere, dass mir in derselben Angelegenheit Beratungshilfe weder gewährt noch durch das Gericht versagt worden ist und dass in derselben Angelegenheit kein gerichtliches Verfahren anhängig ist oder war.

Ich versichere, dass meine Angaben vollständig und wahr sind. Die Allgemeinen Hinweise und die Ausfüllhinweise zu diesem Formular habe ich erhalten.

Mir ist bekannt, dass das Gericht verlangen kann, dass ich meine Angaben glaubhaft mache und insbesondere auch die Abgabe einer Versicherung an Eides statt fordern kann.

Mir ist bekannt, dass unvollständige oder unrichtige Angaben die Aufhebung der Bewilligung von Beratungshilfe und ggf. auch eine Strafverfolgung nach sich ziehen können.

Schlusserklärungen:

- **Nachträgliche Antragstellung gem. 6 Abs. 2 BerHG:** Im Fall der nachträglichen Antragstellung ist mit einem genauen **Datum** anzugeben, wann die **erste** Beratung und/oder Vertretung stattgefunden hat, da die Antragstellung (= Einreichung des Antrages bei Gericht) binnen vier Wochen nach Beginn der Beratungshilfetätigkeit erfolgen muss.
- **Versicherungen und Kenntnisnahmen:** Im Fall von Unsicherheiten sollte der Rechtsuchende von der Beratungsperson oder dem Gericht entsprechend aufgeklärt werden. Die amtlichen Ausfüllhinweise sollten durchgesprochen werden.

Ort, Datum	Unterschrift des Antragstellers/der Antragstellerin

Ort, Datum, Unterschrift:
Der Antrag ist von dem Rechtsuchenden bzw. seinem gesetzlichen Vertreter eigenhändig unter Angabe des Datums zu unterschreiben.

Dieses Feld ist nicht vom Antragsteller auszufüllen.	
Belege zu folgenden Angaben haben mir vorgelegen: ☐ Bewilligungsbescheid für laufende Leistungen zum Lebensunterhalt nach SGB XII ☐ Einkünfte ☐ Wohnkosten ☐ Sonstiges:	
Ort, Datum	Unterschrift des Rechtspflegers/der Rechtspflegerin

Das graue Feld ist nicht vom Rechtsuchenden auszufüllen.

II. Bewilligung der Beratungshilfe

263 Liegen die Voraussetzungen für die Beratungshilfe vor, hat der Rechtspfleger den Berechtigungsschein zu erteilen oder – bei fristgerechter nachträglicher Antragstellung ggfs. unter gleichzeitiger Liquidation – die bereits geleistete **Beratungshilfe** nachträglich zu **bewilligen**.
Dabei entscheidet er gemäß § 9 RPflG **sachlich unabhängig** und **frei von Weisungen**. Bei Erteilung des Berechtigungsscheines ist in diesem der Rechtsuchende sowie die betreffende Angelegenheit gemäß § 6 Abs. 1 BerHG genau und möglichst umfassend zu bezeichnen. Der Berechtigungsschein stellt verfahrensrechtlich einen **Beschluss** dar, der zu seiner **Wirksamkeit der Bekanntmachung an den Berechtigten** bedarf (§§ 5 BerHG, 40 Abs. 1 FamFG).
Bei einem **nachträglich gestellten Antrag** ist – sofern die Angelegenheit noch nicht innerhalb der 4-Wochen-Frist abgeschlossen ist – zu differenzieren.

263a Wird der nachträgliche **Antrag über die Beratungsperson direkt eingereicht**, so ist der Berechtigungsschein direkt an die Beratungsperson zu übersenden (sofern der Rechtsuchende als Anspruchsinhaber die Beratungsperson entsprechend hierzu **bevollmächtigt** hat; denn eigentlich Berechtigter ist der Rechtsuchende selbst als unmittelbar Betroffener). Damit besteht auch keine Gefahr, dass eine weitere Berechtigungsperson in Anspruch genommen werden kann. Die unmittelbar zuerst aufgesuchte Beratungsperson hat in diesem Fall auch die Sicherheit, dass sie ihre entsprechende Vergütung beantragen kann. Liegt keine entsprechende Bevollmächtigung vor, ist der Berechtigungsschein an den unmittelbar Berechtigten, nämlich den Rechtsuchenden selbst zu übersenden, was letztlich ein nicht unerhebliches Gefahrenpotential für die vorwegleistende Beratungsperson darstellt.[128]

> **Praxistipp:**
> Für die Beratungsperson empfiehlt es sich, sich vorab vom Rechtsuchenden zur Antragseinreichung sowie zur unmittelbaren Entgegennahme des Berechtigungsscheins bevollmächtigen zu lassen.

263b Sofern der nachträgliche **Antrag durch den Rechtsuchenden selbst schriftlich** (ggfs. als elektronisches Dokument) **eingereicht oder mündlich gestellt wird** (ohne Bevollmächtigung der Beratungsperson), sind mehrere Alternativen denkbar:
– Der Berechtigungsschein wird – wie bereits oben erläutert – **dem Rechtsuchenden** als Anspruchsinhaber der Beratungshilfe **direkt übersandt**. Allerdings besteht hier z.B. die Gefahr, dass sich der Rechtsuchende mit dem Berechtigungsschein – unter Verschweigen der in dieser Angelegenheit bereits erfolgten Beratungshilfetätigkeit der zuerst unmittelbar aufgesuchten Beratungsperson z.B. weil er mit der Erstberatung unzufrieden war – an eine weitere Beratungsperson für eine erneute Beratung/Vertretung wendet oder diesen nicht an die Beratungsperson weiterleitet. Die zuerst aufgesuchte Beratungsperson hätte dann Schwierigkeiten, ihre Vergütung entsprechend einreichen zu können.
– Es erscheint auch vertretbar, dass **die bereits aufgesuchte Beratungsperson im Rubrum** des zu erteilenden Berechtigungsscheins (diese muss ja nach der BerHFV im schriftlichen Antragsformular angegeben werden) **ebenfalls mit aufgeführt wird**. Damit wäre der Schutzzweck weiterhin gegeben, sofern der Rechtsuchende mit dem Berechtigungsschein eine andere Beratungsperson aufsuchen wollte. Diese würde aufgrund der bereits im Schein aufgeführten zuerst aufgesuchten Beratungsperson voraussichtlich nicht tätig werden.

---

128 *Lissner*, AGS 2013, 211 ff.

Ergänzender Hinweis:
Da die Form des Berechtigungsscheins ausdrücklich nur bei der mündlichen Antragstellung gem. § 6 Abs. 1 BerHG vorgeschrieben ist, kann bei der nachträglichen Antragstellung auch so verfahren werden, dass **kein Berechtigungsschein erteilt wird**, sondern der Rechtspfleger nach Prüfung der Voraussetzungen **die Bewilligung der Beratungshilfe mitteilt**. Dies sollte mittels eines **Beschlusses** erfolgen, der dem Rechtsuchenden und/oder der Beratungsperson **formlos übersandt wird**. Die Beratungsperson kann dann nach Abschluss der Angelegenheit ihre Vergütung unter Bezugnahme auf die Bewilligung beantragen.

Wird ein **nachträglicher Antrag gleichzeitig mit der Liquidation** eingereicht und ist die Angelegenheit bereits erledigt, ist die Erteilung des Berechtigungsscheins ausgeschlossen. Da hier gleichzeitig ein Vergütungsantrag mit eingereicht wird, kann nicht gefordert werden, dass der Rechtspfleger die Bewilligung gesondert bekannt macht.[129] Die Bewilligung kann formlos erfolgen. Einer Mitteilung bedarf es dann nicht mehr, wenn die Vergütung antragsgemäß festgesetzt und überwiesen wird,[130] da hierin eine konkludente Bewilligung zu sehen ist.[131] Auch ein entsprechender Aktenvermerk ist möglich.[132] Ist die Angelegenheit noch nicht abgeschlossen, wäre ein Berechtigungsschein zu übersenden und der Vergütungsantrag zurückzuweisen, da im Rahmen der Beratungshilfe kein Anspruch auf Vorschuss besteht (sh. § 47 Abs. 2 RVG) und die Fälligkeit der Gebühren erst mit Erledigung der Angelegenheit eintritt.

263c

In der Rechtsprechung ist es **umstritten**, ob der **Berechtigungsschein** im Falle einer Erteilung auf die reine **Beratung beschränkt** werden darf. Eine Beschränkung nur auf „Beratung" (ausgenommen in Straf- und Ordnungswidrigkeitssachen) ist abzulehnen (sh. hierzu auch Rn. 299).[133] Die Erforderlichkeit einer Vertretungshandlung wird oftmals erst im Rahmen der Tätigkeit der Beratungsperson ersichtlich.[134]
Dies ergibt sich seit dem 1.1.2014 auch expressis-verbis aus dem Gesetzeswortlaut, wonach die zeitliche Entscheidung über die Erforderlichkeit ausdrücklich nach der erfolgten Beratung zeitlich eingeordnet wird („...wenn der Rechtssuchende *nach der Beratung...*"). Denn erst nach dem Gespräch mit der Beratungsperson und der dortigen Informationsgewinnung ergeben sich vielfach Konstellationen, die eine Entscheidung über das weitere Vorgehen ermöglichen.[135] Die Beschränkung wurde daher bislang überwiegend abgelehnt.[136]
Die Mindermeinung vertritt die Ansicht, dass im Vergütungsfestsetzungsverfahren **nicht die Erforderlichkeit** der Vertretung gemäß § 2 Abs. 1 BerHG geprüft werden dürfe, sondern sich die Prüfungskompetenz des Urkundsbeamten lediglich auf die richtige Berechnung der Vergütung beschränke.[137]

264

---

129 a. A.: *Hintzen* in Arnold/Meyer-Stolte/ Rellermeyer/Hintzen/Georg, § 24a Rn. 19.
130 Lindemann/Trenk-Hinterberger, § 4 Rn. 19.
131 OLG Stuttgart, Rpfleger 2009, 462 ff.; a. A.: LG Berlin, Rpfleger 1982, 239.
132 LSG Berlin-Brandenburg, Beschluss vom 15.8.2013, Az. L 34 AS 53/12.
133 *Lissner,* AGS 2015, 209 ff.
134 *Lissner,* AGS 2015, 209 ff.; *Dürbeck/Gottschalk,* Rn. 1195; *Groß,* § 6 BerHG, Rn. 3; LG Aachen, AnwBl 1997, 293; AG Brühl, NJW 2012, 243; AG Lichtenberg, Beschluss vom 10.9.2012, Az. 70a II 257/12.
135 AG Lichtenberg, Beschluss vom 10.9.2012 – Az. 70a II 257/12.
136 LG Aachen, AnwBl 1997, 293; *Dürbeck/Gottschalk,* Rn. 1195 ff.
137 LG Berlin, Beschluss vom 22.5.2013, Az. 82 T 532/12 – juris und vom 12.3.2008, Az. 82 T 161/08, n. v.; OLG Stuttgart, JurBüro 2007, 434; OLG Bamberg, Beschluss vom 10.3.2009 und vom 6.3.2009, Az. 4 W 52/08 und 4 W 53/08, n. v.; a. A.: OLG Dresden, Beschluss vom 29.10.2007, Az. 3 W 1135/07, n. v.

Dieser Ansicht ist nicht zu folgen (sh. auch Rn. 347). Im Festsetzungsverfahren erfolgt ausschließlich eine vergütungsrelevante Betrachtung durch den Urkundsbeamten.[138] Der Urkundsbeamte prüft daher nicht, ob die Beratungshilfe durch den Rechtspfleger zu Recht bewilligt worden ist oder nicht.[139] Im Rahmen der Beratungshilfe besteht – explizit im Gegensatz zur PKH gesetzlich geregelt – die Besonderheit, wonach die Beratungshilfe in Form einer Vertretung nur dann besteht, wenn sie erforderlich ist, wenn der Rechtssuchende also nach der Beratung angesichts des Umfangs, der Schwierigkeit oder der Bedeutung der Rechtsangelegenheit für ihn seine Rechte nicht selbst wahrnehmen kann. Die Vertretungsgebühr fällt in solchen Fällen der vorwegleistenden Beratungsperson dennoch an. Ob sie diese aus der Staatskasse erhalten kann, ist dann keine Frage der Bewilligung der Beratungshilfe an sich mehr, sondern der Erstattungsfähigkeit im Vergütungsfestsetzungsverfahren. Die Frage der Erstattungsfähigkeit angefallener Gebühren ist – wie die Frage der Angelegenheit – eine kostenrechtlich zu betrachtende Frage, die nicht unter § 24a RPflG und damit auch nicht unter die Frage des Bewilligungsverfahrens zu subsumieren ist. Die Frage, welche Gebühren von der Staatskasse zu erstatten sind, sind im Verfahren nach § 55 RVG zu prüfen.[140]

Eine Beschränkung des Berechtigungsscheins ist daher abzulehnen[141] und die Frage der Erforderlichkeit ist als Maßnahme der vergütungsrelevanten Prüfung bei der Vergütungsfestsetzung zu prüfen.

264a Im Bereich der PKH besteht der Anspruch auf Prozesskostenhilfe als **höchstpersönliches Recht**, welches mit dem **Tod der hilfsbedürftigen Partei** endet.[142] Da es sich bei dem Institut der Beratungshilfe um eine ähnliche Form der Sozialhilfe wie der Prozesskostenhilfe handelt, kann hier nichts anderes gelten.

Vor der Bewilligung von Beratungshilfe (Scheinerteilung) kommt zugunsten des verstorbenen Rechtsuchenden keine Bewilligung von Beratungshilfe mehr in Betracht, von der u. U. nicht bedürftige Erben kostenfrei Gebrauch machen könnten.

Wenn dem Rechtsuchenden jedoch bereits Beratungshilfe bewilligt und ein entsprechender Beratungshilfeschein erteilt wurde, können seine Erben zwar die entsprechenden Ansprüche des Erblassers geltend machen, jedoch erscheint es fraglich, ob dies im Rahmen der bereits gewährten Beratungshilfe erfolgen kann.

Sofern die **Erben selbst nicht bedürftig** sind, besteht keinerlei Grund, dass diese von der dem Rechtsuchenden persönlich bewilligten Beratungshilfe partizipieren können. Wurde bereits eine Beratungsperson im Rahmen der Beratungshilfe für den Rechtsuchenden tätig, so dürfte ein entsprechender Bestandsschutz des erteilten Berechtigungsscheines bestehen, so dass auch entsprechende bereits entstandene Gebühren und Auslagen damit abgerechnet werden können. Es besteht darüber hinaus keinerlei gesetzliche Grundlage, einen bereits erteilten Beratungshilfeschein bei Tod des Rechtsuchenden wieder einzuziehen.

Sollten die **Erben selbst ebenfalls bedürftig** sein, so steht lediglich der Lösungsweg offen, dass die Erben selbst für die Geltendmachung oder Abwehr des vererbten Anspruchs Beratungshilfe unter Prüfung ihrer eigenen persönlichen

---

138 OLG Düsseldorf, Beschluss vom 6.12.2011, Az. I-10 W 87/11, n. v.
139 für eine solche Prüfung der Notwendigkeit: AG Steinfurt, Rpfleger 1986, 110; AG Koblenz, JurBüro 1995, 200.
140 OLG Hamm, FamRZ 1995, 748.
141 *Lissner*, AGS 2015, 209 ff.; a. A.: Lindemann/Trenk-Hinterberger, BerHG, § 2 BerHG, Rn. 4, wonach bei Bewilligung der Beratungshilfe aus einer „ex ante" Betrachtung die Frage der Erforderlichkeit zu bewerten, also bereits bei Bewilligung eine Prognoseentscheidung zu treffen sei.
142 LSG NRW, Beschluss vom 29.2.2008, Az. L 20 B 9/08 SO – juris.

und wirtschaftlichen Voraussetzungen beantragen können, mit der Folge, dass in diesem Falle quasi für die gleiche Angelegenheit zwei Beratungshilfescheine mit der Möglichkeit der zweimaligen Abrechnung existieren.

III. Die Person des Beratenden

Gem. § 3 Abs. 1 BerHG wird die Beratungshilfe in erster Linie durch **Rechtsanwälte und Rechtsbeistände**, die Mitglied einer Rechtsanwaltskammer sind, sowie seit 1.1.2014 im Umfang ihrer jeweiligen Befugnis zur Rechtsberatung von Steuerberatern und Steuerbevollmächtigten, Wirtschaftsprüfern und vereidigten Buchprüfern sowie Rentenberatern gewährt.[143] In § 8 BerHG ist geregelt, dass **auch die übrigen Beratungpersonen vergütungstechnisch wie Rechtsanwälte zu behandeln sind**.[144]

265

Rechtsanwaltsgesellschaften, Partnergesellschaften, Steuerberater- und Wirtschaftsprüfergesellschaften ist es verwehrt, Beratungshilfe zu leisten. Hier gilt, dass nur die einzelne Beratungsperson an sich, jedoch nicht die Gesellschaft, zur Beratung befugt ist. § 3 BerHG ist dabei abschließend. Anderen, nicht im Gesetz genannten Personen, ist es daher nicht erlaubt, Beratungshilfe im Sinne des BerHG zu leisten.

Die neu befugten Beratungspersonen dürfen nach dem Willen des Gesetzes **lediglich innerhalb der Grenzen ihrer Befugnis** Beratungshilfe leisten. Von Bedeutung dürfte das BerHG vor allem für die Berufsgruppen der Steuerberater und der Rentenberater werden. Für die steuerberatenden Berufe ergibt sich der Umfang der Rechtsberatungsbefugnis vor allem aus § 1 StBerG i. V. m. § 5 Abs. 1 RDG.[145]

Bei den Rentenberatern richtet sich der Umfang der Befugnis zur Rechtsdienstleistung nach § 10 Abs. 1 Nr. 2 RDG. Hierbei ist eine Befugnis insbesondere gegeben zur Beratung auf dem Gebiet der gesetzlichen Renten- und Unfallversicherung, aber auch auf dem weiten Gebiet des Sozialversicherungsrechts (mit Rentenbezug).

Für Steuerberater und Steuerbevollmächtigte ergibt sich die entsprechende Verpflichtung aus § 65a S. 1 StBerG, während sie für Wirtschaftsprüfer aus § 51a S. 1 WiPrO folgt. Eine nähere Ausgestaltung dieser Berufspflichten – etwa wie bei Rechtsanwälten – kann durch die jeweilige Steuerberater- bzw. Wirtschaftsprüferkammer erfolgen. Dies ergibt sich aus § 86 Abs. 3 Nr. 10 StBerG bzw. § 57 Abs. 4 Nr. 3 lit g) WiPrO.

In der Regel erhält der Rechtsuchende auf seinen Antrag hin einen Berechtigungsschein. Mit diesem kann er sich an eine **Beratungsperson seiner Wahl** an einem **Ort seiner Wahl** in Deutschland wenden. Die Beratungsperson wiederum hat dann alsbald die Beratungshilfe zu gewähren (§ 49a BRAO bspw. für Rechtsanwälte; für Steuerberater und Wirtschaftsprüfer § 65a StBerG und § 51a WiPrO, für Rentenberater sh. Rn. 249) und ist zunächst an die Festgebühren der Beratungshilfe gebunden. Erfolgshonorare (§ 4a Abs. 1 S. 3 RVG) sowie Tätigkeiten „pro bono" (§ 4 Abs. 1 S. 3 und 4 RVG) sowie eine Vergütung zu den Gebühren nach den allgemeinen Vorschriften bei Aufhebung der Beratungshilfe (§ 8a BerHG) sind möglich.[146]

Ist ein erstattungspflichtiger Gegner vorhanden, schuldet dieser nach § 9 BerHG nicht (nur) die Vergütung eines Rechtsanwaltes, sondern auch die für die jeweilige Beratungsperson maßgebliche Vergütung nach den entsprechenden Vergütungsvorschriften.[147]

---

143 *Lissner*, StB 2013, 286 (289).
144 *Nickel*, MDR 2013, 950 ff.; *Timme*, NJW 2013, 3057; *Zempel*, FPR 2013, 265 ff.
145 zu den Steuerberatern: *Lissner*, StB 2013, 402 ff.; *Szymborski*, DStR 2012, 1984.
146 *Lissner*, AGS 2014, 3 ff.
147 *Nickel*, MDR 2013, 950 (951).

Für Fälle, die aufgrund der Übergangsvorschrift des § 13 BerHG in den Anwendungsbereich der Regelungen bis zum 31.12.2013 fallen, sind Gebührenvereinbarungen oder sonstige Zahlungsanforderungen an den Mandanten (mit Ausnahme der Nr. 2500 VV RVG) weiterhin unzulässig, § 8 BerHG a. F.

> **Anmerkung:**
> Die Aufnahme weiterer Beratungspersonen erscheint nicht unproblematisch. Durch die **Beschränkung auf Sachgebiete** werden die sonstigen Beratungspersonen im Zweifel bei **fachübergreifenden Themen** bereits aus haftungsrechtlichen Gesichtspunkten von dem ihnen zuzugestehenden Ablehnungsrecht Gebrauch machen.[148] Zudem besteht die Gefahr, dass die Gerichte vorschnell eine weitere Angelegenheit annehmen, der Begriff der Angelegenheit also letztlich aufgeweicht wird und durch die Erteilung weiterer Berechtigungsscheine in derselben Angelegenheit Mehrkosten gegenüber der bisherigen Rechtslage entstehen.

266 Des Weiteren können gem. § 3 Abs. 1 BerHG **Beratungsstellen der Rechtsanwälte oder der sonstigen Beratungspersonen** auf Grund einer Vereinbarung mit der zuständigen Landesjustizverwaltung eingerichtet werden, z. B. auch in einer Justizvollzugsanstalt. Hier können auch Kontakte mit Gegnern oder Beteiligten aufgenommen werden, die oft zum Erfolg führen. Einzelne anwaltliche Beratungsstellen existieren vor allem in Nordrhein-Westfalen und Niedersachsen, aber auch in anderen Städten z. B. in Köln, Oldenburg, Peine, Stade, Frankfurt/M., Hanau, Eschwege, Kiel, Konstanz, Überlingen, Stuttgart, Ludwigsburg, Kaiserslautern, Mainz, Karlsruhe und München.
Betreffend die Vergütung dieser Stellen ist anzumerken, dass dort – **anstelle der gesetzlichen Gebühren des § 44 RVG, Nr. 2500 VV RVG** – regelmäßig ein fester Stundensatz für den Beratungshilfe leistenden Rechtsanwalt vereinbart ist. Daneben können noch Unkostenbeiträge erhoben werden.[149] Da sich die Vergütung in der Regel auf eine spezielle Vereinbarung mit der jeweiligen Landesjustizverwaltung zurückführen lässt, ist für eine Erhöhung aufgrund gesetzlicher Änderungen, wie etwa des 2. Kostenrechtsmodernisierungsgesetzes, kein Raum, sondern bedarf einer Änderung der jeweiligen Vereinbarung. Solche Beratungsstellen arbeiten damit letztlich nicht „pro bono", sondern erhalten ebenfalls eine Vergütung. Sie stellen mithin eine andere Hilfe dar und sind nicht von § 4 RVG i. V. m. § 1 Abs. 1 S. 3 BerHG erfasst.[150]

267 Gemäß § 3 Abs. 2 BerHG kann die Beratungshilfe auch durch das **Amtsgericht** in gewissem Umfang **in Form von sofortiger Auskunft, den Hinweis auf eine andere Möglichkeit oder der Antragsaufnahme** gewährt werden. Ob und in wie weit der hierfür gemäß § 24a Abs. 1 Nr. 2 RPflG zuständige Rechtspfleger Gebrauch macht, steht in seinem Ermessen.
– **Sofortige Auskunft**
Die Auskunft des Rechtspflegers kann sich auf den **Gesetzesinhalt** als solchen, **Zuständigkeitsregelungen** und **allgemeine rechtliche Gesichtspunkte** beziehen.[151] Konkrete Verhaltensempfehlungen, wie zum Beispiel der Rat, Einspruch gegen ein Versäumnisurteil einzulegen, darf der Rechtspfleger nicht erteilen.[152] Erlaubt ist hingegen, den Rechtsuchenden auf die Möglichkeit der Einlegung des Einspruchs und die entsprechenden formellen Voraussetzungen hinzuweisen. Der Begriff „sofortige Auskunft" drückt

---

148 *Lissner*, StB 2013, 160 ff.; *ders.*, StB 2013, 286 ff.
149 *Groß*, § 3 BerHG, Rn. 9.
150 *Lissner*, AGS 2014, 3 ff.
151 *Kammeier*, Rpfleger 1998, 503.
152 *Groß*, § 3 BerHG, Rn. 14 ff; a. A.: *Müller-Engelmann*, Rpfleger 1987, 493.

aus, dass der Rechtspfleger keine weiteren Sachverhaltsermittlungen anstellen und auch nicht für den Rechtsuchenden nach außen in Erscheinung treten darf.

Die **praktische Empfehlung** kann daher nur lauten, **vom Instrumentarium der Auskunft** nur **beschränkt** insoweit Gebrauch zu machen, als diese sich auf tatsächliche Verhältnisse (Gesetzestexte, Fristen, Möglichkeit der Einsichtnahme ins Grundbuch, Erklärung der Rechtsmittel, Hinweis auf Zuständigkeiten innerhalb und außerhalb des Gerichts, Hinweis auf Fristen, Erläuterung einer eindeutigen Rechtslage usw.)[153] bezieht.

– **Hinweis auf andere Hilfsmöglichkeiten**
Die Nennung des Hinweises auf andere Hilfsmöglichkeiten in § 3 BerHG ist insofern irreführend, als Beratungshilfe gemäß § 1 BerHG ausscheidet, wenn zumutbare Hilfsmöglichkeiten vorhanden sind.
Jedenfalls empfiehlt es sich, stets eine **Liste anderer Hilfsmöglichkeiten** (die regional ganz verschieden sein können) präsent zu haben.

– **Antragsaufnahme**
Die Antragsaufnahme beschränkt sich auf den Aufgabenkreis, in welchem die Justiz ohnehin zuständig ist, namentlich auf die Geschäfte der **Rechtsantragstelle**. Für die Aufnahme von Rechtsmitteln, Beschwerden etc. ergibt sich bereits außerhalb des Beratungshilfegesetzes eine Zuständigkeit.

IV. Zurückweisung der beantragten Beratungshilfe

Für die Entscheidung, mit welcher der Antrag auf Beratungshilfe zurückgewiesen oder teilweise zurückgewiesen wird, ist **keine bestimmte Form** vorgesehen.[154] Wird einem Antrag nach dem Beratungshilfegesetz nicht in vollem Umfang entsprochen, muss hierüber grundsätzlich **förmlich** mit Begründung und Rechtsmittelbelehrung entschieden werden, was zumindest die Schriftform (Beschluss) indiziert.[155].

> **Hinweis:**
> Bei **mündlicher Antragstellung** wird der Rechtsuchende oftmals sofort mündlich darüber aufgeklärt, warum die Voraussetzungen für die Beratungshilfe in seinem Fall nicht vorliegen.
> Es wird weder ein Aktenvorgang angelegt, noch erfolgt eine ausdrückliche Zurückweisung. Vielmehr wird das „Nicht-Weiterverfolgen" des Antrages dahingehend umgedeutet, dass gar kein Antrag gestellt bzw. dieser sodann gleichzeitig zurückgenommen wurde (sh. auch Rn. 237).
> Dies ist verfahrensrechtlich und verfassungsrechtlich[156] dann bedenklich, wenn für das Gericht erkennbar sein muss, dass der Rechtsuchende mit dieser Vorgehensweise bzw. Auslegung nicht einverstanden ist.
> **Im Zweifel** sollte der Antrag – evtl. zugleich nebst Zurückweisung – **zu Protokoll aufgenommen** werden. Der mündlich verkündete Zurückweisungsbeschluss muss dann auf Verlangen des Rechtsuchenden bzw. seines Bevollmächtigten schriftlich bestätigt werden.[157] Die Nichtbescheidung des

---

153 Prof. *Peter Dyrchs*, „Die Rechtsantragstelle, nach wie vor das ungeliebte Kind der Justitia?", S. 26.
154 Lindemann/Trenk-Hinterberger, § 6 Rn. 15.
155 BVerfG, Beschluss vom 29.4.2015, Az. 1 BvR 1849/11 – juris.
156 BVerfG, Beschluss vom 29.4.2015, Az. 1 BvR 1849/11 – juris.
157 Lindemann/Trenk-Hinterberger, § 6 Rn. 15.

> Beratungshilfeantrags durch den Rechtspfleger verletzt jedenfalls die Rechtsschutzgleichheit.[158]

269 Bei **nachträglichen Anträgen** kommt **nur** die **schriftliche Zurückweisung** in Betracht, da der Zurückweisungsbeschluss erst mit der Bekanntgabe wirksam wird, §§ 5 BerHG i. V. m. 15 Abs. 1, 40 Abs. 1 FamFG, und die Bekanntgabe an einen Abwesenden stets eine **schriftliche Abfassung** voraussetzt.

270 Für den Zurückweisungsbeschluss gelten die §§ 5 BerHG i. V. m. 38, 39 FamFG. Er hat daher zwingend zu enthalten:
- Die Bezeichnung des Rechtsuchenden (Antragsteller),
- die Bezeichnung des gesetzlichen Vertreters sowie ggfs. die des Verfahrensbevollmächtigten,
- die Bezeichnung des Gerichts und des entscheidenden Rechtspflegers,
- die Beschlussformel,
- die Begründung,
- die Rechtsbehelfsbelehrung.[159]

271 Ebenso könnte man auch die Ansicht vertreten, dass eine **Rechtsbehelfsbelehrung** nicht zwingend erforderlich ist.
Denn das Fehlen einer Rechtsbehelfsbelehrung macht einen Beschluss nicht unwirksam, sondern hat lediglich zur Folge, dass bei Versäumung der Frist zur Einlegung eines Rechtsmittels ein Grund zur Wiedereinsetzung in den vorigen Stand vermutet wird (§ 17 Abs. 2 FamFG), was im Beratungshilfeverfahren aber unerheblich ist, da das Rechtsmittel der Erinnerung ohne Fristbindung eingelegt werden kann und insoweit auch keine Wiedereinsetzung in den vorigen Stand erforderlich werden kann.
Zwar findet § 39 FamFG auf alle Beschlüsse im Bereich der freiwilligen Gerichtsbarkeit uneingeschränkt Anwendung und enthält keine abweichende Regelung für unbefristete Rechtsmittel. Das BerHG ist jedoch kein Gesetz der freiwilligen Gerichtsbarkeit[160] und enthält eigene Regelungen zum Rechtsmittel. Aus diesem Grunde ist § 39 FamFG nicht einschlägig.
Aus Gründen der Rechtsklarheit und im Hinblick auf die Erweiterung der Belehrungspflichten in Verfahrensgesetzen erscheint **die Aufnahme einer Rechtsbehelfsbelehrung im Beratungshilfebewilligungsverfahren jedoch notwendig.**[161]
Der Beschluss kann demnach beispielsweise wie folgt aussehen:

> **In der Beratungshilfesache**
> Sven Muster, Klostergasse 7, 78634 Bärenhausen
> – Antragsteller –
> wegen Geltendmachung einer Minderung der Miete
>
> **ergeht folgender Beschluss:**
> Der Antrag auf Beratungshilfe vom 9.1.2018 wird zurückgewiesen.
> **Gründe:**
> Der Antragsteller hat mit Antrag vom 9.1.2018 für die oben genannte Angelegenheit Beratungshilfe beantragt.

---

158 BVerfG, Beschluss vom 29.4.2015, Az. 1 BvR 1849/11 – juris.
159 Die Aufnahme einer Rechtsbehelfsbelehrung war schon vor der Einführung des FamFG (am 1.9.2009) nicht zwingend, aber schon immer sinnvoll; Lindemann/Trenk-Hinterberger, § 6 Rn. 17; *Mümmler*, JurBüro 1980, 1604.
160 OLG Celle, NdsRpfl 2011, 263.
161 So auch *Hintzen* in Arnold/Meyer-Stolte/ Rellermeyer/Hintzen/Georg, § 24a Rn. 23 (eine Rechtsmittelbelehrung ist angebracht).

Die Voraussetzungen des § 1 Abs. 1 Nr. 1 BerHG sind vorliegend zu bejahen. Der Antragsteller hat angegeben und glaubhaft gemacht, dass er die erforderlichen Mittel für eine rechtliche Beratung nach seinen persönlichen und wirtschaftlichen Verhältnissen nicht aufbringen kann.
Der Antragsteller ist jedoch Mitglied im deutschen Mieterverein. Die Beratung und Unterstützung durch den Verein stellt in der maßgebenden Angelegenheit eine andere Hilfemöglichkeit gemäß § 1 Abs. 1 Nr. 2 BerHG dar. Dass die Inanspruchnahme des Mietervereins vorliegend unzumutbar ist, wurde weder vorgetragen noch glaubhaft gemacht.
Der Antrag auf Beratungshilfe war daher zurückzuweisen.

Rechtsbehelfsbelehrung:
Gegen diesen Beschluss findet die unbefristete Erinnerung statt (§ 7 BerHG). Die Erinnerung ist durch Einreichung einer Erinnerungsschrift oder zu Protokoll der Geschäftsstelle bei dem Amtsgericht [konkretes Gericht mit Sitz, welches die Entscheidung erlassen hat] einzulegen.
Die Erinnerung kann auch als elektronisches Dokument eingereicht werden. Eine einfache E-Mail genügt den gesetzlichen Anforderungen nicht.
Das elektronische Dokument muss
- mit einer qualifizierten elektronischen Signatur der verantwortenden Person versehen sein oder
- von der verantwortenden Person signiert und auf einem sicheren Übermittlungsweg eingereicht werden.

Ein elektronisches Dokument, das mit einer qualifizierten elektronischen Signatur der verantwortenden Person versehen ist, darf wie folgt übermittelt werden:
- auf einem sicheren Übermittlungsweg oder
- an das für den Empfang elektronischer Dokumente eingerichtete Elektronische Gerichts- und Verwaltungspostfach (EGVP) des Gerichts.

Wegen der sicheren Übermittlungswege wird auf § 130a Abs. 4 der Zivilprozessordnung verwiesen. Hinsichtlich der weiteren Voraussetzungen zur elektronischen Kommunikation mit den Gerichten wird auf die Verordnung über die technischen Rahmenbedingungen des elektronischen Rechtsverkehrs und über das besondere elektronische Behördenpostfach (Elektronischer-Rechtsverkehr-Verordnung – ERVV) in der jeweils geltenden Fassung sowie auf die Internetseite www.justiz.de verwiesen.
Die Erinnerung kann auch zur Niederschrift eines anderen Amtsgerichts erklärt werden. Die Mitwirkung eines Rechtsanwalts ist nicht vorgeschrieben. Die Erinnerung muss die Bezeichnung des angefochtenen Beschlusses sowie die Erklärung enthalten, dass Erinnerung gegen diesen Beschluss eingelegt wird. Sie ist von dem Erinnerungsführer oder seinem Bevollmächtigten zu unterzeichnen. Die Erinnerung soll begründet werden.

Bärenhausen, den 6.2.2018
Das Amtsgericht
gez. Becker
Rechtspflegerin

Die Bekanntgabe des Beschlusses richtet sich **an den Rechtsuchenden oder an den Bevollmächtigten.**
Eine förmliche **Zustellung des Beschlusses** ist **nicht erforderlich,** da keine Frist in Gang gesetzt wird, sh. Rn. 279.

V. Aufhebung der Beratungshilfe

273 Durch das Gesetz zur Änderung des Prozesskostenhilfe- und Beratungshilferechts wurde das Rechtsmittelverfahren reformiert und auch eigene Aufhebungsmöglichkeiten in § 6a BerHG geschaffen. Hiernach kann die Beratungshilfe – auch mit Auswirkung auf den Vergütungsanspruch – aufgehoben werden.

1. Aufhebung von Amts wegen

274 Das Gericht kann die Bewilligung der Beratungshilfe **von Amts wegen aufheben**, wenn die **Voraussetzungen für die Beratungshilfe zum Zeitpunkt der Bewilligung nicht vorgelegen haben** (betrifft alle notwendigen Voraussetzungen z. B. wirtschaftliche Voraussetzungen, alternative Hilfsmöglichkeiten oder auch Mutwilligkeit) und **seit der Bewilligung nicht mehr als ein Jahr vergangen ist**. Maßstab der Aufhebung ist das objektive Fehlen der Bewilligungsvoraussetzungen zum Zeitpunkt der Bewilligung. Dabei ist es unerheblich, aus welchem Grund die Voraussetzungen nicht vorlagen, d. h. ob ein Verschulden oder keines vorlag. Eine Aufhebung von Amts wegen ist daher – wie bisher lediglich aus der Rechtsprechung bekannt – nur **bei ursprünglicher Unrichtigkeit** denkbar.[162] Wie bisher sind **Fälle nachträglicher Veränderungen**, insbesondere Vermögenserwerb oder Verbesserung des Einkommens nach Erteilung, **von einer Aufhebung von Amts wegen ausgenommen, § 6a Abs. 1 BerHG**.[163] Eine Aufhebungsmöglichkeit für späteren Einkommenszuwachs sieht nur § 6a Abs. 2 BerHG, nicht aber Abs. 1 vor.

Für die Aufhebungsmöglichkeit besteht eine **Ausschlussfrist von einem Jahr**. Die Ausschlussfrist beginnt mit der Beratungshilfebewilligung zu laufen. Eine vorherige Anhörung des Rechtsuchenden ist trotz fehlender expliziter Nennung im Gesetz (im Gegensatz zu § 6a Abs. 2 BerHG) erforderlich.[164]

Die Gesetzesbegründung stellt klar, dass die Aufhebung im freien Ermessen des Gerichts steht und durch die Formulierung als „Kann-Bestimmung" keine Verpflichtung dazu besteht.[165] Es soll hierbei auf die sich ergebenden Konsequenzen und das sich ggfs. aus § 8a BerHG ergebende aufwendige Verfahren Rücksicht genommen werden und daher eine Kosten-Nutzen Abwägung stattfinden. Die Aufhebung erfolgt durch einen begründeten Beschluss, der eine entsprechende Rechtsbehelfsbelehrung (Erinnerung) enthalten muss.

2. Aufhebung auf Antrag der Beratungsperson oder des Mandanten

274a § 6a Abs. 2 BerHG gibt der Beratungsperson die Möglichkeit, das Beratungshilfemandat **nachträglich noch als Normalmandat zu den üblichen Gebührensätzen abrechnen zu können**.[166]

Zwar nennt das Gesetz ausdrücklich nur **die Beratungsperson als Antragsberechtigten**. Da aber auch dem Rechtsuchenden – als „Beschwerten" – im Einzelfall daran gelegen sein kann, seinem Berater das „übliche" Honorar zukommen zu lassen (bspw. aus dem Erlangten oder einer Schadensersatzforderung), wird man ihm ebenfalls ein Antragsrecht zubilligen müssen. Eine Aufhebung von Amts wegen kann in diesen Fällen nicht erfolgen.

Eine **Verpflichtung des Ratsuchenden**, eine Verbesserung der persönlichen und wirtschaftlichen Verhältnisse anzuzeigen, besteht hingegen nicht.[167] Die Staatskasse wiederum hat kein Antragsrecht nach § 6a Abs. 2 BerHG.

---

162 AG Lichtenberg, Beschluss vom 25.10.2012, Az. 70a II 2793/11, n. v.
163 *Dürbeck/Gottschalk*, Rn. 1230 ff.; *Timme*, NJW 2013, 3057; *Enders*, JurBüro 2009, 519 (520).
164 *Lissner*, AGS 2013, 209 (212); sh. insoweit auch Art. 103 GG.
165 BT-Drs. 17/11472, S. 41; *Nickel*, MDR 2013, 950 (953).
166 *Nickel*, MDR 2013, 950 ff.; *Giers*, FamRZ 2013, 134 ff.
167 *Nickel*, MDR 2013, 950 (953); *Schmidt* in jurisPK-BGB, Kostenrecht. Hinw. in Familiensachen (Teil 16), Rn. 75.

Bedenklich erscheint das Antragsrecht der Beratungsperson lediglich im Hinblick auf die ansonsten bestehende (anwaltliche) **Verschwiegenheitspflicht gem. § 43a Abs. 2 BRAO**, die dadurch unterlaufen werden könnte.[168] Empfehlenswert ist es hier, dass sich die Beratungsperson im Rahmen der Belehrung über eine mögliche Aufhebung von der ihr obliegenden Verschwiegenheitspflicht gegenüber dem Gericht schriftlich entbinden lässt.
Voraussetzung für die nachträgliche Aufhebung der Beratungshilfe ist,
– dass die Beratungsperson keine Beratungshilfevergütung nach § 44 S. 1 RVG beantragt hat, § 6a Abs. 2 Nr. 1 BerHG;
– dass die Beratungsperson den Rechtsuchenden vorab über die Möglichkeit der Antragstellung und der nachträglichen Aufhebung **belehrt hat**, § 6a Abs. 2 Nr. 2 BerHG;
– dass der Rechtsuchende auf die daraus resultierenden Auswirkungen auf den Vergütungsanspruch (§ 8a Abs. 2 BerHG) auch vorab hingewiesen wurde;[169]
– dass der Rechtsuchende **etwas auf Grund der Beratungshilfeangelegenheit erlangt hat**. Eine nähere Definition dieses Vermögenszuwachses findet sich im Gesetz jedoch nicht. Im Grundsatz ist davon auszugehen, dass es sich um eine **wesentliche** Verbesserung handeln muss, die zumindest die wirtschaftliche Bedürftigkeit und damit das Vorliegen der Beratungshilfevoraussetzungen beseitigt (§ 6a Abs. 2 S. 3 BerHG).[170]

Vorab i. S. d. § 6a Abs. 2 Nr. 2 BerHG bedeutet dabei, dass **die Belehrung zwingend vor Mandatsübernahme** zu erfolgen hatte, so dass der Rechtsuchende noch die Möglichkeit hat, sich anderweitig Hilfe zu suchen. Aus der gesetzlichen Formulierung lässt sich eine **aktive Belehrungspflicht** ableiten. Deswegen ist die Aufnahme einer entsprechenden Klausel in die schriftliche Vollmacht (bspw. beim Rechtsanwalt) als überraschende Klausel und damit als unwirksam anzusehen.[171] Die Gesetzesbegründung führt hierzu aus, dass derjenige, der auf die Beratungshilfevergütung aus der Staatskasse vertraut, sich nicht später überraschend einem höheren Zahlungsanspruch ausgesetzt sehen muss.[172] Im Übrigen **bedarf die Belehrung der Textform**.[173]
Die Regelung soll im Sinne einer zügigen Abwicklung Rechtsklarheit schaffen. Sofern die Beratungsperson daher bereits einen Beratungshilfevergütungsantrag gestellt hat, ist – auch bei Vermögenszuwachs – eine nachträgliche Aufhebung ausgeschlossen. Eine Abrechnung nach den allgemeinen Vorschriften scheidet in diesem Fall gemäß § 8a Abs. 2 BerHG aus. Abstellen ist dabei auf den Zeitpunkt des Eingangs des Vergütungsantrages bei Gericht. Generell ist die Möglichkeit zur Stellung des Aufhebungsantrages nicht befristet.
Eine Aufhebung erfolgt nach einer entsprechenden Anhörung des Rechtsuchenden, wenn dieser **auf Grund des Erlangten die Voraussetzungen hinsichtlich der persönlichen und wirtschaftlichen Verhältnisse nicht mehr erfüllt** (§ 6a Abs. 2 S. 3 BerHG). Die Entscheidung ergeht durch begründeten Beschluss. Funktionell zuständig ist gemäß § 24a RPflG der Rechtspfleger.
Gegen die Aufhebung ist das Rechtsmittel der Erinnerung gegeben, § 7 BerHG. Erinnerungsberechtigt ist lediglich der Rechtsuchende und auch nur dann, wenn er nicht selbst die Aufhebung beantragt hat.

In **Altfällen** (Rechtslage bis 31.12.2013) im Sinne des § 13 BerHG ist die **Aufhebung** der bewilligten Beratungshilfe nur unter den Voraussetzungen des § 5 BerHG i. V. m. § 48 Abs. 1 FamFG möglich. **Maßgeblicher Zeitpunkt** für die

---

168 *von Seltmann*, BRAK-Mitteilungen 4/12, 165 ff.
169 *Nickel*, MDR 2013, 950 (953).
170 *Schmidt* in jurisPK-BGB, Kostenrecht. Hinw. in Familiensachen (Teil 16), Rn. 74.
171 *Lissner*, AGS 2013, 209 ff.
172 BT-Drs. 17/11472, S. 43.
173 *Nickel*, MDR 2013, 950 (953); *Lissner*, AGS 2014, 1 ff.

Beurteilung der Verhältnisse ist der Zeitpunkt der Inanspruchnahme der Beratungshilfe,[174] das heißt, bei mündlicher Antragstellung der Zeitpunkt des Antragseingangs bei Gericht und bei Direktzugang zum Rechtsanwalt der Zeitpunkt der Antragstellung gegenüber diesem.

Eine **Aufhebung** ist daher bei Altfällen insgesamt **nur bei ursprünglicher Unrichtigkeit** denkbar,[175] nicht jedoch bei **nachträglichen Veränderungen**, insbesondere Vermögenserwerb oder Verbesserung des Einkommens nach Erteilung.[176] Darüber hinaus liegt keine **wesentliche** Änderung vor, wenn das Gericht die ihm bekannten und zutreffenden Angaben fehlerhaft gewertet hat.[177]

Hingegen wird man von einer **wesentlichen** Änderung ausgehen können, wenn der Rechtsuchende zum Zeitpunkt der Antragstellung nur unvollständige oder unrichtige Angaben – sei es bewusst oder unbewusst – gemacht hat und das Gericht bei Kenntnis der zutreffenden Angaben Beratungshilfe nicht bewilligt hätte. Hierunter fällt nicht nur das Verschweigen von Vermögenswerten oder Einkünften, sondern auch das Verschweigen bereits bewilligter Beratungshilfe oder das bewusste Verschweigen anderer ihm zur Verfügung stehender Hilfsmöglichkeiten, wie z. B. Mitgliedschaft im ADAC.

Liegen **wesentliche Änderungen** vor, die die Aufhebung grundsätzlich rechtfertigen würden, ist jedoch zu differenzieren, ob die Beratungstätigkeit bereits aufgenommen worden ist oder nicht.

Ist der Berechtigungsschein dem Rechtsanwalt zwar überreicht worden, aber hat er noch keinerlei Tätigkeit entfaltet, so kann die Bewilligung aufgehoben werden, wenn dem Rechtsanwalt dies vor der Beratungstätigkeit mitgeteilt wird.

Wurde mit der **Beratungstätigkeit bereits begonnen**, sind stets auch **die anwaltlichen Belange** zu berücksichtigen. Erfolgt die Beratung aufgrund eines gerichtlichen Berechtigungsscheins, genießt der Rechtsanwalt **Vertrauensschutz** dahingehend, dass er die Beratungshilfe leisten kann und dafür eine Vergütung aus der Landeskasse erhält.[178]

Ein **Vertrauensschutz** des Rechtsanwalts besteht jedoch **nicht**, wenn er das **Fehlen der Beratungshilfevoraussetzungen kannte oder kennen musste**.[179] Ebenfalls kein Vertrauensschutz besteht bei nachträglichen Bewilligungsanträgen.[180] Hier obliegt dem Rechtsanwalt stets das Gebührenrisiko. Dies ist jedoch nicht größer als bei regulären Mandaten, bei welchen die Liquidität auch ungewiss ist.

Nach **weitergehender** Ansicht soll der Vertrauensschutz des Rechtsanwalts dann nicht greifen, wenn der Rechtsuchende bewusst falsche Angaben – bspw. Vortäuschen der Beratungshilfevoraussetzungen oder absichtliche oder grob nachlässige Falschangaben[181] gegenüber dem Gericht gemacht hat. Dann soll dessen Interesse hinter dem der Allgemeinheit zurücktreten mit der Folge, dass die Beratungshilfe entsprechend dem Rechtsgedanken des § 124 Nr. 1–3 ZPO aufgehoben werden kann.[182]

---

174 Dürbeck/Gottschalk, Rn. 1153.
175 AG Lichtenberg, Beschluss vom 25.10.2012, Az. 70a II 2793/11, n. v.
176 Dürbeck/Gottschalk, Rn. 1153; Rn. 1230 ff.; Enders, JurBüro 2009, 519 (520).
177 Dürbeck/Gottschalk, Rn. 1153, Rn. 1230 ff.
178 LG Osnabrück, AnwBl 1983, 143, LG Bochum, AnwBl 1984, 105, AG Gladbeck, AnwBl 1988, 360.
179 AG Halle (Saale), Beschluss vom 4.4.2013, Az. 103 II 455/13 – juris; OLG Düsseldorf, AnwBl 1991, 409; LG Osnabrück, AnwBl 1983, 143; AG Bayreuth, JurBüro 1983, 1844; Lindemann/Trenk-Hinterberger, § 5 Rn. 19; Kreppel, Rpfleger 1986, 86 (88); Dürbeck/Gottschalk, Rn. 1236.
180 LG Paderborn, JurBüro 1986, 1211, 1212; Mümmler, JurBüro 1987, 1303; Greißinger, AnwBl 1992, 51.
181 AG Lichtenberg, Beschluss vom 25.10.2012, Az. 70a II 2793/11, n. v.
182 AG Hagen, Beschluss vom 9.10.2003, Az. 20 II 612/02, n. v.; AG Hagen, Urteil vom 9.4.2004, Az. 18 C 562/02, n. v.

> **Hinweis:**
> Erfährt der Rechtsanwalt nach Erteilung eines Berechtigungsscheins, dass die Voraussetzungen für Beratungshilfe nicht vorliegen bzw. zum richtigen Zeitpunkt vorgelegen haben, z. B. weil der Rechtsuchende über Vermögenswerte über dem Schonvermögen verfügt, ist er dennoch zur **Verschwiegenheit** gegenüber seinem Mandanten verpflichtet (§ 43a Abs. 2 BRAO) und darf dem Gericht nach der alten Rechtslage daher nicht mitteilen, dass ein Grund zur Aufhebung der Beratungshilfe vorliegt.
> Dem Rechtsanwalt bleibt dann nur, das Beratungshilfemandat nach Belehrung des Mandanten abzulehnen (§§ 49a Abs. 1 S. 2 BRAO, 16a Abs. 3 BORA, sh. auch Rn. 250) und ggfs. gleichzeitig ein Mandat zu normalen Gebührensätzen abzuschließen.

3. Auswirkungen auf den Vergütungsanspruch

Wird die Beratungshilfebewilligung **von Amts wegen** aufgehoben, bleibt der Vergütungsanspruch der Beratungsperson **gegen die Staatskasse zunächst unberührt** (§ 8a Abs. 1 S. 1 BerHG).

Dies gilt nicht, wenn die Beratungsperson Kenntnis oder grob fahrlässige Unkenntnis davon hatte, dass die Bewilligungsvoraussetzungen im Zeitpunkt der Beratungshilfeleistung nicht vorlagen, § 8a Abs. 1 S. 2 Nr. 1 BerHG. Dies wird insbesondere in den Fällen der nachträglichen Antragstellung dann anzunehmen sein, wenn **eine Prüfung nach § 4 Abs. 6 BerHG durch die Beratungsperson nicht erfolgte**. Gleiches gilt, wenn verschwiegen wurde, dass die Beratungsperson bereits schon vor der Unterzeichnung des Antrags auf Beratungshilfe tätig war und das Mandat gerade nicht im Rahmen der Beratungshilfe erteilt wurde.[183] Das Gericht prüft im Rahmen der Bewilligung die persönlichen und wirtschaftlichen Voraussetzungen. Sollte sich später herausstellen, dass die Bewilligungsvoraussetzungen der Beratungshilfe (doch) nicht vorgelegen haben, wird bei einer Aufhebung von Amts wegen ein Untergang des Gebührenanspruchs der Beratungsperson nur in seltenen Fällen anzunehmen sein. Eine Beratungsperson kann sich insoweit auf die Rechtmäßigkeit der gerichtlichen Prüfung verlassen und nur in wenigen Ausnahmefällen – etwa bei vorsätzlichem Betrug – oder sonstiger positiver Kenntnis tritt eine Bösgläubigkeit ein.

Fordert die Beratungsperson im Fall der Aufhebung von Amts wegen keine Vergütung aus der Staatskasse oder behält sie diese nicht ein, so kann sie alternativ gem. § 8a Abs. 2 Nr. 1 BerHG von dem Rechtsuchenden die Vergütung nach den allgemeinen Vorschriften verlangen, wenn sie diesen bei der Mandatsübernahme entsprechend auf die Möglichkeit der Aufhebung und der sich für die Vergütung ergebenden Folgen hingewiesen hat (hier genügt ein formloser Hinweis, § 6a Abs. 2 Nr. 2 BerHG gilt in diesem Fall nicht – dennoch sollte dieser aus Beweisgründen auch zumindest schriftlich erfolgen).

Wird die Bewilligung der Beratungshilfe **auf Antrag der Beratungsperson** gem. § 6a Abs. 2 BerHG durch Beschluss des Amtsgerichts aufgehoben, erlischt der Vergütungsanspruch der Beratungsperson gegen die Staatskasse unwiederbringlich, § 8a Abs. 1 S. 2 Nr. 2 BerHG. Denn diese soll nach dem Willen des Gesetzgebers entlastet werden, wenn die Beratungsperson versucht, die Vergütung nach den allgemeinen Vorschriften geltend zu machen.[184]

Ob bei einem durch die Beratungsperson gestellten Aufhebungsantrag ein Vergütungsanspruch nach den allgemeinen Vorschriften gegen den Mandanten besteht, hängt davon ab, ob der Rechtsuchende bei der Mandatsübernahme über diese Option belehrt wurde. Die **Belehrung** muss gemäß § 6a Abs. 2 S. 2 Nr. 2 BerHG **in Textform im Sinne des § 126b BGB** erfolgen, um evtl. Beweisschwierigkeiten

---

183 AG Halle (Saale), Beschluss vom 4.4.2013, Az. 103 II 455/13 – juris.
184 BT-Drs. 17/11472, S. 39.

zu vermeiden. Die Textform gem. § 126b BGB umfasst dabei **Papierdokumente ohne Unterschrift, Computerfaxe oder auch elektronische Dokumente ohne qualifizierte Signatur (E-Mail)**.[185] Eine entsprechende Klausel in einer Vollmacht ist – wie dargelegt – als überraschend und damit unwirksam anzusehen.

Wird die Beratungshilfe aufgehoben und zahlt der Rechtsuchende die von ihm geschuldete Vergütung nach den allgemeinen Vorschriften nicht, so kann die Beratungsperson diese gegen den Rechtsuchenden geltend machen. Allerdings besteht hier die Gefahr, dass der Anspruch nicht beitreibbar ist. Die Beratungsperson sollte in diesen sich abzeichnenden Fällen daher prüfen, ob ggfs. eine vorherige Aufrechnung mit dem künftig zu erlangendem Vermögenszuwachs möglich ist.

> **Hinweis:**
>
> Hat die Beratungsperson den Rechtsuchenden vorab nur über die Möglichkeit einer späteren Verfahrensaufhebung, nicht aber auf die möglichen Konsequenzen eines höheren Vergütungsanspruches hingewiesen, kann keine Vergütung nach allgemeinen Vorschriften geltend gemacht werden, § 8a Abs. 2 S. 2 Nr. 2 BerHG.
>
> Es ergeben sich mithin **folgende Belehrungspflichten in Textform**, um den Anspruch auf Vergütung nach den allgemeinen Vorschriften nicht zu verlieren:
> – Belehrung über die Möglichkeit der Antragstellung und der Aufhebung der Bewilligung,
> – Belehrung über die gebührenrechtlichen Konsequenzen einer Aufhebung der Bewilligung auf Antrag der Beratungsperson.[186]

§ 8a Abs. 2 S. 1 Nr. 1 und 2 BerHG besagt, dass die Beratungsperson vom Rechtsuchenden Vergütung nach den allgemeinen Vorschriften verlangen kann, wenn sie keine Vergütung aus der Staatskasse fordert oder **einbehält** (was eine Rückzahlungsoption indiziert) und den Rechtsuchenden bei der Mandatsübernahme auf die Möglichkeit der Aufhebung der Bewilligung sowie auf die sich für die Vergütung ergebenden Folgen hingewiesen hat. § 8a Abs. 2 BerHG enthält auf den ersten Blick keine Einschränkung und man könnte die Ansicht vertreten, dass die Bestimmung beide Fälle der Aufhebung betrifft, nämlich sowohl die Aufhebung von Amts wegen als auch die Aufhebung auf Antrag der Beratungsperson. Somit könnte das Tatbestandsmerkmal des § 6a Abs. 2 S. 2 Nr. 1 BerHG (*„noch keine Beratungshilfevergütung beantragt"*) bei einer Rückzahlung der Vergütung durch die Beratungsperson umgangen werden, also eine Vergütung nach den allg. Bestimmungen doch noch zu erhalten. § 6a Abs. 2 S. 2 Nr. 1 BerHG schließt hier aber in einer solchen Konstellation als eindeutiges Tatbestandsmerkmal die Aufhebung auf Antrag einer Beratungsperson aus, wenn bereits eine Vergütung beantragt worden ist; eine Rückzahlungsoption ist hier gerade nicht enthalten. Eine Vergütung nach den allgemeinen Vorschriften kann daher nicht mehr verlangt werden, wenn bereits eine Vergütung aus der Staatskasse beantragt wurde.

Wurde eine Vergütung aus der Staatskasse nicht beantragt, und wurde der Rechtsuchende fehlerhaft oder nicht im Sinne des § 6a Abs. 2 S. 2 Nr. 2 BerHG belehrt, so kann mangels Tatbestandsvoraussetzung keine Aufhebung erfolgen und die Beratungsperson steht nur ihre Vergütung aus der Staatskasse zu. Wurde dagegen richtig und vollständig belehrt, so kann die Beratungsperson alternativ die Aufhebung mit der Möglichkeit der Geltendmachung der Vergütung nach den allgemeinen Vorschriften oder ohne Aufhebungsantrag die Geltendmachung der Vergütung aus der Staatskasse betreiben.

---

185 *Hertel* in Staudinger, BGB, § 126b Rn. 25 ff.
186 *Nickel*, MDR 2013, 950 ff.

Kapitel 6: Das Bewilligungsverfahren **274d**

§ 8a Abs. 2 S. 2 BerHG stellt klar, dass im Falle eines Vergütungsanspruchs nach den allgemeinen Vorschriften die vom Rechtsuchenden geleistete Zahlung nach RVG VV Nr. 2500 anzurechnen ist. Unter „Allgemeine Vorschriften" versteht man hierbei, dass auch eine Beratungsperson, die nicht Rechtsanwalt ist, nach ihren eigenen Vergütungsvorschriften abrechnen kann.[187]
Verfahren: Liegt ein entsprechender Aufhebungsantrag vor, hat das Gericht keinen Ermessensspielraum. Es hat lediglich zu prüfen, ob die Voraussetzungen der Aufhebung vorliegen, insbesondere ob die genannten Belehrungen und Hinweise durch die Beratungsperson erfolgten. Dies kann im Rahmen des rechtlichen Gehörs ermittelt werden. Bei **Uneinigkeit** zwischen der Beratungsperson einerseits und dem Rechtsuchenden andererseits über das Vorliegen der Aufhebungsgründe, insbesondere ob die notwendigen Belehrungen und Hinweise formgerecht erfolgt sind, erscheint es zweifelhaft, die Aufhebung direkt vorzunehmen. Die (materielle) Prüfung hierüber kann nicht Aufgabe des Rechtspflegers sein. Insoweit haben die Beteiligten die entsprechenden Voraussetzungen zunächst darzulegen und ggfs. glaubhaft zu machen.

Die Aufhebung erfolgt durch begründeten Beschluss, an dessen Inhalt und **274d**
Form dieselben Anforderungen wie an den Zurückweisungsbeschluss zu stellen sind (Rn. 268 ff.). Wurde die Beratungshilfe für eine Angelegenheit bewilligt, so erfolgt die Aufhebung inhaltlich durch **Aufhebung des zugrundeliegenden Bewilligungsbeschlusses.**
Wurde die Beratungshilfe für mehrere Angelegenheiten bewilligt und wurde z. B. nur in einer Angelegenheit etwas erlangt, so muss im **Aufhebungsbeschluss die betreffende Angelegenheit aus der bewilligten Beratungshilfe ausgenommen werden**, also entsprechend die gewährte Beratungshilfe eingeschränkt werden.

> **Beispiel:**
> Für den Rechtsuchenden wurde Beratungshilfe für das Sorgerecht betreffend dem minderjährigen Kind, der Hausratsteilung und dem Zugewinn bewilligt. Die Beratungsperson hat im Rahmen der bewilligten Beratungshilfe einen Zugewinnanspruch in Höhe von 75.000 EURO erzielen können. Damit hat der Rechtsuchende „etwas" in der Beratungshilfeangelegenheit „Zugewinn" erlangt. Insoweit kann die Beratungsperson die Aufhebung der Beratungshilfe beantragen, für die beiden anderen Angelegenheiten liegen zwar jetzt ggfs. nicht mehr die persönlichen und wirtschaftlichen Voraussetzungen zur Gewährung von Beratungshilfe vor, jedoch wurde in diesen Angelegenheiten nicht „etwas" erlangt, eine Aufhebung bzgl. dieser beiden scheidet damit aus. Die Aufhebung ist daher auf die Angelegenheit „Zugewinn" zu beschränken und die Bewilligung entsprechend durch Aufhebungsbeschluss einzuschränken.

Zuständig ist gem. § 24a Abs. 1 Nr. 1 RpflG der Rechtspfleger. Die Bestimmung wurde durch das Gesetz zur Reform des Prozesskostenhilfe- und Beratungshilferechts modifiziert, so dass auch für die Aufhebung Rechtspflegerzuständigkeit besteht.
Kommt es zu einer **Aufhebung** der bewilligten und bereits geleisteten sowie liquidierten Beratungshilfe **aufgrund fehlender persönlicher und wirtschaftlicher Verhältnisse (§ 8a Abs. 3 BerHG)**, so ist der Rechtsuchende auf Verlangen der Staatskasse verpflichtet, die an die Beratungsperson bereits ausgezahlten Gebühren und Auslagen an die Staatskasse zurückzuerstatten. Es handelt sich dabei um eine „Kann-Bestimmung". Die Rückforderung steht damit im Ermessen der Staatskasse. Das Gericht selbst hat hier insoweit keinen Einfluss darauf.

---
187 *Nickel*, MDR 2013, 950 (951).

Eine Rückforderung von der Beratungsperson selbst scheidet dabei aus. Wurde die Vergütung noch nicht ausgezahlt, so erfolgt nach Aufhebung der Beratungshilfe keine Vergütungsauszahlung mehr.
Wurde die Beratungshilfe **aus anderen Gründen** aufgehoben, etwa weil anderweitige Hilfen zur Verfügung gestanden haben, scheidet eine Rückforderung vom Rechtsuchenden aus.[188]

4. Auswirkungen bei Nichtbewilligung nachträglicher Beratungshilfe.

275 Wird die nachträgliche Beratungshilfe nicht bewilligt, kann die Beratungsperson **nur nach ordnungsgemäßer Belehrung nach §§ 8a Abs. 4, 2 Nr. 2 BerHG** einen Anspruch auf Vergütung nach den allgemeinen Vorschriften gegen den Mandanten geltend machen, d. h. der Rechtsuchende muss bei Mandatsübernahme auf die Möglichkeit der Nichtbewilligung der Beratungshilfe sowie auf die vergütungsrechtlichen Folgen hingewiesen worden sein.[189] Ob die entsprechenden Hinweise formlos[190] oder aufgrund der einfacheren Nachweispflicht in schriftlicher Form bzw. in Textform[191] erfolgen sollen, ist im Gesetz nicht geregelt.
In Altfällen im Sinne des § 13 BerHG bestehen keinerlei Vergütungsansprüche.

275a

gebührenrechtliche Folgen der Aufhebung/ Nichtbewilligung von Beratungshilfe	Aufhebung von Amts wegen (§ 6a Abs.1 BerHG9)	Vergütungsanspruch gegen die Staatskasse bleibt bestehen § 8a Abs.1 S. 1 BerHG	Vergütung bereits ausgezahlt keine Rückforderung
			Vergütung noch nicht ausgezahlt weitere Geltendmachung möglich (str.)
			Ausnahme: Vergütungsanspruch bleibt nicht bestehen § 8a Abs 1 S. 2 Nr. 1 BerHG bei Kenntnis oder grob fahrlässige Unkenntnis, dass die Bewilligungsvoraussetzungen im Zeitpunkt der Beratungshilfeleistung nicht vorlagen (z.B. keine Prüfungen gem. § 4 Nr. 6 BerHG)
	Aufhebung auf Antrag der Beratungsperson (§ 6a Abs. 2 BerHG9)	Vergütungsanspruch gegen die Staatskasse erlischt § 8a Abs.1 S. 2 Nr. 2 BerHG	Anspruch der Beratungsperson gegen den Rechtsuchenden auf Vergütung nach den allgemeinen Vorschriften, § 8a Abs. 2 BerHG wenn Beratungsperson noch keine Vergütung beantragt hat, § 6a Abs. 2 S. 2 Nr.1 BerHG **und** der Rechtsuchende bei Mandatsübernahme auf die Möglichkeit der Aufhebung sowie auf die vergütungsrechtlichen Folgen hingewiesen wurde, § 6a Abs. 2 S. 2 Nr. 2 BerHG **Anrechnung** der Beratungshilfegebühr Nr. 2500 VV RVG
	Nichtbewilligung Beratungshilfe im Fall nachträglicher Antragstellung	Anspruch der Beratungspersonen gegen den Rechtsuchenden auf Vergütung nach den allgemeinen Vorschriften § 8a Abs. 4 BerHG - wenn der Rechtsuchende bei Mandatübernahme auf die Möglichkeit der Nichtbewilligung der Beratungshilfe sowie auf die vergütungsrechtliche Folgen hingewiesen wurde, § 8a Abs. 4 BerHG	

Schaubild – gebührenrechtliche Folgen der Aufhebung/Nichtbewilligung von nachträglich gestellter Beratungshilfe

---

188 BT-Drs. 17/11472, S. 44.
189 sh. insoweit auch BVerfG, Nichtannahmebeschlüsse vom 29.3.2017 (Az. 1 BvR 496/16) und 9.9.2017 (Az. 1 BvR 1544/17) – jeweils juris.
190 *T. Schmidt* in jurisPK-BGB, Rn. 100.
191 *Groß*, § 8a Rn. 16; *Lissner*, AGS 2014, 157 ff.

Kapitel 7: Das Rechtsmittelverfahren

I. Rechtsmittel gegen die Zurückweisung oder Aufhebung der Beratungshilfe

1. Statthaftes Rechtsmittel

Gemäß § 7 BerHG ist in den Fällen, in denen der Antrag auf Beratungshilfe zurückgewiesen oder die Beratungshilfebewilligung von Amts wegen oder auf Antrag der Beratungsperson wieder aufgehoben wird, **nur die Erinnerung** statthaft. Die **allgemeinen Vorschriften des FamFG**, die grundsätzlich über § 5 BerHG sinngemäße Anwendung finden, soweit nicht das BerHG Sondervorschriften vorsieht, **gelten** hier also **nicht**.

Das BerHG ist vom Grundsatz her ein eigenständiges Gesetz, das für die Verfahrensbestimmungen über § 5 BerHG nur auf die Vorschriften des FamFG verweist, sofern es keine eigenständigen Regelungen enthält. Die FamFG-Bestimmungen sind daher nur in einigen Punkten „sinngemäß" anwendbar.[1] Eine Angelegenheit der freiwilligen Gerichtsbarkeit ist grundsätzlich nur diejenige Angelegenheit, die durch das Gesetz als solche bezeichnet wird.[2] Das Beratungshilfeverfahren stellt nicht kraft ausdrücklicher gesetzlicher Zuweisung eine Angelegenheit der freiwilligen Gerichtsbarkeit dar.[3] Die Vorschriften des FamFG werden vielmehr nur zum Zwecke der Verfahrensvereinfachung für entsprechend anwendbar erklärt.[4]

Auch in Familiensachen ist in der Beratungshilfe lediglich die abschließende Erinnerung beim Amtsgericht gegeben. Eine Vorlage an das Oberlandesgericht scheidet aus.[5]

Spätestens seit dem Gesetz zur Änderung des Prozesskostenhilfe- und Beratungshilferechts ist auch eindeutig klargestellt, dass es bei der abschließenden Regelung der Erinnerung verbleibt,[6] da ansonsten eine gesetzliche Änderung erfolgt wäre.

Der noch unter Geltung des FGG **vereinzelt** vertretenen Meinung, dass gegen die Zurückweisung nicht die Erinnerung nach § 7 BerHG (§ 6 Abs. 2 BerHG a. F.) der richtige Rechtsbehelf sei, sondern über § 5 BerHG die **Beschwerde** gemäß § 19 FGG (seit 1.9.2009: § 58 FamFG) einzulegen sei, kann aus den dargestellten Gründen nicht zugestimmt werden.

Anfechtbar im Wege der Erinnerung **ist**
- die Zurückweisung des Antrags auf Erteilung eines Berechtigungsscheins;
- die Zurückweisung des Antrages auf nachträgliche Bewilligung von Beratungshilfe;
- die nicht antragsgemäße Bewilligung von Beratungshilfe, da diese u. U. eine teilweise Zurückweisung des Antrages darstellt. Dies ist z. B. dann der Fall, wenn die Angelegenheit abweichend zum Antrag bezeichnet oder eine Angelegenheit statt mehrerer angenommen wird oder, wenn der Rechtspfleger die Beratungshilfe selbst gewährt hat (§ 3 Abs. 2 BerHG) anstatt einen Berechtigungsschein zu erteilen. Hierunter fällt auch die in der Literatur teilweise gesehene Möglichkeit, die Bewilligung im Vorfeld nur auf die Beratung zu beschränken;[7]
- die Aufhebung des Bewilligungsbeschlusses von Amts wegen oder auf Antrag der Beratungsperson, § 7 BerHG.

---

1 *Lissner*, AGS 2013, 497 ff.
2 OLG Celle NdsRpfl 2011, 263.
3 OLG Hamm, Beschluss vom 5.5.2015, Az. I-32 SA 16/15; OLG Celle, NdsRpfl 2011, 263.
4 OLG Celle, NdsRpfl 2011, 263; vgl. *Mock* in Schneider/Wolf, RVG, Vor 2.5 Rn. 41.
5 OLG Celle, Beschluss vom 8. Juni 2010, Az. 2 W 149/10 = OLGR Nord 28/2010 Anm. 8; OLG Celle NdsRpfl 2011, 263; *Lissner*, AGS 2013, 497 ff.
6 BT-Drs. 17/11472.
7 LG Berlin, Rpfleger 1988, 489.

277 Da das BerHG lediglich das Rechtsmittel bei Ablehnung/Aufhebung der Beratungshilfe eigenständig regelt (nämlich ausschließlich die Erinnerung, s. o.), finden – explizit mangels anderer Regelungen – für alle anderen (denkbaren) Rechtsbehelfsverfahren die subsidiären Bestimmungen des FamFG Anwendung, so dass gegen alle anderen denkbaren Entscheidungen des Gerichts die Beschwerde gem. § 58 FamFG i. V. m. § 5 BerHG möglich ist.

2. Form

278 Die Erinnerung ist **schriftlich, als elektronisches Dokument oder mündlich zu Protokoll** der Geschäftsstelle einzulegen (§ 5 BerHG i. V. m. § 64 Abs. 2 FamFG). Ein nur **mündliches Vorbringen** des Rechtsuchenden ist **nicht ausreichend**, sollte jedoch für das Amtsgericht zum Anlass genommen werden, ihn entsprechend über das Rechtsmittelverfahren zu belehren und dieses dann ggfs. zu Protokoll zu nehmen.
Nicht erforderlich ist, dass das Rechtsmittel wörtlich **als Erinnerung bezeichnet** wird. Vielmehr ist **jeder schriftliche Einwand** gegen die gerichtliche Entscheidung als Erinnerung i. S. d. § 7 BerHG **auszulegen**; einer weitreichenden Begründung zu den einzelnen Bewilligungsvoraussetzungen der Beratungshilfe bedarf es nicht.

3. Frist

279 Die Erinnerung ist **unbefristet**.[8] Dennoch sind Fälle denkbar, in denen ein Rechtsmittel im Einzelfall **verwirkt** sein könnte oder mangels Rechtsschutzinteresse abzulehnen wäre.
Dies gilt insbesondere dann, wenn das unbefristete Rechtsmittel **erst Jahre später** eingelegt wird.[9]
Unter Umständen kann die Erinnerung **so spät** eingelegt worden sein, dass sie als **rechtsmissbräuchlich** angesehen werden muss.
Sofern ein Rechtsmittel beabsichtigt ist, muss erwartet werden können, dass ein Zurückweisungsbeschluss von der Partei **in angemessener Zeit** angegriffen wird. Ein Zuwarten über neun bzw. 16 Monate überschreitet beispielsweise die zeitliche Grenze, innerhalb derer ein Rechtsmittel des Rechtsuchenden als zulässig angesehen werden kann.[10]

4. Rechtsmittelbefugnis

280 Nur der **Antragsteller** (Rechtsuchender) **selbst** als Verfahrensbeteiligter ist bei Ablehnung der Beratungshilfe **erinnerungsbefugt**.
Die Beratungsperson, welche den Rechtsuchenden vertritt, besitzt in eigenem Namen hingegen **keine Erinnerungsbefugnis**.[11]
Die **Erinnerung eines Verfahrensbevollmächtigten** nach § 7 BerHG ist daher im eigenen Namen **unzulässig**. Dies ergibt sich bereits daraus, dass es sich bei der Beratungshilfe um ein **höchstpersönliches Recht** des antragstellenden Bürgers handelt.
Erinnerungsbefugt kann daher nur der Rechtsuchende selbst als eine am Beratungshilfeverfahren beteiligte Person sein, die durch die ablehnende Entscheidung **beschwert** ist. Die Beratungsperson ist durch die Zurückweisung allenfalls **mittelbar** hinsichtlich ihrer Gebühreninteressen **betroffen** und hat daher auch kein Erinnerungsrecht.

---

8 *Groß*, § 6 BerHG, Rn. 4; BT-Drs. 8/3695, S. 9.
9 AG Rockenhausen, Rpfleger 2009, 625: Erinnerungseinlegung nach knapp zwei Jahren ist rechtsmissbräuchlich.
10 OLG Köln, NJW-RR 1998, 511; LG Bielefeld, Beschluss vom 11.12.2003, Az. 21 T 93/03, n. v. (zur Beschwerde im PKH-Verfahren).
11 *Geimer* in Zöller, ZPO, § 127 Rn. 12 (zur PKH); AG Braunschweig, JurBüro 1987, 609; AG Konstanz, Beschluss vom 4.4.2005, Az. UR II 132/05 – BeckRS 2006, 12128; AG Koblenz, Rpfleger 2003, 447; BVerfG, NJW 2006, 1504.

Auch im Falle der Bewilligung von Beratungshilfe ist die Beratungsperson nicht erinnerungsbefugt. Sie ist nicht beschwert.[12]
Sofern die Rechtsansicht vertreten wird, die Beratungsperson sei erinnerungsbefugt, wenn im Rahmen des **Angelegenheitsbegriffes** nur **einer** anstelle ggfs. **mehrerer Berechtigungsscheine** erteilt wurde,[13] geht dies fehl.
Zum einen wird verkannt, dass der Beratungsperson in diesem Fall grundsätzlich keine Erinnerungsbefugnis zusteht. Zum anderen wird übersehen, dass Bewilligungs- und Vergütungsverfahren getrennter Natur sind und folglich der Bewilligung keinerlei Bindungswirkung für die Zahl der Angelegenheiten zukommt.[14]
Die Beratungsperson ist in diesem Moment auch noch nicht beschwert.

281 Der **Staatskasse** steht nach überwiegender Meinung in Rechtsprechung und Literatur am Verfahren über die Erteilung eines Beratungshilfescheins **kein Rechtsmittel zu.**[15]
Die Staatskasse soll am Verfahren über den Antrag **nicht förmlich beteiligt** sein, denn auch sie ist – wie die Beratungsperson – nur mittelbar betroffen. Für die mittelbare Beteiligung der Staatskasse reicht das **Beschwerderecht im Festsetzungsverfahren** aus. Eine anders lautende Auffassung hätte einer gesetzlichen Regelung bedurft.
Eine Mindermeinung[16] vertrat ein Erinnerungsrecht der Staatskasse gem. § 11 Abs. 1 S. 1 RPflG a. F., über die der Richter am Amtsgericht abschließend zu entscheiden hatte. Nach Wegfall des § 11 Abs. 1 S. 1 RPflG a. F. wäre – dieser Meinung folgend – nunmehr die Beschwerde (§ 5 BerHG i. V. m. § 58 FamFG) statthaft. Dies wird damit begründet, dass § 24a RpflG den § 11 Abs. 1 RPflG nicht ausschließt. Ebenso wird zur Begründung auf den allgemeinen Grundsatz richterlicher Kontrolle von Rechtspflegerentscheidungen verwiesen. In analoger Anwendung von § 127 Abs. 3 ZPO, welcher auch bei der Prozesskostenhilfe einen Ausnahmetatbestand von der ansonsten nicht für die Staatskasse gegebenen Beschwerdeberechtigung enthält, wäre hier jedoch durch die mittelbar beschwerte Staatskasse nur eine falsche Beurteilung der persönlichen und wirtschaftlichen Verhältnisse durch den Rechtspfleger angreifbar.
Spätestens seit dem Gesetz zur Änderung des Prozesskostenhilfe- und Beratungshilferechts ist deutlich geworden, dass die Staatskasse im Bewilligungsverfahren über kein Rechtsmittelrecht verfügt. Ein solches war im Rahmen des Gesetzgebungsverfahrens in § 7 – befristet auf 3 Monate – angedacht, wurde hingegen auf die Beschlussempfehlung des Rechtsausschusses hin bei Beschlussfassung explizit nicht übernommen.

282 einstweilen frei

283 **Dem Rechtsuchenden** steht **gegen die Erteilung** von Beratungshilfe **keine Erinnerung** zu. Er ist in diesem Fall nicht beschwert. Dies soll auch dann gelten, wenn ein Berechtigungsschein erteilt wurde, obwohl der Rechtsuchende lieber die Beratung im Rahmen des Möglichen durch das Gericht wünscht.[17]
Erteilt der Rechtspfleger jedoch keinen Berechtigungsschein, weil er die gewünschte Auskunft selbst im Rahmen des § 3 Abs. 2 BerHG geben kann und besteht der Rechtsuchende dennoch weiterhin auf einen Berechtigungsschein,

---

12 *Hintzen* in Arnold/Meyer-Stolte/ Rellermeyer/Hintzen/Georg, § 24a Rn. 31.
13 so LG Köln, JurBüro 1985,1423 (1424).
14 *Hintzen* in Arnold/Meyer-Stolte/ Rellermeyer/Hintzen/Georg, § 24a Rn. 31, 21.
15 *Dürbeck/Gottschalk*, Rn. 1243; LG Köln, Rpfleger 1983, 286; *Mümmler*, JurBüro 1983, 1709 (1710); LG Bochum, AnwBl 1984, 105 f.; AG Köln, AnwBl 1984, 517; LG Göttingen, JurBüro 1988, 197 f.; *Lissner*, AGS 2013, 497 ff.
16 OLG Hamm, Rpfleger 1984, 322 f.; LG Münster, JurBüro 1983, 1893 (1894); LG Münster, JurBüro 1984, 447 (448); AG Würzburg, JurBüro 1986, 776 f.; AG Montabaur, JurBüro 1991, 924 f.; *Hartig*, Rpfleger 1987, 355 f., *Dr. Weiß*, Rpfleger 1988, 341 ff.
17 *Hintzen* in Arnold/Meyer-Stolte/ Rellermeyer/Hintzen/Georg, § 24a RPflG, Rn. 32, 35.

ist hierin eine **Teilzurückweisung** zu sehen, welche mit der **Erinnerung** angefochten werden kann.

5. Verfahren

284 Dem für die Entscheidung über die Erteilung von Beratungshilfe **zuständigen Rechtspfleger** steht ein Abhilferecht zu (§ 11 Abs. 2 S. 5 RPflG). **Vor der Entscheidung** über die Abhilfe oder Nichtabhilfe kann der Rechtspfleger nach eigenem Ermessen **weitere Aufklärung** des Sachverhalts oder Glaubhaftmachung verlangen. Der Rechtspfleger ist insbesondere befugt, vor Entscheidung über die Beratungshilfe weitere, im Einzelfall notwendige Auskünfte unter Wahrung datenschutzrechtlicher Bestimmungen und dem Grundsatz der Verhältnismäßigkeit einzuholen.
Ferner kann die Staatskasse – als mittelbar am Rechtsmittelverfahren Beteiligte – angehört werden.
Hilft der Rechtspfleger der Erinnerung **ab**, ist die Beratungshilfe zu bewilligen und ein **Berechtigungsschein zu erteilen**.

> **Formulierungsbeispiel:**
> In der Beratungshilfesache ... wird der Erinnerung des Antragstellers vom ... abgeholfen. Gleichzeitig wird dem Antragsteller Beratungshilfe für die Angelegenheit „..." bewilligt.

Die Abhilfe kann jedoch auch **konkludent** durch **Auszahlung der beantragten Vergütung** erfolgen, etwa, wenn die Angelegenheit innerhalb der nachträglichen Antragsfrist bereits erledigt ist und gleichzeitig ein Vergütungsantrag mit eingereicht wurde.
Hilft der Rechtspfleger im Falle einer Erinnerung **nicht ab**, legt er die Entscheidung dem zuständigen **Richter** des Amtsgerichts zur Entscheidung vor, § 11 Abs. 2 S. 6 RPflG.

> **Formulierungsbeispiel:**
> In der Beratungshilfesache ... wird der Erinnerung des Antragstellers vom ... nicht abgeholfen. Die Sache wird dem Richter zur abschließenden Entscheidung vorgelegt.

Die Fertigung eines förmlichen **Nichtabhilfebeschlusses nebst Begründung** und dessen Bekanntgabe an den Beschwerten ist nicht ausdrücklich vorgeschrieben, aber nach überwiegender Meinung erforderlich.[18] Einer förmlichen Zustellung bedarf es aber jedenfalls nicht, da keine Frist in Gang gesetzt wird.

285 Die **Voraussetzungen der Beratungshilfe** werden **durch den Richter** wie im originären Bewilligungsverfahren, also **vollständig, geprüft**.
Er darf sich **nicht nur auf die einzelnen Einwendungen** des Rechtsuchenden beschränken. Daher ist es denkbar, dass der Richter die vorgetragenen Einwendungen zwar als unbegründet ansieht, aber dennoch insgesamt den Anspruch auf Beratungshilfe bejaht. Des Weiteren ist auch ein **neues Vorbringen** des Rechtsuchenden, vor allem wenn die fehlende Sachverhaltsdarstellung oder **die Einreichung fehlender Unterlagen**, bis zum Abschluss der richterlichen Entscheidung noch als rechtzeitig anzusehen und daher **zu berücksichtigen**.
Als Entscheidung des Richters kommt nur die Aufhebung der Entscheidung des Rechtspflegers unter gleichzeitiger Bewilligung von Beratungshilfe oder die Zurückweisung der Erinnerung in Betracht. Dies erfolgt durch Beschluss.

---

18 OLG Koblenz, Rpfleger 1978, 104; OLG Stuttgart, MDR 2003, 110; *Heßler* in Zöller, ZPO, § 572 Rn. 10 (zur sofortigen Beschwerde).

Kapitel 7: Das Rechtsmittelverfahren **285**

> **Formulierungsbeispiele:**
> – Die Entscheidung vom ..., mit welcher der Antrag auf Beratungshilfe zurückgewiesen wurde, wird aufgehoben. Gleichzeitig wird dem Antragsteller Beratungshilfe für die Angelegenheit „..." bewilligt.
> – Die Erinnerung des Antragstellers vom ... gegen die Entscheidung vom ..., mit welcher der Antrag auf Beratungshilfe zurückgewiesen wurde, wird zurückgewiesen.

Auch der die **Erinnerung zurückweisende Beschluss** kann **formlos** an den Antragsteller (Rechtsuchenden) übersandt werden, da **keine Frist** in Gang gesetzt wird. Der Beschluss ist allerdings stets zu begründen und mit einer Rechtsbehelfsbelehrung zu versehen.[19]

Abzulehnen ist eine **Zurückverweisung** des Richters an den Rechtspfleger in der Weise, dass nur über einzelne Voraussetzungen der Bewilligung von Beratungshilfe befunden wird und der Rechtspfleger angewiesen wird, unter diesem Gesichtspunkt die übrigen Voraussetzungen der Beratungshilfe zu prüfen.[20] Für eine solche Vorgehensweise gibt es keine rechtliche Grundlage.[21] Der Rechtspfleger unterliegt in der Sache keinem Weisungsrecht.[22] Der Rechtspfleger ist nach Gebrauch seines Abhilferechts nicht mehr für das Bewilligungsverfahren zuständig. Auch die Intention des verkürzten Rechtsweges spricht gegen eine solche Bearbeitungsweise.[23] Auch der Kommentierung zum Beratungshilferecht kann eine solche Vorgehensweise nicht entnommen werden. Vielmehr sehen alle Kommentare die „abschließende" Entscheidung des Richters vor. Zwar soll nach der Kommentierung zum Rechtspflegergesetz eine solche Regelung in Ausnahmefällen vorgesehen sein.[24] Hier wird allerdings übersehen, dass diese Regelung einen Ausnahmetatbestand bildet, der jedoch nur dann zur Anwendung kommt, wenn der Sachverhalt dem Richter keine abschließende Entscheidung ermöglicht, wenn also eine weitere Aufklärung durch den Rechtspfleger erforderlich ist.[25] Eine Zurückverweisung käme daher zulässigerweise nur dann in Betracht, wenn dem Rechtspfleger schwere Verfahrensverstöße unterlaufen sind.[26] Einen solchen „**Verfahrensverstoß**" wird man jedoch lediglich in der anderen freien Beurteilung der Sach- und Rechtslage durch den Rechtspfleger nicht sehen können. Für ein allg. Zurückverweisungsrecht ist daher kein Raum.[27] Die **abschließende Entscheidungszuständigkeit des Richters** ergibt sich bereits aus dem Willen des Gesetzgebers[28] und aus zahlreichen Entscheidungen.[29] Auch die Anwendung von § 69 FamFG ist in diesem Zusammenhang fraglich. Einerseits regelt § 69 FamFG gerade nicht die Erinnerung, sondern die Beschwerde. Die Bestimmung enthält zum anderen eine Regelung über den Rechtszug hinaus, den das BerHG aber gerade nicht regelt und kennt. Bereits vom Wortlaut findet die Vorschrift keine Anwen-

---

19 *Groß*, § 6 BerHG, Rn 4, Rn. 18; BVerfG, Beschluss vom 29.4.2015, Az. 1 BvR 1849/11.
20 so aber: AG Lichtenberg, Rpfleger 2012, 265; AG Esslingen, Beschluss vom 5.3.2012, Az. BHG 686/11 – juris.
21 *Lissner*, AGS 2013, 497 ff.; *ders.*, JurBüro 2012, 595 f.
22 BGH, DRiZ 1963, 44; BGHZ DRpflZ 1984, 33; *Georg* in Arnold/Meyer-Stolte/ Rellermeyer/ Hintzen/Georg, RPflG, § 9, Rn. 1, Rn. 9 ff.
23 *Lissner*, JurBüro 2012, 595.
24 AG Lichtenberg, Rpfleger 2012, 265 unter Bezugnahme auf *Hintzen* in Arnold/Meyer-Stolte/ Rellermeyer/Hintzen/Georg, RPflG, § 11, Rn. 79.
25 *Hintzen* in Arnold/Meyer-Stolte/ Rellermeyer/Hintzen/Georg, RPflG, § 11, Rn. 79 m. w. N.
26 *Hintzen* in Arnold/Meyer-Stolte/ Rellermeyer/Hintzen/Georg, RpflG, § 11 Rn. 79.
27 *Hintzen* in Arnold/Meyer-Stolte/ Rellermeyer/Hintzen/Georg, RpflG, § 11 Rn. 79 unter Verweis auf die Ausführungen unter § 11, Rn. 36 ff.
28 Bt-Drs. 8/3695, S. 9; *Hintzen* in Arnold/Meyer-Stolte/ Rellermeyer/Hintzen/Georg, RPflG, a. a. O. unter Verweis auf die Ausführungen unter § 11, Rn. 36 ff.
29 *Hintzen* in Arnold/Meyer-Stolte/ Rellermeyer/Hintzen/Georg, RPflG, § 24 a, Rn. 27 mit einer Vielzahl von Fundstellen.

dung. Zudem ist das BerHG kein FamFG-Verfahren, sondern ein eigenständiges Verfahren, das nur vereinzelt sinngemäß auf das FamFG verweist (s. o.). Während der Regierungsentwurf zum BerHG eine recht ausführliche, eigene Verfahrensregelung für das BerHG enthielt, erklärt § 5 BerHG die Vorschriften des Gesetzes über die Angelegenheiten der Freiwilligen Gerichtsbarkeit für sinngemäß anwendbar, soweit in diesem Gesetz (= dem BerHG) nichts anderes bestimmt ist. Andere Bestimmungen sind beispielsweise die Zuständigkeitsregelungen, die Vorschrift über die Form des Antrages auf Beratungshilfe und die Rechtsmittelregelung der Erinnerung.[30]

Würde man hingegen die Möglichkeit einer Zurückverweisung bejahen, wären mehrere Erinnerungsverfahren in nur einer Beratungshilfeangelegenheit denkbar, falls der Rechtspfleger die Beratungshilfe erneut aus anderen Gründen ablehnt und hiergegen wiederum Erinnerung eingelegt wird. Ein solches Vorgehen wäre dem Rechtsuchenden nicht zumutbar.

286 Ein **weiteres Rechtsmittel** gegen die abschließende Entscheidung des Richters ist **nicht gegeben**.[31] Hieran hat sich auch nach Einführung des FamFG nichts geändert.

Eine **Beschwerde** gegen die Entscheidung des Richters am Amtsgericht – **zum Landgericht** – ist **nicht statthaft**. Jedes **Amtsgericht** entwickelt daher hier seine **eigene Rechtsprechung** für das Bewilligungsverfahren.[32]

Das BVerfG[33] hat über diesen verkürzten Rechtszug bereits entschieden und diesen als rechtlich unbedenklich eingestuft, da eine richterliche Nachprüfung garantiert ist. Ein Anspruch auf einen weiteren Instanzenzug lasse sich aus dem Rechtsstaatsprinzip nicht herleiten. Die Beschränkung des Rechtsweges auf die Erinnerung nach § 7 BerHG sei von Verfassungs wegen daher nicht zu beanstanden. Es sei die Aufgabe des Gesetzgebers zu entscheiden, ob es bei einer Instanz bleiben soll oder ob mehrere Instanzen bereitgestellt werden sollen. Ein Instanzenzug sei von Verfassungs wegen nicht garantiert.[34]

Der kraft Gesetz verkürzte Rechtsweg kann auch nicht dadurch umgangen werden, dass Beratungshilfe gewährt und danach die Vergütungsfestsetzung zusammen mit dem nachträglichen Bewilligungsantrag beantragt wird. Insoweit prüft die Beratungsperson für das Gericht nicht bindend die Voraussetzungen der Beratungshilfe, so dass auch im Falle eines nachträglichen Antrages nicht die Rechtsbehelfe für das Vergütungsverfahren, sondern nur für das Bewilligungsverfahren gegeben sind.[35]

II. Rechtsmittel gegen die Aufhebung der Beratungshilfe

287 Auch bei nachträglicher **Aufhebung** der Beratungshilfe ist der Rechtsbehelf der **Erinnerung gegeben**. **Erinnerungsbefugt** ist auch hier nur der Rechtsuchende und nicht die Beratungsperson (sh. Rn. 280).

---

30 Klinge, BerHG, 1. Aufl. 1980, § 5, Rn. 1.
31 OLG Brandenburg, RVGreport 2011, 351; OLG Celle, AGS 2010, 453; AG Oldenburg, Beschluss vom 27.4.2010, Az. 17 II 1154/09 – juris; *Klinge*, AnwBl 1982, 291 f.; *Nagel*, Rpfleger 1982, 212 (214); Lindemann/Trenk-Hinterberger, § 6 Rn. 20; BayObLG, Rpfleger 1985, 406; OLG Hamm, Rpfleger 1984, 271; OLG Schleswig, Rpfleger 1983, 489; OLG Stuttgart, JurBüro 1984, 124 f. mit Anm. *Mümmler*; LG Lübeck, SchlHA 1982, 30; LG Bamberg, JurBüro 1982, 572 ff.; LG Berlin, Rpfleger 1996, 464 (465); LG Konstanz, Beschluss vom 26.4.2006, Az. 12 T 99/06 E, n. v.
32 OLG Saarbrücken, Beschluss vom 28.10.2002, Az. 5 W 241/02–71, n. v.; BayObLG, NJW-RR 1994, 831; LG Saarbrücken; Beschluss vom 16.7.2002, Az. 5 T 377/02, n. v., und Beschluss vom 12.6.2003, Az. 5 T 305/03, n. v.; a. A.: *Landmann*, Rpfleger 2000, 320 ff.: Erinnerung ist auch ohne Änderung des BerHG ersatzlos entfallen, richtig: Beschwerde nach den §§ 5 BerHG, 19 FGG (jetzt § 58 FamFG): Entscheidung durch LG; LG Potsdam, Rpfleger 2009, 242.
33 BVerfGE 6, 12; 9, 230; 19, 327.
34 BVerfG, Rpfleger 2007, 552.
35 OLG Stuttgart, Rpfleger 2009, 462.

Erfolgt die **Aufhebung mit Zustimmung des Rechtsuchenden**, wird man eine Rechtsmittelbefugnis ablehnen müssen. Dies könnte dann der Fall sein, wenn sich der Rechtsuchende bei Mandatierung explizit mit einer späteren Aufhebung **einverstanden erklärt**.
Im Gesetz nicht geregelt ist das Rechtsmittel für den Fall, dass eine **Aufhebung auf Antrag der Beratungsperson durch das Gericht abgelehnt** wird. Hiergegen dürfte dann die Beschwerde gem. § 58 FamFG i. V. m. § 5 BerHG zulässig sein.

III. Rechtsmittel im Vergütungsverfahren

Auch das **Vergütungsfestsetzungsverfahren** stellt keine Angelegenheit der freiwilligen Gerichtsbarkeit dar, auch nicht eine sonstige Angelegenheit der freiwilligen Gerichtsbarkeit i. S. von § 23a Abs. 2 Nr. 11 GVG.[36] Es entscheidet daher ebenfalls das Amtsgericht, denn es wäre systemwidrig, wenn eine Befassung des Oberlandesgerichts im Bewilligungsverfahren ausgeschlossen ist, in dem Festsetzungsverfahren als dem Betragsverfahren dagegen möglich wäre.[37] Allerdings sieht das OLG München[38] im Ausnahmefall eine Zuständigkeit des Oberlandesgerichts dann, wenn zuvor anstelle des eigentlich zuständigen Zivilgerichts unzuständiger Weise der Urkundsbeamte des Familiengerichts entschieden hat.
Gegen die Festsetzung der an die Beratungsperson zu zahlenden Vergütung ist gem. § 56 Abs. 1 S. 3 RVG die **Erinnerung** zu dem in § 4 Abs. 1 BerHG bezeichneten Gericht, d. h. das Gericht des allgemeinen Gerichtsstands des Rechtsuchenden, welches in der Regel bereits die Bewilligung der Beratungshilfe ausgesprochen hat, gegeben.[39] Gegen die Entscheidung über die Erinnerung ist die Beschwerde gem. **§ 56 Abs. 2 RVG gegeben, soweit** der Wert des Beschwerdegegenstands **200,00 EURO übersteigt** oder wenn das entscheidende Gericht die Beschwerde wegen der grundsätzlichen Bedeutung zugelassen hat.[40]
Ist die Einlegung einer Beschwerde nicht zulässig, weil der Beschwerdewert nicht erreicht wird, so ist gegen die Entscheidung des Richters kein weiteres Vorgehen möglich.
Wegen der Verfahrenseinzelheiten wird auf die Ausführungen ab Rn. 349 verwiesen.

Ein Anspruch auf **Prozesskostenhilfe für das Erinnerungsverfahren** besteht nicht.[41] Prozesskostenhilfe – angelehnt an die Rechtsprechung zur Prozesskostenhilfe – kann nur für „die beabsichtigte Rechtsverfolgung oder Rechtsverteidigung", also für das Hauptsacheverfahren, nicht jedoch für das Bewilligungsverfahren als solches, bewilligt werden.[42]

IV. Weitere „Rechtsmittel" und Verfahrensfragen

- **Anhörungsrüge:**
  Bei Verletzung des rechtlichen Gehörs im Sinne von Art. 103 Abs. 1 GG bzw. den entsprechenden Vorschriften in den jeweiligen Landesverfassun-

---

36 Hansens, RVG-Report 2010, 382; OLG Celle, NdsRpfl 2011, 263; Lissner, AGS 2013, 497 ff.; OLG Nürnberg, FamRZ 2005, 740; OLG München, Beschluss vom 13.1.2014, Az. 11 WF 1863/13 – juris; OLG Koblenz, RVGreport 2012, 179 (Hansens) = AGS 2012, 27; OLG Nürnberg, FamRZ 2005, 740; a. A.: OLG München, Beschluss vom 13.1.2014, Az. 11 WF 1863/13 – juris – nämlich dann, wenn bereits das Familiengericht anstelle des zuständigen Zivilgerichts entschieden hatte.
37 OLG Celle, NdsRpfl 2011, 263.
38 OLG München, AGS 2014, 354 ff.= RVGreport 2014, 153 ff. mit Anm. Hansens.
39 siehe Rn. 349, 352.
40 siehe Lissner, AGS 2015, 53 ff.
41 siehe Rn. 245; BGH NJW 2004, 2595.
42 BVerfG, Beschluss vom 9.11.2017, Az. 1 BvR 2440/16; LG Koblenz, FamRZ 2007, 649 ff.; AG Langenburg, Beschluss vom 5.2.2009, Az. BRH 203/08, n. v.

gen (z. B. das Amtsgericht hat wesentliches Vorbringen des Rechtsuchenden nicht zur Kenntnis genommen oder sich damit auseinandergesetzt) besteht die Möglichkeit, binnen einer Frist von 2 Wochen gem. § 5 BerHG i. V. m. § 44 FamFG die Verletzung des rechtlichen Gehörs zu rügen.[43]
- **Anrufung des Bundesverfassungsgerichts:**
  Das **BVerfG kann** allenfalls **dann eingreifen,** wenn **Verfassungsrechte verletzt** sind, insbesondere wenn die angegriffenen Entscheidungen Fehler erkennen lassen, die auf einer grundsätzlich unrichtigen Anschauung der Bedeutung der in Art. 3 Abs. 1 GG in Verbindung mit Art. 20 Abs. 3 GG verbürgten Rechtsschutzgleichheit beruhen.[44]
- **Rechtsbeschwerde:**
  Auch die **Rechtsbeschwerde** findet in der Beratungshilfe **keine Anwendung.** Sie kommt ausschließlich nur gegen Entscheidungen des Beschwerdegerichts, des Berufungsgerichts oder des Oberlandesgerichts im ersten Rechtszug in Betracht. Die Zulassung der Rechtsbeschwerde durch das Amtsgericht ist nicht möglich, weil dieses keines der in § 574 Abs. 1 Nr. 2 ZPO genannten Gerichte ist.[45]
- **Dienstaufsichtsbeschwerde:**
  Die Dienstaufsichtsbeschwerde ist kein **Rechtsbehelf,** sondern verfolgt vielmehr das Ziel, **dienstaufsichtsrechtliche Maßnahmen** wegen Pflichtverletzung gegen einen Beamten beziehungsweise Angestellten des öffentlichen Dienstes oder gegen einen Richter **zu veranlassen.**
  Eine **andere Entscheidung** in der Sache selbst kann mit der Dienstaufsichtsbeschwerde nicht erreicht werden. Die Bewilligung bzw. die Verweigerung der Beratungshilfe ist daher **nicht** im Wege der Dienstaufsicht anfechtbar.[46]
- **Befangenheit:**
  Gemäß § 5 BerHG i. V. m. §§ 6 FamFG, 41–49 ZPO, 10 RPflG ist eine Ausschließung, Ablehnung oder Selbstablehnung des Richters, des Rechtspflegers oder des Urkundsbeamten wegen Befangenheit möglich.
- **Rechtsbeugung (§ 339 StGB):**
  Der Vorwurf der „Rechtsbeugung" gegenüber den Entscheidungsträgern in der Beratungshilfe **findet keine Anwendung** im Beratungshilfegesetz, weil die Rechtspfleger und Richter des Beratungshilfeverfahrens **nicht** mit der „Leitung oder Entscheidung einer Rechtssache befasst" sind; die Strafvorschrift des § 339 StGB ist daher **nicht anwendbar.**[47]

Kapitel 8: Vergütung in der Beratungshilfe

I. Einleitung

1. Allgemeines

Die Vergütung der Beratungsperson richtet sich nach den für die Beratungshilfe geltenden Vorschriften des Rechtsanwaltsvergütungsgesetzes, § 8 Abs. 1 S. 1 BerHG. **Eine Beratungsperson, die nicht Rechtsanwalt ist, steht dabei einem Rechtsanwalt gleich,** § 8 Abs. 1 S. 2 BerHG. Die Verweisung des Gesetzgebers in § 8 BerHG auf das (jeweils gültige) RVG umfasst nicht nur die Gebührenvorschrif-

---
43 VGH Rheinland-Pfalz, Beschluss vom 17.2.2017, Az. VGH B 26/16 – juris.
44 BVerfG Rpfleger 2007, 552 (553).
45 BGH, Rpfleger 2007, 22; AG Remscheid, Beschluss vom 22.6.2007, Az. 28 UR II 189/06, n. v.
46 *Lissner,* Rpfleger 2006, 458 (461); *ders.,* AGS 2013, 497 ff.; *Hintzen* in Arnold/Meyer-Stolte/Rellermeyer/Hintzen/Georg, RPflG, § 24a Rn. 26.
47 streitig: OLG Koblenz, Rpfleger 1987, 260 f.; BGH, Rpfleger 1987, 32; BGH, NJW 1960, 974.

ten und deren Höhe, sondern auch die Bestimmungen über die Art und den Verlauf des Festsetzungsverfahrens, sowie die sonstigen Regelungen (etwa Auslagen oder Übergang auf die Staatskasse). Die Beratungsperson erhält für ihre Tätigkeit im Rahmen der Beratungshilfe eine **Vergütung** gem. § 44 RVG aus dem Justizhaushalt. Das Vergütungssystem für die Beratungshilfe weicht vom denjenigen System für die Prozesskosten- oder Verfahrenskostenhilfe als auch von demjenigen des übrigen RVG ab. Eine Beiordnung der Beratungsperson findet hier nicht statt. Für die Inanspruchnahme der Beratungshilfe fallen (zunächst) auch lediglich die speziellen Gebührensätze der Nr. 2500 ff. VV RVG an. Diese entstehen dabei bereits mit Beauftragung des Rechtsanwaltes oder der sonstigen Beratungsperson und nicht erst mit der Entscheidung, die Gebühren bei der Staatskasse abzurechnen.[1] Eine unterlassene Abrechnung – aus welchen Gründen auch immer – berührt das Mandatsverhältnis nicht. Solange ein Beratungshilfemandat besteht, können nur diese Gebühren abgerechnet werden.[2]

Gem. **§ 49a Abs. 1 S. 1 BRAO** ist der Rechtsanwalt grundsätzlich verpflichtet, die Beratungshilfe zu übernehmen und kann sie nach S. 2 im Einzelfall nur aus wichtigem Grund ablehnen.[3] Solche wichtige Gründe regelt nun insbesondere § 16a BORA. Für Steuerberater und Wirtschaftsprüfer finden sich entsprechende Regelungen in § 65a StBerG und in § 51a WPO, wonach auch diese Berufsgruppen verpflichtet sind, Beratungshilfe zu leisten.[4]

Die Gebührentatbestände für die Beratungshilfe befinden sich ausschließlich in **Anlage 1 Teil 2 des RVG in Abschnitt 5 unter den Nummern 2500–2508 VV RVG**. Diese regeln den öffentlich-rechtlichen Erstattungsanspruch der im Wege der Beratungshilfe tätigen Beratungsperson gegen die Landeskasse. Voraussetzung ist, dass die Tätigkeit **im Rahmen der Beratungshilfe** nach dem BerHG erfolgt ist. Die Gebühren der Beratungshilfe sind **Festgebühren** und damit **unabhängig vom Gegenstandswert, der Schwierigkeit oder dem Umfang** der Tätigkeit der Beratungsperson. Das Gesetz soll hier mit dem System fester Gebühren eine kostenrechtliche Erleichterung bei der Abrechnung bewirken und auch die Staatskasse entlasten.[5] Die Gebühren der Beratungshilfe gelten pauschal, auch wenn die Gebühren für die Tätigkeiten der Beratungsperson nach den üblichen Abschnitten des Gebührenrechtes geringer wären, also die Beratungshilfe-Vergütung darüber liegt. In der Literatur werden die Gebühren daher teilweise nicht als Vergütung, sondern als „Entschädigung", nämlich „billige Entschädigung in Geld" für Aufopferung bezeichnet.[6] In vielen Fällen gehört die Vergütung aus Beratungshilfemandaten jedoch zu den unverzichtbaren Grundeinnahmen.[7]

2. Vergütungsvereinbarung und Erfolgshonorare

Die **Beratungshilfegebühr** ist in Nr. 2500 VV RVG geregelt. Durch das **seit dem 1.1.2014** in Kraft getretene Gesetz zur Änderung des Prozesskostenhilfe- und Beratungshilferechts[8] sind Neuregelungen im Bereich von Vergütungsvereinbarungen und/oder Erfolgshonoraren und damit flexiblere Vergütungsmodelle geschaffen worden.[9]

---

1 LSG Niedersachens, Beschluss vom 13.5.2014, Az. L 11 AS 1360/12 NZB – juris.
2 LSG Niedersachen, Beschluss vom 13.5.2014, Az. L 11 AS 1360/12 NZB – juris.
3 OLG Hamm, Urteil vom 30.4.2015, Az. I – 28 U 88/14.
4 *Lissner*, StB 2013, 160 ff.; *Szymborski*, DSTR 2012, 1984.
5 Lindemann/Trenk-Hinterberger, § 10 Rn. 1 (zu § 132 BRAGO).
6 Lindemann/Trenk-Hinterberger, § 10 Rn. 1 (zu § 132 BRAGO).
7 Ergebnisprotokoll der Bund-Länder-Arbeitsgruppe „Begrenzung der Ausgaben der Beratungshilfe."
8 BT-Drs. 17/11472 und 17/13538.
9 *Mayer*, AnwBl Online 2013, 311 ff.; *Lissner*, AGS 2014, 1 ff.

Für die Beratungsperson ist es gem. §§ 8 Abs. 2, §§ 3a, 4, 4a RVG zulässig
- eine **Vergütungsvereinbarung** zu treffen,
- ein **Erfolgshonorar** als Grundlage der Vergütungsvereinbarung zu nehmen,[10] oder
- Leistungen **„pro bono"** anzubieten.[11]

Dabei war sich der Gesetzgeber durchaus im Klaren, dass hier eine Risikoverlagerung von der Beratungsperson zum Rechtsuchenden stattfindet. Während früher der Rechtsanwalt einseitig das Kostenrisiko trug, ist es nun das Risiko des Rechtsuchenden, sich ggfs. im weiteren Verlauf einem regulären oder gar „höheren" Gebührenanspruch gegenüber zu sehen. Dies wurde aber bewusst in Kauf genommen, denn nicht die Beratungsperson, sondern der Rechtsuchende begehrt eine staatliche Subvention und hat deshalb auch das Risiko von deren Nichtgewährung zu tragen.[12]

Durch die Modifizierung des § 4a Abs. 1 S. 1, 3 RVG („*die Möglichkeit, Beratungs- und Prozesskostenhilfe in Anspruch zu nehmen bleibt außer Betracht*") können zudem Beratungspersonen bei einem Erfolg oder einem erheblichen Vermögenszuwachs beim Rechtsuchenden eine angemessene Vergütung erhalten, wodurch ein Anreiz für eine noch bessere Betreuung geschaffen wird.

Die Regelungen sehen jedoch einschränkend vor, dass der aus der Vergütungsvereinbarung resultierende Anspruch der Beratungsperson gegen den Rechtsuchenden nicht geltend gemacht werden kann, wenn und solange Beratungshilfe bewilligt ist, bzw. im Falle nachträglicher Antragstellung das Gericht noch keine Entscheidung über den Antrag getroffen hat (§ 8 Abs. 2 BerHG).[13] Damit wird auch dem Schutz des Rechtsuchenden Rechnung getragen.[14]

Voraussetzung für die Geltendmachung einer Vergütung außerhalb der Beratungshilfebestimmungen ist daher stets, dass das **Beratungshilfemandat beendet oder Beratungshilfe nicht bewilligt wird**. Die Beratungshilfegebühr nach § 44 S. 2 RVG ist hiervon allerdings nicht betroffen.[15] Wird die Beratungshilfebewilligung wieder aufgehoben (sh. Rn. 273 ff.) oder lehnt das Gericht im Falle nachträglicher Antragstellung die Bewilligung ab, kann die Beratungsperson den Rechtsuchenden zukünftig ggfs. aus einer zuvor getroffenen Vergütungsvereinbarung in Anspruch nehmen.

> **Hinweis:**
> Wegen der eingeführten Möglichkeit der Aufhebung der Beratungshilfe nach § 6a BerHG kann eine solche Vergütungsvereinbarung nicht nur in Fällen nachträglicher Antragstellung, sondern auch bei bereits bewilligter Beratungshilfe sinnvoll sein. Der Beratungsperson steht bei Vorliegen von § 8a Abs. 2 BerHG dann auch ein Vergütungsanspruch nach den allgemeinen Vorschriften zu. Eine vorher geschlossene Vergütungsvereinbarung kann eine mühsame Auseinandersetzung zwischen Beratungsperson und Rechtsuchendem darüber entbehrlich machen, in welcher Höhe etwa die übliche Vergütung nach den § 34 Abs. 1 S. 2 RVG, § 612 Abs. 2 BGB geschuldet ist.[16]

Weitere Voraussetzung für die Geltendmachung einer Vergütungsvereinbarung anstelle der regulären Vergütung ist weiter, dass die Beratungsperson den Rechtsuchenden **vorab über die Möglichkeit der (nachträglichen) Aufhebung,**

---

10 *Mayer*, AnwBl Online 2013, 311 ff.
11 *Lissner*, AGS 2014, 1 ff.
12 sh. Begründung BT-Drs. 17/11472, S. 42 f.
13 *Zempel*, FPR 2013, 265 ff; Timme, NJW 2013, 3057 ff.; *Lissner*, AGS 2014, 1 ff.
14 *Mayer*, AnwBl Online 2013, 311 ff.
15 *Mayer*, AnwBl Online 2013, 311 ff.
16 sh. Begründung BT-Drs. 17/11472, S. 42 f.

§ 6a Abs. 2 Nr. 2 BerHG, oder der Nichtbewilligung der (nachträglichen) Beratungshilfe und die daraus resultierenden Folgen für den Vergütungsanspruch hingewiesen hat, § 8a Abs. 4 BerHG. Vorab bedeutet dabei, dass **die Belehrung zwingend vor Mandatsübernahme** vorgenommen wird, so dass der Rechtsuchende noch die Möglichkeit hat, sich anderweitig Hilfe zu suchen. Aus der gesetzlichen Formulierung lässt sich – wie bereits oben erwähnt – eine **aktive Belehrungspflicht** ableiten.

Die bloße Aufnahme eines Hinweises in die schriftliche Vollmacht ist als überraschende Klausel unwirksam.[17] Die Gesetzesbegründung führt hierzu aus, dass derjenige, der auf die Beratungshilfevergütung aus der Staatskasse vertraut, sich nicht später überraschend einem höheren Zahlungsanspruch ausgesetzt sehen muss.[18]

Eine genügende Absetzung von anderen Vereinbarungen kann dann bejaht werden, wenn sie **in einem gesonderten und entsprechend gekennzeichneten Abschnitt oder Paragraphen geregelt ist**.[19] Sie muss optisch eindeutig von den übrigen Bestimmungen abgegrenzt sein. Der Rechtsuchende muss diese unschwer erkennen können. Empfehlenswert ist hier, dass die Beratungsperson diese Vergütungsvereinbarung in einem gesonderten Schriftstück darstellt.

Ab **Rn. 273 ff.** sind die Auswirkungen der Aufhebung der Beratungshilfe auf den **Vergütungsanspruch** erläutert. Das Erfolgshonorar kann ebenfalls, solange Beratungshilfe bewilligt ist, nicht durchgesetzt werden, § 8 Abs. 2 BerHG.

Der bei in Frage kommender Abrechnung nach einer **Vergütungsvereinbarung** resultierende Vergütungsanspruch richtet sich dabei dann nach der Vergütung nach den allgemeinen Vorschriften der jeweiligen Beratungsperson. Dies bedeutet, dass auch eine Beratungsperson, die nicht Rechtsanwalt ist, nach ihrem eigenen Vergütungsrecht abrechnen kann.[20] **Die gesetzliche Vergütung darf aber auch unterschritten** werden, § 4 Abs. 1 S. 1 RVG. Diese zu schuldende Vergütung ist in der Vereinbarung genau darzustellen sowie anzugeben, unter welchen genauen Bedingungen diese geschuldet wird.

Bei Vereinbarung eines **Erfolgshonorars** sind die für die Bemessung des Erfolgshonorars bestimmenden wesentlichen Gründe darzulegen, also die Geschäftsgrundlage, von der der Rechtsuchende und die Beratungsperson bei Vertragsabschluss ausgehen. Unzulässig ist es, dass der Rechtsanwalt sich dabei verpflichtet, Gerichtskosten, Verwaltungskosten oder Kosten anderer Beteiligter zu tragen, § 49b Abs. 2 S. 2 BRAO.

Die wirksame Vereinbarung eines **Erfolgshonorars** nach § 4a Abs. 1 S. 3 RVG setzt u. a. voraus, dass eine Gegenüberstellung der voraussichtlichen gesetzlichen Vergütung mit der erfolgsabhängigen vertraglichen Vergütung erfolgt.[21] Eine solche Vergütung kann die Beratungsperson indes nur dann erhalten, wenn sie zuvor nicht eine Vergütung aus der Staatskasse beantragt hat (sh. Rn. 273 ff).[22]

Fazit:

Sofern die Beratungsperson **die Vergütungsvereinbarung** bzw. das **Erfolgshonorar beanspruchen** möchte, müssen daher zumindest die **folgenden Voraussetzungen** vorliegen:
- Die Beratungsperson muss den Mandanten vor Beratungshilfeleistung auf die Möglichkeit der Aufhebung der Beratungshilfe und deren Konsequenzen auch auf die Vergütung hingewiesen haben.

---

17 BT-Drs. 17/11472, S. 43.
18 BT-Drs. 17/11472, S. 43.
19 BGH, MDR 2016, 182 ff.
20 *Nickel*, MDR 2013, 950 (951).
21 AG Gengenbach, Urteil vom 14. Mai 2013, Az. 1 C 193/12 – juris.
22 *Nickel*, MDR 2013, 950 ff.; *Lissner*, AGS 2013, 209 ff.; *ders.*, AGS 2014, 1 ff.

- Die Beratungsperson muss den Mandanten vor Beratungshilfeleistung auf die Möglichkeit einer Vergütungsvereinbarung nach den allgemeinen Vorschriften hingewiesen haben. Das Erfolgshonorar muss vereinbart worden sein.
- Die Beratungshilfe muss aufgehoben werden; dies bedeutet, dass kein Vergütungsfestsetzungsantrag gestellt worden sein darf, § 8a Abs. 2 Nr. 1 BerHG.
- Der Vergütungsanspruch gegen die Staatskasse muss erloschen sein.

291a 3. Leistung „pro bono"/Verzicht auf die Gebühren

Seit dem 1.1.2014 kann die Beratungsperson, selbst wenn die Voraussetzungen für die Bewilligung von Beratungshilfe vorliegen, ganz auf eine Vergütung verzichten. Es besteht für die Beratungsperson nunmehr gem. § 4 Abs. 1 S. 3 und 4 RVG die Möglichkeit, eine Beratung „pro bono", also **kostenfrei, wahrzunehmen**.

Dies war zuvor allenfalls für eine Beratung, nicht aber für eine Vertretung, zulässig.[23] Nunmehr ist dies für beide Fallkonstellationen möglich. Hintergrund dieser Regelung war die Feststellung des Gesetzgebers, dass bereits nach der bis zum 31.12.2013 geltenden Lage viele Rechtsanwälte angesichts des Aufwandes zur Erlangung von Beratungshilfe von einer Geltendmachung selbiger abgesehen haben. Um damit die tatsächlichen Verhältnisse mit der Rechtslage in Einklang zu bringen, wurden die gesetzlichen Vorschriften angepasst. Voraussetzung für den Gebührenerlass ist allerdings, dass die Voraussetzungen für Beratungshilfe aus wirtschaftlicher Sicht grundsätzlich vorliegen und auch die übrigen Voraussetzungen der Beratungshilfe gegeben sein müssen.[24] Das Beurteilungsrisiko trägt hierfür die Beratungsperson, so dass sich für diese empfiehlt, sich einen möglichst präzisen und transparenten Überblick über die persönlichen und wirtschaftlichen Verhältnisse des Mandanten zu verschaffen und diesen zu dokumentieren.[25]

Ausdrücklich ausgenommen von der Möglichkeit, von einer Gebührenerhebung Abstand zu nehmen, ist der erstattungspflichtige Gegner nach § 9 BerHG. § 4 Abs. 1 S. 3 BerHG erklärt die bisherige Regelung des § 9 BerHG für anwendbar. Der erstattungspflichtige Gegner soll damit nicht von einer Tätigkeit „pro bono" partizipieren. Zudem soll nach dem Grundsatz der freien Wahl einer Beratungsperson keine Verpflichtung daraus abgeleitet werden, Rechtsuchende an bekannte Beratungspersonen zu verweisen, die regelmäßig „pro bono" beraten.[26]

4. Gebührentatbestände im Überblick

292
Der Rahmen der möglichen Vergütungsansprüche aus der Landeskasse für (Übergangsvorschrift **§ 60 Abs. 1 RVG**: Zeitpunkt der Auftragserteilung maßgebend) die Tätigkeit der Beratungsperson reicht von der Beratungsgebühr in Höhe von 35,00 EURO bis zur Geschäftsgebühr im Rahmen eines außergerichtlichen Einigungsversuchs im Vorfeld des Verbraucherinsolvenzverfahrens nach der InsO mit mehr als 15 Gläubigern in Höhe von 675,00 EURO.

Im Einzelnen können in der Beratungshilfe **folgende Gebührentatbestände** entstehen (weitere Gebührentatbestände können daneben im Rahmen der Beratungshilfe nicht geltend gemacht werden):[27]

---

23 Mayer, AnwBl Online 2013, 311 ff. m. w. N.
24 BT-Drs. 17/11472, S. 49.
25 Mayer, AnwBl Online 2013, 311 f.
26 BT-Drs. 17/11472, S. 49; Lissner, AGS 2014, 1 ff.
27 Lissner, JurBüro 2013, 564 ff.

Kapitel 8: Vergütung in der Beratungshilfe 292

Nr.	Gebührentatbestand	Gebühr ab 1.8.2013	Gesamt inkl. Pauschale u. USt.
2500	**Beratungshilfegebühr** Neben der Gebühr werden keine Auslagen erhoben. Die Gebühr kann erlassen werden.	15,00 EURO	
2501	**Beratungsgebühr** (1) Die Gebühr entsteht für eine Beratung, wenn die Beratung nicht mit einer anderen gebührenpflichtigen Tätigkeit zusammenhängt. (2) Die Gebühr ist auf eine Gebühr für eine sonstige Tätigkeit anzurechnen, die mit der Beratung zusammenhängt.	35,00 EURO	41,65 EURO
2502 → kein eigenständiger Gebührentatbestand, d. h. daneben entsteht keine Gebühr gem. Nr. 2501	**Beratungstätigkeit mit dem Ziel einer außergerichtlichen Einigung mit den Gläubigern über die Schuldenbereinigung auf der Grundlage eines Plans (§ 305 Abs. 1 Nr. 1 InsO):** Die Gebühr Nr. 2501 beträgt: (Anm.: dies gilt **nur** für einen Plan, er muss mehr enthalten als nur das bloße Gläubigerverzeichnis, nämlich die Quoten und den Gesamtbetrag der Schulden)	70,00 EURO	99,96 EURO
2503	**Geschäftsgebühr** (1) Die Gebühr entsteht für das Betreiben des Geschäfts einschließlich der Information oder die Mitwirkung bei der Gestaltung eines Vertrags. (2) Auf die Gebühren für ein anschließendes gerichtliches oder behördliches Verfahren ist diese Gebühr zur Hälfte anzurechnen. Auf die Gebühren für ein Verfahren auf Vollstreckbarerklärung eines Vergleichs nach den §§ 796 a, 796b und 796c Abs. 2 S. 2 ZPO ist die Gebühr zu einem Viertel anzurechnen.	85,00 EURO	121,38 EURO
2504 → kein eigenständiger Gebührentatbestand, d. h. daneben entsteht keine Gebühr gem. Nr. 2503	**Tätigkeit mit dem Ziel einer außergerichtlichen Einigung mit den Gläubigern über die Schuldenbereinigung auf der Grundlage eines Plans (§ 305 Abs. 1 Nr. 1 InsO):** Die Gebühr Nr. 2503 beträgt bei bis zu 5 Gläubigern:	270,00 EURO	385,56 EURO
2505 → kein eigenständiger Gebührentatbestand, d. h. daneben entsteht keine Gebühr gem. Nr. 2503	Es sind 6 bis 10 Gläubiger vorhanden: Die Gebühr Nr. 2503 beträgt:	405,00 EURO	578,34 EURO
2506 → kein eigenständiger Gebührentatbestand, d. h. daneben entsteht keine Gebühr gem. Nr. 2503	Es sind 11 bis 15 Gläubiger vorhanden: Die Gebühr Nr. 2503 beträgt:	540,00 EURO	771,12 EURO

Nr.	Gebührentatbestand	Gebühr ab 1.8.2013	Gesamt inkl. Pauschale u. USt.
2507 → kein eigenständiger Gebührentatbestand, d. h. daneben entsteht keine Gebühr gem. Nr. 2503	Es sind mehr als 15 Gläubiger vorhanden: Die Gebühr Nr. 2503 beträgt:	675,00 EURO	963,90 EURO
2508	Einigungs- und Erledigungsgebühr (1) Die Anmerkungen zu Nummern **1000** und **1002** sind anzuwenden. (2) Die Gebühr entsteht auch für die Mitwirkung bei einer außergerichtlichen Einigung mit den Gläubigern über die Schuldenbereinigung auf der Grundlage eines Plans (§ 305 Abs. 1 Nr. 1 InsO).	150,00 EURO	

5. Vorschusszahlungen und Fälligkeit des Vergütungsanspruchs

293 Grundsätzlich kann eine Beratungsperson, die eine Vergütung aus der Staatskasse erhält, gem. § 47 Abs. 1 RVG für die bereits entstandenen Gebühren und die entstandenen und voraussichtlich entstehenden Auslagen aus der Staatskasse einen angemessenen **Vorschuss** fordern.

Im Rahmen der Beratungshilfe kommen **Vorschusszahlungen** gem. § 47 Abs. 2 RVG aus der Staatskasse jedoch nicht in Betracht; d. h. die Vergütung kann erst dann gem. § 55 RVG festgesetzt und aus der Staatskasse gezahlt werden, wenn sie insgesamt fällig geworden ist. § 47 Abs. 2 RVG stellt insoweit jedoch klar, dass die Regelung nur die Vergütung aus der Staatskasse betrifft. Für die Beratungshilfegebühr, die der Rechtsuchende an die Beratungsperson zu leisten hat, besteht dieser Ausschluss nicht.

Gem. § 8 Abs. 1 S. 1 RVG ist die Vergütung der Beratungsperson dann **fällig**, wenn der **Auftrag erledigt** oder die **gebührenrechtliche Angelegenheit beendet** ist.[28]

> **Hinweis:**
> Vielfach wird durch die anwaltliche Praxis gerügt, die Auftragserledigung könne im Rahmen der Angelegenheit nicht absolut bestimmt werden, denn – bspw. im Rahmen der Einigung über eine Forderung – könne sich im Nachhinein weitere Korrespondenz ergeben, die zunächst nicht absehbar ist. Daher könne im Grunde eine echte Auftragserledigung und Fälligkeit erst mit Verjährung der Forderungsansprüche eintreten, was unverhältnismäßig sei. Dem ist nicht zu folgen. Zum einen tritt vor der Verjährung das zeitliche Ende der Angelegenheit (max. zwei Jahre) ein. Zum anderen ist von einem objektiven Tatbestand auszugehen.[29] Wenn der Auftrag aus Sicht des Bürgers und der Beratungsperson erledigt ist, kann abgerechnet werden, auch wenn sich – im Nachhinein – noch ungeplanter weiterer Schriftverkehr ergibt.
> Die **Verjährung ist erst eine Folge der Fälligkeit**.[30] Der Auftrag ist dann erledigt, wenn die vollständige Erfüllung der eigentlichen Leistung der Beratungsperson ohne deren bürotechnische Abwicklung erfolgt ist.

---

28 OLG München, Beschluss vom 20.5.2015, Az. 11 W 663/15.
29 AG Lichtenberg, Grundeigentum 2012, 1045.
30 *Hartmann*, KostG, RVG, § 8 Rn. 6.

Die Beendigung der Rechtsangelegenheit ist damit maßgeblich vom Auftrag des Rechtsuchenden abhängig.
Zur Geltendmachung des Vergütungsanspruches reicht es also nicht aus, dass bereits ein einzelner Gebührentatbestand erfüllt worden ist (etwa wenn durch eine rein einleitende Beratung eine Beratungsgebühr angefallen ist); die Vergütung wird erst **insgesamt nach Abschluss der Rechtsangelegenheit fällig.**
Nicht zu folgen ist der Ansicht des LG Wuppertal[31], wonach Fälligkeit und Erledigung bereits dann eintritt, wenn die Verfahrensbevollmächtigten in der ersten schriftlichen Stellungnahme umfassend vorgetragen und – im entschiedenen Fall – eine modifizierte Unterlassungserklärung abgegeben haben. Evtl. weiter anfallender Schriftverkehr wird hier als einfache weitere Rechtsausführung, hingegen nicht als Sachverhaltsergänzung, eingestuft.
Solange Vorträge zum Sachverhalt erfolgen, ist die beratungshilferechtliche Angelegenheit noch nicht beendet (mit weiteren denkbaren Ergebnissen), der Auftrag ist daher nicht erledigt (und seien es ggfs. nur die sich aus dem Anwaltsvertrag ergebenden Nebenpflichten, z. B. die Information über Schreiben der Gegenseite, die dem Mandanten weiter zustehen), so dass eine Fälligkeit der Vergütung noch nicht eintritt.
Die Fälligkeit der Ansprüche ist dabei von der Beratungsperson **glaubhaft** zu machen. Dies geschieht in erster Linie durch die **Angabe des Tätigkeitszeitraums im Vergütungsantrag.**[32] Soweit weitere Darlegungen erforderlich sind, genügt die Beifügung eines Schriftsatzes, wenn sich hieraus die Erledigung oder Beendigung der Angelegenheit ergibt.[33]

> **Hinweis:**
> **Weitere Darlegungen** können z. B. dann erforderlich werden, wenn die **Angabe im Vergütungsantrag über den Tätigkeitszeitraum unschlüssig ist.** Hierzu sind seitens der Beratungsperson entsprechende schlüssige Angaben zu machen.
> Häufig wird als einziger Tätigkeitstag oder als Endzeitpunkt der Tätigkeit der Beratungsperson ein Datum angegeben, an dem eine Vertretungshandlung stattgefunden hat. Aus dem beigefügten Schriftsatz ergibt sich dann aber oftmals, dass der Gegner in dem Schreiben zu Handlungen oder Unterlassungen aufgefordert und ihm eine Frist gesetzt wurde.
> Es erscheint dann sehr unwahrscheinlich, dass die Angelegenheit insgesamt an demselben Tag noch ihre Erledigung gefunden haben soll – dies dürfte die Ausnahme sein. In der Regel ist zu diesem Zeitpunkt noch offen, wie die Angelegenheit weiter verlaufen wird. Selbst wenn sich zu einem späteren Zeitpunkt herausstellt, dass sich die Angelegenheit durch die Fertigung dieses Schriftsatzes tatsächlich erledigt hat (z. B. weil der Gegner hiernach nicht mehr reagiert und daher davon auszugehen ist, dass er keine Forderungen mehr stellt), wird wohl als Endzeitpunkt der Angelegenheit der Tätigkeit ein späterer anzunehmen sein (z. B. das Ende der von der Beratungsperson gesetzten Frist).
> **Gleiches gilt, wenn überhaupt kein Tätigkeitszeitraum im Vergütungsantrag angegeben wird und der Antrag auf den Tag datiert, an dem eine solche Vertretungshandlung stattfand.** Eine Nachbesserung durch die antragstellende Beratungsperson ist in diesem Fall unerlässlich.

---

31 LG Wuppertal, Beschluss vom 3.11.2014, Az. 16 T 191/14.
32 Vgl. Anlage 2 zu § 1 Nr. 2 BerHFV: „Ich habe Beratungshilfe gewährt Herrn/Frau ... in der Zeit vom/am... „.
33 AG Saarbrücken, Beschluss vom 10.11.2004, Az. 47 II 7887/04, n. v.; AG Saarbrücken, Beschluss vom 19.11.2004, Az. 47 II 619/04, n. v.

6. Verjährung des Vergütungsanspruchs

294 Gem. § 195 BGB beträgt die **Verjährungsfrist** für die Vergütungsansprüche **drei Jahre**. Sie beginnt gem. § 199 Abs. 1 BGB mit dem Ablauf des Kalenderjahres, in dem der Anspruch entstanden ist.

> **Beispiel:**
> Der Vergütungsanspruch wurde im März 2015 mit Auftragserledigung fällig. Nach § 199 Abs. 1 BGB beginnt die Verjährung damit mit Ablauf des 31.12.2015 und beträgt 3 Jahre. Am 1.1.2019 ist der Vergütungsanspruch verjährt.

> **Hinweis:**
> Die Verjährung kann nur dann durch den festsetzenden Urkundsbeamten der Geschäftsstelle beachtet werden, wenn **der Vertreter der Staatskasse** eine entsprechende **Verjährungseinrede** erhoben hat.
> Es liegt im Ermessen des Urkundsbeamten der Geschäftsstelle, ob er die Akte dem Vertreter der Staatskasse vorlegt, wenn die Verjährung in Betracht kommt – eine **Vorlagepflicht besteht nicht**.
> Seitens des Vertreters der Staatskasse kann ein Verzicht auf die Einrede der Verjährung in Betracht kommen, wenn die Beratungsperson glaubhaft macht, dass er aus nicht zu vertretenden Gründen an einer rechtzeitigen Geltendmachung der Ansprüche gehindert war.
> Eine Verjährungseinrede kann bei einer Fristüberschreitung von wenigen Tagen rechtsmissbräuchlich sein.[34]

Ergeben sich aufgrund der Änderung von Rechtsprechung nunmehr für die Beratungsperson neue Ansprüche, die nach der bisherigen Rechtslage nicht geltend gemacht werden konnten, so kann diese im Wege der Nachtragsliquidation – sofern diese noch nicht verjährt sind – die entsprechenden Vergütungen beantragen. Eine Verwirkung in Analogie zu § 20 GKG liegt hier nicht vor.[35] Dies kann z. B. gerade aufgrund der sich geänderten Rechtsprechung im familienrechtlichen Bereich eintreten.

II. Gebührenanspruch gegen den Rechtsuchenden – Beratungshilfegebühr (Nr. 2500 VV RVG)

295 Gem. § 44 S. 2 RVG steht der Beratungsperson gegen den Rechtsuchenden, dem sie Beratungshilfe gewährt, eine Festgebühr in Höhe **von 15,00 EURO** zu. Die Landeskasse ist insoweit nicht zahlungspflichtig – **nur der Rechtsuchende schuldet die Gebühr** (dagegen: der tätig werdenden Beratungsperson steht außer der Gebühr Nr. 2500 VV RVG kein weiterer Vergütungsanspruch gegen den Rechtsuchenden zu). Die Gebühr ist vom Verbot der Vorschussregelung ausgenommen, d. h. die Beratungsperson kann ihre Leistung verweigern, solange diese nicht vom Rechtsuchenden gezahlt ist, § 47 Abs. 2 RVG.[36]

Der Anspruch entsteht unabhängig davon, ob ihr ein Berechtigungsschein vorgelegt wird oder nicht. Es genügt, dass sich der Rechtsuchende an die Beratungsperson gewandt hat und gerade um Beratungshilfe gebeten und die

---

34 LG Frankenthal, Beschluss vom 16.12.2013, Az. 1 T 256/13.
35 OLG Köln, NJW-RR 2011, 1294 f.; *T. Schmidt* in jurisPK-BGB, Bd. 4; Kostenrechtl. Hinweise in Familiensachen (Teil 16) Rn. 38.
36 *Lissner*, JurBüro 2013, 564 ff.; *Köpf* in Schneider/Volpert/Fölsch, RVG, VV RVG Nr. 2500 Rn. 5.

Beratungsperson gem. § 2 BerHG tatsächlich eine Beratungshilfe geleistet hat. Die Entstehung dieser Gebühr setzt voraus, dass die Beratungsperson **von vornherein Beratungshilfe gewährt**. Der geleistete **Umfang** ist für diese Festgebühr unerheblich, unabhängig davon, ob sich die Tätigkeit in einer Beratung erschöpft.[37]

Dennoch muss die Beratungshilfe nachträglich beantragt und auch bewilligt werden. Wird der Beratungshilfeantrag abgelehnt, verbleibt es trotzdem bei der Schutzgebühr, **ein Rückerstattungsanspruch ist nicht gegeben**.

Die Gebühr kann die Beratungsperson nach den persönlichen und wirtschaftlichen Verhältnissen des Rechtsuchenden **nach pflichtgemäßem Ermessen erlassen**. Der Erlass kommt insbesondere bei Rechtsuchenden mit geringen finanziellen Mitteln in Betracht.

Die Gebühr wurde in den gesetzlichen Regelungen verankert, um dem Rechtsuchenden zu verdeutlichen, welchen Wert die zu erbringende Leistung trotz quasi einer Kostenbefreiung hat. Rein willkürlich gestellte Anträge sollen so vermieden werden.

Eine **Anrechnung der Gebühr** findet auf die Gebühren der Nrn. 2501 ff. VV RVG nicht statt, die Gebühr verbleibt der Beratungsperson zusätzlich.[38] Wird die Beratungshilfe allerdings aufgehoben und mündet sie in einen Vergütungsanspruch nach den allgemeinen Vorschriften gegen den Rechtsuchenden, ist die Gebühr anzurechnen, § 8a Abs. 2 S. 2 BerHG.

Nach S. 1 der Anmerkungen zu Nr. 2500 VV RVG werden daneben **keine Auslagen** erhoben; dies gilt auch für die **Umsatzsteuer**.[39] Da der Rechtsanwalt oder sonstige Beratungspersonen aber in der Regel umsatzsteuerpflichtig sind, muss die Umsatzsteuer aus der Bruttogebühr herausgerechnet werden.[40] Damit „verdient" die Beratungsperson die Gebühr gem. Nr. 2500 VV RVG tatsächlich bei einem Umsatzsteuersatz in Höhe von 19 % nur in Höhe von 12,15 EURO.

Auch erfolgt **keine Festsetzung** der Gebühr gem. § 11 RVG, da diese nicht zu der gesetzlichen Vergütung im Sinne des § 11 Abs. 1 RVG zählt.[41]

Bei **mehreren Rechtsuchenden** stellt sich die Frage, ob die Gebühr von jedem oder aber nur von einem der Rechtsuchenden erhoben werden darf. Eine Meinung befürwortet, dass die Gebühr dann von jedem der Rechtsuchenden geschuldet wird.[42] Die Gegenmeinung[43] vertritt die Ansicht, dass die Gebühr auch dann nur einmal gefordert werden könne.

Unter Beachtung von § 15 Abs. 2 RVG und dem Pauschcharakter der Gebühren erscheint die letztere Ansicht als konsequenter. Danach erhöht sich die Gebühr auch bei mehreren Auftraggebern nicht und kann auch nur einmal gefordert werden.[44]

Die Beratungshilfegebühr entsteht für **jede Angelegenheit** gesondert.[45]

einstweilen frei

---

37 *Köpf* in Schneider/Volpert/Fölsch, RVG, § 44 Rn. 57.
38 *Mayer* in Gerold/Schmidt, VV 2500–2508, Rn. 32.
39 *Hartmann*, KostG, RVG VV 2500, Rn. 4; *T. Schmidt* in jurisPK-BGB, Rn. 28.
40 *Henke*, AnwBl 2006, 484; *Dürbeck/Gottschalk*, Rn. 1246; a. A.: *Euba*, RVGreport 2009, 281 ff. (Nr. 2500 VV RVG stellt einen Umsatzsteuerbefreiungstatbestand außerhalb des UStG dar) m. weit. Anm. und Meinungen.
41 *Groß*, § 44 RVG, Rn. 60; *T. Schmidt* in jurisPK-BGB, Rn. 30; *Dürbeck/Gottschalk*, Rn. 1246; *Lissner*, JurBüro 2013, 564 ff.
42 *Dürbeck/Gottschalk*, Rn. 1248.
43 *Jungbauer* in Bischof/Jungbauer/Bräuer/Curkovic/Mathias/Uher, VV 2500, Rn. 3.
44 *Lissner*, Rpfleger 2012, 129; a. A. *Köpf* in Schneider/Volpert/Fölsch, RVG, VV RVG Nr. 2500 Rn. 6.
45 *Schneider* in Riedel/Sußbauer, RVG, VV 2500 Rn. 1; *Sommerfeldt* in BeckOK, RVG, VV 2500, Rn. 4.

III. Gebührenansprüche gegen die Landeskasse (Nr. 2501–2508 VV RVG)

1. Beratungsgebühr Nr. 2501 VV RVG

Die Beratungsgebühr entsteht für eine **Beratung**. § 34 Abs. 1 S. 1 RVG enthält eine **Legaldefinition** von Beratung, die im Beratungshilferecht entsprechende Anwendung findet: Unter Beratung ist ein mündlicher oder schriftlicher Rat oder eine Auskunft zu verstehen. Hierzu zählt auch das Abraten, z. B. einen Rechtsstreit zu führen, dazu.[46]
Auskunft ist dabei die unverbindliche Beantwortung von Fragen, zu deren Erteilung auch der Rechtspfleger beim Amtsgericht im Rahmen von § 3 Abs. 2 BerHG befugt ist.
Rat ist dagegen die Empfehlung eines bestimmten Verhaltens.
Durch die Beratungsgebühr werden sämtliche mit der Beratung zusammenhängenden Tätigkeiten abgedeckt (z. B. Informationsbeschaffung, Akteneinsicht etc.).[47]
Die Beratungsperson erhält für die Erteilung einer Auskunft oder für einen Rat die Beratungsgebühr. Erteilt die Beratungsperson in einer Angelegenheit mehrere Auskünfte oder Ratschläge, erhält sie die Gebühr nur **einmal**. Auf den Umfang der beratenden Tätigkeit kommt es dabei nicht an. Die Beratungsperson kann ausführlich – auch mehrmals in derselben Sache – beratend tätig werden, oder aber die Sache „binnen fünf Minuten" erledigen. Wird die Angelegenheit vorzeitig erledigt, erfolgt keine Reduzierung der Gebühr. Die Formulierung „für **eine** Beratung" ist daher nicht zahlenmäßig zu verstehen.
In der Regel genügt zum **Nachweis des Entstehens** der Gebühr der Vortrag der Beratungsperson, dass sie dem Rechtsuchenden Auskunft oder Rat erteilt hat.[48]
Neben der Beratungsgebühr können auch **Auslagen** einschließlich **Umsatzsteuer** anfallen.[49] Die Auslagen bzw. Auslagenpauschale können aber nur dann geltend gemacht werden, wenn auch **tatsächlich** Auslagen entstanden sind.[50] Hierbei ist jedoch zu beachten, dass entstandene Auslagen häufig auch auf das Entstehen der Geschäftsgebühr hindeuten.
Gem. **Nr. 2501 Anm. Abs. 1 VV RVG** entfällt die Beratungsgebühr, wenn die Beratung mit einer anderen gebührenpflichtigen Tätigkeit zusammenhängt. Aufgrund der Vorbemerkung zu 2.5. – „*im Rahmen der Beratungshilfe entstehen Gebühren ausschließlich nach diesem Abschnitt*" – kommen hierfür nur die Gebühren gem. Nr. 2503 VV RVG (Geschäftsgebühr) und gem. Nr. 2508 VV RVG (Einigungs- und Erledigungsgebühr) in Betracht.[51] Die Gebühr gem. Nr. 2501 VV RVG entsteht in diesem Fall erst gar nicht, da sie zeitlich mit den in Nr. 2503 VV RVG oder Nr. 2508 VV RVG bezeichneten Gebühren zusammenfällt.
Beratungs- und Geschäftsgebühr können daher **nicht nebeneinander** entstehen und die Gebühr gem. Nr. 2501 VV RVG entfällt immer neben einer solchen gem. Nr. 2503 VV RVG.[52] Die Beratungsperson kann auch auf die Geltendma-

---

46 *Mayer* in Gerold/Schmidt, VV 2500–2508, Rn. 33; *Lissner*, JurBüro 2013, 564 ff.
47 *Schneider*, NJW-Spezial 2016, 347 ff.; OLG Oldenburg, Beschluss vom 13.10.2014, Az. 12 W 220/14; OLG Bamberg, AGS 2016, 143 ff.; AG Frankfurt, StV 1986, 167; Hartmann, KostG, RVG VV 2501, Rn. 4.
48 LG Göttingen, JurBüro 1984, 1369 (1370) mit Anmerkungen *Mümmler*; *Hansens*, JurBüro 1986, 339 (346).
49 AG Mannheim, Beschluss vom 5.6.2012, Az. 1 BHG 380/11; AG Königs Wusterhausen, Beschluss vom 15.2.2012, Az. 2d II UR 70/II; sh. hierzu auch Rn. 336.
50 AG Halle (Saale) Beschluss vom 25.11.2011, Az. 103 II 1540/11; AG Osnabrück NdsRpfl 1986, 257; **a. A.:** AG Königs Wusterhausen, AGS 2012, 188 ff.
51 *Groß*, § 44 RVG, Rn. 14.
52 *Mayer* in Gerold/Schmidt, VV 2500–2508, Rn. 35.

chung der Gebühr gegenüber der Staatskasse verzichten, § 4 Abs. 1 S. 3 und 4 RVG (sh. auch Rn. 291a).
Gem. Nr. 2501 Anm. Abs. 2 VV RVG ist die Beratungsgebühr für eine sonstige spätere Tätigkeit **voll anzurechnen**, die mit der Beratung zusammenhängt. Die Gebühr ist damit auf eine Gebühr anzurechnen, die die Beratungsperson für ihre sonstige Tätigkeit ggfs. in einem **anschließenden gerichtlichen oder außergerichtlichen Verfahren** erhält,[53] z. B. auf eine spätere Geschäfts- oder Verfahrensgebühr nach Nr. 3100 VV RVG[54] oder auch in Strafsachen auf eine Grundgebühr gem. Nr. 4100 VV RVG.

> **Beispiel:**
> Der Rechtsanwalt berät den Rechtsuchenden zunächst über einen Mangel an einem Werk, erst später schreibt der Rechtsanwalt an den Unternehmer. Die Beratungsgebühr ist hier in voller Höhe auf die Geschäftsgebühr gem. Nr. 2503 VV RVG anzurechnen. Sollte der Rechtsanwalt nach der Beratung direkt Klage erheben, so wird die Beratungsgebühr in voller Höhe auf die folgende Verfahrensgebühr gem. Nr. 3100 VV RVG angerechnet.
> Hat der Rechtsanwalt zunächst nur beraten und rechnet bereits die Beratungsgebühr ab, so ist bei einer späteren Vertretung die Geschäftsgebühr entsprechend zu reduzieren (85,00 EURO abzgl. bereits gewährter Beratungsgebühr in Höhe von 35,00 EURO = 50,00 EURO).
> Ein solches Vorgehen bei der Gebührenabrechnung sollte allerdings **die Ausnahme** bleiben, da der Vergütungsanspruch erst nach vollständiger Erledigung der Angelegenheit fällig wird (siehe Rn. 293). Wenn nach der Beratung noch eine Vertretung stattfand, war die Sache zum Zeitpunkt der ersten Abrechnung noch nicht abgeschlossen und die Vergütung mithin noch nicht fällig.
> Nur in seltenen Fällen wird sich **wider Erwarten** eine Vertretung anschließen, nachdem der Anwalt in der Annahme, die Sache sei durch seine Beratung **abschließend** erledigt worden, die Beratungsgebühr bereits abgerechnet hat.

298

2. Geschäftsgebühr Nr. 2503 VV RVG

Die Geschäftsgebühr gem. Nr. 2503 VV RVG erfasst in erster Linie Tätigkeiten der Beratungsperson, bei denen sie **nach außen** in Erscheinung tritt, z. B. gegenüber einer Behörde oder einem Gegner des Rechtsuchenden. Sie hat im Beratungshilferecht vor allem in den Vertretungsfällen mit mehr oder weniger umfangreichen Schriftverkehr Bedeutung.

Gem. Nr. 2503 Anm. Abs. 1 VV RVG entsteht diese für das **Betreiben des Geschäfts einschließlich der Information** oder **die Mitwirkung bei der Gestaltung eines Vertrages**. Beide Bereiche ergeben aber nur einmal eine Geschäftsgebühr.[55]

Die Nr. 2503 VV RVG beinhaltet denselben Begriff wie die Geschäftsgebühr in **Nr. 2300 VV RVG**. Die amtliche Anmerkung Abs. 1 stimmt mit der Vorbemerkung 2.3. Abs. 3 überein.

Die Beratungsperson erhält die Geschäftsgebühr gem. Nr. 2503 VV RVG, wenn sie eine außergerichtliche Tätigkeit, die gesetzlich nach Nr. 2300 VV RVG zu vergüten ist, wahrnimmt. Es gelten damit dieselben Erwägungen wie bei Nr. 2300 VV RVG.

Im Gegensatz zu Nr. 2300 VV RVG handelt es sich jedoch um eine **Festgebühr**; auf den Umfang und Schwierigkeit der Tätigkeit kommt es daher hier nicht an. Nr. 2300 VV RVG ist insoweit nicht anwendbar.

299

---
53 AG Koblenz, FamRZ 1998, 1038; OLG Düsseldorf, Rpfleger 1986, 109.
54 *Hartmann*, KostG, RVG VV 2501, Rn. 4; *Mayer* in Gerold/Schmidt, VV 2500–2508, Rn. 36; *Sommerfeldt* in BeckOK, RVG, RVG 2501.
55 *Hartmann*, KostG, RVG VV 2503, Rn. 1.

Die Beratungshilfe wird gem. § 2 Abs. 1 BerHG in erster Linie in Beratung, und nur soweit erforderlich, in Vertretung gewährt. Die **Abgrenzung** zwischen Rat und Vertretung ist dabei oftmals schwierig.
Erster Anhaltspunkt und ein sicheres Zeichen für eine **Vertretung** ist dabei – wie eingangs erwähnt – oftmals eine **nach außen gerichtete Tätigkeit** der Beratungsperson z. B.:
– durch ein entsprechendes Schreiben, Faxe oder auch E-Mails, künftig wohl auch vermehrt Messengerdienste,
– Aktenvermerke,
– Telefonate,[56]
– Vorsprachen der Beratungsperson selbst.[57]
Dabei können auch mehrfache derartige Maßnahmen (z. B. mehrere Schreiben) in einer Angelegenheit in Betracht kommen.
Die Gebühr kann aber auch entstehen, ohne dass die Beratungsperson zwingend nach außen in Erscheinung tritt, z. B. wenn diese nur ein Schreiben entwirft, dass der Rechtsuchende dann selbst absenden soll.[58]
Im Ergebnis genügt **jede über eine bloße Beratung hinausgehende Tätigkeit**.[59] Abgegolten ist damit z. B. auch die Fertigung eines Urkundenentwurfs im Gesellschaftsrecht, das Abfassen von rechtsgeschäftlichen Erklärungen etc.
Die Entstehung einer solchen Gebühr ist jedoch von der Frage der Notwendigkeit der Vertretung und Erstattungsfähigkeit im Beratungshilfeverfahren zu unterscheiden (sh. hierzu ab Rn. 345). Sollten in einem Schreiben Rechtsausführungen zu machen sein (z. B. Umlagefähigkeit einzelner Tätigkeiten wie Hausmeisterdienst, Beleuchtung etc.) – die der Rechtsuchende nicht selbst machen kann –, kann von einer Erforderlichkeit der Vertretung ausgegangen werden.[60]
In **strafrechtlichen Angelegenheiten** wird Beratungshilfe **nur mittels Beratung** gewährt (§ 2 S. 2 BerHG), für eine **Vertretung** kann Beratungshilfe **nicht** bewilligt werden, **in anderen Angelegenheiten** kann die **Vertretung nicht von vornherein ausgeschlossen** werden.
Die **bloße Akteneinsicht** ist in diesen Fällen noch durch die Beratungsgebühr abgegolten,[61] dem steht auch nicht entgegen, dass der Rechtsanwalt eine Strafprozessvollmacht bei der Ermittlungsbehörde vorlegen muss, um Akteneinsicht erhalten zu können.[62] Ein Rechtsanwalt, der einen ausländischen Untersuchungshäftling vertritt und ihn hierzu aufsucht und dabei gebietsübergreifend auch im Ausländer- und Asylrecht berät und anschließend mit dem Haftrichter korrespondiert, verrichtet dagegen eine Geschäftstätigkeit im Sinne von Nr. 2503 VV RVG.[63]
Sofern die Akteneinsicht der Information der Beratungsperson im Vorfeld oder nur im Zuge der Beratung erfolgt, löst diese **vorbereitende Akteneinsicht** noch kein Geschäft i. S. d. Nr. 2503 VV RVG aus. Die Beratungsperson muss sich im Wege der Vorbereitung ihrer Beratung mit den vom Rechtsuchenden zur Verfügung gestellten Unterlagen vertraut machen. Hierzu zählt auch die Einholung von Informationen durch Einsicht in Gerichts- oder auch Verwaltungsakten ohne eine

---

56 AG Halle (Saale), Beschluss vom 8.2.2012, Az. 103 II 931/11 – juris.
57 AG Saarbrücken, AnwBl 1994, 145 f.
58 *Mayer* in Gerold/Schmidt, VV 2500–2508, Rn. 39.
59 *Groß*, § 44 RVG, Rn. 16;
60 AG Halle (Saale), Rpfleger 2012, 266–267 – juris.
61 LG Osnabrück, JurBüro 2016, 135 f.; OLG Oldenburg, Beschluss vom 13.10.2014, Az. 12 W 220/14 (BH); AG Konstanz, Beschluss vom 3.7.2007, Az. UR II 91/07 – juris; LG Braunschweig, NdsRpfl 1986, 198; LG Frankfurt, JurBüro 1986, 732; *Groß*, § 44 RVG, Rn. 20; a. A.: OLG Naumburg, BeckRS 2016, 07012 – juris (das Gesuch war hier allerdings mit weiteren Ausführungen versehen); AG Halle (Saale), RVGreport 2013, 192 f. (Akteneinsicht in ausländerrechtlicher Angelegenheit); AG Riesa, AGS 2012, 485; AG Rostock, AGS 2011, 192.
62 AG Frankfurt, StV 1986, 167.
63 AG Köln, RVGreport 2007, 301 f. mit abl. Meinung *Hansens*.

weitergehende Geschäftsführung im Außenverhältnis.[64] Danach kann erst seitens der Beratungsperson eruiert werden, ob eine weitergehende Handlung, nämlich eine Handlung mit entsprechender Außenwirkung, notwendig und erforderlich erscheint. Es kann hieraus nicht bereits ein „Geschäft" i. S. d. Nr. 2503 VV RVG mit Außenwirkung, auf die es letztlich für das Entstehen ankommt, suggeriert werden, wie dies teilweise in der Rspr.[65] gesehen wird. Wenn die Akteneinsicht jedoch von vornherein auf das Betreiben eines Geschäfts i. S. d. Nr. 2503 VV RVG – also nicht ausschließlich Informationszwecken dient – ausgerichtet ist, kann die Geschäftsgebühr entstehen.[66]

Die **Einholung von Deckungszusagen bei Rechtsschutzversicherungen** löst die Geschäftsgebühr aus.[67]

An die **Ursächlichkeit der Beratungstätigkeit** sind – wie bei Nr. 1000 und Nr. 1002 VV RVG – **keine allzu hohen Anforderungen** zu stellen. Es reicht irgendeine Tätigkeit aus, die dem Geschäft oder der Vertragsgestaltung förderlich war.[68] Die Beratungsperson braucht daher nicht zwingend bei Vertragsverhandlungen etc. direkt mitgewirkt zu haben oder anwesend gewesen zu sein. Insoweit wird sich jedoch die Frage der Glaubhaftmachung stellen.

Ob die Tätigkeit der Beratungsperson im Rahmen der Beratungshilfe auch **erforderlich** ist, kann nicht allgemein beurteilt werden.[69]
Dies ist auch abhängig vom **Schwierigkeitsgrad der Rechtsangelegenheit**. Es muss hier ein **rechtlich schwieriger und komplexer Sachverhalt** vorliegen. Des Weiteren ist auf die **individuellen Fähigkeiten des Rechtsuchenden und nicht auf die eines Durchschnittsbürgers abzustellen**. Die Fähigkeiten sind anhand seines **Schulabschlusses, seiner Ausbildung, des erlernten Berufs, seiner allgemeinen Kenntnisse und seines sozialen Umfeldes** zu beurteilen.
Auch nach Bewilligung der Beratungshilfe ist von dem Rechtsuchenden ein **gewisses Maß an Eigeninitiative zu fordern**.[70] Eine Vertretung ist **erforderlich**, wenn der Rechtsuchende nach der Beratung angesichts des **Umfangs, der Schwierigkeit oder der Bedeutung der Rechtsangelegenheit** für ihn seine Rechte nicht selbst wahrnehmen kann und zur effektiven Ausführung seiner Verfahrensrechte fremde Hilfe benötigt.[71] Dies kann bspw. in einem sozialrechtlichen Widerspruchsverfahren dann der Fall sein, wenn es dem Rechtsuchenden aufgrund seiner persönlichen Verhältnisse sowie der Schwierigkeiten der Sache nicht zuzumuten ist, das Vorverfahren selbst zu führen.[72]
Weitere Ausführungen sowie eine entsprechende **Prüfungscheckliste** (Rn. 213a) zur Frage der Erforderlichkeit der Vertretung sind unter Rn. 208 ff. zu finden.
Eine Vertretung erscheint zum Beispiel in folgenden Fällen mitunter **nicht notwendig**:
– in einfach gelagerten Fällen;
– bei äußerst schlichten tatsächlichen Hinweisen;
– bei Kündigungsschreiben, Stundungsersuchen oder Ratenzahlungsangebot (z. B. Versuch, einen Gläubiger zum Stillhalten zu bewegen);[73]

---

64 OLG Bamberg, RVGreport 2016, 141 ff. mit abl. Meinung *Hansens*; so auch *Schneider*, NJW-Spezial 2016, 347 f.
65 OLG Naumburg, BeckRS 2016, 07012 – juris; AG Halle (Saale), RVGreport 2013, 192 f.; AG Rostock, AGS 2011, 192.
66 OLG Köln, RVGreport 2017, 341 f. mit zust. Meinung *Hansens*.
67 für den alten Fall des § 132 Abs. 2 BRAGO: *Finke*, JurBüro 1998, 199; *Schoreit/Groß*, 11. Aufl., § 1 BerHG, Rn. 53; auch *Mayer* in Gerold/Schmidt, 20. Aufl., VV 2500–2508, Rn. 3; *Finke*, JurBüro 1999, 622 (623).
68 *Hartmann*, KostG, RVG VV 2503, Rn. 5.
69 *Groß*, § 2 BerHG, Rn. 10; *Lissner*, AGS 2015, 209 ff.
70 AG Koblenz, AGS 2008, 461.
71 BVerfG, NZS 2011, 335 – juris.
72 KG, JurBüro 2012, 317–318 – juris.
73 AG Eschweiler, Rpfleger 1992, 68.

- bei der Regelung von Bankschulden;[74]
- bei Einlegung eines Widerspruchs ohne Begründung;[75]
- bei Widerspruch in sozialrechtlichen Widerspruchsverfahren bei einem – gegebenenfalls wiederholten – Hinweis auf eine einfach gelagerte Frage zum Sachverhalt (äußerst schlichter tatsächlicher Hinweis);[76]
- bei einfachem Ausfüllen eines Fragebogens – wenn die rechtlichen Aspekte zuvor besprochen worden sind;[77]
- wenn das Schreiben keine Rechtsausführungen beinhaltet und anwaltliche Beauftragung mit der Vertretung lediglich erfolgt, um dem Schreiben mehr Nachdruck zu vermitteln oder aufgrund von körperlichen Einschränkungen oder wegen Kommunikations- oder Verständnisschwierigkeiten.[78]

Zeitlich gesehen kann die Frage der Erforderlichkeit **erst bei der gerichtlichen Gebührenfestsetzung** beurteilt werden (sh. Rn. 208 ff.).[79]

Generell sollte dabei aber auf die **Beurteilung der Beratungsperson** abgestellt werden (Beurteilungszeitpunkt: Abschluss des Beratungsgesprächs der Beratungsperson[80]). Eine gerichtliche Überprüfung schließt dieses jedoch nicht aus.[81]

302 Die Beratungsperson hat im Festsetzungsverfahren die über die Beratung hinausgehenden Tatbestände **darzulegen** und **glaubhaft** zu machen,[82] § **55 Abs. 5 RVG i. V. m.** § **104 Abs. 2 ZPO**.

Dies gilt auch für die geltend gemachten Auslagen mit Ausnahme der Postentgelte (sh. Rn. 330). Die bloße anwaltliche Versicherung ist mit Ausnahme bei der Beratungsgebühr grundsätzlich hierfür nicht geeignet,[83] die bloße Glaubhaftmachung nach § 294 ZPO genügt nicht.[84]

Die Glaubhaftmachung erfolgt in der Regel durch die **Vorlage der entsprechenden Ablichtungen** der Schriftsätze bzw. im Einzelfall durch **Vorlage der gesamten Handakte**.[85]

Die zum Teil vertretene Meinung,[86] dass aufgrund z. B. der **anwaltlichen oder steuerberaterlichen Verschwiegenheit** die Vorlage der Handakte nicht verlangt werden kann, überzeugt nicht. Auch der Urkundsbeamte der Geschäftsstelle ist im Rahmen des Festsetzungsverfahrens zur Verschwiegenheit verpflichtet. Ebenso benötigt er u. U. die Vorlage der gesamten Handakte, um beurteilen zu können, ob die geltend gemachte Geschäftsgebühr auch überhaupt entstanden ist und die Vertretung erforderlich war.[87]

303 Anwendung finden hier die **Anrechnungspflichten** in **Nr. 2503 Anm. Abs. 2 VV RVG** (§ **58 Abs. 2 und 3 RVG** – Anrechnungsvorschriften für den beigeordneten Rechtsanwalt oder den Pflichtverteidiger – greifen hier nicht, da der Rechtsanwalt vorliegend nicht nach den Teilen 3 bis 6 des Vergütungsverzeich-

---

74 LG Koblenz, JurBüro 2003, 366.
75 AG Halle (Saale), AGS 2012, 239–240 – juris; AG Rostock, AGS 2011, 192–193 – juris.
76 KG, JurBüro 2012, 317–318 – juris.
77 AG Brühl, Beschluss vom 11.11.2014, Az. 85 II 1433/14 BerH – beckonline.
78 AG Halle (Saale), Beschluss vom 6.3.2014, Az. 103 II 980/13 – beckonline.
79 *Lissner*, AGS 2015, 209 ff.; *Köpf* in Schneider/Volpert/Fölsch, RVG, VV RVG Nr. 2503 Rn. 2; AG Brühl, NJW 2012, 243; LG Koblenz, JurBüro 2003, 366.
80 AG Halle (Saale), Beschluss vom 2.2.2012, Az. 103 II 1822/10 – juris.
81 AG Halle (Saale), Beschluss vom 2.2.2012, Az. 103 II 1822/10 – juris.
82 LG Dortmund, Rpfleger 1986, 321.
83 AG Koblenz, FamRZ 2007, 233; AG Konstanz, NJW-RR 2007, 209 (211).
84 *Hartmann*, KostG, RVG VV 2503, Rn. 6; LG Bielefeld, Rpfleger 1984, 248; a. A.: AG Konstanz, NJW-RR 2007, 209 (211); LG Dortmund, Rpfleger 1986, 321.
85 OLG Düsseldorf, JurBüro 2009, 264 f.; LG Aurich, JurBüro 1986, 246; LG Göttingen, JurBüro 1986, 242.
86 LG Hannover, JurBüro 1986, 241; *Greissinger*, NJW 1985, 1671 (1677); *Schaich*, AnwBl 1981, 2, (4).
87 siehe auch: OLG Stuttgart, JurBüro 2007, 434; *Lissner*, AGS 2015, 209 ff.

nisses tätig geworden ist und die erhaltenen Gebühren im Rahmen der Beratungshilfe nicht aus diesen Bereichen stammen).[88]
Gemäß Nr. 2503 Anm. Abs. 2 S. 1 VV RVG ist die Geschäftsgebühr auf die Gebühren für ein **anschließendes gerichtliches oder behördliches Verfahren zur Hälfte** (also in Höhe von 42,50 EURO) anzurechnen.
Die Auslagen oder die **Auslagenpauschale** gem. Nr. 7002 VV RVG fallen nicht hierunter,[89] diese bleiben trotz der Anrechnung bestehen. Damit können also zwei Auslagenpauschalen nebeneinander entstehen.
Inwieweit eine **Verrechnung der Geschäftsgebühr** auf die Vergütung des Rechtsanwalts aus einem anschließenden gerichtlichen Verfahren, in dem PKH/VKH bewilligt wurde, zu erfolgen hat, wird strittig diskutiert. Aus dem Gesetz ergibt sich nicht, dass eine Anrechnung zunächst auf die Differenz zwischen der Gebühr des beigeordneten Rechtsanwaltes gem. § 49 RVG und der Wahlanwaltsgebühr zu erfolgen hat. Vielmehr spricht die gesetzliche Verrechnungsanordnung in Nr. 2503 Anm. Abs. 2 VV RVG von einer **Anrechnung** auf „die Gebühren", d. h. **auf alle Gebühren**. § 58 Abs. 2 RVG ist hier nicht einschlägig, da es hier nur um die Anrechnung von Vorschüssen und Zahlungen geht. § 15a RVG ist für diese Fragestellung ebenfalls nicht einschlägig. Folglich ist eine hälftige Anrechnung bereits auf die Vergütung gem. § 49 RVG vorzunehmen.[90]

Nach **§ 15a RVG**[91] kann die Beratungsperson **wählen**, ob sie die Verfahrensgebühr oder die Geschäftsgebühr reduziert:
Grundsätzlich kann sie beide Gebühren (vollständig) fordern, jedoch nicht mehr als den um den Anrechnungsbetrag verminderten Gesamtbetrag der beiden Gebühren.
D. h. sie kann entweder im Beratungshilfeverfahren die volle Geschäftsgebühr abrechnen, muss dann aber bei der Verfahrensgebühr im sich anschließenden Gerichtsverfahren – wie bisher – 42,50 EURO in Abzug bringen. Oder sie rechnet im Beratungshilfeverfahren von vornherein nur 42,50 EURO Geschäftsgebühr ab und macht im Gerichtsverfahren dafür den vollen Gebührenanspruch geltend.
Für beide Varianten gilt, dass sich die Höhe der Auslagenpauschalen Nr. 7002 VV RVG nicht ändert – diese fallen jeweils in voller Höhe (da „zeitlich" **vor** der Anrechnung) an und bleiben auch nach der Anrechnung jeweils in voller Höhe bestehen.
Für die Beratungsperson ergeben sich grundsätzlich weder Vorteile, noch Nachteile mit der durch § 15a RVG geschaffenen Wahlmöglichkeit.
Es kann immer **nur derselbe Gesamtbetrag** der Gebühren gefordert werden.
In der Konstellation – vorgerichtlich Beratungshilfe, dann gerichtliches Verfahren – wird es wohl weiterhin bei der bisherigen Abrechnungspraxis (Abrechnung der vollen Beratungshilfegebühren, verminderte Abrechnung der Gebühren im Gerichtsverfahren) bleiben; jedenfalls gibt es keine Veranlassung, davon abzuweichen.
Praktische Bedeutung für die Anwaltschaft hat § 15a RVG hingegen dann, **wenn einer der beiden Gebührenansprüche nicht realisierbar ist.** Dies ist z. B. dann der Fall, wenn der Rechtsanwalt für den Mandanten vorgerichtlich ohne Beratungshilfe tätig war, und diese Gebühren mangels Zahlungsfähigkeit des Mandanten nicht durchsetzen kann, während er im anschließenden Gerichts-

---
88 vgl. insoweit *Hartmann*, KostG, § 58 RVG, Rn. 7.
89 *Hartmann*, KostG, RVG VV 2503, Rn. 13; *Köpf* in Schneider/Volpert/Fölsch, RVG, VV RVG Nr. 2503 Rn. 12; AG Kleve, AnwBl 1994, 197.
90 OLG Dresden, MDR 2017, 488 – juris; *Mayer* in Gerold/Schmidt, RVG, VV 2500 bis 2508 Rn. 41; *Sommerfeldt* in BeckOK, RVG, 2503 Rn. 14 a; *Groß*, § 44 RVG Rn. 24 a. A.: *Pukall* in Mayer/Kroiß, RVG, Nr. 2503 VV Rn. 8; *Hansens*, RVGreport 2017, 102 ff.
91 hierzu auch BGH, Rpfleger 2010, 291 ff. m. w. N. (auch für Fälle vor dem Inkrafttreten des § 15a RVG am 5.8.2009).

verfahren im Wege der Prozesskostenhilfe beigeordnet wurde. Er kann dann die vollen Gebühren für die Vertretung im gerichtlichen Verfahren gem. § 49 RVG aus der Staatskasse erstattet erlangen, was vor Inkrafttreten des § 15a RVG teilweise nicht[92] möglich war.

305 Voraussetzung für die Anrechnungspflicht ist, dass sich das spätere Verfahren auf den Gegenstand der Beratungshilfetätigkeit bezieht. Dabei reicht es aus, dass nur ein Teil des Anspruchs gegen denselben Gegner zum Rechtsstreit führt[93] oder nur einer von mehreren Ansprüchen.[94] Zwischen den Verfahren muss auch ein zeitlicher Zusammenhang bestehen.[95]
In diesem Zusammenhang ist auch § 15 Abs. 5 S. 2 RVG zu beachten, wonach **nach spätestens zwei Jahren** eine **Anrechnung ausgeschlossen** ist.
Gemäß Nr. 2503 Anm. Abs. 2 S. 2 VV RVG ist die Geschäftsgebühr **zu einem Viertel** (also in Höhe von 21,25 EURO) anzurechnen, wenn es sich bei dem nachfolgenden Verfahren um die **Vollstreckbarerklärung eines Anwaltsvergleichs** gem. §§ 796a, 796b und 796c Abs. 2 S. 2 ZPO handelt.

3. Beratungs- und Geschäftsgebühr im Bereich des § 305 InsO

306 Für die Tätigkeit im Verfahren der außergerichtlichen Schuldenbereinigung auf der Grundlage eines Plans (§ 305 Abs. 1 Nr. 1 InsO) erhält die Beratungsperson besondere Beratungs- bzw. Geschäftsgebühren nach den Nr. 2502, 2504–2507 VV RVG.
Der **außergerichtliche Einigungsversuch** nach § 305 Abs. 1 Nr. 1 InsO ist zwingende „Vorschalt-Station" für die Zulässigkeit des Eröffnungsantrags eines Verbraucherinsolvenzschuldners im Sinne der §§ 304, 305 InsO und des mit diesem Antrag zu verbindenden Antrags auf Erteilung der Restschuldbefreiung gem. § 305 Abs. 1 Nr. 2 InsO. **Kostenstundung** können mittellose Schuldner nach den §§ 4a ff. InsO erst nach Antragstellung für die dann erst anfallenden Kosten des Insolvenzverfahrens bis zur Erteilung der Restschuldbefreiung erhalten.
Die Frage, **ob für diese Angelegenheit Beratungshilfe gewährt werden kann**, wird allerdings in der Literatur und der Rechtsprechung sehr unterschiedlich gesehen. Insoweit wird auf die Ausführungen ab Rn. 161 verwiesen.
Für das **Entstehen dieser Gebühren** ist eine Tätigkeit mit dem Ziel einer außergerichtlichen Einigung mit den Gläubigern über die Schuldenbereinigung auf der Grundlage eines Plans i. S. v. § 305 Abs. 1 Nr. 1 InsO erforderlich.
Der Schuldner, der eine Schuldenbereinigung herbeiführen will, muss mit dem schriftlich einzureichenden Antrag auf Eröffnung des Insolvenzverfahrens oder unverzüglich nach diesem Antrag eine Bescheinigung vorlegen, aus der sich ergibt, dass eine außergerichtliche Einigung mit den Gläubigern über die Schuldenbereinigung auf der Grundlage eines Plans innerhalb der letzten sechs Monate vor dem Eröffnungsantrag erfolglos versucht worden ist.
Ein **Plan** i. S. d. Vorschrift muss eine zusammenfassende, die Einzelheiten integrierende und ergebnisorientierte **Gesamtdarstellung des Komplexes**, also auch ein Gläubigerverzeichnis, die Quoten und den Gesamtbetrag der Schulden des Mandanten enthalten.[96] Die Anforderungen, die an einen Schuldenbereinigungsplan im Sinne des § 305 Abs. 1 Nr. 1 InsO zu stellen sind, unterscheiden

---

[92] Je nach Rechtsauffassung wurde die Verfahrensgebühr in derartigen Konstellationen entweder gar nicht, nur um eine hälftige (fiktive) Geschäftsgebühr Nr. 2503 VV RVG oder um die hälftige „normale" Geschäftsgebühr Nr. 2300 VV RVG gekürzt, vgl. OLG Koblenz, Beschluss vom 23.6.2009, Az.14 W 380/09, n. v.; OLG Oldenburg, JurBüro 2008, 528 f.; LG Trier, Beschluss vom 24.3.2009, Az. 1 T 7/09, n. v.
[93] LG Berlin, VersR 1983, 763.
[94] LG Augsburg, AnwBl 1982, 318.
[95] *Enders* in JurBüro 1999, 508.
[96] AG Darmstadt, ZInsO 2012, 2261; KG Berlin, Beschluss vom 17.6.2008, Az. 1 W 425/05 – juris; AG Hannover, JurBüro 2006, 78 f.

sich daher im Grunde nicht von denjenigen, die an einen gerichtlichen Schuldenbereinigungsplan zu stellen sind.[97] Die Beteiligten müssen zweifelsfrei erkennen können, ob sie an einen gerichtlichen oder außergerichtlichen Schuldenbereinigungsplan gebunden sein sollen.[98]
Die Bescheinigung nach § 305 Abs. 1 Nr. 1 InsO muss dabei **auf Grundlage einer persönlichen Beratung** in Form eines eingehenden und ausführlichen persönlichen Gesprächs und einer eingehenden Prüfung der Einkommens- und Vermögensverhältnisse des Schuldners erfolgen.[99] Dies setzt einen **persönlichen Kontakt** voraus. Bei einer großen räumlichen Entfernung zwischen dem Wohnsitz des Schuldners und dem Kanzleisitz des Bescheinigers kann vermutet werden, dass ein solcher gerade nicht stattgefunden hat.[100] Erfolgt die **Beratung mittels Skype oder Bildtelefonie**, so kann ebenfalls von einer persönlichen Beratung ausgegangen werden.[101] Eine Beratung nur aufgrund von E-Mails genügt dabei nicht.

> **Hinweis:**
> Der Berechtigungsschein sollte genau diese Formulierung („**Außergerichtliche Schuldenbereinigung auf der Grundlage eines Plans**") beinhalten, damit spätere Probleme bei der Gebührenfestsetzung diesbezüglich vermieden werden.

a) **Beratungsgebühr gem. Nr. 2502 VV RVG. Nr. 2502 VV RVG verdoppelt** lediglich die Gebühr Nr. 2501 VV RVG. Die reine Existenz des Kostentatbestandes rechtfertigt nicht die Annahme, dass grundsätzlich ein Anspruch auf Gewährung von Beratungshilfe hieraus abzuleiten ist. Die Verdoppelung dieser Gebühr gegenüber der Beratungsgebühr Nr. 2501 VV RVG hat ihren Grund in der oftmals besonderen Mühe des Rechtsanwalts oder des Steuerberaters in der Spezialmaterie des Schuldenbereinigungsverfahrens. Diese entsteht nur dann, wenn die Beratung nicht mit einer anderen gebührenpflichtigen Tätigkeit zusammenhängt.
An dem Charakter der Gebühr als Beratungsgebühr und somit auch an ihrer Anrechenbarkeit auf Gebühren für eine sonstige Tätigkeit, die mit der Beratung zusammenhängt (Anm. Abs. 2 zu Nr. 2501 VV RVG) ändert sich damit nichts.[102]

> **Hinweis:**
> Teilweise wird in der Praxis die Meinung vertreten, die Gebühr Nr. 2502 VV RVG sei nicht anzurechnen, sondern bleibe – bei einem entsprechenden Antrag – neben den allgemeinen Geschäftsgebühren nach Nr. 2504 ff. VV RVG bestehen. Dies sei nicht systemwidrig, sondern bewusst und systemkonform. Nr. 2502 VV RVG decke von vornherein nur einen notwendigen Teilaspekt der Tätigkeiten zur außergerichtlichen Einigung mit Gläubigern im Rahmen der Schuldenbereinigung ab und mache nur Sinn, wenn sich auch Einigungsversuche mit den Gläubigern als Vertretung nach außen anschließe. Diese Versuche seien daher folgerichtig von den Gebühren nach Nrn. 2504 bis 2507 VV RVG erfasst und sollen daher systematisch korrekt zusätzlich anfallen, also ohne Anrechnung der Gebühr nach Nr. 2502 VV RVG für die Beratungstätigkeit. Hierfür findet sich jedoch keinerlei Ansatzpunkt.

---

97 AG Darmstadt, ZInsO 2012, 2261; KG Berlin, Beschluss vom 17.6.2008, Az. 1 W 425/05 – juris.
98 AG Darmstadt, ZInsO 2012, 2261, KG Berlin, Beschluss vom 17.6.2008, Az. 1 W 425/05 – juris; *Lissner*, JurBüro 2013, 564 ff.
99 AG Potsdam, ZInsO 2015, 599 ff.
100 AG Göttingen, ZVI 2017, 148 f. – juris; ZInsO 2017, 1620; AG Oldenburg, ZVI 2017, 268.
101 LG Düsseldorf, ZVI 2017, 147 f. – juris; LG Münster, BeckRS 2016, 17704 – beckonline.
102 OLG Zweibrücken, JurBüro 2008, 423 f.; *Pukall* in Mayer/Kroiß, VV 2502, Rn. 4; *Lissner*, JurBüro 2013, 564.

Berät der Rechtsanwalt oder der Steuerberater z. B. nur allgemein über das Insolvenzverfahren, entsteht keine Gebühr gem. Nr. 2502 VV RVG, sondern nur die geringe Gebühr gem. Nr. 2501 VV RVG, sofern keine andere Hilfsmöglichkeit bejaht wird.

307a b) **Geschäftsgebühr gem. Nr. 2504–2507 VV RVG.** Die Gruppe Nr. 2504–2507 VV RVG bestimmt die **Höhe der Geschäftsgebühr** der Nr. 2503 VV RVG. Dabei genügt es, wenn in irgendeinem Zeitpunkt während der von Nr. 2504 VV RVG genannten Tätigkeitsart die Gläubigeranzahl vorhanden war, die jeweils in Nr. 2504–2507 VV RVG aufgeführt ist.[103] Der Rechtsanwalt oder der Steuerberater muss aber nicht mit jedem Gläubiger als Vertreter des Rechtsuchenden in Kontakt treten oder sonst verhandeln.[104]
Eine Einigung muss dabei nicht herbeigeführt werden, d. h. es ist **keine Erfolgsgebühr**.[105] Hinzutreten kann aber eine Einigungsgebühr gem. Nr. 2508 Anm. Abs. 2 VV RVG als eine Erfolgsgebühr,[106] wenn unter Mitwirkung des Rechtsanwaltes oder des Steuerberaters der Schuldenbereinigungsplan mit den Gläubigern zustande kommt.
Ein Anschreiben an den einzigen Gläubiger, um die Höhe der Forderung zu erfahren, erfüllt die Voraussetzung von Nr. 2504 VV RVG auch dann nicht, wenn das Schreiben den Hinweis enthält, dass mit Hilfe der InsO eine Schuldenbereinigung durchgeführt werden soll. Diese Tätigkeit stellt kein Tätigwerden auf der Grundlage eines Plans i. S. v. § 305 Abs. 1 Nr. 1 InsO dar, sondern allenfalls eine entfernte Vorstufe dazu.[107] Auch wenn nur ein Gläubiger vorhanden ist, kommt Nr. 2504 VV RVG bei Ausarbeitung eines entsprechenden Plans (und nicht lediglich einer entfernten Vorstufe, s. o.) zur Anwendung.[108] Einzelschreiben an verschiedene Gläubiger stellen keinen Plan i. S. d. Nr. 2504–2507 VV RVG dar, denn unter einem Plan ist schon dem Wortlaut nach eine zusammenfassende, die Einzelheiten integrierende und ergebnisorientierte Gesamtdarstellung eines Komplexes zu verstehen. Der Beratungsperson steht hier nur die normale Geschäftsgebühr gem. Nr. 2503 VV RVG zu.[109]
Doppelt aufgeführte Gläubiger können bei der Berechnung der Anzahl der vorhandenen Gläubiger nur einmal berücksichtigt werden und Gläubiger mit einer Forderung von 0,00 EURO überhaupt nicht.[110] Bei **gesamtschuldnerisch haftenden Eheleuten** zählen Gesamtgläubiger bei jedem der Ehepartner.[111]
Aufzuführen sind jedoch Gläubiger mit sog. **Bagatellforderungen**.[112]
Der Tatbestand für die Gebührenansprüche gem. Nr. 2504 ff. VV RVG ist durch einen sog. **starren Nullplan** („ich zahle jetzt und auch später nichts") sowie durch einen sog. **flexiblen Nullplan** („keine pfändbaren Beträge derzeit vorhanden, Änderungen können jedoch später noch eintreten") erfüllt.[113] Aus insolvenzrechtlicher Sicht genügen auch sog. „**Nullpläne**", welche den Gläubi-

---

103 *Hartmann*, KostG, RVG VV 2504, Rn. 2.
104 *Mayer* in Gerold/Schmidt, VV 2500–2508, Rn. 44; *Pukall* in Mayer/Kroiß, VV 2504–2507, Rn. 1.
105 *Enders*, JurBüro 2002, 169 ff.
106 *Hartmann*, KostG, RVG VV 2504, Rn. 3.
107 OLG Bamberg, Rpfleger 2010, 672 ff.; OLG Frankfurt/Main, JurBüro 2008, 422 f.
108 *Mayer* in Gerold/Schmidt, VV 2500–2508 VV, Rn. 44; sh. insoweit auch Rn. 322 a. A.: OLG Bamberg, Rpfleger 2010, 672 ff.; *Hartmann*, KostG, RVG, VV 2504, Rn. 4.
109 LG Hannover, JurBüro 2007, 251 f.
110 OLG Stuttgart, Rpfleger 2007, 613 (614); *Lissner*, JurBüro 2013, 564 ff.
111 OLG Frankfurt, NJW-RR 2010, 1008 – juris.
112 OLG München, Beschluss vom 23.11.2009, Az. 11 W 1627/08.
113 h. M.: OLG Nürnberg, Beschluss vom 21.11.2016, Az. 8 Wx 698/16 – juris; LG Aachen, RVGreport 2016, 220 f.; *Lissner*, AGS 2016, 371 ff.; *Knerr*, ZInsO 2015, 208; Uhlenbruck/Vallender, InsO, 14. Aufl., § 305, Rn. 122 f.; *Henning* in Ahrens/Gehrlein/Ringstmeier, InsO, § 309 Rn. 15; BayObLG, ZIP 1999, 1926 a. A.: OLG Stuttgart, Beschluss vom 12.9.2016, Az. 8 W 291/16 – juris (diese sind für die Gläubiger von vornherein perspektivlos); OLG Bamberg, Rpfleger 2010, 672 ff.

gern im Ergebnis nur mitteilen, dass keinerlei Schuldentilgung erfolgen kann.[114] Vielmals spiegeln diese wegen mangelnder Liquidität der Schuldner die traurige Realität wider. In Nr. 2504 VV RVG belegt der Verweis auf § 305 Abs. 1 Nr. 1 InsO, dass hier die Tätigkeiten für die Einleitung des Insolvenzverfahrens für beide Gesetzesnormen gleichzusetzen sind.[115] Auch ein sog. **Fast-Nullplan** (sieht nur eine marginale Befriedigungsquote vor – Schuldner leistet hier nur geringe Raten, obwohl er unter der Pfändungsfreigrenze liegt)[116] erfüllt die Voraussetzungen für den Gebührenanspruch gem. Nr. 2504 ff. VV RVG.[117]

Zu den **geeigneten Personen** gem. § 305 Abs. 1 Nr. 1 InsO gehören auch **Rechtsanwälte und Steuerberater.** Die Auffassung, dass nur Rechtsanwälte und Kammerbeistände, seit 1.1.2014 auch Steuerberater, nicht aber die Betreiber einer geeigneten Stelle nach § 305 Abs. 1 Nr. 1 InsO eine Vergütung auf Grund bewilligter Beratungshilfe verlangen können, begegnet keinen verfassungsrechtlichen Bedenken.[118] **Art. 12 Abs. 1 GG** begründet keine Verpflichtung des Staates auf Sicherung der Erwerbsmöglichkeiten, lediglich die Teilhabe am Wettbewerb.

Eine **anerkannte Beratungsstelle** gem. § 305 InsO hat dagegen – auch nach erfolgter Reform – nach wie vor **keinen Anspruch** auf Abrechnung nach den Beratungshilfegrundsätzen gem. RVG, sondern nur die zur Gewährung von Beratungshilfe Befugten gem. § 3 Abs. 1 BerHG.[119] Steuerberater können nunmehr wie Rechtsanwälte Beratungshilfe erteilen und auch hierüber abrechnen, § 8 Abs. 1 BerHG.

Eine analoge Anwendung von § 3 BerHG auf i. S. d. § 305 Abs. 1 Nr. 1 InsO anerkannte Stellen für Verbraucherinsolvenzberatung kommt nicht in Betracht. Eine über die Gleichstellung von Rechtsanwälten und Kammerrechtsbeiständen sowie Steuerberater hinausgehende Gleichstellung in Bezug auf sonstige Rechtsbeistände (insbesondere Schuldnerberatungen) kommt nicht in Betracht. Die hier gemachten Ausführungen sind auf die Beratungshilfe übertragbar.[120]

> **Hinweis:**
> Seit 1.1.2014 sind auch – im Umfang ihrer jeweiligen Befugnis zur Rechtsberatung – Steuerberater und Steuerbevollmächtigte, Wirtschaftsprüfer und vereidigte Buchprüfer sowie Rentenberater zur Beratungshilfeleistung ermächtigt.

4. **Einigungs- und Erledigungsgebühr Nr. 2508 VV RVG**

Ergibt sich aus der Tätigkeit der Beratungsperson eine (außergerichtliche) **Einigung** gemäß Nr. 1000 VV RVG oder eine **Erledigung der Rechtssache** gem. Nr. 1002 VV RVG, entsteht eine Gebühr gem. **Nr. 2508 VV RVG** in Höhe von **150,00 EURO**.

---

114 OLG Köln, Rpfleger 2017, 97; *Hansens* in RVGreport 2016, 2201 ff.; *Lissner*, AGS 2014, 442 ff.
115 LG Aachen, RVGreport 2016, 220 f.; *Hansens*, RVGreport 2016, 2202; *sh. Lissner*, AGS 2014, 442 ff.; *ders.*, RVG professionell 2017, 50 ff.; *ders.*, ZInsO 2017, 371 ff.
116 BGH, Rpfleger 2014, 98 ff.; OLG Köln, Rpfleger 2017, 97.
117 OLG Stuttgart, Beschluss vom 12.9.2016, Az. 8 W 291/16 – juris.
118 BVerfG, JurBüro 2007, 379 = Rpfleger 2007, 329 f.
119 AG Döbeln, Beschluss vom 14.4.2015, Az. 3 UR II 2535/13 – juris; OLG Düsseldorf, Rpfleger 2006, 328; AG Leipzig, Beschluss vom 11.12.2006, Az. 498 U II 6310/06, n. v.; LG Landau, NZI 2005, 639 (zitiert nach lexisnexis) (*unter Aufhebung des Beschlusses der AG Landau vom 16.3.2005, Az. 3 UR IIa 114/04*); AG Witten, Beschluss vom 6.1.2006, Az. 2 UR 837/05, n. v.; auch *Lissner*, ZInsO 2012, 109; **anders entschieden hat noch:** AG Ratingen, Rpfleger 2005, 547: „*für eine von der Landesregierung anerkannte Stelle für Verbraucherinsolvenzberatung kann ein Beratungshilfeschein erteilt werden.*"
120 BGH, NJW 2003, 2244 (2245).

Es handelt sich dabei um eine neben den Gebühren Nr. 2501–2507 VV RVG mögliche zusätzliche **Erfolgsgebühr**, d. h. sie ist auch neben der Beratungsgebühr möglich.[121] Endgültig fehlgeschlagene Einigungsverhandlungen lösen die Einigungsgebühr nicht aus, sie entsteht erst durch Erfolg.[122] Ohne Tätigkeitsgebühren kann sie als isolierte Gebühr nicht anfallen.
Sie gilt für **alle Rechtsgebiete**.

> **Praxistipp:**
> In der Praxis kommt es häufiger vor, dass eindeutig Tatbestände einer Einigung nachgewiesen werden, diese jedoch nicht durch die im bereits erteilten Berechtigungsschein bezeichnete Angelegenheit abgedeckt sind. Ein entsprechender Erstattungsanspruch ist hier dann zu verneinen.
> Im eigenen Interesse der Beratungspersonen ist daher hier darauf zu achten, dass **der Inhalt der Einigung auch unter die im Berechtigungsschein ausgewiesene Angelegenheit zu subsumieren ist.**

Gem. Nr. 2508 Anm. Abs. 1 VV RVG erfolgt mit den in **Nr. 1000 und 1002 VV RVG** enthaltenen Begriffen „Einigung" und „Erledigung" eine **tatbestandliche Verknüpfung**, d. h. es müssen die Voraussetzungen einer der dort genannten Tatbestände vorliegen, damit die Gebühr entsteht.
Die Nr. 2508 VV enthält dabei lediglich eine abweichende Regelung zur Höhe der Gebühr.
Eine **Anrechnung** dieser Gebühr auf später entstehende Gebühren erfolgt nicht.

> **Hinweis:**
> Es entsteht **keine Gebühr** gem. Nr. 2508 VV RVG, wenn der Rechtsanwalt lediglich bei der **Aussöhnung von Eheleuten oder Lebenspartnern** mitgewirkt hat. Hierfür würde er eigentlich die Gebühr gem. **Nr. 1001 VV RVG** bekommen. Jedoch nimmt Nr. 2508 VV RVG die Nr. 1001 VV nicht in Bezug (siehe auch **Anm. Abs. 5 zu Nr. 1000 VV RVG**).

309 a) Einigungsgebühr. – (1) Voraussetzungen. Gem. Nr. 2508 VV RVG erhält die Beratungsperson für eine Förderung jeder streitbeendenden Einigung eine besondere Vergütung.
Gem. **Nr. 1000 Anm. Abs. 1 Nr. 1 VV RVG** entsteht die Einigungsgebühr, wenn der Streit oder die Ungewissheit der Parteien über ein Rechtsverhältnis durch **Abschluss eines Vertrages** unter Mitwirkung der Beratungsperson beseitigt wird; es sei denn, der Vertrag beschränkt sich ausschließlich auf ein vollständiges Anerkenntnis oder einen Verzicht.
Eine Ungewissheit ist dann zu bejahen, wenn sich die Parteien über die Rechtslage im Unklaren sind. Der Streit oder die Ungewissheit muss noch zum Zeitpunkt des Vertragsabschlusses fortbestehen.[123]
Sie honoriert, dass mit der Einigung die Beratungsperson eine besondere Verantwortung übernimmt, ihr Haftungsrisiko erhöht sowie die damit verbundene Tätigkeit und erzielte Einigung auch der Entlastung der Justiz und der Sicherung des Rechtsfriedens dient.[124] Eine gütliche Einigung mindert dabei die Belastung der Gerichte und der zugrunde liegende Streit wird sehr oft viel besser im Interesse aller Beteiligten als durch eine gerichtliche Entscheidung beendet.

---

121 AG Aachen, JurBüro 2006, 487 (488).
122 AG Koblenz, NJW-RR 2006, 1366 (1367).
123 OLG Frankfurt, AnwBl 1990, 101.
124 *Müller-Rabe* in Gerold/Schmidt, VV 1000, Rn. 152.

Eine konkret messbare Entlastung der Gerichte im Einzelfall, deren Feststellung ohnehin erhebliche Probleme bereiten würde, ist dabei nicht zur Anspruchsgrundlage erhoben worden.[125]

Die Einigungsgebühr ersetzt die Vergleichsgebühr des früheren § 23 BRAGO und erweitert diese inhaltlich. Während die Vergleichsgebühr des früheren § 23 BRAGO durch Verweisung auf § 779 BGB ein gegenseitiges Nachgeben vorausgesetzt hat, honoriert die Einigungsgebühr **jegliche vertragliche Beilegung eines Streits** der Parteien.

Durch den Wegfall der Voraussetzung des gegenseitigen Nachgebens soll insbesondere der in der Vergangenheit häufige Streit darüber vermieden werden, welche Abrede noch und welche nicht mehr als gegenseitiges Nachgeben zu bewerten ist.[126]

Es kommt daher hier nicht mehr auf einen Vergleich i. S. d. § 779 BGB (gegenseitiges Nachgeben), sondern nur noch **auf eine Einigung** an.[127]

Steht dagegen kein Streit im Raum, z. B. es ist unstreitig, dass ein Rechtsverhältnis besteht und keiner der Parteien ein Recht zur Abänderung hat, so wird keine Einigungsgebühr ausgelöst.

Entsteht durch die Einigung der Parteien erst ein Rechtsverhältnis, besteht für die Einigungsgebühr kein Raum.

Seit Inkrafttreten des 2. Kostenrechtsmodernisierungsgesetzes zum 1.8.2013 entsteht die Einigungsgebühr gem. **Nr. 1000 Anm. Abs. 1 Nr. 2 VV RVG** auch, wenn die Erfüllung des Anspruchs (dies kann auch im Wege von Ratenzahlung erfolgen) bei gleichzeitigem vorläufigem Verzicht auf die gerichtliche Geltendmachung und, wenn bereits ein zur Zwangsvollstreckung geeigneter Titel vorliegt, bei gleichzeitigem vorläufigem Verzicht auf Vollstreckungsmaßnahmen geregelt wird (**Zahlungsvereinbarung**) und nicht lediglich ein Anerkenntnis oder ein Verzicht vorliegt. Die frühere Streitfrage, ob eine Einigungsgebühr bei Aushandlung einer Ratenzahlung entsteht, hat sich durch die Neuregelung erledigt. Im Rahmen der **Beratungshilfe** ist diese in diesem Kontext jedoch vom Grundsatz her **zu verneinen**, Stichwort „Rechtswahrnehmung" (zum Meinungsstreit sh. Rn. 314).

Bei der Beurteilung kommt es dabei allein auf die **subjektive Vorstellung der Beteiligten** und nicht auf die eines Dritten an.[128] Es ist auch unerheblich, ob die Parteien die Einigung als „Einigung" oder „Vertrag" bezeichnen oder sich darüber bewusst sind, dass sie eine Einigung im Sinne der Nr. 1000 VV RVG getroffen haben. Wurde ein Vertrag dagegen als „Einigung" oder „Vertrag" bezeichnet, obwohl in Wahrheit kein einen Streit oder eine Ungewissheit beseitigender Vertrag geschlossen wurde, löst dies keine Einigungsgebühr aus.[129]

Von einem Vertrag ist dabei auszugehen, wenn die Parteien sich darüber verständigen, dass gewisse Unstimmig- oder Ungewissheiten bestehen und dass der Streit durch ein gegenseitiges Entgegenkommen beendet wird.

310

Der Vertrag kann auch **stillschweigend** geschlossen werden und ist **grundsätzlich nicht formbedürftig**, sofern eine Form aufgrund materiell-rechtlicher Vorschriften nicht besonders vorgeschrieben ist,[130] z. B. die notwendige Schriftform bei Kündigung eines Arbeitsverhältnisses (§ 623 BGB), notarielle Beurkundung bei Grundstücksgeschäften (§ 311b BGB). Zu einem tatsächlichen Nachgeben dürfte auch eine stillschweigende Einigungsbereitschaft der Parteien ausreichend sein.[131]

311

---

125 BGH, Rpfleger 2009, 113 f.
126 BT-Drs. 15/1971, S. 147 und 204.
127 BGH, FamRZ 2009, 43 f, BB 2006, 2780; OLG Koblenz, MDR 2006, 237; *Hartmann*, KostG, RVG VV 1000, Rn. 5, Rn. 10; *Müller-Rabe* in Gerold/Schmidt, VV 1000, Rn. 55.
128 *Hartmann*, KostG, RVG VV 1000, Rn. 5.
129 LAG Nürnberg, MDR 2002, 544; vgl. auch BGH, FamRZ 2005, 794 zur Vergleichsgebühr.
130 BGH, NJW 2006, 1523 (1524).
131 LG Stuttgart, AnwBl 2000, 375.

Sofern der Vertrag die erforderlichen Merkmale enthält und die Angelegenheit des Rechtsuchenden betrifft, ist es unerheblich, mit wem dieser geschlossen wird. Er kann daher auch **mit einem Dritten** (z. B. mit einer Haftpflichtversicherung) geschlossen werden, wenn dadurch der Streit oder die Ungewissheit beseitigt wird.[132] Dies ist z. B. der Fall, wenn die Parteien damit einverstanden sind, dass ein Freund des Rechtsuchenden einen Teil der Forderung zahlt und damit der Streit zwischen den Parteien erledigt ist.

312 **Bloß einseitige Erklärungen** von beiden Seiten, die zur Beendigung des Streits führen, **genügen nicht.**[133]
Nehmen beide Parteien unabhängig von der Erklärung des anderen ihre Handlung vor, so fehlt es dabei an einer Vereinbarung. Wurde dagegen aber zwischen den Parteien vereinbart, dass der eine seine Erklärung abgibt, wenn der andere seinerseits seine Erklärung folgen lässt, so kann hier eine Vereinbarung angenommen werden.
Ebenfalls führen **bloße Erfüllungshandlungen** noch nicht zu einem Vertrag, z. B. wenn der Gegner die Leistung erbringt, zu der er aufgefordert wurde oder den geforderten Betrag zahlt[134] (hierin wäre im Übrigen auch nur ein Anerkenntnis zu sehen, für welches sowieso keine Einigungsgebühr anfällt).
Auch ein **Vertrag über einen Teil** genügt zur Entstehung der vollen Gebühr, sofern durch ihn die Ungewissheit über einen ausscheidbaren Teil des Rechtsverhältnisses, z. B. der Hauptsache oder einen Anspruch für einen bestimmten Zeitraum, unter gegenseitigem Nachgeben beseitigt wird.[135] Dies gilt selbst dann, wenn die Kostenfrage dabei offen bleibt.[136]
Es darf sich dabei aber **nicht um einen nur ganz unerheblichen Teil der Angelegenheit** (z. B. Vereinbarung eines geringfügig zur vorher abweichenden Zahlungstermins einer anerkannten Forderung) handeln.[137]
Auch eine **Teileinigung über ein Anspruchselement** ist zur Entstehung der Einigungsgebühr ausreichend.[138]

> **Beispiel:**
> Die Parteien einigen sich **hinsichtlich des Grundes,** aber nicht bzgl. der Höhe eines Schadens.

Da nur eine Festgebühr vorgesehen ist, ist eine Berücksichtigung des Wertes des Teilvergleichs nicht möglich. Die Einigungsgebühr für einen ganz unwesentlichen „Teilvergleich" zu fordern, könnte daher missbräuchlich sein.

> **Fallbeispiele:**
> – Die Vereinbarung der Parteien kann auch darin bestehen, dass der Schuldner zusagt, einen Teil der vom Gläubiger geltend gemachten Forderung auszugleichen und der Gläubiger im Gegenzug den weitergehenden Anspruch fallen lässt.[139]

---

132 *Hartmann*, KostG, RVG VV 1000, Rn. 6 a. A. *Köpf* in Schneider/Volpert/Fölsch, RVG, VV RVG Nr. 2508 Rn. 4 (Voraussetzung ist, dass sich die an dem (behaupteten) Rechtsverhältnis Beteiligten einigen).
133 OVG NRW, NJW 2009, 2840; *Müller-Rabe* in Gerold/Schmidt, VV 1000, Rn. 35.
134 *Müller-Rabe* in Gerold/Schmidt, VV 1000, Rn. 37.
135 *Groß*, § 44 RVG Rn. 34; *Müller-Rabe* in Gerold/Schmidt, VV 1000, Rn. 142 a. A.: *Pukall* in Mayer/Kroiß, RVG, VV 2508, Rn. 2.
136 *Hartmann*, KostG, RVG VV 1000, Rn. 46.
137 OLG Frankfurt, Beschluss vom 10.5.2016, Az. 20 W 140/15 – juris; LG Darmstadt, JurBüro 1985, 1035; *Köpf* in Schneider/Volpert/Fölsch, RVG, VV RVG Nr. 2508 Rn. 4.
138 OLG Hamm, JurBüro 2002, 27; *Müller-Rabe* in Gerold/Schmidt, VV 1000, Rn. 147, 150.
139 BGH, MDR 2007, 165 ff.

- Die Einigungsgebühr kann entstehen, wenn bei einem arbeitsrechtlichen Streit der Arbeitnehmer erklärt, dass er keine Kündigungsschutzklage erheben wird und der Arbeitgeber im Gegenzug seine Kündigung zurücknimmt. Ebenfalls entsteht eine Einigungsgebühr bei einem Vergleich mit dem Inhalt, dass das Arbeitsverhältnis zu unveränderten Bedingungen fortgesetzt wird.[140]
- Rechnet der Haftpflichtversicherer des Schädigers diejenigen Beträge ab, die er als objektiv gerechtfertigt erachtet und teilt der Rechtsanwalt des Geschädigten daraufhin mit, dass er dieses Angebot zur Erledigung der Angelegenheit ausdrücklich annehme, entsteht die Einigungsgebühr nicht.[141]
- Die Einigungsgebühr entsteht, wenn ein Sozialhilfeträger aufgrund der Tätigkeit des Rechtsanwalts auf die Geltendmachung eines Teils eines unstreitigen Anspruchs auf Rückzahlung gezahlter Sozialhilfe verzichtet und die Forderung insoweit niederschlägt.[142]
- Kommt es nach Beendigung eines Arbeitsverhältnisses in der anschließenden Beratungshilfeangelegenheit „Zahlung Restlohn" zur Erfüllung der Ansprüche des Rechtsuchenden durch den vormaligen Arbeitgeber, stellt dies eine Erledigung der Angelegenheit im Sinne eines vollständigen Anerkenntnisses dar. Die Einigungsgebühr fällt dann nicht an.[143]

In urheberrechtlichen Fallgestaltungen – den **typischen Filesharing-Angelegenheiten** – ist im Einklang mit der überwiegenden Rspr.[144] bereits durch die Abgabe einer **modifizierten Unterlassungserklärung** eine Einigungsgebühr entstanden, da es sich hier um zwei getrennte Gegenstände, nämlich die Unterlassungserklärung als solche und die Schadensersatzforderung, handelt. Das LG Wuppertal[145] argumentiert hingegen, dass die einseitig vorgenommenen Einschränkungen der Unterwerfungserklärung keine Einigung i. S. v. zwei übereinstimmenden Willenserklärungen darstelle und eine Modifizierung lediglich die Rechtsposition des Antragstellers in beweisrechtlicher Hinsicht sowie hinsichtlich des Zahlungsanspruchs betreffe. Das OLG Düsseldorf[146] sieht hier keinen Raum für das Entstehen einer Einigungsgebühr, da es hier inhaltlich allein um den Schadensersatzanspruch geht und der Unterlassungserklärung nur eine untergeordnete Bedeutung zukomme. Im Rahmen des Bewilligungsverfahrens ist auf entsprechende Darstellung zu achten.

312a

Mehrere Vergleiche in derselben Angelegenheit lassen den Anspruch der Nr. 2508 VV RVG jedoch nur **einmal** entstehen.[147]
Nr. 1000 Anm. Abs. 3 VV RVG entspricht dem früheren § 23 Abs. 2 BRAGO, wonach bei einem unter einer **aufschiebenden Bedingung** oder unter dem **Vorbehalt des Widerrufs** geschlossenen Vertrags die Beratungsperson die Gebühr erst nach Eintritt der Bedingung oder Eintritt der Unwiderruflichkeit erhält.

313

---

140 LAG Köln, NZA-RR 2006, 44 – juris; LAG Düsseldorf, Rpfleger 2006, 45; LAG Berlin, JurBüro 2005, 644.
141 BGH, Rpfleger 2007,168.
142 AG Hannover, JurBüro 2006, 78 (79).
143 AG Koblenz, Beschluss vom 14.2.2012, Az. 40 UR II 1125/11 – juris.
144 OLG Frankfurt, Beschluss vom 10.5.2016, Az. 20 W 140/15 – juris; OLG Stuttgart, Beschluss vom 18.3.2016, Az. 8 W 183/14; AG Ehingen, Beschluss vom 8.2.2014, Az. BHG 79/13 – juris; AG Kleve, Beschluss vom 4.2.2014, Az. 8 II 397/13 – juris; AG Lichtenberg, Beschluss vom 9.1.2014, Az. 70a II 3089/13 – juris; AG Detmold, Beschluss vom 7.2.2014, Az. 20 II 534/14 – juris; AG Hamm, Beschluss vom 10.1.2014, Az. 23 II 1763/12 BerH – juris; sh. hierzu auch *Rathsack*, jurisPR-ITR 12/2014 Anm. 4.
145 LG Wuppertal, Beschluss vom 3.11.2014, Az. 16 T 191/14.
146 OLG Düsseldorf, JurBüro 2016, 580; RVGreport 2016, 461 f.; Beschluss vom 4.3.2014, Az. I-10 W 19/14 – beckonline.
147 LG Berlin, AnwBl 2001, 694.

Ein solcher Fall kann beispielsweise vorliegen, wenn der Vergleich zumindest unter anderem darauf gerichtet ist, dass er im Fall der Nichtzahlung der Forderung zu einem bestimmten Zeitpunkt hinfällig wird.[148]
Bei einem unter „**Rücktrittsvorbehalt**" abgeschlossenen Vertrag entfällt die Gebühr dann bei Ausübung des vereinbarten bzw. vertraglichen Rücktrittsrechts, nicht jedoch aufgrund eines gesetzlichen Rücktrittsrechts.[149]
Gem. **Nr. 1000 Anm. Abs. 4** VV RVG gelten die Regelungen der Absätze 1 und 2 betreffend die Einigungsgebühr und die notwendige Mitwirkung auch bei **Rechtsverhältnissen des öffentlichen Rechts**, soweit über die Ansprüche **vertraglich** verfügt werden kann (sh. § 106 VwGO).

314 (2) **Zwangsvollstreckung und Ratenzahlung.** Im Zwangsvollstreckungsverfahren besteht zwischen dem Gläubiger und Schuldner zwar ein Rechtsverhältnis (= Vollstreckungsverhältnis), welches grundsätzlich auch geeignet ist, eine Einigungsgebühr auszulösen.
Bei diesem Verfahren handelt es sich jedoch um ein **gerichtliches Verfahren**. **Beratungshilfe scheidet in diesem Stadium aus** (sh. auch Rn. 121 ff., 133). Der Schuldner hat in diesem Verfahren nichts anderes zu tun, als die Zwangsvollstreckung zu dulden. Zur Sicherung seiner Existenz stehen ihm die spezifischen Schutzvorschriften des Vollstreckungsrechts zur Verfügung.
Wie bereits unter Rn. 110 erläutert, stellt daneben die **bloße Aushandlung von Stundungs- oder Ratenzahlungsvereinbarungen in der Regel keine Rechtswahrnehmung im Rahmen der Beratungshilfe dar**.[150] Ein einfaches Ratenzahlungsgesuch kann der Schuldner auch im Rahmen einer angedrohten oder bereits durchgeführten Zwangsvollstreckungsmaßnahme ohne Hilfe einer Beratungsperson formulieren bzw. mit der Gläubigerseite selbst erörtern. Sofern allerdings eine Beratungshilfebewilligung ausgesprochen wurde, kann eine Einigungsgebühr entstehen.

> **Hinweis:**
> Im Rahmen der Beratungshilfe kann eine Einigungsgebühr Nr. 2508 VV RVG während der Zwangsvollstreckung somit nur dann entstehen, sofern man der **Gegenansicht**[151] folgt und für die dahingehende Tätigkeit der Beratungsperson Beratungshilfe gewährt.
> Wird von dem Gericht für die Tätigkeit der Beratungsperson während der Zwangsvollstreckung Beratungshilfe bewilligt, ist der **Urkundsbeamte** im Vergütungsfestsetzungsverfahren an diese Entscheidung gebunden und hat nur noch darüber zu befinden, ob die Vertretung durch die Beratungsperson notwendig i. S. d. § 2 Abs. 1 BerHG war und ob nach den Grundsätzen der Nr. 1000 VV RVG eine Einigungsgebühr ausgelöst wurde.
> Durch das 2. KostRModG wurde Nr. 1000 VV RVG dahingehend konkretisiert, dass im Falle einer Ratenzahlungsvereinbarung die Einigungsgebühr entsteht, **Nr. 1000 Anm. Abs. 1 Nr. 2 VV RVG.**[152]

---

148 *Hartmann,* KostG, RVG VV 1000, Rn. 14.
149 *Hartmann,* KostG, RVG VV 1000, Rn. 15.
150 Bayerischer VGH, Beschluss vom 26.6.2014, Az. Vf. 35-VI-13 – juris; AG Köln, Beschluss vom 27.10.2005, Az. 364 UR II 1137/05, n. v.; AG Lingen (Ems), Beschluss vom 8.7.2008, Az. 6 II B 594/08, n. v.
151 AG Aachen, JurBüro 2006, 487 (die Entscheidung geht auf die Problematik, dass ein Zwangsvollstreckungsverfahren ein gerichtliches Verfahren darstellt, nicht ein, sondern stellt lediglich fest, dass das vorangegangene Zivilverfahren längst beendet sei).
152 siehe Gesetzesbegründung BT-Drs. 17/11471, S. 425; so auch die bisher **h. M.** LG Erfurt, Beschluss vom 14.5.2009, Az. 2 T 115/09 – juris; OLG Bamberg, Beschluss vom 10.3.2009, Az. 4 W 53/08, n. v.; BGH, NJW 2006, 1598 (1599); LG Tübingen, DGVZ 2006, 61 – juris; OLG Jena, Rpfleger 2006, 547 ff.; *Müller-Rabe* in Gerold/Schmidt, VV 1000, Rn. 176, Rn. 234; **bisher a. A.:** AG Koblenz, DGVZ 2012, 127; AG Wiesbaden, DGVZ 2007, 159 – juris; KG, Rpfleger 2006, 610; LG Bonn, DGVZ 2005, 77 – juris; *Oderka/Schneider* in Schneider/Wolf, RVG, VV 1000, Rn. 112 ff.

(3) Anerkenntnis und Verzicht. Gem. Nr. 1000 Anm. Abs. 1 S. 2 VV RVG **315**
entsteht die **Einigungsgebühr nicht,** wenn sich der Vertrag ausschließlich auf
ein Anerkenntnis oder einen Verzicht beschränkt.
Die bloße Annahme eines einseitigen **Verzichts oder eines Anerkenntnis** reicht
daher für das Entstehen der Gebühr nicht aus.[153] Dies ist z. B. der Fall, wenn
einseitig auf Unterhalt ohne jegliche Gegenleistung des Gegners verzichtet wird.
Eine entsprechende **Abgrenzung** ist oftmals schwierig und **am Einzelfall auszurichten.**
Zum einen kann ein Anerkenntnis oder ein Verzicht auch ohne Vertrag durch
einseitige Erklärungen erfolgen, in diesen Fällen fehlt es schon an dem Tatbestandsmerkmal „Vertrag", eine Einigungsgebühr entsteht nicht. Beide Merkmale können aber auch Gegenstand eines Vertrages sein, ohne dass hierfür die
Einigungsgebühr entsteht. Dies ist dann der Fall, wenn es sich um einen reinen
Verzicht oder ein reines Anerkenntnis handelt.
Wenn das Anerkenntnis dagegen einen Teil der geschlossenen Vereinbarung
zwischen den Parteien darstellt, entsteht die Einigungsgebühr. Wird es unabhängig von der Vereinbarung abgegeben, entsteht diese nicht.
Ein **vollständiges Anerkenntnis** liegt auch in der **Erfüllung des geltend gemachten Anspruchs.** Ein bloßer Verzicht, z. B. auf die Weiterverfolgung[154] oder auf
die sofortige Einleitung einer Zwangsvollstreckung[155] lassen die Einigungsgebühr ebenfalls nicht entstehen. Erfolgt lediglich eine modifizierte Annahme eines vorgelegten Vergleichsangebots der Gegenseite, so liegt kein vollständiges
Anerkenntnis gem. Nr. 1000 VV RVG vor.[156]
Erfolgt auf die Aufforderung der Beratungsperson der rechtsuchenden Partei,
Auskunft über die Einkommens- und Vermögensverhältnisse zu geben und Unterhalt zu zahlen, eine Überweisung des Unterhalts durch den Unterhaltspflichtigen, ist darin ein die Einigungsgebühr nicht auslösendes Anerkenntnis des
Unterhaltsanspruchs und kein Vertrag zu sehen. Dies gilt selbst dann, wenn
ein solches Anerkenntnis in einen Vertrag aufgenommen wird.[157]
Um ein Anerkenntnis einerseits und einen Verzicht andererseits als vertragliche
Vereinbarung zu qualifizieren, ist eine **Verknüpfung der beiderseitigen Zusagen**
erforderlich.[158] Anderenfalls liegen nur eine Anerkenntniserklärung und eine
davon unabhängige Verzichtserklärung vor, die beide für sich gesehen die Einigungsgebühr nicht auslösen.[159]

> **Beispiele:**
> – Bei einem gegenseitigen Verzicht auf Unterhaltsansprüche oder auf Zugewinnausgleich entsteht eine Einigungsgebühr.
> – Eine Kündigung des Arbeitsverhältnisses wird zurückgenommen und die rechtsuchende Partei wird weiter beschäftigt,[160] auch hier entsteht oftmals die Einigungsgebühr.

Zum Teil wird die Frage aufgeworfen, ob durch den Wegfall des Tatbestandes
„gegenseitiges Nachgeben" im Sinne des § 779 BGB sich überhaupt so viel
geändert hat, da es nach wie vor eines geringfügigen Entgegenkommens oder
Zugeständnisses bedarf.[161] Der gesetzliche Ausschluss des reinen Anerkennt-

---
153 BGH, BB 2006, 2779 (2780); OLG Nürnberg, MDR 2005, 120.
154 OLG Stuttgart, JurBüro 2006, 135 (136).
155 AG Neu-Ulm, DGVZ 2005, 47.
156 OLG Sachsen-Anhalt, AGS 2011, 607–608 – juris.
157 AG Koblenz, FamRZ 2006, 1694.
158 BGH, JurBüro 2007, 24 = Rpfleger 2006, 674 f.
159 LG Münster, Rpfleger 2008, 391 f.
160 LAG Düsseldorf, JurBüro 2006, 529; ähnlich BAG, JurBüro 2006, 587.
161 OLG Koblenz, JurBüro 2006, 638; LAG Köln, NZA-RR 2006, 44; *Oderka/Schneider* in Schneider/Wolf, RVG, VV 1000, Rn. 31.

nisses oder des reinen Verzichts verlangt aber nur, dass inhaltlich mehr als nur anerkannt oder verzichtet werden muss, z. B. dass das zugrunde liegende Rechtsverhältnis inhaltlich durch die Vereinbarung zwischen den Parteien geändert wird.[162]
Die frühere Rechtsprechung und Literaturmeinung zum gegenseitigen Nachgeben kann heute hier daher auch noch weiterhelfen.
Bei einem **nur einseitigen Nachgeben** muss hinterfragt werden, ob nicht doch ein Einigungsvertrag i. S. d. Nr. 1000 Anm. Abs. 1 Nr. 1 VV RVG zur Beseitigung des Streites oder der Ungewissheit der Parteien über ein Rechtsverhältnis geschlossen wurde.
In den Fällen der sorgsamen Abwägung der Für und Wider und schließlich Vernachlässigung der eigenen Rechtsposition zugunsten des Rechtsfriedens wird nicht davon ausgegangen werden können, dass sich der Einigungsvertrag ausschließlich auf ein Anerkenntnis oder einen Verzicht beschränkt und damit die Einigungsgebühr nicht entsteht.[163]

316 (4) **Mitwirkung der Beratungsperson.** Aus Nr. 1000 Anm. Abs. 2 der VV RVG ergibt sich, dass eine **Mitwirkung** der Beratungsperson bei Vertragsverhandlungen notwendig ist.
Dies setzt voraus, dass die Beratungsperson einen ausdrücklichen oder stillschweigenden Auftrag hat, an einer Einigung mitzuwirken.[164] Sie muss eine auf das Zustandekommen der Einigung gerichtete Tätigkeit vornehmen.
Hinsichtlich der Notwendigkeit der **Ursächlichkeit der Mitwirkung** für den Abschluss des Vertrages folgt der Gesetzgeber in der Anm. Abs. 2 der Nr. 1000 VV RVG dem früheren § 23 Abs. 1 S. 2 BRAGO, wonach die Gebühr nicht entstand, wenn die Mitwirkung bei Abschluss des Vertrages nicht ursächlich war.

> **Hinweis:**
> Es reicht daher **irgendeine Tätigkeit** aus, die dem Vergleich oder der Erledigung förderlich war, die Tätigkeit muss **mindestens mitursächlich** für das Zustandekommen der Einigung gewesen sein.[165] Ob die Hinzuziehung einer Beratungsperson auch erforderlich war, spielt für das Entstehen der Gebühr keine Rolle.[166]

Diese muss dabei nicht an allen Vertragsverhandlungen zugegen gewesen sein.[167] Die **Ausarbeitung des Entwurfs eines Vertrages**, der im Anschluss von den Beteiligten abgeschlossen ist und damit eine auf ein Rechtsverhältnis bezogene Unsicherheit beseitigt, stellt eine Mitwirkung i. S. d. Nr. 1000 VV RVG dar.[168] Es genügt auch, wenn sie einen bereits vorhandenen Entwurf, der auch von einem Dritten vorbereitet sein kann, modifiziert[169] oder wenn die Beratungsperson beispielsweise nur beim Vertragsabschluss selbst mitgewirkt hat, ohne an den Vorverhandlungen oder Vorbereitungen beteiligt gewesen zu sein. Eine rein passive Haltung beim Vertragsabschluss reicht jedoch nicht.

---

162 *Müller-Rabe* in Gerold/Schmidt, VV 1000, Rn. 178, 179.
163 OLG Stuttgart, JurBüro 2008, 472 f.
164 *Müller-Rabe* in Gerold/Schmidt, VV 1000, Rn. 28.
165 Niedersächsisches OVG, JurBüro 2009, 307 f.; OVG Hamburg, Rpfleger 2008, 46 (47); LG Aachen, JurBüro 1999, 20 f.; *Müller-Rabe* in Gerold/Schmidt, VV 1000, Rn. 274; *Hartmann*, KostG, RVG VV 1000, Rn. 59.
166 OLG Sachsen-Anhalt, AGS 2011, 607–608 – juris; a. A.: AG Halle (Saale), AGS 2013, 27 – juris.
167 *Hartmann*, KostG RVG, VV 1000, Rn. 61.
168 BGH, Rpfleger 2009, 175 f.; *Schütz* in Riedel/Sußbauer, RVG, VV 1000 Rn. 70.
169 OLG Karlsruhe, AnwBl 2003, 115 (116).

Eine Mitwirkung der Beratungsperson am Vergleichsabschluss liegt bereits mit der **Prüfung und Begutachtung eines Vergleichsvorschlages**, bei dessen Abgabe sowie der Beratung der eigenen Partei vor,[170] auch der Rat, eine Einigung nicht zu widerrufen, genügt.[171]
Sind keine Anhaltspunkte ersichtlich, dass diese Tätigkeit unterblieben ist, muss die Mitwirkung bei Anwesenheit der Beratungsperson beim Vergleichsabschluss unterstellt werden.[172]
Die Beratungsperson kann auch beim Abschluss eines **stillschweigend geschlossenen Vertrages** mitwirken.[173]
Keine Einigungsgebühr entsteht, wenn die Beratungsperson von den Weisungen der Partei zum Inhalt der Einigung **in wesentlicher Weise abweicht**.[174] Abweichungen in der Einigung vom Vorschlag der Beratungsperson stehen jedoch dem Entstehen nicht entgegen, wenn die Einigung nur im Großen und Ganzen dem Rat oder Entwurf dieser entspricht oder der Vertragskern fortbesteht.[175]
Als Mitwirkung genügt z. B. nicht:
- ein nur allgemeiner Rat zur gütlichen Einigung,[176]
- bloße Mitteilung von Einigungsvorschlägen der Gegenpartei ohne eigene Stellungnahme,[177]
- lediglich Beratung zu Einzelposten, wenn der Vergleich bereits ausgehandelt ist,[178]
- erfolgloses Bemühen, das entweder zu keiner Einigung geführt hat oder auf die später zustande gekommene Einigung keinen Einfluss hatte,
- wenn die Beratungsperson nur vom Vertragsabschluss abgeraten hatte, also den Vertragsabschluss nicht gefördert, sondern eher erschwert hat, so dass der Vertrag nicht wegen, sondern trotz der Tätigkeit der Beratungsperson zustande gekommen ist.

Beispiel für das Entstehen einer Einigungsgebühr:
Der Rechtsuchende A und der Gegner B streiten in einer Verkaufsangelegenheit über den Kaufpreis. Unter Mitwirkung des Rechtsanwalts C, der den A im Rahmen der Beratungshilfe vertritt, einigen sich der A und der B dahingehend, dass der B zur Erledigung des Streits nur noch 1/3 des ursprünglich geforderten Kaufpreises zahlt.
Rechtsanwalt C kann im Rahmen der Beratungshilfe wie folgt abrechnen:

Geschäftsgebühr Nr. 2503 VV RVG	85,00 EURO
Einigungsgebühr Nr. 2508 VV RVG	150,00 EURO
+ Pauschale gem. Nr. 7002 VV RVG	20,00 EURO
+ 19 % Mehrwertsteuer gem. Nr. 7008 VV RVG	48,45 EURO
= Gesamt	303,45 EURO

Die ebenfalls zunächst angefallene Beratungsgebühr gem. Nr. 2501 VV RVG in Höhe von 35,00 EURO ist aufgrund der Anrechnungsvorschrift in Abs. 2 in voller Höhe auf die auch entstandene Geschäftsgebühr gem. Nr. 2503 VV RVG angerechnet worden. A und B haben hier ihren Streit über den Verkauf durch Abschluss eines Vertrages unter Mitwirkung des Rechtsanwaltes beseitigt. Eine Einigungsgebühr ist daher hier entstanden.

---

170 OVG Nordrhein-Westfalen, NJW 2011, 3113 – juris; OVG Hamburg, Rpfleger 2008, 46 (47).
171 OLG Frankfurt, AnwBl 1983, 186 f.
172 Thüringer LSG, JurBüro 2001, 474 f.
173 LG Mönchengladbach, Rpfleger 2007, 478.
174 *Müller-Rabe* in Gerold/Schmidt, VV 1000, Rn. 33; *Hartmann*, KostG, RVG VV 1000, Rn. 65.
175 *Hartmann*, KostG, RVG VV 1000, Rn. 59.
176 *Müller-Rabe* in Gerold/Schmidt, VV 1000, Rn. , 274 ff.
177 *Hartmann*, KostG, RVG VV 1000, Rn. 72.
178 *Müller-Rabe* in Gerold/Schmidt, VV 1000, Rn. 274 ff.

317 **(5) Nachweis des Entstehens der Einigungsgebühr.** Zum Teil wird in der amtsgerichtlichen Praxis zum Nachweis des Entstehens der Einigungsgebühr und zur Wahrung des Gebots der Rechtsklarheit und Rechtssicherheit ein **schriftlich protokollierter und als Vollstreckungstitel geeigneter Vertrag** verlangt.[179]
Für das Entstehen der Einigungsgebühr bedarf es jedoch nicht zwingend einer Protokollierung eines für die Vollstreckung tauglichen Vergleichs.[180] Die Entstehung der Einigungsgebühr muss im Festsetzungsverfahren daher auch **nicht durch einen Vergleich in Form eines Vollstreckungstitels** nachgewiesen werden.[181]
Es genügt vielmehr, dass in diesem Rahmen das Entstehen der Einigungsgebühr **glaubhaft** gemacht und **dargelegt** wird. In der Regel wird dies in der Praxis durch die **Vorlage des entsprechend geschlossenen schriftlichen Vertrages oder Abschriften der entsprechenden Schriftsätze** bzw. der gesamten Handakte erfolgen bzw. durch anderweitige hinreichende Darlegung der entsprechenden Tätigkeit der Beratungsperson oder durch Vorlage einer entsprechenden eidesstattlichen Versicherung[182] sowie der Darlegung der Mitwirkung der Beratungsperson hieran.[183]
Im Einzelfall kann auch der **schlüssige Sachvortrag der Beratungsperson** als ausreichend angesehen werden, sofern das Gericht diesen für glaubhaft erachtet. Dies erfordert aber mindestens eine konkrete Schilderung der in der Rechtssache erfüllten Tatbestandsmerkmale der Einigungsgebühr. Es kann keinesfalls ausreichend sein, dass die Beratungsperson in eigener Feststellung angibt, dass zwischen den Parteien eine Einigung i. S. d. Nr. 1000 VV RVG zustande gekommen sei.

318 **b) Erledigungsgebühr. – (1) Voraussetzungen.** Objektive Voraussetzung für das Entstehen der Gebühr ist, dass ein **ungünstiger Verwaltungsakt** ergangen oder ein von dem Rechtsuchenden beantragter **Verwaltungsakt ganz oder teilweise abgelehnt** worden ist.
Es muss sich durch die Verwaltungsbehörde ein für den Rechtsuchenden abschließend ungünstiger Standpunkt ergeben haben. Der Rechtsuchende muss die getroffene Entscheidung mit einem Rechtsbehelf, z. B. einem Widerspruch, angegriffen haben.
Die Gebühr kann in **allen Verwaltungsangelegenheiten** (z. B. innere Verwaltung, Finanz- und Sozialverwaltung, Justizverwaltung, Patentangelegenheiten etc.) entstehen.
Es kommen dabei **nur Verfahren vor einer Verwaltungsbehörde über einen mit einem Rechtsbehelf angefochtenen Verwaltungsakt** (z. B. Widerspruchsverfahren gem. §§ 68 ff. VwGO) und etwaige Nebenverfahren (z. B. § 80 Abs. 4 VwGO) in Frage.
Im Verwaltungsverfahren (**Vorverfahren**), welches dem Erlass eines Verwaltungsaktes vorausgeht, ist noch keine Erledigungsgebühr möglich.

> **Verwaltungsakt** ist gem. § 35 VwVfG jede Verfügung, Entscheidung oder andere hoheitliche Maßnahme, die eine Behörde zur Regelung eines Einzelfalls auf dem Gebiet des öffentlichen Rechts trifft und die auf unmittelbare Rechtswirkung nach außen gerichtet ist.

---

179 in Anlehnung an BGH, Rpfleger 2006, 436 f. (in Anlehnung an die frühere Vergleichsgebühr gem. § 23 BRAGO a. F.); OLG Nürnberg, MDR 2006, 234 (eine Einigungsgebühr kann nur dann festgesetzt werden, wenn ein Vergleich ausdrücklich protokolliert worden ist).
180 BGH, JurBüro 2007, 411; OLG Stuttgart, NJW 2007, 3218; LG Mönchengladbach, JurBüro 2007, 306.
181 OLG Brandenburg, RVGreport 2008, 419; OLG Zweibrücken, RVGreport 2006, 384.
182 siehe hierzu auch die Ausführungen bei *Groß*, § 44 RVG, Rn. 49.
183 KG, AGS 2006, 71.

> **Beispiele für Verwaltungsakte:**
> Erteilung eines Abiturzeugnisses, Erlass eines Gebührenbescheides, Versagung einer Bauerlaubnis, Gewerbeverbot, Einberufung zum Wehrdienst, Gebührenbescheid über Rundfunk- und Fernsehgebühren etc.

Die Gebühr für die **Erledigung einer Rechtssache** ist dem früheren § 24 BRAGO nachgebildet und ist wie die Einigungsgebühr eine **Erfolgsgebühr**. Die frühere Rechtsprechung zu § 24 BRAGO gilt insoweit weiter.[184] Die Gebühr soll in den Fällen, in denen eine Einigungsgebühr wegen fehlender Dispositionsbefugnis (gem. Nr. 1000 Anm. Abs. 4 VV RVG kann diese bei Rechtsverhältnissen des öffentlichen Rechts nicht anfallen, soweit über sie vertraglich nicht verfügt werden kann) nicht entstehen kann, das Bemühen der Beratungsperson um eine außergerichtliche Erledigung und damit zugleich auch Entlastung der Gerichte besonders honorieren.[185]
Bei nicht eindeutig am Wortlaut der Nr. 1002 VV RVG zu klärenden Fragen können die Regelungen zu der **Einigungsgebühr** Hilfe leisten. Im Gegensatz zur Einigungsgebühr entsteht die Erledigungsgebühr, wenn die Verwaltungsbehörde beispielsweise in vollem Umfange dem Begehren des Rechtsuchenden entspricht.

Die Gebühr entsteht nach **Nr. 1002 Anm. S. 1 VV RVG** dann, wenn sich eine Rechtssache ganz oder teilweise nach Aufhebung oder Änderung des mit einem Rechtsbehelf angefochtenen Verwaltungsakts durch die anwaltliche Mitwirkung erledigt. Es muss damit eine gerichtliche Entscheidung unnötig geworden sein.[186] Dies gilt gleichermaßen für eine Mitwirkung einer Beratungsperson.
Für das Entstehen der Erledigungsgebühr genügt es nach **Nr. 1002 Anm. S. 2 VV RVG** auch, wenn sich die Rechtssache durch Erlass eines bisher abgelehnten Verwaltungsakts erledigt. Dies wurde auch bereits von der Literatur und Rechtsprechung früher so vertreten. Unterbleibt z. B. auf die Eingabe der Beratungsperson hin die nur angekündigte Aufhebung der Sozialhilfebewilligung, hat sich die Verwaltungsangelegenheit nicht durch Zurücknahme oder Änderung eines Verwaltungsakts erledigt.
Die Rechtssache erledigt sich auch in dem Fall, wenn der geänderte Verwaltungsakt nur teilweise dem Antrag des Rechtsuchenden entspricht, sich dieser aber damit zufrieden gibt und daher auch keine Entscheidung mehr ergehen muss.[187]
Es genügt auch eine **teilweise Erledigung**, z. B. wenn mehrere Verwaltungsakte angegriffen sind und die Behörde einen davon ändert und daraufhin die Rechtssache insoweit für erledigt erklärt wird.[188]

(2) Mitwirkung der Beratungsperson. Weiter ist für das Entstehen das **zielgerichtete Handeln der Beratungsperson** entscheidend, das zur Erledigung nicht nur unwesentlich beigetragen hat.[189]
Es genügt nicht, wenn nur der Rechtsuchende mitwirkt, sondern die Mitwirkung muss durch die Beratungsperson selbst erfolgen. Es kann dabei aber ein sachkundiger Dritter (z. B. Sachverständiger) mit einbezogen werden.
Es kommt nicht auf die Qualität der Mitwirkung der Beratungsperson an, sondern dass durch sein besonderes Handeln der Erfolg eintritt. Es genügt

---

184 BSG, Rpfleger 2007, 346; LSG Bayern, RVGreport 2006, 263.
185 *Müller-Rabe* in Gerold/Schmidt, VV 1002, Rn. 3.
186 BVerwG, JurBüro 1981, 1824.
187 VGH München, NVwZ-RR 2007, 497.
188 *Müller-Rabe* in Gerold/Schmidt, VV 1002, Rn. 29.
189 BVerwG, NVwZ 1982, 36; so auch VG Leipzig, JurBüro 2001, 136; Niedersächsisches OVG, JurBüro 2001, 249 f.; LG Koblenz, JurBüro 1997, 640; *Hansens*, RVGreport 2007, 32 (33) a. A.: LG Aachen, JurBüro 1999, 20 f.: „...die Gebühr fällt dann schon an, wenn ein von dem Rechtsanwalt eingelegter Widerspruch zur Erledigung führt."

insoweit, wenn eine unstreitige Erledigung im Raum steht und die Beratungsperson im Vorfeld eins hierauf abzielenden Gesprächs bei dem Rechtsuchenden die Bereitschaft zu einem Nachgeben mit Erfolg gefördert hat, ein konkreter Vorschlag der Beratungsperson ist dabei nicht erforderlich.[190]
Es genügt für das Entstehen einer Erledigungsgebühr z. B.:
– das erfolgreiche außergerichtliche Bemühen, den angegriffenen Verwaltungsakt aufzuheben bzw. den begehrten Verwaltungsakt zu erlassen, z. B. durch einen Antrag mit sachgerechten Tatsachen mit Begründung,
– Beisteuern von Daten und Zahlen, die der Behörde bei der Änderung des angegriffenen Bescheids bei einem schwierigen Sachverhalt hilft,
– der Ausgangsbescheid wird nach Vorlage eines auf Veranlassung des Rechtsanwalts durch den Rechtsuchenden eingeholten ärztlichen Befundberichtes korrigiert,[191]
– die Beratungsperson bewegt den Rechtsuchenden dazu, nach einer Herabsetzung des von ihm geforderten Beitrags der Erledigung des gesamten Rechtsstreits zuzustimmen,[192]
– bei qualifizierter Mitwirkung eines zwar hinter dem Begehren zurückbleibender, aber für den Rechtsuchenden erzielten zufriedenstellenden **Teilerfolgs** – der Streit insgesamt ist dann ohne gerichtliche Entscheidung über materiell-rechtliche Fragen erledigt.[193]
Für das Entstehen genügt aber z. B. nicht:
– lediglich die Einlegung eines Rechtsbehelfs,
– ein Hinweis auf einschlägige höchstrichterliche Rechtsprechung,
– eine ausführliche Begründung des Widerspruchs.[194]
Erklärt die Beratungsperson lediglich die Erledigung oder Rücknahme des Widerspruchs, nachdem die Verwaltungsbehörde den Verwaltungsakt zurückgenommen oder aufgehoben hat, ist für eine Mitwirkung bei der Erledigung kein Raum.[195] Ebenfalls ist für die Erledigungsgebühr kein Raum, wenn bereits die Klageschrift oder ein auf Aufhebung des Verwaltungsaktes gerichteter Schriftsatz im Vorverfahren zur Erledigung führt und die tatsächliche Erledigung völlig ohne Zutun der Beratungsperson eintritt.[196] Erfolgt keine wesentliche Handlung der Beratungsperson, so fällt die Gebühr nicht an.[197]

321 Die **Mitwirkung der Beratungsperson** muss kausal für die Erledigung gewesen sein[198] **und auf die außergerichtliche Erledigung des Verfahrens gerichtet sein.**[199] Eine Tätigkeit der Beratungsperson, die nur allgemein auf eine Förderung des Verfahrens gerichtet ist, genügt hierfür nicht.
Wenn die Beratungsperson einen sachgerechten Antrag stellt, ihn mit Tatsachenvortrag begründet und die Verwaltungsbehörde daraufhin ihren Rechtsstandpunkt aufgibt, so ist dies als Mitwirkung bei der Erledigung anzusehen.[200]
Eine Kausalität wurde dagegen verneint, wenn ohne Mitwirkung der Beratungsperson **eine behördliche Praxis geändert** wird, was sich auf das Verfahren, in dem diese tätig ist, auswirkt.[201]

---

190 OVG Rheinland-Pfalz, NJW 2017, 905.
191 BSG, NJW 2009, 3804 f. – juris.
192 OVG Münster, NVwZ-RR 1999, 348.
193 OVG NRW, RVGreport 2015, 19 f.
194 BSG, Rpfleger 2007, 346.
195 *Müller-Rabe* in Gerold/Schmidt, VV 1002, Rn. 46.
196 LG Koblenz, JurBüro 1996, 378.
197 Bayerisches LSG, Beschluss vom 13.1.2017, Az. L 7 AS 830/16 NZB – juris.
198 AG Mannheim, Beschluss vom 23.1.2012, Az. 13 UR II 3/12 – burhoff.de (Zulassung des Rechtsuchenden zum Masterstudium); BSG, Rpfleger 2007, 346; *Müller-Rabe* in Gerold/Schmidt, VV 1002, Rn. 58.
199 LSG Baden-Württemberg, JurBüro 2006, 422.
200 *Greißinger*, AnwBl 1996, 606 (610).
201 OLG Koblenz, AGS 2008, 81.

Nr. 1002 VV enthält im Gegensatz zu Nr. 1000 VV **keine rechtliche Vermutung für die Ursächlichkeit** des Handelns der Beratungsperson. Jedoch spricht eine tatsächliche Vermutung für die Ursächlichkeit des Handelns der Beratungsperson, wenn diese in Richtung Aufhebung des Verwaltungsaktes tätig geworden ist und die Verwaltungsbehörde daraufhin den Verwaltungsakt aufhebt oder abändert.[202]
Es genügt daher eine **Mitursächlichkeit**[203] und ein Tätigwerden in Richtung auf den später erzielten Erfolg. Worin dieses Tätigwerden besteht, ist gleichgültig.
Die Erledigungsgebühr kann neben der **Geschäftsgebühr gem. Nr. 2503 VV RVG** anfallen.
Da die Erledigungsgebühr bei mangelnder Dispositionsbefugnis an die Stelle der **Einigungsgebühr** tritt, können beide **in derselben** Angelegenheit **nicht nebeneinander** entstehen.[204]

c) Einigungs- und Erledigungsgebühr im Bereich des § 305 InsO. Für die Angelegenheit „**außergerichtliche Schuldenbereinigung auf der Grundlage eines Plans gem.** § 305 InsO" kann die Einigungs- und Erledigungsgebühr für die Mitwirkung bei einer außergerichtlichen Einigung mit den Gläubigerin über die Schuldenbereinigung auf der Grundlage eines Plans gem. § 305 Abs. 1 Nr. 1 InsO entstehen.
Der Rechtsanwalt oder der Steuerberater muss hier nicht gegenüber mehreren Gläubigern tätig geworden sein und eine Einigung erzielt haben. Nr. 2508 VV RVG ist vielmehr auch dann anwendbar, wenn der Rechtsanwalt oder Steuerberater nur gegenüber dem einzigen Gläubiger tätig geworden ist und mit diesem eine Einigung erzielt hat.[205] Dies gilt allerdings nur dann, wenn wirklich nur ein Gläubiger am außergerichtlichen Schuldenbereinigungsverfahren beteiligt ist. Eine Einigung nur mit einem Gläubiger bzw. einzelnen Gläubigern, wenn mehrere Gläubiger vorhanden sind, löst dagegen keine Einigungsgebühr aus.[206]
Wird die Einigung gegenüber mehreren Gläubigern (z. B. 5 Gläubigern) erzielt, kann die Gebühr **nur einmal** vom Rechtsanwalt oder Steuerberater verdient werden. Eine Erhöhung dieser Erfolgsgebühr wie bei der Geschäftsgebühr gem. Nr. 2503–2507 VV RVG bezogen auf die Anzahl der Gläubiger ist nicht vorgesehen.[207]
Lehnt ein durch den im Rahmen der Beratungshilfe tätigen Rechtsanwalt oder Steuerberater angeschriebener Gläubiger ein Angebot zur Schuldenbereinigung ab, unterbreitet der Gläubiger jedoch dem Rechtsuchenden ein anderes Angebot, welches dieser auch annimmt, so entsteht für die mitwirkende Beratungsperson die Einigungsgebühr.[208]
Die Einigungsgebühr entsteht gem. Anm. Abs. 2 zu Nr. 2508 VV RVG für die **Mitwirkung bei einer außergerichtlichen Einigung** mit den Gläubigern über die Schuldenbereinigung auf der Grundlage eines Plans – also bleibt es bei einer Gebühr auch bei Einigung mit mehreren Gläubigern. Die Einigungsgebühr fällt nur dann an, wenn die außergerichtliche Schuldenbereinigung insgesamt erfolgreich ist.

---

202 VGH München, NVwZ-RR 2007, 497 (499) Ziff. II 4 b; *Müller-Rabe* in Gerold/Schmidt, VV 1002, Rn. 60.
203 *Dürbeck/Gottschalk*, Rn. 1265.
204 VGH Mannheim, NVwZ-NJW-RR 2000, 329 (330); a. A.: *Hartmann*, KostG, RVG VV 2508, Rn. 4: Die Gebühr Nr. 2508 VV RVG kann bei einer Einigung und Erledigung doppelt entstehen.
205 *Mayer* in Gerold/Schmidt, VV 2500–2508, Rn. 44.
206 OLG Stuttgart, Rpfleger 2008, 502 ff.
207 OLG Stuttgart, Rpfleger 2008, 502 ff.
208 LG Düsseldorf, RVGreport 2006, 267.

5. **Erhöhung bei mehreren Auftraggebern Nr. 1008 VV RVG**

323 Die Vorschrift Nr. 1008 VV RVG bezweckt im Interesse der Gerechtigkeit eine möglichst differenzierte Vergütung von **Mehrarbeit**.[209] Es entsteht keine selbstständige Gebühr, sondern die entsprechenden Gebühren werden erhöht. Voraussetzung zur Entstehung der Erhöhung ist eine **Auftraggebermehrheit**. Eine solche liegt vor, wenn **dieselbe Beratungsperson** für verschiedene natürliche oder juristische Personen auftragsgemäß in **derselben Angelegenheit** gleichzeitig tätig wird.[210] Es kommt nicht auf den Arbeitsumfang, sondern grundsätzlich nur auf die Zahl der Aufträge oder Auftraggeber an.[211]
Beispiele für mehrere Auftraggeber:
- Bürogemeinschaft;[212]
- mehrere Bruchteilseigentümer;[213]
- **Bedarfsgemeinschaft** (SGB II): Hier kann eine Erhöhung gem. Nr. 1008 VV RVG in Betracht kommen, auch wenn es sich bei den Ansprüchen nach SGB II um **Individualansprüche** der einzelnen Mitglieder handelt. Handelt der erwerbsfähige Rechtsuchende als alleiniger Auftraggeber, so kann wegen der Vollmachtsvermutung gem. § 38 SGB II die Vertretung der Individualansprüche der weiteren Mitglieder der Bedarfsgemeinschaft ebenfalls Gegenstand sein und eine Erhöhung auslösen.[214] Werden in einem Verfahren gem. § 44 SGB X mehrere Auftraggeber (Mitglieder der Bedarfsgemeinschaft) vertreten, fällt die Erhöhungsgebühr an.[215] Betreffen die Leistungen z. B. Mehrbedarf infolge einer Behinderung, nur ein Mitglied der Bedarfsgemeinschaft[216] oder bezieht sich der angefochtene Beschluss sich nur auf ein Mitglied, ist für einen Erhöhungstatbestand kein Raum.[217] In diesem Zusammenhang ist zu erwähnen, dass Pflegekinder keine Mitglieder einer Bedarfsgemeinschaft sind.[218]

Nach Ansicht des AG Mainz[219] führt ein Antrag auf Gewährung von Beratungshilfe für alle Mitglieder einer Bedarfsgemeinschaft nicht automatisch zur mehrfachen Bewilligung einerseits und nicht zu einer Erhöhung der Gebühren andererseits. Hier kann der auch vom BVerfG[220] gebilligte „Präzedenzfall" eines Mitglieds und dessen Ausgang bei Parallelität des Sachverhaltes Vorrang genießen.
- Ehegatten;[221]
- Eltern und Kind;[222]
- mehrere Erben;[223]
- mehrere Mieter im Räumungsprozess;[224]
- mehrere Verletzte in einer strafrechtlichen Angelegenheit.

---

209 *Hartmann*, KostG, RVG VV 1008, Rn. 1, § 7 Rn. 2.
210 *Müller-Rabe* in Gerold/Schmidt, VV 1008, Rn. 36.
211 BGH, MDR 1994, 413 (414); OLG Düsseldorf, JurBüro 2002, 247.
212 *Hartmann*, KostG, RVG, § 7 Rn. 7.
213 OLG Frankfurt, AnwBl 2005, 366 (die Bruchteilsgemeinschaft als solche ist nicht parteifähig).
214 BSG, NJW 2012, 877 f. – juris.
215 Thüringer OLG, JurBüro 2012, 140 f. – juris; so auch LG Gera, Beschluss vom 18.10.2012, Az. 5 T 400/11 – juris.
216 LG Gera, Beschluss vom 18.10.2012, Az. 5 T 400/11 – juris.
217 AG Koblenz, JurBüro 2010, 29 f.
218 BSG, Urteil vom 1.7.2009, Az. B 4 AS 9/09 R – juris.
219 AG Mainz, Beschluss vom 28.7.2015, Az. 75 UR II 1611/14.
220 BVerfG, Beschluss vom 8.2.2011, Az. 1 BvR 1120/11.
221 *Hartmann*, KostG, RVG, § 7 Rn. 8; OLG Düsseldorf, AnwBl 1988, 70.
222 LG Stade, Rpfleger 1986, 495; *Hartmann*, KostG, § 7 RVG Rn. 8; RVG VV 1008, Rn. 1.
223 Anm.: die Erbengemeinschaft als solche ist nicht, auch nicht teilweise, rechts- oder parteifähig, im Zweifel ist davon auszugehen, dass die einzelnen Erben Partei sind, BGH, NJW 2006, 3715; OLG Köln, Rpfleger 2015, 51 f.; *Hellstab*, Rpfleger 2016, 524.
224 *Hartmann*, KostG, RVG, § 7 Rn. 13.

Keine Mehrheit von Auftraggebern liegt wegen eigener Parteifähigkeit z. B. in folgenden Fällen vor:
- minderjähriges Kind mit mehreren gesetzlichen Vertretern;[225]
- BGB-Gesellschaft;[226]
- Offene Handelsgesellschaft und Kommanditgesellschaft;[227]
- Verein;[228]
- Wohnungseigentümergemeinschaft.[229]

Es muss sich bei der zu erhöhenden Gebühr um eine **Geschäfts- oder Verfahrensgebühr** handeln.
Die Festgebühren werden **um 30 % für jeden zusätzlichen Auftraggeber erhöht**.
Die Erhöhungen dürfen dabei das Doppelte der Festgebühren nicht übersteigen (Anm. 3 Nr. 1008 VV RVG).

a) Beratungshilfegebühr. Diese ist in Nr. 1008 VV RVG nicht neben der Geschäfts- oder Verfahrensgebühr genannt. Eine Erhöhung der Beratungshilfegebühr gem. **Nr. 2500 VV RVG** bei mehreren Auftraggebern ist demnach gem. Nr. 1008 VV RVG **abzulehnen**.[230] Die Intention dieser Gebühr ist vielmehr die einer Schutzgebühr.[231]

b) Beratungsgebühr. Nach der alten BRAGO-Regelung war es bei umfangreicher Rat-/Auskunftserteilung nicht unbillig, auch die Gebühr des § 132 Abs. 1 BRAGO a. F. analog des § 6 BRAGO zu erhöhen.
Nach den gesetzlichen Neuregelungen des RVG kann nicht davon ausgegangen werden, dass bei einer bekannten Auslegungsfrage und einer so wichtigen Gebühr wie der Beratungsgebühr bereits mehrfach (zuletzt durch das 2. Kostenrechtsmodernisierungsgesetz) eine Gesetzeslücke offen geblieben ist und die Erhöhungsmöglichkeit auch bei der Beratungsgebühr gem. **Nr. 2501 VV RVG** angenommen werden kann. Der Gesetzgeber hat vorliegend diese Frage nicht übersehen und absichtlich nicht in die Nr. 1008 VV RVG mit aufgenommen. Die Gebühr ist eindeutig als „Beratungsgebühr" und nicht als „Verfahrens- oder Geschäftsgebühr" bezeichnet.
Einer Erhöhung steht hier der eindeutige Gesetzeswortlaut entgegn, d. h. es erfolgt **keine Erhöhung der Beratungsgebühr**[232] gem. Nr. 1008 VV RVG. Der Gegenmeinung, dass hierdurch nicht der Mehraufwand und die zusätzliche Verantwortung, die die Beratungsperson bei der Beratung mehrerer Personen trägt, genügend berücksichtigt wird, kann daher nicht gefolgt werden. Zudem widerspricht diese Ansicht der Intention der Beratungshilfegebühren als wert- und aufwandsunabhängige Fixgebühren.

---

225 OLG Düsseldorf, AGS 2004, 279; *Hartmann*, KostG, RVG, § 7 Rn. 10, 13 (jedes Kind ist ein eigener Auftraggeber).
226 BGH, AnwBl 2004, 251; LG Berlin, JurBüro 2003, 531; OLG Stuttgart, MDR 2002, 1457.
227 *Hartmann*, KostG, RVG, § 7 Rn. 11, 15.
228 Gleiche Regeln wie bei der BGB-Gesellschaft, *Hartmann*, KostG, RVG, § 7 Rn. 21.
229 AG Schorndorf, DGVZ 2006, 62; BGH, NJW 2005, 2061 (bereits zum alten Recht); a. A.: LG Wuppertal, Rpfleger 2009, 52 f. (Anfechtung eines Wohnungseigentümerbeschlusses; zum alten Recht); LG Mönchengladbach, JurBüro 2007, 307; AG St. Ingbert, DGVZ 2007, 46.
230 AG Eisenach, Beschluss vom 13.10.2011, Az. 5 UR II 71/10 – juris; AG Kiel, Rpfleger 2010, 126; AG Köthen, Beschluss vom 13.8.2009, Az. 4 II 148/09 – juris; a. A.: *Groß*, § 44 RVG, Rn. 61.
231 *Hartmann*, KostG, RVG VV 2500, Rn. 4.
232 AG Eisenach, Beschluss vom 13.10.2011, Az. 5 UR II 71/10 – juris; AG Kiel, Rpfleger 2010, 126; AG Köthen, Beschluss vom 13.8.2009, Az. 4 II 148/09 – juris; AG Koblenz, FamRZ 2008, 912 (auch Beschluss vom 19.6.2007, Az. 40 UR IIa 1450/06, n. v.); KG, Rpfleger 2007, 401; *Hartmann*, KostG, RVG VV 2501, Rn. 1; *Ahlmann* in Riedel/Sußbaur, RVG, § 7 Rn. 36 a. A.: OLG Oldenburg, AGS 2007, 45; OLG Oldenburg RVGreport 2006, 465 mit Anm. *Hansens*; OLG Düsseldorf, RVGreport 2006, 225; *Mayer* in Gerold/Schmidt, VV 2500–2508, Rn. 37 m. w. N.; zweifelnd *Hansens*, RVGreport 2005, 377.

326 c) **Geschäftsgebühr.** Im Gegensatz zur Beratungsgebühr steht die gesetzliche Regelung im RVG einer Anwendung auf die Geschäftsgebühr, wie dies auch früher im Rahmen des § 132 Abs. 2 BRAGO erfolgt ist, nicht entgegen,[233] sie kann daher nach Nr. 1008 VV RVG erhöht anfallen. Nr. 1008 VV RVG bezieht sich nach ihrem Wortlaut eindeutig auf eine Verfahrens- oder **Geschäftsgebühr.** Ein Teil der Rechtsprechung[234] spricht sich hingegen für einen gänzlichen Ausschluss des Mehrvertreterzuschlags aus. Dies folgt der Argumentation, dass der Gesetzgeber durch das 1. Kostenrechtsmodernisierungsgesetz[235] durch die Vorbem. 2.5 VV RVG mit dem Wortlaut „*Im Rahmen der Beratungshilfe entstehen Gebühren ausschließlich nach diesem Abschnitt*" einen abschließenden Charakter geschaffen habe, der einen Rückgriff auf Nr. 1008 VV RVG nicht ermögliche, wie auch die eigenständige Regelung der Einigungs- und Erledigungsgebühr in Nr. 2508 VV RVG bestätige.[236]
Die nach Nr. 1008 VV RVG erhöhte Geschäftsgebühr **Nr. 2503 VV RVG** entsteht nach dem Wortlaut der Bestimmung nur bei Vertretung **mehrerer Personen als Auftraggeber** in **derselben Angelegenheit**.[237]
Die erhöhte Geschäftsgebühr darf gem. Anm. Abs. 3 Nr. 1008 VV RVG höchstens 255,00 EURO (85,00 EURO zzgl. der doppelten Geschäftsgebühr in Höhe von max. 170,00 EURO) betragen.

> **Beispiel:**
> Die Geschäftsgebühr, erhöht nach Nr. 1008 VV RVG für alle Auftraggeber, entsteht durch die **Einsichtnahme in die Ausländerakten für alle von dem Rechtsanwalt vertretenen Personen,** auch wenn im Folgenden nur für eine Person ein Antrag auf Erteilung einer Niederlassungserlaubnis gestellt wird.[238]

327 d) **Einigungs- und Erledigungsgebühr.** Eine **Erhöhung nach Nr. 1008 VV RVG** scheidet aus, da es sich weder um eine Verfahrens- noch Geschäftsgebühr handelt. Es findet daher **keine Erhöhung** nach der Gläubigerzahl statt.[239]

6. Auslagen

328 a) **Allgemeines.** Der im Rahmen der Beratungshilfe tätigen Beratungsperson stehen in gleicher Weise die Auslagen wie einem im Rahmen der Prozesskostenhilfe tätigen Rechtsanwalt zu. **§ 46 RVG** regelt, in welchem Umfang die Beratungsperson, die eine Vergütung aus Staatskasse erhält, ihre Auslagen in der Angelegenheit erstattet erhält. Die Vorschrift erfasst alle **verursachten und erforderlichen Auslagen der Beratungsperson** ab dem Zeitpunkt ihrer im Rahmen der Beratungshilfe begonnenen Tätigkeit. Zeitlich vor diesem Zeitpunkt entstandene Auslagen sind grundsätzlich nicht aus der Staatskasse zu vergüten. Voraussetzung ist allerdings, dass Auslagen überhaupt entstanden sind.[240]

---

233 KG, Rpfleger 2007, 553 ff.; OLG Oldenburg, AGS 2007, 45 m. w. N.
234 AG Eisenach, Beschluss vom 13.10.2011, Az. 5 UR II 71/10 – juris; AG Kiel, Rpfleger 2010, 126; AG Köthen, Beschluss vom 13.8.2009, Az. 4 II 148/09 – juris; AG Bochum, Beschluss vom 11.6.2008, Az. 52 II 5375/07 – juris; AG Konstanz, Beschluss vom 20.12.2006, Az. UR II 180/06, n. v.; AG Betzdorf, Beschluss vom 12.4.2006, Az. 6a UR II 87/05, n. v.
235 BGBl. 2004 I, 718.
236 sh. auch *Lissner*, JurBüro 2013, 564 ff.
237 Thüringer OLG, JurBüro 2012, 140–141 – juris; OLG Oldenburg, JurBüro 2007, 140; OLG Nürnberg, OLG-Report 2007, 686; LG Kleve, RVGreport 2006, 101; OLG Düsseldorf, AGS 2006, 245; *Müller-Rabe* in Gerold/Schmidt, VV 1008, Rn. 7; *Hartmann*, KostG, RVG VV 2300, Rn. 14; *Baumgärtel*, S. 335.
238 KG, Rpfleger 2007, 553 ff.
239 OLG Stuttgart, Rpfleger 2008, 502.
240 AG Halle (Saale) Beschluss vom 25.11.2011, Az. 103 II 1540/11; AG Osnabrück, NdsRpfl 1986, 257; **a. A.:** AG Königs Wusterhausen, AGS 2012, 188 ff.; AG Winsen, AGS 2016, 162 ff.

Auslagen, die der **Partei selbst** entstanden sind, z. B. der Rechtsuchende hat selbst Kopien erstellt oder Anschriften besorgt, sind dagegen im Rahmen der Beratungshilfefestsetzung **nicht festsetzungsfähig**, hier besteht ggfs. ein Anspruch gegen den Gegner.[241] Fertigt der Rechtsuchende selbst Schriftstücke an oder es entstehen ihm Telefonkosten, so zählen diese zur allgemeinen Lebensführung und entstehen im eigenen Interesse des Rechtsuchenden.[242]
Urschriften sind unabhängig von ihrem Umfang mit den sonstigen Gebühren abgegolten und **fallen nicht unter „Kopien".**[243]
Die Beratungsperson hat Anspruch auf Ersatz ihrer **notwendigen Auslagen** und kann aus der Staatskasse die Erstattung derjenigen Auslagen verlangen, die zur sachgemäßen Durchführung der Angelegenheit **erforderlich** waren.[244]
Für die Beurteilung kommt es dabei auf den Zeitpunkt an, zu dem die Beratungsperson die Aufwendung gemacht hat, nicht auf den Zeitpunkt der Festsetzung. Hinterher erscheinen die Aufwendungen oft als überflüssig, die die Beratungsperson im Zeitpunkt ihrer Entstehung noch für notwendig gehalten hat.[245]
Der **Anspruch auf Auslagenersatz entfällt** nur dann, wenn diese nicht erforderlich waren. Aus dem Wortlaut des § 46 Abs. 1 RVG folgt, dass die Staatskasse beweisen muss, dass die Auslagen nicht erforderlich waren.[246] Bei der Prüfung der Notwendigkeit sollte jedoch nicht kleinlich verfahren werden, gerade auch dann, wenn der Nachweis der Notwendigkeit erneut Kosten verursachen würde.[247] Die Beratungsperson ist im Rahmen der Beratungshilfe für den Rechtsuchenden tätig und es ist ihr in erster Linie dabei auch überlassen, ob und welche Auslagen zur Erfüllung ihrer Aufgabe dabei erforderlich sind. Im Zweifel ist die Notwendigkeit der Auslagen anzuerkennen.[248]

Die Beratungsperson kann neben den in Nr. 7000 ff. VV RVG gesondert aufgeführten Auslagen auch die Erstattung weiterer, nicht zu den allgemeinen Geschäftskosten zählenden Aufwendungen, verlangen. Hierzu zählen Kosten für die Ermittlung von Zeugenanschriften oder **Kosten für Register- und Grundbuchauszüge.**[249]
Erscheint es der Beratungsperson fraglich, ob die im Rahmen ihrer Tätigkeit entstehenden Auslagen vom Urkundsbeamten der Geschäftsstelle als notwendig angesehen werden, kann sie einen **Antrag auf Feststellung der Erforderlichkeit gem. § 46 Abs. 2 RVG** an das zuständige Gericht stellen (§ 4 BerHG). Die gerichtliche Feststellung der Erforderlichkeit der Auslagen, z. B. der Reise, ist dann für das sich später anschließende Festsetzungsverfahren nach § 55 RVG bindend. Sollte das Gericht den Antrag zurückweisen, hat dies dagegen keine bindende Wirkung und der Urkundsbeamte der Geschäftsstelle kann insoweit auch einem späteren Festsetzungsantrag stattgeben. Dies ist dann z. B. der Fall, wenn entgegen der Erwartung des Gerichts die Auslagen für die sachgemäße Durchführung der Angelegenheit sich doch als notwendig erwiesen hat.[250]
Die Entscheidung des Gerichts nach § 46 Abs. 2 RVG ist grundsätzlich nicht anfechtbar.[251] Funktionell für die Feststellung der Erforderlichkeit ist im Bera-

---

241 *Müller-Rabe* in Gerold/Schmidt, § 46 Rn. 79.
242 sh. hierzu auch Ausführungen SG Berlin, Gerichtsbescheid vom 27.6.2016, Az. S 96 AS 25231/15.
243 *Hartmann*, KostG, RVG VV 7000, Rn. 4.
244 *Müller-Rabe* in Gerold/Schmidt, § 46 Rn. 3.
245 *Müller-Rabe* in Gerold/Schmidt, § 46 Rn. 80.
246 *Groß*, § 46 RVG, Rn. 3.
247 *Hellstab*, Rpfleger 2006, 246 (253).
248 OLG Brandenburg, AGS 2007, 400.
249 OLG Düsseldorf, Rpfleger 2009, 344; *Müller-Rabe* in Gerold/Schmidt, Vorb. 7 VV, Rn. 7.
250 *Müller-Rabe* in Gerold/Schmidt, § 46 Rn. 96.
251 OLG Celle, NStZ-RR 2012, 326 – juris (hier im Strafverfahren).

tungshilfeverfahren der Rechtspfleger. Daher ist die Entscheidung hier mit der befristeten Rechtspflegererinnerung gem. § 11 Abs. 2 S. 1 RpflG anfechtbar. Eine entsprechende Rechtsmittelbelehrung ist der Entscheidung daher anzufügen.

330 Zum **Nachweis des Entstehens der Auslagen** genügt in der Regel z. B. die Vorlage der gefertigten Ablichtungen. Bzgl. des Anfalls von Postentgelten genügt z. B. die anwaltliche Versicherung gem. § 104 Abs. 2 S. 2 ZPO,[252] für die übrigen Auslagen gilt diese jedoch nicht.

331 b) **Kosten für Fotokopien.** Infolge des 2. Kostenrechtsmodernisierungsgesetzes wurde in allen Kostengesetzen der frühere Begriff „Ablichtung" durch den Begriff „Kopie" ersetzt. Hierdurch wurde klargestellt, dass eine Kopie im Sinne des Kostenrechts nur dann eine solche ist, wenn eine **Reproduktion einer Vorlage auf einem körperlichen Gegenstand**, z. B. Papier, Folie, Pappe etc. stattfindet.[253] D. h. es ist nunmehr ein Ausdruck notwendig, um eine Kopie im Sinne des Kostenrechts herzustellen. Eingescannte Dokumente fallen hier nicht mehr darunter (sh. hierzu auch weiter Rn. 333a).
Im Regelfall ist bei der Information des Rechtsuchenden im Wege der Erteilung der Beratungshilfe keine Fertigung von Kopien nötig. Das Kopieren der gesamten Akten stellt einen Verstoß gegen die Pflicht der Beratungsperson zur kostensparenden Tätigkeit dar und wird nicht zu erstatten sein.[254]
Erstattungsfähig können diese jedoch sein, wenn es auf den Inhalt von Dokumenten oder Aktenteilen besonders ankommt und die Beratungsperson die Kopie gerade dieser Rechtssache vornehmen musste.[255] Gem. § 50 BRAO hat der Rechtsanwalt die Handakten dabei so anzulegen, dass er ein geordnetes Bild über die von ihm zu entfaltende Tätigkeit geben kann. Gerade bei Mandantenbesprechungen ist dies ein wichtiger Aspekt. Auch dürfte eine Erstattungsfähigkeit zu bejahen sein, wenn die Ermittlungsakte in Strafsachen unmittelbar wieder den Ermittlungsbehörden zurückzugeben ist.[256]
Die Beratungsperson kann für **Kopien und Ausdrucke aus Behörden- und Gerichtsakten** die Dokumentenpauschale berechnen, soweit deren Herstellung zur sachgemäßen Bearbeitung der Rechtssache **geboten** war,[257] **Nr. 7000 Nr. 1 a) VV RVG.**

331a Bei der **Erforderlichkeit** kommt es auf einen objektiven Maßstab an,[258] der Beratungsperson ist jedoch ein gewisser Ermessensspielraum einzuräumen, der jedoch nicht missbräuchlich überschritten werden darf.[259] Maßstab ist hierbei daher der objektive Standpunkt einer **verständigen und durchschnittlich erfahrenen Beratungsperson (Dritten)** im Zeitpunkt des Entstehens.[260] Die Darlegungs- und Beweislast betreffend der Erforderlichkeit liegt bei der Beratungsperson.

Der objektive Standpunkt des vernünftig sachkundigen Dritten orientiert sich dabei nach anhand der folgenden Aspekte:

---

252 LG Aachen, AnwBl 1999, 58.
253 KG, Beschluss, RVGreport 2016, 224 f.; BR-Drs. 517/12, S. 444, 222.
254 LG Detmold, Beschluss vom 28.7.2011, Az. 3 T 33/11 – juris.
255 AG Riesa, Beschluss vom 27.6.2012, Az. 002 UR II 00885110 – burhoff.de; VG Hamburg, JurBüro 2008, 95; AG Riesa, AGS 2012, 485.
256 AG Mannheim, Beschluss vom 5.6.2012, Az. 1 BHG 380/11 – burhoff.de.
257 *Hartmann*, KostG, RVG VV 7000, Rn. 6.
258 OLG Koblenz, Rpfleger 2003, 467 (469); OLG Düsseldorf, JurBüro 2000, 359 (360).
259 *Sommerfeldt* in BeckOK, RVG, VV 7000, Rn. 8.
260 BGH, MDR 2005, 956 f. – juris; OLG Celle, RVGreport 2016, 417 f.; LG Aachen, RVGreport 2016, 419 f.; KG, RVGreport 2016, 224 f. (vernünftigen sachkundigen Dritten); Bayerisches LSG, Beschluss vom 8.11.2016, Az. L 15 SF 256/14 E – juris.

- die vorliegende Verfahrensart,
- der konkrete Sachverhalt,
- die aktuelle Verfahrenslage,
- der Grundsatz kostenschonender Prozessführung,

und zwar im Zeitpunkt des Entstehens der Auslagen.

Anders als bei der Vertretung im gerichtlichen Strafverfahren, bei der eine Kopie der Akten zur ordnungsgemäßen Beratung und Verteidigung regelmäßig notwendig sein mag,[261] erscheint die Fertigung von Fotokopien **bei der Beratung** im Wege der Beratungshilfe in **strafrechtlichen Angelegenheiten** im Regelfall nicht erforderlich.

Der Rechtsanwalt wird hier in aller Regel in der Lage sein, **die reine Beratung** nach Durchsicht der Akte sachgerecht vorzunehmen. Fotokopien, die vorsorglich für die spätere Vertretung im Strafverfahren gefertigt werden, können gleichfalls nicht dem Beratungshilfemandat zugerechnet werden und müssen somit mit den insoweit später entstehenden Kosten abgegolten werden.

Etwas anderes gilt, soweit die Fertigung von Kopien aus der Strafakte zur Verfolgung zivilrechtlicher Ansprüche erfolgt. Dies ist regelmäßig als erforderlich zu bewerten.[262] Die Auslagen der Beratungsperson für die Kopien der ihr übersandten Behördenakte sind in der Regel auch nicht bereits mit den geltend gemachten Gebühren abgegolten, sondern erstattungsfähig, soweit deren Herstellung zur sachgemäßen Bearbeitung der Rechtssache geboten waren.

Kopien können vor allem dann geboten sein, wenn die Beratungsperson die Akte nur vorübergehend behalten darf oder ein Gutachten ständig benötigt.

Bei den Kopien kann es sich auch um einen **Aktenvermerk** oder auch um einen **Auszug aus dem Strafregister, Pläne, Karten oder Karteien** handeln. Kosten sind erstattungsfähig, wenn eine einfache Einsicht nicht genügt und die Kopien für eine weitere Bearbeitung erforderlich sind.[263]

Kopiert die Beratungsperson oder eine juristisch nicht geschulte Kanzleikraft die **gesamte Akte** und wird hierbei nicht im Detail geprüft, ob hieraus gewisse Teile überhaupt zur weiteren Sachbearbeitung von Belang und Informationswert sind, so können diese Kopien nicht geboten sein und werden daher nicht erstattet.[264]

Andererseits ist es der Beratungsperson aber auch nicht zumutbar, jede einzelne Seite vor dem Kopieren vollständig zu lesen.[265]

Wird der Beratungsperson die Akte nur für 3 Tage zur Einsichtnahme zur Verfügung gestellt, so ist die Gebotenheit für die Anfertigung von Kopien hier großzügiger zu bemessen.[266] Allerdings besteht für diese auch jederzeit die Möglichkeit, eine **erneute Akteneinsicht zu beantragen** oder auch um eine **Fristverlängerung** zu bitten.[267]

Seiten, die jedoch **auf den ersten Blick irrelevant** für die Tätigkeit der Beratungsperson sind, sind nicht erstattungsfähig (z. B. doppelte Schriftsätze, eigene Schriftsätze, gerichtsinterne Verfügungen).[268]

Das Gericht hat bei einer vollständigen Ablichtung von Akten nicht von Amts wegen zu ermitteln, welche der einzelnen Aktenbestandteile im Sinne einer sachgemäßen Gewährleistung eines rechtsstattlichen Verfahrens als Kopien erstattungsfähig sind. Eine vollständige Kopie ist im Rahmen einer ordnungsge-

---

261 AG Bochum, RVGreport 2008, 141.
262 AG Bonn, AnwBl 1998, 217; AG Brilon, Rpfleger 1993, 206.
263 AG Kassel, AnwBl 1988, 126; LG Frankfurt, JurBüro 1986, 732 (724) (Strafaktenauszug).
264 OLG Düsseldorf, JurBüro 2000, 359 (360).
265 OLG Brandenburg, AGS 2003, 497; OLG Düsseldorf, JurBüro 2000, 359.
266 AG Wuppertal, StraFo 1999, 285.
267 Schleswig-Holsteinisches LSG, Beschluss vom 23.5.2016, Az. L 5 SF 12/14 E – juris.
268 BGH, NJW 2005, 2317 **a. A.**: LG Essen, Rpfleger 2011, 694 f. (wegen einfacher und ressourcenschonender Rechtsanwendung ist keine kleinteilige Differenzierung vorzunehmen).

mäßen Strafverteidigung geboten mit Ausnahme umfangreicher Fallakten, Abhörprotokollen etc.[269] Aus dem Grundsatz der Effizienz können, wenn sich die Erstattungsfähigkeit von Kopien der Hälfte des Akteninhalts nicht offensichtlich als zu umfangreich erweist, **im Wege einer pauschalen Bestimmung die Hälfte der geltend gemachten Kopien** als Kosten erstattet werden.[270] Hierbei ist jedoch auf den konkreten Einzelfall abzustellen.

> **Hinweis:**
> Ergeben sich aber aus an sich irrelevanten Aktenteilen Umstände, die verfahrensrelevant sein können, z. B. wegen Fristberechnungen, so sind diese trotzdem erstattungsfähig. Dies ist z. B. der Fall bei Empfangsbekenntnissen,[271] Zustellungsurkunden[272] oder Schriftsätzen, auf denen Eingangsstempel angebracht sind. Man sollte genau prüfen, aber eher großzügig bewerten.

Kopien sind auch dann nicht geboten, wenn der Adressat diese sowohl inhaltlich als auch der Form nach bereits kennt oder kennen muss.[273]

333 Diese Regelungen gelten auch für ein **Telefax**. Gem. Nr. 7000 Anm. Abs. 1 S. 2 VV RVG wird **nur die Absendung** eines Faxes **der Kopieherstellung gleichgestellt** (jedes per Fax abgesendete Blatt zählt als eine Kopie), für empfangene Faxkopien kann die Pauschale hingegen nicht verlangt werden.[274]
Urschriften sind dagegen unabhängig von ihrer Anzahl und ihrem Umfang keine Abschriften oder Kopien und mit den sonstigen Gebühren abgegolten.[275] Unerheblich ist dabei auch, bei wem die Urschrift verbleibt.
Ebenso sind **Kopien von Literatur** mit den allgemeinen Geschäftskosten abgegolten.[276] Dies gilt jedoch nicht, wenn diese schwer zugänglich ist.
Kopien aus Handakten eines anderen Rechtsanwaltes, des Rechtsuchenden oder eines Dritten fallen nicht unter den Tatbestand von Nr. 7000 VV RVG. Fertigt die Beratungsperson **Kopien zum Nachweis der eigenen Tätigkeit** im Rahmen der Geltendmachung und Nachweis seiner Gebühren (insbesondere der Geschäftsgebühr gem. Nr. 2503 VV RVG), so können solche allein in eigener Sache entstandene Kosten nur **als allgemeine Geschäftsunkosten** angesehen werden, die mit den entsprechenden Gebühren abgegolten sind. Die Beratungsperson muss insoweit auch das ihm eingeräumte Ermessen ausüben.[277]
Eine Anfertigung der Kopien ist indes auch nicht erforderlich, wenn der **Originalschriftverkehr** kurzfristig zum Nachweis des Entstehens der Gebühr dem Urkundsbeamten der Geschäftsstelle vorgelegt werden kann.
Nicht erforderlich sind weiter Kosten für solche Abschriften, die **von den Gerichten unentgeltlich** zu erhalten sind.[278]

---

269 AG Iserlohn, RVGreport 2016, 467 f.
270 Bayerisches LSG, Beschluss vom 8.11.2016, Az. L 15 SF 256/14 E – juris a. A. und weitergehender: SG Leipzig, RVGreport 2017, 298 (in sozialrechtlichen Angelegenheiten ist aufgrund nur kurzer Aktenüberlassungszeit und zur unmittelbaren Aufrechterhaltung der Arbeitsfähigkeit des Rechtsanwalts regelmäßig eine (nahezu) vollständige Ablichtung erforderlich).
271 *Hartmann*, KostG, RVG VV 7000, Rn. 14.
272 *Hartmann*, KostG, RVG VV 7000, Rn. 23.
273 OLG Hamm, JurBüro 2002, 201 (202), OLG Braunschweig, JurBüro 1999, 300 a. A.: OLG Frankfurt, AnwBl 1985, 204 f.; LAG Hamm, AnwBl 1984, 316 f.
274 *Sommerfeldt* in BeckOK, RVG, VV 7000, Rn. 4a.
275 KG, JurBüro 1975, 346.
276 OLG Nürnberg, MDR 2001, 114.
277 LG Wuppertal, AGS 2016, 38 ff. – juris.
278 OLG München, Rpfleger 1982, 486 (Ablichtung des Sitzungsprotokolls); OLG Saarbrücken, JurBüro 1986, 1841 (Ablichtung von Formularen).

Bei angemeldeten Kopiekosten in Höhe von 27,10 EURO ist es bspw. unangemessen, wenn der Kostenbeamte Kopien der Kopien zum Nachweis der Erforderlichkeit anfordert.[279]
Für die ersten 50 abzurechnenden Seiten kann die Beratungsperson je Seite 0,50 EURO, für jede weitere Seite 0,15 EURO, für die ersten 50 abzurechnenden Seiten **in Farbe** je Seite 1,00 EURO, für jede weitere abzurechnende Seite in Farbe 0,30 EURO in Ansatz bringen.
In den Fällen des Nr. 7000 Nr. 1 b) und c) VV RVG, in denen die ersten 100 Seiten nicht vergütet werden (diese sind mit den zugrundliegenden Gebühren bereits abgegolten), stellt sich die Problematik, wie die Beratungsperson hier bei Vorliegen von „normalen" schwarz-weiß Kopien und **Farbkopien** abrechnen kann. Überwiegend wird hier die Meinung vertreten, dass es letztlich in der Sphäre der Beratungsperson liegt, wie diese hier abrechnet.[280] Letztlich wird sie hier zunächst die billigeren schwarz-weiß Kopien auf die Freiexemplare anrechnen.
Weisen Aktenbestandteile **farbliche Textmarkierungen** (z. B. mittels Textmarker) auf und werden nur aus diesem Grunde Farbkopien gefertigt, so rechtfertigt dies keinen Anspruch auf Auslagenersatz für Farbkopien.[281]

Das **bloße Einscannen** von Urkunden, Dokumenten oder sonstiger Unterlagen löst keine Dokumentenpauschale gem. Nr. 7000 Nr. 1 a) VV RVG aus, da es sich hierbei nicht um eine Kopie i. S. d. Kostenrechts (siehe hierzu die obigen Ausführungen unter Rn. 331) handelt.[282] **Die Begründung des Gesetzes ist hier eindeutig und nachvollziehbar.** Moderne Kopiergeräte können ohne besonders großen Aufwand auch umfangreiche Dokumente einscannen und als elektronische Dateien abspeichern und versenden. Gegenteilige Auffassungen in der Literatur[283] sehen den Tatbestand hier jedoch trotzdem als erfüllt an, da mit der Pauschale nicht der Material-, sondern der Arbeitsaufwand für die Erstellung der Kopien, worunter auch die Scans fallen, abgegolten werden soll. Auch sei dies mit dem Grundgedanken der Einführung von elektronischen Akten im Rahmen des ERV (elektronischen Rechtsverkehrs) nicht vereinbar.[284] Jedoch vermag auch der im Rahmen der 68. Tagung im März 2014 gefasste Beschluss der Gebührenreferenten der Rechtsanwaltskammern, dass unter Kopien auch die eingescannten Dokumente zu verstehen seien, die eindeutige Gesetzesbegründung nicht zu ändern.[285] Inwieweit sich hier künftig die Rspr. verfestigen wird oder ob der Gesetzgeber hier gewillt ist, entsprechend nachzubessern, bleibt abzuwarten.

333a

Der Ausdruck **elektronisch zur Verfügung gestellten Akten oder Aktenbestandteile (e-Akte)** ist grundsätzlich nicht erstattungsfähig. Der Beratungsperson ist es zuzumuten, sich mit Hilfe der e-Akte in den Sachverhalt einzuarbeiten.[286] Es besteht daher kein grundsätzlicher Anspruch auf einen Vollausdruck der e-Akte.[287] Es ist zumutbar, mit der in digitalisierter Form überlassenen Akte

333b

---

279 AG Gera, AGS 2005, 351; gegen eine kleinliche Betrachtungsweise siehe auch BGH, NJW 2005, 2317; LG Karlsruhe, AnwBl 1986, 46.
280 *Müller-Rabe* in Gerold/Schmidt, VV 7000 Rn. 211 (der Rechtsanwalt kann die für ihn günstigere Berechnung vornehmen); *Enders* in JurBüro 2014, 113 ff. (die Schwarz-Weiß-Kopien können zunächst auf die Freiexemplare angerechnet werden); *Hansens* in RVGreport 2013, 450 ff. (Wahl des Rechtsanwalts).
281 LG Ravensburg, RVGreport 2017, 299 f.
282 KG, RVGreport 2016, 106 f.; 224 f.; *Sommerfeldt* in BeckOK, RVG, VV 7000, Rn. 4 a.; a. A.: AG Tiergarten, StRR 2015, 83 – juris.
283 *Klüsener* in RVGreport 2016, 2 f.; *Burhoff* in RVGreport 2016, 224 f.
284 *Reisert* in AnwBl BE 2015, 398 ff.
285 *Wedel* in JurBüro 2015, 510 f.
286 LG Osnabrück, JurBüro 2015, 246 f.
287 OLG Braunschweig, JurBüro 2016, 82 ff.; OLG Rostock, JurBüro 2015, 22 ff.; OLG Düsseldorf, Beschluss vom 22.9.2014, Az. III-1Ws 261/14 – juris.

zunächst am Bildschirm eines PC's oder auf dem Tablett zu arbeiten; in vielen Bereichen der Wirtschaft und öffentlichen Verwaltung ist dies bereits Alltag. Auch der Einwand, dass dies bei umfangreichen Akten unangenehmer und ermüdender für die Augen ist, lässt keine objektive Notwendigkeit eines vollständigen Aktenausdrucks hieraus folgen;[288] ebenso nicht, wenn die Beratungsperson vorträgt, aufgrund langjähriger Erfahrung eine spezielle Lesetechnik zum physischen „Scannen" der in Papierform vorliegenden Dokumente entwickelt zu haben.[289]

Es besteht die **anwaltliche Berufspflicht, entsprechende Programme und Geräte vorzuhalten** (§§ 43 Abs. 6 BRAO, 5 BORA). Ein Eingriff in die Berufsausübungsfreiheit der Beratungspersonen (Art. 12 GG) liegt nicht vor, da auch gerade mit dem Gesetz zur Förderung des elektronischen Rechtsverkehrs mit den Gerichten[290] in naher Zukunft eine Verpflichtung der Anwaltschaft bestehen wird, nur noch elektronische Dokumente einzureichen und in Empfang zu nehmen. In der Regel sind die elektronischen Dokumente auch durch Ordner und Verzeichnisse übersichtlich gestaltet sowie mit einer Suchfunktion ausgestattet, so dass die notwendigen Informationen auch schnell und einfach aufzufinden sind. Die Anschaffung eines Laptops oder Tablets ist zur adäquaten Berufsausübung eines Rechtsanwaltes über § 5 BORA abgedeckt. Neuere Geräte verfügen mittlerweile über so große Akkukapazitäten, dass sie auch längere Zeit genutzt werden können; darüber hinaus sind immer mehr Gerichtssäle auch mit entsprechenden Steckdosen ausgestattet.

Auch ist die **Mitnahme von entsprechenden elektronischen Geräten** (ohne Netzwerkkarte und Zusatzgeräten) zu einem inhaftierten Rechtsuchenden zulässig.[291] Es ist der Beratungsperson auch zuzumuten, dass sie ggfs. dem Rechtsuchenden – sofern dieser nicht über geeignete technische Mittel verfügt – den Akteninhalt mündlich zusammenfasst und ggfs. anhand einzelner – durch Rückgriff auf eigene Schriftsätze bzw. Scans – belegt.[292]

Ob ein (teilweiser) **Ausdruck der digitalen Akte** zur sachgemäßen Bearbeitung der Rechtssache in Papierform erforderlich ist (z. B. mangels geeigneter technischer Ausrüstung, gesundheitlicher Einschränkungen, Weitergabe an einen Sachverständigen oder den Rechtsuchenden), hat die Beratungsperson ggfs. konkret und schlüssig darzulegen. Insoweit liegt die Darlegungs- und Beweislast bei ihr.[293] Teilweise wird die Ansicht vertreten, dass bei umfangreichen Akten die Fertigung eines Ausdrucks geboten sei,[294] wobei sich die Beratungsperson nicht auf eine Formatverkleinerung (zwei Seiten auf einem Ausdruck) einlassen muss (Grundsatz kostensparender Prozessführung).[295]

Bei kostenverursachenden Handlungen in einem sehr hohen Umfang gehört es zur anwaltlichen Sorgfaltspflicht und dem Gebot prozessualer Fairness, vorab eine Klärung herbeizuführen, ob und wenn ja, wer die Kosten und in welcher Höhe übernimmt.[296]

Fehlt es an einer konkreten Darlegung der Beratungsperson, können 20 % der Kopien (bei doppelseitigem Druck 10 %) angemessen erscheinen.[297]

334 Gem. Nr. 7000 Nr. 1b und c) VV RVG entsteht die Dokumentenpauschale nur dann, wenn die Ablichtungen zur Zustellung oder Mitteilung **aufgrund einer**

---

288 OLG Celle, RVGreport 2016, 417 f.
289 OLG Celle, a. a. O.
290 vom 10. Oktober 2013, BGBl I, 2013, 3786 ff.
291 BGH, NJW 2004, 457; *Thomas/Kämpfer* in Münchener Kommentar zur StPO, § 148 Rn. 13.
292 sh. sinngemäß KG, Beschluss vom 28.8.2015, Az. 1 Ws 59/15 – juris.
293 KG, Beschluss vom 28.8.2015, Az. 1 Ws 31/15 – juris.
294 LG Duisburg, StraFo 2014, 307 (hier: 76 Bände Aktenmaterial); OLG Celle, NJW 2012, 1671 f. – juris; sh. auch LG Frankenthal, Beschluss vom 13.2.2014, Az. I Qs 14/14.
295 OLG Düsseldorf, RVGreport 2016, 64 f. **a. A.:** OLG Celle, NJW 2012, 1671 f. – juris.
296 Schleswig-Holsteinisches LSG, NZS 2016, 239 (Leitsatz Nr. 2) – juris.
297 LG Aachen, RVGreport 2016, 419 f.

Rechtsvorschrift oder gerichtlichen/behördlichen Aufforderung an die unter Ziffer b) und c) Genannten notwendig sind und hierfür **mehr als 100 Seiten** zu fertigen waren. Dies gilt auch, wenn ein Rechtsanwalt im Rahmen des § 305 InsO den Gläubigern verschiedene Anlagen in Kopie übersendet und sich hierdurch den eigenen Sachvortrag erspart. Der Aufwand zur Herstellung dieser Kopien ist vorliegend dann mit der allgemeinen Geschäftsgebühr abgegolten.[298]
Die Anfertigung von weniger Kopien für die Unterrichtung von Gegnern und Beteiligten gilt in diesen Fällen als mit den übrigen Gebühren als abgegolten. Der Rahmen, für den die Grenze der 100 Seiten gilt, ist auch hier die einzelne Angelegenheit.
In den Fällen der **Nr. 7000 Nr. 1 d) VV RVG** entsteht die Pauschale nur dann, wenn sie auf ausdrücklichen Wunsch oder mit dem Einverständnis des Auftraggebers gefertigt sind. Dies kann auch zur Unterrichtung Dritter, z. B. Jugendamt, Rechtschutzversicherung oder auch Arzt oder Steuerberater erfolgen. Die Grenze bzgl. der 100 Seiten gilt hier nicht.
Die Beratungsperson wird bei der Geltendmachung belegen müssen, auf wessen Aufforderung, wann und zu welchem Zweck sie Kopien gefertigt hat. Handelt es sich dabei um **Kopien nicht zu den Akten gehörender Schriftstücke**, so wird hierdurch kein Erstattungsanspruch gegen die Landeskasse im Wege der Beratungshilfe begründet.[299]
Soweit es um die Überlassung **elektronisch gespeicherter Dateien** (dies kann mittels E-Mail, CD-ROM, DVD, USB-Speichersticks, Speicherkarten oder ähnliches erfolgen) statt Kopien und Ausdrucke gem. **Nr. 7000 Nr. 1 d) VV RVG** geht, kann gem. **Nr. 7000 Nr. 2 VV RVG** je Datei 1,50 EURO in Ansatz gebracht werden, für die in einem Arbeitsgang überlassenen, bereitgestellten oder in einem Arbeitsgang auf denselben Datenträger übertragenen Dokumente **insgesamt höchstens 5,00 EURO.**
Im Rahmen der Beratungshilfe ist Nr. 7000 Nr. 2 VV RVG jedoch **nicht anwendbar**, da dieser lediglich auf den Fall des Nr. 7000 Nr. 1 d) VV RVG verweist und die Staatskasse nicht Auftraggeber im Sinne des Nr. 7000 Nr. 1 d) VV RVG ist.[300]

c) Entgelt für Post- und Telekommunikationsdienstleistungen. Die **Nr. 7001 und 7002 VV RVG** gelten grundsätzlich für alle im Zusammenhang mit der Tätigkeit der Beratungsperson entstandenen **Unkosten** bei den geltend gemachten gesetzlichen Gebühren. Dies gilt auch für die im Rahmen einer Beratungshilfe tätigen Beratungsperson.[301]
Hierzu zählen z. B. Telefon- und Telefaxkosten, Porto für Briefe, Einschreiben. Die Pauschale entsteht auch für die (erste) Inanspruchnahme elektronischer Medien, wie z. B. Internet, E-Mail, Skype, Videotelefonie etc.[302]. Weiterhin dürften hierunter auch aufgrund der großflächigen Verbreitung und im Alltag mittlerweile weit verbreiteten und normal gebräuchlichen **Messenger-Dienste** fallen. Es ist hier kein schriftlicher Ausdruck notwendig.
Die Pauschale deckt insoweit auch die Vorhalte-, Wartungs- und Aktualisierungskosten ab.
Die Beratungsperson hat ein **Wahlrecht**, ob sie die tatsächlich entstandenen Unkosten nach Nr. 7001 VV RVG fordert (dann hat diese sie einzeln zu vermerken und entsprechend nachzuweisen) oder anstelle der tatsächlich entstandenen Unkosten den **Pauschsatz** nach Nr. 7002 VV RVG (das befreit sie von Einzelnachweisen) geltend macht.

335

---

298 AG Ludwigshafen, Beschluss vom 15.7.2016, Az. 2 UR II 1783/15; OLG München, MDR 2010, 114 – juris.
299 AG Bonn, Beschluss vom 5.12.2016, Az. 94 II 1382/16 BerH – juris.
300 *Sommerfeldt* in BeckOK, RVG, VV 7000, Rn. 18.
301 OLG Bamberg, JurBüro 2007, 645; OLG Nürnberg, JurBüro 2007, 210.
302 OLG Frankfurt, RVGreport 2017, 300 f.

Fordert die Beratungsperson die Erstattung der tatsächlich entstandenen Auslagen nach Nr. 7001 VV RVG, so dürfen diese nur in Höhe der im Zeitpunkt der Aufwendung geltenden Tarife berechnet werden.
Nach dem Sinn der Pauschale gem. Nr. 7002 VV RVG ist unerheblich, ob die tatsächlich angefallenen Entgelte auch nur annähernd den Pauschsatz erreicht haben.[303] Voraussetzung ist, dass in Ausführung des Auftrags überhaupt Auslagen angefallen sind (die Absendung eines einzigen Briefes genügt hierbei).[304] Der Meinung,[305] wonach die Pauschale unabhängig davon entsteht, ob Auslagen überhaupt entstanden sind, ist nicht zu folgen.

336 Gem. Nr. 7002 Abs. 2 VV RVG ist im Rahmen der Beratungshilfe **Bezugsgröße** für die Pauschale gem. Nr. 7002 VV RVG die im konkreten Verfahren – also im Beratungshilfeverfahren – tatsächlich angefallenen Gebühren, also die **Beratungshilfegebühren**, da es sich dabei um Gebühren aus der Staatskasse handelt.[306] Sofern die Beratungsperson höhere Auslagen hatte und diese geltend machen will, so bleibt es ihr unbenommen, ihre **höheren Auslagen ganz konkret zur Abrechnung nachzuweisen**. Grundsätzlich gilt dies auch für die **Beratungsgebühr** gem. Nr. 2501 VV RVG.[307] Beschränkt sich die Tätigkeit der Beratungsperson in einer Beratungshilfeangelegenheit auf die Erteilung eines mündlichen Rats, hat sie keinen Anspruch auf Erstattung dieser Pauschale.[308] Abzulehnen ist die Ansicht des AG Berlin-Schöneberg[309], wonach neben der Auslagenpauschale im Falle einer Vertretung auch die Pauschale aus der darin aufgegangenen Beratungsgebühr bestehen bleibt. Die Pauschale wird in jeder Angelegenheit nur einmal vergeben.[310] Beratung und Vertretung „bilden" insoweit jedoch eine Angelegenheit. Die Gebühr gem. Nr. 2501 VV RVG und die Gebühr gem. Nr. 2503 VV RVG können zudem niemals nebeneinander bestehen. Es liegt also keine Parallelität, sondern ein Ausschlussfall vor.[311]
Es müssen überhaupt Post- oder Telekommunikationsleistungen entstanden sein.[312] Dies muss die Beratungsperson zumindest versichern oder nachweisen.[313] Dies ist auch dann der Fall, wenn eine Postpauschale für die notwendige Anforderung von Ermittlungsakten anfällt.[314]
Hat die Beratungsperson im Rahmen ihrer Beratungstätigkeit ein **Telefongespräch mit Dritten** geführt, kann sie die Pauschale verlangen, ohne die konkret angefallenen Telefonkosten nachweisen zu müssen.[315] Ein weiterer Nachweis als die Versicherung der Beratungsperson kann nicht verlangt werden.[316] Es können hier keine strengeren Anforderungen an die Glaubhaftmachung als im gesetzlichen Kostenfestsetzungsverfahren gestellt werden.

---

303 *Müller-Rabe* in Gerold/Schmidt, VV 7001, 7002, Rn. 21.
304 *Müller-Rabe* in Gerold/Schmidt, VV 7001, 7002, Rn. 20.
305 AG Winsen, AGS 2016, 162 ff.
306 so auch bisher z. B. schon: OLG Düsseldorf, 10. Zivilsenat, Beschluss vom 10.10.2006, Az. 10 W 90/06 – juris; OLG Bamberg, Beschluss vom 29.8.2007, Az. 4 W 74/07- juris; OLG Bamberg, Beschluss vom 29.8.2007, Az. 4 W 85/07- juris; OLG Nürnberg, 13. Zivilsenat, Beschluss vom 20.6.2008, Az.13 W 882/08 – juris (in Abstimmung mit dem 5. Zivilsenat, der an seiner Rechtsauffassung nicht mehr festgehalten hat); OLG München, Beschluss vom 17.1.2008, Az. 11 W 2924/07- juris; LG Berlin, Rpfleger 2008, 505; AG Münster, JurBüro 2008, 29; LG Nürnberg-Fürth, Beschluss vom 26.3.2008, Az. 16 T 2234/08 – juris; LG Zweibrücken, Beschluss vom 10.6.2008, Az. 4 T 44/08 – juris; *Hansens*, RVGreport 2008, 9 f.
307 AG Münster, Beschluss vom 5.1.2007, Az. 54 UR II 1199/06 – juris.
308 AG Koblenz, FamRZ 2004, 1806.; a. A.: AG Königs Wusterhausen, AGS 2012, 188.
309 AG Berlin-Schöneberg, Beschluss vom 17.4.2014, Az. 70 II RB 274/13.
310 *Lissner*, AGS 2015, 53 ff.
311 *Lissner*, AGS 2015, 53 ff.
312 *Müller-Rabe* in Gerold/Schmidt, VV 7001, 7002, Rn. 19.
313 AG Königs Wusterhausen, Beschluss vom 15.2.2012, Az. 2d II UR 70/11 – burhoff.de.
314 AG Mannheim, Beschluss vom 5.6.2012, Az. 1 BHG 380/11 – burhoff.de.
315 AG Aachen, Beschluss vom 20.5.2005, Az. 16 AR 21/05, n. v.
316 AG Magdeburg, JurBüro 2005, 651 f.

Die Auslagen können z. B. in folgenden Fällen entstehen:
- mittels telefonischen Rückrufs wird ein Beratungstermin vereinbart,
- der Rechtsuchende wird telefonisch gebeten, Unterlagen einzureichen,
- der Inhalt der Beratung wird schriftlich zusammengefasst,
- dem Rechtsuchenden werden schriftlich verjährungs- und haftungsrechtliche Hinweise gegeben.

Nach S. 1 der Anm. zu Nr. 2500 VV (**Beratungshilfegebühr**) wird neben dieser Gebühr keine Auslagen und damit auch keine Postentgeltpauschale erhoben. Daher kann diese Gebühr keine Grundlage der Berechnung der Postentgeltpauschale sein.

d) Reisekosten. Der Rechtsuchende kann normalerweise **Informationsreisen** selbst durchführen. Nimmt die Beratungsperson eine Reise im Rahmen ihrer Beratungshilfetätigkeit wahr, sind die Reisekosten anhand der **Nr. 7003 bis 7006 VV RVG** zu ermitteln.

Sie sind **erstattungsfähig**, wenn die Reise zur sachgemäßen Wahrnehmung der Interessen der Partei **erforderlich** war.

> **Beispiel:**
> Nicht notwendig und damit nicht erstattungsfähig ist es z. B., dass der Rechtsanwalt, der einen Asylsuchenden berät, diesen zur persönlichen Anhörung vor das Bundesamt für Migration und Flüchtlinge zwecks seiner Vertretung begleitet, hier kann ein Rechtsanwalt am Ort direkt aufgesucht werden,[317] es sei denn die Kosten sind nicht wesentlich höher, als die Kosten, die durch Inanspruchnahme des weiteren Rechtsanwalts am Terminsort entstehen würden.

Liegt jedoch der Rechtsuchende schwer verletzt im Krankenhaus und ein sofortiges Tätigwerden des Rechtsanwalts ist erforderlich, weil z. B. die Verjährung droht oder eine Aussprache nach Lage der Sache geboten ist, ist der Besuch des Rechtsanwalts im Krankenhaus angebracht und seine Reisekosten sind ihm deshalb aus der Staatskasse zu erstatten.

Ebenso kann es im Einzelfall geboten sein, dass der Rechtsanwalt eine Unfallstelle besichtigt, wenn besondere Umstände bei dem Unfall eine Rolle spielen.[318]

Wie bereits oben erläutert, kann das Gericht gem. **§ 46 Abs. 2 S. 1 RVG** vor Antritt der Reise bindend feststellen, ob die Reise erforderlich erscheint. Im Einzelfall können die Kosten auch nachträglich erstattet werden, wenn sie erforderlich waren.[319]

e) Dolmetscher- und Übersetzerkosten. Im Rahmen der Prozesskostenhilfe gehören die **Dolmetscher- oder Übersetzerkosten** zu den erstattungsfähigen Auslagen[320] gem. § 46 RVG.

Diese Auslagen sind nicht ausdrücklich in den Nr. 7000–7008 VV RVG erwähnt, so dass nach den Grundsätzen gem. **§ 675 i. V. m. § 670 BGB** sowie der Vorbemerkung 7 vor Nr. 7000 VV RVG diese grundsätzlich in voller Höhe zu erstatten sind.

Die Höhe der zu ersetzenden Kosten ist jedoch gem. **§ 46 Abs. 2 S. 3 RVG** auf die nach dem **JVEG** zu zahlenden Beträge **beschränkt** (§§ 8 ff. JVEG, u. a. § 9 Abs. 3: Honorar pro Stunde 70,00–75,00 EURO).

---

317 LG Göttingen, NdsRpfl 1985, 73; **a. A.:** LG Bochum, JurBüro 1986, 732 (733) (hat die Reise das Rechtsanwalts zum Anhörungstermin für notwendig gehalten); LG Bochum, JurBüro 1986, 403.
318 *Müller-Rabe* in Gerold/Schmidt, § 46, Rn. 49.
319 OLG Brandenburg, FamRZ 2012, 1235.
320 OLG Frankfurt, NJW 1974, 2095; *Volpert*, RVGreport 2011, 322.

Diese für die Prozesskostenhilfe entwickelten Grundsätze gelten wegen identischer Problemstellung gleichermaßen für die Beratungshilfe. In Betracht kommt dies vor allem bei Ausländern oder auch Taubstummen. Erstattungsfähig sind diese allerdings **nur im notwendigen Umfang.**
Zu prüfen ist, ob die **Hinzuziehung eines Dolmetschers** überhaupt **erforderlich** ist und ob nicht etwa durch andere Personen, etwa durch Verwandte, Freunde, Arbeitskollegen oder auch ehrenamtliche Helfer, auch eine Verständigung möglich ist, ohne dass Kosten entstehen.[321] Liegen die Voraussetzungen für eine Hinzuziehung aufgrund **mangelnder Sprachkenntnisse** und **notwendiger Verteidigungszwecke** vor, sind die Kosten zu ersetzen.[322]
Es können auch die Kosten für die **Übersetzung von Korrespondenzschreiben** oder ausländischer Urkunden und Protokolle hierzu gehören.[323] Die Erforderlichkeit des Umfangs der Auslagen sollte aber nur dann im Einzelnen dargelegt werden, wenn gewichtige Anhaltspunkte gegen die Erforderlichkeit sprechen (z. B. ungewöhnlich lange zeitliche Inanspruchnahme des Dolmetschers).
Die Kosten für die Übersetzung von **polizeilichen Vernehmungen** sind in der Regel nicht erstattungsfähig, da es ausreichend erscheint, wenn der Rechtsanwalt den Akteninhalt kennt und diesen unter Zuhilfenahme eines Dolmetschers im Rahmen von erstattungsfähigen Gesprächen dann mit dem Rechtsuchenden erörtert.[324]
Ist der Beschuldigte in einer Strafsache der deutschen Sprache nicht hinreichend mächtig, hat er Anspruch auf einen Dolmetscher und dem in dieser Sache Beratungshilfe leistenden Rechtsanwalt ist auf Antrag vorab eine Entscheidung über die Frage der Erforderlichkeit der Dolmetscherkosten zu erteilen.[325]
Verfassungsrechtlich ist es jedoch nicht zu beanstanden, wenn im Beratungshilfeverfahren die Anerkennung von **Übersetzungskosten** versagt wird. Dies gilt jedenfalls dann, wenn die Übersetzung nicht zur anwaltlichen Beratung und Vertretung, sondern zur Ermittlung des Sachverhalts im nachfolgenden Anerkennungsverfahren des Scheidungsurteils erforderlich ist.[326]
Die von dem Rechtsuchenden aufzuwendenden **Auslagen,** z. B. wenn der Rechtsuchende Anschriften von Zeugen kostenpflichtig beschafft, sind grundsätzlich nicht zu erstatten. Hat der Rechtsuchende von sich aus selbst Kosten für die Übersetzung einer fremdsprachigen Urkunde veranlasst, dann handelt es sich hierbei um von ihm selbst zu tragende Parteiaufwendungen.[327]
Ort, Datum und Zeit der Tätigkeit des Dolmetschers und **seine Identität** sind im Festsetzungsantrag darzulegen.[328]

339 f) **Medizinische Kurz- und Rechtsgutachten, Privatgutachten.** Medizinische **Kurzgutachten** müssen sich auf eine überschlägige Prüfung beschränken und zur Prüfung von Ersatzansprüchen erforderlich sein.[329]
Rechtsgutachten sind nicht erstattungsfähig, wenn die Information aus juristischer Fachliteratur erfolgen kann.[330] Eine Kostenübernahme eines externen Gutachtens eines Kreditsachverständigen ist im Rahmen der Beratungshilfe nicht vorgesehen, insbesondere dann, wenn es um die Frage eines

---

321 LG Bochum, JurBüro 2002, 147.
322 BVerfG, NJW 2004, 50 = NStZ 2004, 161; so auch *Dürbeck/Gottschalk*, Rn. 1270 (wenn sie zur Verständigung mit dem Rechtsuchenden erforderlich sind).
323 OLG Oldenburg, JurBüro 1996, 255.
324 OLG Hamm, JurBüro 2001, 248.
325 AG Wermelskirchen, Rpfleger 2001, 504.
326 BVerfG, Rpfleger 1997, 390 f.
327 VG Mainz, JurBüro 1995, 527.
328 LG Bochum, JurBüro 2002, 147.
329 AG Tempelhof-Kreuzberg, ZMGR 2011, 404 (erstattungsfähig); AG Hanau, AnwBl 1989, 62 f. m. Anm. *Greißinger*; *Dürbeck/Gottschalk*, Rn. 1270.
330 AG Steinfurt, Rpfleger 1986, 110.

Bereicherungsanspruches (konkret: Rückgewährung Verbraucherdarlehen) geht, den auch ein Rechtsanwalt im Rahmen der Beratung hätte klären können.[331]
Werden solche Auslagen von dritter Seite beglichen, besteht kein Anspruch auf Kostenübernahme durch die Staatskasse im Wege der Beratungshilfe. Zuwendungen von dritter Seite sind zum Einkommen hinzuzuzählen. Insoweit ist die Partei nicht anders zu behandeln, als wenn sie ein Darlehen oder einen Bankkredit in Anspruch genommen hätte, um die Auslagen zu bezahlen. Auch in diesem Fall bestünde kein Anspruch an die Staatskasse, die Schulden der Partei rückwirkend auszugleichen. Eine andere Beurteilung der Rechtslage ergibt sich auch dann nicht, wenn das von dritter Seite gewährte Darlehen inzwischen vom Rechtsanwalt übernommen worden sein sollte. Aus einer nachträglichen Übernahme von Schulden des Rechtsuchenden durch seinen Rechtsanwalt können aus Schulden keine anwaltlichen Auslagen werden.[332]
Die Kosten für die Einholung eines **Privatgutachtens** können im Einzelfall erstattungsfähig sein, wenn sie zur zweckentsprechenden Rechtsverfolgung bzw. Rechtswahrnehmung notwendig sind.[333] Dies ist auch immer unter dem Gesichtspunkt zu betrachten, ob eine verständige und wirtschaftlich vernünftig denkende Partei diese die Kosten auslösende Maßnahme als sachdienlich ansieht.[334] Auch kann die Einholung aus Gründen der Waffengleichheit notwendig und zweckentsprechend sein.[335]

g) **Aktenversendungspauschale.** Wenn die **Einsichtnahme geboten** ist, sind die Kosten für die antragsgemäße Versendung oder Rücksendung von Gerichtsakten gem. KV Nr. 9003 GKG (derzeit 12,00 EURO) zu erstatten.[336]
Die Beratungsperson ist als **Kostenschuldner** der Aktenversendungspauschale anzusehen.[337] Die Pauschale fällt auch dann an, wenn der Rechtsanwalt die Akten zur Einsichtnahme in der Kanzlei aus seinem **Gerichtsfach** abholen lässt.[338]
Erfolgt eine **elektronische Übermittlung** der Akte, so fällt hierfür ausschließlich eine Pauschale gem. KV Nr. 9000 GKG an (je Datei 1,50 EURO; insgesamt höchstens 5,00 EURO).[339]

h) **Umsatzsteuer.** Zur Vergütung, für die **Umsatzsteuer** (Mehrwertsteuer) von der Landeskasse zu erstatten ist, gehören gem. § 1 Abs. 1 S. 1 RVG die Gebühren des RVG und der entsprechenden Nummern des Vergütungsverzeichnisses, auch die Auslagen sind mehrwertsteuerpflichtig. Bei der Beratungsperson selbst fällt in der Regel im Rahmen ihrer Berufsausübung Mehrwertsteuer an.
Gem. **Nr. 7008 VV RVG** hat die Beratungsperson einen gesetzlichen Anspruch auf den Ersatz der auf ihre Vergütung nach dem UstG entfallenden **Umsatzsteuer** (Mehrwertsteuer).[340]
Die Steuer beträgt seit dem 1. Januar 2007 für jeden steuerpflichtigen Umsatz **19 %** der Bemessungsgrundlage (§ 12 Abs. 1 UstG).

---

331 AG Sinsheim, Beschluss vom 15.3.2017, Az. BHG 138/16, n. v.
332 LG Konstanz, Beschluss vom 25.9.2008, Az. 12 T 209/08 M – BeckRS 2009 88914.
333 OLG Dresden, Beschluss vom 8.1.2016, Az. 22 UF 966/14 – juris; *Sommerfeldt* in BeckOK, RVG, § 46 Rn. 58 a.
334 BGH, NJW 2006, 2415 ff.
335 LG Wuppertal, AGS 2016, 38 ff. – juris.
336 AG Meldorf, RVGreport 2016, 136 f.; *Müller-Rabe* in Gerold/Schmidt, § 46 Rn. 71; *Hartmann*, KostG, § 46 RVG, Rn. 23.
337 BayVGH, NJW 2007, 1483; LG Mainz, JurBüro 2007, 597, VG Meiningen, JurBüro 2006, 36; OLG Düsseldorf, JurBüro 2002, 307 (308); BVerfG, NJW 1995, 3177 **a. A.:** OVG Hamburg, RVGreport 2006, 318 (Mandant).
338 OLG Koblenz, Rpfleger 2013, 412 (413); **a. A.:** OVG Rheinland-Pfalz, RVGreport 2013, 328.
339 AG Soest, RVGreport 2017, 157 f.
340 *Hartmann*, KostG, RVG VV 7008, Rn. 1.

IV. Vergütungsfestsetzungsverfahren

1. Gerichtliche Zuständigkeit

342 § 55 RVG regelt die Zuständigkeit und das **Verfahren zur Festsetzung** der an die Beratungsperson zu zahlenden Vergütung. Einer Kostengrundentscheidung, wie bspw. im Verfahren gem. §§ 103 ff. ZPO, bedarf es hier nicht.
Für die **Festsetzung der Vergütung der Beratungshilfe** ist gem. §§ 44, 55 Abs. 4 RVG der **Urkundsbeamte der Geschäftsstelle** (nicht der Rechtspfleger) des in § 4 Abs. 1 BerHG bezeichneten Gerichts zuständig.

> **Hinweis:**
> Es kann natürlich der Rechtspfleger auch in seiner Funktion als Urkundsbeamter der Geschäftsstelle im Rahmen der Vergütungsfestsetzung tätig sein. Bei einer Vielzahl von Amtsgerichten ist dies der Fall:
> Der Rechtspfleger, der die Beratungshilfe bewilligt, setzt auch die Vergütung in der Funktion des Urkundsbeamten der Geschäftsstelle fest und weist die Staatskasse zur Auszahlung des festgesetzten Betrages an. Dies beruht auf Nr. 1.2.1 der bundeseinheitlich abgestimmten Vergütungsfestsetzungs – AV (Festsetzung der aus der Staatskasse zu gewährenden Vergütung der Rechtsanwältinnen, Rechtsanwälte, Patentanwältinnen, Patentanwälte, Rechtsbeistände, Steuerberaterinnen und Steuerberatern).
> Setzt der Rechtspfleger in seiner Funktion als Rechtspfleger anstelle in seiner Funktion als Urkundsbeamter der Geschäftsstelle fest, so wird die Wirksamkeit hierdurch nicht berührt (§ 8 Abs. 5 RpflG).

2. Vergütungsantrag

343 Antragsberechtigt ist die Beratungsperson, die im Rahmen der Beratungshilfe tätig war. Die Partei oder Gegner sind am Festsetzungsverfahren nicht beteiligt und haben daher auch kein Antragsrecht.[341] Beratungspersonen, die nicht Rechtsanwalt sind, werden nach § 8 BerHG vergütungstechnisch wie Rechtsanwälte behandelt und können in der Beratungshilfe wie Rechtsanwälte abrechnen. Kommt es – bspw. nach Aufhebung der Beratungshilfe – zu einer Wahlvergütung, kann die Beratungsperson, die nicht Rechtsanwalt ist, hingegen nach ihren eigenen Vergütungsansprüchen (Vergütungsanspruch nach den allg. Vorschriften) abrechnen.[342] Dies gilt auch gegenüber einem erstattungspflichtigen Gegner.

343a Eine **Abtretung** der Beratungshilfegebühren kommt grundsätzlich nur an einen Rechtsanwalt oder an eine rechtsanwaltliche Berufsausübungsgemeinschaft in Betracht, § 49b Abs. 4 BRAO. Im Übrigen sind Abtretung oder Übertragung nur zulässig – etwa an eine anwaltliche Verrechnungsstelle – wenn eine **ausdrückliche, schriftliche Einwilligung des Mandanten** vorliegt (sei es im Original oder als beglaubigte Kopie)[343] oder die **Forderung rechtskräftig festgestellt** ist. Vor der Einwilligung ist der Mandant über die Informationspflicht des Rechtsanwalts gegenüber dem neuen Gläubiger oder Einziehungsermächtigten aufzuklären. Der neue Gläubiger oder Einziehungsermächtigte ist in gleicher Weise zur Verschwiegenheit verpflichtet wie der beauftragte Rechtsanwalt, § 49b Abs. 4 BRAO.
Die Abtretung einer anwaltlichen Honorarforderung an einen Steuerberater ist unzulässig; eine Bürogemeinschaft zwischen einer Rechtsanwaltssozietät und einer Steuerberaterkanzlei ist keine rechtsanwaltliche Berufsausübungsgemeinschaft i. S. v. § 49b BRAO. Die Unzulässigkeit der Abtretung ergibt sich aus § 49b

---
341 *Lissner*, JurBüro 2013, 564 ff.
342 *Nickel*, MDR 2013, 950 (951).
343 Saarländisches Oberlandesgericht, Beschluss vom 29.4.2013, Az. 5 W 3/13.

Abs. 4 BRAO. Danach ist die Abtretung anwaltlicher Gebührenforderungen zwar an Rechtsanwälte oder rechtsanwaltliche Berufsausübungsgemeinschaften i. S. v. § 59a BRAO zulässig, im Übrigen aber ohne schriftliche Einwilligung des Mandanten unzulässig, wenn die Forderung nicht rechtskräftig festgestellt ist. Das gilt für die Abtretung an jeden Nicht-Anwalt, auch hinsichtlich der Angehörigen sozietätsfähiger Berufe. Nicht zulässig ist danach die Abtretung ohne Einwilligung des Mandanten der nicht rechtskräftig festgestellten anwaltlichen Honorarforderung an einen Steuerberater. Daran ändert sich auch dann nichts, wenn eine Bürogemeinschaft zwischen Zessionar und Zedent besteht.

Die Festsetzung der Vergütung kann beantragt werden, wenn der **Anspruch fällig** ist, **§ 8 RVG**. Insoweit wird auf die früheren Ausführungen zur Fälligkeit des Anspruchs verwiesen. Gem. **§ 1 Nr. 2 BerHFV** muss die Beratungsperson für ihren Vergütungsantrag das in der Anlage 2 zur BerHFV bestimmte **amtliche Formular** verwenden.[344] Sollte die Beratungsperson dieses nicht benutzen, so ist sie unter Fristsetzung zur Benutzung des amtlichen Formulars aufzufordern.[345] Die Landesjustizverwaltungen können jedoch auch die Verwendung von inhaltlich dem Formular gem. § 3 Abs. 2 BerHFV entsprechend gestalteten Formularen zulassen, die auch in elektronischer Form ausgefüllt und bearbeitet werden können.[346]

Die Erstattung der Gebühren setzt die Erteilung eines Beratungshilfescheins voraus.[347] Dem Vergütungsantrag, mit Ausnahme von nachträglichen Anträgen nach altem Recht oder nachträglichen Anträgen, die binnen 4 Wochen erledigt sind (sh. Rn. 249 ff.), ist das **Original des Berechtigungsscheins** beizufügen.[348] Eine Kopie des Berechtigungsscheins ist nicht ausreichend, da es im Beratungshilfeverfahren keine Beiordnung gibt und nur das Original den Anspruch der Beratungsperson auf Vergütung dokumentiert. Sofern im Falle einer nachträglichen Antragstellung lediglich eine Bewilligung durch Beschluss erfolgt ist, so kann die Beratungsperson den entsprechenden Bewilligungsbeschluss dem Antrag beifügen oder in diesem auf die Bewilligung mit Angabe des betreffenden Aktenzeichens Bezug nehmen.

Die Beratungsperson hat im Antrag anzugeben, welche Vergütungsansprüche sie für welche Tätigkeiten beantragt.

Weiterhin hat sie **anzugeben, ob und welche Zahlungen sie bis zum Tag der Antragstellung erhalten hat** (§ 55 Abs. 5 RVG), beispielsweise vom Gegner des Rechtsuchenden. Auch Zahlungen, die sie nach der Antragstellung oder nach der Festsetzung erhält, muss sie unverzüglich anzeigen.

Der Antrag auf Vergütungsfestsetzung hat daher zusammenfassend zwingend zu enthalten:
– den geltend gemachten Vergütungsanspruch nebst Berechnung und Versicherung des Entstehens;
– die Angabe, ob und ggfs. welche Zahlungen hierauf erhalten wurden;
– die Angabe, ob der Gegner verpflichtet ist, die Kosten zu erstatten;
– die Erklärung, ob das Verfahren in ein gerichtliches Verfahren/(weiteres) Verwaltungsverfahren übergegangen ist und ggfs. Gericht/Behörde, Ort und das Aktenzeichen;
– die Unterschrift der Beratungsperson.

Dem Antrag beizufügen ist der erteilte Berechtigungsschein/Bewilligungsbeschluss/Angabe des Aktenzeichens bzw. im Falle der nachträglichen Antragstellung der schriftliche Antrag.

---

344 a. A.: KG, Beschluss vom 26.07. 2010, Az. 5 W 66/10, n. v. (zur alten BerHVV, sodass diese Ansicht keine Gültigkeit mehr haben kann).
345 *Geimer* in Zöller, ZPO, § 117 Rn. 17 (zur PKH).
346 sh. § 3 BerHFV.
347 OLG Düsseldorf, Rpfleger 2010, 523.
348 *Klein*, JurBüro 2001, 172 f.

Nach Eröffnung des elektronischen Rechtsverkehrs (ERV) kann der Antrag nebst den entsprechenden Anlagen auch als **elektronisches Dokument** auf dem hierfür zulässigen elektronischen Übermittlungsweg eingereicht werden, §§ 12b Abs. 2 RVG i. V. m. § 14 FamFG.

3. Erforderlichkeit der Vertretung, Prüfungsbefugnis des Urkundsbeamten der Geschäftsstelle

345 Der Urkundsbeamte der Geschäftsstelle **prüft nicht, ob die Beratungshilfe durch den Rechtspfleger zu Recht bewilligt** worden ist, d. h. ob die Voraussetzungen für die Gewährung der Beratungshilfe erfüllt waren, mithin ein wirksamer Antrag vorlag und im Zeitpunkt der Inanspruchnahme der Beratungstätigkeit eine Bedürftigkeit gegeben war. Für die Beratungshilfe kann insoweit nichts anderes gelten als für die Prozesskostenhilfe. Im dortigen Vergütungsfestsetzungsverfahren ist der **Beiordnungs- und Bewilligungsbeschluss** als Kostengrundentscheidung **bindend** und einer materiell-rechtlichen Überprüfung grundsätzlich entzogen.[349] Dies würde auch dem Vertrauensschutz, den die Beratungsperson beim Tätigwerden im Wege der Beratungshilfe genießt, zuwiderlaufen. Bei dem Verfahren nach § 55 RVG handelt es sich um ein justizförmiges Verwaltungsverfahren, bei dem der Urkundsbeamte nicht prüft, ob Prozesskostenhilfe und Beiordnung hätten versagt werden müssen.[350] Grundsätzlich obliegt dem Urkundsbeamten der Geschäftsstelle auch nicht die Prüfungskompetenz, ob die die Gebühren auslösende Tätigkeit zur zweckentsprechenden Rechtsverfolgung notwendig i. S. d. § 91 ZPO war.[351] Allerdings besteht im Beratungshilfeverfahren die Besonderheit, dass die Geschäftsgebühr Nr. 2503 VV RVG überhaupt erst entsteht, wenn die Vertretung in der Sache erforderlich i. S. d. § 2 Abs. 1 BerHG war.[352] Bereits die Formulierung des § 2 Abs. 1 BerHG („Beratungshilfe besteht in Beratung und, soweit erforderlich, in Vertretung"), verdeutlicht auch, dass die **Erforderlichkeit der Vertretung nicht als Regelfall** angesehen wird. Eine abschließende Beurteilung, ob die Vertretung erforderlich war, kann erst im Kostenfestsetzungsverfahren erfolgen (sh. insoweit auch die Ausführungen zur Geschäftsgebühr Nr. 2503 VV RVG (Rn. 299, 301).[353]
Der Urkundsbeamte muss daher bei der Feststellung, ob die Geschäftsgebühr entstanden ist, stets mit berücksichtigen, ob die Vertretung erforderlich war.[354] Die **gegenteilige Auffassung**, dass keinerlei dahingehende Prüfung zu erfolgen hat,[355] überzeugt nicht,[356] da die in § 2 Abs. 1 BerHG verlangte Erforderlichkeit der Vertretung dann alleine dem Ermessen der Beratungsperson überlassen bliebe.
Zwar ist die Beratungsperson im Rahmen ihrer ihr eingeräumten Ermessensausübung bereits gehalten, auch nur das wirklich Notwendige im Rahmen des Vertrauensschutzes der Beratungshilfe zu veranlassen. Dennoch wird diese regelmäßig zu einer (zu) großzügigen Auslegung tendieren, weil in der Regel nur

---

349   OLG Celle, MDR 2007, 865; OLG Düsseldorf, Beschluss vom 6.12.2011, Az. I-10 W 87/11, n. v.
350   *Hartmann*, Kostengesetze, RVG, § 55 Rn. 1; OLG Düsseldorf, Beschluss vom 6.12.2011, Az. I-10 W 87/11, n. v.
351   *Müller-Rabe* in Gerold/Schmidt, § 55, Rn. 50.
352   sh. *Lissner*, AGS 2015, 209 ff.
353   OLG Dresden, Beschluss vom 29.10.2007, Az. 3 W 1135/07 n. v.; *Dürbeck/Gottschalk*, Rn. 1195 ff.; LG Aachen, AnwBl 1997, 293.
354   AG Mannheim, Beschluss vom 25.4.2016, Az. 2 UR II 8/16; AG Halle (Saale), RVGreport 2013, 192; LG Koblenz, JurBüro 2003, 366; AG Konstanz, Beschluss vom 20.12.2006, Az. UR II 180/06 – juris; AG Koblenz, Rpfleger 1996, 164 f.; AG Saarbrücken, AnwBl 1994, 145 f.; *Lissner*, AGS 2015, 209 ff.; Rpfleger 2007, 448 (456).
355   *Mayer* in Gerold/Schmidt, Nr. 2500–2508, Rn. 31; LG Berlin, Beschluss vom 22.5.2013, Az. 82 T 532/12; OLG Stuttgart, Rpfleger 2008, 502 ff.; 2007, 613 f.; *Hansens* in RVGreport 2013, 193.
356   sh. *Lissner*, AGS 2015, 209 ff.

durch den Anfall der Geschäftsgebühr ein annähernd lohnendes Tätigwerden möglich ist.

Ob eine **Vertretung erforderlich** ist, ist an den in § 2 Abs. 1 S. 2 BerHG genannten Tatbeständen zu beurteilen (sh. Rn. 208). Abzustellen ist immer auf den Zeitpunkt, in dem die Beratungsperson die Tätigkeit vorgenommen hat. Diese kann sich ggfs. erst im Nachhinein als nicht erforderlich herausstellen, beispielsweise, weil der Rechtsuchende die Angelegenheit gar nicht ernstlich weiter verfolgen will; dies wäre aber bei der späteren Feststellung der Erforderlichkeit unbeachtlich, sofern die Beratungsperson zum Zeitpunkt der Tätigkeit davon ausgehen musste, dass der Anspruch ernstlich verfolgt wird. **346**

Die Erforderlichkeit der Vertretung ist folglich nur in Fällen, in denen diese ganz offensichtlich nicht gegeben war, zu verneinen mit der Folge, dass die Geschäftsgebühr abzusetzen ist (in der Regel wird aber auch dann wenigstens eine Beratungsgebühr gem. Nr. 2501 VV RVG zuzubilligen sein).

Dies kann z. B. auch dann der Fall sein, wenn der Rechtsuchende nach Beratung in der Lage ist, seine Rechtsposition selbst bzw. mittels anderer Hilfen zu verfolgen:

- Ist für den Rechtsuchenden **ein Berufsbetreuer** bestellt, sind an die Erforderlichkeit der Vertretung höhere Maßstäbe zu stellen. Dieser sollte in der Lage sein, vorgerichtliche Korrespondenz usw. nach Beratung durch eine Beratungsperson selbstständig in die Wege zu leiten und zu verfolgen.
- Im **behördlichen Widerspruchsverfahren** kann es zumutbar sein, dass der Rechtsuchende auch dann, wenn grds. das Bedürfnis der Beratung durch eine Beratungsperson bejaht wird, die Einlegung des Widerspruchs selbst bzw. zur Niederschrift der Behörde erklärt. Dies ist jedenfalls dann der Fall, wenn sich bereits in der Beratung ergibt, dass keine schwierigen rechtlichen Ausführungen zu tätigen sind.

Der Urkundsbeamte entscheidet, ohne an Weisungen gebunden zu sein, im Rahmen der gestellten Anträge **nach dem Gesetz**. Die Beratungsperson und die Staatskasse stehen sich in diesem Verfahren als Beteiligte gegenüber.

Der Urkundsbeamte prüft: **347**
- ob alle Angaben und die notwendigen Anlagen vollständig vorliegen;
- ob die geltend gemachte Tätigkeit vom erteilten Berechtigungsschein bzw. nachträglich gestellten Antrag umfasst ist;
- ob die geltend gemachten Vergütungsansprüche bestehen (beachte hierzu die obigen Ausführungen), insbesondere ob Post- und Telekommunikationsauslagen, weitere Auslagen entstanden, notwendig und nachgewiesen sind; ob eine Erforderlichkeit der Vertretung vorliegt;
- ob die Vergütung richtig berechnet ist;
- ob ein erstattungspflichtiger Gegner gem. § 9 BerHG vorhanden ist und ob Zahlungen von Dritten geleistet worden sind und diese angerechnet wurden;
(- ggfs. Hinweise auf eine vorliegende Verjährung (keine Prüfung v. A. w.)).

Soweit vereinzelt angenommen wird,[357] der zuständige Urkundsbeamte könne bei Vergütungsfestsetzung keine Prüfung der Erforderlichkeit mehr vornehmen, da das Verfahren über die Bewilligung ausschließlich dem Rechtspfleger übertragen sei und daher keine Wirksamkeit entfalte, geht dies fehl. Bereits nach Lage bis zum 31.12.2013 ging man davon aus, dass die Erforderlichkeit der Vertretungshandlung bei Abschluss des Verfahrens und Vorliegen des Vergütungsantrages des Anwaltes zu prüfen sei.[358]

---

357 LG Berlin, Beschl. v. 22.5.2013, Az. 82 T 532/12 – juris; OLG Stuttgart, RVGreport 2007, 265.
358 OLG Dresden, Beschluss vom 29.10.2007, Az. 3 W 1135/07, n. v.; Lissner/Dietrich/Eilzer/Germann/Kessel, Beratungshilfe, 1. Aufl. 2010, Rn. 345; *Dürbeck/Gottschalk*, Rn. 1198; LG Aachen, AnwBl 1997, 293; KG, RVGreport 2012, 260.

Aber auch nach jetziger Rechtslage ist der gesetzliche Wille dahingehend eindeutig und unmissverständlich erkennbar.
Die **Prüfung der Erforderlichkeit** einer Vertretungshandlung ist **anhand der Schul- und sonstigen Bildung des Rechtsuchenden in Relation zur Komplexität der Angelegenheit**, für die eine neben der Beratung notwendige Vertretungshandlung einer Beratungsperson nachgesucht wird, zu beurteilen.[359] Der Rechtspfleger kann daher bereits im Falle direkter Antragsaufnahme eine mögliche Beurteilung der Notwendigkeit der Vertretung anhand seines persönlichen Eindrucks, ansonsten auch anhand der sich aus den Akten ergebenden Gesichtspunkte treffen.
Ansonsten bezieht sich die Beurteilung, ob eine Vertretung erforderlich ist oder war, auf den Zeitpunkt nach erfolgter Beratung.[360] Dieser liegt folglich gesehen nach dem Bewilligungsverfahren und ist daher **im Vergütungsfestsetzungsverfahren durch den Urkundsbeamten der Geschäftsstelle** zu beurteilen. Die Frage der Erstattungsfähigkeit der beantragten Kosten (Gebühren und Auslagen) ist – ebenso wie die Frage der Anzahl der Angelegenheiten – ein kostenrechtlich zu betrachtender Aspekt. Dieser fällt nicht – wie die Frage der Bewilligung von Beratungshilfe durch den Rechtspfleger – unter § 24a RPflG.
Einreden, wie z. B. Verjährung, Verwirkung oder auch materiell-rechtliche Einwendungen darf der Urkundsbeamte **nicht v. A. w.** prüfen. Es ist Sache der Staatskasse (Bezirksrevisor) darüber zu entscheiden, ob sie bspw. eine Einrede auch geltend machen will. Bei einer Fristüberschreitung von wenigen Tagen, allenfalls Wochen, kann eine solche Einrede aber rechtsmissbräuchlich sein.[361] Zu diesem Zweck kann sie den Urkundsbeamten anweisen, ihr in bestimmten Fällen die Akten vorzulegen.
Der Urkundsbeamte ist bei der Prüfung an den Antrag der Beratungsperson gebunden, d. h. er darf im Ergebnis keinen höheren Betrag festsetzen, als beantragt wurde. Innerhalb des insgesamt beantragten Betrages und im Rahmen des dem Antrag zugrunde gelegten Sachverhalts darf er aber einen **Positionsaustausch** vornehmen.[362]

> **Hinweis:**
> Durch **Zwischenverfügung** können der Beratungsperson Hinweise gegeben, weitere Einzelheiten und Nachweise eingefordert und auch auf eine sachgemäße Antragstellung hingewirkt werden.

4. Entscheidung über den Vergütungsantrag

348 Nach Prüfung der oben genannten Aspekte hat der Urkundsbeamte der Geschäftsstelle über den Vergütungsantrag zu entscheiden. Liegen alle Angaben ordnungsgemäß vor und sind alle geltend gemachten Gebühren und Auslagen entstanden und erstattungsfähig, so erfolgt eine entsprechende **Festsetzung durch** Beschluss. Eine Verzinsung erfolgt hier nicht, § **55 Abs. 5 RVG** verweist nur auf § 104 Abs. 2, nicht hingegen auf dessen Abs. 1 ZPO. Gleichzeitig erfolgt die eine entsprechende Anweisung an die Staatskasse, die Gebühren und Auslagen auszuzahlen. Der Beschluss bedarf bei antragsgemäßer Festsetzung keiner Rechtsbehelfsbelehrung gem. § 12c RVG. Die Staatskasse erhält hierüber keine Mitteilung, auch ist keine gesonderte Rechtsbehelfsbelehrung an diese erforderlich. Es erfolgt ferner keiner gesonderten Mitteilung über die antragsgemäße Festsetzung an die Beratungsperson.
Erfolgt der Antrag nachträglich zusammen mit dem Antrag auf Bewilligung von Beratungshilfe innerhalb der 4-Wochen-Frist (d. h. die Angelegenheit

---

359 sh. insoweit BT-Drs. 17/11472, S. 37.
360 sh. BT-Drs. 17/11472, S. 38.
361 LG Frankenthal, Beschluss vom 16.12.2013, Az. 1 T 256/13.
362 *Müller-Rabe* in Gerold/Schmidt, § 55 Rn. 24.

wurde bereits innerhalb dieser Frist erledigt), so dient die Festsetzung gleichzeitig konkludent als Beratungshilfebewilligung.
Fehlen jedoch Angaben oder entsprechende Nachweise, so wird der Urkundsbeamte unter Darstellung aller Mängel, ggfs. der Anforderung weiterer Unterlagen oder weiteren Sachvortrags, mit Setzung einer angemessenen Frist zur Behebung (hier dürften 2 bis 3 Wochen ausreichend erscheinen), eine **Zwischenverfügung** formlos an die Beratungsperson übermitteln.
Wird dem Antrag nur teilweise oder gänzlich nicht stattgegeben (auch in den Fällen nach erfolgter fruchtloser Zwischenverfügung), so erfolgt eine entsprechende **Zurückweisung durch Beschluss** unter Darstellung aller vorliegenden Mängel. Der Beschluss ist mit einer **Rechtsbehelfsbelehrung zu versehen** (§ 12c RVG).

> **Beispiel:**
> **Rechtsbehelfsbelehrung**
> Gegen diesen Beschluss findet die Erinnerung statt. Sie ist schriftlich oder zu Protokoll der Geschäftsstelle bei dem Amtsgericht [konkretes Gericht mit Sitz, welches die Entscheidung erlassen hat] einzulegen.
> Die Erinnerung kann auch als **elektronisches Dokument** eingereicht werden.
> Eine einfache E-Mail genügt den gesetzlichen Anforderungen nicht.
> Das elektronische Dokument muss
> – mit einer qualifizierten elektronischen Signatur der verantwortenden Person versehen sein oder
> – von der verantwortenden Person signiert und auf einem sicheren Übermittlungsweg eingereicht werden.
> Ein elektronisches Dokument, das mit einer qualifizierten elektronischen Signatur der verantwortenden Person versehen ist, darf wie folgt übermittelt werden:
> – auf einem sicheren Übermittlungsweg oder
> – an das für den Empfang elektronischer Dokumente eingerichtete Elektronische Gerichts- und Verwaltungspostfach (EGVP) des Gerichts.
> Wegen der sicheren Übermittlungswege wird auf § 130a Abs. 4 der Zivilprozessordnung verwiesen. Hinsichtlich der weiteren Voraussetzungen zur elektronischen Kommunikation mit den Gerichten wird auf die Verordnung über die technischen Rahmenbedingungen des elektronischen Rechtsverkehrs und über das besondere elektronische Behördenpostfach (Elektronischer-Rechtsverkehr-Verordnung – ERVV) in der jeweils geltenden Fassung sowie auf die Internetseite www.justiz.de verwiesen.

Eine **Bekanntgabe** des Beschlusses mit Begründung an die Beratungsperson erfolgt formlos, da keine Frist zur Einlegung des zulässigen Rechtsmittels (Erinnerung gem. § 56 Abs. 1 S. 3 RVG) in Gang gesetzt wird. Dem Vertreter der Staatskasse wird die Entscheidung nicht bekannt gegeben.
Erfolgt im Vergütungsfestsetzungsverfahren eine fehlerhafte Rechtsmittelbelehrung und eine daraufhin fehlerhafte Vorlage an das OLG, soll nach Ansicht des OLG Frankfurt/M.[363] eine solche Vorlageverfügung aufzuheben sein.

5. Rechtsbehelfsverfahren

a) **Erinnerungsverfahren.** Gegen die Entscheidung des Urkundsbeamten der Geschäftsstelle ist die **Erinnerung** gem. **§ 56 Abs. 1 S. 3 RVG** zu dem in § 4 Abs. 1 BerHG bezeichneten Gericht gegeben.[364]

---

363   OLG Frankfurt/M, Beschluss vom 12.8.2014, Az. 5 WF 187/14 – beckonline.
364   AG Halle, Beschluss vom 6.3.2014, Az. 103 II 980/13.

Erinnerung einlegen kann die im Rahmen der Beratungshilfe tätige **Beratungsperson** sowie die **Staatskasse** (in der Regel durch die Bezirksrevisoren vertreten).[365]
Die **Erinnerung** der Staatskasse ist auch nach Auszahlung der festgesetzten Vergütung zulässig[366] und ein Rückforderungsrecht hinsichtlich bereits ausgezahlter Vergütung wird bejaht.[367]
Eine zugunsten der **Landeskasse geänderte Festsetzung** ist dabei als Feststellung der **Rückzahlungsverpflichtung** anzusehen. Die Beratungsperson hat im Falle einer Änderung des Festsetzungsbetrages eine bereits ausbezahlte Vergütung, ggfs. Auslagen sowie die zu viel gezahlte Mehrwertsteuer zurückzuerstatten. Kommt sie dieser **Rückzahlungsverpflichtung** nach Aufforderung **nicht nach,** empfehlen sich **Beitreibungsmaßnahmen.** Ggfs. ist auch die **Aufrechnung** mit einem anderen Gebührenanspruch zu prüfen. Auf einen Wegfall der Bereicherung kann sich die Beratungsperson nicht berufen.[368] Die Ansprüche der Beratungsperson unterliegen **nicht dem Vertrauensschutz.**[369]

350 Für die Einlegung der Erinnerung ist **keine bestimmte Form** vorgeschrieben, sie kann auch zu Protokoll der Geschäftsstelle, schriftlich oder als elektronisches Dokument eingelegt werden (§§ 56 Abs. 2 S. 1 i. V. m. 33 Abs. 7 S. 1 RVG). In der Praxis erfolgt die Einlegung der Erinnerung in der Regel schriftlich (ggfs. als elektronisches Dokument).

351 Im Gesetz ist **keine Frist** für die Erinnerung vorgesehen, da gem. § 56 Abs. 2 S. 1 RVG der § 33 Abs. 3 S. 3 RVG nur im Verfahren über die Beschwerde Anwendung findet, nicht hingegen im Verfahren über die Erinnerung.[370]
Die Frage einer etwaigen **Verwirkung**[371] ist damit überholt, § 20 GKG ist nicht entsprechend anwendbar.[372] Für das Vorliegen einer Verwirkung muss **neben dem Zeitmoment** auch das sog. **Umstandsmoment** hinzutreten, nämlich ein Verhalten des Berechtigten, das geeignet ist, auf der Gegenseite den Eindruck zu erwecken, sie werde künftig von Ansprüchen verschont werden, und ferner ein entsprechendes Verhalten der Gegenseite, nämlich dass sie sich hierauf eingerichtet und z. B. anderweitige finanzielle Dispositionen unterlassen hat.[373] Vergleichbares gilt für die Verwirkung eines Rechtsmittels,[374] insbesondere reicht auch insoweit allein der Zeitablauf für eine Verwirkung nicht aus.[375] Unterhalb der Verjährungsfrist kann eine Verwirkung nur im Ausnahmefall angenommen werden.[376] § 20 GKG bezweckt als Ausnahmeregelung einen Schutz des Kostenschuldners vor Nachforderungen der Gerichtskasse. Im Fall der Vergütungsfestsetzung steht der etwaige Vertrauensschutz der Staatskasse zur Disposition, der qualitativ doch etwas anderes ist.[377]

---

365 OLG Düsseldorf, Rpfleger 1995, 421; KG, FamRZ 1987, 727.
366 *Dürbeck/Gottschalk*, Rn. 1307; BVerfG, NdsRpfl 1983, 160; OLG Jena, Rpfleger 2006, 434; OLG Düsseldorf, JurBüro 1996, 144, OLG Koblenz, Rpfleger 1993, 290; a. A.: *Hartmann*, KostG, RVG, § 56 Rn. 3; OLG Hamburg, AnwBl 1982, 255 f.
367 *Dürbeck/Gottschalk*, Rn. 1307 m. w. N.
368 OLG Celle, Rpfleger 1981, 497.
369 *Dürbeck/Gottschalk*, Rn. 1307.
370 OLG Frankfurt, RVGreport 2007, 100.
371 so allerdings das AG Halle/Saale, Beschluss vom 6.3.2014, Az. 103 II 980/13, wonach Verwirkung nach 1 Jahr noch nicht eingetreten sei.
372 wohl **h. M.**: OLG Düsseldorf, RVGreport 2008, 216 f.; OLG Frankfurt, RVGreport 2007, 100; OLG Jena, Rpfleger 2006, 434; KG, FamRZ 2004, 1805; *Hartmann*, KostG, § 56 RVG, Rn. 6; a. A.: OLG Celle, JurBüro 1983, 99.
373 ständige Rspr. des BGH, z. B. NJW-RR 1995, 106 (109); OLG Düsseldorf, RVGreport 2008, 216 f.
374 BVerfGE 32, 305.
375 BGHZ 43, 289, 292.
376 OLG Celle, RVGreport 2016, 417 f.
377 OLG Köln, NJW-RR 2011, 1294–1295 – juris.

Das sog. Umstandsmoment kann hinsichtlich des Vergütungsanspruchs der Beratungsperson z. B. gegeben sein, wenn sich der Verpflichtete aufgrund des Verhaltens der Landeskasse nach der erfolgten Vergütungsfestsetzung darauf eingerichtet hat, dass diese ihr Recht nicht mehr geltend macht und wegen des geschaffenen Vertrauenstatbestandes die verspätete Geltendmachung des Rechts als eine mit Treu und Glauben unvereinbare Härte erscheint. Auf ein Verhalten im Vorfeld der angefochtenen Vergütungsfestsetzung kommt es nicht an.[378]

Hinweis:
Die Erinnerung gegen die Festsetzung sollte dennoch **möglichst zeitnah** eingelegt werden.

Ebenfalls ist nach den oben genannten Vorschriften im Gesetz **kein notwendiger Beschwerdewert** für das Erinnerungsverfahren genannt. Im Rahmen dieses Verfahrens können auch weitere Kostenansätze geltend gemacht werden.[379] **352**
Über die Erinnerung entscheidet das **nach § 4 Abs. 1 BerHG zuständige Gericht** (§ 56 Abs. 1 S. 3 RVG), d. h. das Gericht des allgemeinen Gerichtsstands des Rechtsuchenden, welches in der Regel auch schon bereits die Bewilligung der Beratungshilfe ausgesprochen hat.
Der Urkundsbeamte der Geschäftsstelle hat zunächst ein **Abhilferecht** (§§ 56 Abs. 2 S. 1 i. V. m. 33 Abs. 4 S. 1, 1. HS RVG).
Funktionell zuständig für die abschließende Entscheidung über die Erinnerung gem. § 56 Abs. 2 S. 2 RVG ist der **Richter**.[380]
Zur Entscheidung über die Erinnerung ist auch dann die allgemeine Zivilabteilung des Amtsgerichts – nicht das Familiengericht – zuständig, wenn die Beratung Angelegenheiten betroffen hat, für die bei gerichtlicher Geltendmachung das Familiengericht zuständig wäre.[381]

Die Entscheidung ergeht durch **Beschluss**, der entsprechend zu begründen ist. **353**
Einer Kostenentscheidung bedarf dieser nicht. Das Verfahren über die Erinnerung und die Beschwerde ist **gebührenfrei** (§ 56 Abs. 2 S. 2 RVG). Kosten werden nicht erstattet (§ 56 Abs. 2 S. 3 RVG).
Der Beschluss wird dem Erinnerungsführer förmlich zugestellt, da gegen die Entscheidung die fristgebundene Beschwerde (ab Erreichen des Beschwerdewertes) möglich ist.
Dem Beschluss ist eine **Rechtsmittelbelehrung** (§ 12c RVG) beizufügen.

Beispiel:

Rechtsmittelbelehrung
Gegen diesen Beschluss findet die Beschwerde statt, sofern der Beschwerdewert 200,00 EURO übersteigt (§ 33 Abs. 3 S. 1 RVG) oder das Gericht die Beschwerde wegen der grundsätzlichen Bedeutung zugelassen hat. Die Beschwerde ist innerhalb einer Frist von zwei Wochen nach Zustellung

---

378 OLG Düsseldorf, Rpfleger 2008, 206 (207).
379 OLG Saarbrücken, AnwBl 1977, 509 (510).
380 OLG Frankfurt, NJW-RR 2012, 1024 – juris; OLG Koblenz, Rpfleger 2012, 154; AG Halle (Saale), Beschluss vom 4.1.2011, Az. 103 II 4688/10 – juris; OLG Celle, NdsRpfl 2011, 263; LG Gießen, FamRZ 2010, 400; LG Berlin, Beschluss vom 27.10.2010, Az. 82 T 644/10, n. v.; OLG Düsseldorf, NJOZ 2005, 61; BVerfG, NJW 2000, 1709 = Rpfleger 2000, 205; auch *Rellermeyer*, Rpfleger 2011, 261.; a. A.: OLG Stuttgart, Beschluss vom 29.1.2014, Az. 8 W 435/13, n. v.
381 LG Gera, Beschluss vom 18.10.2012, Az. 5 T 400/11 – juris; OLG Frankfurt, NJW-RR 2012, 1024 – juris; OLG Koblenz, Rpfleger 2012, 154; OLG Celle, NdsRpfl 2011, 263; OLG Nürnberg, MDR 2004, 1186.

schriftlich oder zu Protokoll der Geschäftsstelle bei dem Amtsgericht [konkretes Gericht mit Sitz, welches die Entscheidung erlassen hat] einzulegen. Die Beschwerde kann auch als **elektronisches Dokument** eingereicht werden. Eine einfache E-Mail genügt den gesetzlichen Anforderungen nicht. Das elektronische Dokument muss
- mit einer qualifizierten elektronischen Signatur der verantwortenden Person versehen sein oder
- von der verantwortenden Person signiert und auf einem sicheren Übermittlungsweg eingereicht werden.

Ein elektronisches Dokument, das mit einer qualifizierten elektronischen Signatur der verantwortenden Person versehen ist, darf wie folgt übermittelt werden:
- auf einem sicheren Übermittlungsweg oder
- an das für den Empfang elektronischer Dokumente eingerichtete Elektronische Gerichts- und Verwaltungspostfach (EGVP) des Gerichts.

Wegen der sicheren Übermittlungswege wird auf § 130a Abs. 4 der Zivilprozessordnung verwiesen. Hinsichtlich der weiteren Voraussetzungen zur elektronischen Kommunikation mit den Gerichten wird auf die Verordnung über die technischen Rahmenbedingungen des elektronischen Rechtsverkehrs und über das besondere elektronische Behördenpostfach (Elektronischer-Rechtsverkehr-Verordnung – ERVV) in der jeweils geltenden Fassung sowie auf die Internetseite www.justiz.de verwiesen.

Von Amts wegen kann eine Änderung der Festsetzung nicht erfolgen.[382] Eine Änderung gem. § 319 ZPO (Berichtigungen) dürfte dagegen möglich sein.[383]

354 b) **Beschwerdeverfahren.** § 56 Abs. 2 RVG verweist auf § 33 Abs. 3 RVG. Danach kann gem. § 33 Abs. 3 S. 1 RVG gegen den Beschluss des Gerichts **Beschwerde** eingelegt werden, wenn der Wert des Beschwerdegegenstands **200,00 EURO übersteigt** oder wenn das entscheidende Gericht die Beschwerde wegen der grundsätzlichen Bedeutung zugelassen hat (eine nachträgliche Zulassung der Beschwerde ist nicht möglich).

355 Die Beschwerde ist **innerhalb von zwei Wochen** nach Zustellung der angegriffenen Entscheidung einzulegen (§§ 56 Abs. 2 S. 1 i. V. m. 33 Abs. 3 S. 3 RVG).

356 Die Einlegung der Beschwerde ist ebenfalls **formfrei** und ohne Anwaltszwang möglich.[384]
Sie ist bei dem Gericht einzulegen, dessen Entscheidung angegriffen wird (§§ 56 Abs. 2 S. 1 i. V. m. 33 Abs. 7 S. 3 RVG), da die Entscheidung zunächst im Wege des Abhilferechts zu überprüfen ist.

> **Hinweis:**
> Für die Fristwahrung ist der **Eingang** der Beschwerde **beim Erinnerungsgericht** maßgebend. Sollte diese beim Beschwerdegericht eingelegt werden, hat dieses die Beschwerde unverzüglich an das Erinnerungsgericht weiterzuleiten.[385]

Eine **Wiedereinsetzung** ist jedoch unter den Voraussetzungen des §§ 56 Abs. 2 S. 1 i. V. m. 33 Abs. 5 S. 1 RVG möglich. Ein Fehlen des Verschuldens wird

---

382 Hanseatisches OLG Bremen, AGS 2007, 207.
383 Hanseatisches OLG Bremen, AGS 2007, 207.
384 OVG Hamburg, Rpfleger 2008, 46 ff.
385 *Hartmann*, KostG, RVG, § 56 Rn. 17 („ohne dazu alles andere stehen und liegen lassen zu müssen")

hierbei vermutet, wenn die **erforderliche Rechtsmittelbelehrung unterblieben oder fehlerhaft** ist, § 33 Abs. 5 S. 2 RVG.
Hilft das Erinnerungsgericht der Beschwerde nicht ab, hat es die Sache mit einem ausführlichen Nichtabhilfebeschluss dem **Beschwerdegericht (= Landgericht)**[386] unverzüglich vorzulegen.
In **Familiensachen** ist ebenfalls das Landgericht Beschwerdegericht und nicht der Familiensenat des übergeordneten Oberlandesgerichts.[387] § 5 BerHG gilt – wie bereits oben ausgeführt – nur für die Gewährung von Beratungshilfe, nicht aber für das anschließende Vergütungsfestsetzungsverfahren. Das Vergütungsfestsetzungsverfahren ist ein eigenständiges Verfahren und unterliegt auch nicht den Regelungen der freiwilligen Gerichtsbarkeit. Im Gesetz ist auch keine entsprechende Zuweisung zu den Angelegenheiten i. S. d. § 119 Abs. 1 Nr. 1 b) GVG i. V. m. § 23a GVG ersichtlich.[388]
Das Beschwerdegericht entscheidet durch **Beschluss** und setzt bei einer begründeten Erinnerung der Beratungsperson die Vergütung fest.[389] Es ergeht ebenfalls keine Kostenentscheidung, da auch das Beschwerdeverfahren gebührenbefreit ist (§ 56 Abs. 2 S. 2 RVG).
Eine **weitere Beschwerde** gem. §§ **56 Abs. 2 S. 1 i. V. m. 33 Abs. 6 RVG** ist nur zulässig, wenn sie wegen der grundsätzlichen Bedeutung der zur Entscheidung stehenden Frage in dem Beschluss des Beschwerdegerichts zugelassen worden ist.
Eine **Rechtsbeschwerde** zum BGH ist unzulässig, da diese Regelungen gegenüber § 574 ZPO vorrangig zu behandeln sind.[390]

6. Anspruch gegen den erstattungspflichtigen Gegner, § 9 BerHG

a) **Allgemeines.** § 9 BerHG regelt die Kostenerstattungspflicht des erstattungspflichtigen Gegners. Von praktischer Bedeutung wird § 9 BerHG wohl nur in den Fällen sein, in denen der Rechtsuchende Gläubiger ist.[391] Diese Konstellation liegt z. B. bei offensichtlichen Fällen vor, z. B. wenn ein ausdrückliches Anerkenntnis vorliegt. Ausgangspunkt sind Fälle, in welchen der Rechtsuchende, der Beratungshilfe in Anspruch nimmt, einen **materiell-rechtlichen Kostenerstattungsanspruch** gegen seinen Gegner hat, etwa aus Verzug, unerlaubter Handlung, Pflichtverletzung wegen Leistungsverzögerung oder auch aufgrund einer Parteivereinbarung.
Dieser Anspruch besteht trotz Inanspruchnahme der Beratungshilfe. Schließlich soll nur der Rechtsuchende, nicht aber der Gegner Vorteile daraus ziehen, dass Beratungshilfe bewilligt wurde.[392]
Daher verbietet sich auch eine hälftige Anrechnung einer entstandenen Geschäftsgebühr gem. Nr. 2503 VV RVG für die Beratungshilfe auf den prozessualen Kostenerstattungsanspruch des Rechtsuchenden, da ansonsten dem Gegner die Sozialleistung des Staates hälftig zugute kommen würde.[393] Auch eine Leistung „pro bono" der Beratungsperson hat auf den Anspruch gegenüber dem erstattungspflichtigen Gegner keine Auswirkungen.[394] Der erstattungspflichtige Gegner soll damit nicht von einer Tätigkeit „pro bono" partizipieren.
Als am Beratungshilfeverfahren unbeteiligter Dritter muss der Gegner auch nicht davon in Kenntnis gesetzt zu werden, dass die Beratungsperson im Wege

---

386 OLG Frankfurt, NJW-RR 2012, 1024 – juris; OLG Köln, MDR 2011, 258 ff.
387 OLG Koblenz, Rpfleger 2012, 154 f.; *Rellermeyer*, Rpfleger 2011, 263.
388 so auch OLG Naumburg, Rpfleger 2013, 543 (544).
389 OLG Brandenburg, JurBüro 2007, 656.
390 *Hartmann*, KostG, RVG, § 56 Rn. 22.; sh. hierzu BGH, NJW-RR 2007, 285.
391 *Grunsky*, NJW 1980, 2041 (2048).
392 *Hansens*, JurBüro 1986, 339 (349); BT-Drs. 8/3311 (RegE zu § 12).
393 Schleswig-Holsteinisches OLG, AGS 2008, 396 f.
394 *Lissner*, AGS 2014, 1 ff.

der Beratungshilfe tätig geworden ist. Es muss ihr auch nicht gegenüber offenbart werden, dass der Rechtsuchende in beengten finanziellen Verhältnisse lebt. Alleine der Schutz der Privatsphäre des Rechtsuchenden gebietet es daher, den Gegner gleichzustellen.
§ 9 BerHG hat aber wohl hauptsächlich die Intention, die Beratungsperson, die ein Beratungshilfemandat übernimmt, wenigstens in den Fällen, in welchen sich ein Kostenerstattungsanspruch besteht, nicht gegenüber Mandaten außerhalb der Beratungshilfe zu benachteiligen.

358 Ist der **Gegner verpflichtet**, dem Rechtsuchenden **die Kosten der Wahrnehmung seiner Rechte** zu ersetzen, hat er daher die Vergütung nach den allgemeinen Vorschriften für die Tätigkeit der Beratungsperson zu zahlen. Allgemeine Vorschriften bedeutet in diesem Kontext, dass auch eine Beratungsperson, die nicht Rechtsanwalt ist, nach ihren eigenen Vergütungsansprüchen abrechnen kann.[395]
Vergütung nach den allgemeinen Vorschriften beinhaltet die Gebühren und Auslagen der Beratungsperson, die bei Abschluss eines **Mandats außerhalb der Beratungshilfe für die außergerichtliche Tätigkeit** entstanden wären, also z. B. bei einem Rechtsanwalt die Geschäftsgebühr Nr. 2300–2401 VV RVG nebst Auslagen (und nicht nur die Gebühren gem. § 44 S. 1 i. V. m. Nr. 2500 ff. VV RVG (Beratungshilfegebühren). Der Rechtsuchende kann den Anspruch auf die Vergütung nach den allgemeinen Vorschriften allerdings gegenüber dem erstattungspflichtigen Gegner selbst zu keinem Zeitpunkt geltend machen. Schließlich hat er im Innenverhältnis für die Tätigkeit der Beratungsperson auch keine Kosten aufgewendet (abgesehen von der Beratungshilfegebühr Nr. 2500 VV RVG) aufgewendet.
Der Anspruch geht daher auf die Beratungsperson unmittelbar **kraft Gesetzes** (cessio legis) gem. **§ 9 S. 2 BerHG** über. Der Zeitpunkt des Anspruchsübergangs kann sich nur nach materiellem Recht richten, nämlich danach, zu welchem Zeitpunkt der Gegner verpflichtet ist.
Ferner kann auch das **Jobcenter** erstattungspflichtiger Gegner sein, wenn bei erfolgreichem Widerspruch durch die Beratungsperson dieses ganz oder teilweise die Kostenlast übernimmt. Die Beratungsperson ist aufgrund § 9 Abs. 2 BerHG Gläubiger des Erstattungsanspruchs. Diese Norm gilt auch für Kostenerstattungsansprüche gem. § 63 Abs. 2 SGB X für die Vertretung in einem sozialrechtlichen Widerspruchsverfahren.[396] Die Aufrechnung mit einer nicht gleichartigen Gegenforderung der Behörde kann mangels fehlender Aufrechnungslage nicht erfolgen.[397]
Der Beratungsperson soll insoweit noch die Möglichkeit gegeben werden, dass sie eine höhere Vergütung als die zum Teil je nach Fallgestaltung doch sehr niedrigen Beratungshilfegebühren erhalten kann. Der Gegner dieses übergegangenen Anspruchs kann jedoch auch dem neuen Gläubiger (der Beratungsperson) Einwendungen gegenüber geltend machen, die er bereits aus dem Rechtsverhältnis zum Rechtsuchenden hätte geltend machen können (§§ 412, 406 BGB).[398]
Der Übergang kann aber nicht zum Nachteil des Rechtsuchenden geltend gemacht werden (Erläuterung sh. unter Rn. 365).

359 b) **Folgen für die Vergütungsabrechnung der Beratungsperson.** Demzufolge sind **folgende Varianten** für die Vergütungsabrechnung der Beratungsperson denkbar:
(1) Die Beratungsperson macht ihre Gebühren und Auslagen **ausschließlich bei dem Gegner** geltend. Dies kann auch klageweise geschehen. Da die Beratungs-

---

395 *Nickel*, MDR 2013, 950 (951).
396 LSG Rheinland-Pfalz, AGS 2015, 196 ff. – juris.
397 SG Berlin, AGS 2016, 118 ff. – juris.
398 *Sommerfeldt* in Beck OK, RVG, § 44 RVG, Rn. 32; *Dürbeck/Gottschalk*, Rn. 1251 ff.

person hierbei nur im eigenen Namen tätig werden kann, trägt sie für die Geltendmachung des Anspruchs das volle Prozessrisiko und die hieraus resultierende Darlegungs- und Beweislast.[399]

> **Hinweis:**
> Diese Variante bietet sich vor allem dann an, wenn der Anspruch ohne weiteres bei dem Gegner realisiert werden kann und der Unterschied zwischen den Beratungshilfevergütung und Vergütung nach den allgemeinen Vorschriften sehr groß ist.

(2) Die Beratungsperson rechnet die Beratungshilfevergütung mit der Staatskasse ab. In Höhe der ausgezahlten Beratungshilfevergütung geht der Anspruch auf die Staatskasse über, § 59 Abs. 3 i. V. m. Abs. 1 RVG. 360
Von der Geltendmachung der (verbleibenden) Vergütung nach den allgemeinen Vorschriften gegen den erstattungspflichtigen Gegner sieht sie wegen des damit verbundenen Aufwandes ab.
Diese Variante bietet sich dann an, wenn der Gegner die Kostenerstattungspflicht abstreitet oder die Verwirklichung des Anspruchs fraglich ist, weil der Gegner selbst mittellos zu sein scheint; oder auch, wenn der Unterschied zwischen den Beratungshilfegebühren und der Vergütung nach den allgemeinen Vorschriften nur gering ist und sich der Aufwand schlicht nicht zu lohnen scheint.

> **Hinweis:**
> Im Vergütungsantrag an die Staatskasse ist anzugeben, dass ein erstattungspflichtiger Gegner vorhanden ist.[400] Für die Erstattungspflicht als solche spielt es keine Rolle, dass die Beratungsperson – aus welchen Gründen auch immer – diese nicht weiter verfolgt. Da der Anspruch gem. § 59 Abs. 3 i. V. m. Abs. 1 RVG auf die Staatskasse übergeht, und diese einzig aus der Angabe im Vergütungsantrag hierüber in Kenntnis gesetzt werden kann, ist die Angabe von äußerster Wichtigkeit. Bei der Stellung des Vergütungsantrages sollte daher immer mit großer Sorgfalt gearbeitet werden.
> Aus der Praxis ist bekannt, dass viele Beratungspersonen bei der Angabe zu § 9 BerHG routinemäßig „Nein" ankreuzen oder ungeschulte Kräfte mit der Fertigung der Vergütungsanträge betrauen.
> Seitens der Amtsgerichte empfiehlt es sich daher, zumindest **in offensichtlichen Fällen** der Kostenerstattungspflicht des Gegners (z. B. ausdrückliches Anerkenntnis des zugrunde liegenden Anspruchs) bei der Beratungsperson zu hinterfragen, warum sie der Auffassung ist, dass der Gegner nicht zur Kostenerstattung verpflichtet sei.

(3) Die Beratungsperson rechnet die Beratungshilfevergütung mit der Staatskasse ab. Darüber hinaus macht sie den verbleibenden Anspruch gegen den Gegner geltend. 360a
Im Vergütungsantrag ist – wie in der Variante 2 beschrieben – von der Beratungsperson anzugeben, dass ein erstattungspflichtiger Gegner vorhanden ist.
In Höhe des Betrages, den die Beratungsperson von der Staatskasse erhalten hat, ist ihr Anspruch gegen den erstattungspflichtigen Gegner erloschen, § 58 Abs. 1 RVG. Dieser Erstattungsanspruch steht der Landeskasse in der Höhe ihrer Zahlungen zu (§ 59 RVG). Die Beratungsperson kann daher die vom

---

399 Mayer in Gerold/Schmidt, VV 2500–2508, Rn. 19 ff.
400 vgl. BerHFV (Vergütungsantrag): „Angaben zu § 9 BerHG: ist der Gegner/die Gegnerin verpflichtet, die Kosten zu erstatten: Nein/Ja; Name und Anschrift sowie die Begründung der Erstattungspflicht ergeben sich aus der Anlage; abzüglich Zahlungen gemäß § 9 BerHG i. V. m. § 58 Abs. 1 RVG, § 55 Abs. 5 S. 3 RVG".

erstattungspflichtigen Gegner geleisteten Zahlungen nicht zunächst auf die bestehende Differenz zwischen der Beratungshilfevergütung und der Vergütung nach den allgemeinen Vorschriften (= Deckungslücke) verrechnen. Sie kann aber den Unterschiedsbetrag bei dem Gegner geltend machen.[401]
Hatte die Beratungsperson schon vor Abrechnung mit der Staatskasse die Geltendmachung der vollen Gebühren und Auslagen bei dem Gegner eingeleitet, und erhält dann nachträglich – ggfs. unverhofft – von dem Gegner eine Zahlung, so hat sie diese, soweit sie die Vergütung nach den allgemeinen Vorschriften übersteigt, an die Staatskasse zurück zu erstatten.
Erhält die Beratungsperson bereits vor der Festsetzung aus der Staatskasse eine die Beratungshilfevergütung übersteigende Zahlung (der volle Gebührenanspruch eines Wahlanwalts muss dabei noch nicht erreicht sein), so entfällt der Anspruch der Beratungsperson gegen die Staatskasse, da diese Zahlungen gem. § 58 Abs. 1 RVG auf die aus der Staatskasse zu zahlende Vergütung anzurechnen ist.[402] Es sollte hier die Beratungsperson um eine Antragsrücknahme gebeten werden, ansonsten ist der Antrag zurückzuweisen.

361 c) **Folgen für die Staatskasse.** Für die Staatskasse ergeben sich erst dann Besonderheiten, wenn sie überhaupt Kenntnis erlangt, dass ein erstattungspflichtiger Gegner vorhanden ist. Dies kann im Regelfall nur durch die verlässliche Angabe der Beratungsperson im Vergütungsantrag, der an das Amtsgericht gerichtet wird, geschehen (sh. hierzu auch obigen Hinweis).
Enthält der Vergütungsantrag der Beratungsperson den Hinweis, dass der Gegner verpflichtet ist, die Kosten zu erstatten, erfolgt durch den Urkundsbeamten der Geschäftsstelle des Amtsgerichts zunächst wie gewohnt die entsprechende Festsetzung. Die Beratungsperson kann nicht darauf verwiesen werden, sie müsse ihren Kostenerstattungsanspruch gegen den Gegner geltend machen.

> **Hinweis:**
> In geeigneten Fällen (z. B. ausdrückliche Kostenübernahme der außergerichtlichen Rechtsanwaltskosten in der Entscheidung der Sozialbehörde) kann allerdings eine kurze Rückfrage sinnvoll sein, wenn wahrscheinlich scheint, dass der Rechtsanwalt vergessen hat, die Abrechnung an den Gegner zu richten.

362 Gem. § 58 Abs. 1 RVG werden Zahlungen, die die Beratungsperson nach § 9 BerHG erhält, auf die aus der Landeskasse zu zahlende Vergütung angerechnet. Durch diese Regelung werden Überzahlungen vermieden. Ziel ist es weiter, die Landeskasse entsprechend zu entlasten. Die Zahlungen des Gegners werden auch dann angerechnet, wenn sie nach Eingang des Vergütungsantrages oder der Auszahlung stattfinden, eine entsprechende Anzeigepflicht der Beratungsperson ergibt sich aus § 55 Abs. 5 S. 4 RVG.
Für einen im Rahmen der **Prozesskostenhilfe** beigeordneten Rechtsanwalt ergibt sich zweifelsfrei aus § **58 Abs. 2 RVG** (dieser gilt nicht für die Beratungshilfe, da sich § 58 Abs. 2 RVG auf **Gebühren nach Teil 3 des VV** bezieht), dass Vorschüsse und Zahlungen, die der Rechtsanwalt vor oder nach der Beiordnung erhalten hat, zunächst auf Vergütungen anzurechnen sind, für die ein Anspruch aus der Staatskasse nicht besteht. Dies bedeutet, dass hier **zunächst auf die Deckungslücke verrechnet wird** und Zahlungen eines Dritten erst dann auf die Verpflichtung der Staatskasse anzurechnen sind, wenn die dem Rechtsanwalt entstandene Gebührenforderung **in vollem Umfang** beglichen ist.
Die **Anrechnungsbestimmung** gem. § 58 Abs. 1 RVG gilt dagegen **im Rahmen der Beratungshilfe** für alle Zahlungen nach § 9 BerHG auch bereits dann, wenn sie den **vollen Vergütungsanspruch nach den allgemeinen Vorschriften** nicht

---
401 *Dürbeck/Gottschalk*, Rn. 1252.
402 Saarländisches OLG, Beschluss vom 24.7.2009, Az. 5 W 148/09-K22.

erreicht.[403] Eine entsprechende Anrechnungsregelung auf die Deckungslücke wie § 58 Abs. 2 RVG ausdrücklich für die Prozesskostenhilfe vorsieht, ist in § 58 Abs. 1 RVG nicht enthalten. Dies kann auch nicht als Versehen des Gesetzgebers angesehen werden, da die Beratungshilfe der Beratungsperson ausschließlich eine (pauschale) Mindestvergütung sichern soll.[404]

> **Beispiel:**
> Für seine Tätigkeit im Rahmen der Beratungshilfe steht dem Rechtsanwalt eine Gesamtvergütung in Höhe von 121,38 EURO (Geschäftsgebühr Nr. 2503 VV RVG) zu. Die entsprechende Wahlanwaltsvergütung beträgt 321,30 EURO (Geschäftsgebühr Nr. 2300 VV RVG 1,5fach aus Gegenstandswert in Höhe von 2.000,00 EURO). Erhält der Rechtsanwalt vom Gegner eine Zahlung in Höhe von 100,00 EURO, so ist diese gem. § 58 Abs. 1 RVG zunächst auf den Anspruch aus der Staatskasse in Höhe von 121,38 EURO zu verrechnen. D.h. in dieser Höhe kann der Rechtsanwalt keine Festsetzung mehr aus der Staatskasse geltend machen, lediglich noch in Höhe der restlich verbleibenden Vergütung in Höhe von 21,38 EURO.

Die Vorschriften gem. § 59 RVG sind für die Fälle einschlägig, wenn die **Staatskasse bereits die Beratungshilfevergütung gezahlt hat**. Gem. § 59 Abs. 3 RVG finden die in erster Linie für die PKH getroffenen Regelungen des § 59 Abs. 1 RVG, die der Staatskasse einen **Rückgriffsanspruch** geben, entsprechende Anwendung. Dies bedeutet für den Fall einer Leistung des Gegners, dass der zunächst auf die Beratungsperson gem. § 9 S. 2 BerHG übergegangene Anspruch nunmehr allerdings nur in Höhe der aus der Staatskasse gezahlten Beratungshilfevergütung auf die Staatskasse übergeht. Gem. § 59 Abs. 1 S. 2 RVG darf dieser Übergang jedoch nicht zum Nachteil der Beratungsperson geltend gemacht werden, so dass im Ergebnis die Staatskasse erst dann gegen den Gegner vorgehen darf, wenn die Beratungsperson in Höhe des Differenzbetrages (= Deckungslücke) zur Höhe der Vergütung nach den allgemeinen Vorschriften befriedigt ist.
Der Übergang tritt **kraft Gesetzes** ein. Damit wird eine sonst evtl. notwendige Abtretung nach §§ 398 ff. BGB überflüssig.[405]
Maßgeblicher Zeitpunkt ist erst der Zeitpunkt der Befriedigung der Beratungsperson, also **der tatsächlichen Leistung (Zahlung)** an diese,[406] die Festsetzung genügt noch nicht. An dem **Rechtscharakter des übergegangenen Anspruchs** ändert sich dabei nichts,[407] gem. § 412 BGB gelten die §§ 399 bis 404, 406 bis 410 BGB entsprechend. Daher kann der erstattungspflichtige Gegner auch der Staatskasse gegenüber Einwendungen erheben, die er zum Zeitpunkt des Übergangs der Beratungsperson entgegensetzen konnte. Im BerHG ist kein Aufrechnungsverbot enthalten.
Das **weitere Verfahren zur Geltendmachung** des übergegangenen Kostenerstattungsanspruchs richtet sich nach den **bundeseinheitlichen Bestimmungen über die Festsetzung der aus der Staatskasse zu gewährenden Vergütung der Rechtsanwälte**.[408]

---

403 Saarländisches OLG, OLG BeckRS 2011, 06050; OLG Celle, NJW-RR 2011, 719; OLG Bamberg, NJOZ 2010, 989; AG Mosbach, NJW-RR 2011, 698 ff.; *Dürbeck/Gottschalk*, Rn. 1254.
404 so auch OLG Sachsen-Anhalt, Rpfleger 2012, 155–156 – juris.
405 *Hartmann*, KostG, § 59 RVG, Rn. 2.
406 OLG München, FamRZ 2006, 1461; BGH, MDR 1998, 1248 = Rpfleger 1998, 477; *Hartmann*, KostG, § 59 RVG, Rn. 4; *Müller-Rabe* in Gerold/Schmidt, § 59 Rn. 3.
407 OLG Karlsruhe, JurBüro 1999, 370.
408 z. B. Bekanntmachung des Bayerischen Staatsministeriums der Justiz vom 4. November 2005, Az. 5651 – VI – 5443/04 (JMBl. S. 149), zuletzt geändert durch Bekanntmachung vom 23. Dezember 2016 (JMBl. 2017 S. 3); Rheinland-Pfalz (VV des Ministeriums der Justiz vom 05. Juli 2005, JBl. S. 169, 5650-1-3), zuletzt geändert durch Verwaltungsvorschrift vom 6.1.2017 (JBl. 2017, S. 8); Saarland (AV des MiJuGS Nr. 10/2005 vom 27. Juni 2005 – 5650 – 27.6.2005, zuletzt geändert durch AV des MdJ Nr. 4/2017 vom 23. Januar 2017).

Der Urkundsbeamte hat dabei zu prüfen und zu überwachen, ob die aus der Staatskasse gewährte Vergütung von dem erstattungspflichtigen Gegner wieder eingefordert werden kann. Er muss den erstattungspflichtigen Gegner zunächst formlos (also in der Regel schriftlich) zur Zahlung des auf die Staatskasse übergegangenen Anspruchs auffordern. Er kann hiervon nur aus besonderen Gründen (etwa gerichtsbekannte Zahlungsunfähigkeit) absehen.
Allerdings muss es bei einer reinen Aufforderung verbleiben. Da § **59 Abs. 2 RVG nicht für die Beratungshilfevergütung gilt** (§ 59 Abs. 3 verweist nur auf den Abs. 1, nicht auf den Abs. 2), kann der Betrag nicht in Rechnung gestellt werden. Dies ist – jedenfalls auf den zweiten Blick – auch durchaus einleuchtend, da im Gegensatz zum Übergang der Prozesskostenhilfevergütung auf die Staatskasse keine gerichtliche Entscheidung vorliegt, nach welcher der Gegner zur Kostenerstattung verpflichtet ist. Vielmehr stützt sich der Übergang gem. § 59 Abs. 3 i. V. m. Abs. 1 RVG bis dahin alleine auf die Aussage der Beratungsperson und hat somit noch keine gerichtliche Prüfung erfahren.
Bleibt die Zahlung dennoch aus, hat der Urkundsbeamte die Akte der dafür vorgesehenen Stelle (dem unmittelbar vorgesetzten Präsident)[409] zuzuleiten. Seitens dieser Stelle kann dann ggfs. Klage erhoben werden.

364 **d) Folgen für den Rechtsuchenden.** Für den Rechtsuchenden selbst ergeben sich weder Vorteile, noch Nachteile:
Der Anspruch gegen den Gegner auf Erstattung der Beratungshilfegebühr Nr. 2500 VV RVG in Höhe von 15,00 EURO geht nach h. M. nicht auf die Beratungsperson über, sondern verbleibt bei dem Rechtsuchenden selbst.[410]
Bei der Beratungshilfegebühr handelt es nicht um die Vergütung nach den allgemeinen Vorschriften der Beratungsperson i. S. d. § 9 BerHG, daher geht insoweit auch kein Anspruch auf diese über. Zahlungen, die die Beratungsperson erhält, werden nur auf die Vergütung aus der Landeskasse angerechnet.
Erhält die Beratungsperson vom Gegner des Rechtsuchenden die volle Befriedigung wegen ihrer Kosten, fällt der Rechtsgrund für die **Beratungshilfegebühr** weg und ihr steht die Gebühr gem. § 44 S. 2 RVG nicht mehr zu.[411] Hat der Rechtsuchende noch nicht gezahlt, entfällt diese daher. Hat der Rechtsuchende sie bereits geleistet, hat die Beratungsperson ihm den Betrag zu erstatten.[412]
Nach der Gegenmeinung[413] verbleibt diese der Beratungsperson zusätzlich aus Billigkeitsgründen und der Rechtsuchende kann die Beratungshilfegebühr selbst als Auslage gegen den erstattungspflichtigen Gegner geltend machen. Dies dürfte aber wegen der Geringfügigkeit der Gebühr wohl im Regelfall unterbleiben.

365 Die Beratungsperson kann die auf sie übergegangenen Ansprüche auf gesetzliche Vergütung **nicht zum Nachteil des Rechtsuchenden** geltend machen, § 9 S. 3 BerHG.
Dies bedeutet, dass § 367 Abs. 1 BGB hier keine Anwendung findet. Grundsätzlich wäre nämlich bei einer Teilzahlung des Ersatzpflichtigen gem. § 367 Abs. 1 BGB der erlangte Betrag zunächst auf die Kosten, Zinsen und zuletzt auf die Hauptforderung des Rechtsuchenden anzurechnen mit der Folge, dass die Kosten der Beratungsperson primär zulasten der hilfsbedürftigen Partei be-

---

409 z. B. Saarland (AV des MiJuGS Nr. 10/2005 vom 27. Juni 2005 – 5650 – 27.6.2005; Abschnitt B Nr. 2 S. 3 i. V. m. Abschnitt A Nr. 2.4.3.).
410 *Mayer* in Gerold/Schmidt, VV 2500–2508, Rn. 19 f m. w. N.; § 58 Rn. 4; *Hartmann*, KostG, RVG, § 58, Rn. 6; **a. A.:** *Schaich*, AnwBl 1981, 2 (4).
411 *Groß*, § 9 BerHG, Rn. 5.
412 *Groß*, § 9 BerHG, Rn. 5; *Dürbeck/Gottschalk*, Rn. 1251 ff.; *Hansens*, RVGreport 2016, 67 ff. (zu SG Berlin, Urteil vom 19.8.2015, Az. S 204 AS 13591/14); VG Göttingen, Urteil vom 30.9.2004, Az. 2 A 54/03 – juris.
413 *Mayer* in Gerold/Schmidt, VV 2500–2508, Rn. 18 ff.; Lindemann/Trenk-Hinterberger, § 9 Rn. 5; im Ergebnis so auch BT-Drs. 8/3311 (RegE zu § 12).

Kapitel 8: Vergütung in der Beratungshilfe **366**

friedigt werden. Dies erscheint im Hinblick auf den sicheren Vergütungsanspruch gegenüber der Staatskasse unbillig, § 9 S. 3 BerHG trägt dem Rechnung. Der **Rechtsuchende (= Gläubiger) erhält zuerst sein Geld**, die Zahlungen sind zunächst auf Zinsen und Hauptforderung zu verrechnen. Die Beratungsperson kann erst dann ihre Vergütung geltend machen, wenn die materiell-rechtlichen Ansprüche des Rechtsuchenden vollständig erfüllt sind.

> **Beispiel:**
> Der Rechtsanwalt macht für A im Wege der Beratungshilfe einen Anspruch gegen B auf Zahlung von 500,00 EURO geltend. B erkennt den Anspruch auf Zahlung der 500,00 EURO sowie den Anspruch auf Erstattung der Rechtsanwaltskosten vollumfänglich an. Er kann die Forderung aber nur in monatlichen Raten á 100,00 EURO begleichen. Die Zahlung erfolgt zu Händen des Rechtsanwalts.
> Der Rechtsanwalt muss die monatlichen Raten zunächst an seinen Mandanten abführen, bis die 500,00 EURO vollständig getilgt sind. Erst dann darf er aus den weiteren Raten seinen Gebührenanspruch befriedigen.

Im BerHG ist nicht die spiegelbildliche Situation des § 9 BerHG, also der Fall, dass der Rechtsuchende zur Kostenerstattung gegenüber dem Gegner verpflichtet ist, geregelt.

e) **Teilweise Erstattungspflicht des Gegners.** Ist der Gegner nur zur **teilweisen** Erstattung der Kosten verpflichtet, gilt dies auch für die Vergütung der Beratungsperson nach den allgemeinen Vorschriften. Beratungshilfevergütung aus der Landeskasse kann sie darüber hinaus nur dann und insoweit beanspruchen, als die Erstattung des Gegners geringer ist als die Beratungshilfevergütung (§§ 44, 58 Abs. 1 RVG).

366

> **Beispiel:**
> Kostenausspruch in einem Widerspruchsbescheid im behördlichen Widerspruchsverfahren, für welches dem Widerspruchsführer Beratungshilfe bewilligt wurde: „Die entstandenen Aufwendungen werden zu 50 % erstattet." Der Rechtsanwalt hat den Widerspruchsführer in der Sache sowohl beraten als auch vertreten. Das Widerspruchsverfahren war von gewöhnlichem Umfang.
> Im Wege der **Beratungshilfe** ist dem Rechtsanwalt vorliegend eine **Geschäftsgebühr Nr. 2503 VV RVG** nebst einer Pauschale für Post- und Telekommunikationsauslagen Nr. 7002 VV RVG und Umsatzsteuer auf die Vergütung Nr. 7008 VV RVG, insgesamt ein Betrag in Höhe von **121,38 EURO** entstanden.
> An **gesetzlicher Vergütung** ist dem Rechtsanwalt eine **Geschäftsgebühr Nr. 2400 VV RVG** in Höhe von 240,00 EURO nebst einer Pauschale für Post- und Telekommunikationsauslagen Nr. 7002 VV RVG und Umsatzsteuer auf die Vergütung Nr. 7008 VV RVG, insgesamt ein Betrag in Höhe von **309,40 EURO** entstanden.
> Wie bei der vollständigen Erstattungspflicht des Gegners bieten sich dem Rechtsanwalt auch hier verschiedene Möglichkeiten:
> (1) Der Anwalt kann die Hälfte der gesetzlichen Vergütung, mithin **154,70 EURO**, von der Behörde erstattet verlangen. Im Wege der Beratungshilfe kann er keine Ansprüche mehr geltend machen, weil die nach § 9 BerHG erhaltenen Zahlungen gem. § 58 Abs. 1 RVG (**vollständig**) auf die aus der Landeskasse zu zahlende Vergütung anzurechnen sind und somit kein Raum mehr für die (niedrige) Beratungshilfevergütung verbleibt. Eine § 58 Abs. 2 RVG vergleichbare Regelung, dass die bisher erhaltenen Zahlungen erst auf

die Vergütungen anzurechnen sind, für die kein anderweitiger Erstattungsanspruch besteht, existiert für die Beratungshilfe nicht.
(2) Der Anwalt kann die Beratungshilfevergütung (121,38 EURO) vollständig aus der Landeskasse beanspruchen. Gegenüber der Behörde kann er dann allerdings nur noch die Differenz (154,70 EURO – 121,38 EURO = 33,32 EURO) geltend machen.
In Höhe der Erstattungspflicht der Behörde (hier: 121,38 EURO) geht der Anspruch auf die Landeskasse über gem. § 59 Abs. 1, 3 RVG. Seitens der Landeskasse ist zu verfahren wie unter Rn. 363 erläutert.

Kapitel 9: Grenzüberschreitende Beratungshilfe (§§ 10, 10a BerHG)

367 Die Bestimmungen der §§ 10 BerHG, 10a BerHG haben bislang in der gerichtlichen Praxis keine große Relevanz entfaltet. Anwendungsfälle sind nur vereinzelt bekannt[1]. Im Zuge der zunehmenden europarechtlichen Regelungen und natürlich auch gesteigerter Durchlässigkeit im täglichen Rechtsverkehr wird jedoch davon auszugehen sein, dass zukünftig vermehrt derartige Fälle vorliegen werden. Insbesondere für **grenznahe Regionen** wird § 10 BerHG stärkere Bedeutung erlangen.
§ 10a BerHG trägt der **Verordnung (EG) Nr. 4/2009 des Rates** vom 18. Dezember 2008 über die Zuständigkeit, das anwendbare Recht, die Anerkennung und Vollstreckung von Entscheidungen und die Zusammenarbeit in Unterhaltssachen[2] enthaltenen Regelungen betreffend Prozesskostenhilfe Rechnung.
Der folgende Abschnitt zeigt daher einen kurzen Überblick über die wesentlichen Bestimmungen und Verfahrensweisen.

I. Allgemeines

368 Die Richtlinie 2003/8/EG gewährleistet durch die Errichtung gemeinsamer Mindestvorschriften eine angemessene Prozesskostenhilfe in **Streitsachen mit grenzüberschreitendem Bezug**. Eine grenzüberschreitende Streitigkeit gem. **Art. 2 Abs. 1 der Richtlinie** liegt vor, wenn die im Rahmen dieser Richtlinie Prozesskostenhilfe beantragende Partei ihren Wohnsitz oder gewöhnlichen Aufenthalt in einem anderen Mitgliedstaat als dem Mitgliedstaat des Gerichtsstands oder dem Vollstreckungsmitgliedstaat hat. Die Richtlinie gilt für die Mitgliedstaaten der Europäischen Union mit Ausnahme von Dänemark; das Vereinigte Königreich und Irland haben mitgeteilt, dass sie sich an der Anwendung der Richtlinie beteiligen werden.[3]
Der Richtlinie vorausgegangen war die Feststellung der Europäischen Kommission, dass der Zugang zum (grenzüberschreitenden) Recht durch das Fehlen einer europäischen Prozesskostenhilfe eingeschränkt werde. Dies zeige sich daran, dass Kläger aus wirtschaftlichen Gründen von einer Klage abgehalten würden und auf der Gegenseite Beklagte in ihrer Verteidigung beeinträchtigt seien.[4]
In Umsetzung der Richtlinie ist in Deutschland das Gesetz zur Umsetzung gemeinschaftsrechtlicher Vorschriften über die grenzüberschreitende Prozesskos-

---

1 So etwa z. B. AG Wangen, Beschluss vom 3.7.2007, Az. Greg 195/07, n. v.
2 ABl. L 7 vom 10.1.2009, S. 1 ff.
3 BT-Drs. 15/328, S. 8.
4 *Jastrow*, MDR 2004, 75; *Motzer*, FamRBint 2008, 16 ff.

tenhilfe in Zivil- und Handelssachen in den Mitgliedstaaten (**EG-Prozesskostenhilfegesetz = EG-PKHG**) am 21. Dezember 2004 in Kraft getreten. Regelungen im nationalen Recht finden sich vor allem in §§ 1076–1078 ZPO, in einer Ergänzung zu § 116 S. 1 Nr. 2 ZPO und in §§ 10 und 10a BerHG. Das Verfahren der Beantragung von Prozesskostenhilfe im Ausland wird insbesondere durch die Entwicklung von **Standardformularen** und die **Festlegung von Übermittlungs- und Empfangsstellen** für den Bürger erleichtert und die jeweiligen zuständigen Behörden dazu verpflichtet, dem rechtsuchenden Bürger Hilfestellungen für die Übermittlung und Übersetzung des Antrags zu leisten.

Übermittlungsstelle ist die zuständige Behörde des Mitgliedstaats, in dessen Bezirk der Antragsteller seinen Wohnsitz oder gewöhnlichen Aufenthalt hat (Übermittlungsstelle).[5] Lebt der Antragsteller in Deutschland, ist Übermittlungsstelle **das Amtsgericht**, in dessen Bezirk der Antragsteller wohnt. **369**

Empfangsstelle hingegen ist die zuständige Behörde des Mitgliedstaats (z. B. Prozess- oder Vollstreckungsgericht), in dem das Verfahren oder die Zwangsvollstreckung stattfinden soll (Art. 13 Abs. 4 S. 3, Abs. 5 der RL; § 1077 Abs. 5 ZPO). **370**

Begrifflich spricht die Richtlinie lediglich von der Prozesskostenhilfe. **Grenzüberschreitende Prozesskostenhilfe** im Sinne der Richtlinie (Art. 3 Abs. 2 Buchst. a der Richtlinie) umfasst jedoch auch die vorprozessuale Rechtsberatung im Hinblick auf eine außergerichtliche Streitbeilegung.[6] Damit werden unter dem Begriff der grenzüberschreitenden Prozesskostenhilfe auch Komplexe umfasst, die im deutschen Recht terminologisch der **Beratungshilfe** zuzuordnen sind. Aus diesem Grund unterscheidet das EG-PKHG auch terminologisch zwischen beiden Begriffen. Die notwendigen Bestimmungen für die grenzüberschreitende Beratungshilfe sind in § 10 BerHG geregelt. Das BerHG wird damit auch für Angelegenheiten geöffnet, in denen das **Recht anderer Staaten** anzuwenden ist. Konsequenterweise findet gem. § 10 Abs. 2 BerHG insoweit **§ 2 Abs. 3 BerHG keine Anwendung**. Der Sachverhalt muss in diesen Fällen daher **nicht zwingend Beziehungen zum Inland** aufweisen. **371**

Der Anspruch auf Prozesskostenhilfe (und nach der Terminologie des EG-PKHG auch Beratungshilfe) gilt nach der Richtlinie **nur für natürliche Personen** (Art. 3 Abs. 1 der Richtlinie). **Juristische Personen** werden von der Richtlinie **nicht erfasst**. Gleichwohl hat die Bundesrepublik bei Umsetzung des Rechtes dies für bedenklich erachtet. Das in Artikel 18 AEUV enthaltene gemeinschaftsrechtliche allgemeine Diskriminierungsverbot gebiete in Verbindung mit Artikel 54 AEUV, dass § 116 S. 1 Nr. 2 ZPO auch auf nicht inländische juristische Personen und parteifähige Vereinigungen erweitert werde.[7] Daher wurde zeitgleich nach nationalem Recht § 116 S. 1 Nr. 2 ZPO neu gefasst. Durch diese Änderung soll die Gleichbehandlung inländischer juristischer Personen und solcher, die in einem anderen Mitgliedstaat der Europäischen Union oder einem Vertragsstaat des Abkommens über den Europäischen Wirtschaftsraum gegründet und dort ansässig sind, gewährleistet werden. **372**

Die Beratungshilfe nach § 10 BerHG setzt **konkrete Streitsachen** voraus. Mithin ist also Voraussetzung, dass formulierte juristische Meinungsunterschiede zwischen mehreren Personen, deren Identität feststeht, gegeben sein müssen.[8] Allgemeine internationale Rechtsauskünfte und Informationen sind nicht von § 10 BerHG erfasst. **373**

---

5 § 1077 Abs. 1 Satz 1 ZPO.
6 BT-Drs. 15/3281, S. 8.; *Geimer* in Zöller, ZPO, § 1076 Rn. 3.
7 BT-Drs. 15/3281, S. 9.
8 *Groß*, § 10 BerHG, Rn. 6.

§ 10 Abs. 1 BerHG setzt dabei Streitsachen voraus, die einen **grenzüberschreitenden Bezug** haben. Eine grenzüberschreitende Streitigkeit in diesem Sinne liegt dann vor, wenn die im Rahmen der Richtlinie Beratungshilfe beantragende Partei ihren Wohnsitz oder gewöhnlichen Aufenthalt in einem anderen Mitgliedstaat (mit Ausnahme von Dänemark) als dem Mitgliedstaat des Gerichtstandes oder dem Vollstreckungsmitgliedstaat hat.[9]
Es genügt daher nicht, dass lediglich der Gegner des Antragstellers im EU-Ausland lebt. Dieses Erfordernis ergibt sich aus Art. 4 der Richtlinie, welcher verlangt, dass sich **die Antragsteller** rechtmäßig in einem der Mitgliedstaaten aufhalten. Antragsteller ohne rechtliche Duldung werden daher im Anwendungsbereich der Richtlinie nicht berücksichtigt.[10]

> Hinweis:
> Dem Unionsbürger soll im Ergebnis ermöglicht werden, in dem Mitgliedstaat, in welchem er seinen Wohnsitz hat, in seiner Muttersprache Prozesskostenhilfe bzw. Beratungshilfe für einen in einem anderen Mitgliedstaat durchzuführenden Rechtsstreit in Zivil- oder Handelssachen zu beantragen.

374 In den **Anwendungsbereich** der Richtlinie fallen dabei **nur zivil- und handelsrechtliche Streitigkeiten**, d. h. keine Steuer- oder Zollsachen oder verwaltungsrechtlichen Streitigkeiten.[11] Erfasst werden aber familien-, arbeits-, insolvenz- oder patentrechtliche Verfahren.[12] Hierin liegt bereits eine Einschränkung zur sonst im Normalfall zu gewährenden Beratungshilfe, da gem. § 2 Abs. 2 BerHG das Spektrum alle rechtlichen Angelegenheiten umfasst.

375 Weitere Voraussetzung ist, dass der Antragsteller nach seinen **wirtschaftlichen Verhältnissen** ganz oder teilweise außerstande sein muss, die Prozesskosten zu tragen. Diese Feststellung erfolgt **nach nationalem Recht**.
Höhere Lebenshaltungskosten im Ausland können jedoch als besondere Belastungen berücksichtigt werden, § 1078 Abs. 3 ZPO.
Es hat daher im Rahmen des § 10 BerHG eine **Bedürftigkeitsprüfung** – wie ansonsten bei der Beratungshilfe auch üblich – zu erfolgen. § 1076 ZPO stellt klar, dass grundsätzlich auch bei einem aus einem anderen Mitgliedstaat der Europäischen Union übermittelten Antrag auf Gewährung von Prozesskostenhilfe (terminologisch auch Beratungshilfe) das Unvermögen, die Kosten der Prozessführung zu tragen, **nach Maßgabe der §§ 114 bis 116 ZPO** festzustellen ist.[13]
Die Mitgliedstaaten werden jedoch infolge der Richtlinie ermächtigt, **Grenzwerte (Schwellenwerte)** festzulegen, bei deren Überschreitung Bedürftigkeit nicht vorliegt.
Probleme können insoweit innerhalb des Anwendungsbereiches der Richtlinie dann auftreten, wenn das tatsächliche Einkommen innerhalb der Mitgliedsstaaten stark variiert.
So können **unterschiedliche Lebenshaltungskosten** dazu führen, dass in einem Mitgliedsstaat durchaus eine Bedürftigkeit im Sinne der Prozesskostenhilfe gegeben sein kann, während in einem anderen Mitgliedstaat mit niedrigeren Lebenshaltungskosten keine Bedürftigkeit gegeben ist und damit Beratungshilfe ausgeschlossen sein kann. Dieser Fall wird gerade deutsche Antragsteller besonders betreffen, da in der Bundesrepublik Deutschland die Einkommensschwellen regelmäßig höher als in anderen Mitgliedstaaten sein werden.[14]

---

[9] Art. 2 Abs. 1 der Richtlinie 2003/8/EG.
[10] *Jastrow*, MDR 2004, 75.
[11] Präambel Richtlinie 2003/8/EG Abs. 9.
[12] *Jastrow*, MDR 2004, 75.
[13] BT-Drs. 15/3281, S. 10.
[14] *Jastrow*, MDR 2004, 75; BT-Drs. 15/3281, S. 12 zu § 1077 Abs. 6 ZPO mit Beispielsfall.

Dem wirkt **Art. 5 Abs. 4 der Richtlinie** in Verbindung mit § 1077 Abs. 6 ZPO entgegen.
Danach ist auf Antrag von der Übermittlungsstelle eine **Bescheinigung** darüber auszustellen, dass der Antragsteller in einem entsprechenden deutschen Verfahren nach Maßgabe des § 115 ZPO als unvermögend anzusehen wäre, wenn die Empfangsstelle des anderen Mitgliedstaates den Antrag mangels Bedürftigkeit bereits abgelehnt hat oder dies ankündigt. Die Bescheinigung ist auch in die jeweilige Landessprache zu übersetzen und der Empfangsstelle des anderen Mitgliedstaats als Ergänzung zu übersenden.
Gegen die Ablehnung der Erteilung einer Bescheinigung findet ab einem Streitwert von 600,00 EURO die **sofortige Beschwerde** nach § 10 Abs. 3 BerHG i. V. m. § 1077 Abs. 3 S. 3, 127 Abs. 2 S. 2 und 3 ZPO, im anderen Falle die **befristete Erinnerung** gem. § 11 Abs. 2 RPflG statt.

Nach **Art. 5 Abs. 5 der Richtlinie** wird Beratungshilfe mit grenzüberschreitendem Bezug dann nicht bewilligt, wenn der Antragsteller im konkreten Fall **effektiven Zugang zu anderen Regelungen** hat, die die Prozesskosten decken. Im Rahmen der grenzüberschreitenden Prozesskostenhilfe zählen zu den Kosten auch die wegen des grenzüberschreitenden Charakters der Rechtssache verbundenen besonderen Kosten **für Dolmetscher-, Übersetzungs- und Reisekosten** (Art. 7 der Richtlinie). Insoweit trifft dies jedoch die Empfangsstelle. Die Übermittlungsstelle selbst trifft nur die in Art. 8 der Richtlinie genannten Fälle der Kostenübernahme.

Die **vorprozessuale Rechtsberatung** in diesem Sinne bereitet im Gegensatz zur sonstigen Gewährung von Beratungshilfe Schwierigkeiten.
Gem. **Art. 6 Abs. 2 der Richtlinie** wird auf die **Erfolgsaussichten für die Gewährung weiterer Prozesskostenhilfe** abgestellt. Daher ist es auch zulässig, die Gewährung von grenzüberschreitender Prozesskostenhilfe von den Erfolgsaussichten der beabsichtigten Rechtsverfolgung bzw. -verteidigung abhängig zu machen (sh. Rn. 403 ff.).

Art. 6 Abs. 3 der Richtlinie beinhaltet weiter eine Prüfungs- und Entscheidungsabwägung der **Bedeutung der Rechtssache** für den Antragsteller.
Die in § 114 ZPO aufgestellte Voraussetzung, dass die Rechtsverfolgung oder -verteidigung **nicht mutwillig** erscheinen darf, steht ebenfalls bereits im Einklang mit der Richtlinie (sh. Rn. 432 ff.). Beispielsweise darf die Prozesskostenhilfe zugunsten ausländischer Eheleute für ein in Deutschland durchzuführendes Scheidungsverfahren nicht mit dem Hinweis versagt werden, dass sie genauso gut in ihrem Heimatland ein dortiges Gericht anrufen könnten.[15]
Zur Verbesserung des Zugangs zum Recht bei den genannten Streitsachen wird **Beratungshilfe gewährt** und zwar für
- die **vorprozessuale Rechtsberatung** im Hinblick auf eine außergerichtliche Streitbeilegung,
- die **Unterstützung bei einem Antrag** nach § 1077 ZPO (ausgehende Ersuchen), bis das Ersuchen im Mitgliedstaat des Gerichtsstands eingegangen ist.

II. Vorprozessuale Rechtsberatung im Hinblick auf eine außergerichtliche Streitbeilegung (§ 10 Abs. 1 Nr. 1 BerHG)

Die Prozesskostenhilfe ist im Sinne des § 10 Abs. 1 BerHG nur dann angemessen, wenn sie eine **vorprozessuale Rechtsberatung im Hinblick auf eine außergerichtliche Streitbeilegung** sicherstellt.

---

15 *Motzer*, FamRBint 2008, 19.

> **Beispiel:**[16]
> Ein französischer Handwerker hat in Deutschland Bauleistungen erbracht. Der deutsche Vertragspartner behauptet, dass die Leistungen mangelhaft seien. Er ist allerdings an einer außergerichtlichen Streitbeilegung interessiert. Um hieran teilnehmen zu können, bedarf der französische Handwerker zuvor einer Beratung über deutsches Recht, die er möglicherweise in Frankreich nicht erlangen kann.
> Hierfür ist ihm in Deutschland dann Beratungshilfe zu gewähren.

Grundlage des durchzuführenden Verfahrens zur Gewährung der beanspruchten Beratungshilfe sind die §§ 3 bis 8a BerHG. Daher richtet sich die funktionelle Zuständigkeit auch nach §§ 3 Nr. 3 f, 24a Abs. 1 Nr. 1 RpflG, so dass die Zuständigkeit des Rechtspflegers gegeben ist.

III. Unterstützung von Anträgen gem. § 1077 ZPO (ausgehendes Ersuchen um grenzüberschreitende Prozesskostenhilfe)

380 In § 1077 ZPO ist die Übermittlung eines Antrages auf grenzüberschreitende Prozesskostenhilfe aus Deutschland an die zuständige Behörde eines anderen Mitgliedstaats geregelt.
Ist im Rahmen der grenzüberschreitenden Prozesskostenhilfe ein ausgehendes Prozesskostenhilfeersuchen bei der Übermittlungsstelle gestellt worden, so hat der Mitgliedsstaat, in dem der Antragsteller seinen Wohnsitz oder gewöhnlichen Aufenthalt hat, gem. **Art. 8a der Richtlinie** Beratungshilfe zur Deckung der Kosten für die Unterstützung durch einen örtlichen Rechtsanwalt oder eine andere zur Rechtsberatung befugte Person zu gewähren.
Gem. **§ 10 Abs. 1 Nr. 2 BerHG** kann für die **Unterstützung bei einem solchen Antrag** (ausgehende Ersuchen) Beratungshilfe gewährt werden.
Sie ist jedoch **zeitlich begrenzt**, nämlich nur solange, bis das Ersuchen im Mitgliedstaat des Gerichtsstands eingegangen ist.

381 Sachlich und örtlich zuständig ist gemäß § 1077 Abs. 1 S. 1 ZPO das **Amtsgericht**, in dessen Bezirk der Antragsteller seinen Wohnsitz oder gewöhnlichen Aufenthalt hat (Übermittlungsstelle). In Unterhaltssachen ist gemäß § 21 Abs. 1 S. 1 AUG das Amtsgericht am Sitz des Oberlandesgerichts zuständig, in dessen Bezirk der Antragsteller seinen gewöhnlichen Aufenthalt hat.
Gem. § 1077 Abs. 1 S. 2 ZPO ist es den Ländern erlaubt, eine entsprechende **Zuständigkeitskonzentration** für diese Aufgaben zu schaffen. Hierdurch kann die notwendige fachliche Kompetenz bei einem Gericht gebündelt werden.[17]
Der Antragsteller muss sich rechtmäßig in einem der Mitgliedstaaten aufhalten. Maßgeblicher Zeitpunkt ist Zeitpunkt der Antragstellung. Sollte der Antragsteller zu einem späteren Zeitpunkt den Wohnsitz wechseln, so ist dies ohne Belang.[18]
§ 10 Abs. 3 BerHG verweist auf § 1077 ZPO. Der Rechtspfleger ist hiernach für die Aufgaben der Übermittlungsstelle im Rahmen der grenzüberschreitenden Prozesskostenhilfe zuständig. Nichts anderes kann aber auch für die Auf-

---

16 BT-Drs. 15/3281, S. 13.
17 z.B. Sachsen-Anhalt: Verordnung über die Konzentration der Aufgaben der Übermittlungsstelle bei Anträgen auf grenzüberschreitende Prozesskosten- und Beratungshilfe vom 9. Juni 2009 (GVBl. LSA S. 262) BS LSA 310.8; NRW: Verordnung über die Zusammenfassung der Aufgaben der Übermittlungsstelle nach § 1077 Abs. 1 Satz 1 der Zivilprozessordnung und § 10 Abs. 1 des Beratungshilfegesetzes (Konzentrations-VO – § 1077 ZPO, § 10 BerHG) vom 7. April 2005 (GV. NRW. S. 445) SGV. NRW. 301.
18 *Jastrow*, MDR 2004, 75 f.

gaben der Übermittlungsstelle im Rahmen der grenzüberschreitenden Beratungshilfe gelten. Die **Zuständigkeit des Rechtspflegers** ist daher auch hier zu bejahen.

Der Antrag auf grenzüberschreitende Prozesskostenhilfe kann **schriftlich**, als elektronisches Dokument oder **zu Protokoll der Geschäftsstelle** gestellt werden (§§ 1076 i. V. m. § 117 Abs. 1 S. 1 ZPO). **382**

Für ausgehende Ersuchen aus Deutschland schreibt **§ 1077 Abs. 2 S. 2 ZPO** für den Antragsteller und die Übermittlungsstelle die Verwendung von Vordrucken vor.[19] Hierzu ist die **EG-Prozesskostenhilfevordruckverordnung (EG-PKHVV)**[20] ergangen und hat in § 1 den Vordruckzwang eingeführt. Zwar schreibt die Richtlinie selbst einen solchen Formularzwang nicht vor. Dadurch, dass nach Art. 16 Abs. 1 der Richtlinie aber entsprechende Formulare zu entwickeln sind, hat der Bundesgesetzgeber gefolgert, dass auch deren verbindliche Verwendung beabsichtigt ist.[21]

Die Begründung des Gesetzgebers ist auch nachvollziehbar. Die Verwendung von identischen, in alle Amtssprachen der EU übersetzten Standardformularen erleichtert den Geschäftsverkehr zwischen den Übermittlungs- und Empfangsstellen in den verschiedenen Ländern erheblich. Sprachbarrieren werden abgebaut. Zudem bieten solche Formulare auch die Verlässlichkeit, dass alle zur Gewährung erforderlichen Angaben enthalten sind. Darüber hinaus wird auch die Prüfung der Vollständigkeit sowohl für die Übermittlungsstelle als auch für die Empfangsstelle erleichtert.

Der Rechtspfleger hat die **Vollständigkeit des Antrags und der Anlagen** zu prüfen. Sollte noch etwas fehlen, hat er ggfs. unter Fristsetzung darauf hinzuwirken, dass diese Anlagen noch beigefügt werden (§ 1077 Abs. 4 S. 2 ZPO). **383**

> **Hinweis:**
>
> Im Hinblick auf § 1077 Abs. 5 S. 2 ZPO sollte die **Frist recht kurz bemessen** werden (höchstens 10 Tage),[22] damit der Antrag nebst Anlagen innerhalb der genannten 14 Tage noch abgesandt werden kann.

Sowohl die Richtlinie wie auch die deutsche Umsetzung in § 1077 ZPO sehen eine Möglichkeit vor, dass **bereits die Übermittlungsstelle die Übermittlung des Ersuchens ablehnen** kann, wenn der Antrag **offensichtlich unbegründet** ist oder **offensichtlich nicht in den Anwendungsbereich der Richtlinie** fällt (Art. 13 Abs. 3 S. 1 der Richtlinie, § 1077 Abs. 3 S. 1 ZPO). Dies folgt dem Gedanken, dass bei offensichtlichem Fehlen der Voraussetzungen nicht unnötig Verwaltungsaufwand betrieben wird. Ist es für den Rechtspfleger der Übermittlungsstelle zur Sachverhaltsprüfung im Rahmen seiner Entscheidung über die Übermittlung notwendig, Übersetzungen einzuholen, so kann er dies tun. § 1077 Abs. 3 S. 2 ZPO gibt der Übermittlungsstelle die Möglichkeit, soweit dem Antrag fremdsprachige Anlagen beigefügt sind und die Übermittlungsstelle sich zu der vorgesehenen Evidenzprüfung ohne inhaltliche Berücksichtigung dieser Anlagen nicht im Stande sieht, Übersetzungen im erforderlichen Umfang anfertigen lassen. **384**

Ob die Sache in den Anwendungsbereich der Richtlinie fällt, lässt sich relativ schnell erkennen.

---

19 Musterformulare für den Antrag sowie die wirtschaftlichen Verhältnisse: http://www.ir-online.nrw.de.
20 EG-PKHVV vom 21.12.2004, BGBl I, S. 3538.
21 BT-Drs. 15/3281, S. 11 zu § 1077 Abs. 2 ZPO.
22 *Hartmann* in Baumbach/Lauterbach/Albers/Hartmann, ZPO, § 1077 Rn. 8.

Dagegen dürften dem Rechtspfleger die **Prüfung der Einschätzung der Rechtslage im Ausland** relativ große Schwierigkeiten bereiten. Unbegründet ist z. B. ein Antrag, wenn die nach dem Recht des Mitgliedstaats des Gerichtsstands erforderlichen **persönlichen wirtschaftlichen Verhältnisse** des Antragstellers nicht vorliegen (Art. 5 der Richtlinie). Letzterer Grund dürfte den Regelfall für eine Ablehnung darstellen.

Als Ablehnungsgründe sind weiter denkbar z. B. fehlende Verwendung der eingeführten Vordrucke oder ein fehlendes konkretes Streitverhältnis.

Insoweit dürfte die Prüfung hier eher großzügig ausfallen[23] und eine Ablehnung sollte nur bei unzweifelhaft unbegründetem Antrag nach Anhörung des Antragstellers durch Beschluss erfolgen; denn es handelt sich schließlich um eine Evidenzprüfung.[24]

385 Der Beschluss ist zu **begründen** und kann ohne mündliche Verhandlung ergehen (§§ 1076, 127 Abs. 1 S. 1 ZPO). Der Beschluss muss über die **Kosten** mitentscheiden (Art. 8 der Richtlinie, §§ 91 ff. ZPO entspr.). Er ist dem Antragsteller **förmlich zuzustellen**.

386 Wird der **Übermittlungsantrag abgelehnt**, so ist hiergegen gem. § 10 Abs. 3 BerHG i. V. m. §§ 1077 Abs. 3 S. 1, 127 Abs. 2 S. 2 und 3 ZPO die **sofortige Beschwerde** binnen einer **Notfrist** von **einem Monat ab dem Zeitpunkt der Zustellung** statthaft, sofern der Streitwert der Hauptsache den Betrag von 600,00 EURO übersteigt.

Im anderen Falle bleibt es bei der **befristeten Erinnerung gem. § 11 Abs. 2 RPflG**.[25] § 24a Abs. 2 RPflG ist insoweit nicht anwendbar, da die Aufgaben des Rechtspflegers im Zusammenhang mit § 10 BerHG aus der Anwendung des § 20 Nr. 6 RPflG resultieren.

Die Erinnerung gem. § 7 BerHG findet vorliegend keine Anwendung, da kein Antrag auf Gewährung von Beratungshilfe zurückgewiesen wurde, sondern lediglich die Übermittlung des Antrages auf Gewährung von grenzüberschreitender Beratungshilfe.[26]

387 Die Übermittlungsstelle hat **von Amts wegen** die Eintragungen auf dem Standardformular sowie der beizufügenden Anlagen in eine von dem Mitgliedsstaat der zuständigen Empfangsstelle anerkannten Sprache **übersetzen zu lassen**.

Die **Kosten** für diese Übersetzungen sind von der **Staatskasse** zu tragen (Art. 8 Buchst. b, Art. 13 Abs. 6 der Richtlinie).

Unterlagen, die nach Kenntnis der Übermittlungsstelle für eine Entscheidung nicht notwendig sind, bedürfen keiner Übersetzung. Hierdurch wird sichergestellt, dass im Rahmen der Vorschrift kein Missbrauch erfolgt. Der Übermittlungsstelle kommt hiermit eine nicht unerhebliche Unterstützungs- und Prüfungsfunktion zu.

Wird der Antrag zurückgenommen oder durch die Übermittlungsstelle oder der Empfangsstelle abgelehnt, so hat der Antragsteller die Kosten der Übersetzung zu tragen (§ 28 Abs. 3 Nr. 1 und 2 GKG).

Nach Vorliegen der Übersetzungen hat die Übermittlungsstelle den Antrag und die beizufügenden Anlagen ohne weitere Förmlichkeit **innerhalb von 14 Tagen** an die zuständige Empfangsstelle des Mitgliedstaats des Gerichtsstands oder Vollstreckungsmitgliedstaats zu übersenden (§ 1077 Abs. 5 ZPO).

Die Vorschrift des § 1077 ZPO stellt damit an den Rechtspfleger des Amtsgerichts als Übermittlungsstelle hohe Anforderungen.

---

23 *Hartmann* in Baumbach/Lauterbach/Albers/Hartmann, ZPO, § 1077 Rn. 10.
24 *Geimer* in Zöller, ZPO, § 1077 Rn. 2.
25 *Rellermeyer*, Rpfleger 2005, 64 f.
26 *Rellermeyer*, Rpfleger 2005, 64 f.

> **Hinweis:**
> Die zuständigen Übermittlungs- und Empfangsstellen sowie die zu verwendenden Formblätter ergeben sich z. B. aus dem **Europäischen Gerichtsatlas für Zivilsachen**[27] oder dem **Handbuch der Europäischen Union**.

IV. Übermittlung von Anträgen auf grenzüberschreitende Beratungshilfe (ausgehende Beratungshilfeersuchen)

Bei der Übermittlung von Anträgen auf grenzüberschreitende Beratungshilfe handelt es sich um ausgehende **Ersuchen auf Gewährung von grenzüberschreitender Beratungshilfe**, die bei der Übermittlungsstelle gestellt werden und über die in einem anderen Mitgliedstaat zu entscheiden ist.

Nach der Richtlinie kann eine Antragstellung auch direkt bei der ausländischen Empfangsstelle in Betracht kommen.[28] Dieser Fall wird jedoch kaum in der Praxis vorkommen. Zum einen dürften die zuständigen Empfangsstellen vielfach dem Bürger nicht bekannt sein. Zum anderen werden bestehende Sprachbarrieren (der Antrag ist in der jeweiligen Amtssprache zu stellen) sowie Kostenfragen ebenfalls einen Ausschlusstatbestand dieser Form der Antragstellung darstellen.

Wird im Rahmen der grenzüberschreitenden Beratungshilfe ein solches ausgehendes Ersuchen bei der zuständigen Übermittlungsstelle gestellt, so kann der Mitgliedstaat, in dem der Antragsteller seinen Wohnsitz oder gewöhnlichen Aufenthalt hat, gem. Art. 8 der Richtlinie zur Deckung der Kosten für die Unterstützung eines solchen Antrages auf Antrag Beratungshilfe durch einen örtlichen Rechtsanwalt oder eine andere zur Rechtsberatung befugte Person gewähren.

Für diese ausgehenden Ersuchen verweist § **10 Abs. 3 BerHG** auf die Vorschriften von § **1077 ZPO** (ausgehende Ersuchen auf grenzüberschreitende Prozesskostenhilfe). In **Unterhaltssachen** ist die abweichende Regelung des § 10a Abs. 1 BerHG maßgebend.

Insoweit gelten die Regelungen betreffend Zuständigkeit, Antragstellung, Formularzwang, Prüfung und Übersetzung der Anträge sowie Übersendung an die Empfangsstelle wie oben bereits ausgeführt entsprechend.

Wichtig ist aber, dass die Übermittlungsstelle nicht selbst über die im Ausland zu bewilligende Beratungshilfe entscheidet (siehe Art. 12 der Richtlinie), sondern die zuständige Empfangsstelle.

Sollte die Beratungshilfe nach Maßgabe des innerstaatlichen Rechts des ersuchten Mitgliedstaats wegen fehlender Bedürftigkeit abzuweisen sein, so kann sie dennoch gewährt werden, wenn der Antragsteller in Deutschland unvermögend wäre. Gem. Art. 5 Abs. 4 der Richtlinie i. V. m. § 1077 Abs. 6 ZPO kann die deutsche Übermittlungsstelle eine entsprechende Bescheinigung hierüber ausstellen.

Nach Art. 15 Abs. 1 der Richtlinie hat die Empfangsstelle dafür Sorge zu tragen, dass der Antragsteller in vollem Umfang über die Bearbeitung des Antrages unterrichtet wird. Diese Unterrichtung bedarf keiner Übersetzung.

V. Eingehende Ersuchen um grenzüberschreitende Beratungshilfe

Für die Praxis bedeutsamer dürften die eingehenden Ersuchen um grenzüberschreitende Beratungshilfe (**eingehende Ersuchen**) sein. Die Behandlung dieser

---

27 http://ec.europa.eu/justice_home/judicialatlascivil/html/la_information_de.htm.
28 *Jastrow*, MDR 2004, 76; Art. 13 Abs. 1 Buchst. b) der Richtlinie.

eingehenden Ersuchen aus dem Ausland regelt § 10 Abs. 4 BerHG i. V. m. § 1078 ZPO. Die Vorschrift setzt Art. 14 Abs. 1 der Richtlinie um.

390 § 10 Abs. 4 S. 1 BerHG enthält für eingehende Ersuchen eine Verweisung auf § 4 Abs. 1 S. 2 BerHG. Die **Aufgaben der Empfangsstelle** werden damit dem **Amtsgericht** zugewiesen, in **dessen Bezirk ein Bedürfnis** für Beratungshilfe auftritt. Dies gilt auch für Unterhaltssachen im Sinne der Verordnung (EG) Nr. 4/2009 des Rates.[29]
Eine Zuständigkeitskonzentration bei eingehenden Ersuchen kann nicht erfolgen, da sich die Tätigkeit einer solchen Zentralstelle auf die reine Weiterleitung an das zuständige Gericht erschöpfen würde.[30]
Funktionell ist der **Rechtspfleger** nach § 24a Abs. 1 Nr. 1 RPflG zuständig.

391 Zur Prüfung der Bewilligung der Beratungshilfe sind **grundsätzlich die allgemeinen Vorschriften über die Gewährung von Beratungshilfe gem. §§ 1 ff. BerHG, §§ 114 ff. ZPO anzuwenden**. Die innerdeutschen Regeln gelten insoweit.
Der Rechtspfleger hat weiter zu prüfen, ob die entsprechenden Formblätter verwendet wurden. Die Anträge müssen wegen Art. 13 Abs. 2a der Richtlinie **in deutscher Sprache** ausgefüllt und die Anlagen von einer Übersetzung in die deutsche Sprache begleitet sein.[31]
Gem. § 10 Abs. 4 S. 2 BerHG i. V. m. § 1078 Abs. 1 S. 3 ZPO ist eine Legalisation oder gleichwertige Förmlichkeit nicht zu verlangen.
Im Rahmen der vorzunehmenden Prüfung ist jedoch nochmals auf Folgendes hinzuweisen:
– Die **Frage nach der Bedürftigkeit** ist grundsätzlich nach § 1 BerHG i. V. m. § 115 ZPO vorzunehmen. Jedoch sind gem. § 10 Abs. 4 S. 2 BerHG i. V. m. § 1078 Abs. 3 ZPO die **unterschiedlich hohen Lebenshaltungskosten** am Wohnsitz des Antragstellers und derjenigen in Deutschland zu berücksichtigen. Die Bedürftigkeit ist auch dann zu bejahen, wenn sie im EU-Ausland nicht bestehen würde.[32]
  Ggfs. kann der Antragsteller bei seiner Übermittlungsstelle im Ausland eine entsprechende Bescheinigung beantragen, dass er nach dem dortigen nationalen Recht bedürftig ist.
– Ein weiterer Unterschied ist dadurch gegeben, dass die vorprozessuale Rechtsberatung – entgegen der sonstigen Beratungshilfe – gem. Art. 6 Abs. 2 und 3 der Richtlinie auf die **Erfolgsaussicht der Sache** abstellt. Denn § 10 Abs. 1 BerHG zitiert die Richtlinie mit Quellenangabe, d. h. die Norm ist auch für die Beratungshilfe anzuwenden.[33]

392 Gem. §§ 10 Abs. 4 S. 2 BerHG i. V. m. § 1078 Abs. 2 S. 2 ZPO wird der übermittelnden Stelle eine **Abschrift der Entscheidung** übersandt.
Zwar sieht die Richtlinie selbst eine derartige Verpflichtung nicht vor. Allerdings eröffnet Art. 13 Abs. 6 S. 2 der RL den Mitgliedstaaten die Möglichkeit, im Falle der Ablehnung des Antrags auf grenzüberschreitende Beratungshilfe eine Verpflichtung des Antragstellers zur **Rückzahlung der Übersetzungskosten** vorzusehen.
Nur durch entsprechende Information kann die Übermittlungsstelle eine solche Rückzahlungsverpflichtung prüfen. Gleichermaßen ist die Unterrichtung wegen Art. 5 Abs. 4 der Richtlinie für die Übermittlungsstelle wichtig.

---

29 sh. Rn. 392 a.
30 BT-Drs. 15/3281, S. 12 zu § 1078 Abs. 1 ZPO.
31 BGH, WM 2015, 737 – juris.
32 *Hartmann* in Baumbach/Lauterbach/Albers/Hartmann, ZPO, § 1078 Rn. 6.
33 *Groß*, § 10 BerHG, Rn. 19.

Zudem erspart eine solche Unterrichtung unter Umständen auch Arbeitsaufwand und Rückfragen, wenn sich der Antragsteller bei der Übermittlungsstelle nach dem Sachstand bei der Empfangsstelle erkundigt.
Die Übersendung der Entscheidung an die Übermittlungsstelle kann in der Heimatsprache erfolgen. Einer Übersetzung bedarf es nicht.[34]

VI. Regelungen des § 10a BerHG betreffend Unterhaltssachen nach der Verordnung (EG) Nr. 4/2009 des Rates vom 18. Dezember 2008

Am 18. Dezember 2008 wurde vom Rat der Europäischen Union die Verordnung (EG) Nr. 4/2009 des Rates über die Zuständigkeit, das anwendbare Recht, die Anerkennung und Vollstreckung von Entscheidungen und die Zusammenarbeit in Unterhaltssachen (Unterhaltsverordnung) verabschiedet.[35] Einer gesetzlichen Umsetzung bedarf die Unterhaltsverordnung zwar nicht, da sie unmittelbar gilt.[36] Jedoch sind in **§§ 22, 23 Auslandsunterhaltsgesetz (AUG)**[37] vom 23. Mai 2011 konkretere Bestimmungen zur Durchführung geregelt worden.

Da der ersuchte Mitgliedstaat gem. Art. 46 der Verordnung für alle von einer berechtigten Person nach Art. 56 der Verordnung gestellten Anträge unentgeltliche Verfahrenskostenhilfe zu bewilligen hat, soweit sie sich auf Unterhaltspflichten aus einer Eltern-Kind-Beziehung gegenüber einer Person beziehen, die das 21. Lebensjahr noch nicht vollendet hat, sieht § 22 Abs. 1 S. 1 AUG in diesen Fällen die Gewährung von Verfahrenskostenhilfe unabhängig von den wirtschaftlichen Verhältnissen der Person vor. Dies geht auf die Zielvorstellung des Verordnungsgebers zurück, dass Unterhaltsgläubiger nicht wegen der durch die mit der Durchsetzung ihrer Unterhaltsansprüche im Ausland verbundenen Kosten von einer Geltendmachung absehen sollen.[38] Es soll hierdurch eine effektive, grenzüberschreitende Durchsetzung ermöglicht werden.

Bei Anträgen, die auf **Anerkennung, Anerkennung und Vollstreckbarerklärung oder Vollstreckung von Unterhaltsentscheidungen** nach Art. 56 Abs. 1 lit. a, b. der Verordnung gerichtet sind, sind gemäß **§ 22 Abs. 2 S. 2 AUG** nicht einmal mehr die Erfolgsaussichten zu prüfen.

Unterliegt der Antragsteller in der Hauptsache, besteht die Möglichkeit der Rückforderung der verauslagten Kosten, soweit dies der Billigkeit entspricht (§ 22 Abs. 3 AUG i. V. m. Art. 67 der Verordnung; zuständig ist hierfür der Rechtspfleger, § 20 Nr. 6a RpflG). Nach der Gesetzesbegründung soll dies regelmäßig erst dann in Betracht kommen, wenn das Kind wegen seiner finanziellen Verhältnisse in einem deutschen Verfahren nicht einmal Anspruch auf Verfahrenskostenhilfe gegen Raten gehabt hätte und daneben wegen der überdurchschnittlichen Verhältnisse die Belastung des Steuerzahlers nicht gerechtfertigt wäre.[39]

Ist dem Antragsteller im Ursprungsstaat für das Erkenntnisverfahren bereits ganz oder zum Teil Prozesskostenhilfe gewährt worden, so ist ihm ohne jegliche weitere Prüfung Verfahrenskostenhilfe für Verfahren betreffend Anerkennung, Anerkennung und Vollstreckbarerklärung sowie Vollstreckung von unterhaltsrechtlichen Titeln zu gewähren (Art. 47 Abs. 2 der Verordnung, § 23 S. 1 AUG).

---

34 BT-Drs. 15/3281, S. 12, 13.
35 BR-Drs. 854/10, S. 1.
36 Art. 288 Abs. 2 AEUV; BR-Drs. 854/10, S. 52.
37 BGBl. I S. 898, zuletzt geändert durch Artikel 1 des Gesetzes vom 20. Februar 2013 (BGBl. I S. 273).
38 BR-Drs. 854/10, S. 50.
39 BT-Drs. 14/4887, S. 41.

392a

Für den außergerichtlichen Bereich, – die Beratungshilfe – sieht der neu eingeführte § 10a BerHG als Ausfluss der Verordnung entsprechende Regelungen vor.
Nach § 10a Abs. 1 BerHG ist in den Fällen der **Artikel 46 und 47 Abs. 2 der Verordnung Beratungshilfe unabhängig von den persönlichen und wirtschaftlichen Verhältnissen des Rechtsuchenden zu gewähren.**
§ **10a Abs. 2 BerHG** sieht für **ausgehende** Anträge in Unterhaltssachen die **Zuständigkeit des Amtsgerichts am Sitz des Oberlandesgerichts** vor, in dessen Bezirk der Antragsteller seinen gewöhnlichen Aufenthalt hat.
Für **eingehende** Ersuchen verbleibt es bei der Zuständigkeit des Amtsgerichts, in dessen Bezirk das Bedürfnis für Beratungshilfe auftritt (§ 10a Abs. 2 S. 2 BerHG i. V. m. § 4 Abs. 1 S. 2 BerHG).

> **Hinweis:**
> Die amtlichen Formulare für die grenzüberschreitende Beratungshilfe/Prozesskostenhilfe sind im Internet – z. B. unter www.ir-online.nrw.de oder unter https://e-justice.europa.eu/home.do abrufbar.

Kapitel 9: Grenzüberschreitende Beratungshilfe (§§ 10, 10a BerHG) **392b**

Checkliste – Prüfung eines Antrages auf Bewilligung von Beratungshilfe **392b**
1. Antrag
   - Antragserfordernis (§ 1 Abs. 1 BerHG)
   - Form:
   mündlich oder schriftlich (auch als elektronisches Dokument):
     - mündliche Antragstellung unmittelbar beim Amtsgericht
     - bei schriftlichen Anträgen: nur unter Verwendung des vorgeschriebenen Formulars (**Formularzwang:** § 11 BerHG i. V. m. § 1 Nr. 1 BerHFV)
     - bei nachträglichen Anträgen bei Direktzugang zur Beratungsperson (§ 6 Abs. 2 BerHG): schriftlich über die Beratungsperson oder auch durch den Rechtsuchenden selbst (schriftlich (auch als elektronisches Dokument) oder mündlich)
   - Frist:
   bei nachträglicher Antragstellung § 6 Abs. 2 BerHG: **spätestens 4 Wochen** nach Beginn der Beratungshilfetätigkeit – Eingang bei „zuständigem" Gericht zählt! – bei unvollständigen Anträgen: Zwischenverfügung zur Aufforderung der Einreichung noch fehlender Unterlagen zulässig!
   - Antragsberechtigung:
   nur der Rechtsuchende (natürliche Personen, Parteien kraft Amtes, juristische Personen, parteifähige Vereinigungen) bzw. der gesetzliche Vertreter des Rechtsuchenden
   Die Beratungsperson hat kein eigenes Antragsrecht!
   - genaue und umfassende Bezeichnung der Angelegenheit:
   klare Abgrenzung von anderen Angelegenheiten, § 4 Abs. 2 S. 2 BerHG
   (wichtig für die spätere Unterscheidung zwischen dem Vorliegen einer oder mehrerer Angelegenheiten!)
   - keine VKH für die Antragstellung möglich
   - Antrag muss durch den Rechtsuchenden selbst unterzeichnet sein!
2. Zuständigkeit
   - sachliche Zuständigkeit:
   ausschließlich das Amtsgericht (§ 4 Abs. 1 BerHG)
   - örtliche Zuständigkeit:
     - das Amtsgericht, in dessen Bezirk der Rechtsuchende seinen allgemeinen Gerichtsstand hat (§ 4 Abs. 1 BerHG)
     §§ 12 ff. ZPO, §§ 7–11 BGB (in der Regel: Wohnsitz des Rechtsuchenden)
     - der Rechtsuchende hat im Inland keinen allgemeinen Gerichtsstand:
     das Amtsgericht, in dessen Bezirk ein **Bedürfnis** für Beratungshilfe auftritt
     - maßgeblicher Zeitpunkt:
     Zeitpunkt des Antragseingangs bei Gericht; bei unvollständigen Anträgen ist ein späterer Wohnsitzwechsel unrelevant
     - Sonderzuständigkeiten im Rahmen von §§ 10, 10a BerHG
   - funktionelle Zuständigkeit:
   der Rechtspfleger, §§ 3 Nr. 3 f, 24a RpflG
3. Subjektive Voraussetzungen
   - die erforderlichen Mittel können nach den persönlichen und wirtschaftlichen Voraussetzungen nicht aufgebracht werden
   Beratungshilfe wird nur gewährt, wenn:
     - kein verwertbares Vermögen vorhanden ist (§ 115 Abs. 3 ZPO i. V. m. § 90 SGB XII) und

- das ermittelte einzusetzende Einkommen weniger als 20,00 EURO beträgt, die Berechnung des hälftigen verbleibenden Resteinkommens nach den Bestimmungen der §§ 114 ff. ZPO daher unter 10,00 EURO verbleibt (und somit keine Ratenzahlung zu erfolgen hätte)
- es ist die Einkommens- und Vermögenslage zum Zeitpunkt der gerichtlichen Entscheidung maßgebend

4. Objektive Voraussetzungen
   - Wahrnehmung von Rechten
     - es muss sich um eine konkrete Rechtswahrnehmung handeln
     - keine nur allgemeine Lebenshilfe
     - eigene Möglichkeiten des Rechtsuchenden sind ausgeschöpft
   - außerhalb eines gerichtlichen Verfahrens
     - Beachte: Abgrenzung gerichtliches – außergerichtliches Verfahren
     - Beratungshilfe kann auch im obligatorischen Güteverfahren gem. § 15a EGZPO gewährt werden
     Beachte hierzu: Landesschlichtungsgesetze der einzelnen Bundesländer
   - keine anderen Hilfsmöglichkeiten dürfen vorliegen
     - geeignet und erlaubt (Rechtsdienstleistungsgesetz)
     - keine Mutwilligkeit (§ 1 Abs. 3 BerHG)
   - allgemeines Rechtsschutzbedürfnis
   - eine Erfolgsaussicht wird nicht geprüft!

5. Umfang der Beratungshilfe
   - Beratungshilfe erstreckt sich auf alle rechtlichen Angelegenheiten
     - Achtung: in Straf- und OWiG-Sachen ist nur Beratung möglich!
   - inländische Angelegenheiten
     bei ausländischen Angelegenheiten:
     - § 2 Abs. 3 BerHG: es muss ein Inlandsbezug vorliegen
     - Sonderfälle §§ 10, 10a BerHG: Streitigkeiten mit grenzüberschreitendem Bezug
       (Richtlinie 2003/8/EG, VO (EG) Nr. 4/2009 beachten!)

6. Nachweis- und Belegpflicht
   - § 4 Abs. 3, 4 BerHG:
   Dem Antrag sind folgende Unterlagen beizufügen (ggfs. als elektronisches Dokument):
     - Erklärung des Rechtsuchenden über die persönlichen und wirtschaftlichen Verhältnisse (insbesondere Angaben zu Familienstand, Beruf, Vermögen, Einkommen und Lasten) mit entsprechenden Belegen (Vorlage im Original oder als Kopien)
     Beachte: § 2 BerHFV (Leistungsbezieher von SGB XII-Leistungen haben vorbehaltlich einer anderen Anordnung des Amtsgerichts nur eingeschränkte Nachweis- und Belegpflicht);
     - Versicherung des Rechtsuchenden, dass ihm in derselben Angelegenheit Beratungshilfe bisher weder gewährt noch durch das Gericht versagt worden ist, und dass in derselben Angelegenheit kein gerichtliches Verfahren anhängig ist oder war.
     - Glaubhaftmachung kann verlangt werden, insbesondere kann die Abgabe einer eidesstattlichen Versicherung gefordert werden (§ 4 Abs. 4 BerHG, §§ 26, 31 FamFG).
     - Das Gericht kann Erhebungen anstellen, insbesondere die Vorlegung von Urkunden anordnen und Auskünfte einholen.

- § 4 Abs. 6 BerHG:
  - Beratungsperson kann vor Beginn der Tätigkeit vom Rechtsuchenden verlangen, dass er seine persönlichen und wirtschaftlichen Verhältnisse belegt;
  - Beratungsperson kann vor Beginn der Tätigkeit vom Rechtsuchenden die Erklärung verlangen, dass ihm in derselben Angelegenheit Beratungshilfe bisher weder gewährt noch durch das Gericht versagt worden ist, und dass in derselben Angelegenheit kein gerichtliches Verfahren anhängig ist oder war.
  - Gefahr des Verlustes des Gebührenanspruchs sh. § 8a Abs. 1 Nr. 1 BerHG.

Teil 2 Prozess-/Verfahrenskostenhilfe

Kapitel 1: Einführung

392c Das Gebot der Rechtsschutzgleichheit, Art. 3 Abs. 1 GG, Art. 20 Abs. 3 GG, verlangt eine weitgehende Angleichung der Situation von Bemittelten und Unbemittelten bei der Verwirklichung des Rechtsschutzes und entsprechende verfahrensrechtliche Vorkehrungen. Diese haben sicherzustellen, dass Unbemittelten ein weitgehend gleicher Zugang zu Gericht ermöglicht wird. Derartige Vorkehrungen sind im Institut der Prozess-, §§ 114 ff. ZPO und Verfahrenskostenhilfe, §§ 76 ff. FamFG, getroffen. Dabei ist keine völlige Gleichstellung sondern nur eine weitgehende Angleichung geboten. Der Unbemittelte muss nur dem Bemittelten gleichgestellt werden, der seine Prozessaussichten vernünftig abwägt und dabei auch das Kostenrisiko berücksichtigt. Es ist daher verfassungsrechtlich unbedenklich, die Gewährung von Prozesskostenhilfe, wie in § 114 Abs. 1 ZPO geschehen, davon abhängig zu machen, dass die beabsichtigte Rechtsverfolgung oder Rechtsverteidigung hinreichende Aussicht auf Erfolg hat und nicht mutwillig erscheint.[1] Diese verfassungsrechtliche Verankerung der Prozess- und Verfahrenskostenhilfe und ihre klare Zielsetzung der Rechtsschutzgleichheit sind bei der Auslegung und Anwendung der §§ 114 ff. ZPO stets zu berücksichtigen. Die entsprechenden Voraussetzungen[2] werden im Folgenden näher dargestellt.

Kapitel 2: Anwendungsbereich der Prozesskostenhilfe

393 Prozesskostenhilfe gemäß §§ 114 ff. ZPO kann für sämtliche **kontradiktorischen Gerichtsverfahren** nach der Zivilprozessordnung bewilligt werden; hierzu zählen auch das selbstständige Beweisverfahren, §§ 485 ff. ZPO[1], die Zwangsvollstreckung, aber auch der Zwischenstreit nach § 387 ZPO i. V. m. § 372a ZPO.[2]
Hingegen kann für das einem Prozess vorgeschaltete **Prozesskostenhilfeprüfungsverfahren** sowie das nachfolgende Beschwerdeverfahren grundsätzlich keine Prozesskostenhilfe bewilligt werden und zwar weder für den Antragsteller noch für den Antragsgegner.[3] Bei beiden handelt es sich nicht um eine „Prozessführung", bzw. „Rechtsverfolgung" oder „Rechtsverteidigung" iSd § 114 Abs. 1 ZPO. Hierunter fällt nur das eigentliche Streitverfahren. Gleiches gilt für das Beratungshilfeverfahren (sh. auch Rn. 245).[4]
Eine Ausnahme hiervon kommt dann in Betracht, wenn im Prozesskostenhilfeprüfungsverfahren, sei es im Erörterungstermin nach § 118 Abs. 1 S. 3 ZPO oder nach § 278 Abs. 6 ZPO, eine gütliche Einigung in Form eines Vergleichsabschlusses erfolgt. In diesem Fall darf Prozesskostenhilfe für den Vergleichs-

---

1 Vgl. auch zu Vorstehendem BVerfGE 81, 347 (357); BVerfG, NJW-RR 2016, 1264 (1265); BVerfG, Beschluss vom 4.8.2016, Az. 1 BvR 380/16 – juris, Rn. 11 ff. (st. Rspr.).
2 Für Anträge auf Bewilligung von Prozesskostenhilfe für einen Rechtszug, die vor dem 1. Januar 2014 gestellt wurden, gelten für den jeweiligen Rechtszug die bis zum 31. Dezember 2013 maßgebenden Vorschriften, § 40 EGZPO.
1 Die Frage, ob das selbständige Beweisverfahren wegen §§ 491 Abs. 2, 494 ZPO ein zwingend kontradiktorisches Verfahren ist, kann hier dahinstehen; vgl. *Schreiber* in Münchener Kommentar zur ZPO, 485 Rn. 1 mwN.
2 OLG Hamburg, FamRZ 2009, 1232 (Zwischenstreit).
3 BGH, NJW 2004, 2595 f.; OLG Köln, NJW-RR 2015, 576.
4 BVerfG, Beschluss vom 9.11.2017, Az. 1 BvR 2440/17 u.a – juris, Rn. 22.

schluss, nicht aber für das gesamte Prozesskostenhilfeprüfungsverfahren bewilligt werden.[5] Prozesskostenhilfe für das Prüfungsverfahren ist auch dann nicht zu gewähren, wenn entgegen des Zwecks des Prozesskostenhilfeprüfungsverfahrens dessen Rahmen überschritten, bereits die Hauptsache vorweggenommen und der potentielle Rechtsstreit erledigt wird.[6]

Soweit in familienrechtlichen Verfahren nicht ohnehin die Vorschriften der §§ 114 ff. ZPO direkt anzuwenden sind – § 113 Abs. 1 FamFG; in Ehesachen, § 121 FamFG und in Familienstreitsachen, § 112 FamFG, wobei auch insoweit der Terminus der Verfahrenskostenhilfe verwandt wird –, kommt für alle dem FamFG unterfallenden Rechtsgebiete Verfahrenskostenhilfe gemäß §§ 76 ff. FamFG in Betracht, wobei wegen der Voraussetzungen auf §§ 114 ff. ZPO verwiesen wird. Soweit für das Verfahren nach den Übergangsvorschriften gemäß Art. 111 FGG-RG, §§ 48, 49 VersAusglG noch das FGG gilt,[7] sind über § 14 FGG a. F. die Vorschriften der §§ 114 ff. ZPO entsprechend anwendbar, in Verbundverfahren direkt.[8]   **394**

Die Vorschriften der Prozesskostenhilfe finden weiterhin für **Arbeitsgerichtsverfahren** gemäß § 11a Abs. 1 ArbGG Anwendung, im Rahmen der **Verwaltungsgerichtsbarkeit** gemäß § 166 VwGO, für Prozesse vor dem **Sozialgericht** gemäß § 73a Abs. 1 SGG mit Einschränkungen sowie für **Finanzgerichtsprozesse** gemäß § 142 Abs. 1 FGO.   **395**

Im Rahmen der **Strafprozessordnung** kann Prozesskostenhilfe bewilligt werden für das Klageerzwingungsverfahren gemäß § 172 Abs. 3 S. 2 StPO, für die Privatklage nach § 379 Abs. 3 StPO, für den zur Nebenklage Befugten unabhängig von seinem tatsächlichen Anschluss gemäß §§ 397a Abs. 2, 406 h Abs. 3 S. 1 Nr. 2 StPO sowie für das Adhäsionsverfahren nach § 404 Abs. 5 StPO. Bei dem Nebenkläger ist zu beachten, dass Prozesskostenhilfe nicht notwendig ist und auch nicht gewährt werden kann, wenn ihm bereits nach § 397a Abs. 1 StPO ein Beistand zu bestellen ist.[9] Mit Ausnahme des Adhäsionsverfahrens ist der Schutz des Angeklagten über die Regelungen der Pflichtverteidigerbestellung gewährleistet, so dass Prozesskostenhilfe ausscheidet.[10] Tritt der Angeklagte im Privatklageverfahren als Widerkläger auf, gilt für ihn § 379 Abs. 3 StPO ebenfalls.[11]   **396**

Gerichtliche Prozesskostenhilfe kann **nicht** für **notarielle Beurkundungen** gewährt werden;[12] vielmehr muss der Notar gemäß § 17 Abs. 2 BNotO eigenverantwortlich prüfen, ob er in Anlehnung an die Vorschriften der Prozesskostenhilfe vorläufig Gebührenfreiheit oder Ratenzahlung gewährt.   **397**

Mangels eines gerichtlichen Verfahrens kommt die Bewilligung von Prozesskostenhilfe auch **nicht** für **die außergerichtliche Mediation**[13] sowie das Schieds-   **398**

---

5 BGH, NJW 2004, 2595 (2596), bestätigt durch BVerfG, NJW 2012, 3293; BVerfG, Beschluss vom 9.11.2017, Az. 1 BvR 2440/16 u.a. – juris, Rn. 34; OLG Karlsruhe, FamRZ 2015, 1920; OLG München, FamRZ 2010, 142; aA OLG Koblenz, MDR 2009, 947 (948); *Geimer* in Zöller, ZPO, § 118 Rn. 8, die eine Bewilligung für das gesamte Verfahren deshalb als geboten ansehen, da sonst der die Kosten mindernder Zweck des Einigungsverfahrens verfehlt würde und die Partei nicht von den Kosten ihres Anwalts freigestellt wird.
6 OLG Nürnberg, FamRZ 2002, 758 (759); *Dürbeck/Gottschalk*, Rn. 159; a. A.: OLG Bamberg, NJW-RR 2005, 652; OLG Düsseldorf, NJW-RR 1996, 838.
7 vgl. hierzu *Hartmann*, NJW 2009, 2655.
8 *Dürbeck/Gottschalk*, Rn. 12.
9 BGH, NJW 1999, 2380; zu den sonstigen Voraussetzungen vgl. BGH, NStZ-RR 2015, 351, 352.
10 streitig, wie hier OLG Düsseldorf, NStZ 1989, 92; OLG Celle, NJW-RR 2008, 190 (191); OLG Hamburg Beschluss vom 15.4.2013, Az. 1 WS 6/13 – juris mit Darstellung des Streitstands.
11 OLG Düsseldorf, NStZ 1989, 92.
12 Der Verstoß gegen die Pflicht zur Gebührenerhebung, § 17 Abs. 1 BNotO, kann ein Dienstvergehen des Notars darstellen, vgl. BGHZ 203, 280, nachgehend BVerfG, NJW 2015, 2642.
13 OLG Dresden, NJW-RR 2007, 80 (81).

verfahren nach §§ 1025 ff. ZPO in Betracht. Hat jedoch das Gericht die Mediation vorgeschlagen und das Verfahren ausgesetzt, terminlos gestellt oder zum Ruhen gebracht, kann Prozesskostenhilfe auch für die Kosten einer gerichtsnahen oder gerichtsinternen Mediation gewährt werden bzw. sind bei bereits gewährter Prozesskostenhilfe diese Mediationskosten von der gewährten Prozesskostenhilfe umfasst.[14] Hinsichtlich des Schiedsverfahrens handelt es sich dann um ein gerichtliches Verfahren im Sinne des § 114 ZPO, soweit eine gerichtliche Entscheidung beantragt werden kann (§ 1062 Abs. 1 ZPO).[15] Wird ein Rechtsanwalt „zwischen den Instanzen" tätig, indem er die Erfolgsaussichten eines Rechtsmittels nach Abschluss der Instanz prüft, kann ihm für diese außergerichtliche Tätigkeit keine Prozesskostenhilfe gewährt werden, hierfür ist **die Beratungshilfe** einschlägig,[16] siehe auch Rn. 127.

399 Auch für **Verfassungsbeschwerden** kann trotz fehlender ausdrücklicher Regelung Prozesskostenhilfe bewilligt werden. Allerdings setzt dies aufgrund der Kostenfreiheit des Verfahrens und des fehlenden Anwaltszwangs im schriftlichen Verfahren voraus, dass der Beschwerdeführer nicht in der Lage ist, sich selbst zu vertreten.[17]
Gleiches gilt **für einen Äußerungsberechtigten** nach § 94 Abs. 3 BVerfGG im Rahmen eines **konkreten Normenkontrollverfahrens** oder **einer Verfassungsbeschwerde**.[18]

399a Für das Anhörungsrügeverfahren nach § 321a ZPO kann ebenfalls Prozesskostenhilfe bewilligt werden. Dies gilt entsprechend dem Grundsatz „Keine PKH für PKH" jedoch nicht, wenn dieses Verfahren im Anschluss an ein PKH-Beschwerdeverfahren, § 127 Abs. 2 ZPO, durchgeführt wird.[19]

400 Prozesskostenhilfe darf nur für Verfahren bei **deutschen** staatlichen Gerichten bewilligt werden, nicht bezüglich einer Klage oder eines Rechtsmittels im Ausland.[20]

401 In §§ 1076–1078 ZPO finden sich Regelungen in Bezug auf **grenzüberschreitende Prozesskostenhilfe** innerhalb der Mitgliedstaaten der Europäischen Union. Will eine im EU-Ausland ansässige Partei in Deutschland klagen, hat sie die Wahl, ob sie schlicht einen Antrag nach § 114 ZPO stellt oder den Weg über §§ 1076, 1078 ZPO geht. Soll Prozesskostenhilfe für einen Prozess im EU-Ausland gewährt werden, erleichtert § 1077 ZPO lediglich die Antragstellung und die Übermittlung des Antrags (insbesondere in Bezug auf Übersetzungen, § 1077 Abs. 3, 4 ZPO), stellt aber noch nicht die Gewährung von Prozesskostenhilfe dar. Sofern sich das Ersuchen allerdings als offensichtlich unbegründet erweist oder offensichtlich nicht unter den Anwendungsbereich der Richtlinie 2003/8/EG fällt, obliegt es dem für das Verfahren gemäß § 20 Nr. 6 RpflG zuständigen Rechtspfleger des Amtsgerichts, in dessen Bezirk die hilfsbedürftige Partei ansässig ist, die Übermittlung des Antrags gemäß § 1077 Abs. 3 ZPO abzulehnen.

402 Für Unterhaltssachen, die dem Anwendungsbereich des **Auslandsunterhaltsgesetzes** (AUG) unterfallen, kann nach Maßgabe der §§ 20 bis 24 AUG Verfahrenskostenhilfe gewährt werden. Dies gilt für die gerichtlichen Verfahren und die Vollstreckungsverfahren, nicht umfasst ist hingegen das Verfahren vor

---

14 OLG Köln, FamRZ 2011, 1742 (1743), str. mwN auch zur Gegenansicht.
15 Dürbeck/Gottschalk, Rn. 11.
16 BGH, NJW-RR 2007, 1439 (1440).
17 BVerfGE 92, 122 (123); BVerfG, Beschluss v. 8.3.2017, Az. 1 BvR 2680/16 – juris, Rn. 3.
18 BVerfG, NJW 1989, 1723; BVerfG, NJW 1995, 1415 (1416).
19 OLG Köln, NJW-RR 2015, 576.
20 OLG Braunschweig, IPrax 1987, 236 – juris; KG, NJW-RR 1993, 69 (70); KG, FamRZ 2006, 1210.

der zentralen Behörde – dem Bundesamt für Justiz – als Justizverwaltungsverfahren nach § 4 Abs. 1, 2 AUG.[21]

Kapitel 3: Hinreichende Erfolgsaussichten

Die Gewährung von Prozesskostenhilfe setzt zunächst gemäß § 114 Abs. 1 S. 1 ZPO voraus, dass die beabsichtigte Rechtsverfolgung oder Rechtsverteidigung hinreichende Aussicht auf Erfolg hat. **403**

I. Grundsätzliches

Das Prozesskostenhilfeverfahren will den aufgrund des Rechtsstaatsgrundsatzes gebotenen Rechtsschutz nicht selbst bieten, sondern zugänglich machen. Daher genügen „hinreichende" Erfolgsaussichten. An das Vorliegen der hinreichenden Erfolgsaussichten sind keine überspannten Anforderungen zu stellen. Sie sind schon dann erfüllt, wenn dem Gericht **nach summarischer Prüfung** der von der hilfsbedürftigen Partei vertretene **Rechtsstandpunkt mindestens vertretbar erscheint und in tatsächlicher Hinsicht die Möglichkeit der Beweisführung besteht**.[1] Umgekehrt ist Prozesskostenhilfe zu verweigern, wenn ein Erfolg in der Hauptsache zwar nicht schlechthin ausgeschlossen, die Erfolgschance aber nur eine entfernte ist.[2] Erforderlich ist zumindet ein schlüssiger Vortrag.[3] Die rechtlichen Maßstäbe der Erfolgsprüfung sind für beide Parteien gleich. Daher dürfen an den Beklagten insoweit keine geringeren, aber auch keine höheren Anforderungen gestellt werden als an den Kläger.[4] Beweismittel müssen auf ihre Zulässigkeit und Geeignetheit überprüft werden. Demnach fehlt es an der Möglichkeit der Beweisführung, wenn einziges Beweismittel die Vernehmung der hilfsbedürftigen Partei selbst ist, aber die Voraussetzungen der §§ 447, 448 ZPO nicht erfüllt sind.[5] Gleiches gilt für ein angebotenes Sachverständigengutachten, für dessen Einholung jedoch schon die Anknüpfungstatsachen fehlen.[6] **403a**

Das Gericht hat **nicht nur vorgebrachte Einwendungen** zu berücksichtigen, sondern **von Amts wegen auch potentielle Einwendungen**; dies gilt insbesondere für die Frage des Mitverschuldens bei Schadensersatzklagen.[7] Ist aus der vorgerichtlichen Korrespondenz oder der Einlassung des Antragsgegners im Prozesskostenhilfeprüfungsverfahren bereits ersichtlich, dass sich der Gegner auf Verjährung berufen wird, fehlt es ebenfalls an den Erfolgsaussichten.[8] Der Gegner darf allerdings nicht seitens des Gerichts auf die **Verjährung** hingewiesen werden, und zwar weder im Prozesskostenhilfeprüfungsverfahren noch im Rahmen des Hauptprozesses. Denn das Gericht unterliegt grundsätzlich **404**

---

21 BT-Drs. 17/4887, S. 40; zur alten Rechtslage schon OLG Braunschweig, IPrax 1987, 236 – juris; KG, NJW-RR 1993, 69 (70); KG, FamRZ 2006, 1210.
1 BGH, NJW 1994, 1160 (1161).
2 BVerfGE 81, 347 (357); BVerfG, Beschluss vom 4.8.2016 – 1 BvR 380/16 – juris Rn. 12 aE.
3 OLG Hamm, VersR 1983, 577; bei „dubiosen Sachen" sind strengere Anforderungen zu stellen, sh. *Geimer* in Zöller, ZPO, § 114 Rn. 19.
4 OLG Saarbrücken, MDR 2003, 1436.
5 OLG Saarbrücken, OLGR 2008, 245, Rn. 7–9 – juris.
6 KG, NZV 2009, 339, das dies allerdings im Rahmen einer zulässigen Beweisantizipation erörtert.
7 *Dürbeck/Gottschalk*, Rn. 414; KG, MDR 1979, 672 – juris; OLG Düsseldorf, JurBüro 1988, 1057.
8 Weitergehend OLG Hamm, Beschluss vom 26.4.2011, Az.18 W 6/11, Rn. 12 – juris, welches darauf abstellt, dass trotz fehlender Äußerung des Antragsgegners keinerlei Anhaltspunkte ersichtlich sind, aus denen sich der Antragsgegner nicht auf Verjährung berufen wird.

denselben **Hinweispflichten** wie im Prozess,[9] nicht aber weitergehenden, nur weil ein Prozesskostenhilfegesuch anhängig ist. Es ist daher **nicht Aufgabe** des Gerichts, durch Fragen oder Hinweise **neue Anspruchsgrundlagen, Einreden oder Anträge** einzuführen, die in dem streitigen Vortrag der Parteien nicht zumindest andeutungsweise bereits eine Grundlage haben, was insbesondere für die Einrede der Verjährung, die **Geltendmachung von Gestaltungsrechten**, das **Einführen neuer Klagegründe** sowie das Berufen auf Leistungsverweigerungsrechte wie das Zurückbehaltungsrecht gilt.[10]

405 Bietet die Rechtsverfolgung oder die Rechtsverteidigung nur **teilweise Aussicht auf Erfolg**, ist die Prozesskostenhilfe **auf diesen Umfang zu beschränken**. Dann gilt es die Zuständigkeit zu beachten; vgl. Rn. 409. Bei **Schmerzensgeldklagen** ist hinsichtlich der Höhe ein großzügiger Maßstab anzulegen;[11] allerdings besteht auch kein Anspruch der bedürftigen Partei, auf Kosten der Allgemeinheit ein augenscheinlich überhöhtes Schmerzensgeld einklagen zu dürfen. Insofern ist maßgeblich, ob das geforderte Schmerzensgeld unter Zugrundelegung der vom Antragsteller behaupteten und in einer Beweisaufnahme zu klärenden Umstände sowie unter Berücksichtigung eines etwaigen Mitverschuldens angemessen erscheint.[12]

406 Besteht die Verteidigung des Beklagten in einem **Räumungsprozess** darin, binnen der Schonfrist des § 569 Abs. 3 Nr. 2 BGB die Forderung des Vermieters zu erfüllen und dadurch eine Unwirksamkeit der Kündigung herbeizuführen, kann ihm keine Prozesskostenhilfe bewilligt werden, es sei denn, der Vermieter erklärt den Rechtsstreit nicht binnen angemessener Frist für erledigt.[13] Erst recht genügt die bloße Absichtserklärung des Beklagten nicht.[14]

II. Beweisantizipation

407 Ist eine Beweisaufnahme **erforderlich und zulässig**, bestehen grundsätzlich hinreichende Erfolgsaussichten.[15] Allerdings ist ein gewisses Maß an **Beweisantizipation** zulässig. Bei der Prüfung der hinreichenden Erfolgsaussicht ist, wenn auch nur in eng begrenztem Rahmen, eine vorweggenommene Beweiswürdigung gestattet.[16] Insbesondere soll dadurch verhindert werden, dass bereits durch die bloße Angabe eines Beweisangebots die Erfolgsaussichten nicht mehr verneint werden können. Kommt eine Beweisaufnahme in Betracht, so kann demnach Prozesskostenhilfe nur **versagt** werden, wenn **konkrete und nachvollziehbare Anhaltspunkte** dafür vorliegen, dass eine Beweisaufnahme mit großer Wahrscheinlichkeit zum Nachteil des Antragstellers ausgehen wird.[17]

Im Hinblick auf Zeugen ist jedoch Vorsicht geboten. **Grundsätzlich** darf der Inhalt der **Zeugenaussage nicht vorweggenommen** werden.[18] Etwas anderes gilt jedoch dann, wenn in einem vorangegangenen **Ermittlungsverfahren** keiner der von dem Antragsteller benannten Zeugen dessen Version des Geschehens

---

9 BVerfG, FamRZ 2008, 131 (133).
10 BGH, NJW 2004, 164 f.; OLG Naumburg, Beschluss vom 15.12.2006, Az. 14 WF 206/06, Rn. 5 – juris.
11 so auch OLG Karlsruhe, NZV 2011, 258 (259).
12 vgl. OLG Düsseldorf, JurBüro 1988, 1057; zu den Bemessungskriterien des Schmerzensgeldes vgl. BGH, VersR 2017, 180, 182 ff.
13 LG Aachen, NJW-RR 1993, 829; *Blank* in Schmitt-Futterer, Mietrecht, § 569 Rn. 63.
14 LG Berlin, WuM 1992, 143 (144); a. A.: LG Mannheim, WuM 1988, 268 (269).
15 BVerfG, NJW 2003, 2976 (2977).
16 BGH, NJW 1994, 1161 (1162).
17 BVerfG, NJW-RR 2002, 1069.
18 BGH, NJW 1988, 266 (267).

unterstützt oder diese gar den Sachvortrag widerlegen.[19] Gleiches gilt für den Fall, dass der benannte Zeuge in der ersten Instanz die Aussage verweigert hat und keine Erklärung des in zweiter Instanz erneut benannten Zeugen vorliegt, er werde nunmehr aussagen.[20]
Ist das einzige Beweismittel die **Parteivernehmung** des Prozessgegners, kann Prozesskostenhilfe versagt werden, wenn dieser den Sachvortrag der bedürftigen Partei stets und substantiiert bestritten hat.[21]
Bereits vorhandene **Sachverständigengutachten** können zur Beurteilung herangezogen werden. Allerdings scheidet eine inhaltliche Auseinandersetzung mit widerstreitenden Gutachten aus; in diesem Fall ist Prozesskostenhilfe zu gewähren.[22] Anders dürfte der Fall liegen, wenn der Sachvortrag der hilfsbedürftigen Partei durch deren eigenen Sachverständigen widerlegt wird, da das Privatgutachten als Parteivortrag zu werten ist mit der Folge, dass der Vortrag in sich widersprüchlich ist.[23]
Ob die **Einholung eines Sachverständigengutachtens** im Rahmen des Prozesskostenhilfeverfahrens selbst zulässig ist, ist im Hinblick auf den Wortlaut des § 118 Abs. 2 S. 3 ZPO problematisch, da dieser nur von Vernehmung spricht.[24] Wird das Gutachten unzulässigerweise eingeholt, besteht diesbezüglich ein Verwertungsverbot.[25]

III. Ungeklärte, schwierige Rechtsfragen

Unter Beachtung seiner verfassungsrechtlichen Implementierung darf die Prüfung der Erfolgsaussicht nicht dazu dienen, die Rechtsverfolgung oder Rechtsverteidigung in das Prozesskostenhilfeverfahren vorzuverlagern und dieses an die Stelle des Hauptsacheverfahrens treten zu lassen.[26] Prozesskostenhilfe darf daher insbesondere dann nicht versagt werden, wenn die Entscheidung in der Hauptsache von der Beantwortung einer schwierigen, bislang ungeklärten Rechtsfrage abhängt. Eine derartige Lage ist jedoch nicht bereits dann gegeben, wenn es an einer höchstrichterlichen Entscheidung fehlt. Kann die Rechtsfrage im Hinblick auf die einschlägige gesetzliche Regelung oder durch seitens der Rechtsprechung bereits gewährter Auslegungshilfen beantwortet werden, ist sie nicht in vorgenanntem Sinne „schwierig" und damit im Prozesskostenhilfeverfahren durchaus zu klären. Ist dies aber nicht der Fall, läuft es dem Gebot der Rechtsschutzgleichheit zuwider, dem Unbemittelten wegen fehlender Erfolgsaussicht seines Begehrens die Gewährung von Prozesskostenhilfe vorzuenthalten.[27] Genauso wenig darf Prozesskostenhilfe versagt werden, wenn das Gericht bei der Beurteilung der Rechtslage von der bisherigen ober- und höchstrichterlichen Rechtsprechung abweicht; dies muss dem Hauptsacheverver-

---

19 OLG Köln, NZV 2004, 202; OLG Brandenburg, Beschluss vom 10.1.2008, Az. 12 W 58/07, Rn. 10 – juris; wohl auch OLG Bremen, OLGR 2006, 301 Rn. 4 aE – juris; a. A.: nur bei gerichtlicher Vernehmung des Zeugen, KG, MDR 2009, 221; OLG Hamm, NJW-RR 2002, 963 (964); auf diesen Streit nicht eingehend aber die Aussagen im Wege des Urkundenbeweis einführend, weil ein streitiges Strafurteil vorlag: OLG Zweibrücken, MDR 2009, 1242; sh. auch BVerfG, NJW 2010, 288 (289).
20 OLG Köln, FamRZ 1993, 215 (216).
21 OLG Köln, MDR 2007, 605.
22 BVerfG, Beschluss vom 5.5.2009, Az. 1 BvR 255/09, Rn. 4 – juris.
23 Dieser Konstellation lag die Entscheidung OLG Jena, MedR 2007, 423 – juris, zugrunde.
24 OLG Stuttgart, VersR 2008, 1373; a. A.: OLG München, Beschluss vom 16.12.2005, Az. 1 W 2878/05, Rn. 9 – juris, das die Einholung eines Gutachtens für zulässig erachtet, wenn der zeitliche und materielle Aufwand hierfür niedrig, die hinreichenden Erfolgsaussichten zweifelhaft und der Streitwert hoch ist.
25 OLG Bamberg, JurBüro 1991, 1669 (1671); offen lassend: OLG Stuttgart, VersR 2008, 1373 (1374).
26 BVerfGE 81, 347 (357).
27 BVerfG, NJW 2010, 1657; BVerfG, NJW 2008, 1060 (1061).

fahren vorbehalten bleiben.[28] Liegt eine zweifelhafte Rechtsfrage vor, hat das Gericht Prozesskostenhilfe bzw. Verfahrenskostenhilfe auch dann zu bewilligen, wenn es der Auffassung ist, dass die Rechtsfrage zu Ungunsten des Antragstellers zu entscheiden ist.[29]
Bei der Beurteilung, wann eine Rechtsfrage „schwierig" ist, muss neben einfachrechtlichen Fragen und Meinungsstreitigkeiten auch der Zweck des Prozesskostenhilfeverfahrens, dem Unbemittelten den weitgehend gleichen Zugang zu Gericht zu ermöglichen, beachtet werden. Daher spielen auch Fragen des Zugangs zum Verfahren (z. B. Kostenvorschusspflicht, Anwaltszwang) und weitere Modalitäten des jeweiligen Rechtsschutzweges (z. B. Schriftlichkeit oder Mündlichkeit des Verfahrens, Amtsermittlung oder Beibringungsgrundsatz, weiterer Rechtsmittelzug) eine entscheidende Rolle.[30]
Lag zwar **anfänglich** eine schwierige ungeklärte Rechtslage vor, wird diese aber **im Laufe des Prozesskostenhilfeverfahrens** höchstrichterlich zuungunsten der hilfsbedürftigen Partei **entschieden**, scheidet die Bewilligung von Prozesskostenhilfe – auch für die zurückliegende Zeit – aus.[31]
Hat das Gericht ernsthafte Zweifel an der **Verfassungsmäßigkeit einer Norm**, die für die Beurteilung der Erfolgsaussichten relevant ist, so ist Prozesskostenhilfe zu gewähren.[32]

IV. Zulässigkeit der beabsichtigten Klage

409 Die Prüfung der Erfolgsaussichten bezieht sich auch auf **Zulässigkeitsfragen**. Hält sich das angegangene Gericht insbesondere für **sachlich oder örtlich unzuständig**, so ist das Prozesskostenhilfegesuch **zurückzuweisen**, es sei denn, es wird entsprechend § 281 ZPO die Verweisung an das zuständige Gericht beantragt.[33]
Besonderheiten ergeben sich bei der Frage der **streitwertabhängigen Zuständigkeit** zwischen Amts- und Landgericht.
Hier ist zu unterscheiden zwischen dem vorgeschalteten Prozesskostenhilfeprüfungsverfahren und dem Bewilligungsverfahren im Rahmen einer bereits erhobenen Klage. Bestehen im letzteren Fall die Erfolgsaussichten der beim Landgericht eingereichten Klage nur in einer Höhe **unterhalb der Zuständigkeitsgrenze**, so ist Prozesskostenhilfe nur **in dieser Höhe** zu bewilligen.
Im vorgeschalteten Verfahren ist der Antragsteller darauf hinzuweisen, dass das Landgericht aufgrund der nur teilweise bestehenden Erfolgsaussichten sachlich **nicht zuständig** ist. Wird dann kein Verweisungsantrag entsprechend § 281 ZPO gestellt oder kann ein solcher nicht mehr gestellt werden, weil bereits eine bindende Verweisung des Verfahrens an das Landgericht erfolgt ist, ist der Prozesskostenhilfeantrag **mangels Erfolgsaussichten insgesamt zurückzuweisen**. Erklärt der Antragsteller, er wolle die Klage dennoch in voller Höhe einreichen und wegen des nicht für erfolgversprechend gehaltenen Teils **auf eigene Kosten** prozessieren, hat das Gericht Prozesskostenhilfe in Höhe des erfolgversprechenden Teilbetrags zu gewähren.[34] Akzeptiert der Antragsteller die Rechtsauffassung des Gerichts und stellt deswegen einen Antrag **entsprechend § 281 ZPO**, wird die Sache an das zuständige Gericht verwiesen.
Der Antrag entsprechend § 281 ZPO kann in allen Konstellationen **auch im Beschwerdeverfahren** gestellt werden mit der Folge, dass das Beschwerdege-

---

28 BVerfG, NJW-RR 2005, 500 (501).
29 BGH, MDR 2013, 364.
30 Vgl. BVerfGE 81, 347 (360).
31 BGH, NJW 1982, 1104 – LS.
32 OLG Frankfurt am Main, FamRZ 1990, 315 (316).
33 BGH, NJW-RR 1994, 706; BGH, NJW-RR 2004, 1437; OLG Karlsruhe, FamRZ 2014, 1476.
34 BGH, NJW-RR 2004, 1437.

richt den erstinstanzlichen Beschluss aufhebt und gleichzeitig an das zuständige Gericht verweist.[35] Zu beachten ist, dass Verweisungsbeschlüsse im Rahmen des vorgeschalteten Prozesskostenhilfeprüfungsverfahrens nur für dieses **Bindungswirkung** entfalten, nicht aber für den Hauptsacheprozess.[36]

V. Maßgeblicher Zeitpunkt für die Beurteilung der Erfolgsaussichten

Für die Beurteilung der Erfolgsaussichten ist der Sach- und Streitstand im Zeitpunkt der Beschlussfassung maßgebend, wenn alsbald nach Entscheidungsreife entschieden wird. Zur Entscheidung reif ist das Prozesskostenhilfebegehren, wenn die Partei es schlüssig begründet, die Erklärung über die persönlichen und wirtschaftlichen Verhältnisse vorgelegt und wenn der Gegner Gelegenheit gehabt hat, sich innerhalb angemessener Frist zum Prozesskostenhilfegesuch zu äußern.[37] Ergeht der Beschluss erst nach Vorliegen der Entscheidungsgreife, bleibt es grds. beim maßgebenden Zeitpunkt der Beschlussfassung. Die zwischenzeitlich gewonnenen Erkenntnisse sind zu berücksichtigen.[38] Damit korrespondiert die Ablehnung des Prozesskostenhilfeantrags mangels Erfolgsaussicht, wenn im Laufe des Verfahrens eine zuvor ungeklärte schwierige Rechtsfrage höchstrichterlich zum Nachteil der hilfsbedürftigen Partei entschieden wird.[39]

Ein anderer Zeitpunkt ist zugrunde zu legen, wenn das Gericht die Entscheidung über das Gesuch **pflichtwidrig verzögert**. Ändert sich infolge der Verzögerung die Entscheidungsgrundlage zum Nachteil der antragstellenden Partei, ist ihr – vom Sonderfall der zwischenzeitlichen höchstrichterlichen Entscheidung einer schwierigen Rechtsfrage abgesehen – dennoch Prozesskostenhilfe zur Rechtsverfolgung bzw. -verteidigung zu bewilligen, wenn die Voraussetzungen zuvor vorlagen. Etwas anderes gilt nur dann, wenn spätere Erkenntnisse – etwa nach einer Beweisaufnahme – zugleich die Unwahrheit des Prozessvortrags des Antragstellers im Sinne von § 124 Nr. 1 ZPO ergeben, weil in diesem Fall sogar eine rückwirkende Aufhebung der bewilligten Prozesskostenhilfe begründet wäre[40].

Schwierigkeiten hinsichtlich der Beurteilung des maßgebenden Zeitpunkts stellen sich dann nicht, wenn der Prozesskostenhilfeantrag erst nach durchgeführter Beweisaufnahme oder generell nach nachteiligem Verlauf des Verfahrens gestellt worden ist, denn auf die Sach- und Rechtslage vor Antragstellung kann man sich in diesem Fall nicht berufen.[41]

VI. Anerkenntnis, Klagerücknahme, übereinstimmende Erledigung der Hauptsache, Vergleich

Anerkenntnis, Klagerücknahme, Vergleich und übereinstimmende komplette Erledigung der Hauptsache haben eines gemeinsam: Es geht nur noch um die Kosten des Rechtsstreits; eine Rechtsverfolgung und/oder Rechtsverteidigung in der Hauptsache findet ab Eintritt eines dieser Ereignisse nicht mehr statt. Damit kommt in diesen Fällen grds. auch keine Bewilligung von Prozesskosten-

---

35 OLG Hamm, NJW-RR 2007, 81 (82); OLG Zweibrücken, OLGR 2004, 639, Rn. 4 – juris.
36 BGH, NJW-RR 1994, 706; BGH, NJW-RR 2004, 1437.
37 BGH, NJW 2012, 1964 (1966).
38 OLG Naumburg, FamRZ 2000, 431; OLG Köln, FamRZ 2000, 1588.
39 BGH, NJW 1982, 1104 – LS.
40 BGH, NJW 2012, 1964 (1966); vgl. auch OLG Köln, MDR 2012, 1368; OLG Düsseldorf, FamRZ 1997, 1088; *Geimer*, in Zöller, ZPO, § 119 Rn. 46.
41 OLG Celle, FamRZ 2007, 485.

hilfe in Betracht.[42] Erledigt sich die Hauptsache bereits im Prozesskostenhilfeprüfungsverfahren darf keine Prozesskostenhilfe mehr bewilligt werden („Keine PKH für PKH").[43]
Anders ist auch hier die Sachlage stets zu beurteilen, wenn das Gericht die Entscheidung über den Prozesskostenhilfeantrag verzögert.[44] Dann kann bei Vorliegen der Voraussetzungen in allen vorgenannten Fällen Prozesskostenhilfe bewilligt werden.
Unabhängig hiervon kann dem Beklagten im Falle der **Klagerücknahme** – vor Entscheidungsreife – noch Prozesskostenhilfe bewilligt werden, wenn und soweit eine Rechtsverteidigung tatsächlich erfolgte und Aussicht auf Erfolg hatte und bereits vor Klagerücknahme ein Antrag gestellt war.[45] Im Falle des **Anerkenntnisses** kann dem Beklagten dann Prozesskostenhilfe bewilligt werden, wenn es sich um ein sofortiges Anerkenntnis im Sinne des § 93 ZPO handelt.[46] Einem „sofortigen" Anerkenntnis steht nicht entgegen, dass sich der Beklagte im Rahmen des Prozesskostenhilfeprüfungsverfahrens nach § 118 Abs. 1 S. 1 ZPO nicht geäußert hat (vgl. Rn. 449).
Die **Erledigung der Hauptsache** führt (s. o.) grds. zum Wegfall der Erfolgsaussichten für die Rechtsverfolgung bzw. Rechtsverteidigung. Nach den im Falle der Klagerücknahme anerkannten Kriterien kann jedoch auch hier Prozesskostenhilfe bewilligt werden, wenn vor den übereinstimmenden Erledigungserklärungen – auch in Form der Fiktion des § 91a Abs. 1 S. 2 ZPO – der Antrag gestellt war und eine Rechtsverteidigung, bzw. praktisch weniger relevant Rechtsverfolgung, vorlag.[47] Vergleichbar mit der Klagerücknahme hat auch hier der Beklagte keinen Einfluss auf den Zeitpunkt der prozessleitenden Erledigungserklärung des Klägers und trägt möglicherweise sein Verteidigungsverhalten zur Abgabe der Erledigungserklärung bei.
Vor Zustellung der Klage kommt eine Prozesskostenhilfebewilligung für den Beklagten allerdings **nicht** in Betracht.[48]
Fand **vor dem Prozess ein Prozesskostenhilfeverfahren** für den Kläger statt und **äußert sich der Beklagte** in diesem **nicht**, mag sein Anerkenntnis im darauf folgenden Prozess zwar noch sofortig im Sinne des § 93 ZPO sein.[49] Allerdings kann sein Schweigen im Prozesskostenhilfeverfahren dazu führen, dass sein eigener Prozesskostenhilfeantrag wegen **Mutwilligkeit** abzulehnen ist.[50]
Der Abschluss eines gerichtlichen **Vergleichs** soll **Erfolgsaussichten** in Höhe des jeweiligen Obsiegens **indizieren**.[51] Allerdings darf es dem Gericht auch in diesem Fall nicht verwehrt werden, die Erfolgsaussichten danach zu beurteilen, wie ohne den Vergleich das Verfahren voraussichtlich in der Hauptsache und kostenrechtlich entschieden worden wäre und zwar unabhängig von der Frage,

---

42 OLG Karlsruhe, FamRZ 2002, 1132 für Anerkenntnis; OVG Lüneburg, Beschluss vom 5.5.2009, Az. 4 PA 70/09, Rn. 4 – juris für Vergleich, Klagerücknahme und § 91a ZPO; OLG Karlsruhe, MDR 2012, 1368; OLG Köln, FamRZ 2008, 1259.
43 OLG Köln, MDR 2012, 1368.
44 OLG Brandenburg, FamRZ 2007, 909 (910).
45 BGH, MDR 2010, 402 (403).
46 OLG Hamm, MDR 2006, 890 (891); OLG Naumburg, FamRZ 2001, 923; OLG Stuttgart, FamRZ 2013, 1323.
47 Vgl. BayVGH, Beschluss vom 19. April 2017, Az. 10 C 16.2189, Rn. 3, juris; a. A.: OLG Brandenburg, FamRZ 2007, 909 (910); *Fischer* in Musielak/Voit, ZPO, § 114 Rn. 18: eine Bewilligung kommt in Betracht, wenn der Antrag verzögerlich behandelt wurde.
48 BGH, NJW 2004, 2595; siehe auch Rn. 393.
49 OLG Hamm, FamRZ 2004, 466 (467); OLG Bremen, OLGR 2009, 272, Rn. 5 – juris; a. A.: OLG Karlsruhe, FamRZ 2002, 1132.
50 OLG Oldenburg, OLGR 2002, 177, Rn. 4 – juris; a. A.: OLG Karlsruhe, FamRZ 2002, 1132 (1133); sh Rn. 449.
51 OLG Zweibrücken, FamRZ 1997, 946 (947), LAG Rheinland-Pfalz, Beschluss vom 15.8.2008, Az. 11 Ta 124/08, Rn. 16 – juris; OLG Köln, FamRZ 2000, 1094 (Erfolgsprüfung findet nicht statt).

ob der Vergleich eine eigene Kostenquote enthält oder über die Kosten nach
§ 91a ZPO entschieden werden soll.[52]

VII. Insolvenzverfahren

1. Insolvenz einer Partei im Laufe des Verfahrens

Die Eröffnung des Insolvenzverfahrens über das Vermögen einer Partei bewirkt **412**
keine Unterbrechung eines laufenden Prozesskostenhilfeverfahrens; § 240 ZPO
ist insofern nicht anwendbar.[53] Ist der Insolvenzschuldner der Antragsteller,
fehlen seiner beabsichtigten Rechtsverfolgung die Erfolgsaussichten, weil er mit
Eröffnung des Verfahrens gemäß § **80 InsO die Befugnis zur Fortführung des
Prozesses verloren** hat.[54]
Macht der Insolvenzverwalter von seinem Recht zur Aufnahme eines unterbrochenen **Aktivprozesses** gemäß § 85 Abs. 1 InsO Gebrauch, richtet sich die Gewährung von Prozesskostenhilfe nach § 116 S. 1 Nr. 1 ZPO. **Aktivprozesse**
sind dabei solche Prozesse, in denen ein Recht zugunsten der Masse geltend
gemacht wird.[55] Ob der Gemeinschuldner in diesem Zusammenhang Kläger
oder Beklagter ist, hat für die Einordnung als Aktivprozess keine Bedeutung.[56]

Wird über das **Vermögen des Antragsgegners** das **Insolvenzverfahren** eröffnet, **413**
ist zu unterscheiden zwischen dem vorgeschalteten Prozesskostenhilfeprüfungsverfahren und einem Prozesskostenhilfegesuch im Rahmen des unterbrochenen
Rechtsstreits.
Im Rahmen des **vorgeschalteten Prozesskostenhilfeverfahrens** fehlt es an den
Erfolgsaussichten, wenn es sich um eine Insolvenzforderung handelt. Denn ein
Insolvenzgläubiger kann seine Ansprüche gemäß 87 InsO nur nach den Vorschriften der InsO, also der Anmeldung zur Insolvenztabelle gemäß §§ 174 ff.
InsO verfolgen.[57] Eine dennoch erhobene Klage müsste als unzulässig abgewiesen werden.[58] Erst wenn die Forderung bestritten wird, kommt Prozesskostenhilfe in Betracht, dann aber für eine Klage auf Feststellung der Forderung nach
§ 179 Abs. 1 InsO.
Problematisch ist der Umgang mit **Prozesskostenhilfegesuchen für ein bereits
anhängiges Verfahren,** das eine Insolvenzforderung im Sinne des § 38 InsO
zum Gegenstand hat. Das Hauptsacheverfahren wird gemäß § 240 ZPO unterbrochen und kann als Passivprozess nur nach Anmeldung zur Insolvenztabelle
und Bestreiten gemäß §§ 87, 174 ff. InsO vom Insolvenzgläubiger wieder aufgenommen werden und auch dann nur erfolgreich unter der Voraussetzung,
dass die Leistungsklage in eine Feststellungsklage nach § 179 Abs. 1 InsO geändert wird.
Wird die Forderung nicht bestritten, hat sich der Hauptsacheprozess erledigt,
weil die Feststellung dann einen Vollstreckungstitel gemäß § 178 Abs. 3 InsO
darstellt. Da aber nur das Hauptsacheverfahren, nicht aber das Prozesskostenhilfeverfahren unterbrochen wird, fehlt es ab dem Zeitpunkt der Insolvenzeröffnung bis zur Klärung der Frage, ob eine Forderung bestritten wird oder
nicht, streng genommen an den Erfolgsaussichten der Klage. Darüber hinaus
wird man hier unter dem Gesichtspunkt der Mutwilligkeit die Frage der Vollstreckungsaussichten ebenfalls prüfen müssen.[59]

---

52 vgl. OLG Köln, FamRZ 2002, 760.
53 BGH, NJW-RR 2006, 1208 (1209); BAG, NJW 2011, 3532 (3533).
54 BGH, NJW-RR 2006, 1208 (1209).
55 BGH, NJW 1962, 589 (590).
56 BGH, NJW 1995, 1750 f.
57 BGH, NZI 2005, 108 (109).
58 *Greger* in Zöller, ZPO, § 240 Rn. 4.
59 OLG Frankfurt am Main, OLGR 2007, 429, Rn. 4 – juris.

2. Insolvenzgläubiger für das Insolvenzverfahren

414 Auch ein Insolvenzgläubiger kann im Rahmen des Insolvenzverfahrens Prozesskostenhilfe beantragen. Hinreichende Erfolgsaussichten bestehen jedoch dann nicht, wenn der Gläubiger **nicht mit einer Quote** rechnen kann, insbesondere wenn das Vermögen des Schuldners nicht zur Deckung der Verfahrenskosten ausreicht und kein **Massekostenvorschuss** gemäß § 26 Abs. 1 S. 2 InsO geleistet wird.[60]

3. Prozesskostenhilfe für den Insolvenzverwalter

414a Der Insolvenzverwalter als Partei kraft Amtes erhält auf Antrag Prozesskostenhilfe, wenn die Kosten des Rechtsstreits aus der verwalteten Vermögensmasse nicht aufgebracht werden können und den am Gegenstand des Rechtsstreits wirtschaftlich Beteiligten nicht zuzumuten ist, die Kosten aufzubringen (§ 116 Abs. 1 S. 1 Nr. 1 ZPO). Dies gilt auch für die Bewilligung von Verfahrenskostenhilfe in Familiensachen, in denen der Insolvenzverwalter Beteiligter ist. Wie jede andere Partei auch kann der Insolvenzverwalter allerdings nur dann Prozesskostenhilfe oder Verfahrenskostenhilfe in Anspruch nehmen, wenn seine Rechtsverfolgung oder Rechtsverteidigung nicht mutwillig ist. Würde eine vermögende Partei, die für die Kosten selbst aufkommen müsste, auf die entsprechende Rechtsverfolgung oder Rechtsverteidigung vernünftigerweise auch dann verzichten, wenn diese Rechtsverfolgung oder -verteidigung für sich gesehen Erfolg versprechend wäre, ist auch dem Insolvenzverwalter Prozess-/Verfahrenskostenhilfe zu versagen. Dabei ist aber etwa eine Anfechtungsklage nicht schon dann mutwillig im Sinne von § 114 Abs. 2 ZPO, wenn der Verwalter Masseunzulänglichkeit angezeigt hat. Ist die Durchsetzung des mit der beabsichtigten Anfechtungsklage verfolgten Anspruchs jedoch nicht dazu geeignet, die eingetretene Massekostenarmut zu beheben, ist dem Insolvenzverwalter in Fällen der Massekostenarmut Prozesskostenhilfe zu versagen.[61]

Der Insolvenzverwalter ist nicht Partei im Verfahren über den Antrag des Schuldners auf Restschuldbefreiung, vielmehr gehört die Abgabe einer Stellungnahme zu seinen üblichen Aufgaben im Rahmen eines Verbraucherinsolvenzverfahrens. Daher kann ihm auch keine Prozesskostenhilfe gewährt werden.[62]

VIII. Mahnverfahren

415 Im Mahnverfahren ist die Prüfung der Erfolgsaussicht auf die Voraussetzungen für den Erlass des Mahnbescheides beschränkt.[63] Liegen diese und die übrigen Voraussetzungen vor, ist Prozesskostenhilfe zu bewilligen. Diese Gewährung von Prozeßkostenhilfe ist auf das Mahnverfahren zu beschränken.[64] Sie umfasst nicht das nachfolgende streitige Verfahren; hierfür ist gesondert Prozesskostenhilfe zu beantragen und zu bewilligen. Dessen Erfolgsaussicht – im Falle eines Widerspruchs – kann im Mahnverfahren nicht geprüft werden. Der Antragsteller ist auch nicht gehalten, hierzu gleichsam prophylaktisch vorzutragen, da gerade im Mahnverfahren keine Schlüssigkeitsprüfung stattfindet und der Antragsteller nur zur Erfolgsaussicht des Mahnbescheids und nicht hinsichtlich eines streitigen Verfahrens entsprechende Angaben machen muss, bezüglich dessen unklar ist, ob es überhaupt durchgeführt wird. Aufgrund dieses, im Vergleich zum streitigen Verfahren, geringeren Prüfungsspektrums besteht

---

60 BGH, NJW 2004, 3260 (3261).
61 BGH, ZinsO 2016, 270.
62 BGH, NJW 2012, 1215 (1217).
63 KGR Berlin, 1999, 261, 262.
64 So die klar h.M., vgl. BGH, MDR 2017, 1261; OLG Oldenburg, NJW-RR 1999, 579; OLG München, MDR 1997, 891; *Geimer* in Zöller, ZPO, § 119 Rn. 16, jeweils auch mit Nachweisen zur Gegenansicht.

auch ein Bedürfnis, die Bewilligung von Prozesskostenhilfe auf den separaten Verfahrensabschnitt des Mahnverfahrens zu beschränken.

IX. Selbstständiges Beweisverfahren

Auch für das selbständige Beweisverfahren, §§ 485 ff. ZPO, kann Prozesskostenhilfe bewilligt werden. Es gehört, auch wenn es während eines laufenden Hauptsacheverfahrens durchgeführt wird nicht zum Rechtszug, so dass eine gesonderte Bewilligung erforderlich ist.[65] Hinsichtlich der Erfolgsaussicht i. S. des § 114 ZPO ist dabei allein auf diejenige des Antrages auf Durchführung des selbständigen Beweisverfahrens abzustellen, nicht dagegen darauf, ob eine später zu erhebende Klage Erfolg verspricht. Somit müssen nach summarischer Prüfung **die Voraussetzungen des § 485 ZPO erfüllt** sein; Prozesskostenhilfe ist nicht allein deswegen ausgeschlossen, weil noch kein Hauptsacheverfahren anhängig ist.[66] Insbesondere bezüglich der praxisrelevanten Einholung eines Sachverständigengutachtens vor einem Prozess gemäß § 485 Abs. 2 ZPO bedeutet dies, dass das Gericht seine **Zuständigkeit**, das **Risiko des Beweisverlusts** im Falle der fehlenden Zustimmung durch den Gegner, das **rechtliche Interesse** sowie die **Zulässigkeit des angebotenen Beweismittels** prüft, **nicht** aber die **Schlüssigkeit** des Sachvortrags oder die **Erheblichkeit des Beweismittels** für den Hauptsacheprozess. Eine Ausnahme gilt nur dann, wenn evident keinerlei Anspruch bestehen kann, weil es offensichtlich an einem Rechtsverhältnis, einem Anspruch oder einem Anspruchsgegner fehlt.[67]

416

Aufgrund der Besonderheit des Verfahrens bedarf es einer eingeschränkten Interpretation der Erfolgsaussicht der Rechtsverteidigung auf Seiten des **Antragsgegners**. Da der Antragsteller zur Schlüssigkeit des behaupteten Anspruchs nicht vortragen muss, kann und muss sich der Antragsgegner insoweit nicht verteidigen. Gegen das Vorliegen der Voraussetzungen des § 485 ZPO wird er selten erfolgversprechende Einwände vorbringen können. Daher reicht es für die Bejahung der Erfolgsaussicht der Rechtsverteidigung aus, wenn das prozessuale Verhalten des Antragsgegners einer sinnvollen Beteiligung an dem Verfahren zur zweckentsprechenden Wahrnehmung seiner Parteiinteressen dient. Dies ist etwa dann der Fall wenn er ein **berechtigtes Interesse** daran hat, bei den technischen Feststellungen des Sachverständigen **anwaltlich vertreten** zu sein. Ob die Beweiserhebung bereits angeordnet worden ist, ist hierfür ohne Bedeutung.[68] Demgegenüber reicht das bloße Bestreiten von Mängeln allein nicht.[69] Gleiches gilt, wenn der Antragsgegner sich darauf beschränkt, Gegenanträge zu stellen, die auf die Klärung der Verantwortlichkeit im Zusammenhang mit einem Dritten abzielen, da solche Gegenanträge unzulässig sind.[70]

417

Dem Streithelfer kann ebenfalls Prozesskostenhilfe gewährt werden, wobei es auch hier nicht auf die Erfolgsaussichten in der Hauptsache ankommt.[71] Die Vorschriften der Streitverkündung bzw. Nebenintervention sind im selbständigen Beweisverfahren entsprechend anwendbar.[72] Daher ist maßgebend, ob der Nebenintervenient/Streitverkündungsempfänger zu der unterstützten Partei oder dem Gegenstand des selbständigen Beweisverfahrens in einem Rechtsverhältnis steht, auf welches das Ergebnis der in dem selbständigen Beweisverfah-

418

---

65 Geimer in Zöller, ZPO, § 119 Rn. 20.
66 vgl. OLG Oldenburg, MDR 2002, 910 (911) m. w. N.
67 BGH, NJW 2004, 3488; OLG Koblenz, MedR 2017, 246.
68 OLG Saarbrücken, MDR 2003, 1436.
69 OLG Celle, OLGR 2001, 248, Rn. 3 – juris; OLG Saarbrücken, MDR 2003, 1436.
70 vgl. OLG Hamm, NJW 2009, 1009 (1010).
71 **a. A.**: LG Hamburg, BauR 2003, 1080.
72 BGHZ 194, 68, Rn. 6; st. Rspr.

ren stattfindenden zulässigen Beweiserhebung unmittelbar oder mittelbar rechtlich einwirkt.[73] Das Begehren des Streithelfers darf **nicht im Widerspruch** zu seiner **unterstützten Partei** oder **in keinem Zusammenhang** zwischen den beiden Hauptparteien stehen, so z. B. lediglich der Klärung des Verhältnisses zwischen ihm und einer der Parteien oder eines weiteren Streitverkündeten dienen.[74]

419 Auch im Rahmen des § 485 ZPO kann der Gegner die **Einrede der fehlenden Kostenerstattung analog § 269 Abs. 6 ZPO** erheben, wenn zuvor ein Antrag auf Durchführung des selbstständigen Beweisverfahrens wegen desselben Beweisthemas zurückgenommen worden ist. Das Gericht hat dem Antragsteller in diesem Fall eine Frist zum Nachweis der vollständigen Kostenerstattung zu setzen; verstreicht diese fruchtlos, ist der erneute Antrag zurückzuweisen.[75]

X. Urkundenverfahren

420 Da im Urkundenverfahren Vorbehalts- und Nachverfahren grds. eine rechtliche Einheit bilden, ist Prozesskostenhilfe einheitlich für beide Verfahren zu bewilligen. Daher erhält der Beklagte für das gesamte Verfahren Prozesskostenhilfe, auch wenn seine Rechtsverteidigung erst im Nachverfahren Erfolgsaussichten hat. Der Umstand, dass noch gar nicht sicher ist, ob es zu diesem Nachverfahren kommt, ist unerheblich, da der Beklagte dem Anspruch widersprechen muss, damit der Vorbehalt ausgesprochen wird und er seine Rechte im Nachverfahren geltend machen kann, § 599 I ZPO. Eine Ausnahme gilt für den Kläger. Bei ihm kann Prozesskostenhilfe auf das Vorverfahren beschränkt gewährt werden, wenn die Erfolgsaussichten bezüglich des Nachverfahrens als unsicher zu bewerten sind.[76]

XI. Schutzschriften

421 Grundsätzlich kann einem Antragsgegner nur dann Prozesskostenhilfe bewilligt werden, wenn **ein gerichtliches Verfahren rechtshängig** ist.[77] Allerdings kommt **ausnahmsweise** eine Bewilligung von Prozesskostenhilfe für die **Einreichung einer Schutzschrift** in Betracht, wenn diese **genauso dringend** erscheint wie der Antrag auf Erlass einer einstweiligen Verfügung oder einstweiligen Anordnung.[78]

XII. Prozesskostenhilfe für den Beitritt eines Streithelfers

421a Auch einem Streithelfer kann Prozesskostenhilfe bewilligt werden. Er wird zwar nach seinem Beitritt nicht Partei des Rechtsstreits, ist aber Partei i. S. v. § 114 ZPO. Da der entsprechende Schriftsatz nach § 70 ZPO im Anwaltsprozess durch einen Rechtsanwalt unterzeichnet sein muss, kann der Streithelfer ein Interesse daran haben, dass ihm bereits für seinen beabsichtigten Beitritt Prozesskostenhilfe bewilligt wird. Dies ist möglich. Die Erfolgsaussichten bestimmen sich nach denjenigen der Partei, der der Streithelfer beitritt. Erforderlich ist somit dass nicht ausgeschlossen werden kann, dass der Vortrag des

---

73 BGH, NJW 2016, 1020 (1021).
74 vgl. OLG Karlsruhe, MDR 2008, 1354.
75 LG Mönchengladbach, JurBüro 2006, 153.
76 OLG Saarbrücken, NJW-RR 2002, 1584; *Geimer* in: Zöller, ZPO, § 119 Rn. 17.
77 BGH, NJW 2004, 2595.
78 OLG Jena, OLGR 2009, 372, Rn. 9 m. w. N. – juris; LG Lübeck, JurBüro 2005, 265; vgl. auch BGH, NJW 2004, 2595; **a. A.**: AG Lübeck, SchlHA 2006, 315, Rn. 3 – juris; OLG Düsseldorf, FamRZ 1985, 502 (503).

Streithelfers für die Rechtsverfolgung oder -verteidigung der Partei Bedeutung erlangen wird.[79]

XIII. Familienrechtliche Verfahren

Nach § 76 Abs. 1 FamFG finden auf die **Bewilligung von Verfahrenskostenhilfe** die Bestimmungen der §§ 114 ff. ZPO entsprechende Anwendung, wobei die Besonderheiten des § 77 FamFG hinsichtlich der Anhörung sowie bezüglich der Reichweite der Bewilligung für die Vollstreckung und die Regelungen über die Beiordnung eines Rechtsanwalts, § 78 FamFG, zu beachten sind. In Ehesachen und Familienstreitsachen gelten gemäß § 113 Abs. 1 FamFG nicht die §§ 76 ff. FamFG, sondern die **Vorschriften der ZPO**.

1. Abstammungssachen

In Abstammungssachen gemäß § 169 FamFG, insbesondere der Vaterschaftsfeststellungs- und Vaterschaftsanfechtungsverfahren gilt wie sonst auch, dass hinreichende Erfolgsaussichten grundsätzlich dann gegeben sind, wenn eine Beweisaufnahme erforderlich ist.[80] Allerdings ist auch hier – wie in allen Verfahren[81] – erforderlich, dass **überhaupt eine Rechtsverteidigung** des hilfsbedürftigen Antragsgegners **vorliegt**. Tritt der Antragsgegner den Anträgen nur unzureichend entgegen – trägt er insbesondere keine konkreten Tatsachen vor, die bei verständiger Würdigung ernstzunehmende Zweifel an seiner Vaterschaft wecken können – oder unterstützt er diese sogar, kommt eine Bewilligung von Verfahrenskostenhilfe nicht in Betracht, auch wenn aufgrund der verfahrensrechtlichen Besonderheiten eine Beweisaufnahme durchgeführt werden muss.[82] Keinesfalls genügt die bloße Behauptung ins Blaue hinein, die Mutter habe Mehrverkehr gehabt.[83] Bestehen Zweifel einzig aufgrund eines heimlich eingeholten **DNA-Gutachtens**, vermag dies Erfolgsaussichten mangels Verwertbarkeit nicht zu begründen.[84] Wurde bereits im Anfechtungsverfahren die Einholung eines Abstammungsgutachtens rechtskräftig abgewiesen, kann die Geltendmachung des Anspruchs auf Einholung eines genetischen Gutachtens nach § 1598a BGB rechtsmissbräuchlich sein.[85]

2. Scheidungs- und Folgesachen

Handelt es sich bei dem hilfsbedürftigen Beteiligten um denjenigen, der den **Scheidungsantrag** gestellt hat, muss er die **Voraussetzungen für eine Scheidung** nach §§ 1565, 1566 BGB darlegen und ggfs. unter Beweis stellen. Hat der Antragsteller verfrüht, insbesondere vor Ablauf des Trennungsjahres, Verfahrenskostenhilfe für seinen beabsichtigten Scheidungsantrag beantragt, ist sein Antrag zurückzuweisen, so er diesen nicht zurücknimmt – was kostenfrei möglich ist –, und er muss später erneut Verfahrenskostenhilfe beantragen; die Ent-

---

79 OLG Hamm, OLGR 2003, 394.
80 OLG Naumburg, FamRZ 2007, 910.
81 OLG Karlsruhe, Beschluss vom 16.10.2012, Az. 2 UF 85/12, Rn. 12 m. w. N. – juris.
82 OLG Nürnberg, FamRZ 2004, 547; OLG Köln, FamRZ 2003, 1018; OLG Düsseldorf, NJW-RR 1996, 1157; wohl auch OLG Stuttgart, FamRZ 2005, 1266; **a. A.**: weil man sich dem Verfahren nicht entziehen könne: OLG Dresden, MDR 2010, 1330; OLG Hamm, FamRZ 2007, 1753; OLG Karlsruhe, NJW-RR 1999, 1456, OLG Koblenz, MDR 2002, 35. Dann ist aber zu prüfen, ob nicht mit Blick auf die Mutwilligkeit Verfahrenskostenhilfe zu versagen ist.
83 OLG Köln, FamRZ 2005, 43; **a. A.**: OLG Zweibrücken, MDR 2006, 271; nach OLG Stuttgart, NJOZ 2005, 2086 (2088) und OLG Brandenburg, FamRZ 2007, 151 (152) soll dies davon abhängen, wie intensiv die Beziehung zur Kindsmutter war.
84 BGH, NJW 2006, 1657 (1658).
85 OLG Stuttgart, NJW-RR 2010, 77.

scheidung über das VKH-Gesuch kann im Einzelfall bis zu einem Zeitpunkt nach Ablauf des Trennungsjahres zurückgestellt werden.[86]

425 Kann der Scheidungsantrag unter Anwendung **ausländischen Rechts** zwar keine Aussicht auf Erfolg haben, weil der Antragsgegner nach dem ausländischen Recht die Scheidung durch Widerspruch verhindern kann und voraussichtlich wird, so ist dennoch Verfahrenskostenhilfe zu bewilligen, wenn nach Ablauf einer bestimmten Frist ab rechtskräftiger Abweisung des Scheidungsantrags aufgrund des Widerspruchs ein erneuter Scheidungsantrag Erfolg hätte, also **das erste Verfahren notwendige Voraussetzung für das zweite** ist.[87]

426 Hinsichtlich des **hilfsbedürftigen Scheidungsgegners** bestehen nach Rechtshängigkeit des Antrags aufgrund der allgemeinen Grundsätze Erfolgsaussichten, wenn dieser substantiiert die Voraussetzungen der §§ 1565, 1566 BGB bestreitet.

427 Problematisch ist der Umgang mit **Zustimmung, passivem Verhalten oder Antrag auf Zurückweisung**, wenn dadurch eine Scheidung letztlich nicht verhindert werden kann. Stimmt der Antragsgegner **der Scheidung zu**, erscheint es angemessen, ihn gleichzustellen mit einem Antragsgegner, der nach § 1564 S. 1 BGB einen eigenen Scheidungsantrag stellt, so dass diesem Verfahrenskostenhilfe unter denselben Voraussetzungen wie für einen eigenen Scheidungsantrag zu gewähren ist. Daher ist dem Antragsgegner auch bei einem einvernehmlichen Scheidungsbegehren Verfahrenskostenhilfe zu bewilligen.[88] Zeigt der Antragsgegner in der Sache selbst **keinerlei Interesse** an dem Verfahren außer in Form des Antrags auf Bewilligung von Verfahrenskostenhilfe, will er also keinerlei Einfluss nehmen, kann ihm Verfahrenskostenhilfe nicht bewilligt werden.[89] Maßgebend ist daher in diesen Fällen nicht die Erfolgsaussicht in ihrer sonst angewandten Ausprägung, sondern das erkennbare Verfahrensziel der Partei.[90]

428 Gemäß § 149 FamFG erstreckt sich die Bewilligung der Verfahrenskostenhilfe für die Scheidungssache **auf die Versorgungsausgleichsfolgesache**, so dass hierfür eine gesonderte Erfolgsprüfung nicht erfolgt. Handelt es sich um ein Scheidungsverbundverfahren nach altem Recht, in dem eine Folgesache abgetrennt wurde, die nunmehr nach Art. 111 Abs. 4 FGG-RG als selbständige Familiensache nach neuem Recht fortgeführt wird, entfällt mit der Eigenschaft als Folgesache auch die Erstreckung der damals bewilligten Prozesskostenhilfe, so dass ein neuer Antrag auf Verfahrenskostenhilfe zu stellen ist.[91]
Für **die übrigen möglichen Scheidungsfolgesachen** wie Kindesunterhalt, Ehegattenunterhalt nach Scheidung, Zugewinnausgleich, Hausrat/Ehewohnung (§ 137 Abs. 2 FamFG, § 623 Abs. 1 ZPO a. F.) sowie Umgangs-, Sorgerechts- und Herausgabeverfahren als Kindschaftssachen, soweit sie das Verhältnis der Ehegatten untereinander betreffen (§ 137 Abs. 3 FamFG, § 623 Abs. 2 ZPO a. F.; nach § 623 Abs. 3 ZPO a. F. auch die Übertragung der elterlichen Sorge bei Kindeswohlgefährdung) sind **Erfolgsaussichten** wiederum **erforderlich**. Mit Ausnahme der Kindschaftssachen gilt für die Erfolgsprüfung der allge-

---

86 OLG Celle, MDR 2014, 229; a. A.: OLG Stuttgart, FamRZ 2004, 1298, das den Parteien entgegen § 572 ZPO erlauben will, den Zeitpunkt der Abhilfeentscheidung festzulegen.
87 OLG Düsseldorf, NJW-RR 2009, 440 (441).
88 vgl. OLG Frankfurt am Main, FamRZ 2010, 1687; OLG Rostock, FamRZ 2005, 1913 (1914); OLG Hamburg, FamRZ 1983, 1133; OLG Saarbrücken, FamRZ 1985, 723; vgl. auch *Weber* in Münchener Kommentar zum BGB, § 1564 Rn. 50.
89 OLG Saarbrücken, FamRZ 1985, 723 (724); OLG Jena, FamRZ 1998, 1179.
90 vgl. *Weber* in Münchener Kommentar zum BGB, § 1564 Rn. 50.
91 BGH, NJW 2011, 1141 (1142); vgl. auch OLG Frankfurt am Main, NZFam 2014, 465.

meine Maßstab;[92] **bei Kindschaftssachen** soll aufgrund der besonderen Bedeutung dieser Folgesachen und die vom Antragsinhalt unabhängige Verpflichtung des Gerichts zum Treffen einer Regelung eine Erfolgsprüfung nicht erforderlich sein.[93]

3. Unterhaltssachen

In Unterhaltssachen geht die Prüfung der Hilfsbedürftigkeit bereits zum Großteil einher mit der Feststellung des unterhaltsrechtlich relevanten Einkommens und damit den Erfolgsaussichten. Dies verstößt allerdings nicht gegen das Verbot der Vorwegnahme der Hauptsache, sondern ist schlicht verfahrensbedingt.[94] 429

Weder die freiwillige Leistung des Unterhaltsschuldners noch eine Titulierung im Wege der einstweiligen Anordnung beseitigen das Rechtsschutzinteresse des Unterhaltsgläubigers an einer endgültigen Titulierung; bezüglich der freiwilligen Leistung ergibt sich dies bereits aus § 258 ZPO.[95] Insofern lassen sich die Erfolgsaussichten nicht verneinen, wenngleich sich die Frage des Mutwillens stellt.[96]

Ausnahmsweise **entfällt eine Prüfung der Erfolgsaussichten,** wenn es sich um eine Unterhaltssache nach Artikel 56 Abs. 1 lit. a und b der Verordnung (EG) Nr. 4/2009 handelt (§ 22 Abs. 2 S. 2 AUG), also der Antragsteller eine Person unter 21 Jahren ist, es sich um Unterhaltspflichten aus einer Eltern-Kind-Beziehung handelt und sich das Verfahren auf Anerkennung, Vollstreckbarerklärung oder Vollstreckung eines ausländischen Titels richtet. Gleiches gilt, wenn dem Antragsteller in einer Unterhaltssache bereits im Ursprungsstaat für das Erkenntnisverfahren ganz oder teilweise Verfahrenskostenhilfe gewährt wurde und es nunmehr um ein Verfahren auf Anerkennung, Vollstreckbarerklärung oder Vollstreckung jenes Titels handelt (§ 23 AUG).

XIV. Stufenklage

Es ist in der Rechtsprechung heftig umstritten, wie mit Stufenklagen umzugehen ist. Hintergrund des Streits ist stets die Besorgnis der Gerichte vor überhöhten Zahlungsklagen auf Kosten der Allgemeinheit, wenn die naturgemäß unbezifferte erste Stufe – die Auskunftsklage – Erfolg haben sollte. 430

Die einen versuchen dem Rechnung zu tragen, indem sie Prozesskostenhilfe **für jede Stufe getrennt** bewilligen.[97] Dadurch besteht aber aufgrund der gleichzeitigen Rechtshängigkeit aller Stufen die Verpflichtung des hilfsbedürftigen Stufenklägers, einen Gerichtskostenvorschuss für die anderen Stufen einzahlen und gegebenenfalls einen Rechtsanwalt einen Gebührenvorschuss zahlen zu müssen.

Um dies zu vermeiden, ist die Prozesskostenhilfe von vorne herein für sämtliche Stufen zu bewilligen. Sie ist aber auf den Antrag beschränkt, der sich aus der Auskunft ergibt. Daher steht sie hinsichtlich der Leistungsstufe **unter dem Vorbehalt späterer Erfolgsprüfung,** ohne dass dieser ausdrücklich ausgesprochen werden muss.[98] Es ist zweckmäßig bereits bei Prozesskostenhilfebewilligung

---

[92] vgl. OLG Brandenburg, ZFE 2007, 430 – juris; OLG Köln, FamRZ 2009, 886 (887); a. A.: Gewährung für die Rechtsverteidigung schon, wenn diese nicht völlig aussichtslos erscheint OLG Karlsruhe, FamRZ 1989, 882 (883).
[93] OLG Rostock, FamRZ 2005, 1913 (1914); OLG Nürnberg, NJWE-FER 2001, 270.
[94] So wie hier auch *Dürbeck/Gottschalk*, Rn. 440.
[95] freiwillige Leistung: BGH, NJW 1998, 3116, OLG Hamm, FamRZ 2006, 627; OLG Düsseldorf, FamRZ 1993, 1217 (1218); endgültige Regelung: OLG Naumburg, FamRZ 2001, 1082.
[96] siehe Rn. 458.
[97] OLG Naumburg, FamRZ 2007, 1755; KG; FamRZ 2005, 461 (462).
[98] OLG Nürnberg, NJWE-FER 1997, 65 (66); OLG Brandenburg, FamRZ 2008, 1354; OLG Zweibrücken, FamRZ 2007, 1109 (1110); OLG Hamm, FamRZ 2007, 152 (153); OLG München, FamRZ 2005, 42; OLG Karlsruhe, AGS 2003, 295, Rn. 12 – juris; ausdrücklichen Vorbehalt fordernd OLG Düsseldorf, FamRZ 1987, 1281 (1282); *Geimer* in Zöller, ZPO, § 114 Rn. 37 f.

den **Gebührenstreitwert** für die gesamte Stufenklage und damit auch für die **Leistungsklage** vorläufig festzusetzen.[99]

Wird im Rahmen eines vorgeschalteten Prozesskostenhilfeprüfungsverfahrens die Auskunft erteilt, kann es keine Auskunftsklage mehr geben, für die Prozesskostenhilfe bewilligt werden könnte, so dass der Kläger einen bezifferten Leistungsantrag stellen muss und erst für diesen Prozesskostenhilfe in Betracht kommt.[100]

Fehlen der Rechtsverteidigung des Beklagten hinsichtlich der Auskunftsklage hinreichende Erfolgsaussichten, weil sich seine Ausführungen nur auf die **Leistungsstufe** beziehen, oder erkennt er den Auskunftsanspruch an, kommt eine Bewilligung von Prozesskostenhilfe für diese Stufe **nicht** in Betracht; insofern kann sein Gesuch erst **ab Bezifferung der Leistungsklage** Erfolg haben.[101]

Gleichfalls ist Prozesskostenhilfe zu versagen, wenn der Beklagte ohne ersichtlichen Grund die Auskunft verweigert, obwohl das Bestehen eines Anspruchs möglich ist und sich erst aus seiner Auskunft ergeben kann, ob und inwieweit er zur Zahlung verpflichtet ist.[102]

XV. Wiederaufnahmeverfahren

431 Bei Wiederaufnahmeverfahren im Sinne des § 578 ZPO bilden die Prüfung der Zulässigkeit der Wiederaufnahmeklage, deren Begründetheit sowie das Hauptsacheverfahren gemäß § 590 ZPO eine **Einheit**, so dass die Erfolgsaussichten auch dann zu verneinen sind, wenn ungeachtet eines Wiederaufnahmegrundes der ursprüngliche Prozess in der Sache richtig entschieden worden ist.[103]

Kapitel 4: Mutwilligkeit

I. Grundsätzliches

432 Als weitere objektive Voraussetzung darf die beabsichtigte Rechtsverfolgung oder Rechtsverteidigung gemäß § 114 ZPO auch nicht mutwillig sein. Der Begriff der Mutwilligkeit ist in § 114 Abs. 2 ZPO legaldefiniert. **Demnach liegt Mutwilligkeit vor, soweit eine nicht Prozesskostenhilfe beanspruchende Partei bei verständiger Würdigung aller Umstände trotz hinreichender Aussicht auf Erfolg von der beabsichtigten Prozessführung absehen würde.** Mithin ist Mutwilligkeit gegeben, wenn eine verständige, nicht hilfsbedürftige Partei ihre Rechte nicht in gleicher Weise wie die Prozesskostenhilfe begehrende Partei verfolgen würde.[1] Es ist nicht Aufgabe der Prozesskostenhilfe, auf Kosten der Allgemeinheit Rechtsstreitigkeiten zu ermöglichen, die eine Partei, die den Prozess selbst finanzieren müsste, bei besonderer Einschätzung der Prozesschancen und -risiken nicht führen würde.[2]

---

99 OLG Köln, OLGR 1999, 236, Rn. 3 – juris; OLG Frankfurt am Main, NJW-RR 1991, 1411 (1412); OLG Karlsruhe, AGS 2003, 295, Rn. 12 – juris; KG, FamRZ 2008, 702.
100 *Geimer* in Zöller, ZPO, § 114 Rn. 40.
101 OLG München, OLGR 2001, 125, Rn. 7 – juris (keine Erfolgsaussichten); OLG Hamm, FamRZ 2000, 429 (430); OLG Brandenburg, FamRZ 1998, 1177.
102 OLG Hamburg, OLGR 2008, 418, Rn. 5 – juris; *Geimer* in Zöller, ZPO, § 114 Rn. 40; *Dürbeck/Gottschalk*, Rn. 439.
103 BGH, NJW 1993, 3140.
1 BVerfGE 81, 347 (357); OLG Düsseldorf, MDR 2000, 909; OLG Stuttgart, FamRZ 1992, 1195 (1196). An der Begriffsbestimmung des BVerfG hat sich der Gesetzgeber orientiert, vgl. BT-Drs. 17/11472, S. 24.
2 Vgl. BT-Drs. 17/11472, S. 29.

Durch das Merkmal der verständigen Partei wird ein **objektives Kriterium** aufgenommen, denn auch vermögende Parteien führen unvernünftige Prozesse. Maßgeblicher Beurteilungszeitpunkt ist stets derjenige der gerichtlichen Entscheidung.[3]

II. Mutwilligkeit im Allgemeinen

1. Adhäsionsverfahren

Es ist nicht mutwillig, wenn der Verletzte statt seine Ansprüche im Adhäsionsverfahren, §§ 403 ff. StPO zu verfolgen, **allein den Zivilrechtsweg** bestreitet.[4] Zwar ist das Strafverfahren nicht per se weniger geeignet, zeitnah einen Anspruch zu titulieren, da das Strafgericht etwa bei besonderer Schwierigkeit der Bemessung eines Schadensersatz-, insbesondere eines Schmerzensgeldanspruchs ein Grundurteil erlassen kann. Auch ist das Adhäsionsverfahren zunächst kostengünstiger. Letzteres ändert sich jedoch, wenn im Strafverfahren – nach Durchlaufen des Instanzenzuges – der Anspruch abgelehnt wird, so dass sich ggfs. das Zivilverfahren anschließt. Zudem liegen mit dem Amtsermittlungsgrundsatz auf der einen und dem Beibringungsgrundsatz auf der anderen Seite unterschiedliche Prozessmaximen zugrunde. Auch muss das nichtvermögende Opfer einer Straftat mit Blick auf den Opferschutzgedanken die Wahl haben, in welchem Verfahren es seine Ansprüche verfolgt. Daher hat der Verletzte – auch unter dem Gesichtspunkt der Mutwilligkeit – die Wahl, in welchem Verfahren er seine (Schadensersatz-)Ansprüche geltend macht. Dies gilt auch dann, wenn er im Strafverfahren als Nebenkläger aufgetreten ist.[5]

2. Erledigung der Hauptsache

Tritt vor Rechtshängigkeit ein Ereignis ein, welches hiernach ein erledigendes Ereignis wäre, hat der Kläger die Wahl: er kann die Klage zurücknehmen und nach § 269 Abs. 3 Satz 3 ZPO vorgehen. Er kann aber auch spezifisch seinen Kostenerstattungsanspruch geltend machen. Dies nach Rechtshängigkeit durch eine Klageänderung in eine Leistungs- oder auch Feststellungsklage. Er kann aber auch die Klage zurücknehmen, eine Entscheidung nach § 269 Abs. 2, Satz 2 ZPO ergehen lassen und die Kosten in einem neuen Verfahren einklagen.[6] Daher handelt der **hilfsbedürftige Kläger** nicht mutwillig, wenn er die Klage nicht schnellstmöglich zurücknimmt und nach § 269 Abs. 3 Satz 3 ZPO vorgeht.[7] Zu den Erfolgsaussichten im Falle der beiderseitigen Erledigungserklärungen s. Rn. 411.
Handelt es sich bei der hilfsbedürftigen Partei um den **Beklagten**, liegt Mutwillen vor, wenn keine vernünftigen Zweifel an der Erledigung der Hauptsache bestehen und die kostenarme Partei der Erledigungserklärung nicht zustimmt, sondern weiter Klageabweisung beantragt.[8]

3. Gesamtschuldner

Mutwillen liegt vor, wenn zwei Gesamtschuldner in verschiedenen Prozessen statt in einem Prozess gemeinsam in Anspruch genommen werden sollen.[9]

---

3 *Wache* in Münchener Kommentar zur ZPO, § 114 Rn. 106; OLG Köln, NJW-RR 2004, 64.
4 OLG Frankfurt am Main, MDR 2007, 1390.
5 Vgl. auch zu Vorstehendem OLG Rostock, JurBüro 2010, 600 (601); OLG Frankfurt am Main, MDR 2007, 1390 (1391).
6 vgl. BGHZ 197, 147; Anm. hierzu *Elzer*, NJW 2013, 2203.
7 So noch Vorauflage unter Verweis auf OLG Brandenburg, FamRZ 2007, 909 (910).
8 OLG Celle, MDR 2007, 1279.
9 OLG Hamm, MDR 2005, 350.

4. Gleichzeitige Verfolgung der Hauptsacheklage und vorläufiger Rechtsschutz

436 Die hilfsbedürftige Partei handelt nicht per se mutwillig, wenn sie gleichzeitig Klage erhebt und vorläufigen Rechtsschutz begehrt.[10]

5. Kfz-Haftpflichtversicherer

437 Im Regelfall wird bei **Verkehrsunfällen** neben Halter und Fahrer auch gleichzeitig die Kfz-Haftpflichtversicherung mitverklagt und der von dieser beauftragte Rechtsanwalt vertritt alle Beklagten gemeinsam (§ 10 Abs. 5 AKB). Es kommt jedoch auch vor, dass nur der Halter/Fahrer verklagt wird und dann die **Kfz-Versicherung** dem Verfahren **als Streithelfer** des Beklagten beitritt. Hierdurch sind dessen Interessen hinreichend gewahrt. Unter Beachtung des Aspekts der Mutwilligkeit wird ihm keine PKH bewilligt und kein Rechtsanwalt beigeordnet.[11] Etwas anderes gilt in Fällen der Unfallmanipulation. Tritt der Haftpflichtversicherer seinem Versicherungsnehmer bei und geht nicht von einer Unfallmanipulation aus, ist es aufgrund der Interessenkollision nicht mutwillig, wenn der Versicherungsnehmer in einem solchen Fall Prozesskostenhilfe und die Beiordnung eines eigenen Rechtsanwalts begehrt. Es kann der Partei nicht zugemutet werden, sich von einem Anwalt vertreten zu lassen, der ihr vermeintlich unberechtigt einen (versuchten) Betrug vorwirft.[12]

6. Klageerweiterung

438 Kann die beabsichtigte Rechtsverfolgung im Wege der Klageerweiterung in einem bereits anhängigen Rechtsstreit geltend gemacht werden, ist die Anstrengung eines neuen Prozesses statt einer Klageerweiterung regelmäßig mutwillig, da durch eine Klageerweiterung wegen des degressiven Gebührenanstiegs insgesamt eine kostengünstigere Rechtsverfolgung ermöglicht würde.[13] Keine Mutwilligkeit liegt ausnahmsweise dann vor, wenn für die Erhebung einer zweiten Klage nachvollziehbare Gründe bestehen, etwa wenn das erste Verfahren bereits das Prozessstadium der Entscheidungsreife erreicht hat.[14]

7. Mahnverfahren

439 Hat der Antragsgegner angekündigt, er werde gegen einen Mahnbescheid Widerspruch einlegen und ist daher absehbar, dass der Antragsteller zwecks Erlangung eines Vollstreckungstitels Klage erheben muss, ist die Durchführung eines Mahnverfahrens mutwillig.[15] Erklärt demgegenüber der Gegner vorab, er werde im Mahnverfahren **weder Widerspruch noch Einspruch** einlegen, ist ein Prozesskostenhilfeantrag für ein Klageverfahren mutwillig, weil eine verständige Partei die kostengünstigere Titulierung im Mahnverfahren wählen würde.[16]

Ein **Insolvenzverwalter als Antragsteller** kann sich auch nicht darauf berufen, er könne seine Bedürftigkeit nicht durch Formularerklärung darstellen, so dass er zum Klageverfahren gezwungen sei. Denn § 117 Abs. 3, 4 ZPO ist im Rahmen des § 116 ZPO gemäß § 1 Abs. 2 der Verordnung zur Verwendung eines **Formulars** für die Erklärung über die persönlichen und wirtschaftlichen Verhältnisse bei Prozess- und Verfahrenskostenhilfe (PKHFV) **unanwendbar** mit der Folge, dass das Mahngericht die Bedürftigkeit prüfen muss,[17] siehe auch Rn. 481 f.

---

10 OLG Zweibrücken, OLGR 2008, 902, Rn. 3 – juris.
11 OLG Brandenburg, NJW-RR 2010, 245; KG, VersR 2008, 1558; OLG Frankfurt am Main, VersR 2005, 1550 (1551); OLG Hamm, NJW-RR 2005, 760.
12 BGH, NJW 2010, 3522 (3523).
13 BAG, NJW 2011, 1161 (1162); für Entschädigungsklagen nach § 198 GVG OLG Braunschweig, NJW 2013, 2442 (2443); *Dürbeck/Gottschalk*, Rn. 456.
14 OLG Nürnberg, MDR 2011, 256 (257).
15 BGH, Rpfleger 2018, 92.
16 OLG Düsseldorf, MDR 2008, 880 (881).
17 OLG Düsseldorf, MDR 2008, 880 (881).

8. Masseunzulänglichkeit

Trotz **Anzeige der Masseunzulänglichkeit** nach § 208 InsO kann der Antrag des Insolvenzverwalters auf Prozesskostenhilfe **grundsätzlich nicht** als mutwillig abgelehnt werden.[18] Es fehlt dem Begehren des Insolvenzverwalters, die Feststellung einer für unberechtigt gehaltenen Forderung zur Tabelle abzuwehren, auch dann nicht das Rechtschutzbedürfnis, wenn die voraussichtliche Quote bei Null liegt.[19] Allerdings soll Prozesskostenhilfe wegen Mutwilligkeit bei Masseunzulänglichkeit versagt werden können, wenn sich der Insolvenzverwalter als Streithelfer an einem Passivprozess zur Abwehr von Schadensansprüchen einfacher Insolvenzgläubiger beteiligen will, jedoch keinerlei freie Masse zur Befriedigung einfacher Insolvenzgläubiger zu erwarten ist.[20]

Hatte der Bundesgerichtshof 2008 noch die Frage offen gelassen, ob Prozesskostenhilfe auch dann zu gewähren ist, wenn **die Masse einschließlich der einzuklagenden Forderung** nicht einmal **zur Deckung der Verfahrenskosten nach** § 54 InsO (Gerichtskosten und Verwaltervergütung) ausreicht,[21] so hat er dies im Hinblick auf Anfechtungsklagen nunmehr verneint.[22] Denn aus § 207 Abs. 1, 3 S. 2 InsO folgt, dass das Insolvenzverfahren bei Masseunzulänglichkeit unverzüglich einzustellen ist, wenn nicht ein ausreichender Geldbetrag verauslagt wird oder die Verfahrenskosten gestundet worden sind.

Daher ist der Insolvenzverwalter im Falle der Massekostenarmut auch **nicht mehr zur Verwertung des Vermögens verpflichtet**. Aus diesen Gründen kann auch kein Anspruch auf Prozesskostenhilfe bestehen, da entweder das Eingehen bzw. Fortführen eines Prozesses nur den Zeitpunkt der Einstellung unnötig herauszögert oder dieser vom Schuldner nach Einstellung des Insolvenzverfahrens nicht fortgesetzt werden kann.[23] Etwas anderes gilt jedoch dann, wenn die Durchsetzung des Klageanspruchs geeignet ist, die Massekostenarmut zu beseitigen.[24]

9. Mitwirkung im Prozess

Ist die Entscheidung in der Hauptsache von der Mitwirkung der hilfsbedürftigen Partei abhängig, indem sie selbst beispielsweise Erklärungen abgeben und – für die Hauptsacheentscheidung – notwendige Belege einreichen oder zwingend erforderliche Anhörungstermine wahrnehmen müsste, kann ein **Unterlassen der Mitwirkung** mutwilliges Verhalten darstellen.[25]

Tritt die beklagte hilfsbedürftige Partei andererseits dem Klagebegehren in Wahrheit nicht entgegen, führt dies ebenfalls zur Mutwilligkeit der Rechtsverfolgung.[26]

10. Straftaten

Allein der Umstand, dass der Antragsteller durch eine Straftat die Ursache für ein späteres gerichtliches Verfahren gesetzt hat, für dessen Durchführung er um Verfahrenskostenhilfe nachsucht, lässt seine Rechtsverfolgung nicht als

---

18 BGH, WM 2008, 880.
19 BGH, NJW-RR 2009, 126 (127).
20 OLG Stuttgart, MDR 2012, 551.
21 BGH, WM 2008, 880; BGH, Beschluss vom 22.11.2012, Az. IX ZB 62/12, BeckRS 2012, 24887, der nochmals auf die Einschränkung „einschließlich der einzuklagenden Forderung" hinweist; Mutwilligkeit bejahend: OLG Naumburg, DZWIR 2003, 388 – juris.
22 BGH, ZIP 2009, 1591 (1592).
23 BGH, ZIP 2009, 1591 (1592).
24 BGH, ZIP 2012, 2526; BGH, Beschluss vom 7.2.2013, Az. IX ZB 73/12 – juris, Rn. 5.
25 OLG Brandenburg, JurBüro 2006, 654 (655); OLG Karlsruhe, FamRZ 2004, 549; OLG Hamm, FamRZ 1980, 180 (181); OLG Celle, NJOZ 2012, 1417; a. A.: OLG Oldenburg, FamRZ 2013, 59 (60); OLG Karlsruhe, NJW-RR 2012, 832.
26 OLG Naumburg, OLGR 2006, 1050, Rn. 5 – juris; OLG Köln, NJW-RR 2001, 869 (870); *Bork* in Stein/Jonas, ZPO, § 114 Rn. 34.

mutwillig erscheinen.[27] Der Begriff der Mutwilligkeit ist nicht extensiv auszulegen. Die Tatsache, dass der Antragsteller durch sein vormaliges Verhalten Anlass zum Prozess gab, bzw. dass er seine jetzige Lebenssituation in strafrechtlich relevanter Weise selbst herbeigeführt hat, rechtfertigt für sich allein nicht die Versagung des Zugangs zu gerichtlichem Rechtsschutz mittels Prozess- oder Verfahrenskostenhilfe.

11. Streitwertbeschwerde

443 Eine Beschwerde gegen die Festsetzung eines **zu geringen Streitwerts** durch die hilfsbedürftige Partei ist mutwillig, da nur der Parteivertreter nicht aber die Partei beschwert ist, die durch den geringeren Streitwert letztlich eine wirtschaftliche Entlastung erfährt.[28]

12. Teilklagen/Klagehäufung

444 Bei Teilklagen stellt sich die Frage der Mutwilligkeit vor allem deshalb, da die Prozesskosten wegen der **degressiven Gebührentabelle** bei mehreren Teilklagen höher sind als bei einer Klage aus dem vollen Streitwert.
Zum anderen besteht bei Parteien kraft Amtes, relevant vor allem beim **Insolvenzverwalter**, § 116 S. 2 i. V. m. § 114 S. 1 ZPO, die Gefahr, dass es durch die Verringerung der Streitsumme den wirtschaftlich Beteiligten nicht mehr zumutbar ist, die Prozesskosten aufzubringen.[29] Dies führt jedoch nicht dazu, dass in derartigen Fällen stets von Mutwilligkeit ausgegangen werden kann. Vielmehr ist das Vorgehen im Wege der Teilklage nur dann mutwillig, wenn keine nachvollziehbaren Sachgründe dafür vorgebracht werden können, warum (derzeit) auf die Geltendmachung der Gesamtforderung verzichtet wird. Maßgebend hierfür sind die konkreten Umstände des Einzelfalls.
Relevant sind hiernach etwa Beweisschwierigkeiten oder zu erwartende Einreden und Einwendungen bezüglich eines Teils der Forderung sowie nur teilweise bestehende Vollstreckungsaussichten oder die begründete Erwartung, der Gegner werde bei einer Verurteilung zu einer Teilleistung auch den Restbetrag begleichen.[30]

13. Teilungsversteigerung

444a Bei Teilungsversteigerungen kann Mutwilligkeit dann vorliegen, wenn aufgrund des Verhältnisses von Grundstückswert und geringstem Gebot von vornherein absehbar ist, dass kein Bieter ein zulässiges Gebot abgeben wird.[31] Bei Dritten ist dies zu bejahen, wenn das Bargebot den Grundstückswert unter Berücksichtigung der zu übernehmenden Belastungen deutlich überschreitet. Anders ist dies bei den beteiligten Miteigentümern als Bietern; hier ist zu prüfen, ob sich durch das Bestehenbleiben der den Grundschulden zugrunde liegenden schuldrechtlichen Vereinbarungen eine solch untragbare Belastung ergibt, die die übrigen Miteigentümer von einem Gebot abhalten könnte.[32]

14. Vergleich

445 Die bedürftige Partei handelt mutwillig, wenn sich die streitgegenständliche Forderung zwar nach Klageerhebung, aber vor Stellung des Prozesskostenhilfeantrags durch einen **Vergleich in einer Parallelsache** erledigt.[33]

---

27 BGH, FamRZ 2016, 1058 (1059).
28 OLG Bamberg, OLGR 2005, 400.
29 siehe hierzu Rn. 484.
30 BGH, NZI 2011, 104 (105).
31 BGH, NJW-RR 2011, 708 (709). Erfolgsaussichten können hingegen nicht versagt werden, da nach § 749 Abs. 1 BGB ein Anspruch auf Aufhebung der Gemeinschaft besteht.
32 BGH, NJW-RR 2011, 708 (709).
33 LAG Köln, Beschluss vom 18.12.2006, Az. 4 Ta 449/06, Rn. 18–22 – juris.

Problematischer ist jedoch die Konstellation, in der die Partei den Abschluss eines solchen Vergleichs in einer Parallelsache von der vorherigen Bewilligung von Prozesskostenhilfe im neuen Verfahren abhängig macht. Da ein solches Verhalten nicht rechtsmissbräuchlich sein soll, wird man es wohl auch nicht als mutwillig betrachten können.[34]

15. Vollstreckungsabwehrklage

Verzichtet der Gläubiger gegenüber dem Schuldner auf die Geltendmachung von Ansprüchen aus einer notariellen Urkunde und veranlasst er sogar die Aufnahme des Verzichts in die Ausfertigung durch den Notar, so ist eine Vollstreckungsabwehrklage durch den kostenarmen Schuldner mutwillig.[35] **446**

16. Vollstreckungsaussichten

Prozesskostenhilfe ist zu versagen, **wenn feststeht,** dass die **Vollstreckung** aus dem erstrebten Titel endgültig oder jedenfalls auf absehbare Zeit **aussichtslos** ist.[36] Während ein Teil der Literatur[37] dies im Rahmen der Erfolgsaussichten erörtert, handelt es sich zutreffenderweise um eine Frage der Mutwilligkeit, da der Erfolg des gerichtlichen Verfahrens auf die Erlangung eines vollstreckbaren Titels beschränkt ist. **447**

Bei einer solchen Prognose ist äußerste Zurückhaltung geboten. Die Verwirklichung des Anspruchs muss definitiv oder auf unabsehbare Zeit aussichtslos erscheinen.[38] Dabei ist die mögliche (Wieder-)Erlangung von Vermögenswerten in pfändbarem Umfang zu berücksichtigen.[39] Darüber hinaus darf dem Gläubiger trotz fehlender Vollstreckungsmöglichkeiten auch kein Rechtsnachteil durch Verjährung oder durch Zeitablauf bedingte Beweisschwierigkeiten drohen.[40]

Ausnahmsweise wird man aber Mutwilligkeit annehmen dürfen, wenn sich der Gegner **im Ausland** aufhält oder es sich bei ihm um eine **ausländische Briefkastenfirma** handelt und keinerlei Vermögen im Inland vorhanden ist.[41] Aber auch in derartigen Fällen bedarf es der Berücksichtigung der Vollstreckungsmöglichkeiten im Einzelfall; nicht jede bevorstehende Vollstreckung im Ausland begründet Mutwilligkeit. Entscheidend ist die konkrete Realisierbarkeit der noch zu titulierenden Forderung.

einstweilen frei **448**

17. Vorprozessuales Verhalten

Auch das vorprozessuale Verhalten des Antragstellers kann Mutwilligkeit begründen. Nicht mutwillig ist es jedoch, wenn der Antragsgegner im vorgeschalteten Prozesskostenhilfeprüfungsverfahren schweigt und nach Klageerhebung ein sofortiges **Anerkenntnis** im Sinne von § 93 ZPO abgibt. In diesem Fall kann ihm Prozesskostenhilfe bewilligt werden.[42] **449**

---

34 vgl. OVG Berlin-Brandenburg, Beschluss vom 6.2.2008, Az. 5 M 57.07, Rn. 4 m. w. N. – juris; **a. A.:** wohl OLG Koblenz, FamRZ 2009, 1232 (1233), das aber PKH für das Prüfungsverfahren und nicht nur für den Vergleich gewähren will.
35 OLG Celle, OLGR 2006, 385 (386).
36 OLG Frankfurt am Main, MDR 2007, 1390 (1391); OLG Hamm, NJW-RR 2005, 723, *Geimer* in Zöller, ZPO, § 114 Rn. 29; *Wache* in Münchener Kommentar zur ZPO, § 114 Rn. 77; *Fischer* in Musielak/Voit, § 114 Rn. 41.
37 *Geimer* in Zöller, ZPO, § 114 Rn. 29.
38 OLG Düsseldorf, NJW-RR 1998, 503 (504).
39 OLG Frankfurt am Main, MDR 2007, 1390 (1391).
40 OLG Dresden, JurBüro 2004, 147.
41 OLG Dresden, JurBüro 2004, 147 (148); OLG Hamm, 22. Zivilsenat, OLGR 2005, 409, Rn. 3 – juris; OLG Koblenz, MDR 2009, 825; vgl. auch OLG Karlsruhe, OLGR 2006, 87, Rn. 17– juris; einschränkend OLG Celle, IPRspr 2002, Nr. 159, 421, Rn. 10– juris; **a. A.:** OLG Hamm, 8. Zivilsenat, NJW-RR 2005, 723.
42 OLG Karlsruhe, FamRZ 2009, 1932 (1933); OLG Bremen, NJW 2009, 2318; siehe auch Rn. 411.

Erkennt der Beklagte **nicht an**, sondern **erhebt er erst im Prozess relevante Einwendungen**, ist umstritten, ob sich dieses Verhalten als mutwillig darstellt. Nach zutreffender Auffassung liegt keine Mutwilligkeit vor, weil der nunmehr antragstellenden Partei im vorangegangenen Prozesskostenhilfeprüfungsverfahren gemäß § 118 Abs. 1 S. 1 ZPO lediglich Gelegenheit zur Stellungnahme eingeräumt worden ist und sie deswegen nicht mit Nachteilen rechnen muss.[43] Nach anderer Auffassung soll dies jedenfalls dann gelten, wenn die Partei vorher nicht anwaltlich vertreten war.[44] Die Gegenansicht sieht in einem solchen Verhalten einen Fall der Mutwilligkeit, da eine **vernünftige, ihre finanziellen Interessen wahrende Partei** die Gelegenheit wahrnehme, um sich soweit wie möglich bereits im Vorfeld eines Prozesses gegen eine – aus ihrer Sicht – unbegründete Forderung durch eine eigene Sachverhaltsdarstellung zu wehren und zwar unabhängig davon, ob sie anwaltlich vertreten ist oder nicht.[45]

Entsprechend dem Vorstehenden begründet die Nichtreaktion einer Partei auf **außerprozessuale Schreiben** nicht per se die Mutwilligkeit ihrer späteren Rechtsverteidigung.

Eine Partei muss ihr zumutbare Möglichkeiten außergerichtlicher Schadensregulierung wahrnehmen. Daher handelt die bedürftige Partei mutwillig, wenn sie bei unstreitiger Haftung des Gegners dem Grunde nach die Inaugenscheinnahme des beschädigten Kraftfahrzeugs durch die gegnerische Haftpflichtversicherung **grundlos** verweigert.[46]

Hinsichtlich der **Anrufung von Schlichtungs- bzw. Gütestellen** ist zu unterscheiden: Handelt es sich bei deren Anrufung um eine **Prozessvoraussetzung** wie z. B. im Falle der §§ 15a EGZPO, 111 Abs. 2 S. 4 ArbGG, fehlt es der beabsichtigten Klage bereits an den notwendigen Erfolgsaussichten.[47] Handelt es sich um eine **fakultative** Schlichtungsstelle, existiert kein Erfahrungssatz, dass eine verständige und kostenbewusste Partei stets diese Möglichkeit ausschöpfen würde, bevor sie Klage erhebt, insbesondere wenn diese für das Zivilverfahren keine Bindungswirkung entfaltet.[48] Insofern kann grundsätzlich nicht von Mutwilligkeit ausgegangen werden.[49] Etwas anderes gilt für die Herbeiführung des Stichentscheids nach § 18 ARB im Falle der Ablehnung der **Deckungszusage durch den Rechtsschutzversicherer**, da dieser für den Versicherungsnehmer gemäß § 18 Abs. 2 S. 1 ARB stets kostenfrei und darüber hinaus gemäß § 18 Abs. 2 S. 2 ARB für die Beteiligten verbindlich ist.[50]

18. Widerklage

450 Widerklage statt **Aufrechnung** ist grds. mutwillig.[51] Dies gilt aber dann nicht, wenn durch die (streitgenössische oder ausnahmsweise zulässige isolierte[52] Dritt-) Widerklage ein Zeuge ausgeschaltet werden soll. Ist dies zulässig, handelt es sich um ein prozessual mögliches Vorgehen, das keine Mutwilligkeit begründet.[53]

---

43 OLG Hamm, FamRZ 2014, 1475 (1476); OLG Karlsruhe, FamRZ 2002, 1132; OLG Brandenburg, FamRZ 2010, 142 (143); *Geimer* in Zöller, ZPO, § 114 Rn. 34 a.
44 OLG Oldenburg, FamRZ 2009, 895; OLG Schleswig, OLGR 2006, 501.
45 OLG Celle, MDR 2011, 1235 (1236); OLG Köln, JurBüro 2009, 145 (146); OLG Brandenburg, FamRZ 2008, 70 und FamRZ 2006, 349; OLG Düsseldorf, FamRZ 1997, 1017; *Wache* in Münchener Kommentar zur ZPO, § 114 Rn. 83.
46 OLG Celle, OLGR 2007, 309, Rn. 7 – juris.
47 vgl. BGH, NJW 2005, 437 (438); BAG, NZA 1990, 395.
48 OLG Hamm, VersR 2002, 1002; ; *Geimer* in Zöller, ZPO, § 114 Rn. 33.
49 siehe aber Rn. 457 für die familienrechtlichen Besonderheiten.
50 BGH, NJW-RR 1987, 1343.
51 OLG Naumburg, NJW-RR 2003, 210.
52 Vgl. hierzu BGHZ 187, 112, Rn. 7; BGH, NJW 2014, 1670 (1671).
53 a. A. OLG Frankfurt am Main, OLGR 2006, 1054.

19. Wiederholter Antrag

Der wiederholte Antrag auf Prozesskostenhilfe nach Zurückweisung eines vorangegangenen ohne neuen Sachvortrag wird nicht wegen Mutwilligkeit abgelehnt, sondern **mangels Rechtsschutzbedürfnis** (siehe Rn. 513). **451**

20. Zurückbehaltungsrecht

Begehrt die kostenarme Partei Prozesskostenhilfe für eine **Herausgabeklage** und macht der Gegner wegen eines Gegenanspruchs ein **Zurückbehaltungsrecht** geltend, den die kostenarme Partei ihrerseits nicht erfüllen kann, liegt Mutwillen vor.[54] **452**

III. Mutwilligkeit in familienrechtlichen Verfahren

Gerade in familienrechtlichen Verfahren spielt die Frage der Mutwilligkeit eine große Rolle. **453**

1. Isolierte Geltendmachung einer Scheidungsfolgesache

Ob die isolierte Geltendmachung einer Scheidungsfolgesache mutwillig ist, war lange Zeit umstritten. Der **Bundesgerichtshof** hat jedoch entschieden, dass **Mutwilligkeit** zumindest **im Rahmen der zivilprozessualen Folgesachen** in aller Regel **nicht vorliegt**, weil auch eine verständige kostenbewusste Partei trotz etwaiger höherer Kosten ein Interesse daran hat, das Scheidungsverfahren möglichst zügig zum Abschluss zu bringen, und deswegen von einem Verbund absieht, gerade wenn die Folgesachen streitig sind.
Außerdem kann sich die hilfsbedürftige Partei aufgrund der dann geltenden kostenrechtlichen Unterliegensregelung in ZPO-Verfahren sogar besser stellen als im Verbund, weil in diesem stets eine Kostenaufhebung erfolgt (§ 93a ZPO a. F.; § 150 Abs. 1 FamFG).[55]
Hinsichtlich der **Folgesachen**, die **nicht dem Kostenrecht der ZPO** unterliegen (Wohnungs- und Hausratszuweisungssachen sowie Versorgungsausgleich als Nicht-Familienstreitsachen im Sinne des §§ 112, 113 Abs. 1 FamFG), wird weiterhin **Mutwilligkeit bejaht**, falls diese **isoliert** geltend gemacht werden.[56]

2. Scheidungsverfahren

Die **wiederholte** Stellung eines Scheidungsantrags infolge Rücknahme kann Mutwilligkeit begründen, wenn es für die Rücknahme **keine triftigen Gründe** gab.[57] **454**
Spätestens beim vierten Scheidungsantrag binnen vier Jahren ist die Grenze der Mutwilligkeit allerdings deutlich überschritten.[58]
Hängt die Anerkennung eines bereits existierenden ausländischen Scheidungsurteils **ausschließlich vom Willen** des hilfsbedürftigen Beteiligten ab, **der seine Mitwirkung verweigert,** ist dessen nachfolgender eigener Scheidungsantrag nach inländischem Recht mutwillig.[59]
Gleiches gilt, wenn der hilfsbedürftige Beteiligte das **ausländische Scheidungsurteil** erwirkt hat, dessen Anerkennung er begehrt, der aber die Rechtshängigkeit eines ebenfalls von diesem Beteiligten eingeleiteten inländischen Scheidungsverfahrens entgegensteht.[60]

---

54 LG Bonn, Beschluss vom 20.1.2006, Az. 6 T 234/05, Rn. 12 – juris.
55 BGH, NJW 2005, 1497 (1498) mit ausführlicher Streitdarstellung.
56 OLG Karlsruhe, FamRZ 2006, 494; a. A.: Musielak/Borth, FamFG, § 76 Rn. 19.
57 OLG Hamm, FamRZ 1990, 1375; *Dürbeck/Gottschalk*, Rn. 462; a. A.: OLG Frankfurt am Main, FamRZ 1982, 1224 – LS.
58 OLG Köln, NJW-RR 1988, 1477 (1478).
59 OLG Stuttgart, FamRZ 2003, 1019.
60 OLG Frankfurt am Main, FamRZ 1997, 92 (93).

Erschleicht sich ein hilfsbedürftiger Antragsteller eine regulär nicht gegebene örtliche Zuständigkeit für eine Scheidungssache durch **bewusst falsche Anrufung des Verwaltungsgerichts** mit anschließender Verweisung an das Familiengericht, soll dies zwar rechtsmissbräuchlich sein, aber nicht zur Versagung der Prozesskostenhilfe führen.[61]

3. Scheinehe

455 Erstaunlich oft müssen sich Gerichte mit Verfahrenskostenhilfe im Rahmen der Aufhebung von Scheinehen befassen, bei denen **strafrechtlich** relevantes Verhalten im Hinblick auf das Verschaffen einer **Aufenthaltserlaubnis** im Raum steht.
Es gibt keinen wirklich überzeugenden Grund, aus dem die Allgemeinheit verpflichtet sein soll, die Kosten eines solchen Aufhebungsverfahrens tragen zu müssen, wenn die Parteien schon **bei der rechtsmissbräuchlichen Eheschließung die Scheidung oder Aufhebung beabsichtigt** haben.[62]
Jedoch hat sich der **Bundesgerichtshof** unter Berufung auf das abweichende Votum einzelner Richter des Bundesverfassungsgerichts **nicht zu einer solchen Gesamtbetrachtung** entschlossen, sondern auf die ausschließliche gerichtliche Kompetenz zur Auflösung einer Ehe abgestellt.[63] Dies geht konform mit dem Umstand, dass der Antragsteller, der durch eine Straftat die Ursache für ein späteres gerichtliches Verfahren gesetzt hat, für dessen Durchführung er um Verfahrenskostenhilfe nachsucht, nicht allein deshalb mutwillig handelt.[64]
Zumindest in den Fällen, in denen die rechtsmissbräuchliche Eingehung der Scheinehe **gegen Entgelt** erfolgte, lässt der Bundesgerichtshof jedoch unter dem Gesichtspunkt der fehlenden Bedürftigkeit eine Versagung der Verfahrenskostenhilfe zu, wenn die Partei von dem gezahlten Entgelt **keine Rücklagen für das Aufhebungsverfahren gebildet** hat.[65]
War die Partei zur Bildung von Rücklagen nicht imstande, hat sie dies im Einzelnen darzulegen, insbesondere unter Angabe der Höhe des erhaltenen Entgelts für die Scheinehe und dessen Verwendung, wobei der Bundesgerichtshof die Behauptung nicht akzeptierte, die Partei habe nicht gewusst, dass das Aufhebungsverfahren Kosten verursache, weil dies der Lebenserfahrung widerspreche.[66]
Das Oberlandesgericht Rostock geht darüber hinaus davon aus, dass **eine Verpflichtung zur Bildung von Rücklagen auch ohne Erhalten eines Entgelts bestehe**, weil man bei Eingehen der Scheinehe schon damit rechnen müsse, dass das nach Ablauf des ehewidrigen Zwecks der Verbindung notwendige Eheaufhebungsverfahren mit Kosten verbunden sei.[67]

4. Vaterschaftsanfechtung

456 Tritt der Vater dem Anfechtungsantrag nicht entgegen oder unterstützt er ihn sogar, liegt darin keine Mutwilligkeit, weil er sich einem solchen Verfahren nicht entziehen kann.[68] Auch der Kindsmutter kann – zumindest in Altverfahren – regelmäßig keine Mutwilligkeit vorgeworfen werden, selbst wenn sie zur Verfahrensförderung nichts beitragen kann.[69]

---

61 OLG Schleswig, NJW-RR 2009, 152.
62 So auch *Dürbeck/Gottschalk*, Rn. 464; OLG Hamm, FamRZ 2000, 1092 – juris; OLG Koblenz, FamRZ 2004, 548; OLG Naumburg, FamRZ 2004, 548 (549); OLG Koblenz, Beschluss vom 20.4.2009, Az. 11 WF 274/09, Rn. 3 – juris.
63 BGH, NJW 2011, 1814 (1815); OLG Braunschweig, FamRZ 2017, 910 (911).
64 BGH, FamRZ 2016, 1058 (1059); siehe Rn. 442.
65 BGH, FamRZ 2005, 1477 (1478); BGH, NJW 2011, 1814 (1815).
66 BGH, FamRZ 2005, 1477 (1478).
67 OLG Rostock, NJW-RR 2007, 1161.
68 OLG Hamm, FamRZ 2007, 1753.
69 BGH, NJW-RR 2010, 1299 (1300).

Ähnlich wie bei Scheinehen stellt sich allerdings die Frage, ob Mutwilligkeit vorliegt, wenn ein Scheinvater die Vaterschaft anficht, nachdem er zuvor **die Vaterschaft wissentlich falsch anerkannt** hat. Da jedoch ein solches Verhalten die spätere Anfechtung in materiell-rechtlicher Hinsicht nicht aufgrund Rechtsmissbrauch ausschließt, liegt – ähnlich den Fällen der Scheinehe – auch keine (prozessuale) Mutwilligkeit vor. Die Vaterschaftsanerkennung kann nur gerichtlich beseitigt werden.[70]

In Anlehnung an die Entscheidung des Oberlandesgerichts Rostocks wird man dann aber die Frage der Bedürftigkeit aufwerfen können, denn auch bei einer wissentlich falschen Vaterschaftsanerkennung muss der Scheinvater damit rechnen, dass die rechtliche Beseitigung der Konsequenzen seiner Lüge mit Kosten verbunden sein wird.[71]

Gleiches dürfte für die Rechtsverfolgung der Kindesmutter gelten, wenn sie wusste, dass der Antragsgegner ein Scheinvater ist.[72]

Die gesetzliche Vermutung der Vaterschaft des Ehemannes nach § 1592 Nr. 1 BGB und § 1593 BGB lässt sich gemäß § 1599 Abs. 2 BGB auch **außergerichtlich** durch gemeinsame Erklärung des Scheinvaters, des leiblichen Vaters und der Mutter beseitigen, wenn das Kind nach Anhängigkeit eines Scheidungsverfahrens geboren wurde und die Anerkennung des leiblichen Vaters spätestens binnen eines Jahres nach Rechtskraft des Scheidungsbeschlusses erfolgt.

Grundsätzlich bleibt davon aber die **Möglichkeit der Einleitung eines Anfechtungsverfahrens unberührt**, so dass der beabsichtigte Antrag zumindest dann nicht mutwillig ist, wenn noch kein rechtskräftiger Scheidungsbeschluss vorliegt oder nicht absehbar ist, ob der Dritte zur Anerkennung bereit ist.[73] Sind hingegen die Voraussetzungen des § 1599 Abs. 2 BGB insoweit erfüllt, als das Scheidungsverfahren rechtskräftig abgeschlossen, die Anerkennung des Dritten rechtzeitig erfolgt ist und auch die Zustimmung der Mutter vorliegt, so fehlt dem Anfechtungsantrag des Scheinvaters das Rechtsschutzbedürfnis und ist daher mutwillig, weil er sein Ziel kostengünstiger dadurch erreichen kann, dass er der Anerkennung durch den Dritten schlicht zustimmt.[74]

Im Rahmen des **Vaterschaftsfeststellungsverfahrens** wird **Mutwilligkeit bejaht**, wenn vor Verfahrenseinleitung nicht wenigstens versucht worden ist, den kostengünstigeren Weg über die Erstellung einer Jugendamtsurkunde einzuschlagen und dieser Weg auch nicht von vornherein aussichtslos war.[75]

5. Umgangsverfahren

Mutwilligkeit liegt nicht schon dann vor, wenn das Kind einen Antrag auf Umgang mit einem unwilligen Elternteil einreicht. Denn nicht schon der Antrag greift in das **Persönlichkeitsrecht** des unwilligen Elternteils aus Art. 2 Abs. 1 GG i. V. m. Art. 1 Abs. 1 GG ein, sondern erst die zwangsweise Durchsetzung oder deren Anordnung.[76]

Generell ist jedoch in Umgangsverfahren zu beachten, dass eine vernünftige Partei, die ein Verfahren aus eigenen Mitteln finanzieren muss, in aller Regel erst die **Möglichkeit einer kostenlosen Streitbeilegung durch das Jugendamt**

---

70 OLG Köln, FamRZ 2006, 1280 (1281); OLG Naumburg, FamRZ 2008, 2146.
71 vgl. für Scheinehen OLG Rostock, NJW-RR 2007, 1161; siehe auch Rn. 455.
72 a. A.: wohl wiederum OLG Rostock, MDR 2007, 958 unter Hinweis auf die damalige Scheinehenrechtsprechung des BGH; die Entscheidung des BGH in NJW 2011, 1814 hält an der Verpflichtung zur Rücklagenbildung weiterhin fest.
73 OLG Köln, FamRZ 2005, 743 (744); OLG Karlsruhe, NJWE-FER 2001, 28.
74 OLG Naumburg, FamRZ 2008, 432 (433).
75 OLG Naumburg, Beschluss vom 27.9.2011, Az. 8 WF 241/11, Rn. 3 – juris.
76 OLG Stuttgart, NJW-RR 2009, 149 (150); BGH, NJW 2008, 2568; BVerfG, NJW 2008, 1287 (1290).

nutzen würde, bevor sie die Gerichte anruft.[77] Eine Ausnahme gilt dann, wenn bereits vor diesem Verfahren unter Mitwirkung des Jugendamtes eine Umgangsregelung vereinbart worden war, die aber von dem unwilligen Elternteil nicht eingehalten wurde[78] oder wenn nicht mit einem zeitnahen Abschluss des Vermittlungsverfahrens durch das Jugendamt zu rechnen ist.[79]
Hat ein hilfsbedürftiger Antragsteller zunächst auf die Wahrnehmung eines ihm gerichtlich eingeräumten Umgangsrechts verzichtet, ist ein drei Jahre später gestellter erneuter Antrag dann nicht mutwillig, wenn der Antragsteller triftige Gründe im Interesse des Kindes für sein Verhalten hatte und diese nunmehr aus seiner Sicht entfallen sind.[80]

6. Unterhaltsverfahren

458 Nach der Rechtsprechung des Bundesgerichtshofs ist es **nicht rechtsmissbräuchlich**, die Titulierung eines Unterhaltsanspruchs zu verlangen, auch wenn der Schuldner bisher auf **freiwilliger Basis immer pünktlich und vollständig bezahlt** hat und auch **keinerlei Anhaltspunkte für eine Einstellung** der Zahlungen bestehen.[81] Dies hatte lediglich zur Folge, dass die Kostenfolge des § 93 ZPO (§ 243 S. 2 Nr. 4 FamFG) greift, wenn der Schuldner bei Erbringung der Unterhaltsleistung in voller Höhe sofort anerkennt und zuvor nicht zur Titulierung aufgefordert worden war; erbringt der Schuldner lediglich Teilleistungen, gibt er auch ohne vorherige Aufforderung zur Titulierung des freiwillig gezahlten Betrags Veranlassung zur Antragstellung.[82]
Dennoch ist **umstritten**, ob ein solcher Antrag zwar die erforderlichen Erfolgsaussichten hat, **aber mutwillig ist**. Jedenfalls dann, wenn der Unterhaltspflichtige vorgerichtlich aufgefordert wurde, an der Schaffung eines außergerichtlichen Titels – sei es durch Jugendamtsurkunde oder durch notarielle Urkunde – mitzuwirken, und dies ganz oder teilweise ablehnt, kann nicht von Mutwilligkeit ausgegangen werden.[83]
Ist allerdings die Schaffung des Titels **nicht kostenfrei möglich**, so ist der Unterhaltsberechtigte verpflichtet, die Kostenübernahme zuzusichern, da auch Notare gemäß § 17 Abs. 2 BNotO entsprechend der Vorschriften der Zivilprozessordnung Gebührenfreiheit prüfen müssen.[84]
Mutwilligkeit liegt weiterhin vor, wenn der Unterhalt begehrende Beteiligte gleich Verfahrenskostenhilfe für einen Antrag auf Zahlung des höchstmöglichen Unterhalts begehrt, ohne zuvor unter vorsichtiger Schätzung der Höhe im Wege des Stufenantrags Auskunft zu verlangen.[85]
Die Einleitung eines **Abänderungs**- bzw. **Vollstreckungsabwehrverfahrens** ist nicht allein deswegen mutwillig, weil der Gläubiger zuvor erklärt hat, er werde derzeit keine Ansprüche geltend machen. Dies gilt nicht, wenn der Gläubiger

---

77 OLG Stuttgart, NJW-RR 2009, 149 (150); OLG Saarbrücken, FamRZ 2010, 310 (311); OLG Schleswig, OLGR 2008, 107, Rn. 4 – juris; OLG Koblenz, OLGR 2005, 113, Rn. 3 – juris; OLG Brandenburg, FPR 2003, 675 (676); vgl. auch OLG Düsseldorf, FamRZ 1998, 758; auf den konkreten Einzelfall abstellend OLG Celle, FamRZ 2013, 141(142); a. A.: OLG Hamm, FamRZ 2007, 1337; OLG Karlsruhe, NJOZ 2003, 3259 (3260); OLG München, FamRZ 2008, 1089.
78 OLG Stuttgart, NJW-RR 2009, 149 (150).
79 OLG Koblenz, NJW 2009, 1425.
80 OLG Stuttgart, FamRZ 2009, 531.
81 BGH, NJW 1998, 3116.
82 BGH, NJW 2010, 238 (239).
83 OLG Hamm, NJW-RR 2012, 968; OLG Hamm, FamRZ 2008, 1260; OLG Koblenz, FamRZ 2006, 1611; OLG Karlsruhe, FamRZ 2009, 361 (362); OLG Oldenburg, FamRZ 2003, 1575; a. A.: stets mutwillig: OLG Saarbrücken, Beschluss vom 19.5.2005, Az. 9 WF 47/05, Rn. 8 – juris.
84 OLG Hamm, FamRZ 2008, 1260; OLG Karlsruhe, FamRZ 2009, 361 (362); OLG Bremen, OLGR 1996, 106, Rn. 10 – juris; vgl. auch OLG Nürnberg, FPR 2002, 542; OLG Stuttgart, OLGR 1999, 25, Rn. 6 – juris; OLG Frankfurt am Main, DAVorm 1998, 633 – juris; OLG Köln, NJW-RR 2004, 297, die allgemein auf die Notwendigkeit der kostenfreien Möglichkeit der Titulierung abstellen.
85 OLG Hamburg, Beschluss vom 26.8.2013, Az. 7 WF 76/13 – juris.

darüber hinaus den Vollstreckungstitel herausgegeben hat[86] oder wenn er dies nur deswegen nicht tun kann,[87] weil noch – unstreitige – Rückstände bestehen, deretwegen die Zwangsvollstreckung betrieben wird. Nach weitergehender Auffassung soll die **Mitteilung des Gläubigers**, man werde in Zukunft nur noch herabgesetzten Unterhalt verlangen, zur Mutwilligkeit eines gerichtlichen Herabsetzungsverfahrens nach § 240 FamFG führen, da es dem Schuldner zur Absicherung freistehe, sich eine Jugendamtsurkunde über den reduzierten Unterhalt zu verschaffen und diese dem Gläubiger gegen Herausgabe des bisherigen Titels anzubieten.[88]

Zudem ist ein Abänderungsantrag mutwillig, wenn das Antragsziel bereits im Vorprozess hätte geltend gemacht werden können.[89]

Die Mutwilligkeitsprüfung entfällt in grenzüberschreitenden Unterhaltsverfahren, wenn der Antragsteller im Ursprungsstaat Verfahrenskostenhilfe erhalten hat und sich das Verfahren nunmehr auf **Anerkennung, Vollstreckbarerklärung und Vollstreckung der ausländischen Entscheidung** richtet (§ 23 S. 1 AUG).

Kapitel 5: Bedürftigkeit

I. Allgemeines

Neben Erfolgsaussichten und fehlender Mutwilligkeit als objektive Voraussetzungen darf die Partei aufgrund ihrer persönlichen und wirtschaftlichen Verhältnisse die Kosten der Rechtsverfolgung **nicht, nur zum Teil** oder **nur in Raten** aufbringen können (§ 114 Abs. 1 S. 1 1. HS ZPO). Eine Ausnahme hiervon gilt in **Unterhaltssachen** nach §§ 22 Abs. 1, 23 S. 1 AUG für Anträge nach Artikel 46 der Verordnung (EG) Nr. 4/2009 einer Person unter 21 Jahren aus einer Eltern-Kind-Beziehung sowie für Verfahren auf Anerkennung, Vollstreckbarerklärung und Vollstreckung einer ausländischen Entscheidung, wenn dem Antragsteller im Ursprungsstaat für das Erkenntnisverfahren bereits Verfahrenskostenhilfe gewährt wurde. In diesen Fällen entfällt eine Bedürftigkeitsprüfung.

Da die Prüfung ansonsten im Wesentlichen der Prüfung der Bedürftigkeit im Rahmen der Beratungshilfe entspricht (sh. Rn. 19 ff.), soll hier nur auf spezifische Besonderheiten der Prozesskostenhilfe eingegangen werden. Maßgeblicher Zeitpunkt für die Beurteilung ist im Hinblick auf die Änderungsmöglichkeiten nach §§ 120a, 124 ZPO stets die gerichtliche Beschlussfassung.[1]

II. Besonderheiten im Rahmen des § 115 ZPO

1. Abtretung, Prozessstandschaft, „einer für alle"

Bei Abtretungen und Prozessstandschaftern als Antragsteller stellt sich oftmals das Problem, dass im **Hintergrund solvente Dritte** agieren, denen der Anspruch ursprünglich ganz oder teilweise zustand oder noch zusteht und die deswegen ein nicht unerhebliches Eigeninteresse am Ausgang des Prozesses haben. Daher ist in **Anlehnung an** § 116 S. 1 ZPO zusätzlich auf die persönlichen und wirt-

---

86 OLG Köln, FamRZ 2006, 718; OLG Karlsruhe, NJWE-FER 2000, 98; vgl. OLG Frankfurt am Main, NJW-RR 1986, 944.
87 OLG Köln, FamRZ 2006, 718.
88 OLG Hamburg, MDR 2013, 160 (161).
89 OLG Bamberg, NJW-RR 1990, 74.
1 *Wache* in Münchener Kommentar zur ZPO, § 114 Rn. 105.

schaftlichen Verhältnisse des Rechtsinhabers abzustellen, wenn jemand ein fremdes Recht geltend macht.[2]

Eine Ausnahme kann im Falle der **Sicherungsabtretung** mit anschließender Ermächtigung zur Prozessführung durch den Rechtsinhaber gelten, weil hier der Antragsteller selbst ein maßgebliches Interesse an der Prozessführung hat.[3] Weiterhin ist es in diesen Fällen ebenfalls möglich, dass der Antragsteller nach den Grundsätzen des Auftrags einen **Auslagenvorschuss** vom Rechtsinhaber verlangen kann, der dann einsetzbares Vermögen darstellt.[4]

461 Bei der **Abtretung** kommt es **grundsätzlich** auf die persönlichen und wirtschaftlichen Verhältnisse **des Antragstellers als Zessionar** an. Erfolgte die Abtretung an die hilfsbedürftige Person allerdings nur, damit der Prozess auf Prozesskostenhilfebasis geführt und der ursprüngliche Rechtsinhaber dadurch Kosten sparen kann, ist auch auf dessen persönliche und wirtschaftliche Verhältnisse abzustellen.[5] Darüber hinaus ist der **Zedent** ebenfalls einzubeziehen, wenn es für die Abtretung keinen triftigen Grund gab und es nahe liegt, dass er wirtschaftlich am Gegenstand des Rechtsstreits beteiligt ist.[6] Daraus folgt aber auch, dass es bei einem echten Eigeninteresse des Zessionars – wie zum Beispiel bei Geltendmachung von Ansprüchen im Zusammenhang mit sicherungsübereigneten Gegenständen – nur auf die Bedürftigkeit des Antragstellers ankommt.[7]

462 Stand der Anspruch ursprünglich **mehreren Personen** gemeinsam zu, wird er aber nur zum Zwecke der Klageerhebung an die hilfsbedürftige unter ihnen abgetreten, so geht das Oberlandesgericht München davon aus, dass im **Innenverhältnis** die Abrede besteht, sich angemessen an den Kosten zu beteiligen und dieser Anspruch als einzusetzendes Vermögen zu werten ist.[8]

463 Weiterhin ist bei der Abtretung auch darauf zu achten, dass § 116 S. 1 Nr. 2 ZPO nicht umgangen wird. Wird also ein Anspruch von einer GmbH an deren Gesellschafter-Geschäftsführer abgetreten, kann dieser Prozesskostenhilfe nur unter der zusätzlichen Voraussetzung erhalten, dass die Unterlassung der Prozessführung allgemeinen Interessen zuwider läuft.[9]

464 Hinsichtlich der **Rückabtretung übergegangener Unterhaltsansprüche** vom Sozialhilfeträger auf den Unterhaltsberechtigten wird auf die noch folgenden Ausführungen unter 2 b) verwiesen.

465 Wenn ein **Miterbe** gemäß § 2039 BGB für alle eine Nachlassforderung geltend macht, ist grundsätzlich auf seine persönlichen und wirtschaftlichen Verhältnisse abzustellen, es sei denn, er wird von den übrigen nur vorgeschoben.[10]

466 Gleiches gilt, wenn ein **Musterprozess** im Interesse aller nur von einem – dem Hilfsbedürftigen – geführt wird.[11]

2. Prozesskostenvorschuss

466a Auch Ansprüche auf Leistung eines Prozesskostenvorschusses gehören zum **einsetzbaren Vermögen** nach § 115 Abs. 3 ZPO. Diese können gegen Ehegatten

---

2 BGH, VersR 1992, 594; *Geimer* in Zöller, ZPO, § 114 Rn. 9, hält die Abtretung für nichtig und verneint die Erfolgsaussichten.
3 OLG Celle, NJW 1987, 783; dies offen lassend: BGH, VersR 1992, 594.
4 OLG Hamburg, FamRZ 1990, 1119 (1120); KG, FamRZ 1996, 37 (38).
5 BGH, NJW 1967, 1566 (1567).
6 OLG Köln, NJW-RR 1995, 1405; OLG Celle, NJW-RR 1999, 579 (580).
7 KG, KGR 2009, 314, Rn. 6, 7 – juris m. w. N.
8 OLG München, OLGR 1993, 238 – juris.
9 *Geimer* in Zöller, ZPO, § 116 Rn. 28 m. w. N.
10 OLG Saarbrücken, FamRZ 2009, 1355 (1356); *Gergen* in Münchener Kommentar zum BGB, § 2039, Rn. 27.
11 OVG Lüneburg, JurBüro 1986, 604 (605).

und Verwandte in gerader Linie bestehen oder in Sonderfällen gegen den Träger der Sozialhilfe.

a) Ehegatten, Lebenspartner und Verwandte in gerader Linie. (1) Ehegatten und eingetragene Lebenspartner. Ehegatten haben gegeneinander unter den Voraussetzungen des § 1360a Abs. 4 BGB einen Anspruch auf Leistung eines Prozesskostenvorschusses, der gemäß § 1361 Abs. 4 S. 4 BGB auch für getrennt lebende Ehegatten sowie gemäß §§ 5 S. 2, 12 S. 2 LPartG für eingetragene Lebenspartner und getrennt lebende Lebenspartner gilt.
Die Vorschusspflicht **endet mit Rechtskraft der Scheidung**.[12] Wird der Prozesskostenvorschussanspruch allerdings vorwerfbar **nicht rechtzeitig** davor geltend gemacht, ist der Antrag wegen Rechtsmissbrauchs abzulehnen.[13]
Wurde die Ehe geschieden, nachdem der verpflichtete Ehegatte wegen des Anspruchs in **Verzug** gesetzt worden ist, bleibt die Vorschusspflicht davon unberührt, da es dem Verpflichteten verwehrt ist, sich auf seine eigene Säumnis zu berufen und davon zu profitieren.[14]
Voraussetzung für die Vorschusspflicht ist zunächst, dass eine **persönliche Angelegenheit** vorliegt. Handelt es sich um Auseinandersetzungen zwischen den Ehegatten, so kommt es nicht darauf an, ob es sich um einen vermögensrechtlichen oder nicht vermögensrechtlichen Anspruch handelt. Vielmehr ist entscheidend, dass die Auseinandersetzung ihre **Wurzel in der ehelichen Lebensgemeinschaft** hat.[15] Insofern fallen **familienrechtliche Verfahren** wie Ehesachen, Unterhaltssachen, Abstammungsverfahren unter den Begriff der persönlichen Angelegenheiten; dies gilt bei laufendem Scheidungsverfahren auch für Klagen auf Zugewinnausgleich oder Auskunft diesbezüglich.[16]
Bei **Ausgleichsprozessen zwischen geschiedenen Ehegatten** besteht bei Wiederverheiratung des bedürftigen Ehegatten kein Anspruch gegen den vormaligen Gatten, da die Verpflichtung mit Rechtskraft der Scheidung endete,[17] es sei denn, es lag schon vor der Scheidung Verzug des Ehegatten vor. Der neue Ehegatte hingegen ist vorschusspflichtig, weil der Ausgleichsanspruch seinen Ursprung in der vorangegangenen Ehe hatte, deswegen es für den hilfsbedürftigen Ehegatten eine persönliche Angelegenheit war und sich die Rechtsnatur aufgrund der Scheidung nicht nachträglich ändert.[18] Dass der Anspruch seine Wurzel in der Beziehung zu dem neuen Ehegatten hat, wird von § 1360a Abs. 4 BGB nicht vorausgesetzt.[19]

In **Prozessen gegen Dritte** ist es erforderlich, dass der Rechtsstreit eine genügend **enge Verbindung** zum verpflichteten Ehegatten aufweist.[20] Dies wird man bejahen können bei Schadensersatzansprüchen aus Arzthaftung[21] sowie sonstigen deliktischen Ansprüchen betreffend Leben, Körper, Gesundheit, Freiheit und Ehre.[22]

---

12 BGH, NJW 1984, 291.
13 OLG Zweibrücken, FamRZ 2000, 757; FamRZ 2002, 1200 (hierbei konnte die Zurückweisung des Antrags nicht erfolgen, weil dies gegen das Verbot der reformatio in peius verstoßen hätte) und FamRZ 2011, 1603.
14 OLG Frankfurt am Main, MDR 2005, 590; vgl. auch BGH, NJW 1985, 2263 (2265).
15 BGH, NJW 1960, 765 (766).
16 *Weber-Monecke* in Münchener Kommentar zum BGB, § 1360a Rn. 27, 28.
17 Zwar betraf BGH, NJW 1960, 765, den Fall der Zugewinnklage. Später hat er jedoch allgemein die Vorschusspflicht nach Scheidung ausgeschlossen (NJW 1984, 291); a. A.: wohl *Weber-Monecke* in Münchener Kommentar zum BGB, § 1360a Rn. 28, aus Gründen der Billigkeit.
18 BGH, NJW 2010, 372 (373) mit umfassender Darstellung des Meinungsstands; OLG Hamm, FamRZ 1989, 277 (278); OLG Koblenz, FamRZ 1986, 466; a. A.: OLG Düsseldorf, FamRZ 1984, 388.
19 BGH, NJW 2010, 372 (373).
20 BGH, NJW 1964, 1129 (1131).
21 OLG Schleswig, FamRZ 2009, 897; OLG Köln, FamRZ 1994, 1409 (1410).
22 *Weber-Monecke* in Münchener Kommentar zum BGB, § 1360a Rn. 27.

Gleiches gilt für Streitigkeiten, die im Zusammenhang mit der gemeinsamen Ehewohnung, sei es gegen Dritte oder den (Noch-)Ehegatten (Herausgabe der Wohnung, Hausrat, Teilungsversteigerung, Mietrecht, Immissionen)[23] stehen. **Nicht umfasst** sind Erbstreitigkeiten, insbesondere Pflichtteils- oder Pflichtteilsergänzungsansprüche.[24]

469 Im Rahmen des § **4a InsO** ist die Verweisung auf den Prozesskostenvorschuss ausgeschlossen, wenn die Schulden vor Eingehung der Ehe entstanden sind oder es sich um Verbindlichkeiten handelt, die weder zum Aufbau oder Erhalt einer wirtschaftlichen Existenz der Eheleute eingegangen worden sind oder sonst mit der gemeinsamen Lebensführung in Zusammenhang stehen.[25]
Verweigert der Ehegatte die Zahlung, ist es dem Hilfsbedürftigen zuzumuten, eine einstweilige Anordnung gegen den unwilligen Ehegatten zu erwirken und die Bescheidung dieses Antrags abzuwarten.[26]

470 Es besteht darüber hinaus eine ausdrückliche Vorschusspflicht für die Verteidigung des Ehegatten in **Strafverfahren** (§ 1360a Abs. 4 S. 2 BGB). Diese wird nach Sinn und Zweck ausgedehnt auf Ordnungswidrigkeitsverfahren.[27]

471 Die **Nebenklage** wird zwar nicht erwähnt. Da aber der Begriff „Rechtsstreit" weit auszulegen ist,[28] umfasst § 1360a Abs. 4 S. 1 BGB auch diese.[29]

472 In **arbeitsgerichtlichen Verfahren** fallen **Bestandsstreitigkeiten** wegen der hohen Bedeutung des Arbeitsplatzes unter persönliche Angelegenheiten,[30] mangels vergleichbarer Bedeutung aber nicht Streitigkeiten über Abmahnungen.[31] Ähnlich existentiell sind Streitigkeiten bezüglich Rentenansprüchen, Existenzsicherung durch Leistungen der Sozialhilfeträger, Berufszulassungsverfahren bzw. Anfechtung von Examensergebnissen sowie ausländerrechtliche Verfahren, insbesondere bezüglich der Ausweisung.[32]

473 Ferner muss die Leistung eines Prozesskostenvorschusses der **Billigkeit** entsprechen. Der Berechtigte darf also zunächst die **Kosten nicht aus eigener Kraft** aufbringen können und dem Verpflichteten muss der **angemessene Selbstbehalt** verbleiben.
Eine Inanspruchnahme des Ehegatten scheidet dann aus, wenn diesem selbst ratenfreie Prozesskostenhilfe gewährt werden müsste. Hätte er allerdings Anspruch auf Gewährung von Prozesskostenhilfe **mit Raten**, bestimmt sich der Umfang der Ratenzahlungspflicht des berechtigten Ehegatten im Rahmen der Prozesskostenhilfe nach deren Höhe.[33]
Unbilligkeit liegt darüber hinaus nicht schon deswegen vor, weil es sich bei dem Vorschussverpflichteten um den **Prozessgegner** handelt. Dies ergibt sich bereits aus der gerichtlichen Möglichkeit, dem Prozessgegner etwa in Unterhaltssachen die Zahlung eines Kostenvorschusses per einstweiliger Anordnung gemäß § 246 Abs. 1 FamFG (§ 127a ZPO a. F.) aufzugeben.

---

23 OLG Köln, FamRZ 2007, 1343, Rn. 13 – juris (Versteigerung); OLG Frankfurt am Main, FamRZ 1982, 606 (Hausrat und zitierend OVG Lüneburg für Immissionen).
24 OLG Köln, NJW-RR 1989, 967 (968); *Voppel* in Staudinger, Kommentar zum BGB, § 1360a Rn. 71; **a. A.**: OLG Celle, FamRZ 1978, 822 – juris.
25 BGH, NJW 2003, 2910 (2912).
26 BGH, NJW-RR 2007, 844 (845).
27 Statt vieler: *Voppel* in Staudinger, Kommentar zum BGB, § 1360a Rn. 73.
28 BGH, NJW 2003, 2910 (2911 f.).
29 BGH, NStZ 1993, 351; **a. A.**: OLG Frankfurt am Main, NStZ 1994, 298; *Dürbeck/Gottschalk*, Rn. 368 m. w. N.
30 BAG, NZA 2006, 694 (695); BAG, FamRZ 1967, 149 – juris.
31 LAG Hessen, Beschluss vom 22.3.2007, Az. 8 Ta 619/06, Rn. 6 – juris.
32 *Voppel* in Staudinger, Kommentar zum BGB, § 1360a Rn. 72 m. w. N.
33 BGH, NJW-RR 2004, 1662 (1663); **a. A.**: *Geimer* in Zöller, ZPO, § 115 Rn. 70 m. w. N.

Weiterhin wird verlangt, dass die Klage, für die der Prozesskostenvorschuss **474** begehrt wird, **nicht mutwillig** sein darf und **hinreichende Erfolgsaussichten** hat, was deckungsgleich mit § 114 Abs. 1 S. 1 2. HS ZPO ist und daher keine weitergehende Bedeutung hat.[34]
Bei der Frage der Billigkeit kann jedoch hinsichtlich getrennt lebender Ehegatten zu berücksichtigen sein, ob der bedürftige Ehegatte den Prozess **selbst verschuldet** hat.[35]

Keine Vorschusspflicht besteht im Rahmen von **nichtehelichen Lebensgemein- 475 schaften**.[36] Eine entsprechende gesetzliche Regelung existiert nicht und eine analoge Anwendung wie bei Verwandten in gerader Linie scheitert an einer vergleichbaren Bindung. Dennoch bleibt der Partner nicht gänzlich unberücksichtigt; insofern ist zu prüfen, welche Zuwendungen die bedürftige Partei von diesem erhält.

(2) Verwandte in gerader Linie. Gegenüber ihren **minderjährigen unverheirate- 476 ten Kindern** sind die Eltern – ehelich oder nichtehelich – analog § 1360a Abs. 4 BGB nach der Grundsatzentscheidung des **Bundesgerichtshofes**[37] ebenfalls zur Leistung eines Prozesskostenvorschusses verpflichtet, wenn es sich um eine persönliche Angelegenheit handelt und der Verpflichtung der Billigkeit entspricht. Letzteres setzt auch hier voraus, dass das Kind zur Aufbringung der Prozesskosten selbst nicht in der Lage ist. Abweichend von Ehegatten muss dem Elternteil als Verpflichteten lediglich der **notwendige** – nicht aber der angemessene – **Selbstbehalt** verbleiben.
Wie auch bei Ehegatten kommt eine Inanspruchnahme der Eltern dann **nicht** in Betracht, wenn **dem Elternteil selbst ratenfreie Prozesskostenhilfe** gewährt werden müsste; bei Prozesskostenhilfe mit Ratenzahlungsanordnung für den Elternteil bestimmt sich der Umfang der Ratenzahlungspflicht des Kindes im Rahmen der Prozesskostenhilfe nach deren Höhe.[38]
Auch der **betreuende Elternteil** kann zur Leistung des Vorschusses herangezogen werden; allerdings ist hier besonders auf die Frage der **Billigkeit** einzugehen, so dass eine Heranziehung wohl nur bejaht werden kann, wenn eine Inanspruchnahme des anderen Elternteils ausscheidet.[39]
Da die Unterhaltspflicht von Gesetzes wegen nicht allein mit dem Erreichen der Volljährigkeit erlischt, besteht eine Prozesskostenvorschusspflicht der Eltern analog § 1360a Abs. 4 BGB auch gegenüber ihren **volljährigen unverheirateten Kindern**, wenn diese noch **keine von den Eltern unabhängige Lebensstellung** erlangt haben, ohne dass es darauf ankommt, ob das Kind noch im Haushalt der Eltern lebt.[40]
Eine Vorschusspflicht kommt insbesondere dann in Betracht, wenn sich das Kind noch in **Ausbildung** befindet und deswegen auf Unterstützungsleistungen der Eltern angewiesen ist.[41] Allerdings muss dem Elternteil nicht nur der notwendige, sondern der **angemessene Selbstbehalt** verbleiben.[42]

---

34 BGH, NJW 2001, 1646 (1647).
35 OLG Bamberg, JurBüro 1982, 293; OLG München FamRZ 1997, 1088.
36 ArbG Heilbronn, Beschluss vom 16.5.2017, Az. 8 Ca 34/17 – juris; OLG Köln, FamRZ 1988, 306 (307); a. A.: OLG Koblenz, NJW-RR 1992, 1348 wg. Sozialhilferecht.
37 BGH, NJW-RR 2004, 1662 f.; Bayerischer VGH, Beschluss vom 26.1.2010, Az. 7 C 09.2897 – juris.
38 BGH, NJW-RR 2004, 1662 (1663).
39 OLG Koblenz, FamRZ 2001, 632; OLG München, FamRZ 1991, 347; *Born* in Münchener Kommentar zum BGB, § 1610 Rn. 160.
40 BGH, NJW 2005, 1722 (1723); *Born* in Münchener Kommentar zum BGB, § 1610 Rn. 165.
41 BGH, NJW 2005, 1722 (1723); OLG München, NJW-RR 2007, 657 (658) für 38-jährige Jurastudentin, die nie arbeiten musste; OVG Münster, NJW-RR 1999, 1235.
42 BGH, NJW 2005, 1722 (1724).

Mit der **Heirat des Kindes** endet grundsätzlich die Prozesskostenvorschusspflicht.[43] Nur in ganz besonderen Ausnahmefällen dürften die Verwandten im Hinblick auf § 1608 BGB in diesem Fall noch herangezogen werden können.[44]

Auch die **Großeltern** und sogar die Urgroßeltern können nach den oben dargelegten Grundsätzen zur Leistung eines Prozesskostenvorschusses an Kinder verpflichtet sein.[45]

Minderjährige Kinder sind gegenüber ihren Verwandten in gerader Linie **nicht vorschusspflichtig, Volljährige** hingegen **schon**.[46] Im Rahmen der Billigkeitsprüfung kann jedoch eine Vorschusspflicht ausscheiden, wenn das volljährige Kind beispielsweise die Scheidung seiner Eltern finanzieren soll.[47]

Wegen der persönlichen Angelegenheiten kann auf das unter 2 a) (1) Gesagte verwiesen werden, soweit sich dies auf das Eltern-/Kindverhältnis übertragen lässt. Besonderheiten gelten bei der **Vaterschaftsanfechtung**. Der Scheinvater bleibt bis zur rechtskräftigen Feststellung der Scheinvaterschaft prozesskostenvorschusspflichtig.[48]

477 b) Träger der Sozialhilfe. Lange war umstritten, ob Prozesskostenhilfe für **unterhaltsberechtigte Sozialhilfeempfänger** dann zu bewilligen ist, wenn die streitgegenständlichen Ansprüche **kraft gesetzlichen Forderungsübergangs** gemäß §§ 94 Abs. 5 S. 2 SGB XII (§ 91 Abs. 4 S. 1 BSHG a. F.), 7 Abs. 4 S. 3 UVG zunächst auf den **Sozialhilfeträger** übergegangen waren, dann aber auf den Berechtigten zum Zwecke der eigenen Prozessführung auf Prozesskostenhilfebasis zurückübertragen wurden.

Der **Bundesgerichtshof** hat entschieden, dass in diesem Falle Prozesskostenhilfe mangels Bedürftigkeit zu versagen ist, weil dem Bedürftigen ein Anspruch auf Prozesskostenvorschuss gegen den Sozialhilfeträger zusteht.[49]

Auf diesen Prozesskostenvorschuss kann der Bedürftige nur in **Ausnahmefällen nicht** verwiesen werden, so z. B., wenn der Anspruch nicht alsbald realisiert werden kann und deswegen Rechtsnachteile drohen oder der Verweis sich als bloße Förmelei darstellt. Letzteres ist regelmäßig der Fall, wenn es sich um Unterhaltsansprüche handelt, die zwischen Anhängigkeit und Rechtshängigkeit der Klage fällig werden, weil sich die gemeinsame Geltendmachung der rückübertragenen und der eigenen Ansprüche wegen § 42 Abs. 3 S. 2 GKG kostenrechtlich nicht auswirkt.[50]

Ab Rechtshängigkeit der Klage besteht ein Anspruch auf Prozesskostenhilfe für die Geltendmachung des laufenden Unterhalts; gehen die Ansprüche auf den Sozialhilfeträger über, bleibt der Bedürftige wegen § 265 Abs. 2 S. 1 ZPO auch ohne Rückabtretung weiterhin zur Prozessführung befugt, muss den Klageantrag jedoch auf Leistung an den Sozialhilfeträger umstellen.[51]

3. Ehegatten als Streitgenossen

478 Grundsätzlich gilt für Streitgenossen, dass **jeder für sich** zu prüfen ist. Daran ändert sich auch nichts, wenn Ehegatten als Streitgenossen auftreten. Es ist

---

43 OLG Hamm, FamRZ 2000, 255.
44 *Dürbeck/Gottschalk*, Rn. 361.
45 OLG Koblenz, NJW-RR 1997, 263; OLG Düsseldorf, FamRZ 1990, 537 – LS; a. A.: *Geimer* in Zöller, § 115 Rn. 67 d, weil es an der gesteigerten Verantwortung fehle.
46 BSG, NJW 1970, 352; einschränkend *Dürbeck/Gottschalk*, Rn. 363; a. A.: *Geimer* in Zöller, § 115 Rn. 67d (s. o.); OLG München, FamRZ 1993, 821 (822); OLG Oldenburg, OLGR 1997, 157, Rn. 4 – juris.
47 *Dürbeck/Gottschalk*, Rn. 363.
48 OLG Bremen, OLGR 1998, 334, Rn. 3 – juris; OLG Karlsruhe, FamRZ 1996, 872; OLG Koblenz, FamRZ 1997, 679; a. A.: OLG Frankfurt am Main, FamRZ, 1983, 827.
49 BGH, NJW 2008, 1950 (1951) mit umfassender Darstellung des Meinungsstreits.
50 BGH, NJW 2008, 1950 (1953).
51 BGH, NJW 2008, 1950 (1953).

daher nicht auf das zusammengerechnete Einkommen abzustellen, sondern vielmehr ist die Bedürftigkeit für jeden einzelnen unter Berücksichtigung etwaiger Ansprüche auf Leistung eines Prozesskostenvorschusses gegen den anderen zu prüfen.[52]

4. Ratenzahlung und Vergleichsberechnung

Beträgt das **einzusetzende Einkommen** mindestens 20,00 EURO, ist eine Monatsrate in Höhe der Hälfte des einzusetzenden Einkommens gemäß § 115 Abs. 2 ZPO festzusetzen. Bei einem einzusetzenden Einkommen von mehr als 600,00 EURO beträgt die Rate gemäß § 115 Abs. 2 ZPO 300,00 EURO zuzüglich den über 600,00 EURO liegenden Betrag. Bei einem einzusetzenden Einkommen von beispielsweise 1.000,00 EUR ergibt dies dementsprechend eine Monatsrate von 700,00 EURO.[53]

479

Nach alter Rechtslage, die aufgrund der Übergangsvorschrift des § 40 EGZPO für Anträge, die vor dem 1. Januar 2014 gestellt worden sind, weiter Anwendung findet, ist bei einem einzusetzenden Einkommen von mindestens 15,00 EURO die Ratenzahlungshöhe anhand der **Tabelle** gemäß § 115 Abs. 2 ZPO a. F. zu ermitteln. Übersteigt das einzusetzende Einkommen 750,00 EURO, beträgt die Rate 300,00 EURO zuzüglich des 750,00 EURO übersteigenden Teils des einzusetzenden Einkommens. Im oben erwähnten Fallbeispiel ergibt dies eine Monatsrate von 550,00 EURO.

Gerade bei höheren Einkommen wird die **obligatorische Vergleichsberechnung** gemäß § 115 Abs. 4 ZPO relevant. Sind die voraussichtlichen Kosten des Rechtsstreits durch **maximal vier Monatsraten** sowie etwaige Zahlungen aus dem Vermögen gedeckt, kommt die Bewilligung von Prozesskostenhilfe nicht in Betracht.

Die Höhe der voraussichtlichen Kosten bemisst sich nach **Gerichtskosten** sowie den **außergerichtlichen Kosten der Partei** selbst; die außergerichtlichen Kosten des Gegners bleiben bei der Berechnung unberücksichtigt.[54] Ist eine Beweisaufnahme absehbar, sind auch deren voraussichtliche Kosten als gerichtliche Auslagen miteinzubeziehen.[55]

Gemäß § 115 Abs. 2 ZPO beträgt die maximale Dauer der Ratenzahlung **48 Monate** und zwar **unabhängig vom Rechtszug**. Bei deren Berechnung sind begriffsnotwendig nur solche Monate einzubeziehen, in denen überhaupt Raten gezahlt worden sind.[56]

Die Höchstgrenze gilt für das gesamte Verfahren **einschließlich der Rechtsmittelinstanzen**;[57] entscheidend ist nur, dass es sich um denselben Streitgegenstand handelt.[58]

Für die **Zwangsvollstreckung** aus einem Titel **beginnt die 48 Monatsgrenze erneut**.[59]

Hat die hilfsbedürftige Partei 48 Monatsraten bezahlt, ist sie von einer weiteren Zahlung selbst bei erheblicher Verbesserung der Verhältnisse befreit.[60]

Da die Ratenzahlungsanordnung unter dem Vorbehalt der späteren Abänderung durch ein anderes Gericht steht, das im Rahmen des Instanzenzugs mit der Hauptsache befasst ist, wird die frühere Ratenzahlungsanordnung mit der

---

52 OLG Köln, FamRZ 2003, 1394; OLG Hamm, OLGR 1991, Nr. 3, 14 – juris; a. A.: OLG Hamburg, FamRZ 1986, 187 (188).
53 *Lissner*, AGS 2013, 209 (214.)
54 vgl. auch Anlage zu Nr. 1.3 Duchführungsbestimmungen zum Gesetz über die Prozesskostenhilfe und zur Stundung der Kosten des Insolvenzverfahrens (DB-PKHG/DB-InsO), Anlage VIII.
55 *Fischer* in Musielak/Voit, ZPO, § 115 Rn. 56.
56 OLG München, Rpfleger 1994, 218 (219); *Dürbeck/Gottschalk*, Rn. 309 m. w. N.
57 BGH, NJW 1983, 944.
58 OLG Stuttgart, OLGR 2009, 360, Rn. 13 – juris; *Dürbeck/Gottschalk*, Rn. 307.
59 *Fischer* in Musielak/Voit, ZPO, § 115 Rn. 34.
60 OLG Zweibrücken, OLGR 1997, 344 – juris.

Neufestsetzung durch die folgende Instanz gegenstandslos.[61] Dies gilt auch, wenn der Bundesgerichtshof selbst die Ratenzahlung anordnet, die Sache zur erneuten Entscheidung an das Untergericht zurückverweist und dieses die Ratenzahlungsanordnung abändert.[62]
Allerdings soll die Anordnung der Ratenzahlung in der zweiten Instanz nur zur Deckung der zweitinstanzlichen Kosten dienen; wurde erstinstanzlich ratenfreie Prozesskostenhilfe bewilligt, soll sich in Bezug auf die Kosten dieser Instanz nichts an der Ratenfreiheit ändern, es sei denn, die erstinstanzliche Festsetzung wird nach § 120a ZPO geändert.[63]

III. Sonderfall § 116 ZPO

480 Eine Sonderregelung für die Bedürftigkeit von Parteien kraft Amtes und juristischen Personen oder parteifähigen Vereinigungen enthält § 116 ZPO. Sobald für die juristische Person ein **Insolvenzverwalter** bestellt worden ist, kommt es für die Gewährung von Prozesskostenhilfe ausschließlich auf das Vorliegen der Voraussetzungen nach § 116 S. 1 Nr. 1 ZPO an und zwar unabhängig davon, ob der Betrieb liquidiert oder fortgeführt wird.[64]

1. Der Insolvenzverwalter

481 Prozesskostenhilfeanträge durch Insolvenzverwalter sind der praktisch bedeutsamste Anwendungsfall des § 116 ZPO. Nicht nur der nach § 56 InsO bestellte **endgültige Insolvenzverwalter** kann grundsätzlich Prozesskostenhilfe beantragen, sondern auch der vorläufige Insolvenzverwalter bei Erlass eines allgemeinen Verfügungsverbotes nach § 22 Abs. 1 InsO, sogenannter **„starker" vorläufiger Insolvenzverwalter**.[65]
Ohne den Erlass eines **allgemeinen Verfügungsverbotes** verbleibt die Prozessführungsbefugnis beim Schuldner; in diesem Fall kann dem **„schwachen" vorläufigen Insolvenzverwalter nur dann** eine **Prozessführungsbefugnis** zugebilligt werden, wenn es sich um eine **unaufschiebbare Notmaßnahme** handelt, die zur Sicherung oder Erhaltung der Vermögensmasse erforderlich ist wie z.B. bei unbekanntem Aufenthalt des Schuldners oder im Passivprozess eines Eilverfahrens.[66]
Soweit das Insolvenzgericht den schwachen vorläufigen Insolvenzverwalter zur Prozessführung ermächtigt, ist dies unzulässig, wenn sie sich auf solche Prozesse bezieht, zu deren Führung ausschließlich ein endgültiger Insolvenzverwalter berufen ist, wie z. B. zur Führung von Anfechtungsprozessen.[67]
Neben der Eigenschaft als Partei kraft Amtes setzt § 116 S. 1 Nr. 1 ZPO voraus, dass die Kosten aus der verwalteten Vermögensmasse nicht aufgebracht werden können und den am Gegenstand des Rechtsstreits wirtschaftlich Beteiligten die Erbringung der Kosten nicht zumutbar ist. Den **Insolvenzverwalter trifft die Darlegungslast** für all diese Voraussetzungen.[68] Um die gerichtliche Prüfung zu ermöglichen, muss er eine aktuelle und vollständige Übersicht über das gegenwärtige Vermögen der Gemeinschuldnerin vorlegen sowie eine Aufstellung der angemelde-

---

61 BGH, NJW 1983, 944.
62 BGH, NJW 1983, 944.
63 OLG Oldenburg, OLGR 2002, 322, Rn. 2 – juris; OLG Stuttgart, OLGR 2002, 308, Rn. 8 – juris; OLG Köln, NJW-RR 1999, 1082 (1083).
64 BGH, NJW-RR 2005, 1640 (1641); BGH NJW 1991, 40 (41).
65 AG Göttingen, NZI 2002, 165; *Haarmeyer* in Münchener Kommentar zur InsO, § 24 Rn. 29.
66 OLG Stuttgart, ZInsO 1999, 474, Rn. 88 m. w. N. – juris.
67 OLG Hamm, ZIP 2005, 361 (362); *Haarmeyer* in Münchener Kommentar zur InsO, § 22 Rn. 187.
68 BGH, NZI 2013, 82 (83); *Geimer* in Zöller, ZPO, § 116 Rn. 13 m. w. N.; siehe auch OLG Saarbrücken, OLGR 2009, 150, Rn. 5 – juris.

ten und von ihm anerkannten Forderungen.[69] Etwas anderes gilt dann, wenn aus den vorhandenen Unterlagen trotz Unvollständigkeit schon alle zur Beurteilung notwendigen Umstände ersichtlich sind.[70] Auf die Richtigkeit der vom Verwalter gemachten Angaben darf das Gericht in aller Regel vertrauen.[71]

a) **Keine Aufbringung der Kosten aus dem verwalteten Vermögen.** Hat der Insolvenzverwalter bereits **Masseunzulänglichkeit** gemäß § 208 Abs. 1 S. 1 InsO angezeigt – sind also zwar die Verfahrenskosten gedeckt, aber die Masse reicht nicht zur Erfüllung sonstiger Verbindlichkeiten aus –, ist grundsätzlich davon auszugehen, dass die Kosten des Rechtsstreits nicht aus dem verwalteten Vermögen aufgebracht werden können. Die **formgerechte Anzeige entfaltet Bindungswirkung**; der Gegner kann die Unzulänglichkeit nicht wirksam bestreiten.[72] Ansonsten ermittelt sich das verwaltete Vermögen aus dem **Barbestand einschließlich des kurzfristig sinnvoll verwertbaren Vermögens abzüglich der Masseverbindlichkeiten** im Sinne der §§ 53 ff. InsO.[73] Existieren titulierte Forderungen, so muss der Insolvenzverwalter darlegen, dass diese nicht eingezogen werden können, ansonsten ist Prozesskostenhilfe zu versagen.[74] Der Verweis auf eine Darlehensaufnahme soll dann in Betracht kommen können, wenn Darlehensgewährung und Rückzahlung gesichert sind.[75] Ausgeschlossen ist dies allerdings bei einem vorläufigen Insolvenzverwalter.[76] Da § 116 ZPO eine Sondervorschrift für die Beurteilung der Bedürftigkeit von Parteien kraft Amtes darstellt, kommt die darüber hinaus gehende Berücksichtigung eines Schonvermögens im Sinne des § 90 SGB XII nicht in Betracht.[77]

b) **Wirtschaftlich Beteiligte.** Als wirtschaftlich Beteiligte werden diejenigen angesehen, **deren Befriedigungsaussichten sich durch ein Obsiegen des Verwalters konkret verbessern.**[78] Dies können die **Insolvenzgläubiger** im Sinne des § 38 InsO sein, also die persönlichen Gläubiger, die einen zur Zeit der Eröffnung des Insolvenzverfahrens begründeten Vermögensanspruch gegen den Schuldner haben. Aber auch **Massegläubiger** im Sinne des § 53 InsO sind grundsätzlich von § 116 S. 1 Nr. 1 ZPO umfasst.[79]
Ob der **Insolvenzverwalter als besonderer Massegläubiger** nach § 54 Nr. 2 InsO wegen seines Vergütungsanspruchs ebenfalls ein wirtschaftlich Beteiligter sein kann, ist umstritten.[80] Letztlich ist der **Streit aber ohne Bedeutung**, denn auch die Befürworter einer Beteiligung verneinen dessen Heranziehung, stützen dies aber auf die fehlende Zumutbarkeit, weil der Insolvenzverwalter mit der Abwicklung eines geordneten Gesamtvollstreckungsverfahrens eine im öffentlichen Interesse liegende Aufgabe wahrnimmt und er daher nicht darauf verwiesen werden darf, entweder selbst einen Vorschuss zu leisten oder auf einen Teil seiner Vergütung zu verzichten.[81]

---

69 OLG Naumburg, DZWIR 2001, 257, Rn. 5 – juris.
70 OLG Düsseldorf, Beschluss vom 29.10.2003, Az. 5 W 38/03, Rn. 14 – juris; OLG Naumburg, ZInsO 2002, 586, Rn. 7 – juris.
71 OLG Stuttgart, MDR 2004, 1205 (1206).
72 BGH, NZI 2008, 98 (99).
73 OLG Köln, ZIP 2007, 1030; OLG München, ZIP 1998, 1197 (1198); OLG Stuttgart, MDR 2004, 1205 (1206).
74 OLG Celle, Beschluss vom 20.3.2009, Az. 2 U 121/08, Rn. 2 – juris.
75 *Steenbuck*, MDR 2004, 1155; *Geimer* in Zöller, ZPO, § 116 Rn. 6.
76 *Haarmeyer*, Münchener Kommentar zur InsO, § 24 Rn. 29.
77 OLG Stuttgart, MDR 2004, 1205 (1206); *Steenbuck*, MDR 2004, 1155 (1156).
78 BGH, NJW 1991, 40 (41).
79 BGH, NJW-RR 2005, 1640 (1641); KG, ZIP 2005, 2031; OLG Celle, ZIP 1994, 1973 (1974); **a. A.:** im Ergebnis *Geimer* in Zöller, ZPO, § 116 Rn. 9, der zwar nicht die Beteiligung verneint, aber die Zumutbarkeit generell ausschließt.
80 Gegen Beteiligung: BGH, NJW-RR 2005, 1640 (1641); **a. A.:** *Steenbuck*, MDR 2004, 1155 (1156); OLG Köln, NZI 2000, 540.
81 OLG Köln NZI 2000, 540 (541).

Im Falle der **Nebenintervention** durch den Verwalter oder im Rahmen eines **Beweissicherungsverfahrens** ist darauf abzustellen, welcher **Gläubiger** in einem etwaigen **Folgeprozess** von den gewonnenen Erkenntnissen und insbesondere der Bindungswirkung **profitieren** kann.[82]

Auch **Träger öffentlicher Abgaben** wie die Finanzverwaltung sowie Bund, Länder und andere öffentliche Anstalten und Kassen können wirtschaftlich beteiligt sein; soweit diese nach § 2 Abs. 1 GKG von der Leistung von Prozesskostenvorschüssen befreit sind, gilt dies nur für deren eigene Prozesse und auch nur für die Gerichtskosten, nicht aber für die außergerichtlichen Kosten.[83]

Ob ein wirtschaftlich Beteiligter **bereit** ist, einen Vorschuss zu leisten, ist hingegen **irrelevant**.[84] Ist allerdings **ausgeschlossen**, dass der Gläubiger selbst bei voller Durchsetzbarkeit der streitgegenständlichen Forderung **auch nur teilweise befriedigt** wird, kann man ihn nicht mehr als wirtschaftlich am Rechtsstreit Beteiligten ansehen.[85] Daher bedeutet die **Anzeige der Masseunzulänglichkeit**, dass **Insolvenzgläubiger** im Sinne des § 38 InsO grundsätzlich nicht mehr zur Leistung von Prozesskostenvorschüssen herangezogen werden können, da die von dem Insolvenzverwalter geltend gemachte Forderung allenfalls zu einer Verbesserung der Quote der Massegläubiger beiträgt,[86] es sei denn, die **Forderung ist so hoch**, dass auch die Insolvenzgläubiger mit einer zumindest teilweisen Befriedigung rechnen dürfen.[87]

Ist umgekehrt die Begleichung der **Forderung** des Gläubigers **auch ohne den Prozess gesichert**, so ist er ebenfalls nicht daran beteiligt.[88]

Geht es um Schadensersatz nach § 71 InsO, sind lediglich die **absonderungsberechtigten** Gläubiger und die **Insolvenzgläubiger** wirtschaftlich beteiligt, nicht aber die Massegläubiger und aussonderungsberechtigten Gläubiger, da nur gegenüber ersteren eine Schadensersatzpflicht besteht.[89] Hat der Insolvenzverwalter **Forderungen** einzelner Gläubiger **bestritten**, sind **diese Gläubiger nicht mehr** wirtschaftlich beteiligt, weil ihnen der Erlös des Prozesses nicht zugute kommt.[90]

484 c) **Zumutbarkeit.** Prozesskostenvorschüsse können nur solchen Beteiligten zugemutet werden, die die erforderlichen **Mittel unschwer aufbringen** können und für die der **zu erwartende Nutzen bei vernünftiger**, auch das **Eigeninteresse** sowie das **Prozesskostenrisiko** angemessen berücksichtigender Betrachtungsweise bei einem Erfolg der Rechtsverfolgung **voraussichtlich deutlich größer** sein wird.[91]

Ob der Beteiligte bei einem etwaigen **Prozessverlust** auch die vorgelegten Kosten **zurückerlangt**, ist für die Frage der Zumutbarkeit irrelevant.[92]

Arbeitnehmer sind dabei regelmäßig aufgrund ihrer eingeschränkten wirtschaftlichen Leistungsstärke von der Prozesskostenvorschusspflicht **ausgenom-**

---

82 OLG Hamburg, NJW-RR 2002, 1054 (Nebenintervention); OLG Celle, NZI 1999, 231 (§ 485 ZPO).
83 BGH, NJW 1998, 1868; OLG Celle, NJW-RR 2000, 728.
84 BGH, NJW 1998, 1868 (1869); OLG Celle, NJW-RR 2000, 728; BGH, ZInsO 2012, 2198 – juris; BGH, NZI 2013, 82 (83).
85 BGH, NJW 1993, 135 (136).
86 KG, ZIP 2005, 2031; *Bork* in Stein/Jonas, ZPO, § 116 Rn. 10; *Steenbuck*, MDR 2004, 1155 (1156).
87 BGH, Beschluss vom 6.12.2007, Az. II ZA 12/07 – juris; BGH, Beschluss vom 12.7.2011, Az. II ZA 11/10 – juris.
88 *Bork* in Münchener Kommentar zur ZPO, § 116 Rn. 10.
89 OLG Celle, ZIP 2009, 933 (935).
90 OLG Rostock, OLGR 2009, 184, Rn. 7 – juris; OLG Koblenz, OLGR 2006, 316, Rn. 5 – juris; KG, KGR 2005, S. 437, Rn. 5 – juris; OLG Naumburg, ZIP 1994, 383 (384); a. A.: OLG Celle, NZI 2004, 268 bei nur vorläufigem Bestreiten ohne durchgreifende Bedenken gegen die Forderung; wohl auch OLG Hamm, ZIP 2007, 147 (148 aE).
91 BGH, NJW 1991, 40 (41); BGH, NJW-RR 2006, 1064.
92 BGH, NZI 2012, 626.

men.[93] Der **Bundesagentur für Arbeit** und den **Trägern der Sozialverwaltung** wie z. B. Berufsgenossenschaften und AOK ist eine Vorschussleistung ebenfalls **unzumutbar**, weil sie im Interesse schwächerer Gläubiger – den Arbeitnehmern – ohne eigenes Gewinnstreben zweckgebundene öffentliche Mittel verwalten.[94]

Die öffentliche Hand kann sich im Übrigen nicht auf fehlende Leistungsfähigkeit berufen, weil es keine entsprechenden Haushaltstitel gebe; insofern hätte man Vorsorge durch deren Schaffung treffen müssen.[95] Bei zumutbarer Heranziehung der öffentlichen Hand ist Prozesskostenhilfe gänzlich zu versagen und nicht nur im Hinblick auf die außergerichtlichen Kosten, weil § 2 Abs. 1 GKG nur für die direkte Beteiligung der öffentlichen Hand gilt, nicht aber für eine mittelbare.[96]

Im Rahmen der **Kosten-/Nutzenrechnung** ist eine **Gesamtwürdigung aller Umstände** erforderlich, insbesondere sind die im Erfolgsfall zu erwartende Quotenverbesserung, das Prozess- und Vollstreckungsrisiko und die Gläubigerstruktur als Kriterien heranzuziehen.[97]

Zunächst sind die vorzufinanzierenden **Prozesskosten zu berechnen**. Diese bestehen grundsätzlich aus dem Gerichtskostenvorschuss in Höhe von drei Gebühren sowie den eigenen Anwaltskosten (2,5 Gebühren nach dem RVG zuzüglich Postgebührenpauschale und Mehrwertsteuer). Die gegnerischen Anwaltskosten sind nicht berücksichtigungsfähig, weil sie im Unterliegensfalle zur Tabelle anzumelden sind.

Sodann ist der **erzielbare Mehrbetrag unter Berücksichtigung der Realisierbarkeit** der geltend gemachten Forderung zu ermitteln. Hierfür bildet man die Differenz aus der Höhe des voraussichtlich auszuschüttenden Betrags entsprechend der Quote ohne den Prozess und dem Betrag entsprechend der neuen Quote, wobei Vollstreckungsrisiken zu berücksichtigen sind.[98] Die Bewertung des Risikos obliegt dem Gericht.[99]

Zumutbarkeit kann regelmäßig dann **bejaht** werden, wenn der so ermittelte **Mehrerlös einem Vielfachen**[100] **des vorzufinanzierenden Betrags entspricht**, zumindest aber mehr als dem Doppelten.[101] Allein auf die verhältnismäßige Höhe der Forderung an den Gesamtverbindlichkeiten der Gemeinschuldnerin als Zumutbarkeitskriterium abzustellen,[102] wird der erforderlichen umfassenden Würdigung nicht gerecht; sie kann aber in Grenzfällen zur Beurteilung herangezogen werden. Bei der Gesamtwürdigung kann auch die Höhe der Quote selbst berücksichtigt werden; der Bundesgerichtshof wertet eine Quote von 10 % – 13 % als Indiz für die Zumutbarkeit.[103] Ebenso wurde eine Erhöhung der Befriedigungsquote um mehr als 5 Prozentpunkte zur Bejahung der Zumutbarkeit herangezogen.[104] Ist angesichts der Gläubigerstruktur mit einem sehr

---

93 BGH NJW 1991, 40 (41).
94 BGH, NJW 1993, 135 (137); OLG München, ZInsO 2013, 1047.
95 BGH, NJW 1998, 1868, (1869); OLG Hamm, NJW-RR 1994, 1342.
96 *Geimer* in Zöller, ZPO, § 116 Rn. 15; a. A.: OLG Hamm, NJW-RR 1994, 1342 (1343).
97 BGH, Beschluss vom 21.11.2013, Az. IX 21 20/13 – juris; BGH, NZI 2008, 98 (99).
98 Ausführlich: *Steenbuck*, MDR 2004, 1155 (1157).
99 BGH, ZInsO 2013, 496 – juris.
100 OLG Hamm, NZI 2007, 660 (661); OLG München, Beschluss vom 2.3.2006, Az. 21 U 1844/06, – juris; BGH, NZI 2012, 192; BGH, Beschluss vom 7.2.2012, Az. II ZR 13/10, Rn. 2, 5 – juris.
101 BGH, Beschluss vom 23.10.2008, Az. II ZR 211/08, Rn. 3 – juris; BGH, Beschluss vom 7.6.2011, Az. II ZA 1/11, Rn. 3 – juris; OLG Nürnberg, JurBüro 2005, 155 (157); *Steenbuck*, MDR 2004, 1155 (1157).
102 So aber OLG Rostock, OLGR 2009, 184, Rn. 7 – juris und OLG Hamm, ZIP 2005, 1711, wenn die Forderung weniger als 5 % der Gesamtsumme beträgt.
103 BGH, Beschluss vom 23.10.2008, Az. II ZR 211/08, Rn. 3 – juris; BGH, NJW-RR 2006, 1064 (1065).
104 BGH, Beschluss vom 26.1.2012, Az. IX ZA 102/11 – juris.

hohen Koordinierungsaufwand zu rechnen, um diese zur Vorschussleistung zu bewegen, kann dies zur Unzumutbarkeit führen,[105] wobei der BGH bereits entschieden hat, dass dies bei 26 Gläubigern nicht zwingend der Fall sein muss.[106]
Absonderungsberechtigte Gläubiger sind noch nicht per se von einer Heranziehung ausgeschlossen, wenn ihr Ausfall nach § 52 InsO noch nicht feststeht.[107] Der Insolvenzverwalter muss vielmehr darlegen, inwieweit diese nach dem derzeitigen Stand des Verfahrens noch Forderungen gegen die Masse geltend machen können.[108] Kommt er dem nicht nach, verbleibt es bei der Nachrangigkeit der Prozesskostenhilfe gegenüber der Finanzierung durch die wirtschaftlich Beteiligten.[109]

485 Gibt der Insolvenzverwalter eine **Forderung für den Insolvenzschuldner wieder frei**, ist der Schuldner prozessführungsbefugt, sodass es grundsätzlich auf seine persönlichen und wirtschaftlichen Verhältnisse ankommt.[110] Etwas anderes gilt dann, wenn es sich um eine sogenannte „**modifizierte Freigabe**" handelt, durch die der Schuldner zur Geltendmachung im eigenen Namen berechtigt wird, aber sich verpflichtet, den Erlös zur Masse abzuliefern. Hier liegt der Verdacht nahe, dass damit § 116 ZPO umgangen werden soll mit der Folge der Nichtigkeit der Freigabe und der Versagung von Prozesskostenhilfe mangels Erfolgsaussichten (fehlende Prozessführungsbefugnis).[111]

2. Andere Parteien kraft Amtes

486 Parteien kraft Amtes zeichnen sich dadurch aus, dass dem Inhaber ganz oder teilweise die Verwaltung über sein Vermögen entzogen und auf sie übertragen wird.[112] Neben dem Insolvenzverwalter fallen unter diese Definition der **Testamentsvollstrecker** nach § 2197 BGB,[113] der **Zwangsverwalter** nach § 152 ZVG,[114] der **Nachlassverwalter** nach § 1981 ff. BGB,[115] der **Sammlungspfleger** nach § 1914 BGB[116] sowie der **Kanzleiabwickler** nach § 55 BRAO.[117] Bei allen Parteien kraft Amtes – auch dem Insolvenzverwalter – ist zu berücksichtigen, dass sie nur insoweit als Partei kraft Amtes handeln, als die **Prozessführung im Rahmen ihrer Verwaltungsaufgaben** liegt, sie also beispielsweise nicht lediglich ihre eigenen, sich aus ihrer Tätigkeit ergebenden Ansprüche verfolgen.[118]
Wirtschaftlich Beteiligte sind entsprechend der unter a) genannten Definition im Falle der Testamentsvollstreckung die Erben, Vermächtnisnehmer und Pflichtteilsberechtigte; bei Nachlassverwaltung – wie bei der Insolvenz – die Nachlassgläubiger und die Erben selbst.[119] Bei der Zwangsverwaltung ist insbesondere der betreibende Gläubiger wirtschaftlich beteiligt;[120] darüber hinaus dürfte dies grundsätzlich auch für alle anderen Gläubiger gelten, die nur bei Erfolg der Klage mit einer – teilweisen – Befriedigung gemäß § 155 Abs. 2 ZVG i. V. m. § 10 Abs. 1 Nr. 1 bis 5 ZVG rechnen könnten.

---

105 BGH, NJW-RR 2006, 1064 (1065).
106 BGH, JurBüro 2011, 205 (206).
107 BGH, NZI 2012, 626 (627).
108 BGH, NZI 2012, 626 (627).
109 BGH, NZI 2012, 626 (627).
110 OLG Celle, Beschluss vom 12.11.2012, Az. 14 W 39/12, Rn. 2, 3 m. w. N. – juris.
111 OLG Celle, Beschluss vom 12.11.2012, Az. 14 W 39/12, Rn. 4 m. w. N. – juris.
112 *Schilken* in Staudinger, BGB, Vorbemerkung § 164 Rn. 57.
113 BGH, NJW-RR 1987, 1090 (1091).
114 KG, NJW-RR 1987, 77 (78).
115 BGH, NJW 1963, 297 (299).
116 BGH, WM 1972, 1315, Rn. 27 – juris.
117 LG Aachen, JurBüro 1993, 614; vgl. auch OLG Karlsruhe, NJW-RR 2005, 293 (294).
118 vgl. BGH, NJW-RR 1987, 1090 (1091).
119 *Geimer* in Zöller, ZPO, § 116 Rn. 7; BGH, Beschluss vom 17.9.2008, Az. 12 ZB 12/05, Rn. 5 – juris (TV).
120 OLG Hamm, JurBüro 1988, 1060.

Eine Sonderstellung nimmt in mehrerlei Hinsicht der **Nachlasspfleger** gemäß § 1960 BGB ein. Dieser ist gesetzlicher Vertreter und damit schon keine Partei kraft Amtes.[121] Aber jedenfalls solange nicht alle Erben ermittelt sind, kommt es nicht auf die Einkommens- und Vermögensverhältnisse der Erben an, selbst wenn bereits ein Teil davon bekannt ist und über Vermögen verfügt. Vielmehr ist die Höhe des Nachlasses entscheidend.[122]

3. Juristische Personen und parteifähige Vereinigungen

Anders als bei den Parteien kraft Amtes entfällt bei juristischen Personen und parteifähigen Vereinigungen das Kriterium der Zumutbarkeit (§ 116 S. 1 Nr. 2 ZPO). Es kommt daher allein darauf an, ob die Kosten von diesen oder den am Gegenstand des Rechtsstreits wirtschaftlich Beteiligten aufgebracht werden können.

Unter § 116 S. 1 Nr. 2 ZPO fallen zunächst die **inländischen juristischen Personen des öffentlichen Rechts** (Gebietskörperschaften, Anstalten, Körperschaften und Stiftungen des öffentlichen Rechts, Sondervermögen des Bundes) **und des Privatrechts** (Aktiengesellschaft, GmbH, eingetragene Vereine, Stiftungen nach § 80 BGB, Genossenschaften, VVaG). Zu den parteifähigen Vereinigungen gehören die OHG, die Kommanditgesellschaft, die GmbH & Co. OHG/KG, die Außen-GbR seit BGH, NJW 2001, 1056 (1058), die Wohnungseigentümergemeinschaft gemäß § 10 Abs. 6 S. 5 WEG, die Reederei sowie der nicht rechtsfähige Verein in Passivprozessen.[123]

Bruchteils- und Erbengemeinschaft sind grundsätzlich nicht parteifähig. Eine Ausnahme gilt hinsichtlich der Erbengemeinschaft für finanzgerichtliche Verfahren.[124]

Ausländische parteifähige Vereinigungen sind von § 116 S. 1 Nr. 2 ZPO nur dann umfasst, wenn sie in einem EU-Mitgliedstaat oder Norwegen, Liechtenstein und Island als darüber hinausgehende Mitgliedstaaten des Europäischen Wirtschaftsraums gegründet und dort ansässig sind.[125]

Hat eine juristische Person bzw. eine parteifähige Vereinigung **Vermögen**, so ist es ihr **verwehrt**, sich deswegen auf fehlende Mittel **zu berufen**, weil ihre Satzung eine **Zweckbindung des Vermögens** vorsehe.[126]

Die Definition der wirtschaftlich Beteiligten im Rahmen des § 116 S. 1 Nr. 2 ZPO geht zurück auf das Reichsgericht. Entscheidend ist demnach, **ob der in Frage stehende Dritte ein tatsächliches wirtschaftliches Interesse an der Prozessführung hat**, ob sich also das Obsiegen oder Unterliegen der juristischen Person auf seine wirtschaftliche Situation auswirkt.[127]

Dies ist – unabhängig von der Rechtsform einer Gesellschaft – der Fall bei deren Gesellschaftern;[128] bei Aktionären ist umstritten, ob dies nur für die Großaktionäre gelten soll.[129] Beteiligt ist auch die Mutter- bzw. Tochtergesellschaft an der jeweils anderen Gesellschaft, wenn Beherrschungs- und Er-

---

121 BVerfG, NJW-RR 1998, 1081 (1082); a. A.: *Dürbeck/Gottschalk*, Rn. 61.
122 BVerfG, NJW-RR 1998, 1081 (1082).
123 siehe Übersicht bei *Vollkommer* in Zöller, ZPO, § 50 Rn. 12 ff.
124 BFH, Beschluss vom 21.11.2000, Az. V B 133/00, Rn. 12 – juris.
125 Die Unterscheidung, die § 116 S. 1 Nr. 2 ZPO im Hinblick auf ausländische Personen trifft, ist mit der EMRK vereinbar, EGMR, NJW-RR 2013, 1075 (1076).
126 OLG Dresden, ZIP 2004, 1498; BFH, Beschluss vom 21.7.1999, Az. I S 6/98, Rn. 8 – juris.
127 RGZ 145, 196 (197).
128 KG, NJW 1955, 469 mit umfassender Aufzählung; *Geimer* in Zöller, ZPO, § 116 Rn. 22; BGH, NJW 1954, 1933 (OHG); OLG München, GmbHR 1986, 46 – juris (GmbH); OLG Stuttgart, NJW 1975, 2022 (KG).
129 *Geimer* in Zöller, ZPO, § 116 Rn. 22 m. w. N.

gebnisabführungsverträge vorliegen.[130] Der Geschäftsführer oder Vorstand einer Kapitalgesellschaft kann ebenfalls herangezogen werden.[131]

491 Bei der **Wohnungseigentümergemeinschaft** sind die einzelnen Wohnungseigentümer einzubeziehen,[132] beim **eingetragenen Verein** dessen Mitglieder.[133] Nehmen Vereine soziale Aufgaben wahr (Übernahme des Aufenthaltsbestimmungsrechts für ein minderjähriges Kind, Förderung sozial benachteiligter Jugendlicher), wird eine Beteiligung teilweise unter Hinweis auf die staatliche Finanzierung verneint.[134] Die katholische Kirche soll am Ausgang eines von einer Kirchenstiftung katholischen Kirchenrechts geführten Rechtsstreits kein wirtschaftliches Interesse haben.[135]

492 Im Gegensatz zu § 116 S. 1 Nr. 1 ZPO sind die **Gläubiger der juristischen Person grundsätzlich nicht** wirtschaftlich beteiligt.[136] Eine **Ausnahme** gilt allerdings dann, wenn die juristische Person erkennbar nur vorgeschoben wird, so z. B. wenn ein Gläubigerpool gegründet wird, dem auch Kreditversicherer und eine Großbank angehören, die einzuklagende Forderung an die Großbank abgetreten war, eine Rückabtretung für den Prozess erfolgte und das Gericht mangels Vorlage des Poolvertrags trotz mehrfacher Aufforderung Grund zur Annahme hat, dass der Gläubigerpool sich gegenüber der juristischen Person zur anteiligen Kostenübernahme verpflichtet hat.[137]
Unerheblich ist allerdings auch im Rahmen des § 116 S. 1 Nr. 2 ZPO, ob die wirtschaftlich Beteiligten die Kosten aufbringen wollen.[138]

493 Als letzte Voraussetzung muss die **Unterlassung der Rechtsverfolgung allgemeinen Zielen zuwiderlaufen.** Dies schränkt die Gewährung von Prozesskostenhilfe im Vergleich zu natürlichen Personen und Parteien kraft Amtes ein, was aber verfassungsrechtlich unbedenklich ist. Denn Prozesskostenhilfe ist eine besondere Form der Sozialhilfe; es gibt keinen Rechtsanspruch einer juristischen Person, im gleichen Maße wie eine natürliche Person an fürsorgerischen Maßnahmen der Allgemeinheit teilzuhaben.[139]
Ein allgemeines Interesse an der Prozessführung besteht, wenn dadurch **größere Kreise der Bevölkerung oder des Wirtschaftslebens** angesprochen und soziale Wirkungen folgen würden.[140] Darunter fallen Prozesse, von deren Ausgang der Erhalt einer großen Anzahl von Arbeitsplätzen abhängen, die die Verteidigung wichtiger Patente gegenüber dem Ausland zum Gegenstand haben oder die es gemeinnützigen Stiftungen oder Gemeinden ermöglichen, ihre gegenüber der Allgemeinheit obliegenden Aufgaben zu erfüllen.[141]
Bei der **Wohnungseigentümergemeinschaft** liegt die Rechtsverfolgung gegen ein Mitglied der Gemeinschaft jedenfalls dann im allgemeinen Interesse, wenn weder die Gemeinschaft selbst noch die einzelnen Eigentümer die Kosten aufbringen können, da die WEG **unauflöslich und insolvenzunfähig** ist.[142] Aus dieser Wertentscheidung des Gesetzgebers ergibt sich nach Auffassung des BGH be-

---

130 OLG München, ZIP 2002, 2131; *Groß*, § 116 ZPO Rn. 20.
131 LAG Bremen, NJW-RR 1987, 894 für GmbH.
132 LG Berlin, ZMR 2007, 145.
133 OLG München, JurBüro 1990, 755.
134 OLG Hamburg, NJW-RR 1987, 894; OLG Düsseldorf, FamRZ 1995, 373 (374).
135 OLG Bamberg, NJW-RR 1990, 638 (639).
136 BGH, NJW 1991, 703; OLG Celle, Beschluss vom 22.12.2000, Az. 3 W 95/00, Rn. 4 – juris; *Geimer* in Zöller, ZPO, § 116 Rn. 23, a. A.: OLG Koblenz, BB 2004, 2660 bei Rückabtretung der Forderung durch die Gläubigerin.
137 KG, KGR 2001, 39, Rn. 4 – juris.
138 OLG Koblenz, BB 2004, 2660.
139 BVerfG, NJW 1974, 229 (230).
140 BGH, NJW 1957, 1636; BVerfG, NJW 1974, 229 (230); BGH NJW-RR 1990, 474.
141 BGH, NJW 1957, 1636.
142 BGH, NJW 2010, 2814.

reits die Notwendigkeit, im Falle der Bedürftigkeit dennoch gegen den einzelnen Miteigentümer vorgehen zu können und dadurch die wirtschaftliche Existenz zu sichern.[143]
Auch eine **Vielzahl an Kleingläubigern**, deren Befriedigung vom Ausgang des Prozesses abhängt, kann ein allgemeines Interesse begründen, es sei denn, es handelt sich bei diesen lediglich um die Gesellschafter und Geschäftsführer.[144] Nach dem Oberlandesgericht Frankfurt am Main muss allerdings ein Mindestmaß an Sicherheit dafür bestehen, dass die Gelder auch tatsächlich an Gläubiger weitergeleitet werden, was es in dem zu entscheidenden Fall verneinte.[145]
Dass die **Verfahren nach dem UWG** oder auf **Nichtigerklärung eines Patents** vom Gesetzgeber im allgemeinen Interesse geschaffen worden sind oder dass es sich bei Rechtsanwälten um Organe der Rechtspflege handelt, genügt allein nicht.[146] Ebenso wenig ist das Interesse an der Entscheidung einer **allgemein interessierenden Rechtsfrage** oder an der Beseitigung eines – vermeintlich oder tatsächlich – unrichtigen Urteils ausreichend.[147]
Hat die juristische Person bereits den **Betrieb eingestellt** und die Arbeitnehmer entlassen, kommt die Bewilligung von Prozesskostenhilfe **nicht in Betracht**.[148] Die bloße Absichtserklärung, nach gewonnenem Prozess Arbeitsplätze zu schaffen, die Gesellschaft wieder aufzubauen oder eine neue zu gründen, genügt zur Bejahung des allgemeinen Interesses nicht,[149] ebenso wenig die Möglichkeit, nach einem gewonnenen Rechtsstreit rückständige Steuern und Abgaben zu begleichen.[150]

4. Teilzahlungen

§ 116 S. 3 ZPO enthält eine eigenständige und gegenüber § 115 ZPO vorrangige Regelung hinsichtlich der Zahlung von Teilbeträgen. Weder ist § 115 ZPO hinsichtlich der Höhe der Teilzahlungen anzuwenden, noch greift die Beschränkung auf 48 Monatsraten. Im Rahmen des § 116 ZPO sind daher solange Teilzahlungen zu erbringen, bis die Kosten gedeckt sind.[151] Allerdings wird § 115 Abs. 4 ZPO analog angewandt, d. h. Prozesskostenhilfe ist auch hier zu versagen, wenn die Prozesskosten vier Monatsraten nicht übersteigen.[152]

einstweilen frei

---

143 BGH, NJW 2010, 2814.
144 BGH, NJW 1991, 703 (bejaht für 27 externe Gläubiger); BFH, NJW 1974, 256 (verneint für interne Gläubiger); OLG Dresden, MDR 2008, 818 (verneint für unter 10 Gläubiger); OLG Braunschweig, OLGR 2005, 407, Rn. 4 – juris (verneint für 33 Gläubiger, die in jedem Fall ausfallen); a. A.: *Groß*, § 116 ZPO, Rn. 24.
145 OLG Frankfurt am Main, NJW-RR 1996, 552.
146 OLG Köln, NJW-RR 2007, 188 (189); BGH, Beschluss vom 27.7.2004, Az. X ZR 150/03, Rn. 5 – juris; OLG Brandenburg, MDR 2009, 1367 (Rechtsanwälte); bestätigt durch BGH, NJW 2011, 1595 (1596); sh. auch BGH, Beschluss vom 4.5.2010, Az. X ZR 135/09, Rn. 3, 4 – juris (Patentrecht).
147 BGH, NJW-RR 1990, 474; OLG Rostock, JurBüro 2009, S. 148 (149).
148 OLG Hamm, NJW-RR 1989, 382 (383); OLG Rostock, JurBüro 2009, S. 148 (149).
149 OLG Hamm, NJW-RR 1989, 382 (383); BFH, Beschluss vom 2.8.2007, Az. I S 15/06, Rn. 6 – juris.
150 BGH, NJW 2011, 1595 (1597).
151 *Groß*, § 116, Rn. 26; *Fischer* in Musielak/Voit, ZPO, § 116 Rn. 20.
152 *Fischer* in Musielak/Voit, ZPO, § 116 Rn. 2.

Kapitel 6: Prozesskostenhilfe für die Rechtsmittelinstanz und Zwangsvollstreckung

I. Grundsätzliches zur Reichweite der Prozesskostenhilfebewilligung

496 Gemäß § 119 Abs. 1 S. 1 ZPO ist für **jeden Rechtszug gesondert** Prozesskostenhilfe zu gewähren.
Der Begriff des Rechtszugs ist **kostenrechtlich** zu verstehen; insofern ist grundsätzlich für jeden Verfahrensabschnitt separat Prozesskostenhilfe zu beantragen, der besondere Kosten verursacht, es sei denn, die einzelnen Verfahrensabschnitte können nach ihrem Sinn und Zweck nicht getrennt voneinander betrachtet werden.[1]
Bei einer nach Bewilligung erfolgten Klageänderung/Klageerweiterung oder Widerklage konnten zwangsläufig die objektiven Voraussetzungen der Prozesskostenhilfe diesbezüglich noch nicht geprüft werden, so dass für die weiteren Ansprüche ergänzend Prozesskostenhilfe beantragt werden muss, gerade weil sich die Bewilligung stets nur auf den der Bewilligungsentscheidung zugrunde liegenden prozessualen Anspruch bezieht; ob die Änderung kostenrechtlich bedeutsam ist, spielt hierbei keine Rolle.[2]
Der Rechtszug im Sinne des § 119 Abs. 1 S. 1 ZPO beginnt mit dem das Verfahren einleitenden Antrag und endet mit der abschließenden Entscheidung oder dessen anderweitiger endgültiger Beendigung.[3]

497 Einer gesonderten Bewilligung unterliegen demnach:
- Änderungen/Ergänzungen/Erweiterungen des Streitgegenstands nach der Entscheidung über die Bewilligung von Prozesskostenhilfe;[4]
- jedes Rechtsmittel-, Anschlussrechtsmittel- und Wiederaufnahmeverfahren einschließlich Rechtsmittelverfahren gegen Zwischenurteile sowie Beschwerdeverfahren;[5]
- Arrest und einstweilige Verfügung sowie das Arrestaufhebungsverfahren;[6]
- das selbstständige Beweisverfahren;[7]
- Vollstreckungsabwehrklage;[8]
- Mahnverfahren und streitiges Verfahren wegen der unterschiedlichen Anforderungen an die Schlüssigkeitsprüfung;[9]
- die einzelnen Verfahrensabschnitte des Insolvenzverfahrens.[10]

498 Zum Rechtszug gehören:
- Verfahren nach einem Einspruch gegen ein Versäumnisurteil;[11]
- erneute Verhandlung und Entscheidung nach Zurückverweisung durch ein höheres Gericht;[12]

---

1 BGH, NJW 2004, 3260 (3261).
2 BGH, NJW-RR 2006, 429; *Geimer* in Zöller, ZPO, § 119 Rn. 14.
3 BGH, NJW-RR 2004, 1439.
4 BGH, NJW-RR 2006, 429; OLG Koblenz, NJOZ 2007, 5014 (5015); ähnlich *Groß*, § 119 ZPO, Rn. 4, 12; *Geimer* in Zöller, ZPO, § 119 Rn. 14 zu Besonderheiten beim Übergang von der Feststellungs-, zur Leistungsklage.
5 Statt vieler: *Fischer* in Musielak/Voit, ZPO, § 119 Rn. 3.
6 OLG Bamberg, FamRZ 1986, 701; Aufhebungsverfahren: *Geimer* in Zöller, ZPO, § 119 Rn. 4.
7 *Fischer* in Musielak/Voit, ZPO, § 119 Rn. 3.
8 *Geimer* in Zöller, ZPO, § 119 Rn. 27.
9 *Dürbeck/Gottschalk*, Rn. 486 m.w.N; siehe auch Rn. 415.
10 BGH, NJW 2004, 3260 (3261); siehe auch Rn. 616.
11 *Groß*, § 119 ZPO, Rn. 3.
12 OLG Düsseldorf, JurBüro 1987, 453; OVG Münster, JurBüro 1994, 176.

- Kostenfestsetzungsverfahren, Berichtigungs-, Ergänzungs- und Ablehnungsverfahren;[13]
- die einzelnen Stufen der Stufenklage;[14]
- Nachverfahren zu Vorbehaltsurteilen;[15]
- Verweisungen in Bezug auf Zuständigkeit gemäß § 281 ZPO und Rechtsweg gemäß § 17a GVG;[16]
- bei Scheidungssachen die Versorgungsausgleichsfolgesache gemäß § 149 FamFG;[17]
- das Abänderungsverfahren nach § 54 FamFG, wenn für das vorangegangene einstweilige Anordnungsverfahren Prozesskostenhilfe bewilligt worden ist.[18]

Wird Prozesskostenhilfe bewilligt, ist von der Bewilligung auch der **Vergleich** über den Streitgegenstand umfasst. Dies gilt sogar für einen **außergerichtlichen** Vergleich, wenn sich dadurch das – zumindest anhängige – Hauptsacheverfahren erledigt und die Klage zurückgenommen wird.[19] Allerdings ist die Erstreckung ausgeschlossen, wenn der Vergleich erst nach Erlass des Urteils geschlossen wurde; dies ist in aller Regel die Verkündung des Urteils in einem Termin nach § 310 Abs. 1 ZPO; auf die Zustellung kommt es nur an, wenn sie an die Stelle der Verkündung gemäß § 310 Abs. 3 ZPO tritt.[20]

499

Werden über den Streitgegenstand **hinausgehende Ansprüche** in den Vergleich miteinbezogen, so ist hierfür **rechtzeitig gesondert Prozesskostenhilfe zu beantragen**; eine stillschweigende Erstreckung oder Antragstellung ist nicht möglich.[21] Für den Vergleichsschluss – und nur für diesen – kann im Rahmen des vorgeschalteten Prozesskostenhilfeprüfungsverfahrens Prozesskostenhilfe bewilligt werden, wenn das Gericht in den engen Grenzen des § 118 Abs. 1 S. 3 ZPO einen Erörterungstermin bestimmt hat und dort eine gütliche Einigung stattfindet.[22]

Im Rahmen der **Strafprozessordnung** ist zu beachten, dass das **Adhäsionsverfahren** einer eigenständigen Beantragung und Bewilligung von Prozesskostenhilfe bedarf, weder die Beiordnung als Nebenklägervertreter[23] noch die als Pflichtverteidiger[24] erstrecken sich auf dieses. Im Gegensatz zur Beistandsbestellung nach § 397a Abs. 1 StPO, die für das gesamte Verfahren bis zu dessen rechtskräftigen Abschluss wirkt, muss die Beiordnung nach § 397a Abs. 2 StPO nach den allgemeinen Prozesskostenhilferegeln für jeden Rechtszug gesondert erfolgen.[25]

500

---

13 *Groß*, § 119 ZPO, Rn. 3.
14 siehe Rn. 430 wegen der Einzelheiten.
15 OLG Saarbrücken, NJW-RR 2002, 1584, siehe auch Rn. 420.
16 OLG Köln, NJW 1995, 2728.
17 siehe Rn. 428 wegen der übrigen Folgesachen.
18 OLG Hamm, Rpfleger 1984, 34.
19 BGH, NJW 1988, 494.
20 a. A.: wohl OLG Hamm, NJW-RR 1988, 1151, das stets auf die Zustellung abstellen will.
21 LAG Rheinland-Pfalz, JurBüro 2009, 262; OLG Bamberg, JurBüro 1986, 606; OLG Brandenburg, JurBüro 2009, 369 (370); OLG Koblenz, JurBüro 1997, 81; LAG Hamm, NZA-RR 2007, 601 (603); LAG Nürnberg, JurBüro 2009, 263; a. A.: OLG Frankfurt am Main, FamRZ 1988, 739 (740).
22 BGH, NJW 2004, 2595 (2596) mit umfassender Darstellung des Meinungsstreits, ihm folgend OLG Naumburg, OLGR 2008, 719, Rn. 4 – juris; die oft zitierte Entscheidung OLG Hamm, FamRZ 2005, 528, erging kurz vor der BGH-Entscheidung; die Entscheidung des BGH ablehnend: OLG Koblenz, OLGR 2009, 418, Rn. 3 – juris; siehe auch Rn. 393.
23 BGH, NJW 2001, 2486 (2487); BGH, NStZ 2009, 253.
24 OLG Stuttgart, Justiz 2009, 201– juris mit ausführlicher Streitdarstellung und Nachweisen.
25 BGH, Beschluss vom 12.10.2016, Az. 5 StR 266/16 – juris Rn. 3; OLG Hamm, Beschluss vom 13.6.2017, Az. 4 Ws 90/17; vgl. zur nachträglichen Gewährung von Prozesskostenhilfe OLG Karlsruhe, NStZ-RR 2015, 381 (382).

501 Wurde **grenzüberschreitende Prozesskostenhilfe** nach § 1078 ZPO bewilligt, so gilt gemäß § 1078 Abs. 4 ZPO automatisch ein neuer Antrag auf Gewährung von Prozesskostenhilfe für jeden weiteren Rechtszug als gestellt.

II. Prozesskostenhilfe für die Rechtsmittelinstanz

1. Rechtsmittelverfahren in der Hauptsache

502 Gemäß § 119 Abs. 1 S. 1 ZPO ist Prozesskostenhilfe für jeden Rechtszug gesondert zu bewilligen. Hinsichtlich der **Bedürftigkeitsprüfung** ergeben sich aus der **Stellung der Partei** als Rechtsmittelführer oder -gegner **keine Unterschiede.** Grundsätzlich ist eine erneute Erklärung über die persönlichen und wirtschaftlichen Verhältnisse auf dem zwingend zu verwendenden Formular nach § 117 Abs. 3 und Abs. 4 ZPO notwendig. Eine Bezugnahme auf die Angaben im vorangegangenen Rechtszug ist nur dann ausreichend, wenn die Partei ausdrücklich und unmissverständlich versichert, dass sich ihre Verhältnisse nicht verändert bzw. nicht verbessert haben.[26]
Wird eine neue Erklärung eingereicht, die keine abschließende Würdigung der Verhältnisse ermöglicht, kann die vorangegangene zur Schließung von Lücken herangezogen werden ebenso wie sonstige beigefügte Belege.[27] Bleiben die Verhältnisse unklar, so geht dies zu Lasten der antragstellenden Partei.

503 a) **Die antragstellende Partei ist Rechtsmittelführerin.** Ist die antragstellende Partei Rechtsmittelführerin, sind erneut Erfolgsaussichten und fehlende Mutwilligkeit zu prüfen. Da der Prozesskostenhilfeantrag keine sachliche Begründung enthalten muss,[28] nimmt das Rechtsmittelgericht von Amts wegen eine **allgemeine Prüfung** des vorangegangenen Urteils auf seine Richtigkeit vor. Dabei ist nicht allein auf den Erfolg des Rechtsmittelverfahrens abzustellen; vielmehr kommt im Falle der Aufhebung und Zurückverweisung eine Bewilligung von Prozesskostenhilfe trotz des temporären Erfolgs nicht in Betracht, wenn gleichzeitig schon erkennbar ist, dass eine erneute Sachentscheidung zu keinem anderen – für den Gesuchsteller günstigeren – Ergebnis führen wird.[29] Daher kommt etwa die Gewährung von Prozesskostenhilfe für das Rechtsbeschwerdeverfahren aufgrund **Mutwilligkeit** nicht in Betracht, wenn zwar ein Verfahrensfehler in der vorangegangenen Instanz in Form der unzulässigen gleichzeitigen Verwerfung der Beschwerde und der Versagung von Prozesskostenhilfe vorliegt, in der Sache jedoch zur Begründung des eigentlichen Antrags nicht hinreichend vorgetragen wurde.[30]
Nimmt die Partei ihr Rechtsmittel **zurück,** ist **keine hypothetische Prüfung** der Erfolgsaussichten durchzuführen, sondern der Prozesskostenhilfeantrag mangels Erfolgsaussichten zurückzuweisen.[31]

504 Im **Berufungsverfahren** ist die Prozesskostenhilfe darüber hinaus zu versagen, wenn die Erfolgsaussichten nur in Höhe von bis zu 600,00 EURO (§ 511 Abs. 2 Nr. 1 ZPO) bestehen.[32] Denn in diesem Falle könnte der Antragsteller keinen den Erfolgsaussichten entsprechenden Berufungsantrag stellen, weil er dazu die Berufung im Übrigen zurücknehmen müsste, was sie unzulässig wer-

---

26 BGH, NJW 1983, 2145 (2146).
27 BGH, FamRZ 2005, 2062.
28 siehe auch Rn. 527 ff.; BGH, MDR 2007, 1151; **a. A.:** *Dürbeck/Gottschalk,* Rn. 124.
29 BGH, NJW 2012, 682; BGH, NJW-RR 2003, 1648; BVerfG, NJW 1997, 2745.
30 BGH, NJW-RR 2017, 127.
31 BGH, JurBüro 1985, 392 für den Fall der Anschlussrevision.
32 OLG Nürnberg, NJW 1987, 265; OLG Hamburg, FamRZ 1997, 621 (622); **a. A.:** OLG Koblenz, FamRZ 1996, 557; OLG Karlsruhe, FamRZ 2006, 1396.

den lässt.[33] Darüber hinaus besteht ansonsten die Gefahr der Umgehung des § 511 Abs. 2 Nr. 1 ZPO auf Kosten der Allgemeinheit.[34]
Im Rahmen der **Nichtzulassungsbeschwerde** fehlt es an den Erfolgsaussichten, wenn der Beschwerdewert die Wertgrenze von EURO 20.000,00 des § 26 Nr. 8 S. 1 EGZPO nicht erreicht und die Partei auch keine Zulassungsgründe darlegt.[35] Für die Zulässigkeit einer Nichtzulassungsbeschwerde reicht es aber aus, wenn die unbemittelte Partei in dem Prozesskostenhilfeantrag Zulassungsgründe für einen Streitstoff darlegt, der den Wert von 20.000 EURO überschreitet. Da die unbemittelte Partei den Antrag nicht begründen muss, genügt es, dass das Gericht in der dann von Amts wegen vorzunehmenden Prüfung die Möglichkeit bejaht, eine nach § 26 Nr. 8 EGZPO zulässige Nichtzulassungsbeschwerde zu erheben. Kommt hiernach die Gewährung von Prozesskostenhilfe wegen eingeschränkter Erfolgsaussichten nur hinsichtlich eines den Beschwerdewert des § 26 Nr. 8 EGZPO nicht erreichenden Streitstoffs in Betracht, ist die Mutwilligkeit zu prüfen. Diese liegt vor, wenn eine verständige, auf Prozesskostenhilfe nicht angewiesene Partei in zutreffender Einschätzung der eingeschränkten Erfolgsaussichten einer umfassenden Nichtzulassungsbeschwerde wegen der sie infolge der teilweisen Zurückweisung des Rechtsbehelfs treffenden Kostenlast keine Nichtzulassungsbeschwerde einlegen würde.[36]
Beruht die Erfolgsaussicht für die Berufungsinstanz auf **neuem Vorbringen**, ist die Gewährung von Prozesskostenhilfe in Anwendung des Rechtsgedankens des § 97 Abs. 2 ZPO wegen Mutwilligkeit abzulehnen.[37]
Hält das Berufungs- oder Beschwerdegericht die Angelegenheit für **eine Sache von grundsätzlicher Bedeutung** und lässt deswegen auch die Revision bzw. die Rechtsbeschwerde zu, ist deswegen Prozesskostenhilfe zu gewähren.[38] Allerdings ist das Revisions- bzw. Rechtsbeschwerdegericht nicht verpflichtet, deswegen ebenfalls die Erfolgsaussichten zu bejahen, auch wenn es im Rahmen der Zulässigkeitsprüfung an die Zulassung gebunden ist.[39]

b) Die antragstellende Partei ist Rechtsmittelgegnerin. Gemäß § 119 Abs. 1 S. 2 ZPO sind **Erfolgsaussichten und Mutwilligkeit nicht** erneut **zu überprüfen**, wenn der **Rechtsmittelgegner Prozesskostenhilfe** beantragt. Denn mit dem Obsiegen in der vorangegangenen Instanz besteht eine Vermutung für die Erfolgsaussichten – selbst wenn der Rechtsmittelführer in der höheren Instanz obsiegt[40] – und den fehlenden Mutwillen.
Allerdings kann in ganz besonderen **Ausnahmefällen** dennoch Prozesskostenhilfe mangels Erfolgsaussichten versagt werden. Hierzu zählen die Fälle, in denen das Obsiegen auf bewusst unwahrem Tatsachenvortrag im Sinne des § 124 Nr. 1 ZPO beruht[41] oder sich die tatsächlichen Gegebenheiten in der Zwischenzeit nachträglich verändert haben und damit „die Rechtswohltat einer einstweiligen Kostenbefreiung" nicht mehr gerechtfertigt ist.[42] Noch wei-

---

33 *Geimer* in Zöller, ZPO, § 114, Rn. 28; vgl. BGH, NJW 1983, 1063.
34 OLG Nürnberg, NJW 1987, 265.
35 BGH, GRUR-RR 2011, 159 (Ls.).
36 BGHZ 179, 315, Rn. 12.
37 OLG Stuttgart, Beschluss vom 5.10.2005, Az. 13 U 214/04, Rn. 2 – juris, OLG Frankfurt am Main, MDR 2002, 843; OLG Karlsruhe, FamRZ 1999, 726 (727); OLG Jena, MDR 1999, 257.
38 BGH, VersR 2006, 718 (719); vgl. BVerfG, NJW 1991, 413 (414).
39 BGH, NJW-RR 2003, 130 (131).
40 Darauf ausdrücklich hinweisend: BGH, GRUR-RR 2011, 439 (Entscheidungsgründe nicht abgedruckt).
41 OLG Jena, Beschluss vom 4.4.2009, Az. 4 U 1043/07, Rn. 5 – juris; OLG Stuttgart, MDR 2005, 1070 (1071).
42 BGH, NJW-RR 1989, 702 (703); OLG Karlsruhe, OLGR 2007, 779, Rn. 6 – juris; OLG Hamm, FamRZ 1995, 747.

tergehender ist die Ansicht, dass § 119 Abs. 1 S. 2 ZPO keine Anwendung finden soll, wenn das vorangegangene Urteil offensichtlich falsch ist.[43]

506 Prozesskostenhilfe kann zudem dann **verweigert** werden, wenn die **Verteidigung gegen das Rechtsmittel nicht notwendig** ist. Für das Revisionsverfahren hat der Bundesgerichtshof bereits entschieden, dass Prozesskostenhilfe **erst dann** gewährt werden kann, wenn das **Rechtsmittel begründet** worden und **nicht nach § 552 ZPO (§ 554a ZPO a. F.) als unzulässig zu verwerfen ist**.[44] Zum Teil wurde vertreten, dass jedenfalls dann, wenn das Gericht zeitnah nach Eingang der Rechtsmittelbegründungsschrift darauf hinweist, dass es das Rechtsmittel nach § 522 Abs. 2 ZPO oder § 552a ZPO als unbegründet zurückzuweisen beabsichtigt, eine Rechtsverteidigung nicht notwendig ist.[45] Darüber hinaus wurde vertreten, dass es dem Antragsteller zuzumuten sein soll, mit seiner Rechtsverteidigung solange zu warten, bis das Gericht ihm eine Frist zur Erwiderung setzt – insbesondere, wenn im Rechtsmittelverfahren neue Tatsachen vorgebracht werden –, da erst dann seine Mitwirkung erforderlich ist.[46] Dem ist der Bundesgerichtshof entgegengetreten. **Nach Erhalt der Berufungsbegründung** hat die hilfsbedürftige Partei ein berechtigtes Interesse daran, an dem Rechtsmittelverfahren aktiv mit anwaltlicher Hilfe teilzunehmen, sodass ihr Prozesskostenhilfe nicht unter Verweis auf eine noch ausstehende Entscheidung über die Zurückweisung der Berufung durch einstimmigen Beschluss versagt werden kann; hieran ändert auch die Rechtsmittelmöglichkeit des § 522 Abs. 3 ZPO nichts.[47]

507 Auch in der höheren Instanz muss ein **Rechtsschutzbedürfnis** für den Prozesskostenhilfeantrag bestehen.[48]

508 § 119 Abs. 1 S. 2 ZPO gilt nicht im Falle eines **Anschlussrechtsmittels**, so dass Erfolgsaussichten und fehlende Mutwilligkeit zu prüfen sind. Wird das Hauptrechtsmittel zurückgenommen, verworfen oder zurückgewiesen, verliert das Anschlussrechtsmittel nach § 554 Abs. 3 ZPO, § 524 Abs. 4 ZPO seine Wirkung und hat damit auch keine Erfolgsaussichten mehr.[49] Soweit die Revision nur zum Teil zugelassen wird, sind auch nur diesbezüglich eine Anschlussrevision und die Gewährung von Prozesskostenhilfe möglich.[50] § 119 Abs. 1 S. 2 ZPO findet gleichfalls keine Anwendung für den Streithelfer des Rechtsmittelgegners.[51]

2. Rechtsmittelverfahren gegen die PKH-Entscheidung

509 Im Rahmen des Rechtsmittelverfahrens gegen die Prozesskostenhilfeentscheidung erlaubt der Bundesgerichtshof die **Gewährung** von Prozesskostenhilfe für das **Rechtsbeschwerdeverfahren**, weil dieses nur von einem beim Bundesgerichtshof zugelassenen Rechtsanwalt geführt werden kann und die hilfsbedürftige Partei deswegen auf die Bewilligung von Prozesskostenhilfe und Beiordnung eines Rechtsanwalts angewiesen ist.[52] Daraus folgt für das **Beschwerdeverfahren**, dass diesbezüglich **keine Prozesskostenhilfe** gewährt

---

43 OLG Brandenburg, NJW-RR 2009, 150 (151); dies aus verfassungsrechtlicher Sicht offen lassend BVerfG, NJW 2010, 987.
44 BGH, NJW-RR 2001, 1009; FamRZ 2013, 122 (123).
45 OLG Schleswig, NJW-RR 2009, 416; OLG Nürnberg, MDR 2004, 961; OLG Düsseldorf, MDR 2003, 658.
46 OLG Schleswig, NJW-RR 2009, 416 (417); OLG Celle, RVGreport 2008, 287 – juris, a. A.: OLG Rostock, OLGR 2005, 840, Rn. 5 – juris; *Geimer* in Zöller, ZPO, § 119, Rn. 55.
47 BGH, MDR 2017, 1022 (1023); BGH, FamRZ 2010, 1423 (Ls.).
48 KG, NJW-RR 2009, 172.
49 BGH, JurBüro 1985, 392.
50 BGH, FamRZ 2003, 1274 – LS.
51 BGH, NJW 1966, 597 (598) im Hinblick auf die Mutwilligkeit; BGH, MDR 2011, 390.
52 BGH, NJW 2003, 1192.

werden kann, denn dieses unterliegt nicht dem Anwaltszwang (§ 569 Abs. 3 S. 2 ZPO; § 67 Abs. 1 S. 2 2. HS VwGO).

III. Prozesskostenhilfe für die Zwangsvollstreckung

Im Rahmen der Zwangsvollstreckung enthält § 119 Abs. 2 ZPO eine Sonderregelung für die Bewilligung von Prozesskostenhilfe. Soweit es sich um die **Zwangsvollstreckung in das bewegliche Vermögen** einschließlich des Verfahrens auf Abnahme der Vermögensauskunft (vgl. §§ 802c bis 863 ZPO, §§ 882b bis 882h ZPO) handelt, kann Prozesskostenhilfe **pauschal** für alle Vollstreckungshandlungen im Bezirk des Vollstreckungsgerichts (§ 764 ZPO) gewährt werden. **510**

Von der Bewilligung umfasst sind – trotz des insofern anderen Wortlauts des § 119 Abs. 2 ZPO – auch die Auslagen für **Zustellungen**, die außerhalb des Bezirks entstehen, insbesondere für Zustellungen an den **Drittschuldner**. Eine andere Auslegung würde dem Sinn und Zweck der Vorschrift gerade im Hinblick auf die in den meisten Fällen erfolgversprechendste Vollstreckungsmaßnahme, nämlich Pfändung des Arbeitseinkommens oder des Kontoguthabens, widersprechen.[53]

Für den **Schuldner** kommt die pauschale Bewilligung von Prozesskostenhilfe allein bei der Zwangsvollstreckung in bewegliches Vermögen in Betracht (arg. e. § 119 Abs. 2 ZPO). Bei der Immobiliarvollstreckung kann Prozesskostenhilfe nicht insgesamt, sondern nur für einzelne Verfahrensabschnitte und Verfahrensziele gewährt werden. Der Schuldner muss aber, zwecks Prüfung der Erfolgsaussichten, stets darlegen, gegen welche konkrete Vollstreckungsmaßnahme er sich wenden oder wie er sich sonst konkret am Verfahren beteiligen will.[54] Es besteht keine Veranlassung, dem Schuldner durch eine pauschale Bewilligung das Kostenrisiko beispielsweise für Anträge nach § 765a ZPO ohne jegliche Erfolgs- oder Mutwilligkeitsprüfung zu nehmen; viele andere Schuldnerschutzverfahren sind im Gegensatz zu den Vollstreckungshandlungen ohnehin gerichtsgebührenfrei wie z. B. Verfahren nach §§ 850 f, i, k oder l ZPO. Gleiches gilt für das Erinnerungsverfahren nach § 766 ZPO.

Kapitel 7: Verfahrensfragen und Wirkungen

I. Verfahrensfragen

1. Vollständiger Antrag

Prozesskostenhilfe wird gemäß § 117 Abs. 1 ZPO nur auf entsprechenden **Antrag** der hilfsbedürftigen Partei gewährt. Der Antrag muss **schriftlich** oder **zu Protokoll der Geschäftsstelle des Prozessgerichts** erklärt werden, wobei ein schriftlicher Antrag als bestimmender Antrag im Sinne des § 130 Nr. 6 ZPO von der Partei selbst oder ihrem Prozessbevollmächtigten zu unterschreiben ist.[1] Wegen der Möglichkeit der Erklärung zu Protokoll der Geschäftsstelle besteht für die Stellung des Antrags gemäß § 78 **Abs. 3** ZPO kein Anwaltszwang. **511**

---

53 AG Dortmund, DGVZ 2006, 126, Rn. 2 – juris; AG Göttingen, Beschluss vom 14.4.2004, Az. 72 M 130/04 – juris.
54 BGH, NJW-RR 2004, 787 (788).
1 BGH, NJW 1994, 2097; BGH, Beschluss vom 25.6.2012, Az. IX ZB 56/12, Rn. 3 – juris.

Nach Eröffnung des elektronischen Rechtsverkehrs (ERV) kann der Antrag auch als elektronisches Dokument auf dem hierfür zulässigen elektronischen Übermittlungsweg eingereicht werden, § 130a ZPO.
Bzgl. der praktischen Handhabung im Rahmen des ERV auch hier im Formular vom Antragsteller höchstpersönlich zu tätigen Erklärungen und Angaben zu den persönlichen und wirtschaftlichen Verhältnissen wird auf Rn. 244a verwiesen.
Im Rahmen der **Zwangsvollstreckung** ist der Antrag gemäß § 117 Abs. 1 S. 3 ZPO bei dem für die Zwangsvollstreckung zuständigen Gericht zu stellen, also je nach Vollstreckungshandlung dem Vollstreckungsgericht, dem Prozessgericht oder auch dem Grundbuchamt. Das Insolvenzgericht kann ebenfalls Vollstreckungsgericht sein (§ 148 Abs. 2 InsO).[2] Für die eingeschränkte Pauschalbewilligung nach § 119 Abs. 2 ZPO ist gemäß § 20 Nr. 5 RPflG der **Rechtspfleger** zuständig mit Ausnahme der Handlungen, für die eine richterliche Anordnung erforderlich ist.
Wird **Verfahrenskostenhilfe** für eine beabsichtigte **Beschwerde** beantragt, hat dies gemäß § 64 Abs. 1 S. 2 FamFG **beim Ausgangsgericht** zu erfolgen.
Nach § 20 Abs. 2, 3 RPflG sind die **Landesregierungen** ermächtigt, die **Prüfung der persönlichen und wirtschaftlichen Verhältnisse auf den Rechtspfleger zu übertragen**. Bejaht dieser die subjektiven Voraussetzungen, hat er dies einschließlich etwaiger Einmal- oder Ratenzahlungen in der Akte zu vermerken, wobei der Richter daran nicht gebunden ist. Ansonsten lehnt der Rechtspfleger den Antrag durch einen nach § 127 ZPO anfechtbaren Beschluss ab. Eine ähnlich gestaltete Übertragungsmöglichkeit durch den Vorsitzenden findet sich auch in § 73a Abs. 4–9 SGG, § 166 Abs. 2–7 VwGO und § 142 Abs. 3–8 FGO. Die **in jedem Einzelfall zu prüfende Frage der Übertragung** sollte sich an Aspekten der Prozessökonomie, insbesondere dem Beschleunigungsgebot orientieren.
Der Antrag muss gemäß § 117 Abs. 1 ZPO die der Erfolgs- und Mutwilligkeitsprüfung ermöglichende **Darstellung des Sachverhalts** und der **beabsichtigten Anträge** enthalten. Dies gilt allerdings nur eingeschränkt für den Antrag auf Prozesskostenhilfe für die Rechtsmittelinstanz; Ausführungen zu den Erfolgsaussichten zählen nach der Rechtsprechung des Bundesgerichtshofs in diesem Fall nicht zu den notwendigen Angaben.[3]
Im Hinblick auf die persönlichen und wirtschaftlichen Verhältnisse ist die Partei grundsätzlich gemäß § 117 Abs. 4 ZPO verpflichtet, das **amtliche Formular** gemäß § 1 Abs. 1 der Verordnung zur Verwendung eines Formulars für die Erklärung über die persönlichen und wirtschaftlichen Verhältnisse bei Prozess- und Verfahrenskostenhilfe (PKHFV) zu benutzen.[4] Dies gilt auch, wenn die Partei sich im Ausland aufhält.[5] Die Verwendung des Formulars stellt allerdings keine Zulässigkeitsvoraussetzung dar, sondern dient der Entlastung der Gerichte.[6] Wird das Formular nicht oder nur unzureichend ausgefüllt, ist der Partei eine Frist zur Nachholung zu setzen. Bei deren erfolglosem Ablauf ist der Antrag demnach als unbegründet und nicht als unzulässig zurückzuweisen, wenn die Mängel trotz dieser gerichtlichen Fristsetzung nicht behoben worden sind.[7]
Gleiches gilt für die Nichtbeifügung der **erforderlichen Belege** gemäß § 117 Abs. 2 S. 1 ZPO.[8]

---

2   Für die Herausgabevollstreckung aus dem Eröffnungsbeschluss: BGH, NZI 2012, 666 (667).
3   BGH, MDR 2007, 1151; a. A.: *Dürbeck/Gottschalk*, Rn. 124.
4   früher: Verordnung zur Einführung eines Vordrucks für die Erklärung über die persönlichen und wirtschaftlichen Verhältnisse bei Prozesskostenhilfe (PKHVV).
5   BGH, FGPrax 2011, 41.
6   BGH, IPRspr 1987, Nr. 141– juris, wobei der BGH vom Formularzwang deswegen absah, weil die Partei sich im Ausland befand und deswegen keinen Zugang zum Vordruck hatte; dies dürfte jedoch durch das Internet obsolet geworden sein.
7   OLG Saarbrücken, FamRZ 2012, 806 (807).
8   vgl. BGH, FamRZ 2004, 99 (100).

Das Gesuch ist allerdings dann als vollständig anzusehen, wenn etwaige Lücken im Formular durch die beigefügten Belege oder durch die Angaben in einem früheren Prozesskostenhilfegesuch ausgeräumt werden können. In Ausnahmefällen kann es sogar genügen, wenn sich nach Durchsicht aller Unterlagen aufdrängt, dass anderweitige Einkünfte oder Vermögenswerte nicht vorhanden sind,[9] wobei die bloße Anhängigkeit eines Insolvenzverfahrens nicht ausreichend ist.[10] Allerdings genügt die alleinige Bezugnahme auf ein früheres Gesuch nicht; vielmehr muss die Partei unmissverständlich erklären, dass sich seither nichts verändert habe und daher die erneute Erklärung nach § 117 Abs. 2 ZPO denselben Inhalt haben müsse.[11]

Ausgenommen von der Formularpflicht sind gemäß § 1 Abs. 2 PKHFV die **Parteien kraft Amtes**, die **juristischen Personen** und die **parteifähigen Vereinigungen**.

§ 2 PKHFV sieht für zwei Personengruppen die Möglichkeit der Abgabe von **vereinfachten Erklärungen** vor. Nach § 2 Abs. 1 PKHFV können minderjährige unverheiratete Kinder Erklärungen **ohne Verwendung des amtlichen Formulars** einreichen, wenn es sich um Abstammungsverfahren, Unterhaltsverfahren und Zwangsvollstreckungsverfahren in Unterhaltssachen handelt. Der notwendige Inhalt der Erklärung ist in § 2 Abs. 1 S. 2 PKHFV geregelt.

Darüber hinaus können **Bezieher von Leistungen nach dem SGB XII**[12] eine vereinfachte Erklärung abgeben, dass sie vom Ausfüllen der Abschnitte E bis J des Formulars befreit sind (§ 2 Abs. 2 PKHFV). Das Formular müssen sie – im Gegensatz zu der erstgenannten Personengruppe – hingegen in jedem Fall benutzen, da die Vereinfachung nur bestimmte Abschnitte umfasst und nicht alle.[13]

In beiden Fällen bleibt es dem Gericht jedoch unbenommen, die **Verwendung bzw. das vollständige Ausfüllen des Formulars anzuordnen** (§ 2 Abs. 1 S. 3; Abs. 2 PKHFV). Es ist ihm allerdings verwehrt, ohne eine solche Anordnung das Gesuch zurückzuweisen mit der Begründung, es habe Zweifel an der Richtigkeit der Angaben im Sozialhilfebescheid oder halte diese für unvollständig.[14]

Für die **grenzüberschreitende Prozesskostenhilfe** ist im Hinblick auf ausgehende Ersuchen nach § 1077 ZPO gemäß § 1 der Verordnung zur Einführung eines Vordrucks für die Erklärung über die persönlichen und wirtschaftlichen Verhältnisse bei Prozesskostenhilfe sowie eines Vordrucks für die Übermittlung der Anträge auf Bewilligung vom Prozesskostenhilfe im grenzüberschreitenden Verkehr (EG-PKHVV) ein **anderer Antrag** auszufüllen.

Wie bei jedem Antrag ist auch für den Antrag auf Gewährung von Prozesskostenhilfe ein **Rechtschutzbedürfnis** erforderlich. Dessen Vorliegen ist insbesondere dann zweifelhaft, wenn es sich um einen **wiederholten Antrag** auf Bewilligung von Prozesskostenhilfe auf der Grundlage desselben Lebenssachverhalts handelt. **Zwar erwachsen Beschlüsse, mit denen die Bewilligung von Prozesskostenhilfe versagt wird, nicht in materielle Rechtskraft**, so dass eine Wiederholung grundsätzlich möglich ist.[15] Enthält der neue Vortrag jedoch **weder**

---

9 BGH, FamRZ 2005, 2062; BGH, NJW-RR 2008, 942 (943).
10 BGH, Beschluss vom 18.1.2012, Az. IX ZB 285/11, Rn. 5 – juris.
11 BGH, NJW 1997, 1078.
12 Damit ist die frühere Streitfrage, ob nur Bezieher von Leistungen nach SGB XII oder auch Bezieher von Leistungen nach SGB II von der Vereinfachungsmöglichkeit der PKHVV umfasst sind, beigelegt. Zum alten Streitstand: OVG Magdeburg, Beschluss vom 14.4.2009, Az. 2 O 26/09, Rn. 4 ff. m.w.N. – juris; Hess. LSG, Beschluss vom 27.1.2010, Az. L 7 B 293/06 AS – juris.
13 So schon unter Geltung der PKHVV BGH, WuM 2013, 61.
14 BVerfG, NJW 2000, 275.
15 BGH, NJW 2004, 1805; BVerfG, NJOZ 2007, 3805 (3807); BGH, NJW 2009, 857.

andere Tatsachen noch andere rechtliche Gesichtspunkte als diejenigen, die der vorangegangenen Entscheidung zugrunde lagen, oder sind die neuen Tatsachen ersichtlich nur vorgeschoben und lassen eine andere Beurteilung von vorneherein ausgeschlossen erscheinen, kommt **Rechtsmissbrauch** in Betracht. **Unerheblich** ist dabei, ob das wiederholte Gesuch vor einem **anderen Gericht** – sei es sachlich oder örtlich – gestellt worden ist oder ob sich die **Parteirolle** verändert hat (zunächst Kläger, nunmehr Beklagter und Widerkläger).[16] Hingegen soll kein Rechtsmissbrauch vorliegen, wenn die hilfsbedürftige Partei die Annahme eines außergerichtlichen Vergleichsangebots davon abhängig macht, dass ihr zuvor Prozesskostenhilfe bewilligt wird.[17]

514 einstweilen frei

2. Anhörung des Gegners und Erörterungstermin

515 Gemäß § 118 Abs. 1 ZPO, § 77 Abs. 1 S. 2 FamFG ist dem Gegner **rechtliches Gehör** zu gewähren, wenn dies nicht aus besonderen Gründen unzweckmäßig erscheint. **Besondere Gründe** können sich aus der **Natur der Hauptsache** ergeben, wie Verfahren des vorläufigen Rechtsschutzes und Maßnahmen der Zwangsvollstreckung, die ohne Anhörung des Schuldners ergehen, um Vereitelungsmaßnahmen entgegen zu wirken. Sie können aber auch in der **Person des Gegners** begründet sein, wenn dieser beispielsweise unbekannten Aufenthalts ist.[18]

516 Ist die beabsichtigte Klage bereits nach dem eigenen Vortrag der Partei **unschlüssig** oder **fehlt** es insbesondere im Rahmen des § 119 S. 2 ZPO an der **Bedürftigkeit**, besteht zwar grundsätzlich keine Veranlassung, den Gegner vorher zu hören.[19] Allerdings sollte die **bloße Bekanntgabe des Gesuchs** an den Gegner im Hinblick auf § 204 Abs. 1 Nr. 14 BGB dennoch erfolgen, denn nur diese bewirkt eine **Hemmung der Verjährung**; einem entsprechenden Antrag ist Folge zu leisten. Das Unterbleiben kann in seltenen Fällen auch dem nicht gehörten Antragsgegner zum Nachteil gereichen, wenn der Antrag später wiederholt und dann erst bekanntgegeben wird, da letzterer in einer solchen Fallkonstellation als „erster" Antrag im Sinne der Verjährungsvorschriften gilt.[20]

517 Der Antragsgegner ist zwar nach § 118 Abs. 1 S. 1 ZPO ausdrücklich zu den wirtschaftlichen und persönlichen Verhältnissen zu hören. Ihm ist aber **keine Einsicht in die Unterlagen** betreffend die persönlichen und wirtschaftlichen Verhältnisse zu gewähren, es sei denn, die hilfsbedürftige Partei hat dem ausdrücklich zugestimmt (§ 117 Abs. 2 S. 2 ZPO) oder es besteht ein Anspruch auf Auskunft nach dem bürgerlichen Recht (die Existenz des Anspruchs genügt dabei).[21]

§ 117 Abs. 2 S. 2 ZPO beschreibt nur die Modalitäten, unter denen die Erklärung und Belege zugänglich gemacht werden können. Es steht dabei im Ermessen des Gerichts, ob die Unterlagen übermittelt werden.[22]

Dies gilt auch für Parteien kraft Amtes als Antragsteller nach § 116 S. 1 Nr. 1 ZPO, so dass ein einzelner Insolvenzgläubiger (im Gegensatz zu der Gläubigerversammlung als Organ) nur mit Zustimmung des Insolvenzverwalters Einsicht

---

16 BGH, NJW 2009, 857.
17 OVG Berlin-Brandenburg, Beschluss vom 6.2.2008, Az. 5 M 58.07, Rn. 4 m. w. N. – juris.
18 *Geimer* in Zöller, ZPO, § 118 Rn. 3; *Groß*, § 118 ZPO, Rn. 6.
19 *Geimer* in Zöller, ZPO, § 118 Rn. 3; *Groß*, § 118 ZPO, Rn. 6; BFH, Beschluss vom 17.5.2001, Az. VI S 13/98, Rn. 5 – juris; a. A.: OLG Köln, Rpfleger 2002, 573; offen lassend BGH, NJW 2008, 1939 (1940).
20 BGH, NJW 2008, 1939 (1940); BGH, NJW 2009, 1137 (1139); siehe auch Rn. 536.
21 BGH, FamRZ 2015, 1176 ff.; NJW 1984, 740 (741); Beschluss vom 17.9.2008, Az. XII ZB 12/05, Rn. 5 – juris.
22 *Viefhues* in jurisPR-FamR19/2015 Anm. 8 – juris.

in das PKH-Sonderheft nehmen kann.[23] Nach Auffassung des OLG Oldenburg ist ein die Einsichtnahme ablehnender Beschluss auch nicht mit der Beschwerde anfechtbar.[24]

Die **mündliche Anhörung** des Gegners kommt **nur in Ausnahmefällen** im Rahmen eines Erörterungstermins in Betracht; dieser darf nach § 118 Abs. 1 S. 3 ZPO lediglich dann anberaumt werden, wenn eine Einigung zu erwarten ist.

einstweilen frei

3. Erhebungen des Gerichts

§ 118 Abs. 2 ZPO erlaubt dem Gericht die Vornahme weiterer Erhebungen zur Glaubhaftmachung der Angaben des Antragstellers. Die eingeräumten **Erhebungsmöglichkeiten** wie insbesondere Auskunftseinholung und Urkundenvorlage beziehen sich auf **alle tatsächlichen Angaben** des Antragstellers, auch auf seine persönlichen und wirtschaftlichen Verhältnisse.[25] Sie **ergänzen** insofern die ohnehin bestehende **Belegpflicht** nach § 117 Abs. 2 S. 1 ZPO, **ersetzen** diese aber **nicht**.[26]

Das Gericht darf **Auskünfte** sowohl von **Privatpersonen** als auch von **Behörden** einholen; jedoch sind dabei die **Datenschutzbestimmungen** zu beachten. Außerdem ist stets zu berücksichtigen, dass im Hinblick auf die Erfolgsaussichten der Grundsatz der Parteiherrschaft gilt und dieser nicht unterlaufen werden darf.[27]

Könnte die **Partei** die gewünschten Auskünfte selbst erteilen oder die entsprechenden Urkunden vorlegen und **verweigert sie dies trotz Fristsetzung**, besteht streng genommen keine Veranlassung des Gerichts, weitere Erhebungen zu tätigen. Denn im Hinblick auf die Bedürftigkeit sieht § 118 Abs. 2 S. 4 ZPO direkt eine Sanktionierung der fehlenden Mitwirkung in Form der Ablehnung der Prozesskostenhilfe vor. Soweit die **Mitwirkung** hinsichtlich der objektiven Voraussetzungen **verweigert** wird, hat das Gericht die Möglichkeit, dies entsprechend § 286 ZPO zu würdigen.[28]

Bleibt trotz gerichtlicher Nachfrage unklar, wie die hilfsbedürftige Partei ihren Lebensunterhalt bestreitet, kann dies ebenfalls die Zurückweisung des Antrags zur Folge haben.[29]

Zeugen und Sachverständige dürfen grundsätzlich wegen des Verbots der Vorwegnahme der Hauptsache nicht vernommen werden; eine Ausnahme gilt gemäß § 118 Abs. 2 S. 3 ZPO nur dann, wenn anderenfalls die **Erfolgsaussichten** oder die **Mutwilligkeit** gar nicht beurteilt werden können. Dies kann der Fall sein, wenn der Vortrag der Partei zwar schlüssig, aber nach der Lebenserfahrung unwahrscheinlich ist oder der einzige von der hilfsbedürftigen Partei benannte Zeuge dem Gericht bereits als unglaubwürdig bekannt ist.[30] Darüber hinaus darf die Vernehmung nur der Klärung solcher Tatsachen dienen, für die die hilfsbedürftige **Partei darlegungs- und beweispflichtig** ist.[31]

Eine Vernehmung von Zeugen und Sachverständigen nur zu den persönlichen und wirtschaftlichen Verhältnissen ist schon nach dem Wortlaut des § 118 Abs. 2 S. 3 ZPO ausgeschlossen. Ergeben sich aber aus einer – zulässigen –

---

23 OLG Koblenz, ZVI 2013, 149 – juris.
24 OLG Oldenburg, FamRZ 2013, 805.
25 OLG Köln, NJWE-FER 1997, 174 (175); *Groß*, § 118 ZPO, Rn. 16 f. (19).
26 OLG Brandenburg, FamRZ 2002, 1415 – LS.
27 *Geimer* in Zöller, ZPO, § 118 Rn. 20.
28 Wax, FamRZ 1980, 975 (976).
29 BGH, Beschluss vom 7.5.2012, Az. VI ZR 377/11 – juris.
30 OLG Bamberg, JurBüro 1991, 1669; *Dürbeck/Gottschalk*, Rn. 180.
31 OLG Brandenburg, MDR 2003, 111; OLG Düsseldorf, Beschluss vom 20.3.2006, Az. I-1 W 9/06, Rn. 8 – juris; OLG Köln, NJW-RR 1999, 580.

Vernehmung zu den objektiven Voraussetzungen auch Erkenntnisse hinsichtlich der subjektiven, dürfen diese verwertet werden.[32]

522 Die **Glaubhaftmachung** kann hinsichtlich aller Tatsachen – bezüglich der objektiven und der subjektiven Voraussetzungen – auch durch **eidesstattliche Versicherungen** im Sinne des § 294 Abs. 1 ZPO erfolgen (§ 118 Abs. 2 S. 3 ZPO). Hiervon sollte allerdings eher restriktiv Gebrauch gemacht werden; bei potentiellen Zeugen besteht anderenfalls die Gefahr, dass sie sich bereits für das Hauptsacheverfahren festlegen und zudem das grundsätzliche Verbot der Zeugenvernehmung im Prozesskostenhilfeverfahren unterlaufen wird.[33] Zudem müssen konkrete Zweifel an der Richtigkeit des Vortrags der hilfsbedürftigen Partei bestehen.[34]

523 einstweilen frei

4. PKH nach Instanzende

524 Wird der Antrag auf Bewilligung von Prozesskostenhilfe erst **nach** Instanzende gestellt, kommt eine Bewilligung **nicht mehr** in Betracht, da es weder eine Rechtsverteidigung noch eine Rechtsverfolgung gibt. Der Antrag ist daher bereits unzulässig.[35]

Zu unterscheiden ist dies von der Bewilligung nach **Instanzende**, wenn der Antrag rechtzeitig **vor Instanzende** unter Beifügung des nach § 117 ZPO erforderlichen Formulars und der Belege gestellt worden ist. In diesem Fall ist die Bewilligung noch möglich.[36] Es ist jedoch das Risiko der Partei selbst, wenn sie erst kurzfristig vor Instanzende Prozesskostenhilfe beantragt und die Unterlagen nicht vollständig sind; eine Verpflichtung des Gerichts, der hilfsbedürftigen Partei über das Instanzende hinaus noch Zeit zum Nachreichen von Unterlagen einzuräumen, besteht nicht.[37] Hat das Gericht allerdings eine solche Frist gesetzt, müssen die erforderlichen Angaben und Unterlagen auch binnen dieser Frist eingereicht werden und das Gericht muss den Fristablauf abwarten.[38] Ein Verschulden ihres Rechtsanwalts ist der Partei auch diesbezüglich zuzurechnen (§ 85 Abs. 2 ZPO).[39]

5. Zeitpunkt des Eintritts der Wirkungen

525 Der Zeitpunkt des Eintritts der Wirkungen ist von dem maßgeblichen Zeitpunkt für die Beurteilung der Voraussetzungen der Prozesskostenhilfe zu unterscheiden. Enthält der Beschluss ein ausdrückliches Datum hinsichtlich des Eintritts der Wirkungen, ist dieses entscheidend und der Kostenbeamte daran gebunden.[40] Eine **Bewilligung** für die Zeit **vor Antragstellung** ist unzulässig.[41] Davon soll ausnahmsweise abgewichen werden können, wenn der Antragsteller an der vorherigen Antragstellung unverschuldet gehindert war, pflichtwidrig vom Gericht auf die Möglichkeit der Prozesskostenhilfe nicht hingewiesen worden ist oder sonst nicht zu vermeidende Nachteile auszugleichen sind, die mit den Zielen der Prozesskostenhilfe nicht vereinbar sind.[42]

---

32 *Geimer* in Zöller, ZPO, § 118 Rn. 22.
33 *Dürbeck/Gottschalk*, Rn. 181.
34 OLG Hamm, FamRZ 1996, 417.
35 OLG Saarbrücken, OLGR 2009, 250, Rn. 3 – juris.
36 BGH, NJW 2013, 3793; BGH, NJW 1982, 446; BAG, MDR 2004, 415 und NJW 2012, 2828 (2829); OLG Saarbrücken, OLGR 2009, 250, Rn. 3 – juris; auch nur den Antrag ohne die Erklärung nach § 117 ZPO als ausreichend erachtend: OLG Karlsruhe, FamRZ 2006, 1852.
37 OLG Hamm, Beschluss vom 20.5.2008, Az. 7 W 16/08, Rn. 3 – juris.
38 BAG, MDR 2004, 415; OLG Saarbrücken, OLGR 2009, 250, Rn. 3 – juris.
39 BGH, NJW 2001, 2720 (2721).
40 BGH, NJW-RR 1998, 682 (Datum); OLG München, MDR 1986, 242.
41 BGH, NJW 1982, 446.
42 *Dürbeck/Gottschalk*, Rn. 502 m.w.N; siehe auch Rn. 535 (Tod der Partei).

Ohne eine ausdrückliche Bestimmung im Beschluss treten die Wirkungen zu dem Zeitpunkt ein, in welchem dem Gericht ein **vollständiger Antrag in formeller und materieller Hinsicht**, also insbesondere mit der notwendigen Erklärung über die persönlichen und wirtschaftlichen Verhältnisse nebst Belegen, vorgelegen hat.[43] Dies gilt auch dann, wenn das Gericht gestattet, fehlende Unterlagen innerhalb einer Frist nachzureichen und diese Frist gewahrt wird.[44] Auch hier ist der Partei ein Verschulden ihres Rechtsanwalts gemäß § 85 Abs. 2 ZPO zuzurechnen.[45] 526

6. Versäumte Fristen/Säumnis der Partei

Das Prozesskostenhilfeverfahren **hindert nicht den Ablauf von Fristen** für Prozesshandlungen. Ob ein **Wiedereinsetzungsgesuch** nach § 234 ZPO Erfolg haben kann, ist ohne Rücksicht auf den Ausgang des Prozesskostenhilfeverfahrens in jedem Fall davon abhängig, dass die Partei innerhalb der versäumten Frist oder – wenn unverschuldet daran gehindert – innerhalb der Frist des § 234 ZPO ein **vollständiges Prozesskostenhilfegesuch** auf dem nach § 117 ZPO vorgeschriebenen Formular nebst erforderlicher Belege beim zuständigen Gericht einreicht,[46] und zwar auch dann, wenn über das Vermögen des Antragstellers ein Insolvenzverfahren anhängig ist.[47] Im Hinblick auf die Vollständigkeit des Gesuchs gilt das unter 1. Gesagte. Bei einer Übermittlung per Telefax muss anhand des Sendeprotokolls überprüft werden, ob alle Seiten einschließlich Anlagen übermittelt worden sind.[48] Im EGVP-Verfahren genügt die qualifizierte Container-Signatur als Nachweis.[49] 527

Ist der Antrag **unvollständig** und werden die Angaben auch nicht binnen einer vom Gericht gesetzten Frist nachgeholt – wobei die Frist auch dann abzuwarten ist, wenn der Gesuchsteller sich vor deren Ablauf bereits zu einzelnen Punkten äußert –, darf der Antragsteller ab fruchtlosem Fristablauf nicht mehr auf die Bewilligung von Prozesskostenhilfe vertrauen, so dass damit in jedem Fall die Frist für den Wiedereinsetzungsantrag nach § 234 ZPO in Gang gesetzt wird.[50] Gleiches gilt, wenn die Partei beispielsweise aufgrund eines gerichtlichen Hinweises nicht mehr mit der Bewilligung der begehrten Prozesskostenhilfe rechnen konnte.[51] Ausführungen zu den Erfolgsaussichten eines Rechtsmittelverfahrens zählen hingegen nicht zu den notwendigen Angaben.[52] 528

Wurde **rechtzeitig** ein vollständiges Prozesskostenhilfegesuch eingereicht, ist im Hinblick auf § 234 ZPO **zu unterscheiden**, ob Prozesskostenhilfe bewilligt oder versagt wurde. 529

Im Falle der vollständigen oder teilweisen[53] **Bewilligung** von Prozesskostenhilfe entfällt das Hindernis für die **Einlegung eines Rechtsmittels** grundsätzlich mit der Bekanntgabe des Beschlusses, wobei es einer förmlichen Zustellung nicht bedarf.[54] Hat sich bereits ein Prozessbevollmächtigter bestellt oder ist ersicht- 530

---

43 vgl. BGH, NJW-RR 1998, 642; OLG Köln, VersR 1989, 408; OLG Celle, OLGR 2002, 61, Rn. 3 – juris.
44 OLG Nürnberg, OLGR 2002, 34, Rn. 5 – juris.
45 BGH, NJW 2001, 2720 (2721).
46 BGH, NJW 2002, 2180; BGH, NJW-RR 2008, 942 (943); BGH, Beschluss vom 7.3.2013, Az. IX ZA 42/12, Rn. 2 – juris; BGH, NJW-RR 2013, 1527; OLG Schleswig, FamRZ 2017, 1320 ff.
47 BGH, Beschluss vom 18.1.2012, Az. IX ZB 285/11, Rn. 5 m. w. N. – juris.
48 BGH, NJW 2010, 3101 (3102).
49 BGH, Beschluss vom 14.5.2013, AZ. VI ZB 7/13, Rn. 10 – juris.
50 BGH, NJW-RR 2008, 942 (943).
51 BGH, FamRZ 2009, 217 (218).
52 BGH, MDR 2007, 1151.
53 BGH, NJW 1963, 1780 (1781).
54 BGH, VersR 2006, 1141 (1142) m. w. N.

lich, dass der beigeordnete Rechtsanwalt auch bevollmächtigt ist,[55] hat die Bekanntgabe an diesen zu erfolgen, ansonsten an die Partei selbst.[56] Beantragt der erstinstanzliche Prozessbevollmächtigte für die Partei Prozesskostenhilfe für die zweite Instanz, vor der er nicht postulationsfähig ist, ohne einen beizuordnenden Rechtsanwalt zu benennen, beginnt die Frist des § 234 Abs. 2 ZPO mit Bekanntgabe an den erstinstanzlichen Rechtsanwalt zu laufen.[57]
Darüber hinaus kann die Frist des § 234 Abs. 2 ZPO auch dann in Gang gesetzt werden, wenn die Partei oder ihr Prozessbevollmächtigter bei Anwendung der gebotenen Sorgfalt Kenntnis vom Wegfall des Hindernisses hätten haben können, so zum Beispiel bei fehlendem Nachweis des – bestrittenen – Zugangs durch Akteneinsicht[58] oder Erkennbarkeit einer vom Gericht fehlerhaft erteilten Rechtsmittelbelehrung.[59]

531 Für die Frist zur **Begründung des Rechtsmittels** ist nach der Rechtsprechung des XI., II. und III. Senats des Bundesgerichtshofs § 234 Abs. 2 ZPO dahingehend auszulegen, dass das Hindernis im Sinne dieser Vorschrift nicht die Mittellosigkeit der Partei ist, sondern die fehlende Entscheidung über den Wiedereinsetzungsantrag bezüglich der versäumten Einlegungsfrist.[60] Nach Auffassung des IX. und des XII. Senats kommt es hingegen auf die Bekanntgabe des Bewilligungsbeschlusses an.[61]

532 Wird Prozesskostenhilfe – gleich aus welchem Grund – **versagt**, ist zusätzlich zu prüfen, ob die Partei Anlass zu glauben hatte, ihr Antrag auf Prozesskostenhilfe werde zumindest nicht wegen fehlender Bedürftigkeit abgelehnt. Denn nur dann wird die Fristversäumnis als unverschuldet angesehen.[62] Hiervon darf die Partei regelmäßig dann ausgehen, wenn ihr in der vorangegangenen Instanz Prozesskostenhilfe bewilligt worden war und sich die Angaben in der nächsten Instanz nicht unterscheiden.[63] Hat bereits die vorangegangene Instanz Prozesskostenhilfe wegen **nicht nachvollziehbarer Angaben** zu den wirtschaftlichen Verhältnissen versagt, kann die hilfsbedürftige Partei bei unveränderten Angaben nicht darauf vertrauen, die zweite Instanz werde Prozesskostenhilfe gewähren.[64]
Nach Bekanntgabe des Beschlusses verbleibt der Partei für die **Einlegung des Rechtsmittels** noch eine Überlegungsfrist von höchstens drei bis vier Tagen, in denen sie sich entschieden haben muss, ob sie das Rechtsmittel dennoch auf eigene Kosten einlegen will.[65] Wiedereinsetzung kommt auch dann in Betracht, wenn der Beschluss zwar noch vor Ablauf der Rechtsmittelfrist zugeht, der Partei jedoch die Überlegungsfrist von drei bis vier Tagen nicht verbleibt.[66] Erfolglose Beschwerden, Gegenvorstellungen und erneute Prozesskostenhilfegesuche sind ohne Einfluss auf den Lauf der Frist.[67] Haben sie Erfolg, setzt die Bekanntgabe der abändernden Entscheidung die Frist des § 234 Abs. 2 ZPO

---

55 siehe auch Rn. 619, 634.
56 BGH, NJW-RR 1993, 451 (452); BGH, NJW-RR 2011, 997 (998); BSG, MDR 1983, 877.
57 BGH, NJW-RR 1993, 451 (452).
58 BGH, VersR 2006, 1141 (1142).
59 BGH, NJW 2012, 2445.
60 BGH (III. Senat), NJW 2014, 2442; BGH (XI. Senat), NJW 2007, 3354 (3356); BGH (II. Senat), NJW-RR 2008, 1306 (1308).
61 BGH (XII. Senat), NJW-RR 2008, 1313 (1314); vgl. aber hierzu die Ausführugen in BGH, NJW 2014, 2442 Rn. 10; BGH (IX. Senat), NJW 2008, 3500 (3501), wobei hier der Fall einer Rechtsbeschwerde vorlag, welche binnen eines Monats nicht nur einzulegen, sondern auch zu begründen ist.
62 ständige Rspr. des BGH seit BGHZ 4, 55 (56 f.); zuletzt BGH, MDR 2009, 462.
63 BGH, NJW-RR 2012, 383 (384).
64 BGH, NJW-RR 2012, 383 (384).
65 BGH, MDR 2009, 462.
66 BGH, NJW 1986, 257 (258).
67 BGH, NJW 1957, 263 (erneutes Gesuch); BGH, VersR 1980, 86 (Gegenvorstellung).

erneut in Gang; hinsichtlich der Gegenvorstellung und des wiederholten Antrags gilt dies jedoch nur, wenn die Abänderung auf einer neuen Beurteilung der unverändert gebliebenen Tatsachen beruht.[68]
Die Mittellosigkeit ist dann ein **Entschuldigungsgrund im Sinne des § 233 ZPO**, wenn sie für die Fristversäumung kausal ist, die Partei also nicht in der Lage war, einen Rechtsanwalt mit der Einlegung und Begründung des Rechtsmittels zu beauftragen.[69] Problematisch ist die Fallkonstellation, in der die Berufungseinlegung durch einen Anwalt fristgerecht unter Beifügung des Entwurfs einer Berufungsbegründung erfolgt ist. Zwar besteht noch Einigkeit darin, dass die Partei in diesem Fall glaubhaft machen muss, dass der Anwalt nicht bereit war, ohne Prozesskostenhilfe die Berufung zu begründen.[70] Während jedoch der BGH im Jahr 2008 noch davon ausging, dass bei der Einreichung eines vollständigen Begründungsentwurfs Kausalität offenkundig ausscheide, weil der Anwalt bereits im Vorfeld vollumfänglich tätig geworden sei,[71] weicht er im Jahr 2012 bei Vorlage einer anwaltlichen Erklärung über die fehlende Vertretungsbereitschaft trotz eingereichten Begründungsentwurfs hiervon ab.[72]

Nach den obigen Grundsätzen ist auch zu verfahren, wenn es nicht um die Einlegung eines Rechtsmittels geht, sondern um die Frage, ob eine **Säumnis** der Partei vorliegt, die zum **Erlass eines Versäumnisurteils** im Termin zur mündlichen Verhandlung oder im schriftlichen Vorverfahren führen kann, wobei zu beachten ist, dass die Säumnis allein ihren Grund in der Mittellosigkeit haben darf. In diesem Fall führt ein zumindest formell ordnungsgemäßer Prozesskostenhilfeantrag innerhalb der Frist zur Erklärung der Verteidigungsbereitschaft zunächst zur Zurückstellung der Entscheidung über den Antrag auf Erlass eines Versäumnisurteils bis zur erstinstanzlichen Entscheidung über den Antrag und bei einem ablehnenden Beschluss zusätzlich bis zum Ablauf der Überlegungsfrist von 3–4 Werktagen.[73]

Ähnliches gilt, wenn früher erster Termin anberaumt wurde und innerhalb der Klageerwiderungsfrist ein vollständiges Prozesskostenhilfegesuch eingeht, das vor dem Termin noch nicht erstinstanzlich beschieden wurde oder bei Ablehnung nicht vor Ablauf der Überlegungsfrist. Verhandelt die Partei in einem solchen Fall nicht, ist die Säumnis unverschuldet im Sinne des § 337 ZPO.[74] Hat die Partei aber beispielsweise durch telefonische Nachfrage positive Kenntnis, dass ein Beschluss bereits ergangen ist, ist es ihr auch zuzumuten, sich nach dessen Inhalt zu erkundigen.[75]

7. Tod der hilfsbedürftigen Partei

Stirbt die hilfsbedürftige Partei, bevor ihr Prozesskostenhilfe bewilligt worden ist, so **endet** das Prozesskostenhilfeverfahren. § 239 ZPO findet auf dieses keine Anwendung; vielmehr muss der Erbe gegebenenfalls einen eigenen Antrag nach § 114 ZPO stellen.[76]
Eine bereits bewilligte Prozesskostenhilfe **erlischt** mit dem Tod der Partei.[77] Umstritten ist, ob die Wirkungen der Prozesskostenhilfebewilligung ex tunc oder ex nunc entfallen. Nach einer Ansicht entfallen die Wirkungen des § 122 ZPO **ex nunc** mit der Folge, dass die Erben bei eigener Bedürftigkeit und Auf-

---

68 BGH, NJW 1957, 263; BGH, NJW 1964, 770 (771); *Greger* in Zöller, ZPO, § 234 Rn. 8.
69 BGH, NJW 2008, 2855 (2856).
70 BGH, NJW 2012, 2041 (2042); BGH NJW 2011, 230 (231); BGH, NJW 2008, 2855 (2856).
71 BGH, NJW 2008, 2855 (2856).
72 BGH, NJW 2012, 2041 (2042).
73 OLG Brandenburg, NJW-RR 2002, 285 (286).
74 OLG Schleswig, OLGR 1998, 74 – juris; OLG Dresden, OLGR 1996, 71 – juris.
75 OLG Rostock, MDR 2002, 780 (781); a. A.: *Dürbeck/Gottschalk*, Rn. 102 a.
76 OLG Frankfurt am Main, FamRZ 2007, 1995.
77 OLG Jena, FamRZ 2012, 1161.

nahme des Rechtsstreits nahtlos ebenfalls Prozesskostenhilfe beantragen und nicht für die bereits vor Erbfall entstandenen Kosten herangezogen werden können.[78]

Nach anderer Ansicht erlöschen die Wirkungen ex tunc, da die Bewilligung als besondere Form der Sozialhilfe keine vererbliche Rechtsposition darstellt. Allerdings soll es in diesem Fall ausnahmsweise möglich sein, den ihrerseits bedürftigen Erben für den aufgenommenen Rechtsstreit Prozesskostenhilfe mit Wirkung vor Antragstellung zu bewilligen, damit diese nicht die bereits vorher angefallenen Kosten tragen müssen.[79]

Sind die **Erben nicht bedürftig**, gibt es keinerlei Grund, weswegen sie von der dem Erblasser persönlich bewilligten Prozesskostenhilfe als besonderer Form der Sozialhilfe partizipieren können sollten. Ähnlich wie im Falle der Verbesserung der Vermögensverhältnisse sind die Erben in diesem Fall verpflichtet, die verauslagten Kosten an die Staatskasse zurückzuzahlen.[80]

Nehmen die **Erben den Rechtsstreit nicht auf**, haften sie für Kosten des Rechtsstreits nur im gleichen Maße wie der Erblasser. Darüber hinausgehende Zahlungen können von ihnen nicht verlangt werden.[81] Sind Raten festgesetzt, haftet der Erbe allerdings auch für die noch nicht fälligen, da er im gleichen Maße haftet und nicht im geringeren; für eine – bei anderen Dauerverpflichtungen grundsätzlich auch nicht bestehende – Privilegierung des Erben besteht keine Veranlassung.[82]

II. Wirkungen

536 Das Prozesskostenhilfeverfahren entfaltet sowohl prozessuale als auch kostenrechtliche Wirkungen.

1. Auswirkungen der Antragstellung

Mit Antragstellung wird die hilfsbedürftige Partei nicht nur vor Säumnisfällen geschützt. Vielmehr **hemmt** der **erstmalige Antrag** auf Gewährung von Prozesskostenhilfe gemäß § 204 Abs. 1 Nr. 14 BGB mit **Bekanntgabe** an den Gegner die **Verjährung**.[83] Es ist hierfür nicht erforderlich, dass der Antrag ordnungsgemäß begründet, vollständig einschließlich der erforderlichen Unterlagen oder von dem subjektiven Glauben an die Bedürftigkeit getragen ist; er muss nur Mindestanforderungen wie die Individualisierbarkeit der Parteien und die ausreichende Darstellung des Sach- und Streitverhältnisses erfüllen.[84]

Dem Antragsteller ist dabei zuzumuten, bei Einreichung des Gesuchs oder jedenfalls vor Ablauf der Verjährungsfrist vom Gericht die Bekanntgabe auch für den Fall zu verlangen, dass das Gericht den Antrag für aussichtslos und diesen ohne Anhörung des Gegners zurückweisen will.[85] Unterlässt dies der Antragsteller bei einer – drohenden oder erfolgten – a limine Abweisung oder sonstigen Nichtbekanntgabe, tritt die Hemmungswirkung nicht ein. Allerdings

---

78 OLG Köln, OLGR 1999, 168, Rn. 2 – juris; LG Bielefeld, JurBüro 1989, 1288 (1289); KG, JurBüro 1986, 894 (895); ähnlich OLG Düsseldorf, MDR 1987, 1031 (1032).
79 OLG Frankfurt am Main, NJW-RR 1996, 776; OLG Celle, JurBüro 1987, 1237 (1238); *Bork* in Stein/Jonas, ZPO, § 114 Rn. 14; *Dürbeck/Gottschalk*, Rn. 520; problematisch aber im Hinblick auf BGH, NJW 1982, 446, der in anderer Sache ausdrücklich eine Rückwirkung über den Zeitpunkt der Antragstellung hinaus verneint.
80 *Dürbeck/Gottschalk*, Rn. 520.
81 OLG Düsseldorf, NJW-RR 1999, 1086, *Dürbeck/Gottschalk*, Rn. 520 m. w. N.
82 vgl. OLG Koblenz, Beschluss vom 15.5.2009, Az. 9 WF 86/09 – n. v.; **a. A.**: *Geimer* in Zöller, ZPO, § 124 Rn. 2 a; wohl auch OLG Düsseldorf, NJW-RR 1999, 1086.
83 siehe auch Rn. 516.
84 BGH, NJW 2009, 1137 (1139) m. w. N.; **a. A.**: OLG Schleswig, OLGR 2009, 394, Rn. 2, 6 – juris; OLG Hamm, Beschluss vom 2.2.2012, Az. 5 U 110/11, Rn. 140, 146.
85 BGH, NJW 2008, 1939 (1940).

ist dann aber auch zugunsten der Partei ein erneutes Prozesskostenhilfegesuch – sofern zeitbedingt noch möglich – als „erstes" Gesuch im Sinne des § 204 Abs. 1 Nr. 14 BGB zu werten.[86]

536a Jedoch vermag die Einreichung eines Prozess- oder Verfahrenskostenhilfeantrags nicht zu einer Verfahrenseinleitung im Sinne von Art. 111 Abs. 1 FGG-RG führen; vielmehr richtet sich das Verfahrensrecht nach dem Zeitpunkt der Einleitung des Verfahrens, für das Prozess- oder Verfahrenskostenhilfe begehrt worden ist.[87]

537 Soweit die **Partei kraft Gesetzes verpflichtet** ist, zur Geltendmachung eines Anspruchs binnen einer **bestimmten Frist Klage zu erheben** (z. B. § 13 StrEG; § 12 Abs. 3 VVG a. F.), wird die Frist gewahrt, wenn innerhalb der Frist ein vollständiger Antrag auf Gewährung von Prozesskostenhilfe eingeht und die Partei nach Bescheidung des Antrags alles Zumutbare unternimmt, damit die Klage „demnächst" im Sinne des § 167 ZPO zugestellt werden kann;[88] eine darüber hinausgehende Heranziehung der Wertung des § 204 Abs. 1 Nr. 14 BGB ist grundsätzlich nicht geboten.[89] Die gleichen Grundsätze sollten auch für die Fälle gelten, in denen die Klageerhebungsfrist durch **gerichtliche Anordnung** festgelegt wird (z. B. §§ 494a Abs. 1, 926 Abs. 1 ZPO), insofern erscheint eine unterschiedliche Handhabung nicht angezeigt.[90]

538 Zur Herbeiführung **materiellrechtlicher Folgen** wie das Bestimmen der Ehezeit nach § 3 Abs. 1 VersAusglG (§ 1587 Abs. 2 BGB a. F.),[91] die Einhaltung der Zeitschranke des § 1585b Abs. 3 BGB[92] oder den maßgeblichen Zeitpunkt für die Herbeiführung einer Abänderung nach § 323 Abs. 3 ZPO[93] **genügt die Einreichung** eines Prozesskostenhilfegesuchs **nicht**.

539 Nicht nur aus diesen Gründen ist es wichtig, genau **zu unterscheiden**, ob lediglich ein Antrag auf Gewährung von Prozesskostenhilfe eingereicht wurde oder **gleichzeitig** auch eine Klage erhoben bzw. ein Rechtsmittel eingelegt werden sollte. Beispielsweise ist eine Berufung, die unter der Bedingung der Bewilligung von Prozesskostenhilfe eingelegt wird, aufgrund der Bedingungsfeindlichkeit von Prozesshandlungen unzulässig;[94] sie kann in diesem Fall allerdings noch durch Rücknahme des Prozesskostenhilfeantrags binnen der Berufungsfrist zulässig werden, weil die Rücknahme dann als erneute Berufungseinlegung zu werten ist.[95] Aufgrund dieser Besonderheiten darf das Berufungsgericht daher vor der Entscheidung über den Prozesskostenhilfeantrag eine solche bedingt und damit unwirksam eingelegte Berufung nicht als unzulässig verwerfen.[96]

540 Problematisch ist die Abgrenzung in den Fällen, in denen einerseits ein **Schriftsatz** bei Gericht eingeht, der **allen Anforderungen an eine Klage- oder Rechtsmittel-**

---

86 BGH, NJW 2009, 1137 (1139).
87 BGH, NJW-RR 2012, 753 (754) mit Darstellung des Meinungsstreits.
88 BGH, NJW 2007, 441 (442) bzgl. § 13 StrEG, 12 VVG a. F.; BGH, NJW 2012, 612 stellt klar, dass „demnächst" mit Ausschöpfen der Beschwerdefrist für die Begründung der Beschwerde erfüllt ist.
89 BGH, NJW 2007, 441 (442), insoweit der Entscheidung KG, NJOZ 2004, 3505 (3506) entgegentretend.
90 wie hier: *Dürbeck/Gottschalk*, Rn. 104; *Vollkommer* in Zöller, ZPO, § 926 Rn. 32; OLG Köln, OLGR 1998, 420 – juris (§ 494a ZPO); OLG Schleswig, AGS 2002, 278, Rn. 3, 5 – juris (§ 494a ZPO); **a. A.**: zu § 494a ZPO: OLG Frankfurt am Main, NJW-RR 2003, 862 (863); LG Saarbrücken, AGS 1999, 21 – juris; zu § 926 ZPO: OLG Düsseldorf, JurBüro 1987, 1263; offen lassend: OLG Hamm, FamRZ 1999, 1152.
91 OLG Naumburg, FamRZ 2002, 401.
92 OLG Schleswig, FamRZ 1988, 961 (962).
93 BGH, NJW 1982, 1050 (1051).
94 BGH, FamRZ 1986, 1087; BGH, NJOZ 2005, 3385 (3386).
95 BGH, NJOZ 2005, 3385 (3386).
96 BGH, FamRZ 2013, 696 (697).

schrift genügt – insbesondere vom Prozessbevollmächtigten unterschrieben ist –, andererseits aber in dem ebenfalls eingereichten **Prozesskostenhilfegesuch** von einem **Entwurf** oder der **beabsichtigten Durchführung** des Prozesses die Rede ist. Nach der ständigen Rechtsprechung des Bundesgerichtshofs zur unbedingten Berufungseinlegung ist ein solcher, den formellen Anforderungen einer Berufungseinlegung oder Berufungsbegründung genügender Schriftsatz regelmäßig als wirksam eingelegte Prozesserklärung zu behandeln, es sei denn, aus den Begleitumständen ergibt sich mit einer jeden vernünftigen Zweifel ausschließenden Deutlichkeit etwas anderes.[97] Allein der Satz „Die Durchführung des Verfahrens wird von der Gewährung von Prozesskostenhilfe abhängig gemacht" bedeutet nicht, dass nur ein Prozesskostenhilfegesuch eingereicht wurde, vielmehr kann dies als unbedingte Berufungseinlegung zu deuten sein unter dem Vorbehalt, nach Versagung der Prozesskostenhilfe die Berufung wieder zurücknehmen zu wollen.[98] Insofern sind auch in einem solchen Fall die Umstände des Einzelfalls zu würdigen.[99]

2. Auswirkungen der Bewilligung

541 Gemäß § 122 Abs. 1 Nr. 1a und b ZPO bewirkt die Bewilligung von Prozesskostenhilfe zunächst, dass die Staatskasse **rückständige und entstehende** Gerichtskosten, Gerichtsvollzieherkosten sowie die bereits auf sie gemäß § 59 RVG **übergegangenen Ansprüche** des beigeordneten Rechtsanwalts nur nach Maßgabe des Bewilligungsbeschlusses gegen die hilfsbedürftige Partei geltend machen kann.

542 Unter **rückständigen Kosten** versteht man solche, die im – sich aus dem Bewilligungsbeschluss ergebenden – Zeitpunkt des Eintritts der Wirkungen der Bewilligung bereits fällig, aber noch nicht bezahlt sind.[100] Demnach kann die Partei auch **keine Rückerstattung** von vorher fälligen und bezahlten Kosten verlangen; fallen Zahlungszeitpunkt und Eintritt der Wirkungen allerdings auf denselben Tag, besteht eine Rückerstattungspflicht der Staatskasse.[101] Leistet die Partei vorher Vorschüsse auf zukünftig fällig werdende Kosten, sind diese nicht zurückzuzahlen; wird der Vorschuss jedoch nicht zu dem Zweck der Einzahlung benötigt (hat beispielsweise der Zeuge auf die Erstattung von Auslagen verzichtet), kommt eine Verrechnung mit anderen Kosten nicht in Betracht.[102] Hat die Partei nach dem Bewilligungsbeschluss Zahlungen zu leisten und sind die voraussichtlichen Gerichtskosten sowie die Vergütungskosten des beigeordneten Anwalts bereits durch einen Teil der Zahlungen gedeckt, so erlischt der Anspruch der Staatskasse auf die Zahlung des Restbetrags bzw. der restlichen Raten.[103]

543 § 122 Abs. 1 Nr. 1b ZPO hindert die Staatskasse allerdings nur daran, die auf sie übergegangenen Ansprüche des beigeordneten Anwalts gegen dessen eigene Partei geltend zu machen, nicht aber den auf sie übergegangenen Kostenerstattungsanspruch der gegnerischen ebenfalls unbemittelten Partei, da gemäß § 123 ZPO die Bewilligung der Prozesskostenhilfe keinen Einfluss auf die Kostenerstattungspflicht gegenüber dem Gegner hat.[104] Es besteht auch keine Veranlassung, die unbemittelte Partei in dieser Konstellation gegenüber der Staatskasse zu privilegieren, obwohl sie einem bemittelten Gegner die Kosten erstatten müsste.

---

97 BGH, NJW-RR 2000, 879; BGH, NJW-RR 2009, 433 (434) m. w. N.; BGH, Beschluss vom 30.11.2011, Az. III ZB 34/11, Rn. 7 – juris; BGH, NJW-RR 2012, 755 (756).
98 BGH, NJOZ 2005, 3385 (3386).
99 BGH, FamRZ 2009, 1408 (1409).
100 OLG Stuttgart, Rpfleger 1984, 114 (115); OLG Düsseldorf, JurBüro 1990, 381 (382).
101 OLG Karlsruhe, FamRZ 2007, 1028 (1029) m. w. N.
102 OLG Hamm, OLGR 2003, 151, Rn. 17 – juris.
103 *Groß*, § 122 ZPO, Rn. 7.
104 OLG Oldenburg, FamRZ 2009, 633; OLG Zweibrücken, OLGR 2008, 658, Rn. 10 – juris; BGH, OLG Nürnberg, NJW-RR 2008, 885 (886); NJW-RR 1998, 70; **a. A.**: OLG München, FamRZ 2001, 1156.

Grundsätzlich hat die Bewilligung von Prozesskostenhilfe gemäß § 123 ZPO keinen Einfluss auf die Kostenerstattungspflicht gegenüber dem Gegner. Allerdings können die **Gerichtskosten** gemäß § 31 Abs. 3 GKG vom hilfsbedürftigen Beklagten auch dann nicht gefordert oder gegen ihn wegen § 123 ZPO festgesetzt werden, wenn dieser durch gerichtliche Entscheidung zur Kostenerstattung verpflichtet worden ist.[105]

Dies galt nach alter Rechtslage allerdings dann nicht, wenn die Kostenerstattungspflicht **im Vergleichswege freiwillig** übernommen wurde. In diesem Fall war die hilfsbedürftige Partei nicht länger privilegierte Entscheidungsschuldnerin im Sinne der §§ 29 Nr. 1, 31 Abs. 3 GKG, sondern Übernahmeschuldnerin im Sinne des § 29 Nr. 2 GKG mit der Folge, dass das Gericht seine Kosten gegen einen anderen Kostenschuldner geltend machen konnte, welcher wiederum Rückgriff auf die hilfsbedürftige Partei nehmen konnte.[106] Hiervon ausgenommen waren die von der Staatskasse verauslagten Kosten des beigeordneten Rechtsanwalts.[107] Der Rückgriff war vor dem Hintergrund, dass hierdurch Kostenvergleiche zu Lasten der Staatskasse verhindert werden sollten, auch verfassungsgemäß.[108]

Durch den neu eingefügten § 31 Abs. 4 GKG bleibt die hilfsbedürftige Partei privilegiert, wenn es sich um die Kostenübernahme in einem gerichtlichen Vergleich handelt, der Vergleichsvorschlag einschließlich Kostenverteilung vom Gericht stammt und vom Gericht ausdrücklich im Vergleichsvorschlag festgestellt wird, dass die Kostenregelung der sonst zu erwartenden Kostenentscheidung entspricht. Eine entsprechende Regelung findet sich auch in § 33 Abs. 3 GNotKG und § 26 Abs. 4 FamGKG.

Durch **§ 122 Abs. 1 Nr. 2 ZPO** wird die hilfsbedürftige Partei von der Verpflichtung zur Erbringung einer Sicherheitsleistung für die Prozesskosten (§ 110 ZPO) befreit. Die Befreiung gilt auch für rechtskräftige Anordnungen, die vor Stellung des Prozesskostenhilfegesuchs ergangen sind, da § 122 Abs. 1 Nr. 2 ZPO keine zeitliche Einschränkung enthält.[109] Ob die Bewilligung zu recht erfolgte oder nach § 124 ZPO aufgehoben werden könnte, ist ohne Belang.[110]

§ 122 Abs. 1 Nr. 3 ZPO bewirkt, dass der beigeordnete Rechtsanwalt seine Vergütungsansprüche – einer Stundung ähnlich – nicht gegen die hilfsbedürftige Partei durchsetzen kann; § 122 Abs. 1 Nr. 3 ZPO verhindert dagegen nicht das Entstehen der Vergütungsansprüche. Daraus folgt, dass eine hilfsbedürftige Partei im eigenen Namen die Kostenfestsetzung gegen den unterlegenen Gegner beantragen kann, selbst wenn ihr ratenfreie Prozesskostenhilfe bewilligt wurde.[111]

Kapitel 8: Nachträgliche Entscheidungen

Mit § 120a ZPO und § 124 ZPO hat der Gesetzgeber den Gerichten die Möglichkeit eröffnet, die Bewilligungsentscheidung nachträglich abzuändern oder gänzlich aufzuheben.

---

105 vgl. BVerfG, Rpfleger 1999, 495 (496) zur alten Rechtslage; die neue gesetzliche Regelung ist deren Ausfluss.
106 OLG Frankfurt am Main, NJW 2012, 2049 (2050); a. A.: OLG Stuttgart, NJW-RR 2011, 1437 (1438).
107 OLG Frankfurt am Main, NJW 2012, 316 (318).
108 BVerfG, NJW 2000, 3271.
109 OLG Brandenburg, NJW-RR 2003, 209 (210).
110 OLG Karlsruhe, Beschluss vom 9.10.2013, Az. 7 U 55/13 – juris.
111 BGH, NZV 2009, 552 (553); ausdrücklich offen bleibt allerdings, ob die Partei ohne Einverständnis des Anwalts auch Zahlung an sich verlangen kann.

I. Änderung der persönlichen und wirtschaftlichen Verhältnisse (§ 120a ZPO)

547 § 120a ZPO erlaubt es den Gerichten, die Entscheidung über zu leistende Zahlungen zugunsten und zu Lasten der hilfsbedürftigen Parteien nachträglich zu ändern. Voraussetzung hierfür ist jedoch stets, dass sich die persönlichen und wirtschaftlichen Verhältnisse **nach** der Bewilligungsentscheidung ändern. § 120a ZPO greift nicht in den Fällen, in denen das Gericht bei den Ursprungsentscheidungen die Verhältnisse fehlerhaft gewertet hat,[1] sei es zu Gunsten oder zu Lasten der Partei.

1. Verbesserung der Verhältnisse

548 Die Verbesserung der Verhältnisse führt **nur** zu einer **Änderung** der Bewilligungsentscheidung, **nie** aber zu deren **vollständigen Aufhebung**, da § 124 ZPO die nachträgliche Änderung nicht als Aufhebungsgrund vorsieht.[2] Die Änderung kann aber darin bestehen, dass Raten, höhere Raten oder die Begleichung sämtlicher Kosten aus dem Vermögen der Partei angeordnet werden.[3] Die wirtschaftlichen Verhältnisse müssen sich auch **tatsächlich bereits verbessert** haben; die bloße Erwartung, dass sie sich verbessern werden, genügt demgegenüber nicht.[4]

Unter welchen Umständen eine Änderung als **wesentliche** Verbesserung anzusehen ist, ist eine **Frage des Einzelfalls**, zumal es sich ohnehin um eine **Ermessensentscheidung** handelt, wobei es sich nunmehr um eine Soll-Vorschrift statt nach alter Rechtslage um eine Kann-Vorschrift handelt. Grundsätzlich wird man die Wesentlichkeit bejahen können, wenn nunmehr erstmals eine Zahlung von Raten oder eine Einmalzahlung aus dem Vermögen angeordnet werden kann oder sich eine bereits angeordnete Ratenzahlung erhöht.[5] Nach § 120a Abs. 2 S. 2 ZPO ist bei laufendem Einkommen zu berücksichtigen, dass die Differenz zum höheren Einkommen nicht nur einmalig mehr als 100,00 EURO betragen muss. Gleiches gilt, wenn die Einkommensverbesserung auf das Entfallen von Belastungen zurückzuführen ist (§ 120a Abs. 2 S. 3 ZPO). Da es sich noch immer um eine Ermessensentscheidung handelt, kann das Gericht auch weiterhin von einer Abänderung absehen, wenn dabei der Aufwand für die Durchführung des Abänderungsverfahrens in keinem Verhältnis zum Nutzen für die Staatskasse steht.[6]

Soweit der hilfsbedürftigen Partei **nach erfolgreichem Rechtsstreit tatsächlich** der ausgeurteilte oder vergleichsweise vereinbarte **Betrag zufließt**, ist dies nunmehr ausdrücklich im Hinblick auf eine Änderungsentscheidung gemäß § 120a Abs. 3 ZPO zu prüfen. Eine wesentliche Veränderung ist z. B. nach einer erhaltenen Zahlung aus einem Vergleichsabschluss gegeben.[7] Der Bundesgerichtshof sah bisher grundsätzlich **keine vorrangige Verpflichtung** der Partei, von dem Erlangten zunächst die von der Staatskasse verauslagten Prozesskosten zurückzuzahlen. Vielmehr kommt es darauf an, ob die Partei nunmehr in der Lage ist, die Prozesskosten ganz, teilweise oder in Raten zu begleichen, wobei allerdings andere Verbindlichkeiten nur dann berücksichtigt werden dürfen, wenn sie schon vor Absehbarkeit des Rechtsstreits eingegangen worden sind.[8] Auf die

---

1 BAG, NZA-RR 2009, 158 (160); OLG Köln, FamRZ 2007, 296 (297); OLG Bamberg NJW 2005, 1286.
2 OLG Naumburg, FamRZ 2009, 629 (630); dies ausführend, aber im Ergebnis offen: BGH, NJW 1994, 3292 (3294).
3 BAG, FamRZ 2009, 687; OLG Naumburg, FamRZ 2009, 629 (630); OLG Celle, Rpfleger 1990, 263.
4 BAG, FamRZ 2009, 687 (688); OLG Frankfurt am Main, FamRZ 1992, 1451.
5 ähnlich *Dürbeck/Gottschalk*, Rn. 390, 391; **a. A.:** *Geimer* in Zöller, ZPO, § 120a Rn. 12 m. w. N, der zusätzlich noch eine „Prägung der Lebensverhältnisse" durch die Änderung verlangt.
6 zur alten Rechtslage: *Dürbeck/Gottschalk*, Rn. 391.
7 OLG Oldenburg, JurBüro 2017, 427 f. (hier: 91.760,29 EURO).
8 BGH, NJW-RR 2007, 628; BGH, NJW-RR 2008, 144 (145).

Erbringung von Sondertilgungen kann sich die Partei ebenfalls nicht berufen.[9] Daran dürfte sich durch die Einführung des § 120a Abs. 3 ZPO auch nichts geändert haben, da es sich nach der Gesetzesbegründung lediglich um eine klarstellende Regelung handelt.[10]

549 Hat sich die Partei gerade im Hinblick auf die mögliche Änderungsentscheidung wieder entreichert, liegt eine **mutwillige Herbeiführung der erneuten Bedürftigkeit** vor, die zur fiktiven Zurechnung des Vermögens führt. Dass von dem Erlös Vermögenswerte erworben worden sind, die im Rahmen der ursprünglichen Bewilligungsentscheidung zum Schonvermögen gezählt hätten, war nach früherer Rechtsprechung bedeutungslos.[11] Daran sollte auch der neue § 120a Abs. 3 S. 3 ZPO nichts ändern, nach dem eine Änderung der Bewilligungsentscheidung ausgeschlossen ist, soweit die Partei bei rechtzeitiger Leistung des Erlangten ratenfreie Prozesskostenhilfe erhalten hätte. Denn daraus lässt sich gerade nicht folgern, dass es auf die (angedachte) Verwendung des Erlangten ankommt. Ebenfalls irrelevant ist, ob ein gerichtliches Änderungsverfahren vor der Vermögensausgabe bereits eingeleitet worden war, da die Partei in jedem Fall binnen vier Jahren mit einer etwaigen Abänderung rechnen muss.[12]

550 Im Hinblick auf **Prozesskostenvorschussansprüche**, die erst nach Beendigung des Verfahrens entstanden sind, ist zu berücksichtigen, dass diese **gerade nicht für vergangene Prozesse** geltend gemacht werden können, sondern nur für künftige.[13]

551 Wird ein bei der **ursprünglichen Bewilligungsentscheidung bekannter Gegenstand** veräußert, soll dies nur dann zur Änderung führen können, wenn in der Bewilligungsentscheidung ausdrücklich dazu Stellung genommen wurde, aus welchem Grund der Gegenstand für nicht berücksichtigungsfähig gehalten worden ist, weil es ansonsten zur unzulässigen Korrektur einer fehlerhaften Bewilligungsentscheidung kommen könnte.[14]
Bei der vorzunehmenden Gesamtbetrachtung können auch **Belastungen** berücksichtigt werden, die zwar der **Partei** schon zum Zeitpunkt der ursprünglichen Bewilligungsentscheidung **bekannt** waren, die diese **aber nicht** gegenüber dem Gericht **angegeben** hat; der Rechtspfleger ist insofern nur an die Beurteilung der dem bewilligenden Gericht bekannten Tatsachen gebunden.[15]

552 Allerdings ist eine Änderung zu Lasten der Partei dann **ausgeschlossen**, wenn bereits **vier Jahre seit Beendigung** des Verfahrens vergangen sind (§ 120a Abs. 1 S. 4 ZPO). Bei streitiger Beendigung des Verfahrens beginnt die Frist mit der Rechtskraft der den Rechtsstreit – nicht nur die Instanz – beendenden Entscheidung,[16] im Falle von Scheidungs- und Folgesachen mit der letzten Entscheidung des gesamten Verbunds, selbst wenn Folgesachen abgetrennt worden sind.[17] Eine Ausnahme gilt für den Fall der Aussetzung der Entscheidung über eine Folgesache; dann ist die letzte Endentscheidung ohne Berücksichtigung der ausgesetzten Folgesache maßgeblich.[18]
Anderweitige Beendigungstatbestände stellen der Abschluss eines Vergleichs mit Ablauf einer etwaigen Widerrufsfrist, Klagerücknahme, übereinstimmende

---

9 OLG Köln, FamRZ 2005, 2003.
10 BT-Drs. 17/13538, S. 40.
11 BGH, NJW-RR 2008, 144 (145).
12 BGH, NJW-RR 2008, 144 (145).
13 BGH, NJW 1985, 2265.
14 *Geimer* in Zöller, ZPO, § 120a Rn. 15 unter Hinweis auf OLG Köln, FamRZ 2007, 296 (297).
15 vgl. BGH, NJW 1998, 161 (162).
16 OLG München, Rpfleger 1994, 218 (219).
17 OLG Dresden, NJW-RR 2003, 1222; KG, FamRZ 2007, 646; *Fischer* in Musielak/Voit, ZPO, § 120a Rn. 12.
18 KG, FamRZ 2007, 646.

Erledigungserklärung – nicht erst der Kostenbeschluss nach § 91a ZPO –, die Anordnung des Ruhens des Verfahrens sowie bei sonstigem schlichten Nichtbetreiben des Verfahrens die letzte Prozesshandlung dar.[19]
Die Abänderungsentscheidung kann auch **nach Ablauf der Vierjahresfrist** ergehen, wenn das Verfahren **rechtzeitig vor Fristablauf eingeleitet** worden ist und bei normalem Geschäftsverlauf **vor diesem hätte abgeschlossen werden können**.[20] Eine Partei, die die Entscheidung bei rechtzeitiger Einleitung des Verfahrens durch ihr Verhalten verzögert, kann sich nicht auf den mit der Sperrfrist bezweckten Vertrauensschutz berufen. Ist hingegen dem Gericht eine Verzögerung anzulasten, ist eine Entscheidung nach Fristablauf ausgeschlossen.[21]
Auch im Rahmen der Abänderung ist die **Begrenzung auf 48 Monatsraten** gemäß § 115 Abs. 2 ZPO zu berücksichtigen. Bei deren Berechnung sind begriffsnotwendig nur solche Monate einzubeziehen, in denen überhaupt Raten gezahlt worden sind.[22] Folgt daher aufgrund der Verbesserung der Verhältnisse eine erstmalige Ratenzahlungsanordnung, so gelten die vollen 48 Monate. Wurden bereits Raten gezahlt, sind diese von den 48 Monaten in Abzug zu bringen. Hat die Partei bereits volle 48 Raten beglichen, so kommt eine weitere Inanspruchnahme nicht in Betracht.[23]

2. Verschlechterung der Verhältnisse

553 Die Verschlechterung der Verhältnisse kann dazu führen, dass geringere oder gar keine Raten anzuordnen sind. Es ist kein Grund ersichtlich, aus dem zu Lasten der Staatskasse die Wesentlichkeit hier anders beurteilt werden soll als bei einer Verbesserung.[24]
Wird der Abänderungsantrag **allein auf Tatsachen** gestützt, die der Partei bei der **ursprünglichen Bewilligungsentscheidung** zwar **bekannt** waren, die sie aber dem Gericht gegenüber nicht angegeben hat, kann eine Änderung **nicht erfolgen**, weil das Abänderungsverfahren gerade eine Veränderung nach Bewilligungsentscheidung voraussetzt und nicht der Fehlerkorrektur dient. In diesem Fall hätte die Partei die sie belastende Entscheidung mit der **sofortigen Beschwerde** anfechten müssen und hätte im Beschwerdeverfahren auch die versehentlich unterlassenen Angaben nachholen können.[25] Ist das Abänderungsverfahren allerdings **aus anderen Gründen** eröffnet, können vom Gericht vorher unbekannte Tatsachen berücksichtigt werden, weil insoweit der Rechtspfleger nicht an die vorangegangene richterliche Entscheidung gebunden ist; die Bindungswirkung erstreckt sich nur auf die dem bewilligenden Gericht bereits bekannten und beurteilten Tatsachen.[26]

554 Eine besondere Regelung hat der Gesetzgeber im Hinblick auf die Änderung der **Freibeträge** gemäß § 115 Abs. 1 S. 3 Nr. 1 b) und Nr. 2 ZPO getroffen. Nach § 120a Abs. 1 S. 2 ZPO werden diese regelmäßig eintretenden Änderungen zugunsten der Partei nur dann berücksichtigt, wenn die Partei dies beantragt und darüber hinaus durch die Änderung die Ratenzahlungsverpflichtung gänzlich entfallen würde. Etwas anderes gilt nur dann, wenn das Abänderungsverfahren aus anderen Gründen bereits eröffnet ist; dann spricht

---

19 OLG Koblenz, Rpfleger 1994, 259 (Vergleich); OLG Naumburg, Beschluss vom 20.2.2007, Az. 8 WF 41/07, Rn. 2 – juris (Erledigung); Ruhen/Nichtbetrieb: OLG Düsseldorf, Rpfleger 2001, 244; OLG Stuttgart, NJOZ 2006, 1967.
20 OLG Düsseldorf, Rpfleger 2001, 244; OLG Stuttgart, FamRZ 2006, 1136 (1137); OLG Zweibrücken, FamRZ 2007, 1471.
21 OLG Naumburg FamRZ 1996, 1425; OLG Brandenburg Rpfleger 2001, 356; OLG Zweibrücken, FamRZ 2007, 1471.
22 OLG München, Rpfleger 1994, 218 (219).
23 OLG Zweibrücken, OLGR 1997, 344 – juris; *Geimer* in Zöller, ZPO, § 120a Rn. 19.
24 a. A.: *Geimer* in Zöller, ZPO, § 120a Rn. 25.
25 OLG Köln, FamRZ 1987, 962.
26 vgl. BGH, NJW 1998, 161 (162).

die Zielsetzung der Vorschrift – nämlich die Gerichte zu entlasten – nicht mehr gegen eine Berücksichtigung.[27]

3. Verfahrensfragen

Zuständig für das Verfahren ist gemäß § 20 Nr. 4c RPflG der **Rechtspfleger** des Gerichts, das die Prozesskostenhilfe bewilligt hat. Ist das Hauptsacheverfahren noch anhängig, ist die Entscheidung von dem Rechtspfleger des Gerichts zu treffen, bei dem die Anhängigkeit – egal in welcher Instanz – besteht.[28] Nach Abschluss des Verfahrens ist immer der Rechtspfleger der ersten Instanz zuständig.[29] Ein **Antrag** ist für die Einleitung des Verfahrens außer im Rahmen des § 120a Abs. 1 S. 2 ZPO **nicht erforderlich**. Neben der Partei steht darüber hinaus lediglich der **Staatskasse** ein Antragsrecht zu und zwar entsprechend § 127 Abs. 3 ZPO auch nur in den Fällen, in denen **ratenfreie Prozesskostenhilfe** gewährt wurde und nunmehr die Anordnung von Zahlungen begehrt wird.[30] Aus der Entscheidung muss hervorgehen, dass das Gericht auch bedacht hat, dass es sich um eine Ermessensentscheidung handelt. Erfreulich ist, dass der Gesetzgeber – im Gegensatz zur früheren Rechtslage – eine **Anzeigeverpflichtung der Partei bei einer wesentlichen Verbesserung oder Anschriftenänderung** in § 120a Abs. 2 S. 1 ZPO ausgesprochen hat, bei deren Nichteinhaltung sogar die Aufhebung der Prozesskostenhilfe nach § 124 Abs. 1 Nr. 4 ZPO erfolgen kann.

Im Übrigen gilt, dass sich die Partei in jedem Fall nach Aufforderung zu erklären hat (§ 120a Abs. 1 S. 3 ZPO). Umstritten war in diesem Zusammenhang bereits, **an wen die Aufforderung zu richten ist**, wenn die Partei einen Prozessbevollmächtigten hatte. Ein Teil der Rechtsprechung – insbesondere die Arbeitsgerichte einschließlich des Bundesarbeitsgerichts – ging davon aus, dass das Prozesskostenhilfeüberprüfungsverfahren aufgrund seiner Ähnlichkeit mit einem Wiederaufnahmeverfahren der Vorschrift des § **172 Abs. 1 S. 2 ZPO** unterfällt.[31] Andere meinten, es handele sich um ein selbstständiges Verwaltungsverfahren, das auch keine Ähnlichkeit mit einem Wiederaufnahmeverfahren habe, und verlangen wegen § **172 Abs. 1 S. 1 ZPO** eine ausschließliche Korrespondenz mit der Partei und Zustellung an diese.[32] Der Bundesgerichtshof hat sich der Auffassung angeschlossen, dass die **Zustellung an den Prozessbevollmächtigten** zu erfolgen hat.[33]

In analoger Anwendung von § 329 Abs. 2 S. 2 ZPO ist – zumindest – die letzte, fristgebundene Aufforderung zuzustellen; eine formlose Übersendung genügt nicht.[34]

Bezüglich der Erklärung über die Änderung der persönlichen und wirtschaftlichen Verhältnisse besteht Formularzwang (§ 120a Abs. 4 ZPO).

Nach der Übergangsvorschrift des § 40 EGZPO bleibt das bis zum 31.12.2013 geltende Recht anwendbar, wenn eine Prozesskostenhilfeentscheidung abgeändert werden soll, die vor dem 31.12.2013 beantragt worden war.

---

27 So auch *Dürbeck/Gottschalk*, Rn. 398.
28 vgl. OVG Hamburg, FamRZ 1990, 81.
29 OLG Celle, Rpfleger 1996, 278.
30 OLG Köln, FamRZ 2007, 296 (297); OLG Nürnberg, Rpfleger 1995, 465; a. A.: OLG Frankfurt am Main, FamRZ 1991, 1326 (1327).
31 BAG, NZA 2006, 1128, Rn. 12 – juris; OLG Brandenburg, FamRZ 2008, 72; LAG Rheinland-Pfalz, MDR 2007, 432; OLG Bamberg, JurBüro 1992, 250 (251).
32 OLG Hamm, OLGR 2009, 297, Rn. 12 ff. – juris; OLG Koblenz, FamRZ 2009, 898 (899); so auch im Ergebnis OLG Naumburg, FamRZ 2006, 1401; OLG Bremen, FamRZ 2008, 1545; OLG Köln, FamRZ 2007, 908; OLG München, FamRZ 1993, 580; OLG Dresden, FamRZ 2009, 1425 (1426).
33 BGH, Beschluss vom 8.12.2010, Az. XII ZB 151/10, Rn. 29 – juris.
34 OLG Karlsruhe, Beschluss vom 23.4.2018 – 16 WF 86/18.

II. Aufhebung der Bewilligung (§ 124 ZPO)

557 Während § 120a ZPO lediglich die Abänderung der Entscheidung vorsieht, hat der Gesetzgeber den Gerichten mit § 124 ZPO die Möglichkeit eingeräumt, die bewilligte Prozesskostenhilfe gänzlich aufzuheben.

1. Falsche Angaben zum Sach- und Streitstand (§ 124 Abs. 1 Nr. 1 ZPO)

558 Die dem § 124 Abs. 1 Nr. 1 ZPO zugrunde liegende Problematik hat das Landesarbeitsgericht Rheinland-Pfalz pointiert dargestellt: „Der Gerichtsalltag ist vielfach dadurch gekennzeichnet, dass Streitparteien mit der gleichen Inbrunst die Wahrheit diametral entgegengesetzter und unvereinbarer Tatsachenbehauptungen beteuern."[35]

Relevant wird § 124 Abs. 1 Nr. 1 ZPO dann, wenn das Verschweigen richtiger Tatsachen oder das Behaupten unwahrer Tatsachen seitens der hilfsbedürftigen Partei **entscheidungsrelevant** ist, also entweder eine Beweisaufnahme notwendig wird oder der Rechtsstreit ohne Beweisaufnahme zugunsten der hilfsbedürftigen Partei entschieden werden kann. Denn in diesem Moment waren die falschen Angaben der hilfsbedürftigen Partei **kausal** für die Beurteilung der Erfolgsaussichten und damit für die Bewilligung der Prozesskostenhilfe, was wiederum aufgrund des Gesetzeswortlautes „durch unrichtige Darstellung" weitere Voraussetzung für eine Aufhebung nach § 124 Abs. 1 Nr. 1 ZPO ist.[36] Letzte Voraussetzung ist das Handeln mit **mindestens bedingtem Vorsatz**. Dieser kann – wie im Strafprozess auch – aus den äußeren Umständen geschlossen werden.[37]

559 Gelangt das Gericht aufgrund der **Vernehmung eines Zeugen** zu der Überzeugung, dass der Vortrag der hilfsbedürftigen Partei unzutreffend ist, kann es die Prozesskostenhilfe aufheben.[38] Erst recht greift § 124 Abs. 1 Nr. 1 ZPO dann ein, wenn das Gericht nicht nur einen gegnerischen Zeugen vernimmt, sondern auch etwaige Zeugen der hilfsbedürftigen Partei, diesen aber keinen Glauben zu schenken vermag, also davon ausgeht, dass sowohl die Partei als auch deren Zeugen lügen.[39] Dies ist **nicht zu verwechseln** mit einem **non liquet** nach Vernehmung von Zeugen beider Parteien, das zu Lasten der beweisbelasteten hilfsbedürftigen Partei ausgeht. In einem solchen Fall hat das Gericht gerade nicht festgestellt, dass die Partei unwahr vorgetragen hat. Vielmehr weiß es nicht, welchem Zeugen es glauben soll und entscheidet schlicht nach Beweislast. Dies ist von § 124 Abs. 1 Nr. 1 ZPO nicht umfasst.[40] Anwaltsverschulden ist gemäß § 85 Abs. 2 ZPO ebenfalls der Partei zuzurechnen.[41]

Im Rahmen des strafrechtlichen **Adhäsionsverfahrens** gestattet das Bundesverfassungsgericht nicht die Aufhebung der für den sich auf die Unschuldsvermutung berufenden Angeklagten bewilligten Prozesskostenhilfe gemäß § 124 Abs. 1 Nr. 1 ZPO, wenn das Gericht nach Durchführung der Beweisaufnahme von der Täterschaft des Angeklagten überzeugt ist, weil ein Berufen auf die Unschuldsvermutung kein Bestreiten der Täterschaft sei.[42]

---

35 LAG Rheinland-Pfalz, Beschluss vom 29.8.2001, Az. 7 Ta 126/91, Rn. 7 – juris.
36 Eine andere Auffassung könnte aus BGH, NJW 2013, 68 (69), geschlossen werden, auch wenn diese Entscheidung sich primär mit § 124 Nr. 2 ZPO befasst.
37 OLG Naumburg, OLG-NL 2004, 22 (23).
38 LSG Nordrhein-Westfalen, Beschluss vom 21.3.2006, Az. L 1 B 28/05 AL, Rn. 10 – juris für eigenen Zeugen der Partei; OLG Naumburg, OLG-NL 2004, 22 (23); OLG Koblenz, OLGR 1999, 410, Rn. 10 – juris.
39 a. A.: OLG Jena, OLGR 2007, 472, Rn. 10 f. – juris.
40 OLG Koblenz, OLGR 1999, 410, Rn. 10 – juris.
41 OLG Köln, OLGR 2003, 315 – juris.
42 BVerfG, Beschluss vom 24.10.2007, Az. 2 BvR 1015/07, Rn. 17 – juris.

2. Falsche Angaben zu den persönlichen oder wirtschaftlichen Verhältnissen oder keine Angabe zu Änderungen (§ 124 Abs. 1 Nr. 2 ZPO)

§ 124 Nr. 2 ZPO eröffnet die Möglichkeit, die Bewilligung der Prozesskostenhilfe aufzuheben, wenn der Antragsteller absichtlich oder grob nachlässig falsche Angaben zu seiner Hilfsbedürftigkeit gemacht hat oder die Angabe von Veränderungen verweigert, sei es nach Aufforderung durch das Gericht oder aufgrund der Anzeigepflicht bei wesentlichen Verbesserungen des § 120a Abs. 2 S. 1 ZPO.

Anders als § 124 Abs. 1 Nr. 1 ZPO sieht § 124 Abs. 1 Nr. 2 ZPO nach dem Wortlaut **keinen Kausalzusammenhang** vor. Dieser ist auch nicht erforderlich, denn der Partei steht es gerade nicht frei, nach eigenem Gutdünken zu entscheiden, welche Angaben sie zu machen gedenkt und welche sie für irrelevant hält; die Würdigung der Bedürftigkeit ist allein Aufgabe des Gerichts, das hierfür vollständige und wahrheitsgetreue Angaben benötigt.[43] § 124 Abs. 1 Nr. 2 ZPO bringt daher vielmehr zum Ausdruck, dass eine Aufhebung dann in Betracht kommt, wenn das Gericht keine ausreichende Grundlage für die Annahme der Bedürftigkeit mehr hat. **Im Falle der absichtlich oder grob nachlässigen falschen Angaben** kann man die **nunmehr korrigierten Angaben** der Partei **nicht mehr als verlässlich** ansehen, so dass die Bewilligung insgesamt – und nicht nach vorheriger Durchführung einer hypothetischen Vergleichsberechnung – aufzuheben ist.[44] In weniger gravierenden Fällen ist auch eine rückwirkende Änderung der Zahlungsverpflichtung statt einer gänzlichen Aufhebung denkbar.[45]

Im Rahmen des **§ 124 Abs. 1 Nr. 2 1. Var. ZPO** muss das Handeln der Partei absichtlich oder grob nachlässig sein; hierunter sind alle Vorsatzformen sowie grobe Fahrlässigkeit zu verstehen.[46]

§ 124 Abs. 1 Nr. 2 2. Var. ZPO **sanktioniert zunächst das Unterlassen** der Partei, sich auf Verlangen des Gerichts gemäß § 120a Abs. 1 S. 3 ZPO darüber zu erklären, ob eine Änderung in ihren persönlichen und wirtschaftlichen Verhältnissen eingetreten ist. Ebenfalls erfasst wird nunmehr ausdrücklich die ungenügende Erklärung, die schon zuvor von der Rechtsprechung als Aufhebungsgrund anerkannt war.[47]
Im Rahmen des § 124 Abs. 1 Nr. 2 2. Var. ZPO ist auch weiterhin erforderlich, dass die Partei **zur Abgabe** einer solchen Erklärung **aufgefordert** werden muss.[48] Ein **Verschulden** der Partei ist **nicht notwendig**; es wird das bloße Untätigbleiben sanktioniert.

Nach alter Rechtslage war die hilfsbedürftige Partei **nicht verpflichtet**, erneut den **Vordruck nach § 117 ZPO auszufüllen**, da sie nur zur Bekanntgabe der Änderungen verpflichtet war; eine auf erneutes Ausfüllen des Vordrucks gerichtete Aufforderung konnte nicht Grundlage der Aufhebung sein.[49] Dies hat sich durch § 120a Abs. 4 ZPO geändert, welcher nunmehr ausdrücklich einen Formularzwang vorsieht.

---

43 OLG Hamm, Rpfleger 1986, 238; OLG Zweibrücken, Rpfleger 2008, 86 (87); a. A.: OLG Brandenburg, FamRZ 2009, 242; OLG Düsseldorf, JurBüro 1991, 980 (981).
44 BGH, NJW 2013,68 (69) mit ausführlicher Darstellung des Meinungsstreits.
45 BGH, NJW 2013, 68 (69).
46 *Fischer* in Musielak/Voit, ZPO, § 124 Rn. 5.
47 OLG Zweibrücken, JurBüro 1995, 310; OLG Düsseldorf, FamRZ 1999, 1357.
48 Wegen der streitigen Frage, an wen die Aufforderung ergehen muss, siehe Rn. 555.
49 OLG Koblenz, Rpfleger 2009, 576 (577); OLG Braunschweig, FamRZ 2009, 1507 (1508); OLG Karlsruhe, OLGR 2006, 609, Rn. 11 – juris; OLG Naumburg, OLGR 2007, 277, Rn. 2 – juris.

564 Eine Aufhebung kommt jedoch dann nicht in Betracht, wenn sich die Partei noch im **Beschwerdeverfahren** über etwaige Änderungen ausreichend erklärt. Denn § 124 Abs. 1 Nr. 2 letzter HS. ZPO sanktioniert nur das gänzliche Ausbleiben der vollständigen Erklärung, nicht aber das verspätete.[50] Eine vergebliche gerichtliche Fristsetzung in der ersten Instanz ändert daran nichts, da eine solche keine Ausschlussfrist darstellt.[51] Deswegen **bedarf es auch keiner Entschuldigung** im Hinblick auf die versäumte Frist; hier ist vielmehr der Gesetzgeber gefordert, die verschuldete Säumnis durch eine entsprechende Kostenregelung für das Beschwerdeverfahren oder Einfügen einer Ausschlussfrist zu sanktionieren.[52]

3. Irrige Annahme der Bedürftigkeit durch das Gericht (§ 124 Abs. 1 Nr. 3 ZPO)

565 Nach § 124 Abs. 1 Nr. 3 ZPO kann die Bewilligung der Prozesskostenhilfe aufgehoben werden, wenn die Partei tatsächlich nicht bedürftig war, sich das **Gericht** also diesbezüglich **geirrt** hat. Ein Verschulden der Partei ist nicht vonnöten; sie wird ausreichend geschützt durch die Vierjahresfrist gemäß § 124 Abs. 1 Nr. 3 2. HS ZPO.

Hat die Partei diesen Irrtum vorsätzlich oder grob fahrlässig durch falsche Angaben herbeigeführt, ist § 124 Abs. 1 Nr. 2, 1. Var. ZPO vorrangig. Darüber hinaus findet § 124 Abs. 1 Nr. 3 ZPO auch nur auf solche Umstände Anwendung, die dem Gericht bei Erlass der Entscheidung nicht bekannt waren.

Hat das Gericht die **vollständigen Angaben** der hilfsbedürftigen Partei **schlicht fehlerhaft gewürdigt** und deswegen Prozesskostenhilfe zu Unrecht bewilligt, kann dieser Fehler nicht nachträglich durch § 124 Abs. 1 Nr. 3 ZPO korrigiert werden.[53] Eine **Ausnahme** soll dann gelten, wenn die Bewilligung der Prozesskostenhilfe offensichtlich fehlerhaft war[54] oder die Partei nicht schutzwürdig ist, weil sie sich auf die Bewilligung der Prozesskostenhilfe wirtschaftlich noch nicht eingerichtet hat, ihr die Rechtswidrigkeit bekannt war oder hätte sein müssen oder sie die Bewilligung erschlichen hat.[55]

4. Verstoß gegen die Pflicht zur Mitteilung wesentlicher Verbesserungen oder der Anschriftenänderung (§ 124 Abs. 1 Nr. 4 ZPO)

566 § 124 Abs. 1 Nr. 4 ZPO sanktioniert nunmehr auch das absichtliche oder grob nachlässige Unterlassen der unverzüglichen Mitteilung von **wesentlichen Verbesserungen** sowie von **Änderungen der Anschrift**. Wurde die Änderung der Anschrift von der Partei schlicht vergessen oder kommt diese der Verpflichtung schlicht nicht nach, ist hier allein noch keine grobe Nachlässigkeit zu bejahen, sondern es muss sich um eine **besondere Sorglosigkeit** handeln. In diesem Kontext ist auch die Frage zu stellen, ob die Partei anderweitige Maßnahmen getroffen hat (z. B. Hinterlegen der neuen Kontaktdaten beim früheren Prozessbevollmächtigten, ordnungsgemäße Ummeldung beim Einwohnermeldeamt), um ihre jederzeitige Erreichbarkeit zu gewährleisten.[56] Im Rahmen der Abwägung ist auch zu überprüfen, ob eine bewusste Verschleierungsabsicht der Partei festzustellen ist.

---

50 OLG Köln, FamRZ 2009, 633; OLG Stuttgart, NJW-RR 1997, 1026; OLG Oldenburg, FamRZ 2004, 36 (37).
51 KG, MDR 2007, 356 (357).
52 OLG Celle, OLGR 2009, 481, Rn. 12 – juris; KG, MDR 2007, 356 (357); OLG Brandenburg, Beschluss vom 1.2.2008, Az. 9 WF 362/07, Rn. 14 – juris; a. A.: OLG Düsseldorf, MDR 2004, 410 – LS; OLG Brandenburg, FamRZ 2002, 403 (405).
53 OLG Köln, OLGR 2002, 133, Rn. 5 – juris; m. w. N.
54 OLG Bamberg, FamRZ 1989, 384 (885).
55 OLG Hamm, NJW 1984, 2837; OLG Düsseldorf, Rpfleger 1993, 410; **a. A.:** mit gewichtigen Gründen OLG Zweibrücken, NJW-RR 2003, 3 (4).
56 BAG, Beschluss vom 26.1.2017, Az. 9 AZB 46/16 – juris; OLG Zweibrücken, Rpfleger 2016, 586 f.

Gleiches gilt für **unrichtige Angaben**. Schon nach alter Rechtslage war eine Aufhebung nach § 124 Abs. 1 Nr. 2 2. Var ZPO möglich, wenn die Partei verzogen und damit unerreichbar war, weil sie weder die neue Anschrift bekanntgegeben noch sich ordnungsgemäß umgemeldet hatte.[57] Durch § 120a Abs. 2 S. 3 ZPO wurde eine ausdrückliche Verpflichtung zur (zutreffenden) Bekanntgabe sowohl neuer Anschriften als auch wesentlicher Verbesserungen geschaffen.

5. Zahlungsverzug von mehr als drei Monaten (§ 124 Abs. 1 Nr. 5 ZPO)

Eine weitere Aufhebungsmöglichkeit stellt der **Zahlungsrückstand** der Partei von mehr als drei Monaten dar, wenn Prozesskostenhilfe mit Ratenzahlung oder Einmalzahlung angeordnet worden ist (§ 124 Abs. 1 Nr. 5 ZPO). Der **Widerruf** ist allerdings **unzulässig**, wenn die Partei den **Rückstand nicht verschuldet** hat. Im Rahmen dieser Prüfung muss das Gericht nach der Rechtsprechung des Bundesgerichtshofs auch solche Einwendungen der hilfsbedürftigen Partei berücksichtigen, die sich gegen die ursprüngliche Ratenzahlungsverpflichtung richten; es besteht insoweit keine Bindung des Gerichts an die Feststellungen des ursprünglichen Bewilligungsbeschlusses.[58] Der Rückstand kann noch bis **Abschluss des Beschwerdeverfahrens** beglichen werden mit der Folge, dass eine Aufhebung der Bewilligung dadurch ausgeschlossen ist.[59]

Der Bundesgerichtshof hat es darüber hinaus als zulässig erachtet, trotz einer Aufhebung nach § 124 Abs. 1 Nr. 5 ZPO erneut Prozesskostenhilfe in einem laufenden Verfahren ab erneuter Antragstellung zu bewilligen, wenn sich die Verhältnisse der Partei wesentlich verschlechtert haben und keine Anhaltspunkte dafür vorliegen, dass die Partei wiederum eine etwaige Zahlungsverpflichtung missachten wird.[60]

Auf die erneute Antragstellung ist die Partei auch in den Fällen angewiesen, in denen sie am **Eintritt des Rückstands ein Verschulden trifft** – sie also insbesondere leistungsfähig war, aber schlicht nicht gezahlt hat – und sich im Rahmen des Aufhebungsverfahrens herausstellt, dass ihr nunmehr Prozesskostenhilfe ohne Zahlungsanordnungen oder mit geringeren zu gewähren wäre.[61] Im Übrigen kann das Berufen auf die schlechten wirtschaftlichen Verhältnisse als Abänderungsantrag gemäß § 120a Abs. 1 ZPO zu werten sein.[62]

6. (Teil-)Aufhebung nach Beweisaufnahme wegen fehlender Erfolgsaussichten oder Mutwilligkeit des Beweisantritts (§ 124 Abs. 2 ZPO)

Nach § 124 Abs. 2 ZPO ist es den Gerichten zusätzlich möglich, punktuell in Bezug auf eine Beweiserhebung, die aufgrund des Beweisantritts der hilfsbedürftigen Partei erforderlich wird, die Bewilligung im Laufe des Verfahrens aufzuheben, wenn sich erst nach der Bewilligungsentscheidung Umstände ergeben, aufgrund derer diese Beweiserhebung keine hinreichende Aussicht auf Erfolg bietet oder mutwillig erscheint.

Die ursprüngliche Gesetzesbegründung führt als Anwendungsbeispiel hierfür an, dass ein Blutgruppengutachten die Vaterschaft des anfechtenden, hilfsbe-

---

57 So im Ergebnis OLG Saarbrücken, Beschluss vom 26.2.2013, Az. 5 W 16/13, das zwar Verschulden prüft, aber grobe Nachlässigkeit in dieser Konstellation verneint.
58 BGH, NJW 1997, 1077.
59 OLG Karlsruhe, FamRZ 2002, 1199 – LS; OLG Zweibrücken, OLGR 2000, 422, Rn. 6 – juris.
60 BGH, NJW-RR 2006, 197 (198).
61 OLG Saarbrücken, FamRZ 2009, 1616 (1617); OLG Brandenburg, FamRZ 2006, 1854 (1855); OLG Köln, FamRZ 1987, 1167 (1168).
62 vgl. OLG Nürnberg, FamRZ 2005, 1265; OLG Brandenburg, FamRZ 2001, 633 – LS.

dürftigen Klägers mit einer Sicherheit von 99,93 % bereits bestätigt hat und nunmehr die Einholung eines DNA-Gutachtens von diesem begehrt wird.[63]

7. Verfahrensfragen

569 Bei § 124 ZPO handelt es sich um eine **Ermessensvorschrift**, so dass in den jeweiligen Beschlüssen auch zum Ausdruck kommen muss, dass das Gericht von seinem Ermessen Gebrauch machen wollte und gemacht hat.[64] Zuständig für die Entscheidungen nach § 124 Abs. 1 Nr. 2–4 ZPO ist der **Rechtspfleger** des Prozessgerichts gemäß § 20 Nr. 4 c) RpflG. Hinsichtlich der Entscheidung nach § 124 Abs. 1 Nr. 1, Abs. 2 ZPO entspricht die **funktionelle Zuständigkeit der des Hauptsacheverfahrens**;[65] in aller Regel ist daher der Richter zuständig, es sei denn, die Prozesskostenhilfe wurde vom Rechtspfleger im Rahmen der ihm übertragenen Geschäfte (§ 3 RpflG) bewilligt.

570 Bei den Entscheidungen nach § 124 Abs. 1 ZPO handelt es sich nunmehr um Soll-Entscheidungen statt um Kann-Entscheidungen; die punktuelle Aufhebungsmöglichkeit des § 124 Abs. 2 ZPO ist als „Kann"-Entscheidung ausgestaltet.
Nach der Übergangsvorschrift des § 40 EGZPO bleibt das bis zum 31.12.2013 geltende Recht anwendbar, wenn eine Bewilligungsentscheidung aufgehoben werden soll, die aufgrund eines vor dem 31.12.2013 gestellten Antrags ergangen ist.

Kapitel 9: Rechtsmittel im Rahmen der Prozesskostenhilfe

I. Sofortige Beschwerde

571 § 127 ZPO enthält die Anfechtungsmöglichkeiten im Rahmen des Prozesskostenhilfeverfahrens. Grundsätzlich ist die **sofortige Beschwerde** das gemäß § 127 Abs. 2, 3 ZPO statthafte Rechtsmittel gegen die erstinstanzlichen Entscheidungen.
Handelt es sich um eine Entscheidung des Amtsgerichts, ist grundsätzlich das Landgericht gemäß § 72 Abs. 1 GVG zuständig, bei Entscheidungen des Familiengerichts gemäß § 119 Abs. 1 Nr. 1 a) GVG das Oberlandesgericht. Nach Inkrafttreten des FamFG ist die Zuständigkeit des Oberlandesgerichts als Beschwerdegericht gegen amtsgerichtliche Entscheidungen entfallen, bei denen zumindest eine Partei ihren Sitz im Ausland hat oder das Amtsgericht ausdrücklich ausländisches Recht angewendet hat (§ 119 Abs. 1 Nr. 1 b), c) GVG a. F.). Mit Ausnahme von Freiheitsentziehungs- und Betreuungssachen bleibt das Oberlandesgericht jedoch Beschwerdegericht gegen amtsgerichtliche Entscheidungen auf dem Gebiet der freiwilligen Gerichtsbarkeit (§ 119 Abs. 1 Nr. 1 b) GVG).
Weist das erstinstanzlich zuständige Oberlandesgericht einen Prozesskostenhilfeantrag in Entschädigungssachen nach §§ 198 ff. GVG zurück, so ist dagegen nur die (zulassungsbedürftige) Rechtsbeschwerde, nicht aber die sofortige Beschwerde statthaft.[1]

---

63 BT-Drs. 17/11472, S. 35.
64 vgl. insoweit OLG Brandenburg, OLG-NL 2001, 236.
65 *Fischer* in Musielak/Voit, ZPO, § 124 Rn. 12.
1 BGH, NJW 2012, 2449.

1. Sofortige Beschwerde gegen die ursprüngliche Entscheidung

a) Anfechtungsrecht des Antragstellers. Wird Prozesskostenhilfe **ganz oder teilweise abgelehnt** oder eine **Ratenzahlung angeordnet**, kann der Antragsteller dagegen sofortige Beschwerde gemäß § 127 Abs. 2 S. 2, 3 ZPO erheben und zwar – abweichend von der üblichen Beschwerdefrist – binnen einer **Notfrist von einem Monat** ab Bekanntgabe des Beschlusses. Gemäß § 232 ZPO muss der Beschluss grundsätzlich eine Rechtsmittelbelehrung enthalten, bei deren Fehlen oder Fehlerhaftigkeit das fehlende Verschulden im Rahmen eines Wiedereinsetzungsverfahrens vermutet wird (§ 233 S. 2 ZPO). Wird Prozesskostenhilfe **ausschließlich mangels Erfolgsaussichten** versagt, so ist eine Anfechtung ausgeschlossen, wenn der **Hauptsachestreitwert** 600,00 EURO nicht übersteigt (§ 127 Abs. 2 S. 2 2. HS ZPO i. V. m § 511 ZPO) oder sonst nicht anfechtbar ist; der Rechtszug bezüglich der Prozesskostenhilfe kann in diesem Fall nicht im größeren Umfang eröffnet sein als bezüglich der Hauptsacheentscheidung.[2]

Durch eine Beschwerde fällt das Verfahren nach Nichtabhilfebeschluss **im vollen Umfang dem Beschwerdegericht** zur Entscheidung an. Daher ist eine Beschwerde auch dann zurückzuweisen, wenn beispielsweise die hinreichenden Erfolgsaussichten erstinstanzlich zu Unrecht verneint worden sind, es aber an der Bedürftigkeit fehlt.[3] Hat sich die erste Instanz – aus ihrer Sicht konsequent – nicht mit dieser Frage befasst, muss das Beschwerdegericht dem Antragsteller vor seiner Entscheidung einen entsprechenden **Hinweis** erteilen, wenn es selbst entscheiden will. Dies gebietet § 139 ZPO. In solchen Fällen lässt sich aber auch eine **Zurückverweisung** der Sache an die erste Instanz vertreten. Anders als im Berufungsverfahren steht die Aufhebung und Zurückverweisung im Ermessen des Beschwerdegerichts; es muss kein Verfahrensmangel vorliegen. Maßstab sollte der Aspekt der Verfahrensbeschleunigung sein, so dass bei Vorliegen sämtlicher Voraussetzungen eine eigene abschließende Entscheidung des Beschwerdegerichts angezeigt ist. Zu beachten ist auch, dass bei einer Aufhebung der erstinstanzlichen Entscheidung – nicht nur des Nichtabhilfebeschlusses – das Verbot der reformatio in peius, das sonst für das eigentliche Beschwerdeverfahren gilt[4], nicht mehr greift; die **erste Instanz** kann daher eine **gesamte Neubeurteilung** unter Berücksichtigung der Rechtsauffassung des Obergerichts vornehmen.[5]

Hilft die erste Instanz ohne nähere Begründung der Beschwerde nicht ab, wäre aber aufgrund der Beschwerdeschrift ein Auseinandersetzen mit dem **neuen Vortrag** erforderlich gewesen, stellt dies zwar grundsätzlich einen **wesentlichen Verfahrensmangel** dar, der die Aufhebung des Nichtabhilfebeschlusses – nicht der ursprünglichen Entscheidung – rechtfertigt.[6] Aber auch hier sollte die Beschwerdeinstanz abwägen, ob sie im Interesse aller Beteiligten an der zügigen Durchführung eines Prozesskostenhilfeverfahrens von einer Zurückverweisung Abstand nimmt und selbst entscheidet.

Aus dem Gedanken des **Gleichlaufs von Anfechtung der Hauptsache und Beurteilung der Erfolgsaussichten** im Prozesskostenhilfeverfahren heraus ist eine Beschwerde erfolglos, wenn der Antragsteller eine zwischenzeitlich ergangene, für ihn ungünstige Hauptsacheentscheidung rechtskräftig werden lässt oder

---

2 BGH, NJW 2005, 1659 (1660); OLG Stuttgart, FamRZ 2009, 531; BGH NJW 2011, 2434 (2435).
3 OLG Brandenburg, FamRZ 2008, 1354.
4 OLG Bamberg, FamRZ 2007, 1339; OLG Karlsruhe, FamRZ 2008, 423.
5 *Dürbeck/Gottschalk*, Rn. 900.
6 OLG Köln, OLGR 2007, 570, Rn. 1 – juris.

diese per se unanfechtbar ist,[7] wobei die Beschwerde teilweise als unzulässig und teilweise als unbegründet angesehen wird.

576 Die Beschwerde kann gemäß § 571 Abs. 1 ZPO auch auf **neue Tatsachen** gestützt werden; die Beschwerdeinstanz ist insoweit eine vollwertige zweite Tatsacheninstanz.[8] Hinsichtlich der Erfolgsaussichten ist allerdings eine Einschränkung jedenfalls dann vorzunehmen, wenn die erste Instanz zwischenzeitlich abgeschlossen, aber die Entscheidung noch nicht rechtskräftig geworden ist, und die Beschwerde auf solche Tatsachen gestützt wird, die vor Beendigung der Instanz nicht Gegenstand des Verfahrens waren. Denn diese können auf die Hauptsacheentscheidung der ersten Instanz keinen Einfluss mehr haben.[9]

577 Wendet sich der Antragsteller **gegen die Anordnung von Raten oder gegen deren Höhe**, prüft das Beschwerdegericht dennoch **zusätzlich die Erfolgsaussichten sowie die fehlende Mutwilligkeit**. Das im Beschwerdeverfahren geltende **Verbot der reformatio in peius** hindert das Beschwerdegericht nur daran, die bereits bewilligte Prozesskostenhilfe zu Lasten des Antragstellers teilweise oder gänzlich aufzuheben. Kommt das Beschwerdegericht – abweichend von der ersten Instanz – zu dem Schluss, dass die Voraussetzungen des § 114 ZPO nicht vorgelegen haben, darf die Partei in diesen Fall keine weitere Vergünstigung über diejenige hinaus erhalten, die sie durch die grundsätzliche Bewilligung von Prozesskostenhilfe bereits zu Unrecht erhalten hat, so dass es bei der erstinstanzlichen Entscheidung verbleibt und ihre Beschwerde zurückzuweisen ist.[10]

578 Im Hinblick auf die **Anordnung von Raten** ist die erste Instanz zudem verpflichtet, diejenigen **Umstände** in ihrem Beschluss darzustellen, aus denen sich die **Ratenhöhe** ergibt. Fehlt deren Angabe und wird diese auch nicht in der Nichtabhilfeentscheidung nachgeholt, so leidet der Beschluss an einem wesentlichen Verfahrensmangel, der zur Aufhebung und Zurückverweisung führen kann.[11]

579 b) **Anfechtungsrecht des Antragsgegners.** Dem Antragsgegner steht gegen die Bewilligung der Prozesskostenhilfe kein Anfechtungsrecht zu.[12]

580 c) **Anfechtungsrecht der Staatskasse.** Das Beschwerderecht der Staatskasse ist abschließend in **§ 127 Abs. 3 ZPO** normiert. Demnach kann die Staatskasse nur dann Beschwerde einlegen, wenn Prozesskostenhilfe ohne Zahlungsanordnung bewilligt worden ist, und nur zu dem Zweck, dass aufgrund der wirtschaftlichen und persönlichen Verhältnisse Prozesskostenhilfe mit Zahlungsanordnung zu bewilligen ist. Eine höhere Ratenzahlung als angeordnet oder eine gänzliche Versagung der Prozesskostenhilfe – egal unter welchem Gesichtspunkt – kann die Staatskasse nicht verfolgen,[13] mag man die Entscheidung des

---

7 OLG Celle, OLGR 2008, 378, Rn. 4 – juris; OLG Düsseldorf, AGS 2005, 211, Rn. 4 – juris; OLG Saarbrücken, OLGR 2002, 211, Rn. 2 – juris; OLG Frankfurt am Main, EzFamR aktuell 2002, 63, Rn. 1 –juris; OLG Köln, FamRZ 2001, 1535–LS; OLG Karlsruhe, OLGR 2002, 225, Rn. 3 – juris; OLG Hamm, MDR 2001, 349 (350); OLG Naumburg, FamRZ 2001, 358; a. A.: wohl OLG Naumburg, FamRZ 2010, 145 (146).
8 BGH, NZI 2008, 391.
9 vgl. OLG Frankfurt am Main, OLGR 2008, 858, Rn. 3 – juris; noch weitergehender scheinbar *Dürbeck/Gottschalk*, Rn. 895: stets Zeitpunkt des erstinstanzlichen Beschlusses maßgeblich.
10 OLG Düsseldorf, FamRZ 1998, 837 – LS; BayObLG, JurBüro 1991, 1230 (1231); *Geimer* in Zöller, ZPO, § 127 Rn. 48.
11 OLG Saarbrücken, FamRZ 2010, 1753; OLG Köln, FamRZ 2009, 634.
12 BGH, NJW 2002, 3554.
13 BGH, Rpfleger, 2010, 220 f.; BGH, NJW 1993, 135 (136); OLG Bremen, FamRZ 2017, 637 f.; OLG Nürnberg, FamRZ 2007, 1662 (1663); *Dürbeck/Gottschalk*, Rn. 877.

Gerichts auch als noch so falsch ansehen.[14] Zulässig ist es allerdings, wenn die Staatskasse bei Aufrechterhaltung der grundsätzlichen Bewilligung von Prozesskostenhilfe die Festsetzung eines Betrags – ggfs. in Raten – begehrt, der den Gesamtkosten der Prozessführung entspricht.[15]

Auch für die Staatskasse gilt gemäß § 127 Abs. 3 S. 3 ZPO die **einmonatige** **581** **Beschwerdefrist** ab Bekanntgabe. Da ihr aber die Entscheidung gemäß § 127 Abs. 3 S. 5 ZPO nicht von Amts wegen mitgeteilt wird, greift für die Staatskasse in aller Regel die **Ausschlussfrist** des § 127 Abs. 3 S. 4, 5 ZPO, nach der die Beschwerde unstatthaft ist, wenn sie nach **Ablauf von drei Monaten** ab Eingang der unterschriebenen Entscheidung auf der Geschäftsstelle eingelegt wird.

Im Rahmen des strafrechtlichen **Adhäsionsverfahrens** ist eine Beschwerde der **582** Staatskasse – und bei Ablehnung der Prozesskostenhilfe für den Antragsteller – auch dann ausgeschlossen, wenn Zahlungen hätten angeordnet werden müssen; § 404 Abs. 5 S. 3 2. HS StPO enthält eine abschließende Sonderregelung und wirkt als **lex specialis rechtsmittelbeschränkend**, um so eine Verzögerung des Strafprozesses durch Beschwerden gegen Entscheidungen über die Prozesskostenhilfe im Adhäsionsverfahren zu vermeiden.[16]

2. Sofortige Beschwerde gegen nachträgliche Entscheidungen

Ein Beschwerderecht steht im Falle der nachteiligen Abänderung oder der Auf- **583** hebung grundsätzlich **nur der Partei selbst** zu, nicht auch dem beigeordneten Rechtsanwalt oder dem Gegner, denen gleichwohl vor der Entscheidung rechtliches Gehör zu gewähren ist, wenn sie von dieser mittelbar betroffen sind; dies kommt hinsichtlich des Rechtsanwalts bei der rückwirkenden Aufhebung in Betracht und beim Gegner durch die dann mögliche Vorschusspflicht nach § 31 Abs. 3, 4 GKG.[17] Ausnahmsweise ist der beigeordnete Anwalt im Falle der rückwirkenden Aufhebung der Beiordnung auch beschwerdebefugt.[18] Gleiches gilt für den Fall, dass Ratenzahlungen nach § 120 Abs. 3 Nr. 1 ZPO eingestellt werden, wenn er die volle Regelgebühr noch nicht erhalten hat.[19]

Im Rahmen der nachträglichen Entscheidungen war – wie schon bei der Auf- **584** forderung nach § 120a Abs. 1 S. 3 ZPO – umstritten, ob die **Zustellung des Beschlusses an den Prozessbevollmächtigten** oder die **Partei selbst** zu erfolgen hat.[20] Der Bundesgerichtshof hat entschieden, dass die Zustellung an den Prozessbevollmächtigten zu erfolgen hat.[21] Wird die Entscheidung beiden zugestellt, ohne dass deutlich darauf hingewiesen wird, welche Zustellung die maßgebliche für den Fristbeginn ist, so gilt für den Lauf der Beschwerdefrist der Meistbegünstigungsgrundsatz.[22]

Lehnt das Gericht eine Abänderung der Prozesskostenhilfe ohne Zahlungsver- **585** pflichtung in eine mit Zahlungsverpflichtung gemäß § 120a ZPO ab, steht der

---

14 exemplarisch OLG Nürnberg, FamRZ 2007, 1662 (1663) in Bezug auf die Bewilligung von Prozesskostenhilfe für das Prozesskostenhilfeprüfungsverfahren trotz entgegenstehender BGH-Rechtsprechung (siehe Rn. 393).
15 BGH, MDR 2012, 1431 (1432).
16 KG, JurBüro 2013, 597 (598); OLG Stuttgart, NStZ-RR 2007, 254; OLG Düsseldorf, MDR 1990, 848.
17 LG Koblenz, FamRZ 1998, 252; *Dürbeck/Gottschalk*, Rn. 859.
18 OLG Karlsruhe, FamRZ 1996, 1428; *Geimer* in Zöller, ZPO, § 127 Rn. 26.
19 OLG Düsseldorf, Rpfleger 1992, 399; *Motzer* in Münchener Kommentar zur ZPO, § 127 Rn. 25.
20 Prozessbevollmächtigter: OLG Brandenburg, FamRZ 2008, 72 und 1356 (1357); BAG, NZA 2006, 1128, Rn. 12 – juris; Partei: OLG München, FamRZ 1993, 580; OLG Koblenz, FamRZ 2005, 531.
21 BGH, Beschluss vom 8.12.2010, Az. XII ZB 151/10, Rn. 29 – juris.
22 OLG Brandenburg, FamRZ 2009, 630 (631).

Staatskasse dagegen die Beschwerde zu.[23] Gleiches gilt für die Aufhebung einer Zahlungsverpflichtung, denn in beiden Fällen geht es um die für die Staatskasse nach § 127 Abs. 3 ZPO maßgebliche Beurteilung, ob die Partei zu Recht Prozesskostenhilfe ohne Zahlungsverpflichtung erhält.[24] Kein Beschwerderecht hat die Staatskasse in den Fällen, in denen das Gericht die Aufhebung der Prozesskostenhilfe als solche ablehnt; diese Fallkonstellation ist gerade nicht von der Zielsetzung des § 127 Abs. 3 ZPO erfasst.[25]
Der beigeordnete Rechtsanwalt hat kein Beschwerderecht gegen die ablehnende Entscheidung.[26]

586 einstweilen frei

II. Rechtsbeschwerde

587 Gegen die Entscheidung des Beschwerdegerichts findet die **Rechtsbeschwerde** nur statt, wenn diese gemäß § 574 Abs. 1 Nr. 2 ZPO ausdrücklich zugelassen worden ist. Dies **gilt auch** für im **Insolvenzverfahren** ergangene Prozesskostenhilfeentscheidungen; § 7 InsO ist auf diese nicht anwendbar.[27] Enthält die Beschwerdeentscheidung keine Aussage über die Rechtsbeschwerde, gilt die Zulassung als nicht erfolgt. Eine nachträgliche Zulassung durch das Ausgangsgericht ist grundsätzlich unwirksam; sie kann allenfalls im Wege des Berichtigungsbeschlusses nachgeholt werden, wenn sie offenkundig versehentlich unterblieben ist,[28] oder im Rahmen einer Anhörungsrüge/befristeten Gegenvorstellung, wenn die Nichtzulassung eine willkürliche Verletzung von Verfahrensgrundrechten darstellt.[29]

588 Die **Rechtsbeschwerde** kann allerdings nur wegen solcher Fragen **zugelassen** werden, die das **Verfahren der Prozesskostenhilfe** oder die **persönlichen Voraussetzungen** betreffen.[30] Will das Beschwerdegericht die Rechtsbeschwerde zulassen, muss der Einzelrichter die Sache gemäß § 568 S. 2 Nr. 2 ZPO auf die Kammer bzw. den Senat in voller Besetzung übertragen. Ansonsten liegt ein Verstoß gegen den gesetzlichen Richter gemäß Art. 101 Abs. 1 S. 2 GG vor, der zur Aufhebung und Zurückverweisung durch das Rechtsbeschwerdegericht ohne Prüfung in der Sache führt.[31]

589 Nach Inkrafttreten des FamFG ist der **Bundesgerichtshof** gemäß § 133 GVG **einheitliches Rechtsbeschwerdegericht**. Damit wurde die Zersplitterung des Rechtswegs beseitigt, die unter Geltung des FGG bestand, weil die Oberlandesgerichte gemäß § 28 Abs. 1 FGG für die sofortige weitere Beschwerde zuständig waren, die von den Voraussetzungen her der Rechtsbeschwerde entsprach. Unter Geltung des FGG war zwar das Zulassungserfordernis für die weitere Beschwerde nicht ausdrücklich geregelt, entsprach aber der Rechtsprechung.[32]

590 Dem Antragsgegner steht auch kein Recht zur Einlegung der Rechtsbeschwerde zu, selbst wenn diese fehlerhaft zugelassen worden ist.[33] Gleiches gilt für eine

---

23 BGH, MDR 2013, 996 (997); OLG Nürnberg, FamRZ 1995, 1592; OLG München, Rpfleger 1994, 218 (219).
24 *Geimer* in Zöller, ZPO, § 127 Rn. 24.
25 vgl. BGH, NJW 1993, 135 (136).
26 OLG Hamm, FamRZ 2006, 349 (350); OLG Stuttgart, Rpfleger 1992, 527.
27 BGH, NJW 2003, 2910; BGH, ZVI 2005, 37, Rn. 5 – juris.
28 Vgl. BGH, NJW-RR 2013, 131.
29 BGH, NJW-RR 2013, 256.
30 BGH, NJW 2005, 1659; BGH, GRUR-RR 2011, 439 (Ls.).
31 BGH, NJOZ 2006, 843.
32 BGH, NJW-RR 2004, 1077 (1078), m. w. N.
33 BGH, NJW 2002, 3554.

zugelassene Rechtsbeschwerde der Staatskasse, wenn der Staatskasse bereits kein Beschwerderecht nach § 127 ZPO zustand.[34]

III. Gegenvorstellung – Außerordentliche Beschwerde wegen „greifbarer Gesetzwidrigkeit"

Seit der Einführung der in § 321a ZPO geregelten **Anhörungsrüge** ist für eine Beschwerde wegen **„greifbarer Gesetzwidrigkeit"** grundsätzlich kein Raum mehr.[35] Ob neben der Anhörungsrüge noch Raum für die Gegenvorstellung verbleibt, hat der Bundesgerichtshof offen gelassen.[36] Letztlich verbleibt dem erfolglosen Antragsteller nach Durchführung des Rügeverfahrens[37] noch die Verfassungsbeschwerde. Zu beachten ist, dass die Erhebung einer Gegenvorstellung nicht geeignet ist, die Frist zur Einlegung einer Verfassungsbeschwerde offen zu halten.[38]

Kapitel 10: Kosten des Prozesskostenhilfeverfahrens

I. Keine Kostenentscheidung im Bewilligungsverfahren

Im Prozesskostenhilfeverfahren ist – egal in welcher Instanz – **eine Kostenentscheidung nicht veranlasst**. Denn in allen Instanzen ergibt sich die Kostenfolge hinsichtlich der Gerichtskosten aus dem Gesetz.

Das **Bewilligungsverfahren** selbst ist gerichtsgebührenfrei, weil ein Gebührentatbestand im GKG nicht vorgesehen ist.[1] Für die Auslagen – z. B. Entschädigungen für Zeugen und Sachverständigen im Rahmen des § 118 Abs. 2 S. 3 ZPO – haftet der Antragsteller im Falle eines erfolglosen Prozesskostenhilfeantrags gemäß § 22 Abs. 1 GKG.[2] **Findet ein Hauptverfahren statt**, so sind diese gemäß § 118 Abs. 1 S. 5 ZPO als **Teil der Gerichtskosten** nach den allgemeinen Regeln des §§ 91 ff. ZPO zu behandeln.

Für das **Beschwerdeverfahren** fallen Gerichtsgebühren ohnehin nur an, wenn die Beschwerde verworfen oder zurückgewiesen wird (Anlage 1 zu § 3 Abs. 2 GKG, KV Nr. 1812); Gleiches gilt für das Rechtsbeschwerdeverfahren (Anlage 1 zu § 3 Abs. 2 GKG, KV Nr. 1826).

Außergerichtliche Kosten des **Bewilligungsverfahrens** werden dem Gegner gemäß § 118 Abs. 1 S. 4 ZPO nicht erstattet. Aus Gründen der Gleichbehandlung wenden einige Gerichte die Vorschrift analog dahingehend an, dass auch der hilfsbedürftige Antragsteller eine Erstattung der außergerichtlichen Kosten nicht verlangen kann.[3]

Im **Beschwerdeverfahren** ergibt sich ein solcher genereller Ausschluss ausdrücklich aus § 127 Abs. 4 ZPO. Zudem stehen sich die Beteiligten gerade nicht als Parteien eines kontradiktorischen Verfahrens im Sinne der ZPO gegenüber, was zugleich bedeutet, dass eine Erledigungserklärung nicht möglich

---

34 BGH, FamRZ 2013, 213 (214).
35 BGH, FamRZ 2006, 695 (696); *Heßler* in Zöller, ZPO, Vor § 567 Rn. 9.
36 BGH, Beschluss vom 24.6.2009, Az. IV ZB 2/09, Rn. 14 – juris; die einfachrechtliche Zulässigkeit bejahend BFHE 225, 310.
37 siehe BVerfG, Beschluss vom 30.7.2009, Az. 2 BvR 1575/09, Rn. 1 – juris.
38 BVerfG, NJW 2009, 829, 831.
1 vgl. *Hartmann*, KostG, § 3 GKG, Rn. 6.
2 *Hartmann*, KostG, § 22 GKG, Rn. 6.
3 OLG Brandenburg, FamRZ 2009, 1338; OLG Koblenz, OLGR 2009, 462, Rn. 6 – juris; OLG Hamm, FamRZ 2005, 1185.

ist.[4] Eine Ausnahme von der **Kostenerstattungssperre** des § 118 Abs. 1 S. 4 ZPO soll dann gelten, wenn eine offensichtlich unbegründete Forderung im Rahmen des Bewilligungsverfahrens verfolgt wird; dann soll ein materiellrechtlicher Anspruch nach § 280 Abs. 1 BGB bestehen.[5]

595 einstweilen frei

II. Kostenerstattung im Rahmen des Hauptverfahrens

596 **Auslagen von Zeugen und Sachverständigen** sind gemäß § 118 Abs. 1 S. 5 ZPO als Kosten der Hauptsache zu behandeln, wenn ein solches stattfindet. Die Kosten des **Beschwerdeverfahrens** können **keinesfalls als Vorbereitungskosten** im Rahmen des Hauptsacheverfahrens festgesetzt werden, weil § 127 Abs. 4 ZPO als lex specialis eine Kostenerstattung in Bezug auf alle Beteiligten ausschließt.[6]
Weiterhin schließt § 118 Abs. 1 S. 4 ZPO eine Erstattung der dem Gegner der hilfsbedürftigen Partei entstandenen Kosten aus und zwar sowohl im Rahmen des Prozesskostenhilfeprüfungsverfahrens selbst als auch im Rahmen des Hauptverfahrens.[7] Hingegen kann die in der Hauptsache obsiegende hilfsbedürftige Partei nach dem Wortlaut des Gesetzes ihre im erstinstanzlichen **Bewilligungsverfahren** entstandenen Kosten gegen den Gegner festsetzen lassen, wobei zu beachten ist, dass das Prozesskostenhilfebewilligungsverfahren und das Hauptsacheverfahren gemäß § 16 Nr. 2 RVG eine Angelegenheit für den Rechtsanwalt darstellen. Aus Gründen der Gleichbehandlung wird dies von einigen Gerichten abgelehnt.[8]

597 einstweilen frei

Kapitel 11: Die Beiordnung eines Rechtsanwalts

598 Sind die Voraussetzungen des § 114 ZPO für die Gewährung von Prozesskostenhilfe erfüllt, stellt sich die Frage der Beiordnung eines Rechtsanwalts nach § 121 ZPO.[1]

I. Voraussetzungen

In **§ 121 Abs. 1, Abs. 2 ZPO** sind die **drei wichtigsten Fälle der Anwaltsbeiordnung** geregelt:
1. Es herrscht Anwaltszwang in dem Verfahren (§ 121 Abs. 1 ZPO).
2. Es herrscht zwar kein Anwaltszwang, aber die anwaltliche Vertretung erscheint erforderlich (§ 121 Abs. 2 1. Alt. ZPO).
3. Es herrscht zwar kein Anwaltszwang, aber der Gegner ist anwaltlich vertreten (§ 121 Abs. 2 2. Alt ZPO).

---

4 BGH, Beschluss vom 15.7.2009, Az. I ZB 118/08, Rn. 5, 6, 8 – juris.
5 AG Bergisch Gladbach, JurBüro 2002, 149; *Fischer* in Musielak/Voit, ZPO, § 118 Rn. 16; dies ist indes problematisch im Hinblick auf BGH, NJW 2007, 1458 (1459), wonach zumindest eine (vor-)vertragliche Beziehung bestanden haben muss oder die Voraussetzungen des §§ 826, 823 Abs. 2 ZPO, 263 StGB bejaht werden können müssen.
6 OLG Koblenz, NJW-RR 1995, 768; OLG Hamburg, MDR 2002, 910; OLG München, NJW-RR 2001, 1437.
7 *Dürbeck/Gottschalk*, Rn. 200.
8 OLG Brandenburg, FamRZ 2009, 1338; OLG Koblenz, OLGR 2009, 462, Rn. 6 – juris; OLG Hamm, FamRZ 2005, 1185.
1 BGH, NJW-RR 2004, 787 (788).

Das FamFG enthält in § 78 FamFG eine § 121 ZPO entsprechende Regelung, allerdings mit einer erheblichen Abweichung: § 78 Abs. 2 FamFG sieht für Verfahren ohne Anwaltszwang nur noch die Beiordnung bei Erforderlichkeit vor, nicht aber aus Gründen der Waffengleichheit. Eine Sonderregelung findet sich ebenfalls in § 4a Abs. 2 InsO, der eine Erforderlichkeit trotz der gerichtlichen Fürsorgepflichten fordert.

1. Verfahren mit Anwaltszwang

Die **Beiordnung** eines Rechtsanwalts in **Verfahren mit Anwaltszwang** ist zwingendes Recht und kann auch dann nicht abgelehnt werden, wenn die Partei selbst oder ihr gesetzlicher Vertreter Rechtsanwalt ist.[2] **599**
Welche Verfahren dem Anwaltszwang unterliegen, ist zunächst in § 78 ZPO geregelt. Demnach gilt gemäß § 78 Abs. 1 ZPO vor Land- und Oberlandesgerichten sowie dem Bundesgerichtshof Anwaltszwang. Eine Partei benötigt allerdings für solche Prozesshandlungen keinen Rechtsanwalt, die zu Protokoll des **Urkundsbeamten der Geschäftsstelle** erklärt werden können (§ 78 Abs. 3 ZPO). Hierzu zählen insbesondere der Antrag auf Gewährung von Prozesskostenhilfe (§ 117 Abs. 1 S. 1 ZPO), die Erklärung der Erledigung der Hauptsache nach § 91a Abs. 1 ZPO, der Antrag auf selbstständige Beweiserhebung gemäß § 486 Abs. 4 ZPO, Antrag auf Erlass eines Arrestes oder einer einstweiligen Verfügung (§ 920 Abs. 3, 936 ZPO) sowie Beschwerden, soweit der Rechtsstreit erstinstanzlich nicht dem Anwaltszwang unterliegt, es sich um eine Beschwerde im Prozesskostenhilfeverfahren handelt oder sie von Zeugen, Sachverständigen oder Dritten im Sinne der §§ 142, 144 ZPO erhoben werden (§ 569 Abs. 3 ZPO).

Gemäß § 13 RpflG ist § 78 Abs. 1 ZPO auf Verfahren vor dem **Rechtspfleger** **600**
nicht anzuwenden. Die dem Rechtspfleger übertragenen Angelegenheiten sind in § 3 RpflG geregelt.

Mit Inkrafttreten des **FamFG** wurde der Anwaltszwang in Familiensachen neu geregelt und ausgedehnt. Auch weiterhin gilt für Ehesachen (§ 121 FamFG) und Folgesachen (§ 137 Abs. 2 FamFG) sowie Güterrechtssachen (§ 112 Nr. 2, 261 Abs. 1 FamFG) sowohl vor dem Familiengericht als auch dem Oberlandesgericht gemäß § 114 Abs. 1 FamFG **Anwaltszwang**. Erweitert wurde dieser auf die Unterhaltssachen nach § 231 FamFG und die sonstigen Familiensachen nach § 266 Abs. 1 FamFG, zu denen die bislang streitwertabhängig vor dem Amtsgericht oder dem Landgericht geführten Rechtsstreitigkeiten wegen Ansprüchen aus Verlöbnis, Ansprüchen aus der Ehe oder aus dem Eltern-Kind-Verhältnis, im Zusammenhang mit Scheidung oder Eheaufhebung stehenden Ansprüchen der noch oder nicht mehr miteinander verheirateten Parteien untereinander oder zwischen einer solchen und einem Elternteil sowie aus dem Umgangsrecht herrührenden Ansprüche zählen. In den selbstständigen Familienstreitsachen nach § 112 FamFG (Unterhaltssachen, Güterrechtssachen und sonstige Familiensachen) müssen sich alle Beteiligten, auch Dritte, anwaltlich vertreten lassen, in Ehe- und Folgesachen lediglich die Eheleute. Vor dem Bundesgerichtshof gilt für alle Beteiligte ebenfalls Anwaltszwang (§ 114 Abs. 2 FamFG). **601**
Die **Ausnahmen vom Anwaltszwang** in Familiensachen sind in § 114 Abs. 4 FamFG geregelt; insbesondere unterfallen Verfahren der **einstweiligen Anordnung** insgesamt diesem nicht mehr.

2. Erforderlichkeit der anwaltlichen Vertretung

Besteht **kein Anwaltszwang**, so ist der Partei gemäß § 121 Abs. 2 1. Alt. ZPO **602**
oder § 78 Abs. 2 FamFG auf ihren Antrag hin ein Rechtsanwalt beizuordnen, wenn die **anwaltliche Vertretung erforderlich** erscheint.

---

2 BGH, JurBüro 2007, 97 – juris; BGH, NJW 2006, 1881.

Für die Beurteilung der Erforderlichkeit ist eine **Einzelfallprüfung** von Nöten unter Berücksichtigung des **Umfangs, der Schwierigkeit und der Bedeutung der Sache** sowie der **persönlichen Fähigkeiten** der Partei.[3] Hat die Partei einen Betreuer, so sind dessen persönliche Fähigkeiten maßgeblich, soweit die Angelegenheit vom Aufgabenkreis des Betreuers umfasst ist.[4] Als Gericht sollte man aber stets im Auge behalten, dass für Laien das Prozedere und auch die Sprache vor Gericht nicht immer verständlich sind und sich darüber hinaus nicht wenige Richter am Amtsgericht bei Vorhandensein einer sogenannten „Naturpartei" im eigenen und im Interesse der Partei wünschten, die Partei wäre anwaltlich vertreten. Unterliegt ein Verfahren der Amtsermittlung, führt dies nicht per se zur fehlenden Erforderlichkeit.[5]

603 a) **Familienrechtliche Verfahren.** Familienrechtliche Verfahren sind davon geprägt, dass sie in den Privatbereich der Beteiligten eingreifen und weitreichende, andauernde Folgen für diese haben. Insofern ist es nicht verwunderlich, dass sich die Beteiligten in aller Regel eines Anwalts bedienen. Insbesondere in **Abstammungssachen** nach § 169 FamFG (Kindschaftssachen nach § 640 Abs. 2 ZPO a. F.) ist dies regelmäßig auch erforderlich[6] und kann für das Kind auch nicht unter Hinweis auf eine mögliche Beistandschaft des Jugendamts abgelehnt werden.[7] Eine Ausnahme gilt allerdings dann, wenn sich alle Beteiligten über das Bestehen oder Nichtbestehen der Vaterschaft einig sind.[8]

604 In **Umgangsverfahren** nach § 151 Nr. 2 FamFG (§ 621 Abs. 1 Nr. 2 ZPO a. F.) fordert der Bundesgerichtshof auch weiterhin eine umfassende Würdigung aller Umstände des Einzelfalls, ein Regel-Ausnahme-Prinzip bezüglich der Beiordnung lehnt er ausdrücklich ab,[9] genauso wie die Existenz eines Erfahrungssatzes dahingehend, dass kein juristischer Laie in der heutigen Zeit mehr einen Prozess ohne Rechtsanwalt führen würde.[10] Maßgeblich ist vielmehr, ob es sich um eine schwierige Sach- oder Rechtslage handelt, wobei auch die persönlichen Fähigkeiten des Beteiligten zu berücksichtigen sind.[11] Der bloße Hinweis auf die existentielle Bedeutung des Verfahrens genügt indes nicht.[12]

605 Ähnliches wird man wohl auch für **Sorgerechtsverfahren** nach § 151 Nr. 1 FamFG und für **Scheidungssachen ohne Folgesachen** annehmen dürfen, wobei Scheidungssachen seit dem Inkrafttreten des FamFG als Ehesachen ohnehin dem Anwaltszwang unterliegen (§§ 114 Abs. 1, 121 Nr. 1 FamFG). Eine Ausnahme gilt gemäß § 114 Abs. 4 Nr. 3 FamFG nur für die Zustimmung zur Scheidung, deren Widerruf sowie die Rücknahme des Scheidungsantrags nach § 134 FamFG.

606 In **Unterhaltssachen**, soweit sie nicht ohnehin dem Anwaltszwang unterliegen, und **Versorgungsausgleichsverfahren** wird man aber trotzdem in aller Regel aufgrund der Kompliziertheit der Materie auch weiterhin von der Erforderlichkeit der Anwaltsbeiordnung ausgehen können,[13] es sei denn – wie stets – die Beteiligten sind sich alle einig.

---

3 BGH, NJW 2003, 3136; NJW 2006, 1204 (1205).
4 LG Lüneburg, FamRZ 2008, 1030 – juris.
5 BVerfG, NJW 1997, 2103 (2104).
6 Für das Vaterschaftsanfechtungsverfahren mit ausführlicher Darstellung des Streitstands: BGH, NJW 2012, 2586 (2587).
7 OLG Karlsruhe, FamRZ 2009, 900 (901).
8 OLG Köln, FamRZ 1997, 1543 – LS; OLG Hamm, FamRZ 1995, 747 (748).
9 BGH, NJW-RR 2009, 794 (795); BGH, NJW 2010, 3029 (3031).
10 BGH, NJW-RR 2009, 794 (795).
11 BGH, NJW 2010, 3029 (3030).
12 BGH, NJW 2010, 3029 (3031); BGH, NJW 2012, 2586 (2587).
13 *Dürbeck/Gottschalk*, Rn. 557, 558, 569 m. w. N.

b) Zwangsvollstreckung. Die **eingeschränkte Pauschalbewilligung** für Vollstreckungshandlungen in das bewegliche Vermögen nach § 119 Abs. 2 ZPO **beinhaltet nicht die Anwaltsbeiordnung**. Diese ist für jede Maßnahme gesondert zu prüfen.[14] Dabei gilt zunächst, dass grundsätzlich auch bei der Vollstreckung aus Unterhaltstiteln auf den konkreten Fall abzustellen ist; das Berufen auf Erfahrungssätze hinsichtlich möglicher Komplikationen genügt nicht.[15] Bei der **Pfändung von Arbeitseinkommen aus Unterhaltstiteln** ist allerdings wegen § 850d ZPO regelmäßig von einer Erforderlichkeit der Beiordnung auszugehen;[16] die Möglichkeit der Beistandschaft des Jugendamtes für die Vollstreckung lässt die Erforderlichkeit nicht entfallen.[17]

In **anderen Fällen der Pfändung von Arbeitseinkommen** muss sich aus den Umständen des Einzelfalls die Erforderlichkeit der Anwaltsbeiordnung ergeben, was regelmäßig nicht der Fall sein wird.[18] **Gleiches gilt** für den Pfändungsauftrag an den Gerichtsvollzieher auch bei Unterhaltsvollstreckung,[19] den Antrag auf Abgabe der eidesstattlichen Versicherung nach bis zum 31.12.2012 geltendem Recht (dies gilt auch für das Verfahren auf Abgabe einer Vermögensauskunft),[20] den Antrag auf Eintragung einer Sicherungshypothek[21] und die Kontenpfändung,[22] es sei denn, es handelt sich um eine erweiterte Vollstreckung wegen Unterhalts im Sinne des § 850d ZPO. Ergeben sich im Verlaufe des Verfahrens rechtliche oder tatsächliche Schwierigkeiten, kann eine Anwaltsbeiordnung nachträglich erfolgen.[23]

c) Andere Verfahren. Das **Betreuungsverfahren** stellt für den Betroffenen einen oftmals schwerwiegenden Eingriff in seine Lebensweise dar. Insbesondere bei der Frage der Anordnung eines Einwilligungsvorbehalts, der geschlossenen Unterbringung oder der Wohnungsauflösung wird man von einer Erforderlichkeit ausgehen können.[24]

Bei der Frage, ob dem **selbst als Rechtsanwalt zugelassenen Insolvenzverwalter** in einem Rechtsstreit ohne Anwaltszwang trotzdem ein Rechtsanwalt beizuordnen ist, führt der Bundesgerichtshof seine Rechtsprechung zu § 116 S. 1 Nr. 1 ZPO fort. Da nach Ansicht des Bundesgerichtshofs gerade den auf Masseanreicherung angelegten Prozessen vom Gesetzgeber ein eigenständiges, schutzwürdiges öffentliches Interesse beigemessen wird, ist es mit dem Zweck des § 116 S. 1 Nr. 1 ZPO nicht vereinbar, einem Rechtsanwalt als Insolvenzverwalter zuzumuten, die Prozesse weitgehend aus eigenen Mitteln zu finanzieren oder diesen bei Einschaltung eines Rechtsanwalts schadensersatzpflichtig nach §§ 55, 61 InsO werden zu lassen.[25] Im Übrigen sieht der Bundesgerichtshof auch einen Wertungswiderspruch, wenn es dem Insolvenzverwalter im Rahmen des § 5 Abs. 1 InsVV gestattet ist, einen Rechtsanwalt mit solchen Aufgaben zu betrauen, die ein Insolvenzverwalter ohne volljuristische Ausbildung im Allgemeinen nicht bewältigen kann, und die Auslagen der Masse zu entnehmen,

---

14 BGH, FamRZ 2010, 288; LG Ulm, AnwBl 2000, 63 – juris.
15 BGH, FamRZ 2003, 1921.
16 BGH, NJW-RR 2012, 1153 f.; generell für Unterhaltsvollstreckungsverfahren LG Kleve, Beschluss vom 26.5.2017, Az. 4 T 55/17 – juris.
17 BGH, NJW 2003, 3136; BGH, FamRZ 2006, 856; BGH, NJW 2006, 1204 (1205); BGH, NJW-RR 2012, 1153 1154).
18 LG Stade, FamRZ 2008, 2292 (2293).
19 BGH, FamRZ 2003, 1921.
20 OLG Saarbrücken, MDR 2013, 547; LG Rostock, JurBüro 2003, 385.
21 LG Stade, FamRZ 2008, 2292 (2293).
22 LG Verden, NdsRpfl 2009, 188, Rn. 7 – juris; LG Zweibrücken, Rpfleger 2009, 392; a. A.: LG Arnsberg, Rpfleger 2006, 89; LG Aachen, JurBüro 1999, 664 für den Schuldner.
23 statt vieler: LG Zweibrücken, Rpfleger 2009, 392.
24 LG Mönchengladbach, NJW-RR 2007, 1084.
25 BGH, NJW 2006, 1597 (1598).

auch wenn er selbst Rechtsanwalt ist, andererseits aber im Rahmen des § 121 Abs. 2 2. Alt. ZPO einen anderen Maßstab anzulegen.[26]

610 Für das **Mahnverfahren** ist eine anwaltliche Vertretung nicht erforderlich. Durch den Formblattzwang des § 703c ZPO, die Beschränkung auf Geldforderungen nach § 688 Abs. 1 ZPO, die Ausfüllhilfen sowie die Möglichkeit, den Antrag zu Protokoll der Geschäftsstelle zu erklären, ist dem Antragsteller die Durchführung des Verfahrens auch ohne anwaltliche Hilfe zumutbar.[27] Der Antragsgegner muss lediglich Widerspruch einlegen, ohne dass eine Begründung erforderlich ist.[28]

611 Im **selbstständigen Beweisverfahren** nach § 485 ZPO ist wegen der in § 493 ZPO statuierten Folgewirkung für den Hauptsacheprozess eine Anwaltsbeiordnung in aller Regel erforderlich.[29]

3. Beiordnung aus Gründen der Waffengleichheit

612 In Verfahren **ohne Anwaltszwang** ist einer Partei schließlich auf ihren Antrag hin auch dann ein Rechtsanwalt beizuordnen, wenn die **gegnerische Partei anwaltlich vertreten** ist (§ 121 Abs. 2 2. Alt. ZPO). Diese Beiordnung ist zwingend und darf auch dann – wie bei § 121 Abs. 1 ZPO – nicht versagt werden, wenn die Partei oder ihr gesetzlicher Vertreter selbst Rechtsanwalt ist.[30]
Gerade in Familienrechtsstreitigkeiten hatte die **Beiordnung aus Gründen der Waffengleichheit** eine besondere Bedeutung. Da diese Rechtsstreitigkeiten zum größten Teil auf der Basis beidseitiger Prozesskostenhilfe finanziert wurden und werden, kam es häufig dazu, dass beide Parteien anwaltlich vertreten waren und unter Hinweis auf den jeweiligen Gegner die Beiordnung nach § 121 Abs. 2. Alt ZPO begehrten. Zwar hat sich die Rechtsprechung bei gleichzeitiger Antragstellung damit beholfen, dass zumindest aus Sicht einer der beiden Parteien die Anwaltsbeiordnung erforderlich sein musste.[31] Dennoch konnte die beiderseitige Beiordnung ohne Erforderlichkeitsprüfung dann erfolgen, wenn eine der beiden hilfsbedürftigen und anwaltlich vertretenen Parteien zunächst mit der Stellung des Beiordnungsantrags abgewartet hat, bis der Antrag der gegnerischen Partei positiv beschieden worden ist.[32]
Mit Inkrafttreten des FamFG sollte dieses Problem zumindest für die Verfahren beseitigt werden, die nicht der ZPO unterfallen, denn der Gesetzgeber hat die Beiordnungsmöglichkeit aus Gründen der Waffengleichheit durch das neue FamFG den dortigen Beteiligten verwehrt; § 78 Abs. 2 FamFG sieht als **einzigen Beiordnungstatbestand** in Verfahren ohne Anwaltszwang die **Erforderlichkeit** vor.[33]
Mit der Einführung des § 78 Abs. 2 ZPO, der nicht nur für Familiensachen gilt, sondern auch für die Verfahren der freiwilligen Gerichtsbarkeit (§ 1 FamFG), hätte der Streit über die grundsätzliche Geltung des Gebots der Waffengleichheit im FGG-Verfahren obsolet werden können;[34] allerdings hat der Bundesgerichtshof ausgeführt, dass trotz der Herausnahme des Gebots der Waffengleichheit aus dem Gesetzeswortlaut dieser dennoch bei der Frage der Erforderlichkeit zu berücksichtigen ist.[35]

---

26 BGH, NJW 2006, 1597.
27 OLG München, FamRZ 1999, 1355; LG Hagen, Beschluss vom 12.7.2007, Az. 3 T 374/07, Rn. 13 – juris.
28 BGH, FamRZ 2010, 634 (635); LG Stuttgart, Rpfleger 1994, 170, sh. auch Rn. 613.
29 *Dürbeck/Gottschalk*, Rn. 555.
30 BGH, NJW 2006, 1881.
31 OLG Köln, FamRZ 2006, 350; OLG Zweibrücken, Rpfleger 2000, 220; *Dürbeck/Gottschalk*, Rn. 568.
32 Zu dieser Fallkonstellation: *Geimer* in Zöller, ZPO, § 121 Rn. 10; OLG Zweibrücken, MDR 2003, 1079.
33 Kritisch hierzu: *Büte*, FPR 2009, 14 (15).
34 Zum Meinungsstand in Altverfahren: *Dürbeck/Gottschalk*, Rn. 566, 567.
35 BGH, NJW 2010, 3029 (3030).

Teilweise wird der Grundsatz der Waffengleichheit darüber hinaus **sinngemäß angewendet**, wenn der Gegner durch eine besonders fachkundige Person vertreten wird.[36] Für eine analoge oder sinngemäße Anwendung **fehlt** es jedoch schon an einer **planwidrigen Regelungslücke**; der Gesetzgeber hat sich bewusst für die Vertretung durch einen Rechtsanwalt als das die Beiordnung wegen Waffengleichheit auslösendes Ereignis entschieden. In allen anderen Fällen ist die Prüfung der Beiordnung wegen Erforderlichkeit ausreichend.[37]

Für das **Mahnverfahren** besteht deswegen kein Anspruch auf Beiordnung eines Rechtsanwalts, weil es bereits an der Stellung widerstreitender Anträge fehlt; die kontradiktorische Auseinandersetzung findet im nachfolgenden Streitverfahren statt.[38] 613

4. Sonderfall Insolvenzverfahren

Abweichend von § 121 Abs. 2 ZPO ist dem Schuldner nach Stundung der Kosten des Insolvenzverfahrens gemäß **§ 4a Abs. 2 S. 1 InsO** nur dann ein Rechtsanwalt beizuordnen, wenn die Vertretung durch diesen **trotz der dem Gericht obliegenden Fürsorgepflicht erforderlich** erscheint. Daraus folgt, dass nicht schon eine anwaltliche Vertretung eines Gläubigers oder eine besondere Rechtskunde auf dessen Seite zur Beiordnung führen kann, also der Grundsatz der Waffengleichheit nicht greift.[39] 614

Die Anwaltsbeiordnung kommt jedoch dann in Betracht, wenn die **Grenzen der gerichtlichen Fürsorgepflicht** durch die in Frage stehende Hilfestellung **überschritten würden**, das Gericht also befürchten müsste, seine Neutralitätspflicht gegenüber allen Beteiligten zu verletzen.[40] Dies kann namentlich dann eintreten, wenn der Schuldner eine Entscheidung treffen muss, ob er einer angemeldeten Forderung aus vorsätzlicher unerlaubter Handlung widerspricht, die ansonsten gemäß § 302 Nr. 1 InsO von der Restschuldbefreiung ausgeschlossen wäre. Allerdings muss der Schuldner für eine Anwaltsbeiordnung dem Insolvenzgericht **konkret darlegen**, dass er aufgrund seiner persönlichen Fähigkeiten und Kenntnisse **nicht im Stande** ist, ohne anwaltliche Hilfe eine Entscheidung über den Widerspruch zu treffen. Das pauschale Behaupten, die Forderung stamme nicht aus unerlaubter Handlung, oder das pauschale Zurückziehen auf allgemein nicht vorhandene Rechtskenntnisse genügt nicht.[41]

Für den **Eigenantrag des Schuldners** auf Eröffnung des Insolvenzverfahrens nebst Verfahrenskostenstundung selbst **fehlt** es hingegen an einer **Rechtsgrundlage** für die Beiordnung eines Rechtsanwalts. § 4a Abs. 2 InsO setzt schon nach dem Wortlaut die vorangegangene Stundung der Verfahrenskosten voraus. Gleichsam scheidet eine Beiordnung über § 4 InsO i. V. m. §§ 114 ff. ZPO aus, da bezüglich des Stundungsverfahrens die Regelungen des § 4a Abs. 2 InsO vorrangig und abschließend sind, auch wenn die Bewilligung von Prozesskostenhilfe für ein Beschwerdeverfahren im Rahmen des Stundungsantrags grundsätzlich möglich ist. Darüber hinaus betreffen Schwierigkeiten in diesem Verfahrensstadium nicht das gerichtliche Verfahren selbst, sondern dessen Vorbereitung, so dass hier die Regelungen der Beratungshilfe eingreifen.[42] 615

---

36 *Dürbeck/Gottschalk*, Rn. 564 m. w. N.
37 BVerfG, NJW 1988, 2597.
38 BGH, FamRZ 2010, 634 (635); LG Stuttgart, Rpfleger 1994, 170; LG Hagen, Beschluss vom 12.7.2007, Az. 3 T 374/07, Rn. 13 – juris; a. A.: LG Bonn, Beschluss vom 22.9.2005, Az. 6 T 288/05, Rn. 6 – juris.
39 BGH, NJW-RR 2003, 697.
40 BGH, NJW-RR 2004, 47.
41 BGH, NJW-RR 2004, 47 (48).
42 Ständige Rechtsprechung des BGH, NJW-RR 2003, 697; NJW 2003, 2910 (2911); NJW-RR 2007, 1347; VuR 2008, 154.

616 Aber auch für den **Gläubiger** gelten im Insolvenzverfahren selbst andere Regeln: Da für den Schuldner im Rahmen des § 4a Abs. 2 InsO die Beiordnungsmöglichkeit des § 121 Abs. 2 2. Alt ZPO entfällt, gilt dies umgekehrt auch für den Gläubiger.[43] Daher ist für jeden Verfahrensabschnitt, der besondere Kosten verursacht,[44] gesondert zu prüfen, ob eine wirtschaftlich denkende vermögende Partei vernünftigerweise einen Rechtsanwalt beauftragen würde.[45] Es ist also sowohl im Regelinsolvenzverfahren als auch im Verbraucherinsolvenzverfahren eine Einzelfallprüfung unter Berücksichtigung der Person des Gläubigers, des Umfangs seiner Ansprüche, der Schwierigkeit der Sach- und Rechtslage sowie der Fürsorgepflichten des Insolvenzgerichts erforderlich.[46] Anders als bei der regulären Zwangsvollstreckung genügt es für eine Beiordnung im Insolvenzverfahren wegen des Verbots der Einzelzwangsvollstreckung gemäß § 89 Abs. 1 InsO grundsätzlich nicht, dass Unterhaltsforderungen angemeldet werden sollen.[47]

II. Verfahrensfragen

1. Die Person des Beizuordnenden

617 § 121 ZPO, § 78 FamFG schränken die Person des Beizuordnenden auf **Rechtsanwälte** ein. Allerdings ist damit unter **verfassungskonformer Auslegung** der jeweiligen Vorschrift nicht nur ein einzelner Anwalt gemeint, sondern auch eine Anwalts-GmbH[48] sowie eine Rechtsanwaltssozietät,[49] ohne dass die Beiordnung auf einen bestimmten Anwalt beschränkt werden müsste. Gleiches wird nunmehr auch für die Partnergesellschaft gelten müssen, die – wie die Anwalts-GmbH nach § 59 BRAO – gemäß § 7 Abs. 4 PartGG durch ihre Partner und Vertreter handelt.[50]

618 Eine **Ausnahme** von dem Grundsatz, dass nur ein Rechtsanwalt beigeordnet werden kann, findet sich in dem seit dem 1.7.2008 geltenden Einführungsgesetz zum Rechtsdienstleistungsgesetz (RDGEG). In § 3 Abs. 1 Nr. 1 RDGEG werden Kammerrechtsbeistände im Sinne des § 209 BRAO Rechtsanwälten im Rahmen des § 121 Abs. 2 ZPO ausdrücklich gleichgestellt, nicht aber im Rahmen des § 121 Abs. 1 ZPO.[51] Registrierte Personen im Sinne des § 10 Abs. 1 RDG oder registrierte Erlaubnisinhaber im Sinne des § 1 Abs. 3 S. 2 RDGEG erhalten eine solche Privilegierung nicht.

In finanz- und verwaltungsgerichtlichen Verfahren können neben einem Rechtsanwalt auch Steuerberater, Steuerbevollmächtigte, Wirtschaftsprüfer oder vereidigte Buchprüfer beigeordnet werden; in sozialgerichtlichen Verfahren über die genannten Personen hinaus auch Rentenberater (§ 142 Abs. 2 FGO; § 166 Abs. 1 S. 2 VwGO; § 73a Abs. 1 S. 3 SGG).

619 a) **Grundsatz der freien Anwaltswahl.** Grundsätzlich ist der bedürftigen Partei der **Rechtsanwalt ihrer Wahl** beizuordnen, soweit dieser bei dem Gericht pos-

---

43 BGH, NJW 2004, 3260 (3261); *Geimer* in Zöller, ZPO, § 121 Rn. 8.
44 Verfahren über den Antrag auf Eröffnung, über den Schuldenbereinigungsplan, für die Vertretung im Insolvenzverfahren, über den Antrag auf Restschuldbefreiung, über den Insolvenzplan, bezüglich auf Versagung oder Widerruf der Restschuldbefreiung sowie bei einem auf die Forderungsanmeldung beschränkte Tätigkeit (siehe Nr. 3316 ff. VV RVG).
45 BGH, NJW 2004, 3260 (3261).
46 BGH, NJW 2004, 3260 (3262).
47 BGH, NJW 2004, 3260 (3262).
48 OLG Nürnberg, NJW 2002, 3715; OLG Frankfurt am Main, OLGR 2001, 153 – juris.
49 BGH, NJW 2009, 440 (441).
50 So ist wohl auch BGH, NJW 2009, 440 (441) zu interpretieren; zustimmend *Fölsch*, NJW 2009, 441 (442).
51 So bereits BGH, NJW 2003, 2244 (2245); NJW 2003, 3765 (3766), zur Rechtslage unter § 25 EGZPO.

tulationsfähig und zur Vertretung bereit ist. Letzteres wird man regelmäßig annehmen können, wenn der Rechtsanwalt für die Partei den Beiordnungsantrag gestellt hat.[52]
Legt der Rechtsanwalt im Laufe des Rechtszugs vor Beiordnung das Mandat nieder, zeigt er damit an, dass er nicht mehr zur Vertretung bereit ist und darf daher auch nicht mehr beigeordnet werden.[53] Dies gilt nicht für den Fall, dass der Rechtszug bereits abgeschlossen ist und die Beiordnung für die erste Instanz erst im Beschwerdeverfahren erfolgt, die Partei aber im zwischenzeitlich anhängigen Berufungsverfahren von einem anderen Anwalt vertreten wird. Trotz Vertretungsbereitschaft ist die Beiordnung eines Rechtsanwalts abzulehnen, der in Bürogemeinschaft mit dem Prozessbevollmächtigten der Gegenseite steht, um allein schon den Anschein einer Interessenkollision zu vermeiden.[54]

b) Selbstbeiordnung des Rechtsanwalts. Wenn die unter I. aufgezeigten Voraussetzungen vorliegen, kann auch ein als Rechtsanwalt zugelassener Insolvenzverwalter in Aktiv- oder Passivprozessen der Insolvenzschuldnerin selbst beigeordnet werden.[55]

Weiterhin kann der beizuordnende Rechtsanwalt auch **gleichzeitig Betreuer** der Partei sein. Dem Betreuten entstehen zwar durch eine anwaltliche Tätigkeit seines Betreuers Kosten, die als Aufwendungen nach alter Rechtslage gemäß §§ 1908 i Abs. 1, 1835 Abs. 3 BGB und nach dem Inkrafttreten des Gesetzes über die Vergütung von Vormündern und Betreuern (VBVG) gemäß §§ 1908 i, 1836 Abs. 1 S. 3 BGB, § 4 Abs. 2 S. 2 VBVG i. V. m. § 1835 Abs. 3 BGB entsprechend zu vergüten sind. Allein die Möglichkeit, dass diese Mehrkosten im Falle der Mittellosigkeit des Betreuten gemäß §§ 1908 i, 1835 Abs. 4 BGB gegenüber der Staatskasse abgerechnet werden können, rechtfertigt die Versagung der Beiordnung nicht.[56] Denn dies stünde im Widerspruch zu der betreuungsrechtlichen Judikatur, nach der ein zum Betreuer eines mittellosen Betroffenen bestellter Rechtsanwalt gehalten ist, für dessen gerichtliche Vertretung Prozesskostenhilfe zu beantragen[57] mit der Folge, dass er bei Bewilligung auf diesem Wege die entsprechenden Gebühren eines beigeordneten Rechtsanwalts erhält,[58] um so die Aufwendungen im Interesse des Betroffenen möglichst niedrig zu halten. Entsprechendes muss dann auch für Vormünder und Pfleger gelten.[59]

Allerdings ist die **Selbstbeiordnung eines hilfsbedürftigen Rechtsanwalts in eigener Sache ausgeschlossen.** Dies wird zum Teil damit begründet, dass der Zweck der Prozesskostenhilfe nicht die Bereicherung der hilfsbedürftigen Partei ist, sondern deren Freistellung von Kosten.[60] Auch wird maßgeblich auf das Interesse an einer objektiven Prozessführung und neutralen Beratung der Partei während des gesamten Verfahrens – auch im Vorfeld – abgestellt.[61]

c) Bestimmung durch das Gericht. Eine Ausnahme vom Grundsatz der freien Anwaltswahl gilt im Falle der **Bestellung eines Notanwalts** nach § 121 Abs. 5

---

52 OLG Düsseldorf, MDR 1981, 502.
53 OLG Stuttgart, FamRZ 2006, 800; OLG Brandenburg, FamRZ 2007, 1753 (1754); LAG Schleswig-Holstein, Beschluss vom 25.2.2009, Az. 5 Ta 28/09, Rn. 5 – juris.
54 OLG Hamburg, FamRZ 2009, 631.
55 BGH, NJW 2002, 2179.
56 OLG Köln, FamRZ 2003, 1397; OLG Hamm, FamRZ 2000, 763; *Geimer* in Zöller, ZPO, § 121 Rn. 1; *Bork* in Stein/Jonas, ZPO, § 121 Rn. 3.
57 BGH, NJW 2008, 844 (846); LSG Berlin-Brandenburg, FamRZ 2009, 1612; BayObLG, BtPrax 2004, 70.
58 OLG Frankfurt am Main, FamRZ 2002, 59; OLG Jena, BtPrax 2002, 102.
59 *Dürbeck/Gottschalk*, Rn. 531 m. w. N.
60 BAG, NJW 2008, 604 (605); OLG Frankfurt am Main, FamRZ 1992, 1320 und 2001, 1533.
61 OLG München, FamRZ 2009, 899 (890); auch BAG, NJW 2008, 604 (605); OLG Frankfurt am Main, FamRZ 1992, 1320 und 2001, 1533.

ZPO. Ist der Partei nach § 121 Abs. 1, 2 oder 4 ZPO ein Rechtsanwalt beizuordnen, findet sie aber keinen zur Vertretung bereiten, kann die Partei die Beiordnung eines solchen gemäß § 121 Abs. 5 ZPO beantragen. Sie hat dabei keinen Anspruch auf Beiordnung eines bestimmten Anwalts; die Auswahl obliegt hier dem Vorsitzenden. Allerdings muss die Partei gegenüber dem Vorsitzenden darlegen, dass sie erfolglos mehrere Rechtsanwälte um Übernahme der Vertretung nachgesucht hat. Gemäß § 48 Abs. 1 Nr. 1 BRAO ist der Rechtsanwalt zur Übernahme des Mandats verpflichtet, es sei denn, es liegen wichtige Gründe im Sinne des § 48 Abs. 2 BRAO vor.[62]

2. Antragserfordernis

624 Nur in Verfahren mit Anwaltszwang ist ein Antrag auf Beiordnung nicht erforderlich (arg. ex. § 121 Abs. 2–5 ZPO).[63] Der Antrag kann auch konkludent erfolgen. So ist ein von einem Rechtsanwalt eingereichter Prozesskostenhilfeantrag regelmäßig als Beiordnungsantrag zu interpretieren.[64]

3. Das Mehrkostenverbot des § 121 Abs. 3 ZPO

625 Der Gesetzgeber hat den Grundsatz der freien Anwaltswahl dahingehend eingeschränkt, dass die Beiordnung eines **nicht im Bezirk des Prozessgerichts niedergelassenen Rechtsanwalts** nur dann in Betracht kommt, wenn dadurch keine weiteren Kosten entstehen (§ 121 Abs. 3 ZPO). Da die Vertretung durch auswärtige Rechtsanwälte keine Seltenheit ist, findet sich deswegen in einer Vielzahl von Beiordnungsbeschlüssen der Passus „zu den kostenrechtlichen Bedingungen eines am Ort des Prozessgerichts ansässigen Rechtsanwalts" und führt zu einer nicht unerheblichen Anzahl von Beschwerden.

626 a) **Zulässigkeit der kostenrechtlichen Einschränkung.** Ob die Beiordnung kostenrechtlich beschränkt werden darf, hängt zunächst davon ab, **ob** überhaupt **Mehrkosten entstehen können.** Bei diesen zu vermeidenden Kosten handelt es sich um die potentiell höheren Reisekosten des auswärtigen Rechtsanwalts. Können diese schon nicht anfallen, weil in dem Verfahren beispielsweise keine mündliche Verhandlung vorgesehen ist und durchgeführt wird, so greift auch das **Mehrkostenverbot** nicht.[65] Gleiches gilt bei einem Verzicht des Rechtsanwalts auf die Geltendmachung von Reisekosten.[66]
Darüber hinaus findet das Mehrkostenverbot seit der Gesetzesänderung zum 1.6.2007 schon nach dem Wortlaut **keine Anwendung,** wenn der Rechtsanwalt **zwar nicht am Ort** des Prozessgerichts ansässig ist, aber **in dessen Bezirk** seinen Kanzleisitz unterhält.[67] Deswegen ist die eingangs genannte Formulierung der Beiordnungsbeschlüsse per se seit der Gesetzesänderung zum 1.6.2007 nicht mehr zulässig, denn es geht nicht länger um die Ortsansässigkeit eines Rechtsanwaltes, sondern um die Bezirksansässigkeit, so dass es heißen müsste „zu den kostenrechtlichen Bedingungen eines im Bezirk des Prozessgerichts niedergelassenen Rechtsanwalts".[68] Konsequenterweise dürfte dann das Mehrkostenverbot als Folge der Gesetzesänderung auch für solche auswärtigen Rechtsanwälte nicht gelten, deren Reisekosten die eines im Bezirk des Prozessgerichts niedergelassenen Rechtsanwalts nicht übersteigen, denn in diesem Fall können ebenfalls keine Mehrkosten entstehen.[69] *Geimer* sieht es daher als notwendig an, dass das Prozessgericht den am weitesten von ihm entfernten Ort seines

---

62 Zur Aufhebung beim Vorliegen wichtiger Gründe siehe Rn. 641.
63 *Dürbeck/Gottschalk*, Rn. 528.
64 OLG Dresden, FamRZ 2001, 634.
65 *Geimer* in Zöller, ZPO, § 121 Rn. 13 a.
66 OLG Köln, FamRZ 2004, 123 (124), *Geimer* in Zöller, § 121 Rn. 13 b.
67 OLG Oldenburg, NJW 2006, 851; OLG Brandenburg, FamRZ 2009, 1236.
68 so auch OLG Frankfurt am Main, FamRZ 2009, 1615 (1616).
69 OLG München, FamRZ 2007, 489; *Geimer* in Zöller, ZPO, § 121 Rn. 13 a.

Gerichtsbezirks ermittelt und zwar unabhängig davon, ob sich dort ein Rechtsanwalt tatsächlich niedergelassen hat.[70] Die Entfernung zu diesem Ort ist dann stets zu vergleichen mit der zu dem Kanzleisitz des Rechtsanwalts. Erst wenn letztere höher ist als die hypothetisch ermittelte, kommt eine Anwendung des Mehrkostenverbots in Betracht.[71] Die Überlegung *Geimers* orientiert sich konsequent am Gesetzeswortlaut und ist argumentativ auch kaum angreifbar. Ob dieser Nebeneffekt zugunsten der auswärtigen Rechtsanwälte allerdings mit der gesetzgeberischen Intention bezüglich der Neufassung des § 121 Abs. 3 ZPO vereinbar ist, die bezirksansässigen Rechtsanwälte kostenrechtlich zu stärken, wird wohl letztlich nur der Gesetzgeber beantworten können.

Von besonderer Bedeutung für die gerichtliche Praxis ist schließlich die Grundsatzentscheidung des Bundesgerichtshofes vom 23.6.2004[72]. In dieser nach alter Rechtslage ergangenen Entscheidung hat der Bundesgerichtshof zwar ausgeführt, dass es sich bei der Beiordnung eines am Gerichtsort zugelassenen Rechtsanwalts um den Regelfall handele. Jedoch verpflichtete der Bundesgerichtshof die Gerichte zu prüfen, ob **besondere Umstände im Sinne von § 121 Abs. 4 ZPO** vorliegen, die eine Beiordnung eines Verkehrsanwalts rechtfertigen würden. **Liegen solche vor, ist eine kostenrechtlich eingeschränkte Beiordnung ausgeschlossen.**[73] Es empfiehlt sich dabei folgende Prüfungsreihenfolge:

(1) Die Partei hat ihren Wohn- bzw. Geschäftsort **nicht im Bezirk des Prozessgerichts**. Für eine Partei, die an ihrem eigenen Gerichtsort klagt oder verklagt wird, besteht grundsätzlich keine Veranlassung, einen auswärtigen Rechtsanwalt zu beauftragen, gerade weil es um die Möglichkeit der persönlichen Kommunikation zwischen Rechtsanwalt und Partei geht.[74] Eine Ausnahme kann dann vorliegen, wenn es sich um einen spezialisierten Rechtsanwalt handelt und ein vergleichbarer bezirksansässiger Rechtsanwalt nicht vorhanden ist,[75] nicht aber aufgrund der bloßen Tatsache, dass die Partei regelmäßig mit dem auswärtigen Rechtsanwalt zusammenarbeitet.[76] Hat die hilfsbedürftige Partei die Wahl unter mehreren Gerichtsständen und ist einer davon ihr Wohnort, so soll die Wahl eines auswärtigen Gerichtsortes nach § 35 ZPO erst dann das Mehrkostenverbot nach § 121 Abs. 3 ZPO auslösen, wenn die Wahl rechtsmissbräuchlich ist.[77]

(2) Es liegen **besondere Umstände** vor, die sich aus den rechtlichen und tatsächlichen Schwierigkeiten des Rechtsstreites und den persönlichen Fähigkeiten der Partei ergeben können. Hierbei ist zu beachten, dass der Bundesgerichtshof im Rahmen des § 91 Abs. 2 S. 1 2. HS ZPO entschieden hat, dass bei Bevollmächtigung eines am Prozessgericht ansässigen Rechtsanwalts die Zuziehung eines am Wohnort/Geschäftsort der auswärtigen Partei ansässigen Verkehrsanwalts in der Regel als zur zweckentsprechenden Rechtsverfolgung oder Rechtsverteidigung notwendig anzusehen ist,[78] und der Bundesgerichtshof dies im Hinblick auf den Gleichbehandlungsgrundsatz als Maßstab für die Frage der Beiordnung eines Verkehrsanwalts ansieht.[79]
Aber auch zu dieser Regel existieren Ausnahmen. So ist eine **Notwendigkeit nicht gegeben,** wenn schon bei Beauftragung des Rechtsanwalts feststeht, dass

---

70 OLG Celle, NJOZ 2016, 1480 f.
71 *Geimer* in Zöller, ZPO, § 121 Rn. 13 a.
72 BGH, NJW 2004, 2749–2751.
73 BGH, NJW 2004, 2749 (2750).
74 BGH, NJW 2003, 901 (902); NJW-RR 2007, 1071 (1072).
75 BGH, NJW 2003, 901 (902); NJW-RR 2007, 1071 (1072).
76 BGH, NJW 2003, 901 (903); NJW-RR 2009, 283 (284), der in der letztgenannten Entscheidung seine Äußerung zum besonderen Vertrauensverhältnis in NJW-RR 2004, 858 klarstellt.
77 OLG Karlsruhe, NJW 2005, 2718 (2719).
78 BGH, NJW 2003, 898 (900); NJW-RR 2004, 857.
79 BGH, NJW 2004, 2749 (2750).

ein eingehendes Mandantengespräch nicht erforderlich sein wird. Dies nimmt der Bundesgerichtshof im Rahmen des § 91 ZPO regelmäßig an, wenn es sich bei der betroffenen Partei um ein gewerbliches Unternehmen mit eigener **Rechtsabteilung** handelt oder das Unternehmen über rechtskundiges Personal verfügt und der Rechtsstreit keine besonderen Schwierigkeiten rechtlicher oder tatsächlicher Art aufweist.[80]

Zwar kommen Unternehmen als hilfebedürftige Parteien im Rahmen der Prozesskostenhilfe eher selten vor. Allerdings überträgt der Bundesgerichtshof die für diese aufgestellten Grundsätze auch auf den als Rechtsanwalt zugelassenen Insolvenzverwalter,[81] so dass zumindest bei durchschnittlichen Rechtsstreiten das Vorliegen besonderer Umstände im Sinne des § 121 Abs. 3 ZPO zu verneinen ist.

Aber auch wenn es sich bei der Partei um einen juristischen Laien handelt, kann es an besonderen Umständen fehlen, wenn die **schriftliche oder fernmündliche Information** des Prozessbevollmächtigten nach den persönlichen Fähigkeiten der Partei **ohne Schwierigkeiten aufgrund des einfach gelagerten Sachverhalts möglich** ist.[82] Gleiches gilt, wenn die Partei schreibungewandt und ihr eine Informationsreise zu einem Rechtsanwalt am Sitz des Prozessgerichts zumutbar ist.[83] Dies wird bei guten Verkehrsbedingungen zwischen Wohn- und Gerichtsort bejaht, die den Zeit- und Kostenaufwand für eine Informationsreise gering halten.[84] Teilweise wird darauf abgestellt, ob die Informationsreise in zeitlicher Hinsicht nicht mehr als einen halben Arbeitstag in Anspruch nimmt, was bei einer Entfernung von bis zu 50 km regelmäßig vermutet wird.[85]

Im Revisions- oder Rechtsbeschwerdeverfahren kommt die Beiordnung eines Verkehrsanwalts nicht in Betracht, da es in diesen um Rechtsfragen geht, deren Behandlung eine direkte persönliche Kommunikation zwischen der hilfsbedürftigen Partei und dem Rechtsanwalt nicht voraussetzt.[86]

630 (3) Der beizuordnende nicht im Bezirk des Prozessgerichts niedergelassene **Rechtsanwalt ist am Wohnort/Geschäftsort der Partei oder in dessen Nähe ansässig**.[87] Sinn und Zweck der Beiordnung des auswärtigen Anwalts ist die Ermöglichung der persönlichen Kommunikation zwischen der Partei und ihrem Anwalt vor Ort. Befindet sich das Prozessgericht in München, ist die Partei 100 km südlich davon wohnhaft und der Rechtsanwalt in Berlin ansässig, kann dieser Zweck nicht erfüllt sein.[88] Ausnahmsweise kann – wie unter (1) – eine Beiordnung dann erfolgen, wenn es sich um einen spezialisierten Rechtsanwalt handelt und ein vergleichbarer bezirksansässiger Rechtsanwalt nicht vorhanden ist.[89]

631 **b) Einschränkung ohne Einverständnis des Rechtsanwalts.** Eine andere kontrovers diskutierte Streitfrage im Rahmen des Mehrkostenverbots hat der Bundesgerichtshof ebenfalls entschieden. Beantragt ein auswärtiger Rechtsanwalt seine Beiordnung, so erklärt er damit **konkludent sein Einverständnis** mit seiner nach § 121 Abs. 3 ZPO eingeschränkten Beiordnung, wenn und soweit deren

---

80 BGH, NJW 2003, 2027 (2028); NJW-RR 2008, 654.
81 BGH, NJW-RR 2007, 129.
82 OLG Frankfurt am Main, Beschluss vom 25.3.2009, Az. 19 W 14/09, n. v., bezüglich eines Fall, in dem die Klageschrift lediglich eine Seite umfasste; OLG Rostock, FamRZ 2009, 535 für Scheidungssachen ohne Folgesachen; vgl. auch BGH, NJW 2004, 2749 (2750).
83 OLG Naumburg, FamRZ 2003, 107, Rn. 4 – juris; BGH, NJW 2004, 2749 (2750).
84 OLG Köln, OLGR 2009, 90, Rn. 3 – juris.
85 OLG Frankfurt am Main, FamRZ 2008, 1355.
86 BGH, RVGreport 2011, 438 – juris.
87 BGH, NJW 2006, 3783; NJW-RR 2007, 1071 (1072).
88 Dies war die Ausgangslage in dem vom BGH in NJW 2006, 3783 entschiedenen Fall.
89 BGH, NJW 2006, 3783 (3784).

Voraussetzungen erfüllt sind.[90] Der Rechtsanwalt muss also ausdrücklich eine kostenrechtlich unbeschränkte Beiordnung beantragen, um das Gericht zu einem rechtlichen Hinweis in Bezug auf eine beabsichtigte Anwendung des Mehrkostenverbots und die damit verbundene Teilzurückweisung des Antrags zu veranlassen.[91]

c) **Sonderprobleme.** Durch die vom Bundesgerichtshof anerkannte Beiordnungsfähigkeit einer Rechtsanwaltssozietät stellt sich die Frage, wie mit **überörtlich tätigen Sozietäten** im Rahmen des Mehrkostenverbots umzugehen ist. Der Bundesgerichtshof führt hierzu aus, es sei entweder vorher die Zusage einzuholen, dass keine Reisekosten für Sozien aus weiter entfernten Niederlassungen geltend gemacht würden, oder dem Beiordnungsantrag **konkludent** einen solchen Verzicht zu entnehmen.[92] Da der Bundesgerichtshof dabei auf seine Rechtsprechung zum konkludenten Einverständnis eines auswärtigen Rechtsanwalts verweist, scheint er auch bei überörtlichen Sozietäten die Prüfung der Voraussetzungen des § 121 Abs. 4 ZPO zu verlangen. Dies ist insofern problematisch, als deren Vorliegen bei der Beiordnung eines konkreten Sozii zwar mit wenig Aufwand überprüfbar war. Denn der Bundesgerichtshof sieht die durch die Terminswahrnehmung anfallenden Reisekosten durch einen am Wohnort der auswärtigen Partei ansässigen Prozessbevollmächtigten auch dann als notwendige Kosten im Sinne des § 91 Abs. 2 ZPO an, wenn der Bevollmächtigte einer überörtlichen Sozietät angehört und diese auch über eine Niederlassung im Bezirk des Prozessgerichts verfügt.[93]

Hypothetisch könnte aber durch die Beiordnung der Sozietät selbst aus jeder beliebigen Niederlassung ein Rechtsanwalt zur Vertretung entsandt werden, so dass streng genommen die Voraussetzungen des § 121 Abs. 4 ZPO für jede einzelne Niederlassung geprüft werden müssten, nachdem man zudem noch für alle Niederlassungen überprüft hat, ob hier aufgrund der räumlichen Distanz im Vergleich zu bezirksansässigen Rechtsanwälten überhaupt Mehrkosten entstehen können.

Die **Lösung dieses Problems** könnte darin liegen, dass die Sozietät die Zusage erteilt, höhere Kosten als bis zum Sitz des sachbearbeitenden Rechtsanwalts nicht geltend zu machen und das Prozessgericht anhand des Sitzes des Sachbearbeiters prüft, ob eine unbeschränkte oder auf die Kosten eines bezirksansässigen Rechtsanwalts beschränkte Beiordnung in Betracht kommt.

einstweilen frei

4. Umfang und Wirkung der Beiordnung

Durch den Beiordnungsbeschluss ist der **Anwalt** gemäß § 48 Abs. 1 BRAO **zur Übernahme der Prozessvertretung verpflichtet.** Diese Verpflichtung ersetzt jedoch weder den Abschluss eines Anwaltsvertrags noch die rechtsgeschäftliche Vollmachtserteilung.[94] Von einer **Vollmachtserteilung** ist dann auszugehen, wenn der Rechtsanwalt für die Partei tätig wird, insbesondere wenn er sich gegenüber dem Gericht zum Prozessbevollmächtigten bestellt.[95] Wird bereits in dem Prozesskostenhilfegesuch ein bestimmter Anwalt namentlich benannt, dessen Beiordnung beantragt wird, liegt darin ebenfalls eine konkludente Vollmachtserteilung.[96]

---

90 BGH, NJW 2006, 3783.
91 *Fölsch*, NJW 2006, 3788.
92 BGH, NJW 2009, 440 (441).
93 BGH, NJW 2008, 2122 (2124).
94 BGH, NJW 1959, 1732 (1733).
95 BGH, FamRZ 2001, 1143 (1144).
96 *Vollkommer* in Zöller, ZPO, § 80 Rn. 5, im Umkehrschluss aus BGH, NJW 1951, 802; offen lassend: BGH, FamRZ 2001, 1143 (1144).

Erst mit Vollmachtserteilung haben Zustellungen und Mitteilungen an den Prozessbevollmächtigten und nicht mehr an die Partei zu erfolgen.[97] Auch ohne Vollmachtserteilung treffen den beigeordneten Anwalt allerdings schon Fürsorge-, Belehrungs- und Beratungspflichten insbesondere im Hinblick auf die Einhaltung etwaiger Fristen, um so Schaden aus Rechtsunkenntnis von der hilfsbedürftigen Partei abzuwenden und bei deren Verletzung sich der Rechtsanwalt schadensersatzpflichtig machen kann.[98]

Hat die Staatskasse dem beigeordneten Rechtsanwalt gemäß §§ 45 ff. RVG seine Vergütung ausgezahlt, muss der unterlegene Prozessgegner ihr dies gemäß § 59 RVG nur dann erstatten, wenn dem beigeordneten Rechtsanwalt gegen den Prozessgegner ein **Erstattungsanspruch** zusteht. Dies ist gemäß § 126 Abs. 1 ZPO bei Verurteilung des Gegners zur Erstattung der Kosten der Fall, wobei es den Parteien vor Erlass der gerichtlichen Kostengrundentscheidung grundsätzlich frei steht, sich außergerichtlich dahingehend zu einigen, dass eine Kostenerstattung ausgeschlossen ist.[99] Wird im Falle der Rücknahme kein Kostenantrag nach § 269 Abs. 4 ZPO gestellt, gab es nach alter Rechtslage keinen Anspruch auf Kostenerstattung, der auf die Staatskasse übergehen könnte.

Erwirkt der beigeordnete Rechtsanwalt allerdings nach § 126 Abs. 1 ZPO einen Kostenfestsetzungsbeschluss aufgrund eines vorläufig vollstreckbaren Urteils gegen den unterlegenen Gegner, kann dieser den überschießenden Betrag gegen den Rechtsanwalt selbst rückfestsetzen lassen, wenn die Kostengrundentscheidung im Rechtsmittelverfahren aufgehoben oder geändert wird.[100]

Um diese Lücke hinsichtlich der Ansprüche der Staatskasse zu schließen, sieht § 269 Abs. 4 S. 2 ZPO eine Kostenerstattung von Amts wegen vor, wenn dem Beklagten Prozesskostenhilfe bewilligt wurde.

635 einstweilen frei

636 Ist die **Beiordnung entgegen § 121 Abs. 3 ZPO unbeschränkt** erfolgt, so lässt sich dies nicht im Festsetzungsverfahren nach § 48 RVG im Verhältnis zwischen Staatskasse und beigeordnetem Rechtsanwalt korrigieren.[101] Der Beiordnungsbeschluss ist insoweit bindend. Zu unterscheiden ist dies von der Frage, ob der Gegner zur Erstattung der Kosten verpflichtet ist. Insofern kann der Beiordnungsbeschluss bereits deswegen keine Bindungswirkung entfalten, weil anderenfalls der Gegner mit Einwendungen gegen die Notwendigkeit ausgeschlossen ist, ohne dass er auf die Entscheidung – nämlich den für ihn unanfechtbaren Beiordnungsbeschluss – hätte Einfluss nehmen können.

637 Erfolgte nach einem **Anwaltswechsel** die Beiordnung des neuen Anwalts „mit der Maßgabe, dass die anfallenden Gebühren aus der Staatskasse nur einmal zu erstatten sind", ist umstritten, ob dieser Zusatz für das Vergütungsverfahren bindend[102] oder unbeachtlich[103] ist. Da die Situation vergleichbar ist mit der Frage der Anwendung des Mehrkostenverbots, verdient die Annahme einer Bindungswirkung den Vorzug, weil der Rechtsanwalt gegen die unzulässige Beschränkung mit der sofortigen Beschwerde vorgehen könnte.[104]

638 Führt ein beigeordneter Rechtsanwalt ohne ersichtlichen Grund zwei getrennte Verfahren jeweils auf Prozesskostenhilfebasis und verstößt er damit gegen den

---

97 BSG, MDR 1983, 877.
98 BGH, NJW 1959, 1732 (1733).
99 BGH, NJW 2007, 1213.
100 BGH, NJW-RR 2013, 186.
101 OLG Naumburg, FamRZ 2009, 534; OLG Celle, Rpfleger 2007, 402.
102 OLG Bremen, JurBüro 1993, 51; *Zimmermann*, FPR 2002, 486 (492).
103 OLG Hamm, FamRZ 1995, 748 (749); *Motzer* in Münchener Kommentar zur ZPO, § 121 Rn. 24.
104 So auch *Zimmermann*, FPR 2002, 486 (492).

Grundsatz kostensparender Prozessführung, so kann diese Einwendung im Rahmen der Vergütungsfestsetzung auch von der Staatskasse erhoben werden. Insofern darf die Staatskasse nicht schlechter gestellt werden als die Partei selbst, der gegen den Anwalt ein Schadensersatzanspruch gemäß § 280 Abs. 1 BGB zustünde und auch nur zur Zahlung der Gebühren verpflichtet wäre, die ohne das pflichtwidrige Verhalten angefallen wären.[105]

639 Der im Wege der PKH/VKH beigeordnete Rechtsanwalt erhält gem. § 45 Abs. 1 RVG seine Vergütung aus der Landeskasse und zwar in dem in den entsprechenden Beschlüssen bezeichneten Umfang, § 48 Abs. 1 RVG. Dies betrifft in der Regel die Verfahrens-, die Termingebühr und im Falle des Abschlusses eines Vergleichs die Einigungsgebühr gem. KV Nr. 1000 VV RVG.
Oftmals wird in den Verfahren auch ein Vergleich dahingehend geschlossen, dass sich dessen Inhalt über den anhängigen Prozessgegenstand hinaus erstreckt. Damit liegt ein sog. **Mehrvergleich** vor.
Gem. § 48 Abs. 3 RVG erstreckt sich bei einer Beiordnung **in Ehesachen** dieser **kraft Gesetzes** auch auf die in § 48 Abs. 3 S. 1 RVG bezeichneten Tatbestände. Damit sind alle in diesem Zusammenhang anfallenden Gebühren erstattungsfähig, d. h. der Rechtsanwalt erhält hier neben der entsprechenden Einigungsgebühr auch die Verfahrens- und Termindifferenzgebühr.
In anderen Angelegenheiten erstreckt sich die Beiordnung nur dann auf die mit dem Hauptverfahren zusammenhängende Tätigkeit, wenn dies durch ausdrückliche Erweiterung in einem gerichtlichen Beschluss ausgesprochen wird, § 48 Abs. 5 RVG.
Hier ist der genaue Wortlaut des Bewilligungsbeschlusses auszulegen. Die Formulierung „für den Abschluss einer Vereinbarung" genügt neben der Erstattung der Einigungsgebühr auch in Anlehnung gem. § 48 Abs. 3 RVG für den Anfall der Differenzverfahrens- und Termingebühr, da es dem Gericht auch nicht verwehrt oder unmöglich ist, insoweit die Überprüfung der Voraussetzungen gem. § 114 ZPO (Erfolgsaussicht, Mutwilligkeit) hinsichtlich der Erweiterung vornehmen zu können.[106] Dies erscheint auch sinnvoll, da hierdurch den bedürftigen Beteiligten die Möglichkeit eingeräumt wird, nicht anhängige Gegenstände ohne weiteren Rechtsstreit miterledigen zu können. Nach dem OLG Zweibrücken[107] ist dies jedenfalls dann zu bejahen, wenn zwischen dem eigentlichen Verfahrensgegenstand und dem zusätzlichen Gegenstand des Mehrvergleichs ein enger Zusammenhang besteht.

> **Hinweis:**
> Um Schwierigkeiten im Rahmen der Kostenfestsetzung zu vermeiden, sollte darauf geachtet werden, dass bei der Stellung des PKH/VKH – Antrags darauf geachtet wird, dass sich bei einem möglichen Mehrvergleich die begehrte PKH/VKH unter Beiordnung des Rechtsanwalts auf alle mit dem Vergleichsabschluss zusammenhängenden Gebühren erstreckt.[108]

5. Aufhebung der Beiordnung

640 Eine rückwirkende Aufhebung der Beiordnung von Amts wegen auch gegen den Willen der hilfsbedürftigen Partei kommt in Betracht, wenn ein Vertretungsverbot nach §§ 43a Abs. 4 BRAO, 3 BORA besteht.[109]

---

105 OLG Hamm, FamRZ 2009, 362 (363).
106 so OLG Stuttgart, FamRZ 2017, 317 f.; OLG Köln, FamRZ 2014, 1875 ff. – juris a. A.: OLG Dresden, BeckRS 2015, 19410 – beckonline (wg. Umkehrschluss zu § 48 Abs. 3 RVG)
107 OLG Zweibrücken, FamRZ 2016, 254 f.
108 sh. *Härtl*, NZFam 2015, 518.
109 BGH, MDR 2013, 431.

Begehren entweder der Rechtsanwalt oder die Partei die Aufhebung der Beiordnung, ist folgendes zu beachten:

641 a) **Antrag des beigeordneten Rechtsanwalts.** Der beigeordnete Rechtsanwalt kann die Aufhebung gemäß § 48 Abs. 2 BRAO verlangen, wenn hierfür **wichtige Gründe** vorliegen. Dies ist insbesondere dann gegeben, wenn das Vertrauensverhältnis zwischen Anwalt und Mandant nachhaltig und tiefgreifend gestört ist.[110] Hierfür müssen aber konkrete Tatsachen vorgetragen werden; ein pauschales Behaupten genügt nicht. Die Entpflichtung wird von der Rechtsprechung abgelehnt, wenn sich die Tätigkeit des bisherigen Rechtsanwalts nach dem Verfahrensstand nur noch auf die Entgegennahme eines Urteils[111] oder Wahrnehmung der Schlussverhandlung[112] beschränkt oder der Kontakt zum Mandanten nach längerer Verfahrensdauer aus unbekannten Gründen abgebrochen und der Mandant unbekannten Aufenthalts ist[113].

642 b) **Antrag der Partei.** Es ist **umstritten**, ob der **Partei ein eigenes Antragsrecht** zusteht. Teilweise wird dies unter Hinweis darauf verneint, dass für die Partei keine § 48 Abs. 2 BRAO entsprechende gesetzliche Regelung existiert.[114] Vielmehr soll die Partei stattdessen den Anwaltsvertrag kündigen und die dem Anwalt erteilte Vollmacht widerrufen müssen.[115] Die Gegenmeinung folgert aus dem Grundsatz der freien Anwaltswahl zwanglos ein Antragsrecht.[116]

Letztlich ist jedoch die entscheidende Frage, ob der Partei ein **neuer Rechtsanwalt auf Kosten des Staates** beigeordnet werden muss. Verzichtet der frühere Rechtsanwalt gegenüber der Staatskasse auf eine Vergütung oder erklären beide Rechtsanwälte, dass der Staatskasse keine Mehrkosten entstehen werden, so besteht kein Grund, der begehrten Abänderung des Beiordnungsbeschlusses nicht zu entsprechen.[117] Eine ohne entsprechende Erklärung der Rechtsanwälte eingeschränkte Beiordnung „mit der Maßgabe, dass die anfallenden Gebühren aus der Staatskasse nur einmal zu erstatten sind" ist unzulässig,[118] führt aber nicht zur Unwirksamkeit der gesamten Beiordnung.[119]

Anders verhält es sich jedoch, wenn **Mehrkosten** zu befürchten sind. In diesem Fall muss die Partei konkret darlegen, aus welchem Grund der Anwaltswechsel aus Sicht der Partei notwendig geworden ist. Stellt sich heraus, dass die Partei den Anwaltswechsel verursacht hat, weil sie das Vertrauensverhältnis durch ihr eigenes sachlich nicht gerechtfertigtes und mutwilliges Verhalten zerstört hat,[120] oder dass es gänzlich an einem triftigen Grund fehlt, der auch eine vermögende Partei zu einem Anwaltswechsel veranlasst hätte,[121] besteht wegen Rechtsmissbrauchs kein Anspruch auf Beiordnung eines anderen Anwalts.

---

110 BGH, NJW-RR 1992, 189.
111 OLG Frankfurt am Main, NJW-RR 1989, 569 (570).
112 OLG Zweibrücken, NJW 1988, 570.
113 OLG Schleswig, NJW 1961, 131.
114 OLG Frankfurt am Main, NJW-RR 1989, 569 (570); OLG Brandenburg, NJOZ 2001, 1196 (1197); *Geimer* in Zöller, ZPO, § 121 Rn. 34.
115 OLG Brandenburg, NJOZ 2001, 1196 (1197).
116 OLG Celle, NJOZ 2007, 4629; OLG Nürnberg, MDR 2003, 712 (713); OLG Köln, JurBüro 1995, 534; OLG Köln, FamRZ 1992, 966 (967); *Zimmermann*, FPR 2002, 486 (494); wohl auch OLG Karlsruhe, NJOZ 2007, 4649 (4650).
117 OLG Brandenburg, NJOZ 2001, 1196 (1198); OLG Köln, JurBüro 1994, 749; OLG Karlsruhe, FamRZ 1998, 632 (633).
118 OLG Hamm, FamRZ 1995, 748.
119 OLG Schleswig, FamRZ 2009, 1613 (1614); *Motzer* in Münchener Kommentar zur ZPO, § 121 Rn. 24; a. A.: OLG Karlsruhe, NJOZ 2007, 4649 (4650).
120 BGH, NJW-RR 1992, 189.
121 OLG Celle, NJOZ 2007, 4629 (4630); OLG Karlsruhe, NJOZ 2007, 4649 (4650); OLG Brandenburg, NJOZ 2001, 1196 (1198).

III. Rechtsmittel

Auch die Entscheidungen über die Anwaltsbeiordnung unterfallen grundsätzlich § 127 ZPO. Zu beachten ist dabei, dass – wie bei allen Beschwerden – eine Anfechtung per se ausgeschlossen ist, wenn das Berufungsgericht oder das Beschwerdegericht entschieden hat, es sei denn, die Rechtsbeschwerde wurde zugelassen (§§ 567, 574 ZPO).

1. Unbeschränkte Beiordnung des von der Partei gewünschten Anwalts

Ist der **Wahlanwalt antragsgemäß beigeordnet** worden, so steht **niemandem** – nicht der Partei, dem Gegner, dem Rechtsanwalt oder der Staatskasse – ein **Beschwerderecht** in Bezug auf die Anwaltsbeiordnung zu und zwar auch unabhängig davon, ob es sich um einen Anwaltsprozess oder einen Parteiprozess handelt. Die Beschwerde der Staatskasse scheitert daran, dass ihr eine Beschwerdebefugnis gemäß § 127 Abs. 3 S. 2 ZPO nur dann zusteht, wenn Prozesskostenhilfe ohne Ratenzahlung oder Vermögenseinsatz bewilligt wurde und dies nach den persönlichen und wirtschaftlichen Verhältnissen nicht gerechtfertigt war. Eine nur auf die Anwaltsbeiordnung bezogene Beschwerde kommt daher nicht in Betracht.[122]

Hat die Partei zwar nach Antragstellung aber noch vor Beiordnung ihren Wahlanwalt **gewechselt** und wird ihr der neue Anwalt auf ihren Wunsch hin beigeordnet, so steht dem **ehemaligen Anwalt** kein Beschwerderecht zu.[123]

2. Ablehnung der Beiordnung

Wird der Partei kein oder nicht der von ihr gewünschte Wahlanwalt beigeordnet, so steht ihr dagegen die **Beschwerde** zu.[124] Der Rechtsanwalt selbst hat kein eigenes Beschwerderecht.[125]

Stellt das Beschwerdegericht im Rahmen der Prüfung der Anwaltsbeiordnung fest, dass die Voraussetzungen für die Bewilligung von Prozesskostenhilfe nach § 114 ZPO nicht vorliegen, ist fraglich, wie sich das auch hier grundsätzlich geltende **Verbot der reformatio in peius** auswirkt. Der Bundesgerichtshof hat für diesen Fall eine Berücksichtigungsfähigkeit der fehlenden Voraussetzungen des § 114 ZPO bei Beschwerdeverfahren nur die Beiordnung betreffend verneint. Insofern sieht er das Aufhebungsverfahren nach §§ 120 Abs. 4, 124 ZPO als das Mittel der Wahl an.[126]

Die Einschränkung des § 127 Abs. 2 S. 2 ZPO ist nicht auf die Ablehnung der Beiordnung entsprechend anwendbar; sie ist vielmehr so zu behandeln wie die Ablehnung der Prozesskostenhilfe mangels Bedürftigkeit oder wegen Mutwilligkeit.[127]

3. Kostenrechtliche Beschränkung der Beiordnung

Ordnet das Gericht die Beiordnung nur zu den kostenrechtlichen Bedingungen eines bezirksansässigen Rechtsanwalts an, kann der **Rechtsanwalt** dagegen **im eigenen Namen Beschwerde** erheben mit der Begründung, das Mehrkostenverbot sei nicht tangiert.[128] Für die Zulässigkeit seiner Beschwerde genügt die bloße Behauptung; ob das Gericht tatsächlich die Voraussetzungen des § 121

---

122 OLG Köln, AGS 2007, 96 – juris; KG, JurBüro 1989, 421; LG Bielefeld, Rpfleger 1987, 433; OLG Düsseldorf, FamRZ 1982, 723.
123 OLG Düsseldorf, JurBüro 1986, 298.
124 OLG Karlsruhe, FamRZ 1991, 462; OLG Köln, FamRZ 1992, 966 (967); OLG Dresden, FamRZ 2001, 634.
125 OLG Düsseldorf, JurBüro 1986, 298; KG, FamRZ 1992, 1318 (1319); *Dürbeck/Gottschalk*, Rn. 871 m. w. N.
126 BGH, NJW 2004, 3260 (3261); so auch OLG Brandenburg, FamRZ 2007, 1753 (1754).
127 BGH, NJW 2011, 2343 (2436).
128 BGH, NJW 2006, 3783.

Abs. 3 ZPO verkannt hat, ist eine Frage der Begründetheit.[129] Auch die Partei selbst ist beschwerdeberechtigt.[130]

4. Aufhebung der Beiordnung

647 Lehnt das Gericht den Antrag des Rechtsanwalts auf Entpflichtung nach § 48 Abs. 2 BRAO ab, kann dieser dagegen **sofortige Beschwerde** erheben. Hat der Aufhebungsantrag des Rechtsanwalts Erfolg, so kann die Partei – wenn sie nicht einverstanden sein sollte – dagegen Beschwerde einlegen.[131]

Gesteht man der Partei ein eigenes Antragsrecht zu, so muss ihr nach § 127 Abs. 2 S. 2 ZPO auch die Möglichkeit eingeräumt werden, gegen einen ablehnenden Beschluss Beschwerde einzulegen.[132] Wird die Beiordnung des Rechtsanwalts auf Antrag der Partei aufgehoben und zugleich ein neuer Rechtsanwalt beigeordnet, so steht dem vormaligen Rechtsanwalt kein Beschwerderecht zu, da seine bisher verdienten Gebühren davon unberührt bleiben und es keinen Anspruch des Rechtsanwalts auf Bestehenbleiben der Beiordnung trotz des entgegenstehenden Willens der Partei gibt.[133]

---

129 So auch *Fölsch*, NJW 2006, 3784.
130 OLG Frankfurt am Main, FamRZ 2008, 1355; OLG Brandenburg, FamRZ 2005, 2005; a. A.: OLG Stuttgart, FamRZ 2007, 1111; OLG Hamm, FamRZ 2004, 708.
131 KG, OLGZ 1971, 421 – juris.
132 OLG Zweibrücken, NJW 1988, 570; *Schoreit/Groß*, § 127 ZPO, Rn. 41.
133 OLG Naumburg, FamRZ 2007, 916 (917).

Teil 3 Anhang

Anlage I

Verordnung zur Durchführung des § 90 Abs. 2 Nr. 9 des Zwölften Buches Sozialgesetzbuch

Auf Grund des § 88 Abs. 4 des Bundessozialhilfegesetzes in der Fassung der Bekanntmachung vom 20. Januar 1987 (BGBl. I S. 401) wird mit Zustimmung des Bundesrates verordnet:

§ 1

Kleinere Barbeträge oder sonstige Geldwerte im Sinne des § 90 Absatz 2 Nummer 9 des Zwölften Buches Sozialgesetzbuch sind:
1. für jede in § 19 Absatz 3, § 27 Absatz 1 und 2, § 41 und § 43 Absatz 1 Satz 2 des Zwölften Buches Sozialgesetzbuch genannte volljährige Person sowie für jede alleinstehende minderjährige Person, 5.000 Euro,
2. für jede Person, die von einer Person nach Nummer 1 überwiegend unterhalten wird, 500 Euro,

Eine minderjährige Person ist alleinstehend im Sinne des Satzes 1 Nummer 1, wenn sie unverheiratet und ihr Anspruch auf Leistungen nach dem Zwölften Buch Sozialgesetzbuch nicht vom Vermögen ihrer Eltern oder eines Elternteils abhängig ist.

§ 2

(1) Der nach § 1 maßgebende Betrag ist angemessen zu erhöhen, wenn im Einzelfall eine besondere Notlage der nachfragenden Person besteht. Bei der Prüfung, ob eine besondere Notlage besteht, sowie bei der Entscheidung über den Umfang der Erhöhung sind vor allem Art und Dauer des Bedarfs sowie besondere Belastungen zu berücksichtigen.

(2) Der nach § 1 maßgebende Betrag kann angemessen herabgesetzt werden, wenn die Voraussetzungen der §§ 103 oder 94 des Gesetzes vorliegen.

§ 3

Diese Verordnung gilt nach § 14 des Dritten Überleitungsgesetzes in Verbindung mit § 136 des Zwölften Buches Sozialgesetzbuch auch im Land Berlin.

§ 4

Diese Verordnung tritt am 1. April 1988 in Kraft.

Anlage II

Verordnung zur Durchführung des § 82 des Zwölften Buches Sozialgesetzbuch

Auf Grund des § 76 Abs. 3 des Bundessozialhilfegesetzes vom 30. Juni 1961 (Bundesgesetzbl. I S. 815) verordnet die Bundesregierung mit Zustimmung des Bundesrates:

§ 1 Einkommen

Bei der Berechnung der Einkünfte in Geld oder Geldeswert, die nach § 82 Abs. 1 des Zwölften Buches Sozialgesetzbuch zum Einkommen gehören, sind alle Einnahmen ohne Rücksicht auf ihre Herkunft und Rechtsnatur sowie ohne Rücksicht darauf, ob sie zu den Einkunftsarten im Sinne des Einkommensteuergesetzes gehören und ob sie der Steuerpflicht unterliegen, zugrunde zu legen.

§ 2 Bewertung von Sachbezügen

(1) Für die Bewertung von Einnahmen, die nicht in Geld bestehen (Kost, Wohnung und sonstige Sachbezüge), sind die auf Grund des § 17 Abs. 2 des Vierten Buches Sozialgesetzbuch für die Sozialversicherung zuletzt festgesetzten Werte der Sachbezüge maßgebend; soweit der Wert der Sachbezüge nicht festgesetzt ist, sind der Bewertung die üblichen Mittelpreise des Verbrauchsortes zu Grunde zu legen. Die Verpflichtung, den notwendigen Lebensunterhalt im Einzelfall nach dem Dritten Kapitel des Zwölften Buches Sozialgesetzbuch sicherzustellen, bleibt unberührt.

(2) Absatz 1 gilt auch dann, wenn in einem Tarifvertrag, einer Tarifordnung, einer Betriebs- oder Dienstordnung, einer Betriebsvereinbarung, einem Arbeitsvertrag oder einem sonstigen Vertrag andere Werte festgesetzt worden sind.

§ 3 Einkünfte aus nichtselbstständiger Arbeit

(1) Welche Einkünfte zu den Einkünften aus nichtselbstständiger Arbeit gehören, bestimmt sich nach § 19 Abs. 1 Ziff. 1 des Einkommensteuergesetzes.

(2) Als nichtselbstständige Arbeit gilt auch die Arbeit, die in einer Familiengemeinschaft von einem Familienangehörigen des Betriebsinhabers gegen eine Vergütung geleistet wird. Wird die Arbeit nicht nur vorübergehend geleistet, so ist in Zweifelsfällen anzunehmen, dass der Familienangehörige eine Vergütung erhält, wie sie einem Gleichaltrigen für eine gleichartige Arbeit gleichen Umfangs in einem fremden Betrieb ortsüblich gewährt wird.

(3) Bei der Berechnung der Einkünfte ist von den monatlichen Bruttoeinnahmen auszugehen. Sonderzuwendungen, Gratifikationen und gleichartige Bezüge und Vorteile, die in größeren als monatlichen Zeitabständen gewährt werden, sind wie einmalige Einnahmen zu behandeln.

(4) Zu den mit der Erzielung der Einkünfte aus nichtselbstständiger Arbeit verbundenen Ausgaben im Sinne des § 82 Abs. 2 Nr. 4 des Zwölften Buches Sozialgesetzbuch gehören vor allem
1. notwendige Aufwendungen für Arbeitsmittel,
2. notwendige Aufwendungen für Fahrten zwischen Wohnung und Arbeitsstätte,
3. notwendige Beiträge für Berufsverbände,
4. notwendige Mehraufwendungen infolge Führung eines doppelten Haushalts nach näherer Bestimmung des Absatzes 7.

Ausgaben im Sinne des Satzes 1 sind nur insoweit zu berücksichtigen, als sie von dem Bezieher des Einkommens selbst getragen werden.

(5) Als Aufwendungen für Arbeitsmittel (Absatz 4 Nr. 1) kann ein monatlicher Pauschbetrag von 5,20 Euro berücksichtigt werden, wenn nicht im Einzelfall höhere Aufwendungen nachgewiesen werden.

Teil 3 Anhang **Anlage II**

(6) Wird für die Fahrt zwischen Wohnung und Arbeitsstätte (Absatz 4 Nr. 2) ein eigenes Kraftfahrzeug benutzt, gilt folgendes:
1. Wäre bei Nichtvorhandensein eines Kraftfahrzeuges die Benutzung eines öffentlichen Verkehrsmittels notwendig, so ist ein Betrag in Höhe der Kosten der tariflich günstigsten Zeitkarte abzusetzen.
2. Ist ein öffentliches Verkehrsmittel nicht vorhanden oder dessen Benutzung im Einzelfall nicht zumutbar und deshalb die Benutzung eines Kraftfahrzeuges notwendig, so sind folgende monatliche Pauschbeträge abzusetzen:
   a) bei Benutzung eines Kraftwagens 5,20 Euro,
   b) bei Benutzung eines Kleinstkraftwagens (drei- oder vierrädriges Kraftfahrzeug, dessen Motor einen Hubraum von nicht mehr als 500 ccm hat) 3,70 Euro,
   c) bei Benutzung eines Motorrades oder eines Motorrollers 2,30 Euro,
   d) bei Benutzung eines Fahrrades mit Motor 1,30 Euro
für jeden vollen Kilometer, den die Wohnung von der Arbeitsstätte entfernt liegt, jedoch für nicht mehr als 40 Kilometer. Bei einer Beschäftigungsdauer von weniger als einem Monat sind die Beträge anteilmäßig zu kürzen.

(7) Ist der Bezieher des Einkommens außerhalb des Ortes beschäftigt, an dem er einen eigenen Hausstand unterhält, und kann ihm weder der Umzug noch die tägliche Rückkehr an den Ort des eigenen Hausstandes zugemutet werden, so sind die durch Führung des doppelten Haushalts ihm nachweislich entstehenden Mehraufwendungen, höchstens ein Betrag von 130 Euro monatlich, sowie die unter Ausnutzung bestehender Tarifvergünstigungen entstehenden Aufwendungen für Fahrtkosten der zweiten Wagenklasse für eine Familienheimfahrt im Kalendermonat abzusetzen. Ein eigener Hausstand ist dann anzunehmen, wenn der Bezieher des Einkommens eine Wohnung mit eigener oder selbstbeschaffter Möbelausstattung besitzt. Eine doppelte Haushaltsführung kann auch dann anerkannt werden, wenn der Bezieher des Einkommens nachweislich ganz oder überwiegend die Kosten für einen Haushalt trägt, den er gemeinsam mit nächsten Angehörigen führt.

§ 4 Einkünfte aus Land- und Forstwirtschaft, Gewerbebetrieb und selbstständiger Arbeit

(1) Welche Einkünfte zu den Einkünften aus Land- und Forstwirtschaft, Gewerbebetrieb und selbstständiger Arbeit gehören, bestimmt sich nach § 13 Abs. 1 und 2, § 15 Abs. 1 und § 18 Abs. 1 des Einkommensteuergesetzes; der Nutzungswert der Wohnung im eigenen Haus bleibt unberücksichtigt.

(2) Die Einkünfte sind für das Jahr zu berechnen, in dem der Bedarfszeitraum liegt (Berechnungsjahr).

(3) Als Einkünfte ist bei den einzelnen Einkunftsarten ein Betrag anzusetzen, der auf der Grundlage früherer Betriebsergebnisse aus der Gegenüberstellung der im Rahmen des Betriebes im Berechnungsjahr bereits erzielten Einnahmen und geleisteten notwendigen Ausgaben sowie der im Rahmen des Betriebes im Berechnungsjahr noch zu erwartenden Einnahmen und notwendigen Ausgaben zu errechnen ist. Bei der Ermittlung früherer Betriebsergebnisse (Satz 1) kann ein durch das Finanzamt festgestellter Gewinn berücksichtigt werden.

(4) Soweit im Einzelfall geboten, kann abweichend von der Regelung des Absatzes 3 als Einkünfte ein Betrag angesetzt werden, der nach Ablauf des Berechnungsjahres aus der Gegenüberstellung der im Rahmen des Betriebes im Berechnungsjahr erzielten Einnahmen und geleisteten notwendigen Ausgaben zu errechnen ist. Als Einkünfte im Sinne des Satzes 1 kann auch der vom Finanzamt für das Berechnungsjahr festgestellte Gewinn angesetzt werden.

(5) Wird der vom Finanzamt festgestellte Gewinn nach Absatz 3 Satz 2 berücksichtigt oder nach Absatz 4 Satz 2 als Einkünfte angesetzt, so sind Absetzungen, die bei Gebäuden und sonstigen Wirtschaftsgütern durch das Finanzamt nach
1. den §§ 7, 7b und 7e des Einkommensteuergesetzes,
2. den Vorschriften des Berlinförderungsgesetzes,
3. den §§ 76, 77 und 78 Abs. 1 der Einkommensteuer-Durchführungsverordnung,

Anlage II

4. der Verordnung über Steuervergünstigungen zur Förderung des Baues von Landarbeiterwohnungen in der Fassung der Bekanntmachung vom 6. August 1974 (Bundesgesetzbl. I S. 1869)

vorgenommen worden sind, dem durch das Finanzamt festgestellten Gewinn wieder hinzuzurechnen. Soweit jedoch in diesen Fällen notwendige Ausgaben für die Anschaffung oder Herstellung der in Satz 1 genannten Wirtschaftsgüter im Feststellungszeitraum geleistet worden sind, sind sie vom Gewinn abzusetzen.

§ 5 Sondervorschrift für die Einkünfte aus Land- und Forstwirtschaft

(1) Die Träger der Sozialhilfe können mit Zustimmung der zuständigen Landesbehörde die Einkünfte aus Land- und Forstwirtschaft abweichend von § 4 nach § 7 der Dritten Verordnung über Ausgleichsleistungen nach dem Lastenausgleichsgesetz (3. LeistungsDV-LA) berechnen; der Nutzungswert der Wohnung im eigenen Haus bleibt jedoch unberücksichtigt.

(2) Von der Berechnung der Einkünfte nach Absatz 1 ist abzusehen,
1. wenn sie im Einzelfall offenbar nicht den besonderen persönlichen oder wirtschaftlichen Verhältnissen entspricht oder
2. wenn der Bezieher der Einkünfte zur Einkommensteuer veranlagt wird, es sei denn, dass der Gewinn auf Grund von Durchschnittssätzen ermittelt wird.

§ 6 Einkünfte aus Kapitalvermögen

(1) Welche Einkünfte zu den Einkünften aus Kapitalvermögen gehören, bestimmt sich nach § 20 Abs. 1 bis 3 des Einkommensteuergesetzes.

(2) Als Einkünfte aus Kapitalvermögen sind die Jahresroheinnahmen anzusetzen, vermindert um die Kapitalertragsteuer sowie um die mit der Erzielung der Einkünfte verbundenen notwendigen Ausgaben (§ 82 Abs. 2 Nr. 4 des Zwölften Buches Sozialgesetzbuch).

(3) Die Einkünfte sind auf der Grundlage der vor dem Berechnungsjahr erzielten Einkünfte unter Berücksichtigung der im Berechnungsjahr bereits eingetretenen und noch zu erwartenden Veränderungen zu errechnen. Soweit im Einzelfall geboten, können hiervon abweichend die Einkünfte für das Berechnungsjahr auch nachträglich errechnet werden.

§ 7 Einkünfte aus Vermietung und Verpachtung

(1) Welche Einkünfte zu den Einkünften aus Vermietung und Verpachtung gehören, bestimmt sich nach § 21 Abs. 1 und 3 des Einkommensteuergesetzes.

(2) Als Einkünfte aus Vermietung und Verpachtung ist der Überschuss der Einnahmen über die mit ihrer Erzielung verbundenen notwendigen Ausgaben (§ 82 Abs. 2 Nr. 4 des Zwölften Buches Sozialgesetzbuch) anzusetzen; zu den Ausgaben gehören
1. Schuldzinsen und dauernde Lasten,
2. Steuern vom Grundbesitz, sonstige öffentliche Abgaben und Versicherungsbeiträge,
3. Leistungen auf die Hypothekengewinnabgabe und die Kreditgewinnabgabe, soweit es sich um Zinsen nach § 211 Abs. 1 Nr. 2 des Lastenausgleichsgesetzes handelt,
4. der Erhaltungsaufwand,
5. sonstige Aufwendungen zur Bewirtschaftung des Haus- und Grundbesitzes, ohne besonderen Nachweis Aufwendungen in Höhe von 1 vom Hundert der Jahresroheinnahmen.

Zum Erhaltungsaufwand im Sinne des Satzes 1 Nr. 4 gehören die Ausgaben für Instandsetzung und Instandhaltung, nicht jedoch die Ausgaben für Verbesserungen; ohne Nachweis können bei Wohngrundstücken, die vor dem 1. Januar 1925 bezugsfähig geworden sind, 15 vom Hundert, bei Wohngrundstücken, die nach dem 31. Dezember 1924 bezugsfähig geworden sind, 10 vom Hundert der Jahresroheinnahmen als Erhaltungsaufwand berücksichtigt werden.

(3) Die in Absatz 2 genannten Ausgaben sind von den Einnahmen insoweit nicht abzusetzen, als sie auf den vom Vermieter oder Verpächter selbst genutzten Teil des vermieteten oder verpachteten Gegenstandes entfallen.

(4) Als Einkünfte aus der Vermietung von möblierten Wohnungen und von Zimmern sind anzusetzen
bei möblierten Wohnungen 80 vom Hundert,
bei möblierten Zimmern 70 vom Hundert,
bei Leerzimmern 90 vom Hundert
der Roheinnahmen. Dies gilt nicht, wenn geringere Einkünfte nachgewiesen werden.

(5) Die Einkünfte sind als Jahreseinkünfte, bei der Vermietung von möblierten Wohnungen und von Zimmern jedoch als Monatseinkünfte zu berechnen. Sind sie als Jahreseinkünfte zu berechnen, gilt § 6 Abs. 3 entsprechend.

§ 8 Andere Einkünfte

(1) Andere als die in den §§ 3, 4, 6 und 7 genannten Einkünfte sind, wenn sie nicht monatlich oder wenn sie monatlich in unterschiedlicher Höhe erzielt werden, als Jahreseinkünfte zu berechnen. Zu den anderen Einkünften im Sinne des Satzes 1 gehören auch die in § 19 Abs. 1 Ziff. 2 des Einkommensteuergesetzes genannten Bezüge sowie Renten und sonstige wiederkehrende Bezüge. § 3 Abs. 3 gilt entsprechend.

(2) Sind die Einkünfte als Jahreseinkünfte zu berechnen, gilt § 6 Abs. 3 entsprechend.

§ 9 Einkommensberechnung in besonderen Fällen

Ist der Bedarf an Sozialhilfe einmalig oder nur von kurzer Dauer und duldet die Entscheidung über die Hilfe keinen Aufschub, so kann der Träger der Sozialhilfe nach Anhörung des Beziehers des Einkommens die Einkünfte schätzen.

§ 10 Verlustausgleich

Ein Verlustausgleich zwischen einzelnen Einkunftsarten ist nicht vorzunehmen. In Härtefällen kann jedoch die gesamtwirtschaftliche Lage des Beziehers des Einkommens berücksichtigt werden.

§ 11 Maßgebender Zeitraum

(1) Soweit die Einkünfte als Jahreseinkünfte berechnet werden, gilt der zwölfte Teil dieser Einkünfte zusammen mit den monatlich berechneten Einkünften als monatliches Einkommen im Sinne des Zwölften Buches Sozialgesetzbuch. § 8 Abs. 1 Satz 3 geht der Regelung des Satzes 1 vor.

(2) Ist der Betrieb oder die sonstige Grundlage der als Jahreseinkünfte zu berechnenden Einkünfte nur während eines Teils des Jahres vorhanden oder zur Einkommenserzielung genutzt, so sind die Einkünfte aus der betreffenden Einkunftsart nur für diesen Zeitraum zu berechnen; für ihn gilt als monatliches Einkommen im Sinne des Zwölften Buches Sozialgesetzbuch derjenige Teil der Einkünfte, der der Anzahl der in den genannten Zeitraum fallenden Monate entspricht. Satz 1 gilt nicht für Einkünfte aus Saisonbetrieben und andere ihrer Natur nach auf einen Teil des Jahres beschränkte Einkünfte, wenn die Einkünfte den Hauptbestandteil des Einkommens bilden.

Anlage II

§ 12 Ausgaben nach § 82 Abs. 2 Nr. 1 bis 3 des Zwölften Buches Sozialgesetzbuch

Die in § 82 Abs. 2 Nr. 1 bis 3 des Zwölften Buches Sozialgesetzbuch bezeichneten Ausgaben sind von der Summe der Einkünfte abzusetzen, soweit sie nicht bereits nach den Bestimmungen dieser Verordnung bei den einzelnen Einkunftsarten abzuziehen sind.

§ 13

(weggefallen)

§ 14 Inkrafttreten

Diese Verordnung tritt am 1. Januar 1963 in Kraft.

Teil 3 Anhang

Anlage III

Anlage III

Verordnung zur Verwendung von Formularen im Bereich der Beratungshilfe (Beratungshilfeformularverordnung – BerHFV)

Vom 2. Januar 2014

Auf Grund des § 11 des Beratungshilfegesetzes vom 18. Juni 1980 (BGBl. I S. 689), der zuletzt durch Artikel 2 Nummer 9 des Gesetzes vom 31. August 2013 (BGBl. I S. 3533) geändert worden ist, in Verbindung mit § 1 Absatz 2 des Zuständigkeitsanpassungsgesetzes vom 16. August 2002 (BGBl. I S. 3165) und dem Organisationserlass vom 17. Dezember 2013 (BGBl. I S. 4310) verordnet das Bundesministerium der Justiz und für Verbraucherschutz:

§ 1 Formulare

Im Bereich der Beratungshilfe sind zu verwenden:
1. vom Rechtsuchenden für den Antrag auf Gewährung von Beratungshilfe das in Anlage 1 bestimmte Formular mit Hinweisblatt, falls der Rechtsuchende eine natürliche Person ist und den Antrag nicht mündlich stellt,
2. von der Beratungsperson für ihren Antrag auf Zahlung einer Vergütung das in Anlage 2 bestimmte Formular.

§ 2 Vereinfachter Antrag

Ein Rechtsuchender, der nach dem Zwölften Buch Sozialgesetzbuch laufende Leistungen zum Lebensunterhalt bezieht, muss die Abschnitte C bis G des Formulars nach § 1 Nummer 1 vorbehaltlich einer anderweitigen Anordnung des Amtsgerichts nicht ausfüllen, wenn er der Erklärung den zum Zeitpunkt der Antragstellung gültigen Bewilligungsbescheid des Sozialamts beifügt.

§ 3 Zulässige Abweichungen

(1) In Abweichung von den Formularen nebst Hinweisblatt, die in den Anlagen 1 und 2 bestimmt sind, sind Ergänzungen oder Änderungen zulässig, die auf einer Änderung von Rechtsvorschriften beruhen, insbesondere die Berücksichtigung von Änderungen der Beträge für die kleineren Barbeträge (Feld F der Ausfüllhinweise des Hinweisblatts zum in Anlage 1 bestimmten Formular).

(2) Die Länder dürfen Änderungen und Anpassungen von den in den Anlagen 1 und 2 bestimmten Formularen zulassen, die es, ohne den Inhalt zu verändern oder dessen Verständnis zu erschweren, ermöglichen, das Formular in elektronischer Form auszufüllen und dem bearbeitenden Gericht als strukturierten Datensatz zu übermitteln. Diese Befugnis kann durch Verwaltungsabkommen auf eine zentrale Stelle übertragen werden.

§ 4 Inkrafttreten, Außerkrafttreten

Diese Verordnung tritt am Tag nach der Verkündung in Kraft. Gleichzeitig tritt die Beratungshilfevordruckverordnung vom 17. Dezember 1994 (BGBl. I S. 3839), die zuletzt durch Artikel 15 des Gesetzes vom 30. Juli 2004 (BGBl. I S. 2014) geändert worden ist, außer Kraft.

Der Bundesrat hat zugestimmt.

Anlage 1 Vordruck für den Antrag auf Beratungshilfe nebst Ausfüllhinweisen
Anlage 2 Vordruck für den Antrag des Rechtsanwalts auf Zahlung einer Vergütung

Anlage III Teil 3 Anhang

Hinweis der Autoren:
Die o. g. Anlagen der BerHFV sind Teil der Verordnung, werden in diesem Handbuch jedoch eigenständig als Anlage IV und Anlage V geführt.

Teil 3 Anhang

Anlage IV

Anlage IV

Hinweisblatt zum Antrag auf Beratungshilfe

Allgemeine Hinweise

Wozu Beratungshilfe?
Bürgerinnen und Bürger mit geringem Einkommen können Beratungshilfe bekommen, um sich rechtlich beraten und, soweit erforderlich, vertreten zu lassen. Beratungshilfe kann auf allen Rechtsgebieten erteilt werden. Näheres erfahren Sie bei den Gerichten und den Rechtsanwältinnen/Rechtsanwälten sowie den sonstigen Beratungspersonen.

Wer erhält Beratungshilfe, was sind die Voraussetzungen dafür?
Beratungshilfe erhält, wer nach seinen persönlichen und wirtschaftlichen Verhältnissen die für eine Beratung oder Vertretung erforderlichen **Mittel nicht aufbringen kann**. Dies sind in der Regel Personen, die laufende Leistungen zum Lebensunterhalt nach dem Zwölften Buch Sozialgesetzbuch („Sozialhilfe") beziehen. Aber auch bei anderen Personen mit geringem Einkommen können die Voraussetzungen dafür vorliegen. Nähere Auskünfte erteilen ggfs. die Amtsgerichte und die Beratungspersonen.
Es darf Ihnen zudem **keine andere Möglichkeit zur** kostenlosen **Beratung und/oder Vertretung** in der von Ihnen genannten Angelegenheit zur Verfügung stehen (wie z. B. in der Regel als Mitglied in einer Gewerkschaft, einem Mieterverein oder wenn Sie eine Rechtsschutzversicherung abgeschlossen haben). Es darf Ihnen in **derselben Angelegenheit** auch **nicht bereits Beratungshilfe bewilligt** oder vom Gericht versagt worden sein. Ob es sich um dieselbe Angelegenheit handelt, muss ggf. im Einzelfall beurteilt werden.
Da die Beratungshilfe für die Wahrnehmung von Rechten außerhalb eines gerichtlichen Verfahrens gewährt wird, darf in derselben Angelegenheit **kein gerichtliches Verfahren anhängig** sein. Dazu gehört z. B. auch ein Streitschlichtungsverfahren vor einer Gütestelle, das in einigen Ländern vor Erhebung einer Klage durchgeführt werden muss (obligatorisches Güteverfahren nach § 15a des Gesetzes betreffend die Einführung der Zivilprozessordnung). Wer sich in einem gerichtlichen Verfahren vertreten lassen möchte, kann Prozesskosten- beziehungsweise Verfahrenskostenhilfe bekommen.
Des Weiteren darf die beabsichtigte Inanspruchnahme der Beratungshilfe nicht mutwillig sein. Sie ist dann **nicht mutwillig**, wenn Sie nicht von Beratung absehen würden, wenn Sie die Kosten selbst tragen müssten.
Erforderlich ist ein **Antrag**, der mündlich oder schriftlich gestellt werden kann. Für einen schriftlichen Antrag ist das anhängende Formular zu benutzen. Sie können den Antrag bei dem Amtsgericht stellen oder Sie können unmittelbar eine der unten genannten Beratungspersonen Ihrer Wahl mit der Bitte um Beratungshilfe aufsuchen. **In diesen Fällen muss der Antrag binnen 4 Wochen nach Beratungsbeginn beim Amtsgericht eingehen, sonst wird der Antrag auf Beratungshilfe abgelehnt.**
Liegen die Voraussetzungen für die Gewährung von Beratungshilfe vor, stellt das Amtsgericht, sofern es nicht selbst die Beratung vornimmt, Ihnen einen **Berechtigungsschein für Beratungshilfe** durch eine Beratungsperson Ihrer Wahl aus. Gegen einen Beschluss des Amtsgerichts, durch den Ihr Antrag zurückgewiesen wird, ist der nicht befristete Rechtsbehelf der Erinnerung statthaft. Das bedeutet, dass Sie dem Gericht schriftlich darlegen können, warum Sie mit der Entscheidung nicht einverstanden sind.

Wer gewährt Beratungshilfe?
Die Beratungshilfe gewähren zum einen die **Beratungspersonen** (Rechtsanwältinnen und Rechtsanwälte sowie in Kammern zugelassene Rechtsbeistände, in steuerrechtlichen Angelegenheiten auch Steuerberater und Wirtschaftsprüfer; in Rentenangelegenheiten auch Rentenberater). Besondere **anwaltliche Beratungsstellen**, die aufgrund einer Vereinbarung mit den Landesjustizverwaltungen eingerichtet wor-

399

Anlage IV

den sind, gewähren ebenfalls Beratungshilfe. Sie alle sind – außer in besonderen Ausnahmefällen – zur Beratungshilfe verpflichtet.
Auch das **Amtsgericht** gewährt direkt Beratungshilfe. Es erteilt eine sofortige Auskunft, soweit Ihrem Anliegen dadurch entsprochen werden kann. Das Amtsgericht weist auch auf andere Möglichkeiten der Hilfe hin. Im Übrigen nimmt es Ihren Antrag auf Beratungshilfe oder Ihre Erklärung auf und stellt ggf. einen Berechtigungsschein aus.

Was kostet mich die Beratungshilfe?
Wird die Beratungshilfe nicht bereits durch das Amtsgericht selbst, sondern durch eine Beratungsperson gewährt, so haben Sie an die Beratungsperson 15 Euro zu bezahlen. Die Beratungsperson kann auf diese Gebühr auch verzichten. Alle übrigen Kosten der Beratungshilfe trägt in aller Regel die Landeskasse.
Weitergehende Gebühren können auf Sie zukommen, wenn das Amtsgericht Ihren Antrag auf Beratungshilfe **ablehnt, nachdem eine Beratung bereits erfolgt ist**, oder die Bewilligung von Beratungshilfe wieder **aufgehoben** wird. In diesen Fällen müssen Sie die Kosten für die Beratungshilfe tragen. Nähere Auskünfte dazu erteilen ggfs. die Amtsgerichte und die Beratungspersonen.
Weitere Kosten können auch auf Sie zukommen, wenn Sie infolge der Beratung durch Beratungshilfe etwas erlangt haben. Die Beratungsperson kann dann den Antrag stellen, dass die Beratungshilfe aufgehoben wird und von Ihnen die vorher mit Ihnen für diesen Fall vereinbarten Gebühren verlangen. Darauf müssen Sie aber im Vorwege bei der Mandatsübernahme von der Beratungsperson schriftlich **hingewiesen** werden.

Was ist bei der Antragstellung zu beachten?
Lesen Sie bitte das Antragformular sorgfältig durch und füllen Sie es gewissenhaft aus. Sie finden auf der nächsten Seite Hinweise, die Ihnen die Beantwortung der Fragen erleichtern sollen. Wenn Sie beim Ausfüllen Schwierigkeiten haben, wird Ihnen das Amtsgericht oder Ihre Beratungsperson behilflich sein.
Sollte der Raum im Antragsformular nicht ausreichen, können Sie Angaben auf einem gesonderten Blatt machen. Bitte weisen Sie in dem betreffenden Feld auf das beigefügte Blatt hin.
Da die Mittel für Beratungshilfe von der Allgemeinheit durch Steuern aufgebracht werden, muss das Gericht prüfen, ob Sie Anspruch darauf haben. Das Formular soll diese Prüfung erleichtern. Haben Sie daher bitte Verständnis dafür, dass Sie Ihre persönlichen und wirtschaftlichen Verhältnisse darlegen müssen.

Wichtig:
Bitte fügen Sie alle notwendigen <u>Belege</u> (insbesondere über Ihr Einkommen, Ihr Vermögen und Ihre Belastungen) in Kopie bei. Sie ersparen sich Rückfragen, die das Verfahren verzögern. Antworten Sie wahrheitsgemäß und vollständig, sonst kann schon bewilligte Beratungshilfe wieder aufgehoben werden und Sie müssen die angefallenen Kosten nachzahlen.
Das Gericht kann Sie auch auffordern, fehlende Belege nachzureichen und Ihre Angaben an Eides statt zu versichern. Wenn Sie angeforderte Belege nicht nachreichen, kann dies dazu führen, dass Ihr Antrag auf Bewilligung von Beratungshilfe zurückgewiesen wird. Bei bewusst falschen oder unvollständigen Angaben droht Ihnen außerdem strafrechtliche Verfolgung.

Ausfüllhinweise

A Geben Sie bitte an, was vorgefallen ist und weshalb Sie beraten werden wollen. Stellen Sie dazu den **Sachverhalt** kurz dar und geben Sie gegebenenfalls Name und Anschrift Ihres Gegners an.

B **Rechtsschutzversicherung:** Sollten Sie eine Rechtsschutzversicherung haben, klären Sie bitte vorher mit Ihrer Versicherung, ob diese für die Kosten aufkommt. Beratungshilfe kann nur bewilligt werden, wenn dies vorab geklärt ist (bitte fügen Sie das Schreiben der Rechtsschutzversicherung ggf. bei).
Anderweitige Möglichkeit der Beratung/Vertretung: Organisationen wie zum Beispiel Mietervereine oder Gewerkschaften bieten für ihre Mitglieder in der Regel kostenlose Beratung und Vertretung. Dann haben Sie in der Regel keinen

Teil 3 Anhang **Anlage IV**

Anspruch auf Beratungshilfe. Wenn Sie diese Möglichkeit für nicht ausreichend halten, begründen Sie dies bitte auf einem gesonderten Blatt.
Bisherige Bewilligung von Beratungshilfe: Wurde Ihnen Beratungshilfe in derselben Angelegenheit zu einem früheren Zeitpunkt bereits bewilligt, muss Ihr Antrag abgelehnt werden. Wenn bezüglich einer bereits bewilligten Beratungshilfe Zweifel bestehen könnten, ob es sich um die dieselbe Angelegenheit handelt, geben Sie bitte auf einem gesonderten Blatt das Datum der damaligen Bewilligung, den Namen und die Anschrift der Beratungsperson an und benennen Sie die Gründe, weshalb Sie erneut Beratungshilfe beantragen.
Anhängiges gerichtliches Verfahren: Beratungshilfe kann nur bewilligt werden, wenn in derselben Angelegenheit kein gerichtliches Verfahren geführt wurde oder wird. Dies müssen Sie auch ausdrücklich versichern. Wenn bezüglich eines anhängigen oder durchgeführten Gerichtsverfahrens Zweifel bestehen könnten, geben Sie bitte auf einem gesonderten Blatt das zuständige Gericht und das dortige Aktenzeichen an und benennen Sie kurz die Gründe, warum es sich nicht um dieselbe Angelegenheit handelt.

C Als **Bruttoeinkommen** geben Sie hier bitte alle Ihre Einkünfte in Geld oder Geldeswert an, insbesondere
  – Lohn, Gehalt (auch Weihnachtsgeld und Urlaubsgeld), Arbeitslosengeld, Einkünfte aus selbständiger Arbeit, Renten,
  – Einkünfte aus Vermietung oder Verpachtung, Einkünfte aus Kapitalvermögen,
  – Unterhaltsleistungen,
  – Kindergeld, Wohngeld, Ausbildungsförderung.

Als **Nettoeinkommen** gilt der Betrag, der zur Verfügung steht, nachdem alle nötigen Leistungen abgezogen wurden, insbesondere
  – die auf das Einkommen zu entrichtenden Steuern,
  – Pflichtbeiträge zur Sozialversicherung (Renten-, Kranken-, Pflege-, Arbeitslosenversicherung),
  – Beiträge zu sonstigen Versicherungen wie z. B. eine sogenannte Riester-Altersvorsorge (bitte auf einem gesonderten Blatt erläutern),
  – Werbungskosten (notwendige Aufwendungen für Erwerb Sicherung und Erhalt der Einnahmen, zum Beispiel Berufskleidung, Gewerkschaftsbeitrag, Kosten für die Fahrt zur Arbeit).

Maßgebend ist in der Regel der letzte Monat vor der Antragstellung; bei Einkünften aus selbständiger Arbeit sowie bei unregelmäßig anfallenden Einkünften ist jedoch ein Zwölftel der voraussichtlichen Jahreseinkünfte anzugeben. Das Einkommen des Ehegatten oder eingetragenen Lebenspartners bzw. der Ehegattin oder eingetragenen Lebenspartnerin ist anzugeben, weil er oder sie unter Umständen als unterhaltsverpflichtete Person in wichtigen und dringenden Angelegenheiten für die Kosten der Inanspruchnahme einer Beratungsperson aufkommen muss.
Fügen Sie bitte für alle Angaben Belege bei, zum Beispiel Lohn- oder Gehaltsabrechnungen, einen Bewilligungsbescheid nach dem Zweiten Buch Sozialgesetzbuch mit Berechnungsbogen, oder wenn Sie selbstständig sind, bitte den letzten Steuerbescheid.

D Die **Kosten für Ihre Unterkunft** werden berücksichtigt, soweit sie nicht in einem auffälligen Missverhältnis zu Ihren Lebensverhältnissen stehen. Für die monatlichen Wohnkosten geben Sie bitte bei Mietwohnungen die Miete nebst Heizungs- und Nebenkosten (das sind die auf den Mieter umgelegten Betriebskosten) an. Stromkosten (soweit es sich nicht um Heizkosten handelt) und Kosten für Telefon gehören dagegen nicht zu den Wohnkosten. Bei Wohneigentum geben Sie bitte die Zins- und Tilgungsraten auf Darlehen/Hypotheken/Grundschulden nebst Heizungs- und Betriebskosten an.

E Es liegt in Ihrem Interesse anzugeben, welchen Personen Sie **Unterhalt gewähren** und ob diese eigene Einkünfte haben. Denn die Unterhaltsleistung wird berücksichtigt, wenn Sie zu dieser gesetzlich verpflichtet sind. Wenn Sie den Unterhalt nicht ausschließlich durch Zahlung gewähren (beispielsweise weil ein Kind nicht nur Zahlungen von Ihnen erhält, sondern ganz oder teilweise bei Ihnen wohnt und versorgt wird), lassen Sie diese Spalte bitte frei. Es wird dann für jeden Angehörigen ein gesetzlich festgelegter Unterhaltsfreibetrag angesetzt.

Anlage IV

Teil 3 Anhang

F   Geben Sie bitte zunächst alle Bankkonten an, die Ihnen, Ihrem Ehegatten/eingetragenen Lebenspartner bzw. Ihrer Ehegattin/eingetragenen Lebenspartnerin jeweils alleine oder gemeinsam gehören. Diese Angaben sind auch bei fehlendem Guthaben erforderlich, da die Kontostände ggfs. mit anderen Vermögenswerten aufgerechnet werden können. Beratungshilfe kann auch dann bewilligt werden, wenn zwar **Vermögenswerte** vorhanden sind, diese aber zur Sicherung einer angemessenen Lebensgrundlage oder einer angemessenen Vorsorge dienen. Solche Vermögenswerte sind zum Beispiel
– ein selbst genutztes angemessenes Hausgrundstück (Familienheim),
– ein von Ihnen oder der Familie genutztes angemessenes Kraftfahrzeug, sofern dieses für die Berufsausbildung oder die Berufsausübung benötigt wird,
– kleinere Barbeträge oder Geldwerte (Beträge bis insgesamt 5.000 Euro für Sie persönlich zuzüglich 500 Euro für jede Person, der Sie Unterhalt gewähren, sind in der Regel als ein solcher kleinerer Betrag anzusehen),
– Hausrat und Kleidung sowie Gegenstände, die für die Berufsausbildung oder die Berufsausübung benötigt werden (diese müssen Sie nur angeben, wenn sie über das Übliche hinausgehen oder wertvoll sind),
– der angesparte Betrag einer sogenannten Riester-Altersvorsorge.
Sollte der Einsatz oder die Verwertung eines anderen Vermögensgegenstandes für Sie und Ihre Familie eine Härte bedeuten, erläutern Sie dies bitte auf einem gesonderten Blatt.

G   **Zahlungsverpflichtungen** und sonstige **besondere Belastungen** können berücksichtigt werden, soweit dies angemessen ist. Unter **Zahlungsverpflichtungen** fallen insbesondere Kreditraten, sofern sie tatsächlich getilgt werden. Sonstige **besondere Belastungen** können zum Beispiel zusätzliche ärztliche Behandlungskosten, Aufwendungen für außerschulische Lernförderung, BAföG-Darlehensraten oder Mehrausgaben für einen behinderten Angehörigen sein. Auch eine Unterhaltsbelastung des Ehegatten oder eingetragenen Lebenspartners bzw. der Ehegattin oder eingetragenen Lebenspartnerin aus seiner bzw. ihrer früheren Ehe oder eingetragenen Lebenspartnerschaft kann hier angegeben werden. Bitte fügen Sie sowohl für die geltend gemachte Zahlungsverpflichtung oder sonstige Belastung als auch für die Zahlungen, die Sie leisten, und die Restschuld Belege bei (z. B. Kopie des Kreditvertrags, Kopien der Kontoauszüge o. Ä.).
Wenn Sie Leistungen nach dem Zweiten oder Zwölften Buch Sozialgesetzbuch erhalten und sich in einer besonderen Lebenssituation befinden, werden die bei Ihnen **anerkannten Mehrbedarfe** gemäß § 21 SGB II oder § 30 SGB XII ebenfalls als besondere Belastung berücksichtigt. Beispiele hierfür sind:
– Feststellung des Merkzeichens G und Erreichen der Altersgrenze/volle Erwerbsminderung
– Werdende Mütter nach der 12. Schwangerschaftswoche
– Alleinerziehende Personen, die mit einem oder mehreren minderjährigen Kindern zusammenleben
– Behinderte Personen, denen bestimmte Leistungen gem. SGB XII zuerkannt werden
– Personen, die medizinisch bedingt einer kostenaufwändigen Ernährung bedürfen
– Dezentrale Warmwasserversorgung
– Unabweisbarer laufender Mehraufwand.
Weisen Sie auf die anerkannten Mehrbedarfe aufgrund Ihrer besonderen Lebenssituation bitte ggf. hin. Angaben zu Zahlungen dafür sind in diesen Fällen nicht erforderlich.

Teil 3 Anhang

Anlage IV

An das

Amtsgericht ....

....
Postleitzahl, Ort

Geschäftsnummer des Amtsgerichts
Diese Felder sind nicht vom Antragsteller auszufüllen.

Eingangsstempel des Amtsgerichts:

Antrag auf Bewilligung von Beratungshilfe

Antragsteller (Name, Vorname, ggf. Geburtsname)	Beruf, Erwerbstätigkeit	Geburtsdatum	Familienstand

Anschrift (Straße, Hausnummer, Postleitzahl, Wohnort)	Tagsüber telefonisch erreichbar unter Nummer

A Ich beantrage Beratungshilfe in folgender Angelegenheit (bitte Sachverhalt kurz erläutern):

B
- ☐ In der vorliegenden Angelegenheit tritt keine Rechtsschutzversicherung ein.
- ☐ In dieser Angelegenheit besteht für mich nach meiner Kenntnis keine andere Möglichkeit, kostenlose Beratung und Vertretung in Anspruch zu nehmen.
- ☐ In dieser Angelegenheit ist mir bisher Beratungshilfe weder bewilligt noch versagt worden.
- ☐ In dieser Angelegenheit wird oder wurde von mir bisher kein gerichtliches Verfahren geführt.

Wichtig: Wenn Sie nicht alle diese Kästchen ankreuzen können, kann Beratungshilfe nicht bewilligt werden. Eine Beantwortung der weiteren Fragen ist dann _nicht_ erforderlich.

Wenn Sie laufende Leistungen zum Lebensunterhalt nach dem Zwölften Buch Sozialgesetzbuch („Sozialhilfe") beziehen und den derzeit gültigen Bescheid einschließlich des Berechnungsbogens des Sozialamtes beifügen, müssen Sie keine Angaben zu den Feldern C bis G machen, es sei denn, das Gericht ordnet dies ganz oder teilweise an. Wenn Sie dagegen Leistungen nach dem Zweiten Buch Sozialgesetzbuch („Arbeitslosengeld II") beziehen, müssen Sie die Felder ausfüllen.

C Ich habe monatliche Einkünfte in Höhe von brutto ....EUR, netto .... EUR.

☐ Mein Ehegatte/meine Ehegattin bzw. mein eingetragener Lebenspartner/meine eingetragene Lebenspartnerin hat monatliche Einkünfte von netto ....EUR.

D Meine Wohnung hat eine Größe von .... m². Die Wohnkosten betragen monatlich insgesamt ....EUR. Ich zahle davon .... EUR.
Ich bewohne diese Wohnung ☐ allein / ☐ mit .... weiteren Person(en).

E

	Welchen Angehörigen gewähren Sie Unterhalt? Unterhalt kann in Form von Geldzahlungen, aber auch durch Gewährung von Unterkunft, Verpflegung etc. erfolgen. Bitte nennen Sie hier Name, Vorname dieser Angehörigen (Anschrift nur, wenn sie von Ihrer Anschrift abweicht)	Geburts-datum	Familienverhältnis des Angehörigen zu Ihnen (z. B. Ehegatte, Kind)	Wenn Sie den Unterhalt ausschließlich durch Zahlung leisten Ich zahle mtl. EUR:	Hat dieser Angehörige eigene Einnahmen? (z. B. Ausbildungsvergütung, Unterhaltszahlung vom anderen Elternteil)	
1					nein ☐	ja, mtl. EUR netto:
2					nein ☐	ja, mtl. EUR netto:
3					nein ☐	ja, mtl. EUR netto:
4					nein ☐	ja, mtl. EUR netto:

Anlage IV

Teil 3 Anhang

F Bankkonten/Grundeigentum/Kraftfahrzeuge/Bargeld/Vermögenswerte

Bitte geben Sie unter „Eigentümer/Inhaber" an, wem dieser Gegenstand gehört: A = mir allein, B = meinem Ehegatten/eingetragenen Lebenspartner allein bzw. meiner Ehegattin/meiner eingetragenen Lebenspartnerin allein, C = meinem Ehegatten/eingetragenen Lebenspartner bzw. meiner Ehegattin/eingetragenen Lebenspartnerin und mir gemeinsam

	Inhaber:		
Giro-, Sparkonten und andere Bankkonten, Bausparkonten, Wertpapiere ☐ Nein ☐ Ja	☐ A ☐ B ☐ C	Bezeichnung der Bank, Sparkasse/des sonstigen Kreditinstituts; bei Bausparkonten Auszahlungstermin und Verwendungszweck:	Kontostand in EUR:
Grundeigentum (zum Beispiel Grundstück, Familienheim, Wohnungseigentum, Erbbaurecht) ☐ Nein ☐ Ja	Eigentümer: ☐ A ☐ B ☐ C	Bezeichnung nach Lage, Größe, Nutzungsart:	Verkehrswert in EUR:
Kraftfahrzeuge ☐ Nein ☐ Ja	Eigentümer: ☐ A ☐ B ☐ C	Fahrzeugart, Marke, Typ, Bau-, Anschaffungsjahr, km-Stand:	Verkehrswert in EUR:
Sonstige Vermögenswerte (zum Beispiel Kapitallebensversicherung, Bargeld, Wertgegenstände, Forderungen, Anspruch aus Zugewinnausgleich) ☐ Nein ☐ Ja	Inhaber: ☐ A ☐ B ☐ C	Bezeichnung des Gegenstands:	Rückkaufswert oder Verkehrswert in EUR:

G Zahlungsverpflichtungen und sonstige besondere Belastungen

Haben Sie oder Ihr Ehegatte/eingetragener Lebenspartner bzw. Ihre Ehegattin/eingetragene Lebenspartnerin Zahlungsverpflichtungen?
☐ Nein ☐ Ja

Verbindlichkeit (z. B. „Kredit")	Gläubiger (z.B. „Sparkasse")	Verwendungszweck:	Raten laufen bis:	Restschuld EUR:	Ich zahle darauf mtl. EUR:	Ehegatte/eingetr. Lebenspartner bzw. Ehegattin/ eingetr. Lebenspartnerin zahlt darauf mtl. EUR:

Teil 3 Anhang

Anlage IV

Haben Sie oder Ihr Ehegatte/eingetragener Lebenspartner bzw. Ihre Ehegattin/eingetragene Lebenspartnerin sonstige besondere Belastungen? ☐ Nein ☐ Ja		
Art der Belastung und Begründung dafür:	Ich zahle dafür mtl. EUR:	Ehegatte/eingetr. Lebenspartner bzw. Ehegattin/ eingetr. Lebenspartnerin zahlt mtl. EUR:

Ich habe mich unmittelbar an eine Beratungsperson gewandt. Die Beratung und/oder Vertretung hat erstmals am
....stattgefunden.

Name und Anschrift der Beratungsperson (ggf. Stempel):

....

Ich versichere, dass mir in derselben Angelegenheit Beratungshilfe weder gewährt noch durch das Gericht versagt worden ist und dass in derselben Angelegenheit kein gerichtliches Verfahren anhängig ist oder war.

Ich versichere, dass meine Angaben vollständig und wahr sind. Die Allgemeinen Hinweise und die Ausfüllhinweise zu diesem Formular habe ich erhalten.

Mir ist bekannt, dass das Gericht verlangen kann, dass ich meine Angaben glaubhaft mache und insbesondere auch die Abgabe einer Versicherung an Eides statt fordern kann.

Mir ist bekannt, dass unvollständige oder unrichtige Angaben die Aufhebung der Bewilligung von Beratungshilfe und ggf. auch eine Strafverfolgung nach sich ziehen können.

Ort, Datum	Unterschrift des Antragstellers/der Antragstellerin

Dieses Feld ist nicht vom Antragsteller auszufüllen.

Belege zu folgenden Angaben haben mir vorgelegen:
☐ Bewilligungsbescheid für laufende Leistungen zum Lebensunterhalt nach SGB XII
☐ Einkünfte
☐ Wohnkosten
☐ Sonstiges:

Ort, Datum	Unterschrift des Rechtspflegers/der Rechtspflegerin

Anlage V

Teil 3 Anhang

Anlage V

Antragsteller
(Stempel des Rechtsanwalts/
der Rechtsanwältin
oder sonstigen Beratungsperson)

Geschäftsnummer des Amtsgerichts
(Berechtigungsschein)

Amtsgericht _____

Postleitzahl, Ort

Eingangsstempel des Amtsgerichts

Ich habe Beratungshilfe gewährt Herrn/Frau	In der Zeit vom / am
Anschrift (Straße, Hausnummer, PLZ, Ort)	

☐ Der Berechtigungsschein im Original oder ☐ der Antrag auf nachträgliche Bewilligung der Beratungshilfe ist beigefügt.

Über die in Nr. 2500 VV RVG bestimmte Gebühr hinaus habe ich Zahlungen von einem Dritten
☐ nicht erhalten ☐ in Höhe von_____EUR erhalten.

Ist der Gegner verpflichtet, die Kosten zu erstatten (§ 9 BerHG i. V. m. § 59 Absatz 1, 3 RVG)?
☐ nein ☐ ja; Name und Anschrift sowie die Begründung der Erstattungspflicht ergeben sich aus der Anlage.

Ist die Beratung oder die Vertretung in ein gerichtliches Verfahren / (weiteres) Verwaltungsverfahren in diesem Mandat übergegangen (Abs. 2 der Anmerkungen zu den Nummern 2501 oder 2503 VV RVG)?
☐ nein ☐ ja, und zwar bei (Gericht/Behörde, Ort, Aktenzeichen): _____

Ich beantrage, nachstehend berechnete Gebühren und Auslagen, deren Entstehung ich versichere, festzusetzen und auszuzahlen durch Überweisung auf das Konto IBAN-Nr.: _ _ _ _ | _ _ _ _ | _ _ _ _ | _ _ _ _ | _ _ _ _ | _ _ _ _ | _ _ _ _ | _ _
BIC: _ _ _ _ _ _ _ _ | _ _ _ zum Geschäftszeichen _____

Ort, Datum

Rechtsanwalt /Rechtsanwältin /sonstige Beratungsperson

Kostenberechnung (nach RVG)

Dieses Feld bitte nicht ausfüllen.

Bezeichnung	Vergütungsverzeichnis Nummer(n)	Betrag EUR	Festzusetzen auf EUR
Beratungsgebühr	2501		
	2502		
Geschäftsgebühr Meine Tätigkeit bestand in:	2503		
Einigungs- und Erledigungsgebühr Inhalt bzw. Darstellung der Erledigung ergeben sich aus der Anlage	2508		
Entgelte für Post- und Telekommunikationsdienstleistungen	Einzelberechnung 7001		
	Pauschale 7002		
Dokumentenpauschale (Seiten à 0,50 EUR, Seiten à 0,15 EUR)	7000		
	Summe		
Umsatzsteuer auf die Vergütung	7008		
	Summe		
Abzüglich Zahlungen gemäß § 9 BerHG i. V. m. § 58 Absatz 1 RVG; § 55 Absatz 5 Satz 3 RVG			
zu zahlender Betrag			

Teil 3 Anhang

Anlage VI

Anlage VI

Verordnung zur Verwendung eines Formulars für die Erklärung über die persönlichen und wirtschaftlichen Verhältnisse bei Prozess- und Verfahrenskostenhilfe (Prozesskostenhilfeformularverordnung – PKHFV)

Vom 6. Januar 2014

Es verordnen auf Grund
- des § 117 Absatz 3 der Zivilprozessordnung, der zuletzt durch Artikel 1 Nummer 5 des Gesetzes vom 31. August 2013 (BGBl. I S. 3533) geändert worden ist, in Verbindung mit § 1 Absatz 2 des Zuständigkeitsanpassungsgesetzes vom 16. August 2002 (BGBl. I S. 3165) und dem Organisationserlass vom 17. Dezember 2013 (BGBl. I S. 4310) das Bundesministerium der Justiz und für Verbraucherschutz
und
- des § 11a Absatz 2 des Arbeitsgerichtsgesetzes, der zuletzt durch Artikel 7 Nummer 2 des Gesetzes vom 31. August 2013 (BGBl. I S. 3522) geändert worden ist, das Bundesministerium für Arbeit und Soziales:

§ 1 Formular

(1) Für die Erklärung der Partei über ihre persönlichen und wirtschaftlichen Verhältnisse nach § 117 Absatz 2 Satz 2 oder nach § 120a Absatz 1 Satz 3 der Zivilprozessordnung ist das in der Anlage bestimmte Formular zu verwenden.

(2) Absatz 1 gilt nicht für die Erklärung einer Partei kraft Amtes, einer juristischen Person oder einer parteifähigen Vereinigung.

§ 2 Vereinfachte Erklärung

(1) Ein minderjähriges unverheiratetes Kind, das in einer Abstammungssache nach § 169 des Gesetzes über das Verfahren in Familiensachen und in den Angelegenheiten der freiwilligen Gerichtsbarkeit oder in einem Verfahren über den Unterhalt seiner Rechte verfolgen oder verteidigen oder das einen Unterhaltsanspruch vollstrecken will, kann die Erklärung gemäß § 117 Absatz 2 Satz 1 oder § 120a Absatz 1 Satz 3 der Zivilprozessordnung ohne Benutzung des in der Anlage bestimmten Formulars abgeben, wenn es über Einkommen und Vermögen, das nach § 115 der Zivilprozessordnung einzusetzen ist, nicht verfügt. Die Erklärung des Kindes muss in diesem Fall enthalten:
1. Angaben darüber, wie es seinen Lebensunterhalt bestreitet, welche Einnahmen es im Monat durchschnittlich hat und welcher Art diese sind;
2. die Erklärung, dass es über Vermögen, das nach § 115 der Zivilprozessordnung einzusetzen ist, soweit das Kind oder sein gesetzlicher Vertreter davon Kenntnis hat, anzugeben,
   a) welche Einnahmen die Personen im Monat durchschnittlich brutto haben, die dem Kind auf Grund gesetzlicher Unterhaltspflicht Unterhalt gewähren;
   b) ob die Personen gemäß Buchstabe a über Vermögensgegenstände verfügen, deren Einsatz oder Verwertung zur Bestreitung eines dem Kind zu leistenden Prozesskostenvorschusses in Betracht kommt; die Gegenstände sind in der Erklärung unter Angabe ihres Verkehrswertes zu bezeichnen.

Die vereinfachte Erklärung im Antragsvordruck für das vereinfachte Verfahren der Abänderung von Unterhaltstiteln ist weiterhin möglich; sie genügt auch, wenn die Verfahren maschinell bearbeitet werden. Das Kind kann sich auf die Formerleichterungen nicht berufen, wenn das Gericht die Benutzung des in der Anlage bestimmten Formulars anordnet.

(2) Eine Partei, die nach dem Zwölften Buch Sozialgesetzbuch laufende Leistungen zum Lebensunterhalt bezieht, muss die Abschnitte E bis J des in der Anlage bestimmten Formulars nicht ausfüllen, wenn sie der Erklärung den zum Zeitpunkt der

Anlage VI Teil 3 Anhang

Antragstellung aktuellen Bewilligungsbescheid des Sozialamtes beifügt, es sei denn, das Gericht ordnet dies ausdrücklich an.

§ 3 Zulässige Abweichungen

(1) Folgende Abweichungen von dem in der Anlage bestimmten Formular und dem Hinweisblatt zu dem Formular sind zulässig:
1. Ergänzungen oder Änderungen, die auf einer Änderung von Rechtsvorschriften beruhen;
2. Ergänzungen und Änderungen des Hinweisblattes zu dem Formular, die mit Rücksicht auf Besonderheiten des Verfahrens in den einzelnen Gerichtszweigen oder Behörden erforderlich sind.

(2) Der Bund und die Länder dürfen jeweils für ihren Bereich Anpassungen und Änderungen von dem in der Anlage bestimmten Formular zulassen, die es, ohne den Inhalt zu verändern oder dessen Verständnis zu erschweren, ermöglichen, das Formular in elektronischer Form auszufüllen und dem Gericht als strukturierten Datensatz zu übermitteln. Diese Befugnis kann durch Verwaltungsabkommen auf eine zentrale Stelle übertragen werden.

(3) Wird das Hinweisblatt zu dem Formular nach Absatz 1 Nummer 2 in einer abweichenden Fassung verwendet, so ist die Bezeichnung „Allgemeine Fassung" unten auf der ersten Seite des Hinweisblattes und des Formulars durch eine Bezeichnung des Gerichtszweiges und des Bundeslandes oder durch eine Bezeichnung der Behörde zu ersetzen, in dem oder der die abweichende Fassung des Hinweisblattes verwendet wird.

§ 4 Inkrafttreten, Außerkrafttreten

Diese Verordnung tritt am Tag nach der Verkündung in Kraft. Gleichzeitig tritt die Prozesskostenhilfevordruckverordnung vom 17. Oktober 1994 (BGBl. I S. 3001), die zuletzt durch Artikel 36 des Gesetzes vom 27. Dezember 2003 (BGBl. I S. 3022) geändert worden ist, außer Kraft.

Der Bundesrat hat zugestimmt.

Teil 3 Anhang

Anlage VII

Anlage VII

Hinweisblatt
zum Formular für die Erklärung
über die persönlichen und wirtschaftlichen Verhältnisse
bei Prozess- oder Verfahrenskostenhilfe

– Bitte bewahren Sie dieses Hinweisblatt und eine Kopie des ausgefüllten Formulars bei Ihren Unterlagen auf –

Allgemeine Hinweise

Wozu Prozess- oder Verfahrenskostenhilfe?
Wenn Sie eine Klage erheben oder einen Antrag bei Gericht stellen wollen, müssen Sie in der Regel Gerichtskosten zahlen. Schreibt das Gesetz eine anwaltliche Vertretung vor oder ist aus anderen Gründen eine anwaltliche Vertretung notwendig, kommen die Kosten hierfür hinzu. Entsprechende Kosten entstehen Ihnen auch dann, wenn Sie sich in einem Gerichtsverfahren verteidigen.
Die Prozess- oder Verfahrenskostenhilfe soll Ihnen die Verfolgung oder Verteidigung Ihrer Rechte ermöglichen, wenn Sie diese Kosten nicht oder nur teilweise aufbringen können. Sie kann auch dann bewilligt werden, wenn Sie zur Durchsetzung eines Anspruchs die Zwangsvollstreckung betreiben müssen.

Wer erhält Prozess- oder Verfahrenskostenhilfe?
Dazu schreibt das Gesetz für die Prozesskostenhilfe vor:
„Eine Partei, die nach ihren persönlichen und wirtschaftlichen Verhältnissen die Kosten der Prozessführung nicht, nur zum Teil oder nur in Raten aufbringen kann, erhält auf Antrag Prozesskostenhilfe, wenn die beabsichtigte Rechtsverfolgung oder Rechtsverteidigung hinreichende Aussicht auf Erfolg bietet und nicht mutwillig erscheint.
Mutwillig ist die Rechtsverfolgung oder Rechtsverteidigung, wenn eine Partei, die keine Prozesskostenhilfe beansprucht, bei verständiger Würdigung aller Umstände von der Rechtsverfolgung oder Rechtsverteidigung absehen würde, obwohl eine hinreichende Aussicht auf Erfolg besteht."
Dies gilt auch für die Verfahrenskostenhilfe. Einen Anspruch haben Sie also dann, wenn Sie
– einen Prozess oder ein Verfahren führen müssen und die dafür erforderlichen Kosten nicht oder nur teilweise aufbringen können **und**
– nach Einschätzung des Gerichts nicht nur geringe Aussichten auf Erfolg haben **und**
– nicht von der Prozess- oder Verfahrensführung absehen würden, wenn Sie die Kosten selbst tragen müssten.
Ein Anspruch auf Prozess- oder Verfahrenskostenhilfe besteht allerdings **nicht**, wenn eine **Rechtsschutzversicherung** oder eine **andere Stelle** die Kosten übernehmen würde. Sie wird auch dann nicht gewährt, wenn aufgrund einer gesetzlichen Unterhaltspflicht jemand anderes für die Kosten aufkommen muss (Prozess- oder Verfahrenskostenvorschuss). Das können der Ehegatte/eingetragene Lebenspartner bzw. die Ehegattin/eingetragene Lebenspartnerin oder bei einem unverheirateten Kind die Eltern oder ein Elternteil sein.

Was ist Prozess- oder Verfahrenskostenhilfe?
Prozess- oder Verfahrenskostenhilfe ist eine staatliche Fürsorgeleistung im Bereich der Rechtspflege. Wenn Sie Prozess- oder Verfahrenskostenhilfe erhalten, müssen Sie für die Gerichtskosten und die Kosten der eigenen anwaltlichen Vertretung je nach Ihren persönlichen und wirtschaftlichen Verhältnissen keine Zahlungen oder nur Teilzahlungen leisten. Aus Ihrem Einkommen müssen Sie gegebenenfalls bis höchstens 48 Monatsraten zahlen. Die Höhe dieser Monatsraten ist gesetzlich festgelegt.
Die Kosten Ihrer anwaltlichen Vertretung werden dann übernommen, wenn das Gericht Ihnen einen Rechtsanwalt, eine Rechtsanwältin oder eine andere beiordnungsfähige Person beiordnet. Dies muss besonders beantragt werden. Der Rechtsanwalt

Anlage VII

Teil 3 Anhang

oder die Rechtsanwältin muss grundsätzlich in dem Bezirk des Gerichts niedergelassen sein. Andernfalls kann das Gericht dem Beiordnungsantrag nur entsprechen, wenn weitere Kosten nicht entstehen.

Verbessern sich Ihre Verhältnisse wesentlich, können Sie auch nachträglich bis zum Ablauf von vier Jahren seit der rechtskräftigen Entscheidung oder der sonstigen Beendigung des Verfahrens zu Zahlungen herangezogen werden. Verschlechtern sich Ihre Verhältnisse, ist auch eine Verringerung von festgesetzten Raten möglich.

Wichtig:
Sie sind während des Gerichtsverfahrens und innerhalb eines Zeitraums von vier Jahren seit der rechtskräftigen Entscheidung oder der sonstigen Beendigung des Verfahrens verpflichtet, dem Gericht jede wesentliche Verbesserungen Ihrer wirtschaftlichen Verhältnisse oder eine Änderung Ihrer Anschrift unaufgefordert und unverzüglich mitzuteilen. Bei laufenden Einkünften ist jede nicht nur einmalige Verbesserung von mehr als 100 Euro (brutto) im Monat mitzuteilen. Reduzieren sich geltend gemachte Abzüge (Wohnkosten, Unterhalt, Zahlungsverpflichtungen oder besondere Belastungen) oder fallen diese ganz weg, so müssen Sie dies ebenfalls von sich aus mitteilen, wenn die Entlastung nicht nur einmalig 100 Euro im Monat übersteigt. Eine wesentliche Verbesserung der wirtschaftlichen Verhältnisse kann auch dadurch eintreten, dass Sie durch die Rechtsverfolgung oder verteidigung etwas erlangen. Auch dies müssen Sie dem Gericht mitteilen. Verstoßen Sie gegen diese Pflichten, kann die Bewilligung nachträglich aufgehoben werden, und Sie müssen die Kosten nachzahlen.

Welche Risiken sind zu beachten?
Wenn Sie ein Gerichtsverfahren führen müssen, sollten Sie sich zunächst möglichst genau über die Höhe der zu erwartenden Gerichts- **und** Anwaltskosten informieren. Dies gilt auch bei Prozess- oder Verfahrenskostenhilfe. **Sie schließt nicht jedes Kostenrisiko aus.**
Insbesondere erstreckt sie sich nicht auf die Kosten, die die Gegenseite zum Beispiel für ihre anwaltliche Vertretung aufwendet. **Verlieren Sie das Gerichtsverfahren, so müssen Sie der Gegenseite diese Kosten in der Regel auch dann erstatten, wenn Ihnen Prozess- oder Verfahrenskostenhilfe bewilligt worden ist.** Eine Ausnahme gilt in der Arbeitsgerichtsbarkeit: Hier muss man **in der ersten Instanz** die Kosten der gegnerischen Prozessvertretung auch dann nicht erstatten, wenn man unterliegt.
Schon für eine anwaltliche Vertretung im Verfahren über die Prozess- oder Verfahrenskostenhilfe entstehen Kosten. Diese müssen Sie begleichen, wenn Ihrem Antrag nicht entsprochen wird. Das Gleiche gilt für bereits entstandene und noch entstehende Gerichtskosten.

Wie erhält man Prozess- oder Verfahrenskostenhilfe?
Erforderlich ist ein **Antrag**. In dem Antrag müssen Sie das Streitverhältnis ausführlich und vollständig darstellen. Aus dem Antrag muss sich für das Gericht die vom Gesetz geforderte „hinreichende Aussicht auf Erfolg" (siehe oben) schlüssig ergeben. Die **Beweismittel** sind anzugeben. Zu diesen Fragen sollten Sie sich, wenn nötig, anwaltlich beraten lassen. Lassen Sie sich dabei auch über das **Beratungshilfegesetz** informieren, nach dem Personen mit geringem Einkommen und Vermögen eine kostenfreie oder wesentlich verbilligte Rechtsberatung und außergerichtliche Vertretung beanspruchen können.
Dem Antrag müssen Sie außerdem eine **Erklärung über Ihre persönlichen und wirtschaftlichen Verhältnisse** (Familienverhältnisse, Beruf, Vermögen, Einkommen und Lasten) sowie entsprechende **Belege in Kopie** beifügen. **Für diese Erklärung müssen Sie das vorliegende Formular benutzen.** Prozess- oder Verfahrenskostenhilfe kann grundsätzlich nur für die Zeit nach Vorlage des vollständigen Antrags einschließlich dieser Erklärung und aller notwendigen Belege bewilligt werden. Das Formular ist von jeder Antragstellerin bzw. jedem Antragsteller gesondert auszufüllen. Bei Minderjährigen sind deren persönliche und wirtschaftliche Verhältnisse sowie die der unterhaltsverpflichteten Personen auf weiteren Exemplaren des Formulars anzugeben.
Das Gericht entscheidet, ob Ihnen Prozess- oder Verfahrenskostenhilfe bewilligt wird. Da die Mittel für Prozess- oder Verfahrenskostenhilfe von der Allgemeinheit

durch Steuern aufgebracht werden, muss es prüfen, ob Sie einen Anspruch auf Prozess- oder Verfahrenskostenhilfe haben. Das Formular soll diese Prüfung erleichtern. Haben Sie daher bitte Verständnis dafür, dass Sie Ihre persönlichen und wirtschaftlichen Verhältnisse darlegen müssen.
Lesen Sie das Formular sorgfältig durch und füllen Sie es gewissenhaft aus.
Die Ausfüllhinweise zum Formular finden Sie im Folgenden. Wenn Sie beim Ausfüllen Schwierigkeiten haben, können Sie anwaltliche Hilfe in Anspruch nehmen oder sich an das Gericht wenden. Sollte der Raum im Formular nicht ausreichen, können Sie die Angaben auf einem Extrablatt machen. Bitte weisen Sie in dem betreffenden Feld auf das beigefügte Blatt hin.

Wichtig:
Das Gericht kann Sie auffordern, fehlende Belege nachzureichen und Ihre Angaben an Eides statt zu versichern. Wenn Sie angeforderte Belege nicht nachreichen, kann dies dazu führen, dass Ihr Antrag auf Bewilligung von Prozess- oder Verfahrenskostenhilfe zurückgewiesen wird.
Wenn Sie unvollständige oder unrichtige Angaben machen, kann dies auch dazu führen, dass schon bewilligte Prozess- oder Verfahrenskostenhilfe wieder aufgehoben wird und Sie die angefallenen Kosten nachzahlen müssen. Dies droht Ihnen auch dann, wenn Sie während des Gerichtsverfahrens und innerhalb eines Zeitraums von vier Jahren seit der rechtskräftigen Entscheidung oder der sonstigen Beendigung des Verfahrens dem Gericht wesentliche Verbesserungen Ihrer wirtschaftlichen Lage oder eine Änderung Ihrer Anschrift nicht unaufgefordert und unverzüglich mitteilen. Wenn Sie bewusst unrichtige oder unvollständige Angaben machen, kann dies auch als Straftat verfolgt werden.

Ausfüllhinweise

Füllen Sie das Formular bitte in **allen Teilen vollständig** aus. Wenn Fragen zu **verneinen** sind, kreuzen Sie bitte das dafür vorgesehene Kästchen an. Bitte fügen Sie die **notwendigen Belege in Kopie** nach dem jeweils neuesten Stand bei, nummerieren Sie sie und tragen Sie die Nummer in dem dafür vorgesehenen Kästchen am Rand jeweils ein.

A Bitte bezeichnen Sie die **Erwerbstätigkeit,** aus der Sie Einnahmen (Abschnitt E des Formulars) beziehen.

B Sollten Sie eine **Rechtsschutzversicherung** haben, müssen Sie sich zunächst an die Versicherung wenden. **Fügen Sie bitte in jedem Fall den Versicherungsschein in Kopie bei.** Falls Ihre Versicherung die Übernahme der Kosten bereits abgelehnt hat, fügen Sie bitte auch den Ablehnungsbescheid in Kopie bei. Sind Sie Mitglied einer Organisation, die Mitgliedern üblicherweise für Rechtsstreitigkeiten wie den Ihrigen Rechtsschutz gewährt (z. B. **Gewerkschaft, Mieterverein oder Sozialverbände**), müssen Sie sich ebenfalls vorrangig an diese Organisation wenden. Die Bewilligung von Prozess- oder Verfahrenskostenhilfe kommt regelmäßig erst in Betracht, wenn die Organisation Ihnen gegenüber die Gewährung von Rechtsschutz abgelehnt hat. Wenn Sie das Formular nach erfolgter Bewilligung von Prozess- oder Verfahrenskostenhilfe zum Zweck der Überprüfung Ihrer persönlichen und wirtschaftlichen Verhältnisse ausfüllen müssen, brauchen Sie hier keine Angaben mehr zu machen.

C **Gesetzliche Unterhaltspflichten** bestehen grundsätzlich zwischen Verwandten in gerader Linie (also etwa für Eltern gegenüber Kindern und umgekehrt), zwischen Ehegatten, zwischen eingetragenen Lebenspartnern oder Lebenspartnerinnen sowie zwischen der nicht verheirateten Mutter und dem Kindesvater nach der Geburt eines Kindes. Ein Unterhaltsanspruch setzt weiter voraus, dass
– der Unterhaltsberechtigte außerstande ist, sich selbst zu unterhalten, und
– der Unterhaltsverpflichtete unter Berücksichtigung seiner sonstigen Verpflichtungen wirtschaftlich in der Lage ist, Unterhalt zu leisten.
Auch volljährige Kinder haben hiernach in der Regel einen gesetzlichen Unterhaltsanspruch gegen die Eltern, solange sie sich noch in einer **Schul- oder Berufsausbildung** bzw. im Studium befinden. Das Gericht benötigt **zusätzlich Angaben** über die persönlichen und wirtschaftlichen Verhältnisse der unterhaltsverpflichteten Per-

Anlage VII

sonen. Für (auch getrennt lebende) Ehegatten/Ehegattinnen und eingetragene Lebenspartner/Lebenspartnerinnen können die Angaben in den Abschnitten E bis J dieses Formulars gemacht werden. In den übrigen Fällen bitte ein **weiteres Exemplar** dieses Formulars verwenden, wobei dann nur die Abschnitte A und D bis J auszufüllen sind. Falls die unterhaltsverpflichtete Person die Mitwirkung ablehnt, geben Sie bitte den Grund der Weigerung sowie das an, was Ihnen über deren persönliche und wirtschaftliche Verhältnisse bekannt ist.

D Wenn Sie **Angehörigen** Unterhalt gewähren, wird dies bei der Bewilligung der Prozess- oder Verfahrenskostenhilfe berücksichtigt. Deshalb liegt es in Ihrem Interesse, wenn Sie angeben, welchen Personen Sie Unterhalt leisten, egal ob Sie den Unterhalt ausschließlich durch Geldzahlungen erbringen und ob die Personen eigene Einnahmen haben. Zu den eigenen Einnahmen einer Person, der Sie Unterhalt gewähren, gehören auch Unterhaltszahlungen eines Dritten, insbesondere diejenigen des anderen Elternteils für das gemeinsame Kind, oder eine Ausbildungsvergütung, die ein unterhaltsberechtigtes Kind bezieht. **Den Angaben müssen Sie die notwendigen Belege in Kopie beifügen (z. B. Unterhaltstitel, Zahlungsnachweise).**

E **Einnahmen aus nichtselbständiger Arbeit** sind insbesondere Lohn oder Gehalt. Anzugeben sind die Bruttoeinnahmen des letzten Monats vor der Antragstellung. Urlaubs- oder Weihnachtsgeld und andere einmalige oder unregelmäßige Einnahmen bitte gesondert unter „Andere Einnahmen" angeben. In Kopie beizufügen sind:
1. **Lohn- oder Gehaltsabrechnungen der Arbeitsstelle für die letzten zwölf Monate vor der Antragstellung;**
2. falls vorhanden, **der letzte Bescheid des Finanzamts über die Einkommensteuer,** sonst die elektronische **Lohnsteuerbescheinigung, aus der die Brutto- und Nettobezüge des Vorjahres ersichtlich sind.**

Einnahmen aus **selbständiger Arbeit, Gewerbebetrieb oder Land- und Forstwirtschaft** sind mit einem aktuellen Monatsbetrag anzugeben. Das Gleiche gilt für die Eintragung der entsprechenden **Betriebsausgaben** als Abzüge unter Abschnitt F. Stellen Sie die Monatsbeträge auf einem Extrablatt anhand eines Zwischenabschlusses mit dem sich ergebenden Reingewinn dar. Saisonale oder sonstige Schwankungen im Betriebsergebnis sind durch angemessene Zu- oder Abschläge zu berücksichtigen. In das Formular setzen Sie bitte die Monatsbeträge der Einnahmen und der Betriebsausgaben ein, die Sie daraus zeitanteilig errechnet haben. Falls das Gericht dies anfordert, müssen Sie die Betriebseinnahmen mit den entsprechenden Umsatzsteuervoranmeldungen und die Betriebsausgaben mit den angefallenen Belegen nachweisen. **Der letzte Jahresabschluss und der letzte Steuerbescheid, aus dem sich die erzielten Einkünfte ergeben, sind in Kopie beizufügen.**

Wenn Sie Einnahmen aus **Vermietung und Verpachtung** sowie aus **Kapitalvermögen** (z. B. Sparzinsen, Dividenden) haben, tragen Sie bitte ein Zwölftel der voraussichtlichen Jahreseinnahmen ein.

Wenn Sie **Unterhaltszahlungen** für sich und Kinder beziehen, ist bei Ihrer Angabe nur der für Ihren Unterhalt bestimmte Betrag einzutragen. Die für die Kinder bestimmten Beträge geben Sie bitte in der vorletzten Spalte des Abschnitts D an. Die Frage nach dem Bezug von Unterhalt ist auch dann zu bejahen, wenn Ihnen die Leistungen nicht als Unterhaltsrente, sondern als **Naturalleistung** (z. B. freie Wohnung, Verpflegung, sonstige Versorgung im elterlichen Haushalt; Leistungen des Partners bzw. der Partnerin einer eheähnlichen Lebensgemeinschaft) gewährt werden. Der geschätzte Wert dieser Leistungen ist unter Abschnitt E einzutragen.

Bezüglich **der Einnahmen aus** Renten, Arbeitslosengeld, Arbeitslosengeld II, Krankengeld, Elterngeld, Ausbildungsförderung oder anderen Sozialleistungen sind der **letzte Bewilligungsbescheid und die Unterlagen, aus denen sich die derzeitige Höhe der Leistungen ergibt, in Kopie beizufügen.**

Anzugeben mit ihrem Geldwert sind hier ferner alle sonstigen, in den vorhergehenden Zeilen des Formulars nicht erfassten **Einnahmen,** auch Naturalleistungen (z. B. Deputate, freie Verpflegung und sonstige Sachbezüge; freie Wohnung jedoch nur, wenn unter Abschnitt H Wohnkosten angegeben werden).

Teil 3 Anhang   **Anlage VII**

F   Als **Abzüge** können Sie geltend machen:
    1. die auf das Einkommen entrichteten **Steuern** (auch Kirchensteuer, Gewerbesteuer, **nicht** jedoch Umsatzsteuer) und den Solidaritätszuschlag;
    2. Pflichtbeiträge zur **Sozialversicherung** (z. B. Renten, Kranken, Arbeitslosen, Pflegeversicherung);
    3. Beiträge zu **öffentlichen oder privaten Versicherungen oder ähnlichen Einrichtungen**, aber nur bis zu der Höhe, in der diese gesetzlich vorgeschrieben sind. Falls die Versicherung nicht gesetzlich vorgeschrieben ist, können Beiträge nur bis zu der Höhe abgesetzt werden, in der die Versicherung nach Art und Umfang angemessen ist. Bitte erläutern Sie Art und Umfang der Versicherung auf einem Extrablatt, falls dies nicht eindeutig aus den in Kopie beizufügenden Belegen (z. B. Versicherungsschein, Beitragsrechnung) hervorgeht;
    4. **Fahrt- und sonstige Werbungskosten**, d. h. die notwendigen Aufwendungen zur Erwerbung, Sicherung und Erhaltung der Einnahmen (z. B. auch Berufskleidung, Gewerkschaftsbeitrag). Wenn Sie Kosten der Fahrt zur Arbeit geltend machen, ist die einfache Entfernung in Kilometern anzugeben, bei Benutzung eines Pkw auch der Grund, warum kein öffentliches Verkehrsmittel benutzt wird. Bei Einnahmen aus selbständiger Arbeit hier bitte die Betriebsausgaben angeben.
    Die allgemeinen Lebenshaltungskosten (z. B. Lebensmittel, Kleidung, Telefon oder Strom, soweit er nicht zum Heizen benötigt wird) berücksichtigt das Gericht von sich aus in Höhe der gesetzlich festgelegten Freibeträge.

G   Hier sind **alle Bankkonten, Grundeigentum, Kraftfahrzeuge, Bargeldbeträge, Lebensversicherungen, private Rentenversicherungen und sonstigen Vermögenswerte** (auch im Ausland angelegte) anzugeben, die Ihnen, Ihrem Ehegatten/eingetragenen Lebenspartner bzw. Ihrer Ehegattin/eingetragenen Lebenspartnerin jeweils allein oder gemeinsam gehören. Sollten eine oder mehrere Personen Miteigentümer sein, bitte den Anteil bezeichnen, der Ihnen, Ihrem Ehegatten/eingetragenen Lebenspartner oder Ihrer Ehegattin/eingetragenen Lebenspartnerin gehört. Geeignete Belege sind in Kopie beizufügen. Darüber hinaus kann das Gericht aus begründetem Anlass weitere Belege (zum Beispiel Kontoauszüge für einen längeren, zurückliegenden Zeitraum) anfordern.
    Prozess- oder Verfahrenskostenhilfe kann Ihnen auch dann bewilligt werden, wenn zwar Vermögenswerte vorhanden sind, diese aber zur Sicherung einer angemessenen Lebensgrundlage oder einer angemessenen Vorsorge dienen. Derartige Vermögenswerte sind zum Beispiel
    –   ein selbst genutztes angemessenes Hausgrundstück,
    –   Kapital, das der zusätzlichen Altersvorsorge im Sinne des Einkommensteuergesetzes dient und dessen Ansammlung staatlich gefördert wurde („Riester-Rente")
    –   ein angemessenes Kraftfahrzeug, wenn dieses für die Berufsausbildung oder die Berufsausübung benötigt wird,
    –   kleinere Barbeträge oder Geldwerte (Stand April 2014: Beträge bis insgesamt 5.000 Euro für die hilfebedürftige Partei zuzüglich 500 Euro für jede Person, die von ihr überwiegend unterhalten wird).
    Diese Vermögenswerte müssen Sie aber trotzdem angeben!
    Hausrat, Kleidung und Gegenstände, die für die Berufsausbildung oder die Berufsausübung benötigt werden, müssen nur dann angegeben werden, wenn sie den Rahmen des Üblichen übersteigen oder wenn es sich um Gegenstände von höherem Wert handelt.
    Ist bebautes **Grundvermögen** vorhanden, geben Sie bitte auch die jeweilige Gesamtfläche an, die für Wohnzwecke bzw. einen gewerblichen Zweck genutzt wird, nicht nur die von Ihnen und Ihren Angehörigen (oben Abschnitt D) genutzte Fläche.
    Bei **Grundvermögen ist** der Verkehrswert (nicht Einheits- oder Brandversicherungswert) anzugeben, bei **Bauspar, Bank, Giro, Sparkonten** und dergleichen der derzeitige Kontostand, bei **Wertpapieren die Anzahl, die Wertpapierkennnummer sowie** der derzeitige Kurswert und bei einer **Lebensversicherung** der Rückkaufswert. Entsprechende Belege (z. B. Bescheinigungen von Banken oder Versicherungen) sind in Kopie beizufügen.

Anlage VII

Teil 3 Anhang

Unter „**Sonstige Vermögenswerte**" fallen außerdem Forderungen, in Scheidungsverfahren insbesondere auch der Anspruch aus Zugewinnausgleich.

Sollte der Einsatz oder die Verwertung eines Vermögensgegenstandes für Sie und Ihre Familie eine besondere Härte bedeuten, erläutern Sie dies bitte auf einem Extrablatt.

H Wenn **Wohnkosten** geltend gemacht werden, geben Sie bitte die Wohnfläche, die Zahl der Zimmer und die Gesamtzahl der Personen, die den Wohnraum bewohnen, an. Die Kosten bitte wie im Formular vorgesehen aufschlüsseln.

Mietnebenkosten sind – außer den gesondert anzugebenden **Heizungskosten** – die auf die Mieter umgelegten **Betriebskosten** (z. B. Grundsteuer, Wasserversorgung, Entwässerung, Straßenreinigung, Müllbeseitigung, Schornsteinfeger, Aufzug, Allgemeinstrom, Hausreinigung, Gemeinschaftsantenne usw.). Nicht hierzu gehören jedoch Gas- oder Stromkosten für die eigene Wohnung (soweit es sich nicht um Heizkosten handelt), Telefon oder GEZ.

Zu der Belastung aus Fremdmitteln bei **Wohneigentum** gehören insbesondere die Raten für Darlehen, die für den Bau, den Kauf oder die Erhaltung aufgenommen worden sind. **Nebenkosten** sind auch hier außer den gesondert anzugebenden Heizungskosten die Betriebskosten.

Sollten Sie sich den Wohnraum mit einer anderen Person als einem unterhaltsberechtigten Angehörigen (oben Abschnitt D) teilen, tragen Sie bitte nur die auf Sie entfallenden anteiligen Beträge ein. **Die notwendigen Belege (z. B. Mietvertrag, Darlehensurkunden, Nebenkostenabrechnung) müssen in Kopie beigefügt werden.**

I Sie müssen die notwendigen Belege für die monatlichen Zahlungen und die derzeitige Höhe der Restschuld auch dann in Kopie beifügen, wenn Sie die Zahlungsverpflichtung eingegangen sind, um einen unter Abschnitt G anzugebenden Vermögensgegenstand anzuschaffen.

J Wenn Sie eine **besondere Belastung** geltend machen, geben Sie bitte den Monatsbetrag oder die anteiligen Monatsbeträge an, die von Ihren Einnahmen oder denen Ihres Ehegatten/eingetragenen Lebenspartners oder Ihrer Ehegattin/ eingetragenen Lebenspartnerin abgesetzt werden sollen. Bitte fügen Sie außer den Belegen auf einem Extrablatt eine Erläuterung bei. Eine Unterhaltsbelastung Ihres Ehegatten/eingetragenen Lebenspartners bzw. Ihrer Ehegattin/eingetragenen Lebenspartnerin aus einer früheren Ehe oder Partnerschaft kann hier angegeben werden. Wenn Sie sich in einer besonderen Lebenssituation befinden und daher die Voraussetzungen für die Gewährung von Mehrbedarfen gemäß § 21 SGB II oder § 30 SGB XII vorliegen, werden diese ebenfalls als Abzug anerkannt. Beispiele hierfür sind:
   - Werdende Mütter nach der 12. Schwangerschaftswoche
   - Personen, die mit einem oder mehreren minderjährigen Kindern zusammenleben und allein für deren Pflege und Erziehung sorgen
   - Behinderte Personen, denen bestimmte Leistungen gemäß SGB XII zuerkannt werden
   - Personen, die medizinisch bedingt einer kostenaufwändigen Ernährung bedürfen

K Die Erklärung ist auch bei anwaltlicher Vertretung von der Partei selbst in der letzten Zeile zu unterschreiben. Bei gesetzlicher Vertretung muss der gesetzliche Vertreter unterschreiben.

Teil 3 Anhang   **Anlage VII**

Bezeichnung, Ort und Geschäftsnummer des Gerichts:

Erklärung über die persönlichen und wirtschaftlichen Verhältnisse bei Prozess- oder Verfahrenskostenhilfe
– Belege sind in Kopie durchnummeriert beizufügen –

A Angaben zu Ihrer Person

Name, Vorname, ggf. Geburtsname	Beruf, Erwerbstätigkeit	Geburtsdatum	Familienstand
Anschrift (Straße, Hausnummer, Postleitzahl, Wohnort)		Tagsüber tel. erreichbar unter Nummer	
Sofern vorhanden: Gesetzlicher Vertreter (Name, Vorname, Anschrift, Telefon)			

B Rechtsschutzversicherung/Mitgliedschaft

1. Trägt eine Rechtsschutzversicherung oder eine andere Stelle/Person (z. B. Gewerkschaft, Mieterverein, Sozialverband) die Kosten Ihrer Prozess- oder Verfahrensführung?   *Beleg Nummer*

☐ Nein   ☐ Ja:

In welcher Höhe? Wenn die Kosten in voller Höhe von einer Versicherung oder anderen Stelle/Person getragen werden, ist die Bewilligung von Prozess- oder Verfahrenskostenhilfe nicht möglich und damit die Beantwortung der weiteren Fragen <u>nicht</u> erforderlich.

2. Wenn nein: Besteht eine Rechtsschutzversicherung oder die Mitgliedschaft in einem Verein/einer Organisation (z. B. Gewerkschaft, Mieterverein, Sozialverband), der/die die Kosten der beabsichtigten Prozess- oder Verfahrensführung tragen oder einen Prozessbevollmächtigten stellen könnte?   *Beleg Nummer*

☐ Nein   ☐ Ja:

Bezeichnung der Versicherung/des Vereins/der Organisation. Klären Sie möglichst vorab, ob die Kosten getragen werden. Bereits vorhandene Belege über eine (Teil-)Ablehnung seitens der Versicherung/des Vereins/der Organisation fügen Sie dem Antrag bei.

C Unterhaltsanspruch gegenüber anderen Personen

Haben Sie Angehörige, die Ihnen gegenüber gesetzlich zur Leistung von Unterhalt verpflichtet sind (auch wenn tatsächlich keine Leistungen erfolgen)? z. B. Mutter, Vater, Ehegatte/Ehegattin, eingetragene(r) Lebenspartner/Lebenspartnerin   *Beleg Nummer*

☐ Nein   ☐ Ja:

Name des Unterhaltsverpflichteten. Bitte geben Sie auf einem weiteren Exemplar dieses Formulars seine persönlichen und wirtschaftlichen Verhältnisse an, sofern diese nicht bereits vollständig aus den folgenden Abschnitten ersichtlich sind.

D Angehörige, denen Sie Bar- oder Naturalunterhalt gewähren

Name, Vorname, Anschrift (sofern sie von Ihrer Anschrift abweicht)	Geburtsdatum	Verhältnis (z. B. Ehegatte, Kind, Mutter)	Monatsbetrag in EUR, soweit Sie den Unterhalt nur durch Zahlung gewähren	Haben diese Angehörigen eigene Einnahmen? z. B. Ausbildungsvergütung, Unterhaltszahlung vom anderen Elternteil usw.	Beleg Nummer
1				☐ Nein ☐ Ja:	
				mtl. EUR netto	
2				☐ Nein ☐ Ja:	
				mtl. EUR netto	
3				☐ Nein ☐ Ja:	
				mtl. EUR netto	
4				☐ Nein ☐ Ja:	
				mtl. EUR netto	
5				☐ Nein ☐ Ja:	
				mtl. EUR netto	

– Allgemeine Fassung –

Anlage VII

Teil 3 Anhang

Wenn Sie laufende Leistungen zum Lebensunterhalt nach dem Zwölften Buch Sozialgesetzbuch (Sozialhilfe) beziehen und den aktuellen Bescheid einschließlich des Berechnungsbogens vollständig beifügen, müssen Sie die <u>Abschnitte E bis J</u> nicht ausfüllen, es sei denn, das Gericht ordnet dies an.

E   Bruttoeinnahmen
Belege (z. B. Lohnbescheinigung, Steuerbescheid, Bewilligungsbescheid mit Berechnungsbogen) müssen in Kopie beigefügt werden.

1. Haben Sie Einnahmen aus (bitte die monatlichen Bruttobeträge in EUR angeben)

			Beleg Nummer				Beleg Nummer
Nichtselbständiger Arbeit?	☐ Nein	☐ Ja: mtl. EUR brutto		Unterhalt?	☐ Nein	☐ Ja: mtl. EUR brutto	
Selbständiger Arbeit/ Gewerbebetrieb/ Land- und Forstwirtschaft?	☐ Nein	☐ Ja:		Rente/Pension?	☐ Nein	☐ Ja: mtl. EUR brutto	
Vermietung und Verpachtung?	☐ Nein	☐ Ja: mtl. EUR brutto		Arbeitslosengeld?	☐ Nein	☐ Ja: mtl. EUR brutto	
Kapitalvermögen?	☐ Nein	☐ Ja: mtl. EUR brutto		Arbeitslosengeld II?	☐ Nein	☐ Ja: mtl. EUR brutto	
Kindergeld/ Kinderzuschlag?	☐ Nein	☐ Ja: mtl. EUR brutto		Krankengeld?	☐ Nein	☐ Ja: mtl. EUR brutto	
Wohngeld?	☐ Nein	☐ Ja: mtl. EUR brutto		Elterngeld?	☐ Nein	☐ Ja: mtl. EUR brutto	

2. Haben Sie andere Einnahmen? auch einmalige oder unregelmäßige
Wenn Ja, bitte Art, Bezugszeitraum und Höhe angeben
z.B. Weihnachts-/Urlaubsgeld jährlich, Steuererstattung jährlich, BAföG mtl.

☐ Nein   ☐ Ja   Beleg Nummer

	EUR brutto
	EUR brutto

3. Hat Ihr Ehegatte/eingetragener Lebenspartner bzw. Ihre Ehegattin/eingetragene Lebenspartnerin Einnahmen aus
(bitte die monatlichen Bruttobeträge in EUR angeben)

			Beleg Nummer				Beleg Nummer
Nichtselbständiger Arbeit?	☐ Nein	☐ Ja: mtl. EUR brutto		Unterhalt?	☐ Nein	☐ Ja: mtl. EUR brutto	
Selbständiger Arbeit/ Gewerbebetrieb/Land- und Forstwirtschaft?	☐ Nein	☐ Ja:		Rente/Pension?	☐ Nein	☐ Ja: mtl. EUR brutto	
Vermietung und Verpachtung?	☐ Nein	☐ Ja: mtl. EUR brutto		Arbeitslosengeld?	☐ Nein	☐ Ja: mtl. EUR brutto	
Kapitalvermögen?	☐ Nein	☐ Ja: mtl. EUR brutto		Arbeitslosengeld II?	☐ Nein	☐ Ja: mtl. EUR brutto	
Kindergeld/ Kinderzuschlag?	☐ Nein	☐ Ja: mtl. EUR brutto		Krankengeld?	☐ Nein	☐ Ja: mtl. EUR brutto	
Wohngeld?	☐ Nein	☐ Ja: mtl. EUR brutto		Elterngeld?	☐ Nein	☐ Ja: mtl. EUR brutto	

4. Hat Ihr Ehegatte/eingetragener Lebenspartner bzw. Ihre Ehegattin/eingetragene Lebenspartnerin andere Einnahmen? auch einmalige oder unregelmäßige
Wenn Ja, bitte Art, Bezugszeitraum und Höhe angeben
z.B. Weihnachts-/Urlaubsgeld jährlich, Steuererstattung jährlich, BAföG mtl.

☐ Nein   ☐ Ja   Beleg Nummer

	EUR brutto
	EUR brutto

5. Falls zu den Einnahmen alle Fragen verneint werden: Auf welche Umstände ist dies zurückzuführen? Wie bestreiten Sie Ihren Lebensunterhalt? Angaben hierzu sind auf einem gesonderten Blatt beizufügen!

2

Teil 3 Anhang

Anlage VII

F Abzüge
Art der Abzüge bitte kurz bezeichnen (z. B. Lohnsteuer, Pflichtbeiträge, Lebensversicherung). Belege müssen in Kopie beigefügt werden.

1. Welche Abzüge haben Sie?		Beleg Nummer	2. Welche Abzüge hat Ihr Ehegatte/eing. Lebenspartner bzw. Ihre Ehegattin/eingetragene Lebenspartnerin?		Beleg Nummer
Steuern/Solidaritätszuschlag	EUR mtl.		Steuern/Solidaritätszuschlag	EUR mtl.	
Sozialversicherungsbeiträge	EUR mtl.		Sozialversicherungsbeiträge	EUR mtl.	
Sonstige Versicherungen	EUR mtl.		Sonstige Versicherungen	EUR mtl.	
Fahrt zur Arbeit (Kosten für öffentliche Verkehrsmittel oder einfache Entfernung bei KFZ-Nutzung)	EUR mtl./KM		Fahrt zur Arbeit (Kosten für öffentliche Verkehrsmittel oder einfache Entfernung bei KFZ-Nutzung)	EUR mtl./KM	
Sonstige Werbungskosten/Betriebsausgaben	EUR mtl.		Sonstige Werbungskosten/Betriebsausgaben	EUR mtl.	

G Bankkonten/Grundeigentum/Kraftfahrzeuge/Bargeld/Vermögenswerte

Verfügen Sie oder Ihr Ehegatte/Ihre Ehegattin bzw. Ihr eingetragener Lebenspartner/Ihre eingetragene Lebenspartnerin allein oder gemeinsam über ...

1. **Bank-, Giro-, Sparkonten oder dergleichen?** Angaben zu allen Konten sind auch bei fehlendem Guthaben erforderlich.   Beleg Nummer

☐ Nein   ☐ Ja:

Art des Kontos, Kontoinhaber, Kreditinstitut	Kontostand in EUR

Grundeigentum? z. B. Grundstück, Haus, Eigentumswohnung, Erbbaurecht   Beleg Nummer

☐ Nein   ☐ Ja:

Größe, Anschrift/Grundbuchbezeichnung, Allein- oder Miteigentum, Zahl der Wohneinheiten	Verkehrswert in EUR

3. **Kraftfahrzeuge?**   Beleg Nummer

☐ Nein   ☐ Ja:

Marke, Typ, Baujahr, Anschaffungsjahr, Allein- oder Miteigentum, Kilometerstand	Verkehrswert in EUR

4. **Bargeld oder Wertgegenstände?** z. B. wertvoller Schmuck, Antiquitäten, hochwertige elektronische Geräte   Beleg Nummer

☐ Nein   ☐ Ja:

Bargeldbetrag in EUR, Bezeichnung der Wertgegenstände, Allein- oder Miteigentum	Verkehrswert in EUR

Lebens- oder Rentenversicherungen?   Beleg Nummer

☐ Nein   ☐ Ja:

Versicherung, Versicherungsnehmer, Datum des Vertrages/Handelt es sich um eine zusätzliche Altersvorsorge gem. Einkommensteuergesetz, die staatlich gefördert wurde („Riester-Rente")?	Rückkaufswert in EUR

6. **sonstige Vermögenswerte?** z. B. Bausparverträge, Wertpapiere, Beteiligungen, Forderungen   Beleg Nummer

☐ Nein   ☐ Ja:

Bezeichnung, Allein- oder Miteigentum	Verkehrswert in EUR

3

Anlage VII

Teil 3 Anhang

H Wohnkosten
Belege sind in Kopie beizufügen (z. B. Mietvertrag, Heizkostenabrechnung, Kontoauszüge)

Beleg Nummer

1. Gesamtgröße des Wohnraums, den Sie allein oder gemeinsam mit anderen Personen bewohnen:
(Angabe in Quadratmeter)

2. Zahl der Zimmer:

3. Anzahl der Personen, die den Wohnraum insgesamt bewohnen:

4. Nutzen Sie den Raum als Mieter oder in einem ähnlichen Nutzungsverhältnis? Wenn ja, bitte die nachfolgenden Angaben in EUR pro Monat ergänzen

☐ Nein ☐ Ja

| Miete ohne Nebenkosten | Heizungskosten | Übrige Nebenkosten | Gesamtbetrag | Ich allein zahle davon |

5. Nutzen Sie den Raum a Eigentümer, Miteigentü er oder Erbbau**berechtigter?** Wenn ja, bitte e nachfolgenden Angaben i UR pro Monat ergänzen

☐ Nein ☐ Ja

| Zinsen und Tilgung | Heizungskosten | Übrige Nebenkosten | Gesamtbetrag | Ich allein zahle davon |

6. Genaue Einzelangaben zu der Belastung aus Fremdmitteln bei Nutzung als (Mit-)Eigentümer usw.
z. B. Datum des Darlehensvertrages, Darlehensnehmer, Kreditinstitut, Darlehensrate pro Monat, Zahlungen laufen bis ...

Beleg Nummer

| | Restschuld in EUR | Zinsen und Tilgung mtl. |
| | Restschuld in EUR | Zinsen und Tilgung mtl. |

I Sonstige Zahlungsverpflichtungen
Angabe, an wen, wofür, seit wann und bis wann die Zahlungen geleistet werden
z. B. Ratenkredit der ... Bank vom ... für ..., Raten laufen bis ... / Belege (z. B. Darlehensvertrag, Zahlungsnachweise) sind in Kopie beizufügen

Beleg Nummer

Restschuld in EUR	Gesamtbelastung mtl.	Ich allein zahle davon
Restschuld in EUR	Gesamtbelastung mtl.	Ich allein zahle davon
Restschuld in EUR	Gesamtbelastung mtl.	Ich allein zahle davon

J Besondere Belastungen
Angaben sind zu belegen.
z. B. Mehrausgaben für körperbehinderten Angehörigen und Angabe des GdB/Mehrbedarfs gemäß § 21 SGB II und § 30 SGB XII

Beleg Nummer

| | Ich allein zahle davon |
| | Ich allein zahle davon |

K

Ich versichere hiermit, dass meine Angaben vollständig und wahr sind. Das Hinweisblatt zu diesem Formular habe ich erhalten und gelesen.

Mir ist bekannt, dass unvollständige oder unrichtige Angaben die Aufhebung der Bewilligung von Prozess- oder Verfahrenskostenhilfe und eine Strafverfolgung nach sich ziehen können. Das Gericht kann mich auffordern, fehlende Belege nachzureichen und meine Angaben an Eides statt zu versichern.

Mir ist auch bekannt, dass ich während des Gerichtsverfahrens und innerhalb eines Zeitraums von vier Jahren seit der rechtskräftigen Entscheidung oder der sonstigen Beendigung des Verfahrens verpflichtet bin, dem Gericht wesentliche Verbesserungen meiner wirtschaftlichen Lage oder eine Änderung meiner Anschrift unaufgefordert und unverzüglich mitzuteilen. Bei laufenden Einkünften ist jede nicht nur einmalige Verbesserung von mehr als 100 Euro (brutto) im Monat mitzuteilen. Reduzieren sich geltend gemachte Abzüge, muss ich dies ebenfalls unaufgefordert und unverzüglich mitteilen, wenn die Entlastung nicht nur einmalig 100 Euro im Monat übersteigt. Ich weiß, dass die Bewilligung der Prozess- oder Verfahrenskostenhilfe bei einem Verstoß gegen diese Pflicht aufgehoben werden kann, und ich dann die gesamten Kosten nachzahlen muss.

Anzahl der beigefügten Belege:

Aufgenommen:

Ort, Datum | Unterschrift der Partei oder Person, die sie gesetzlich vertritt | Unterschrift/Amtsbezeichnung

4

Teil 3 Anhang

Anlage VIII

Anlage VIII

Durchführungsbestimmungen zur Prozess- und Verfahrenskostenhilfe sowie zur Stundung der Kosten des Insolvenzverfahrens (DB-PKH)

vom 30. Oktober 2001 (JMBl. S. 271) AV d. JM Nordrhein-Westfalen v. 30.10.2001 – 5603 – Z. 92
in der Fassung vom 14. Oktober 2015 – JMBl. NRW S. 363 -

A. Durchführungsbestimmungen zur Prozesskostenhilfe

1. Antrag

1.1 [1]Einem Antrag auf Bewilligung der Prozesskostenhilfe ist grundsätzlich das Formular „Erklärung über die persönlichen und wirtschaftlichen Verhältnisse bei Prozess- oder Verfahrenskostenhilfe" beizufügen (§ 117 Abs. 2 bis 4 ZPO in Verbindung mit den Bestimmungen der Prozesskostenhilfeformularverordnung). [2]Wird der Antrag zu Protokoll der Geschäftsstelle erklärt, soll die Partei durch Aushändigung des Hinweisblattes zum Formular auf die Bedeutung der Prozesskostenhilfe hingewiesen werden.

1.2 Hat eine Partei die Bewilligung von Prozesskostenhilfe beantragt, so sind die Akten dem Gericht vorzulegen.

2. Mitwirkung der Geschäftsstelle

2.1 [1]Die Vordrucke mit den Erklärungen über die persönlichen und wirtschaftlichen Verhältnisse und die dazugehörenden Belege sowie die bei der Durchführung der Prozesskostenhilfe entstehenden Vorgänge sind in allen Fällen unabhängig von der Zahl der Rechtszüge für jeden Beteiligten in einem besonderen Beiheft zu vereinigen. [2]Das gilt insbesondere für Kostenrechnungen und Zahlungsanzeigen über Monatsraten und sonstige Beträge (§ 120 Abs. 1 ZPO).
[1]In dem Beiheft sind ferner die Urschriften der die Prozesskostenhilfe betreffenden gerichtlichen Entscheidungen und die dazugehörigen gerichtlichen Verfügungen aufzubewahren. [2]In die Hauptakten ist ein Abdruck der gerichtlichen Entscheidungen aufzunehmen. [3]Jedoch sind zuvor die Teile der gerichtlichen Entscheidungen zu entfernen oder unkenntlich zu machen, die Angaben über die persönlichen und wirtschaftlichen Verhältnisse der Partei enthalten. [4]Enthält die gerichtliche Entscheidung keine Angaben über die persönlichen und wirtschaftlichen Verhältnisse der Partei, so kann die Urschrift auch zur Hauptakte genommen werden; in diesem Fall ist ein Abdruck im Beiheft aufzubewahren.
[1]Das Beiheft sowie die darin zu verwahrenden Schriftstücke erhalten hinter dem Aktenzeichen den Klammerzusatz (PKH). [2]Werden die Prozessakten zur Entscheidung über ein Rechtsmittel dem Rechtsmittelgericht vorgelegt, so ist den Akten das Beiheft beizufügen. [3]Das Beiheft ist dagegen zurückzubehalten, wenn die Akten an nicht beteiligte Gerichte oder Behörden versandt werden. Gleiches gilt, wenn dem Verfahrensgegner, seinem Prozessbevollmächtigten, Dritten oder ihren Bevollmächtigten Akteneinsicht (auch in Form der Übersendung der Akten) gewährt wird.

2.2 Hat das Gericht Prozesskostenhilfe bewilligt, vermerkt die Geschäftsstelle auf dem Aktendeckel neben dem Namen der Partei „Prozesskostenhilfe mit/ohne Zahlungsbestimmung bewilligt Bl. _____ ".

2.3 Der Geschäftsstelle des Gerichts, bei dem sich das Beiheft befindet, obliegen die Anforderungen der Zahlungen mit Kostenanforderung (Nr. 4.1) und die Überwachung des Eingangs dieser Beträge.
Ist der Zahlungspflichtige mit einem angeforderten Betrag länger als einen Monat im Rückstand, so hat ihn die Geschäftsstelle einmal unter Hinweis auf die Folgen des § 124 Abs. 1 Nr. 5 ZPO an die Zahlung zu erinnern.

Anlage VIII

2.4
Dem Kostenbeamten sind die Akten – unbeschadet der Bestimmungen der Kostenverfügung – vorzulegen, sobald

2.4.1 das Gericht Prozesskostenhilfe bewilligt hat,

2.4.2 die Entscheidung über die Prozesskostenhilfe geändert worden ist,

2.4.3 das Rechtsmittelgericht andere Zahlungen als das Gericht der Vorinstanz bestimmt hat,

2.4.4 das Gericht die Entscheidung über die zu leistenden Zahlungen geändert oder die Bewilligung der Prozesskostenhilfe aufgehoben hat,

2.4.5 47 Monatsraten eingegangen sind.

2.5 Dem Rechtspfleger sind die Akten in folgenden Fällen vorzulegen:

2.5.1 nach Eingang der auf die Absendung der Kostenanforderung (Nr. 4.6) folgenden ersten Zahlung der Partei zur Bestimmung einer Wiedervorlagefrist zwecks Prüfung der vorläufigen Einstellung der Zahlungen (§ 120 Abs. 3 Nr. 1 ZPO),

2.5.2 wenn die Partei, der Prozesskostenhilfe mit Zahlungsbestimmung bewilligt ist, mit der Zahlung einer Monatsrate oder eines sonstigen Betrages länger als drei Monate im Rückstand ist (§ 124 Abs. 1 Nr. 5 ZPO),

2.5.3 wenn sich nach einer vorläufigen Einstellung der Zahlungen (§ 120 Abs. 3 Nr. 1 ZPO) Anhaltspunkte dafür ergeben, dass die bisherigen Zahlungen die voraussichtlich entstehenden Kosten nicht decken,

2.5.4 bei jeder Veränderung des Streitwertes,

2.5.5 wenn der Gegner Zahlungen auf Kosten leistet,

2.5.6 wenn eine Entscheidung über die Kosten ergeht oder diese vergleichsweise geregelt werden (§ 120 Abs. 3 Nr. 2 ZPO),

2.5.7 wenn die Akten nach Beendigung eines Rechtsmittelverfahrens an die erste Instanz zur Überprüfung zurückgegeben werden, ob die Zahlungen nach § 120 Abs. 3 ZPO vorläufig einzustellen sind,

2.5.8 wenn nach Ansatz der Kosten zu Lasten des Gegners eine Zweitschuldneranfrage der Gerichtskasse eingeht und die Partei, der Prozesskostenhilfe mit Zahlungsbestimmung bewilligt ist, als Zweitschuldner nach § 31 Abs. 2 GKG in Anspruch genommen werden kann (Nr. 4.9),

2.5.9 wenn sich Anhaltspunkte dafür ergeben, dass die Partei entgegen § 120a Abs. 2 Satz 1 bis 3 ZPO dem Gericht wesentliche Verbesserungen ihrer Einkommens- und Vermögensverhältnisse oder Änderungen ihrer Anschrift unrichtig oder nicht unverzüglich mitgeteilt hat (§ 124 Abs. 1 Nr. 4 ZPO),

2.5.10 wenn eine rechtskräftige Entscheidung ergangen ist oder das Verfahren anderweitig beendet worden ist, um gemäß § 120a Abs. 3 ZPO zu prüfen, ob eine Änderung der Entscheidung über die zu leistenden Zahlungen mit Rücksicht auf das durch die Rechtsverfolgung oder –verteidigung Erlangte geboten ist oder zur eventuellen Bestimmung einer Frist zur Überprüfung der persönlichen und wirtschaftlichen Verhältnisse der Partei nach § 120a Abs. 1, 2 ZPO.

3. Bewilligung ohne Zahlungsbestimmung

3.1 Soweit und solange ein Kostenschuldner nach den Vorschriften der Zivilprozessordnung von der Entrichtung der Kosten deshalb befreit ist, weil ihm oder seinem Gegner Prozesskostenhilfe ohne Zahlungsbestimmung bewilligt ist, wird wegen dieser Kosten eine Kostenrechnung (§ 24 KostVfg) auf ihn nicht ausgestellt.

3.2 Waren Kosten bereits vor der Bewilligung angesetzt und der Gerichtskasse zur Einziehung überwiesen, ersucht der Kostenbeamte die Gerichtskasse, die Kostenforderung zu löschen, soweit die Kosten noch nicht gezahlt sind.
[1]Die Rückzahlung bereits entrichteter Kosten ist nur dann anzuordnen, wenn sie nach dem Zeitpunkt gezahlt sind, in dem die Bewilligung wirksam geworden ist.
[2]Wird die Partei, der Prozesskostenhilfe ohne Zahlungsbestimmung bewilligt ist, rechtskräftig in die Prozesskosten verurteilt (Entscheidungsschuldner nach § 29 Nr. 1 GKG), sind vom Gegner bereits entrichtete Kosten zurückzuzahlen (§ 31

Abs. 3 Satz 1 zweiter Halbsatz GKG), soweit es sich nicht um eine Zahlung nach § 13 Abs. 1 und 3 JVEG handelt und die Partei, der Prozesskostenhilfe bewilligt worden ist, der besonderen Vergütung zugestimmt hat. [3]Das Gleiche gilt gemäß § 31 Abs. 4 GKG, soweit der Schuldner aufgrund des § 29 Nr. 2 GKG (Übernahmeschuldner) haftet, wenn
a. er die Kosten in einem vor Gericht abgeschlossenen oder gegenüber dem Gericht angenommenen Vergleich übernommen hat und
b. der Vergleich einschließlich der Verteilung der Kosten von dem Gericht vorgeschlagen worden ist und
c. das Gericht in seinem Vergleichsvorschlag ausdrücklich festgestellt hat, dass die Kostenregelung der sonst zu erwartenden Kostenentscheidung entspricht.

[4]§ 8 KostVfg ist zu beachten.

3.3 [1]Der Kostenbeamte hat den Eintritt der gesetzlichen Voraussetzungen, unter denen die Kosten von der Partei, der Prozesskostenhilfe ohne Zahlungsbestimmung bewilligt ist, und dem Gegner eingezogen werden können, genau zu überwachen. [2]Zu beachten ist dabei folgendes:

3.3.1 Zu Lasten der Partei dürfen die außer Ansatz gelassenen Beträge nur aufgrund einer gerichtlichen Entscheidung angesetzt werden, durch die die Bewilligung aufgehoben worden ist (§ 124 ZPO).

3.3.2 [1]Zu Lasten des Gegners sind die Kosten, von deren Entrichtung die Partei befreit ist, erst anzusetzen, wenn der Gegner rechtskräftig in die Prozesskosten verurteilt ist oder sie durch eine vor Gericht abgegebene oder dem Gericht mitgeteilte Erklärung übernommen hat oder sonst für die Kosten haftet (§ 125 Abs. 1 ZPO, § 29 GKG); dies gilt auch für die Geltendmachung von Ansprüchen, die nach § 59 RVG auf die Bundes- oder Landeskasse übergegangen sind. [2]Die Gerichtskosten, von deren Zahlung der Gegner einstweilen befreit ist (§ 122 Abs. 2 ZPO), sind zu seinen Lasten anzusetzen, wenn er rechtskräftig in die Prozesskosten verurteilt ist oder der Rechtsstreit ohne Urteil über die Kosten durch Vergleich oder in sonstiger Weise beendet ist (§ 125 Abs. 2 ZPO). [3]Wird ein Rechtsstreit, in dem dem Kläger, Berufungskläger oder Revisionskläger Prozesskostenhilfe ohne Zahlungsbestimmung bewilligt ist, mehr als sechs Monate nicht betrieben, ohne dass das Ruhen des Verfahrens (§ 251 ZPO) angeordnet ist, stellt der Kostenbeamte durch Anfrage bei den Parteien fest, ob der Rechtsstreit beendet ist. [4]Gibt keine der Parteien binnen angemessener Zeit eine Erklärung ab, setzt er auf den Gegner die diesem zur Last fallenden Kosten an. [5]Das gleiche gilt, wenn die Parteien den Rechtsstreit trotz der Erklärung, dass er nicht beendet sei, auch jetzt nicht weiter betreiben oder wenn der Gegner erklärt, der Rechtsstreit ruhe oder sei beendet.

4. Bewilligung mit Zahlungsbestimmung

4.1 [1]Der Kostenbeamte behandelt die festgesetzten Monatsraten und die aus dem Vermögen zu zahlenden Beträge (§ 120 Abs. 1 ZPO) wie Kostenforderungen. Sie werden von der Geschäftsstelle ohne vorherige Überweisung an die Gerichtskasse unmittelbar von dem Zahlungspflichtigen angefordert (§ 26 KostVfg). [2]Monatsraten, Teilbeträge und einmalige Zahlungen sowie deren Fälligkeitstermine sind sowohl in der Urschrift der Kostenrechnung als auch in der Kostenanforderung besonders anzugeben.

4.2 [1]Sind vor Bewilligung der Prozesskostenhilfe Gerichtskosten angesetzt und der Gerichtskasse zur Einziehung überwiesen, ist zu prüfen, ob und ggfs. wann diese bezahlt worden sind. [2]Ist eine Zahlung noch nicht erfolgt, so veranlasst der Kostenbeamte die Löschung des Kostensolls.

4.3 Zahlungen vor Wirksamwerden der Prozesskostenhilfe sollen erst bei der Prüfung nach § 120 Abs. 3 Nr. 1 ZPO berücksichtigt werden, spätere Zahlungen sind auf die nach § 120 Abs. 1 ZPO zu leistenden anzurechnen.

4.4 [1]Wird die Partei, der Prozesskostenhilfe mit Zahlungsbestimmung bewilligt worden ist, rechtskräftig in die Prozesskosten verurteilt (Entscheidungsschuldner nach § 29 Nr. 1 GKG), sind vom Gegner bereits entrichtete Kosten zurückzuzahlen (§ 31 Abs. 3 Satz 1 zweiter Halbsatz GKG), soweit es sich nicht um eine Zahlung nach

Anlage VIII

§ 13 Abs. 1 und 3 JVEG handelt und die Partei, der Prozesskostenhilfe bewilligt worden ist, der besonderen Vergütung zugestimmt hat.
²Das Gleiche gilt gemäß § 31 Abs. 4 GKG, soweit der Schuldner aufgrund des § 29 Nr. 2 GKG (Übernahmeschuldner) haftet, wenn

a. er die Kosten in einem vor Gericht abgeschlossenen oder gegenüber dem Gericht angenommenen Vergleich übernommen hat und
b. der Vergleich einschließlich der Verteilung der Kosten von dem Gericht vorgeschlagen worden ist und
c. das Gericht in seinem Vergleichsvorschlag ausdrücklich festgestellt hat, dass die Kostenregelung der sonst zu erwartenden Kostenentscheidung entspricht.

³§ 8 KostVfg ist zu beachten.

4.5 ¹Bestimmt das Rechtsmittelgericht andere Zahlungen als das Gericht der Vorinstanz, ist von dem Kostenbeamten des Rechtsmittelgerichts eine entsprechende Änderung der Zahlungen zu veranlassen (Nr. 4.1). ²Dabei ist darauf hinzuweisen, dass die Kostenaufforderung der Vorinstanz gegenstandslos ist. ³Die Geschäftsstelle des Gerichts der Vorinstanz hat noch eingehende Zahlungsanzeigen zu dem an das Rechtsmittelgericht abgegebenen Beiheft weiterzuleiten. ⁴Nach Abschluss in der Rechtsmittelinstanz sendet die Geschäftsstelle des Rechtsmittelgerichts das Beiheft mit den Akten an das Gericht der Vorinstanz zur weiteren Bearbeitung zurück.

4.5.1 Jedoch gilt für Zahlungen, die während der Anhängigkeit des Verfahrens vor einem Gerichtshof des Bundes an die Landeskasse zu leisten sind (§ 120 Abs. 2 ZPO), Folgendes:
¹Die Zahlungen werden (abweichend von Nr. 2.3 Satz 1) nach den Hinweisen des Kostenbeamten des Gerichtshofs von der Geschäftsstelle des Gerichts des ersten Rechtszuges angefordert und überwacht. ²Dabei werden der Geschäftsstelle die Entscheidungen des Gerichtshofes, soweit sie die Prozesskostenhilfe betreffen, in beglaubigter Abschrift mitgeteilt. ³Der Zahlungsverzug (Nr. 2.5.2) ist dem Gerichtshof anzuzeigen. ⁴Nach Rückkehr der Akten vom Rechtsmittelgericht (Nr. 4.5 Satz 4) werden die angefallenen Vorgänge mit dem Beiheft vereinigt.

4.5.2 Zahlungen, die nach § 120 Abs. 2 ZPO an die Bundeskasse zu leisten sind, werden von der Geschäftsstelle des Gerichtshofs des Bundes angefordert und überwacht.

4.6 Für die Behandlung der Kostenanforderung gilt § 26 Abs. 6 KostVfg entsprechend.

4.7 ¹Sieht der Rechtspfleger im Falle einer Vorlage nach Nr. 2.5.2 davon ab, die Bewilligung der Prozesskostenhilfe aufzuheben, hat der Kostenbeamte die zu diesem Zeitpunkt rückständigen Beträge der Gerichtskasse zur Einziehung zu überweisen. ²Die Gerichtskasse ist durch einen rot zu unterstreichenden Vermerk „ZA" um Zahlungsanzeige zu ersuchen.

4.8 ¹Zu Lasten des Gegners der Partei, der Prozesskostenhilfe bewilligt ist, sind die unter die Bewilligung fallenden Kosten erst anzusetzen, wenn er rechtskräftig in die Prozesskosten verurteilt ist oder sie durch eine vor Gericht abgegebene oder dem Gericht mitgeteilte Erklärung übernommen hat oder sonst für die Kosten haftet (§ 125 Abs. 1 ZPO, § 29 GKG). ²Nr. 3.3.2 Satz 1 letzter Halbsatz gilt entsprechend.

4.9 ¹Wird dem Kostenbeamten eine Zweitschuldneranfrage der Gerichtskasse vorgelegt, prüft er, ob die Partei, der Prozesskostenhilfe mit Zahlungsbestimmung bewilligt ist, für die gegen den Gegner geltend gemachten Gerichtskosten als Zweitschuldner ganz oder teilweise haftet. ²Liegen diese Voraussetzungen vor, unterrichtet er die Gerichtskasse hiervon und legt die Akten mit einer Berechnung der Kosten, für die die Partei nach § 31 Abs. 2 GKG in Anspruch genommen werden kann, unverzüglich dem Rechtspfleger vor.

5. Gemeinsame Bestimmungen

5.1 Werden dem Kostenbeamten Tatsachen über die persönlichen oder wirtschaftlichen Verhältnisse bekannt, die eine Änderung oder Aufhebung der Bewilligung der Prozesskostenhilfe rechtfertigen könnten (§ 120 a, § 124 Abs. 1 Nrn. 2 bis 5 ZPO), hat er die Akten dem Rechtspfleger vorzulegen.

5.2 Hat der Gerichtsvollzieher Berechnungen über Kosten für Amtshandlungen, die er aufgrund der Prozesskostenhilfe unentgeltlich erledigt hat, zu den Akten mitgeteilt, so sind diese Kosten beim Ansatz wie sonstige Gerichtskosten zu behandeln.

5.3 [1]Wenn bei einem obersten Gerichtshof des Bundes Kosten der Revisionsinstanz außer Ansatz geblieben sind, weil dem Kostenschuldner oder seinem Gegner Prozesskostenhilfe bewilligt ist, hat der Kostenbeamte diesem Gericht Nachricht zu geben, sobald sich ergibt, dass Beträge durch die Bundeskasse einzuziehen sind. [2]Dieser Fall kann eintreten,

5.3.1 wenn das Revisionsgericht die Sache zur anderweitigen Verhandlung und Entscheidung, auch über die Kosten des Revisionsverfahrens, zurückverwiesen hat und nach endgültigem Abschluss des Verfahrens zu Lasten des Gegners der Partei, der Prozesskostenhilfe bewilligt ist, Kosten des Revisionsverfahrens gemäß Nr. 3.3.2 oder 4.6 anzusetzen sind;

5.3.2 wenn der für die Revisionsinstanz beigeordnete Rechtsanwalt seinen Anspruch auf Vergütung gegen die Bundeskasse geltend macht, nachdem die Prozessakten zurückgesandt sind; in diesem Fall teilt der Urkundsbeamte der Geschäftsstelle des obersten Gerichtshofes des Bundes eine beglaubigte Abschrift des Beschlusses, durch den die Vergütung festgesetzt worden ist, zu den Prozessakten mit;

5.3.3 wenn nach Beendigung des Revisionsverfahrens ein Beschluss ergeht, durch den die Bewilligung der Prozesskostenhilfe aufgehoben wird.

5.4 [1]In der Nachricht teilt der Kostenbeamte mit, ob und ggfs. in welcher Höhe etwaige Zahlungen, die nach § 120 Abs. 2 ZPO an die Landeskasse entrichtet worden sind, auf die Kosten des Revisionsverfahrens zu verrechnen sind. [2]Sind die Zahlungen nach § 120 Abs. 2 ZPO an die Bundeskasse zu leisten, sind dem obersten Gerichtshof des Bundes alle die bewilligte Prozesskostenhilfe betreffenden Entscheidungen, die Kostenentscheidung und eine Kostenrechnung unter Angabe der Beträge mitzuteilen, die in dem Verfahren von der Landeskasse vereinnahmt worden sind.

6. Verfahren bei Verweisung und Abgabe

6.1 [1]Wird ein Verfahren an ein anderes Gericht verwiesen oder abgegeben, hat der Kostenbeamte des übernehmenden Gerichts erneut eine Kostenaufforderung zu übersenden (Nrn. 4.1, 4.6). [2]Dabei ist darauf hinzuweisen, dass die Kostenaufforderung des verweisenden oder abgebenden Gerichts gegenstandslos ist.

6.2 Die Geschäftsstelle des verweisenden oder abgebenden Gerichts hat noch eingehende Zahlungsanzeigen an das übernehmende Gericht weiterzuleiten.

7. Kostenansatz nach Entscheidung oder bei Beendigung des Verfahrens

7.1 [1]Ergeht im Verfahren eine Kostenentscheidung, wird ein Vergleich geschlossen oder wird das Verfahren in dieser Instanz auf sonstige Weise beendet, setzt der Kostenbeamte die Kosten an und stellt die Kostenschuldner fest. [2]In die Kostenrechnung sind die Gerichtskosten und die nach § 59 RVG auf die Staatskasse übergegangenen Ansprüche aufzunehmen.
Sämtliche Zahlungen der Partei sind – erforderlichenfalls nach Anfrage bei der Kasse – zu berücksichtigen.
Ist Prozesskostenhilfe mit Zahlungsbestimmung bewilligt worden, sind die Akten nach Aufstellung der Kostenrechnung unverzüglich dem Rechtspfleger vorzulegen.

7.2 Die Kosten der Rechtsmittelinstanz werden von dem Kostenbeamten des Rechtsmittelgerichts angesetzt (§ 19 Abs. 1 Satz 1 Nr. 2 GKG).
Kann dieser die Zahlungen, die von der Partei geleistet worden sind, der Prozesskostenhilfe bewilligt wurde, noch nicht abrechnen, weil zu diesem Zeitpunkt die Vergütungen der Rechtsanwälte noch nicht bezahlt sind (§§ 50, 55 RVG) oder noch Zahlungen der Partei ausstehen, hat der Kostenbeamte der ersten Instanz die endgültige Abrechnung vorzunehmen.

Anlage VIII

7.3 Der Partei, die Zahlungen zu leisten hat, ist eine Abschrift der Kostenrechnung zu erteilen verbunden mit einem Nachforderungsvorbehalt, wenn eine Inanspruchnahme über den in der Kostenrechnung enthaltenen Betrag hinaus in Betracht kommt.

8. Weiteres Verfahren nach Aufstellung der Kostenrechnung

8.1 Nach Vorlage der Akten (Nrn. 4.9, 7.1 Abs. 3) prüft der Rechtspfleger, welche Entscheidungen zur Wiederaufnahme oder Einstellung der Zahlungen zu treffen sind.

8.2 [1]Ergibt sich eine Restschuld der Partei, der Prozesskostenhilfe bewilligt ist, soll der Zeitpunkt der Einstellung der Zahlungen bestimmt werden. [2]War vorher eine vorläufige Einstellung verfügt, ist ihre Wiederaufnahme anzuordnen. Bei diesen Entscheidungen wird auch die zu den Akten mitgeteilte Vergütung des beigeordneten Rechtsanwalts (§ 50 Abs. 2 RVG) zu berücksichtigen sein, soweit die Vergütung noch nicht aus der Staatskasse beglichen ist und der Partei ein Erstattungsanspruch gegen den Gegner nicht zusteht. [3]Teilt der Rechtsanwalt seine gesetzliche Vergütung (mit den Gebühren nach § 13 Abs. 1 RVG) nicht mit oder wird eine notwendige Kostenausgleichung nach § 106 ZPO nicht beantragt, wird der Rechtspfleger seine Bestimmung ohne Rücksicht auf die Vergütungsansprüche des Rechtsanwalts treffen.

8.3 Ebenfalls zu berücksichtigen sind bereits bekannte Gerichtsvollzieherkosten (§ 122 Abs. 1 Nr. 1a ZPO).

8.4 [1]Ergibt sich keine Restschuld der Partei, ist – unter Berücksichtigung der Vergütung des Rechtsanwalts oder der Kosten des Gerichtsvollziehers – die Einstellung der Zahlungen anzuordnen. [2]Zu beachten ist, dass eine endgültige Einstellung der Zahlung unter Umständen erst nach Rechtskraft der Entscheidung verfügt werden kann, weil bei Einlegung eines Rechtsmittels durch die Partei die Raten bis zur 48. Monatsrate weiter zu zahlen sind. [3]Gleiches gilt, wenn die Partei bei Rechtsmitteleinlegung des Prozessgegners Prozesskostenhilfe beantragt.

9. Aufhebung und Änderung der Bewilligung

9.1 [1]Hat das Gericht die Bewilligung der Prozesskostenhilfe aufgehoben (§ 124 ZPO), berechnet der Kostenbeamte die bis zu diesem Zeitpunkt angefallenen Kosten (ggfs. unter Einbeziehung der nach § 59 RVG auf die Staatskasse übergegangenen Ansprüche der Rechtsanwälte) und überweist sie der Gerichtskasse zur Einziehung; § 10 Kostenverfügung bleibt unberührt. [2]Soweit erforderlich, ist der beigeordnete Rechtsanwalt zur Einreichung seiner Kostenrechnung aufzufordern (§§ 50 Abs. 2, 55 Abs. 6 RVG). [3]Die aufgrund der Bewilligung der Prozesskostenhilfe bezahlten Beträge sind abzusetzen. [4]Die Löschung der Sollstellung über die vom Gericht gemäß § 120 Abs. 1 ZPO festgesetzten Zahlungen ist zu veranlassen.

9.2 Setzt das Gericht andere Zahlungen fest, berichtigt der Kostenbeamte den Ansatz nach Nr. 4.1.

10. Verfahren bei der Verwaltungs-, der Sozial- und Finanzgerichtsbarkeit

Bei den Gerichten der Verwaltungs-, der Sozial- und der Finanzgerichtsbarkeit tritt in den vorstehenden Bestimmungen an die Stelle des Rechtspflegers der Urkundsbeamte der Geschäftsstelle des jeweiligen Rechtszugs, soweit er nach § 166 Abs. 2, 3, 7 VwGO, § 73a Abs. 4, 5, 9 SGG oder § 142 Abs. 3, 4, 8 FGO zuständig ist, im Übrigen der Richter.

B. Durchführungsbestimmungen zur Verfahrenskostenhilfe

1. Anwendbarkeit von Abschnitt A

1.1 In Angelegenheiten nach dem Gesetz über das Verfahren in Familiensachen und in den Angelegenheiten der freiwilligen Gerichtsbarkeit (FamFG) gelten die Regelungen in Abschnitt A. entsprechend

1.1.1 auch für Beteiligte, denen Verfahrenskostenhilfe nach § 76 Abs. 1 FamFG in Verbindung mit § 114 ff. ZPO bewilligt wird,

1.1.2 auch für Beteiligte, denen Verfahrenskostenhilfe nach § 113 Abs. 1 FamFG in Verbindung mit § 114 ff. ZPO bewilligt wird.

1.2 Die voraussichtlich entstehenden Verfahrenskosten können der Anlage 2 entnommen werden.

1.3 Das Beiheft sowie die darin zu verwahrenden Schriftstücke erhalten hinter dem Aktenzeichen den Klammerzusatz (VKH).

1.4 Hat das Gericht Verfahrenskostenhilfe bewilligt, vermerkt die Geschäftsstelle auf dem Aktendeckel neben dem Namen des Beteiligten „Verfahrenskostenhilfe mit/ ohne Zahlungsbestimmung bewilligt Bl. _____ "

2. Abweichungen

2.1 Abschnitt A. Nummern 2.5.8 und 4.9 gelten mit der Maßgabe, dass auf § 26 Abs. 2 FamGKG, § 33 Abs. 1 GNotKG verwiesen wird.

2.2 Abschnitt A. Nummern 3.2 und 4.4 gelten mit der Maßgabe, dass auf § 24 Nrn. 1 und 2 und § 26 Abs. 3 Satz 1 zweiter Halbsatz, Abs. 4 FamGKG sowie § 27 Nrn. 1 und 2 und § 33 Abs. 2 Satz 1 zweiter Halbsatz, Abs. 3 GNotKG verwiesen wird.

2.3 Abschnitt A. Nummern Nr. 3.3.2 und 4.8 gelten mit der Maßgabe, dass auf § 24 FamGKG und § 27 GNotKG verwiesen wird.

2.4 Abschnitt A. Nummer 7.2 gilt mit der Maßgabe, dass auf § 18 Abs. 1 Satz 1 Nr. 2 FamGKG und § 18 Abs. 1 Satz 1 Nr. 2 GNotKG verwiesen wird.

2.5 Abschnitt A. Nummer 8.2 gilt mit der Maßgabe, dass § 106 ZPO in Verbindung mit § 85 FamFG anzuwenden ist.

C. Durchführungsbestimmungen zur Stundung der Kosten des Insolvenzverfahrens

1.1 Hat das Gericht die Stundung der Kosten des Insolvenzverfahrens nach § 4a InsO bewilligt, vermerkt die Geschäftsstelle auf dem Aktendeckel neben dem Namen des Schuldners „Stundung bewilligt Bl. ….".

1.2 Werden nach Erteilung der Restschuldbefreiung die Stundung verlängert und Zahlungen festgelegt (§ 4b InsO), gelten im Übrigen folgende Nummern des Abschnitts A. entsprechend:
a) Nummer 2.1 mit der Maßgabe, dass die im Zusammenhang mit der Entscheidung nach § 4b InsO und ihrer Durchführung anfallenden Vorgänge in das Beiheft aufzunehmen sind. Der Klammerzusatz lautet „(Stundung)". Nach Abschluss des Insolvenzverfahrens und nach rechtskräftiger Gewährung der Restschuldbefreiung gilt § 117 Abs. 2 Satz 2 ZPO entsprechend.
b) Nummer 2.3 mit der Maßgabe, dass auf § 4c Nr. 3 InsO verwiesen wird,
c) Nummer 2.4.4,
d) Nummer 2.5.1 mit folgendem Wortlaut:
„nach Eingang der auf die Absendung der Kostenanforderung (Nr. 4.6) folgenden ersten Zahlung der Partei zur Bestimmung einer Wiedervorlagefrist zwecks Prüfung der Einstellung der Zahlungen."
e) Nummer 2.5.2 mit der Maßgabe, dass der Klammerzusatz „(§ 4c Nr. 3 InsO)" lautet,
f) Nummer 4.1, wobei Satz 1 mit folgendem Wortlaut anzuwenden ist:
„Der Kostenbeamte behandelt die festgelegten Zahlungen (§ 4b InsO) wie Kostenforderungen."
g) Nummer 4.6,
h) Nummer 5.1 mit der Maßgabe, dass der Klammerzusatz „(§ 120a Abs. 1 Satz 2 und 3 ZPO, § 4c Nrn. 1 bis 4 InsO)" lautet,
i) Nummer 9.1 Sätze 1 bis 3 mit der Maßgabe, dass der Klammerzusatz in Satz 1 „(§ 4c InsO)" lautet,
j) Nummer 9.2.

Anlage VIII

Teil 3 Anhang

1.3 Dem Rechtspfleger sind die Akten ferner vorzulegen, wenn die Restschuldbefreiung versagt oder widerrufen wird (§ 4c Nr. 5 InsO) oder wenn der Schuldner keine angemessene Erwerbstätigkeit ausübt, sich nicht um eine Beschäftigung bemüht oder eine zumutbare Tätigkeit ablehnt (§ 4c Nr. 4 InsO).

D. In-Kraft-Treten

Diese Allgemeine Verfügung tritt am 1. September 2009 in Kraft.

Anlage 1: Kostenvoranschlag zur Bewilligung von Prozesskostenhilfe (§ 115 ZPO) zu Nr. 1.3 DB-PKH (Stand: 1. August 2013)

Anlage 2: Kostenvoranschlag zur Bewilligung von Verfahrens- bzw. Prozesskostenhilfe in familiengerichtlichen Verfahren I. Instanz (§§ 76 FamFG, 115 ZPO) zu Nr. 1.3 DB-PKH (Stand: 1. August 2013)

Anlage 1 zu Nr. 1.3 DB-PKH (Stand: 1.8.2013)
Kostenvoranschlag zur Bewilligung von Prozesskostenhilfe (§ 115 ZPO)

	Klageverfahren vor den ordentlichen Gerichten					
	I. Instanz					II. Instanz
	nach Mahnverfahren		ohne Mahnverfahren			
1	2	3	4	5	6	
Streitwert bis	nur GKG	GKG + RVG	nur GKG	GKG + RVG	GKG + RVG	
Euro	Euro	Euro	Euro	Euro	Euro	
500	73	231	105	263	314	
1.000	127	389	159	421	503	
1.500	178	544	213	579	691	
2.000	223	693	267	738	880	
3.000	270	892	324	946	1.126	
4.000	318	1.091	381	1.155	1.372	
5.000	365	1.291	438	1.364	1.618	
6.000	413	1.490	495	1.572	1.864	
7.000	460	1.689	552	1.781	2.110	
8.000	508	1.888	609	1.990	2.356	
9.000	555	2.088	666	2.199	2.602	
10.000	603	2.287	723	2.407	2.848	
13.000	668	2.489	801	2.622	3.105	
16.000	733	2.691	879	2.837	3.362	
19.000	798	2.892	957	3.052	3.619	
22.000	863	3.094	1.035	3.267	3.877	
25.000	928	3.296	1.113	3.482	4.134	
30.000	1.015	3.607	1.218	3.810	4.524	
35.000	1.103	3.917	1.323	4.138	4.914	
40.000	1.190	4.228	1.428	4.466	5.304	
45.000	1.278	4.539	1.533	4.794	5.694	
50.000	1.365	4.849	1.638	5.122	6.083	
65.000	1.665	5.402	1.998	5.735	6.847	
80.000	1.965	5.955	2.358	6.348	7.610	
95.000	2.265	6.508	2.718	6.961	8.373	
110.000	2.565	7.061	3.078	7.574	9.136	
125.000	2.865	7.614	3.438	8.187	9.900	
140.000	3.165	8.166	3.798	8.799	10.663	

Teil 3 Anhang   Anlage VIII

1	2	3	4	5	6
	Klageverfahren vor den ordentlichen Gerichten					
	I. Instanz				II. Instanz
	nach Mahnverfahren	ohne Mahnverfahren			
Streitwert bis	nur GKG	GKG + RVG	nur GKG	GKG + RVG	GKG + RVG
Euro	Euro	Euro	Euro	Euro	Euro
155.000	3.465	8.719	4.158	9.412	11.426
170.000	3.765	9.272	4.518	10.025	12.189
185.000	4.065	9.825	4.878	10.638	12.952
200.000	4.365	10.378	5.238	11.251	13.716
230.000	4.813	11.182	5.775	12.145	14.831
260.000	5.260	11.987	6.312	13.039	15.947
290.000	5.708	12.791	6.849	13.933	17.063
320.000	6.155	13.596	7.386	14.827	18.179
350.000	6.603	14.400	7.923	15.721	19.295
380.000	7.050	15.205	8.460	16.615	20.411
410.000	7.498	16.009	8.997	17.509	21.526
440.000	7.945	16.814	9.534	18.403	22.642
470.000	8.393	17.618	10.071	19.297	23.758
500.000	8.840	18.423	10.608	20.191	24.874

Anlage 2 zu Nr. 1.3 DB-PKH (Stand: 1. August 2013)
Kostenvoranschlag zur Bewilligung von Verfahrens- bzw. Prozesskostenhilfe in familiengerichtlichen Verfahren I. Instanz (§§ 76 FamFG, 115 ZPO)

1	2	3	4	5	6	7
	Hauptsacheverfahren				Verfahren einstw. Rechtsschutz	
	Scheidungssachen einschl. Folgesachen	Selbständige Familienstreitsachen	Kindschaftssachen	Übrige Sachen	Kindschaftssachen	Übrige Sachen und Familienstreitsachen
Verfahrenswert bis	nur FamGKG	nur FamGKG	nur FamGKG	nur FamGKG	nur FamGKG	nur FamGKG
Euro	Euro	Euro	Euro	Euro	Euro	Euro
500	70	105	18	70	15	53
1.000	106	159	27	106	16	80
1.500	142	213	36	142	21	107
2.000	178	267	45	178	27	134
3.000	216	324	54	216	32	162
4.000	254	381	64	254	38	191
5.000	292	438	73	292	44	219
6.000	330	495	83	330	50	248
7.000	368	552	92	368	55	276
8.000	406	609	102	406	61	305
9.000	444	666	111	444	67	333
10.000	482	723	121	482	72	362
13.000	534	801	134	534	80	401
16.000	586	879	147	586	88	440

Anlage VIII

	Hauptsacheverfahren				Verfahren einstw. Rechtsschutz	
	Scheidungssachen einschl. Folgesachen	Selbständige Familienstreitsachen	Kindschaftssachen	Übrige Sachen	Kindschaftssachen	Übrige Sachen und Familienstreitsachen
1	2	3	4	5	6	7
Verfahrenswert bis	nur FamGKG	nur FamGKG	nur FamGKG	nur FamGKG	nur FamGKG	nur FamGKG
Euro	Euro	Euro	Euro	Euro	Euro	Euro
19.000	638	957	160	638	96	479
22.000	690	1.035	173	690	104	518
25.000	742	1.113	186	742	111	557
30.000	812	1.218	203	812	122	609
35.000	882	1.323	221	882	132	662
40.000	952	1.428	238	952	143	714
45.000	1.022	1.533	256	1.022	153	767
50.000	1.092	1.638	273	1.092	164	819
65.000	1.332	1.998	333	1.332	200	999
80.000	1.572	2.358	393	1.572	236	1.179
95.000	1.812	2.718	453	1.812	272	1.359
110.000	2.052	3.078	513	2.052	308	1.539
125.000	2.292	3.438	573	2.292	344	1.719
140.000	2.532	3.798	633	2.532	380	1.899
155.000	2.772	4.158	693	2.772	416	2.079
170.000	3.012	4.518	753	3.012	452	2.259
185.000	3.252	4.878	813	3.252	488	2.439
200.000	3.492	5.238	873	3.492	524	2.619
230.000	3.850	5.775	963	3.850	578	2.888
260.000	4.208	6.312	1.052	4.208	631	3.156
290.000	4.566	6.849	1.142	4.566	685	3.425
320.000	4.924	7.386	1.231	4.924	739	3.693
350.000	5.282	7.923	1.321	5.282	792	3.962
380.000	5.640	8.460	1.410	5.640	846	4.230
410.000	5.998	8.997	1.500	5.998	900	4.499
440.000	6.356	9.534	1.589	6.356	953	4.767
470.000	6.714	10.071	1.679	6.714	1.007	5.036
500.000	7.072	10.608	1.768	7.072	1.061	5.304

Teil 3 Anhang

Anlage VIII

	Hauptsacheverfahren				Verfahren einstw. Rechtsschutz	
	Scheidungssachen einschl. Folgesachen	Selbständige Familienstreitsachen	Kindschaftssachen	Übrige Sachen	Kindschaftssachen	Übrige Sachen und Familienstreitsachen
1	2	3	4	5	6	7
Verfahrenswert bis	nur FamGKG	nur FamGKG	nur FamGKG	nur FamGKG	nur FamGKG	nur FamGKG
Euro	Euro	Euro	Euro	Euro	Euro	Euro
500	228	263	176	228	173	211
1.000	368	421	289	368	278	342
1.500	508	579	402	508	388	473
2.000	649	738	515	649	497	604
3.000	838	946	676	838	655	784
4.000	1.028	1.155	837	1.028	812	964
5.000	1.218	1.364	999	1.218	970	1.145
6.000	1.407	1.572	1.160	1.407	1.127	1.325
7.000	1.597	1.781	1.321	1.597	1.284	1.505
8.000	1.787	1.990	1.482	1.787	1.442	1.685
9.000	1.977	2.199	1.644	1.977	1.599	1.866
10.000	2.166	2.407	1.805	2.166	1.757	2.046
13.000	2.355	2.622	1.955	2.355	1.901	2.222
16.000	2.544	2.837	2.105	2.544	2.046	2.398
19.000	2.733	3.052	2.254	2.733	2.191	2.573
22.000	2.922	3.267	2.404	2.922	2.335	2.749
25.000	3.111	3.482	2.554	3.111	2.480	2.925
30.000	3.404	3.810	2.795	3.404	2.714	3.201
35.000	3.697	4.138	3.035	3.697	2.947	3.476
40.000	3.990	4.466	3.276	3.990	3.181	3.752
45.000	4.283	4.794	3.517	4.283	3.414	4.028
50.000	4.576	5.122	3.757	4.576	3.648	4.303
65.000	5.069	5.735	4.070	5.069	3.937	4.736
80.000	5.562	6.348	4.383	5.562	4.226	5.169
95.000	6.055	6.961	4.696	6.055	4.515	5.602
110.000	6.548	7.574	5.009	6.548	4.804	6.035
125.000	7.041	8.187	5.322	7.041	5.092	6.468
140.000	7.533	8.799	5.634	7.533	5.381	6.900
155.000	8.026	9.412	5.947	8.026	5.670	7.333
170.000	8.519	10.025	6.260	8.519	5.959	7.766
185.000	9.012	10.638	6.573	9.012	6.248	8.199
200.000	9.505	11.251	6.886	9.505	6.537	8.632
230.000	10.220	12.145	7.332	10.220	6.947	9.257
260.000	10.935	13.039	7.779	10.935	7.358	9.883
290.000	11.650	13.933	8.225	11.650	7.769	10.508
320.000	12.365	14.827	8.672	12.365	8.180	11.134
350.000	13.080	15.721	9.118	13.080	8.590	11.759
380.000	13.795	16.615	9.565	13.795	9.001	12.385
410.000	14.510	17.509	10.011	14.510	9.412	13.010

Anlage VIII

	Hauptsacheverfahren				Verfahren einstw. Rechtsschutz	
	Scheidungssachen einschl. Folgesachen	Selbständige Familienstreitsachen	Kindschaftssachen	Übrige Sachen	Kindschaftssachen	Übrige Sachen und Familienstreitsachen
1	2	3	4	5	6	7
Verfahrenswert bis	nur FamGKG	nur FamGKG	nur FamGKG	nur FamGKG	nur FamGKG	nur FamGKG
Euro	Euro	Euro	Euro	Euro	Euro	Euro
440.000	15.225	18.403	10.458	15.225	9.822	13.636
470.000	15.940	19.297	10.904	15.940	10.233	14.261
500.000	16.655	20.191	11.351	16.655	10.644	14.887

Anlage IX

Richtlinie 2002/8/EG des Rates vom 27. Januar 2003 zur Verbesserung des Zugangs zum Recht bei Streitsachen mit grenzüberschreitendem Bezug durch Festlegung gemeinsamer Mindestvorschriften für die Prozesskostenhilfe in derartigen Streitsachen

Amtsblatt Nr. L 026 vom 31/01/2003 S. 0041–0047
Berichtigung Amtsblatt Nr. L 032 vom 07/02/2003 S 0015-0015: anstatt Richtlinie 2002/8/EG des Rates ... muss es heißen: Richtlinie 2003/8/EG des Rates ...

Kapitel I Anwendungsbereich und Begriffsbestimmungen

Artikel 1 Ziele und Anwendungsbereich

(1) Ziel dieser Richtlinie ist die Verbesserung des Zugangs zum Recht bei Streitsachen mit grenzüberschreitendem Bezug durch Festlegung gemeinsamer Mindestvorschriften für die Prozesskostenhilfe in derartigen Streitsachen.

(2) Diese Richtlinie gilt für Streitsachen mit grenzüberschreitendem Bezug in Zivil- und Handelssachen, ohne dass es auf die Art der Gerichtsbarkeit ankommt. Sie erfasst insbesondere keine Steuer- und Zollsachen und keine verwaltungsrechtlichen Angelegenheiten.

(3) Im Sinne dieser Richtlinie bezeichnet der Ausdruck „Mitgliedstaat" alle Mitgliedstaaten mit Ausnahme Dänemarks.

Artikel 2 Grenzüberschreitende Streitsachen

(1) Eine grenzüberschreitende Streitigkeit im Sinne dieser Richtlinie liegt vor, wenn die im Rahmen dieser Richtlinie Prozesskostenhilfe beantragende Partei ihren Wohnsitz oder gewöhnlichen Aufenthalt in einem anderen Mitgliedstaat als dem Mitgliedstaat des Gerichtsstands oder dem Vollstreckungsmitgliedstaat hat.

(2) Der Wohnsitzmitgliedstaat einer Prozesspartei wird gemäß Artikel 59 der Verordnung (EG) Nr. 44/2001 des Rates vom 22. Dezember 2000 über die gerichtliche Zuständigkeit und die Anerkennung und Vollstreckung von Entscheidungen in Zivil- und Handelssachen(9) bestimmt.

(3) Der maßgebliche Augenblick zur Feststellung, ob eine Streitsache mit grenzüberschreitendem Bezug vorliegt, ist der Zeitpunkt, zu dem der Antrag gemäß dieser Richtlinie eingereicht wird.

Kapitel II Anspruch auf Prozesskostenhilfe

Artikel 3 Anspruch auf Prozesskostenhilfe

(1) An einer Streitsache im Sinne dieser Richtlinie beteiligte natürliche Personen haben Anspruch auf eine angemessene Prozesskostenhilfe, damit ihr effektiver Zugang zum Recht nach Maßgabe dieser Richtlinie gewährleistet ist.

(2) Die Prozesskostenhilfe gilt als angemessen, wenn sie Folgendes sicherstellt:
a) eine vorprozessuale Rechtsberatung im Hinblick auf eine außergerichtlichen Streitbeilegung;
b) den Rechtsbeistand und die rechtliche Vertretung vor Gericht sowie eine Befreiung von den Gerichtskosten oder eine Unterstützung bei den Gerichtskosten des Empfängers, einschließlich der in Artikel 7 genannten Kosten und der Kosten für

Anlage IX

Personen, die vom Gericht mit der Wahrnehmung von Aufgaben während des Prozesses beauftragt werden.

In Mitgliedstaaten, in denen die unterliegende Partei die Kosten der Gegenpartei übernehmen muss, umfasst die Prozesskostenhilfe im Falle einer Prozessniederlage des Empfängers auch die Kosten der Gegenpartei, sofern sie diese Kosten umfasst hätte, wenn der Empfänger seinen Wohnsitz oder gewöhnlichen Aufenthalt im Mitgliedstaat des Gerichtsstands gehabt hätte.

(3) Die Mitgliedstaaten sind nicht verpflichtet, einen Rechtsbeistand oder eine rechtliche Vertretung vor Gericht bei Verfahren vorzusehen, die speziell darauf ausgerichtet sind, den Prozessparteien zu ermöglichen, sich selbst zu vertreten; dies gilt nicht, wenn das Gericht oder eine andere zuständige Behörde etwas anderes zur Gewährleistung der Gleichheit der Parteien oder in Anbetracht der Komplexität der Sache beschließt.

(4) Die Mitgliedstaaten können verlangen, dass sich die Empfänger der Prozesskostenhilfe angemessen an den Prozesskosten beteiligen, wobei die Voraussetzungen nach Artikel 5 zu berücksichtigen sind.

(5) Die Mitgliedstaaten können vorsehen, dass die zuständige Behörde die Prozesskostenhilfe von den Empfängern ganz oder teilweise zurückverlangen kann, wenn sich ihre finanziellen Verhältnisse wesentlich verbessert haben, oder wenn die Entscheidung zur Gewährung der Prozesskostenhilfe aufgrund falscher Angaben des Empfängers getroffen wurde.

Artikel 4 Diskriminierungsverbot

Die Mitgliedstaaten gewähren Unionsbürgern und Drittstaatsangehörigen, die sich rechtmäßig in einem Mitgliedstaat aufhalten, die Prozesskostenhilfe ohne jede Diskriminierung.

Kapitel III Voraussetzungen und Umfang der Prozesskostenhilfe

Artikel 5 Voraussetzungen für die finanziellen Verhältnisse

(1) Die Mitgliedstaaten gewähren den in Artikel 3 Absatz 1 genannten Personen, die aufgrund ihrer persönlichen wirtschaftlichen Lage teilweise oder vollständig außerstande sind, die Prozesskosten nach Artikel 3 Absatz 2 zu tragen, Prozesskostenhilfe zur Gewährleistung ihres effektiven Zugangs zum Recht.

(2) Die wirtschaftliche Lage einer Person wird von der zuständigen Behörde des Mitgliedstaats des Gerichtsstands unter Berücksichtigung verschiedener objektiver Faktoren wie des Einkommens, des Vermögens oder der familiären Situation einschließlich einer Beurteilung der wirtschaftlichen Ressourcen von Personen, die vom Antragsteller finanziell abhängig sind, bewertet.

(3) Die Mitgliedstaaten können Schwellenwerte festsetzen, bei deren Überschreiten davon ausgegangen wird, dass der Antragsteller die Prozesskosten nach Artikel 3 Absatz 2 teilweise oder vollständig tragen kann. Diese Schwellenwerte werden nach den in Absatz 2 des vorliegenden Artikels genannten Kriterien festgelegt.

(4) Die gemäß Absatz 3 des vorliegenden Artikels festgelegten Schwellenwerte dürfen nicht verhindern, dass Antragstellern, die die Schwellenwerte überschreiten, Prozesskostenhilfe gewährt wird, wenn sie den Nachweis erbringen, dass sie wegen der unterschiedlich hohen Lebenshaltungskosten im Mitgliedstaat ihres Wohnsitzes oder gewöhnlichen Aufenthalts und im Mitgliedstaat des Gerichtsstands die Prozesskosten nach Artikel 3 Absatz 2 nicht tragen können.

(5) Prozesskostenhilfe muss nicht gewährt werden, wenn die Antragsteller im konkreten Fall effektiven Zugang zu anderen Regelungen haben, die die Prozesskosten gemäß Artikel 3 Absatz 2 decken.

Anlage IX

Artikel 6 Voraussetzungen für den Inhalt der Streitsache

(1) Die Mitgliedstaaten können vorsehen, dass Anträge auf Prozesskostenhilfe für offensichtlich unbegründete Verfahren von den zuständigen Behörden abgelehnt werden können.

(2) Wird vorprozessuale Rechtsberatung angeboten, so kann die Gewährung weiterer Prozesskostenhilfe aus Gründen, die mit dem Wesen, insbesondere den Erfolgsaussichten der Sache zusammenhängen, abgelehnt oder eingestellt werden, sofern der Zugang zum Recht gewährleistet ist.

(3) Bei der Entscheidung über das Wesen, insbesondere die Erfolgsaussichten, eines Antrags berücksichtigen die Mitgliedstaaten unbeschadet des Artikels 5 die Bedeutung der betreffenden Rechtssache für den Antragsteller, wobei sie jedoch auch der Art der Rechtssache Rechnung tragen können, wenn der Antragsteller eine Rufschädigung geltend macht, jedoch keinen materiellen oder finanziellen Schaden erlitten hat, oder wenn der Antrag einen Rechtsanspruch betrifft, der in unmittelbarem Zusammenhang mit dem Geschäft oder der selbstständigen Erwerbstätigkeit des Antragstellers entstanden ist.

Artikel 7 Durch den grenzüberschreitenden Charakter der Streitsache bedingte Kosten

Die im Mitgliedstaat des Gerichtsstands gewährte Prozesskostenhilfe umfasst folgende unmittelbar mit dem grenzüberschreitenden Charakter der Streitsache verbundenen Kosten:
a) Dolmetschleistungen;
b) Übersetzung der vom Gericht oder von der zuständigen Behörde verlangten und vom Empfänger vorgelegten Schriftstücke, die für die Entscheidung des Rechtsstreits erforderlich sind; und
c) Reisekosten, die vom Antragsteller zu tragen sind, wenn das Gesetz oder das Gericht dieses Mitgliedstaats die Anwesenheit der mit der Darlegung des Falls des Antragstellers befassten Personen bei Gericht verlangen und das Gericht entscheidet, dass die betreffenden Personen nicht auf andere Weise zur Zufriedenheit des Gerichts gehört werden können.

Artikel 8 Vom Mitgliedstaat des Wohnsitzes oder des gewöhnlichen Aufenthalts zu übernehmende Kosten

Der Mitgliedstaat, in dem die Person, die Prozesskostenhilfe beantragt hat, ihren Wohnsitz oder gewöhnlichen Aufenthalt hat, gewährt die erforderliche Prozesskostenhilfe gemäß Artikel 3 Absatz 2 zur Deckung:
a) der Kosten für die Unterstützung durch einen örtlichen Rechtsanwalt oder eine andere gesetzlich zur Rechtsberatung ermächtigte Person in diesem Mitgliedstaat, bis der Antrag auf Prozesskostenhilfe gemäß dieser Richtlinie im Mitgliedstaat des Gerichtsstands eingegangen ist;
b) der Kosten für die Übersetzung des Antrags und der erforderlichen Anlagen, wenn der Antrag auf Prozesskostenhilfe bei den Behörden dieses Mitgliedstaats eingereicht wird.

Artikel 9 Weitergewährung der Prozesskostenhilfe

(1) Die Prozesskostenhilfe wird den Empfängern in vollem Umfang oder teilweise weitergewährt, um die Kosten für die Vollstreckung eines Urteils im Mitgliedstaat des Gerichtsstands zu decken.

(2) Ein Empfänger, dem im Mitgliedstaat des Gerichtsstands Prozesskostenhilfe gewährt wurde, erhält Prozesskostenhilfe gemäß dem Recht des Mitgliedstaats, in dem die Anerkennung oder Vollstreckung beantragt wird.

(3) Vorbehaltlich der Artikel 5 und 6 wird Prozesskostenhilfe weiter gewährt, wenn ein Rechtsbehelf gegen den oder vom Empfänger eingelegt wird.

Anlage IX

(4) Die Mitgliedstaaten können in jeder Phase des Verfahrens auf der Grundlage der Artikel 3 Absätze 3 und 5, Artikel 5 und Artikel 6 eine neuerliche Prüfung des Antrags auf Prozesskostenhilfe vorsehen; dies gilt auch für Verfahren nach den Absätzen 1 bis 3 des vorliegenden Artikels.

Artikel 10   Außergerichtliche Verfahren

Die Prozesskostenhilfe ist unter den in dieser Richtlinie festgelegten Voraussetzungen auf außergerichtliche Verfahren auszudehnen, wenn die Parteien gesetzlich verpflichtet sind, diese anzuwenden, oder den Streitparteien vom Gericht aufgetragen wird, diese in Anspruch zu nehmen.

Artikel 11   Öffentliche Urkunden

Für die Vollstreckung öffentlicher Urkunden in einem anderen Mitgliedstaat wird unter den in dieser Richtlinie festgelegten Voraussetzungen Prozesskostenhilfe gewährt.

Kapitel IV   Verfahren

Artikel 12   Für die Gewährung der Prozesskostenhilfe zuständige Behörde

Unbeschadet des Artikels 8 wird die Prozesskostenhilfe von der zuständigen Behörde des Mitgliedstaats des Gerichtsstands gewährt oder verweigert.

Artikel 13   Einreichung und Übermittlung der Anträge auf Prozesskostenhilfe

(1) Anträge auf Prozesskostenhilfe können eingereicht werden: entweder
a) bei der zuständigen Behörde des Mitgliedstaats, in dem der Antragsteller seinen Wohnsitz oder seinen gewöhnlichen Aufenthalt hat (Übermittlungsbehörde), oder
b) bei der zuständigen Behörde des Mitgliedstaats des Gerichtsstands oder des Vollstreckungsmitgliedstaats (Empfangsbehörde).

(2) Anträge auf Prozesskostenhilfe sind auszufuellen und die beigefügten Anlagen zu übersetzen
a) in der bzw. die Amtssprache oder einer bzw. eine der Amtssprachen des Mitgliedstaats der zuständigen Empfangsbehörde, die zugleich einer der Amtssprachen der Europäischen Gemeinschaft entspricht; oder
b) in einer anderen bzw. eine andere Sprache, mit deren Verwendung sich dieser Mitgliedstaat gemäß Artikel 14 Absatz 3 einverstanden erklärt hat.

(3) Die zuständigen Übermittlungsbehörden können entscheiden, die Übermittlung eines Antrags abzulehnen, wenn dieser offensichtlich
a) unbegründet ist oder
b) nicht in den Anwendungsbereich dieser Richtlinie fällt.
Artikel 15 Absätze 2 und 3 findet auf solche Entscheidungen Anwendung.

(4) Die zuständige Übermittlungsbehörde unterstützt den Antragsteller, indem sie dafür Sorge trägt, dass dem Antrag alle Anlagen beigefügt werden, die ihres Wissens zur Entscheidung über den Antrag erforderlich sind. Ferner unterstützt sie den Antragsteller gemäß Artikel 8 Buchstabe b bei der Beschaffung der erforderlichen Übersetzung der Anlagen.
Die zuständige Übermittlungsbehörde leitet der zuständigen Empfangsbehörde in dem anderen Mitgliedstaat den Antrag innerhalb von 15 Tagen nach Erhalt des in einer der Amtssprachen gemäß Absatz 2 ordnungsgemäß ausgefüllten Antrags und der beigefügten, erforderlichenfalls in eine dieser Amtssprachen übersetzten Anlagen zu.

Teil 3 Anhang

Anlage IX

(5) Die nach Maßgabe dieser Richtlinie übermittelten Schriftstücke sind von der Legalisation und gleichwertigen Formalitäten befreit.

(6) Für die nach Absatz 4 erbrachten Leistungen dürfen die Mitgliedstaaten kein Entgelt verlangen. Die Mitgliedstaaten, in denen die Person, die Prozesskostenhilfe beantragt hat, ihren Wohnsitz oder gewöhnlichen Aufenthalt hat, können festlegen, dass der Antragsteller die von der zuständigen Übermittlungsbehörde übernommenen Übersetzungskosten zurückzahlen muss, wenn der Antrag auf Prozesskostenhilfe von der zuständigen Behörde abgelehnt wird.

Artikel 14   Zuständige Behörden und Sprachen

(1) Die Mitgliedstaaten bezeichnen die für die Übermittlung des Antrags („Übermittlungsbehörden") bzw. den Empfang des Antrags („Empfangsbehörden") zuständige Behörde oder Behörden.

(2) Jeder Mitgliedstaat übermittelt der Kommission folgende Angaben:
– Name und Anschrift der zuständigen Empfangsbehörden oder Übermittlungsbehörden nach Absatz 1;
– räumlicher Zuständigkeitsbereich dieser Behörden;
– verfügbare Kommunikationsmittel dieser Behörden zum Empfang der Anträge; und
– Sprachen, in denen der Antrag ausgefuellt werden kann.

(3) Die Mitgliedstaaten teilen der Kommission mit, welche Amtssprache(n) der Europäischen Gemeinschaft außer ihrer bzw. ihren eigenen Amtssprache(n) beim Ausfuellen der gemäß dieser Richtlinie eingehenden Anträge auf Prozesskostenhilfe für die zuständige Empfangsbehörde akzeptabel ist bzw. sind.

(4) Die Mitgliedstaaten übermitteln der Kommission die Angaben gemäß den Absätzen 2 und 3 vor dem 30. November 2004. Jede Änderung dieser Angaben wird der Kommission spätestens zwei Monate, bevor die Änderung in dem betreffenden Mitgliedstaat wirksam wird, mitgeteilt.

(5) Die Angaben gemäß den Absätzen 2 und 3 werden im Amtsblatt der Europäischen Gemeinschaften veröffentlicht.

Artikel 15   Bearbeitung der Anträge

(1) Die für die Entscheidung über die Anträge auf Prozesskostenhilfe zuständigen einzelstaatlichen Behörden tragen dafür Sorge, dass der Antragsteller in vollem Umfang über die Bearbeitung des Antrags unterrichtet wird.

(2) Die vollständige oder teilweise Ablehnung der Anträge ist zu begründen.

(3) Die Mitgliedstaaten sehen einen Rechtsbehelf gegen Entscheidungen vor, mit denen Anträge auf Prozesskostenhilfe abgelehnt werden. Die Mitgliedstaaten können Fälle ausnehmen, bei denen ein Antrag auf Prozesskostenhilfe entweder von einem Berufungsgericht oder von einem Gericht abgelehnt wird, gegen dessen Entscheidung in der Hauptsache nach nationalem Recht kein Rechtsbehelf möglich ist.

(4) Ist ein Rechtsbehelf gegen eine Entscheidung über die Ablehnung oder Einstellung der Prozesskostenhilfe aufgrund von Artikel 6 verwaltungsrechtlicher Art, so unterliegt er in allen Fällen der gerichtlichen Überprüfung.

Artikel 16   Standardformular

(1) Zur Erleichterung der Übermittlung der Anträge wird nach dem in Artikel 17 Absatz 2 genannten Verfahren ein Standardformular für Anträge auf Prozesskostenhilfe und für die Übermittlung dieser Anträge erstellt.

(2) Das Standardformular für die Übermittlung von Anträgen auf Prozesskostenhilfe wird spätestens am 30. Mai 2003 erstellt.
Das Standardformular für Anträge auf Prozesskostenhilfe wird spätestens am 30. November 2004 erstellt.

Anlage IX

Teil 3 Anhang

Kapitel V Schlussbestimmungen

Artikel 17 Ausschuss

(1) Die Kommission wird von einem Ausschuss unterstützt.

(2) Wird auf diesen Absatz Bezug genommen, so gelten die Artikel 3 und 7 des Beschlusses 1999/468/EG.

(3) Der Ausschuss gibt sich eine Geschäftsordnung.

Artikel 18 Information

Die zuständigen einzelstaatlichen Behörden arbeiten zusammen, um die Information der Öffentlichkeit und der Fachkreise über die verschiedenen Systeme der Prozesskostenhilfe insbesondere über das gemäß der Entscheidung 2001/470/EG eingerichtete Europäische Justizielle Netz zu gewährleisten.

Artikel 19 Günstigere Bestimmungen

Diese Richtlinie hindert die Mitgliedstaaten nicht daran, günstigere Bestimmungen für Antragsteller und Empfänger von Prozesskostenhilfe vorzusehen.

Artikel 20 Verhältnis zu anderen Übereinkünften

Diese Richtlinie hat zwischen den Mitgliedstaaten in ihrem Anwendungsbereich Vorrang vor den Bestimmungen, die in den von den Mitgliedstaaten geschlossenen bilateralen und multilateralen Übereinkünften enthalten sind, einschließlich
a) des am 27. Januar 1977 in Straßburg unterzeichneten Europäischen Übereinkommens über die Übermittlung von Anträgen auf Bewilligung der Prozesskostenhilfe geändert durch das 2001 in Moskau unterzeichnete Zusatzprotokoll zum Europäischen Übereinkommen über die Übermittlung von Anträgen auf Bewilligung der Prozesskostenhilfe;
b) des Haager Abkommens von 25. Oktober 1980 über die Erleichterung des internationalen Zugangs zu den Gerichten.

Artikel 21 Umsetzung in innerstaatliches Recht

(1) Die Mitgliedstaaten setzen die Rechts- und Verwaltungsvorschriften in Kraft, die erforderlich sind, um dieser Richtlinie spätestens am 30. November 2004 nachzukommen; dies gilt jedoch nicht für Artikel 3 Absatz 2 Buchstabe a, dessen Umsetzung in nationales Recht spätestens am 30. Mai 2006 erfolgt. Sie setzen die Kommission unverzüglich davon in Kenntnis.
Wenn die Mitgliedstaaten diese Vorschriften erlassen, nehmen sie in den Vorschriften selbst oder durch einen Hinweis bei der amtlichen Veröffentlichung auf diese Richtlinie Bezug. Die Mitgliedstaaten regeln die Einzelheiten der Bezugnahme.

(2) Die Mitgliedstaaten teilen der Kommission den Wortlaut der wichtigsten innerstaatlichen Rechtsvorschriften mit, die sie auf dem unter diese Richtlinie fallenden Gebiet erlassen.

Artikel 22 Inkrafttreten

Diese Richtlinie tritt am Tag ihrer Veröffentlichung im Amtsblatt der Europäischen Gemeinschaften in Kraft.

Artikel 23 Adressaten

Diese Richtlinie ist gemäß dem Vertrag zur Gründung der Europäischen Gemeinschaft an die Mitgliedstaaten gerichtet.

Teil 3 Anhang

Anlage X

Anlage X

Anlage
(zu § 1)

Formular
für Anträge auf Prozesskostenhilfe in einem anderen Mitgliedstaat der Europäischen Union

Anleitung

1. Bitte lesen Sie diese Anleitung sorgfältig durch, bevor Sie das Antragsformular ausfüllen.
2. Alle in diesem Formular verlangten Angaben müssen erteilt werden.
3. Ungenaue, unzutreffende oder unvollständige Angaben können die Bearbeitung Ihres Antrags verzögern.
4. Falsche oder unvollständige Angaben in diesem Antrag auf Prozesskostenhilfe können negative Rechtsfolgen haben, d. h. der Antrag kann abgelehnt werden oder Sie können strafrechtlich verfolgt werden.
5. Bitte fügen Sie alle Unterlagen zur Stützung Ihres Antrags bei.
6. Dieser Antrag lässt Fristen für die Einleitung eines Gerichtsverfahrens oder Einbringung eines Rechtsmittels unberührt.
7. Bitte datieren und unterzeichnen Sie den ausgefüllten Antrag und senden Sie ihn an folgende Behörde:

☐ 7.a. Sie können Ihren Antrag an die **zuständige Übermittlungsbehörde des Mitgliedstaats senden, in dem Sie Ihren Wohnsitz haben**. Diese Behörde wird Ihren Antrag dann an die zuständige Behörde des betreffenden Mitgliedstaats weiterleiten. Wenn Sie diese Option wählen, geben Sie bitte Folgendes an:

Name der zuständigen Behörde Ihres Wohnsitzmitgliedstaats:

Anschrift:

Telefon/Fax/E-Mail:

☐ 7.b. Sie können diesen Antrag direkt an die **zuständige Behörde eines anderen Mitgliedstaats** senden, wenn Sie wissen, welche Behörde zuständig ist. Wenn Sie diese Option wählen, geben Sie bitte Folgendes an:

Name der Behörde:

Anschrift:

Telefon/Fax/E-Mail:

Verstehen Sie die Amtssprache oder eine der Amtssprachen dieses Mitgliedstaats?
☐ ja   ☐ nein

Wenn dies nicht der Fall ist, in welchen Sprachen kann sich die zuständige Behörde mit Ihnen für die Zwecke der Prozesskostenhilfe verständigen?

Anlage X

Teil 3 Anhang

| A. | Angaben über die Person, die Prozesskostenhilfe beantragt: |

A.1 Geschlecht: ☐ männlich ☐ weiblich

Nachname und Vorname (gegebenenfalls Firmenname):

Datum und Ort der Geburt:

Staatsangehörigkeit:

Nummer des Personalausweises:

Anschrift:

Telefon:

Fax:

E-Mail:

A.2. Gegebenenfalls Angaben über die Person, die den Antragsteller vertritt, wenn dieser minderjährig oder nicht prozessfähig ist:

Nachname und Vorname:

Anschrift:

Telefon:

Fax:

E-Mail:

A.3. Gegebenenfalls Angaben über den Rechtsbeistand des Antragstellers (Rechtsanwalt, Prozessbevollmächtigter usw.):

☐ im Wohnsitzmitgliedstaat des Antragstellers:

Nachname und Vorname:

Anschrift:

Telefon:

Fax:

E-Mail:

☐ in dem Mitgliedstaat, in dem die Prozesskostenhilfe gewährt werden soll:

Nachname und Vorname:

Anschrift:

Telefon:

Fax:

E-Mail:

Teil 3 Anhang

Anlage X

B.	Angaben über die Streitsache, für die Prozesskostenhilfe beantragt wird:

Bitte fügen Sie Kopien allfälliger Unterlagen zur Stützung Ihres Antrags bei.

B.1. Art der Streitsache (z. B. Scheidung, Sorgerecht für ein Kind, Arbeitsverhältnis, handelsrechtliche Streitsache, Verbraucherstreitigkeit):

B.2. Streitwert, wenn der Gegenstand der Streitsache in Geld ausgedrückt werden kann, unter Angabe der Währung:

B.3. Beschreibung der Umstände der Streitsache unter Angabe von Ort und Datum sowie allfälliger Beweise (z. B. Zeugen):

C.	Angaben zum Verfahren

Bitte fügen Sie Kopien allfälliger Unterlagen zur Stützung Ihres Antrags bei.

C.1. Sind Sie Kläger oder Beklagter?

Beschreiben Sie Ihre Klage oder die gegen Sie erhobene Klage:

Name und Kontaktangaben der Gegenpartei:

C.2. Etwaige Gründe für eine beschleunigte Behandlung dieses Antrags, z. B. Fristen für die Einleitung eines Verfahrens:

C.3. Beantragen Sie Prozesskostenhilfe in vollem Umfang oder nur teilweise?

Wenn Sie nur teilweise Prozesskostenhilfe beantragen, geben Sie bitte an, auf welchen Teil sich diese erstrecken soll:

C.4. Die Prozesskostenhilfe wird beantragt für:

☐ vorprozessuale Rechtsberatung

☐ Beistand (Beratung und/oder Vertretung) im Rahmen eines außergerichtlichen Verfahrens

☐ Beistand (Beratung und/oder Vertretung) im Rahmen eines geplanten Gerichtsverfahrens

☐ Beistand (Beratung und/oder Vertretung) im Rahmen eines laufenden Gerichtsverfahrens. In diesem Fall sind anzugeben:

- Nummer der Rechtssache:

- Datum der Verhandlungen:

- Bezeichnung des Gerichts:

- Anschrift des Gerichts:

☐ Beistand und/oder Vertretung im Rahmen eines Rechtsstreits über eine bereits ergangene gerichtliche Entscheidung?

In diesem Fall sind anzugeben:

- Name und Anschrift des Gerichts:

- Datum der Entscheidung:

- Art des Rechtsstreits: ☐ Rechtsbehelf gegen die Entscheidung

☐ Vollstreckung der Entscheidung

Anlage X

Teil 3 Anhang

C.5. Angabe der voraussichtlichen Zusatzkosten aufgrund des grenzüberschreitenden Bezugs der Rechtssache (z. B. Übersetzungen, Reisekosten):

C.6. Verfügen Sie über eine Versicherung oder sonstige Rechte und Ansprüche, die eine Gesamt- oder Teilabdeckung der Prozesskosten bieten könnten? Wenn ja, machen Sie bitte nähere Angaben dazu:

D. Familiäre Situation:

Wie viele Personen leben mit Ihnen im selben Haushalt?

In welchem Verhältnis stehen diese zu Ihnen (dem Antragsteller):

Nachname und Vorname	Verhältnis zum Antragsteller	Geburtsdatum (bei Kindern)	Ist diese Person vom Antragsteller finanziell abhängig?	Ist der Antragsteller von dieser Person finanziell abhängig?
			Ja/Nein	Ja/Nein
			Ja/Nein	Ja/Nein
			Ja/Nein	Ja/Nein
			Ja/Nein	Ja/Nein
			Ja/Nein	Ja/Nein
			Ja/Nein	Ja/Nein
			Ja/Nein	Ja/Nein

Ist eine Person, die nicht mit Ihnen im selben Haushalt lebt, von Ihnen finanziell abhängig? Wenn ja, machen Sie bitte folgende Angaben:

Nachname und Vorname	Verhältnis zum Antragsteller	Geburtsdatum (bei Kindern)

Sind Sie von einer Person, die nicht in Ihrem Haushalt lebt, finanziell abhängig? Wenn ja, machen Sie bitte folgende Angaben:

Nachname und Vorname	Verhältnis zum Antragsteller

Teil 3 Anhang

Anlage X

E.	Finanzielle Situation

Bitte erteilen Sie alle Angaben <u>Sie selbst</u> betreffend (I), über Ihren <u>Ehegatten</u> oder <u>Partner</u> (II), <u>Personen, die von Ihnen finanziell abhängig sind</u> und mit Ihnen <u>im selben Haushalt</u> leben (III) oder <u>Personen, von denen Sie finanziell abhängig sind</u>, die mit Ihnen <u>im selben Haushalt</u> leben (IV).

Wenn Sie andere Finanzmittel als Unterhalt von einer Person bekommen, von der Sie finanziell abhängig sind und mit der Sie <u>nicht</u> im selben Haushalt leben, geben Sie diese Mittel unter „Sonstiges Einkommen" in E.1. an.

Wenn Sie andere Finanzmittel als Unterhalt an eine Person zahlen, die von Ihnen finanziell abhängig ist und <u>nicht</u> mit Ihnen im selben Haushalt lebt, geben Sie diese Mittel unter „Sonstige Ausgaben" in E.3. an.

Fügen Sie entsprechende Unterlagen wie Ihre Einkommensteuererklärung, eine Bestätigung über Ihren Anspruch auf staatliche Leistungen usw. bei.

Bitte geben Sie in der nachstehenden Tabelle an, auf welche Währung die Beträge lauten.

E.1. Angaben über das durchschnittliche Monatseinkommen	I. Antragsteller	II. Ehegatte oder Partner	III. Abhängige Personen	IV. Personen, die den Antragsteller unterstützen
- Bezüge:				
- Gewinn aus Geschäftstätigkeit:				
- Pensionszahlungen:				
- Unterhaltszahlungen:				
- Angabe staatlicher Zahlungen: 1. Familien- und Wohnungsbeihilfe: 2. Arbeitslosengeld und Sozialhilfe:				
- Einkommen aus Kapitalvermögen (aus beweglichem Vermögen und Immobilien):				
- Sonstiges Einkommen:				
Gesamt:				

E.2. Vermögen	I. Antragsteller	II. Ehegatte oder Partner	III. Abhängige Personen	IV. Personen, die den Antragsteller unterstützen
- Immobilien, die als ständiger Wohnsitz genutzt werden:				
- Sonstige Immobilien:				
- Grundbesitz:				
- Spareinlagen:				
- Aktien:				
- Kraftfahrzeuge:				
- Sonstiges Vermögen:				
Gesamt:				

Anlage X

Teil 3 Anhang

E.3. Monatliche Ausgaben	I. Antragsteller	II. Ehegatte oder Partner	III. Abhängige Personen	IV. Personen, die den Antragsteller unterstützen
- Einkommensteuer:				
- Sozialversicherungsbeiträge				
- Kommunalsteuern:				
- Hypothekenzahlung:				
- Miet- und Wohnungskosten:				
- Schulgebühren:				
- Kosten für die Obsorge für Kinder				
- Schuldenzahlung:				
- Kreditrückzahlung:				
- gesetzlich vorgeschriebene Unterhaltszahlungen				
- Sonstige Ausgaben:				
Gesamt:				

Ich erkläre, dass die Angaben richtig und vollständig sind, und verpflichte mich, der antragsprüfenden Behörde etwaige Änderungen meiner finanziellen Situation unverzüglich mitzuteilen.

Ort und Datum: Unterschrift:

Teil 3 Anhang

Anlage XI

Anlage XI

Anlage
(zu § 1)

**Formular
für die Übermittlung eines
Antrags auf Prozesskostenhilfe**

Ggf. Angabe von Gründen, die eine besonders zügige Antragsbearbeitung rechtfertigen:

Aktenzeichen:
Übermittlung von: Datum der Übermittlung:

Angaben zur Übermittlungsbehörde:

Bezeichnung der Übermittlungsbehörde:

Mitgliedstaat:

Sachbearbeiter:

Anschrift:

Telefon:

Fax:

E-Mail:

an:

Angaben zur Empfangsbehörde:

Bezeichnung:

Mitgliedstaat:

Anschrift:

Telefon:

Fax:

E-Mail:

Anlage XI

Teil 3 Anhang

Angaben zum Antragsteller auf Prozesskostenhilfe:

Name und Vorname bzw. Firmenbezeichnung:
Name und Vorname des Vertreters des Antragstellers, sofern Letzterer minderjährig oder prozessunfähig ist:

Name und Vorname eines etwaigen Vertreters des Antragstellers, sofern Letzterer volljährig und prozessfähig ist (Anwalt, Rechtsbeistand usw.):
Anschrift:
Telefon:
Fax:
E-Mail:

Vom Antragsteller verstandene Sprache(n):

Angaben zum Verfahren:

---

1. Handelt es sich beim Antragsteller auf Prozesskostenhilfe um Kläger oder Beklagten?
2. Die Prozesskostenhilfe wird beantragt für:
   - a) vorprozessuale Rechtsberatung ☐
   - b) Beistand (Beratung und/oder Vertretung) im Rahmen eines außergerichtlichen Verfahrens ☐
   - c) Beistand (Beratung und/oder Vertretung) im Rahmen eines geplanten Gerichtsverfahrens ☐
   - d) Beistand (Beratung und/oder Vertretung) im Rahmen eines laufenden Gerichtsverfahrens ☐

     In diesem Fall sind anzugeben:
     - Nummer der Rechtssache:
     - Datum der Verhandlungen:
     - Bezeichnung des Gerichts:
     - Anschrift des Gerichts:
   - e) Beistand und/oder Vertretung im Rahmen eines Rechtsstreits über eine bereits ergangene gerichtliche Entscheidung? ☐

     In diesem Fall sind anzugeben:
     - Name und Anschrift dieses Gerichts:
     - Datum der Entscheidung:
     - Gegenstand des Rechtsstreits:
       - Rechtsbehelf gegen die Entscheidung ☐
       - Vollstreckung der Entscheidung ☐
3. Gegenpartei:
4. Kurze Beschreibung des Streitgegenstands sowie in den Fällen unter Ziffer 2 Buchstabe a, b und c Angaben zur Ermittlung des wahrscheinlich zuständigen Gerichts:

Teil 3 Anhang

Anlage XI

Empfangsbestätigung

Die Empfangsbehörde:

Bezeichnung:
Mitgliedstaat:
Aktenzeichen:
Empfangsdatum:
Sachbearbeiter:
Anschrift:
Telefon:
Fax:
E-Mail:
Gegebenenfalls Übermittlung des Antrags an:
Bezeichnung:
Sachbearbeiter:
Anschrift:
Telefon:
Fax:
E-Mail:

bestätigt den Empfang des von der folgenden Übermittlungsbehörde übersandten Antrags:

Übermittlungsbehörde:

Bezeichnung:
Mitgliedstaat:
Aktenzeichen:
Sachbearbeiter:

Ort:
Datum:
Unterschrift:

Anlage XII

Bekanntmachung zu § 115 der Zivilprozessordnung

Prozesskostenhilfebekanntmachung 2018 vom 15. Dezember 2017 (BGBl. I S. 4012)

Auf Grund des § 115 Absatz 1 Satz 5 der Zivilprozessordnung, der zuletzt durch Artikel 6 Nummer 2 des Gesetzes vom 24. März 2011 (BGBl. I S. 453) und Artikel 145 Nummer 2 der Verordnung vom 31. August 2015 (BGBl. I S. 1474) geändert worden ist, wird bekannt gemacht:

Die ab dem 1. Januar 2018 maßgebenden Beträge, die nach § 115 Absatz 1 Satz 3 Nummer 1 Buchstabe b und Nummer 2 der Zivilprozessordnung vom Einkommen der Partei abzusetzen sind, betragen

1. für Parteien, die ein Einkommen aus Erwerbstätigkeit erzielen (§ 115 Absatz 1 Satz 3 Nummer 1 Buchstabe b der Zivilprozessordnung), 219 Euro,
2. für die Partei und ihren Ehegatten oder ihren Lebenspartner (§ 115 Absatz 1 Satz 3 Nummer 2 Buchstabe a der Zivilprozessordnung) 481 Euro,
3. für jede weitere Person, der die Partei auf Grund gesetzlicher Unterhaltspflicht Unterhalt leistet, in Abhängigkeit von deren Alter (§ 115 Absatz 1 Satz 3 Nummer 2 Buchstabe b der Zivilprozessordnung):
   a) Erwachsene 383 Euro,
   b) Jugendliche vom Beginn des 15. bis zur Vollendung des 18. Lebensjahres 364 Euro,
   c) Kinder vom Beginn des siebten bis zur Vollendung des 14. Lebensjahres 339 Euro,
   d) Kinder bis zur Vollendung des sechsten Lebensjahres 275 Euro.

Teil 3 Anhang   **Anlage XIII**

Anlage XIII

Beratungshilfegesetz

Beratungshilfegesetz vom 18. Juni 1980 (BGBl. I S. 689), **zuletzt geändert durch Art. 140 V v. 31.8.2015 I 1474**

§ 1

(1) Hilfe für die Wahrnehmung von Rechten außerhalb eines gerichtlichen Verfahrens und im obligatorischen Güteverfahren nach § 15a des Gesetzes betreffend die Einführung der Zivilprozessordnung (Beratungshilfe) wird auf Antrag gewährt, wenn
1. der Rechtsuchende die erforderlichen Mittel nach seinen persönlichen und wirtschaftlichen Verhältnissen nicht aufbringen kann,
2. nicht andere Möglichkeiten für eine Hilfe zur Verfügung stehen, deren Inanspruchnahme dem Rechtsuchenden zuzumuten ist,
3. die Inanspruchnahme der Beratungshilfe nicht mutwillig erscheint.

(2) Die Voraussetzungen des Absatzes 1 Nr. 1 sind gegeben, wenn dem Rechtsuchenden Prozeßkostenhilfe nach den Vorschriften der Zivilprozeßordnung ohne einen eigenen Beitrag zu den Kosten zu gewähren wäre. Die Möglichkeit, sich durch einen Rechtsanwalt unentgeltlich oder gegen Vereinbarung eines Erfolgshonorars beraten oder vertreten zu lassen, ist keine andere Möglichkeit der Hilfe im Sinne des Absatzes 1 Nummer 2.

(3) Mutwilligkeit liegt vor, wenn Beratungshilfe in Anspruch genommen wird, obwohl ein Rechtsuchender, der keine Beratungshilfe beansprucht, bei verständiger Würdigung aller Umstände der Rechtsangelegenheit davon absehen würde, sich auf eigene Kosten rechtlich beraten oder vertreten zu lassen. Bei der Beurteilung der Mutwilligkeit sind die Kenntnisse und Fähigkeiten des Antragstellers sowie seine besondere wirtschaftliche Lage zu berücksichtigen.

§ 2

(1) Die Beratungshilfe besteht in Beratung und, soweit erforderlich, in Vertretung. Eine Vertretung ist erforderlich, wenn der Rechtsuchende nach der Beratung angesichts des Umfangs, der Schwierigkeit oder der Bedeutung der Rechtsangelegenheit für ihn seine Rechte nicht selbst wahrnehmen kann.

(2) Beratungshilfe nach diesem Gesetz wird in allen rechtlichen Angelegenheiten gewährt. In Angelegenheiten des Strafrechts und des Ordnungswidrigkeitenrechts wird nur Beratung gewährt.

(3) Beratungshilfe nach diesem Gesetz wird nicht gewährt in Angelegenheiten, in denen das Recht anderer Staaten anzuwenden ist, sofern der Sachverhalt keine Beziehung zum Inland aufweist.

§ 3

(1) Die Beratungshilfe wird durch Rechtsanwälte und durch Rechtsbeistände, die Mitglied einer Rechtsanwaltskammer sind, gewährt. Im Umfang ihrer jeweiligen Befugnis zur Rechtsberatung wird sie auch gewährt durch
1. Steuerberater und Steuerbevollmächtigte,
2. Wirtschaftsprüfer und vereidigte Buchprüfer sowie
3. Rentenberater.
Sie kann durch die in den Sätzen 1 und 2 genannten Personen (Beratungspersonen) auch in Beratungsstellen gewährt werden, die auf Grund einer Vereinbarung mit der Landesjustizverwaltung eingerichtet sind.

(2) Die Beratungshilfe kann auch durch das Amtsgericht gewährt werden, soweit dem Anliegen durch eine sofortige Auskunft, einen Hinweis auf andere Möglichkeiten für Hilfe oder die Aufnahme eines Antrags oder einer Erklärung entsprochen werden kann.

Anlage XIII

§ 4

(1) Über den Antrag auf Beratungshilfe entscheidet das Amtsgericht, in dessen Bezirk der Rechtsuchende seinen allgemeinen Gerichtsstand hat. Hat der Rechtsuchende im Inland keinen allgemeinen Gerichtsstand, so ist das Amtsgericht zuständig, in dessen Bezirk ein Bedürfnis für Beratungshilfe auftritt.

(2) Der Antrag kann mündlich oder schriftlich gestellt werden. Der Sachverhalt, für den Beratungshilfe beantragt wird, ist anzugeben.

(3) Dem Antrag sind beizufügen:
1. eine Erklärung des Rechtsuchenden über seine persönlichen und wirtschaftlichen Verhältnisse, insbesondere Angaben zu Familienstand, Beruf, Vermögen, Einkommen und Lasten, sowie entsprechende Belege und
2. eine Versicherung des Rechtsuchenden, dass ihm in derselben Angelegenheit Beratungshilfe bisher weder gewährt noch durch das Gericht versagt worden ist, und dass in derselben Angelegenheit kein gerichtliches Verfahren anhängig ist oder war.

(4) Das Gericht kann verlangen, dass der Rechtsuchende seine tatsächlichen Angaben glaubhaft macht, und kann insbesondere auch die Abgabe einer Versicherung an Eides statt fordern. Es kann Erhebungen anstellen, insbesondere die Vorlegung von Urkunden anordnen und Auskünfte einholen. Zeugen und Sachverständige werden nicht vernommen.

(5) Hat der Rechtsuchende innerhalb einer von dem Gericht gesetzten Frist Angaben über seine persönlichen und wirtschaftlichen Verhältnisse nicht glaubhaft gemacht oder bestimmte Fragen nicht oder ungenügend beantwortet, so lehnt das Gericht die Bewilligung von Beratungshilfe ab.

(6) In den Fällen nachträglicher Antragstellung (§ 6 Absatz 2) kann die Beratungsperson vor Beginn der Beratungshilfe verlangen, dass der Rechtsuchende seine persönlichen und wirtschaftlichen Verhältnisse belegt und erklärt, dass ihm in derselben Angelegenheit Beratungshilfe bisher weder gewährt noch durch das Gericht versagt worden ist, und dass in derselben Angelegenheit kein gerichtliches Verfahren anhängig ist oder war.

§ 5

Für das Verfahren gelten die Vorschriften des Gesetzes über das Verfahren in Familiensachen und in den Angelegenheiten der freiwilligen Gerichtsbarkeit entsprechend, soweit in diesem Gesetz nichts anderes bestimmt ist. § 185 Abs. 3 und § 189 Abs. 3 des Gerichtsverfassungsgesetzes gelten entsprechend.

§ 6

(1) Sind die Voraussetzungen für die Gewährung von Beratungshilfe gegeben und wird die Angelegenheit nicht durch das Amtsgericht erledigt, stellt das Amtsgericht dem Rechtsuchenden unter genauer Bezeichnung der Angelegenheit einen Berechtigungsschein für Beratungshilfe durch eine Beratungsperson seiner Wahl aus.

(2) Wenn sich der Rechtsuchende wegen Beratungshilfe unmittelbar an eine Beratungsperson wendet, kann der Antrag auf Bewilligung der Beratungshilfe nachträglich gestellt werden. In diesem Fall ist der Antrag spätestens vier Wochen nach Beginn der Beratungshilfetätigkeit zu stellen.

§ 6a

(1) Das Gericht kann die Bewilligung von Amts wegen aufheben, wenn die Voraussetzungen für die Beratungshilfe zum Zeitpunkt der Bewilligung nicht vorgelegen haben und seit der Bewilligung nicht mehr als ein Jahr vergangen ist.

(2) Die Beratungsperson kann die Aufhebung der Bewilligung beantragen, wenn der Rechtsuchende auf Grund der Beratung oder Vertretung, für die ihm Beratungshilfe

bewilligt wurde, etwas erlangt hat. Der Antrag kann nur gestellt werden, wenn die Beratungsperson
1. noch keine Beratungshilfevergütung nach § 44 Satz 1 des Rechtsanwaltsvergütungsgesetzes beantragt hat und
2. den Rechtsuchenden bei der Mandatsübernahme auf die Möglichkeit der Antragstellung und der Aufhebung der Bewilligung sowie auf die sich für die Vergütung nach § 8a Absatz 2 ergebenden Folgen in Textform hingewiesen hat.

Das Gericht hebt den Beschluss über die Bewilligung von Beratungshilfe nach Anhörung des Rechtsuchenden auf, wenn dieser auf Grund des Erlangten die Voraussetzungen hinsichtlich der persönlichen und wirtschaftlichen Verhältnisse für die Bewilligung von Beratungshilfe nicht mehr erfüllt.

§ 7

Gegen den Beschluss, durch den der Antrag auf Bewilligung von Beratungshilfe zurückgewiesen oder durch den die Bewilligung von Amts wegen oder auf Antrag der Beratungsperson wieder aufgehoben wird, ist nur die Erinnerung statthaft.

§ 8

(1) Die Vergütung der Beratungsperson richtet sich nach den für die Beratungshilfe geltenden Vorschriften des Rechtsanwaltsvergütungsgesetzes. Die Beratungsperson, die nicht Rechtsanwalt ist, steht insoweit einem Rechtsanwalt gleich.

(2) Die Bewilligung von Beratungshilfe bewirkt, dass die Beratungsperson gegen den Rechtsuchenden keinen Anspruch auf Vergütung mit Ausnahme der Beratungshilfegebühr (§ 44 Satz 2 des Rechtsanwaltsvergütungsgesetzes) geltend machen kann. Dies gilt auch in den Fällen nachträglicher Antragstellung (§ 6 Absatz 2) bis zur Entscheidung durch das Gericht.

§ 8a

(1) Wird die Beratungshilfebewilligung aufgehoben, bleibt der Vergütungsanspruch der Beratungsperson gegen die Staatskasse unberührt. Dies gilt nicht, wenn die Beratungsperson
1. Kenntnis oder grob fahrlässige Unkenntnis davon hatte, dass die Bewilligungsvoraussetzungen im Zeitpunkt der Beratungshilfeleistung nicht vorlagen, oder
2. die Aufhebung der Beratungshilfe selbst beantragt hat (§ 6a Absatz 2).

(2) Die Beratungsperson kann vom Rechtsuchenden Vergütung nach den allgemeinen Vorschriften verlangen, wenn sie
1. keine Vergütung aus der Staatskasse fordert oder einbehält und
2. den Rechtsuchenden bei der Mandatsübernahme auf die Möglichkeit der Aufhebung der Bewilligung sowie auf die sich für die Vergütung ergebenden Folgen hingewiesen hat.

Soweit der Rechtsuchende die Beratungshilfegebühr (Nummer 2500 der Anlage 1 des Rechtsanwaltsvergütungsgesetzes) bereits geleistet hat, ist sie auf den Vergütungsanspruch anzurechnen.

(3) Wird die Bewilligung der Beratungshilfe aufgehoben, weil die persönlichen und wirtschaftlichen Voraussetzungen hierfür nicht vorgelegen haben, kann die Staatskasse vom Rechtsuchenden Erstattung des von ihr an die Beratungsperson geleisteten und von dieser einbehaltenen Betrages verlangen.

(4) Wird im Fall nachträglicher Antragstellung Beratungshilfe nicht bewilligt, kann die Beratungsperson vom Rechtsuchenden Vergütung nach den allgemeinen Vorschriften verlangen, wenn sie ihn bei der Mandatsübernahme hierauf hingewiesen hat. Absatz 2 Satz 2 gilt entsprechend.

§ 9

Ist der Gegner verpflichtet, dem Rechtsuchenden die Kosten der Wahrnehmung seiner Rechte zu ersetzen, hat er für die Tätigkeit der Beratungsperson die Vergütung

Anlage XIII   Teil 3 Anhang

nach den allgemeinen Vorschriften zu zahlen. Der Anspruch geht auf die Beratungsperson über. Der Übergang kann nicht zum Nachteil des Rechtsuchenden geltend gemacht werden.

§ 10

(1) Bei Streitsachen mit grenzüberschreitendem Bezug nach der Richtlinie 2003/8/ EG des Rates vom 27. Januar 2003 zur Verbesserung des Zugangs zum Recht bei Streitsachen mit grenzüberschreitendem Bezug durch Festlegung gemeinsamer Mindestvorschriften für die Prozesskostenhilfe in derartigen Streitsachen (ABl. EG Nr. L 26 S. 41, ABl. EU Nr. L 32 S. 15) wird Beratungshilfe gewährt
1. für die vorprozessuale Rechtsberatung im Hinblick auf eine außergerichtliche Streitbeilegung,
2. für die Unterstützung bei einem Antrag nach § 1077 der Zivilprozessordnung, bis das Ersuchen im Mitgliedstaat des Gerichtsstands eingegangen ist.

(2) § 2 Abs. 3 findet keine Anwendung.

(3) Für die Übermittlung von Anträgen auf grenzüberschreitende Beratungshilfe gilt § 1077 der Zivilprozessordnung entsprechend.

(4) Für eingehende Ersuchen um grenzüberschreitende Beratungshilfe ist das in § 4 Abs. 1 Satz 2 bezeichnete Amtsgericht zuständig. § 1078 Abs. 1 Satz 2, Abs. 2 Satz 2 und Abs. 3 der Zivilprozessordnung gilt entsprechend.

§ 10a

(1) Bei Unterhaltssachen nach der Verordnung (EG) Nr. 4/2009 des Rates vom 18. Dezember 2008 (ABl. L 7 vom 10.1.2009, S. 1) erfolgt die Gewährung der Beratungshilfe in den Fällen der Artikel 46 und 47 Absatz 2 dieser Verordnung unabhängig von den persönlichen und wirtschaftlichen Verhältnissen des Antragstellers.

(2) Für ausgehende Anträge in Unterhaltssachen auf grenzüberschreitende Beratungshilfe nach § 10 Absatz 1 ist das Amtsgericht am Sitz des Oberlandesgerichts, in dessen Bezirk der Antragsteller seinen gewöhnlichen Aufenthalt hat, zuständig. Für eingehende Ersuchen ist das in § 4 Absatz 1 Satz 2 bezeichnete Gericht zuständig.

§ 11

Das Bundesministerium der Justiz und für Verbraucherschutz wird ermächtigt, zur Vereinfachung und Vereinheitlichung des Verfahrens durch Rechtsverordnung mit Zustimmung des Bundesrates Formulare für den Antrag auf Gewährung von Beratungshilfe und auf Zahlung der Vergütung der Beratungsperson nach Abschluß der Beratungshilfe einzuführen und deren Verwendung vorzuschreiben.

§ 12

(1) In den Ländern Bremen und Hamburg tritt die eingeführte öffentliche Rechtsberatung an die Stelle der Beratungshilfe nach diesem Gesetz, wenn und soweit das Landesrecht nichts anderes bestimmt.

(2) Im Land Berlin hat der Rechtsuchende die Wahl zwischen der Inanspruchnahme der dort eingeführten öffentlichen Rechtsberatung und Beratungshilfe nach diesem Gesetz, wenn und soweit das Landesrecht nichts anderes bestimmt.

(3) Die Länder können durch Gesetz die ausschließliche Zuständigkeit von Beratungsstellen nach § 3 Absatz 1 zur Gewährung von Beratungshilfe bestimmen.

(4) Die Berater der öffentlichen Rechtsberatung, die über die Befähigung zum Richteramt verfügen, sind in gleicher Weise wie ein beauftragter Rechtsanwalt zur Verschwiegenheit verpflichtet und mit schriftlicher Zustimmung des Ratsuchenden berechtigt, Auskünfte aus Akten zu erhalten und Akteneinsicht zu nehmen.

§ 13

Ist der Antrag auf Beratungshilfe vor dem 1. Januar 2014 gestellt worden oder ist die Beratungshilfe vor dem 1. Januar 2014 gewährt worden, ist dieses Gesetz in der bis zum 31. Dezember 2013 geltenden Fassung anzuwenden.

§ 14 Inkrafttreten

Dieses Gesetz tritt mit Ausnahme des § 14 am 1. Januar 1981 in Kraft. § 14 tritt am Tage nach der Verkündung in Kraft.

Anlage XIV

Anlage XIV

Übernahmepflichten – Berufsordnung – die Bestimmungen

§ 49a BRAO: Pflicht zur Übernahme der Beratungshilfe

(1) Der Rechtsanwalt ist verpflichtet, die in dem Beratungshilfegesetz vorgesehene Beratungshilfe zu übernehmen. Er kann die Beratungshilfe im Einzelfall aus wichtigem Grund ablehnen.

(2) Der Rechtsanwalt ist verpflichtet, bei Einrichtungen der Rechtsanwaltschaft für die Beratung von Rechtsuchenden mit geringem Einkommen mitzuwirken. Er kann die Mitwirkung im Einzelfall aus wichtigem Grund ablehnen.

§ 16 BORA: Prozesskostenhilfe und Beratungshilfe

(1) Der Rechtsanwalt ist verpflichtet, bei begründetem Anlass auf die Möglichkeiten von Beratungs- und Prozesskostenhilfe hinzuweisen.

(2) Der Rechtsanwalt darf nach Bewilligung von Prozesskostenhilfe oder bei Inanspruchnahme von Beratungshilfe von seinem Mandanten oder Dritten Zahlungen oder Leistungen nur annehmen, die freiwillig und in Kenntnis der Tatsache gegeben werden, dass der Mandant oder der Dritte zu einer solchen Leistung nicht verpflichtet ist.

§ 16a BORA: Ablehnung der Beratungshilfe

(1) (aufgehoben)

(2) Der Rechtsanwalt ist nicht verpflichtet, einen Beratungshilfeantrag zu stellen.

(3) Der Rechtsanwalt kann die Beratungshilfe im Einzelfall aus wichtigem Grund ablehnen oder beenden. Ein wichtiger Grund kann in der Person des Rechtsanwaltes selbst oder in der Person oder dem Verhalten des Mandanten liegen. Ein wichtiger Grund kann auch darin liegen, dass die Beratungshilfebewilligung nicht den Voraussetzungen des Beratungshilfegesetzes entspricht. Ein wichtiger Grund liegt insbesondere vor, wenn
a) der Rechtsanwalt durch eine Erkrankung oder durch berufliche Überlastung an der Beratung/Vertretung gehindert ist;
b) *(aufgehoben)*
c) der beratungshilfeberechtigte Mandant seine für die Mandatsbearbeitung erforderliche Mitarbeit verweigert;
d) das Vertrauensverhältnis zwischen Anwalt und Mandant aus Gründen, die im Verhalten oder in der Person des Mandanten liegen, schwerwiegend gestört ist;
e) sich herausstellt, dass die Einkommens- und/oder Vermögensverhältnisse des Mandanten die Bewilligung von Beratungshilfe nicht rechtfertigen;
f) *(aufgehoben)*
g) *(aufgehoben)*

§ 65a StBerG: Pflicht zur Übernahme der Beratungshilfe

Steuerberater und Steuerbevollmächtigte sind verpflichtet, die in dem Beratungshilfegesetz vorgesehene Beratungshilfe zu übernehmen. Sie können die Beratungshilfe im Einzelfall aus wichtigem Grund ablehnen.

§ 51a WiPrO: Pflicht zur Übernahme der Beratungshilfe

Wirtschaftsprüfer und vereidigte Buchprüfer sind verpflichtet, die in dem Beratungshilfegesetz vorgesehene Beratungshilfe zu übernehmen. Sie können die Beratungshilfe im Einzelfall aus wichtigem Grund ablehnen.

Stichwortverzeichnis

4-Wochen-Frist 238b

§ 1 Abs. 1 Nr. 1 19
§ 1610a BGB 71

Abänderung 273 f., 309, 458, 532, 538, 548 f., 552 ff., 557, 583, 642
Abänderungsklage 458
Abfindung 101
– Verlust Arbeitsplatz 101
Abfindung(en) 26a, 101
Abgeltungsbereich 216
Abgrenzung 77
– Angelegenheit, eine oder mehrere 214 ff.
– Beratung von Vertretung 208, 297 ff.
– Beratungshilfe zur Prozesskostenhilfe 1, 18, 120 ff.
– Einkommen und Vermögen 23, 74, 77
– Rechtsberatung zur allgemeinen Beratung 17
– Sachverhalt zu anderen 240 ff.
Abhilfe 284, 352, 573 ff.
– Bekanntgabe und Begründung 353, 356
– durch den Rechtspfleger 284, 356
– durch den UdG 352
– im Bewilligungsverfahren 284
– im Vergütungsfestsetzungsverfahren 352
Ablehnung Erteilung Bescheinigung
– Rechtsmittel 375
Ablehnung PKH 520, 534, 645 ff.
Ablehnung Übermittlungsantrag
– Rechtsmittel 386
Abmahnfälle (Urheberrecht) 232
Abschriften/Ablichtungen 317, 331, 333
Absetzbarkeit (Beispiele)
– Erforderlichkeit 208
absonderungsberechtigter Gläubiger 483
Abstammungssachen 423
Abtretung 460
Abzüge vom Einkommen 46 ff., 105
ADAC 173
ADAC-Mitgliedsbeitrag; 73
Adhäsionsverfahren 433, 500, 559, 582
Akteneinsicht 297, 299, 530
– in PKH-Unterlagen 517
Aktenversendungspauschale 340
Allgemeine Rechtsfragen 15
allgemeines Rechtsschutzinteresse 191
Altersvorsorge(vertrag) 89
Amtsermittlung 240, 520
andere/anderweitige Hilfsmöglichkeiten 136 f.
– Ausscheiden anderer Hilfen 189

– Erreichbarkeit 138
– Zumutbarkeit 138
andere Einkünfte/sonstige Einkünfte 35
Änderung der wirtschaftlichen Verhältnisse 273 f., 547
Anerkenntnis 309, 315
Anfechtungsrecht 579 f.
Angabe des Sachverhalt 237, 240 ff.
Angelegenheit 214 ff.
– Beispiele 224 f.
– Bindungswirkung für Vergütung 223
– dieselbe 217 ff.
– genaue Bezeichnung 240 f.
– Gleichartigkeit des Verfahrens 220
– Gleichzeitigkeit und Einheitlichkeit 219
– Grundsätze 215
– Innerer Zusammenhang 221
– Kriterien 219 ff.
– typische 114 f.
– verschiedene 218 f.
Anhängigkeit eines gerichtlichen Verfahrens 121
Anhörungsrügeverfahren
– Gehörsrüge 399a
Anhörungsschreiben 143
Anhörungsverfahren, sozialrechtliches 140 ff.
Anrechnung 28, 295, 297
Anrechnung Beratungshilfegebühr 274c
Anschlussrechtsmittel 508
Anstaltsverwaltung, Strafvollzug als andere Hilfe 157
Antidiskriminierungsstelle 182
Antrag 237 f.
– Muster/Beispiel Beratungshilfe 105
– Prozesskostenhilfe 51
– wiederholt 193, 451
– Zurückweisung, Beratungshilfe 268 ff.
Antrag auf Gewährung von Sozialleistungen 117
Antragsaufnahme 267
Antragsberechtigung 244, 245 f.
Antragsgegner 579
Antragsstellung
– Erledigung innerhalb der 4-Wochen-Frist 238b
– nachträglich 238a
Antragstellung 237 f.
– Bewilligung 263
– Bezeichnung der Angelegenheit 240 ff.
– durch Rechtsuchenden selbst 263b
– Form 237 f.
– mündlich 237
– nachträglich 238a
– nachträglich, Fristbeginn 238a

453

Stichwortverzeichnis

- Nachweis- und Belegpflicht 257 ff.
- Prozesskostenhilfe für Antragstellung 245
- schriftlich 237 f.
- über Beratungsperson 263a
- zeitliche Grenzen/Frist 262
- Zuständigkeit 246

anwaltliche Vertretung 598 ff.
Anwaltsbetreuer 159
Anwaltsvergütung 290, 292
Anwaltswahl, freie 618 ff.
Anwaltswechsel 637
Anwaltszwang 599 f.
Anwaltszwang Familiensachen 601
Anwendungsbereich 374, 393
Anwendungsbereich der Beratungshilfe 197 ff.
Anwendungsbereich der Prozesskostenhilfe 393 ff.
- arbeitsrechtliche Verfahren 395
- familienrechtliche Verfahren 394
- im Rahmen der StPO 396

Anzeigepflicht der Parteien 555
Arbeiterwohlfahrt 183
Arbeitnehmer 484
Arbeitseinkommen 26a
- fiktives 28
- verschleiertes 30

Arbeitseinsatz, unterlassener 28
Arbeitslose 12, 33, 56
Arbeitslosengeld 12, 33 f., 235
Arbeitslosenversicherung 47, 177, 201
Arbeitsmittel 92
- Pauschale 52

Arbeitsrecht 235
Arbeitsverhältnisse 30
- verschleierte 30

Arzthaftung 179, 232, 468
ASTA 178
Asylrecht 234, 299
Aufenthalt 32, 246, 368
Aufhebung Beratungshilfe
- Rechtsmittel 287

Aufhebung der Bewilligung von Beratungshilfe 273 f.
- Altfälle 274b
- Aufhebung auf Antrag der Beratungsperson oder des Mandanten 274a
- Aufhebung in Altfällen vor Reformlage 274b
- Aufhebung von Amts wegen 274
- Auswirkungen auf den Vergütungsanspruch 274c, 275
- Voraussetzungen 274a

Aufhebung der Bewilligung von Prozesskostenhilfe 557 ff.
- Anschriftenänderung 566
- Falsche Angaben zu den persönlichen oder wirtschaftlichen Verhältnissen 560
- Irrige Annahme der Bedürftigkeit 565
- keine Angabe zu Änderungen 560

- Verstoß gegen die Pflicht zur Mitteilung wesentlicher Verbesserungen 566
- Zahlungsverzug 567

Aufnahme eines Antrags oder Erklärung 237, 240, 267
Aufopferung 214
Aufrechnung 450
Aufrechterhaltung einer angemessenen Alterssicherung/-vorsorge 81, 99, 102
Auftraggeber, mehrere 323
Aufwendungen 71, 329
Ausdrucke (Auslagen) 331
Ausgaben 69
ausgehende Beratungshilfeersuchen 388
ausgehende Ersuchen um grenzüberschreitende Prozesskostenhilfe 380
ausgehendes Ersuchen nach AUG 402
Ausgleich schädigungsbedingter 71
Auskunft/Auskünfte 520, 524
Auskünfte bei Finanzämtern/Banken 258
Auskunftsanspruch der Beratungsperson 257b
Auslagen 297, 328 ff., 338, 596
- der Partei 328
- des Rechtsanwaltes 332
- Feststellung der Erforderlichkeit 329
- Nachweis des Entstehens 330
- Notwendigkeit und Erforderlichkeit 328

Auslagenersatz 328
Auslagenpauschale 335, 337
- Bezugsgröße 336

Ausländerbehörde 152
Ausländerrecht 152, 234
ausländisches Recht 196, 571
Auslandsunterhaltsgesetz 392a
- Bedürftigkeit 459
- Erfolgsaussichten 429
- Mutwilligkeit 458

Ausscheiden anderer Hilfsmöglichkeiten 189
Ausschlussfrist 238b
außergerichtliche Schuldenbereinigung 161 ff., 306
außerhalb eines gerichtlichen Verfahrens 120 ff.
- die wichtigsten Grenzfälle 124 ff.

Auswirkungen bei Nichtbewilligung nachträglicher Beratungshilfe 275
Auszubildende 56

BAföG 36
Barbeträge, kleinere 80
Bargeld 95
Bauplatz 83
Bausparguthaben 81
Bedarfsgemeinschaft 72, 234, 323
Bedürfnisgericht 246
Bedürftigkeit 12, 22 ff., 455, 459 ff.
- Beispiele 459 ff.
- Insolvenz 481 ff.
- nach nationalem Recht 375
- Prozesskostenvorschuss und B. 467 ff.

454

Stichwortverzeichnis

– selbstverschuldete 29
Befangenheit 289
Befugnis zur Rechtsbesorgung 137
Behinderte 177, 235, 238
behinderte Menschen 177, 235, 238
Behördenberatung 140 ff.
Behördenstruktur 145
Beigeladene 131
Beiordnung 598
– Ablehnung 645
– Antrag 624
– Aufhebung 640, 647
– kostenrechtliche Beschränkungen 625 ff., 646
– Mehrkostenverbot 625
– Person des Beizuordnenden 617
– Prüfungsreihenfolge 627 ff.
– Rechtsmittel 643
– Umfang und Wirkung 634
Beiordnung eines RA 598
Beistand 153 ff., 396, 500, 603, 607
Beistandschaft 153 ff.
Beitritt 421a
Belastungen, besondere
– Angemessenheit 70
– Beispiele 69
Belege 257 ff., 511
– Kopien 257b
Belehrung
– Form 274a
Belehrung Vergütungsanspruch
– Absetzen von anderen Vereinbarungen 291
Beleihungsgrenze 86b
Beratungsgebühr 297, 325
– Schuldenbereinigung 307
Beratungsgebühr im Rahmen des § 305 InsO 306
Beratungshilfe
– Aufhebung der Bewilligung 273
– Ausgaben/Begrenzung 9 f., 11
– Bewilligung 263, 264
– die Beratungspersonen 265 ff.
– durch das Amtsgericht 185
– Gebühren 292 ff.
– Geltungsbereich 197
– Inhalt 197
– Unterstützung ausgehender Ersuchen um grenzüberschreitende Prozesskostenhilfe 378
– Vergütung 290
– vorprozessuale Rechtsberatung 378
– Zurückweisung 268 ff.
Beratungshilfegebühr 295, 324
– Rückerstattung 364
Beratungshilfegesetz
– Entwicklung 2 f., 8 ff.
– Inkrafttreten 1
– Ziele 4 ff., 13
Beratungshilfemandat 256a
Beratungspersonen 137
Beratungspersonen (übrige) 265 ff.

Beratungsstellen Rechtsanwälte/Beratungspersonen 186, 266
– Beschränkung auf Sachgebiete 265
– Vergütung 265
Berechnung Einkünfte unterhaltsberechtigte Person 58
Berechtigungsschein 242
– Beschränkung auf Beratung 264
– original 343b
– Wirksamkeit 263
BerH 1
Berufsbetreuer 159, 346
Berufsständische Vereinigungen 176
Berufsverbände 176
Berufung, Prozesskostenhilfe 504
Bescheid, anfechtbarer 144
Beschwerde 276
Beschwerde, weitere 356
Beschwerde gegen nachträgliche Entscheidungen 583
Beschwerdefrist 581
Beschwerdegericht 356
Beschwerdeverfahren, Kosten 594
Beschwerdewert 352
Besserstellung gegenüber Selbstzahlern 114 f.
Besuchsfahrten 72
Betreuung 158
Betreuung, rechtliche 15, 159, 608
– Rechtsanwalt als Betreuer 159, 621
Betreuungs- oder Versorgungsleistungen 38
Betreuungsgeld 44
Beurkundung, notarielle 397
Bewährungsverfahren 133
Beweisantizipation 407
Beweisführung/-mittel 403
Beweisverfahren, selbstständiges 416, 476, 621
Bewertungsfaktoren 84
Bewertungskriterien Altersvorsorge 99
Bewilligung, Prüfung 391
Bewilligung der Beratungshilfe mittels Beschlusses 263b
Bewilligungsbeschluss
– konkludent 263, 264
Bewilligungsverfahren 237 f.
– Beratungshilfe 237 f., 263, 264
– Prozesskostenhilfe 548 ff.
Bezugnahme auf SGB XII 20
Bildtelefon 161
Billigkeit 473, 476
Bindungswirkung für Vergütung 223
BORA 250
Buchprüfer, vereidigte 265
Bundesfreiwilligendienstleistende 56
Bundesschatzbrief 95
Bundesverfassungsgericht 289
Bund-Länder-Arbeitsgruppe 12
Bußgelder 73

Chancengleichheit 4

Stichwortverzeichnis

Checkliste
- Verwertung einer Lebensversicherung 100a
- Verwertung von Vermögensgegenständen 102

Checkliste – Erforderlichkeit der Vertretung 213a

Darlegungs- und Beweislast 359
Darlehens- und Kreditverbindlichkeiten
- Altschulden 72
Deckungsschutz 139a
Deutsche Sprache 257
Dienstaufsichtsbeschwerde 289
Direktversicherung 98
Direktzugang zur Beratungsperson 249, 251
Dolmetscher 338
Dolmetscher-, Übersetzungs- und Reisekosten 376
Doppelberatung 192
doppelten Haushaltsführung 54
Drohpotential 210
Durchführungsverordnungen SGB
- Beurteilungshilfe 23
DVO zu § 82 Abs. 2 SGB XII 46 ff.
DVO zu § 90 Abs. II Nr. 9 SGB XII 46 ff., 80

e-Akte 333b
EG-Prozesskostenhilfegesetz 368
EG-Prozesskostenhilfevordruckverordnung (EG-PKHVV)
- Vordruck, amtlicher 382
Ehe- und Familiensachen 227 f.
Ehrenamtspauschale 55
Eidesstattliche Versicherung 522
eigene Möglichkeiten 113 ff.
Eigeninitiative 17, 113 ff., 142 f., 144, 301
Eigentumswohnung 63, 83 f.
Einführung 1, 392c
eingehende Ersuchen um grenzüberschreitende Beratungshilfe 389
Einigungsgebühr 308
- Anerkenntnis und Verzicht 315
- bloß einseitige Erklärungen 312
- bloße Erfüllungshandlungen 312
- im Rahmen des § 305 InsO 322
- mehrere Vergleiche 313
- Mitwirkung des Rechtsanwalts/Kausalität 316
- Nachweis des Entstehens 317
- Vertragsform 311
- Voraussetzungen 309
- Zahlungsvereinbarung 309
- Zwangsvollstreckung und Ratenzahlung 314
Einkommen 23 ff.
- abgetreten 27
- Abzüge 46 ff.
- Begriff 23, 32

- Beispiele für kein Einkommen 44
- Belastungen 63
- Berechnung 19
- einzusetzendes 19, 33
- fiktives 28
- frei verfügbares 23
- gepfändet 27
- maßgebliches 24
- sonstiges 34 f.
Einkommens- und Vermögenslage, Zeitpunkt 21
Einkünfte
- aus Kapitalvermögen 43
- aus selbständiger und nichtselbständiger Arbeit 26
- des Ehegeatten 24
- eigene unterhaltsberechtigter Personen 58
- Vermietung bzw. Verpachtung 43
Einreden 347, 419
Einscannen 333a
Einschränkung bei mehreren Angelegenheiten 274d
Einwendungen 404
elektronisch gespeicherte Daten (Auslagen) 334
elektronische Aktenführung 333b
elektronische Hilfsmittel 333b
elektronische Medien 335
elektronisches Dokument 237
Elterngeld 26a, 44, 58
Empfangsstelle 370, 390
Entgeltpunkte 99
Entreicherung 549
Erbschaften 95
Erbstücke 93
Erfolgsaussicht 108, 391
Erfolgsaussichten 403
- Beurteilungszeitpunkt 410
- teilweise 405
Erfolgsgebühren 308, 318
Erfolgshonorar 291
Erforderliche Mittel 19
Erforderlichkeit Anwaltsbeiordnung 602
Erforderlichkeit der Vertretung 208 f., 345
- Beurteilungszeitpunkt 212
Erhebung anstellen 243
Erhöhungsgebühren/-tatbestände 324 f.
- Einigungsgebühr 327
- Erledigungsgebühr 327
- Geschäftsgebühr 326
Erhöhungssatz 323
Erinnerung 276, 278, 349
Erklärung über die persönlichen und wirtschaftlichen Verhältnisse 243b, 257
Erledigung der Hauptsache 411, 434
Erledigungsgebühr 308, 318 f.
- Entstehung 319
- im Rahmen des § 305 InsO 322
- Mitwirkung der Beratungsperson/Kausalität 320 f.
- Tatbestand 320

Stichwortverzeichnis

– Voraussetzung 318
Erledigungsgebühr und Geschäftsgebühr 321
Erlös aus Hausverkauf 87
Ermittlungsverfahren 132
Erörterungstermin 515, 518
Erreichbarkeit andere Hilfsmöglichkeit 139
Erstattungsfähigkeit 331
Erstattungspflicht des Gegners
– Teilweise Erstattungspflicht 366
erstattungspflichtiger Gegner 357
Erstreckung, Prozesskostenhilfe 428
ERV 237
Erwerbstätigenbonus 56
Erwerbstätigkeit 29, 49, 56 f.
Essensgeld 58
Europäischer Gerichtsatlas für Zivilsachen 387

fachübergreifende Fragen 250
Fahrtkosten 51 f.
– Pauschale 53
Falschangaben 273 ff.
Falsche Angaben zum Sach- und Streitstand 558
Familien- und Erbstücke 93
Familieneinkommen 72
Familienrecht 153, 422, 453, 603
Ferienhaus 63
Festgebühren 290, 299
Festgeld 95
Finanzbehörde 151
fingierte Rechtsfragen 107
Fitnessstudiobeiträge 73
Flüchtlinge
– unbegleitete Minderjährige 152a
Flüchtlingsdebatte 152a
Fondsanteile 95
Forderung 95
Forderungen
– streitige 165
Formular
– Bezieher von Leistungen nach SGB II/ SGB XII 258
Formular(e) und Vordrucke, Belege 238
Formularverordnung 239
Formularzwang 563
Formulierungshilfe 110, 211
Fotokopie(n)/-kosten 331
Fragen u. Wirkungen 511
Freiberufler 41
Freibetrag
– Herabsetzung 22
Freibeträge 57 f., 554
– eigene Einkünfte 58
– Geldrente 58
– Unterkunft und Heizung 59
freie Unterkunft 39
Freiwillige Gerichtsbarkeit 133
Freiwilliges Soziales Jahr 56
Frist 262, 262b f., 383, 527 ff.
– Säumnis 527 ff.

Fristablauf, drohender im Widerspruchsverfahren 148
Fristberechnung 238b
früher erster Termin 534

Garage/Garagenstellplatz 63
Garage/Garagenstellplatz siehe Stellplatz 62a
Garage siehe Stellplatz 62a
Gebühren 216, 293 f.
Gebührenrisiko Beratungsperson 252
Gebührentatbestände 292 ff.
– Überblick 292
– Übergangsvorschrift 292
Gebührenvereinbarung 265
Geburtstagsgeschenke 97
Gegenstandswert 290
Gegenvorstellung 591
Geldbuße/Geldstrafe 73
Geldrente 58
Geldwerte Vorteile 39
Geltungsbereich der Beratungshilfe 197
Gemeinden/Gemeindeverbände 169
Gemeinschaften 196
Genossenschaften 176, 484, 488
gerichtliches Verfahren 120 ff., 400
– Abgrenzung zur Prozesskostenhilfe 10, 11 f.
Gerichtssprache 237
Gerichtsstand 246
Gesamtschuldner 232
Geschäftsgebühr 299
– Abgrenzung zum Rat 299
– Anrechnungspflichten 303
– Erforderlichkeit 301, 345
– Erhöhung/mehrere Auftraggeber 323
– Glaubhaftmachung 302
– Gläubigeranzahl 307a
– Schuldenbereinigung 307a
Geschäftsgebühr im Rahmen des § 305 InsO 306
Gesellschaftsanteile 76
Gesetz zur Änderung des Prozesskostenhilfe- und Beratungshilferechts 1, 3, 8, 281
Gewaltschutz und Wohnungskündigung 231
Gewerbetreibende 41
Gewerkschaft 76
Gewerkschaften 176
Gewinn- und Verlustrechnung 41
Glaubhaftmachung 520, 522
– der Gebührentatbestände 297, 302, 317
– des Sachverhalts 243
Glaubhaftmachung gegenüber Beratungsperson 252
Gleichzeitigkeit und Einheitlichkeit des Auftrages 219
Gleichzustellung, unbemittelter und bemittelter Bürger 145
Gnadenverfahren 130, 205
Grenzüberschreitende BerH 367

Stichwortverzeichnis

grenzüberschreitende PKH/BerH 196, 367, 401, 501, 512
grenzüberschreitender Bezug 373
Grundrente (GVG, OEG) 44
Grundrente (OEG) 102
Grundstücksgröße 85
Gutachten 339, 407
Gütestelle 135
Güteverfahren 135
Gutscheine 76

Hagelversicherung 49
Handbuch der europäischen Union 387
Handwerkskammer-Beiträge 72
Handwerksorganisationen 176, 183
Handykosten 62a
Härteklausel 69, 102
Haus im Ausland 83
Haus- und Grundbesitzervereine 175
Hausgrundstück 82
– angemessenes 84 ff.
– Verwertung/Beleihung 86
Hausgrundstück, privilegiert 90
Hausrat 91
Heimleitung, Übergangswohnheim 183
Heizkosten 61, 63
Hilfe
– anderweitige Hilfe 136
– notwendige 107
Hilfe in besonderen Lebenslagen 79
Hilfe zum Lebensunterhalt 33, 80
Hilfebedürfnis 107
Hilfsmöglichkeiten, andere 136 ff.
– Eignung 137
– Zumutbarkeit 138
Hinweis auf andere Hilfsmöglichkeiten 267
Hinweis auf Beratungshilfe 253
Honorarvereinbarungen 171, 265

Immobilienvermögen 83 ff.
Informationsreise 337
Inhaftierung 246
Inkrafttreten 1
Inlandsbezug 196
Insolvenz
– der Partei 412
– eines Gläubigers 414
Insolvenzgläubiger 413, 483, 616
Insolvenzverfahren 45, 412, 614
– Prozessführungsbefugnis 412
– Prozesskostenhilfe 412 ff.
Insolvenzverwalter 412 f., 439, 480 ff., 609
Interessenverbände 172 ff., 179
Internationales Recht siehe grenzüberschreitende PKH/BerH 512

Jugendamt 153, 155, 457
Jugendhilfe 156
junge Volljährige 156
juristische Personen 196, 323, 372, 480, 487

JVEG 53, 338

Kabelfernsehen 62a
Kanzleiort/Kanzleisitz 626
Kapitalvermögen 43
Kapitel 1 1, 392c
Kapitel 10 592
Kapitel 11 598
Kapitel 2 19, 393
Kapitel 3 106, 403
Kapitel 4 196, 432
Kapitel 5 214, 459
Kapitel 6 237, 496
Kapitel 7 276, 511
Kapitel 8 290, 547
Kapitel 9 367, 571
KFZ 48, 53, 72, 92, 437
Kfz-Unfall 232
KFZ-Versicherung(en) 48, 53, 72, 92, 437
Kinderbetreuungskosten 72
Kindergartenbeiträge 72
Kindergeld 32
Kindertagesstätte 72
Kindesunterhalt 25, 227 ff.
Kirche(n) 169, 183, 491
Klageerweiterung 438
Klagerücknahme 411
Klageverfahren 124
Kleinstforderungen 193
KomPakT 8
konkludente Bewilligung 263c
konkretes Rechtsproblem 145
Konkretisierungsfunktion 242
Kontoauszüge
– Schwärzungen 260
Kontoführungsgebühren 73
Kopfteile 64
Kopie(n)/-kosten 331, 332 f.
– Akte (vollständig) 332
Körperschaften des öffentlichen Rechts 169
Kosten 592
Kosten des PKH-Verfahrens 592 ff.
Kostenerstattungsanspruch 358, 363, 543 f., 596, 634
Kostengarantiefunktion 242
kostensparende Prozessführung 638
Kostenübernahme durch Vergleich 544
Kostgeld 35
Krankengeld 34
Krankenhaustagegeldversicherung 49
krankheitsbedingte Aufwendungen 67
Kreditaufnahme 103
Kriegsopfer 88, 201
Kündigung 235
Kündigungsfolgen 235
Kurzarbeitergeld 34

Landeskasse 208, 214, 242, 274b, 290, 292, 342 f.
Landesschlichtungsgesetze 135
Landgericht 278, 409, 571, 601

Stichwortverzeichnis

Lebenshaltungskosten, allgemeine 58, 61, 69 f., 375, 391
Lebenshilfe, allgemeine 14 ff., 107, 109, 144
Lebenssachverhalt 13a
Lebensversicherung 98 f.
- Abtretung der Ansprüche 99
- Policendarlehen 100
- Rückkaufswert 100
- Selbständiger 99
- Verwertungsmöglichkeiten 100
Legitimationsnachweis 244
Leistungsfähigkeit 104, 484
Leistungsklage 430
Lesehilfen 110
Liebhabereien 73
Lohn und Gehalt 26a
Lohnsteuerhilfeverein 176a
Lottogewinnen 95
Luxusgegenstände 94

Mahnverfahren 125, 415, 439, 610, 613
Massegläubiger 483
Masseunzulänglichkeit 440, 482
Mediation 187, 398
Medien 188
Medizinrechts-Beratungsnetz 179
Mehrbedarf/Mehrbedarfsbeträge 67
mehrere Auftraggeber 323
Mehrfamilienhaus 83
Messenger-Dienste 335
Miete 15, 35, 59
- Kostenaufteilung 64
- mehrere Bewohner 64
- Mietnebenkosten 60
- Mietzins 60
Mieterschutzbund-Beiträge 73
Mietervereine 174
Mietkosten 59 ff., 63
Mietvertrag 232
Mietwohnung 59
Minderjährige 196
minderjährige Partei 25
Miteigentumsanteil 83, 86a
Miterbenanteile 95
Mitgliedsbeiträge 73
Mittellosigkeit 22
- selbstverschuldete 22
Mitwirkungspflicht 243a
Mitwirkungspflicht bei Antragstellung 253
Monatseinkommen 27
Monatsraten 479
mündliche Ankündigung 143a
Musikunterricht 72
Musterantrag Beratungshilfe 105
Mutwilligkeit 191, 193 f., 432 f., 439, 453, 474
- Begriff 195
- Beispiele BerH 193 f.
- Beispiele PKH 433 ff., 453 ff.

Nachfrage, erstmalige 140 ff.

Nachgeben
- einseitiges 315
- gegenseitiges 309
Nachhilfe 72
Nachlasspfleger 486
Nachlassrecht 236
Nachträgl. Entscheidungen 547
nachträgliche Antragstellung 249, 251
- Zeitpunkt 251
Nachweise 257 ff.
Nachweisfunktion 242
Naturalunterhalt 38, 58
natürliche Personen 196, 372
neues Vorbringen 504
Neuschulden 73
Nichtabhilfe 284
Nichtzulassungsbeschwerde 504
Notanwalt 623
Nullplan 161, 307a

Objektive Voraussetzungen 106
objektive Voraussetzungen 106
obligatorisches Güteverfahren 135
öffentliche Rechtsberatung 171
Öffentliche Schuldenberatungsstellen 160
öffentliches Recht 234
Opferhilfe 180
Ordnungswidrigkeiten(recht) 197
Ordnungswidrigkeitenrecht 202

Parallelfälle 234
Parallelität 193
Partei kraft Amtes 196, 480, 486, 537
parteifähige Vereinigungen 487
Parteivernehmung 407
Pauschgebühren 214
persönliche Beratung 306
persönliche und wirtschaftliche Verhältnisse 19 ff.
Pflegegeld 35
Pflegeheim 87
Pflegekassen 150a
Pflegetätigkeit 38, 56
Pflichtbeiträge (§ 82 Abs. 2 Nr. 2 SGB XII) 47
Pflichtteilsanspruch 95
PKH-/Verfahrenskostenhilfe 392c
PKH/VKH-Raten 72
PKW 95
Pkw
- einzusetzendes Vermögen 92, 95
- Kfz-Steuer/Kfz-Versicherung 72
- Reparaturkosten 72
- Tilgungsraten 72
Policendarlehen 102
Post- und Kommunikationspauschale 335
Postgebühren 335
„pro bono" 291a
Pro Bono – Leistungen 171, 183b, 265
Prozesskosten 484
Prozesskostenhilfe 393 ff.
- für das Erinnerungsverfahren 288a

459

Stichwortverzeichnis

– nach Instanzenende 524
– Säumnisse der Partei 533
– Versagung 532
– Wirkungen 536 ff.
– Wirkungszeitpunkt 525
Prozesskostenhilfeantrag 413, 511 ff.
Prozesskostenhilfebewilligungsverfahren 403 ff.
Prozesskostenhilfeerstreckung 428, 500
Prozesskostenhilfeprüfungsverfahren 128, 393, 413
Prozesskostenvorschuss 466a
Prozesskostenvorschuss(pflicht) 104, 467 ff., 550
– durch Ehegatten/Partner e. Lebensgemeinschaft 467 ff.
– durch Sozialhilfeträger 477 ff.
– durch Verwandte 476
Prozessmitwirkung, unterlassene, Mutwilligkeit 441
Prozessstandschaft 460
Prüfung der Erfolgsaussichten 403 ff., 409
– Glaubhaftmachung 407
– Klagezulässigkeit 409
– maßgeblicher Zeitpunkt 410
– schwierige Rechtsfragen 408
Prüfungsreihenfolge 21
Prüfungsumfang UdG (Festsetzungsverfahren) 345

Rat 297
Ratenzahlung 17, 314, 479
Räumungsprozess 406
rechtliches Gehör 515
Rechtsanliegen, konkretes 111
Rechtsantragstelle 237
Rechtsanwaltskosten 72
Rechtsbeeinträchtigung, konkrete 111 ff.
Rechtsbehelfsbelehrung 271, 348, 353
Rechtsberatung 2, 4, 14, 108, 137, 152, 166 f., 168
Rechtsberatungsstellen 171
Rechtsbeschwerde 289, 356, 587 f.
Rechtsbeschwerdegericht 589
Rechtsbeschwerdeverfahren 509
Rechtsbeugung 289
Rechtsschutzbedürfnis, (fehlendes) 149, 507, 513
Rechtsschutzversicherung 139a, 299
Rechtsdienstleistungsgesetz 137, 618
Rechtsfragen 209, 211, 408
– konkrete 211
– konkrete, komplex, juristisch 209
– schwierige 408
Rechtsmissbrauch 467, 513, 642
Rechtsmittel, Prozesskostenhilfe 509 ff., 571 ff.
– Begründung 531
– Form 571 ff.
– Frist 572
– Hauptsachestreitwert 572

Rechtsmittel, weitere
– Anhörungsrüge 289
Rechtsmittel Bewilligungsverfahren, Beratungshilfe 127, 276, 278
– abschließende Richterentscheidung 285
– Befugnis 280 f.
– Beschwerde 286
– Form 278
– Frist 279
– sonstige 289
– Verfahrensfragen 284 ff.
– Verwirkung 279
Rechtsmittel in der PKH 571
Rechtsmittel Vergütungsverfahren, Beratungshilfe 349 ff.
– Beschwerde 354 ff.
– Beschwerdewert 352, 354
– Erinnerung 349
– Form 350, 356
– Frist 351, 355
– Verwirkung 351
– Zuständigkeit 352, 356
Rechtsmittelbefugnis 280
Rechtsmittelbelehrung 271
Rechtsmittelinst./Zwangsvollst. 496
Rechtsmittelinstanz, Prozesskostenhilfe 502 ff.
Rechtsmittelverfahren 276
Rechtsschutz, außergerichtlicher 145
Rechtswahrnehmung 13, 107
Rechtswahrnehmungsgleichheit 6
Rechtszug 496
Reformvorhaben 6
Reisekosten 72, 337
Rente(n) 35
Rentenberater 137, 170, 265
Rentenfragen 170
Rentenversicherung 170
Revision, Prozesskostenhilfe 506
Riester-Rente 49, 98
Risikolebensversicherung 98
Rückforderung vom Rechtsuchenden 274d
Rückgriff 363
Rückkaufswert 99a
Rücklagen 21
Rückzahlungsanspruch 274c, 349, 542
– bei Aufhebung der Beratungshilfe 274c
Rundfunk- und Fernsehgebühren 62a

Sachverhalt 240 ff.
Sachverständiger 243, 257, 521, 596
Sanatorium 38a
Säumnis der Partei 527, 533
Schadensersatz 253
Scheidung/Scheidungsfolgesachen 424, 453 f., 467, 605
Scheinehe 455
Schiedsmann 187
Schiedsverfahren 398
Schlichtung 187

Stichwortverzeichnis

Schlichtungsstelle der Rechtsanwaltschaft 168
Schlichtungsstellen 187
Schlüssigkeit 516
Schmerzensgeld 96
Schmuck 93
Schonbetrag 77, 81, 99a, 101
Schreibhilfe 110
Schulden 67, 72 f.
Schuldenbereinigungsplan 306
Schuldenbereinigungsverfahren 132, 161 ff., 306
Schuldenregulierung 132, 161 ff., 232, 306
Schüler 56
Schutz des Familienheims 82 ff.
Schutzgebühr 160, 295, 324
Schutzschrift 421
Schwerbehinderte 67, 170, 177, 235, 238
Selbstbeiordnung 620
Selbstbeteiligung 139a
Selbsterhalt, notwendiger 476
Selbsthilfe 183a, 208
selbstständige Tätigkeit 41
Selbstständigkeit 41
Selbstzahler 114, 191, 193
Semesterbeiträge 72
SGB II 33
SGB VIII 44, 153
SGB XII 20 ff., 32 f., 46
Skype 161
sofortige Auskunft 185, 193, 239 ff., 267
sofortige Beschwerde 571 ff.
– Frist 572
Sonderfall des § 116 ZPO – mit Beispielen 480 ff.
Sorgerecht 230, 605
Sozialberatung 184
soziale ANgelegenheit siehe Umfang der Beratungshilfe 210
soziale Angelegenheit siehe Umfang der Beratungshilfe 210
soziale Einrichtungen siehe andere/anderweitige Hilfsmöglichkeiten 137
sozialer Rechtsstaat 4
Sozialer Vater 58, 72
Sozialhilfebescheid 234
Sozialhilfe(recht) 33, 142 f., 144
Sozialhilfeträger 477
Sozialleistungen 33
– ALG II 33
– Beratungshilfe für Antragstellung 117 ff.
– Entscheidung nicht innerhalb angemessener Zeit 117
– Hilfe zum Lebensunterhalt 33
– rechtliche Probleme 118 f.
Sozialrecht 116, 118, 142 f., 144, 201
Sozialrechtliche Widerspruchsverfahren 216
Sozialverbände 177
Sozialversicherungsentgeltverordnung 39

Sparanlagen 95
Sparbrief 95
Sparguthaben 95
Sprachprobleme 7, 15 f., 211, 338
Staatskasse 64, 159, 215, 242, 281, 555, 580, 585, 634
Stellplatz 62a
Stellplatzmiete 62a
Sterbegeldversicherung 49, 96
Steuerberater 137, 151, 162, 249 ff., 265, 290, 307a, 343a
Steuerbevollmächtigte 265
Steuerbevollmächtigter 137
Steuererklärung 151
Steuererstattung 40
Steuerklasse, ungünstige 25, 40
Steuer(n) 46
Steuerrecht 151, 206
Stichentscheid 139a
Stichworte 241
Stiftung Gesundheit 179
Strafermittlungsverfahren 132
Strafgefangene
– Einkommen 42
Strafgefangener 56
– Freibetrag 58
Strafrecht 202, 233
Straftaten 442, 455
Strafverfahren 129
Strafvollstreckung 204
Strafvollzug 157, 203, 233
Streitgenossen 478
Streithelfer 418, 421a, 437
Streitverkündete 131
Streitwert 290, 409, 430, 443, 572, 601
Streitwertbeschwerde 443
Strom 61
Studenten 15, 56
Studienkredite (KfW) 36
Stufenklage 430
Stundung 17, 314, 469, 614 f.
subjektive Voraussetzungen 19
Subsidiarität 136

Taschengeld 37
Taschengeldanspruch 24
Tätigkeitszeitraum 293
Tatsachenermittlung 16
Teilaufhebung der Bewilligung von Prozesskostenhilfe 568
Teileinigung 312
Teilklagen 444
Teilzahlungen 494
Teilzurückweisung 283
Telefax 333
Telefonkosten 62a, 336
Telekommunikationspauschale 336
Tiere 95
Tilgungsleistungen 63, 72, 86b
titulierte Forderungen 160
Tod der Partei 535
Tod des Rechtsuchenden 264a
Trinkgelder 27

Stichwortverzeichnis

typische Angelegenheiten 114 f.
Übergang des Kostenerstattungsanspruches 358, 363, 543
Übergangsvorschriften 262b, 394, 556, 570
übergegangene Ansprüche 541
Übermittlungsstelle 369
- Zuständigkeit 381
Übernahmepflicht der Beratungsperson 249 ff.
Überprüfung gem. § 120a ZPO 547, 555
Übersetzer 338
Überstundenvergütung 26a
Übertragung der persönl. und wirtschaftl. Verhältnisse auf Rechtspfl. 511
Überziehungszinsen 73
Umfang 196
Umfang der Beratungshilfe 196 ff., 208, 210
Umgang/Umgangsverfahren 228, 230, 457, 604
Umgangsregelung 457
Umsatzsteuer 295, 297, 341
Umzugskosten 72
unbebaute Grundstücke 83
unmittelbare Inanspruchnahme einer Beratungsperson 249, 251
unpfändbare Sachen 78, 96
Unrichtigkeit, Aufhebung bei 273 ff.
Unrichtigkeit der Beratungshilfebewilligung 273 ff.
- nachträgliche 273 ff.
- ursprüngliche 273 f.
Unterhalt 101, 227 ff., 458
Unterhaltsberechtigte 57, 156, 458, 464, 477
Unterhaltsberechtigte im Ausland 72
Unterhaltsleistungen 35, 58
Unterhaltsrenten 35
Unterhaltssachen
- Zuständigkeit 392a
Unterhaltsverfahren 126, 429, 458, 606
Unterkunft 59 ff.
- abzugsfähige/nichtabzugsfähige Posten 59 ff.
- Eigentumswohnung 63
- Hausgrundstück 63
- Mietwohnung 59
- Strom 61
Unterlassungsansprüche 232
Unterschriftszeitpunkt 256, 257
Unvoreingenommenheit der Behörde 117
unwirtschaftliches Verhalten 22
Unzumutbarkeit 138, 154, 167, 484
Unzumutbarkeit Inanspruchnahme öffentlicher Schuldnerberatungsstelle 164
unzuständiges Gericht 238b
Urheberrechte 76, 232
Urkundenverfahren 420
Urlaubsgeld 27

Vaterschaftsanfechtung 456, 476
VdK 177
Veränderung der wirtschaftlichen Verhältnisse 273 ff.
Verbände 183
Verbände der freien Wohlfahrtspflege 152
Verbesserung der wirtschaftlichen Verhältnisse 273 ff., 548
Verbraucherberatung 137, 167
Verbraucherstreitbeilegungsgesetz 167a
Verbraucherzentralen 167
vereidigte Buchprüfer 137
Verein 183, 491
Vereinbarung, Honorar, Erfolgshonorar 265
Vereinfachte Erklärungen (PKHFV) 511
Verfahrensbeteiligte 346, 483, 486
Verfahrensfragen 289, 569
Verfahrenskostenhilfe 422
Verfassungsbeschwerde 399
Verfassungsgericht 141, 206
Verfassungsmäßigkeit (einer Norm) 408
Verfassungsrecht 200
Vergleich 309, 411, 445, 499
Vergleichsberechnung 479
Vergütung 290, 292
Vergütung nach den allgemeinen Vorschriften 252
Vergütungsanspruch 290, 292, 343, 343b, 546
- Abtretung 343a
- Entscheidung über den ANtrag 348
- Fälligkeit 293, 343b
- Prüfungscheckliste 347
- Verjährung 294
- Verwirkung 351
- Vorschuss 293
Vergütungsfestsetzung(s)/-verfahren 342 ff.
- Antrag/Antragsberechtigung 343
- Antragsinhalt 344
- Entscheidung über den Antrag 348
- Prüfungskompetenz/Umfang der Prüfungspflicht 345
- Rechtsmittel 349
- Zuständigkeit 342
Vergütungsvereinbarung 291
Vergütungsverfahren
- Rechtsmittel 288
Vergütungsverzeichnis 214, 303
Verhältnisse – persönliche und wirtschaftliche 19
Verkehrsmittel, öffentliche 53
Verkehrswert 85
Vermietung und Verpachtung 43
Vermögen
- aus öffentlichen Mitteln 88
- Begriff 74
- Erträge/unterlassene Nutzung 31
- Schonvermögen 79 ff.
- und Einkommen/Abgrenzung 77
Vermögensbildung 63, 73, 95, 99a

Stichwortverzeichnis

Vermögenseinsatz 78 ff.
– Zumutbarkeit/Verwertbarkeit 78, 102
Vermögensgegenstände, sonstige 95
– Bsp. einzusetzende 95
– Bsp. nicht einzusetzende 96 f.
vermögenswirksame Leistungen 27, 72
Verrechnung einer Teilzahlung 365
Versäumnisurteil 533
Verschlechterung der Verhältnisse 553 ff.
Versicherung an Eides statt 257, 522
Versicherung(en) 48 ff.
– Absetzbarkeit (Beispiele) 49 f.
– Angemessenheit 48 ff.
– Berufsunfähigkeitsversicherung 49
– Gebäudehaftpflichtversicherung 49
– Haftpflichtversicherung 49
– Hausratsversicherung 49
– Krankenversicherung 48 ff.
– Lebensversicherung 48 f.
– Rechtsschutzversicherung 49
– Rentenversicherung 48 ff.
– Sozialversicherung 48 ff.
– Unfallversicherung 48 ff.
Versicherungsältester 170
Versicherungsbeiträge 48 ff.
Versorgungsausgleich 606
Versorgungsleistungen 38
Vertrauensschutz 274b
Vertretung 208 ff.
– Begriff 208
Verwaltungsakt 318
Verwaltungsbehörde 132, 202, 318 f.
Verwaltungsrecht 116, 118, 199
Verwaltungsverfahren 151, 235, 318 f., 402, 555
Verweis an das Amtsgericht 253a
Verweisung, pauschal 141
Verzicht 315
Volljährige, Hilfe durch Jugendamt 156 f.
Vollstreckungsabwehrklage 160, 446, 458
Vollstreckungsaussichten 447
Vordruck, amtlicher 238, 256, 262c, 343, 511
Vordruckzwang 238, 251, 511
Vormünder- und Betreuervergütungsgesetz 159
vorprozessuales Verhalten 449
Vorteil(e), geldwerte 39
Vorverfahren, verwaltungsrechtliches 145, 152

Waffengleichheit 154, 612
Wahlanwaltsvergütung 274c
Wahlrecht 154
Wahrnehmung von Rechten 107
Wartezeiten 155, 164
Wasser/Abwasser 61
Weihnachtsgeld 26a f.

Weisser Ring 180
Werbungskosten 51 ff.
Wertpapiere 95
wichtige Gründe für eine Ablehnung 250 f.
Widerklage 450
Widerspruch ohne Beratungsperson 146
Widerspruchsverfahren 119, 140 ff., 346
– Ablehnungsbescheid 150
– Eigeninitiative 147
– Prüfung Klageerhebung 150
Wiedereinsetzung 238b, 356
Wiedereinsetzung in den vorigen Stand 527, 532
wiederholte Anträge 193, 451
wirtschaftliche Fragen 16, 166
Wirtschaftsprüfer 137, 151, 249, 265
Wohnfläche 61 ff., 84 ff.
Wohngeld 34, 61, 63
Wohnsitz 32, 196, 246, 368
Wohnsitzwechsel 246
Wohnungseigentümergemeinschaft 491

Zeitpunkt der nachträglichen Antragstellung 256
– Grenzen 262
Zeitschriftenabonnements 73
Zeugen 243, 257, 407, 521, 559, 596
Zigaretten 73
Zins- und Tilgungsleistungen 63, 72, 86b
Zivilrecht 198, 232
Zuflusstheorie 77
Zugewinnausgleich 95, 101, 428, 467
Zulässigkeit der rechtsbesorgenden Tätigkeit 137
Zumutbarkeit 78, 84, 97, 136 ff.
Zurückbehaltungsrecht 452
Zurückweisung 285
Zurückweisung der Beratungshilfe 268
– mündliche Antragstellung 268
– nachträglich eingereichte Anträge 269
Zurückweisungsbeschluss 268 ff.
– Begründung 268 ff.
– Form 269
– Inhalt 268 ff.
– Rechtsmittel 276
– Rechtsmittelbelehrung 271
– Wirksamkeit/Bekanntgabe 271 f.
Zusammenhang, notwendiger innerer 221
Zuschläge 26a
Zuständigkeit 246
– funktionell 248
– örtliche 246
– sachliche 247
Zustellung 555, 584
Zwangsvollstreckung 133, 314, 479, 510, 607
Zweckgebundenes Vermögen 97

Der „Mergler/Zink" – SGB II und XII.
Unentbehrlicher Großkommentar für Praxis, Wissenschaft und Rechtsprechung

NEU! Jetzt auch online
In der **beck-online Datenbank** unter **Sozialrecht Kohlhammer**
www.beck-shop.de/bdhsia

Mergler/Zink
Handbuch der Grundsicherung und Sozialhilfe
Teil I: SGB II –
Grundsicherung für Arbeitsuchende
Kommentar. Loseblattausgabe
Gesamtwerk – 40. Lieferung. Stand: März 2018
Ca. 2.430 Seiten inkl. 2 Ordner. € 219,–
ISBN 978-3-17-018573-9

*Loseblattwerke werden zur Fortsetzung geliefert.
Eine Abbestellung ist jederzeit möglich.
Auf Wunsch auch als Einmalbezug.*

Der „Mergler/Zink" steht für eine erschöpfende Berücksichtigung und Einarbeitung der einschlägigen Rechtsprechung und Literatur sowie für eine rasche Umsetzung neuer Entwicklungen. Geeignet sowohl für einen Überblick als auch für vertiefte Befassung mit sozial(hilfe)rechtlichen Fragestellungen. Sie erhalten eine umfassende Kommentierung als Voraussetzung für eine gründliche Bearbeitung und Darlegung der Vorschriften über die Grundsicherung für Arbeitsuchende (SGB II). Unverzichtbar für alle Sozialämter, Arbeitsagenturen, Anwender in der Freien Wohlfahrtspflege, für Sozial- und Verwaltungsgerichte.

Mergler/Zink
Handbuch der Grundsicherung und Sozialhilfe
Teil II: SGB XII – Sozialhilfe und
Asylbewerberleistungsgesetz
Kommentar. Loseblattausgabe
Gesamtwerk – 39. Lieferung. Stand: Juni 2018
Ca. 3.210 Seiten inkl. 2 Ordner. € 229,–
ISBN 978-3-17-018575-3

*Loseblattwerke werden zur Fortsetzung geliefert.
Eine Abbestellung ist jederzeit möglich.
Auf Wunsch auch als Einmalbezug.*

Einheitlicher Aufbau der Kommentierung jeder einzelnen Vorschrift sorgt für schnelle Übersicht und gute Lesbarkeit der im SGB XII geregelten Sozialhilfe und gibt Auskunft zu allen wichtigen Praxisfragen. Erleichtert wird das Verständnis für die Rechtsmaterie durch eine umfassende Einführung. Das Werk wird ergänzt durch eine umfassende und eigenständige Kommentierung des AsylblG.

Leseproben und weitere Informationen unter www.kohlhammer.de

W. Kohlhammer GmbH
70549 Stuttgart

Kohlhammer

SPANISH READERS

Los colores

Fiona Undrill

www.heinemann.co.uk/library
Visit our website to find out more information about Heinemann Library books.

To order:
☎ Phone 44 (0) 1865 888066
Send a fax to 44 (0) 1865 314091
📄 Visit the Heinemann Bookshop at www.heinemann.co.uk/library to browse our
💻 catalogue and order online.

First published in Great Britain by Heinemann Library, Halley Court, Jordan Hill, Oxford, OX2 8EJ, part of Pearson Education. Heinemann is a registered trademark of Pearson Education Ltd.

© Pearson Education Ltd 2008
First published in paperback in 2008
The moral right of the proprietor has been asserted.

All rights reserved. No part of this publication may be reproduced, stored in a retrieval system, or transmitted in any form or by any means, electronic, mechanical, photocopying, recording, or otherwise, without either the prior written permission of the publishers or a licence permitting restricted copying in the United Kingdom issued by the Copyright Licensing Agency Ltd, 90 Tottenham Court Road, London W1T 4LP (www.cla.co.uk).

Editorial: Charlotte Guillain
Design: Joanna Hinton-Malivoire
Picture research: Ruth Blair
Production: Duncan Gilbert

Printed and bound in China by
Leo Paper Group.

ISBN 9780431990330 (hardback)
12 11 10 09 08
10 9 8 7 6 5 4 3 2 1

ISBN 9780431990439 (paperback)
12 11 10 09 08
10 9 8 7 6 5 4 3 2 1

British Library Cataloguing in Publication Data
Undrill, Fiona
Los colores = Colours. - (Spanish readers)
1. Spanish language - Readers - Color 2. Color - Juvenile literature 3. Vocabulary - Juvenile literature
I. Title
448.6'421
A full catalogue record for this book is available from the British Library.

Acknowledgements
The publishers would like to thank the following for permission to reproduce photographs:
© Alamy pp. **19** (Jef Maion/Nomads'Land - www.maion.com), **23** (Mark Harmel);
© Brand X pictures pp. **3**, **4**, **12**, **20** (Joe Atlas);
© Corbis pp. **7** (Stephane Reix/For Picture), **10** (Svenja-Fto/zefa), **11** (John Van Hasselt), **15** (Charles O'Rear); ©Digital Vision p. **22**
© Harcourt Education pp. **3**, **4**, **8** yellow puzzle, **12**, **20**, (MM Studios), **3**, **4**, **8**, **12**, **20** (Tudor Photography); © istockPhoto pp. **6** blue puzzle (Denisa Moorhouse), **14** (Bill Grove); © KTP Power Photos pp. **3**, **4**, **8**, **12**, **20**; © Photodisc pp. **3**, **4**, **8**, **12**, **20**; © 2007 Jupiter Images Corporation pp. **3**, **4**, **8**, **12**, **14** red puzzle, **18** white puzzle, **20** green puzzle, **23**;

Cover photograph of Spanish flag reproduced with permission of Corbis.

Every effort has been made to contact copyright holders of any material reproduced in this book. Any omissions will be rectified in subsequent printings if notice is given to the publishers.

Contenido

Acertijos 4–23

Vocabulario 24

Try to read the question and choose an answer on your own.

You might want some help with text like this.

¿De qué color es la camiseta?

a naranja

b amarillo

c rojo

d azul

 **Pistas**

1. Está a la derecha.
2. Está en la parte superior de la página.

Respuesta

d azul

El color azul

El uniforme del equipo de fútbol francés es azul.

Victorias francesas recientes:
- La Copa Mundial 1998
- Eurocopa 2000

¿De qué color es el automóvil?

a. blanco

b. marrón

c. amarillo

d. verde

Pistas
1. Está en el medio.
2. Está en la parte inferior de la página.

Respuesta

c amarillo

El color amarillo

En algunos países los buzones son amarillos.

Colores de los buzones en Europa

País	Color de los buzones
Alemania	amarillo
Bélgica	rojo
Irlanda	verde
Reino Unido	rojo

¿De qué color es la flor?

a verde

b negro

c rojo

d gris

🔍 Pistas

1. Está a la derecha.
2. Está en la parte inferior de la página.

Respuesta

c rojo

El color rojo

El vino tinto es muy popular en todo el mundo.

Un método tradicional para aplastar las uvas para fabricar el vino - ¡con los pies!

¿De qué color es el avión?

a blanco

b azul

c amarillo

d marrón

**Pistas**

1. Está a la izquierda.
2. Está en la parte inferior de la página.

Respuesta

a blanco

El color blanco

Montañas blancas

La montaña más alta de Europa es Mont Blanc.

- Altura: 4 810 metros
- Velocidad máxima del viento: 150 km/h
- Temperatura mínima: −40 °C

¿De qué color es la silla?

a verde

b naranja

c negro

d gris

 Pistas
1. Está a la izquierda.
2. Está en la parte inferior de la página.

Respuesta

 verde

El color verde

Este lagarto es verde. Su piel es verde para que pueda esconderse en los árboles.

Vocabulario

Español Inglés página

a la derecha on the right 5, 13
a la izquierda on the left 17, 21
el acertijo puzzle 3
Alemania Germany 10
algunos some 10
la altura height 18
amarillo yellow 5, 9, 10, 17
aplastar to crush 15
los árboles trees 22
el automóvil car 8
un avión aeroplane 16
azul blue 5, 6, 17
Bélgica Belgium 10
blanco(a) white 9, 17, 18
el buzón (los buzones) letterbox 10
la camiseta T-shirt 4
el color colour 6, 10, 14, 18, 22
con with 15
el contenido contents 3
la Copa Mundial the World Cup 6
¿De qué color es el/la…? What colour is the…? 4, 8, 12, 16, 20
en in 14
en todo el mundo the whole world 14
un equipo de fútbol football team 6
está it is 5, 9, 13, 17, 21
esconderse hide 22
la Eurocopa the European cup 6

Europa Europe 10
fabricar to make 15
la flor flower 12
francés (francesa) French 6
gris grey 13, 21
Irlanda Ireland 10
el lagarto lizard 22
marrón brown 9, 17
máximo maximum 18
en el medio in the middle 9
el método tradicional traditional method 15
el metro metre 18
mínimo minimum 18
la montaña mountain 18
la montaña más alta de Europa the highest mountain in Europe 18
muy very 14
naranja orange 5, 21
negro(a) black 13, 21
la página page 5, 9, 13, 17, 21
el/los país(es) country 10
para for 15
en la parte inferior at the bottom 9, 13, 17, 21
en la parte superior at the top 5
el pie foot 15
la piel skin 22
una pista clue 5, 9, 13, 17, 21
popular popular 14
pueda may 22

reciente recent 6
el Reino Unido the United Kingdom 10
la respuesta answer 6, 10, 14, 18, 22
rojo red 5, 13, 14
la silla chair 20
la temperatura temperature 18
el uniforme deportivo sports strip 6
las uvas grape 15
la velocidad speed 18
verde green 9, 10, 13, 21, 22
el viento wind 18
la victoria victory 6
el vino wine 14, 15
el vino tinto red wine 14
el vocabulario vocabulary 3, 24

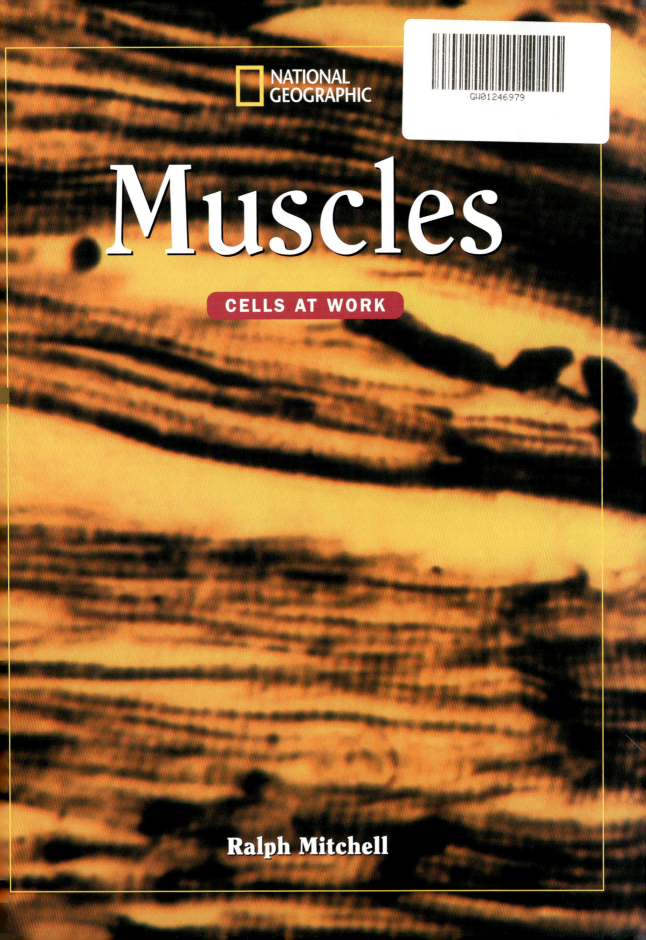

Muscles

CELLS AT WORK

Ralph Mitchell

PICTURE CREDITS
Cover: photograph of a boy flexing his muscles (top left) © Image Bank/Getty Images; illustration of heart muscle by Dave Gunson (bottom left); coloured scanning electron micrograph (SEM) of healthy cardiac muscle fibrils (right) © Stock Image Group/SPL.

Photographs: page 1 © Lester V. Bergman/Corbis/Tranz; page 4 (bottom left) © Jim Zuckerman/Corbis/Tranz; page 4 (bottom right) Photodisc; page 5 (top) © Mark Adams/Taxi/Getty Images; page 5 (bottom left) © Corbis/Tranz; page 5 (bottom right) © Lester V. Bergman/Corbis/ Tranz; page 8 Getty Images; page 12 © Stock Image Group/SPL; page 13 © Stock Image Group/SPL; page 19 Getty Images; page 20 Photodisc; page 23 (bottom) Photodisc; page 24 © The Image Bank/Getty Images; page 25 © Gary Buss/Taxi/Getty Images; page 26 (top) © Jim Jordan/The Image Bank/Getty Images; page 26 (bottom) © Peter Cade/Stone/Getty Images; page 29 © Mary Kate Denny/Stone/Getty Images.

Illustrations on pages 7, 9, 10, 11, 14, and 17 by Dave Gunson.

Produced through the worldwide resources of the National Geographic Society, John M. Fahey, Jr., President and Chief Executive Officer; Gilbert M. Grosvenor, Chairman of the Board.

PREPARED BY NATIONAL GEOGRAPHIC SCHOOL PUBLISHING
Sheron Long, Chief Executive Officer; Samuel Gesumaria, President; Steve Mico, Executive Vice President and Publisher; Francis Downey, Editor in Chief; Richard Easby, Editorial Manager; Margaret Sidlosky, Director of Design and Illustrations; Jim Hiscott, Design Manager; Cynthia Olson and Ruth Ann Thompson, Art Directors; Matt Wascavage, Director of Publishing Services; Lisa Pergolizzi, Production Manager.

MANUFACTURING AND QUALITY CONTROL
Christopher A. Liedel, Chief Financial Officer; Phillip L. Schlosser, Vice President; Clifton M. Brown III, Director.

EDITOR
Mary Anne Wengel

PROGRAMME CONSULTANTS
Dr. Shirley V. Dickson, National Literacy Consultant; James A. Shymansky, E. Desmond Lee Professor of Science Education, University of Missouri-St Louis.

Copyright © 2009 Macmillan Education Australia.

First published in 2009 in Great Britain by Kingscourt/McGraw-Hill publishers.

McGraw-Hill International (UK) Limited
McGraw-Hill House
Shoppenhangers Road, Maidenhead
Berkshire, SL6 2QL

www.kingscourt.co.uk

The materials in this publication may be photocopied for use only within the purchasing organisation. Otherwise, all rights reserved and no part of the publication may be reproduced, stored in a retrieval system or transmitted, in any form, or by any means, electronic, mechanical, photocopying, recording or otherwise, without prior permission of the publishers. National Geographic, National Geographic Explorer, and the Yellow Border are trademarks of the National Geographic Society.

ISBN–13: 978-1-4202-1726-1

Printed in China through Colorcraft Ltd, Hong Kong.

2013 2012 2011 2010 2009
1 2 3 4 5 6 7 8 9 10 11 12 13 14 15

Contents

💡 Cells at Work 4

Cells and Your Muscles 6

💡 Think About the Key Concepts 15

Visual Literacy
Labelled Diagram 16

Genre Study
Informational Pamphlet 18

You and Your Muscles 19

💡 Apply the Key Concepts 27

Research and Write
Create Your Own Pamphlet 28

Glossary 31

Index 32

Cells at Work

Did you know that every living creature on Earth is made up of cells? Most cells are so tiny you can't see them, even with a magnifying glass. You need to use a powerful tool called a microscope to see cells. Different types of cells – like skin cells, muscle cells, blood cells and bone cells – do different jobs.

Key Concepts

1. All organisms are made up of cells that carry out processes that are needed to live.
2. Specialized cells perform specialized functions in organisms.
3. Sometimes cells get a disease or become damaged and don't function as they should.

Four Kinds of Cells

Skin

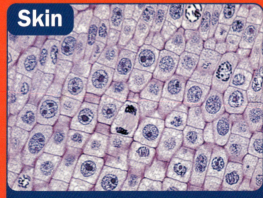

The cells on the surface of your skin are loose and flaky.

Muscle

The cells of your muscles are packed together.

In this book you will learn about the cells that make up your muscles.

Blood

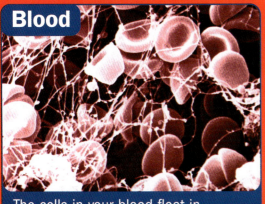

The cells in your blood float in a liquid.

Bone

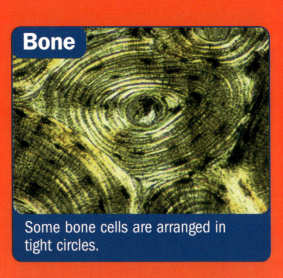

Some bone cells are arranged in tight circles.

Cells and Your Muscles

Put your hand on your upper arm. Now bend your arm at the elbow. Did you feel a bulge? That bulge is a **muscle**. Every movement you make uses your muscles. Your muscles are made up of bundles of tiny muscle cells. Without your muscle cells, you would not be able to breathe, digest your food or stand upright.

 Key Concept 1 All organisms are made up of cells that carry out processes that are needed to live.

Organisms and Cells

Organisms are living things with one or more parts to keep them alive. Plants, people and other animals are all organisms. The smallest living parts of all organisms are **cells**. Some organisms have only one cell. But most organisms are made up of many cells. Human beings have trillions of cells. There are more than 200 different types of cells in the human body.

organisms
all living things, including animals, plants and single-celled life-forms

cells
the smallest living parts of organisms

Because cells are parts of organisms, they do all of the things that organisms do. Cells grow and make new cells. Cells respond to the things around them, use energy and get rid of waste.

Different cells have different functions, or purposes, in the body. The size and shape of a cell depends on its function. For example, the cells in your muscles look and act in certain ways.

Look at the diagram. It shows the three main parts of a cell.

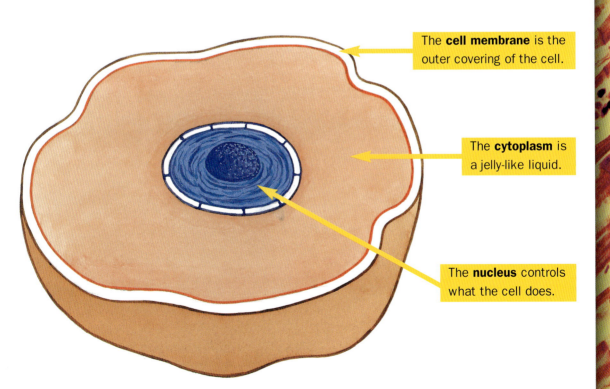

Parts of a Cell

The **cell membrane** is the outer covering of the cell.

The **cytoplasm** is a jelly-like liquid.

The **nucleus** controls what the cell does.

Key Concept 2 Specialized cells perform specialized functions in organisms.

Muscle Cells

The cells that make up muscles are **specialized** cells. This means they are able to perform a special function. The cells that form your muscles make it possible for you to move. You move because these cells are able to **contract**, or shorten, and then relax again.

> specialized
> able to perform one special task or function

Think of all the ways your body moves. Running, standing, blinking and swallowing all involve movement. Movement needs much energy. Muscle cells produce their own energy to make movement happen.

Because muscles are so important to living things, muscle cells have to be long-lasting. Muscle cells are able to grow larger and stronger. They can also heal themselves.

Muscle cells make movement happen by contracting and then relaxing.

There are three types of muscles in the body. Each type has its own specialized cells. The types of muscles are smooth muscles, heart muscles and skeletal muscles. You will read more about these types of muscles in the next few pages.

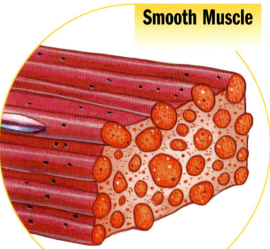

Smooth Muscle

Smooth muscle is made up of long, thin cells, each with a single nucleus.

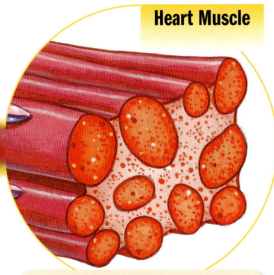

Heart Muscle

Heart muscle is made up of long, thin, striped cells, each with a single nucleus.

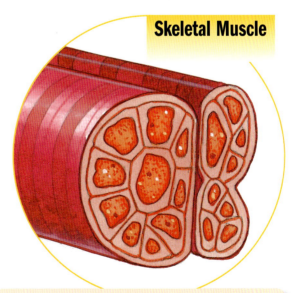

Skeletal Muscle

Skeletal muscle is made up of long, thick, striped cells, each with many nuclei.

What Do Muscle Cells Do?

Smooth muscle cells, skeletal muscle cells and heart muscle cells each have a different job to do in the body.

Smooth Muscle Cells

Smooth muscle cells work inside all the **organs** of the body that have walls and a hollow centre. These are called the hollow organs. The stomach and intestines are hollow organs. When smooth muscles contract, they move things along in these organs. For example, smooth muscles move food down the throat and into the stomach and intestines.

Smooth muscle cells work automatically. You do not need to think about moving them. In fact, you are not even aware that they are working.

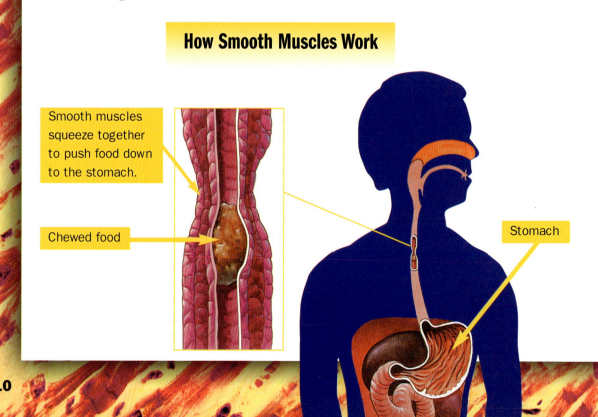

How Smooth Muscles Work

Smooth muscles squeeze together to push food down to the stomach.

Chewed food

Stomach

Skeletal Muscle Cells

Skeletal muscle cells make up the muscles that are attached to the bones of your **skeleton**. Skeletal muscles are the muscles that you use every time you move. When you decide to move part of your body, the cells contract, and the muscle pulls the bone in a certain direction.

Skeletal muscles can only pull. They cannot push. For this reason, these muscles work in pairs. When you lift your arm, a muscle called the biceps pulls it up. When you lower it, a muscle called the triceps pulls it down. The diagram on this page shows the biceps lifting the arm.

Skeletal Muscles Working

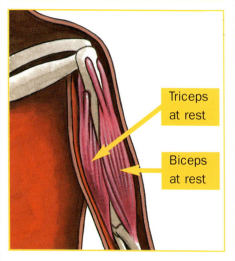
Triceps at rest
Biceps at rest

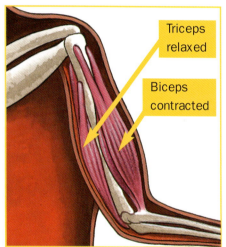
Triceps relaxed
Biceps contracted

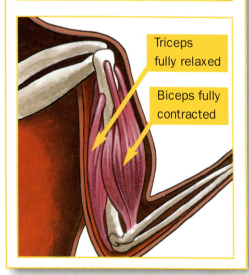
Triceps fully relaxed
Biceps fully contracted

Heart Muscle Cells

Heart muscle cells are found only in the heart. Some of these heart cells have a very important job. They keep the heart pumping. They send out electrical **signals** that cause the heart to contract and relax.

The cells that make up your heart muscle are very strong. These cells are closely joined. They can send messages to each other to make sure that they all move at the same time. This keeps your heartbeat regular.

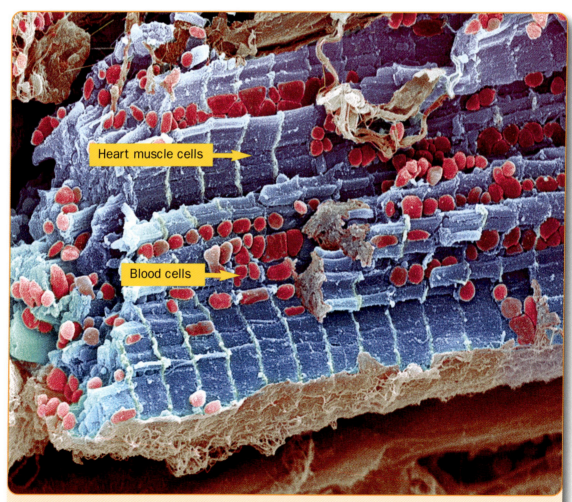

The cells of the heart muscle are arranged in an ordered pattern.

Key Concept 3 Sometimes cells get a disease or become damaged and don't function as they should.

Muscle Cells and Disease

Sometimes things happen that keep cells from working the way they should. For example, when heart cells are damaged or have a **disease**, the heart does not work properly.

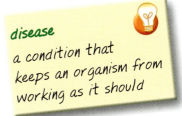

disease
a condition that keeps an organism from working as it should

Heart Disease

There are different types of heart disease. Some types of heart disease occur if the heart does not form or grow properly. In other words, there is something wrong with the **structure** of the heart. Other types of heart disease can occur as a result of how people care for their bodies. For example, an unhealthy diet and too little exercise can lead to heart disease. Any type of heart disease means the heart muscle cells do not function properly.

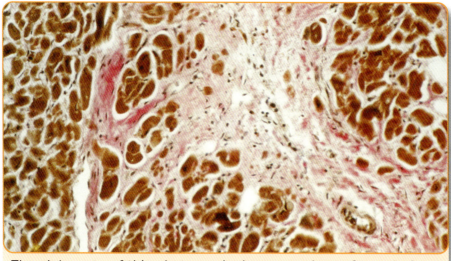

The pink parts of this photograph show scar tissue formed after damage from a heart attack.

Coronary Heart Disease

Coronary arteries are blood vessels that carry blood and oxygen to the heart muscle. Over many years fat can build up in the coronary arteries. As the fat builds up, the coronary arteries become narrow. The narrow arteries cannot supply enough blood to the heart. The result is coronary heart disease.

Sometimes a blood clot, or semi-solid lump of blood, can enter a narrow coronary artery. The blood clot may completely block the blood supply to the heart. The result is a heart attack.

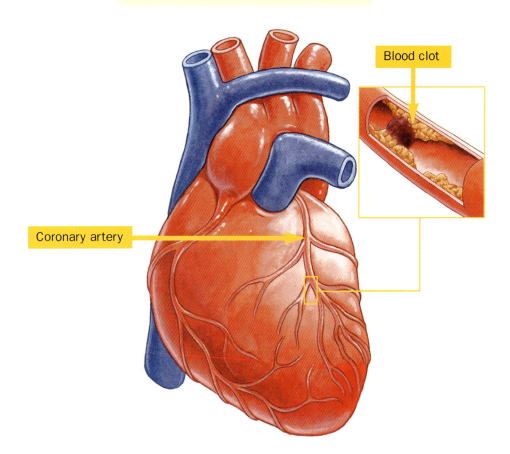

Blockage of a Coronary Artery

Blood clot

Coronary artery

Think About the Key Concepts

Think about what you read. Think about the pictures and diagrams. Use these to answer the questions. Share what you think with others.

1. Why are cells important to living organisms?

2. What are some of the things that all cells do?

3. Name some specialized cells and describe the different kinds of work they do.

4. What are some injuries or diseases that can be caused by damaged cells?

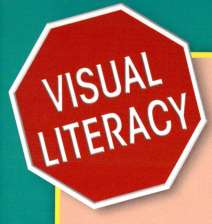

Labelled Diagram

Diagrams are pictures that show information.
You can learn new ideas without having to read many words. Diagrams use pictures and words to explain ideas.

There are different kinds of diagrams.
This diagram of skeletal muscle tissue is a **labelled diagram**. A labelled diagram is a picture that shows the parts of something. It helps show how something works. Look back at the diagram on page 7. It is a labelled diagram of the parts of a cell.

How to Read a Diagram

1. **Read the title.**
   The title tells you what the diagram is about.

2. **Read the labels and captions.**
   Labels name the parts of the diagram. Captions give information about the parts.

3. **Study the diagram.**
   Use the labels and captions to help you understand the diagram.

4. **Think about what you learned.**
   Decide what new information you learned from the diagram.

Inside a Skeletal Muscle

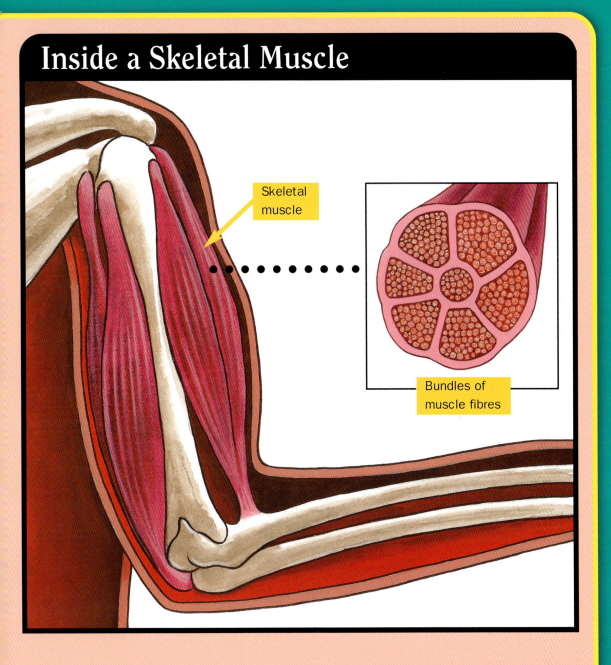

Skeletal muscle

Bundles of muscle fibres

What's Inside?
Read the diagram by following the steps on page 16. Write down all the things you found out about what's inside a skeletal muscle. Explain what you learned to a classmate. See if your classmate understood the diagram the same way that you did.

GENRE STUDY

Informational Pamphlet

An **informational pamphlet** gives brief but important information about a topic. The pamphlet starting on page 19 gives health information about you and your muscles.

An informational pamphlet includes the following:

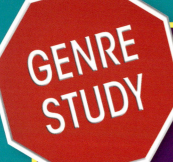

Headings
The headings are large and easy to read. They allow the reader to see quickly what a section is about. Headings are often questions.

Text Paragraphs
The text paragraphs give detailed information. They answer the questions in the headings.

Checklists and Other Lists
Lists present shortened forms of important information that are easy to remember.

You and Your Muscles

The **title** introduces the topic.

How do I keep my muscles healthy?

Headings often contain questions that tell you what you are going to read about.

To keep your muscles healthy, you need to exercise. You also need to drink plenty of water. And don't forget the importance of eating a balanced diet. Your muscles need the energy from different kinds of food to grow and to repair themselves. You also need to know how to avoid injuring your muscles and what to do if you have an injury.

Text paragraphs answer the questions in the headings.

Lists summarize basic facts.

Healthy Muscles Checklist
- Eat a balanced diet.
- Drink plenty of water.
- Stretch your muscles to avoid injury.

Photographs add interest to the topic.

How does exercise help my muscles?

When you exercise, you work your muscles, including your heart muscle. Working these muscles makes them more efficient. Exercise helps strengthen all of your muscle cells.

A gentle warm-up before you exercise is very important. It helps to slowly prepare your body for exercise. If you work your muscles hard without a warm-up, you may strain them and cause injury.

It is just as important to cool down after exercise. Slow down gradually. Finish off with a slow walk.

Warm-up Checklist
- Jog slowly for 10 minutes.
- Take a brisk walk around the block.
- Skip rope or cycle for a short time.
- Stretch all of your muscles.

Stretching prepares your body for exercise.

Stretches before and after exercise may help to reduce your risk of injury. Stretching your muscles makes them less tight. If muscles are tight, they tear easily. Stretching will lengthen and loosen your muscles.

The stretches shown on this page can help to reduce your risk of injury. Do these before and after exercise.

Stretches

Shoulder
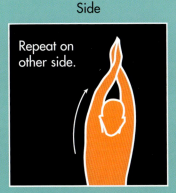
Repeat on other arm.

Side
Repeat on other side.
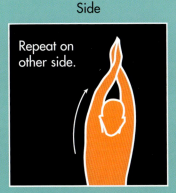

Back Calf
Repeat on other leg.

Front Calf

Repeat on other leg.

Triceps
Repeat on other arm.

Thigh
Repeat on other leg.

What can I do if I injure a muscle?

Warming up and stretching properly can help prevent muscle injuries. No matter how careful we are, sometimes we still damage our muscles. A serious injury can cause severe pain. A milder one may only cause a little discomfort.

Muscle Injuries

Here are some muscle injuries and the reasons that they may occur:

Muscles are easily strained.

- **Muscle ache** – dull muscle pain caused by overuse. It can sometimes involve slight damage to the muscle fibres.

- **Strain** – a stretching or twisting injury to muscles. It is often caused by hard effort that puts a sudden strain on the muscle. For example, you could strain a muscle by lifting something heavy.

- **Muscle burn** – When you exercise for a long time, your muscles can begin to hurt. This is called a muscle burn. You may also feel tired. The reason is that your muscles are not getting enough oxygen. If your muscles begin to burn, slow down your exercise and let your breathing catch up.

Treatment

The first aid treatment for muscle injuries is R.I.C.E.

R is for Rest

Rest the injured muscle. This will reduce pain and keep you from making the injury worse.

I is for Ice

Ice helps to relieve pain. It also reduces swelling. Start ice treatment as soon as possible. Use an ice pack or something cold like a bag of frozen peas. Hold it on the injury for 10–20 minutes. Then leave it off for at least 20 minutes. Never leave ice on an injury for longer than 20 minutes. Ice can damage your skin and nerves.

C is for Compression, or applying pressure

Bandaging an injury can help to support it. It also reduces swelling. But don't wrap the bandage too tight! If it feels uncomfortable, take it off and wrap it again more loosely.

E is for Elevation

Elevate, or lift, the injury higher than the level of your heart. Do this while lying down to rest the injury. Elevation helps to bring down the swelling.

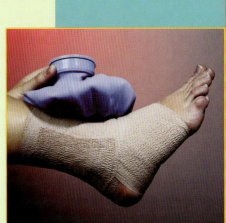
An ice pack will relieve muscle pain.

Why do my muscles need water?

Your muscles need plenty of water to work properly. Water carries important chemicals to your muscle cells. When you exercise, you lose water by sweating. You need to replace the water that you lose. If you don't replace it, your muscles will not be able to work properly. You may become tired or feel sick. You could even suffer from heat stroke or exhaustion. Heat stroke occurs when your body gets too hot and can't cool itself down.

Here are some suggestions for drinking water:

- Drink small amounts of water regularly, even if you don't feel thirsty. By the time you feel thirsty your body has already lost too much water.

- Drink more water in hot weather. You need to drink more because you sweat more.

- Continue to drink water after you stop exercising. This will help to replace what you have lost.

Drinking water keeps your body cool.

How do I look
after my heart?

Heart disease is a major cause of illness and death around the world. It causes 50 per cent of deaths in some countries. The main things you can do to look after your heart and avoid heart disease are to exercise and eat healthy foods.

When you exercise, your heart works harder and faster to pump blood around your body. This helps to strengthen your heart muscle.

Eating a balanced diet is the best way to keep your heart and your body healthy. A balanced diet has a wide variety of food types in the right amounts. A balanced diet should include plenty of fruit and vegetables, some protein such as meat, fish or beans, as well as bread and pasta. And don't forget to drink your 6–8 glasses of water every day!

A balanced diet keeps muscles healthy.

Four Steps to Muscle Health

1. You need to work your muscles to keep them efficient. Always warm up before you exercise and cool down with a slow walk at the end.

2. If you injure a muscle, follow the R.I.C.E. treatment. Give the muscle plenty of time to heal after an injury.

3. Healthy muscles need good food and plenty of water. The harder you work your muscles, the more water you need to drink.

4. Your heart is your most important muscle. Eating healthy food and exercising regularly will keep it healthy.

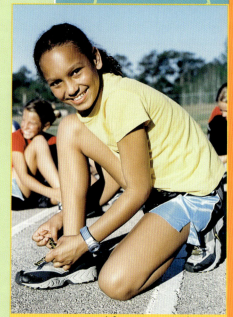

Exercise is good for your muscles.

Healthy food is good for your heart.

Apply the Key Concepts

Key Concept 1 All organisms are made up of cells that carry out processes that are needed to live.

Activity Think about all of the things that muscle cells do. Draw a concept web showing the processes that muscle cells carry out in the body.

Key Concept 2 Specialized cells perform specialized functions in organisms.

Activity Create a fact sheet about muscle cells. Choose three specialized functions of muscle cells. Then, in your own words, write a few sentences for each one explaining why this function is important in keeping the body healthy.

Key Concept 3 Sometimes cells get a disease or become damaged and don't function as they should.

Activity Create a two-column chart that explains how disease or damage affects muscle cells. Label the first column 'Disease or Damage' and the second column 'Effects'.

RESEARCH AND WRITE

Create Your Own Pamphlet

An informational pamphlet is a short booklet that gives people information about a topic or issue.

1. Study the Model

Look back at the description of an informational pamphlet on page 18. Then read the informational pamphlet on pages 19–26 again. Notice how the pamphlet is organized. Can you see how the headings help organize the information? Can you find the lists? What details did the writer include to make the text informative? In what ways did these details add interest to the topic?

Writing an Informational Pamphlet
- Keep the information brief and include important facts.
- Use headings to organize the information. Questions often make good headings.
- Use pictures to add interest.
- Include checklists.

2. Choose Your Topic

Get together with others to choose a general topic. Divide the topic up. For example, the topic of *Staying Healthy* can be divided up into smaller topics such as *Healthy Eating* and *Healthy Exercise*. Have each person choose a part of the topic he or she is interested in. You are now ready to research and write an informational pamphlet.

3. Research Your Topic

Ask yourself what you already know about this topic. Do you know enough to write an informational pamphlet? Probably not. So you need to make a list of questions that you will want to answer in your pamphlet. Remember that you need to focus on useful information. Think about what your reader might like or need to know. Now go to the library or to the Internet to get answers to your questions.

> My Topic: Recycling
> 1. What is it?
> 2. Who should do it?
> 3. How does it work?
> 4.

4. Take Notes

Take notes of what you learn. As you gather new information, you may find that it leads to another question. Write the new questions down so that you don't forget them.

5. Write a Draft

Look back at the facts you found. Do they answer the questions you started with, or do you need to include new questions? Start writing your draft, putting your questions and answers in an order that makes sense. If you need to, review the features of an informational pamphlet on page 18.

6. Revise and Edit

Reread your draft. Have you kept the information brief and to the point? Have you included any information that you could present as a checklist?

Create a Display of Pamphlets

Follow the steps below to turn your draft into a pamphlet. Then you can share your work with your classmates.

Make and Share Your Pamphlet

1. **Arrange the text.**
   Fold a piece of paper in half for a four-page pamphlet. Put the title information on the front page. Arrange the rest of the text on the pages. At the top of each page there should be a question followed by information that answers the question. Use the pamphlet in your book as a guide.
2. **Include visuals.**
   Include visuals on your pamphlet to help clarify the information. Be sure your visuals have captions and labels.
3. **Create a display.**
   Post everyone's pamphlets on a bulletin board or lay them out on a table where others can read them.
4. **Share and read.**
   Choose a pamphlet other than the one you wrote. Read it to learn more about its topic. Remember to look for the big ideas as you read.

Glossary

cells – the smallest living parts of organisms

contract – to shorten

disease – a condition that keeps an organism from working as it should

muscle – a part of the body that causes movement by contracting and relaxing

organisms – all living things, including animals, plants and single-celled life-forms

organs – self-contained parts of an organism that have certain vital functions

signals – actions or sounds that direct or command

skeleton – framework of bones of a human or other animal body

specialized – able to perform one special task or function

structure – the way all the parts of something fit together

Index

animals 6

cell membrane 7

coronary artery 14

cytoplasm 7

disease 13–14

energy 7–8

heart muscle 9–10, 12–14

hollow organs 10

movement 8

nucleus 7, 9

organisms 6–7, 13

plants 6

skeletal muscle 9–11

smooth muscle 9–10

waste 7